U0935375

珍藏本
纪念版

汉译世界学术名著丛书

伦理学中的形式主义与质料的价值伦理学

——为一种伦理学人格主义奠基的新尝试

上册

〔德〕马克斯·舍勒 著

倪梁康 译

2017年·北京

Max Scheler

DER FORMALISMUS IN DER ETHIK UND DIE MATERIALE WERTETHIK

Neuer Versuch der Grundlegung eines ethischen Personalismus

中译本根据 Der Formalismus in der Ethik und die materiale Wertethik. Neuer Versuch der Grundlegung eines ethischen Personalismus, 6. durchgesehene Auflage, Francke Verlag, Bern und München 1980 版译出。

汉译世界学术名著丛书
（120年纪念版·珍藏本）
出版说明

2017年2月11日，商务印书馆迎来120岁的生日。120年前，商务印书馆前贤怀揣文化救国的理想，抱持“昌明教育，开启民智”的使命，立足本土，放眼寰宇，以出版为津梁，沟通中西，为中国、为世界提供最富智慧的思想文化成果。无论世事白云苍狗，潮流左右激荡，甚至战火硝烟弥漫，始终践行学术报国之志，无改初心。

迻译世界各国学术名著，即其一端。早在20世纪初年便出版《原富》《天演论》等影响至今的代表性著作，1950年代后更致力于外国哲学和社会科学经典的译介，及至1980年代，辑为“汉译世界学术名著丛书”，汇涓为流，蔚为大观。丛书自1981年开始出版，历时三十余年，迄今已推出七百种，是我国现代出版史上规模最大、最为重要的学术翻译工程。

丛书所选之书，立场观点不囿于一派，学科领域不限于一门，皆为文明开启以来，各时代、各国家、各民族的思想与文化精粹，代表着人类已经到达过的精神境界。丛书系统译介世界学术经典，引领时代思想，为本土原创学术的发展提供丰富的文化滋养，为推动中国现代学术和现代化进程做出了突出的贡献。

为纪念商务印书馆成立120周年，我们整体推出“汉译世界学术名著丛书”120年纪念版的珍藏本，寄望既利于文化积累，又便于研读查考，同时向长期支持丛书出版的译者、编者和读者致以敬意。

两甲子后的今天，商务印书馆又站在了一个新的历史时间节点上。我们不仅要铭记先辈的身影和足迹，更须让我们的步伐充满新的时代精神。这是商务人代代相传的事业，更是与国家和民族的命运始终紧密相连的事业。我们责无旁贷，必须做好我们这代人的传承与创造，让我们的努力和成果不仅凝聚成民族文化的记忆，还能成为后来人可以接续的事业。唯此，才能不负前贤，无愧来者。

商务印书馆编辑部

2017年10月

目　录

第一版前言……………………………………………………………… 1

第二版前言……………………………………………………………… 6

第三版前言 …………………………………………………………… 13

第一部分

引论性的说明 ………………………………………………………… 31

第一篇　质料的价值伦理学与善业伦理学或目的伦理学 …… 35

第1章　善业与价值 ………………………………………………… 41

第2章　“善”与“恶”价值与其他价值以及与善业的关系 …… 57

第3章　目的与价值 ………………………………………………… 67

追求、价值与目标……………………………………………… 67

意愿目的、追求目标与价值[①] ……………………………… 79

第二篇　形式主义与先天主义 ………………………………… 87

A. 先天与形式一般 ………………………………………………… 91

B. 伦理学中的先天质料 ………………………………………… 136

① 在正文中为“意愿目的、追求目标与价值”。该标题为编者所补加。参见后面附录中的“编者对正文与脚注的附注”。——译注

第 1 章　形式的本质联系…………………………………… 137
第 2 章　价值与价值载体…………………………………… 143
第 3 章　“更高的”与“更低的”价值……………………………… 146
第 4 章　在价值高度与“纯粹”价值载体之间的先天联系…… 165
a. 人格价值与实事价值……………………………………… 165
b. 本己价值与异己价值　…………………………………… 166
c. 行为价值、功能价值、反应价值………………………… 167
d. 志向价值、行动价值、成效价值　……………………… 167
e. 意向价值与状况价值……………………………………… 167
f. 基础价值、形式价值与关系价值　……………………… 168
g. 个体价值与群体价值　…………………………………… 168
h. 自身价值与后继价值　…………………………………… 169
第 5 章　价值样式之间的先天等级关系……………………… 172
第三篇　质料伦理学与成效伦理学……………………………… 181
志向(纯粹愿欲)与意图、打算、行动作为质料价值的载者 ……
行动统一的各个阶段和纯粹意愿内容与做的实施内容
(“成效”)之间的关系 ……………………………………
志向的价值结构对于“实践对象”所具有的意义,以及
环境的状况 ………………………………………………
本能调整——本能萌动——感性的感受状态 ………………
康德的各个学说及其对伦理学的效应 ………………………

第二部分

第四篇　价值伦理学与律令伦理学……………………………… 247

第 1 章　关于价值概念之起源与伦常事实之本质的不充足理论…… 248
第 2 章　价值与应然…… 305
a. 价值与观念的应然…… 305
b. 规范的应然…… 315
c. 能然与应然…… 344
第五篇　质料的价值伦理学与幸福主义…… 355
第 1 章　价值与快乐…… 359
第 2 章　感受活动(Fühlen)与感受内容(Gefühl)…… 376
第 3 章　关于价值之“相对性”(与“主体性”)命题的意义…… 392
第 4 章　价值对于人所具有的相对性…… 400
第 5 章　价值对于生命所具有的相对性…… 408
第 6 章　伦理学的价值评价及其维度的历史相对性…… 436
第 1 点　伦理的变更…… 443
第 2 点　伦理学的变更…… 452
第 3 点　各种类型的变更…… 454
第 7 章　所谓伦常价值的良知主体性…… 467
第 8 章　关于情感生活的层次划分…… 482
第 9 章　感受状态与伦常价值的关系…… 504
a. 在“更深的”情感自我规定性的否定规定性情况下对替代物的倾向法则…… 505
b. 所有朝向肯定的和相对更高的价值实现的意愿方向原初都永远不会发源于作为源泉的否定性感受

状态，而是发源于作为源泉的肯定性感受状态 ………… 509
第10章 幸福与伦常价值的联系与制裁和报复之观念的关系 ………………………………… 518
通过正价值对幸福的奠基与通过幸福对正价值的追求与意愿的奠基………………………………… 523

第一版前言

这里合并在一起付印的研究曾以同样的标题《伦理学中的形式主义与质料的价值伦理学》分两部分发表在《哲学与现象学研究年刊》中。第一部分发表在1913年的第一辑中，第二部分发表在今年（1916年）7月的第二辑中。个人的状况与战争的混乱所造成的结果是：已放置了三年并大部分已被付印的第二部分手稿直到今年才能够得到印出和发表。就是说，这部著述的所有部分在战争开始之前就已经写成了。

这些研究的主要目的在于：为哲学的伦理学进行严格科学的和实证的奠基，这种奠基涉及所有那些与这门伦理学本质相关的基本问题，然而也始终限制在这些问题的最基本起点上。笔者在这里的意图是为伦理学的学科**奠基**，而不是在具体生活的广度中扩展它。即使在触及那些具体生活形式的地方（例如在第二部分中关于人类社会化形式的问题），根据这里的意图也从没有超出在严格先天的本质观念和本质联系中可指明之物的界限以外。倘若读者仍然觉得这个研究在这里或那里过多地坠入到具体之中，那么这并非是笔者的一种随意，而是要感谢这样一种方法，这种方法——就像奥斯瓦尔德·屈尔佩已经恰当地说明了的那样——使先天的观念结构区域有了重要的扩展，它延伸到自康德以来便得到习惯认可的纯粹“形式—实践”的先天—领域(Apriori-Sphären)以外的伦理学上。

对康德伦理学说的批判只是这部著述的一个**次要目的**。这些批判仅仅在研究的起始处和以后部分几个地方较为强烈。笔者处处都想通过对真实事态的**积极**揭示来批判他所认为的康德纲领中的错误。他并不想通过一种对康德学说的批判或因为这种批判才获得真实的事态。即使在这些批判性的章节中,笔者也都处处从一个预设出发,这个预设就是:正是康德而非任何其他近代哲学家的伦理学,才至今都仍在展示着我们在哲学伦理学上——不是以世界观和信仰意识的形式,但却是以严格的科学明察的形式——所拥有的**最完善的东西**。笔者的预设还在于,康德的伦理学虽然在这里或那里受到他以后哲学家们的批判、纠正和补充,但它并没

10 有在其最深层的基础方面受到撼动。在这些预设中包含着对康德的成就的绝对尊重,对于笔者来说,这种敬重是不言自明的,即使他的批判性话语有时较为尖锐,即使他想揭示出那个为席勒所**感受到**的,但也仅仅是感受到的真理的充分**根据**,这个真理就是:“这位出色的人”用他的伦理学“只是关心了家里的仆人,但却没有关心家中的孩子”(参见席勒“论优美与尊贵”)。只有明察到这些包含在康德伦理学的**基础**而非附带结论中的根据,才有可能此后通过心理学的和历史学的途径来指明:康德自以为在纯粹的、普遍有效的人类理性本身之中找到的根源,实际上是属于在普鲁士历史的一个特定时期里的一个在种族上和历史上有限的民族伦理(Volksethos)与国家伦理*(尽管在这个伦理中包含着优异与卓

越)。①

这项研究是依据笔者几年来所做的关于伦理学的讲座而完成的。这种完成的方式可能会造成这样一种结果:即整体的布局缺少清晰的透明性,这种透明性通常为那些连续不断而写成的著作所具有。笔者必须为此缺憾而请求读者原谅。与此不同的是那些篇幅往往较长的对一般的和特殊的认识理论与价值理论的附论。(例如在第一部分中关于先天与形式、关于感觉概念的篇章,在第二部分中关于价值概念和关于说明心理学＜erklärende Psychologie＞原则的篇章。)对于读者的品味来说,这些附论或许在写作上不够顺畅。而笔者觉得,在当今尚未全面得到奠基的伦理学科之现状中,这些附论在思想上和哲学上是急需的,这乃是因为这些问题在实事方面是不可分割的,并且因为伦理学具有从自身出发而伸展到认识论和价值论之中的根系,即使这项工作的特殊伦理学部分并不始终缺乏最终的支撑。对此,**体系的**特征(笔者深信这是哲学在任何奠基中,也包括在其现象学的奠基中所应有的特征)已经在这部著作中处处要求指明与笔者在分别相关的阐述中尚未发表的认识论直观*的衔接点。或许不时地会出现一种对现象学的理解,根据这种理解,现象学只是与孤立的现象和本质性(Wesenheiten)相关,并且按照这种理解,每一种“对体系的意愿”都是“一个对谎言的意愿”。对这样一种连环画现象学(Bildbuchphänomenologie),笔者只能是退避三舍。因为,恰恰就可探究的世界 11

① 此句中的“*”号系原著编者所加的编者注释号,参见本书附录“编者对正文与脚注的附注。”下同。——译注

的实事(Sache)本身构成一个体系的联系而言,对体系的意愿不是一个"对谎言的意愿",相反,那种不去关注处在事物(Dinge)本身之中的体系特征的意愿才必须被视为一种无根据的"对无序(Anarchie)的意愿"之结果。在另一个方向上,这项工作自己会向客观的读者表明,笔者完全有理由拒绝那些粘连在他身上的所谓"非理性主义"的现象。

正是现象学的观点才将那些在世界观方面以及在哲学一质料的意图方面各行其道的《年刊》合作者们[①]聚拢在了一起,关于现象学观点的统一与意义的方法论意识,我们要感谢埃德蒙德·胡塞尔的重要工作。这里的研究也将这方面的本质性的东西归功于年刊主编的那些工作。但是,对于笔者所理解和实施的这一观点的较为确切的概念、理所当然地也更是对于这个概念在这里所阐释的问题组中的使用,笔者必须在每一点上都不仅单独地承担起责任,并且也单独地承担起作者的身份。

在这部著述本身的结尾处还大致地提到一些补充性的思想序列,它们是由体系的观念所要求的,并且贯穿在这些在社会学和宗教哲学方向上的研究结论之始终。这些思想序列将会于明年发表在独立的(大部分已经写完了的)著作中。在另一个不同于上述两者的方向上,即在感受现象学的(gefühlsphänomenologisch)、道德批判的和伦理学运用的方面,还应当向读者介绍下列已经发表的著述,以便他能够了解笔者的伦理学总体观点:1. 现象学与同情感

① 这里所说的"年刊"就是指前面提到《哲学与现象学研究年刊》。该刊自1913年开始出版。胡塞尔为年刊主编,盖格尔、普凡德尔、莱纳赫与舍勒为编委。——译注

理论(哈勒,1913 年)。2. 文章与论文集,第一、二卷,莱比锡,1915 年。3. 战争天才与德意志战争,第二版,莱比锡,1916 年。4. 战争与建设,1916 年。最后,关于"伦理学"的评论(载于《哲学年刊》,第二辑,1914 年,弗里施艾森—克勒编)试图将在这部著述中所论证的思想与在当前哲学中的流行派别进行比较。

马克斯·舍勒

柏林,1916 年 9 月

第二版前言

本书的第一部分脱销已有较长时间。第二版的出版之所以如此拖延，乃是受可恶的时代状况的制约。现在摆在这里的第二版是对第一版的未加改动的重印。笔者曾一度考虑过对第一版进行重新修改和补充，并在其中对那些就此书的思想而引发的多重的与多方面的批判做出运用与评价，但这个想法很快就被放弃了。在这里起决定作用的思考在于：笔者并没有看到自己不得不需要在某个本质点上改变自己的思想，并且这部著作本来就已经过重
6 地负载着经过强烈压缩的思想以及在不同的哲学实事领域中的偏离，它会由于补充而变得更为复杂。与此相反，很快就会在这同一家出版社发表一个非常详细的并得到仔细处理的概念索引，通过这种方式来帮助读者，使他可以容易了解情况，不仅是了解在本书以内的，而且也在对它的内容与笔者发表的其他著述的联系方面的情况。哲学博士赫伯特·莱恩德克尔先生以罕见的彻底性、忠实性和专门知识来从事这项艰苦的工作，笔者在这里向他表示最衷心的感谢！

这个前言的读者可以期待在这里获得关于以下三点的简短澄清：关于这部著作至此为止的学术作用；关于本书自其发表以来相对于笔者在《哲学与现象学研究年刊》中新发表的著述以及即将发

表的著述所具有的位置；最后是关于本书的精神与自其定稿以来完全变化了的**时代**精神的关系。

笔者可以带着喜悦和满足的心情说，第一版所发挥的作用一般说来更多是在深度方面而非在广度方面，并且本书受到的批评要少于它对关于伦理学问题的哲学思考所给予的积极启示。撇开那些受此启示的年轻研究者们的著述不论，J. 科恩在《逻各斯》第三辑中、A. 梅塞在 1918 年的《教育学新年刊》中、N. 哈特曼在《精神科学》杂志中、* D. H. 凯尔勒在其多部敏锐的著述中，尤其是在《马克斯·舍勒与伦理学的非人格主义》中，都对本书进行了批评分析；在其《哲学引论》的第八版中，O. 屈尔佩在对伦理学论证之各种新尝试中为本书安排了一个显著的位置。对于笔者来说更有价值的是他的学说所提供的对继续研究的各个积极启示。这些启 13
示一部分在于对他的结论的广泛接受，一部分在于对笔者思想的补充和继承，一部分在于简化和通俗化。对这些不同类型启示的证明可以在以下笔者的著作中找到：在 E. 施普兰格尔的《生命形式》(第二版)中、在 A. 梅塞的《伦理学》(1918 年)中，在 H. 杜里舒《生物体哲学》(第二版)中、在 D. 希尔德布兰德那里(参见《哲学与现象学研究年刊》)、在埃迪·斯泰因关于同感的著作中、在 N. 洛斯基撰写的一部俄语著作中，以及在 J. 福尔克特关于《美学意识》(1920 年)的著作中。A. 迈农的深刻而敏锐的著作《论情感体现》(1917 年)在价值本质与价值把握的学说方面与在本书中所表达的价值理论最为接近(与 A. 迈农较早的价值理论著作明确相对立)；我不知道他的这部著作是否受到过本书的影响。在 A. 迈农中的这部著作中并没有引用本书；另一方面，笔者根据私人传达的

消息而有理由认为，迈农曾阅读并赞赏过本书。无论如何，笔者很高兴能够与这位出色的研究者达成客观上的一致。在英国，G. E. 穆尔主张一种在许多方面都相似的价值问题理解。在本书中所做的对“凝聚原则”(Solidaritätsprinzip)的理解和论证以及关于人类群组的本质形式的新学说对社会哲学影响很大。可以为我们所明察到的一个客观质料的价值级序(Wertrangordnung)的实存如今已为许多研究者所承认。在本书中包含的对康德伦理学的批判并**没有**对那些过于沉湎于自身的康德哲学代表人物起到过值得一提的作用，也没有引发出任何严肃的反驳尝试。略为受到关注的是——也许是因为，如 H. 杜里舒所说，这里的这些东西是出现在一个“非专业的语境”中——那些对笔者的学说而言至关重要的关于心理学认识理论、关于心理联结的种类、关于“身体”被给予性之本质的阐释，此外还有本书在一般认识论方面的创立，尤其是对感觉概念和刺激概念的新理解。笔者将试图在两部正在撰写之中的有关认识论以及精神－心灵－生活问题的著述中更仔细和更清晰地展开这些思想。

在与笔者至此已发表的著述的联系中，这部著作具有一个中
14 心的位置，因为它不只是对伦理学的奠基，而且除此之外还含有他**整个**哲学思维的即便不是所有的，也是一系列在他看来极为本质的出发点。笔者在本书的结尾处曾经承诺，将那些就宗教之本质和“价值人格类型”学说已在本书中表述过的思想继续在一门“对神性之物的本质经验”学说以及在一部论述“榜样与领袖类型”的著述中加以展开；至此为止，只有这个承诺的第一部分已在笔者刚刚发表的著作《论人中的永恒》第一卷中得以实现。笔者在那里以

"宗教问题"为题试图提供这样一种"本质经验"的理论。在那里也阐释了一种补充本书的关于"宗教与道德"关系的理论。《论人中的永恒》第二卷关于"榜样与引领者"的文章应当兑现这个承诺的第二部分。* ——在《价值的颠覆》(《文章与论文集》第二版)的两卷中、在《战争天才》(第四版)中、在关于《德意志仇恨的诸原因》(第二版)的著述中,以及在即将出版的《社会学与世界观学说论文集》(大幅扩充后的新版《战争与建设》)中,都含有对这里所阐释的一般伦理学原理在一系列个别问题和时代问题上的具体运用。在对情感生活的伦理学意义评价的方向上,正在印刷之中的《同情的本质与形式》(柯亨出版社,波恩),即对笔者的《同情》书[①]的扩展版,对本书有所补充。而与《同情》书相衔接的是包含在以"情感生活的感性法则"为总标题的一个文集总体中的另外三卷书:"羞耻感"、"荣誉感"和"畏惧感"。* ——在本书中首先得到严格论证的"凝聚原则"以及与此学说密切相关的"关于人类群组的本质形式的学说"应当在一部特别论述作为社会哲学和历史哲学之基础的凝聚主义(Solidarismus)[②]的著作中被运用在对欧洲近代(特别是对资本主义问题)的总体评价上。

规定着这里所提出的伦理学的精神是一种严格的伦理学绝对主义和客观主义的精神。在另一个方向上,笔者的立场可以被称

① 这里所说的"同情书"是指舍勒发表于1913年的《论现象学与同情感理论以及论爱与恨》。该书在1923年扩充再版并更名为《同情的本质与形式》。——译注

② 这个概念也被译作"社会连带主义"或"共契主义"("凝聚原则"也被相应地译作"社会连带原则"或"共契原则")。但前者的意义不明朗,而后者所含有的"契"字与舍勒赋予这个概念的基本含义相悖。——译注

作“情感直觉主义”和“质料先天主义”。最后，笔者在这里所阐释的一个原理是：一切价值，也包括一切可能的实事价值（Sachwert），此外还有一切非人格的共同体和组织的价值，都隶属于**人格**价值；这个原理对笔者来说是**如此**重要，以至于他在书名中也把他的研究称作“一种**人格主义**的新尝试”。笔者可以满意地确定，在德国与在国外一样，特别是伦理学的绝对主义和价值客观主义自本书发表以来便有了长足的进步，而且流行的相对主义的和主体主义的伦理学观点受到了有力的回击。尤其是当前德国的青年人似乎已对所有那些毫无根据的相对主义感到厌倦，同样也对康德的空乏的和不结果实的形式主义以及对他伦理学中义务观念的片面性感到厌倦。帕斯卡尔用他的“心的秩序”（Ordre du coeur）和“心的逻辑”（Logique de coeur）概念所表露的中心思想，也恰恰是在我们这个时代的巨大“心的无序”（Désordre du coeur）之背景下而得到理解的。我们不得不指责，自康德以来就如此广泛地在德国和德意志哲学中被传授的虚假的义务英雄主义和劳动英雄主义背叛了作为所有伦常（sittlich）存在与作用的最深源泉的喜（Freude）与爱（Liebe），而这种背叛也作为一个已成为历史的伦理形式的虚假的基本方向而缓慢地被看穿。* 本书曾一直追踪到它的藏身之处，而我关于“道德建构中的怨恨”的论文（参见笔者《价值的颠覆》）也试图揭示它的廉价的历史—心理学基础。与此相反，本书所主张的严格人格主义以及与它密切相关的关于“个体有效的和客观有效的善”的学说、关于对每一个人格个体伦常“规定”的学说，与这个时代的各种“社会主义”思潮，也与——在我看来——基督教教会内部对“组织”和“共同体”的过分强调，处在尖锐的对立之中，而且相对于本书首次出版时要处在更为尖锐的对立之中。对此应当说：根据笔者的伦理学，一门关于每一个人格的原初**共同责任性**（Mitverantwortlichkeit）的学说为**所有人格王国的总体**（凝聚原则）的救赎（Heil）排除了任何一种虚假的所谓“个体主义”，连同它的所有谬误的和有害的结论。对于笔者来说，在伦常上有价值的人格并不是一个“孤立的”人格，而仅仅是那个原初与神相连而知晓着的、朝向爱中的世界并与精神世界和人类之整体凝聚一致地感受着的人格[1]。

但正是因为笔者的学说将所有那些对共同体及其形式的关怀一同纳入到每一个人自身的**个体人格**的活的**中心**之中，所以他才可以最尖锐地，甚至最粗暴地否定任何一种这样的伦理学派，这种伦理学学派将人格的价值设定为原初地和本质地**依赖**于人格与一个独立于它而存在的共同体和善业世界（Güterwelt）的关系，或者甚至将人格的价值消融在这种“关系”之中。就这点而言，笔者提出一个定理：“**人格价值**要高于一切实事－组织－共同体价值”，他用这个在他看来是闪光清晰的定理之明见性来**明确地**与任何一种会导致这样结果的时代思潮相对抗，这个结果是指，一如英国哲学家赫伯特·斯宾塞所说，“没有人可以做他想做的事，而是任何人 16
都只做叫他做的事”。这整个普世主义的终极意义和终极价值最

[1] “Person”这个概念在神学中也常常被译作“位格”，特别用来指称上帝的“人格”。但这个翻译涉及对“上帝”的基本理解：人格化的和非人格化的。这里仍然译作“人格”，其基本依据是舍勒本人在本书的第一部分、第二篇 B、第 5 章（边码第 126 页）中对“人格”概念的解释：“人格，即朝向某种具有**人格存在形式**的东西，**无论**这个人格具有什么内容，并且无论这里现有的是什么人格‘概念’。在‘神圣’价值领域中的自身价值因此在本质法则上是一个‘**人格价值**’。”——译注

终只能在纯粹的存在上(不能在功效上)和在尽可能完美的善的状态(Gutsein)上得到衡量,只能在最丰富的充盈(Fülle)和最完整的展开上、在最纯粹的美和各个人格的内心和谐上得到衡量;所有的世界力量都在不时地向着它们集中和喷涌。——这甚至就是本书想要尽可能完整地论证和传布的最本质的和最重要的命题。

即使是一个精神的世界基础——无论它是什么——也只有在它是"人格的"(persönlich)时候才配得上被叫做"神";这当然是一个哲学独自——显而易见——无法自行决断的问题(参见《论人中的永恒》,第一卷),而且,我们要想经验到对此问题的解决,就只能是通过那个可能的回答,即这个世界基础本身在宗教行为观点中赋予我们心灵的那个可能回答。

马克斯·舍勒

科隆,1921年9月

第三版前言

本书的第三版与第二版一样，在基本文字方面是对第一版未加改动的付印。促使笔者不去修改和补充本书的原因在今天与在第二版前言中所阐释的完全相同。与之相反，现在本书附有赫伯特·莱恩德克尔博士带着极大的专门知识和仔细性而完成的概念索引，在出第二版时，由于此索引的大篇幅和可恶的时代状况，出版者无法下决心按原来的设想将这个索引特别出版（参见第二版的前言）。当然，这个索引今天也是在大量缩减（约三分之一）之后才发表出来，这里只能希望原来的计划还能在较为有利的时代里再次得到实现。我在这里要感谢莱恩德克尔博士为这个索引所付出的无私努力，读者也将会在许多方面感谢他的这些努力。同样我还要为附加进来的仔细的原文印刷勘误表再次表示我的衷心谢意和我的诚挚赞同。我也要向哲学博士 H. 吕瑟尔致以友好的谢意，是他完成了对原初概念索引的缩减工作。

在第二版前言中曾就本书的学术作用以及就直至 1921 年为止对在它之中所含思想的或多或少批判性展开做了一些陈述；此外也陈述了一些关于本书内容与笔者在 1916 年（它的初次发表时 17
间*）以后发表的著述的关系。对第二版前言的这两点，我在这里再附加一个对 1921 年至 1926 年这段时间的简短补充：

公众不会始终不知道，在本书第二版发表以来，笔者在某些最高的宗教哲学和形而上学问题中不仅对他的立场做了显著的继续发展，而且也在一个类似于这个唯一绝对的存在（笔者一如既往地坚持这个存在）的形而上学的本质问题上有了如此深刻的改变，以至于他不能再把自己称作一个（在习惯词义上的）“有神论者”。这里不是对这个形而上学研究的实证方向以及最终结果做出勾画的地方，而且马上就会有一些较大篇幅的著述以及已经基本准备付印的《人类学》来向公众做出最清晰、明白的解释[①]。因此，对于笔者来说，明确地做出下列的强调就显得更为重要了：在本书中所记录的思想不仅没有受到笔者基本看法之变更的触动，而且相反，这些思想从它们那个方面部分地展示出那些导致这个变更原因和精神动机。只有在第六篇 A 部分的第 3 章 d 点（在目录中冠以“微观宇宙和宏观宇宙与上帝的观念”的标题）中，今天可以作一些改动。笔者在本书中一分钟也没有考虑过将伦理学奠基于某种关于神的本质和此在、观念和意愿的前提之上。笔者今天和当时都认为，伦理学对于每一门绝对存在的形而上学来说都是事关重要的，但形而上学对于伦理学的论证来说却并不重要。此外，笔者形而上学观点的改变根本不能归结为他在精神哲学和精神行为之对象相关项哲学中的改变，而是应当归结为他的自然哲学观点和人类学观点的变化与拓展。

至于那些自 1921 年以来新发表的对本书的补充，或者——更

① 实证性的勾画包含在作者的报告《知识形式与教育》（柯亨出版社，波恩，1925 年）之中。*

确切地说——笔者的那些或者对在《形式主义》[①]中所给出的思想继续发挥，或者以这些思想为预设的独立研究，这里可以提到两部 18
著述：《知识形式与教育》（柯亨出版社，波恩，1925 年）的报告试图将客观价值级序的理论以及关于价值把握（Werterfassung）行为的几个定理运用在对作为人格精神的形式和过程的“**教育**”（Bildung）这样一个教育学问题的深入理解上。篇幅较大的著作《知识形式与社会》（莱比锡，“新精神”出版社，1926 年）则在其以“知识社会学的问题”为题的第一部分中，既以在《形式主义》书中所提出的价值学说，也以行为学说作为文化社会学观念和这里所论证的历史因果要素（“实在的”和“观念的”要素）的秩序学说的**基础**，并且最终还作为同样在这里给出的关于历史上人的各种特殊**理性组织之生成**（Werden）理论的**基础**。《形式主义》书中的知识社会学部分（第六篇 B，第 4 章，第 4 点）也被特别地运用于文化社会学，尤其是运用于“知识形式”社会学，并且同时也从这个新的专业领域出发而得到验证。在《知识形式与社会》这部著作以“认识与劳动”为题的第二部分中，《形式主义》所主张的价值级序既被运用在知识形式的问题上，也被运用在知识标准的问题上（劳动知识、教育知识、拯救知识）。此外，在《形式主义》中已经深入解释过的“价值是在（任何一种）表象的内容**之前**还是**之后**被给予”的问题，在上述著述以“感知哲学”为题的篇章中得到了解答，就像多年前在《形式主义》书中那样，即是说，价值是**在先**被给予的。在笔者于该书关于想象活动（包括期望想象）所阐发的学说中，包含着对在

① 即本书《伦理学中的形式主义与质料的价值伦理学》。以下均同。——译注

《形式主义》书中关于“追求与意愿”所作陈述的一个重要补充；尤其是在关于“环境”、“环境结构”和“刺激”概念的篇章中包含着对在《形式主义》书中就这些对象所做陈述的补充和新验证（参阅第三篇，第 153 页以后）。

至于本书自 1921 年以来的**学术影响之扩展和延续**，这里无法考虑将笔者在这些年所获得的那些部分是由继承性的、部分是由批判性的、部分是由通俗化的内容构成的极为丰富的（国内外）文献列出来。他相信为了有利于读者，只有几部著作是必须要向读者予以指明的——因为只有在纵观了这样一种在客观理解和主观理解中价值理论和伦理学新尝试的各个本质“成果”之后，人们才能对这个尝试进行完整的评价。《形式主义》书自 1921 年以来在四个专业领域发挥了值得一提的影响：1）在**一般价值理论**（价值学）的基地上，此外，在这里引发的批评要比其他方向上批评更为广泛[①]，2）在较为狭义的**伦理学**和伦常精神的行为学说的领域中，
19 3）在**社会学**的基地上，4）在**心理学**和**教育学**的基地上。

至于真正的**伦理学**，令笔者感到最大满足的是，一位享有声望、具有独立性和科学的严格性的哲学研究者尼古拉·哈特曼撰写了一部规模宏大的《伦理学》（瓦尔特·德·高伊特出版社，1926 年），正如哈特曼自己在他的前言中所清楚强调的那样，它是建立

---

① 参阅雷姆克的学生、才华横溢的 Joh. E. 海德所著的非常值得关注的、尽管在语气上并不十分客气的著作《价值——一个哲学的奠基》，埃尔富特，1926 年；此外还有 D. H. 凯尔勒的著作《世界意愿与价值意愿》，莱比锡，1926 年；M. 贝克的著作《本质与价值》，柏林，1925 年；J. 逖森的著作《论价值的场所》，载于：《逻各斯》，第十五卷，1926 年，第三册。

在质料的价值伦理学基础之上，这门质料的价值伦理学是自康德以来新近伦理学的“开创性明察”。事实上，N.哈特曼在其著作的大量个别分析中都对《形式主义》书做出了表态，这些表态一部分是继续构建性的，一部分是批判性的。此外，无论如何，他还在完全独立于《形式主义》书的有关“自由”问题的部分中对哲学伦理学作了较之于近几十年来我所见到的任何一本国内外的著作都更为决定性的推动。我在这里不再去论述于此书中通篇闪烁着的高质量的**智慧**，它是**人格的**智慧，但又完全成为**客观的**和**栩栩如生的**、果敢的、苦涩的并且是仁慈的智慧，尽管在我们学院的哲学著述中最难得见到这些定语。在这里不可能对哈特曼的有关《形式主义》的立场以及他本人的立场作出批判分析；我希望能在其他地方来进行此项工作①。但在这里已经可以对我与这部《伦理学》的关系做出几点非常一般的说明。

哈特曼在他的《伦理学》前言中曾说明，“舍勒的思想〔即‘质料的价值伦理学’思想〕可以为理解亚里士多德提供新的启示，尽管它本身并不丝毫带有这方面目的，这是对这个质料的价值伦理学的样品的一个突击检验”（第Ⅶ页）；在这一点上我**不**能苟同这位我
所敬重的研究者，即使我非常高兴的是，他能够通过《形式主义》书 20

① 只是我在这里暂时需要强调，我把哈特曼对“观念的”和“规范的”应然（Sollen）所做的新分析看作是对我在《形式主义》书中对“价值与应然”分析的很有价值的细化；此外我还认为，他对较低伦理范畴的相对“强”和较高伦理范畴的相对“弱”的阐述〔也可参阅他在由H.普莱斯纳编辑的《哲学告示》第1册（柯亨—波恩）上发表的十二范畴法则〕是他的伦理学的一个特别**深刻的**明察。这个命题在很大程度上与在《形式主义》书中所论证的那个命题相一致，即：价值在等级方面所处的位置**越高**，它们就越是不能通过意愿和行为而得到实现。

而从亚里士多德那里看到一些他以前没有看到的东西。我担心，他是否——我无法在此处个别地证明这一点——还是有些按照老马堡学派的方式(只要想一下纳托尔普的柏拉图、卡西尔的莱布尼茨等等即可)在亚里士多德那里看出本来在他那里并不存在的东西。亚里士多德既不了解对“善业”和“价值”之间的明确划分，也不具备一个本己的、不依赖于存在的独立性和程度(即不依赖于作为任何事物之基础的隐德莱希目的活动之表现尺度的)的价值概念。他的伦理学本质上是“善业伦理学”和“客观目的伦理学”;《形式主义》书以最详尽的论证反驳了这种伦理学。因而质料的价值伦理学已经完完全全地归属于“现代”伦理学，它既不可能成为回归古典静态善业客观主义(天主教经院哲学就想以另一种方式这样做)的跳板[①]，也不可能成为“一个古典伦理学与近代伦理学之综合”的基础(第Ⅶ页)。只是在善业伦理学和目的伦理学崩溃之后，就是说，在自身可靠的“绝对”善业世界崩溃之后，“质料的价值伦理学”才能够产生。这门伦理学是以康德对这些伦理学形式的摧毁为前提的。它并不希望成为“反康德的”或回归到康德之后，而是希望超出康德。它所具有“历史相对主义”性质并不比康德更少，而是更多，但它却并不会因此就放弃绝对的伦理学。它更多地具有相对主义性质，因为它把康德伦理学的理性人本主义也仅仅看做是人类精神史中的一个瞬间。它根本不承认有任何持恒的理性组织，而只承认理性观念本身的持恒(Konstanz)(参阅第五篇，

① 在这一点上非常具有启发性的论述可以在E. 普尔兹瓦拉著作的有关章节中找到:《宗教论证，马克斯·舍勒-J. H. 纽曼》，弗莱堡，1923年，尤其是第3章。

第 6 章)。我更不能承认,对质料的价值伦理学这个样本的“检验”在于,看它是否对亚里士多德作出新阐释!吾爱亚里士多德,吾更爱真理(Amicus Aristoteles,magis amicus veritas)。

哈特曼前言所作的另一个说明在于指出那些决定了他将其著作建立在质料的价值伦理学基础上的原则性根据:“以此〔《形式主义》书〕而指明了一条道路。但指明一条路是一回事,踏上一条路是另一回事。踏上这条路的既不是舍勒,也不是其他人,至少没有在真正的伦理学中——或许不完全是以偶然的方式。”我们姑且不去考虑,在实践世界中(例如在政治世界中)“踏上一条道路”的确要多于并高于单单**指明**道路,但在理论世界中的情况却恰恰与之 21
相反——哈特曼的这个命题的韵律不正暗示“踏上道路”要比“指明道路”更多吗?——我在这里也不能在另一个意义上赞同哈特曼。倘若在《形式主义》(以及我的所有涉及伦理的著作)与哈特曼的《伦理学》之间并不存在**各个道路的方向上的差异**——哈特曼那方面似乎将这种方向不同当做在**一个**方向上的道路的更多或更少——,那么我也不会提及这一点。我在这里并不想强求说,我的所有那些广泛的伦理著述在伦理学的**个别**分析方面和从《形式主义》中得出的推论方面一直进展到了最具体的问题之中。要不是哈特曼从一开始就具有一个比我更为狭窄的关于“真正的伦理学”的“概念”,那么哈特曼自己恰恰最不会忽略这一点。而在这里,我的确对他的整个著作报有一些总体**疑虑**,而这些疑虑还是公开说出来为好。

我认为,在这部著作中首先缺少对**人格性**(Persönlichkeit)的伦常**生活**的分析,这种生活出现在良知的伟大进程中,也出现在任

何一种伦常“行为”中。即使我们学会关心价值的“客观内涵”，我们也不能——倘若我们不应回坠到那种僵化着活的精神的客观主义和本体主义之中——忽视主体的伦常生活这个问题。我必须彻底地拒绝一种据说完全由“独立于”活的精神行为的本质和可能进行(Vollzug)——不仅“独立于”人和人的意识，而且“独立于”整个活的精神的本质和进行——而存在的观念天空或价值天空，而且原则上在哲学的门槛前就将它加以拒斥。这不仅适用于伦理学，而且同样也适用于认识论和本体论（参阅哈特曼的《形而上学与认识论》连同我上面引用过的论文“认识与劳动”，尤其是关于“实在”的本质和被给予性部分）。因此我——尽管我很愿意承认在哈特曼的著作中有许多在这里的价值伦理学方面的真正进步，其中包括他对我的观点的某些批判——不能承认他对我的人格概念（例如我的命题：人格永远不能是“对象”）的那些批判是合理的，例如不能承认他对“总体人格”的批判是合理的。哈特曼回溯到一个过于轻巧的实在本体主义和价值本质客观主义之上，它几乎使人觉得它是中世纪的，它甚至回引到了基督教的活的实体之后，回引到了基督教对在上帝和人之中活的、不能对象化的而只是“行动地”
22 存在着的主体性之永恒权利的发现之后；我觉得，这是一种针对马堡学派极为偏激地绷紧在一个“创造着的思想”和一个创造着价值的“合乎法则的”、“纯粹的”意愿之间张力的做法而作出的过度反应。而在哈特曼那里成为问题的反而是远远超越出这种基督教掠夺（相对于古代）的近代对活的精神的权利之发现。

我在这里要简短强调的第二点在于，哈特曼太不重视所有生命伦理(Ethos)的历史本性和社群本性[①]以及这些伦理的特殊价值秩序。即便是作为精神生物，人也只是呼吸在历史与社会之中。就像我不能将认识论隔离于人类精神的结构历史一样(参阅我的《知识形式与社会》书的前言)，我也不能将伦理学隔离于伦理形式的历史。因此，我所看到的质料的价值伦理学的继续构建方向，并不处在哈特曼所说的"真正的伦理学"之中，即是说，不处在一种完全带有甚至生硬地带有"个体主义"观点的、按照亚里士多德方式、更多是按照斯多亚学派方式进行的德行分析之中，也不处在对那些价值的个别的(自身有益的)分析之中，这些价值从它们原先在其中被体验到的共同体和历史的结构中凸现出来，并且被完全无时间化了(例如Fr.尼采的"对最远者的爱"[②])；相反，这个继续构

① 这里所使用"社群的"一词是对"sozial"一词的尝试翻译。自从斐迪南·腾尼斯提出"共同体(Gemeinschaft)"与"社会(Gesellschaft)"是两种基本社会(sozial)形式以来，"社会"一词便有了宽、窄两个含义。在西语中，这两个含义常常可以用两个不同的概念来表达，但在中文中便成为棘手的问题。以往的中译一般会将"sozial"和"gesellschaftlich"都译作"社会的"。但舍勒在"Gesellschaft"意义上所说的"社会"与"生命共同体"相对立，因此"sozial"与"gesellschaftlich"的不同含义在一些地方(例如参见本书边码第527页)得以特别显露出来，前者将"共同体"和"社会"都包容于自身，因此明显要比后者更宽泛；用他自己的话来说，"我们用'社群的'(sozial)这个表达所标识的是仍然最为普遍的和最无分异的人之联合。"(参见本书边码第515页)当然，舍勒对这两个概念的使用并不十分严格。在与"历史的"概念相对立使用时，舍勒也在一般的"社会"意义上等义地使用"sozial"和"Gesellschaft"这两个词(参见本书边码第22页、第189页)。译者在本书的翻译中将根据语境的需要和允许情况来尽可能地区分这两者。所谓"尽可能"，还意味着像"社会学"(Soziologie)、"社会主义"(Sozialismus)、"社会哲学"(Sozialphilosophie)、"社会伦理"(sozialer Ethos)等等概念不再受到相应的修改。——译注

② 这里所引的尼采原文为"Fernstenliebe"，直译为"爱最远的人"，取自《查拉图斯特拉如是说》。它与基督教所弘扬的"Nächstenliebe"，即"爱最近的人"相对立。后者源自《圣经》中"爱邻人的人不会做伤害他的事，所以爱成全了全部法律"("罗马书"，

建的方向在于一种在历史与社会中的伦常意识的发展哲学。最后，我也不能赞同那种不只是从方法上，而是从完整的实事上将伦理问题从形而上学中、从关于所有事物之根据的“人格”中摆脱出来的做法，同时也不能赞同哈特曼所说的在伦理学和绝对者形而上学或宗教哲学之间存在着绝对“悖谬性”的观点（参见《伦理学》第三部分，第85章，还有第一部分，第21章），它们属于哈特曼这部宏大著作的最奇异特征①。因此，如果说，在伦理学与绝对存在的形而上学之间的活的纽带——即使I.康德也没有像N.哈特曼
23 那样以如此系统的方式将此纽带扯断——不应被割裂，就像哈特曼在他的那些章节中（也参见他的前言）所做的那样，这时他与弗里德里希·尼采的“公设性无神论”靠得最近（参阅我在《新周刊》

13.10，亦可参阅：“马太书”，19.19；22.37等等）这一教诲。以后“爱邻人”（Nächstenliebe）也被解释为“爱他人”乃至“博爱”，成为基督教伦理的核心概念。尼采以“爱最远的人”来反对基督教的“爱最近的人”：“我劝你们爱最近者（邻人）吗？我宁肯奉劝你们避最近者（邻人）而爱最远者！”（尼采：《苏鲁支语录》，徐梵澄译，商务印书馆1992年版，第56页。中译文有所改动。）——译注

① 这首先是针对哈特曼（为了人的“尊严和自由”之故）的要求而言，即：不“可以”存在任何一种客观的目的论（以及目的技艺）。但为什么世界以及它的根据“应当”去满足这样一种关于人的“尊严和自由”极为偏激的概念的单纯要求呢？人们难道可以并且能够用这种东西来“规定”那些肯定在大都是“独立于”我们的东西，即规定那些绝对的存在吗？仅就生命过程而言，人们就无法做到这一点。

对此问题，我请读者参阅我在“认识与劳动”（载于《知识形式与社会》）的第六篇*结尾的论述。在那里，我在完全对立的思考方向上从人的统治意愿的单纯（随意）“期望”（fiat）中，或者说，从上升的市民社会以及它们关于“人”的思想中（也参阅我的知识社会学[即“一门知识社会学的问题”]，同上书）推导出对一个普遍有效的、形式－机械的自然（尤其是生命现象和心灵进程）因果性的设定，并且拒绝了这样一种对自然的完全可统治性的空乏“公设”，并且随之也就拒绝了与它相应的“人的尊严和自由”，就像我在《论人中的永恒》中已经拒绝了康德对一个有神论的上帝的“公设”一样。既没有上帝的此在，也没有上帝的不此在（Nichtdasein）在关心着人类的和伦理的“公设”。

1926年11月号* 上的文章“人与历史”)，那么我另一方面也不想看到与我们的机遇[①]的纽带——这是绝然相对的纽带——，即与我们的人类的和历史的人之存在时机的要求的纽带，如此完全地被割裂，就像它在哈特曼那里所发生的那样。*

在一种与哈特曼相对的意义上，笔者的一位南非学生 H. G. 斯托克尔(比尔)在他的著作《良知》(柯亨出版社，波恩，1925 年)中合理而出色地采纳了这些批评，并对笔者《形式主义》书中和其他涉及伦理问题著述中的本质阐述进行了继续构建和深化。尽管这本书含有一些可以个别地提出批评指责的地方，但它仍然展示了我们目前所拥有的最仔细和最细微的良知现象分析。这句话(参见我为此书所做前言)也多次为此书的一些杰出批评者(如 K. 谷鲁司)所承认。

在社会学方面，《形式主义》书在德语区中所产生的最大影响可能是在特奥多尔·利特那里；在如今致力于对社会学进行哲学奠基的人中，他的思想或许是最为深刻的。他的著作《个体与社团》(莱比锡，1926 年，第三版)在每一个本质性的部分中都带有对《形式主义》书有关章节的有力而透彻的批判分析。这甚至是“辩证”精神的特殊致谢方式——而特奥多尔·利特便是这样一种精神，这是在黑格尔方法的最佳意义上，这种方法近来重又为人所喜爱，而在我看来是过于为人所喜爱——，即：他自己所做的独立的继续构建，更多是通过对他所选择的分析对象之立场的批判，甚至

① 这里的原文是“Kairos”，即希腊文的“时机”、“机遇”。这个概念在柏拉图对话(如《费雷泊士篇》，66A)和《圣经》(如“约翰书”，7.6)中均有出现。——译注

是相对的否定（“辩证法”不承认“绝对的”否定）来完成的，并且这种发展是在这些批判和否定之中完成的。尽管——这在辩证的思
24 维方式中是与“因为”相一致的——利特几乎在他所有引用《形式主义》书的地方都在反对该书的命题，我这方面觉得特别需要在这里对这个以他的著作来向《形式主义》书进行证明的行为表示感谢。因为我从他的这部透彻的著作中学到了许多东西——大都是从那些探讨在人之中从自然向精神过渡（在本质意义上从自然人＜homo naturalis＞向理性人＜homo rationalis＞的过渡）的章节中，这些章节试图通过下列思想而“在某种程度上”来为上述过渡提供中介：精神只是在某些本质相关的社群类型的行为中才具有其可能的生存方式（形而上学地说，具有其“宣示条件”）（参见第323页以后）。我想将我所学之成果留给我的《人类学》书的一个部分去表述，这里就不再细论[①]。

E. 特勒尔奇在他的《历史主义》（《选集》第二卷，第603页以后）一书中对《形式主义》书进行了批判阐述，这些批判阐述没有能够像特奥多尔·利特那样为笔者所提供如此多的东西。他所做的关于《形式主义》书缺少对个体性（人格、民族性、历史时机）的敬畏的阐述，对笔者来说并不确切。笔者的命题之一就是“为我的”客观上向来是绝对的善的概念（参见《形式主义》，第六篇B，第2章）。E. 特勒尔奇是德国和我们这个时代的最值得敬重的精神人物之一。笔者在许多方面要感谢他。但是他的专长恰恰不在于：

① 至于利特在狭义的伦理学中对N. 哈特曼和我的态度，可以参阅他在《哲学手册》（A. 博伊穆勒和M. 施勒特尔编，慕尼黑，1926年）中的“近代伦理学”条目。

将严格的和纯粹的实事哲学、哲学问题从那种被称作哲学史的庞大世界废话中解脱出来，并且纯粹地对这些实事哲学和哲学问题自己本身进行考察。

在西班牙，马德里大学形而上学教授奥尔特加·伊·加塞特对《形式主义》书的价值理论和社会学部分做出了广泛的追随（参阅在《西方评论》第一年度、第4册上的论文“价值意味着什么”，马德里，卡尔佩出版社，1923年，以及《观察者》，马德里，1921年）。在日本，社会学家高田保马撰写了一篇关于本书本质社会学部分的敏锐文章（《论作为类型的社团》，福冈，1926年）。

至于这本书在心理学方面的影响，受到关注并得到继续构建的主要是关于“自我”、“身体”、“人格”的理论、精神动机和心理因果的种类，还有详细阐释的“感受之深度层次”法则；例如在W.斯特恩（《价值哲学》）、A.格林鲍姆（参阅他的论述《统治与爱》的书，柯亨出版社，波恩，1924年）、保罗·希尔德（参阅他的《医学心理学》，施普林格出版社，1924年）那里，以及在荷兰精神分析学家H.C.吕穆克那里（参见他的论述“关于幸福感受的现象学与临床 25
术”），最后还在库尔特·施奈德的文章“情感生活的层次与忧郁状态的建立”（《心理学杂志》，第58卷）中。V.v.魏茨泽克所撰著作《心灵治疗与心灵引导》（贝特斯曼出版社，居特斯洛，1926年）值得一读，它将《形式主义》书中所提供的关于人格行为的“凝聚”学说运用于他的医学人类学。

在教育学方面，《形式主义》书所起的影响还相对较少。G.凯兴斯泰纳在他的极具启发和真正有所建树的著作《教育理论》（托伊布讷出版社，莱比锡，1926年）中，以一种在笔者看来富有成效的方式对《形式主义》书进行了分析。

最后，笔者还允许自己指出一点：它在一个关于“道德与政治”（于“政治学院”所做，柏林，1926/27 年冬季）的系列报告中以及在另一个关于“永久和平”的报告中将《形式主义》书所发现的那些原则以细致的方式特别地运用在这里所说的问题上；这些系列很快就会特别出版。* 它们同时指出了笔者所认为和希望的、适合于质料的价值伦理学的继续发展方向。

每一部真正的哲学著作都背负着它的“命运”——好的和坏的，真的和假的，它们是由作者的责任和理解的偶然掺杂而成。

但愿这部书以后所承载的命运不会比它至此为止已承载的更沉重。

马克斯·舍勒

科隆，1926 年 12 月

伦理学中的形式主义与质料的价值伦理学

——尤其关注伊曼努尔·康德的伦理学[①]

① 这个副标题是《形式主义》第一版的副标题。自第二版后，舍勒将它改为现有的副标题，即“为一种伦理学人格主义奠基的新尝试”。——译注

第 一 部 分

引论性的说明 29

在一部即将出版的篇幅较大的著述中，我试图阐释一门建立在现象学经验之最宽泛基础上的质料的价值伦理学。针对这样的一部著述，迄今仍在起效用的康德伦理学会提出异议。由于我在那部著述中不愿批判其他哲学家的观点，而只想以适当的方法引述他们的学说来澄清自己的肯定性命题，所以我想在这里通过对整个伦理学中形式主义的批判，尤其是对由康德所提出的论据的批判，在某种程度上为我的那部肯定性的著述开辟一条无障碍的通道。* 最终有效的是斯宾诺莎的话：真理是对它自己和对谬误的标示。因此在这部著述中，我只能以这样一种形式来进行批判：我试图用正确的前提来取代康德式的前提的谬误性，以此来指明他的前提的谬误性。

在我看来，如果人们以为，质料伦理学的某个后康德学派已经反驳了康德的学说，那么这意味着一个极大的谬误。我不这样认为，而是宁可相信，所有那些以一个质料的基本价值，如“生命”、“福利”等等，作为伦理学论证之出发点的新学派，都只是为这样一个预设提供了例证，而对这个预设的彻底拒绝恰恰就是康德实践哲学的最大功绩，甚至严格说来就是它的唯一功绩。因为质料伦理学的所有那些形式都鲜有例外地同时也是**善业伦理学**和**目的伦**

理学的形式。但任何一门伦理学，只要它们以这样的问题为出发点：什么是最高的善？或者，一切意愿追求的最终目的是什么？那么在我看来，它就已经被康德一劳永逸地反驳掉了。所有后康德的伦理学，无论它们在对特殊而具体的伦理价值的阐释中以及在对具体伦常的生命关系之分析中做出多少贡献，都只能在它们的原则部分中仅仅提供这样一个背景，从这个背景中，康德的伟大、坚定和决断只会更鲜明和更形象地得到突出。

30 但另一方面我坚信，这个铁嘴钢牙的庞然大物阻断了哲学的道路，使它无法走向一门关于**伦常价值**、关于它们的**级序**以及关于建立在这些级序上的**规范**的学说，这门学说是具体明晰的，但又独立于所有实证心理学的和历史的经验；并且与此同时，哲学也无法走向任何一门关于将伦常价值以立足于真正明察之上的方式建构到人的生活中去的学说。只要那个空乏而又巨大无比的公式仍然被视为一切哲学伦理学的唯一严格的和明晰的结果，我们就无法看到丰富的伦常世界及其质性，我们就无法坚信可以在它们和它们的关系之上形成某些具有**约束力的东西**。

对于这个目的来说，所有那些只是关注康德观点的推断合理性的所谓“内在”批评都是没有任何价值的。这里的关键毋宁在于，发现康德的所有那些预设，它们一部分是由他自己表述出来的，但大部分则为他所缄口不语——或许是因为他把它们看做是不言自明的，无须再去明确地思考它们。这样一些预设大都是他与新近时代的整个哲学所共有的预设，或者是他未加考虑和检验就从英国经验主义者和联想心理学家那里接受过来的预设。我们在以下论述的过程中将会遭遇这两种预设。在我们看来，至此为止的康德批判对这些预设关注得太少。但因此我在这里也要拒绝“内在”批判的任务，因为这里的目的不应在于，对“历史的康德”连同其所有偶然的修饰进行批判，而是在于一个**一般形式伦理学**的观念，就此伦理学而言，康德伦理学只是向我们展示了这门伦理学所能找到的——诚然是最伟大和最深刻的——代表和最严格的形式。

我在这里要列出那些预设，并在分别的章节中深入地检验它们，无论它们是否被说出，这些预设都是康德学说的基础。它们可以回归到以下定理上：

1. 所有质料伦理学都必然地必定是善业伦理学和目的伦理学。

2. 所有质料伦理学都必然带有仅只是经验一归纳的和后天的有效性；唯有一门形式伦理学才是先天的，并且是不依赖于归纳经验而确然的。

3. 所有质料伦理学都必然是成效伦理学，并且唯有一门形式伦理学才能够作为善与恶的原初价值载体来谈论志向（Gesin- 31
nung）[①]或有志向的意欲（Wollen）[②]。

① “志向”（Gesinnung）也被有被译作“意向”的，如苗力田先生（参见康德，《道德形而上学原理》苗力田译，上海，2002 年，第 38 页）。但这个翻译与通行的“Intention”（意向）译名相同，故不可取。此外，从舍勒对“Gesinnung”的分析以及他所采纳的康德的分析来看，译者也认为“志向”是更为接近该词含义的翻译。舍勒对此的详细分析可以参阅本书第一部分、第三篇“质料伦理学与成效伦理学”中对“志向伦理学”的论述，尤其是边码第 128 页以后。——译注

② 这里需要注意的是：舍勒在术语上严格区分“意欲”（Wollen）、“意愿”（Wille）和“愿望”（Wunsch）。舍勒对此的详细分析可以参阅本书第一部分、第三篇“质料伦理学与成效伦理学”中对“志向伦理学”的论述，尤其是边码第 138 页以后。——译注

4. 所有质料伦理学都必然是享乐主义，并且回归到在对象上的感性快乐状态（Lustzustände）之此在上。唯有一门形式的伦理学才能在对伦常价值的指明和对建基于它们之上的规范的论证过程中避免朝向感性快乐状态。

5. 所有质料伦理学都必然是他律的（heteronom），唯有形式伦理学才能够论证并确定人格的自律性。

6. 所有质料伦理学都只会导向行动的合法性，唯有形式伦理学才能够论证意欲的道德性。

7. 所有质料伦理学都使人格服务于它的本己（eigen）状态或它的异己（fremd）善业事物；唯有形式伦理学才能够指明和论证人格的尊严。

8. 所有质料伦理学最终都必须将伦理价值评估的基础移置到人类自然组织的本能（triebhaft）利己主义之中，唯有形式伦理学才能够论证一种不依赖于任何利己主义和任何特殊人类自然组织的、对所有理性生物一般都有效的伦常法则。

第一篇　质料的价值伦理学与善业伦理学或目的伦理学 32

在讨论康德谬误地将善业①和价值加以等同的做法之前，或者说，在讨论他把价值视作是抽象于善业的看法之前，我首先要强调的是：康德完全合理地把任何一门善业伦理学和目的伦理学看做从一开始就是错误的并且予以拒绝。尤其是对善业伦理学和目的伦理学要首先指出这一点。

① 这里译作“善业”的概念，其德文原文是“Güter”，英译本作“goods”。它通常也被译作“善”，实际上是复数的“善”。因此译者也曾考虑译作“诸善”。但德文中的“Gut”和“Güter”（英文的）还带有另一层的意思：它们也意味着财产或财富，无论是物质的还是精神的。因此，在宽泛的哲学伦理学意义上，它们同时意味着“有价值的对象、行动和行为方式”（参阅：《哲学辞典》，斯图加特，1982 年，第 253 页）。在这个意义上，施莱尔马赫在亚里士多德伦理学的基础上所提出的“Güterlehre”（可译作“善业学说”），以及舍勒在本书中所讨论的“Güterethik”（译作“善业伦理学”）以及“Güterwelt”（译作“善业世界”），都不仅涉及道德价值，而且也涉及物质财富。而且在舍勒这里，“善”的价值本身还有别于承载着这些价值的“善业”。“Güter”被理解为“价值事物”（Wertdinge）（参阅本书边码第 32、42 页，等等）。这里用“善业”一词来翻译“Güter”，意图便在于涵盖这两方面的内容。“业”在这里并不仅仅意味着佛学“善业”概念中的善行或伦理关系，而且也意指与此类行为和关系有关的组织性的和象征性的自然形态，如国家、学校、教会和社会这类文化财富与文明财富。“善业”是相对的，例如对于一些人来说，财富本身即为善业，而贫困则为弊端；但对另一些人来说则恰恰相反。（尤其可以参阅本书第一部分、第二篇 B、第 4 章、a.“人格价值与实事价值”的说明，以及第二部分、第四篇、b.“规范的应然”，边码第 238 页，等等。）——译注

善业就其本质而言是价值事物(Wertdinge)。康德说,只要我们使一个人格、一个意愿行为、一个行动等等的好(Güte)或伦常的坏(Schlechtigkeit)[①]依赖于它们与一个被设定为现实的现存善业(或弊端<Übel>)世界的关系,那么我们也就使意愿(Wille)的好或坏一并依赖于这个善业世界的特殊而偶然的此在,同时也就依赖于对它的经验认识。无论这些善业叫做什么,例如叫做一个现有社团的福利、国家、教会、民族或人类某个发展阶段上的文化财产和文明财产,意愿的伦常价值都会取决于以下的状况:它究竟是"包含着"这个善业世界,还是"促进着"这个善业世界,或者是以促进或阻碍、加快或延缓的方式干预着这个善业世界的现有"发展趋向"。随着这个善业世界的改变,善与恶(böse)的意义与含义也发生变化;而由于这个在持续变化、运动中的善业世界被包含在历史之中,因而人类意欲和存在的伦常价值也参与着这个善业世界的命运。对这个善业世界的毁灭将会取消伦常价值观念本身。一切伦理学都因此而建立在历史经验之上,即这个变换着的善业世界在其中向我们宣示出来的历史经验之上。因而不言自明,伦理学始终只是具有经验－归纳的有效性。伦理学的相对主义也就随之而迅速地产生出来。此外,每一个善都包含在现实事物的自然因果联系中。每一个善业世界都可以通过自然或历史的力量而部分地被摧毁。如果我们的意愿在其伦常价值方面依赖于善业世

① 舍勒原则上区分"坏"(schlecht)与"恶"(böse),它们都是"好"或"善"的对立面。但"善"与"好"在他那里是一个词:gut,只是中译本在遇到不同的对立面时才采用不同的中译概念。对此可以参阅舍勒在本书边码第 123 页的一个简单说明。——译注

界，那么我们的意愿也会一同被涉及。它也会因此而依赖于那些处在事物和事件的现实因果进程之中的偶然状况。然而，正如康德合理地看到的那样，这是显而易见的**悖谬**。

但这样的话，任何一种对各个现存善业世界的**批判**都会是完全不可能的。我们可以直截了当地在这个善业世界的任意一个部分面前顶礼膜拜，并且将我们自己奉献给可能包含在善业世界之中的各个"发展趋向"。但与此相反，确定无疑的是，我们不仅持续 33
地对这个善业世界进行着批判，例如对真正艺术和非真正艺术、对真正文化和冒牌文化、对实然国家和应然国家进行着区分，而且我们还在对人格与人进行着最高的伦常评估，这些人格与人有可能粉碎这样一个现存的善业世界并且用一些与这个当时现存的善业世界处在极度对立之中的新建理想来取代它。而这显而易见也适用于所有这样一种善业世界的"发展趋向"或"发展方向"。一个发展方向**本身**还可以是**好的**或**坏的**。而在拉比式的法则道德方向上以及在一大批偏偏用上帝来做的迷信交易方向上对先知伦理学与宗教志向的继续构建也曾是一种"发展"。但这是一种在坏的方向上的"发展"，而与这些发展相抵御并最终打断了这种发展的意欲才是善的。因此，首先确定"世界"或现存"生活"或人类"文化"等等的一个发展方向（无论这种发展是否带有一个进步的、以价值增多为目的的特征，还是带有退步的、以价值减少为目的的特征），然后再把意愿行为的伦常价值放在它们对于那种"发展"进程所具有的含义上加以衡量——任何一种这样的企图自身都同样带有那种被康德合理地拒绝了的善业伦理学的所有特征。

这些情况恰恰也适用于任何一门想要确定一个目的（Zweck）

的伦理学，无论是一个世界的目的，还是人的目的，或人类追求的目的，或一个所谓的“终极目的”，而后又用与这个目的的关系来衡量意欲的伦常价值。每一门如此进行的伦理学都必然会为此目的而将善与恶的价值低估为单纯的**技术**价值。只有当正在设定或已经设定了目的的意欲是善的，目的本身才是有正当理由的。这对所有目的都有效，因为它对目的的本质有效，而哪一个主体在进行这个目的设定，这是无关紧要的；这也对某些“神性的”目的有效。只有在伦常的善上，我们才能将神的目的区别于魔鬼的目的。如果人们谈及“好的目的”和“坏的目的”，伦理学就必须对此加以拒绝。因为目的永远不会是好的或坏的，无论在目的设定中应当得到实现的价值是好是坏，无论设定目的的行为的价值是好是坏。不仅对目的的一种特殊实现才是既不好也不坏的，而且对一个目

34 的的设定就已经是既不好也不坏的了。正因为如此，好的行为和坏的行为永远无法用与一个目的关系来衡量，即无法以它是促进还是阻碍这个目的的情况来衡量。好的人格也为自己设定好的目的，但在不了解以何种方式和在哪一些阶段上做出某个目的设定的情况下，我们永远无法在单纯的目的**内容**方面发现那些将目的的一部分标为好、另一部分标为坏的共同标记。因此，好与坏肯定不是一些以某种方式从经验的目的内容中获取的概念。每一个目的，只要我们所了解的是它本身而不是它如何被设定的方式，就不可能是好的或坏的。

我们不再对康德的这一伟大明察之含义和更确切的意义作进一步深入的分析，尤其是因为我们并不担心，在这些命题中会遭遇到某个只有我们在这里才会关注的循环的矛盾。

但对我们来说至关重要的是康德从这个明察中所得出的结论。他认为，他所揭示的要比他已经揭示的东西更多；一门具有正确方法的伦理学不仅要拒绝善业和目的，而且要拒绝所有质料自然的价值，它们都是善与恶概念及其构造的预设。“凡是把欲求(Begehrung)能力的客体(质料)预设为意愿(Wille)规定根据的实践原则，一概都是经验的，并且不能提供任何实践法则。所谓欲求能力的质料，我是指其现实性为人所欲求的对象。”①

由于康德在伦理学论证过程中试图撇开现实的善业事物不论，而这是合理的，于是他也就随即认为，可以不去考虑在这些善业中展示出来的价值。但是，只有当价值概念不是在独立的现象中得到其充实，而是从善业中抽象出来时；或者，只有当它们可以从善业事物对我们的快乐或不快的状态所起的实际作用中被看出来时，康德的做法才是正确的。而康德所做的缄默不语的预设之一就在于，他认定上述情况的存在。康德的进一步结论是：伦常方面的正当与不正当、善与恶，只可能涉及在目的之间存在的形式关系(统一与和谐对立于矛盾与不和谐)，这个结论的预设了：在一个生物为自己设定的经验的目的之前以及在独立于这个目的的情况下，根本不存在一个意愿构成的阶段，在这个阶段中，这个相关意欲的价值方向已经在不具有特定目的观念的情况下被给予。我们要说，康德的这些结论是谬误的。而且恰恰是从这些谬误中，而不是从那种我们也认为有效的、对所有善业伦理学和目的伦理学的

① 康德，《实践理性批判》，第一部，第一卷，第一章。译文引自中译本《实践理性批判》(韩水法译，商务印书馆，北京，1999年)，但时有改动。以下均同。——译注

拒绝中，前面所引诸命题中的第一个命题便得以产生：一切质料伦理学都必然地必定是善业伦理学，或者说，目的伦理学。现在需要对此进行更为仔细的证明。

第1章　善业与价值

正如颜色的名称所指明的仅仅是物体事物的特性一样——即使在自然的世界观中，颜色显现也大都只是就其作为区分不同物体事物单位的手段所起的作用而得到注意——，价值的名称也仅仅指明那些被我们称作“善业”的、以事物方式被给予的单位之特性①。就像我可以例如在一个纯光谱颜色中使一个红作为单纯延展的性质（Quale）被给予我，同时并不将它理解为一个物体平面的表层，而只将它理解为平面或一个空间类型的东西，我也可以原则上接触到像适意的、诱人的、可亲的，还有友好的、雅致的、高贵的这样一些价值，同时却并不将它们想象为事物或人的特性。

让我们首先来尝试着从感性适意之物的领域出发，就最简单的价值来证明这一点，即是说，在价值质性与其事物载体的联系或许还是可想象地最密切的地方。每一个美味的水果也都有它的特殊种类的美味。因此，情况完全不在于，只有这同一个美味融化在杂多的感觉之中，例如融化在樱桃、杏子、桃子在品尝或观看或触摸时所带来的感觉之中。在任何一个这样的情况中，美味在质性

① 对此可以参阅笔者“论自身欺罔”一文，载于：《病理心理学杂志》，第一辑，第一册，第139页以后。*

上(qualitativ)都不同于在其他的情况中；而使这美味的质性差异得到区分的，既不是那些每次与它相连的味觉、触觉和视觉，也不是在对这些水果的感知中多重地显现出来的水果特性。“感性适意之物”在这种情况中所具有的价值质性是价值**本身**的**真正**质性。毫无疑问，我们可能根据我们的技艺和能力来把握它们，并且在不顾及视觉的、触觉的感觉功能的情况下，或在不通过品味以外的其他感性功能的情况下来区分它们；当然，如果我们习惯了例如气味
36 〔在品味中〕的共同作用，那么要想在排除气味的任何共同作用的情况下进行〔美味的质性差异的〕区分还是十分困难的。对于生手来说，在黑暗中区分红酒和白酒就已经相当困难了。但这个事实以及类似的一批事实，例如在排除嗅觉的情况下对各种美味区别力的缺失，仅仅表明相关人所具有的层次不一的技巧以及他对相关美味之**接受**和**理解**的特殊习惯。

但在这个领域中有效的东西，在更大的程度上也对在感性适意之物的领域以外的价值区域有效。因为在感性适意之物的领域中，价值毫无疑问是与我们的状况变换以及同时与为我们带来这种状况的特殊事物最紧密地联结在一起。显而易见，正因为此，语言没有为这些价值质性本身构造出特殊的名称，而只是或者根据它们的事物载体(例如玫瑰气味的适意)或者根据它们的感觉基础(例如甜味的适意、苦味的不适意)来区分它们。

完全确然的是，例如与可爱的、诱人的、庄严的、美的等等这样一些语词相应的美学价值，并不只是一些在作为这些价值之载体的事物的共同特性中获得其充实的概念语词。这一点已经通过这样一个事实而得到表明：倘若我们试图掌握这样一些“共同特性”，

那么在我们手中从根本上说**不**会留下**任何东西**。唯当我们将这些事物置于另一个并非价值概念的概念之下，亦即例如当我们去探问可爱的花瓶或花朵或高贵的马的共同特性，这时我们才有可能给出这些共同的特征。因而这样一类价值是不可定义的。尽管它们无疑地具有“对象性”，我们也必须先将它们附着在事物上被给予我们，然后才能将有关的事物称之为“美的”、“可爱的”、“诱人的”。这类语词中的每一个，都将一系列在质性上有层次分别的价值显现总合为一个价值概念的统一，但它所总合（zusammenfassen）的并不是那些价值无涉的特性，这些特性只会以它们固定的聚集（Zusammensein）来佯装给我们一个独立价值对象的假象。

但这也适用于那些隶属于伦理学领域的价值。一个人或一个行为是“雅致的”或“粗俗的”、“勇敢的”或“怯懦的”、“纯洁的”或“邪恶的”、“善的”或“恶的”，这并非是通过我们所能给出的在这些事物或过程上的固定标记才为我们所确定，而且在这些事物或过程中也根本不**存在**这些标记。在某些情况下只需要一个**唯一**的行为或一个**唯一**的人便足以使我们能够在他之中把握到这些价值的 37
本质。相反，每一个试图在价值领域本身以外来为例如善与恶制定共同标记的做法，都不仅会导致理论意义上的认识谬误，而且也会导致最严重的伦常欺罔。每当人们误以为善或恶是与一个在价值领域本身以外存在的记号相联结时，无论这记号是一些可证明的人的身体或心灵的资质与特性，还是对一个阶层或派别的从属性，并且每当人们据此而谈及“善与公正”或“恶与不公正”时，就像讨论一个客观可确定和可定义的**类别**一样，人们总是必然会沉迷于某种“法利赛式的伪善”（Pharisäismus），这种伪善把“善”的可

能载体以及它们的共同标记（作为单纯载体）看做相关的价值本身并且看做价值的本质，但它们却只是作为载体才对这些价值发挥作用。耶稣所说“无人是善的，唯有上帝除外”（即，善属于他的本质）这句话的意义似乎只能在于，用这个事实情况来反驳“善与公正”。他并不想说，没有人在这个意义上是善的：没有人能够具有是善的特性的特性。他只是想说，“善”本身永远不会处在那种可以从概念上给出的人的特性之中——恰恰有别于那样一些人的看法，这些人想要根据可给出的实在的、从属于表象领域的标记来区分善者与恶者，就像区分山羊与绵羊一样[1]，这就在某种程度上构成了法利赛式的伪善的永恒范畴形式。当我们合理地说出一个价值时，只想从那些本身并不从属于价值显现领域的标记和特性中得出这个价值，这总是不够的[2]；价值必须始终是自身直观地被给予的，或者必须回溯到这样一种被给予性上。正如询问所有蓝的或红的事物的共同特性是无意义的一样，因为对此的唯一可能的回答就是，这个特性就在于，它们是蓝的或是红的，与此相同，询问善的或恶的行为、志向（Gesinnung）、人等等的共同特征也是无意义的。

---

① 区分绵羊与山羊的说法取自《圣经》马太书（25.31—25.35）：在最后的审判时，人子耶稣“要坐在荣耀的宝座上；地上万民都要聚集在他面前。他要把他们分为两群，好像牧羊人从山羊中把绵羊分别出来一样。他要把绵羊放在右边，山羊放在左边。然后，王要对他右边的人说：‘蒙我父亲赐福的人哪，你们来吧！来承受从创世以来就为你们预备的国度。’”——译注

② 但在各种价值认定之间或许会存在一致和争论，以及杂多类型的推导关系，但它们并不具有逻辑本性，而是从属于价值区域的独立合法性，并且建基于价值本身之间的本质联系与本质不相容性之上。

根据上面所说可以得出，存在着**真正**的和**真实**的价值质性，它们展示出一个具有**特殊**关系和联系的特有**对象**区域，并且作为价值**质性**就已经可以例如是更高的和更低的。但是，若果如此，那么在它们之间也就存在着一个**秩序**（Ordnung）和一个**等级秩序**
（Rangordnung），它完全独立于一个它在其中显现出来的善业世 38
界的此在，并且完全独立于在历史中这个善业世界的运动与变化，而且对它们的经验来说是“先天的”（a priori）。

然而有人或许会指责说，我们所表明的仅仅是：价值不是事物的特性，或者至少原初不是这种特性；但也许必须将它们看做**力量**或**能力**或处在事物之中的**秉性**（Disposition[①]），它们在感受着和欲求着的主体中**引发出**（kausieren）某种东西，或者是感受状态，或者是欲求。在康德那里也可以发现，在某些地方他似乎偏向于这个首先为约翰·洛克所倡导的理论；倘若这个理论是正确的，那么所有对价值的经验自然也就必须依赖于这种“力量”的作用，依赖于这种“能力”的实现，依赖于对这种“秉性”的激发[②]；价值之间的关系，例如它们的高、低关系，而后也就必须依据这种力量和能力或实在秉性的实在联结。在这种情况下，康德无论如何在这点上是合理的，即：每一个质料的伦理学都必定是经验—归纳的：而反

① 这个概念也可以译作“素因”或“倾向”等等。——译注

② 这种学说不应被混同于以后*还要提到的那种理论，那种理论把价值回归为“持久的可能性”或回归为在这些感受与欲求的进程中的一个特定秩序，但把价值的为我的主观此在，即价值意识，回归为感受秉性和欲求秉性或对这种秉性的“激发”——完全类似于实证主义将感知事物回归为感性显现过程的一个秩序，或者（在主观方面）回归为这些感性显现之间的期待联系——，以至于价值与现时感受之间的关系就像事物与感觉内容的关系一样。

过来，所有对价值的判断则必定脱离开那些作用，即这些事物借助于这种力量、能力、秉性而对我们这些具有特定实在自然组织的生物所发挥的作用；而所有对价值关系的判断就更是必须脱离开那些作用了。因为，由于人们几乎无法倾向于认可“更高的”和“更低的”力量与能力，他们就必须把这些区别或者回溯到这些力量（例如一个特殊的价值能量）各自的程度上，或者回溯到某些处在事物之中的元素力量的总量上，或者将这个区别完全移置到主体之中，以至于人们例如可以说，所谓较高的价值就是那些激发起更为急迫之欲求的价值[①]。

但是，就像这个理论对于颜色及其秩序来说——洛克也用它来解释它们——是根本谬误的一样，它对于价值来说也是根本谬误的。人们会徒劳地探问，那些“力量”、“能力”、“秉性”究竟存在于哪个世界角落里？它们指的是特殊的“价值力量”？或者，这些力量就是自然科学也赋予事物的力量，如附着力、内聚力、重量等
39 等？显然，在前一种情况中引入了一种纯粹隐蔽的质性（qualitas occulta）、一个X，它只有通过那种被误以为会对它进行“说明”的“作用”才获得其全部的意义——例如就像莫里哀的沉睡力（vis dormitiva）。但如果我们将价值仅仅理解为某些自然力量对欲求着和感受着的生物所起作用的特例——因为，那些力量似乎并**不**存在于事物的相互作用中，因为自然科学不探讨这些力量也能成立——，那么这个命题也就被弃置了。而后，价值就不**是**这样的力

① 而对于感受，我们就必须谈及更大程度的可激发性（Erregbarkeit），这也当然不能等同于感受（快乐与不快）的强度。

量，而恰恰是那些作用，是欲求和感受本身。但这恰恰导致了完全另一种价值理论[①]。这同样也适用于对含糊的"能力"和"秉性"的假设。价值是一些清楚的、可感受的现象，不是一些含糊的、本身只能通过那些熟识的现象才获得其意义的 X。如果我们根据我们在一个过程中所发现的一个可感受的价值素材(Wertdatum)来预设这个过程的价值，那么我们也许可以暂时将这个过程——不是它的价值——的尚未完全被分析的原因在语言上不尽严格地标识为"价值"。例如我们就是如此地谈论食物、碳水化合物、脂肪、蛋白等等所具有的不同"营养价值"。但在这里所涉及的并非是特殊的、含糊的"能力"、"力量"、"秉性"，而是化学上特定的材料和能量(在化学和物理学的意义上)；我们在这里预设了给养(Ernährung)的价值，同样也预设了在充饥时直接被给予我们的食物(Nahrung)的价值——而且它明确地有别于充饥本身的价值以及与此(不是始终)相关联的快乐的价值。只有这时才有可能提出这样的问题：通过哪些化学特性，一个特定的物体对一个特定的生物，例如对人，在正常的状态下，在消化和材料变换等等方面承载着这种食物的价值(对于其他动物来说，也许这同一个物体是"毒药")，并且通过这个材料的哪些份额，这个物体承载着这个价值的哪些范围。但要是我们说：这个营养价值就存在于那些特殊的化学物质之中，或者说，就在于这种物质会程度不同地出现在一个食品中，那就大错特错而且还会令人不知所措。千万不能将一

① 笔者在这部著述的第二部分、第五篇"质料的价值伦理学与幸福主义"、第 1 章中讨论这个理论。

个事实与一个完全不同的主张相混淆！一方面是这样一个事实：存在着**朝向**价值的秉性，更明确地说，在事物和物体中存在着价值的**载体**，例如存在着"食物"这个价值的载体；另一方面则是这样一个主张：这些事物的价值本身无非就是一种特定的秉性或能力。

一切价值（也包括"善"与"恶"）都是质料的质性，它们彼此相对具有一个在"高"与"低"方面的特定秩序；而这并不依赖于它们所接受的存在形式，例如无论它们是作为纯粹对象性的质性伫立
40 在我们面前，还是作为价值状态的成分（例如某物的适意或美），或是作为在善业中的部分因素，或是作为"一个事物"具有的价值。

随之而确立的价值存在相对于事物、善业、实事状态的最终独立性在一系列事实中鲜明地显现出来。我们了解价值把握的一个状况，在这里一个实事的**价值**已经非常清楚和明见地被给予我们，而这个价值的**载体**却**没有**被给予我们。因而例如一个人对我们来说是尴尬讨厌的或适意可亲的，而我们无法说出**道理**何在；因而我们会早就把一首诗或一个其他的艺术品把握为"美的"或"丑的"、"雅致的"或"粗俗的"，同时却丝毫不知有关形象内容的特性是什么；因而一个对象、一间房间是"友好的"或"难堪的"，同样在一个空间中的逗留也是如此，而我们却不知这些价值的**载体**是什么。这既是针对物理实在而言，也是针对心理实在而言。一方面是对价值的经验，另一方面是相即性的程度和明见性（完整意义上的相即性加上明见性就是"自身被给予性"），它们都不表明自己依赖于对这些价值载体的经验。就连这个对象的**含义**，即它在这方面是"什么"（例如一个人更多是"艺术家"还是"哲学家"），也可以随意地**变动**，而与此同时，对我们来说，它的**价值**却并不一同产生变动。

在这些情况中很清楚地昭示出：价值在存在中是如何独立于它们的载体。这既是针对事物而论，也是针对事态而论。对葡萄酒价值的区分并不在任何意义上以对这些或那些葡萄的成分、产地以及酿造方式的知识为前提。而“价值状态”也不只是实事状态的价值而已。“价值状态”被给予我们并不是以我们对实事状态的把握为条件的。我可以想起去年八月的某一天“曾是美好的”，同时却并没有一同想起我当时是去拜访一个特别要好的朋友。甚至对我们来说，一个对象（无论它是被回忆还是被期待，是被想象还是被感知）所具有的价值微差（Wertnuance）既是我们关于它所获得的最首要的东西，也是每一个整体的价值，这些对象就是这个整体之中的环节或部分，并且可以说是在这个整体中才完整地展开其形象内容和（概念）含义的“媒介”（Medium）。可以说，对象的价值走在对象前面；价值是对象自己的特殊本性的第一“信使”。当对象本身还是含糊不清时，对象的价值就已经可以是清楚明白的了。在每一个环境把握的同时，我们例如首先把握这个无微差的整体并在这个整体上把握它的价值，但又在这个整体的价值中把握部分价值，而后那些根本的形象对象才将自身“置于”这些部分价值之中。

但我们在这里将此撇开不论；需要更为深入研究的是，例如在 41
简单的颜色、声音以及它们的组合中，所谓的感受价值在被给予性的奠基中如何来对待有关内容的其他特性，或更确切地说，其他标记。在这里对我们来说事关重要的是价值把握对价值载体的不依赖性。这当然也适用于价值关系。我们可以把握到，一个实事的价值要高于另一个实事的价值，同时不必具有与这种把握的严格

性和清晰程度相符的对此实事本身的知识；而且同时也不必以有别于在意识中单纯“被意指”的方式来拥有这个我们当下进行比较的实事[①]。

随之我们也就可以看到，价值质性并不随实事而变化。就像一个蓝色的球被涂红时，蓝颜色并不会变红一样，价值及其秩序也不会因为它们的载体在价值中的改变而受影响。食物始终是食物，毒药始终是毒药，即使这些物体对于这个或那个生物体来说可能既是有毒的，同时又是可食的。友谊的价值并不会因为我的朋友被证明是虚假的或者因为他出卖了我而受到损害。价值质性的鲜明质性差异也不会由于我们常常极难区分一个实事具有哪些质性不同的价值而受到损害[②]。

但价值质性和价值状态与事物和善业的关系是如何的呢？

价值绝不是作为善业才有别于我们在面对它们时所体验到的感受状态与欲求。价值在作为最简单的质性时就已经是如此了。撇开实证主义哲学家们所倡导的、将事物仅仅视为“诸显现排列的一个顺序”的完全谬误学说不论，他们在我们所提的这个问题上也是谬误的，因为他们将价值与各个现时欲求和感受之间的关系完全等同于事物与它的各个显现之间的关系。价值作为价值现象（无论是“显现”还是“真实的”）就已经是不同于所有感受状态的真

① 后者对所有关系都有效。

② 据上所述，很明显，仅仅因为价值判断常常就同一个实事相互矛盾，便想把价值视为“仅仅是主观的”，这种做法是没有根据的。这个论点在这里是如此没有根据，就像笛卡尔和赫尔巴特在颜色和声音方面的论点一样；即是说，同样没有根据的是：由于在根据光谱对基本颜色单位进行区分时，在一个颜色开始而另一个颜色结束的地方，常常会有偏差产生，人们就可以为此而把基本颜色单位看作是随意的。

正**对象**了；一个完全没有联系的“适意”也有别于与它相接的快乐，甚至在一个仅有的事例中就已经是如此。在仅有的一个与适意的东西相接的快乐之简单情况中，我们就能够——而不是在一连串 42
的情况中，我们才能够——区分快乐与适意。如果价值，例如按科内利乌斯[①]的观点，已经表明是“事物”的同类项，那么**善业**如何区分于**价值**。它们难道是第二级的事物吗？而这又意味着什么呢？

而另一方面，针对这种观点还应当说：正如在自然世界观的感知中“首先”被给予我们的并不是感觉的内容，而更多地是事物，但是，唯当这些“内容”将这个事物本身标识为，并且是在那些本质本然地属于**事物**统一之结构的特殊显现方式中标识为这个含义的载体时，它们才被给予我们；与此相同，在自然的世界经验中“首先”被给予我们的也不是纯粹的价值质性，相反，只有当它把**善业**标识为，并且是在属于这个作为整体的善业之结构的特殊微差中标识为这个特定种类的一个善业，它才被给予我们。每一个“善业”都已经展示了一个微小的价值“等级”[②]；而进入其中的价值质性在不影响其质性同一性的情况下还会在其可感受的如在（Sosein）中被染上不同的色彩。因而，例如一个艺术品——在不影响其作为这种“善业”的客观同一性的情况下——会带着在美感的基本价值之间变换不定的实施规则而贯穿于历史上完全不同的“理解”中，并且它为不同的历史时期提供完全不同的**价值视角**（Wertaspekt）；然而这些价值视角始终受到它的这个作为善业的具体本性以

① H. 科内利乌斯，《哲学引论》和《作为经验科学的心理学》。

② 由于价值首先有较高较低之分，因此我们在善这里使用“等级”一词要比像在事物这里所使用的“结构”一词更好。

及它的价值的内部建构的共同制约。人们永远无法将它们划分成简单价值质性的一个单纯“数目”。但只有当我们在一个特殊的行为中去关注我们与它的感受关系，并且看到在它之中从其价值整体中“被给予”我们的东西，这时，这些“视角”，即这个艺术品价值的可感性内涵，就是单纯的“视角”或如此类型的“内涵”，这一点才会凸现出来；而且还可以在更为鲜明的程度上凸现，如果我们在视角的和此类内涵的变换中体验到对在它们之中被把握到的善业的直接认同；例如，如果我们弄清了在其历史上如此不同“价值视角”中的经典古代的善业世界。

“善业”与价值质性的关系就像事物与充实着它的“特性”的那些质性的关系。这就已经是说：我们必须在善业、即“价值事物”(Wertdinge)与事物所“具有”的、“划归”给事物的单纯价值、即“事物价值”(Dingwerte)之间做出区分。例如善业并不奠基于事物之
43 上，以致某物首先必须是事物，而后才能是“善业”。毋宁说，善业展示着奠基于一个特定的基本价值之中的诸价值质性或诸价值状态的“事物性”(dinghaft)统一。但在善业中当下的是这个事物性(Dinghaftigkeit)，而不是“这个”事物。(因此，如果事关一个“物质的”善业，在它之中当下的或许是物质性的现象，而不是这个物质。)一个自然的感知事物可能会是某个价值的载体，并在此意义上是一个有价值的事物；但只要它的作为“事物”的统一本身不是通过一个价值质性的统一而被构造起来的，而只是偶然地在它身上发现价值，那么它就不是一个“善业”。在这种情况下可以说，一个“实事(Sache)”(这是一个我们用来称呼事物的语词，因为事物就是一个关系的对象，这个关系是一个与通过意志力来支配的能

力的关系)奠基于价值之中并且被体验到。因此私有财产(Eigentum)的概念既不预设单纯的事物,也不预设善业,而是预设“实事”。**善业**则相反,它是一个**价值事物**。

事物单位与善业单位的差异性鲜明地表现在:例如,一个善业可以被摧毁,而那个展示着同一个实在对象的事物却并没有一同被摧毁,例如一个褪了色的艺术品(图像)。同样,一个事物可以划分,而这同一个对象作为“善业”却并不因此被划分,而是被毁灭,但或者也会并不因此而受影响——如果这个划分所涉及的是对其善业特征而言无关紧要的方面。因而善业的变化并不等同于同一些作为事物的实在对象的变化,反之亦然。

只是在善业中,价值才成为“现实的”。它们在有价值的事物中还不是如此。但在善业中,价值是**客观的**(它始终是如此),同时是**现实的**。随每一个新的善业的形成,现实世界都在进行**真正的**价值增长。价值质性则相反是“**观念客体**”,就像颜色质性和声音质性一样。

因此,可以这样来表达以上所说:善业与事物具有**同样的原初的**被给予性。我们用这个命题来进行双重的拒绝:其一是拒绝任何一种这样的尝试,即把事物自身的本质、事物性回归为一个价值,但把所有的**事物统一**回归为**善业统一**。每当人们把事物统一回归为一个单纯的内容与感觉的“经济”总和时(恩斯特·马赫),或者回归为一种“可用性”、“可控性”的统一时(如 H. 柏格森),或者每当人们以为可以把事物理解为一个单纯的对承认(或是连同或是不连同一个被同感到的感受内涵)的“要求”时,他们都是进行这样的尝试。按照这些理论,所有单纯的直观质料——独立于特

44 定种类的价值——都还根本没有被赋予事物的形态，并且只有通过已经由价值所指引的总合才能做到这一点。这样，事物本身就是一个单纯的价值单位。但是，在这里——不去考虑其他的迷误——显然是把导致自然世界观中事物的特殊统一构成的东西与这个统一形式的本质混为一谈。诚然，价值可以用来说明前者。但永远不能说明后者。

从发生(Genese)原初性的立场来看，我们觉得情况毋宁说是这样的：在自然世界观中，实在对象“首先”既非作为纯粹事物，也非作为纯粹善业而被给予，而是作为“实事”(Sache)，即作为就其是有价值的而言的(并且本质上是有用的)事物。但从这个中间点——可以说——出发，对纯粹事物与纯粹善业的总和(在持续地忽略一切事物本性的情况下)而后便得以开始[①]。

但通过以上所说，把“善业”看做“有价值事物”的做法也遭到拒绝。因为对于善业来说，根本性的东西恰恰在于，价值在这里看起来不只是建立在事物上，而且善业可以说是完全为价值所贯穿，而且一个价值的统一已经指引着所有其他处在善业中的质性之总和性——既包括其他价值质性，也包括那些不展示这些质性的质性，例如颜色、形式这类事关物质善业的质性。善业统一奠基在一个特定的价值上，这个价值在善业中可以说是充填了(并不是“代表了”)事物性的“位置”。因此，在一个相同质性的世界中，事物可以是完全不同于它们之所是，而这个善业世界却是同一个。因而

① 这里的“实事”不能等同于法学上的“物事”概念，后者预设了善业与事物的区分。

自然的事物世界永远不会，并且在任何一个善业领域中都不会对善业世界的构形起到某种规定作用，或者哪怕只是起到限定作用。世界原初就是一个善业，就像它是一个“事物”一样。善业世界的所有发展也永远不会是对自然事物发展的一个单纯继续，或者永远不会受其“发展方向”的规定。

相反，善业世界的任何构成——无论它如何进行——都已经受到某个**价值级序**的**指引**，例如一个特定时期的艺术构成。无论是在善业彼此的等级秩序中，还是在任一个别的善业中都因此而反映出**主宰的**级序。这个价值级序虽然根本不会**明确地**规定相关的善业世界。但它为这个世界划定了一个**可能的游戏空间**，善业的构成不可能发生在这个空间以外。它因此而对于相关的善业世界而言是先天的。哪些善业得以**实际地**(faktisch)构成，这取决于在这里所运用的精力，取决于构建着它们的人的能力，取决于“质 45
料”①和“技术”以及成千上万的偶然事件。但仅仅从这些实际因素(Faktoren)出发——不借助那个被认作质性的价值级序以及一个瞄向它的行动——，善业世界之构成是永远无法得到说明的。现存的善业已经处在这个级序的**主宰**之下。这个级序不是从善业中抽象出来的，也不是它们的结果。尽管如此，这个价值级序是一个**质料的**级序，一个价值**质性**的秩序。只要它不是绝对级序，而只是一个“主宰的”级序，它便是在那些处在价值质性之间的实施规则中展示自己，而这些实施规则决定着时代的灵魂。这些级序的

① 所有物质(Materie)，只要是在独立于它们事物划分的情况下被用在善业构成上，就是“质料”(Material)。

系统在美学的价值领域中被我们称之为一种“格调”，在实践的价值领域中被我们称之为一种“道德”[①]。这些系统也重又表明一种拓开和发展。但这种发展完全不同于善业世界本身的发展，而且是在独立于它的情况下可变的。

从以上所述可以清楚地看到，我们这里所要讨论的问题是什么。首先是那个为康德正确而恰当地所强调的（在这里被普遍化的）定理：“没有一门哲学的价值学说（无论是伦理学还是美学）可以把善业作为前提，更不可以把事物作为前提。”但同样明显的是，很有可能在它之中发现一个质料的价值序列，以及一个秩序，它完全独立于善业世界以及它的变换形态，并且相对于它而是先天的；因而从康德的第一个伟大的明察中推导出的定理是一个完全谬误的定理：在非伦常的（以及非美感的）价值方面根本不存在它的独立于“经验”（在归纳的意义上）的本质内涵和级序，但对伦常的（和美感的）价值来说则只存在一个形式的、撇开所有作为质料质性的价值的合法则性。

① 关于这里所说可以参阅笔者的论文“论怨恨和道德的价值判断”，载于《病理心理学杂志》（1912 年）* 。也可参阅韦尔夫林，“造形艺术的格调”（《普鲁士科学院论文集》，1912 年）。

第 2 章 “善”与“恶”价值与其他价值以及与善业的关系

康德曾试图将“善”与“恶”这两个价值语词的含义回归为一个应然（无论它是一个观念的应然、“应然的存在＜Sollsein＞”，还是一个律令的应然、“存在的应然＜Seinsollen＞”）的内容之所是；或者，他试图表明，若没有一个应然，也就根本不会有一个“善”或 46
“恶”；他的这个企图也是错误的；而且问题并不在于将这些价值回归为一个行为（意欲）的单纯“合法则性”，更明确地说，不在于将价值回归为一个偏好活动与一个法则的一致性，即回归为“正当的东西”。——这些在后面还应当得到详细指明[①]。

这里的问题是：“善”与“恶”的价值相对于其他价值具有哪些特殊性，并且它们与其他价值是如何本质地联结在一起的。

康德合理地将“善”与“恶”鲜明地区分于所有其他的价值，并且也更合理地区分于善业与弊端（Übeln）。他说，“德语有幸，具备一些不让这些区别忽略过去的语词。对于拉丁人用善（bonum）一个词所指称的东西，德语却有两个极具差异的概念以及同样极具差异的语词：相应于善（bonum），德语有善（das Gut）和福（das

① 参见这部著述的第二部分、第四篇。

Wohl)，相应于恶(malum)，德语有恶(das Böse)或弊(das Übel)。""但是，善或恶任何时候都意指对于意愿的一种关联，只要这个意愿受理性法则的决定而使某种东西成为它的客体。"(《实践理性批判》，第一部，第一卷，第二章)

但是，康德试图完全否认"善"与"恶"的价值本性，以便用"合法则的"(gesetzmäßig)与"违法则的"(gesetzwidrig)来取代它们，这个企图是无效的；同样无效的还有康德所主张的那种在善恶与其他价值之间的完全无关联性。

当然，如果价值仅只是事物对我们的感性的感受状态的作用结果，那么"善"与"恶"也就不可能是价值；而且将某物称之为"善"和"恶"的权利也就更不可能受它与其他价值的关系制约。这样，对于理性生物、对于神来说，也就不存在"价值"，因为它们完全依赖于一个感性地感受着的生物的此在；当然也就不存在"更高的"和"更低的"价值。而且，如果不想坠入到这样一个主张中去，即主张"善"与"恶"只是相对于感性适意的技术价值，那么人们也就必须说：一个意欲(Wollen)正倾向于实现这个或那个质料的价值，无论这是一个正价值还是负价值，但这一点永远不可能使它在伦常上变好或伦常上变坏。善的存在或恶的存在于是就完全独立于所有质料的价值实现。这事实上就是康德的主张。我们试图实现的究竟是高贵还是粗俗、是福还是苦、是益还是损，这对意欲的是好还是坏来说是完全无关紧要的；因为在他看来"善"与"恶"这两个语词的含义完全从合法则与违法则的形式中便得以穷尽，我们根据这个形式来把对一个价值质料的设定并入到对另一个价值质料的设定之中。

让我们先不去考虑这个主张是如何令人难以置信，它忘记了 47
魔鬼的目的并不比上帝的目的更少“系统性”。而后，康德的**第一个**谬误就在于，否认“善”与“恶”是质料价值。但它们——如果人们不是试图去建构——是特别类型的**清楚可感受**的质料价值。当然，在这里没有什么是可以被定义的，就像所有最终的价值现象一样。我们在这里只能要求，仔细地去观看我们在对善与恶的感受中所直接体验到的东西。但我们或许可以探问这些最终质料价值的显现条件，同样可以探问它们的本质必然载体以及它们的等级；也可以探问在它们的被给予过程中的特有反应类型。

让我们来研究这个问题。

如果康德说，一个特定质料价值的实现永远不会自身(an sich)是善的或恶的，那么这肯定是正确的。倘若在质料价值中并不存在那种建基于它们本质之中——而非建基于偶然地承载它们的事物之中——的**等级秩序**(Rangordnung)，那么事情必定始终是如此。但这种等级秩序是**存在**的。如果它存在，那么，“善”与“恶”具有何种与其他价值的关联，这个问题对我们来说便显得很清楚：

这样，“善”这个价值——在绝对的意义上[①]——就是合本质地在对一个(对于实现着它的本质的认识阶段来说)**最高**价值的**实现行为**中显现出来的价值；但“恶”这个价值——在绝对的意义上——则是在对最低价值的实现行为中显现出来的价值。而相对

① 绝对意义上的“善”并不等于无限意义上的“善”——这是一个仅属于上帝理念的“善”。因为无论如何只有在上帝中，我们才能看到绝对**最高的**善被把握到。

的善与恶则是一种显现在朝向一个——从各个价值出发点来看——较高或较低的价值之实现的行为上的价值。但这就意味着，一个价值的较高存在是在“偏好”(Vorziehen)[①]行为中被给予我们的，一个价值的较低存在是在“偏恶”(nachsetzen)行为中被给予我们[②]：伦常上为善的是这样一个实现价值的行为，就其所意指的价值质料而言，它是与“被偏好的”价值相一致，与“被偏恶的”价值相争执的；但为恶的则是这样一个行为，就其所意指的价值质料而言，它是与被偏好的价值相争执并且与被偏恶的行为相一致的。在这种一致与争执中并不存在例如“善”和“恶”；然而这种一致或争执肯定是对“善”与“恶”之存在而言的本质必然标准。

但是其次，“善”这个价值是一个附着在实现着的行为上的价值，这个行为在较高的(或最高的)价值层次以内实现着不同于负
48 价值的正价值；“恶”这个价值则是一个附着在实现着负价值的行为上的价值[③]。

因此，康德所否认的“善”与“恶”和其他价值的联系是存在的；因而一门质料的伦理学之可能性也是存在的，它可以根据其他价

① 并非偏好或偏恶的行为是善的或恶的；因为这些行为是认识行为，不是意愿行为。*

② “Vorziehen”一词在德文中具有“优待”、“偏好”、“提前”等等含义。与此相对的动词是“Nachsetzen”。以下每当“Vorziehen”在与“Nachsetzen”一同出现时，它便被译作“偏好”，相对于作为“Nachsetzen”的“偏恶”(当然也可以译作“前置”与“后设”)。此外，与此相关的名词是“Vorzug”，在以往舍勒的中译本中，它也被译作“优先”。但“优先”概念只能适用于表述主格而无法表述宾格，而“Vorziehen”作为及物动词却主要被用来表述宾格。故而译作“偏好”。——译注

③ 较高的和较低的价值构成了一个秩序，它当然完全有别于在每一个高度都发生着的正价值的和负价值的本性。对此参见这部著述的第二篇 B、第 2 章和第 3 章。

值的级序来规定:哪一种价值实现是“善的”和“恶的”。就本质认识所拥有的每一个质料价值领域而论,存在着一门完全确定的质料伦理学,在它之中可以指明在质料价值之间的实事相应的偏好法则。

质料伦理学是由以下的公理所承载的:

一、1. 一个正价值的实存本身就是一个正价值。

2. 一个正价值的非实存本身就是一个负价值。

3. 一个负价值的实存本身就是一个负价值。

4. 一个负价值的非实存本身就是一个正价值。

二、1. 在意欲领域中附着在一个正价值之实现上的价值是善的。

2. 在意欲领域中附着在一个负价值之实现上的价值是恶的。

3. 在意欲领域中附着在一个较高(最高)价值之实现上的价值是善的。

4. 在意欲领域中附着在一个较低(最高)价值之实现上的价值是恶的。

三、在这个领域中,“善”(和“恶”)的标准在于在被意指价值的实现与偏好价值的一致(和争执),或者说,与偏恶价值的争执(和一致)。

但有一点康德仍然是合理的。从本质法则上看,“善”与“恶”这两个价值质料本身不可能成为这个实现着的行为(意欲)的质料。例如,如果一个人不愿赐福于邻人——即他并不想实现这个福(Wohl)——,而只是利用机会来在这个行为中使自己“为善”或“行善”,那么他就不是“善”的并且也没有真正行“善”,而实际上是

一种法利赛人的游戏方式，他只想在自己面前显得是“善”。只要我们实现（在偏好中被给予的）较高的正价值，“善”的价值便显现出来；它显现在这个意愿行为上。正因为此，它永远不可能是这个意愿行为的质料。它可以说是处在这个的行为的“背上”，而且是
49 以本质必然的方式；因而它永远不会在这个行为之中被意指。只要康德一方面否认：存在着一个质料的善，它也可以是意欲的质料，他就仍然是合理的；这样的质料始终是并且必然是一个非伦常的价值。但只要他另一方面想通过义务（Pflicht）与合义务（Pflichtgemäßen）的概念来抵补“善”，并仍然认为：为了为善，必须为善本身之故而行“善”，即是说，“出于义务”（aus Pflicht）来履行义务，那么他自己也就坠入到这个法利赛式的伪善之中。

康德认为，他的主张“善与恶不是质料价值”可以在这一点上找到证明，即：这些价值完全不同于善业与弊端。但如果把价值质性区别于善业与弊端——就像我们所做的那样——，那么这个证明就被取消了。善与恶是质料价值；但它们——像康德正确指出的那样——本质上有别于所有价值事物。只有在非伦常的价值质料中，并且贯穿在它们的始终，善与恶和善业与弊端还是联系在一起的；但在它们之中是事实性地联系在一起。所有“善”与“恶”都必然地束缚在实现的行为上，这些行为是根据（可能的）偏好行为而进行的。但它们并非必然地束缚在选择的行为（Wahlakt）本身上，就好像如果意欲没有进行选择，即如果追求（Streben）的行为没有朝向一个以上的多个被给予的可感受的价值质料，它就不能是善的或恶的一样。相反，最纯粹的和最直接的善以及最纯粹的恶恰恰是在这样一个意愿的行为中被给予的，这个行为是在没有

先行"选择"的情况下就完全直接地对准了这种实施。同样,只要进行选择,那么"可以意欲其他"(Anderswollenkönnen)的现象便可以在没有选择行为本身的情况下独自地在此存在。因而无选择地发生的意愿行为完全不是单纯的本能冲动(它只发生在缺乏实施的地方)。但一个实现着一个价值的行为——无论是哪一个生物在偏好它——永远不会是一个价值事物。在这个意义上,"善"与"恶"和价值事物是绝然相互排斥的。

然而必须坚定地拒绝康德的这个主张:善与恶原初只附着在意愿行为上。毋宁说,原初唯一可以称为"善"与"恶"的东西,即在所有个别行为之前并独立于这些行为而承载着质料价值的东西,乃是"人格"、人格本身的存在,以至于我们从载体的立场出发便可以定义说:"善"与"恶"是人格价值。一方面很明显,任何一种将"善"与"恶"回归为单纯的应然合法则性之充实的做法,都会立即使这个明察变得不可能。因为,如果说人格的存在是"是一个合法则性的充实",是"合规范的",是"正确的"或"不正确的",这是没有意义的。如果康德把意愿行为视为善与恶的原初载体,那么这也是他的下列做法的一个结果,即:他不认为善与恶是质料价值并且 50
此外还试图将它们回归为一个行为的合法则性(或违法则性)。对于他来说,只有当一个生物X是一个本身非人格的理性活动、首先是实践的理性活动的实施者时,这个生物X才是人格。因此他认为,人格的价值只有通过人格的意愿价值来规定,而不是人格的意愿价值通过人格价值来规定[①]。

① 对此参见这部著述的第二部分、第六篇B3"人格的自律"。

但是，其次而论，特殊伦常价值的载体也还不是个别具体的人格行为，而是它的伦常“能然”（Können）的各个方向——这里的能然是指对那些在价值质性上得到最终区分的观念应然（Sollen）领域之实现的能力（Realisierungskönnen）——，这些方向被称作“德行”（Tugend）和“恶习”（Laster），它们被看做是与伦常价值相附着的[①]。但这种“能然”（它与所有单纯秉性的“资质”（Anlagen）无关，但对于它的特殊方向而言既不存在“秉性”，也不存在“资质”）先行于所有义务的观念，是所有义务观念之可能性的条件。凡是不处在一个生物的“能然”范围中的东西，尽管还可以作为对观念应然的要求而达及这个生物；但它却永远不可能是对于这个生物而言的“命令”，并且永远不可能被称作是这个生物的“义务”。[②]

只有再次而论时，“善”与“恶”的载体才是一个人格的行为，其中也包括意欲与行动的行为。行动是一种特殊的伦常价值载体，这在后面[*]还会谈到。这里只消强调：如果康德所说的行为仅仅是指意愿行为，那么这重又是一个未经任何论证的康德式构建的片面性。有一大批行为根本不是意愿行为，但却仍然是伦常价值的载体。例如宽恕、命令、听从、允诺以及还有许多其他行为都是如此。

根据以上所述，“善”或“恶”与所有那些可以处在善业和弊端

---

① 康德的一个特征在于，他缺少一门真正的德行学说。对他来说，“德行”只是个别的尽义务行为的表现，唯有这些行为才是原初“善的”行为。事实上德行（或恶习）对于所有个别行为的伦常价值来说都是奠基性的。德行学说先行于义务学说。

② 关于观念的应然与规范与义务的区别，以及关于能然与应然可以参见这部著述的第二部分、第四篇。

中的质料价值的本质区别便得到了最鲜明的界定。因为，人格既非本身是事物，它也不像对所有价值事物来说是本质性的一样，在自身中承载事物性的本质。作为所有仅只可能行为的具体统一，
人格与可能“对象”的整个领域（无论它们是内感知还是外感知的 51
对象，即是说，无论它们是心理的还是物理的对象）相对立；因此也就更是与作为这个领域的一个部分的总体事物性领域相对立。人格仅仅实存于它的行为之实施中[①]。

从上面所述可以看出，康德在“善”与“恶”的语词含义方面所认为可以假设的选择是多么毫无根据。“如果善的概念不是从一个先行的实践法则推论出来的，而相反应该充任这个法则的基础：那么这个概念就只能是某种东西的概念，这种东西的实存预示快乐，并因此而规定着主体产生出这种东西的因果性，即规定着主体的欲求能力。由于我们无法先天地明察到，什么表象伴随着快乐，什么表象相反伴随着不快，因而要辨别什么是直接地善的，什么是直接地恶的，就唯有取决于经验了。”（《实践理性批判》，第一部，第一卷，第二章）

只有那个完全未经论证的预设，即：所有质料价值都回归为事物对我们的感受状态（后面将会予以指出[*]），而且还是感性的感受状态的因果关系，才使得对此选择的假设成为可能。正是这个预设才将他导向那个“方法的悖谬”：“这就是说，善与恶的概念必定不是先于道德法则（从表面上看来，前者甚至必定构成后者的基础）而被规定的，而只是（一如这里所发生的那样）后于道德法则并

① 对此参见这部著述的第二部分、第六篇 A，我在那里详细说明了人格的概念。

且通过道德法则被规定的。”（《实践理性批判》第一部，第一卷，第二章）

第3章　目的与价值

我曾说，康德伦理学的无疑功绩也**在于**，康德拒绝任何一种伦理学，只要它把善与恶的价值视为对某些**目的**之规定的伦理学，或者把一个人格、一个行动、一个意欲与某个目的或“终极目的”的关系视为对其有意义使用的构造条件。如果质料价值只有从某些目的内容中才能被剥离出来，甚至如果某种东西只有在被理解为是达到某个目的的**手段**时才是有价值的，那么任何一种质料伦理学的尝试就**从一开始**便可以受到指责。这是基于这同一个理由：因为这个目的（例如社团的福利）**本身**就**不**能再要求**任何**“伦常价值”，这乃是由于按照上述说法，伦常价值恰恰是要通过对目的的**观看**才会**产生出来**，而且它的意义也仅仅**在于**，标识出一个服务于 52
此目的的手段。但康德是否在这一点上也是合理的，即：所有**质料**价值都只是在与一个**目的设定的意欲**的关联中存在；这只有在对目的概念与价值概念的关系进行仔细分析后才能获知。

追求、价值与目标

当我们谈论“目的”时，并不必然会涉及一个追求[1]；而在出现

① 特别参见康德，《实践理性批判》第一部、第二卷、第一章。

（任何一种形式的）追求时，也不可能总是谈及目的。“目的”在最为形式的意义上只是某种“内容”——一个可能的思维、表象、感知的内容——，它作为有待实现的而被给予，无论是通过何物、通过何人，如此等等。无论这个实现会获得什么样的结果，或者更确切地说，无论在条件或原因与目的内容的逻辑关系中，这个目的内容的实在会面临什么样的结果，这种结果都在形式的意义上是对这个“目的”而言的“手段”。在这个关系的本性中既不包含手段与目的的时间差异，这个本性也根本不意味着：这个实现着的东西是一个“追求”、“意欲”，简言之，是某种精神性的东西。即使我们将一个“目的”归诸于一个实事，或者将它的某些组成部分规定为是对其目的而言“合目的的”（zweckmäßig），这里也没有包含任何对目的活动的意旨。就目的而言，本质性的东西仅仅在于：相关内容是属于（意念的或直观的）形象内容（Bildinhalt）的领域（有别于无形象的“价值”），并且相关内容是作为“有待实现的”而被给予的。这并不意味着，这个内容不可能同时也是实在的。与未来的关系对于目的来说不是本质性的。一个实在的构成物也可以“具有”这个或那个目的（这个目的重又可以是处在它之中或之外的）。但尽管如此，只要那个内容是一个“目的”的内容，它就必须是以一个理念—存在—应然（Ideal-sein-sollen）的被给予方式处在眼前。因而与这个“有待实现”相对立的并不是这个已实现者，而是所有那些在存在应然与非存在应然的整体领域之外仅仅被视作存在着的和不存在的对象一般的内容。因此，“某物的存在应然”或“某物的非存在应然”，即一个存在应然状态，对于目的概念的任何使用来说都是奠基性的。

常常可以听到这样的主张：目的概念原初只是在“心理之物” 53
的领域或甚至在“人的意愿生活”的领域中才得到直观的充实，而在这两个领域以外对此概念的使用都只是一种“拟人化的（anthropomorphe）类比”——这种主张是没有任何根据的。哪怕根本不存在一个带有心理对象的内感知领域，我们仍然可以有意义地谈论目的。此外这也是康德的正确观点。他在形式意义上的合目的之物规定为“所有那些其理念构成其实在之基础的东西”。在这里也不隐含着丝毫对目的之显现的错误限制。但在这里已经含有一种对有目的之物（Zweckhaften）的因果性的考虑，而这种因果性并不包含有目的之物的本质之中。即使当我们知道这个“理念”不可能“是实在的基础”时，我们仍然能够有意义地谈论“目的”。

只要我们现在谈论意愿目的（或谈论人的意愿目的），我们面前所具有的便只是一种对目的理念的特殊使用；但却不是它的最原初的并且唯一的此在区域与显现区域。而趋向于将它作为有待实现的——因为它乃是作为（理念的一）存在应然的被给予之物——来加以实现的东西，则是意欲，是人，如此等等。如果我们谈及，“意欲为自己设定目的”，“我们为自己设定这个目的”，或者如此等等，那么那种“设定”永远不会涉及在相关目的中的目的本性，而只涉及这样的情况：这个特定的内容不同于其他的内容，它成为通过我们来实现的目的。

这是很明显的，只要我们注意到以下事实：仅仅是并且唯独是在我们的追求生活的一个完全特定阶段中，目的才得以显现出来。

并非在所有追求中都会有一个目的和一个目的内容被给予。

首先，凡有那种“在我们心头涌现出奋起追求(etwas in uns aufstrebt)”现象的地方，都谈不上目的。我们在这里完全素朴地在一个情况中经历着追求运动，同时并没有一同经历一种“离开某个状况”并“朝向某个东西”；例如在一个纯粹“运动渴望”的情况中，运动在这里对我们来说不在任何意义上成为一个“目标”(Ziel)、成为一个“被取求者”(*Er*strebten)；更没有一个运动目标本身被给予。我认为，在这里，起始状态并不需要首先被把握为“不快的”还是“不满的”，或是被体验为特别的状态，而后才会达到这种朝向我们的自我(而非从我们的自我出发)的“奋起追求”。有这样一类情况，那种初始的奋起追求之不安首先影响着我们，使我
54 们去观看我们的状态，而后观看它的客观条件，例如一间房间的沉闷空气或初始的昏暗，并且使注意到那个状态以及它的不快的本性。第二个形式在其出发点方面已经得到更鲜明的规定，它是一个追求，它从一开始就具有一种“离开”一个特定的、如此被把握的状态的特征；我们将它称作“离开的追求”(Wegstreben)或“继续的追求”(Fortstreben)，但它明显有别于一种针对那个状态的“抵御的追求”(Widerstreben)，在后者中，这个状态已经作为“抵御”的客体而被给予了。这种“离开的追求”和“继续的追求”在其初始运动中还不具有任何“目标确定性”。它仿佛只是“发现”一种“在途中状态”(unterwegs)，然而却并不原初地朝向它。

如果追求——尽管不是从自我出发，而是走向自我——从一开始就指示着一个清楚的“方向”，那么一个全新类型的追求便产生出来；它既不是指一个“形象内容”(无论这内容是合含义的，还

是具有直观的本性，如“食物”或这个“被感知的果实”），也不是指一个价值质料，例如一个具有特别细微差异的适意，遑论对这些内容的一个表象。我们喜欢用无人称形式来表述一些事实存在：“把我饿坏了”（es hungert mich）、“把我渴坏了”（es dürstet mich），在这些事实组成中便相当明显地含有这种类型的追求。这种“方向”完全是原初地从属于追求的。因此，我们根本不能说：所有追求都是通过一个所谓的目标“表象”才获得其“方向”。所有追求本身都已具有现象本性的方向区别。它并不始终是同一个追求（一个同类的运动），一个只是通过表象内容的杂多性来得到分解和区别的追求。这种广为传布的见解是一个毫无根据的建构。这一类追求体验毋宁说是完全在不依赖于这些表象内容的情况下而鲜明地为其“方向”所规定的。当追求朝向一个与它的方向相符合或相争执的价值时，这个方向便被我们鲜明而清楚地特别意识到。在我们于第一种情况中体验到追求在其“方向”上的“充实”，于第二种情况中体验到追求在其“方向”上的“争执”的同时，这个“方向”也就鲜明地向我们凸现出来。在诸多具有完全不同形象内容的、同时的或顺延的追求体验中，也可以含有一个同一的朝向性（Gerichtetheit）。

一个这种类型的方向首先恰恰不是一个朝向特殊形象内容或含义内容的方向，而是一个价值方向，即是说，一个在其特殊的、不可变换的质性中可体验到的对一个特定价值的朝向（因而这个价值本身并不需要已经作为一个可感受的价值质性而被给予）。只是在这种特征描述中，追求才染上了我们在语言上称为“欲望”（Verlangen）、称为“具有欲望”，或者也称为“具有朝向某物的快

55 乐”的色彩(Lust auf etwas[①])——这种快乐完全不同于任何一种“在某物上的快乐”(Lust an etwas),在后者那里已经有一个在形象内容中的确定对象浮现在我们面前。在一个相对延续的、可感受的秉性状态的静止方式上,这个阶段也被称之为一种“对某物的兴致”(Aufgelegtsein zu etwas)。

与这种类型不同,我们还有另一种类型的追求,即目标的概念在其中得到充实的追求。追求目标首先最明确地有别于意愿目的。目标包含在追求本身的进程之中;它不受某个表象行为的制约,而是“内在于”追求本身之中,就像“内容”内在于表象之中一样。我们看到,合目标的追求已经在朝向一个目标,它并不需要通过那个发自作为中心的中心意欲(或愿望)来设定这个目标。这样一种合目标的追求或“取求”(Erstreben)[②]本身也可以再被评判为“合目的”或“不合目的”,例如在本能追求的情况中便是如此[③]。但这样一来,这种“合目的性”就是一个客观的合目的性,一个动物器官为了维持它的种类或个体也可以具有这种合目的性。但它并不因此就是一种“目的活动的”发生。

而在每一个“目标”中都应当区分价值组元(Wertkomponente)与形象组元(Bildkomponente)。它们处在一种奇特的关系之中:首先,我们或者是根本无法达到,或者是可以在所有可能的

① 德文中的“Lust auf etwas”是指在将要到来的事物或事态方面可能获得的快乐,“Lust an etwas”则意味着在已有事物或事态上所获得的快乐。——译注

② 德文中“Erstreben”(这里勉强译作“取求”)较之于“Streben”(这里译作“追求”)在追求的目标上要更具体,即相当于“合目标的追求”。——译注

③ 如果我们例如将它们评判为“对维持种类来说是合目的的”等等。

“清楚”和“明白”程度上达到形象组元，而与此同时价值组元却已经**完全明白**清楚地在追求中被给予了。其次是在存在关系中，形象组元始终**奠基在**价值组元上，即是说，形象内容**就**其可能的实现价值组元的合适性**标准而论**是有所分别的。关于前者，我们常常可以发现，一个已经“内在地”具有一个价值的追求是根本达**不**到一个形象内容的，因为它的前行以及对它形象内容的展开会因为另一个更强追求的进入而受到阻碍。例如当我们正在进行一个重要事务时，我们感觉到一个朝向特定环境方向的“拉曳”，它可能是从一个人的面孔发出的，但我们并**不**追随它，以至于我们根本没有获得被追寻者的**形象内容**；或者，这个已经在一个清楚可感受的价值方面行进着的“方向”“不适合”当时的建构，不适合我们追求的“系统”；这个追求不**服从**各个追求的联系，并且因为一个由此联系之价值而释放出来的“抵御追求”而“受到压制”，因此而没有能力去展开它的形象内容。当一个朝向这类价值的追求取代它的展开 56
而作为“不公正的”或“坏的”被给予我们，这种情况便常常会发生。另一方面，在它的价值组元的基础上，追求已经可以通过我们的中心自我而包含了“赞同”，而与此同时形象内容却还在含义方面有所动摇，或各个形象内容还在发生变换。我们在这里体验到那种“准备状态”，例如准备“做出奉献”，或准备针对某人“行善”，同时我们却还没有看到此举所为的**客体**，或者我们还不具有奉献和善行的**内容**。在被追寻者的**价值**方面的**决断性**和在（**形象**意义上的）**何物**（Was）与**何为**（Woran）方面的**不决断性**，便在这里清楚地凸现出来。

如果我们不再对可能现存的典型案例进行更为鲜明的判决，

那么这里就还留有一个问题：价值或价值组元是如何并以什么方式内在于“追求”。价值首先是在感受（Fühlen）中被给予我们的[①]。这种感受是否必定就是那个如此内在地具有一个价值的追求的“基础”，就像例如感知是感知判断的“基础”一样？我们是否必须首先感受我们所追寻的价值，或是我们必须在“追寻”中感受价值，或是我们必须通过我们对被追寻者的反思来后补地感受价值？

无论这里的情况是怎样的，有一点可以排除：并不是一个状态性的感受引发起追求，或者，并不是一个这样的感受（例如快乐）构成了追求的目标。

这些情况当然也会出现。当一个状态性感受或这种状态的一个典型的渗透了内心感觉（Viszeralempfindung）的进程（一个所谓的“感触<Affekt>”）例如规定着一个行动，那么就可能有两种情况出现：或者是这里根本没有出现一个“追寻”，以至于这个感触将自己移置到一系列完全不指向价值的运动中去；这是一个纯粹冲动行动的情况，它几乎不完全包含在经验之中。或者是这个感触将某些追求导向解体；但在这个情况中，这些追求永远不会通过感触而得到单义的确定。因而在相同感触状态中的人能够——随它们的追求秉性的不同——达到完全不同的行动。

如果与此相反，一个感受，例如在一次进餐上的快乐，是追求的目标，那么它也只有借助于它对这个个体所具有的价值（或非价值，例如根据它的“罪孽”）才能存在。这样，直接的目标内容就不

① 关于这种“感受”之本性的更详细说明可以参见这部著述的第二部分、第五篇、第2章。

是它，而是它的价值。

我们因此要一劳永逸地与那种康德也主张的享乐主义的预设相决裂，这个预设就是：人“原初”所追求的是“快乐”（甚或是本己快乐）！实际上对于人来说，没有什么追求比这种追求原初更为陌生了，并且也没有什么追求比它更为迟晚了。本来是一种罕见的 57
（并且是病理学的）追求之迷失和变态（它们有时也可能已经成为一种社会心理学的潮流），在其中所有事物、善业、人等等都作为价值不同的可能“快乐引发者”而被给予，这样一种东西怎么能够成为人类追求的“公理”！但我们在这里不去考虑这个谬误。即便当快乐成为追求的目标时，这也是在这样一个意向中进行的，即：快乐是一个价值或一个非价值。因此，（真正的）古典的享乐主义，例如亚里斯提卜，根本不是——这只是许多现代人的做法——以“人追求快乐”或“每一个追求都以快乐为目标”这样一个定理为出发点；也不是以那种将“价值”、“善”、“善的东西”之概念回归为快乐的谬误做法为出发点，无论是在生成的意义上，还是在概念澄清的意义上；相反，古典享乐主义的出发点是一个完全与此相对的见解：“自然的人”追求特定的善业事物，例如追求占有、荣誉、名誉等等，但这恰恰是“自然人”的“愚蠢”所在；因为最高的价值——在这里已经与“至善”(summun bonum)无别——恰恰是在占有、荣誉、名誉等等上的快乐，而非这些善业本身；而且，唯有具有这个价值明察的“智者”，才试图去废弃那种自然的幻想，这种幻想使得我们去偏好事物，而不是偏好在事物上的快乐；只有他才看到，唯有快乐才是应当被追寻的，因为快乐本身是最高的“价值”——这个概念是在这里被预设的，而不是从快乐中被推导出来的。这样一种

伦理学是在质料上虚假的伦理学；但它在其方法上至少是有意义的，并且它也完全不赞同那个在这里为我们所拒绝的成见。因为，在一个价值上的快乐体验本身又是一个价值；而且，前者是正价值或负价值，根据前者的不同，相关体验所是的价值也就不同：它也相应是正价值或负价值。

在拒绝了这些迷误后，我们回到这个问题上：价值是如何在追求中被给予的。

价值的被给予性无论如何都不是束缚在追求上，既不是在这样一种意义上：正价值＝“被追寻”，负价值＝“被抵御追求”，也不是另一种意义上：价值必定是在追求中才被给予我们（当然，只要它们不是那种追求本身的价值，这些价值是在它的进行中才成为可被感受到的，并且完全有别于那些被追寻的价值）。因为，在价值不被追寻或不内在于一个追求时，我们仍然能够感受价值（也包括伦常价值，例如在对他人的伦常理解中）。所以，我们也能够相对于另一个价值而“偏好”或“偏恶”这一个价值，同时不必在朝向这些价值的现有追求中做出“选择”。因而价值可以在没有任何追求的情况下被给予和被偏好。同样——如果我们探问事实而不追随空泛的建构——毫无疑义的是：正价值可以被抵御追求（即那些同时

58 作为正价值而“被给予的”价值），而负价值则〔可以〕被追寻[①]。因

① 正如“真”和“假”与肯定判断和否定判断无关一样，追求和抵御追求也与价值和无价值无关。如果有人认为，可以将否定判断看作是真判断的一个单纯的“宣告为假”（Fürfalscherklärung），那么他就犯了一个完全类似的谬误。否定的判断和肯定的判断同样可以原初是“真”或是“假”，这要看它们究竟是与事态相一致还是相争执。而一个抵御追求同样也可以原初是“真”，就像一个追求可以原初是“假”一样，这要看这个被追求或被抵御追求的价值究竟是肯定的还是否定的。

此就已经排除了这样一种可能，即：价值只是一个追求或一个抵御追求的各个X。但肯定存在着那种常见的价值欺罔(Werttäuschung)：因为某物是在一个追求中被给予的，就将某物看做是有正价值的，并且因为某物是在一个抵御追求中被给予的，就将某物看做是有负价值的。所以我们常常会高估所有那些我们肯定追求的价值(或者更确切地说：那些我们体验为"可以追寻"的价值)；但我们却常常低估那些我们虽然感受到，但却知道无能去追求的价值，或者说(在某些情况下)，那些通过一种欺罔过程而被我们转而感受为负价值的价值——这个过程是在关于善业与价值的怨恨欺罔中的一个必然组成部分[①]。我们的价值判断对我们各个实际追求系统(它标识出非真正的听天由命和非真正的表面禁欲[②])的所做的任何适应，都建基于这个价值欺罔的基本形式之中。但恰恰可以从中估量出：如果一门理论想把这种价值欺罔的形式变为正常的和真正的价值把握形式，甚至变为一种对价值的创造，那么这门理论是如何完全谬误的[③]。

如果对价值的拥有并不在任何意义上束缚于一个追求之上，那么现在就会有进一步的问题被提出来：是否有这样一个本质法则，即：只要有一个追求(在这个阶段上的追求)，就会有一个对其目标内容价值组元的感受在为它奠基；或者说，是否价值原初也可

① 对此可以参见笔者的论文"论怨恨与道德价值判断"，同上引书。

② 真正的听天由命(Resignation)乃是在承认一个正价值的情况下并且在对它的积极感受中放弃追寻这个价值。

③ 例如斯宾诺莎的命题便是如此：我们所欲求的就是好的，我们所厌恶的就是坏的；因而好与坏是"理智的概念"(entia rationis)。

以在一个追求中显现出来——并且至多还以后补的方式作为价值而被感受到。无论如何，这里存在着一个本质联系：对于每一个在追求中被给予的价值来说，总有一个也是在感受中被给予的对此价值之拥有“**属于**”它。正因为此，这个被追寻的价值也可以在对这个价值的感受中被认定为是“同一个”。相反，我们尚未觉得同样明晰的是：每一个追求实际上都还必须以奠基的方式将一个价值感受作为自己的基础，就像例如感知判断以一个感知为基础一样。我们常常是在对价值的追寻中才把握到价值，而且，倘若我们
59 不去追求它们，我们就永远不会体验到它们。所以我们常常是在一个追求的满足程度上才清楚地知道，我们所追求的这个价值究竟有多高[①]。但这个“满足”并不因此就“是”与这个价值相同一的；那样的话，价值本身就只是满足或不满足的**象征**了。同样，我们也可以向我们自己提出这样的问题：相对于另一些价值（善），我们偏好哪些价值（哪些善），或者说，哪些价值更高或哪些善更有价值；而且我们试图通过这样一个“思想实验”来决定这个问题，以至于我们仿佛是在自问：如果我们仔细地倾听那些作为反应而朝向被表象的价值的追求时，我们更多追求的是什么；例如在这样一个问题中：这两个人中我们究竟更喜欢谁，在面临死亡危险时我们会先救哪一个；如果两个食物都提供给我们，我们究竟会选其中的哪一个。但即使在这里，这种实践偏好也并**不构成**价值的更高状况，或者哪怕是构成在价值把握意义上的价值偏好。这只是一种主观

① 往往是在一个发生事件上得到的满足，例如我们没有期待和预见的一个人的到场，或者（在否定的情况中）在我们所期望的（同时我们并不“承认”这个“坏”期望）一个死亡事件上得到的满足，才使我们意识到这个实事：我们正在追寻它。

的方法，它使我们弄清，哪个价值对我们来说是更高的价值。

意愿目的、追求目标与价值[1]

现在让我们来看一下，意愿目的与所有追求的这些基本事实究竟处在何种关系之中。*

我们看到，这些追求的目标并不以任何方式被表象，甚或被评判；既不在它的价值组元方面，也不在它的形象组元方面。追求目标是在追求本身之中被给予的，或者说，是在对进入追求之中的价值组元的同时感受中或先行感受中被给予的。因此，一方面，并不存在这样一种预设：追求的形象内容首先必须以对象性经验的方式，例如以感知的方式、表象的方式、思维的方式等等而“被给予”；它们是在追求过程中被经验到，而不是先于追求被经验到。并非是表象内容才把一个（相同形式的）追求与这个和那个追求（例如对进食、对解渴的追求）区别开来；而是这些追求本身其一是通过它们的“方向”、其二是通过它们在“目标”中的价值组元；其三是通过建基于这些价值组元之上的形象内容或含义内容而得到规定与区分。而所有这些都不带有一个“表象”行为的干预[2]。自然，一 60
个“目标内容”也可以重又成为一个表象或一个判断的对象。但

① 在目录中为“意愿目的、价值与追求目标”。该标题为编者所补加。参见后面附录中的“编者对正文与脚注的附注”。——译注

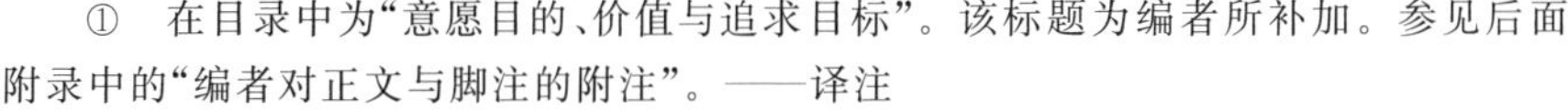

② 如果有人那样误识了这一点，就像弗兰茨·布伦塔诺使任何欲求行为都奠基于一个表象行为之上一样，那么他就是在把追求生活智识化(intellektualisiert)，因为他是在错误地按照目的意欲的类比来构建追求生活。

是，例如现在“去散步”、“去工作”的意动（Regung）并不以一个散步等等的“表象”为前提。我们持续地追寻一些事物并且抵御追求其他事物，这些事物是我们从未并且也无从对象地“经验到”的事物。我们追求生活的充盈、范围、差异在任何地方都不单义地依赖于我们的智识（intellektuell）表象生活和思想生活的充盈、范围、差异。它具有其本己的起源和其本己的含义高度。但另一方面，追求的形象内容并不是它的“原发”（primär）内容，而是它的——如前所示——“次生”（sekundär）内容。这些内容是根据价值质料的标准而从一个在“追求”与“表象”方面还无别的“关于某物的意识”一般之可能内容中挑选出来的。唯有这些可以成为这样一种价值质料载体的形象内容才作为形象组元而进入到追求的“目标”之中。

与此相对，意愿目的首先以某种还可以变化的方式是追求所具有的被表象的目标内容。即是说，“目的”与那个在追求本身中、在它的方向中被给予的单纯“目标”的区别就在于，某个这样的目标内容（即一个已经作为一个追求的目标而被给予的内容）在一个特殊的行为中被表象。只有在从追求意识[①]中“回退”出来的现象中，并且在对那个在追求中被给予目标内容的表象把握[②]中，目的意识才实现自身。因此，所有叫做意愿目的的东西，都已经预设了

① 因而追求着的意识（strebendes Bewußtsein）鲜明地有别于任何单纯的“追求意识（Bewußtsein des Strebens）”，只要我们把它理解为对追求的反思，甚至理解为一种对追求的“内感知”，在其中“意识”重又是关于自身的“对象意识”。

② 对这个过程的各个阶段在意图、考虑、打算等等方面的更详细分析可以参见这部著述后面的第三篇。

对一个目标的表象！没有什么东西能够在不先已是目标的情况下就成为一个目的。目的是奠基在目标上的！目标可以在没有目的的情况下被给予，但目的却永远不能在没有先行目标的情况下被给予。我们不能从无中创造出一个目的，或者不能在没有先行的“对某物的追求”的情况下来设定一个目的。

但我们的意欲(Wollen)之“目的”(或一个意欲一般)之所以成为一个如此被表象的目标，乃是因为如此被给予的目标内容(并且是它的形象内容)是作为一个有待实现(即实在“存在应然”)的内容而被给予的，这也就是说，是“被意欲的”(gewollt)。追求可以持守在它的目标的单纯价值意识的阶段上，而那个意识到它的目的的意欲则始终已经是对某个合形象(或合含义的)的特定之物的意欲，即对一个在特定形象性(Bildhaftigkeit)意义上的质料的意欲。

对目标内容的表象和实在存在应然(Realseinsollen)这两个 61
因素必定在此存在于“意愿目的”之中。如果两个因素中只有一个在此，那么存有的就只是一个“期望”(Wunsch)(它因此也有别于追求而以对目标的表象为前提)。但“目的”却永远不能在单纯的“期望”中被给予或“被期望”。我们可以期望：我们应该可以为自己设定某个目标，或者“我们应该可以在这个目的方向上做出意欲”或“应该已经做出意欲”；但一个目的却不能被期望(gewünscht)，而只能被意欲(gewollt)。然而对某物存在的期望也是以一个对此物的追求为前提的。与此相反，在期望中也在现象上缺少现实存在应然(Wirklichseinsollen)。另一方面，在“意欲”的领域中，对被意欲之物的表象与意欲本身也是清楚鲜明地相

互分离开来的。所以每一个目的意欲都已经通过一个表象行为而被奠基，但另一方面也只有通过对一个追求目标内容的表象行为，而不是通过某个任意的表象行为。而在追求中恰恰不含有这种相互分离。

以上所说已经足以使我们达到这样一个明察：随着对一门质料的目的伦理学的摒弃，即对一门想要向我们指明某个在质料上得到表象的形象内容或它的实现为"善"的伦理学之摒弃，一门"质料的价值伦理学"还根本不会同样遭到摒弃。因为这些价值并不依赖于目的或抽象于目的，而是已经构成了追求目标的基础，也就更是构成了那些本身重又奠基于目标之上的目的之基础。因而在对目的的每一个设定上，并且在对每一个目的的设定上，当然都必定会提出这样的要求：它必须是以伦常上正确的方式进行，就像康德确切地所说的那样。但这种伦常上的"正确"并不因此就更少地依赖于质料的价值和价值关系，即那些已经是追求行为的目标内容之组元的价值和价值关系。使一个目标内容成为目的的意欲，它所能够"朝向"并且应当"朝向"的就是这些价值和价值关系，而不仅仅是一个它偏好的"纯粹法则"。因而意欲也并不更少地"在质料上"受制约，尽管它并不是在目的上受制约（所有那些为了目的而想要手段的单纯技术意欲便是如此）。

由于追求（和抵御追求）的形象内容朝向这样一些价值质性，它们首先是追求的质料，所以一门作为质料的价值伦理学的伦理学并不以任何一种在"形象经验"意义上的"经验"为前提，因此也不以任何一种如此类型的经验质料为前提。唯有目的才必然含有这样的形象内容。而后，由于一个对象性经验的行为（即一个"表

象”行为）所进入的是有目的的意欲，而不是合目标的追求，因此，
一门质料的价值伦理学完全不依赖于对象经验一般（更不依赖于 62
那种关于对象在主体上的作用的经验）。尽管如此，它还是质料的伦理学，而不是形式的伦理学。由于追求的形象内容的朝向质料的价值，而它们的关系则朝向质料价值之间的关系，因此一门质料的价值伦理学相对于经验的整个形象内容而言是先天的。

这里还要做一个重要说明：意愿目的是从一个选择行为中产生出来的，整个选择行为是依据现有追求的价值目标进行的，并且通过一个在这些质料之间的偏好行为而被奠基。所有这些被我们此前描述为不同类型的追求情况的东西，所有这些因此可以说是处在“真正”中心意欲的领域之下的东西，都被康德或是称之为“禀好”（Neigung）的领域，或是称之为“本能冲动”的领域。而且，为了他的整个进一步阐释，他还预设了这个关于一切“禀好”的伦常价值差异的命题；而我认为这些禀好无非就是所有那些追求体验。他在理论哲学中把直观的价值等同于一种“混乱”、一种感觉的“无序糜集”；在他看来，是“知性”才根据内在于它的功能法则而将那些处在经验之中的形式和秩序纳入到这种混乱之中；与此相同，他认为，这些“禀好”和“本能冲动”首先也是一种混乱，是作为实践理性的意愿才根据一个它特有的法则而将那种秩序纳入到它之中，他认为可以将“善”的理念回归为这个秩序。

我们现在就已经有能力拒绝这个关于“禀好”的伦常价值差异的命题。人与人之间最深刻的伦常价值区别远远不在于，他们选择设定什么为目的；而毋宁说是包含在那些价值质料——以及在它们之间已经本能地（和自动地）被给予的构建关系（Aufbauverhältnisse)——之中，他们只需在这些价值质料之间进行选择并将它们设定为目的；即是说，这些价值质料为它们的目的设定提供了可能的游戏空间。伦常的“善”当然并不直接就是“禀好”、追求和（在我们的意义上的）奋起追求，而是意愿行为，在这种行为中，我们在那些于追求中“被给予的”价值之间选择（可感受的）更高的价值。但它在这些追求本身之中就已经是“更高的价值”，而不是在它与意欲的关系中才形成这种更高状态。

我们的意欲是“善”，只要它选择了处在禀好中的更高价值。这个意欲并不“朝向”一个内在于它的“形式法则”，而是朝向那个在偏好中被给予的认识，即关于价值质料之更高状态的认识。

这样就很明显，一个人的特有的可能伦常价值首先取决于，究竟是哪些价值质料在追求中摆在他面前供他选择，并且有哪些高度通过它们而得到展现（在客观的秩序中），以及在它们之间存在
63 着哪些充盈和差异[1]。隐含在这个要素中的人的伦常价值永远不能被意愿的行为举止（Verhalten）所取代，或者被换算为意愿的行为举止——例如被换算为早先的行为举止的结果[2]。

但其次，意欲的可能伦常价值还取决于，追求是以何种偏好的秩序来接近中心意欲的领域。

因为康德的一个完全谬误的预设恰恰在于：那些自动产生的

---

① 当然，如果我们说：一个伦常本性的“富足”（Reichtum）永远不能一同规定意欲的伦常价值，因为这个价值并“不是”我们“所能决定的”，因为它并不是通过意欲“自身而获取的”，那么这就是一种窃取前提（petitio principii）。因为这里的问题恰恰在于，意欲的质料对于意欲的价值来说是否是无关紧要的。关于“自身获取之物”可以参阅下面的论述，此外还可以参阅笔者的论文“论怨恨和道德的价值判断”，同上引书。*

② 这当然不是说，我们把前人自身获取的特性的遗传转移也算作是这种结果。

追求，例如“人所试图感受”的一切，都展示着一个完全的“混乱”，一个根据机械联想的联结的单纯原则而进行的各个过程之聚合，是“理性意愿”、“实践理性”才把秩序和有的意义建构置入到它们之中。毋宁说，一个人的最高伦常本性之特征恰恰在于，他的追求意动（Strebensregung）以及它们所“〔目标〕瞄向”（zielen）的质料价值的无意自动出现，乃是在一个偏好的秩序中进行的，它们——根据质料价值的客观级序——展示着一个对于意欲来说已经广泛地被构形的质料。偏好秩序在这里——或多或少广泛地并且对于不同质料价值领域而言是在不同的程度上——成为追求本身的自动性的内部规则，并且已经成为追求如何达及中心意愿领域的方式方法的内部规则。

现代的思维心理学[①]所具有的伟大功绩就在于证明：正常表象的自动进程如何在独立于判断、推理和所有任意的关注行为——整个“统摄性”的领域——的情况下进行，这是完全不能根据联想法则来理解的。毋宁说，这个进程始终表明了一种逻辑的朝向性、一种理性的合目标性，人们曾对此做过不同的描述，有些说法是这样的：表象的进程处在“上层表象”（Obervorstellung）[②]或决定性的含义统一[③]或一个特殊变换着的规则意识的统治之下，或者，处在“任务”或一个其他思维目标的统治下。我在这里不 64
去探讨这些描述的价值。只有在这种病理学的观念排列的显现中才存在着这些要素的一个顺延性（sukzessiv）缺失，以及向机械联

① 参见 O. 屈尔佩以及尤其是 H. 李普曼的著作《论观念排列》，哈雷，1904 年。

② 例如李普曼在刚才提到的著作中。

③ 并非例如在意识中被给予的“含义”。

想的一种接近，而在这里也不存在——我相信——对这些联想的真正完全的达及。进一步的研究表明，这种表面的机械联想联结在这样一些情况中，就像在白日梦和夜间梦的生活中，同样受到这样一些——即使是对正常生活而言陌生的或只是彼此间较少结构性的——决定性要素的统治①。

那些非任意(unwillkürlich)追求的事实指出了一种严格的类比。在这里，追求的“奋起追求”之单纯自动性也遵守着一个意义、一个——根据价值的客观秩序——“较高者”和“较低者”的秩序，这个意义只是在罕见的追求之变态或严重病态的意愿障碍的情况中才或多或少地丧失掉。各个追求在彼此的基础之上构建起来，并且在一个合目标性的意义上彼此相随，这个合目标性当然在经验上可以是一个在合目标性程度方面、在其建构强度和结构方面异常变换着的合目标性，但它却是始终是一个现存的合目标性。

一门像康德伦理学那样注意不到这个事实存在并且以“禀好”——据说它们本身在内容与建构上是完全价值无涉的(wert-frei)，需要通过理性的意愿来构形和整理——的混乱为出发点的伦理学，当然必定会陷入到原则性的谬误之中。

① 对于现代心理学来说，联想原则也一再成为现象学所主张的东西，即成为建基于本质联系之上的理解我们心灵生活的原则，它们——与机械原则相同——具有一个纯粹观念的含义，并且永远不会也不能为那些建基于观察之上的经验所充实和证实。*

第二篇　形式主义与先天主义 65

正如康德完全合理地指责任何善业伦理学和目的伦理学一样，他也完全合理地指责任何一门想将其结论建立在**归纳**经验基础上的伦理学，无论这种经验是指历史的，还是指心理学的或生物学的。一切在此意义上关于**善**与**恶**的经验都以对善和恶**是**什么的**本质认识**为**前提**。即使我探问，人在这里或那里将**什么**认之为善或为恶；这些意见是如何形成的；伦常明察应当如何被唤起；善和恶的意志是通过哪些手段系统而证明自己是有影响的；所有这些只能由“归纳”意义上的经验来决断的问题也都只有在存在伦常的本质认识的情况下才会是**有意义**的。纵使是享乐主义和功利主义的定理，即：善就是最大数量的快乐或全部功利，也**不是来自“经验”**，而是必须要求这个定理具有**直观的明见性**——康德便是这样正确地理解他自己。虽然他而后通过归纳来证明：人对善恶的**实际**价值判断与什么是有益和有害（随因果认识的阶段不同而变化）的判断实际上是一致的；只要他这样做了，他便是在试图赋予一门理论以在各种情况下“有效的伦常性”。但这并不是伦理学的任务。因为伦理学并不试图说明，什么东西作为善和恶处在“社群的<sozial>有效性”中，而是试图说明，什么**是**善和恶。在伦理学那里，问题并不在于，在善的事物与恶的事物方面的**社群价值判断**，

而是“善”与“恶”的价值质料本身；不在于这些判断，而在于它们所意指的东西和它们所瞄向的东西。社群的价值判断一般是否具有伦常意向，这是一个以对这种意向的本质认识为前提的问题。但是，甚至连功利主义也不可能主张，社群伦常的价值判断“意指”例如有益的和有害的东西。但如果它此外还更进一步对“健康人类理智”的道德进行批判，那么它这时就必须依据于一个直观的明察，例如益是最大的善。

伦理明察独立于在“归纳”意义上的经验，这种独立性的根源并不仅仅在于，如康德所说，“善应当存在”，无论是否曾有过善行。这个命题固然正确，但它并没有给出理由说明：为什么在这里经验是“假象之母”。因为在这个意义上，“经验”，即关于现实行为（如伦常历史所报告的那样）的经验，永远不能规定，什么“应当”存在；这个情况始终有效，即使对“什么‘应当’存在”的探寻还是在下列意义上应当归功于（归纳）经验，即它只能从那些“被视作”好（或
66 “所应的”<gesollt>[①]）和坏的东西中获得，即从经验到的价值判断或应然判断中获得。但恰恰是在这个意义上，人们不能依据经验来发现什么是好和坏。即便从来没有做出过判断说，谋杀是恶的，它也始终是恶的。即便善的事物从未被“视为”“善”，它也仍然是善的[②]。经验主义在这里的失足之处并不是（像康德所展示的那样）因为人们永远不能从存在中“挖掘出”应然，而是因为人们永

---

① “所应的”是“应当”(sollen)这个助动词的过去时和被动态，英译本作“what ‘ought’ to be done”。后面的“Gesolltes”等则相应地译作“所应之物”。——译注

② 恰恰在这里，康德向经验主义做了与其说是过小，不如说是过大的让步。例如当他将他的伦常法则称之为对那些始终已“被视作”伦常的东西的单纯“表述”时。

远不能从某个实在存在的形式中(哪怕是实在的行为、判断、应然体验)挖掘出价值的存在,而且它们的质性和联系是不依赖于实在存在的。

但是,康德关于"伦理学定理必定是'先天的'"的主张越是正确,他对"应当如何指明这个先天"的陈述就越是动摇不定。他为此而在理论哲学中所选择的道路,即从数学自然科学的事实或在"经验科学"意义上的"经验"出发的道路,遭受过明确的拒绝[①]。对这条道路的展示,时而是通过对健康人类理智的伦常判断个别事例的分析,康德在道德中极力弘扬这种理智,就像他在认识论中极力拒绝它一样[②];时而则是通过这样一个主张:伦常法则是一个只要简单——无须进一步依据任何其他的东西——加以指明的"纯粹理性事实";这便是对这条道路的展示。但即使这最后一个主张是合理的,康德也不能以任何方式向我们表明:这些同样为一门先天伦理学——如果它不应当是一个空泛的建构——所依据的"事实"是如何有别于观察和归纳的事实,并且对它们的确定是如何有别于那种已经作为基础而被合理地拒绝了的确定。在一个"纯粹理性的事实"与一个单纯的心理学事实之间的区别是什么?而一个"法则"如何能够像"伦常法则"一样——而在康德看来,一个"法则"应当是伦常的基础组成——被称作一个"事实"? 由于康德并不了解一种"现象学的经验",在此经验中,被指明为是直观的

① 康德,《实践理性批判》、第一部、第一卷、第一章:"但是事关道德法则,我便不能采取这样一个进程"。

② 尤其参见康德,《道德形而上学之建基》。(该书亦被译作《道德形而上学原理》,参见苗力田译本,上海,2002 年。)

实际组成的东西，乃是已经作为“形式”或“前提”而隐藏在自然经
67 验和科学经验中的东西，因此他对这个问题也就**没有**答案。正因为此，他在伦理学中的运作获得了一种纯粹建构的特征，人们不能像指责他的理论先天主义那样，在同样的意义上指责这个特征。这一点常常表现在以下的表述中：伦常法则产生于一种“理性的自身立法”，或者，理性人格是“伦常法则”的“立法者”——它们不同于这样一些表述，“这是纯粹意愿的内部功能法则”，或不同于“作为实践理性的理性”，在这些表述中**缺少**这种构建的任意性因素。康德显然没有看到这个为一门先天伦理学——就像任何一种认识一样——所依据的**事实**圈①。

但康德是不可能去正确地寻找这样的“事实”的，因为他所认为的本质联系在于：只有一门**形式的**伦理学才能满足那个正确的要求，即伦理学不能是归纳的。很清楚：只有一门**质料的**伦理学才能——真正地——依据**事实**，而不是任意的建构。

因此问题在于：究竟有没有一门**质料的伦理学**，它仍然在此意义上是“先天的”，即：它的定理是明见的，并且是通过观察和归纳既不能证明也不能反驳的？究竟有没有质料的伦理直观？

---

① 从根本上说，它在理论哲学中的情况并不比在这里更好。因为在这里我们也**不**可以从“科学”出发来规定先天，甚或规定认识与真理的本质。在这里的首要问题也是：什么是被给予的？其次的问题才是：例如与“自然的世界观”、“哲学”不同，与艺术不同，“科学”对哪些直观被给予之物的要素有**兴趣**，而且为什么？在这里，先天也不能作为“科学的前提”而被推导出来。而只能在它的现象基础中被指明。

A. 先天与形式一般

如果我们没有从原则上理解，一个“**先天的**”存在要素和认识要素与“**形式**”(Form)和“**形式的**”(Formal)概念究竟处在何种关系之中，我们就不可能对伦理学提出这一问题。

我们先看一下“先天”可以意味着什么以及应当意味着什么。

1. 我们将所有那些观念的含义统一和定律称之为“**先天的**”，这些含义统一和定律是在不顾及任何一种对其思维的主体及其实在自然属性之设定的情况下以及在不顾及任何一种对一个可为它们所运用对象之设定的情况下，通过**直接直观**的内涵而成为自身被给予性。也就是说，这里不考虑任何**设定**。既不考虑对“现实 68
的”和“非现实的”、“假象”和“现实”等等的设定。也不考虑这样一种情况：例如只要我们**欺罔地**(täuschen)认为，某物是活的，那么在这个欺罔的内涵中，“生活”的直观**本质**必定已直观地被给予我们。如果我们将这样一个“直观”的内涵称之为一个“**现象**”(Phänomen)，那么“现象”就与(一个实在之物的)“显现”(Erscheinung)或与“假象”(Schein)无丝毫关系。但这样一种直观是“**本质直观**”，并且也是——我们也想说——“**现象学直观**”或“**现象学经验**”。它所给予的那个“何物”不可能更多地被给予，也不可能更少地被给予——不像我们在“观察”一个对象时可以较为仔细或较为

不仔细，或者可以忽而观察它的这个特征，忽而观察它的那个特征一样——，它或是“被直观”并因此而“自身”被给予（毫无遗漏地、不打折扣地、既不通过一个“图像”，也不通过一个“象征”地被给予），或者它没有“被直观”并因此也就没有被给予。*

在这里，本质性（Wesenheit）和何物性（Washeit）本身既不是一个一般之物，也不是一个个体之物。例如红这个本质既在一般概念中是红，也在这个颜色的每一个可直观的细微差异中一同被给予。只有本质性在其显现时与对象发生的关系，才会使这个本质性的一般含义和个体含义之间的区别产生出来。因此，如果一个本质性同一地在许多不同的对象那里显现出来，并且是以所有“具有”或“载有”此本质的东西的形式显现，那么这个本质性便是一般的。但它也可以构成一个个体的本质，同时却不必因此而不再是一个本质性。

在我们拥有这些本质性和它们（它们可以是各种各样类型的，例如对立的、单面的本质性，争执、较高的和较低的秩序，与价值的情况相同）之间的联系的地方，也就是定律的真理所在，这些定律在本质性中得到充实，这种充实完全不依赖于那些可以被观察、被描述之物的领域，那些可以被归纳经验所确定，并且——不言而喻——首先可以进入到可能的因果解释中去的东西的领域，这些定律既不能通过这类“经验”被证实，也不能被这类“经验”所反驳。或者也可以说，本质性和它们的联系是“先于”所有（这类）经验或先天“被给予的”，但那些在它们之中得到充实的定律则是先天为“真”①

---

① 真理在这里也仍然是“与事实的一致”；只是与本身是“先天的”那些事实的一

的。因而先天并不是束缚在定律（甚至束缚在与它们相符的判断行为）上，例如作为这些定律和行为的形式（即判断行为的诸形式，康德就是从这些形式中发展出他的作为“作用规律”的“范畴”）；相
反，先天完全属于“被给予之物”，属于事实领域；一个定律只有当 69
它在这样一些“事实”中得到充实时才先天为真（或为假）。必须严格区分事物和直观事物性的概念，相同性和直观相同性或相同存在（区别于相似存在）的概念等等①。

因而，作为本质性或它的联系而被直观的东西永远无法被观察和归纳所取消、修正或完善。但它必然始终是在现象学以外的经验——自然世界观和科学——的整个领域中被充实并且在其中被关注，——只要它的内涵得到正确的分析。并且它不可能被行为载体的“组织”所取消或修正。

这恰恰应当被视为对一个已有内涵之本质自然的批判标准之一，即：对此内涵进行“观察”的尝试表明，我们始终必须首先直观到它，然后才能给观察以所希望的和所预设的方向；但对这个内涵的“本质联系”的批判标准之一则在于，在通过其他可想象的、可能的（在想象中可表象的）、对实在关系的观察结果来取消这些本质联系的尝试中，我们无法从实事的本性出发做到这一点；或者，我们在试图通过观察的积累来发现这些本质联系时，始终已经预设了它们——在排列观察顺序的方式中预设了它们。在这些尝试

致罢了。而定律之所以先天为“真”，是因为它们在其中得到充实的那些事实是“先天”被给予的。

① 是 E. 胡塞尔首先区分了作为概念的范畴和作为“范畴直观”内涵的范畴（《逻辑研究》，第二卷，第 6 页）。

中，本质直观内涵相对于所有可能观察和归纳内涵的独立性已经明确地被给予我们。但对于先天的概念来说，由于它们是在本质直观中得到充实，因而对它们的批判标准在于，我们在对它们进行定义的尝试中，不可避免地要陷入到定义循环之中；而对定律的批判标准则在于，我们在试图论证它们时，不可避免地要陷入到论证循环之中①。

因此，先天内涵只能（借助于一个运用此批判标准的操作过程）被指明（aufweisen）。因为，即使是这个操作过程，就像“划界”的操作过程一样——在这个过程中表明所有那些还不是本质性的东西——，也永远无法进行“证明”（beweisen）或以某种形式进行“演绎”，它只是一个使人看到或向人“演示”这些区别于所有其他东西的先天内涵本身的手段。

70 在这个意义上的现象学经验还可以通过两个特征来严格地区别于所有其他类型的经验，例如自然世界观的经验和科学的经验。唯有现象学经验才给予事实“本身”并因此而是直接的，即不具有任何类型的象征、符号、指示的中介。所以，例如一个确定的红可以以最不同的方式得到规定；例如被规定为“红”这个词所标识的那个颜色；被规定为这个事物或这个特定的表面所具有的颜色；被规定为在一个特定序列中的颜色，例如这个彩色锥体的颜色；被规定为“我刚看见的”颜色；被规定为这个频率和形式的颜色等等。它在这里仿佛处处都显现为一个的方程式的 X 或充实着条件关

---

① 因而可以指明，例如所有力学原理已经包含在一个质量点的运动的现象之中——如果这个现象被严格地孤立起来——并且因此而成为所有可能的、可观察的运动的基础；也就是说，它们始终包含在运动的所有可能的、可观察的变化之中。

系的X。但现象学经验是这样一种经验，在现象学经验中，所有这些符号、指示、规定类型都可以找到最终的充实。唯有它才给予红“本身”。它使这个X成为直观的事实组成。它可以说是对所有那些由其他“经验”所开出的汇票的兑现。因此我们可以说：一切非现象学的经验原则上都是通过或借助于某种象征的经验，因而也是永远无法给予实事“本身”的间接经验。只有现象学经验才原则上是非象征的，并正因为如此才有能力去充实一切可能的象征。

同时，唯有现象学经验才是纯粹“内在的”经验；也就是说，它所包含的仅仅是在各种经验行为本身中可直观的东西——即使它们本身又是某种在一个内容的中超越出自身的东西——，它永远不包含通过一个内容而被意指为外在于它或分离于它的东西。所有非现象学的经验，例如对一个实在事物的自然经验，原则上都“超越于”它们的直观内涵。在它之中“被意指的”东西并没有在它之中“被给予”。但现象学经验则是这样一种经验，在它之中不再隐含“被意指之物”和“被给予之物”的分离，以至于我们——可以说是从非现象学经验出发来此——也可以说：在现象学经验中，不被给予的东西就不被意指，而除了被意指之物之外没有什么被给予。在“被意指之物”和“被给予之物”的这种相合(Deckung)中，唯有现象学经验的内涵才被传诉给我们。在这种相合中，在被意指之物和被给予之物充实的相聚点上，“现象”得以显现。只要被给予之物超出了被意指之物，或者只要被意指之物不是“本身”——因而不是完整地——被给予，纯粹现象学经验就

不存在①。

71　2. 根据以上所说可以看出，始终先天被给予的东西也与所有那些通过在观察和归纳意义上的经验而被给予我们的东西一样建立在“经验”一般的基础上。因此，任何被给予之物都建立在“经验”的基础上。谁愿意将此称为“经验主义”，谁就这样去称呼好了。这门建立在现象学上的哲学就是在这个意义上的“经验主义”。它的基础是事实并且仅只是事实，而不是一个随意的“知性”的构想。所有判断都必须依据事实——而只要“方法”能导致与事实相符的定律和理论，它们就是合乎目的的。但事实——至少是“纯粹的”或现象学的事实——并不是根据一个“命题”或与它相符的“判断”才获得其“规定”，更不是从被给予之物的所谓“混乱”中被切割出来的。先天被给予之物也是一个直观的内涵，而不是一个通过思维而“在先筹划”事实或“构造”事实的东西。而在“直观”的“纯粹”（或“绝对”）事实与那些必须通过一系列（原则上无法穷尽的）观察才被认识的事实之间有着严格的区别。它们——只要它们是自身被给予的——连同其关系都是“明晰的”或“明见的”。因此，先天和后天之对立的问题不在于经验和非经验或所谓“一切可能经验的预设”（它们本身在任何方面都是不可经验的），而在于经验的两种类型：纯粹的和直接的经验，以及依赖于对实在行为载体的自然组织之设定的并因此而是间接的经验。诚然，在所有非

① “现象学经验”显然与“内感知”的经验无关。什么是“内感知”和“外感知”，这个问题也需要得到现象学的澄清。唯有“自身被给予性”才与现象学经验相一致；但那种认为必须先在内感知中被给予，然后才能自身被给予的看法，仅只是一种心理主义的偏见。*

现象学经验中，直观的纯粹事实都是——我们可以说——作为经验的“结构”和“形式规律”在起作用，并且是在这样一个意义上起作用，即：这些事实永远不会在这些经验中“被给予”，可是这些经验却根据(nach)这些事实或依据(gemäß)这些事实进行。但恰恰是所有这些在自然的和科学的经验中作为“形式”，更作为经验“方法”而起作用的东西，必须在现象学经验的范围内成为直观的“质料”和“对象”。

因而我们明确地拒绝任何一个不能通过直观的事实而得到无余之充实的在先被给予的先天“概念”或“命题”。因为要么这指的是一个“按其本质无法被认识的对象”的无稽之谈，要么这指的是一个单纯的符号，或者说，一个对随意被联结的符号之协定。在这 72
两种情况中，我们所涉及的都不是明察(Einsicht)，而是盲目的设定，这种设定的目的在于，例如可以从它之中“导出”，或者以“最简单的”方式“导出”科学经验的内涵。同样不可能将先天试图理解为一个根据观察——无论是内在的还是外在的观察——而推断出的“功能”或“力量”，这种功能或力量只是在经验内涵中起作用。导致这样一种奇特想法的只能是一种神话学的设想，即认为被给予之物是一个“感觉的混乱”，它只有借助于“综合功能”和“力量”才能“被构形”(geformt)。即使在那些没有这种将先天说成是一种“构形的活动”或“综合的力量”的神话学解释的地方，人们满足于通过还原的操作方法*来发现那些落实在定律之中的自然科学的纯粹客观逻辑“预设”，并且将这些“预设”称之为先天，即使在这些地方，先天也是被推断出来的，而不是明晰地奠基于一个直观内涵之上。但一个定律的先天自然与它的可证明性或不可证明性无

丝毫关系。算术定律是作为公理，还是作为公理的可证明的结论起作用，这对于它们的先天本性来说是完全无所谓的[①]。因为它们的先天性是植根于充实着这类定律的直观内涵之中，而不是植根于理论和体系之组成部分的原理关系和推理关系的地位价值之中[②]。

3. 从以上所述已经可以完全清晰地看出，“先天明见之物”的领域与“形式之物”毫无关系，并且，“先天”—“后天”的对立也与“形式”—“质料”的对立毫无关系。第一个区别是绝对的区别，并且它建立在充实着概念和定律的内涵差异性基础上，而第二个区别是完全相对的并且同时与概念和命题的普遍性有关。所以，例如纯粹逻辑学的定律和算术定律是在同样的程度上先天的（公理和公理的结论都是先天的）。但这并不妨碍纯粹逻辑学的定律在与算术定律的关系中是“形式的”，而算术定律在与纯粹逻辑学定律的关系中是质料的。因为对于算术定律来说，需要有直观质料的加入（Plus）才能充实它们。另一方面，A 是 B 和 A 不是 B，这两个命题中有一个为假；这样一个定律只有根据现象学的实事明察才为真，即：（直观中）某物的存在与不存在是不相容的。在这个意
73 义上，这个定律也以直观的质料为基础，这些质料并不因为附属于任何对象就更少。那个定律仅仅在绝然不同的意义上是“形式的”，即：A 与 B 可以为完全随意的对象所取代；它就这些随意对象中的两个特定对象而言是形式的。同样，对于酸梅和梨子来说，

① 如所周知，我们可以在文献中找到所有这些对先天的错误解释。

② 在这个意义上，例如任何一个几何学定律都是先天的，无论它是公理还是定理。

2×2=4 也是“形式的”。

因此，在先天明晰之物的整个领域内存在着“形式之物”和“质料之物”的最广泛差异。我们马上也会在价值论中发现在（相对的）形式先天之物和质料先天之物之间的非常重要的差异。但在一个先天领域中的最不形式的定律，即那些仿佛是仅仅通过最大限度的质料直观内涵而得到充实的定律，也并不因此就不是严格先天明晰的。所有那些在与其他先天定律，例如在与纯粹逻辑学定律的关系中对一个较特殊的对象领域具有有效性的定律，都是先天“质料的”。但也可以想象在本质性之间的先天联系，这些先天联系只出现在一个个体对象上，而在所有其他对象上都不出现。

另一方面，在任何一个仅只被视作后天的定律中，即在任何一个只能通过观察的事实而被充实的定律中，都可以区分它的“逻辑形式”和它的“质料内涵”，例如，它自身具有一个定律的构造，具有一个主语、谓语、表语，并且具有在这些“形式”中被构形的东西。但这意味着：“形式—质料”的对立与“先天—后天”的对立相切，因而在任何意义都不与它相合。

将“先天之物”等同于“形式之物”的做法是康德学说的基本谬误。这个错误同时也是伦理学“形式主义”的基础，甚至是整个“形式的观念论”（formaler Idealismus）——康德本人便是这样称呼他的学说——的基础。

4. 与此基本谬误密切相关的是另一个谬误。我指的是将“质料之物”（既在认识论中，也在伦理学中）等同于“感性”内涵，但将“先天之物”等同于“思想之物”或通过“理性”而以某种方式附加给这些“感性内涵”的东西。在伦理学的范围内，“感觉的被给予之物”是通过“事物对感受性的作用”而产生的，与这种感觉相符的是特殊的感觉状况：快乐和不快，“事物”用这些感觉状况“来侵袭主体”。

但这种等同的做法，即认为感性内涵是“被给予”思想的做法，即使在理论领域中也是完全错误的。它之所以错误是因为“感性内涵”或“感觉”的概念根本不是指在一个内涵中对这个内涵的规
74 定，而仅仅规定着一个内涵（如一个声音、一个颜色连同它们的现象学特征）如何传送的方式。在颜色、声音中并不存在任何“感性的”的东西。恰恰是这些概念最需要得到现象学的澄清；也就是说，需要探寻“感性内涵”这个概念在其中得到充实的那个事实状况。

我觉得这种等同之做法的首要谬误（πρωτον Ψευδοs）就在于：人们不去素朴地提问：什么是被给予的？却提问：“什么能是被给予的？”然后人们认为，感性功能——遑论感官和刺激——无法涉及的东西是不“能”被给予我们的。一旦人们陷入到这种根本错误的提问之中，他们就必然会得出结论，所有那些被给予的经验内涵，即那些突出于可作为“感性内涵”而被确定的因素，并且无法通过这些因素而被取代的经验内涵，是以某种方式被我们“附加的东西”，是我们“行为活动”的结果，是一种“构形”（Formen）、一种“加工”以及诸如此类的工作的结果。于是，构形、形式、形态、价值、时间、空间、运动、对象性、存在和非存在、事物性、一、多、真理、作用、物理、心理等等都必然一同地和分别地被回归为或是一种“构形”，或是一种“同感”，或是另一种主观的“行为活动”；因为它们并不隐藏在那些只“能”被给予我们，并且因此而——如人们所说——

“是”被给予我们的“感性内涵”中。

这个错误在于：人们不是素朴地提问，在意指的意向中**什么**是**自身**被给予的，而是立即将**外在于**意向的客观的，甚至是因果的观点和理论（即使是自然的日常理论）**混杂到**问题**之中**。然而，在**什么**是（在行为中）被给予的这样一个素朴问题中，人们仅仅观看这个**什么**；行为发生所需要的所有那些可以想象的客观的、外在于意向的**条件**，例如是一个“自我”或“主体”在进行这个行为，它具有“感性功能”、“感官”，具有一个身体以及如此等等——所有这些条件都属于这样一个问题：在对一个声音、一个颜色的拥有中，**什么**是“被给予”的，并且这种被给予性看起来是怎样的；在这个问题中并不包含这样的确定：一个看见此颜色的人具有一个肺和两条腿。我们仅仅在**摆脱了**人格、自我和世界联系的行为意向**方向**上观看，**什么**在此显现以及它如何显现；我们完全不受这样的问题的迷惑：它**能**如何显现，它如何根据某些现存的事物、刺激、人等等的**实在**预设而传送给我们。

倘若我例如提出这样的问题：在我感知一个物体物质的立方体时，什么是被给予的，那么，如果回答：被给予的是“角度性的面 75
的外观”，甚至是对此面的外观的“感觉”，这个回答就会是根本谬误的。在这里“被给予的”是作为一个具有确定的空间形式统一的**完整**——根据某些“面”，甚至根据某些“外观”而被划分的——物质事物的立方体。事实上，这个立方体只是**视觉地**被给予，而且视觉因素在感知内涵中仅仅与视觉事物的这样一些点相符合，这些点属于该事物的角度性的面的外观；但这些情况都丝毫不是“被给予的”——正如这个立方体内部的化学组成也不是“被给予的”一

样。毋宁说需要一系列极丰富和极复杂的新的行为(同一种行为,即“自然感知”的行为)以及对这些行为的联结才能使“这个立方体的角度性的面的外观”被经验到。这里所列举的仅只是它们的最粗糙的层次结构。

在这里首先必须有一个自我把握(Icherfassung)的行为补加进来,即一个作为行为进行者的自我的行为,并且有一个观视(Hinblick)补加进来,即对从这个立方体中有哪些东西被给予它的观视。然后,这个立方体还是与先前一样被给予;它只是带有了一种个体的特色,这种特色贯穿在所有被给予之物之中。在第二个行为中便可以把握到,这个感知行为是通过一个视觉行为而进行的,在这个视觉行为中并非所有那些原先在此的东西都显现出来,例如“物质性”没有显现出来,“它具有一个内部”也未显现出来;毋宁说,现在“被给予的”是一个具有特定形态、特定色彩,带有光和影的整体的外壳;也就是说,始终还是那个事物性的(只是非物质性的)视觉对象。

但就是现在,“这个立方体的角度性的面的外观”也还远远未被给予;更不用说那个所谓“感觉内容”了。“被给予的”是这个立方体的视觉事物,即某种尽管不再含有“物体性”,但却完全还含有作为形式、颜色、光和影之支撑点的事物性的东西;并且它始终是具有空间形式的整体;颜色、光线与黑暗作为独立的、奠基于空间形式中的现象进入到这个空间形式之中,而且,随着它的(即“空间形式”的)变化,这些局部显现也发生变化。例如只有当我将灰色调的特定的质理解为一个视觉事物的特性时,我才能在这些灰色调的质中看到“影”;而当被看见的形式的空间因素的距离和状态通过一种形式统一的变化——例如立方体改变为它的平面投影——而发生变化，那么颜色因素便会根据其显现内容而在极为细微的限制中发生变异。随一个颜色的深度定位变化，亮度也会发生变化。我们还可以进一步确定一个"看"的事实，同时却无须通过感知或感官感觉去知道感性器官。而"看"并不等同于一个有色物体的单纯所属性，例如属于一个感知的自我，就好像"看"与"具有颜色"，"听"与"具有声音"是同义的一样。"看"也不同于对一个颜色的单纯注意。它是一种可以被直观到的功能，即一种带 76
有固定质性的、带有特殊的和完全独立于边缘(peripher)感官组织的活动规律的功能。例如在对一个平面的看中，直观事实始终是被给予的：直观平面有另一个面，即使我们没有"感觉到"它。所以立方体的"视觉事物"也不同于它的空间立方体形式的角度性的面的外观；在这个视觉事物中，还有在这个"面的外观"的限制中"被感觉到"的线条在这些方向上继续前展，这些方向是由立方体性的形式规定给这些线条的，这个形式作为整体"被给予"，它根本不是由一种对"面的外观之综合"所构成，甚至根本不"处在这种综合中"。被感觉到的空间因素在状态、距离、线条因素的方向、深度定位的方面从属于这个被看到的形式，并且随此形式的变化而变化。只要这些线条是一个具有"球体"形式的视觉事物的各个部分，它们的同一种状态、距离、方向就是异而又异的。视觉事物的空间在这里明确地区别于几何学空间，后者是一个被人为歪曲了的空间。

但现在需要一个新的经验行为才能从至此被给予的视觉事物中可以说是切割出"角度性的面的外观"的材料。只有当进行着这

个看的行为的身体有机体（它被视为属于感知“自我”的）以及它的与视觉功能活动相连接的各个部分的此在和场所规定性成为一个特殊感知行为的对象时，这种切割才是可能的。例如我通过我眼睛的某种活动，而非通过我耳朵的某种活动来看，其原因既不在于视觉功能，也不在于视觉事物。首先从“实验”中可以得出结论，当然是从（我们所有人很早就进行过的）自然实验中得出结论：如果我闭上眼睛，那么我对一个事物的看便会中止；随眼睛的运动（以及随与此相连的器官和肌肉感觉的运动）或随承载此眼睛的躯体的远去，视觉事物的特性会发生繁杂的变化。但在前面所规定的意义上的视觉事物始终必然已经“被给予的”，并且是在特定的量的质性中被给予的，如果在这个事物上的质性可能变更方向，例如根据更大和更小而进行变更的方向——只要在它们之中进行的变更是受自然角度、距离、状态和器官的距离，或者说，它的感觉层次的距离这样一些单纯的事实的制约——应当得到突出的话。（量的质性当然不是可度量的量，它完全依赖于这样一个尺度，有关视
77 觉事物正是在这个尺度中参与整个视觉空间的空间充实，亦即始终是相对于其他处在此视觉空间中的视觉事物之参与而言的。）要想突出视觉事物的变更方向只有通过一种关系感知，即对在被划分的经验行为中被给予的视觉事物和我的身体和眼睛之事实、加上那些“实验”的事实，所进行的关系感知。只有当这些变更方向被给予，当我知道什么是一个物体的角度的面的外观时，那个被感觉主义认识论者天真地当做出发点的东西、即“这个立方体的角度的面的外观”，才可能在一个特殊的行为中被给予。但从这里出发要达到“感觉内容”也还有一大段距离。

在现象学意义上的“感觉内容”——即那些作为一个“感觉”的内容而直接被给予的东西，而不是作为这样一种内容通过与真正的和直接被给予的“感觉内容”的类比“被推导出来”的东西，更不是通过因果的刺激概念和随它一同变化的因果组织之反应方式所推导出来的东西——严格地看只是这样一种内容，它们的出现和消失设定了我们被体验到的身体状况的某种变更：首先完全不是声音、颜色、气味质性和口味质性，而是饥、渴、疼痛、快感、疲劳以及所有那些模糊地定位于特定器官的所谓“器官感觉”。这是“感觉”的范例，可以说是人们所“感觉到”的“感觉”。当然，属于这种感觉的还有所有那些随感官活动而发生并随感官活动变化而变化的感觉。

为了语言上的便利，人们现在也可以将整个外部直观世界的所有因素，即那些（在出现和消失中）可以参与身体状况变化的因素，也称之为“感觉”。并非因为它们是感觉，而是因为它们的实现对于一个心理物理的个体来说有规律地伴随着真正的感觉（在耳中、眼中等等）；并且因为直观的最简单内容的任何变化，例如一个颜色和面积在声音、饱、亮度、形态方面的任何变化都单义地从属于在身体，包括器官的根据状况中的变化。

但是，在这个扩展了的意义上的“感觉”既不是一个特定的对象，也不是像“红”、“绿”、“硬”那样的一个直观内容，更不是一个像马赛克一样拼凑起来的事实的小“因素”；相反，我们所指的是外在的（和内在的）现象世界的变更方向，每当这个世界作为独立于一个个体的当下身体之物而被体验到时，它都具有这种变更方向。78
这就是“感觉”的本质；而具体地说，所有那些能够在这个方向上变更的东西都是“感觉”。*

在最后这个意义上，“感觉内容”永远不会在任何一种词义上“被给予”。它始终只能通过一种比较的行为、即对众多被给予的现象和众多身体状况的比较行为，而被规定为这样一种东西：它在身体状况变化的情况下也能够在现象中一同发生变化。在严格的意义上，这种宽泛意义上的“感觉”只是一个“变更关系”的名称，这个关系是存在于一个身体状况与外部世界（或内部世界）的显现（Erscheinung）之间的关系；它的内容只是这个已被定义的、处于现象之中的、在身体与现象之间关系的终极点。一个显现所具有的这些因素会“被感觉到”，即，当身体状况，或者说，当在感官中的器官感觉处在一个特定的变化之中时，这些因素的变化会导致整个显现的变化。

因此，一个“纯粹的”感觉是永远永远不会被给予的。它永远只是一个需要受到规定的 X，或者说，一个我们用来描述那些依赖性的象征。在质性、饱、亮度方面（例如在颜色几何学上）受到规定的对一个红的纯粹感觉永远不会“被给予”，因为“被给予”的始终只能是一个对象的被所谓感官记忆一同规定的颜色，而这个颜色已经受到以前的、随这个客体一起进行的视觉交往的规定。

因此，哲学的任务从来就不是像人们所误认的那样，从“感觉”中构造出直观的内容，恰恰相反，它的任务在于，尽可能地将这些内容从那些始终伴随着这些内容的感官感觉中清除出去，唯有这些感官感觉才是“真正的”感觉；哲学的任务同时还在于，去除这样一些直观内容的规定性，这些规定性根本不是“纯粹”直观的内容；相反，只有当它们接受了与器官感觉的确定联系并通过这种联系而同时获得了一个意义，即作为一个可以期待身体状况之变化的“象征”，只有这时，它们才能获得这些纯粹直观的内容。

但在理论领域中有效的东西，在进一步的类比中也对价值和意愿有效。

对我们来说“被给予的”——在自然观点中——在理论领域是事物，在价值和意愿领域是善。其次，才是我们在这些善中所感受到的价值，以及“对这些价值的感受”本身；再次，并且完全与此相独立的是快乐与不快的感受状态，我们将它回归为善对我们的作用（无论这作用是作为被体验到的刺激，还是指因果关系）；但最后则是交织在这些感受状态之中的特殊感性感受（或者如施通普夫确切所称：“感受感觉”＜Gefühlsempfindung＞）的状况。只有当我们观看（在内感知中的）具有广延和四肢的身体的各个部分，并且将这些如此被给予的较次要的感性感觉状况与适意的质性置于一种被想象的联结中时，这种特殊的感性感受状态才能被分别地把握到。因为适意的价值还不同于伴随着它们的那些感性感觉状况（例如糖的适意不同于舌头上的感性舒适感受）。因此，那些在感受的“质料”中与作为这种关系对象的感性感受状态相符合——因为这些状况的变化还依赖于它们——的东西，也就是说，那些在这个意义上是（或可以非本真地叫做是）价值质料的“感性内涵”的东西，它们永远不会在这个质料中直接地被给予；遑论原本地被给予——以至于善只能作为这些状况的“原因”摆在我们面前。感性感受状态是在价值和善的世界之中和之旁融入到我们生活中，在这个王国中作为我们身上的次生的伴随显现（Begleiterscheinung）而融入到我们的作用和行为中——而且甚至是在感性的享 79

受中，更多地是在关涉高于适意的价值领域，关涉精神价值或生命价值的地方。下面这种情况不仅十分罕见，而且同时已是一种导致病态的行为，即：一种特殊的意向朝向这些状况，并且它仿佛是从对象朝向的情感运动中分裂出来。①

这些情况同样也适用于追求和意愿。康德声称，每一个——不是通过“理性规律”——而是通过一个质料而被规定的意愿都因此而不是先天被规定的，因为这个意愿在这种情况中是通过那个在意愿中成为实在的内容对我们感性感觉状况的反作用而受到规定的。康德的这一主张缺乏任何事实根据。

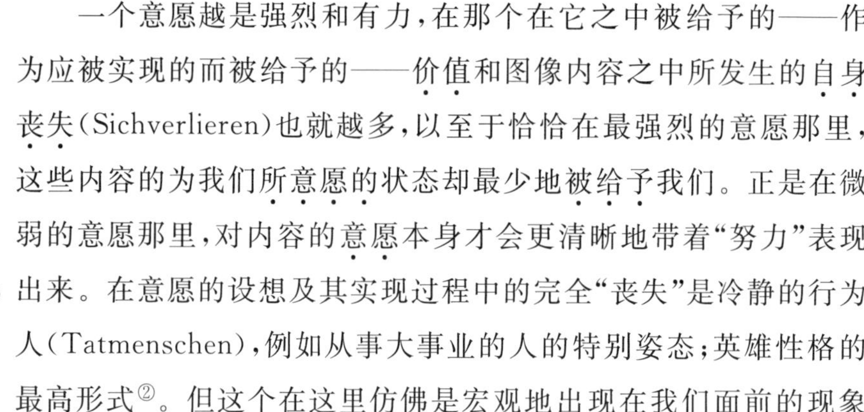

一个意愿越是强烈和有力，在那个在它之中被给予的——作为应被实现的而被给予的——价值和图像内容之中所发生的自身丧失(Sichverlieren)也就越多，以至于恰恰在最强烈的意愿那里，这些内容的为我们所意愿的状态却最少地被给予我们。正是在微弱的意愿那里，对内容的意愿本身才会更清晰地带着“努力”表现
80 出来。在意愿的设想及其实现过程中的完全“丧失”是冷静的行为人(Tatmenschen)，例如从事大事业的人的特别姿态；英雄性格的最高形式②。但这个在这里仿佛是宏观地出现在我们面前的现象

① 此处参阅笔者在“论自身欺罔”一文中的论述，载于：《病理心理学杂志》，第一辑、第1期、1911年。

② 很容易与无力的“梦幻者”的符号相混淆，然而实际上却恰恰与之相对立的是这样一种趋向，即：把想象中的、白日梦中的——有时甚至是在臆想和幻觉的异常延展中的——单纯愿望内容当作在意识中实在被给予的来拥有，也就是预期在其此在中仅仅被愿望之物或实际被追求之物，以及事先地品尝和享用它们的实在。如果我们生活在一个计划的目的内容之现实中，对这个计划我们已经完成了一些步骤，但要完成它还需付出许多工作，而我们又感到无力或无法进行这些工作，那么情况便是如此。反过来，将这些只是被希望的或尚未完全达到的东西预期为“现实的”并且事先根据感受

是在每一个有力的愿望行为中微观地展现出来的。这个愿望行为的特征始终在于，我们在它之中**被拽出**来，并超越出对反作用的想象，这个反作用是指对我们状况的反作用，尤其是对我们**感性**状况的反作用。因而我们在一项危险的工作中不会注意到，我们已经受害，或者不会注意到，疲劳感甚至疼痛正在对这项工作提出抗议。一切激情的意愿——更不用说更高形式的意愿了——就已经将同时的或将要到来的感性感受状态完全排斥出被给予性之外。通过这些事实可以使人明白，在历史上最强力的意志人格那里，或者在特别有力的群体那里，以“自我”为**出发点**的意愿意识——遑论意愿对自我之反作用的意识——实际上发展得最少。他们或者将他们的意志作用体验为“仁慈”(例如行动有力的英国清教徒克伦威尔及其同党)，或者觉得自己完全是上帝的工具(例如卡尔文认为自己是上帝的“工具”)，或者将他们的生命阶段视为“命运”(例如行动有力的阿拉伯人和土耳其人、华伦斯坦和拿破仑)；或者他们认为，他们只是对“发展趋势”有所促进或有所引发(如俾斯 81
麦)。“大人物”理论从来就不是从大人物那里，而始终是从**观察他**

来品尝它们，这种倾向也可能会破坏将它们加以实现的力量。在“设想制作者”那里可以在较小的程度上发现这种情况。由弗洛伊德及其学派首先为梦的内容所提出的“希望之实现”，即希望对回忆内容的反作用以及对期待内容的前作用均属于这种情况。

相反，意志强的人“生活”在他的**作为**“设想”，作为“须待实现的”内容的设想之中，但这些事实并没有获得那种实在的外表；并且他同时冷静地关注那些在严格划分的意向中、在他的因果联系中被给予他的现实之物。在前一种情况中，“作为实在”而被预期的设想已经被享受和品尝，而在这里，这样一种动力作用得到了展开，它可以将那些处在可能的可统治性范围内的大量手段像抖开一块(要通过思考来加以分析的)布一样**一下子**展现给人们眼前。对现实之物与非现实之物与在设想中的完整生活之严格划分是强烈的意志本性的突出特征。

们的人那里产生出来的。[①]

各种首先被给予的质料并不是被意愿之物对感性的(甚至生命的或精神的)感受状态的可能反作用;因此,在同样的程度上,对有关内容的意愿与其说是一种期待或想象,不如说是一种妨碍或限制,有可能还是一种"搁置",以至于这种内容或是成为单纯的愿望内容,或是根本不被追求。也就是说,感受状态对意愿质料的作用是一种本质上否定性的和选择性的作用。通过它而首先得到规定的不是我们所意愿的那些东西,而是在起初被意愿的内涵方面我们"不再"意愿的那些东西[②]。

因此,这恰恰是康德在通过快乐和不快的经验来规定意愿的所有质料时所预设的对真实事实状况之颠倒。甚至在"规律"观念规定着意愿时,这个"规律"也仍然是意愿的质料(至少是纯粹意愿的质料)——但不是作为纯粹意愿的规律来规定,即不是作为规定着意愿之进行的规律。这里所意愿的恰恰是"规律"的实现——作为意愿的可能质料之一。正因为如此,一切意愿都奠基于质料之中;然而它们仍然可以是先天的,只要它们存在于价值质性之中,意愿的图像内容要根据质料的价值质性才能得到规定。意愿因此而绝不受"感性感受状态"所规定。

但第二种将"先天之物"等同于"合理的东西"(或"被思考的东

① 倘若仅仅因为最强的(可以说是心醉神迷的)愿欲之显现与单纯的"奋起追求"、本能追求之事实并不被体验为是由自我出发的,就把这两者等同起来,那么这就是一个最大的谬误了。毋宁说,它们是追求之事实中的最极端对立。前一个事实完全是一个最中心的愿欲,甚至是"人格"本身最本真的愿欲,它作为所有行为的出发点完全有别于内感知的对象和"自我"。对此参见这部著述的第二部分、第六篇、A。

② 对此参见这部著述随后的第三篇。

西”）的做法同样是谬误的，这种等同的做法与将“质料”和“感性”（以及后天）加以等同的做法相符。我们已经看到，首先，一个对于直观而言的“被给予之物”是先天的，而那些在判断中“被思想的”命题只有在通过现象学的经验而得到充实的情况下才能被称之为先天的。所以，即使在的理论认识中，先天也绝不是一个单纯被思想之物或最先被思想之物。甚至可以说，对认识论阻碍时间最长 82
的就是这样一门学说，这门学说以此预设为出发点，即：认识的要素必定或是在于一个“感觉内涵”，或是在于一个“被思想之物”。在这样的预设下，人们如何能够使事物、现实、力量、相同性、相似性、作用（在因果概念中）、运动，甚至空间、时间、量、数这些概念，以及如何能够使那些价值概念——它们在这里与我们尤为有关——得到充实？如果它们不是被臆想出来的，即如果它们不是通过“思维”而从无中被设定——连同它们之间的本质联系，例如力学原理——，那么对它们来说必定有一个直观的材料被给予，它是直观材料同时又不是“感性的”内涵。那个预设本身就已经蕴涵着一个对认识论问题的始终不充分的解答——无论这个解答的结果如何（或是感觉主义的结果，或是理性主义的结果），它都至少对认识做了宣判：只要认识具有内容，这就是说，只要认识含有“感觉”材料或依据“感觉”材料，它就是“主观的”和“相对于”人的特殊组织而言的；只要认识不含有任何内容——最后只是关系，只是虚无（Nichts）的关系而已——，它就被回归为纯粹的逻辑要素。

但像康德那样，将“先天之物”等同于“被思想之物”，将“先天论”等同于“唯理论”的做法——这对伦理学尤为有害——还会使我们陷入到另一个同样根深蒂固的迷误之中。

我们的全部精神生活——不只是在存在认识意义上的对象性认识和思维——都具有“纯粹的”——根据其本质和内涵而独立于人的组织之事实的——行为和行为规律。即使是精神的情感方面，感受、偏好、爱、恨，以及意愿都具有一个原初先天的内涵，一个不是从“思维”那里借来的内涵，一个需要由伦理学在完全独立于逻辑学的情况下加以指明的内涵。布莱斯·帕斯卡尔说得极为确切，存在着一个先天的“心的秩序”(ordre du coeur)或“心的逻辑”(logique du coeur)[①]。但“理性”(“Vernunft”或“Ratio”)一词——尤其是当它与所谓“感性”相对立时——自这些术语被希腊人确定以来便始终标识着精神的逻辑方面，而非精神的非逻辑－先天方面。所以，例如康德便将“纯粹意愿”回归为“实践理性”或回归为“那种”作用于实践的理性，他因此而误识了意志行为的原初性。意愿在他那里显现为一个单纯的逻辑应用领域，而不是像思维那样带有同样的原初性规律性的东西。当然，例如同一个最终的现
83 象内涵既可以为矛盾律，也可以为这样一个定律提供充实，即：不可能对同一个东西“既意愿又不意愿”，或者说，不可能对同一个东西既欲求又厌恶。因此，后一个定律就绝不会是“矛盾律”在欲求、厌恶这些概念上的单纯“运用”。矛盾律是一个与此完全独立的基本原理，它与后一个定律只是具有一个(部分)同一的现象学基础。然而，价值公理因此也完全独立于逻辑公理，它们绝不意味着仅仅是逻辑公理在价值上的“运用”。纯粹逻辑学与一门纯粹价值论是

① 这里无法对此伟大思想的意义进行全面分析。* 参阅这部著述的第二部分、第五篇、第2章：“感受〔活动〕与感受〔内容〕”。

并列的。康德在这些问题上越是动摇不定，他也就越是坚定地最终将所有感受活动，甚至爱与恨——因为他无法将它们归诸于“理性”——纳入到“感性”领域并因此而将它们排斥出伦理学之外[1]。

但这种对“先天”的完全未经论证的窄化和限制的根源之一同样在于他将“先天之物”等同于“**形式之物**”。

唯有彻底地扬弃这一旧的成见，即：“理性”与“感性”的对立便可以穷尽人的精神，或者说，对所有的一切都可以做非此即彼的划分，才有可能建造起一门**先天—质料的伦理学**。这种根本错误的二元论恰恰使得人们忽略了或误释了整个行为领域的本己特征，它从任何一方面看都必须被哲学拒之门外。**价值现象学**和**情感生活现象学**必须被看做完全独立的、不依赖于逻辑学的对象领域和研究领域[2]。

因此，是一种毫无根据的观点才导致康德得出下列结论，即：所有将“感受活动”、“爱”、“恨”等等视为伦常的(sittlich)基本行为的做法，或者是因为伦理学在“经验主义”之中或在“感性”领域之中的**迷失**所致，或者是因为用“人的本性”来为对善与恶的认识进行虚假的奠基所致。因为只要对人**身上**的感受活动、爱、恨及其规律性进行研究，就可以发现，它们相互之间以及在其质料方面都不 84
是“特殊人类的”，正如思维行为不是特殊人类的一样。**现象学**分

① 正是这一成见才使康德闻所未闻地将爱与恨看做是“感性感受状况”。

② 爱与恨的先天论甚至最终是——这里无法对此进行证明——**所有**其他先天论的最后基础，并因此而是先天存在认识和先天内容意愿的共同基础。在它之中，而不是在一个“特权”之中——无论是“理论理性的特权”，还是“实践理性的特权”——理论和实践才能找到它们的**最终**联结和统一。弗兰茨·布伦塔诺已经暗示了类似的思想。但这里不是继续探讨这一思想的地方。*

析的本质在于，撇开行为载体的特殊组织以及对象的现实设定不论，而去把握出建立在这些行为种类及其质料之本质中的东西；而对感受活动、爱、恨的现象学分析区别于所有心理学和人类学，就像现象学的思维分析不同于人类思维心理学一样。对于现象学分析来说也存在着一个精神层次，这个层次与整个感性领域，甚至与那个明确不同于此领域的生命或身体的行为领域毫不相干，而这个精神层次的内在规律完全独立于这些行为领域及其规律性，就像思维规律独立于感觉驱动一样。

所以，我们——与康德相反——在这里坚定地主张一门情感先天论，并且要求划分在先天论和唯理论之间至今存在着的虚假统一性。与“理性伦理学”不同的“情感伦理学”完全不必是一门在这种意义上的“经验论”，即，它试图从观察和归纳中获得伦常价值。精神的感受活动，它的偏好与偏恶，它的爱与恨具有它自己的先天内涵，这些内涵与纯粹思维规律一样独立于归纳经验。在精神的感受活动这里和在纯粹思维那里一样，都存在着(es gibt)对行为及其质料的本质直观，存在着对它们的奠基和联系的本质直观。在这里和在那里一样存在着现象学确定的“明见性”和最严格的精确性。

5. 我们也要——在关涉到“先天”一般概念时——将先天的事实，即本质性及其独立于归纳的联系的事实严格地区别于所有那些企图进一步从知性上阐明“先天”，甚至说明“先天”的做法[①]。

---

① 舍勒在这里所使用的“从知性上阐明”(*verständlich* machen)和“说明”(erklären)两个词都有特殊的含义。前者本来就是指一般意义上的“阐明”或“使人理解”，但由于舍勒在“*verständlich*”上加了重点号，格外强调了“从理智出发去解释”的意思，故译作

在康德那里，所有哲学领域中的先天学说都紧密地与这位哲学家的两个基本定理以及与它们相应的对世界的基本观点和基本态度联系在一起，我们认为它们是未经证明的，因而要加以拒绝。

首先是康德关于思维“自发性”的学说，根据这种学说，所有在现象中的“联结”都必然是知性的（更确切地说，是实践理性的）产物。因此，在他那里，对象和事态之间的联系的先天也被回归为一种对“被给予之物的混乱”进行“自发的联结活动”或进行“纯粹综合”的“产物”。先天被虚假地限制在“形式”上，这种形式是或应当是一种“构形活动”、一种“构形行为”和“联结行为”的结果。在他那里，这种学说甚至紧密地与先天论交织在一起，以至于它们两者对于许多不是用独立的目光来考察康德学说的人来说已成为一个似乎不可分割的整体。然而，这种制作性的知性活动的神话与先 85
天论没有丝毫关系。它并非建立在直观之上，而是一种对在经验对象中的先天内涵的纯粹臆造性解释，这种解释只是在此预设下才能成立：“被给予的”处处都只是一个“无序的混乱”（在这里是所谓“感觉”的混乱，在那里是“本能”或“禀好”的混乱）。但这个预设是感觉主义和康德所共有的基本谬误，休谟对此感觉主义做了最极端的发展，而康德在这里完全盲目地将它从英国人那里接受下来[①]。如果“被给予之物”的确处处都是印象的（或本能冲动的）“混乱”，然而在经验内涵中却可以找到联系、秩序、形式、某些特定的层次和结构，而这些东西不可能——如康德所正确地看到的那

“从知性上阐明”。后者，即“erklären”则主要被舍勒用来定义自然科学的基本方法：因果说明的方法。——译注

① H. 柏格森在他的著作《物质与记忆》中也确切地指出了这一点。

样——产生于对印象及其内部相关物的联想联结之中，那么当然就至少会引起对这种“综合作用”、这种“联结力量”(它们的规律性也就会是事实上与此完全独立的“先天”)的假设。如果这个世界首先化为一堆感觉混合物的粉末，人被粉碎成为诸多本能冲动的混乱(这些本能冲动——这是另一个不可理喻之处——据说是服务于人的直接生存之维持)，那么当然就需要一个行动组织的原则，这个原则重又被回归为自然经验的内涵。简言之：休谟的本性需要有康德的知性才能生存；而霍布斯的人则需要康德的实践理性才能生存，只要这两者与自然经验的事实相符。但是，如果没有对休谟的本性和霍布斯的人的这一根本谬误的预设，那么也就不需要那样一个假设了；从而也就不需要将先天之物解释为这种组织活动的“作用规律”。这样，先天就是在博大的经验领域本身之中的实事对象结构，只有特定的对象以及它们之间的作用关系才与这个结构“相符”——先天并不是以某种方式通过行为而被“纳入到”这个结构之中或通过行为而“附加给”这个结构。

但是，较之于理论哲学，伦理学受这个预设之害恰恰更深。由此发源而产生出康德的所有那些几乎还未提及的预设，它们也(例如在人类学中)常常以霍布斯的术语被表述出来：撇开“实践理性”不论，人是单纯的“自然生物”(对他来说＝一束机械的本能)；所有他爱(Fremdliebe)都回归为自爱(Selbstliebe)，并且整个爱则回归
86 为利己主义[①]，而利己主义则又回归为对感性快乐的追求。但如

① 自爱与利己主义对于康德来说是同义词。

果没有这个预设，那么也就没有必要去设定一个对此混乱进行构形的“实践理性”了[①]。

我们在这里已经达到了这样一个点，先天论正是在这个点上与在康德对世界整个态度中的那个最根本的东西、那个几乎无法陈述的东西发生如此紧密的联结，以至于哲学学说在这里极其危险地与康德的极为个体的偏好结合在一起。我只能用这样的语词来称呼这种“态度”：它是对所有“被给予之物”本身的完全原初的“敌意”或“不信任”，是对所有作为“混乱”的“被给予之物”——“在外的世界与在内的本性”——的恐惧与畏惧；用语词来表达：这是康德对世界的敌对态度，而“本性”则是需要进行构形、进行组织、进行“统治”的东西，它是“敌对之物”，是“混乱”等等。因此是对世界之爱、对世界之信任、对世界的直观的和爱的献身的对立面；也就是说，它根本上只是如此强烈地贯穿在现代世界的思维方式之中的对世界之恨，对世界的敌意，对世界的原则上的不信任，而它们的结果就是这样一个无限制的行动需要：“组织”世界、“统治”世界——这在一个天才的哲学头脑中达到了顶峰——，这就是导致将先天论与关于“构形的”、“立法的”知性的学说，或者说，与关于

① 这里的历史根据始终在于以下两种态度：从清教—新教立场出发，原则上对特有的、不是贯穿在系统—理性的（rationell）自身控制之中的“本性”以及任何一个它的冲动（这些本能也反映在他关于“极端的恶”的学说中）持不信任的态度，同时还有人与人之间——只要他们的关系还未接受一种合乎契约的（vertragsmäßig）、规律性的形式（同样是带有清教色彩的新教传统）——原则上的不信任态度。这些“态度”也对英国道德哲学理论的很大一部分进行了构形。对此参阅笔者“论怨恨与道德的价值判断”的文章（同上书）以及马克斯·韦伯在其有关资本主义和加尔文主义伦理学的文章中的出色阐述。

使本能成为有“序”的“理性意志”的学说联结在一起的心理学原因。

现在，先天论必须处处摆脱与这种在历史起源和历史价值方面很成问题的情绪以及与由它所引起的假设的联结。与本质性一样，本质性之间的关系也是“被给予的”，而不是由“知性”所引出或“生产”的。它们被直观到，而非“被制作出来”。它们是原初的实事联系，它们并不因为它们是把握对象的行为之规律从而就是对象的规律。它们是“先天的”，因为它们建立在本质性中——而非建立在事物和善业中——，而不是因为它们是被“知性”或“理性”“所制作出来”的。只有通过它们才能理解，那个贯穿在万物之中的逻各斯（λόγοs）究竟是什么。

87 但对于伦理学来说，我们对先天论的理解具有重要意义，因为它主张明确地区分被康德混为一谈的伦常认识、伦常行为和哲学伦理学。

一切价值先天（也包括伦常先天）的真正所在地是那种在感受活动、偏好，最终是在爱与恨之中建构起来的价值认识或价值直观，以及对价值关系、它们的“较高”、“较低”的关系的认识或直观，或者说，“伦常认识”。这种认识因而是在特殊的作用和行为中进行的*，这些行为和作用绝然不同于所有的感知和思维并且构成唯一可能的通向价值世界的通道。价值和它们的秩序不是在“内感知”或观察（在这里只有心理之物被给予）中，而是在与世界（无论它是心理的世界，还是物理的世界或其他世界）的感受着的、活的交往中，在偏好和偏恶中，在爱与恨本身中，即在那些意向作用和行为的进行线索中闪现出来(aufblitzen)! 而在如此被给予的东西之中也包含着先天的内涵[1]。一个局限于感知和思维的精神同时也绝对是价值盲目的,无论它如何有能力进行"内感知",亦即对心理之物的感知。

可是,伦常意愿,甚至整个伦常行为都奠基在这个价值认识(或在特别情况中伦常价值认识)连同其本己的先天内涵和其本己的明见性之上,以至于任何意愿(甚至任何追求)都原本地朝向一个在这些行为中被给予的价值之实现。只有当这个价值在伦常认识领域也事实地被给予时,这个意愿才是一个在伦常上明晰的、不同于"盲目"意愿,或者更确切地说,不同于盲目冲动[2]的意愿。在这里,一个价值(或它的等级)可以在感受活动和偏好中以最不同的相即性程度被给予,直至"自身被给予性"(它就等同于"绝对明见性")。但如果它自身被给予,那么在存在中的意愿(或在偏好情况中的选择)便是本质必然的。在这个意义上——但也仅在此意义上——,苏格拉底的命题得到恢复[3]:一切"好的意愿"都奠基于 88
"对好的认识"之中;或者,一切坏的意愿都建立在伦常欺罔的基础

---

[1] 对于心理之物和本己心理之物来说当然也是如此。但在这种情况下,我们的行为便是对我们自身的感受(以内直观的形式),爱、恨等等,但不是感知和观察。

[2] 尽管在盲目的冲动中也有一个价值在追求中被意指,但它并非是首先可被感受到,然后才被意指。

[3] 相反,每一个对"什么是善的"的单纯判断性"知识"都不带有在被感受到的价值本身中的充实;因此这些对伦常规范的单纯认知对于意愿来说也不是决定性的。甚至于对"什么是善的"的感受,也只有当价值在它之中是相即地和明见地,即自身被给予时,才规定着意愿。苏格拉底表述中的错误之处在于他的理性主义,依照这种理性主义,仅仅什么是"善"这个概念就已经应当具有决定意愿的力量了。对此已经有过诸多对他这个伟大命题的著名反驳。

上[①]。但伦常认识的整个领域都完全独立于判断领域和定律领域（也独立于这样一个领域，即我们于其中以“评判”或价值认定来把握价值状态的那个领域）。评判和价值认定是在感受中被给予的价值中得到充实的，并且仅只这种情况下才是明见的。因此，苏格拉底的命题并不适用于一切有关价值或伦常价值的单纯概念性的和判断性的知识，这是完全显而易见的。

但如果所有伦常行为都建立在伦常明察的基础上，那么另一方面，所有伦理学就必须回归为处在伦常认识中的事实及其先天关系。我说的是“回归”！因为并非伦常认识和明察本身是“伦理学”。伦理学毋宁说是对那些在伦常认识领域中被给予的东西的判断表述。并且，如果它局限于在伦常认识中明见地被给予之物的先天内涵上，那么它就是哲学伦理学。伦常的意愿尽可不必以伦理学作为它的原则通道——很明显，没有人通过伦理学而成为“善的”——，但却必须以伦常认识和明察作为它的原则通道。

然而，在康德那里，这样一些基本关系却完全受到了误识。因为很明显，只有当不仅对善的意愿而且对“什么”是善的评判朝向那些处在伦常认识的在价值内涵中的先天事实状态时，或通过这个先天事实状态而得到充实时，（唯有这时方可推导出）它才能被称之为先天的。相反，康德——由于他把所有先天都回归为一种“构形”和“活动”——时而将意愿本身当做是某种具有“先天规律性”的东西，以至于只是意愿活动的产物才导向评判并且导向认

① 不是建立在“谬误”（Irrtum）的基础上，而是建立在感受活动本身中的或偏好中的欺罔（Täuschung）的基础上。只有当一个对价值认定的评判发生时，才建立在“失误”（Verirrung）的基础上，它不同于理论的“谬误”，也不是它的一个变种。

识，时而他又用对“规律”的表象，或用“评判”来规定，这样一个意愿是“正确的”。但在这两种情况中他都完全忽视了伦常认识的整个领域并因此而忽视了伦理先天的真正位置。正如他在理论哲学中谬误地想从判断作用中，而不是从作为所有判断之基础的直观之内涵中推导出先天一样，在这里他也想从意志作用中，而不是从那些本质必然地在感受活动、偏好、爱与恨中进行的伦常认识之内涵中推导出先天。因此，他对“伦常明察”的事实也是一无所知。在康德那里，取代伦常认识的是“义务意识”(Pflichtbewußtsein)。
我们将会看到，这种意识与伦常明察本身绝然不同——尽管它有 89
可能成为对这种可能明察之内容的自动主观实现的一种可能形式——，甚至它只有在缺乏完整意义上的伦常认识的情况下才会出现[①]。

可是在康德看来，我们既不可能在我们自己这里，也不可能在其他人那里知道，我们的行为是善还是恶。根据康德所说在经验中被给予我们的东西，始终是质料的、经验的、受感性制约的“意图”，它们本身在伦常方面并无差异，但对它们之设定的意志形式却各不相同。这是显而易见的，因为先天之物不是被移置到可感受的意愿质料中，而是被移置到意志作用中[②]。因此，对于康德来说始终只有对伦常善的消极批判标准，即：一个善的意愿是与所有相关的“禀好”相悖的；但永远没有一个积极的明察来指明，这个意

① 对此参阅这部著述的第二部分、第六篇、第1章、〔边码〕第207页。

② 与此完全相似，康德也不能指明，应当如何认识和发现知性先天——假如它真像康德所声称的那样存在的话——；即：应当是以先天的方式，还是以经验-归纳的方式去认识和发现知性先天本身。

愿**是**善的。但始终——如他自己所说——始终会有一个“禀好”在悄悄地发挥作用，所以这里根本不存在**明见性**。人们不能指责康德的学说[①]把“与禀好相悖”变成对善的意愿的构造；但却可以指责他把这种“与禀好相悖”变成对这样一种**认识**的构造，即意愿是否是善的，而且仅仅是一种近似的或然性认识。历史地看，康德在这方面也继承了清教传统的衣钵，这种传统认为，对于是“选定”还是“摒弃”的问题不存在标准，就像在康德那里，对于是“善”还是“恶”的问题不存在标准一样。由此，个体的伦常思考精神获得了一个可以说是无限的任务。

但伦理学由于不具有独立的认识来源，因而在这里最终也获得了一个不可能的地位。康德没有指明，如果确实存在着意志作用的、“纯粹意愿”的这样一个规律，那么这种规律应当如何被认识以及应当如何在伦理学中被表述。他时而依据对共同的伦常评判的分析——这是哲学伦理学所不容的，唯有当它（根据它本己的认识）来进行**启发**时方可如此行事——，时而又解释说，人们不能以此为依据！但意愿之先天的认识**源泉**在他看来究竟还会在哪里呢？或者伦理学本身就是一种伦常行为？在康德做了这些预设的情况下，我们无法弄清这些问题。

6. 我们拒绝康德从精神的“综合活动”出发对先天的解释。而
90 与这种解释密切相关的一方面还有对先天的“**先验**”（transzendental）理解，另一方面还有与此有别的“主观主义”理解[②]。

---

① 但可以指责他的想法，这种想法完全是在席勒箴言意义上的“严峻主义”（rigoristisch）。

② 康德从未想过要对先天做“心理主义的”解释，即：将先天理解为“内感知的事

根据先验的解释，这样一个规律是普遍有效的，即："经验和认识(以及意愿)对象的规律依据于对对象的经验、认识(意愿)的规律。"

至此，现象学在它进行研究的所有领域中都必须划分三种本质联系：1)在行为中被给予的质性和其他实事状态的本质性(及其联系)(实事现象学)；2)行为本身的本质性以及在它们之间存在的联系和奠基(行为现象学或起源现象学)；3)行为本质性和实事本质性之间的本质联系(例如价值只能在感受活动中被给予；颜色只能在看的行为中被给予；声音只能在听的行为中被给予[①]，以及如此等等)。行为本身在这里永远不会在任何意义上成为对象，因为它的存在仅仅建基于进行(Vollzug)之中；但行为的不同本质性却

实"，这些事实必然被"移置到"或"同感到"(eingefühlt)外经验的领域之中，因为只有"内感知"是直接的和明见的，而外感知是间接的和不明见的；同样，他也从未想过要将"理性行为"等同于心理体验——尽管它们也是一种所谓"种属意识"的体验！康德的一个世界历史功绩正是在于，他驳斥了这些心理主义的谬误——这些谬误如今重又在当代哲学中获得了基地，并且部分是通过费希特的方式，部分是通过休谟的方式而得到传播。康德至少没有想在伦理学中对先天作人类学的解释；但却想在理论哲学中做这种解释。

① 显而易见，如果"听"和"看"本身不是在反思中可把握到的(统一的)感觉作用，如果这些词(撇开眼和耳在看与听的过程中共同起作用的意识不论)仅仅意味着"关于听或看的意识"，那么这就不是"本质联系"了。例如纳托尔普在他的《心理学引论》中便认为如此，但情况完全不是这样的。毋宁说需要指明，它们——撇开在反思中的作用被给予性不论——也具有一种独立于其内容(颜色、声音)以及相互独立的、在变更中的规律，例如范围的变更(所谓"感性注意力"的变更)、(在看的过程中)角度的变更、完全独立于所谓听、看之清晰度的内容"可概观性"的变更，以及特殊的干扰可能性之变更，如此等等，所有这些变更都不依赖于内容和感觉，同样也不依赖于看和听的感官以及一般的注意力变更(它均匀地涉及到意识的所有内容)；它们甚至也不依赖于声音和颜色是现实地"被听"和"被看"，还是仅仅想象地或回忆地"被听"和"被看"。

91 可以在各种行为的进行中被反思地直观到①。然而我们没有丝毫理由从这三种本质联系中仅仅划分出第三层次，而且此外仅仅将这个层次总体地——与康德一样——视为这样一种单方面的本质联系，即：对象的先天规律必须“依据(richten)”行为的规律。毋宁说，(除了其他两种本质联系之外)在特殊的行为种类和实事种类之间原则上存在着相互的本质联系(例如在“内感知”和“心理之物”，但也在“心理之物”与“内感知”之间，在“外感知”与“物理之物”以及“物理之物”与“外感知”之间)。(所有类型的)认识之“起源”的重大问题只是在先天本质关系的整个领域中的一个部分，即(作为行为本质的)行为之间的先天奠基关系的一部分。但这个问题绝非是先天论的“那个”问题，即所有其他的重大中心问题都依据于它的解决。根本不存在一种“为自然规定规律的知性”(一种不在自然本身之中的规律)或一种必须为本能定“形”的“实践理性”②！我们仅只能够“规定”(究竟是“总体的”规定，还是“个体的”规定，在这里与事无关)我们用来标识某些实事的符号和符号联系(协定)③。一门在康德意义上的先天论必定会导致对先天命题和概念与它们的单纯符号的混淆。那些命题是根本无法再通过任何直观内容而得到充实的！它们不是单纯的协定，即那些也许

① 相对于行为的特殊本质性来说，“反思”是可能的；但它显然与内感知毫无关系，也与观察毫无关系，更无论与内观察无关。每一个“观察”都在扬弃行为。*

② 显而易见，认识“起源”的问题也完全独立于那些通过在客观时间中的实在主体而对特定的事物现实之认识的所有发生。“奠基”仅只存在于行为构造的秩序(Ordnung)之中，而不存在于行为的时间实在顺序(Abfolge)中。

③ 因此，“知性对自然所做的规定”只能是——用情感色彩较少一些的表述来说——学者的协定。

可以从中尽可能简单地推导出“科学结论”的协定，又会是什么呢？唯有当先天本质内涵首先在实事中被发现，并且所有知性的命题和概念在这些内涵中得到充实时，我们才能摆脱那种使哲学成为“语词智慧”的结论。

因此，先天本质内涵并不会使我们看不见对象及其存在（根据康德的命题，那种不以知性的先天作用规律为依据的关于对象的理念也必须被弃置，这也就是指“物自体”的理念，但是康德的这个命题必须限制在“可能经验的对象”上，或者限制在所谓“现象世 92
界”上），毋宁说，在对象及其存在中展示出世界的绝对存在内涵和价值内涵，而“物自体”和“现象”的区别则被取消①。因为这个区别只是一个在对先天解释中的先验主义（Transzendentalismus）的结果，而这种先验主义已经在这里受到了反驳。

但这种“依据”（Sichrichten）的合规律性具有完全不同的、根本偏离于康德先天论的意义，即这样一种意义：在所有“观察”和“归纳”意义上的“经验”中，以及在所有“自然直观的经验”和所有“科学经验”中，这些本质联系始终是得到充实的；也就是说，以经验先天内涵“为依据”的（在前面所论述的意义上），是那些现实事物、善业、行为及其实在联系。然而，这个基本原理与康德的谬误的“哥白尼式转向”没有丝毫关系！

7. 康德对先天所做的深刻的（但也是虚假的）先验解释与他的

---

① 自然世界观的“存在”之相对性、（在另一种意义上的）科学的“存在”之相对性以及它的“现象自然”在这里始终是毫无疑义的，但它们的意义并不是在一种被误认的“认识相对性”中，而是在那两种认识所具有的，并且作为选择要素而作用于被给予之物的特殊的目的和目标中。*

与先天有关的主观主义解释含义不同。当然，在这位含糊的著述者那里，这种解释时而出现较多，时而出现较少。这里只需要划分出在真正的“先天论”（Apriorismus）和所有“主观主义”之间的界限。

但这里首先要考虑的是康德的这样一个企图，即：要么是把先天明晰的东西回归为所谓判断的（或在价值领域中“评判”的）“必然性”和“普遍有效性”，或者说，意愿的（在伦理学中）“必然性”和“普遍有效性”；要么是至少将它们视为先天明察之存在的一个批判标准。

无论人们如何“客观地”看待“必然性”概念并且——与康德一起——将它区别于所有“主观的思维压迫”、“习惯”等等；对于所有“必然性”来说有两点是根本性的：首先是这样一个事实，即这个词所指的东西原初仅仅存在于两个命题之间（例如在根据与结论的关系中），因而不存在于直观的事实之间（或者说，只能从那些从充实着这种命题的事实中推导出来）。其次，必然性是一个消极的概念，因为“必然之物的对立面是那些不可能的东西”。但现在，先天明察首先是事实明察，并且我已经指出，它永远不会在判断中被给
93 予，而只能在直观中被给予。再次，它是在一个本质联系之存在中的纯粹积极的明察。这两点使先天明察与所有“必然性”有天壤之别。只要我们谈到“必然性”，我们就必须将那样一些命题预设为真，根据这些命题，命题的联结是必然的；例如这样一个命题：在两个带有 A 是 B 和 A 不是 B 的形式的命题中，有一个命题为假；或者还有那些关于根据与结论的著名命题。这些命题必须为真；如果我们说，这些命题曾定义了“真理”，以至于“真实的”命题就是那

些从它们之中推导出的命题，那么这种说法是谬误的。但很明显，这些命题以及它们的真理不能再被回归为某个不同于单纯“思维压迫”的“必然性”。它们之所以为真，是因为它们是先天明晰的。由于某物的存在和不存在在直观中相互争执，因此前面所说的那个命题为真。而如果“A 不是 B”为真，那么“A 是 B”就为假；并且是必然为假，因为前面所说的那个命题为真，也就是说，它是先天明晰的。将明察本身回归为一种“必然性”，这是毫无意义的。

如果任务就在于去把握，一个命题的对立面是不可能的，那么我们应当如何把握，它的对立面是不可能的呢？如果我们在这里不去依据那些与命题之联结有关的命题，那么途径只有一条：如果它为真，那么它的对立面便是不可能的。这种指明对于所有那些本身以本质联系为目的的命题来说，亦即对所有逻辑命题来说，是唯一的途径！这些命题是“明见地为真”；但“必然的”则是这样一些命题，它们的对立面与明见为真的命题相矛盾（根据矛盾律，它本身不是必然的，而是“明见为真的”）。

因此，无论是将“真理”的本质，还是将“对象”的本质回归为判断行为或命题的“必然性”，或者说，回归为“表象联结的必然性”的企图，都必须被视为完全错误的。如果人们说：我们指的并不是“主观的思维必然性”，而是“客观必然性”，那么人们恰恰在“客观”这个定语中始终已经预设了对象或对象真理。唯当一个命题建立在对先天事实状态的对象性明察的基础上时，这个命题的必然性才是“客观的”；借助于这种对象明察，这个命题对所有那些自身具有这种事实状态的“情况”都“必然”有效。

但这尤其也适用于在价值领域中和在伦理学中的先天。所有

“应然的必然性”(Sollensnotwendigkeit)都回溯到对价值之间的先天联系的明察之上;但这些明察却永远不会回溯到应当必然性上!因此,唯有那些是善的东西,才成为“义务”,或者,因为它是善的(在观念的意义上),它才“应当”是必然的。* 即使在这里,导致
94 在“应当”和评判领域中应当和评判之“必然性”的东西,也还是对价值王国所具有的独立于所有关于善业和目的设定之经验的先天结构的明察。相反,将那种应当必然性(甚至将“义务”)置于对什么是善的明察之前的做法在这里〔在价值王国中〕是错误的,正如在那里〔在理论领域中〕认为可以将对象(以及在另一种意义上可以将“真理”的观念)回溯到“表象联结的必然性”(或思维必然性)上去的看法是错误的一样。

“客观必然性”自身也隐含着“主观”因素,以至于这种必然性只有通过对一个奠基于本质联系之上的定律进行否定的企图才能构造自身。它只是在这种企图中才产生出来。撇开这个“企图”不论,它所包含的也恰恰只是我们所说的那些东西:本质关系必然始终保存在所有非现象学的经验中,建立在这些经验之上的命题因此是无法被归纳经验所证明和摧毁的!这些命题对这个本质的所有对象都有效,因为它们对这些对象的本质有效。

几乎无须再说,“普遍有效性”与先天性无关。单就“普遍性”在任何意义上都不属于本质性而言,它就与先天性无关。在个体之间也存在着个体的本质和本质性。我在其他地方* 已经强调过,在对某个“知性”的所有主体而言,甚至仅仅对人类而言的有效性之意义上的普遍有效性与“先天性”根本无关。完全有可能存在着一种只被,甚至只能被一个人明察到的先天!只是对于那些能

够具有相同明察的主体来说(所有普遍性本质上都是这样一种“对于”某人“而言”的普遍性,而先天性则根本不具有这种“对于—而言”的关系),一个建立在先天内涵上的命题才也是“普遍有效的”!

但是,如果先天不仅被解释为行为的(唯一的)原本“规律”,而且还被解释为一个“**自我**”或一个“**主体**”的行为规律,例如被解释为一个“先验自我”的活动形式,或一个所谓“意识一般”的,甚至一个“种类意识”的活动形式,那么**主观主义**也会和先天论谬误地联结在一起!因为“自我”——也包括处在所有个体自我中的自我性——在任何意义上都只意味着一个对于行为一般而言的,并且尤其是对于那些具有“内感知”之本质的行为而言的“**对象**”。只有在内感知中,而不是在例如“外感知”的行为中,我们才能接触到自我。它也作为“自我性”(Ichheit)而处在与“内感知”的特殊行为形式的本质联系之中。即使我们观看自我性本身——撇开所有个体自我及其“意识内容”不论——,它也还是直观的一个**积极内涵**,而 95
绝不仅仅是一个带有作为其谓语的经验体验的“逻辑主体”的“相关物”。自我本身是本质联系中的一个可能成分,例如:在每一个“自我存在”中都包含着一个“自然存在”,在所有“内感知”中都包含着“外感知”的行为,如此等等。但它不是把握的**出发点**甚或本质性的制作者①。它也不是一个——单方面——为所有其他本质性“奠基”的,或者仅仅为所有行为本质性“奠基”的本质性。在外感知的生动进行中,自然“**自身地**”和**直接地**——但不是作为一个

① “质料性”对我们来说也是在**任何**外感知的行为中被给予的,并且它本身既不是“被推断出来”,也不是“被思考进去”,也不是单纯“被相信”——无论对质料的假设如何变换不定。

自我的“表象”或“感觉”——被给予我们；在“反思”中被给予的是外感知的行为朝向（Aktrichtung），但绝不是一个自我，一个从它出发体验到直观外感知的自我[①]。只有当我们在一个曾显现出我们的自我的内感知的行为中，并且在一个外感知的行为中——在这个行为中自然如此直接地被给予，就像“自我”在内感知中一样——作为同一个进行这种行为的人格被我们自己意识到时，我们才能说：“我感知这棵树（例如）”，同时“我”既不意味着“这个”“我”，也不意味着说话者的（与自然相对）个体“自我”，而仅仅意味着与“你”相对的“我”，即与另一个人格相对的说话者的个体人格。不是“一个自我在感知这棵树”，而是一个人，他具有一个自我，并且他自己在进行他的外感知和内感知的过程中意识到这个人格[②]。

对于伦理学先天来说同样极为重要的是，这个先天绝不是指一个“自我”、一个“意识一般”等等的活动方式。在这里，自我（在任何意义上）也只是价值的载体，但不是价值的一个预设，或者说，不是一个“评价着的”主体，通过它才产生出价值或可把握到价值。非常奇怪的是，在这里被驳斥的先天论中的“主观主义”——后面将会表明——对个体自我的伦常价值的破坏最大，甚至干脆使它
96 成为一个语词矛盾（contradictio in adjecto）[③]。因为恰恰根据这

---

① 所谓外部对象相对于自我的“独立性”的原因在于：物理对象是“自身”被给予我们的，但这些对象的本质却并不在于一种首先被给予的“相对于自我的独立性”。

② 这“同一个”就是根本区别于“自我”的“人格”，这样一个观念绝不是建立在“自我”之上，相反，它展示了唯有行为才能具有的具体存在形式。

③ 因为，由于“个体自我”在这里被等同于经验体验的整体（据说是它们才使一个自我与其他的自我区别开来），但自我的伦常价值却在于，它受一个先验自我的规定，

种解释我们必定会觉得，似乎不可能从一开始就存在着个体自我的本质价值，似乎也不可能从一开始就存在着“个体的良心”，存在着对一个个体并且仅仅是对一个个体而言的善！甚至个体自我必然从一开始——如果先天是“一个意识一般”或一个“先验自我”的“活动形式”——就仅仅被看做是一种对那个先验自我的经验损坏，一种奠基于经验（在观察或感性经验意义上的经验）之中的存在[①]。而它的伦常价值则被形式先天以及被它的载体、即先验自我所吞噬[②]。

8. 还有最后一个对先天概念的误解必须受到抵制，这种误解涉及先天与“天生之物”（Angeborenen）和“习得之物”（Erworbenen）的关系。由于已经——几乎是过多地——强调，先天和后天之区别与“天生”和“习得”无丝毫关系，因此也就没有必要在这里重复了。“天生的”和“习得的”这两个概念是因果发生的概念，因而在事关明察之种类的地方没有它们的位置。

因此，将先天本身回归为从我们种系发生的“祖先”所获得的

因此个体自我必定已经作为个体而始终原则性地处在伦常歧途上；也就是说，就像在阿威罗伊与斯宾诺莎那里一样：“自我”必然有罪，因为它是自我。但实际上，一个自我的所谓经验体验仍然是抽象地和不相应地被给予的，只要人们没有看到，这些体验究竟是哪个个体自我的体验。同样，“这个”自我也就不会是个体自我的某个身体的运动者。*

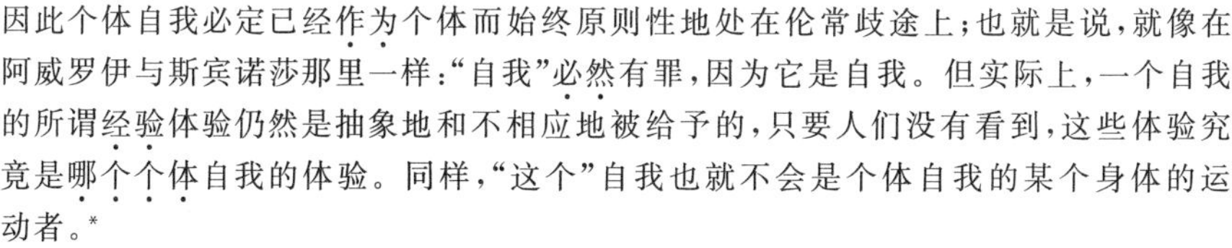

① 此处参阅在笔者“论自身欺罔”（同上引书）一文末尾的论述。

② 必须将那种对先天的主观主义谬误表述完全区别于两种——对于伦理学而言同样——根本性的本质联系，唯有它们才应当享有先验统觉在康德那里所具有的地位。第一个本质联系在于行为本质和对象本质之间的联系！它也是一种对立的本质联系！它排除了这样一种可能性：就其本质而言可以存在着“不可知的”对象，“不可感受的价值”等等。第二个本质联系是行为和“人格”与对象和“世界”的本质联系。但在这里无法进行更详细的论述。*

经验那里(例如参阅斯宾塞)“遗传得来的素质”,或者甚至回归为表象联结方式的传统压迫,这种联结方式是在历史发展的过程中逐渐确定下来,并且出于在“有益的”方向上对行为进行规定这一
97 目的而得以保存(如所谓“实用主义”所想象的那样)——任何一种这样的企图都必定会失败。对于任何一个已经理解先天与归纳性的经验被给予性之区别的人来说,这是不言自明的。

但是,正因为“天生之物”与“习得之物”的问题根本没有与那个问题发生接触,但对于认识(无论它是先天的还是后天的)在某个自然组织的一个实在个体方面的任何实现而言,这个问题又实实在在地继续存在着,所以,也完全不排除这样一种可能,即:先天明察事实上是通过所有这些途径(遗传、传统、习得)而由人来实现的。我们说,先天与所有“天生之物”有天壤之别;如果人们因此而认为,“先天”只是一种“习得的”,甚或是“自身习得的”明察,那么这是对最终在哲学中确定下来的明察的一个糟糕的表述。因为一个先天明察的实现完全可能也建立在天生的素质上——正如颜色感官展示出一种“素质”(带有极大的摇摆幅度),但颜色几何学的先天性却并不与此有丝毫关系一样。因此,在这个意义上不排除这样的可能,即:先天明察的能力也是天生的,即遗传而来的[①]。这种能力原则上也可能极有限地被遗传下来,例如仅仅在某个“种族”的范围内被遗传下来——以至于其他的种族不能具有相关的“先天明察”。因为,先天的本性并不在于,有一种获得先天明察的

① 眼下还谈不上在唯理论者意义上的“天赋”(eingeboren),这些唯理论者将先天明察的能力回归为上帝赋给灵魂的嫁妆。

“总体—人类素质”存在；同样它的本性也根本不在于，对事实地获得先天作出确定的规定。一种所谓“一般—人类的理性素质”，即代表着“构形”或“理念”（启蒙哲学的偶像）的固定存在的理性素质与先天毫不相干，同样，一种在本质种类意义上的明察也与这种明察**能力**在自然系统种类范围内的**事实性传播**毫无关系。正是如此，一个先天明察才不会因为它例如穿越“传统”而丧失它的先天特征。当然，某种东西并不会由于它穿越传统或穿越遗传便**成为**先天明察。但它同样也不会因此而**丧失**这个特征。先天明晰的东西也完全**可以**通过这种传递而到达个别人那里。因此，先天明察根本不意味着“自身习得”或“自身发现”。

康德常常也将“先天认识”也等同于“自身习得”，他这种做法的原因在于，对他来说，对象中的先天产生于精神的**活动方式**之 98
中，并且它原本意味着“综合”的规律。如果先天原初不是**直观的**一个**内涵**（并且，进一步说：通过这种内涵而得到充实的一个**命题**），而是一个活动形式（例如判断形式），那么必然的结论就是：只有每一个人自己才能进行这种“活动”，也就是说，先天因此必然是一个“**自身习得的东西**”。所以我们排除这个结论！

因而对我们来说，在这里产生出一系列全新的问题，我们可以将这些问题概括为**对**那些将导致“先天明察”的**活动**进行事实性的经济化和最合目的性的**经济化**的问题；但在这些问题之中，只有“自身习得”才构成**唯一**的一种这样的活动。这里有一个广大的、极为重要的问题范围：例如，遗传、传统、权威、本己生活经验和由此导致的良心构成，它们所发挥的事实性共同作用为什么会导致对这些明察的习得；为了使人们能够事实性获得那些在伦常上“先

天明晰的东西“”，在经济－技术意义上最合目的的东西是什么；这个问题范围与什么是明晰的问题并无关系，但正因为如此，它才不应通过那种虚假的认同而受到抛弃，并且对这些问题的回答也不应仅只单方面有利于“自身习得”。

上述情况对伦理学有着极为特殊的意义。一些赞同康德哲学的伦理学家在这里预设了一个不言自明的东西，即：真正的伦常明察也必须是自身习得的明察；就好像任何人都同样地“有能力”明察到伦常“明晰之物”。只要那些研究者拒绝用或是“神的意志”或是“一个种属”或“一个种族的遗传本能”或是伦常“传统”，或是一个“权威”的命令来取代对什么是善的明察，他们当然就完全是有道理的。但是，唯有对善的明察才能原初地规定：什么是善（并由此才导出所有意愿和行为的规范），这个定律也与这样一个问题无关，即通过哪些活动要素的共同作用才能最合目的地获得明晰的善；而传统、遗传、权威、教育、自身习得的经验对此又有何贡献①。只有当人们已经预设了前面所反驳的对先天论之解释，即形式主义、主观主义、先验主义、自发主义的解释，先天才会获得与此相反的外表。

99 当然，对于这里所述也存在一个预设，即：存在着——如我们前面所说——一个根本不同于伦常意愿并为善的意愿奠基的伦常认识；伦理先天的位置是在伦常认识领域之中，而不在意愿本身之中。如果伦常的善是一个“概念”（不是一个质料的价值），这个概

① 对此参阅这部著述的第六篇 B、第 3 章中关于他律与自律的论述，在那里我阐述了传统和权威对伦常明察之获得所具有的意义。

念只有通过对一个意志行为或对这个行为的特定形式的反思才能获得其存在，那么伦理认识当然就根本不可能独立于伦常意愿。并且，由于每个人都只能“意愿”他本己的意志（但只能——即使没有暗示＜Suggestion＞——“听从”他人的意志），因此伦常认识在这种情况下或者必须是一个自身习得的（即由自己的意愿所获得的）明察，或者必定发生了对命令的无明察的服从，人们不知道这些命令本身（作为意志行为）是否建立在伦常明察之上。但这样一种非此即彼的选择是以上述谬误的预设为基础的①。

① 伦常认识的自律与伦常意愿和行为的自律因而是两个根本不同的东西。所以，服从行为是一个自律的意志行为（不同于被一个暗示、传染或仿效趋势所征服），但它同时是异己明察的结果；但它也是一个明察行为，只要我们明察到，发布命令者所具有的伦常明察之标准要高于我们的伦常明察。

B. 伦理学中的先天质料

现在我想在下面的论述中表明，即使在一般价值先天(Wertapriori)以内，形式的东西也绝不会与先天的东西相等同，在这里存在着先天本质关系的基本种类。但我在此并不想把所有包含在这些基本种类中的东西都加以阐释。这种做法将意味着展开这门实证的伦理学本身，而这里并没有这样的意图。

第1章 形式的本质联系

在各个先天联系中，可以被称作（纯粹）“**形式的**（formal）”联系，是那些不依赖于任何价值种类和价值质性以及不依赖于“价值载体”之观念，并且建基于作为价值的价值之本质中的联系。它们共同展示着一门纯粹的价值学，它在某种意义上与纯粹的逻辑学相符合。而在它之中重又区分出一门关于**价值**本身的纯粹学说以 100
及一门关于**价值认定**（与逻辑学的“对象理论”和“思维理论”相符合）的纯粹学说。

在这里首先存在着一个本质事实，即：一切价值（无论它们是伦理学的还是审美学的等等）都分为（为简便起见我们要说）**正**价值和**负**价值。这一点包含在价值的**本质**之中，并且并不取决于我们是否刚好能够感受到这些特殊的价值对立（即正价值和负价值），如美—丑、善—恶、适意—不适意等等。

与此相对的是那些已经部分地为弗兰茨·布伦塔诺所发现的“公理”，它们先天地确立了**存在与正价值和负价值的关系**。这些公理就是：

一个正价值的实存本身就是一个正价值。

一个负价值的实存本身就是一个负价值。

一个正价值的非实存本身就是一个负价值。

一个负价值的非实存本身就是一个正价值。

在这里还必须进一步指出在价值和(观念)应然之间的本质联系。首先是这样一个定律:一切应然都必须奠基于价值之中,即:唯有价值才应当存在和不应当存在;以及这样的定律:正价值应当存在,负价值不应当存在。

而后是那些本质联系,它们对存在与观念应然的关系来说是先天有效的,并且规整着正当存在(Rechtsein)与不正当存在(Unrechtsein)的关联。因而,一个(肯定的)所应之物(Gesollte)的所有存在都是正当的;一个非存在应然的所有存在都是不正当的;一个所应之物的所有非存在都是不正当的;但一个非所应之物(Nichtgesolltes)的所有非存在都是正当的[①]。

接下来在这里还包括这样的联系:同一个价值不可能既是正的又是负的,但每一个不是负的价值都是正的价值,每一个不是正的价值都是负的价值。这些定律例如也不是对矛盾律、排中律的运用,其理由很简单:因为这些定律所涉及的不是定律关系,而是本质联系。但它们并不是在存在与非存在之间存有的本质联系,仿佛在这里所涉及的只是价值的存在与不存在。毋宁说,这些联系是在价值本身之间的联系,无论这些价值存在还是不存在[②]。

而与它们相符合的是这样一个价值认定原则:不可能将同一个价值认定为肯定的和否定的,如此等等。

---

① 正如观念的应然与义务和规范无关一样,正当(das Rechte)也与"正确"(das Richtige)无关,后者仅仅涉及一个为规范所如此要求的行为举止。

② 上述联系论证了一门纯粹形式的价值学,它与作为关于对象一般的科学的纯粹(形式的)逻辑学相并列。

我在这里要强调：由康德所发现的那些原则只是部分地展示着这个形式的价值认定原则的一个特例；这种展示仅仅在于，它们（错误地）只与伦常领域相关联，并且（同样错误地）不与价值认定相关联，而只是直接与意欲相关联，但它们实际上却只对意欲（甚至是追求一般）有效，因为它们对那个作为意欲（和追求）之基础的价值认定有效。因为，康德以各种方式所表述的"伦常法则"就意味着：或者是要求避免在目的设定中的矛盾（主观地和合规范地说："协助制作一个由这些目的组成的王国，在其中任何一个目的都可以与任何其他的目的无矛盾地共存"）；或者就是要求保证意欲的一致性（即：对自己保持"忠实"），在同样的条件下（即同样的"经验特征"条件和"环境"条件下）意欲同样的东西，等等[①]。但康德恰恰在此有着多重的误解：1. 完全不可能从这些"形式"法则中获得善的观念；毋宁说，"善"的价值只是这些形式的价值法则（它们对所有价值有效）的一个运用领域，但在这些运用过程中预设了"善"与"恶"。2. 这些法则建基于直观的本质联系之中（就像逻辑法则也是如此）。3. 它们在价值之间、同样也在价值认定之间原初地起效用。4. 它们是价值把握的法则（只要它们是行为法则），但原初并不是意愿法则。 101

相反，在我们看来，康德原则上已经获得这样一个正确的否定性认识：这些法则并不是对逻辑（理论）法则的单纯运用，即是说，是一些只有当对象是判断对象时才运用在伦常行为举止上的法

① Th. 利普斯新近已经确切地强调，康德的"伦常法则"在根本上只是对意欲领域而言的同一原理与矛盾原理。

则，而且无论如何也是伦常行为举止本身的直接法则，即便——如他所以为的那样——它们首先是意欲的而非价值认定的直接法则。这用康德的话来说就意味着，“理性”在它们之中“直接成为实践的”。

但他也完全误解了（此外也在理论的领域中）这些“法则”的意义。例如，并非是因为矛盾律对“存在的思维”有效，它才对存在有效；而是因为那个充实着它本质联系在所有存在（甚至包括实际的思维）中都被充实，矛盾律才对存在的思维有效。就是说它意味着，在这些命题的领域中不可能出现这样的情况：“A 是 B”与“A 不是 B”都是真实命题：因为这个存在根据其本质排斥了这个可能。唯有通过这些命题中的一个命题（A 是 B 并且 A 不是 B）与存在的争执，这两者才能够是在判断中被意指的命题。如果它们
102 是真命题，那么在一个命题的 A 与另一个命题的 A 之间（A 与 A′）或在 B（B 与 B′）之间或在它们的联结之间便必定存在着一个差异。但对判断来说有效的是：只要在判断中所意指的是同一个 A 和同一个 B 以及它们的同一种存在联结，那么就不可能实际地做出“A 是 B 并且 A 不是 B”的判断。每当我们看到似乎有这种判断做出时，在同一些表述中总是隐含着不同判断的事实。因为，“判断 A 是 B”和“判断 A 不是 B”这两个命题是先天不可能（“在不损害真理的情况下”＜salva veritatae＞）共存的，因为存在排除了这种可能。故而永远不允许说：有这种形式的判断！矛盾律所表明的——内容之一——恰恰就是，没有这种判断。

类似的情况也适用于价值领域。同一个东西或同一个对象或许能够既“被评价”为肯定的，又“被评价”为否定的，但这只是根据

一个以不同的方式在它之中被意指的**价值状态**。如果在“价值认定”意向中的是**同一个**价值状态，那么这个价值认定的**表述**就只能是一个不同的表述。因此，同一个价值状态永远不会既是有正的价值又是有负的价值的，这个本质联系也在所有作为（用康德的话来说）“禀好”（Neigung）之基础的价值状态中得到充实。我们不**能欲求**并且**厌恶同一个**价值状态，这是一个明见的命题。每当看起来似乎在发生这种情况时，在价值认定的所谓同一意向后面就隐含着**不同的**价值状态。这个法则也在价值评估（Wertschätzung）的最活跃“情绪”中得到充实。因为价值**评估**也是可感受的价值状态的对象。例如，我们能够就我们对高级的正价值的否定性价值评估的非价值而感到悲哀，即对“我们如此地价值认定”而感到悲哀。因此这不是在各个价值评估的“逻辑”和“非逻辑”之间的所谓对立，而是在这样两种逻辑之间的真正对立，一种是“善”之总和的价值状态的内在逻辑，另一种是其他价值状态的逻辑，或者说，对善的存在（Gutsein）的评估和对其他构成伦常生命“斗争”的有价值存在（Wertvollsein）评估的逻辑；但这个对立并不像康德——他把同一原理和矛盾原理（错误地）理解为我们判断（和意 103
欲）的规范——所认为的那样，是对这些命题的一种“不从”（Ungehorsam）。如果有人在不同的境况中意欲同样的事情，例如向朋友和敌人提出相同的法律问题，或者（倘若他仅仅具有与另一个人相同的权利）他从同一个的境况中获得某些东西，但却拒绝另一个人也这样做，或者，如果有人没有新的理由（它们从属于他所关注的那些事态）就改变一个意愿决定，那么这个人并不像康德所认为的那样是在“违背”这些“法则”，而是他处在对它们的运用领域

的欺罔之中。例如他把诸境况(对朋友和敌人)看做是不同的,尽管它们是相同的;他认为他的境况价值不同于其他境况的价值;他把相同的事态视作变化的。但他之所以堕入这个欺罔,究其原因是他的恶的意愿,这个意愿永远不可能在于对这些法则的"不从",它反倒是在必然地充实着这些法则。

第2章　价值与价值载体

其次，在价值与价值载体之间存在着先天的联系——这是按其本质而言。我在这里仍然只强调几点作为例子。

譬如唯有人格才能在伦常上是善的和恶的，所有其他东西的善恶都只能是就人格而言，无论这种“就……而言”(Hinsehen)是多么间接。只要人格的属性(根据规则)是依赖于人格的善而变更，那么这些属性就叫做德行(Tugenden)[①]；只要它们依赖于人格的恶而变更，那么它们就叫做恶习(Laster)。就是意愿行为和行动也只有在它们一同包含着活动(tätige)人格时才是善的或恶的[②]。

另一方面，一个人格例如永远不可能是“适意的”或“有益的”。这些价值毋宁说是本质性的事物价值和事件价值。而反过来：不存在伦常上善与恶的事物和事件。

因而一切审美价值从本质法则上说首先都是对象的价值；其次是一些其实在设定(以任何一种形式)已被扬弃的对象的价值，

---

① 人格是连续的现行性(Aktualität)；就一个“应然之物”而言，人格在此现行性的“能然”(Können)样式中体验着德行。

② 在这个一般规定中也包含着这样一个区别：它们在这里是被把握为伦常价值的特殊载体，还是就人格的好与坏而言的单纯符号。

因此它们只是作为“假象”在此，即使这些实在现象是“形象地”被给予的假象对象的部分内容，例如在历史剧中；再次是那些只是根据它们的直观形象性（有别于单纯的“被设想的存在”）才属于对象的价值。

相反，伦理价值一般则首先是这样一些价值，它们的载体（原初）永远不能作为“对象”而被给予，因为它们本质上处在人格（行为）方面。因为人格永远不能作为“对象”被给予我们，行为也同样
104 是如此[①]。因而一旦我们以某种方式将一个人“对象化”（vergegenständlichen），伦常价值的载体就必然会脱出我们的视线。

其次，它们是一些本质上附着在作为实在的（real）而被给予的载体上的价值，而永远不是附着在单纯（假象的）形象对象上的价值；即使在它们所出现的一个艺术作品之内，例如在一部戏剧以内，它们的载体也仍然必须是“作为”实在的载体而被给予（这并不妨碍这样一个事实的存在：这个“作为实在的”被给予的载体是审美假象形象对象＜Scheinbildgegenstand＞的一部分）。

它们完全不是本质必然地束缚在那些是直观形象的载体之上，而是也可以从属于被想象的（gedacht）载体。

就像善与恶本质上是以人格为载体的一样，“高贵”和“粗俗”（或“坏”）本质上以“生物”为载体。即是说，这两个重要的（为康德因其虚假的二元论而完全忽略的）价值范畴本质上是“生物价值”

---

① 倘若一个行动对象性地被给予我们，那么只要它应当是伦常价值的载体，它就必须是通过人格观念的中介——哪怕只是一个人格的中介——而被给予的，而人格是永远不能作为对象被给予我们的。*

或“生命价值”。因此，它们一方面不只是人所具有的，而且还是动物、植物，甚至一切生物所具有的；但另一方面则永远不会像适意和有益的价值那样为事物所具有[1]。生物不是“事物”，更不是物体事物（Körperdinge）。它们展示着范畴统一的最后种类[2]。

① 或许人们也说高贵的石头（甚至“高贵石”）〔即德文中的“Edelstein”，亦即汉语中的“宝石”。——译注〕，也说“高贵的酒”等等，但只是在一种类比的转用的意义上中，人们在此意义上最终甚至也可以说美餐（例如味道很“美”）。

② 这里无法提供这样的证明：生命统一不是“事物的”（遑论“物体的”）统一。

第3章 “更高的”与“更低的”价值

一个对于整个价值王国来说特殊的秩序就在于：价值在相互的关系中具有一个“级序”，根据这个级序，一个价值要比另一个价值“更高”或者说“更低”。就像对“肯定的”和“否定的”价值之区分一样，它包含在价值本身的本质之中并且并不只对那些为我们所“熟悉的价值”有效①。

① 另一方面，直观区分永远不能回归为对正价值与负价值的区分，同样不能回归为对“较大”价值和“较小”价值的区分。因为，例如弗兰茨·布伦塔诺曾引入这样的公理：一个是 W_1+W_2 之和的价值也就是一个比 W_1 或 W_2 更高的（即他定义为更出色的）价值，但这并不是一个独立的价值定理，而只是将算术定理运用在价值事物上，甚至只是运用在价值事物的符号上。但一个价值绝不会因为展示了一个“价值”的总和就比另一个价值“更高”。“更高”和“更低”之对立的特征恰恰在于，即使是例如一个无限的适意（或不适意）程度也永远不会产生出例如某个高贵（或粗俗）或精神价值（如一个认识）的程度。当然，相对于个别价值，诸价值的总和“应当受到偏好”。但布伦塔诺将更高的价值等同于“偏好价值”（Vorzugswert）的做法恰恰是谬误的。因为偏好或许（在本质上）是通往“更高价值”的通道，但在个别情况中会带有“欺罔”。此外，在此意义上的“更高价值”仅只涉及那些始终已经在一个价值系列的领域中进行的“选择”行为——而不是“偏好”——，这个价值系列具有在级序中的一个特定“位置”。如果布伦塔诺最终（参见对《伦常认识之起源》的说明）放弃对这个问题做出决断：一个“认识行为”是否比一个“爱的行为”价值更高（如亚里士多德与希腊人所认为的那样），或者反之（如基督教徒所认为的那样），即是说，放弃从一个质料的价值级序中得出对此问题的决断，如果他想把这种质料的级序问题出让给历史的相对性，那么我们在这里就不能再赞同他（下面也将会说明这一点）。

然而，一个价值比另一个价值“更高”，这是在一个特殊的价值 105
认识行为中被把握到的，这个行为叫做“偏好”(Vorziehen)。我们不能说，一个价值的更高状态就像个别价值本身一样“被感受到”，而后这个更高的价值才或者“被偏好”，或者“被偏恶”。毋宁说，一个价值的更高状态本质上只在偏好之中才“被给予”。如果人们否认这一点，那么否认的原因大都是在于，他们错误地把偏好等同于“选择”，即等同于一个追求行为。这种选择当然必须已奠基在对一个价值之更高状态的认识之中，因为我们只能在各个可能的目的中选择那个奠基在一个更高价值之中的目的。但“偏好”是在没有任何追求、选择、意欲的情况下进行的。所以我们也说：“我偏好玫瑰甚于石竹”等等，同时却并不考虑进行选择。所有“选择”都是在一个行动和另一个行动之间发生的。相反，偏好则也在某些善业和价值方面进行。前者(即在善业之间进行的偏好)也可以叫做“经验的(empirisch)偏好”。

与之相反，在价值本身之间——独立于“善业”——就已经发生的偏好是先天的。这样一种偏好始终同时也包容了整个(范围不确定的)善业组合。谁“偏好”高贵甚于适意，他将(以归纳方式)经验到的善业世界就会完全不同于那个没有此偏好的人。因此，“一个价值的更高状态”不是在偏好进行“之前”，而是在偏好进行“之中”被给予我们的。因而只要我们所选择的是奠基于更低价值之中的目的，这种做法就必定始终是基于偏好欺罔方面的原因。这里不去谈论，这种偏好的欺罔究竟是如何可能的。

但另一方面却不能说，一个价值的“更高”仅仅“意味着”，它是“被偏好”的价值。因为即使一个价值的更高状态是在偏好“中”被

106 给予的，整个更高状态仍然还是一个本身处在相关价值之**本质**中的关系。所以，“**价值的级序**”本身是某种绝对**不变的东西**，而历史中的“偏好规则”还原则上是可变的（一种在对新价值的把握上极为不同的变更）。

对于一个偏好行为的发生来说，并不需要必定有多个价值在感受中被给予；既不需要有一个“多”被给予，也不需要有这样一个“多”作为对偏好行为的“奠基”而被给予。

就前者而论，也有这样一种情况，例如一个行动作为比所有其他行动都更出色[①]的而被给予我们，同时我们却并不想到其他的行动，甚至并不个别地设想其他的行动。伴随着这个行为的只消是“可以进行其他偏好”的意识[②]。对一个更高状态的意识也可以伴随一个被感受的价值，而同时它与之相比而更高那个相关价值却**实际上**并未**被给予**[③]；这另一个价值只要在一个特定的“方向意识”中被暗示就够了。这种情况恰恰就发生在偏好进行得**最肯定的**地方（并且没有任何先前的动摇发生），而且同时是在被感受价值之更高状态最多地明见被给予的地方。最后，“在这里存在着一个比在感受中被给予的价值更高的价值”这个事态也可以是在偏好中被给予的，而同时这个价值却并不本身此在于感受之中[④]。

① “更出色”的德文原文是“vorzüglicher”。舍勒在这里是在双关的意义上使用它，它更多是指“更值得偏好”。——译注

② 类似的情况也适用于选择行为。

③ 与“动摇的”（schwankend）偏好相对立，对一个价值的“决断的”偏好之特征恰恰在于，偏好在其中发生的那些从属于价值序列的其他价值几乎不成为被给予。

④ 所以我们常常知道，我们可以比我们所做的“更好”，而这个“更好”却并不同时被给予我们。

价值 b 要比价值 a 更高，但这一点在这里**既**可以在对 b 先于 a 的**偏好**中，**也**可以在对 a 后于 b 的**偏恶**中“被给予”。尽管如此，这两种把握同一个等级关系的方式是根本不同的。虽然这本身就是一个先天的联系，即两种行为可以导致这同一个等级关系；但这种差异依然存在。这种差异从性格学上（charakterologisch）鲜明地论证着自己！存在着一些特别“批判性的”伦常性格——它们在最极端的程度上是“苦行主义的”——，它们原则上通过“偏恶”的行为来实现价值的更高状态；与它们相对立的是肯定的性格，它们原则上进行“偏好”，并且对于它们来说，各个“更低”的价值只是从它们在偏好中可以说是登上的“平台”才能够看得见。前一种性格是通过反对“恶习”的斗争来追寻“德行”，而后一种性格则可以说是将恶习掩埋和填没在新获取的德行之下。

作为行为的“偏好”完全有别于它的实现方式。实现方式可以 107
是我们在从事时所体验到的一种特殊的活动；例如尤其是在清晰地**被意识到的**、伴随着“**思虑**”（Erwägung）的、在多个于感受中被给予的价值之间的偏好。但它也可以完全“**自动地**”进行，以至于我们在此意识不到任何“活动”，并且更高的价值“就像是自己”走向我们，就像在“本能的”（instinktiv）偏好中。我们在一种情况中可以说是必须费心竭力地向着更高的价值挺进，而在另一种情况中它却可以说是把我们“召唤”到它那里，例如在对更高价值的“狂热的”（enthusiastisch）自身奉献中。在这两种情况中，偏好的行为是同一个。

由于所有价值本质上都处在一个级序中，即处在更高与更低的相互关系中，而这个关系恰恰只有在偏好和偏恶“中”才能被把握到，所以对价值的“感受”本身本质必然地奠基在一个“偏好”和“偏恶”之上。因此，我们绝不能认为，对一个价值或多个价值的感受是对偏好方式而言“奠基性的”(fundierend)，就好像偏好作为次生的行为是“附加”给在感受的原发意向中被把握到的价值一样。情况毋宁在于，价值领域(例如一个个体)的任何扩展都只发生在偏好和偏恶中。只是在这些行为中原初“被给予的”价值可以次生地“被感受到”。因此，偏好与偏恶的各种结构包容了我们所感受的价值质性。

据此便很明显，价值的级序永远不能被演绎或被推导出来。哪一个价值是“更高”的价值，这始终是通过偏好和偏恶的行为来不断重新地被把握。这里存在着一个直观的“偏好明见性”，它是任何逻辑演绎都不能取代的。

但人们可以并且必须探问，在一个价值的更高状态和更低状态之间以及它的其他本质特性之间究竟是否存在着先天的本质联系。

在此首先产生出不同的——已经与个体的生活经验相符的——价值标记，价值的“高度”借助于这些标记而显得在增长，但这种高度或许会回归为一点：

价值越是延续，它们也就“越高”，与此相同，它们在“延展性”和可分性方面参与得越少，它们也就越高；其次还相同的是，它们通过其他价值“被奠基得”越少，它们也就越高；再次还相同的是，与对它们之感受相联结的“满足”越深，它们也就越高；最后还相同的是，对它们的感受在“感受”与“偏好”的特定本质载体设定上所具有的相对性越少，它们也就越高。

1. 所有时代的生活智慧都教导人们，偏好持续的善业甚于易逝的、变换的善业。但对于哲学来说，这个“生活智慧”却只是个 108
“问题”。因为，如果事关“善业”，而“持续”指的就是这些善业实存于其中的客观时间之程度，那么，那个命题就没有什么意义。例如，任何一次“火”“水”之灾、任何一个机械的偶然都可以将一个具有最高价值的艺术品摧毁；任何一滴“热水”——如帕斯卡尔所说——都可以毁坏最健康者的健康和生命[①]；任何一块“砖瓦”都可以吹灭一个天才之光！“短暂的生存”在这里显然肯定不会对实事的高度有丝毫影响！如果以这个意义上的“延续”为价值高度的标准，那么我们就会陷入到一个原则性的欺罔方向中，它恰恰曾构成特定“道德”的本质，尤其是构成一切“泛神论”道德的本质。在这种道德类型中，下列活的生命箴言可以说是得到了哲学的表述：人“不应心系短暂易逝之物”(Vergängliches)，“至善”乃是一种不参与时间变换的东西。斯宾诺莎在他《知性改进论》著述的一开始就明确倡导这个思想[②]。不要爱上任何东西！既不要爱上人，也不要爱上动物，既不要爱上家庭、国家、祖国，也不要爱上某个肯定的存在形态和价值形态，因为它们都是“短暂易逝的”——这个殚思竭虑的智慧如此教导说！对善的毁灭的恐惧和畏惧在这里驱使寻找者进入一个日益增长的虚空——而且由于害怕失去那些肯定

① 舍勒在这里指的可能是帕斯卡尔所说的名言：“人只不过是一根苇草，是自然界最脆弱的东西；但他是一根能思想的苇草。用不着整个宇宙都拿起武器来才能毁灭他；一口气、一滴水就足以致他死命了。”(参见帕斯卡尔，《思想录》，何兆武译，商务印书馆，北京，1997 年，第 157－158 页)——译注

② 上帝观念在这里成为单纯的“存在观念”，而价值则应当被还原为他称之为“完善”的单纯“存在充盈”(Seinsfülle)之上。

的善业，他最终也无法获得任何善业[①]。但可以肯定，在时间中的单纯客观的善业持续永远不会使这些善业更有价值。

但是，“与更低的价值相比，更高的价值（不是善业）本质必然地在现象上是‘持续地’被给予的”，这个命题所意味的则全然不同。“持续”自然首先是一个绝对的和质性的时间现象，它绝不仅仅展示着一个“演替”（Sukzession）的缺失，而且与充实着时间的内容、与演替一样[②]，是一个同样肯定的样式。尽管我们（在与其
109 他东西相比时）称之为“持续”的东西可能是相对的，但持续本身却不是相对的，而是绝对有别于作为现象的“演替”（或变换）的实际组成。而一个自身具有“‘能够’穿越时间实存（Durch-die-Zeit-hindurch-Existieren‘können’）”的现象的价值是持续的，无论它的事物性载体究竟实存多久。这个“持续”总会附加给某个特定类型的“某物之有价值”（Wertvollsein von etwas）。例如当我们（根据其人格价值）进行对某个人的爱的行为时便是如此！这样，不仅在我们所指向的那个价值之中，而且也在这个被体验的爱的行为之价值之中，都包含着这个持续的现象并且因此也包含着这些价值和这个行为的“不断持续”（Fortdauer）。因此，如果有人具有一

① 显然，“一个正价值的实存本身就是一个正价值”这个公理在这里被误释为这样一个错误的定理：实存一般就已经是一个正价值。与此类似的是，悲观主义把“一个负价值的非实存本身就是一个正价值”这个定理误释为这样一个定理：非实存一般就是一个正价值。

② 例如大卫·休谟便只是把时间一般附着在“演替”的不同内容上，即认为，倘若世界只由一个唯一的、始终相同的内容所组成，时间也就不存在，也就是说，他只让“持续”存在于两个具有不同速度的演替的相关关系中；这是一个谬误。“持续”不仅仅是一个演替的差异，而且也是一个肯定的质性，即使在没有任何演替显现的情况下也可以直观到它。

种可以表述为“现在我爱你”或“在一个特定时间里我爱你”的内心态度，那么这就违背了一个本质关系。而这个本质关系是存在着的，无论对现实人的现实爱在客观时间中实际上延续多久。如果我们譬如发现，在实际经验中，对人的爱与持续之间的那种联系始终没有得到充实；一个时刻终于到来，我们这时已经“不再爱”这个人，那么我们通常会说：“我弄错了，我并没有爱这个人；例如我只是把一种共同兴趣当做是爱了”；或者说，“我弄错了现实的人（或他的价值）”。因为“直至永恒”（sub specie quadam aeterni）属于真正的爱之行为的本质。另一方面，在这个例子上可以清楚地看到，仅凭一个实际的共性持续当然绝不会证明，爱就是论证它的纽带。例如一个共同兴趣或一个习惯可以持续得任意长，乃至与一个实际的“对人格的爱”（Personliebe）一样长，甚至更长。尽管如此，这种共同兴趣的本质仍然在于，即是说，这种意向以及在它之中显现的价值（即收益）的本质就仍然已经在于：它相对于爱以及从属于爱的那些价值而言是“仓促的”。一个我们所享受的感性适意，或者说，这个相关的“善”，可以或长或短地随意持续着（在客观的时间中）；而对这个适意的实际感受也可以是如此。尽管如此，这个价值的本质仍然在于，例如相对于健康的价值而言，更相对于“认识”的价值而言，它仍然是“作为变换不定的”而被给予的；而且在每一个把握它的行为中都是如此。

这一点在质性根本不同的感受价值的行为上以及在这些体验的价值中显得最为清楚[①]。“极乐”（Seligkeit）以及它的对立面“绝

① 当然要区分价值体验（Werterlebnis）以及对价值之体验的体验价值（Erlebniswert）。

110 望”(Verzweiflung)的**本质**就在于，它们在“幸福”与“不幸”的变换中**固存**(verharren)和“**持续**”，无论它们客观上能够延续多久；“幸福”与“不幸”的本质就在于，它们在“喜悦”与“痛苦”[①]的变换中固存和持续，“喜悦”与“痛苦”的本质就在于，它们在“舒服”与“不舒服”的变换中固存和持续；“舒服”与“不舒服”的本质就在于，它们在快感与痛感状态的变换中固存和持续。这里，在相关感受体验的“质性”中也已经本质必然地包含着“**持续性**”(Dauerhaftigkeit)；无论这些体验何时被给予，无论它们对谁而言被给予，无论它们实际上在多长时间里被给予，它们都是作为“持续的”或“变换的”而被给予。我们在体验着它们的体验本身之中体验到——同时无须去等待对它们实际持续的经验——一个特定的“持续性”，并随之而体验到一个特定的、在心灵中时间的“已扩散性”(Ausgebreitetheit)程度，以及它们为一个属于它们**本质**的人格之“被穿透性”(Durchdrungenheit)程度。

因此，一个价值“高度”的“标准”无疑便获得了一个意义。最低的价值同时也就是本质上“**最仓促的**”价值，而最高的价值同时就是“**永恒的**”价值。而这些例如完全是独立于所有单纯感性感受的经验“可麻木性”(Abstrumpfbarheit)，以及独立于所有类似的仅属于特殊载体的心理物理属性的东西的经验“可麻木性”。

然而这个“标准”是否对于价值的高度来说也是一个原初的本质标准，这就是另一个问题了。

2. 同样无疑的是，**价值越是**“**不可分**”，它们也就“越高”；这同

---

① 被当作现象学的统一。

时也就意味着，它们在多个价值参与它们的过程中必须“被划分得”越少，它们的价值也就越高。例如，多个价值对“物质”善业的参与只有通过对善业的划分才可能(一块布、一片面包)，这个事实的现象学基础就在于，感性适意的价值本质上明显是广延的[1]，而与它们相应的感受体验是定位在物体上的，并且同样以广延的方式出现。所以甜的适意等等是在糖上扩散开的，而相应的感性感受是在“舌”上扩散开的。这个关系到这种价值之本质以及这个感受状态之本质的简单现象学事实会带来这样的结果：物质的“善业”之所以能够被分割，也只是因为它们自己被划分开来，只是因为它们的价值与它们事物性量值处在一种变换不定的比例关系中——而且是这都是在它们尚未成形的时候，即作为“纯粹”物质善业而发生的。所以，例如一块布也比半块布多一倍价值。价值 111
的量值在这里还是依照它的载体的量值。与此处在最极端对立中的例如是“艺术品”，它天生就是“不可分的”，不可能从它之中分出一“块”艺术品。因此，从本质法则上看，就“感性适意”这同一种价值而论，如果不划分它的载体以及它自己，它也就不可能被多个生物所感受——和享受——。因而，在对这个价值实现的追求方面以及在这个价值的享受方面的“兴趣冲突”也属于这种价值的本质——完全撇开现存的善业数量不论(它只对物质善业的社群经济价值来说有重要意义)。但这也意味着，这些价值的本质在于，

① “广延的”(extensiv)还不意味着“在空间秩序中”，更不意味着“可测量的”。所以，腿上的一个疼痛或一个感性的感受就其本性而言是定位的和广延的，但完全不是空间有序的，更不是在空间“中”的。

它们分离而不是结合那些感受着它们的个体①。

与此相反的——为了先说最极端的对立——是“神圣”的价值，同样还有“认识”的价值、“美”的价值等等，以及与它们相应的精神感受。在它们那里，由于没有参与广延并且由于没有可划分性，当它们被多个生物所感受和体验时，它们的载体也就没有必要再被划分。精神文化的一个作品可以同时被任意多的人所把握并且在其价值中被感受和被享受。因为这种价值的本质就在于（即使这个命题由于这些价值载体的实存以及它们的材料性、由于通向这些载体的可能通道的有限性，例如书籍的购买，由于艺术品的物质载体的不可达及性而显得是相对的），它们可以在不作任何划分的情况下无限制地得到传诉。但没有什么能像对“圣人”（Heilige）——它按其本质就与“物质的”载体相排斥，即使不排斥这样的一个象征——的礼拜与崇敬能如此直接和紧密地将诸本质结合在一起，而这里首先是“绝对神圣”和“无限神圣”、无限的神圣人格：“神明者”（Göttlichen）。“神”这个价值原则上可以为每个生物所“拥为己有”，这恰恰是因为，这个价值是最不可分的。即使那个在历史上实际发生效用的“神圣”曾分离众人，但那个朝向“神圣”的意向的本质却仍然在于，这个意向是统合着并联结着的。一切可能的分离在这里都仅仅处在它的象征和技艺之中，并不处在它

① 在对这些价值的感受过程中也不可能有一种“共感”（Mitfühlen）。我们不可能将一个感性享受共感为一个喜悦，或者也不可能将一个（严格意义上的）疼痛共感为一个痛苦。对此参见笔者的论著《论现象学与同情感理论以及论爱与恨》，尼迈耶，哈雷，1913 年。*（这里为舍勒所引书名中的“同情感”一词为“Mitgefühl”，应译为这里的“共感”；但与原书名对照有误，故仍然按原书名中的“Sympathiegefühl”一词译为“同情感”。——译注）

自身之中。

但是，正如这些例子所示，我们越是肯定这里所涉及的是“本
质关系”，那么越值得怀疑的就是：广延和可分的标准是否构成“更 112
高”和“更低”价值的原初本质。

3. 我认为，如果一个特定的个别价值 a 只有在某个特定的价值 b 已经被给予的情况下才能被给予，那么 b 这种价值就为 a 这种价值“奠基”(fundieren)；而这是本质法则。但这样一来，各次“奠基着的”价值，即这里的价值 b，也就是各次的“更高的”价值。所以“有用”(Nützliches)这个价值是“奠基”在“适意”这个价值之中。因为“有用”是——不经推论——而在直接的直观中自身表明为达到一种适意的“手段”，例如“工具”的有用价值。没有适意也就没有“有用”。另一方面，适意这个价值——我指的是作为价值的适意——在本质法则上“奠基于”一个生命价值之中，例如健康；但对适意(或对它的价值)的感受则奠基于这个生物的感受的价值(例如它的朝气、力量)之中，这个生物通过它的感性感受而把握到这个适意的价值。纯粹生命的(vitale)——主体的——“生命价值”——在独立于一切精神价值的情况下——也不仅仅是对适意的感受，而是在控制着质性的充盈以及一个生物所感受的“适意”价值的量值。这个命题作为本质法则完全独立于所有归纳的经验，即那些例如凌驾于实际健康和实际疾病与人的快乐感和不快感的关系之上的经验——譬如，许多肺病、在某个阶段的窒息死亡、麻痹症中的欣快症等等，都是与强烈的快乐感联结在一起的；或者，拔掉一个指甲(尽管这个机体组织的存在对于整个生命过程来说是无关紧要的)所造成的疼痛要比摘除大脑皮层带来的疼痛

更大，即使后者是致命性的；还有类似的例子。因为，即使在同样适意甚至患病的生活更为适意的情况下，**患病的**生活的适意价值与**健康的**生活的适意价值相比也处于次要地位，这一点是**明见的**(evident)。谁——哪怕是任何一个不幸的人——会去“羡慕”麻痹患者的欣快症呢？上述事实仅仅表明，我们必须区分整体生物组织(作为生命价值的载体)的生命健全与它的各个部分如器官、肌肉组织等等(作为各种生命价值的载体)的生命健全。生命价值的最低限度或“死亡”也就从本质法则上取消了适意的价值(或者说，取消了整个“适意”和“不适意”的价值领域)。因而有某个**肯定的生命价值**在为这个价值序列“奠基”。

可是，无论**高贵**和**粗俗**的价值序列是多么独立于真正的精神价值序列(例如认识、美等等)，前者仍然还是“奠基于”后者之中。
113 因为，唯当**生命**本身(在其所有外化形态中)**是**价值载体，它们根据一种绝对客观的价值级序而接受一个特定的高度，它才实际地**具有**这些价值。然而这样一个“级序”只能通过那些本身在生命上重又受到限定的**精神**行为来把握。以“人是一切生物中最有价值的”这个命题为例：如果这个本质认识的价值连同**所有**精神价值(即还包括这个本质认识的价值：“人是最有价值的生物”)都是“相对于人”的话，那么这个命题就只是一个“拟人化的(anthropomorph)”幻想。但前一个命题实际上是独立于人而“对于”人(客观意义上的“对于”)为“真”的。唯当精神价值存在以及它们在其中被把握到的精神行为存在，**生命**才——撇开这些生命的价值质性彼此间的差异不论——**绝然**具有一个价值。倘若这些价值是相对于生命的，那么生命本身就**不具有任何价值**。它就会本身是一个价值中

性的存在。

但所有可能的价值都奠基在一个无限人格精神的价值以及伫立在它面前的“价值世界”的价值之上。那些把握着价值的行为本身之所以是把握着绝对客观价值的行为，只是因为它们就是在这精神“之中”进行的；而这些价值之所以是绝对的价值，只是因为它们是在这个王国中显现出来的。

4. 被视为价值高度标准的还有那种已经伴随着价值感受的“满足之深度”。但它们的“高度”肯定不在于“满足的深度”。尽管如此，“更高的价值”也给出一个“更深的满足”，这是一个本质关系[①]。这里所说的“满足”，与快乐没有关系，无论“快乐”会有什么样的后果。“满足”是一个充实体验。只有在一个对一价值的意向通过价值的显现而得到充实，充实体验才会出现。不设定客观价值，也就不存在任何“满足”。但另一方面，“满足”并不必然束缚在一个“追求”上。它还不同于例如在所期望之物的实现过程中或在一个所期待之物的出现过程中的充实体验，即使这是它们的特例。甚至可以说，“满足”的最纯粹情况恰恰是在宁静的感受中和在对一个正价值的“善”的完整感受性“占有”中被给予的，也就是在所有“追求”沉默的时候被给予的。还有，为了使满足出现，并不必然需要有一个追求先行。对价值的单纯把握就已经可以带来“满足”，无论它事先是否在一个追求或意欲中作为“须待实现的”而被给予。但我们必须将这里唯一要考察的“深度”区别于满足的“程

---

① H. 科内利乌斯曾细致地尝试过将更高的价值回溯到更深的满足价值之上（参见《哲学引论》）。

114 度”(Grade)。但是,如果一个满足的此在表明自己不依赖于对另一个价值的感受并因此而不依赖于与此相联结的“满足”,而这后一个满足却依赖于那前一个满足,那么我们就说,前一个满足比后一个满足“更深”。例如有一个完全特殊的现象,当且仅当我们在我们生命的“更为中心”的领域中——在它对我们来说是“认真”的地方——感受到满足时,感性的娱乐或无伤大雅的外在喜悦(例如在一个庆会上或在一次散步时)才能完全“满足”我们。仿佛只是在这个更深的被满足状态的背景中,也才响起对生活最外在喜悦的完全满足的笑声,与此相反,在那些中心层次不满足的情况下,感受更低价值过程中的完全满足立即被一种对享受价值(Genußwert)的“不满足的”、无休止的寻找所取而代之,以至于人们几乎可以推断,在实践的享乐主义所具有的千万种形式中,每一种形式都始终带有在更高价值方面的一个“未满足”标记。因为对快乐的寻找程度与在一个等级系列(Rangreihe)成分上的满足的深度正好是成反比的。

但是,尽管一个价值之更高的标准建基于诸多本质关系之上,这些关系却并不能提供这个更高状态的最终意义。是否存在着一种比上述原则更深的原则,我们只能通过它们来把握这种“更高状态”的最终意义?并且从它们之中可以推导出至此为止所讨论的那些标准?

5. 即使一切“价值”都具有“客观性”和“事实本性”,而且它们的联系独立于它们现实所处的善业的实在性与实在联系,在它们之间仍然还有一个区别,这个区别同样与先天性和后天性无关:这便是“价值实在性”的阶段,或者也可以说,它们与“绝对价值”的关系[①]。

正是在行为与对象相互间的这种基本的本质联系，使得我们即使是在没有找到从属于对这些价值种类之体验的行为种类和功能种类的地方，也不可以预设价值与价值类型的客观实存（完全不去顾及那些承载这种价值的现实善业）。例如，对于一个非感性地 115 感受着的生物来说，不存在任何适意价值。对它来说也许存在着这样的事实组成：“存在着感性感受的生物”和“它们感受着适意价值”；并且存在着这个事实组成及其个别情况的价值。但适意本身的价值并不对一个如此思考的生物存在。例如没人敢设想：神体验着动物与人所体验的所有适意价值。在这个意义上，我说，适意的价值是“相对于”“感性感受的生物”；例如“高贵与粗俗”的价值系列也是相对于“生物”而言。相反我说，绝对价值是这样的一些价值，它们为一种“纯粹的”感受（偏好、爱）而存在的，即是说，为一个在其功能种类和功能法则中不依赖于感性生物与生命本质的感受而存在的。这种类型的价值例如有伦常价值。在纯粹的感受中我们或许也还能够——在不偏好我们自己（或其他人）因此而享受适意的感性感受功能的情况下——“理解”（并且是以感受的方式）这些价值的感受；但我们并不能够感受它们本身。所以神可以“理解”疼痛，却并不感受它。

① 一个“相对”价值正因为是相对的，才完全不是“主观”价值。例如一个幻觉的物体事物是“相对于”一个个体而言的；尽管如此，这个对象并不像一个“感受”那样是“主观的”；例如一个感受幻觉（Gefühlshalluzination）同时是“主观的”和“相对于”个体的；但一个现实的感受则是“主观的”，却不是“相对于个体的”——即使只有这个个体才具有通向它的实在性认识的通道。但另一方面，一个镜像——它不是相对于个体的——也是一个“相对于”镜子和被映现的对象而言的物理现象。*

这样一种价值种类本身的存在相对性自然与那些完全不同的、作为前者之各个载体的善业种类的相对性是毫不相干的。因为这些善业种类除此之外还是相对于特殊实际构造的，即相对于相关实在生物的心理物理构造的。存在着这样一种事实系列，例如同一些实事对于一些动物来说是毒药，对于另一些动物来说则是食物，或者，对于一个种类成员的异常本能来说适意的东西，对于这个种类的正常成员来说却是“不适意的”和“难堪的”等等；这些事实系列只是规定了价值在各个善业单位方面的相对性；但它们并不展示价值本身的任何存在相对性。这种相对性是一种“第二秩序”的相对性，它与“第一秩序”的相对性没有关系。但现在不能把前一种价值种类本身的相对性回归为（与价值种类相关的）善业相对性。它们彼此是本质不同的。例如在相对价值之间也存在“先天”联系，但在善业之间却不存在这样的联系①。

在“相对”和“绝对”的这个词意上，现在我主张，一个本质的联
116 系就在于：在直接直观中“作为更高的”而被给予的价值，也就是那
些在感受和偏好本身之中（而不是通过思考才）作为更接近绝对价值而被给予的价值。存在着完全不依赖于“判断”和“思考”的一种对价值“相对性”的直接感受，对于这种感受来说，在较少“相对”价值的同时固持过程中，这个相对价值的可变性（如果这里涉及的是在“持续”、“可分性”、“满足的深度”方面的变更与固持）或许是一个证实（Bestätigung），但不是一个证明（Beweis）。所以，对真理的一个认识的价值或艺术作品的一种宁静地安居于自身的美——完

① 一个绝对先天的联系只是在于，对于所有价值来说都必定有“善业”。

全不依赖于对它们在“生活经验”面前之持存的检验，这种生活经验也许更多地是将我们带离真正绝对的价值，而不是带向它们——具有一种现象的解脱性(Abgelöstheit)，即从我们生活的同时感受中、更从我们感性状态的同时感受中解脱出来；所以，在对一个人的真正纯粹的爱的行为中，这个人的价值已经在对他的体验中——无须检验他在幸福与痛苦以及生活的内外命运之种种变换情况中的固持——具有解脱性，即从所有同时存在的、在感受中被给予的我们人格的价值世界的价值层次中解脱出来，因为我们对它们的体验始终还束缚在我们的感官和我们的生活感受上，以至于在我们心中也完全直接地在这种价值被给予性中产生出这样的保证(而不是例如“推论”)：这里存在着一个绝对的价值。绝对价值之明见性所给予我们的，并不是在经验中的实际固持，或者说，并不是“这是对我们生活的所有生命因素而言的一个绝对价值”这样一个判断的普遍化能力，而是这个被感受到的绝对性本身，它使我们现在就已经感受到，为了其他的价值而放弃它或弃置它的想法是“可能的罪责”，并且是从一个刚达到的我们价值存在之高度上的“堕落”。

价值就善业单位而言(因而也是就我们的心理物理构造而言)的“相对性”是通过判断与推理——通过比较与归纳——才被发现的，而这种相对性还有绝对性则是在感受中直接被给予的。在这里，判断领域以及从属于它的比较与归纳行为更多地是对我们遮蔽了而不是向我们澄清了这个在价值感受中自身被给予的“相对存在”与“绝对存在”本身的直接事实。在我们心中有一个深度，我们在那里始终会隐秘地知道，那些为我们所体验到的价值在其“相对性”方面具有何种性质①，无论我们怎样通过判断、比较和归纳来企图遮蔽它们，使我们自己看不到它们。

117 因而，对于“更高价值”来说，本质的标记（作为**最原初**的标记）就在于：它是**较少**“**相对的**”价值，对于“最高价值”来说，它是“**绝对的**”价值。其他的本质联系是建基于这些本质标记之上的。

① “怀疑论者”、“人类学者”在理论上始终只是感受到下列状况的人：他如此**正当地**和**本真地**一无所“知”——例如不同于苏格拉底，他**知道**并且也感受到，他**知道**他一无所知；但在道德中却是一个（隐秘地）感受到下列状况的人：“他的价值不是绝对的价值”——不同于耶稣的话“没有人是善的”，在这句话中，他在对“绝对”价值的感受中感受到：除了上帝以外，没有人是这个价值的载体。

第 4 章　在价值高度与“纯粹”价值载体之间的先天联系

我们对一门伦理学所提出的首要要求就在于，确定那个建基于价值本质之中的“更高”与“更低”的秩序——这是就它不依赖于所有可能肯定的善业体系与目的体系而言。这不能成为我们此处的任务。这里只消进一步标识出价值的先天秩序类型就够了。

但我们在这里发现两种秩序：其中的一种秩序按照价值的本质载体方面的规定而在等级上有序地含有价值的高度；而另一种秩序则是一种纯粹质料的秩序，因为它们是在——我们想称作“价值样式”（Wertmodalitäten）的——价值质性序列的最终统一之间的秩序。

现在我们首先来讨论这第一个秩序。它也可以与第二个秩序相对地叫做“形式的”。我先从价值的本质载体方面来简短地概述一下价值。

a. 人格价值与实事价值

我们把“人格价值”理解为所有那些直接归属于人格本身的价值；但把实事价值理解为那些展示着“善业”的价值事物所具有的

一切价值。在“善业”中重又可以有物质的善业(享受性善业和有用性善业)、在生命方面有价值的善业(例如所有经济性的善业)与“精神善业”如科学、文化等等,亦即真正的“文化善业”。与此相反,属于人格价值的有两种:其一为人格“本身”的价值,其二为德行价值。在这个意义上,人格价值就其本质而论是比实事价值更高的价值。

118 b. 本己价值与异己价值

将价值划分为“本己价值”与“异己价值”的做法与那个对人格价值与实事价值的划分没有关系。本己价值与异己价值可以重又是“人格价值”和“实事价值”;同样可以是“行为价值”、“功能价值”和“状况价值”。异己价值与本己价值在高度上是相同的[①]。与此相反,对一个“异己价值”的把握是否具有比对“本己价值”的把握更高的价值,这还是一个问题(但不能在这里进一步探讨,因为我们在此只是分析先天关系的类型,而不是这些关系本身);但可以肯定,实现一个异己价值的行为要比实现一个本己价值的行为具有更高价值。

---

① 爱德华·v. 哈特曼提供了一个正确的证明(参见《伦常意识现象学》):唯有当悲观主义起作用时(在本体论的意义上),就是说,唯有当存在本身是一个非价值(Unwert)时,异己价值才能被看作是高于本己价值的。如果我们崇奉这种(虚假的)悲观主义前提,那么我们就会赞同他。

c. 行为价值、功能价值、反应价值

接下来，价值的载体是行为（例如认识行为、爱与恨的行为、意愿行为）、功能（例如听、看、感受等等），而后是回答反应（Antwortsreaktion），如“对某物的喜悦”，其中也包括对其他人的反应，如同感、报复等等，它们与“自发行为”相对置。它们在价值上都从属于人格价值。但在它们的价值之间也有价值高度方面的先天关系。所以，行为价值——自身——要高于功能价值，它们两者又要高于单纯的“回答反应”，但自发的行为方式要高于反应的行为方式。

d. 志向价值、行动价值、成效价值

与此相似的是“志向价值”与“行动价值”（这两者还是“伦常”价值，不同于“成效价值”），以及位于它们之间的价值载体，如“意图”、“打算”、“决断”、“施行”，那些（不论它们的特殊内涵）处在一定的高度秩序（Höhenordnung）中的价值的载体。这里也不再对它进行阐释。

e. 意向价值与状况价值 119

意向体验的所有价值都同样自在地要高于单纯状态体验的价值，例如感性的和身体的感受状态的价值。在这方面，体验价值在

其高度上与被体验的价值相符合。

f. 基础价值、形式价值与关系价值

价值的载体在人格的所有联结范围内首先是人格本身，其次是它们在其中被联结的形式，再次是在这个形式中被当做体验到的而给予它们的那个关系。所以我们例如在友谊或婚姻上可以区分首先是作为这个整体“基础”的人格，其次是联结的“形式”，最后是在这个形式内被体验到的人格“关系”；所以，例如必须区分婚姻形式的价值和关系的价值，前者在历史上以完全独立于特殊关系体验及其价值的方式（即独立于在所有“形式”中都可能的“好”婚姻与“坏”婚姻）而变换不定，后者是在这个形式以内的诸人格之间的关系。但关系本身也是一个特殊的价值载体，它的价值并不会化解为基础价值与形式价值。

但是，作为伦常价值载体的所有“共同体”都受一个在这些价值种类之间的先天价值状况的主宰。我们不打算在此处谈论这个问题。

g. 个体价值与群体价值

“个体价值”与“群体价值”的区分与上述价值载体没有关系，但也与“本己价值”和“异己价值”的对立没有关系。如果我朝向本己价值，那么这必定又是个体价值或群体价值，例如那些作为一个“阶层”、一个“职业”、一个“阶级”的“成员”或“代表”，或者作为我

的个体性价值而属于我的价值。如果我朝向其他人的价值，那么情况同样也是如此①。但与“基础价值”、“形式价值”与“关系价值”之对立相等同的是个体价值和群体价值的区别。 120 前者是价值的载体区别，它们处在一个被体验的“共同体”的整体之中，在这里我们把“共同体”只理解为一个为它们所有“成员”体验到的整体，但并不理解为由一些仅只客观地相互作用的诸因素组成的一个只是实际存在的、(或多或少)人为的和想象的统一，这后一种统一就是一个“社会”。但“群体价值”始终是“社会价值”，而它们的载体并不构成被体验的“整体”，而是一个概念阶级的多数。然而“共同体”却可以相对于“群体”重又展示“个体”，例如相对于婚姻的总和、一个国家的家庭的总和或民族的总和，“共同体”重又可以展示一个个体的婚姻、家庭、社团、民族，如此等等。*

在个体价值与群体价值一般之间也可以找到先天的价值关系。

h. 自身价值与后继价值 121

在价值中有这样一些价值，它们不依赖于所有其他价值而保持着它们的价值特征，还有这样一些价值，在它们的本质中包含着一种与其他价值的现象的(直观感受的)相关性，没有其他价值，它

① 例如，(基督教意义上的)爱完全是个体的爱，无论是作为自爱(Selbstliebe)，还是作为被称为“爱邻人”(Nächstenliebe)的他爱(Fremdliebe)；但对例如作为劳动者阶层之成员的某人的爱，或对其他作为一个群体的“代理”或“代表”的爱，则不是个体的爱。对于劳动者阶层而言的“社群志向”与“爱邻人”没有关系；后者或许也朝向劳动者，但只是作为人的个体的劳动者。

们便不再是“价值”。我把前者称之为“自身价值”，把后者称之为“后继价值”。

但我们需要注意：所有那些自身只是展示为用于因果地产生出善业之“手段”的事物，同样地，所有单纯的价值象征（只要它们仅仅是象征）因而就没有任何直接的或现象的价值，或者不是独立的价值载体。因为一个实事（以判断[①]的形式）所允许具有的所谓单纯手段的价值，只是后来借助于一个推理的思维行为（或一个联想）才附加给它，通过这个思维行为，这个实事自身展示为“手段”。同样，单纯对价值而言的象征（如纸币）自身不具有任何现象价值。因而我们把这种“手段的”价值和这种“价值象征”称作后继价值。这种“后继价值”仍然是现象的价值事实。

例如，在工具的价值中，始终真实地有一个价值是直观性的，它虽然包含着一个“指明”，即对一个通过工具而产生的实事之价值的指明，但它是现象地“被给予的”——在产物本身的价值之前就已经被给予了——并且不是从产物的被给予的价值中推导出来的。因此我们必须将某物“作为手段所具有的”或“所能具有的”价值完全区别于这样一种价值，这种价值属于手段本身，只要这些手段直观地“作为手段”被给予；而且这种价值附着在它的载体上，完全不依赖于这些载体是否作为手段而实际地被使用，以及在何种程度上被使用。

在这个意义上，所有特别的“技术价值”也是真正的后继价值。在它们之中，“有用”展示出与“适意”这个自身价值相关的（真正）后继价值。但更高的价值也会分化为自身价值与技术价值；而且对于

① 不是以一种评判（Beurteilung）的形式，这种形式预设了被给予的价值。

每一种更高的价值来说，都重又存在着一个技术价值的特别区域[①]。

后继价值的第二个基本类型（与“技术”价值相并列）是“象征价值”（Symbolwerte）。它们例如与纯“价值象征”（Wertsymbole）不是一回事，后者根本不是——现象的——价值载体。一个真正的象征价值是例如一个政权的“旗帜”，它同时将这个政权的荣誉与尊严象征性地集于一身，但它正因为此也就本身具有一个现象价值，它与它作为布料的价值等等毫无关系[②]。在这个意义上，一切“圣礼事物”（res sacrae）也是真正的象征价值，而不仅仅是价值象征。它们指向一个（某种）神明者的特殊象征功能在这里重又成为一个特殊价值类型的载体（独立于被象征的事物）；正是这一点才将它突出于单纯的“对价值而言的象征”。

在这些自身价值与后继价值之间也存在着在其更高状态和更低状态方面的先天关系。

相反，价值象征仅仅服务于一个（始终只是人为的）价值量化并因此而服务于对价值在更大和更小方面的测量，这是一个与价值高度没有关系的区别[③]。但我们在这里将价值测量的问题置而不论，因此也将人们如何能够谈及“幸福总和”这类问题置而不论。

① 对此可以参见后面的第 5 章。

② 同样还有“国王的礼服”、“神甫的长袍”等等。

③ 价值是无法作为纯质性而被测量的。它们与纯颜色现象和声音现象一样，后者是通过它们的载体及其数量（通过光和声的中介以及通过它们与广袤和空间性）才间接地可测量。尽管如此，同一样式的价值可以通过对它们的载体的测量而间接地被测量，即是说，这些载体的大小设定了一个同样特别的价值差异，这个大小被用作测量单位并且用一个特定的价值象征来标识。通过对这些象征的计数和数字处理，一个间接的价值测量得以形成。

122 第 5 章　价值样式之间的先天等级关系

但是，所有先天关系中最重要的和最基础的关系在于一个**等级秩序**的意义，即在我们称作**价值样式**的质料价值之质性系统之间的级序意义。它们构成对我们的价值明察和偏好明察而言的本真**质料先天**。它们的事实存在同时也展示出对康德形式主义的**最尖锐**反驳。这些本质关系的前提在于价值质性，而对这种价值质性的最终划分与最高划分必须独立于所有那些实际产生的善业以及所有那些感受着价值的特殊机体组织，同样独立于这些善业和机体组织的还有在各样式之间存在着的级序。

并非为了深入地阐释和论证这些质性系统以及它们的偏好法则，而只是作为样式之间这种先天级序的例子，这里需要强调以下几点：

1. 作为一个鲜明地得到划界的样式，**适意**与**不适意**的价值序列首先凸现出自身（亚里士多德就已经在他对舒适＜ήδύ＞、有用＜χήσιμον＞与美丽＜καλόν＞的三分中阐释过它们）。与它相符合的是**感性感受**的功能（连同其样式：享受与忍受）；而另一方面与它相符的则是“感觉感受*”的感受状态（Gefühlszustände der “Empfindungsgefühle”），感性的快乐与疼痛。因而在它之中（如在每个样式中)有一个实事价值、一个功能价值和一个状况价值。

这整个价值序列都是“相对于”感性自然一般本质的;但它完全不是相对于一个感性自然的特定机体组织,例如人的机体组织;它也不是相对于那些对一个特定组织机体的生物而言“适意”与“不适意”的实在世界的特定事物与过程。即使同一个过程对于一个人来说是适意的,而对其他人(或者说,对不同的动物)可能是不适意的,适意与不适意的价值区别本身还是一个绝对的区别,这个区别在对这些生物的认识之前就是清楚的。

较之于不适意,被偏好的是适意(在同等条件下<ceteris paribus>),这个命题也不是建立在观察与归纳之上;它包含在这些价值的本质以及感性感受的本质之中。如果譬如一个旅游者、一个历史学家或一个动物学家向我们描述一个人种或动物种,他们或它们的情况是与之相反的,那么我们“先天地”就会不相信他,并且也必须不相信他。我们会说:这是不可能的;这些生物至多会与我们不同地把其他事物感受为适意的或不适意的;但它们绝不会偏好不适意甚于适意,相反,对它们来说必定存在着一个(或许是 123
我们所不知的)样式的价值,这个样式要高于上述阶段的样式,而且由于它们“偏好”这个价值,它们就只是把不适意“承受”下来;或者可以发现一个欲望的异常,它们因此而把有害于生命的事物体验为“适意的”,如此等等。与所有这种联系一样,我们的命题所表述的联系同时也是一个对他人生命表达的和具体的、例如历史的(甚至本身是本己的、例如在回忆中的)价值评估的理解法则;因而这个联系在所有观察和归纳过程中都是被预设了的。例如它相对于所有人种学的经验来说是“先天的”。

任何进化论的考察也无法进一步"说明"这个命题和它的事实组成。例如,以下说法是没有意义的:这些价值(以及它们的偏好法则)是作为各活动组合的指号(Anzeichen)而"产生的",这些运动组合已经表明自己对于个体或种类来说是合目的的。因为能够这样被说明的东西,始终只是伴随的感受状态在某些朝向事物行动冲动上的束缚,永远不是价值本身以及它们的偏好法则。这一点本身是独立于所有具体组织而有效的。

与适意和不适意的自身价值相符合的是后继价值的特别群组(技术价值[①]与象征价值),这里不再对此进一步探讨。

2. 作为第二价值样式,生命感受的价值之总和凸现出自身。这个样式的实事价值——只要它们是自身价值——都是那些被包容在"高贵"与"粗俗"之对立中(或者也可以是在特别精确表述中的"好"<Gute>,它在这种表述中与"能干"<Tüchtige>是相同的,与它对立的不是与"恶"<Böse>,而是"坏"<Schlechte>)的质性[②]。与这些作为后继价值(技术价值与象征价值)的价值相符合的是所有那些处在"福康(Wohl)"或"福利(Wohlfahrt)"的含义领域中的价值[③],而这些价值是隶属于高贵与不高贵的;作为状态

① 它们一部分是为了制作适意事物的技术价值,于是便统一在"有用"("文明价值")的概念中,一部分则是为了享受这些价值,于是便叫做奢侈价值。

② "高贵"与它的对立面在语言上也首先是被用于生命价值上("高贵的骏马"、"高贵的树木"、"高贵的品种"、"贵族"<Adel>等等)。

③ "福康"(Wohl)和"福利"(Wohlfahrt)因而根本不与生命价值一般相等同;对"福利"价值本身的规定更多取决于:那些处在福康(或恶劣)状态中的个体或共同体在多大程度上是高贵的还是粗俗的。另一方面,"福康"作为生命价值要优越于单纯的"有用"(和适宜);而一个共同体的福利要优越于例如这个共同体的利益(作为社会)之总和。

而属于它们的是所有生命感受的样式(例如对“上升的”和“下降 124 的”生活的感受、对健康与疾病的感受、对年龄与死亡的感受、像“衰弱的”、“有力的”感受等等);作为感受的回答反应而从属于它们的例如有(某种)喜悦和忧郁;作为本能回答反应而从属于它们的是“勇气”与“恐惧”、复仇冲动、愤怒等等。在这里甚至无法简略地勾画出这些价值质性及其相关项的异常丰富程度。

生命价值是一个完全独立的价值样式,并且既不能“被归结到”适意与有用的价值上,也不能“被归结到”精神价值上。我们把对此事实的误认看做是一种对迄今为止伦常学说的根本违背。康德也默默地预设,它们只能被还原为享乐价值,因为他认为,一切价值都可以划分为善－恶和适意－不适意[①]。但这甚至都不适用于“福利价值”,遑论高贵的生命自身价值。

但是,无视这种样式之特性的最终原因是误认了这个事实。“生命”是一个真正的本质性(Wesenheit),而不是一个仅仅把所有地球上生物体的“共同标记”聚合在一起的“经验的属概念”。然而在这里无法探讨这个问题。

3. 与生命价值相区别的是一个作为新样式单位的“精神价值”之价值区域。这些价值已经在其被给予方式中自身带有一种相对于整个身体领域和环境领域的特有解脱性和独立性,并且作为统一也在这一点上宣示着自身,即:存在着这样的清楚明见性:“应当”为了它们而牺牲生命价值。我们用以把握它们的行为与功能,

---

① 参见康德,《实践理性批判》、第一部、第一卷、第二章。享乐主义者和功利主义者所犯的错误就在于,想把这种价值样式归结到适意与有用上(与康德一样);理性主义者则大都——同样谬误地——想把它归结到精神价值(特别是理性价值)上。

乃是精神感受的功能和精神偏好的行为以及爱与恨的行为，它们既以纯粹现象学的方式，也通过它们的本己合法则性（它不能被还原为某个还是“生物学的”合法则性）而突出于同名的生命功能与行为。

这些价值就其主要类型而言有：1.“美”与“丑”以及纯粹审美价值的整个区域；2.“正当”（Rechte）与“不正当”（Unrechte），——这些对象还是“价值”，并且完全不同于“正确”（Richtige）与“不正确”（Unrichtige），即与一个法则的相符合；这些价值构成客观正
125 当秩序[①]观念的最终现象基础，它们作为这种基础完全独立于“法则”的观念并且独立于国家的观念以及论证着国家的生命共同体的观念（更独立于所有成文的立法）[②]；3.“纯粹真理认识”的价值，就像哲学（有别于那些一同受到统治现象之目的引导的实证“科学”）所试图实现的那些价值[③]。因而“科学价值”相对于认识价值来说是后继性的。对于精神价值来说，后继价值（技术价值与象征价值）都是所谓的“文化价值”，它们就其本性而论已经属于善业价值领域（例如文化宝藏、科学机构、成文立法等等）。作为状态的相关项，这些价值具有感受的序列，例如就像精神的喜悦与悲哀一样（不同于还是生命的“欢快状态”与“不欢快状态”），这些感受具有

① 这里的“正当秩序”（Rechtsordnung）通常也被译作“法律秩序”和“法制”。这里的翻译突出了这个词的本来词义。——译注

② “法规”只是一个对“正当秩序”的自身价值而言的后继价值；但成文的法则（例如一个国家的成文法则）则是对那个对它有效的（客观的）“正当秩序”而言的后继价值，它们是立法者和法官所应当共同实现的。

③ 我们所谈的是“认识”的价值，而不是真理。“真理”根本不属于价值的范围*。但在这里无法指明对此的理由。

这样一种现象的特征：并不是因为“首先”身体作为这个人的身体而被给予，这些感受才作为自我的状态而在“自我”上显现出来；相反，它们是直接（unvermittelt）通过这个被给予性一般而得到显现的[1]。它们的变更也就独立于生命感受领域的状态变换（更是独立于感性感受状态的变换），亦即直接独立于对象本身之价值按本己法则进行的变更。

其次，属于这些精神价值的还有特殊的回答反应，如“中意”与“不中意”、“同意”与“不同意”、“敬重”与“不敬重”、“回报的追求”（不同于的生命的复仇冲动）、“精神同情”（它例如为友谊提供论证），如此等等。

4. 最后，作为最终的价值样式，神圣与不神圣的价值以鲜明地有别于上述价值的方式凸现出来，它们重又构成一个不再能进一步定义的特定价值质性统一。尽管如此，这些价值尤其具有一个非常确定的被给予性条件：它们只是在那些于意向中作为“绝对对象”而被给予的对象上显现出来。我并不将“绝对对象”这个表述理解为例如一个可特殊定义的对象类别，而是（原则上）理解为每一个在“绝对领域”中的对象。这个价值样式重又完全独立于那些在不同时代和不同民族中附着在事物、力量、实在人格、机构等等上面被视为“神圣”的东西（从拜物教的观点到最纯粹的神的概念）。这些都是在此价值领域中的各个实证善业组成的问题，它们不属于先天的价值学说以及价值级序的学说[2]。但就神圣的价值 126

① 对此参见这部著述的第二部分、第五篇“质料的价值伦理学与幸福主义”、第 8 章。

② 因而，例如就神圣的价值而论，誓言是一个主张和一个允诺，无论有关的人是否是神圣的，并且无论他们在什么场合发誓。

来看，所有其他的价值都同时是作为对神圣价值的象征而被给予的。

作为状态与这个价值序列相符合的是“极乐”与“绝望”的感受，它们完全不依赖于“幸福”与“不幸”而此在，并且也完全不依赖于它们而持存和变换，而且它们可以说是在体验中测量相距神圣的“近”与“远”。

对这个价值样式的特别回答反应是“相信”与“不信”、“敬畏”、“礼拜”以及类似的举止。

相反，我们在其中原初地把握到神圣价值的那个行为，是一个特定类型的爱的行为（它的价值指向先行于所有关于神圣对象的形象表象与概念，并且规定着它们），但它的本质在于，朝向人格，即朝向某种具有人格存在形式的东西，无论这个人格具有什么内容，并且无论这里现有的是什么人格“概念”。在“神圣”价值领域中的自身价值因此在本质法则上是一个“人格价值”。

对于神圣人格价值而言的后继价值（既是指技术价值，也是指象征价值）是那些部分是在迷信中、部分是在圣礼中被给予的价值事物和崇敬形式。它们是真实的“象征价值”。而不是单纯的“价值象征”。

这些基本价值（Grundwerte）如何能够与人格和共同体的观念相联接，并且如何能够从自身中获取“纯粹人格类型”，如圣人、天才、英雄、引领精神、享受的艺术家，以及从属于此的技术职业（如教士等等），还有各种共同体的纯粹类型，如爱的共同体（和它的技术形式：教会）、法律共同体和文化共同体、生命共同体（和它们的技术形式：国家），最后是所谓“社会”的单纯形式，我们在这里无法对此做出进一步的阐释，而只是把握住最基本的东西。*

我认为，这些价值样式也同样处在一个先天的级序之中，它先行于隶属于这些样式的质性序列，而它之所以对具有这种状况的价值的善业有效，乃是因为它对善业的价值有效：高贵与粗俗的价值是一个比适意与不适意的价值更高的价值序列；精神的价值是一个比生命价值更高的价值序列；神圣的价值是一个比精神价值更高的价值序列。

但在这里无法对这些命题做进一步的论证。

第三篇　质料伦理学与成效伦理学 127

在我们首先所要研究的各个本质联系中，另一个本质联系在康德看来是这样一个定理：**只有一门形式伦理学才能将善与恶的价值移置到志向之中**；**而任何一门质料伦理学也都必然地必定是**“**成效伦理学**”，即这样一门伦理学，它使人格和意愿行为甚至所有其他的行为举止一般都依赖于它们的作用在实在世界中所具有的实践结果的经验。

毫无疑问，我们可以坚持一点：所有伦常行动的**成效**对于人格、行为、行动的伦常价值来说都完全是**无关紧要的**。因而，如果有人试图将“**志向**”（Gesinnung）概念作为一个单纯辅助概念引入，用它来仅仅标识一个对某种肯定的或否定的行动概念的“持恒的秉性（Disposition）”，因而也就将它的价值看做是单纯的**秉性价值**，那么所有这些尝试都会失足于伦常感受以及建基于它之上的伦常判断的单义明白性。使一个实践的行为举止的伦常重要性依赖于对那些由于实在状况及其因果联系而是或然结果的计算。这原则上是一个悖谬的做法。因此，如果“**志向**”真的具有一个伦常举止，它就必须作为一个**可指示的事实组成**而在一个意愿行为的构成方式中得到直接指明。**除此之外**是否还可能有**对于**一个志向**而言**的秉性，这是另外一个问题。

康德所理解的“**志向**”究竟是什么呢？康德首先合理地将“志向”区别于“意图”。他明确地说，原初的伦常善、恶的载体不是有别于成效的意图，而是“在其中设定了意图”的“志向”。因此，志向只是“**对一个意图的设定的形式**”。正是这一点才使得志向本身不可能还具有一个“质料”，而一个意图则无疑会具有“质料”。此外，由于在康德看来，意欲与追求的所有质料都**必然**建基在被意欲之物与我们的感性快乐状态的关系之中，而且这种快乐在其首次的被给予性中始终必然会自身展示为某个行动对世界所产生的（尚未被意图的）成效（Erfolg），或者说，某个通过世界而得以成就的（erfolgend）刺激的成效，以至于每一个对意欲“质料”的考察在他看来也必定已包含着这样的内涵：“**成效**”对于这个质料来说具有决定性的意义。

我对这些命题的批判首先从**志向**概念开始。康德完全合理地
128 强调，“志向”有别于单纯的“**意图**”（Absicht），更有别于一切“打算”（Vorsatz）。一个现象的实事组成在于：我们在相同的志向中能够在同一个实事面前保持固存（Verharren），而我们的意图则可能在同一个实事面前屈从于变换（Wechsel），正如另一方面在意图同一的情况下诸打算可能是非常不同的一样。因而志向肯定比意图要**更深**一个阶段。康德正确地看到，意图在其构成中就已经**依赖于**个体的偶然生活经验并因此而依赖于行动的成效，或者说，依赖于以往行动所设定的秉性（哪怕它们是我们祖先的秉性，在此情况下，秉性与“遗传资质”相一致）。相反，我们清楚地发现志向**现象**处在这样一些情况中，在这里根本还没有达到一个特定意图

构成，例如相对于一个人的意图构成。如果一个人走向我们，并且指望我们应当为他做些什么，那么我们最初所体验到的是一个追求行为，它指向与此人相关的或者是“正价值”的方向，或者是“负价值”的方向。而这完全不依赖于，我们是否构成这个意图，即以何种方式方法去做或不做那些指望我们做的事情。而后我们说，这是一个我们与他相反的“志向”的区别。在这个意义上的志向完全是一个可经验的事实；它其次是一个比单纯的追求“方式”与“形式”更多的事实，因为在它之中有一个朝向某些正价值的或负价值的方向已经清楚地被给予，而后唯有在这个方向的界限以内才能够进行真正的意图构成。因此，康德对善、恶的原初载体是“志向”而非意图的看法越是合理，他把他称作志向的东西先是当做不可经验的，其次当做单纯的意图设定“形式”的做法也就越是谬误。由于在他看来，可经验到的始终只是那些已经被设定的意图，而志向则只是“意图设定的形式”，所以志向也就永远无法真正被经验到。但康德丝毫没有意识到这一点。当然，我们并不是像那种秉性理论所认为的那样，从我们于各个生活瞬间中针对某人行为举止的类比经验里推断出我们针对他的志向；而是随着志向本身，我们也意识到它的不断持续和它在变换不定的生活经验方面的独立性。尽管如此，这个志向还是一个“经验”对象，即使是一种不同于那些归纳经验的经验对象。只是出于这个缘故，一个被意识到的由多数个体组成的共同体才会处在一个志向之中，并且一个志向在一个特定的人群中主宰才是可能的。倘若志向真的是不可经验的，同时又是伦常价值的载体，那么一个“被意识到的志向共同体”

129 的概念就是有矛盾的[①]。然而志向同样也不是一个单纯的意图设定的形式。倘若真是如此，那么志向所能保留的仅有谓项便是“合法则的”(gesetzmäßig)和“违法则的”(gesetzwidrig)。由于康德认为，与一个缺乏志向的、听凭无规则意图催逼之做法不同，志向的本质恰恰应当在于对这些意图的合法则的排序形式，因此，根本不可能存在一种“违法则的”志向，而“意欲善”根本也就等同于“志向善”。但康德根本没有意识到这一点。除了合法则与违法则的志向之外，毫无疑问也有善的和恶的志向，并且在这种志向之内还有一大批志向的质性，例如好意的、亲切的、有复仇欲的、猜疑的、信任的志向等等，尽管这些志向质性展示着真实的志向质性，它们也完全不依赖于在这些质性范围内可变更的意图，这些意图可以在偶然的经验(联想的领域和在包含在它之中的联结可能性)的基础上产生。合法则的志向与违法则的志向在这些质性中也只是特殊的一对。出于这个原因，一门首先在其志向根据中寻找伦常价值的伦理学就已经完全不等同于一门形式的伦理学。

如果在行为价值以内，伦常价值的最原初载体就是志向，那么意愿行为以及行动的其他阶段便获得一个伦常的价值。志向并不是伦常价值的唯一载体，而只是必定具有伦常价值的载体，因而意图、打算、决断和行动本身也应当具有这样一个价值。康德也说，志向虽然是伦常价值最原初的对象，但不是它们唯一的对象。尽管如此，他的理论带有这样的结果，所有位于志向起源点以外的其

① 这样的话，所有的共同体都将是在“协定”观念基础上才建造起来的共同体的外在形式了。

他东西，所有可以从并且通常也是从志向中得出的东西，都必定会堕入一种单纯自然机械论（包括心理机械论）；由此又可以得出，意愿行动的其他阶段根本不展示那些附加给志向的伦常价值的新载体。毫无疑问，志向的伦常价值对于行动的伦常价值来说是奠基性的。没有好的志向也就没有好的行动。但即使如此，行动（以及它们的特殊质性）对好志向的附加也规定着伦常价值的一个新载 130
体，它此前还没有包含在志向之中。

自然，对这个命题的承认是与对志向的质料分殊（materiale Spezifikation）之承认联结在一起的，这种质料的分殊并不以任何方式从行动成效对人格的回返作用中才获得，而是不依赖于人格的。因为，如果有人认为，志向只是对合法则性与违法则性的意识，那么就很明显：任意一个意图质料，尤其是任意一个打算和行动，都既可以发自好志向，也可以发自坏志向。志向于是便不能以任何方式确定这些直至行动的各个阶段的内容；由于与作为善、恶价值原初载体的志向缺乏联系，行动本身便不再能够是这些价值的载体。行动发生便像是一个处在所有意愿影响领域之彼岸的自然过程，它只是简单地附加给志向，并且在伦常上也无异于那种自然过程。这样一来，我们当然也就完全不可能根据一个人的行动，甚至不能根据他的意图去评判一个人。而后，每个意图和每个行动也就原则上有可能发自“好志向”和“坏志向”。据此，即使是那些被我们称作向我们“毕生证明了爱”的人、称作我们“最好朋友”的人，也可能具有与我们所以为的完全相反的志向；而那些毕生是由持续不断的坏行动所组成的最根深蒂固的罪犯，在这种情况下也可以是一个有“好志向”的人。在这里的情况也就像在加尔文那

里一样，按照他的学说，在行动中“被选择”与“被摒弃”之间并不存在一个可给定的区别。但是，如果“唯有神才看到人的心中”这句老话可以针对所有匆忙判决而具有其教育方面的合理性，那么，将伦常价值的载体一直移置到一个它原则上必定始终是不可见和不可认的位置上，这种做法——这是康德的各个规定的结果——也许只是在语词上不同于所有实践伦理的怀疑主义而已。

但实际情况却恰恰不是如此。志向，即对各个更高的（或更低的）价值及其质料的意愿指向性，在自身中包含着一个不依赖于成效，甚至不依赖于意愿行为所有其他阶段的价值质料。如果它而后也不单义地规定意图、打算和行动，那么，那些能够成为它们质料的东西，就已经依赖于志向的价值质料了，以至于这种价值质料
131 的特殊性对于那些在一个特定情况中能够成为意图、打算和行动的东西来说也是规定性的。因而志向所获得的含义就在于，它展示着一个对可能的意图、打算和行动之构成而言的质料先天的活动空间，这个空间一直达及直接支配行动的活动意向；志向可以说是带着它的价值质性而穿越了所有这些直至成效（Erfolg）的行动阶段。正因为如此，志向也可以在行动中真正地得到显现，在它之中直观地被给予，而同时却不必须随之而结束。“志向”自身所具有的特殊之处在于，在追求（Streben）质性的变换面前，以及在对被追求者之现实的追求意向中所含有的区别面前，志向保存着持恒（Konstanz）。因此，它的质料不仅是在意图、打算和行动中，而且也已在愿望及其各种表达中显现出来；它也浸透了追求的想象生活，直至梦幻和梦想，而且它也能够外部地显现出来，甚至在意欲和行动能力消失的情况中，例如在所有类型的意志缺乏症和无

运用能症中，在**表达现象**中、在微笑、手势等等中显现出来。表达现象常常更清楚地见证着志向方向，因为我们在一些据说是隐蔽着言谈、行动等等的表达现象上还会辨认出志向。“志向”也已经在那个如此重要的意图**构成**的过程中起作用了，这个过程被称作“**伦常思考**”，它就在于，对可能的意图及其价值进行一种内感受的透彻审核和透彻检验。单纯想象愿望的内容以及实际意图和打算的内容（也是根据伦理价值）能够指明这样一些最大的差异：例如同一个人在他的想象生活中是一个罪犯，在他现实生活中则展示着最严格的适当性。尽管如此，仔细察看也可以发现，在这种情况中，意图还依赖于这个**共同**控制着追求生活的这两个部分的“志向”。作为“志向”的**符号**，**愿望**也已屈从于伦常评判；相反，即使意欲和行动也可以作为这样一种志向的“符号”起作用，但它们仍然也展示着伦常价值的**独立**载体。

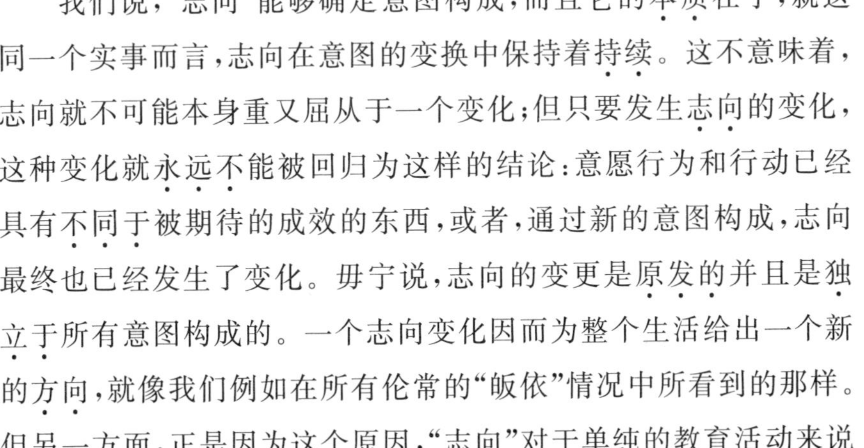

我们说，“志向”能够确定意图构成，而且它的**本质**在于，就这同一个实事而言，志向在意图的变换中保持着**持续**。这不意味着，志向就不可能本身重又屈从于一个变化；但只要发生**志向**的变化，这种变化就**永远不**能被回归为这样的结论：意愿行为和行动已经具有**不同于**被期待的成效的东西，或者，通过新的意图构成，志向 132
最终也已经发生了变化。毋宁说，志向的变更是**原发的**并且是**独立于**所有意图构成的。一个志向变化因而为整个生活给出一个新的**方向**，就像我们例如在所有伦常的“皈依”情况中所看到的那样。但另一方面，正是因为这个原因，“志向”对于单纯的教育活动来说是**不可及的**。因为能够成为一种“**教育**”对象的东西，只是那些通过一种另类行动而在其更遥远的意愿萌动之构成中表明自身是**不**

独立的东西，这种另类行动可以仅仅通过单纯的教育措施而为我们所达及。与此相反，正如康德所合理强调的那样，本质上是不可能通过教育来影响或改变“志向”的；通过那些以此为错误目的的各种措施所能达及的，只能是对真实志向的隐藏，即志向的虚假性(Gesinnungsverlogenheit)。因此，如果赫尔巴特把康德的志向概念解释为：用意欲和行动的持续秉性来取代志向，而意欲和行动当然也是能够通过教育来产生的，那么这就是对康德用志向概念来意指的那个“现象”的完全误识。如果“志向”的本质在于持续(即相对于变换的意图和打算)，那么这当然并不是指一种特定的时间持续；一个“志向”也只可能只持续一个瞬间[①]。另一方面，即使一个行动不断地持续，甚至即使在某个正价值方向中的一个意图构成不断地持续了整整一生，这也丝毫不能保证，这个行动和这个意图恰恰就不会被用来隐藏“真实的志向”。一切法利赛式的正确性的本质恰恰就在于，这样一些事情会发生。正如整个联想心理学一样，对它的特殊运用在这里导致了对“志向”事实的那种完全误识，赫尔巴特的观点也就产生于这样一个实用主义的(这里是教育—实用主义的)预设：精神与灵魂必定具有这样的性质，以至于它们是可以通过一个教育者而无限制地被控制和被管理的。现在，尽管人们可以根据这个原则来析出灵魂生活的各个可控制的因素，并检验它们彼此间的依赖性，以便根据一个这样的图像来向教育者、政府官员等等指明一条道路，一条如何行走的道路。但把这个“图像”等同于实际的精神事实，却是非常错误的，甚至是非常

① 因此，不言而喻，“志向”与“人的天生伦常基本性格”(叔本华)没有丝毫关系。

可笑的。倘若志向仅仅是个别行动的落实(Niederschlag),那么自然就有可能通过教育来影响志向,甚至随着时间来“制作”志 133
向——以某种事先所期望的形式。但由于志向更多是一种**管理着**行动的东西,而且甚至是管理着那些被用来隐藏志向的行动,因此这样一种做法是悖谬的;而且,在这里起效用的,正是为康德所确切强调的东西:“嫁接在坏志向上的好意图”所表明的“全是假象”。

由于志向不是秉性,而是一个**现时的**、**直观的**被给予性,所以志向也根本不同于我们通常称作一个人的“**性格**”的东西。因为性格常常被理解为是一个在他之中对他个别行动而言所存在的持恒原因,而他的这些行动首先是从外部而来迎向我们的。“性格”在这里始终只是对某些东西的单纯假定,这些东西**从未**自身被给予我们,而仅仅是通过归纳才**被设定为**处在这种状况中,即:那些在经验中被给予的行动是可以由此而得到说明的。例如,如果现在一个人在一个方向中行动,而这个方向与我们对他性格状况**至此为止的设定**相违背,那么**另**一个图像便会取代我们对他性格的至此为止的图像。志向的情况则全然不同。它并不是从现有的行动中推断出来的,而是在这些行动之中(但也在这个人的表达显现之丰富性中)**被直观到的**;而正如人们常常合理地强调的那样,经常是我们在认识了这个人的大量行动之后,一件小事突然向我们指明了他的**真实**志向。甚至那种自动的表达显现(Ausdruckserscheinung)在这里也常常是一个比随意的话语要好得多的材料,行动与表达显现经常与这种随意话语处在鲜明的矛盾中。但另一方面,我们常常在以为知道一个人的志向时就不再像在上述情况中那样前行——在那些情况中,我们在认识新行动的过程中改变我

们对他志向的**图像**（正如在“性格”的情况中），恰恰相反，我们会说：我们必定是没有完全理解这些行动，因为它们一旦如此被理解就与我们所熟悉的志向相矛盾，有必要对它们**进行更仔细的分析**；即是说，我们在这里根据**我们所熟悉的此人的志向**来纠正我们对此行动的看法，因而志向所展示的是一个**独立于**行动本身序列的，并且**不是从此序列中归纳出来**的**直观**事实，这个直观的明见性所展示的不是归纳的确然性，而是真实的**明察**。

出于这些原因，即便出现了相对于正常意图、打算和决定的构
134 成而言的偏差，行动、决断与意图不得不导向对志向的一个完全**相反**的推断，志向仍然还是可以为认识所及的。例如，如果因为一个欲求变态（Begehrungsperversion）而使意图构成也受到这个变态的牵连，那么一个人，即使他的志向是亲切的，仍然会有意图给别人带去伤痛而非福康（随即也就出现这样的情况：这个人也想给自己带来伤痛）。即使当一个正常的意图构成和打算构成完全被取消时，就像在许多严重的器官性大脑疾病情况中那样，有时也可以说是存在着一个缺口，尽管所有那些从一个志向导向一个行动的道路受到了破坏和阻碍，我们仍然可以通过这个缺口而看到这个人的**志向**之善或恶等等。因为志向也展示着那些**不**能被单纯的、无论有多么严重的心理**疾病**所扰乱（perturbiert）、破坏或改变的东西，无论这些扰乱在由志向引致行动的所有阶段上伸展得有多么深。这里所考察的事实在于，在病人的伦常性格与他们所患的疾病类型之间存在着极大的独立性，对这些事实的更仔细分析将会表明，在这里必定还存在一个要素，它作为**伦常意愿价值的最终载体是可以不受疾病影响的**。

我认为，与表达现象一样，行动也是一个事实存在，我们可以在它上面直观到志向本身。就此而论，行动本身只是对志向而言的一个象征价值。但这并不排除这样的可能，即行动作为行动也具有一个本己价值。我先用以下事例来加以澄清。例如，以我们所反对的形式出现的那种志向伦理学认为：如果有人落水，并且有一个瘫痪者看到了这个过程，那么，只要他仅仅具有救助这个将要溺死者的意愿，故而在这里被给予的伦常事实存在就完全与下列情况中的相同，即一个不瘫痪的人同样想救助这个濒临溺死者，并且的确也把他救了出来。现在确然无疑的是，在这两个情况中宣示出来的志向可以是同一个，而且具有相同的伦常价值。但是，如果人们主张，在那个“瘫痪者”的情况中含有相同的意愿行为连同相同的伦常价值，那么这就已经说得过多了；因为情况之所以不是如此，理由是很简单的：在瘫痪者的情况中根本不能够达到“行动意欲”的事实。即便瘫痪者具有一个如此强烈的“愿望”，以至于它 135
能够进行救助的行动；但他仍然不能够“意欲”这个行动。因而就他与行动意欲及其价值的关系而言，他面对这个过程，处在与一个在此过程中不在场者（Abwesender）相同的位置上，后者与他一样，抱有同一个“志向”，并承认同一个事实存在：应当救助这个将要溺死者。因此，以为在这两个情况中有相同的伦常事实存在，这是不正确的。当然，在这里并没有对瘫痪者进行丝毫的伦常指责；然而关涉行动者的一部分伦常赞誉是不可能涉及这个瘫痪者的。一种反对上述说法的观点认为，唯有在志向中才可以看到一个伦常价值的载体，这种观点必定会回溯到“无能者”的怨恨（Ressentiment der Nichtkönnenden）之上。这个志向伦理学的流派也没

有关注到存在着志向欺罔(Gesinnungs*täuschungen*)这个事实。例如在一个人面前，我们自己可以长期将某种东西当做我们在他面前所持有的志向，而当我们面临一个应当将此志向付诸行动的境况时，这种东西便立即荡然无存。在这种情况中我们是处在关于自己志向的欺罔之中。因为，在志向存在方面的明见性并不依赖于受它规定的意愿行动，这个定理是有效的，与此相同，另一方面同样有效的是这个定理：与一个志向的单纯欺罔掩饰不同，一个真正的志向也必然地(尽管不是单义地)规定着一个与志向相符合的意愿行动。由于这个关系是一个本质关系，所以人们可以并且必须合理地说，志向只有在行动中才“证实”自身。志向在行动中的“证实”是一种完全特有的范畴，它建立在上述联系的基础上。就像“证实”不能以某种方式替代在行动前便存在的志向明见性一样(例如这是实用主义的错误看法)，它同样也不具有这个意义，即(当价值作为行动的单纯自身价值而存在时)必然地暗示志向；但也许当它缺失，而一个被误认为与它相符的志向现存时，这种“证实”便获得这样的意义：揭示出这个志向的虚假性，或者说，揭示出被误认的志向明见性的实际不存在。因而“证实”不能被理解为一种通过成效来进行的补加的合理论证，而且，即使是在证实思想发挥着最为重要作用的地方(正如在加尔文主义那里)，我们也不能这样来理解它。但另一方面，“证实”的含义并不等同于：行动仅仅是对志向本性而言的一个认识根据——就好像它预设了一个判断
136 和推理。毋宁说，“证实”完全是处在志向与行动之间的一个事实存在；这意味着，行动本身就被体验为在一个特殊的和实践的充实体验中证实着志向的(gesinnungsbewährend)。因此，“证实”在我

们自己面前所起的作用，并不比它相对于其他人所起的作用更小。唯有在证实中，一个明见的志向才会对我们来说是内心确然的。同样，另一方面，对我们志向中的那些东西的未证实(Nichtbewährung)，亦即对它们的放弃，则规定着一个直接实践的争执意识，它向我们自己指明，我们的志向是臆想。

我再回到瘫痪者的例子上。我曾说，瘫痪者不能够意欲对那个人的救助，因为他没有能力去意欲这种救助。他也许可以“准备”(bereits sein)去意欲它，他却不能现实地意欲它。在一个特定的事例中，情况则相反，这个事例就在于，他在这件事上首先体验到他的瘫痪。而后他还将那种特殊的反抗体验，即那些针对他的运动意向以及与之相邻而分层次的各种运动冲动的反抗体验，体验为实际的“不可能”(Unmöglich)。在这个情况中包含着一个行动企图，它事实上与现实的行动是等值的(至少是在涉及伦常评判时)。

但是，如果这种错误的志向伦理学认为，意欲的目标内容仅仅在于：在行动中使志向得到指明，而不是认为，行动直接就朝向一个特定价值的实现，并且行动只从志向中流出并受志向的内心制约，那么这种志向伦理学就完全颠倒了真理。但在我们看来，康德带着他的下列命题似乎已经达到了这个极限：真实的善是这样一种善，例如在救助时，只想到去履行他的义务，但不是如此地履行义务，“就好像他人的福康真的与他有某种关系似的”。在这个命题中，这种错误的志向伦理学几乎已经上升到了荒谬的地步。正如西格瓦特已经强调的那样，对某个其现实“与我们无关”的东西的意欲(Wollen)是一种意愿(Wille)，“它并不意愿它所意欲的东西”[①]。因而为康德所要求的那种行为举止是根本不可能的。然而除此之外，这个命题还以这样一个错误的意见为基础：“在”他人痛苦的“时候”（“gelegentlich”）通过帮助的行动来将一个伦常志向（无论它是我们的还是别人的）“展现出来”，如果这种做法可以成为意欲的内容，那么它也就可以被视之为伦常的。但这是一种实际的法利赛主义，它把那种对一个善的意欲图像（例如在如此进行意欲的愿望中）的单纯实现或对“这是善的”意欲的判断及其实现，变成了意欲的内容[②]。

137 如果我们现在更仔细地分析这些包含在一个行动的统一之中的阶段，以及这样一些因果因素，它们还能够规定在特殊情况中处在这些阶段上的东西的变更。

在行动方面我们必须区分 1. 处境的当下与行动的对象；2. 通过它们所要实现的内容；3. 对这个内容的意欲和它的阶段：从志向穿过意图、思索、打算一直导向决断；4. 指向身体的动作（Tätigkeiten）组，它们导致肢体的运动（“意欲做”）；5. 与它们相联结的感觉和感受状态；6. 被体验到的内容本身的实现（“施行”）；7. 由被实现的内容所设定的感受状态。最后的这个因素完全还从属于行动。但那些根据对内容的实现之假设，例如通过推论才能够确定的行动的因果结果（无论它们是在行动本身之前还是之后），则不

① 参见 Chr. 西格瓦特，《伦理学的前问题》。（“它并不意愿它所意欲的东西”一句的德文原文是：“der das nicht will，was er will”，这句话利用了德文“Wollen”一词中“意欲”与“意愿”的双重意义。——译注）

② 同样的情况还表现在，例如我们说：如此地行动，以至于我们能够判断，“我是善的”，或者如此地行动，以至于你自己能够尊重自己。

再从属于行动。因而必须鲜明地区分行动与行动的因果结果。后者并不是在行动中被体验到，在行动中被体验到的只是对行动的实现[①]。倘若把行动本身或它的最后组成部分看做单纯的意欲之“因果结果”，那么这就从一开始就误入了一门错误的志向伦理学的歧途；因为，行动连同它的最后部分（被体验到的施行）还是伦常价值的载体，而对因果结果来说，这不言而喻是永远不可能的。倘若行动本身已经是一个单纯的“意欲的因果结果”，那么它就根本不可能是伦常价值的载体。相反，“施行”则是行动的一个“部分”并且属于行动的统一。若是以为这种区别例如只是“相对的”或“随意的”，那么这也是一个谬误。因为，被体验为属于我的行动的东西，以及自身现象地展示为单纯行动结果的东西，永远不可能是“相对的”。这与在行动方面客观的因果联系究竟在多大程度上受到考察的问题无关。意欲的内容，即我意欲它应当是现实的那个东西，有可能展示着我在行动中所实现的那个东西的一个非常遥远的因果结果——例如一个我先前“算计到的”一个因果结果。而后，这个结果的出现就绝不是属于我的行动的，而且也不是“行动成效”，而是“我的推想与算计的成效”。因而这个“内容”也从一开始就不是作为“意欲做”的内容而被给予的，而是作为这个“做的结
果”，它根本没有隐藏在行动的现象内涵中。但充实（或未充实，或 138
者说，争执）并不是在与我意欲为现实的东西的内涵之关系中的施行，而是在与意欲做（如果我将自己体验为正做着我意欲做的事

① 与此相反，在“成效”中已经包含着作为施行之“充实”（“Erfüllung” der Ausführung）的客观发生（Geschehen）本身；而反过来，这个作为“充实”的特征又缺少单纯的行动之因果结果。

情)的关系中的施行。例如,这个区别鲜明地表现在于偏差行动(Fehlhandlungen)与差错(Fehler)或谬误(Irrtümer)之间所存在的差异上,后者是指我在进行算计时在我所干预的因果关系方面或在我此时使用的工具与手段方面所犯的缺点或谬误。“错误行动”的本质在于:我并不将我所意欲作的东西体验为现实地为我已做的,然而这个本质并不在于:我用我的做没有达到我所意欲的东西;例如我们可以想一下,“弄错”(Vergreifen)并不等同于:我所认定的对象是另一个对象。

但我们在这里要考察的第一个基本问题是:这种意愿内容与那些做(Tun)的施行内容的关系如何?而且意愿内容与我们行动所涉及的对象、即与我们有别于单纯理论经验对象而想称作“实践对象”的关系如何?

在第一个问题上,康德的命题用我们的语言来表达就意味着:

1. 每一个意愿内容——只要它是内容并且不是单纯的意欲形式——始终都奠基于成效的内容上,并且每一个意愿内容都“产生于”成效内容之中。正因为此,一门质料伦理学必定也是成效伦理学。

2. 那些能够由成效内容再次成为意愿内容的东西,始终是与成效内容的那些通过对行动者的反作用而引发快乐状态的部分相同的。

在对第一个命题的设定中,康德遵循那种——无论人们怎样称呼它——“经验的”意欲学说①,根据这种学说,首先是纯粹反射

① 康德并没有走得如此远,以至于想把追求本身融解在表象、感受和感觉之中。

运动的状态结果（例如婴儿的快乐，它乃是通过婴儿在母亲乳房上的反射性吸吮运动以及由此而流入嘴和胃中的奶汁所引发的）才触发了这些运动的一个意欲（例如吸吮的运动）；而这个事实存在据说又只有通过对运动**图像**（它们在一些特别“运动感觉”与“器官感觉”中被给予，这些感觉随运动一起被设定并且通过运动而被触发）的再造才重又是可能。因为只有在这种意愿理论的前提下，康德对“每一门质料伦理学都必然是**成效**伦理学”这个命题的推导才获得其意义和依据。

但这个前提恰恰已经被我们所驳回。 139

因为，意愿内容既不是以这里所误认的方式——即作为对这样一种东西的“表象”，这种东西规定着一个引发快乐的作用或（在起初的反射性运动的过程中）规定着这种反作用——“产生出来”，“意欲做”也不仅只是对这个被再造的“运动图像”之再造，或对从诸多此类图像结果中所产生出的一个关于其序列的“常规意识”之再造。

在**意欲**现象一般之中所包含的首先无非就是：意欲（Wollen）是一个追求，一个**内容**在这个追求中作为**需要实现的内容**而被给予。意欲在这点上有别于所有单纯的“奋起追求”（Aufstreben），但也有别于所有“愿望”（Wünsche），后者——就其意向而言——是一个并**不**瞄向一个内容本身之实现的追求。[①] 在这个意义上，

但可以探问的是：他是否看到了，追求并**不**奠基在一个表象之中；毋宁说，一个内容以同样原初的方式既可以作为被追求的，也可以作为被表象的而被给予。无论如何，在**他看**来，内容本身是通过运动成效及其对感性快乐状态的反作用才是可能的。

① 当然也还有这里始终没有考察到的许多其他现象。

一个儿童也可以“意欲”：那里的那个星星会掉到他的怀里，而且他是完全认真和现实地在“意欲”。“意欲做”起初只是这种意欲的一个特殊情况；它恰恰就是一个做的意欲。自然，它同时也是一个非常早期的经验之结果，即：对一个内容的意欲若是不转变为做的意欲，那么它原则上不具有任何成效。因为，即使时而会有偶然发生，以至于一个如此“被意欲之物”成为了现实，但每一个较为后发的经验都表明，这并不是通过意欲而发生的；即是说，情况表明，只要没有出现一个意欲做，那么实在就始终不会去附和这个被意欲之物。这种经验无论是在儿童身上还是在人类的发展中都增长得极为缓慢。被意欲之物与内容之实现的同时发生即使在今天也使人类的很大一部分人坚信：单纯的意愿就可以制造雷雨和阳光，它（例如“诅咒”）可以伤人或杀人。纵然是最开明的人，如果他有时偶然“意欲”恶，例如“意欲”一个人的死，那么他也会觉得这“像是犯罪”。只有在这个经验——它通过“意欲”（不是它的一般实现）而将一个意愿内容的仅只可能的因果实现与一个先行的意欲做联结起来——已经进行之后，所有那些其内容处在被体验的“意欲做”的领域之外的追求才会获得那种“愿望性格”（*Wunsch*charakter）。然而所有中心追求（愿望也是这样的追求；不存在与“把我渴坏了”和“把我饿坏了”等等相类似的“它在我之中愿望”＜es wünscht in mir＞）都“首先”是对内容的意欲；只有在将那个也只是可能有成效的意欲与意欲做经验地联结在一起之后，并且是在经验了能够做（Tunkönnen）的领域为“意欲”的一个部分所造成的阻碍之后，这个部分才成为“单纯的”愿望。与此相反，倘若人们试
140 图反过来从“愿望”的事实出发来理解“意欲”的事实存在，并且说：

意欲其一只是对某物存在的愿望,其二是与此相联接的对某物通过我而存在的愿望,那么这种理解就必须被标识为与事实不符的。[①] 或者理解为,意欲只是这个"愿望Ⅰ"加上"做此事"的愿望;甚至理解为,意欲就是那种有某个实现着此内容的身体运动与之(起先是"偶然地"和"反射地")相伴的愿望;这些理解都必须被标识为与事实不符。即使是对某物"通过我"而发生的"愿望"也始终是一个"愿望"而非"意欲"。不是"愿望",而是"意欲",才是(就行为而言)原初的、中心的、追求着的行为体验。成为愿望对象的是一个更原初的、在"能够做"(就其内容领域)上失败了的意愿对象。只有这种对原初作为意欲对象而被给予之物的"回置"(Zurückstellung)才使它成为"愿望对象"。这种情况也会由我们所熟悉的那种欺罔所引发,在这些欺罔中,对一个内容的坚持不懈的意欲尽管在能够做领域中的失败也仍然导致对其实现的现象(以及建基于此的对其实现的"信念")。在所有想象的、臆想的、梦幻的或幻觉的意愿充实(或者客观地说:愿望充实)情况中便是如此。例如在所谓"赦免幻想症"的情况中也是如此:罪犯(通常是"终身囚禁"的罪犯)在没有实际赦免的情况下陈述这样一个坚定的信念:他被赦免了,并且指控监狱官员:他们仍然将他继续囚禁。这类现象表明,如果不把一个原初的意欲还原为"愿望",那么,即使已体验到意欲在可能做领域中的失败,就是说,即使将这个内容作为"被意欲之物"加以坚持,被意欲之物的实在(以一个"假象"的形式)必定仍然会出现,至少是作为现象出现。因为,意欲也设定了被意欲之物的现实——只要没有对此提出(有效的)异议,这种

① 参阅:利普斯,《论感受、意欲与思维》。

关系也必定由于异议被听而不闻而始终存在于这个情况中。

相反，如果以通常的方式，那种对原初作为被意欲的被给予之物的“回置”是通过能够做领域的异议而完成的，那么这个经验便会带来这样的结果：后发的意欲行为中止了，而这个继续作为“被意欲的”被给予之物，即这个由于没有经验到这个异议而继续是意愿内容的东西，却并没有停止受到原初意欲的一同规定，或更恰当
141 地说，受到这个与它的“志向”相符的质料价值的一同规定。就是说，所有那些被“不能够做”（Nichttunkönnen）或做之“无力”（Ohnmacht des Tuns）的体验所反对的东西，都（首先是在此处）日益增多地被排除在原初意愿内容之外。（以后还会再谈及这个现象。*）因此，甚至连在“能够做”之中被给予的内容之范围（遑论“做之成效”）都没有对原初意愿内涵“进行限制”或者甚而对意欲内涵进行肯定的“规定”。毋宁说，能够做只是有选择地作用于原初被给予的意愿内容；它使得许多原初被意欲之物以后不再继续“被意欲”——并且使得对它们的实现“被放弃”。无论是个体的，还是共同体的典型意愿发展都遵循着这个法则。任何心灵的成熟所表明的原发现象都是一种持续地将意欲限制在“可做之事”（Tunliches）领域上的做法。儿童和少年的好高骛远的计划、想入非非的“梦想”（但在那个时代却并不是“作为”梦想而被给予的），成年人会弃之不顾；将意愿狂热取而代之的是对“妥协”的持续提升。这同一种现象也表现在每一个政治派别或宗教派别或社群派别的历史中。而人类的整个历史在每一个实践层面上都表明：原初的意愿目标是如何逐渐地在一个像“门槛”般起作用的“可做之事”领域上得到相互区分，而目标内容是如何变得越来越谦逊。人

越是原始，他就越是相信，一切都可以通过他的单纯意欲来达及，从对天气的控制直至制造黄金以及所有形式的“魔法”。只是逐渐逐渐地才从原初的意愿目标中分离出“可做的”意愿目标，并在可做之事的领域中通过这个或那个做的形式而分离出可实现的意愿目标。在这里，不断增长的“经验”成就也就始终在于，如成语所说，经验使人“聪明”，但并不使人“意欲”或并不使人“意欲这个或那个”。经验并不是以发明的和创造的方式，而首先是以否定的和选择的方式对那个在某些价值质性的质料中已经确定的原初意愿内容的活动空间起作用。经验主要是一所教人聪明地“放弃”(Resignation)原初意愿目标的学校，而不是一个创造这些意愿目标的积极源泉。

然而在这里须要坚持两点。首先要明察到这个事实：即使是在一个原初意愿内容表明自己是可做的并且通过一个做(Tun)和行动(Handlung)而被实现的地方(正如在当前的正常意愿生活中)，意欲的原发意向也始终是指向一个实事状况或一个“价值状况”的实现，其次才会有一个“意欲做”的意向(及其局部功能)与这个实现相联结。如果我意欲将这盏灯从那张桌子移至这张桌子，那么原发的被意欲者是这个实事状况，即“要是那盏灯在这里就好了”，而不是“拿过来”的活动，甚至也不是这里所需的运动意向和 142
运动冲动(或对侍者的命令：将它拿过来；在他的遵行中被实现的也是我的意愿，而非这个侍者的意愿)。当我把帽子从衣架上取下并戴上时，我并不“意欲”做任何“运动”，而是我意欲“帽子戴在头上”。一个“运动”当然也可以是一个被意欲的实事状况，例如在学习体操时等等。但即便在做同一个运动时，这个情况也完全不同

于第二个情况。如果有人打死另一个人，那么他意欲的是“打死他”，而不是意欲举起他的手臂并以一定的方式“运动”握在手里的斧子。这里存在着完全不同的情况：首先是意欲原发地指向一个实事状况，而后是意欲做（作为一个特殊的意欲种类）直截了当地与之相接序，或者是做（Tun）本身成为意欲的原发实事状况。所以，一个通常的纵火者，例如一个嫉妒的农夫，便意欲他邻居的富有漂亮的农庄“不复存在”，他意欲这种价值毁灭；但一个病态的纵火者或许从一开始就只是意欲“纵火”本身。所以，一个通常的窃贼意欲将他人的财产据为己有，而在此之上次生地建立起“意欲偷”，并且在此之上再建立起对偷窃的意欲做；与此相反，盗窃狂则意欲“偷”。所以，存在着这样一类商人，他意欲“富有”，并因此而经商和赚钱；但也有一类真正“资本主义的”商人，他意欲“经商”和赚钱，并只是在此过程中“变得”富有。（当然还有一类罕见的商人，他意欲“享受”并因此而意欲富有，按照康德的理论，这便是唯一可能的商人。）被意欲的实事状况和意欲做在所有这些情况中都是不同的，即使是当实事状况本身的内涵就是一个做时，例如偷窃、赚钱、自我奉献（在有奉献癖好的人那里）等等，它们仍然是不同的；因为在这里“意欲做”也明显不同于对“这样一个做”的意欲。同样明显的是，对实事状况之意欲与意欲做本身之间的关系完全不展示一种“手段”和“目的”的关系；这样一种关系始终只能存在于各个被意欲的实事状况之间，但永远不能存在于对内容的意欲和意欲做之间。意欲做和对实事状况的意欲或许是相互奠基的（即意欲做奠基于对实事状况的意欲之上），但却是以直观的方式，而不是以思考的方式。

因此，对实事状况的意欲（即使在一个意欲做发生时）完全就是原发的意欲内容。而我们在最严格意义上所说的“行动”，是在做之中对这个实事状况之实现的体验；即是说，是这个特殊的体验统一，它作为一个现象的统一伫立于此，既完全不依赖于所有与之相属的客观因果过程，也完全不依赖于行动的各种结果。

但其次，前面曾说到过，能够做（Tunkönnen）的经验在时间与发生方面较早的意愿内容上（诸如“少年的好高骛远的计划”）只是取消和毁灭了内容，这个说法不应当被误解为：所有较后的意愿内容都已经“包含在”发生较早的内容之中了。我们在这里所要表达的只是一个行为的原初法则和一个内容的奠基法则，在一个个体的实在发生的意愿发展的所有时期，这个法则都以同样的程度得到充实。不言而喻，在较为成熟的发展时期还会有不断更新的意欲内容产生出来，这些内容并不曾包含在旧的时期之中。原初意欲的源泉也在持续不断地流动着。意愿志向与“天生的性格”根本无关（正如叔本华所说）[①]。而另一方面，能够做的体验也始终不断地对意愿目标的质料产生选择性的影响。因此，我要说的仅仅是：那些能够为意愿的志向、它的（原则上可变的，但不依赖于能够做的经验、更不依赖于成效经验而可变的）原初价值方向以及它的质料价值方向提供充实的可能意愿目标，只能通过这种经验（按其本质）被选择，但永远不能肯定地被确定[②]；据此，那些在内容上一

143

① 意愿志向在一个个体的生活中完全是可以变化的；只以原初的方式可以变化。

② 如果这个意愿内容的原初法则有效，那么很容易理解，一个在上述方向中的发展“趋向”，即朝向对原初意愿内容（就是说，不仅是价值状况，而且也在特定实事状况的这些价值状况基础上）的回置，也必定是结果。

同规定着意欲（它后来“被回置”为单纯的愿望）之较早内涵的价值质料，对于这个在做（Tun）中表明自己是可实现的意欲内涵来说也始终是规定性的。在这里也可以看到，“意愿志向”是如何在独立于意愿生活的所有经验发生的情况下统贯支配着这两个领域：各自的愿望领域和本真的意愿领域；前面已经指出过这一点。

然而，随着能够做，作为“纯粹意欲”（这不依赖于任何可做的或不可做的东西）内容的意愿内容之选择的第一阶段才被给予了。其他的选择因素还会加进来。

但在我转向这些其他的选择因素之前还要强调一点：只要“意愿内容”是图像的意图内容，那么，那些对意愿内容来说是规定性
144 的东西，那些将意愿内容从先天“可能之物”的领域中、即从与志向的价值质料相符的图像内容的领域中挑选出来的东西，就不是实际的做，更不是它的行动成效（如康德所以为的那样），而首先只是对“能够做”或“不能够做”（即“意愿力”＜Willensmacht＞和“意愿无力”＜Willensohnmacht＞）的体验。以后还会就这个现象本身进行更为详细的说明。这里只需强调：它在任何意义上都不是一个实际做的单纯结果显现；例如对于一个实际做的再次出现而言“被引发的秉性”，正如那种“能够”做我们已曾做过的事情的意识。毋宁说，在某些内容面前，我们具有一种并不通过这类再造来中介的能够做的意识，在这种意识中，能够（Können）“本身”作为特殊种类的追求意识（不是作为关于我们能够做某事的知识的对象）而现象地被给予。它的此在与非此在——或者说，此在的对立面，“无力”（同样是一个对不能够的肯定体验）——对于意欲做本身而

言还是决定性的[1]。但其次，这种体验是一个极为简单的事实存在，它完全不是由部分行为（例如运动行为，一个做便可以分解为这样的几个运动行为）的进行意识所拼凑成的[2]。正如生活感受以不依赖感性感受之总和的方式遵循着它自己的变更法则（连同它的“力度”和“清新”、“健康”与“疾病”、“上升”与“下降”的变异），并且永远不意味着感性感受的总和，但它却一同规定着这些感受及其特殊质性的出现[3]，能够做也首先是一个统一的和按本己法则变更着的活的个体之体验，个体在这里是作为一个整体，它完全独立于所有那些与肢体在实施行动时所做的实际运动相联结的感觉状态和感受状态的再造。谁具有较强和较多的能够做的意识，他就从开始便体验到完全不同的这类状态。他另有所做，乃是因为他对自己另有“指望”（zumuten）。故而这种“能够”也不能通过 145
任何“训练”（Übung）与“习熟”（Gewöhnung）来加以提升和削弱，而是按其本性已经规定着对某些活动而言的训练能力和习熟能力。

---

[1] “能够做”也是一个价值的独立载体和价值意识（与“自身意识”）诸形式的对象，它完全不依赖于（对同一内容的）实际做的价值；而它的价值是一个比做（以及它的某种“秉性”）的价值更高的价值。对此可以参见这部著述的第二部分、第四篇在“能够与应当”标题下（康德的自由学说）所做的阐述。

[2] 在这里存在着一种“能够做”，它并不延展到力量上，而是延展到做的价值上；例如当我们说“这个人能（fähig）做这种事（例如坏事）”的时候便是如此。此外，我们也在不依赖于我们的现实行动的情况下就知道，我们自己（在好事与坏事中）“能”做什么。“德行”（Tugend）只有在其价值内涵也过渡到这种“能够做”（在后一种形式的意义上）的意识之中的情况下才成为一种志向。德行是一种特定类型的准备做（tatbereite）和能够做的（tatfähige）志向。

[3] 参见这部著述的第二部分、第五篇“质料的价值伦理学与幸福主义”、第8章。

但是，从意欲做导向行动的（这里不做更为详细的分析，只是给出主要环节）乃是两个体验，它们构成了一个向客观运动之发生的严格连续过渡，从外部看，行动便存在于这些客观的运动之中。

一系列流行的心理学流派所犯的一个基本谬误就在于，它们将行动的统一化解为"现象"，它们否认这样一些现象的连续性，并且如此地展示它们，就好像行动可以分解为一个"内心的意愿行为"和一个与此只是在时间上相衔接的客观肢体运动，而这种运动只是通过它们的各种作用（或相伴的现象）、通过一连串的触摸感觉、关节感觉或位置感觉等等，而将自己泄露给意识；或者说，就好像有一个对肢体的"运动表象"在追随着内心的意愿行为，这种运动表象当然只可能是对一个已经发生的肢体运动的再造，而这种肢体运动原初又必定是纯粹反射性的。按照上述这些说法，也就不存在一个本真的、遵循着意欲做的"运动"意识；与"运动表象"相衔接的干脆就是运动本身。意欲（作为意欲做）对我们身体所起的那种最终纳入到运动之中的作用（Wirksamkeit）在这里被否认（就像在 D. 休谟那里已经发生的那样）[①]。我在别处* 已经强调过：这样一个运动图像（作为已进行的、最终是反射性的运动之再造）只会在这样一些情况中显现出来，即：当运动意向不复存在时，例如

① 在 D. 休谟那里，这一点对于这个特别问题来说并不具有很多意义，因为"作用"现象在他那里遭到了全然的否认。

法学也是因为这种谬误的心理学理论而一度被导向谬误。这种理论在那里被称作"智性主义的意愿理论"。它在其结论中或者是将每一个"手段"（dolus）都变成"成效手段"（dolus eventualis），或者——恰恰因为这样一来每一个"手段"都是一个"成效手段"——引向一种对"成效手段"的否认，亦即引向一种对"会有违法结果"之预见中的意欲和违法实事的意欲之间区别的抹消。

在痴呆儿童学习书写时。正常的儿童能够将他看到的一个在黑板上示写的字母形态直接转换为运动意向，他无须手把手地被引导，并且此后也无须依据对这里所引发的感觉及其后果的再造。运动意向是一个在运动引发及其变更范围之内的直观现象，要想把一个被给予的实事状况（从价值状况出发来看）引向在意欲做中被意 146
欲的那个实事状况（价值状况），这些运动变更是必需的。所以我们对这样一种关系具有一种直接的明察，这种关系从一个被看见的、在触觉中被给予的（最简单的本性）形态统一引向在运动中对这同一个形态的展示。我们并不是通过对运动的实施才了解到这个关系，并且学会将这个被看见或被摸到的形态纳入到运动感觉的结果中——例如当我们在描绘它时。一个被看见的形态，例如以红线描绘的形态，可以借助于一个用手在空中描绘出的形态来予以直接的认同。一方面是一个制作着形态的时间性的运动节奏；另一方面是（客观地）构建着形态统一的静止点的场所和位置的特殊性，在它们的相互分离中存在着一个地位秩序的直观同一性。因此，运动意向根本不依赖于任何所谓运动感觉及其再造，它们甚至始终只能是个别边缘器官的运动感觉及其再造，并且完全依赖于这些器官彼此间的各自起点位置以及这整个躯体与客观运动所涉及的那个外部躯体的关系。运动意向也不仅仅是一个（在通过不同器官运动的意义上的）不同器官感觉的顺序规则，或者说，不是一个在这些规则之间的规则，它在器官与外部躯体的位置秩序变更的情况下自身维持不变，并且展示着一种较早经验的沉淀。同一个意欲做的内容可以借助于同一个运动意向原初地通过完全不同的器官（例如通过手和手指，通过腿、脚、臂、手）并且也通

过不同的器官的共同作用而得以实现。(譬如我们知道,哪怕失去双手的人学用脚写字,手书的基本形态也会始终不变。)而运动意向也完全不依赖于这些器官的共同作用的特殊性,这些器官是为了实施一个运动所需要的,例如为了避开一辆距离我的躯体所在的场所一米远(在某个角度中)的汽车——随我的躯体器官的起点位置的变换,这必定要求我的器官做出完全不同的共同运动(或者说,做出对各个运动的分离)。随器官运动而产生的器官感觉之进程在这两种情况中就其特性而言都是完全不同的[①]。但运动意向
147 也还是不依赖于例如我的躯体身体(Körperleib)对这运动所涉及的那个对象的远离动作;运动意向在对一个有待实施的运动的想象表象中与在现实的运动中是同一个。而运动意向的显现"场所"、运动意向的起点并**不**是在我的躯体中的一个特定地位,同样也不是这个客观运动首先涉及的那些周围躯体所在的场所。运动意向所提供的仅仅是一个可能运动的某种**方向变更**(Richtungsvariation)的图像,这个运动在米制上(metrisch)以及在可运动躯体的大小和距离方面还是不确定的。在运动意向中,**做的活动所涉及的对象**,或者说,通过意欲做所应当改变的对象与**意欲做的内容**联结在一起。运动意向预先确定出运动,通过这个运动恰恰使这个得以可能。因此,运动意向永远不会是以某种方式"机械地"被引发(通过周围世界的刺激以及器官较早运动过程及其联结的

① 一个统一的运动意向与运动冲动之间的争执**已经**在实施运动的经验之前便被体验为一种"偏差运动"(Fehlbewegung)。例如,对着靶子射击的人(射击后)在看到靶子之前就已经知道,甚至在扣动扳机的手指的运动感觉之前就知道,他是正中靶心,还是射偏了(以及大致射偏多远)。

现有痕迹)；毋宁说，运动意向始终依赖于意欲做的起点(处境)以及对象与内容，并且随着它们而变更。运动意向创造出它所引发的那些运动**冲动**的**统一**与**合目标性**，运动意向可以说是将这些运动冲动类化(spezialisiert)为这个躯体与周围躯体的位置、它的距离、它的器官以及它们彼此间的关系(只要它们是固定有序的)。运动**冲动**也是一个**被体验到的素材**(Datum)，它**先行于**客观的运动。在运动冲动中，“运动”，例如我抬起和放下的手臂运动，是自身被给予的；因而它绝不是这个进行着的运动向意识的单纯返回报到。运动冲动鲜明地突出于一个特殊的体验，例如当运动的客观实施“被阻碍”时。这时并不是简单地出现了这样一个事实：运动意向存在于此，但所谓的运动感觉还不存在(即一个对运动的期待没有得到充实)；而是相反，我们体验到一个**肯定的**阻碍，而这是发生在我们通常已在某种程度上确定了运动的缺席**之前**。我们还体验着我们的器官对冲动的“抗阻”；冲动体验也已清楚地被给予了，器官在此同时还通过外部的确定而保持着静止，例如，一个向右运动的手指被确定。所谓运动感觉为行动的外在方面所做的完全只是对这些冲动的类化(Spezialisierung)，这些冲动必然地存在于被给予的意向、被给予的方式、躯体与对象的距离和位置方面，存在于被给予的生物体上的固定器官状态方面，存在于器官当前 148
所处位置的变换着的空间状态方面。所谓的“运动感觉”实际上是对我们器官位置彼此间渐次变换的感觉①。

① 只是借助于统贯支配着它的冲动的统一，这些渐次性(Sukzessionen)本身才作为“运动感觉”而可被把握到。

现在要考虑那些被我称作*“处境”和“行动对象”或“行动的对象性关系环节”的因素，“意愿内容”正是在这些因素上得以实现的，或者说，这些因素规定着一个特定“意愿行为”的进行（并且是分阶段地规定着一个“意图”的构成、一个“打算”的设定）。所有意欲都是就一个这样的“处境”、一个由各个（实践）“对象”组成的世界而发生的。康德的观点重又在于，正是这些对象（他没有将它们明确地区分于认识的或“表象的”经验对象），通过它们在感性感受中被体验到的对我们的作用，规定着所有意愿质料（撇开单纯的法则形式不论），或者说，规定着由它们所引发的感性感受的再造。而这种主张恰恰就是在下列肯定性阐述中被默默否认的主张。

因此我们需要弄清：每一个在此意义上的“实践对象”都是被奠基的，其一是通过一个价值对象一般，其二是通过一个与意欲做的志向的价值质料相符的对象而被奠基。

就是说，原发地组成这些对象的根本不是感知（或表象）事物，而是价值事物或善业（以及“实事”）。因为，任何一种追求都只是直接地奠基在一种价值感受（或偏好，或者说，爱与恨）以及它的内容中；但并不奠基在一个甚至还需“被表象到”或“被感知到”的（客观的）图像中。*这里已表达了一个双重的意思：所有“对某物”的意欲都已经预设了对这个“某物”的（肯定的或否定的）价值的感受，因而价值永远不可能是这个意欲的一个结果。从现象上将一个内容的意欲付诸运动东西，永远不可能是一个状态感受，而只能是那种在感受“中”被给予的价值对象。因此，只要对象不具有价值差异，它们也就不能够规定不同的意欲。只有在“价值事物”和“价值状况”的统一中，对象一般才能成为“实践的对象”。

但由此便得出这样一个重要的命题：那些对于“纯粹意欲”来说已经是实现价值状况（以及建基于它们之中实事状况）之可能对象的对象，乃是按照和根据那些统贯智化（durchgeistigen）在意欲志向中的价值而已经被选择出来的。就是说，纯粹意欲在实现价值状况的意向中所“干预”的那个实践“世界”，已经承载着这个意欲载体的“志向”面孔、外貌、价值结构。在这个世界面前，意欲载 149
体的变换着的“感受状态”与此没有任何关系。因而意欲载体对某些价值状况的意欲以及它“意愿”实现它们于其中的那个“世界”，始终在某种意义上是彼此“适合”的，因为它们两方面都依赖于包含在它的“志向”中的价值质性以及它们的“级序”[①]。因为，恰恰是在志向中，先天的价值意识和意欲的核心才与它的最终价值内涵达到相合。但由于纯粹意欲（或它的价值方案）的价值状况只能像“实践世界”的价值状况一样包含着同一些价值质性（及其秩序），因此它们完全不是从实践世界中“获取”的；它们的被给予性是一个同样不依赖于这个“实践世界”的被给予性。我们在一定的价值状况上所意欲的东西，可以与“被给予的”价值状况发生任意的争执（或者也可以与它们相一致）。唯有价值质性才在这里和那里都是同一的。一旦并且只要在纯粹意欲领域中出现这种情况（不依赖于意欲做的领域），这个关系就会在“赞同”与“不赞同”[②]

① 所有“感知的”、“表象的”、一般认识的世界意识首先都不依赖于这个“实践的世界”。我们在这里绝不愿在费希特的这个命题下签字：“你是什么样的人，就选择什么样的哲学”。

② 我们既可以对自己的意欲也可以对异己的意欲加以“赞同”和“不赞同”，但另一方面，我们也可以在不依赖于其实在进行的情况下对一个意欲的“方案”加以“赞同”和“不赞同”。

的行为中表达出来；这些行为既非“意愿行为”，也非“价值认识”的行为（如感受、偏好），而是一种在其中一个价值认识的价值与一个朝向价值实在的意愿的**同一性**以直接直观的方式得到认同的行为。

如果“实践对象”的世界是为价值（但先天实践对象是受先天价值）**所规定的**，那么从这个价值对象的领域出发，一个作为**意愿对象**在一个**特殊**体验中被给予的内容就只是作为对一个意欲的**抗阻**而被给予。倘若人们忠实于术语，将“对象”一词仅仅理解为图像对象（Bildgegenstand），而不是同时理解为“价值对象”（或更确切地说，被给予的价值**统一**），那么人们就必须将“对象”（Gegenstände）和“抗阻”（Widerstände）定义为**两种并列**（nebengeordnet）的存在被给予性。

抗阻是一个现象，它以直接的方式只是在一种追求中被给予，
150 亦即只是**在一个意欲中**[①]被给予。在**它**之中并且只有在**它**之中，
对它的实践实在[②]的意识才被给予，这种实践实在同时也始终是价值实在（实事和价值事物）。

在这里几乎无须再强调说：不存在某种像“抗阻感觉”一样的东西。“抗阻”只是在一个意向体验中才被给予，并且只是在一个意欲中被给予。它“构造着”这个“实践对象”。“抗阻”现象就在于

① 单纯的“愿望”不具有抗阻，因为在它们之中同样在现象上被给予的还有对内容之实现的放弃。一种奋起追求或许会“找到”一个抗阻；但这个抗阻却不是在它“之中”被给予的。

② 我们将下面这个问题搁置起来*：现象的“实在意识”与“现实意识”**一般**是否建基于被体验到的“抗阻”之上，一个单纯“图像对象”的世界是否终究缺少“现实”与“非现实”的区别。

一种与这个意欲“正相反对”的倾向，而它的被体验到的起点就是那个为实践对象奠基的价值对象。而价值对象仅仅“显现在”（例如就像空间中的对象一样）对象所在的地方[①]；或者说，在非空间的对象那里，当我在价值对象上体验到异己意欲，例如国家意愿的抗阻时，情况便是如此。然而我们所说的“抗阻”与那些以实事或价值事物的特殊价值质性为出发点的“吸引”或“厌恶”的现象根本无关。因为这些现象已经可以在感受中被给予（就像我们在语言上说：“我们感受自己被〔别人〕＜abgestoßen＞”、“某物使我们产生反感＜anstößt＞和好感＜anzieht＞”）；然而如果我们在追求中体验到它们本身，那么它们就已经奠基于单纯的抗阻现象之中了。

如果一个抗阻现象“被给予”，那么它在其中“被给予”的那个纯粹意欲便是它的“处所”（Sitz），也就是说，对此所做的一个现象的决断尚未必然地一同被给予：抗阻现象是否以“自我”、以“身体”或以独立于身体的方式而存在的（并且作为存在着的而被给予的）“对象”为出发点。这很明显地表现在常常发生的怀疑的事实中，这个事实就是一个被体验到的抗阻的“处所”（在这个意义上）；无论是在对一个实事之意欲投入太少的情况下，还是在意欲做投入太少的情况下（当意欲相同以及实事抗阻相同时），或者是在实事抗阻太多的情况下（当意欲相同以及意欲做相同时）。但“抗阻”本

① 如果我用一根手杖触到一面墙，那么对我来说抗阻是在墙中被给予的，而不是譬如在我手中甚或在手的“触觉”中被给予的，如此等等；洛采已经非常恰当地强调了这一点。然而对“抗阻”的感受（一种对抗阻的感觉是荒谬的）的变更在这种情况下依赖于被体验到的抗阻，而对被体验到的抗阻这方面的规定同样始终依赖于做的（现象）范围的付出或被体验到的力耗。在力耗大的情况下，抗阻——在相同条件下（ceteris paribus）——就小，在力耗小的情况下，抗阻就大。

身是以不依赖于它的这个“处所”的方式而被给予的。现在可以确定一点：正常的人具有把被给予的抗阻“首先”（并且在相同条件下
151 ＜ceteris paribus＞）移置到独立于他的自我和他的身体而存在的**对象**中去的禀好[①]；但其次便是移置到他的身体中去，再次则是移置到他的心理领域中去。一种与此相反的对抗阻现象的移置次序至少可以说是“病态的”。如果有人在体验到抗阻时自问：“抗阻是否不处在他的意欲之中”，那么在这个问题中就已经包含着一个对“他意欲如此”这个事态的对象化，这种对象化不是提升了意欲，而是使意欲陷于瘫痪；如果他询问，他是否“意欲”付出足够的力量来“做”这个被意欲的事情，或者，他是否**能够**做一个在意欲中需待实现的事情（并如此被给予的事情），那么上述情况会同样地有效；但这种对能够做的对象化却使对能够做的**体验**陷于瘫痪。“犹豫”现象便以这样一种颠倒的次序而建基于对抗阻现象的查找之上，它与作为极端对立面的意欲的“果敢”相对置，在果敢中，抗阻在特殊程度上——仅只——定位于实事的存在之中。如果有人坐在一辆准备撞上一棵树的汽车中，不是去“意欲”避免这种相撞，并且不是去“意欲”绕开，并且因此而正确把握方向盘，而是在他的意向中偏离开这个目标，并且将他的意向指向“对方向盘的把握”（也就是说，阻碍不是来自树，而是“出于自身地”被体验到），那么他撞车的危险就会更大。

直接地决定着一个**意欲做**一般和意欲做**内容**（它始终不同于

① 笔者在“论自身欺罔”（同上书*）的著述中也强调过这个抗阻之“移置”次序的生物学上的合目标性。

原发的意欲的内容[①])的东西，不是（如康德所认为的那样）原发的意愿客体通过它——对我的感受——的作用而带入我心中的那种状态，而是原发的实践客体为我的受内在价值志向引导的、对某个价值状况之此在的意欲所准备的抗阻。因而原发的意欲做的源泉不是一个感受状态（同样也不是一个意欲目标），而是在纯粹意欲面前被体验到的实践客体的或"实事"的抗阻。而规定着意欲做的内容的东西，始终是依赖于这样两个因素的：1. 被意欲的价值状况（实事状况）和 2. 抗阻着的客体的特殊本性。

然而，一个"做"某件"特定事情"的意愿就是一个"意图"[②]。

诚然，意欲生活所遭遇的在层次上千差万别的抗阻及其内容乃是"实践经验"的事实，即我们在意欲中（并且仅仅在它之中）所做的经验事实，而且是在一种后天（Aposteriori）和一种归纳经验意义上的经验事实。就此而论，意图内容——如康德正确地看到的那样——已经受到这样的"经验"的一同规定。尽管如此，他的谬误却并不因此就更小一些。因为他不仅忽略了：无论是意图内容，还是抗阻着的客体，都已经先天地受到对质料价值的志向内涵的限制；而且他也弄错了这种"经验"的本性和种类，因为他把它只是移置到那些由客体在我们心中所引发的感性的感受状态之中，或者说，移置到已经进行的做（Tun）在我们的感性感受状态中所设定的回返作用中去。但他因此也就误识了这里所关涉的经验的 152

① 例如，"我意欲占有一个财产"是在原发的意欲中；然后是"意欲买"、"意欲偷"、"意欲抢"、"意欲受馈赠"等等才是意欲做的内容。

② "意图"不存在于愿望领域。它也不存在于纯粹意愿领域。每一个"意图"都是做某事的意图。

阶段。人并不是他所预设的那种被动生物，即：人首先必须从事物出发获得影响以及由此而得到的感性感受状态，以便给人的意欲以一个内容，而后，人根据对这样一些内容的选择来规定自己，即它们提供最大的快乐以及最小的不快。这些感性状态是被奠基的，并且是根据人的意欲所“遭遇”的那些被体验到的各种抗阻才产生的（并且指向这些抗阻的种类和范围）。对于我们的实践经验而言，“作用与遭受”、“战胜与屈服”、“克服与必须让步”动态关系是原发的内涵。并不是实际做的成效才规定着意欲做的意图内容，而是那些在纯粹意欲中就已经（以经验方式）被体验到的各种抗阻在规定着这些意图内容。

与这些抗阻根本不同的是那些为“意图”的已经被理解和被给予的内容所遇见的抗阻，亦即对意欲做、对意图之实施而言的“抗阻”。只是在这个阶段上，“抗阻”才成为抗阻着的实在实事（Sachen），即事物（Dinge），我们现在就是参照它们来理解“打算”（以及决断）。只是在这些新内容的构成中，首先是在打算内容的构成中，（现象）事物对我们的状态的作用才被视为共同规定着的。只是在“打算”中，意愿才与经验现实发生直接的接触，并且因此，我们的躯体在那个构成了我们行动直接对象的实事旁的在场，以及做的场所与时间，这些都必然在现象中作为其部分而受到考虑——而它们在“意图”那里原则上是被搁置的。但只是这时才产生对一种感性感受状态的可能思考，既是对作为行动对象的事物所引发的，也是对它们的成效所引发的感性感受状态的可能思考；因为这些状态是现象地束缚在身体（首先是自我身体，但本质必然地有一个躯体身体始终与它相符合）的现象当下上的。

然而，康德认为，这样一种在意欲质料的规定方面对感性感受 153
状态的（可能）考虑必然已经是属于**意图构成阶段**的，甚至必然已经属于**志向阶段**。我们相信已经指明，这种看法是不合理的。

对此，还有其他的东西要加入进来：如果人们——像康德那样——谈及事物对我们“感性”的作用，并且说，伦常的意愿对其目的的设定必定是独立于一个这样的作用的，而这只有根据一个“形式的合法则性”（因为所有目的内容都建基于这种作用之上）才可能发生，那么我们就需要探问：康德在这里所看到的“事物和对象”的**阶段**是什么样的。是物自身？是自然经验的“事物”，即在**表象的**经验（不是特殊的价值经验）意义上的自然经验“事物”；甚或应当是这种作用所表露的自然科学（机械物理学和化学）的无质性的“事物”（物理刺激）？这种作用是指一种被体验到的作用，还是仅仅指一种客观发生的作用？而且，倘若在康德看来规定着意欲质料的“感性感受状态”是通过自然事物或对它们的感知而被释放出来的，或者是通过感性感觉的复合体而被释放出来的，那么被视为作用于我们的感官的“刺激”又是通过什么被释放出来的呢？

这里存在着一系列重要的问题，没有这些问题，康德的定义就不会具有一个确定的意义。在这里不可能提出所有这些问题，更不用说去解决所有问题。在这里不得不满足于对解决这些问题之途径的大致勾画。

我们首先弄清：我们的行动所关涉的“事物”，例如当我们将一些人的某些行动（或这些人的秉性）回归到这些人的“**环境**”上去时我们所指的“事物”，与康德称作“物自体”的东西**以及**与在科学中所考虑的对象（科学通过对这些对象的假设来“说明”自然事实）不言而喻地没有丝毫关系。例如，环境太阳不是天文学的太阳；偷来的、买来的肉等等不是一批细胞和纤维连同在它们之中发生的化学和物理过程。环境太阳在北极、在温带和在赤道是各不相同的太阳，而且它的被感的光束也是各不相同的。这种**环境事物**(Milieudinge)首先具有两个定义：它们是处在那种“自然的世界观方向”中并在它之中可以被发现的事物，而且它们作为行动的对象始终是**价值统一和实事**。或许会有许多东西在**客观地**“作用”于我——例如电流和磁流、任何一种我并不感觉到的光束等等——，而它们肯定不属于我的“环境”；就像那些遗传给我的东西也不属于
154 我的“传统”一样。**唯有那些对我起作用的被体验之物才属于此**。

因而“环境”只是被我体验为“起作用”的东西。但更确切地说，我们可以将任何东西都定义为“被体验为起作用的”，只要当这些东西在某个方向上变更时我的体验也在某个方向上变更——不论我是否能够将这种变更指定为一个**确定**事物的变更，并将我的体验的变更指定为一个**确定**体验的变更；也完全不论“被体验为起作用的”是否以某种方式**被觉知到**(perzipiert)。因此，正如“环境太阳”与天文学的太阳无关一样，它也与“表象”和“对太阳的感知”无关。“环境事物”属于一个在我们的觉知内容及其对象与那些被视作客观的对象之间的一个**间域**(Zwischenreich)。因为我们不仅可以体验到我们环境的一个变化，同时却并不知道，在这个被觉知之物范围内是什么东西在变化(例如，当一幅画从我们所住的房间里被取走时)，而且我们也常常体验到我们并**未**觉知到的**某个东西的作用**；而后，这种作用的新出现或消失使我们去观看它所来自的那个方向，并使我们去觉知这个起作用的对象之物，无论是以

“表象”的方式，还是以“猜测”的方式等等。故而在眼前的“环境”
中不仅包含着我在街上行走时或在屋里坐着时（无论是以感性的
方式还是以表象的方式）所觉知到的一系列对象，而且也包含着所
有那些其**此**在（Dasein）或**不**在（Nichtsein）、如在（Sosein）或异在
（Anderssein）只是被我**实践地**“**算计**”的东西[①]，例如我所要避开的
车辆或人员（当我沉浸在思考中或当我的目光朝向远处的一个人
时）；因而水手能够从他的环境变化中“算计”到将要来临的风暴，
却不能说明，这个**特定的**变化（例如云的形成、温度等等）是一个对
此的指号。我们在对象把握的一切领域（既包括对当下之物的觉
知领域，也包括对过去之物的觉知领域）中都具有这样一种对这些
事物“**进行实践算计**”的能力，一种对它们的作用和变化的体验，这
种体验是**不**依赖于**觉知**领域的；这种体验也以经验的方式对我们 155
的行动进行这样的和别样的规定，并且它自己只是在这种被体验 219
到的另样被规定状况中才“被给予”——而不是在此状态之前作为
对此的“原因”。所以我们也将那种建基于对人的敬重之上的我们
人格的“荣誉”体验为一种作用的统一，同样也将父母之爱体验为
一种作用的统一，而与此同时，这些行为和进行这些行为的人却并
没有被给予我们；甚至是只是当这个被体验到的作用的**统一**突然

① 如果我们将这个现象加以特别的孤立化，它就会显现在异常的状态中，例如，显现在患有歇斯底里目光狭隘症的病人面对那些处在被给予的视域之彼岸的对象所做的在运动与定位方面的实践算计中（这个现象在一个由器官引起的狭隘症中就不存在，所以这种〔器官〕狭隘症即使在程度较轻时也会消除定位能力，而前一种〔歇斯底里〕狭隘症则只是轻微地影响定位能力）；或者显现在那种同样是由神经方面引起的对一句话的某些语词或字母的盲目性中，这些语词和字母在这里必定是以某种方式已经“被给予”，而后却偏偏是它们被从视图中排除出去。

停止时，即是说，只是当爱与敬重不再给予我们时，它才作为特殊的统一而凸现出来。即使我们将一个实事当做同一个实事或另一个实事来对待，或者将一个人“当做他所不是的东西”来对待，在这里也并不必然存在一种以智性方式被觉知到的、先行于这种“对待”的“同在”（Identischsein）、“异在”（Anderssein）或这种“某物在”（Etwassein）；尽管如此，还是存在着一种意向的体验，而不单单是一种客观的发生。

只有在这种现象的前提下，我们才能完全理解所有特别的“实践经验”的本质——“实践家”常常乐意用它来反对“理论家”——，无论是在一种手艺、一种艺术中，还是在一种教育活动或政治家的活动中；只有这样也才能理解对实践的“本质之物”与“非本质之物”的直接区分，即使是一个领域（理论上）的最大行家也可能并不了解这种区分。在这个意义上的“实践家”可以说是在与事物性的统一打交道，这些统一以不依赖于对它们之觉知的方式将自己作为一个由各种阶段分明的和质性上分门别类的作用所构成的王国而展示给他，而且是已经作为一个可能行动的起点而得到了区分和划分；而他则“学习”与这些统一“打交道”，同时却不必以某种方式拥有那些主宰着它们的法则的理论认识。然而这种“实践学习”、这种对行动的增长着的逻辑化（Logisierung）还是一种完全不同于单纯的训练与习熟的东西，训练与习熟只是相对于已经进行的行动（和运动复合）才发生的；毋宁说，一种对全新的事实系列与处境的增长着的主宰也在发生，但却不依赖于先行的理论知识。实践的本质之物始终已经在被给予性的方式本身之中——不是通过一种在被给予之物上的选择——可以说是自动地隶属于本质之物，只要它在其只是可感受的价值轮廓（Wertrelief）方面即刻对行动展示出自身。或者是另一种情况：存在着一种对法则的“实践”服从与对法则的实践“违背”，这些法则并不像自然法则那样“主宰着”行动的自然发生，就好像行动完全是“根据”它们而以客观的方式来进行的一样；然而这些法则也完全不是作为法则而被给予的（以觉知的形式、以关于……“知识”的形式），而更多是在行动的进行中被体验为充实了的和违犯了的，并且只是在这种体验中才被 156
给予。在这个意义上，创造着的艺术家是受美感法则的“主宰”的，同时他却并不“使用”这些法则，但他也不是在作用上、即在艺术品上才发现“充实”和“损害”。在这个意义上，在“犯罪”的本质中便包含着：行动者违犯法律，并且在行动中体验到自己在违犯，他通常会实践地算计到这些法律的存在，在自己和在他人那里——但他在此期间并不一定具有对这些法律的丝毫认识，或并不一定“想到”它们。另一方面，了解法律并且违犯法律的人，却还完全不是罪犯。一个法律形态的单纯“破坏者”和“敌人”不是“罪犯”；因为他对这个系统不抱有任何一种实践的承认[①]。但罪犯是这样一种人，他虽然无须必然地在一个特殊的“承认”行为中承认法律，但却在他的意欲和行动中将有关法律体验为起作用的，并且因此而“实践地承认它们”（故而对它们的遵守也“作为不言而喻的”而被其他

① 所以 H. v. 克莱斯特的“米夏埃尔·克尔豪斯”的故事美丽而深刻地表明：主人公是如何从表面上的罪犯越来越多地变为法律系统的敌人，正是这个法律系统使他看起来是“罪犯”；也就是说，他是如何越来越多地使他的不自觉的“实践承认”脱离开他生活于其中的秩序——直至他像一个战敌一样与这个系统相对立，并且因此也就在他的真正客观的违法行动中失去了一个“罪犯”的特征。

人所期待，但不是在一个特殊地被体验到的“期待”行为中被期待）。只有作为一个对那些被他以作用的方式在自身中体验到其统治的东西的奋起抗争者，只有在这种被体验到的争执中，他才是“罪犯”，而不是单纯的法律“破坏者”。这些例子已经足够了。

现在让我们来弄清，这些实践地起作用的周围世界的对象对于（在其不同阶段上的）意愿行为和行动的可能规定具有什么意义。

人们很乐意用通俗的形式来提出这个问题：人的“环境”在多大程度上说明他的行动、创造，反过来，他在多大程度上影响和创造他的“环境”？“环境”可以说明“英雄”吗？或者——如尼采所说——“他周围的一切都变成悲剧？”[①]

如此提出这个问题是不科学的。这里需要区分：前一种情况和后一种情况在多大程度上不依赖于、即在本质上不依赖于任何从特定环境出发对特定行动的经验说明。

即是说，这里需要区分：哪些因素——在我们之中和之外——对于“环境”的构成来说还是决定性的；并且对于哪个意愿行动阶段来说，“环境”本身还是一个决定性的因素。有一点是清楚的：由于我们例如旅行、变换居住地等等缘故，不仅那些被我们在这里称作“环境”或那种实践地被体验为起作用的价值世界的东西会变换它的内容。随之而变换的肯定还有我们在这里和那里于我们的环境中所遭遇的对象；但是，环境本身和它的结构（正是通过环境的
157 印记，某些事物才是我们的环境事物，即不只是“价值事物”，而是

① 参见尼采，《善与恶的彼岸》，第四章，§ 150。——译注

"周围世界事物")则会在我们躯体的场所变换中保持完全的持恒(konstant)。它如此地保持着持恒,就像当我们在躯体方面变换场所时,例如在前后、上下的空间方向上的差异始终保持着持恒一样,即便有不断更新的事物在这些方向中被给予。因为,在那些主宰着我们各种"禀好"的偏好法则的特殊级序中,我们的特殊价值观点(或对价值状况的观点)是建基于同一些价值质性之上的,我们正是带着这些偏好规则去接近变换着的经验现实。市侩始终是市侩,放荡不羁的艺人始终是放荡不羁的艺人,只有那些自身承载着他们的价值状况观点的东西,才成为对他们而言的"环境"。因此,同一个阶层的人、同一个种族和民族的人、同一个职业的人等等,最终是每一个个体,他们都随身带着他们环境的结构来来去去。同一个森林对于守林人、猎人、散步者也都是一个不同的"环境";原则上与此相同的是:这个森林对于牡狍和人来说是不同的环境,对于在森林中生活的蜥蜴来说又是另一个环境。但我们现在要注意一点:如果我们说,在同一个森林方面被给予散步者、猎人等等的是不同的环境,那么我们指的并不是:1.他们只是对森林有不同的兴趣;2.他们只是对森林进行了不同层次的注意力行为;3.他们(在他们生活的相同的价值感受的和实践的方向中)觉知到的(无论是在感性感知中,还是在表象中等等)是同一个内涵,随后只是关注了它的不同部分[①]。毋宁说,对于在上述行为中的所有

① 在这里需要关注对个体(或者取代它的东西,如人、蒙古人等等)和周围世界之划分的更确切意义。这个区分与"自我"与"外部世界"、心理领域和物理领域的划分毫无关系。"个体"与"周围世界"的划分是在心理物理方面中性的(indifferent);因而每个个体在他的环境中与在他的自身中一样,重又是一个"心理的"和"物理的"组成部分。

可能被给予性种类而言，必定有一个对象已经属于这个“环境”，而后它才可能成为一个这样的行为的内容，连同其所有可能的增强
158 能力。或者我们也可以说：所有在这里提到的行为，“感兴趣”、“被动的”和“主动的注意力”、“觉知”，都已经是发现环境，就像发现一面它们不能够穿透的坚实的墙一样，或者就像发现某种东西，这种

在心理的组成部分中包含着个体在他人心理方面所体验到的所有那些作用于它自己的东西——同时不必为此去觉知它们——，包含着所有那些不被它体验“为”它的个体的，亦即带有它的特殊个体性印记的思想和感受；这个领域——在这里无法予以证明——与那个通过联想原则而可说明之物的领域是一致的；在个体的物理环境中也包含着个体的躯体身体（Körperleib），只要这个躯体身体是在外感知的现象中被给予个体的（在实践的环境连同其正负价值性那里）。因此，一个有机躯体与在它周围的躯体之间的区别也与个体和周围世界的区别无关。因为这个区别存在于外感知对象的领域以内，并且将它们的现象（根据它们对有机躯体和死的躯体的依赖关系的不同）分割（zerteilen）为生理学的现象和物理学的现象（在较宽泛的意义上）。（这个区别同样与心灵和心灵的实在关系无关。）这个〔个体与周围世界的〕区别同样也与心灵的、直接被体验到的自我和心灵身体的领域和自我身体（所有器官感觉和像“把我饿坏了”一类本能追求的住处）的关系无关。因为这个区别存在于内感知的领域以内，并且将它们的现象分割为（根据它们对自我和自我身体的依赖关系的不同）纯粹心理学现象和生理学心理学的现象，分割为纯粹心灵现象和“内感官”的现象。（对此也可以参见笔者“论自身欺罔”的文章，同上书）但身体单位（Leibeinheit）对我们来说是以完全独立于外感知和内感知的方式（并非只是通过对同一个“身体”的外感知和内感知的现象的持恒分派）、作为一个直接直观的、质料上同一的内涵并且作为整体而被给予的。而正是它意味着“环境”的本质对立项。但与统一的“身体”（不是躯体之物）相对立的是“人格”（作为一个同样在心理物理上无差异的行为统一）。（对此也可以参见本书第二部分、第六篇A、第3章）但与作为对象方面的本质对立项的“人格”相对立的不是一个“周围世界”（Umwelt），而是一个“世界”（Welt），从世界的内涵中，“周围世界”只展示着那些对于一个身体单位来说重要的并且在它之中被体验为起作用的那些内容选择。故而存在着这样一些需要明确分离的对立：

1. 人格——世界
2. 身体——周围世界
3. 自我——外部世界
4. 躯体身体——死的躯体
5. 心灵——身体自我。

东西的内涵已经在展示着对它们在行为种类和程度上可变更的内容而言的**可能**质料。

对此需要做简短的说明：

1. 首先来看**注意力**。人们合理地将它区分为主动的注意力和被动的注意力，而且只要它是在追求“中”的注意力，那么主动的注意力便最为清楚地在“寻找”的现象中被给予，而被动的注意力则是对一个“逼迫”的接受（Erleiden）的现象中被给予，并且后一种现象重又可以分解为“好感”的质性和“反感”的质性。这个区别不是那种相对的区别，例如不是在觉知和动作意识的时间先后顺序方面的区别。这个区别毋宁存在于被给予的行动的现象出发点中：动作是被体验为从自我发出的，还是被体验为向自我而去的。环境在任何意义上都不建基在“主动注意力”的变更上，这几乎是不成问题的。就像面对一个幻觉的对象，甚至面对一个臆想的对象，主动的注意力可以随意地在它的所有亚种，即观察（Beobachten）、关注（Beachten）、留意（Aufachten）、发觉（Bemerken）中任意地变更，以及在前三个亚种的程度上任意地变更，同时却并**不**改变 159
对象的内涵，与此相同，主动的注意力更是能够在环境对象面前做到这一点。在一个曾被**给予**的环境中自然可以有许多完全不同的东西从实事转变为这些功能的递增着的和递减着的内涵。个体时而在它的环境中主动地注意到这些，时而主动地注意到那些；时而在其中“寻找”这些，时而“寻找”那些。猎人在猎人森林的同一个事物上时而关注并发觉这个或那个特征，时而关注并发觉这个过程或那个过程。但他却**永远不会因此**而进入到散步者的环境中去！同样清楚的是：环境是在被体验到的作用中被给予的，即永远

不会在一种寻找中被给予；在环境之中则可以“寻找”不同的东西，也可以时而关注和发觉这个，时而关注和发觉那个。对于这种动作及其程度而言，环境肯定是一个钢铁般坚硬的墙壁。“被动的注意力”，即对象的逼迫连同其好感和反感的质性[①]，至少预设了对这些对象的觉知。但是，如我已经指出的那样，环境对象是不会做这种预设的！然而被动注意力所预设的还要更多。首先是一个——与它相对的——在对象上的客观因素、对象的“凸显”。但这种“凸显”（例如广告或服装或基本构形的“凸显”，例如明、暗的“凸显”要先于受黑-白影响的彩色质性；线条形态的“凸显”要先于它的粗、细和它的颜色；一个音序的“凸显”要先于它的旋律形式；形态相似性的“凸显”要先于进入到它之中的要素的大小程度的相似性，等等）在它的尺度上已经制约着“逼迫”的尺度。如此“逼迫”一个个体的东西，必须首先分解为在它之中所包含的要素（总体）凸显程度，无论事关何种构形单位。但除了这个因素之外，决定着“逼迫”程度的还有相关个体的兴趣方向。但我们所说的“兴趣”并不是被动的（甚至主动的）注意力的一个特别强烈的程度或只是相对于一个实事而言的一堆这类动作体验的结果。注意力行为（主动的和被动的）有时能够偶然地将一个我们感兴趣的现象带入我们的视野。然而这个“感兴趣”的行为并不是通过注意力体验的任何一个程度而被给予的。它是一个新的体验质性，这个质性重又建基在一个我们“有兴趣的”[②]对象的从属性之上。所以，

① 所有对此的“感受”都是次生的。

② “有兴趣”（Interesshaben）也是一个体验，它与所谓我的人格的“真正兴趣”（他人可以教会我这些兴趣）无关。但这种体验制约着感兴趣（Interessenehmen）的方向。

具有指向孩子之功能的最轻微响动，也会将母亲在沉睡中唤醒，这种唤醒是受对孩子及其状况的兴趣制约的，而同一个响动内容在 160
不带有这种指向孩子之功能的情况下，即使具有相同的活力价值或具有相同的引发对自己注意的能力，也不可能制约着任何唤醒。兴趣**方向**在主动的和被动的注意力波动的变换中主宰着我们，并且它的内涵（始终是一个价值内涵）在**引导着**这些行为所采纳的方向，无论它的程度有多大。教育学学说的错误莫过于此，即以为通过对注意力的提高手段便可以唤起学生对一个对象的兴趣[①]。不！毋宁说，需要唤起对对象的兴趣；而后注意力便会自己增长！例如我进入一个社交场合是“出于”对某人的“兴趣”。我的注意力时而朝向这人，时而朝向那人，例如出于礼节而朝向与我长时间交谈的女主人，而我感兴趣的那个人则位居于次。主动的注意力和被动的注意力在这里肯定被女主人所占有。但在这些注意力体验后面还存在着现时地被体验到的对这个人的兴趣。女主人与她所说的东西（即使它时而多、时而少地将我的注意力引向它自己），只是在我兴趣领域中一个要素，而她的每一个带有对我的兴趣对象、即对那个人的遥远的指向功能活动和话语，都已经因此而过度地获得了被动的注意力。而倘若没有这种兴趣，倘若我根本不能在这个女主人面前进行所有这些进行了的注意力行为，情况又会如何呢？显然，“注意力”在其所有阶段上都不受一个价值感受的制约；它本身是**价值盲目的**。我可以“注意到”事物与特征，同时却并

① 对此也可以参见 W. 詹姆斯，《心理学》，德译本：M. 迪尔。

不在它们之中把握到任何一种价值！但它始终是在一个现象地被给予的价值统一，亦即在一个价值整体之中兜圈子，我所注意的东西乃是以可感受的方式属于这个价值整体的。

注意力体验是在“兴趣统一”及其相应的价值统一的范围以内活动的；它们不能够破坏或改变这些统一及其划分的构架。兴趣方向是决定性的因素，所有可能的注意力都在它们的周界内波动。注意力被囚禁和拘留在这些因素的牢狱之中。

2. 兴趣能够规定环境吗？——但对事物的兴趣原初地预设了对这些事物的觉知，并且因此也预设了：对它的“作用”是被体验到的。让我们来看一下某物是以何种方式赢得我的兴趣的！这个过

161 程的前提在于：我所感兴趣的对象是对我的追求生活来说已经在此的，亦即作用于这个生活的。因此，源自现实世界某个部分中的同一些实事统一能够对两个个体都具有那种作用，尽管如此，对此的兴趣方向（同样包括对它们的兴趣）却可以是非常不同的。因此，对于两个为一个农庄做交易的农夫来说，（只要他们在这里都是作为农夫）在对这些地产、牲口棚、房屋建筑等等的观察中，被给予的是同一个环境；就是说，对他们来说，同一些为他们的职业连同其可能行动空间所设置的实事统一在检查中活跃起来并且作用于他们。而在例如一个想画这个农庄的画家那里，情况就肯定完全不一样。但这两个农夫在此行当中所具有的不同兴趣，会使完全不同的部分并且是在对意义的不同的提高和降低中从这个环境出发而被发觉；卖者将会趋向于那些优越之处，买者将会趋向于那些损害之处。

所以，对于兴趣来说，环境也是已经被发现的。环境对象[①]的不同部分和方面正是兴趣所要挑选的东西。正因为此，兴趣是不能够规定环境的。

3. 最后我要说：环境对象也规定着对事物的觉知（当然始终只局限在那些在觉知内涵方面进入到我们追求生活之中的东西之上）。环境作为一个直观的整体不仅构成对所有感知内容而言的背景，而且也可以说是构成了这些内容出自于其中的储备。所以在我的房间中，那些不仅没有——既没有被动的，也没有主动地——被拽入注意力领域中，而且也绝没有被觉知到的对象，仍然被体验为是起作用的；尽管如此，它们的变更会一同变更着我的总体体验。

因而"环境作用"（Milieuwirksame）作为一个更宽泛的界域包容着觉知领域，正如觉知领域包容着兴趣领域，而兴趣领域包容着注意力领域一样！同样如此，处在觉知领域中的东西，还是通过环境对象而被奠基的！因为在所有可觉知之物中，只有现实事物的内涵（在"自然世界观"的意义上）才实际地进入到觉知之中，这个内涵对于一个环境事物的作用统一来说就是特性、标记，或者此外还可以具有某种象征的功能。那个规定着这个被统一地体验到的作用之"出发点"的含义，在这里——根据它的大小和种类的不同——就是对被觉知的东西而言的条件。因此，环境的觉知内涵在其各种划分与统一中就是对我们的追求而言的那些作用统一的 162

① 环境通常所意味的东西，在其时间的延展中便是指传统，即在我们之中活着的并且起作用的历史，它把刚刚意识到的回忆与起作用的体验相衔接，并且已经构造起历史科学的对象。

准确的反像！在这里制约着各种"对象内容"的是各种"抗阻方式"。

但这一点同样也适用于在环境领域中出现的"感性内涵"。环境不是我们感性地感知到的东西的总和；相反，我们只是感性地感知到属于"环境"的东西[①]。

在对所谓"感觉"的研究中，与一个认识论谬误联结在一起的方法的（双重）片面性所带来的结果就是，上面所说的情况今天是以佯谬的方式存在着。但那种片面性在于：人们根本不去研究一个活的个体的感性总体感觉所具有的，仅只是实在统一的功能以及这个个体的生物学意义和合规律性，而是仅仅集中在这个问题上：被视作与一个身体及其统一的生命过程相分离的感觉器官在受到某些激发它们的物理和化学等等原因的作用时将会怎样规定着所谓的"感觉"。当然，这种方法——它们建基在这样一些有用的虚构上：有一些自为存在的感觉器官，以及有一些自为存在的感觉轨道以及在中枢中定位的、自为存在的终端，同样还有自为存在的"感觉复合体"，它们依赖于对它们的激发——对于那些（始终在这些虚构的前提下）有效的合规律性的认识来说具有经济学方面的重大意义。但这种方法丝毫也没有告诉我们：一个统一的生物在它的一个生命瞬间中实际上感觉到什么，并且它为何感觉的是恰恰是这个东西而不是别的，例如它为什么它没有感觉到那些根

① "自然世界观"的事物、事件等等的完整内涵展示着（在纯化于所有特殊兴趣的情况下）"人"这个种属的"环境"；但它们所特有的"形式"则展示着一个生物一般的环境结构。对于"科学经验"的对象来说，那个内涵并非是"先天的"，但这个结构却是"先天的"；然而这个结构对于哲学、即对于绝对认识来说，则完全不是"先天的"。*

据这个方法的结论而必须被感觉到的对象，倘若它真的是一种对眼睛、耳朵、触觉器官和它们直至从属的大脑部分的延伸的单纯聚合的话。它更是无法向我们说出任何一句对下列情况的说明：为什么不同的生物所具有的恰恰是这些而不是别的感觉内容的质性界域和样式界域。但是，如果这种研究方法想要具有哲学的抱负，那么它的最终结果就必定在于：把“感觉”的一团混乱——无人感觉到它们，并且对于它们的特殊“复合体”来说，一切生物、生物体、 163
自我等等仅只意味着汇总着的“象征”——视为存在一般；这个存在一般实际上不会在任何时候、任何地点被给予。它的必然结局就是马赫哲学。

但是，对于一个生物来说，实际上首先只有在当感觉一般对事物，而且——重又——是对这个事物的总体环境事物具有指向功能时，并且只是在这个界限之内，感觉一般才会被给予。不能具有对此之指向功能的东西，对这个生物来说就根本没有“被给予”。感觉的质性（以及它们的其他特性的某些情况）在一个生物体的具体感觉情况中也只是在这样一些界限中被给予，即它们在各种功能统一中，例如在看和听的行为统一中，能够具有一个特定位置；而事实上，只有在这些功能在像探看和倾听的行为中以及在它们的统一和它们对象的统一中具有某种服务能力时，即可以根据那些引导着倾听和探看或觉察（例如在触摸时）的兴趣而使相关对象变得可处理时，这些功能才会发挥作用！但是，各种类型的质性界域对于这些兴趣来说是被给予的，因为它们展示了一个字母表，环境事物的那些可以说是“活的语词”就是通过这个字母表而成为可展示的！当然，正如所有从荷马到歌德等等以来曾有过并且还将

有的文学作品仅仅展示着各种进入到语言之中的语音及其字母符号的可能排列的"情况"一样，感觉质性也展示着这样一些"因素"，周围世界这首"伟大的诗"便是由这些因素组成。但是，确定无疑的是：一个仅仅知道这些语音和字母的人，对世界文学是一无所知的，世界文学的"最终存在"并没有被给予他，更确切地说，在这些语音和字母中根本没有任何关于世界文学方面的东西被给予他；同样确定无疑的是，对于那些"被给予""感觉"的人来说，世界并没有被给予，更确切地说，没有任何关于世界的东西被给予他。而同样的情况也适用于感性感受与价值世界的关系！

因此，各种功能——一个活的生物的统一"感觉"自身便划分为这样的功能："听"、"看"、"觉察"等等——尽管具有其特有的合规律性，但在刺激、器官和感觉之间的特殊的规律关系面前，它们也仅仅是局部功能，就是说，是某种始终使此生物的统一感觉功能得以行使的东西；但它的各个感觉内涵却不是它所看、所听、所嗅、所尝的东西之"总和"，而是一个整体，随着这个整体的变更，这些局部功能的内容也发生改变[①]。但这个进入到它的统一感觉之中

① 对于那种分析方法来说，这个事态展示为这样一些新近受到研究的变化的事实，在同时的听的过程中，这些变化对例如看的内容（Sehinhalt）的忍受并不依赖于被看到和被听到的相关事物之变更。在"内部的"看与同时的、现实的听和看之间的关系首先可以参见：乌尔班奇琪，《论主观的听的现象及其他》，莱比锡，1908年。许多系列的事实也表明，感性功能是如何在幻觉中一同起作用，如在这样一种情况中：被错认的表面上的小号手在将小号放在嘴边吹奏时也会发出一个小号的声音（皮克的例子），或者，一个（表面上）被错认为椅子的形态也会在受到触摸时指明空间的固定形态；这些事实表面在被错认的事物及其含义方向上感官功能的统一的共同起作用，这个方向无论如何是不依赖于同时的感官刺激的。对此也可以参阅：W. 施贝希特，《病理学感知欺罔的现象学和形态学》，第二卷，第1、2、4册。

的内涵又只是展示着（就像对于被倾听之物而言的听，对于被探看之物而言的看）环境事物的可能部分内涵，即与朝向它们的兴趣方向相符的部分内涵。因为，正如我们所觉知到的东西要比我们——即便是统一地——所感觉到的东西更多一样，我们所体验到的环境、作为对我们起作用的而被给予的环境始终要比我们所觉知和感知到的环境更宽泛并且更丰富。仍然决定着统一生物之统一兴趣方向的并不是觉知内涵（Perzeptionsgehalt），这种内涵必定已经被给予“兴趣”，但决定着这个方向的却可以是觉知内涵的感情（sensitiv）内涵。[①] 164

这种将感性（Sinnlichkeit）分解为各种官能（Sinne）并且将各种官能分解为感觉器官（Sinnesorgane）的做法——如果它意识到它的目的而且不具有哲学的抱负——展示了一种完全合理的研究

① 对以上所说，人们不能提出这样的指责：我们不是也听到许多我们并未去“倾听”的响声吗；我们不也感觉到许多我们并不“感兴趣”的东西吗，如此等等。这个指责意味着对我们的命题的经验主义误解。当然我们可以在并没有去听的情况下具有听的感觉，并没有去看的情况下具有看的感觉（就如歇斯底里的盲和聋所表明的那样）。当然也可能有看的内容和听的内容在逼迫我们，而我们并没有去倾听和探看从属于这些内容的事物和事件。但它们必定附属于一个属于我们的种类（或也只是随“种属”等等的不同）的看的行为和听的行为的统一，而后才能成为实际的感觉（有别于可能的“虚构”前提的结果）；并且它们必定属于一个（我们这个种类的）倾听的和探看的行为的统一，而后才能在听和看中被给予。我们在这里不去询问，实在个体本身在这些和那些实在事物方面所体验到的是什么。我们审查行为之为行为（als solche）的奠基秩序；谁在进行这些行为，这是无关紧要的；当然，这些行为在个体中如何实现，例如是以行为的方式（aktuell），还是以秉性的方式（dispositionell），这也是无关紧要的。或许对父亲或祖父的倾听要先行于对儿子或孙子的听；因此，对于个体来说，倾听可能是作为遗传的“秉性”而被给予的，与此秉性相关的行为的体验就不会再次被这个个体所体验。我们只是说，每一个“听的行为”都奠基在一个“倾听”的行为之中，无论这种行为的奠基关系是通过何种实在的因果性而在此存在并且被继承的。

方式，但第二个使我们的命题看起来是佯谬的理由则是一个根深
165 蒂固的认识论谬误，这个理由也是康德所预设的谬误，并且自笛卡尔以来就在哲学中实施着一种几乎是无可争议的主宰；它同时也把感官生理学连同其最具体的问题（直至不久以前）深深地引入歧途。这个理由在于，将刺激概念错误地奠基在那些由物理学（在所有独立于“生命”的“自然”意义上的物理学）的事实和对象所构造的现象和范畴上。唯有对刺激概念的现象学奠基（既在反应刺激方面，也在感官刺激方面）才能够从根本上消除这些迷误。*

这个迷误的最深基础是在一种哲学成见之中，这个成见在于，人们把物理学对象的整个世界及其实在都看做是一个推理（因果推理，无论它是“有意”还是“无意”进行的）的结果，这个推理只消“说明”关于世界的表象图像和感知图像。即是说，物理学的实在显现为一种纯粹的思想建构，它被构想出来是为了说明某些“意识内容”，首先是为了说明“感觉”。物理学实在本身所具有的直观基础在这里并不处在一个特别类型的现象系列中，这个系列有别于那些作为“刺激”之基础的现象系列——即使这两种现象系列都处在“外感知”的领域中——，相反，它自身是作为“刺激”并且是为心理现象（即是说，“内感知的”现象）而被设计出来的。所以例如对于黑尔姆霍尔茨来说，甚至颜色显现都是一个“内感知”的“事实”①。而由于“心理现象”（这里指“颜色显现”）作为“心理的现象”根本不属于生理学的问题范围，因此在黑尔姆霍尔茨看来，对

① 参见 Ew. 黑林对这个奇特主张的反驳：《论颜色感》，第一分册关于“光感学说概要”。

于生理学的颜色感研究来说，对颜色的物理学定义也必定已经是被预设的。所以，颜色生理学在这里并不具有自己的现象的(phänomenal)出发点事实，而只是展示了一种对物理学光学在特例上的“运用”，这个特例是指光束射在有机躯体上。但这种在黑林那里才被完全粉碎了的出发点迷误和方法迷误仅仅是在一个(相当次要的)例子上表明，人们缺乏一种明察，即没有明察到对整个生物学而言如此重要的“刺激概念”的现象学奠基。

首先需要鲜明地区分内感知和外感知以及与它们相符的现象领域、它们的特殊统一性和杂多性的形式[①]；这个区分并不是相对于身体，甚或相对于一个特定的身体而言；这是一个“感知”的方向区别，它在现象学上是可以被指明的；即使我们在完全排斥了身体 166
(以及与它相关的“内”和“外”)的情况下进行思考，这个区别仍然存在。

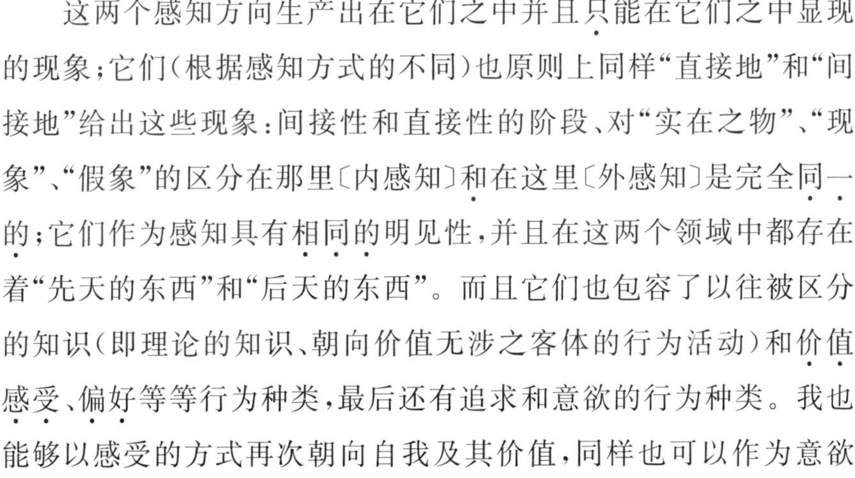

这两个感知方向生产出在它们之中并且只能在它们之中显现的现象；它们(根据感知方式的不同)也原则上同样“直接地”和“间接地”给出这些现象：间接性和直接性的阶段、对“实在之物”、“现象”、“假象”的区分在那里〔内感知〕和在这里〔外感知〕是完全同一的；它们作为感知具有相同的明见性，并且在这两个领域中都存在着“先天的东西”和“后天的东西”。而且它们也包容了以往被区分的知识(即理论的知识、朝向价值无涉之客体的行为活动)和价值感受、偏好等等行为种类，最后还有追求和意欲的行为种类。我也能够以感受的方式再次朝向自我及其价值，同样也可以作为意欲

① 这里不是详细阐述这项研究的地方。*

着的而朝向我[①]。

然而在外直观和内直观的领域以内（也在感受和意欲中作为价值和抗阻）现在有两个不同种类的现象系列被给予，它们并不是通过它们的客观依赖关系才指明它们是不同种类的，而是也作为“不同的”而被直接体验到：它们是被身体的统一体验为依赖的、“从属于”它的现象，并且是被身体体验为独立的现象。后一种现象构造着心理学认识或物理学认识的最终事实，前一种现象则构造着（扩展了的）内感官和外感官生理学的事实。因而外感知的每一事实都从一开始就含有两个组成部分，其中的一个具有与身体中的一个事实或一个过程的象征关系，但另一个却具有对物理（死的）世界的指明。所以，例如温度感觉的现象就已经有别于作为对象性的而被给予的“温状”（Warmsein）现象。我们也在现象上将“对我们来说是温的、冷的、热的”区别于“这里是冷的和温的”现象，例如将“觉得冷”（Frieren）区别于周围空间的寒冷，将发烧的热区别于房间的炎热。因此，如果说例如我们只有从温度感觉出发才能获得客观温度的概念，那么这是谬误的；无论是通过对其原
167 因的推理，还是通过一种像马赫所主张的协定和定义[②]。在实事状态的现象之间，例如在空间延展状态中的亮状与暗状、在空间延展状态中的温状与冷状的现象之间，也已经存在着提升关系

① 在被给予我自己（Mir-selbst-Gegebensein）（或在自我被给予性一般）的领域中，我的行为活动可以是以感受的、意欲的和感知的方式（例如作为心理学家）进行。例如，只要我愿意控制我自己，我的自我对我来说首先在感知中就不是作为“对象”（在确切的意义上）被给予，而是作为意欲中的“抗阻”被给予。

② 参见 E. 马赫，《热学原理》，关于温度概念的一篇。

(Steigerungsbeziehungen)(当然是带有不可度量类型的客观容量单位),这些关系是光和温度的物理学定义的前提。这里无法进一步具体表明,远现象和近现象(例如两个躯体相互间、一个躯体与身体或一个身体部分与另一个身体部分的“接触”)一部分被体验为与身体相关,一部分则被体验为与身体不相关。

出于这个理由,刺激概念也完全不仅仅是一个假设的、为了说明目的而被构想出来的概念构建,而且它也具有一个现象学基础,它与物理学过程的概念是同样原初的。因而将刺激仅仅定义为那种涉及有机体的物理学过程,就像反过来把物理学过程仅仅定义为对一个生物体反应感觉而言的假设性刺激,这同样都是谬误的!

必须考虑:严格地看,“以太波传给眼睛”这种说法是没有意义的。这里的明显谬误在于:对于光的显现而言已经设定了一个机动程序方面的还原,但对于“眼睛”而言,自然的世界观及其实在则仍然被坚持。然而,在存在以太波的地方,“眼睛”也就不复存在了,在这个地方,连生物体都只是从太阳直至我的大脑的连续运动的一个部分!看的刺激是光束,不是“以太波”。另一方面,无数物理运动贯穿着有组织的躯体,同时它们却并不是“刺激”。“刺激”只是那些改变着身体状态,或设定着生物变更反应的东西。客观的刺激概念也必须——根据它在被体验到的“作用”中的现象学基础——始终与身体的统一相关,并且与它的变更相关。

出于这个理由,一个对象对我行动所产生的被体验到的作用与唤起我的生物体运动的那些运动丝毫没有关系。因为在有这种运动的地方,也就根本没有作为独立统一的生物体,而只有一个(随意地)被选取出来的所有宇宙运动的复合体。规定着行动的东西，始终是那种被体验为起作用的、具体的、自然直观的事物统一和事件统一，而永远不会是分子复合和原子复合。而且它是——无论它在机动程序上如何实现自己，是通过这种反射的中介，还是通过连锁反射，或是向性，或是方向运动等等——一个在现象学上统一的行为，它永远不可能化解在这些“运动”的一个总和之中。

168 然而，正是这个被体验为对此起作用的世界（或特别作用于外部世界的，如此被体验到的“自然”）的总体性或统一的整体现在构成一个生物的“周围世界”。真正被奠基的自然科学的生物学一般（特别是生理学）因而始终必须以生物体与它周围世界的基本关系为出发点。这个关系对于生命过程的本质而言是构造性的。它就在于那些既制约着生物体变化，也制约着世界变化的动态变更。因此，这些变化始终同时受到在 O 和 U（生物体＜Organismus＞和周围世界＜Umwelt＞）“之间”的过程变更的制约①。故而“周围世界”完全与“生物体”一样，都属于每一个生命的统一。把死的自然及其对象视作生物体的对立项，但把“周围世界”看做是一个单纯主观的、通过死的自然对生物体的实在作用而“产生的”“表象”、“感觉”，这是一个原则性的谬误。将生物体与周围世界之间存在的“适应关系”看做生物体对其周围世界的单方面适应关系（或者也看做周围世界对生物体的单方面适应关系，正如某种生命主义所主张的那样），而不把这两者认识为在此统一发生的生命过程的相互依赖的变项，这同样是谬误的。若把这种适应理解为对

① 同样，一个生命过程以及它的变化的任何一个开始状态和结束状态都受生命过程变化的制约。因而结束状态永远不会单义地受开始状态的制约。

死的自然的适应，而不是理解为对"周围世界"的适应，就好像天文学的太阳属于那种例如一个蠕虫或一个北极人所需"适应"的对象一样，这便是完全谬误的了。

俄罗斯生理学家巴甫洛夫的那些同样在哲学上杰出的功绩就在于：他认识到了迄今为止的生理学的狭隘，并要求对生理学进行扩展，这门扩展的生理学要无偏见地考察在"周围世界"变更与生理学过程变更之间的依赖关系，而不是首先询问：通过哪些物理、化学类型的物质作用才引起生理学的功能变化?！正是他对"心理之物"和"物理之物"的双重排斥才使纯粹的生物学—生理学"问题"得以显现出来①。

① 从以上所说也可以清楚地看到，如果人们在生物进化论中把生物"组织"的变化回归为对其"环境"的不断增强的"适应"，那么这就不只是一个实证的、建基于观察之上的观测谬误，而已是一个哲学的观测谬误。但生物体的真正"适应标记"(Anpassungsmerkmal)(例如水生植物的叶和根，而后是沙漠植物、山区植物的叶和根)完全不改变本真的"组织标记"(Organisationsmerkmal)，而后者永远不能被领会为单纯对前者的一种聚凑。在一个始终与一个特定环境结构相符合的被给予组织之内，这个组织的各个个体或亚种可以在完全不同的程度上适应于它们的环境。但环境结构本身的变化(它始终伴随着组织变化)永远不能再被回归为"适应"，例如，环境的扩展便不能被回归为适应。无论如何，这种扩展的原因是一种与适应的变更原因不同种类的原因，而不是不同程度的原因。这里不是对它做进一步分析的地方。——谁误识了这一点，他就必然会走向一门虚假的拟人论(Anthropomorphismus)，因为他将其他的组织种类当作人类周围世界的基础，并且检验它们与这个人类周围世界的适应关系——但它们根本不是他们的周围世界。例如，蠕虫的或鱼的"周围世界"根本不会"包含在"人类的周围世界中。各种动物的周围世界始终需要通过一种特殊的操作才能确定。(对此参见：J. v. 于克斯屈尔，《动物的周围世界和内心世界》。)只是在周围世界和一个组织的诸成员之间存在着各种不同的适应。例如，斯宾塞的生物学和认识论的首要谬误(πρωτον Ψευδοs)就在于，整个生物组织世界都与人的周围世界发生关系，这样，生物组织的高度便应当被回归为生物体对这个"周围世界"的单纯适应。只有生命活动性(Lebensaktivität)(以及它的各个方向及其变化)才规定着周围世界，而这个生命活动

169 一个广为流行的刺激概念的最终基本错误在于,这个概念**没有**从“刺激”所引起的(即是说,就其最原初的含义而言也在语言中所引起的)“**反应**”出发而如此地得到规定,以至于所谓的**感官刺激**或“**感觉刺激**”被视为刺激一般的**本质**。这样人们最终便一步步地达到一种观点,即认为,例如颜色、声音作为质性在不依赖于生物体以及对它的刺激的情况下“根本不存在”,相反,存在着的只有“各种运动”,据说它们是以一种极为神秘的方式(时而通过神经的“特殊力量”,时而通过所谓“灵魂”和它的“本性”)“被转渡”(übersetzt)到这些质性的“语言”之中,若不是甚而被“产生”和“被创造”的话。据说**价值**也以相同的方式是“主观的现象”,它们“实际上”只意味着对变换的身体状态(感性感受)而言的名称。然而生命过程、生物体和周围世界实际上**不**是为了产生出“感觉”和感性感受而在此的;生物体不是“为了”感觉器官而在此;周围世界不是“为了”被感知到而在此!相反,(对某些质性的)**感觉活动**、(对某些价值的)**感受活动**完全并且仅仅**服务于**统一的生命过程;感觉

170 器官服务于基本的生命过程,如喂养、繁殖等等;感知的种类和结构服务于对周围世界的领悟。即是说,人们没有看到,刺激所制约的仅仅是对质性的**感觉**,同样也仅仅是对价值的**感受**(对目标的**追求**),但它却并**不**制约着相关的内容,而感觉仍然属于生命的**反应**。

性却借此而被完全隐瞒了。当然,生命组织(包括人在内)的所有(外部)“周围世界”以一个**共同的**自然为对象。但是,以为这个对象已经在**那些**对于自然现象的机械适应而言是必然的杂多性范畴和形式中受到了规定,这是一个谬误。哪些范畴和形式对于自然对象来说是构造性的,这是一个具有突出意义的问题,但在这里始终是被搁置起来的。在笔者即将发表的著述“劳动与认识”中,这个问题会受到深入地阐释。*

与此相反，人们想把反应回归为单纯的“器官感觉”的顺序，这是按照外“感觉”的种类来思考它们。谁会看不到这是在颠倒是非呢！这里不断地谈及的那种像是不言自明事物的“诸感觉”（Empfindungen）根本就不存在！存在着的是一种感觉活动（Empfinden）（生命反应的一种特例），以及被感觉到的各种质性。唯有感觉活动在其听、看、尝等等功能方面（在个体和总体种类的生命展开中）增强着的变异才决定着：每次都有新的和更丰富的图像质性界域，以及始终有感受的质性界域，即新的和更丰富的价值质性界域，在迎向来自普世（Universum）领域的生命。并不是相同形式的运动的一个贫困的、死的普世在发展的生命面前越来越多地遮蔽着和隐藏着自己；而是这个发展的生命越来越多和越来越丰富地构成了各种不同的反应方式，它们使人“看见”那些自在存在的质性之丰富！

并不是一个价值无涉的普世在这个展开的生命面前将自己隐藏到和伪装到单纯的主观感性感受中去，而是价值质性的王国在这个不断分化的感受面前越来越多地开启自身！

然而如果我们按照这条迂回的途径回到我们的问题上去，那么我们就会看到：1. 就那些对行动成为规定性的对象、即环境对象而言，只有在它们自己已经根据身体的部分生命的价值方向以及对它来说内在的偏好原则而从世界事实的总体中被切割出来时，它们才成为这种对象[①]。一个生物的各自环境因而是它的本能调

① “世界事实”就是指那些对于一个并不受身体及其本能制约的“纯粹”外感知和内感知、价值感知与意欲而言“被给予的”事实。

整及其结构亦即构建(Aufbau)的准确反像(Gegenbild)。这种环境的充盈和贫乏(在世界事实相同的情况下)以及在它们之中主宰的价值,乃是依赖于这些调整的。2.在对环境对象的选择已经贯穿于这些本能调整之后,感性感受状态的进程就已依赖于那些通过环境对象而引发的本能萌动。环境对象不是这个引发的原因,而是这个引发的结果[①]。

171 但在这两点上,康德所预设的都是它们的对立面。就第一点而论,他认为不仅可以将本能萌动,而且也可以将还是质料的本能调整,都视为环境作用的结果。这就导致他最终把一切本能都看做是对一个唯一的、形式的、基本本能的单纯分殊(Spezialisierung),这个基本本能就是自身保存的本能,它通过外部客体的作用才自身展开为多个本能。但实际上每一个生物都是一个由各个本能连同各种质料的价值调整组成的有序的阶段构建,而这是不依赖于环境对象的作用的,然而却对环境对象而言是规定性的。每一个生物都在它的本能调整中就已经带有可能善业的"计划",这个计划并不归功于它的环境经验,并且它的身体－躯体组织是与这个计划相符合的[②]。而这种调整——尽管它们自身还需要得

① 我在关于变态(Perversion)形成的经验总体性中也看到对此事实一个严格证明。所有这些经验都表明,在这里,原发的对象始终是本能的变态,而不是感性感受的变态。例如,由于食本能或性本能的变态,变态者在那些给正常人带来恶心的东西上感觉到"快乐",如此等等。在所有变态形成的过程中,开始时还有一个否定的感受与取求相联结;感受只是慢慢地追随着变态的本能。

② 我在其他地方将会指明——并且为以上所说提供广泛的事实依据——,"种族"的本能调整对它们的道德所具有的重大意义,这种调整不能以任何方式被回归为相关群组的变换着的环境。

到说明——**不**能被回归到任何像自身保存这样的统一本能之上[①]。

但其次康德还认为，在一个环境对象面前的本能萌动是通过感性感受引起的，这种感受是受对象在身体上的作用所规定。这样他就自然会走向一个谬误：所有质料的本能内容，即一个本能所指向的价值质性，都不仅受到（归纳形式的）经验一般的规定——这是正确的——而且还受到环境经验的规定。

对于他的**伦理学**来说，这就导致这样的结果：对他来说，价值事实的总体最终必须分解为**形式法则**和**感官快乐**。而进一步的结果在于：对一个人的**本能生命**的**充盈**与**结构**的考察，只是面对那种“规整”(ordnen)这个本能生命的意愿成就，而全然没有对它做出**评价**。

根据以上所说的总体可以看出：1. **志向在自身中具有一个不依赖于所有经验和所有行动成效的价值质料**。意愿行为在其伦常认识的价值方向中可以用“自身位置”(Selbststellung)这个表述来命名。2. 相反，“本能调整”则以某个**身体组织**的经验为**前提**；但 172
只要有一个这样的组织被给予，那么**本能萌动的质料**就始终只在那个已经**受本能调整制约的环境所允许的**活动空间中才是可能的。

从以上所说可以得出，康德哲学的基本谬误对于伦理学来说也是原则性的。我指的是康德哲学的片面出发点：一方面是**数学**

① 繁衍本能在整个生物本性中都比自身保存方面的本能更为强烈和更为原初，那种以为“自身保存本能是原发的”谬误，只能归咎于在一小段西欧历史上增长着的本能变态。

的自然科学，另一方面是英国的联想心理学。正是这两者，导致了康德一方面不得不相信：可以从生物学的基本概念、生物学的“范畴”中推导出数学自然科学的基本概念和范畴，而“生命”并不展示着一个基本现象一般；但另一方面却又使他相信：本能只是从感性感受领域的内涵中或从这个领域的发生(genetisch)产物中获得其质料和方向，就像它们可以通过联想和再造的原则得到说明一样。对于伦理学来说，这个谬误就意味着：唯有行动的成效才为本能提供了一个质料；而这里的行为成效是指：在伦理学中被实现之物对感性感受的反作用，而且，由于这种反作用至少对于人的价值来说是没有差异的，因而本能及其方向和质料对于人的价值来说也就是没有差异的了。然而，人的一个完全原发的(primär)价值区别就在于：究竟是哪些客体能够对他们的可能行为举止起作用——以及据此才能够唤发起感性感受——而且还有一个区别在于：这个人和那个人究竟能够在哪方面体验到“快乐”；康德没有去关注这些对于伦理学而言的基本事实。

第 二 部 分

第四篇　价值伦理学与律令伦理学

173

第1章　关于价值概念之起源与伦常事实之本质的不充足理论

任何一种认识都植根于经验之中。而伦理学也必须建基于“经验”之中。但问题恰恰在于，是什么构成了那些向我们提供伦常认识的经验的本质，以及这样一些经验包含着哪些本质要素。如果我在回忆中或已经在实施前就把我所进行的一个行动评判(beurteilen)为“善的”或“恶的”，或者，如果把我周围人的行为举止评判为“善的”或“恶的”，那么，是何种经验提供了这个判断(Urteil)的质料呢？这里的问题并不在于，对这些用语言表述出来的命题进行分析，以此来开展研究。这些所谓的评判在逻辑形式方面与判断别无二致。因此就要问：在这里与这个“评判”相符合的究竟是什么样的事实质料(Tatsachenmaterial)呢；它是如何达及我们的，它是由哪些因子所组成的。因此需要研究的是那些直接被给予的事实以及它们达及我们的方式，这些事实为以下的命题谓项提供了充实：“这个行动是雅致的、粗俗的、高贵的、低贱的、罪恶的等等。”

在肤浅的眼光看来，最悖谬的论调莫过于主张有伦常“事实”这样一类东西。人们很乐意承认有天文学、生物学、化学的事实，理论必须以某种方式与这些事实“相一致”。但“伦常事实”是什么呢？即使我们撇开包含在“事实”概念中的一般困难不论：是否任何事实都已经是某种精神的建构，是一个某物－X，它为一个凑近来的概念、问题、假设提供答案，或者是否有真正的和**纯粹的**事实；人们在这里仍然会发现——姑且不去考虑这个涉及事实之本质的问题——一个巨大的差异。无论如何，“伦常事实”与其他事实并不是同一个问题。在对自然的直观中，我感知到星星，感知到植物、动物，感知到最为复杂地组合起来的物体。在对我的直观中，174
我感知到一个自我、一个追求，感知到最为复杂地交织在一起的愿欲、感觉。在一个可以总括为“观念对象之存在”的确定领域中，我思考地把握例如数字以及它们之间的复杂联系。然而我在何处才能找到伦常事实呢？当然，一个自我、一个愿欲可以是善的和恶的、雅致的和低贱的。然而这是我所能看见的吗，就像我在内感知中可以区分处于一个愿欲之中的追求因素、肯定因素、“确实应当如此”的因素、始终一同被给予的肌肉紧张感的因素等等一样？而一个法则、一个设施，甚至在一间屋子里的秩序和混乱——这些事物显然不可能在我之中出现并且不可能在内感知中出现——，难道不也是与“正义的”和“不义的”、“有序的”和“无序的”这样一些指称伦常的谓词相联系的吗？如果我如此地审视整个世界，那么我似乎找不到任何“伦常事实”。在哲学史上，人们曾到处寻找过这些“伦常事实”！

许多人认为在“内经验”中找到了它们。但是，在这里可以遭遇到形形色色的感受，例如“合适的”和“不合适的”感受，“懊悔”的感受、“罪孽”的感受、“罪责”的感受等等，而这是非常不够的。因为，我在这些感受**上**和感受**中**所觉知到的(gewahren)，就是那些被称作懊悔、罪孽、罪责的东西吗？一个感受本身是“合适的”和“不合适的”吗——就像它是强的、弱的，是快乐和不快，具有这些和那些质性一样？显然不是。若是我们以某种方式已经把握住那些与这些语词相符的事实“懊悔”、“罪责”、“罪孽”，并且知道所有这些究竟是什么，那么，对我们在后悔时、在自知有罪时所具有的或在我们心中发现的感受做出说明就是有意义的，也就像我们可以这样来规定 a 和 b 的表象，即我们说，表象 a 是“对俾斯麦的”表象，表象 b 是“对毛奇的”表象。但在这两种情况下，我们都走出了我们在经验中所发现的那些东西，走向那些根本不处在内体验中的对象。心理学家，即以内经验为其领域的研究者，也根本不知道，他的事实是“伦常的”和“非伦常的”。相反，每个人都知道，恰恰是心理学家才必须一再地否定这些易于发现的区别。心理学并不区分善的和恶的感受。即使伦理学的概念世界会把一切可能的东西都描绘到内存在和内发生之中，以至于一个特定类型的不快感在此作为“懊悔”、作为“罪责”以及如此等等“显现出来”，完全就像在某个特定的颜色、形式、光影的复合中，一棵“树”或一座“房
175 屋”显现出来一样：而作为心理学家，他却恰恰必须无视这些含义区别，而后才能获得他的对象。因此，“伦常事实”并不隐藏在“内感知”的领域中。

那么它们是否隐藏在数、“这个”圆、“这个”三角形所处的“观念对象”的世界中呢？柏拉图便如此是认为。这个看法在这样一个意义上是正确的：也有一个观念的含义内容“善”，我可以在一个善者身上、在一个善行之中意识到它，就像在一个看到的红色上意识到“红”的观念种类，因而意识到在一个具有特定色调微差的红

色上的“红”一样。但是，这里的区别在于，是否只能在这个区域中发现对象，还是也可以在其他地方发现。数与三角形只是在此被给予。我无法像直观红和绿那样直观它们。无论有多少运算将我带向 3 这个数，无论我用什么符号来描绘它，3 这个数只有一个。但在其他的领域中也有红与绿、d 调与 c 调。我可以直观红，同时根本不去看“红”这个含义。这并不是说，由于我把一个完全“不确定的”颜色纳入这个含义之下，它才成为红；被看见的红可以有成千上万的色调微差，它们不会进入含义领域。与此相反，那些在一个被看见的、被描绘的三角形上不属于这个含义的东西，即那些“偏离”(Abweichung)了三角形的东西、各种颜色等等，这些完全不是三角形的东西，它们同样也不会属于三角形物体的领域。难道真的如柏拉图所说：“善”的情况与三角形或 3 这个数的情况是完全一样的？难道雅致的、正义的等等作为价值质性就已经是各不相同的了？就像红的色调微差作为直观内容已经各不相同一样？或者它们只是这一个“善”的“范例”，它们的差异只是包含在那些杂多组合起来的、承载着这些质性的意愿行为、行动、人等等之中，它们在此是高尚的、正义的、雅致的？我难道不能例如将任何一种我在经验中遭遇到的善觉知为一个特殊的、特有的事实，同时却不去看“善”的观念——即使在这类情况中总是有可能想到“善”的本质？对此无疑可以做出肯定。伦常的东西并不仅仅处在观念含义的区域中。而且并不是在观念含义的光线下看，“前伦常的事实”才变成伦常的事实。原初就有伦常的事实，它们完全不同于伦常概念的含义领域。将精神划分为“知性”与“感性”，这只是一个古老的并且在历史上有成效的做法，柏拉图在这里也受到这

种做法的欺罔。由于伦常价值，甚至一切价值事实，与直线和三角
176 形的共同之处在于：它们都不处于感觉内容的领域，因而它们就应当是仅仅“通过理性才能把握的含义”。但一个孩童在感触到母亲的善和关怀时，并未以任何方式事先和一同把握到善的观念——无论这种把握是多么模糊。而且我们常常在一个作为我们敌人的人身上感受到一种美的伦常质性，同时我们在含义领域中却仍然坚持对他的旧的否定评判——以至于在我们尚未改变对他的智识信念时，那个美的质性的显现就已消失殆尽。因此，相对于这个唯一含义（Nur-Bedeutung）的领域，伦常事实是质料直观的事实，而且，只要我们用“直观”所指的并不必然是内容的形象性，而是在对象的被给予状况中的直接性，那么伦常事实就是一种非感性直观的事实。

这种看法为说明自己而做的另一个类比也要摧毁。人们通常十分看重这一点：意指伦常价值的那些语词不同于数学的概念语词，它们在“经验”内涵中找不到一个与它们相即相合的相关项。正如没有一个实在物体是一个纯粹的正六面体一样，“除了你们的天父，无人是善的”这句话同样有效；即是说，人们因此也否认独立于含义领域的“伦常事实”，因为意指伦常的语词不仅意指一个“意项的东西”（Ideelles），而且也意指一个“观念的东西”（Ideales），它始终只能为现实的人、行动所“接近”——在一定的程度上。所以，以后的柏拉图追随者（如奥古斯丁、笛卡尔、马勒伯朗士）主张，如果不用一个全善（Allgüte）的观念、神的观念来衡量一个特定的人，那么人们也就根本不能把握他的善——与此完全相同，如果不以一个绝对无限的直线之观念来衡量一条有限的直线，并且将它

理解为一条无限直线的一个“部分”，那么人们也就不可能将它把握为这样一条有限的直线。然而，“一切价值都是‘观念的’”，这个主张必须遭到拒斥。有观念之物的价值，也有实际之物的价值。但伦常价值本身永远不会是某个自身还不是价值的东西的“理型”(Ideal)。根本无法说明，人们必须采纳哪些“理型化”(Idealisieren)的方向才能从一个人所具有的价值中性的特性中获得例如一个价值。我若是想将这个价值理型化，就必须看到它，而它究竟是这个相关质性的有限实事还是无限实事，这是无关紧要的。这里的问题也完全不在于，把伦常质性的各种差异性像善、恶的根本差异一样，化解为对一个“善”或“全善”的“理型”的单纯接近程度。苏格拉底—柏拉图的智识主义(intellektualistisch)观念论从一开始就犯了一个谬误：它否认在其杂多的特殊质性中的恶的价值是

肯定的事实，并且把恶仅仅等同于对最高的善或“善本身”的最大 177

253

疏远，或者说，把它等同于“虚假”(Scheinhaftes)(与真正存在<οντος ον>相对立的不存在<μη ον>)。但价值也出现在所有存在阶段上，只要这些阶段可以被区分开来。然而“善”却永远不能被认同为最后的存在阶段(即柏拉图所说的真正的存在<οντος ον>)，并且，恶永远不能只被视为较为相对的存在阶段。

如果现代唯理论(如斯宾诺莎、莱布尼茨、沃尔夫)将“完美”(Vollkommenheit)这个含糊的概念用于这个目的，并把完美的东西等同于“存在的较高程度”，但却把绝对完美的东西等同于最现实的存在(ens realissimum)，那么它就犯了同样的谬误。完美是以价值事实为前提的，而且，完美是在运用于一个实事时才获得一个意义，即是说，当这个实事的一个特定的、有价值的特性得到理

解时，这个实事就此特性而言是完美的。

因此，如果伦常的价值事实无法在纯粹含义的领域中找到，那么它们又会在哪里呢，它们又能在何处找到呢？在我们回答这个问题本身之前，让我们再关注一门人们为此问题而提出的理论。这门理论主张，根本没有对善、雅致等等这些语词的真正充实，无论是在含义领域，还是在其他地方；相反，这里所涉及的是原初仅仅在语言的语词中存在的人的发明；它们根本不是在意向功能中得到运用的语词，而只是作为对感受、感触、兴趣、欲求行为的表达而被使用。这些主张中的第一个主张在托马斯·霍布斯那里得到最彻底的倡导。Fr. 尼采的多重表述也为它奠定了基础，例如这样的命题："没有道德现象，唯有对现象的道德阐发。"[①]

这种观点尽管在对"观念"与"含义"的评判上根本不同于柏拉图主义及其分支，但它与后者的共同之处要比它所知道得更多。无论在前者还是在后者那里，一般独立价值事实，尤其是伦常价值事实，都遭到了否认，而整个伦常世界都被挪移到了一个非直观的思想王国领域之中。当然，取代那些只能合乎含义地被把握的永恒观念的，在〔现代唯理论〕这里是单纯的"阐释"，它们首先是从一组同类的事实的追求、兴趣、需求中不随意地产生出来，而后则受到或多或少随意的定义和约定。这里所说的并非对伦常价值之物的认识，而是对它的确立，能够对伦常争执做出决断的必定不是明见与真理，而是合目的性。

这种学说的核心就在于〔主张〕，没有一种特殊的伦常经验。

---

① 舍勒此处的引文引自尼采，《善与恶的彼岸》，第四章，§ 108。——译注

据此，标识着价值尤其是伦常价值的那些语词，以及标识着包含在 178
这些语词中的伦常评判的那些命题，都不是再现一个事实情况并根据这个事实情况而处于意向认知功能中的语词和命题，相反，它们首先仅仅是对事实发生着的，但同时不在内感知中被把握为心理事实的那些感受过程和追求过程的表达反应；它们在一个较高的构成阶段上成为某种准备状态的随意表达，这种准备是指以一种特定方式来行动的准备；因此，它们不是对一个被认识的东西的告知，而是将我们本己的行动和我们周围人的行动引入一个特定方向的手段。因而赞誉与责难要先行于伦常的价值把握。“这种行动、这些性格等等是善的”这类命题并不建立在价值认识之上。善、恶等等这些概念毋宁说是通过对赞誉的和责难的行为以及对它们的方向和法则的反思才产生出来。但赞誉和责难本身只是对下列状况的直接表达：被赞誉者就在于一个在赞誉者中现存的实际追求方向，或者说，被赞誉者遭遇到一个抵御追求（Widerstreben）。①

伦理学的唯名论必须明确地区分于这样一种心理学学说，这种学说认为，“伦常事实”可以在内经验的领域中以及在这里被把握到的感受、追求等等之中找到（“心理主义”）。伦理学的唯名论则反过来主张，根本没有这样的“事实”；支配着我们伦常评判的毋宁是定义以及缄默的或含糊的协定。

伦理学的唯名论没有说，“这个人所做的是善事”这类命题只

① 对此可以参阅笔者在《论现象学与同情感理论以及论爱与恨》（1913 年，第 1—9 页*）中对亚当·斯密的同情伦理学的批判，这门伦理学以同感的、不参与的旁观者为出发点，并且以这个旁观者的赞誉和责难为出发点。

是在语词上不同于下列命题："我发现在我心中面对这个行动有一种满足的感受，或在我心中面对这个行动存在着一种满足的感受"；相反，那第一个命题表达了这个**感受**——却并**没有**意指它。如果我在体验一个痛苦之后喊出"嗷"，那么这个"嗷"也不是如此瞄向这个被体验到的痛苦，就好像当我说："我感受到痛苦"一样，而是简单地表达了这个痛苦。在这个"嗷"中也并不包含着"告知"我的痛苦的意向——即使它可能被另一个人理解为对我的痛苦的认知的素材——，相反，它是对这个痛苦的体验的直接表达结果。同样，"这是好的、坏的"这些命题——据此——并不将一个内经验的内涵重现为正在发生着的或已经发生了的，或者将它告知给他
179 人；相反，它们只是简单地**表达出**特定的感受行为和欲求行为！因此，每一个陈述着一个伦常价值或非价值的命题都始终是对一个欲求或一个感受的表达。我们欲求某物并非因为我们明察到某物是好的，相反，我们是把我们所欲求的东西称作"好的"（斯宾诺莎、霍布斯等等）。因而，唯有对一个实际进行了的愿欲行为——无论这个行为是我们自己的意愿，还是社会的、权威的、神的等等意愿——的观看，才赋予一个主张"这是好的、坏的"以一个**意义**。

这些对构成所谓价值判断之最原始意义的欲求和感受的表露，以后便被对这些行为的**随意**"**宣布**"（Kundgabe）所替代，这种宣布带有唤起在他人心中的相同欲求和感受的意向；而这重又是在愿望、命令、劝告、推荐等等不同的样式中进行的。"宣布"是某种不同于"告知"（Mitteilung）的东西，正如它也不同于单纯的"予以表达"（Ausdruckgeben）一样。它有别于"表达"的地方在于相关运动或话语的随意**愿欲**；同样还在于对周围人的**意向**，可是这意

向并不需要像告知那样对准一个特定的周围人或圈子。一般说来，“宣布”朝向“社群的周围世界”及其可能对象。所以，一个权威的公告、决定不是“被告知”，而是“被宣布”（或者也可说是“被颁布”）。但更重要的是，宣布要比告知更普遍。我在“我愿望你做这个”的愿望中或在“你应该做这个”、“做这个”、“你做这个”的命令中直接宣布了我的意愿。即是说，我并不是通过一个反思的行为才确定，“我愿望这个”，“我意欲这个或那个”，以及确定，我命令什么，而后才将这个事实情况放在一个判断中“告知”给他人；相反，这个愿望、这个愿欲本身才是在这些愿望句、命令句中被宣布的东西。一切告知都朝向判断的内容，即朝向实事状态。而不是相反地朝向宣布着的愿望与命令。即使就他人而言，我的意向也不在于使他有所理解、有所领会，使一个事实情况得到了解，例如这样一个事实情况：在我心中有这样的愿望和追求；而更多地在于推动他的意愿，规定他的追求，使之向一个特定的方向行进。促成这样一个对他人愿欲的推动和规定的，并不是对我的愿望的对象性理解的行为，而是一种直接的“追复感受”（Nachfühlen）和“追复追求”（Nachstreben）[①]，它们直接建立在对宣布的语词理解上。

然而唯名论的理论现在也把各个价值判断的交流（Kommunikation）回溯到这样一个对愿望、意愿行为的宣布之上。“你应该 180
做这个”——马上就会表明——可以意指极为不同东西。它可能只是表达我的意愿的一个形式：你做这个。但它也有可能只是一

① 关于“追复感受”和“一同感受”（Mitfühlen）之间的区别可以参见笔者《论现象学与同情感理论以及论爱与恨》的著作（1913 年），第 9 页以后。*

个价值判断的语言伪装:“这是好的,实事上要求你做这个”,或者,“你做的这个是有正价值的”。然而唯名论否认这样一种原初的区别。在它看来,价值陈述也并不促成任何一种伦常认识,而只是以隐蔽的方式表达愿望和命令。对于〔唯名论〕这种理论来说,价值陈述并不是对一个要求得到承认的事实情况的被告知的认识,而是隐蔽的敦促(Aufforderung),即敦促在一个特定方向上进行愿欲——它与直接的,即也在语言上作为命令给出的行为的区别仅仅在于,它伴随着这样的意识:其他的意愿或一个特定的、权威地起作用的意愿也会赞同或赞誉这个指令。因此,取代一个据此而并不存在的“伦常经验”的,乃是对争斗的、战胜的、屈服的、以多重方式相互规定的意愿冲动的观察,它必定先行于一切对什么是善、恶的规定。因此,在将伦常价值作为某些意愿行为、行动、人格的特性加以说明的命题中,这些伦常价值的实用名称“善”、“恶”、“雅致”、“低贱”,也只是成效的质性与程度的象征而已,这成效是指一个意愿行为、一个行动在平均状况下在一个被给予的意愿领域中对这种赞同和不赞同的发生所将具有的成效。因而没有一个特殊的事实情况与这些名称相符合。它们只是这些行动的总和名称,这是就这些为人们在一个事例中所期待的对行动的赞同成效而论。据此,一个伦常评判永远不会对我们的行动而言是指导性的;它——说到底——始终只是对在意愿行为中事实存在的权力关系的象征性表达而已。

很明显,伦理学据此只能具有一个双重的任务:先是把各个有效的价值判断回溯到实际现存的追求和愿欲以及它们的权力关系上;而后在一个特定意愿的前提下对这个意愿(如神的意愿、国家的意愿、“总体意愿”等等）的内容做出尽可能仔细的定义。恰恰是这个内容这时才是“善”，以及与它相争执的“恶”。规定价值的任务，或者哪怕只是规定对这个意愿本身的任务在这里是无意义的。并不是一个孤立了的意愿行为——根据这个学说——具有一个特定的价值；相反，只有当意愿行为与其他意愿行为发生联系，并且其他行为中的一个行为被看做是其他行为的尺度，一个意愿行为 181
才能获得价值。只有由此出发的命令［无论它是具体的命令，还是以一般规则形式（规范）被说出的命令］才会使“好”、“坏”通过命令内容而得到定义。在个体与历史中伦常价值判断的所有变化类型于是便仅仅是对一个意愿战胜其他意愿的象征性表达；而改变行动的永远不会是在伦常认识中的进步，而始终是一个新的实践，它使其他的意愿目标被称作好和坏。因而伦常天才不是发现者，而是“发明者”。它不认识同时也不指明，相反，它行动并且顺势而行。伦常法典仅仅是对它的愿欲目标与方向的一个后补总结而已！

情况的确就像伦理学唯名论所说的那样吗？没有任何伦常事实？好和坏只是一种对事实的随意规定和阐释，它们建基于一种人类行动的尺度协定之上——类似于物理学中关于计量单位的协定？

我们并不打算在这里对整个唯名论的教理进行检验。[①] 需要强调的仅仅是：伦理学唯名论所提出的论据的一大部分在本质上都无异于唯名论哲学用来否认概念、命题、规律表述一般的客观有效性和实在有效性的理由。不仅伦常法则，而且自然法则都被标

① 对此，我请读者参看 E. 胡塞尔在《逻辑研究》（第二卷）中对唯名论学说所做的经典批判。

识为有助于对我们感性感知内容进行最节省的规整的东西(与此完全相同,伦常法则被标识为规整我们行动的手段);人们也试图把逻辑学和数学的最高定理回归为定义和协定;自然中的特定**范围**的此在,即那些独立于计量单位和计量方法的东西,也遭到了否认,因为"范围"的实存——甚至范围这个概念本身——被等同于那个根据一个随意规则而可计量的东西。甚至有这样一种哲学,它否认在哪怕最简单的理论陈述过程中存在着这样一种独立的意指行为,它们与语词相联系并且可以在感性的和非感性的被直观之物中得到充实,它把含义——客观地——等同于同一个语词符号在感性被给予的事实上的**运用规则**。据说不仅在像"这是美的"这类命题中,而且也在"这是红的"这样的简单判断中,"红"这个词
182 也根本不与任何特殊的,而后在对这个颜色的观看和表象中得到充实的意指行为相联接;相反,据说在这里首先被给予的只是这个感性的红以及对那些声响复合的说出,这些声响起先是完全无含义的,但由于它们与这个感性内涵紧密地链接在一起,并且在从内涵返回时一再重新地被发出,由此而获得我们用"红"这个语词含义来称呼的功能。

对于唯名论学说用来支持这个和类似的命题所提出的理由,我们只应当探讨这样一个问题:如果**没有**唯名论一般教理的**前提**,伦理学唯名论还能在多大程度上从这个实事领域的本性中证明它自己的合理性。

我们在这里首先发现在感受表述和意愿表述(Gefühls-und Willensäußerung)之间以及在陈述(Aussagen)和价值陈述(Wertaussagen)之间的一个清楚而明确的区别。一方面是当一幅画突

然出现在我们面前时，或者当一片风景我们在行进时展现给我们时，我们面对它们发出赞叹和惊喜的感受表达(Gefühlsausdruck)"啊"，另一方面是一个陈述："这幅画很美"，"这个风景很可爱"；在这两者之间所存在的并不是一个程度区别，或一个单纯的被表达的感受质性的差异，而是一个本质区别。这个"啊！"不意指任何东西，不意味任何东西，而只表达出一个感受状态。但那些命题却意指和意味着某个东西，而且是某个处在这幅画中、处在这个风景中的东西。在我做这个陈述时，我既不指向我的感受状态，也不——素朴地——生活在这样一个感受状态中，而是指向这些内容，并且生活在这些对象中。尽管有任意多的感受状态会与对这个在对象本身中的"美"、"可爱"的把握相联接，并且它们而后也会得到形形色色的表达，但它们仍然不以任何方式被意指，就像在这些事物中的美的东西和可爱的东西不被意指一样。它们没有被意指，这就像是在我在看的过程中对一个红的事物陈述说"这是红的"，而在这个命题中并没有意指：我在看的过程中具有在眼部肌肉中的特定感觉。与此相同，我对一个美的伦常行为的欣喜表达和我在嘘声中对一个低贱行动的愤怒表达不仅在本质上不同于"这个行为是伦常美的"和"那个行为是低贱的"这些判断，而且也已经在本质上不同于对在这个事实本身之中包含的质性的前逻辑(prälogisch)把握。无论那种欣喜和这种愤怒是有正当理由的[①]还是没有正当

① "有正当理由的"和"没有正当理由的"是对德文"berechtigt"与"unberechtigt"的翻译。它们也可以译作"合理的"和"不合理的"，乃至"合法的"与"不合法的"。"Recht"一词在这里难以做统一翻译，我根据情况将这个词翻译为"法"或"正当"或权利。——译注

理由的，它们本身都奠基于那种对包含在对象中的价值质料的把握之中。我所赞叹的不是风景，而是它或清楚或含糊地显露给我的美。对一个事例的简单仔细的观看就已经会表明这个事实情况。如果有人仍然不满意，那么他还可以从价值理解相对于得到
183 表达的感受的不依赖性以及它们两方面变化的不依赖性来更清楚地认识这个事实情况。与价值经验相联接的自我感受状态以及它的表达可以减少到无差异的地步，而在此同时，价值，甚至对价值的理解程度和适应程度，却不会一同削弱。所以，我们能够大都只是冷静地——不带欣喜及其表达地——在我们敌人的身上察觉一种价值、一种能干，甚至是一种伦常价值。但那种价值仍然是充分地被给予的。这种价值可以继续稳定地作为同一个东西而被关注，而我们的感受状态及其表达却在此期间变换不定。所以，有成千上万的感受状态、喜悦、恼怒、愤怒、骄傲、委屈在一个我们认作能干和有价值的人格面前流过，而我们对他的价值意识却并没有被拽入到这些波动之中；这些状态恰恰不是联结在特定的价值上，而是联结在那些例如我们的身体处境也始终一同进入其中的完全具体的境况上。同样，一个价值陈述不仅仅表达一个追求。我们能够把握那些根本无法通过可能的追求来实现的价值，诸如星空的庄严或一个人本身的伦常价值人格性，同样还有一些价值，在对它们的把握中我们同时知道，它们根本不处在一个在我们之中现存的追求方向上，甚至同时知道，我们在抵御追求它们。①

① 这里可以参阅笔者在“论怨恨与道德的价值判断”（同上书*）中对真正的和非真正的禁欲的论述。

带有引导他人愿欲之意向的对一个愿望或命令的宣布，也在本质上不同于对一个价值判断的传诉，甚至已经在本质上不同于对一个现有价值的单纯指明（Hinweis）（和“指证”＜Aufweis＞），即使这种区别在语言上常常隐而不现，例如隐藏在双关含义的“你应该”中。我们在历史阶段中、在艺术世界中通过传诉的媒介把握到如此之多的人的伦常性格，同时我们却没有在我们心中发现对它们的任何追求，或者哪怕是发现在此追求方面的秉性！而倘若价值只是一个实际追求的和可能追求的X，那么我们的价值世界将会是多么贫乏！可是，素朴的事实情况是这样的：我们在面对价值时所处的状况类似于我们面对颜色和声音时所处的状况。在这两种情况中，我们都认为看到了一个在我们心中是共同的、因为是对象的世界，并且将这个世界区别于对它的主观不同的把握，区别于我们在朝向它的各个部分时所带有的兴趣程度。就像我们认为听到同一个声音和看到同一个颜色，并且在指明它们的过程中对它们进行判断一样，当我们谈及善、一个人的能干、一个行动方式的美的特征时，我们也同样如此地认为感受到了同一种价值，并且
根据它们来进行评判。或许在某个形而上学看来，这只是一种“欺 184
罔”——例如在感知与回忆中颜色和声音的同一性也被机械论的形而上学所否认——，然而我们在这里不会因此而感到不安，我们正站在一个基础上，它必定先行于任何一门这样的形而上学。因而价值陈述完全不是一个隐藏的要求或一个以特定方式进行愿欲或行动的命令。毋宁说，任何价值陈述都朝向一个内涵，这个内涵能够并且需要得到相即的直观的认识。这是一些意指着并且意味着一个对象之物的命题，它们包含在像“这个人是好的”这样一些

陈述中——而不是对愿望和追求的表达或宣布。

人们几乎无法理解，如果没有唯名论自以为主要是通过它的理解而得到澄清的那些事实，它是如何得出它的这个学说的：价值只是指明一个价值中性的事实领域的符号而已。这就是那种实际上建立在兴趣[①]之差异上的伦常认识欺罔的领域。

每一个生活的观察者都看到，人的同一些特性、同一些行动和行为方式都是用——常常达至最为极端的对立——赞誉的和责难的表达来证明的。我们在这里所说的不是判断的差异，这种差异仍然可以从 A 和 B 在同一个人格和同一个行动上所面临不同类型的实事状态出发而得到解释；我们在这里所说的也不是这一个和另一个所看到的“实事”的不同的“方面”；我们指的是那些在同一些“方面”，甚至在同一些实事状态上出现的差异。而且我们指的不是在对复杂具体的事实情况之评判中的差异性，在这些事实情况中，忽而是这个成分，忽而是那个成分更强地影响着最终判断，而是指那些涉及不同（抽象）行动方式的评价，这些行动方式已经脱离于那些与——它们显现于其中的——其他行动、特性的具体联结。这种情况例如出现在：一个人将一个行动方式称作“轻率”，另一个人将它称作“果敢”，一个人将一个行动方式称作“恭顺”、“谦虚”，另一个人将它称作“胆怯”、“谄媚”，一个人将一个性格特征称作“骄傲”，另一个人将它称作“傲慢”或“自负”。在这类情况中有可能出现这个问题：“果敢”、“轻率”、“恭顺”、“谦虚”、“谄

① 在这里和在本书的其他地方一样，舍勒使用的“兴趣”（Interesse）一词都带有“兴趣”和“利益”的双重含义。——译注

媚”、“胆怯”、“傲慢”是否标识着特别的独立事实，或者，它们是否只是因为它们的赞誉和责难的功能而被运用在同一个事实情况上。但是，在这些情况中，决定着一个赞誉的或责难的表达是否得 185
到运用的，似乎是评判者在面对这些实事时所带有的不同种类的兴趣指向。我们大都在这样一些判断中看到这种状况，在这些判断中，不同的“派别”、政治的、经济的、教会的、社群的派别在评判同一些人和过程。[①] 在这里人们会产生怀疑，是否在谦虚、恭顺和胆怯、谄媚之间存在着一个实事性的区别，由于这个区别，一些特性应受赞誉，另一些特性应受责难；或者，是否更多是赞誉的和责难的功能，以及最后在它之中很容易一同被表达的对这种行动的邀请和对其他行动的抵御，才构成那些表达的彼此间的差异。若果如此，这在伦常的价值陈述中就只是象征地反映着各种兴趣的游戏，这种兴趣游戏是相对于行动、人而存在的，甚至已经相对于行动方式和性格特征而存在。若果如此，它们就只是对这些兴趣而言的一种符号语言，而且除了这些兴趣引发本身之总体以外，还要想使其他的东西与这些语言符号相符合，就是一种神话了。然而，只要这同一个价值陈述是针对一个实事状态而发，这里的根据就不会是同一个摆脱了所有欲求和兴趣、被所有人均等地理解的价值对象，而只是各个现存的兴趣本身的一种同形性(Gleichförmigkeit)。

然而恰恰是这个事实领域最清晰地表明了伦理学唯名论的谬误。因为这些事实不仅也可以从一门客观的价值学说出发得到说

① 上述理论也大都由政治家所倡导。

明，而且它们正要求得到这种说明。但这里必须要问：人们如何能够做到，不是直接地表达他们的行为、他们的欲求，而是将它们伪装成价值判断？他们为何用这样一些命题来遮掩他们对一个行动方式的兴趣：如此行动是“好的”、“坏的”，是值得责难的、值得赞誉的，如此等等？按照唯名论的理论，对此缺乏任何有意义的理由。在它看来，这是一个纯粹奇迹！例如一组在工会中结合在一起、决定进行罢工的人，为什么很容易倾向于把那个没有停止工作的工人不是看做有其他兴趣的人，而是看做道德败坏的人，或者一个决定价格的托拉斯的成员为什么也会这样看待一个置身事外，并把他的商品以低于托拉斯价格销售的企业主？这些是很容易理解的，只要我们接受这个前提：有独立的、质性摆脱的伦常价值事实。由于伦常价值的本质，即作为从对其实在把握过程中脱离出来的独立客体的本质就在于，要求得到所有人的承认，因此，本身便会

186 引起很大兴趣并且极为“有用的”的做法就是：人们用伦常赞誉的表达来支持仅仅与判断者兴趣一致的人格、行动，用伦常责难的表达来支持相反的人格、行动——而不只是说，人们与它们的兴趣相同。对于这种本己兴趣来说最有助益的是：对一个服从于此兴趣的人说：他是一个“伦常上好的”人，而最为有害的则是：对他说，他服从于这个兴趣。因此，我们恰恰是为了我们的私人兴趣来利用隐藏在所有伦常价值中的对一个普遍承认的要求；所以我们在这里默默地要求，所有其他人都应当通过这种方式来服从这个兴趣，即他们以对待那个伦常上受赞誉的人相同的方式来对待我们。但是，尽管这种法利赛式的伪善——它把服从于它的载体、它的派别的东西称之为善，把与此相违背的东西称之为恶——如此深地建

立在我们的“本性”之中，它本身之所以可能，也只是因为有独立的伦常价值，并且因为这些价值也可以在具体情况中以某种方式被把握到。只是它们在这种情况中并不是在客体本身上被感知到和“被给予”，而仅仅是“被表象”和“被判断”，并在此同时被想象到这个实事中去；我们在这里也仍然将它们当做独立的事实来把握——但正是在它们不在的地方。可是恰恰在这里，当善者的假象是如此有用时，当——如人们所说——“虚伪也表达出对德行的敬仰”时，善者与德行对兴趣的不依赖性才最为清楚地显现出来。

因此，并不是因为伦常价值本身仅仅是对兴趣关系和兴趣区别的单纯符号，而是因为它们的在场要求受到所有的赞誉和责难，在单纯兴趣对立的情况下使用标识那些价值的语词才是有用的，并且带有最高的兴趣。因此，兴趣并不在“说明”，而是在欺罔对伦常价值的纯粹感受、对它们的纯粹客观的直观：它并不说明伦常经验，而只是在说明它的欺罔。在这里和在其他地方一样，根据欺罔的类比来说明正常情况的方法是错误的。[①] 这种情况在现代哲学中常常发生并且早就发生。例如，当人们想通过同样的条件如幻觉来解释感知，甚至将它标识为“真实的幻觉”(halluzination vraie)时，或者，当人们试图把整个形象之物的现象都回溯到那些在一个平面上(一个特定的形式，一个形象之物在我们心中所引发的光和影的分配)现存的要素之上时，情况便是如此。正常感知的事实情况因此并没有得到说明，而形象之物的现象也同样没有得

① 对此可以参见笔者的文章“论自身欺罔”，载于：《病理心理学杂志》、第一辑、第一册、第 113 页。*（原文为“第二册”，有误，现改正之。——译注）

到说明。在这两种情况中，它们的实存都被预设为是不同于这个
187 欺罔内容的。如果我把尴尬的后续影响和由此而产生的超出了一个过度享受的不快当做“懊悔”，并把一个由于我“无法摆脱的”以往体验而形成的压力当做“罪责”，或者，如果许多人——就像新近的一位诗人所说——把“罪孽”这个表达只是当做一个对其“坏行当”的神秘表达来使用，那么这一切的前提都在于：罪责、懊悔、罪孽的现象在这里被给予了他们，哪怕他们仅仅是把这些现象幻想到体验组成之中，并且自以为“感知”到了某个实际上只是“被表象”出来的东西。

根据上面所说可以清楚地看到功利主义在伦理学中所具有的难以认识的含义。如果人们不是从伦常的价值现象本身出发，而是从赞誉和责难的行为出发，或从同意与不同意以及从它们在一个“社会”以内的语言表达和宣布出发——我们把“社会”表象为是与“共同体”相对立的、仅仅为“兴趣”所动的——，那么在赞誉的和责难的判断内涵中，即在被赞誉的和被责难的东西中，功利主义的原则便始终必然地得到了充实——即在此意义上：没有一个伦常的正价值被赞誉，没有一个负价值被责难，在任意一个载体方面，拥有或不拥有这些价值并不会对那些在一个相关社会中现存兴趣的总和产生肯定的或否定的含义。由此可以明白，我们称之为“社群有效的道德”的那些社群赞誉和责难的规则之总体永远不可能反驳功利主义的原则，但那些如此被赞誉和被责难的东西也永远不可能从功利主义的原则中被推导出来。因为“伦常的就是有用的”这个命题不能逆反到“有用的就是伦常的”这个命题中，就好像所有有用的行动都被实际地赞誉为伦常的行动——这是如此地明

显，以至于连功利主义者都必定不会承认这一点。[①] 但这个特殊的事实情况本身是通过一种对伦常价值本身以及对同意和不同意的行为、对赞誉和责难的严格划分才得到说明的。即是说，价值本身根本不像功利主义者所以为的那样，是在有用的和有害的东西中找到它们的统一（因为在这种情况中那个命题也必定是可以逆反的），在社群有效的道德之内被意指的也仅只是伦常独立的价值质性。但是，与它们相符的行为举止方式也只是在这样一种程度上受到社群赞誉和责难的支持，即：这些与它们相符合的行为举止 188 方式同时也对社会的利益而言是有用的或有害的。换一种说法，它意味着：相关行为举止方式的"有用性"和"有害性"在这里可以说是作为对伦常价值的可能社群赞誉与责难的边界（Schwelle）在起作用——但绝不是作为它们实存的条件，也绝不是作为将相关价值的统一规定为"伦常的"和"非伦常的"的因素在起作用。

因此，功利主义之对手的一大谬误就在于，没有更为确切地指出它的学说虚假在哪里，而是绝然地并且在所有的意义上将它称之为虚假的。功利主义理论甚至是唯一正确和真实的关于在社群赞誉或责难的伦常、现存价值中所找到的，甚至所能找到的东西之内涵的理论。它是唯一正确的关于善和恶的社群评价的理论。例如，并不是"社群有效道德"的一个特殊的历史实际的"低下状态"在决定着这些伦常价值的载体的被赞誉和被责难，并且决定着这些行动是对社群（Sozietät）而言"有用的"和"有害的"；相反，如此

① 由封·埃伦费尔斯在其价值理论中所倡导的"极限用处"（Grenznutzen）在这里也根本无济于事。

地进行并且**仅仅**如此地进行，这属于**所有社群有效的道德的本质**。而且，这些载体和行动永远被包含在这样一些限制之内，这并不是一个**特定的**社群有效的道德的“历史不完善”，而是这个社群有效的道德以及**仅只是社群**的赞誉和责难所具有的一个**永恒而持续**的**本质界限**（Wesensgrenze）。即使是可以想象的“最理想的和最完善的”道德也只能做到：在它之中，对这些载体和行动的判断规则也实际地切中伦常上的有价值的和无价值的东西——但**现有的**伦常价值却始终只在由那个赞誉和责难（作为**社群的**赞誉和责难）的边界为它们所设立的**界限**之内。只有在下列情况下，社群有效的道德才是“不完善的”，即：赞誉的和责难的判断及其规则根本不再切中与它们相即的伦常价值和非价值，相反，一个行为举止的有用性和有害性本身已经**足以**将它标明为受到好的或坏的赞誉与责难的，但在此同时明确地将**单纯**有用的和有害的“作为”好的和“作为”坏的来意指。只有**这时**，真正的“法利赛式的伪善”的事实情况才被给予。但如果人们想用“法利赛式的伪善”这个名称来标识这个“限度”本身的事实，那么人们也必须把理想的社群有效的道德称之为**本质上**“法利赛式的”。因而功利主义的失误就在于，它自以为提供了一门善与恶**本身**的理论，但它实际上只是提供了一门关于对好和坏的**社群赞誉与责难**的（真实）理论。

若是我们撇开这个失误不论，那么功利主义具有一个十分重要的意义：它可以说是作为任何一个可能社群有效道德的可爱而美丽的肆无忌惮者（enfant terrible），说出了这个道德自身如此极力地试图隐藏的秘密。因此，功利主义伦理学**本身**的行为举止，我
189 指的是在对功利主义命题的**提出**和**倡导**中包含的行为举止，它本

身根本不是单纯“在功利上”有价值，而是在最高程度上在伦常上有价值。因为，把仅只是有用的(而不是在伦常上有价值的)人的行为举止方式“作为”有用的来标明和命名，这就完全不是“有用的”了。毋宁说这恰恰是在最大程度上“有害的”，而极为有用的却相反是将这种行为举止方式展示为“好的”，甚而展示为“好的东西”的总和。因此，功利主义者本身的行为举止在最大程度上有别于法利赛人，后者说的是“好的”，指的却是“有用的”。另一方面，功利主义者当然也因此而陷入到一个自相矛盾之中。由于他进行了这样一种有害的行动，但它同时又是一个在伦常上好的和真的行动，即一个把有用之物和有害之物——一切社群赞誉和责难都在它们的界限内发生——也标明为它自身之所是，而不是标明为“好的东西”，因而它的失误就在于违背了它自己的好和坏的原则，并且必须把它自己的行为举止称作“坏的”。因为，没有什么比做一个功利主义者更有害，没有什么比做一个法利赛人更有用了。

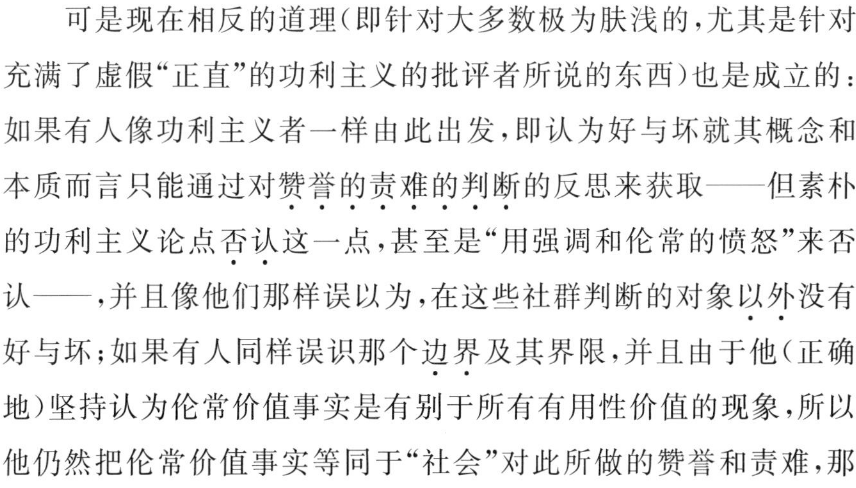

可是现在相反的道理(即针对大多数极为肤浅的，尤其是针对充满了虚假“正直”的功利主义的批评者所说的东西)也是成立的：如果有人像功利主义者一样由此出发，即认为好与坏就其概念和本质而言只能通过对赞誉的责难的判断的反思来获取——但素朴的功利主义论点否认这一点，甚至是“用强调和伦常的愤怒”来否认——，并且像他们那样误以为，在这些社群判断的对象以外没有好与坏；如果有人同样误识那个边界及其界限，并且由于他(正确地)坚持认为伦常价值事实是有别于所有有用性价值的现象，所以他仍然把伦常价值事实等同于“社会”对此所做的赞誉和责难，那

么，尽管他的行为举止由于这种做法而是非常有用的，并且绝对不是肆无忌惮者（enfant terrible），但却同时是极为非伦常的和法利赛式的。他是一个实践的功利主义者和——理论的——大部分“理想主义者”，而功利主义者——如边沁和两个穆勒[①]这样一些人所表明的那样——则不仅是在这里所指明的问题上的实践的理想主义者和——仅只是理论的——功利主义者。

因此，否认一种特殊的伦常经验并且将它虚假地还原为用来指称自在的价值无涉的过程的自制符号，这种做法是行不通的。

有别于唯名论的是另外一种观点，尽管这种观点与唯名论在否认独立的伦理价值现象这一点上是共同的。这种观点表现这样一种主张：对一个愿欲、一个行动等等的评判并不会发现一个包含在它们自身之中的价值，也不需要指向这个价值，相反，伦常价值
190 只是在这个评判之中被给予，或者说，通过这个评判而被给予，如果不是甚而通过它才被制作的话。就像“真”与“假”是通过对肯定的和否定的判断的反思才产生的概念一样，“好”和“坏”也是从对伦常评判行为之反思中抽象出来的。但这些行为本身并不是随意地进行，或在欲求驱动过程的制约下进行，而是根据一个原初寓于它们之中的规律性来进行，根据这个规律性，某个评判（根据其他的规律性，某个“同意”和“不同意”、“爱”与“恨”）被描述为“正确的”，另一些则被描述为“不正确的”（赫尔巴特、布伦塔诺）。于是伦理学的任务便在于，指明这些法则和评判类型，寻找它所遵循的

① 舍勒在这里指的是詹姆斯·穆勒（1773—1836 年）和约翰·斯图尔特·穆勒（1806—1873 年）父子二人。——译注

“标准”或“观念”。这个为赫尔巴特首先借助亚当·斯密[①]而获得、由布伦塔诺和他的学派进一步发展了的观点至少在这一点上与唯名论相似:它把伦常价值变成了对一个判断类的行为举止的某种体验。但赫尔巴特所提出的这个看法的主要依据在于,伦常价值根本不处在心理过程之中,心理过程毋宁说是应当严格按照它们生成的因果法则来研究;但在这种研究中永远不可能出现一个价值。例如一个特定的感受会因为我在一个评判中将自己看做是有罪的而成为罪责的感受;而没有这个判断,这个感受就会是一个完全价值无涉的客体。

人们相信也可以借助于此来解脱伦理学与自由问题的联系。即使一个愿欲和行动是严格受到因果限定的,并且即使我认为它的成立是完全无法理喻的和无法解释的,这个评判也丝毫不会因此而就不再明确清楚地指向这同一个东西。[②]

只要更为仔细地观看,我们就会发现这个解决的尝试完全和真正的唯名论一样是站不住脚的。倘若有一种完全不同于判断(Urteil)的“评判”(Beurteilung)行为,那么这里也就根本无法说明,这些行为意指的是什么,它们瞄向的是什么,同样无法说明,它的这个意指是通过何种实事状态而得到充实的。即使可以承认有

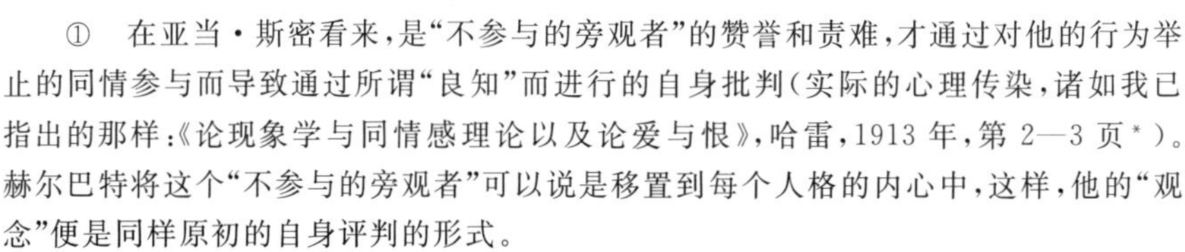

① 在亚当·斯密看来,是“不参与的旁观者”的赞誉和责难,才通过对他的行为举止的同情参与而导致通过所谓“良知”而进行的自身批判(实际的心理传染,诸如我已指出的那样:《论现象学与同情感理论以及论爱与恨》,哈雷,1913 年,第 2—3 页*)。赫尔巴特将这个“不参与的旁观者”可以说是移置到每个人格的内心中,这样,他的“观念”便是同样原初的自身评判的形式。

② 此处也可以参见 W. 文德尔班的讲座《论价值无涉》(1914 年),此外参见在《前奏》(1911 年)第二卷中的“规范与天性法则”。

一种特殊的、不同于逻辑规律性的“评判”规律性，根据这种规律
191 性，评判可以是“正确的”或“不正确的”，这种“正确性”在正确的评判中也仍然始终是这同一个，而我们根本无法说明如何能够达到不同的伦理学价值质性，如“纯洁”、“雅致”、“善良”、“高贵”等等；在一些人看来，这种正确性如果不是存在于“明见性的感受”之中，就是在这种感受中展示出自身，这种“明见性的感受”或在它们之中被称之“为”有价值的行动的“所求状况”(Gefordertsein)，必定也具有与在它们之中得到说明的那些价值不同的质性！但这是一种把实事从光明推至黑暗中的做法，而且此外也因此而损失了规律性的统一。同样根本无法忽略的是：对一个评判行为的观看也可以不为我们提供“正确”和“不正确”的概念，而是提供“善”与“恶”的概念。但这个行为却从来没有并且永远也不会被意指为“好”或“坏”，而始终只是它所朝向的愿欲、行动、人格。也许会出现这样一种欺罔，即道德主义的法官在对我们进行严格而鲜明的“审判”时，将他自己以及他在此时的审判当做特别“伦常－善的”(sittlich-gut)和值得夸赞的；他审判地谈论关于善与恶，并且在这时觉得自己非常“善”，他甚至把他的审判本身也看做是一个“善行”。[①] 但这实际上是法利赛式的伪善。对一个伦常之物的评判

① 或者有人会以为，通过他对自己所做的相当粗鲁的指责可以减少他所感受到的罪责，因为他(虚荣地)看到了这个指责行为的善。即使法官像人们通常所说的那样“公正地”审判，他的行为举止也不是在一个伦常价值谓项的意义上“公正”。他只判断，什么在法则的意义上是正当的，而这个判断本身而后重又可以是“正确的”和“不正确的”。但是，这里所谈的不是一个意愿行为，它只有在这里才可能是“公正的”或“不公正的”——就像在这种情况中：某人自愿地归还一笔财产，他觉得，将它作为私有财产来占有是对另一个人的“不公正”损害。

完全不是**伦常**行为；它是一个带有质料的价值谓项的判断行为。一个常常与这个理论相联接的要求是：人们应当如此生活、行动、存在，以至于人们可以在自身评判中面对自己而“存有”，“可以自己尊重自己”等等。如果在严格的意义上理解这些命题，那么，正如前面已经指出的那样，这里的基础是同样的错误。取代了或悄悄替代了真正、真实的伦常愿欲和存在的是这样的愿欲：“我们可以对我们自己做出一个有利的**判断**”，即是说，我们关于自己所拥有的智识形象（Bild），乃是一个美好地塑造起来的形象。所以赫尔巴特甚至明确地说：从“良知”方面做出的评判并不是关于**愿欲**本身，而是关于“这样一个愿欲”的单纯**形象**。但恰恰是这个对单纯“形象”的瞄向，一旦人们所指的不是像在通常法利赛式伪善的情况中所指的那种在他人中的“形象”，例如在“社会”面前、在“公众意见”面前的可能形象，或者不像在宗教的法利赛人那里所指的上帝所具有的关于我的“形象”，而是我在这种情况中“关于我自己所必须具有的形象”，这时，这个对单纯“形象”的瞄向便构成了法 192
利赛式伪善的游戏形式一个本质特征，我们可以将它称作“**自身公正性**”（Selbstgerechtigkeit）。相对于**这种自身公正者**，真正的**恭顺者**恰恰会在他作为“善者”的“形象”面前感到恐惧——并且在这种恐惧中还**是**“善的”。* 因此，完全**不**是因为对一个伦常的意愿行为做出了或“能够”对它做出一个正确的或不正确的可能评判，伦常的意愿行为才是善的和恶的。这是一个包含在它的进行之中的它的**价值质性**，所有可能的评判毋宁说都只有在这个价值质性的被给予性中才能得到充实。倘若善和恶只存在于判断领域中，那

么就不会有伦常生活的任何独立事实，因而最终在我们的任何一种实际生活方面对一个令人满意的“形象”的构造都是可能的。伦常的人试图在他的愿欲中是善的；但并不是以如此方式，以至于“他可以判断”：“我是善的”。“如此行动，以使你可以自己尊重自己”〔这句话〕可以具有一个好的意义；如果这个“尊重”被当做本己可能伦常存在的单纯认识基础，它便具有好的意义；但如果这个能够判断“我是善的”或这个能够尊重被当做一个愿欲的目的。它便不具有好的意义。此外，一个伦常行为可以在没有对它做出任何判断的情况下进行。判断并不“创造”任何东西，并不“构建”任何东西。甚至可以说：最善者是那些不知道自己是最善者的人，并且是在保罗的意义上的“不敢评判自己”①的人。

然而，除了判断以外也有特殊的评判行为，这样一个前提也是不能成立的。但是，如果“善”和“恶”这些表达就是在对这些行为的观看中并且在它们的正确和不正确的进行中充实了自身，或者，如人们所说，就是从中抽象出来的，那么情况便必定会是如此。无论是主项和谓项的联结统一，还是与完整的判断相联结的设定以及从中解脱出来的对被设定之物的信仰与不信，它们在“A 是善的”、“A 是美的”的判断中与在“A 是绿的”、“A 是硬的”的判断中是完全同样的要素。区别仅仅在于谓项的质料。

我们尤其不可能说：这些所谓的“价值判断”所表达的不是一个存在联结，而是一个“应然联结”、一个应然－存在；并且“善”与

① 《圣经》，哥林多前书，I，4，4。也可以参阅笔者：“论怨恨与道德的价值判断”，同上引书，第 305 页。*

“恶”重又只是展示着这个“应然”的不同种类；或者只是说，某个被体验到的应然是对一个价值判断的必然奠基。但是，像“这个形象是美的”、“这个人是善的”这些语句的意义完全不在于，这个形象或那个人“应当”是什么。他（它）是善的（美的）；他——而后——不“应当”是这样的（或“应当”是别样的）。这些判断只是再现了一个事实情况，在可能情况下也是一个应然的事实情况，如在“他应
当是善的”这个判断中。这个“应当”在这里只是表明：或者，主项 193
并不是事实的、经验的人，而是在他的“理想”中的人，即是说，在对他做出判断之前已经按照他的本质线索而对他进行了一种理想化，而善的状态是对这个理想而言；或者，它意味着，这个人是一个应当是善的人。但这个理想化并不是判断的成就；它必定在判断前就已进行。但价值判断无法回归为一个应然判断，这已经表明了这个简单的事实：价值判断的区域具有一个比应然的区域更为宽泛的范围。我们可以陈述一些价值，对于它们的载体，说这个或那个“应当”存在，是根本没有意义的。自然客体的所有美感谓项都属于这一类。在伦常领域中，应然也首先局限于在行动中个别的做的行为。正如叔本华确切地指出的那样，一个“愿欲应然”（Wollensollen）就已经是一种荒谬。在行动过程中，问题还可能在于：一个像“这个行动是善的”这样的命题是否仅仅意味着：“它应当被进行”；或者“存在着进行它的要求”。但是，当我将一个人、一个人格、它的存在说成“善的”时，这种情况就不存在了。因此，任何一门应然伦理学——作为应然伦理学——天生就已经误识并排斥了真正的人格价值，并且把人格仅仅看做是一个（可能的）应

当做的 X。[①]

但反过来有效的却是：凡是在谈及一个应然的地方，必定首先已经发生了一个对一个价值的把握。每当我们说，某物应当发生或存在，总会有一个关系一同被把握到，即在一个正价值和在这个价值的一个可能实在载体、一个事物、一个事件等等之间的关系。一个行动“应当”存在，其前提是，这个“应当”存在的行动的价值在意向中被把握到。我们并不是说，应然就“存在于”这个在价值与现实的关系之中，而是说，应然始终并且本质地建立在这样一个关系之上。

任何应然都奠基在一个价值之中（而不是相反），对于这个定理，有人可能会提出异议，认为有一种应然（Sollen）和所应状态（Gesolltsein），它们的内容是不实存的（或者也可以说是“尚”未实存的），并且它们因此就不会具有任何价值。按照这个异议，价值陈述似乎局限在实存之物上面，而应然陈述则不是。然而这个虚假的异议是完全不能成立的。因为，价值陈述仅仅朝向实存的对象，这个说法是不正确的，尽管它们也能够做到这一点。正如我们在第 1 章中已经指出的那样，价值完全不是从经验的、具体的事
194 物、人、行动中抽象出来的概念，或者说，不是这些事物的抽象的“不独立的”要素，而是独立的现象，对它们的把握可以在最大程度上不依赖于内容的特殊性，以及不依赖于它们的载体的实在存在或观念存在——或者说，（在此双重意义上的）不存在。因而我们也可以把一个不实际的内容归给一个实际的价值。例如，不是这

① 对此参见这部著述的第六篇：“形式主义与人格”。

个无能力的人，而是这个有能力的人是部长，这个实事状态是有价值的，即使这个有能力的人事实上不是部长。而且只是因为它有价值，它才也"应当"存在。应然始终奠基于一个这样的价值之上，对它的考察是在一个可能的实在存在方面进行的，即在这个关系中进行。当且仅当情况是如此时，我们才愿意谈及"观念的应然"。与它相对立的是那种应然，这种应然此外还通过与一个可能的、实现着它的内涵的愿欲的关系而受到考察（义务应然<Pflichtsollen>）。* 前者例如是在这样的命题中被意指："不正当应当不存在"，后者则在这样的命题中："你应当不做不正当的事情。"因而价值绝不存在于某物的所应状态中。若非如此，那么就会有无穷无尽的不同的应然方式与类型；多得完全就像不同的价值内涵一样。价值并不仅仅包含实存之物和不实存之物，而且也涉及从（价值的）非实存到（它的）实存的过渡（"应然"本身的价值）；而观念的应然则局限在实存的和不实存的内容上，并且奠基在这种"过渡"之上；相反，"义务应然"则唯独奠基在不实存的价值之上。在这里，应然也表明了它的派生的和有限的本性。黑格尔便已经合理地强调，一门（例如像康德伦理学那样）建基于应然概念，甚至义务应然概念之上并在这个应然中看到伦理学原现象的伦理学对于实际的伦常价值世界来说永远不可能是公正的，甚至在这种伦理学看来，一旦一个单纯的义务－应然内容成为实在的，亦即当一个律令（Imperativ）、一个诫令、一个规范例如也在一个行动中得到充实时，这个内容就不再是"伦常的"事实情况。[1] 当然我们必须防止一点，即从对"应然"这个表达在一个尚不实存的、未来的发生、存在、行动

① 参见黑格尔，《精神现象学》。

上的通常语言使用中推导出：这个如此包含在“任务”中的未来关系属于“应然”的本质。应然并不(必然地)会在对一个未来之物的追求中出现。相对于当下之物和过去之物，谈论一个“存在的应然”(Seinsollen)也还是有意义的。康德也是在这个意义上使用这个词，他说，绝对律令指示着，什么应当存在，“即使它永远不会或
195 从来没有现实地发生”。应然实际上并不是从一个事实存在和发生中抽象出来的，例如不是从一个可在内感知中发现的“逼迫”(Nötigung)感受或意识中抽象出来，相反，它是内容的被给予性的一个独立方式，这些内容并不必须首先在实存性的存在的被给予方式中被把握到，而后才能作为应然的而被把握到。因此，存在应然的内容完全无须包含在实存性存在的区域中，无论这两个区域在内容上多么相合。但尽管如此，观念的“应然”本质上始终奠基在价值与实在的关系之中，但义务应然则始终朝向对一个非实在价值的实现上。因而关于一个已实现的价值，如果我们说，它“应当”是合义务的(pflichtgemäß)，那么这就没有任何意义了。[①]所以，义务应然是一个附加到价值的某个领域中的某物，只要这些价值在通过一个可能追求来实现它们的方向上受到考察；但价值并不像一个虚假的主体主义者所以为的那样存在于一个所应状态中。[②] 它们并不是一个所谓的“先验自我”或“主体”对一个经验自

① 康德曾在这个意义上拒绝幸福主义，他说：由于人无论如何都在追求幸福，所以，说他们应当如此，这是没有任何意义的。

唯有在观念应然的意义上也才能够说：“如此存在并且也应当如此存在。”

② 此外，同样也要拒绝那种(从属于费希特思想圈的)企图，即把实存的概念回归到一个应然、一个被要求状态等等之上，就好似意味着，某物“实存”就相当于它被承认、被信仰等等一样。

我所实施的“逼迫”，或某个由此而向“经验人”所发出的“声音”、“呼唤”、“要求”。这些都是对素朴的事实情况所做的有利于一种可疑的主体主义形而上学的建构性转释（Umdeutungen）。毋宁说，一切规范、律令、要求等等——如果它们不想是随意的命令句——也建立在一个独立的存在中，建立在价值的存在中。

同样必须反驳那种认为价值根本不“存在”，而只是“有效”的主张。“有效”属于那些自己本身为真的命题，只要这些命题、这些含义内容与一个可能的主张有关。[①] 当然，对于那些将价值归附给一个实事的命题，这一点也是正确的。但价值本身并不因此而就是单纯的“有效”，好似它们是在这种有效中产生的一样。价值是事实，属于一个特定的经验种类，因此，一个这样的有效命题的 196
种类本质就在于，它与这些事实相一致。

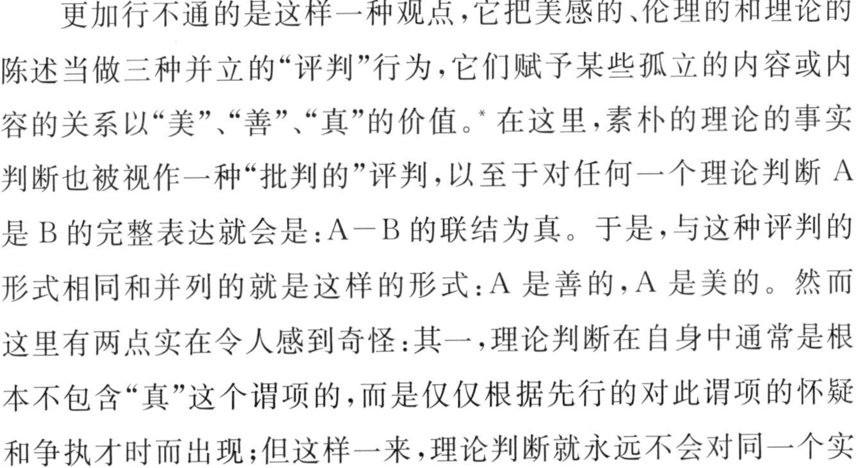

更加行不通的是这样一种观点，它把美感的、伦理的和理论的陈述当做三种并立的“评判”行为，它们赋予某些孤立的内容或内容的关系以“美”、“善”、“真”的价值。* 在这里，素朴的理论的事实判断也被视作一种“批判的”评判，以至于对任何一个理论判断A是B的完整表达就会是：A－B的联结为真。于是，与这种评判的形式相同和并列的就是这样的形式：A是善的，A是美的。然而这里有两点实在令人感到奇怪：其一，理论判断在自身中通常是根本不包含“真”这个谓项的，而是仅仅根据先行的对此谓项的怀疑和争执才时而出现；但这样一来，理论判断就永远不会对同一个实

① 命题的真理也不在于它们的“有效”，无论“有效”在这里是与主体相关，还是与对象相关，即与这些命题所意指的并通过它而使它们的所指得以充实的那个对象相关。这两者都是“真命题”的关系，它们奠基于真理之上，但它们并不构成真理。

事状态进行，而是对那个在另一个判断中已被判断过的实事状态进行；与此相反，一个美感的或伦理的评判却必须必然地包含着这样一个价值谓项。在理论判断中，只要有系词的或在语言上替代它的东西（动词词尾等等）的断言功能，就足以一同表达出那种对实事奠基性以及在这个意义上的“真理”的享有资格（Anspruch）。人们难道不也必定会期待：——如果这里事关三个并列的评判方式——或者是理论判断也必定始终包含着“真”的要素，或者——若非如此——，美感的和伦理的陈述就必定是通过一个特殊的联结符号而得到标示，并且同样不需要任何一个特殊的价值谓项？这两种情况都未出现。我们能够把这样一种与思想的不相即性归咎于语言吗？我相信不能。① 其二，按照上述说法，在理论判断中，“本真的”（eigentlich）“谓项”就始终为“真”，而“主项”却始终是一个A与B的联结；与此相反，在价值陈述中，一个对象A绝然地被称作善或美等等。如果一门理论试图在顾及律令命题和实存命题的同时，把那种最基本形式的理论判断与它所承担的将各个术语的状况包容进来的义务脱离开来，并且把一个将一个B“归附”给一个A的双分子判断看做是对这个单分子的、仅仅“承认的”判断——即那个只是简单地“承认”或“设定”一个A的判断——的单纯继续构成，那么这门理论可能不会对此抱有如此之
197 大的异议。然而——撇开关于这个我认为完全行不通的观点的正

① 在像“真的朋友忠告”、“真的朋友”、“真的上帝”这类情况中，“真的”（wahr）替代了“真正的”（echt），与“非真正的”（unecht）相对立，——这是一个以价值本质为前提的概念。“真正性”（Echtheit）是价值的自身被给予性，不同于价值欺罔。真的价值判断奠基于对真正价值的感受之上。

确性问题不论——这里仍然存在着一个清晰的区别，善和美在判断中始终是作为一个对象的标记（Merkmal）而被意指，而如果就一棵树或就一些人，在同样的意义上说，它们是“真的”，就像我们说它们是“美的”或“善的”一样，则根本没有任何意义。但反过来我觉得完全清楚的是，对于每一个理论判断来说，在它的单纯主张要素中就已经拥有对真的状态（Wahrsein）的享有资格，而不是在对这个主张的可能评判的基础上才拥有它；而“A 是善的”、“A 是美的”这类命题也不缺乏对真的状态的享有资格；正如在某些情况下，这种对真的状态的享有资格也可以在这样一些命题中得到特殊的表达一样：这是真的：A 是美的，它是善的。但这也只是因为在“这是真的：……”之中重又包含着这个素朴的真理享有资格。若非如此，那么也会产生一个无限的“批判性”评判的序列。因此，对真理的要求，同样会向价值陈述发出，并且会对价值陈述来说存在。一个价值陈述必须完全像任何判断一样是逻辑“正确的”，即是说，必须符合判断构成的形式规则，而且除此之外——为了是真——还必须表明与某些“事实”的一致性。

美感的和伦理的评判、美感的和伦理的推论等等不具有区别于逻辑规则的特殊规则。至少我不知道有这样的规则。但对某些价值状态的美感的和伦理的价值认定则具有法则。但这些法则不是判断构成和推论的规律，而是对特殊事实与质料的一种体验的法则，这些事实和质料为伦理学和美学以及关于这种体验的信念提供了它们的统一。[1] 另一方面，并不能由于逻辑学也与“真理”

[1] 这里还存在着对价值状态的同意与不同意的法则，它们一方面以对价值的体

这个价值有关，就把它作为一门价值科学放在与伦理学和美学同等的位置上，因为真理根本不是“价值”。把价值赋予那种对真理进行寻求、研究的行为，这具有好的意义；[①]也还可以就一个命题
198 的为真而把价值赋予确然性——就像人们例如可以谈及或然性价值一样；甚至对真理的认识本身也还是一个价值；但真理之为真理却不是一个价值，而是一个有别于所有价值的观念，当一个判断的以命题方式形成的含义内涵与一个实事状态的组成相一致，并且这种一致性本身明见地被给予时，这个观念便充实了自身。但在这个意义上，我们的价值陈述也必定是“真的”并且也可以是“假的”；而与此相反，要求或规定一个理论判断是“善的”或“美的”，则是没有任何意义的。

这里当然还有一个问题甚至没有得到解决：为一个价值判断提供充实的实事状态本身与一个为对同一个对象的理论陈述提供充实的实事状态之间是什么关系，或者我们宁可说，价值状态与实

验和体验法则为前提，另一方面却对判断领域展示为质料和事实，——但同时却完全独立于判断法则。

① 真理完全不只是这种寻求、研究的“理想”，或者甚而是一个我们“为我们的意愿所设定的”理想（西格瓦特便如此认为：《逻辑学》，第二卷）。也有被找到的、不是“理想”的真理；而如果并且只要我们使某个命题上的真的状态明见地得到充实，那就只有一个“对真理的寻求”了。于是我们能够在其他事实、问题、命题方面再次“寻求”这个在一个含义要素上看到的因素。无论有多少精神“活动”必须先行才能使我们找到真（例如也包括意愿活动），对真理的明察也始终是一个突如其来的闪光，它没有高低程度，并且一向具有接受（Empfangen）的特征，而不具有成就、制造、构建的特征。——在这个部分付印后，我明察到，埃米尔·拉斯克在许多方面对事物做了与这里的文字相符的理解。参见拉斯克：《哲学的逻辑与范畴学说》，图宾根，1911年，尤其是出色的第三章，第2段落。相反，我却不能够赞同拉斯克关于“康德的哥白尼行动”以及关于作为一个有效真理对象的对象之实存意义的阐述。

事状态是什么关系。需要提出这样的问题:一个这样的价值状态是否必定是必然地奠基在一个实事状态之上,或者,它是否可以作为一个独立的事实情况而被给予,或者甚至相反,一个实事状态是否始终只能在奠基在一个价值状态上而被给予,但只有在我们将这个价值理论再推进一大步之后,这个问题才可以得到决断。

伦常价值的评判理论也指出,它的根据之一——我是这样说的——就在于:伦常价值并**没有被放置**在那些实在的**心灵过程本身**之中,即那些在内感知中以及在对被感知之物的思维解释和补充中展示出来的心灵过程;因此,始终是一个从外部拿来的**标准**、一个**规范**或一个**理想**,才使善与恶的区分得以可能。愿欲和行为举止的心灵事实首先是完全"**价值无涉**"的客体,而对它们的描述以及对它们的因果生成的研究永远不能够构成超出它们的价值的东西。只有一个被拿来的规范才使此得以可能。但另一方面,即使是对意愿行为之因果可确定性的最严格明察也无法取消对它们的评判以及它们的权利。即使是从它们的个体的、社群的、心理的和生理的原因出发对一个坏的行动的如此仔细的理解也不会使它们变得更好些。

在这个观点中。真与假奇特地混杂在一起。

如果是这样——我们暂且承认它——,那么就必定会出现一个问题:应当被拿来衡量心灵过程,以便使伦常区分得以可能的那个"**标准**"、那个"**规范**"究竟是从大千世界的何处得来的呢?我看 199
只有两种可能性。它们本身是否回溯到这样一个心灵的过程之上,回溯到一个特殊的心理的应然事实情况、一个对承担义务(Verpflichtung)的感受、一个被体验到的内心命令等等之上呢?

而后这个事实情况是否就比其他事实情况更少是“价值无涉的”呢？而它是否像其他事实情况一样是一个心灵发展的必然结果，一个在属性和方向上随着它出现的因果条件而变更不定的结果呢？而这个事实情况是以何种理由、根据哪些新的“标准”从心灵杂多性的总体中被挑选出来，而后以此来衡量其他的事实情况呢？但是，若是它应当具有一个不依赖于所有心灵事实情况的发源地，那么它又从何而来的呢？这样的话，它若不是一个任意的命令又会是什么呢？人们还是一如既往地要回溯到一个被体验到的应然、一个被体验到的义务上去！为什么这个东西应当（在观念的意义上）是作为所应的（gesollte）被体验之物呢？为什么我们“应当”听从这个义务意识呢？为什么因果的理解恰恰应当在这里停住，并且义务意识例如不应当使自己回溯到一个建基于遗传或社群暗示中的强制禀好（Zwangsneigung）之上，它不依赖于我们个体追求的方向，并且常常与它们相对立，对它来说，一个共同体形式的保存具有某种合目的性？为什么在这里要命令因果的理解停住？唯有随意性才可以这样做！唯有随意性才可以从任何一种实际的应然体验得出这样的命题：就应当是如此！任何一个人都从出生时起就发现自己被实际规范着的各种强力所包围。他应当赞同哪些规范？倘若他可以说：赞同这样的一个规范，即我们可以从它那里明晰地看出，对它的遵从就在实现着那些明晰地是最高的价值，那么困难就不存在了。但这样一来，规范先要规定价值才行！而如果他拿那些由外部向他侵入的命令和规范来与一个“内心的逼迫”相比较，即：采纳还是拒绝它们，那么这个“内心逼迫”之所以具有较少的“盲目性”，就是因为它是一个“内心的”吗？难道他不应

当可以对它发问：它是如何进到他心中去的，就像例如在事关一个无法回忆是如何获得的强制性神经官能症时，或者在事关一个他在其个体自我及其禀好联系和愿欲联系面前作为一种异己的力量而体验到的遗传本能时，他首先会提出这个问题一样？

在这里，这个被体验到的逼迫或被体验到的命令究竟是朝向一个一次性的具体行动，还是朝向一个为之而一同设定了某个阶段的普遍性条件的行为举止，这是完全无关紧要的。命令的特征 200
或盲目逼迫的特征并不会随着所应之物(Gesolltes)的普遍性而消失。一个不能附着在一个确定的发命令者上的、从内心出发被体验到的具体命令在这里就叫做“义务”，而“规范”这个表达则被用于内心的逼迫，它们朝向一个行为举止的普遍特征(以至于行为举止首先是通过一个命令来思考的)。于是，无论是“义务”的概念，还是“规范”的概念，都不能构成伦理学的出发点，或不能冒充自己是这样一个“标准”，根据这个标准才有可能区分善与恶。

如果人们抹去义务观念由于康德的呼语(Apostrophen)而获得的这个有些神奇的特征，并且如果人们不去追查这样一种实用主义的观点，即义务伦理(Pflichtethos)在实践中可能做出了什么，那么分析会表明在它之中有四个因素，对它们的指明就已经表明，伦理学并不能够建基于它们之上。义务首先在两个方向上是一种“逼迫”或一种“强制”：其一，它是针对“禀好”的一个逼迫或强制，亦即针对所有那些带有“在我心头涌现出奋起追求”(Inmir-aufstreben)、带有不是从我的个体自身出发而体验到的追求之特征的东西，如饥、渴、一个萌动的情色(erotisch)禀好等等。而后，相对于个体愿欲本身，即相对于那个不带有那种禀好性格，而是为我作为从我的“人格”出发而体验和进行的追求，它也是一个逼迫、一个强制。这两个逼迫的方向都属于“义务”，而不仅仅是为康德追随者大都片面强调的第一个方向。唯有当应然发现一个与它相对立的奋起追求的禀好时，单纯“应然”的一个内容或根据价值而被要求状态(Gefordertsein)的一个内容才从属于“义务”，与此相同，唯有当应然或是被设定为反对个体的愿欲，或是被设定为至少不依赖于个体的愿欲时，上述情况才会出现。只要我们自身明见地明察到，一个行动或一个愿欲是善的，我们就不会谈论“义务”。甚至可以说，只要这个明察是一个完全相即的和理想完善的明察，它也就在明确地规定着不带有任何插进来的强制因素和逼迫因素的愿欲。[①] 这样，义务观念的第二个标记也就得到了暗示。因此，在出于义务的愿欲之本质中包含着：它可以说是断绝了朝向明察的伦常信念，但至少它是以独立于此的方式进行的。在它之中所包含的应然并不建基于清楚的和明见的对愿欲和行动的价值之感受上，相反，它的“必然性”是对一个仿佛是盲目的内心命令的体验；无论以后通过“义务”被诫令的东西(Gebotenes)是否此外也会
201 与一个事实上明晰的偏好价值同时发生。生活经验一再向我表明，对“义务”的表象的调整，常常正是在伦常的、朝向明察的信念仿佛变得虚弱时，或者不足以解决一个过于复杂的境况，或不足以避免一个过于远程的和过于沉重的伦常自身负责时。用“这是我的义务”或“义务而已”，人们更多是断绝了对明察的精神努力，而

① 对此参阅这部著述的第一部分、第二篇、〔边码〕第 87 页对苏格拉底命题的修复。在这里，“必然性”也表明它的否定本质。出于义务的行动始终是作为一个“不能行动”而被给予的。

较少地给已获得的明察以表达。例如，约克伯爵将军在陶拉格人面前并不履行他的“义务”，而是超越出他的军事义务意识对他的指令，追随他的更高的伦常明察。[①] 在义务的逼迫中含有盲目性的因素，它本质上从属于义务。如果人们不去随意地赋予义务以某个新的定义含义，而是发现用这个词所指的东西，那么人们会发现，在“义务”中显现出一种内心的指令呼声，它就像权威的命令一样，既不进一步“被论证”，也不是直接明晰的。“义务”是一个出自内心的权威。它的“逼迫”是一个主观上受限的、完全不是对象性的地建基于实事的本质价值中的“逼迫”；而且，它仍然是这样一种“逼迫”，即使这个主观的强制冲动作为一个“普遍有效的”而被给予，亦即我们具有这样的意识：每个其他人在同样的情况下都会这样做。一个普遍有效的内心强制冲动由于作为“普遍有效的”被给予而完全不会是对象的或“客观的”明察（在未加篡改的词义上的对象的和客观的）；就像反过来，这个行动和行为举止只是对我而言并且不对任何其他人而言的一个客观“善的”行动和行为举止，[②]对此的意识完全不会排除这个可能：这个行为举止是建基于

① 舍勒在这里所举的例子具有下列背景：拿破仑入侵俄国期间，普鲁士后援部队指挥官约克伯爵将军在1812年12月30日自作主张宣布解除拿破仑强迫签订的盟约，并答应俄国人，他的部队保守中立，于是拿破仑精心建立起来的统治体系开始瓦解。约克这样做虽然违反了他的国王的旨意，但他相信，时势已变，只好如此，别无他法。1813年1月3日，他在写给腓特烈·威廉的信中为自己辩解道：“只要一切在按常规进行，每一个忠臣都必须顺应时势而行。那时，这是他的义务。但今日时势已变，出现了新的情况，利用这不会再来的情况同样是他的义务。在这里讲的是一名忠实老臣的话，它几乎也是全民族的共同语言。”（以上参照：迪特尔·拉甫，《德意志史》，香港，1987年，第59页）——译注

② 对此参见这部著述的第六篇：“形式主义与人格”，B.〔伦理关系中的人格，〕第2章：“人格与个体。”

对它的对象性偏好价值的明察之中。其三，义务当然是一个从我们出发并且在我们之中响起的指令，而这有别于所有其他、作为“从外部”而来被给予的命令。但如前所述，这并不会影响这个指令的“盲目性”。对一个外部权威的命令的服从可以建立在对服从的价值的明察以及对权威转移到我们本己价值上的那个价值的明察上：这时，我们的愿欲和行动就是明晰的；而反过来，对“内心的”义务诫令（Pflichtgebot）的服从则完全可以是盲目的，是对这个特有的逼迫的一个简单顺从。因而这个单纯的“从内心发出”，并不会赋予义务观念以丝毫更高的威严（Dignität）。即使是根据社群暗示而发出的指令——但在没有意识到这个暗示的情况下——在
202 我们心中响起，它也显现为是“从内心”发出的，并且大都与“禀好”发生争执。最后，第四点，义务具有一个本质上否定的和有限的特征。我以此并不仅仅是指人们时而所主张的那些东西，即义务意识禁止我们做的要比它指示我们做的更多。[①] 我更多是觉得，即使在一个内容作为在“指令”意义上的义务而被给予我们，这个内容也仍然是作为一个这样的内容被给予，即相对于它，其他内容是“不可能的”。我们所承担的义务乃是从对什么是不应当做的东西（在观念的不应当<Nichtsollen>的意义上）的透彻审查而对我们产生出来。义务是那些被明察为肯定的善的东西，但更多是那些在对我们的追求和冲动的杂多批评面前自身持守为无法克服的东西。义务与所有“必然性”一起分有这个特征，包括那种与单纯的

① 西格瓦特在《逻辑学》第二卷（第 745 页）中便如此认为，包尔生在他的伦理学中也是如此。

强制感受和因果必然性无关的、有实事根据的“必然性”。因而“必然性”在这里也是那个“其对立面为不可能”的东西；是那个在进行任何其他思考或其他意愿的尝试过程中自身持守着的东西。但在这两种情况中，“必然性”都区别于对一个事实情况、一个实事状态或价值状态之存在（或价值）的素朴明察。明察并不需要贯穿在针对一个哪怕只是可能的对立面的思考之中。因此，伦常明察也不需要贯穿在针对一个其价值有问题的愿欲的试图反愿欲之中。

在所有这些方面，伦常明察都区别于单纯的义务意识。即使是那些有别于作为义务而强加给我们的内容的东西、那些伦常上明晰的和善的内容，也就是说，即使是一个不同于一个单纯想当然的义务的真的和真正的义务，也仍然是伦常明察的对象。因此，不能把明察伦理学和义务伦理学——如常常发生的那样——混为一谈。它们是相互争执的。

这并不是说，在获取伦常明察的道路上，“义务意识”没有权利获得一个完全确定的意义。但是——即将表明——，对权威的命令的聆听和对传统的话语的关注也有权利获得一个同样高的意义。它们都是无可替代的、使业已进行的伦常明察经济化（Ökonomisierung）的手段。然而，对于理想地获取伦常明察来说，它们本身可能是有价值的东西，其自身必定还是伦常明察的对象。

可是，关于“义务”所说的东西，恰恰也适用于“规范”。伦理学是否需要寻找那些常常被设定的规范或自然法则，在这个问题上 203
的分歧根本没有穷尽现有的可能性。我们后面还会回到这一点上来。

但不仅仅“从哪儿取得那个应当被拿来衡量意愿过程的‘标准’”这样一个问题会超越出那种理论*。它所主张的那些事实也不是以它所说明的那种方式被给予的。

人们认为，在具有伦常价值的客体本身上面，例如在意愿过程上、在行为举止方式的整个游戏上，找不到像价值这样的东西；这些价值是由简单的心灵生活要素构成的价值无涉的复合体，而心灵生活要素通常是由心理学来确定的（在数量上和本质上各不相同）。唯有通过根据一个规范或一个理型来进行的评判，它们才获得价值，并且也才能够获得价值。但如果我们不带成见地通过生成理论来检验一下伦常生活的事实，那么就可以发现这个主张是完全未经证实的。我们具有一个（在这里无法进一步描述的）关于一个行动正当与不正当的意识，我们感到有一种对此行动的禀好（Neigung），但还没有做出对它的评判。在这里，这个行动并不必须是已经进行了的，也并不必须当下有一个对它的愿欲；这里所关涉的例如可以是一个只是在愿望中浮现在我们面前的内容，或一个我们只是愿欲地或愿望地想象的内容，例如在阅读戏剧的过程中；这里所关涉的也可以是一个我们从未进行过的行动。人们称之为“良知”的东西，首先包含在对这些意识事实的仔细倾听中，在关注它们的能力和训练中，而不是包含在评判的行为中。在这里也有一个广泛的欺罔区域，它们与评判的谬误无关，例如与把一个如此被意识到的事实情况误归到一个概念之中的谬误无关。我是现在就感受到对一个昨天的做法的真的懊悔，还是仅仅觉察到这个做法的不利影响并体验到与此做法相关的不快；我是仅仅需要那个做法来使自己沉湎于自身折磨的禀好，还是甚而带着隐秘的

狂喜，痴迷于我的罪孽的甜蜜——这些差异并不是通过不同的评判才有差异，更不是对同一个感受的事实情况的不同因果解释；相反，它们已经是——在判断领域之彼岸——根本不同的事实。而在这里，价值微差始终是处在体验本身之中的。根本不能说：体验首先是暂时作为“价值无涉的客体”而被给予，而后通过新的行为或通过第二个体验的附加才增长为一个价值。

如果被清楚明白地把握到的是过程的价值，而过程本身只是不清楚明白地或只是在一个确定的“意指”的方向意识中是当下 204
的；或者，过程还像是处在萌芽中，而价值却已经清楚而完整地在感受的意识之前便展开自身，那么事情就更为清楚了。而在评判中却包含着一个或多或少完整的对承载价值的过程的当下意识。如果我们在把握到或清楚地把握到不带有载体的当下状态的价值，那么对这个价值的意识就不建基在评判之上。一个人获得一项任务，它向他兆示着一个高的价值的实现；他始终清楚明白地在他眼前看到这个价值，并且这个价值能够将他的整个能量聚集起来并释放出来！他在这个任务的价值上升华着自身！在此同时，这个任务的形象内容或概念内容还在变动不已；而这个任务的价值或在它之中需做的事情的价值在这里却并不一同发生变动！即使对他在这里所做的事情的想象时而会退缩；但它的价值对他仍然而言是显而易见的，并且它仿佛是将它的光芒投射到他的当下生活之上。这个对他来说现在是中心的价值将他从一些小的束缚中解脱出来，即那些使他以往循规蹈矩的伦常、本已习惯，以至于当下的实际生活以一种不同于在未感受到这个价值时的生活的方式进行。而另一方面则是这样一个现象，每一个能够从其起源上

理解伦常萌动的人都始终会注意到：我们会对我们的行为的某一天感受到一种“深深的满足”，同时却并不确切地知道，它朝向的是哪一个行动、哪一个行为举止；我们感受到一种在“昨天”的方向上或在某个人的方向上的“罪责”的压力，同时却**想象**不出，在这个方向中包含着什么。这些行动的价值在这里对我们来说是非常清楚明白地当下。但我们仅仅是在寻找这个行动本身，并且而后或许在追踪这个方向的过程中发现它。

如果人们说，在这类情况中，那个价值附着于其上的形象对象必定是对意识曾经有一次已被给予的，它只是被忘记了而已，那么这就是一个完全**歪曲的**诠释。在这里不如说是存在着这样一个法则，它完全不依赖于回忆领域的方式，并且是对所有那些在其中我们意识到一个对象之物的行为质性而言（例如也对于感知和期待而言）的法则：我们可以拥有对对象之物价值的完满的明见性，同时这些对象之物本身却并不是以同样的充盈和作为明见想象的或按其“含义”地被给予我们。所以我们可以对一首诗的或一幅画的美具有完满的明见性，同时却不能以某种方式说明，那个明见的价

205 值是附着在哪些**因素**上，例如在颜色、图样、布局，或者说，节奏、音乐特征、语言值、形象值等等之上。而所有那些“充实现象”也表明了同样的情况：当经验中有一个恰恰具有那种我们先前只是意指的价值的事物出现在我们面前时，这些现象便会出现。这种价值意向的变更完全不依赖于形象的变更，但却可能引导着形象的变更。正如每个较长时间从事对声音世界的科学探讨并且带着这种态度来聆听一个音乐作品的人都知道的那样，甚至有一大批这样的价值：我们对它们的载体分析得越多，它们消逝得也就越多。与

此相似，这种态度以及对图像的分析（不只是在技术的意义上的分析，而且也是对美感的图像对象的分析）同样干扰着对它的艺术价值的把握。但是，即使是反过来，当价值的显现看起来是联结在对对象之物的较为鲜明的分析上时，如在许多感性享受的情况中（如在美食家那里），这实际上也不是对对象之物的分析，而是对一个更为细致的价值区分的“寻求”，例如对在葡萄酒中的含有的芳香或对一餐饭食的舒适质性的寻求，它也会次生地导向对对象之物以及从属于它的感觉质性的分析。

以上所说现在也使我们认识到这样一些前提的谬误性，它们迫使许多研究者设定它们，这些研究者认为只有通过一种“评判”或一种依照某些“观念”或“规范”的评判法则才会产生伦理价值。在这里他们大都是从这样的命题出发：心理过程本身并不包含任何价值。如果有一个价值可以说是被归派给它们（就像在所有伦常判断中一样），那么——他们假定——必定是以某种方式从外部拿来或“附加”一个价值给它们，而这只可能通过一种根据某个“标准”或某个“观念”或某个“目的”进行的评判行为而发生，它们不可能自身重又从心理的发生中产生出来。但正如我们已经强调过的那样，由于这些心理过程丝毫也不能够说明，那些“标准”或那种“规范”或那种“目的”究竟从何而来，以及对这个和那个标准（例如，米制）的选择为何不是随意的（类似于尺度协定），故而这个事实情况恰恰已经表明，在它们的前提中包含着一个谬误。我认为这个谬误原则上在于：那些研究者未曾思考过，对价值无涉的心理过程（但完全相同地也在外部对象的价值方面）的特别心理学假设是以何种方式形成的。如果对此做出思考，那么人们很快就会发

现，并不是对一个价值不同的被给予之物的添加(hinzufügen)会把价值分派给那些“心理之物”(类似于内直观的内涵)，而是相反，
206 一种从原初被给予之物中或多或少人为的取走(Wegnehmen)(可以说不是一种加法，而是一种减法)才借助于一种对某些感受、爱、恨、愿欲等等行为的明确的不进行(Nichtvollzug)而产生出价值无涉的客体。所有原发的对世界一般的行为举止，即不仅是对外部世界，而且也对内心世界，不仅是对他人，而且也对我们本己自我的行为举止，恰恰不是一种“表象的”行为举止，不是一种认之为真的(*Wahr*nehmen)行为举止，而是始终同时是甚至按上面所说原发地是：一种情感的和认之为有价(*Wert*nehmen)[①]的行为举止。而这例如并不意味着，我们原发地在我们心中“感知到”感受、追求等等，正如那些研究者也能解释的那样。这恰恰意味着重新预设那个我们在这里所要消除的谬误。它也正是实际的正确状况的对立面。因为每个心理学家都知道，而且关于“对感受的关注”的更新和更敏锐的分析[②]也已经做出了直至可能“关注”的各种准确细微变化的确证：相对于那些在形象内容面前是可能的感受和其他情感发生，注意力不可能是同一种行为变异。我们想要说的毋宁是：原发的姿态在内直观的领域以内，或者——更好是说——在

① 舍勒在这里使用的“Wertnehmen”(价值认定)一词是生造的，它在胡塞尔那里也出现过(参阅译者，《胡塞尔现象学概念通释》，北京，1999 年，第 509 页)。舍勒也想用这个概念表明：我们能够像直接原本地把握客体本身一样，直接原本地把握客体之“价值”。在这个意义上，“价值认定”也可以被译作“认之为有价”，而“感知”(Wahrnehmen)也可以被译作“认之为真”。——译注

② 对此参见莫里茨·盖格尔：“论对感受的关注”，载于献给 Th. 利普斯的纪念文集《慕尼黑哲学论文》，1911 年。

“内直观地被指向状态”的整个领域以内，也不唯独是或仅只是原发的感知姿态，而是一个同时和原发地**价值**认定的和**价值**感受的姿态。而且我们还要附加说：正因为情况如此，我们才**能够理解**，我们并不能够在同一个意义上像关注例如一个回忆图像或一个想象图像那样去“关注”一个感受。在对生活的“生活**亲历**”（*Er*-leben）中原发的东西，在**生活过的生活**（gelebtes Leben）中——“感知”便从本质规律上属于对它的把握——恰恰就是并且必定是次生的东西，以及无法在注意力的同一种行为变异中把握到的东西。[①]

价值并不是以某种方式添加上去的，这已经完全显然地通过这一事实而得到指明：对于那些没有受过心理学训练的人来说，即对于那些不像心理学家已经**学会**从素朴行为进行的具体整体中**有分别地**进行感知的“生活亲历”行为并且**抑制**情感的“生活亲历”行为的人来说，价值无涉地进行关注并且心理学地进行思考是极为**困难的**事情。对于学习绘画的人来说，观看可见事物以及它们的透视法的缩短和推延，而不是观看原发地被给予的自然世界观的物质事物，是极为困难的事，与此同样困难的是，无论是在认识史上，还是在人的每一个别情况中，不进行那些按本质法则束缚在心 207

① 舍勒在这里使用了两个有特殊意义的德文词：前面的“Erleben”的基本含义是“经历”、“体验”等等。舍勒在这个词中间加了连接号“er-leben”，目的在于突出它的词干“leben”（生活）：他有时也用在前缀上加斜体的方式，即用“*Er*leben”，来突出这一点。英译本作“experiencing”。后面的“gelebt”是“leben”（生活）的过去时和被动态。英译本作“experienced”。中译在这里分别译作“亲历—生活的”和“生活过的”。对这一对概念的使用还可以参阅本书后面第六篇、A、第 3 章、边码第 385 页和第 462 页和 B、第 1 章、边码第 475 页。——译注

理体验上的感受的“生活亲历”行为(Er-lebensakt)等等，从而做到**不去顾及**那些原发地始终**一同被给予的**心理体验的价值质性。

这里才表明一种**同时的**，既对心理学也对伦理学所做的充分昭示的现象学论证的必要性。那些关于一种必然被拿来衡量心理之物的“标准”的理论之所以产生，全都是因为人们在**不**做现象学研究和区分的情况下**预设**了一个(价值无涉的)“心理之物”一般，而后询问，价值如何能够它归属给它。然而，价值现象在其本质中作为价值现象是完全独立于心理之物与物理之物的区分的。但那些包含在**心理**体验中的价值同样重又独立于**那些**已经被描述心理学——遑论实在心理学和说明心理学——所预设了的“心理体验”的事实情况。如果我把所有那些在内直观(在所有直接被给予方式一般意义上的“直观”)的行为方向上可以把握到的东西都理解为心理之物，那么我就必须说，心理体验的价值是**在它们自身中被给予的**，甚至说，相对于它们的所有那些规定性，它们恰恰是**原发地**被给予的。就此而论，例如对于一个复仇冲动来说，非价值是直观地**内在的**，对它无须做出某种评判。同样，对于一个真正的共感体验(Mitfühlenserlebnis)来说，正价值也是如此，因此，并不是一个特定的“秩序”，也不是某些与另一个体验保持平衡或阻碍着它的作用发挥的体验的缺失以及类似的自身关系在导向价值，而是每一个体验在自身中都在这个意义上具有它的、在它自身“感受”中直接直观被给予的价值微差。相反，如果我们所理解的“心理”不是在内直观方向一般上的被给予之物，或者我们想说，不是**完整的心理生活**(然而它同样还明显地有别于对生活的“生活**亲历**”<*Er*-leben>**行为**)，而是理解为这个“完整生活”的一个**组成部**

分，即使我们明确地中止那种对生活的“生活亲历的”(*er*-lebend)、情感的行为，即明确地中止对我们自己的自我(或其他的自我)的感受的和实践的执态，这个组成部分始终还对我们是“被给予的”，那么，在这个“心理之物”中，当然也就不再有任何价值被给予，而只还有某种“感受”了；然而“价值感受”(例如“尊重感”等等)之所以可以叫做价值感受，乃是因为在“完整生活”的原发被给予性中，价值本身还是直接被给予的，只因为此，它们才带有“价值感受”的名称。但是，这后一种“心理之物”，即“完整的心理生活”减去那些 208
价值被给予性，才是心理学描述和观察——亦即心理学认识一般——所着手处理的质料。相反，所有进行因果解释的心理学则本身重又以那些观察和描述为前提，因而更是必定会忽略心理过程的一切可能价值。

唯有对这个相当复杂的实事状态的长久误识才引导人们去寻找“标准”、“规范”、“评判法则”，它们被拿来用在一个价值中性的“心理之物”上，人们认为是它们才把价值赋予“心理之物”——但却不能以某种方式说明，那些标准和规范究竟是从何处拿来的；只要人们想避免像尼采那样的随意的命令行为或学说，即：伦常价值只是“被制造出来的”或者“被解释加入到”价值中性的现象之中去的，以及，根本没有“道德现象”，只有对它们的“道德阐发”。由于人们首先把对心理生活的“生活亲历”(*Er*-leben)混同于生活过的心理生活(或者只是把它们视为瞬间现时生活过的生活与它在直接回忆中的直接后延的区别——一个与上面的区别毫不相干的区别)，并且由于人们其次把价值还在其中被给予的“完整的生活过的生活”混同于那些残余，即在明确地中止了作为“内感知”(或直

接回忆)对象的情感“生活亲历行为”之后从那个“完整的生活”中留存下来的残余;所以,人们如今不得不对自己提出这个(无法解决的)问题,心理体验的价值究竟是如何获得的。人们不是把体验价值回归到在价值—生活亲历(Wert-*er*-lebnisse)中显现出来的(并且按本质法则只能在它们之中显现出来)原被给予性(Urgegebenheit)上,而是试图把价值—生活亲历(它们此外也同样原初地关系到外心理之物,例如物理之物,并且既可以在外直观的形式中,也可以在内直观的形式中,既可以在异己直观中,也可以在本己直观中进行)回归到单纯的体验价值上。但人们试图把这些体验价值回归到根据一个始终或多或少协定性的道德的“标准”和“规范”而进行的评判上去,这些标准和规范自身展示为“原理”,可以从它们之中以逻辑推理的方式推导出这个法则的法典。但是,这种将一个有效的道德,甚或对有效的法律设施以及关于它们的科学(例如参阅赫尔曼·科亨的伦理学)还原到它们的“原理”上的做法对伦理学的贡献可能很少,就像对于认识论而言这样一个问题贡献很少一样:“数学的自然科学”在客观逻辑上是如何可能的。[①]

209　按照这种评判理论,就像它在赫尔巴特那里首先得到阐述的那样,始终完全不明晰的是:那些按照他的“惬意的意愿状况的观念”而进行的评判究竟是如何可能成为对愿欲而言仅仅可能的实践规定根据。因为一切意愿过程都是严格地在因果上受到确定的,而如果一个“评判”的本质就在于(情况也无疑是如此):在已经

① 对此参见我们先前在这部著述第二篇的引论中的论述。

被给予的意愿行为之后才出现——对"之后"的理解在这里并不是在时间演替的意义上，而是在行为的时间起源顺序的意义上——，那么就必定有可能将所有评判行为干脆地消除掉，而心理之物正是通过它们才获得价值，同时在实际的意愿行为的进程中却不会因此而发生丝毫的变化。这样的话，撇开那些一同浮现的评判行为以及它们所遵循的法则不论，一个具有伦常性(Sittlichkeit)的世界和一个没有伦常性的世界就会是完全同一的了。这个极为悖谬的结论(它并不会通过以下事实而得到避免，即：进行了的评判行为通过再造和联想重又作为实在的环节而进入到实在的心灵生活及其因果过程之中，因为作为按本质法则和起源法则在意愿行为之后进行的行为，即使评判行为会进入到实在的因果进程之中，它们也永远不可能对意愿行为起到一种因果性的作用)不仅必然属于赫尔巴特的评判理论，而且也必然属于任何一门评判理论。但即使是这个结论(它无疑是促使赫尔巴特将理论纳入到美学之中的起因之一)，我们也可以通过一种对心理学和伦理学的正确的和同时的论证来加以免除。如果价值以及愿欲和追求的直接动机引发现象(Motivationsphänomen)是在"完整的生活"中，不带有任何附加的可能评判，通过价值体验一般而被给予，那么，那个通过对情感"生活亲历"行为的中止而作为心理学的"心理之物"留存下来的残余，也必定每次都是随那些价值体验的种类和本性的差异而具有各不相同的属性。而从这些心理事实中推导出来的、超越直接直观的实在体验进程及其实在的因果联系，必定也就更是随情况不同而千差万别的了。通俗地说，如果一个人生动地和相即地感受到价值本身，并且这个或那个价值的更高状况在偏好中生

动地闪现给他，那么，提供给那个单纯地观察着他的心理学家和因果研究者（以及他自己，只要他如此对待自己）的素材将完全不同于当这个人不这样做时所提供的素材。

而且还有进一步的事实加入进来：正如我们试图指明的那样，
210 价值认定按照一个本质－起源－法则是先行于所有表－象行为的，而它的明见性仍然不依赖于那些表－象（vor-stellen）行为的明见性。因而在一个“心理体验”哪怕只是可感知的之前——在心理学“感知”意义上的可感知，亦即在中止情感“生活亲历”行为的情况下，亦即作为价值中性的存在——，在它还没有例如实际地对个体而言是“可感知的”，而是完全按照行为起源的本质法则是“可感知的”之前，完整的“生活亲历”（连同情感行为）已经一同规定了它的存在或不存在、它的这样或那样的特性状况（So-oder-anders-Beschaffensein）。一门深入的、所谓“良知萌动”的现象学向我们表明，灵敏、柔和而伶俐的“良知”完全在本质上不同于赫尔巴特所展示的那个冷漠而生疏，并且按其本性是“姗姗来迟”的“法官”。如果我们不是像心理学家观察生活过的生活那样例如去观察一个生活过的意愿进程，而是去窥视这样一个行为及其设计的构成方式，那么我们就会发现——就像前面已经强调过的那样——，追求之萌动（Sterbensregungen）的价值在“起源”处就已经被给予了，在这里萌动本身及其设计方向尚未完整地被体验到，一个确定的设计也就更不存在了。所以，例如对一个追求冲动的“坏”的明见性可以把这个冲动窒息在萌芽中，并且把它从心理学家的可能存在中排斥出去。这里所说的“窒息在萌芽中”与对相关冲动的某种“抑制”（Verdrängung）或“主动排挤（Wegdrängung）”没有关系，

同样也与一个单纯“内心的不去看(Wegsehen)”它或将关注和注意的目光的引开(Ablenkung)无关；因为无论是这种排挤，还是那种对注意力的引开，都已经预设了对那个追求进程的完整构成的某个尺度以及一个被给予的自身设计，并且因此也预设了对我们在这里所看到的那个“萌芽点”的超越。所以，例如真正的羞耻感并不是原发地表现在一个对某种现有想法的羞耻反应中，而是首先表现在，不太害羞的人没有想到较为害羞的人所想到的那些东西。① 因此，如果我们已经把“感受到某物”与可能形象对象的这个“某物”联系起来，那么我们就必须说并且能够说：这些形象对象的价值是在先被感受到的(*vor*-gefühlt)，即是说，按照起源法则，它们的价值已经在一个形象对象尚未被给予的阶段上被给予了。而这一点恰恰也适用于所有那些只是可能的我们体验的内感知的形象对象。而后，这种“在先一感受”重又可以是一个在感知、回忆和期待之中的“在先一感受”。这样，后者便作为“对某物具有在先
感受”也指向未来，但并不与在上面所定义之意义上的在先感受相 211
互叠合。因为这种“在先一感受”同样也现存于对一个过去体验的追复体验(Nacherleben)中。而后它的价值在追复体验之中被在先感受到。

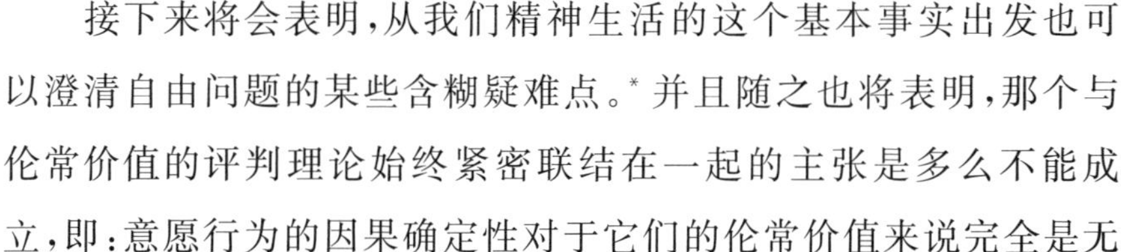

接下来将会表明，从我们精神生活的这个基本事实出发也可以澄清自由问题的某些含糊疑难点。* 并且随之也将表明，那个与伦常价值的评判理论始终紧密联结在一起的主张是多么不能成立，即：意愿行为的因果确定性对于它们的伦常价值来说完全是无

① 对此参阅笔者《论羞耻感》一书，尼迈耶出版社，哈雷，1913 年。*

所谓的；恰如对于美感价值来说，例如对一块宝石的美来说，无关紧要的是，这块宝石必然是按照因果法则而产生的。我觉得无须再说，这个主张完全违背了事实。但对此的理由以后将在其他的联系中得到阐明。

第 2 章　价值与应然

a. 价值与观念的应然

在应然以内，我已经将“观念的应然”区别于所有其他那些同时展示着对一个追求的要求和命令的应然。但凡谈及“义务”或“规范”的地方，指的都不是“观念的”应然，而已经是它的这些向某种律令之物的分类化。这第二种应然依赖于第一种应然，因为所有义务始终也都是一个意愿行为的观念存在应然(Seinsollen)。只要有一个观念的应然内容被给予，并且与一个追求相连系，那么就会从它那里发出一个对此追求的要求。一个这样的要求体验因而不是这个观念应然，而是它的一个结果。这个要求会以某种方式得到强调，无论是通过自知承担义务(Sich-verpflichtet-wissen)的内心指令，还是通过像“命令”和“忠告”，或“劝告”或“推荐”的外部指令。

“‘你应当’如此和如此地行事”这种特殊形式可以表达各种不同的行为。它在某种情况下(但这时是以不相即的语言方式)可能包含这个单纯的告知：这个说话者想要他人这样做。而相即的语言方式则会是：“我告知你，我想要你这样做。”但与这个形式相符合的通常是两种情况：其一是主张：他人的一个应当的行动与一个212 观念应然的要求相符合，[①]其二是对这个说话者的意愿的直接表达和传诉：他人，即听取这个要求的人，以一种特定的方式行动。在最严格的意义上，唯有权威的命令才具有这个意义。

“命令”因而永远不单单是一个告知：即命令者愿欲这个，而是展示着一个特有的行为，它直接地并且不带这种“告知”地影响到他人的意愿领域和力量领域。因此，命令的最尖锐形式是这样一种形式，在这种形式中，异己意愿的实存在语言上根本不被顾及，类似这样的形式：“你做这个。”（“暗示性命令”）

必须将真正的命令完全区分于所谓的“教育命令”，它们像“教育的假问题”一样根本上只是假命令。实际上，作为教育的命令句之基础的行为只是一个忠告。忠告的本质是以这种形式被给予的：“你做这个对你来说是最好的，而我想要你做对你来说最好的。”与命令的区别在这里是明显的：其一，命令所涉及的并不是，对于愿欲一般来说，而只是对于这个个体性的愿欲来说：什么是好的和坏的，或者说，什么是应当（sein soll）的和不应当的。其二，意愿行为并不直接主张：（在观念上）“应当”存在的行动通过说话对象（Angeredeten）而“发生”。因此，一切教育的假命令的边界就在于，唯有当教育者具有这样的信念，这些教育的假命令才是有正当理由的，这个信念在于：一旦学生成熟和发展了，他便会自发地做这个教育者所命令的事情。如果一个教育者无法坚信，成熟的学生会自愿地做他觉得有义务“命令”这个学生做的事情，那么他的

① 这个主张是否也与一个信念相符合，则是另外一个问题。

任务就在于：中断这个教育。[①]

除了这个教育的假命令以外还有另一种假命令，即“忠告”、“劝告”和“推荐”，在这种假命令中，某人得到指明，他“应当”做什 213
么。尽管教育的假命令基本上只展示着一个“忠告”（客观的），它的作用仍然是与这种命令的“假形式”相联结的。即使在例如群众教育的过程中，它也并不直接探问：对于个体来说什么是好的，而是将它的内容与人的典型发展进程相联结。真正的并且作为忠告而直接展示自身的忠告则不同，在它以内，我区分“朋友忠告”和权威的“忠告”（例如教会权威的“福音忠告”）。朋友忠告是直接对个体而发的；它展示着这样一个告知：人们认为对这个个体来说在一个特定的情况中最好的是什么，并且还展示着一个与此相联结的意愿表达：这个个体选择这个最好的。在第二种情况中，忠告是对人的类型而发。然而这些类型不能“被定义”，而且它们更不能通过权威而被标识为忠告所发向的个体，毋宁说，他自己是否属于这种“类型”，也就是说，他是否“受到召唤”去遵从那些忠告，这是每一个人的事情。因此，如果是一个未受到召唤的人去遵从这种忠告，他就有可能比他不遵从它们时做得更坏。

① 启蒙哲学家们曾做过许多尝试，即把权威的命令（无论是国家的还是教会的）化解为一个单纯的教育假命令（权威的教育理论），这种尝试是背谬的，同样背谬的是反过来赋予教育家以权威性的全权——这是包含在赫尔巴特教育学精神中的东西。正如教育学问题并不真的“询问”，问题形式更多只是一个实现这个学生的知识的手段（或者说，确定它所知道的东西的手段）一样，教育的命令也不是一个真正的命令，相反，命令形式在这里只是一个使更为中心的意愿意向保持清醒的手段，并且将它导向它们的相即设计——在苏格拉底的意义上。对此参见 A. 里尔在苏格拉底“教育的神灵”方面出色而深入的阐述（参阅：《当代哲学引论》）。

然而，在“忠告”中始终还隐藏着一个意愿表达；它不是对一个他人在观念意义上所应当做的事情的一个单纯告知。相反，在伦常的“劝告”中则只有一个对伦常认识的辅助，即辅助人们看到，什么是应当的，什么是不应当的，但在它之中没有一个意愿表达。“推荐”是对人们认为对一个他人来说什么是应当的单纯告知，它并不带有意愿表达并且不带有对他本己伦常认识的直接辅助。最后，与这些行为完全有别的是单纯的“建议”，它根本不涉及存在应然之物，而只涉及一个存在应然之物的实现技术。

如果一个作为（观念）所应的（gesollt）被给予之物也直接作为一个“所能之物”而被给予，那么就会从这个事实情况中产生出“德行”概念。德行是直接被体验到的权力性（Mächtigkeit）：去做一件所应之事（Gesolltes）。在把握到“观念的”所应之物与所能之物的争执的情况下，或者说，在对一个相对于作为观念所应的被给予之物而言的不能够或无力（Ohnmacht）的把握中，恶习（Laster）的概念产生出来。

倘若像斯宾诺莎和居伊约（以及许多其他人）所认为的那样，应然完全只是对一个更高的“能然”的意识，那么就没有德行，而只有“能干”（Tüchtigkeit）了。然而，倘若没有这样一种直接的事实情况，即“能够”做我们实际上从未经验到和进行过的事情，并且倘若一切“我能做我应做的”只是一个建基于直接应然体验上的，但却在直观上不能充实的“公设”（根据康德的“你能够，因为你应当”），那么同样也就没有“德行”，而只有一种（秉性的＜dispositionell＞）“技能”（Fertigkeit）：重复地尽他曾尽过的义务。

214

“可嘉的”（verdienstvoll）是愿欲并施行一个观念所应之物，它的内涵在价值上要高于普遍有效的“规范”内涵。“允准的”(erlaubt)是一个观念上作为不应当是的被给予之物，对于不做它或放弃它而言，有一个直接的“不能够”被给予，但它同时并不与普遍有效的规范相争执。“可嘉的”和“允准的”概念的反对者认为，某物不是合义务的，就是背义务的，因而不可能有什么可嘉的东西和允准的东西。两个概念都预设了他律性，或者说，预设了对通过权威所做的义务指令的不加批判的接受。如若在“观念”意义上的所应存在不是建基于客观的价值明察之上，而是建基于义务意识的内心必然性之上，那么情况就真的会是这样；但由于事实并非如此，故而这些关于所谓“义务的无限性”的主张和学说是不能成立的。

让我们现在回到观念应然与价值的关系上去。这个关系原则上受这样两个公理的规定：所有具有正价值的东西都应当存在，所有具有负价值的东西都不应当存在。随之而确定的关系不是一个相互的关系，而是一个单方面的关系：一切应然都奠基于价值之上——反过来价值却完全不奠基于观念的应然之上。还可以轻而易举地看到，在价值的总体中，与应然处在直接联系中的只是那些根据我们前面的公理建基于价值的存在(或不存在)之中的价值。那些公理是指：“正价值的存在本身就是一个正价值”，“负价值的不存在本身就是一个负价值”等等。价值在涉及实存和非实存时原则上是中性的。相反，所有的“应然”都会立即涉及价值实存(或非实存)的领域。这已经在语言中表现出来。我们可以说，“在这种情况中如此行动是善的”，对此我们不用直陈式说，“这应当是如此”(dies *hatte* so sein sollen)，而是用虚拟式说“这应当是如此”

(*dies hätte* so sein sollen)。即是说,应然在内容的可能存在和不存在面前恰恰不像价值那样是中性的。因此,所有应然都轻而易举地是一个某物的存在应然。所以也就不会有某个特殊的“应然—存在”的范畴,甚至于取代这个范畴的质料而出现很可能是某个价值的总和,如“善”、“美”等等,并且也有可能是作为这个总和之其他部分的这些价值的存在价值![①] 但随之而被给予的也还有:每当我们说“某物‘应当’是”时,我们把这个某物——在同一个
215 行为中——总是理解“为”不实存的(或者在非存在应然的情况下理解“为”实存的)。如前所述,应然或许完全不依赖与未来的关系;与当下之物和过去之物的关系也是观念的存在应然与非存在应然所瞄向的东西。在这一点上康德的说法是完全合理的:“善是应当的,即使它在任何时候并且在任何地方都不发生。”任何将应然回归为一个实际“发展”方向的做法因而都是偏误的。所有那些著名的进化论伦理学的尝试都是完全偏误的,它们从实际的“发展趋势”中,无论是从“世界”中(哈特曼),还是从“生命”中(斯宾塞),还是从文化中(W. 冯特),推导出“什么是应当的”,并且把那些包含在这个发展方向中的发生、愿欲、施行等等称作存在应然的,而把与在这个方向中的发生相争执的东西称作非存在应然的。存在应然发生于其中的“世界”,是一个不同于存在应然不发生于其中的世界,并且它的发展也是不同的。进化论伦理学将始终是七个施瓦本人的伦理学,他们中的每一个都让别人走在前面[②]。即使

① 我觉得 G. 齐美尔在他的《道德科学导论。伦理学基本概念批判》中便做了这种假定。

② 施瓦本是德国南部的一个州。自罗马时代起,施瓦本人便以在战场上冲在最

对于可能的“发展方向”本身来说，这一点也是有效的：它们或者是存在应然的，或者是非存在应然的。但另一方面，把发展的概念本身已经定义为一种朝向一个肯定(或否定)价值之实现的变化系列，甚或已经把一个目的加入到它们的本质之中，这种做法也是错误的。因为这些基础仅只对一个发展以内的“进步”与“退步”概念而言才成为问题，它们与一个发展的本质毫无关系。发展只是某个总体性的充盈增长(*Fülle*wachstum)，这种增长是无法通过(某种)可分的时空内容的相加来领会的。在这里并不隐含任何价值概念。正因为此，一个发展的“方向”(一个不预设任何价值、目的，甚至不预设“目标”概念的概念)本身才有可能是正面的和负面的价值谓项的载体。倘若与此相反，发展已经通过一个价值而得到奠基(在李凯尔特的意义上)，那么也就根本不可能有负价值的“发展”(以及正价值的“败落”)。任何发展因而也就肯定(eo ipso)是一个正价值的发展。但尽管如此，在一个作为肯定所应的被给予内容之本质中包含着：这个内容同时并且在同一个行为中是作为非实存的而被给予的。我们或许常常说，“就是如此而且也应当是如此”。但是，首先，我们在这种情况中所具有的是两个互不相同的行为，通过它们只是确定了一个所应之物和一个实存之物的客观同一性。其次，在这些情况中，“就是如此”这句话并不指向相关

前面而闻名于世。舍勒在这里所说的“七个施瓦本人”取自格林童话中的同名故事，它叙述的是与施瓦本人的勇气完全相反的事情：七个施瓦本人想建功立业，于是带着一支巨大的长矛去杀龙。由于胆怯，他们把一只兔子误作为龙。他们一同握着长矛，但每个人都想让别人走在最前面。舍勒以此来嘲弄人性中的卑下成分，从而批评进化论伦理学的无根基性。——译注

存在的价值，而只是指向承载这个价值的实事状态。从未发生这种事情，即例如我们说，“这是善的而且这也应当是如此”；但我们
216 却或许会说，“他是不幸的而且他也应当是如此”，“他为自己辩护而且他也应当如此”。我们在这里所主张的仅仅是：应然所回溯于其上的价值的不存在是在所有存在应然命题那里被预设的（或者说，非价值的存在是在所有非存在应然命题那里被预设的）。也有这样一些命题，在它们之中，“也应当是如此”只是对“这是正当的”这种形式的命题的一个不合适的表达。但“正当存在”（Recht-sein）就在于这个观念上应当存在的价值与这个价值之实存的重合。①

由于没有一个应然存在（Seinsollen）——若有，它的质料就会仅仅是存在了——，故而“存在应然”始终是与一个“不存在应然”（Nichtseinsollen）相对立，后者可以被定性（qualifizieren）为应然本身的一个不同质性（Qualität），并且必须严格区别于一个不存在（Nichtsein）的存在应然。存在与不存在当然也可以属于应然的

① 这里不应更仔细研究这样一个非常重要的命题类型，它们是通过这种形式的命题而得到展示的：“正当的是，……”和“不正当的是……”。但我要强调：1. 正当存在与不正当存在构成对所有“正当的东西”以及所有涉及“正当秩序”观念的研究而言的最终的现象联结点。2. 正当的观念在这里与不正当存在（而不是与正当存在）相联结，以至于“合乎正当的”（rechtmäßig）或“合乎正当秩序的”（der Rechtsordnung gemäß）就是所有那些不包含不正当存在的东西。因而正当秩序（在仔细还原的情况下）永远不会说，什么是应当的（或什么是正当的），而永远只会说，什么是不应当的（或什么是不正当的）。所有在正当秩序以内肯定地被设定的东西，在还原到纯粹正当存在状态和不正当存在状态的情况下，始终是一个不正当存在状态，但却是一个通过“正当之物”及其“秩序”来规定的不正当存在状态。（这里的法则只是一个实现这个正当秩序的技术手段。）3. 不正当存在和正当存在本身还是价值的载体，因而当然（eo ipso）不是价值的起源。4. “正确的”始终是一个行为举止，并且是一个其存在是正当的行为举止。

质料，属于一个存在应然的和不存在应然（Nichtseinsollen）的质料。适用于正价值的是存在应然，适用于负价值的是不存在应然。

即使是每一个肯定的命题，例如“正义（Gerechtigkeit）在世界中存在，这是应当的”。“损失得到赔偿，这是应当的”，在它的最终意义中也始终并且地必然包含着对一个非价值（Unwert）的考虑，即对一个正价值的不存在的考虑。[①] 而由此便得出：应然永远不能从自己出发来说明，什么是正价值，相反，它始终只是把正价值定义为负价值的对立面。所有应然（而不仅仅是所有的不存在应然）因而都朝向对非价值的排斥；但不朝向对正价值的设定！

在前面所述之中已经包含着对这个（极为重要的）命题的证明。如果所有应然行为都朝向“作为”不存在的而被给予的价值（即便它们实际地存在着），那么肯定的应然命题也就必须朝向作为“不存在而被给予的价值”。但现在有效的是这个公理：正价值的存在本身就是一个正价值，而正价值的不存在就是一个非价值。217
由此得出（以三段论的方式）：肯定的应然命题朝向负价值。但由于肯定的应然命题在语言上并且按其表达也含有正价值的名称，例如“善应当存在”，因而正价值在这里始终只是被意指为弊（Übel）的对立面，被意指为 X、Y、Z，它们是我们实际地看到的弊的对立面。

没有“价值必然性”，只有价值的本质联系；但却有一种“应然的必然性”。然而一个肯定的所应之物的这种必然性始终只是正

---

① 当然，就一个负价值而言，亦即就一个非价值的存在而言，非存在应然就更以此为前提了。

价值的对立面的不存在的应然。因而这里的情况完全就像在“B属于A”的理论必然性那里一样。这样一种理论必然性始终意味着，对立面是不可能的。

因此，每一个应然命题都以一个正价值为“基础”，但它本身却永远不可能包含这个价值。因为只要是“所应的”(gesollt)东西，在起源处就永远不会是善的存在，而只是弊的不存在。

因而就排除了这样的可能，即：一个应然命题可能与对“什么是肯定的善”的明察相争执，或者高于这种明察。例如，如果我知道，做什么对我来说是好的，那么我就丝毫不会去关心，“我应当如何”。应然预设了，我知道，什么是好的。但如果我直接地和全然地知道，什么是好的，那么这种感受性的(fühlend)知道也直接规定着我的愿欲，同时也就无须采纳穿越一个“我应当”的途径。

所以，那种避免从义务思想出发并且只以观念应然为其研究起点的伦理学，也必须根据上面所说的在价值存在和应然之间的明确关系而始终具有一个单纯否定的特征。它们的整个划分本来就是这样的种类，即只是在关系到负价值以及作为它们单纯对立面的价值时才获得所有的正价值。但如果与此联结在一起的甚至是一种将观念应然与义务应然相混淆，或从义务应然中才推导出观念应然的禀好，那么就必定会产生一种特殊的否定主义，以及可以说是一种对所有实存的伦常价值和所有在事实和历史中对善的实现的接触恐惧(Berührungsangst)——这种精神方向也正是黑格尔在他的《精神现象学》中对康德和费希特观点所做的十分确切和直观的描述。如果在善的本质中就包含着：它也是在义务应然意义上的“所应之物”，并且如果善的本质就在于此，那么善在实现之时，也就是它中止为善而成为一个伦常无别之物之时。这样一来，善在这里就可以说是如此之紧地捆绑在应然区域上，以至于在实存的存在之领域中不可能有什么东西能在不放弃它的本质的情 218
况下出现，而歌德的悖谬命题就会真实而严肃地起效用："行动者始终是无良知的。"唯有从相对于实存领域和应然领域还是中性的并为所有应然奠基的价值的观念出发，才能够避免那种批判的和瓦解的否定主义对所有实存价值的根本破坏。自然，我们也必须带着最审慎的忧虑去避免这样一种情况：价值不是按其本质被理解为在所有存在和应然面前中性的，而是被理解为生来便从属于实存领域的，好似价值是从现有的事实、人、行动、善业等等中抽象出来的一般。[①] 因为在这种情况中必定会发生那种对历史之物的顶礼膜拜与维护辩解，黑格尔最终便堕入到这样一个谬误之中，它并不比他所确切地指明和指责的那个谬误更小，而且一切"进化论的"伦理学都与黑格尔一起分有了这个谬误。

b. 规范的应然

当一个像"善应当存在"这样的观念应然的内容同时通过一个追求而在其可能的实现方面被体验到时，这个观念应然便成为要求。* 只是因为这个原因，"我为何应做这个应当存在的事情"这个问题才是可能的。倘若应然一般仅只是并且天生是一个"要求"或一个被体验到的律令，就像李凯尔特和利普斯所描述的那样，那么

① 对此参见这部著述的第一篇、第 1 章。

这个问题就永远不会被提出来，而存在应然的命题对一个意愿的“约束性”问题也就不会存在。但对这个问题的回答是：对于一个特定的追求和愿欲来说也有一个观念的应然。如果叔本华评论说，谈论一个愿欲－应然是无意义的，因为唯有谈论一个做－应然才是有意义的，那么这个评论对于规范的应然（它自身已经包含着被体验到的与一个愿欲的关系），是完全贴切的，但对观念应然一般则不贴切。

为使一个观念的应然成为对一个意愿发出的要求，一个命令行为始终是前提，无论这个命令以何种方式达及愿欲，是通过权威，还是通过传统。这也对义务的概念有效。赫尔巴特已经完全合理地强调过：每个义务（Pflicht）观念都回归到一个通过命令而发生的承认义务（Verpflichtung）上。谈论一个仿佛是自由浮现的
219 “义务”，一个我们在任何人面前都不具有的并且也不通过任何权威的命令而接受的义务，就像康德所做的那样，这是没有任何意义的。[①] 与此相同，正如赫尔巴特同样正确地看到的那样，谈论一个“自身承担义务”（Selbstverpflichtung）也是没有任何意义的。有“针对自己的”义务，但没有“自身承担义务”，因为这样的话，承担义务者与被赋予义务者就将是同一个了。在“我有义务做这个”的说法中所指的仅仅是：我们承认做某件事情或做某个贡献是对一个他人（无论是为我们做，还是为他做）的义务。

① 因为人们既不能自己“命令”自己，也不能自己“听从”自己，而只能“自己决心做”（sich etwas vornehmen），而在这里，打算（Vorsatz）在某些情况中可以像“强制的”一样作用于愿欲。人们也可以“自己发誓做”（sich geloben），但这只是在另一个人（例如上帝）“旁边”才如此。

正如在观念应然的本性中就已经包含着：唯有当价值作为一个不存在的而被给予时，才能谈及应然，与此相同，在任何一种律令中也包含着：它始终朝向对一个价值的设定，而追求（Streben）在原初的意向中还并没有涉及这个价值。一旦不是这种情况，那么谈论“义务”、“规范”、“律令”就是没有意义的。但是根据所有以上所说，这意味着，每一个律令句都以一个追求的（观念的）不存在应然为基础。因而在历史上，禁令（Verbote）也始终先于诫令（Gebote）而出现（参见“十诫”）。诫令也给出价值，即那些它们诫令实现的价值，这些价值奠基在那些被观看到的、可能的、反对其实现的追求的反萌动（Gegenregung）上，而由于一个反萌动本身是坏的，因此它们也就奠基在对坏的观看之上。

我们由此可以看出，每一门律令伦理学，例如每一门从作为最原初的伦常现象的义务思想出发并由此才想获得好与坏、德行与恶习等等的伦理学，从一开始就具有一种单纯否定的、批判的和循环的特征。在这里，一种不仅对人的本性，而且对伦常行为本质的建设性的不信任，恰恰是它们所有创见的前提。

与此相反，叔本华所传布的主张是一种完全谬误的主张，即：所有宗教的伦理学，尤其是每一门把善与恶回溯到神那里的伦理学，必定具有一种律令的特征，因此，康德伦理学的律令特征只是他在论证良知伦常法则时从神的意愿出发之做法的一个结果，这个做法只是对康德本人始终隐而不显。实际上这个主张完全不适用于每一门宗教伦理学，而只适用于一门像犹太伦理学以及例如在经院哲学之内的司各特神学，它们把善与恶的观念本身回归到

一个立法的意愿之上：上帝的意愿。[①] 但除此之外还有那些与此
220 完全不同的理解，它们不是把善置于意愿之中，而是置于“上帝的本质”之中（托马斯·阿奎那），最后还有最深刻的理解，即：每一个善的行为举止都是在上帝“中”（在上帝“中”爱、在上帝“中”意愿，在上帝“中”信仰＜amare “in” deo，velle “in” deo，credere “in” deo＞），即是说，这样一种行为举止：由人进行的伦常明察行为，或者说，按照伦常明察进行的伦常意愿作为实在的乃是有别于上帝行为的，但作为在其内容方面直接同一的并且作为与上帝的认识行为和意愿行为重合的则是直接被体验到的和被给予的。这样，所有规范类的“法则”、所有律令都已经可以被视为从这个在宗教基本关系中被给予的好与坏的直观内涵中“推导出来的”并且是回归到教会权威上的。因此同样错误的是：将这种神的行为和人的行为在其内容中的重合（这些内容始终——与泛神论相反——预设了两个不同的实在行为的存有）或者如此地提高为行为本身的实在同一性，以至于就像在泛神论者那里一样，上帝本身在人中“思考”、“意愿”、“爱”等等，或者把有限生物的意愿行为理解为一种对神的律令和命令的单纯“顺从”行为，就像在十诫那里还被预设的那样。[②] 严格地说，唯有教会的权威才能够“命令”，而如果它

① 然而康德恰恰也这样做了，因为他也把善的观念不是回归到一个质料的价值之上，而是回归到一个合法愿欲的观念之上（当然不是上帝的愿欲，而是“自主的”理性愿欲）。因而康德在方法上完全是一个司各特主义者。我觉得奥古斯特·梅塞在他对托马斯伦理学和康德伦理学所做的值得感谢的比较中忽略了这个事实和它的重要后果（参见：《康德的伦理学》，莱比锡，1904 年，第 291 页及以后）。

② 但即使在这里，摩西是显现为单纯的受委托者和上帝“法则”的仅仅顺从的宣布者，还是他在他对上帝意愿的认识中将与那些这个意愿相符的东西指定为“规范”，这还是一个问题。

让上帝自己来命令，那么它就只是在上帝的观念下掩盖它对它的命令行为之伦常价值所担负的本己责任。

唯有当一切律令（也包括绝对律令，倘若有这种律令的话）都回归到一个观念的应然之上时，并间接地回归到那个从属于它的价值之上时，这些律令本身才是有正当理由的（berechtigt）律令。因此，律令本身还是正当存在命题和不正当存在命题的对象。

甚至这里还存在着一个在诫令或禁令的正当存在和不正当存在与它们所发向的愿欲之间常常被忽略的特有本质关系。当命令的内容同时作为一个观念的存在应然而对命令者被给予时，一个“诫令”（或禁令）便是一个命令。而它的正当存在的第一个条件便是：这个对他来说“作为”观念的存在应然而被给予的东西也是一个客观的存在应然，即一个善的存在应然。但这并不是使一个命令成为一个诫令或禁令——或者说，一个有正当理由的诫令——的唯一条件。第二个条件是：谁以诫令的或禁令的方式下命令，他也就已经看到，在他所要诫令或禁令的那个人的本质中已经包含 221
着一个“反对”那种观念的存在应然的追求趋向（即是说，一个抵御追求的趋向，或者说，一个对观念的非存在应然的追求趋向）。而只有当情况实际就是如此时，诫令和禁令才是（客观）“正当的”。相反，如果存在着哪怕只是可能的明晰性，即这些趋向不存在，而尽管如此还是发出了诫令和禁令，那么，即使被诫令的是一个观念的存在应然，在诫令（和禁令）本身中包含的行为还是一个伦常的非价值或一个恶的载体。还有更多：在这些行为的本质中包含着：它们尽管具有禁令特征（和诫令特征）却仍然意图对恶的实现，或者说，对一个现有的善的消除。而另一个人对这些行为的理解会

导致“伦常抗拒”现象出现，这并非偶然，而是本质必然的。因为，即使在两个主体之间对所下诫令的观念存在应然的明察是同一的，这个内容的被诫令状态或被禁令状态（在上述意义上是“没有正当理由的”）也设定了这个抗拒的反应，由于被诫令状态在内容与形式上的不可分离性，现在这个反应也就指向内容。一个出于“自由之举”、由于自己明察到是好的而做好事的好人，现在就会反抗那种对有关内容之设定的律令形式，并且便产生出一个朝向坏的趋向。所以，明察的自主已经与“义务”的观念相争执。* 在这个意义上，任何一种诫令和禁令，只要它是不必要的，从而也是没有正当理由的，那么它按照本质规律来看就具有制作恶的趋向，并且，只要它自身包含着侮辱（这个侮辱按照本质规律就在于，诫令和禁令自身就包含着：它看到了那种反对观念存在应然的意动），那么它本身就是一个坏的意愿行为——即便它诫令的是善，禁令的是恶。例如，如果被诫令的是处在我们的爱的方向上的东西，那么这个诫令本身就已经是一个作为严重的侮辱而被感觉到的事实。[1] 这里只需附带提及的是：除此之外，尤其是禁令，通常也正是它们才向“纯粹的心”指明它们所禁令的恶，并且因此而把恶作为一个“可能的设计”带到愿欲身边。

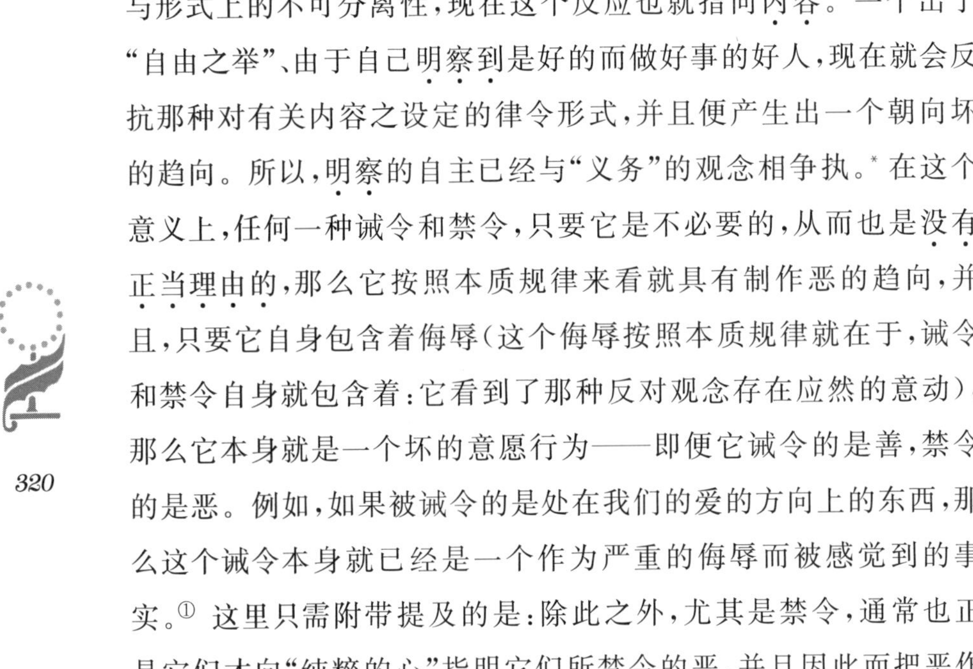

一门伦理学，一门现在甚至想把一个“可诫令的东西”认定为“善”并且把一个“可禁令的东西”认定为“恶”的伦理学（就像康德便曾反驳爱的伦常价值，只因爱是无法“诫令”的），在根本上使得这样一个要求无法施行，即已经描述过的那个包含在所有规范化

① 易卜生在他的《海边的女人》中细致而戏剧地阐述了这个问题。

活动(Normieren)之本质中的要求：无论某人是诫令自己还是诫令他人，都必须在这个双重的意义上是“有正当理由的”。而这门伦理学的“实用主义”在伦常上是完全不实际的，因为道德主义者没有注意到，他带着他的“规范”实际上必定会趋向于制作那些他 222
如此激烈地禁令的东西，而且他用他的诫令和律令只会使那些自由的伦常人——他们愿欲善并不是因为他们“被诫令”要如此，而是因为他们看到是如此——反感，而不去做他们看到要做的。把诫令和禁令的药物当做我们正常的伦常人的食物，这是荒谬的。

规范与禁令的关系还会进一步带来一个结果，它不仅对于伦理学来说完全是基础性的，而且对伦常的历史来说也具有最重要的意义。在认定同一些价值的同时，一切律令和规范都既可以发生历史的变更，也可以随共同体的不同而变更，而且也可以在观念的应然存在命题相同的情况下仍变动不居。因为，决定着规范内容的，不只是观念的应然命题的内涵——遑论被认定的价值——，相反，这个内容也是通过规范所发向的那个追求的原初价值方向而一同受到规定。如果这个方向与一个观念的应然相一致，那么就根本不会有律令产生；唯有当这个方向与一个观念的应然相对立时，才会有律令。律令在价值相同(以及在观念的应然命题相同)的情况下发生变更的可能性在某些情况下甚至可以走得如此远，以至于具有相反内容的律令可以奠基于它们之上。我以这样一些律令为例，它们可以建立在“本己价值同样是异己价值”这样一个命题的基础上。我们发现历史上在涉及这些形式的价值区别时有完全对立的规范得到承认，既有这样的规范：爱邻人甚于爱自己，也有这样的规范：努力成为什么，从而能给人什么。芒德威尔

在他的蜜蜂寓言中试图表明，唯有当每个人都毫无顾忌地努力促进他的本己利益时，文化与福利才得到发展。吕克特的命题“如果玫瑰装饰自己，那么它也装饰花园”也回归到这样一个思想上：唯有当给予者在可想象的最高程度上促进了他自己和他本己的价值时，所有对他人的贡献才会具有一个价值。在这类观念进程中，价值问题大都与“律令”问题无可救药地混淆在一起。如果人们将这两个东西分开，那么就可以看清，随原初追求方向的不同，可能并且必定会产生完全**相反的律令**。无疑有这样一些天性，对它们来说，把握他人的价值已经很难。而且难于对本己价值的把握，而按照建立于这些他人价值上的观念要求的方向来行动就更难了。但另一方面，无疑也有这样一些秉性，它们例如患有一种病态的牺牲
223 癖，并且必须付诸努力才能将它们同引向**本己价值**。很明显，对于前一种天性来说，“朝向他人的价值并且首先关心他人”这个律令是必要的，对于后一种天性来说，必要的则是“观看你自己并且在关心别人之前先关心你自己”。康德认为，对最高的本己幸福的诫令**因此**是无意义的，因为每个人出于自然禀好自己就在寻找这个；[①]这显然是康德的一个谬误，因为，无疑有一类人，这个定理对他们是完全**不**适用的。例如，如果弗里德里希·尼采最终得出这样一个律令：“强硬起来”、“关心你自己”，那么在他那里，其根据肯定就是这样一个心理学的资质。

从以上所说可以得出，从那些在历史上找到的伦常**规范**中，我

① 参见亨利·西格维克的确切说明：《伦理学的方法》第一卷（德译者，C. 鲍尔），莱比锡，1909 年。

们永远不——恰恰就是永远不——能够推导出：这些规范所诫令的东西会符合于一个民族的资质。W. 拉特瑙说得很恰当（《反思》，第235页）："从一个民族的诸法则中，人们只能相反地（ex contrario）推导出它的资质。以色列必定是非常多和非常严地受到过神的统一性的叮嘱，因为这个民族无法根除地趋向于多神。所以各个敬畏民族（Furchtvölker）所具有的夸张的父母崇敬使人猜测：曾经存在过对老人的虐待和清除。"如果在一个民族那里存在着在另一个民族中不存在的诫令或禁令，那么这里的原因可能在于，做被诫令的或被诫令的事情在前一个民族那里被感觉为有价值的和存在应然的，在后一个民族那里则不是。但原因也可能在于，这在前一个民族那里无论如何都是会做的，而对此的规范在这里是无用的。诫令和禁令的大量出现常常是一个信号，它表明，或者是对它们回归于其上的那些价值的直接感受变得含糊了，或者至少是追求（Streben）采纳了一个与此价值感受相反的方向。例如，正如后罗马时期的人口政策所表明的那样，在生育方面的诫令和禁令始终已经标示出生育本能（最原初的生命本能中的一种）的下降特征。在现代的适度运动和节制运动的"规范"方面也存在着类似的情况。

因此，就一个例如由具有不同原初生活资质的种族组成部分所聚合起来的人群而言，对它的不同部分起效用的是完全不同的"规范"，但从这里并不能得出，在这个民族共同体以内得到承认的不是同一些价值和同一些观念的应然定理。所以，从价值及其级序的观念性中完全不可能推断出：同样的伦常规范法则必须对"所有人"都有效，或者哪怕只是对一个民族的所有成员有效；毋宁说，

在同一些伦常价值以及它们的同一个级序那里还可以有完全不同
224 的法则，例如也会有任意多的“例外法则”，同时却不能由此而做出对伦常价值客观性和观念性的任何指责。如果有人想就伦常规范在历史中的变化以及它甚至在一个民族整体以内的变化尺度来证明伦理学的怀疑主义，那么他是很容易做到的，但由于规范不是伦常生活的最终的原初事实情况，因而他的“证明”并没有达到目标。

尽管如此，如前所述，“规范”还是完全有别于所有（单纯教育的）忠告和技术的建议。规范不同于观念的应然定理，后者是以完全不依赖于现有的自然规律性的方式而有效的，并且可以在那些完全不同于我们的诸本性（Naturen）中以转移的方式被想象，而规范则可以随它们所发向的命令意愿和追求而发生变化。它们随这些组成部分中的一个或多个的变换而变换。与此相反，它们还不依赖于对自然的因果明察，例如技术建议便是随这种明察而变换的，技术建议当然也可以在规范相同的情况下有着最大程度的不同。同样，教育忠告也可以在规范相同的情况下完全不同。因此，不可能将我们所主张的那种相对于价值和观念应然而言的规范所具有的变更可能性回归为那种完全不同的变更可能性，即教育忠告和技术规则为了达到一个目的——例如为了普遍福利——所特
225 有的变更可能性。①

① 由于规范按其内涵始终回归到两个因子上，一方面，回归到观念应然的内容上，这些内容本身重又建基于价值之中；另一方面，则回归到实际的追求方向上，因而，只要人们仅仅意指它们连同其内涵，它们就肯定（eo ipso）永远无法在发生（genetisch）心理学上（或在生物学上）得到说明。能够得到说明的只是那种选择，即在存在应然的观念内容（它们与一个被给予的价值领域及其他的按已知公理的排列秩序相符合）之中对规范化内容所做的选择：可说明的因而不是规范内容，而仅仅是恰恰对这个东西

我们说过，在一切律令应然的情况中都预设了一个追求，建基

而不是其他东西的规范化。

规范法则与“自然法则”的这个困难的和需要仔细研究的关系无法在这里得到说明。只能大致地说，问题既不在于，把规范法则变为一个合法则的心理自然进程的结果（就像例如拉斯所尝试的那样），也不是相反地随西格瓦特（《逻辑学》第二卷）和文德尔班（“规范与自然法则”，载于：《序曲》）一起把自然合规律性（Naturgesetzmäßigkeit）本身看作是一种对自然的“思想愿欲”而言的规范或它们的“可理解性”的意愿公设（H.彭加勒在他的《科学的价值》一书中也是如此）。事情要比这些简单的套语所意指的要复杂得多。首先，（最为形式的）“合规律性”原则就一种对某些变更（他样性）系列的单义依赖性而言，是一个对两种法则来说都同一共同的先天组成部分（建基于一个对象和一个变更一般的本质之上）。因此，它既不会从作为思维对象（Denkgegenstände）的自然规律性“转移到”（übertragen）作为愿欲抗阻的（Wollenswiderstände）规范规律性上，也不会反过来从后者转移到前者上。这个规律性的观念相对于两个规律系列来说都是先天的。

在最宽泛意义上的“自然合规律性”是对这个最高的先天原则在内心世界和外部世界的现象上以及在作为思维对象的身体领域现象上的运用。在这个意义上，在这些现象之间有一个无法估测的、功能的变更依赖性的王国，这个王国从未被这些领域区别所打破，而且在这个王国中，心理的、心理物理的、身体－物理的和身体－心理的现象——自身没有得到划分——只构成一些特例。这里更不存在这样一个条件：依赖性的变更是时间性的变更，即“变化”，而功能的依赖性是时空接触的（或更确切地说，“在一个相互分离中的接触一般＜Berührung in einem Auseinader überhaupt＞”的）依赖性。毋宁说，在这个阶段上，所有空间时间的规定都进入到这个依赖性的相关项（Relata）的质料之中。与这个自然合规律性相符的是一个同样合规律的依赖性之观念应然的系列，它本身虽然以一个追求一般的观念和本质为前提，但却并不像“规范”那样以某个特定方向的实际追求为前提。“规范”无疑屈服于这两个合规律性，而原则上还可以从这个“自然合规律性”出发来“说明”从观念应然中对规范内容的选择。但这个所谓自然合规律性的第三个阶段才是（形式的）机械的合规律性，我将它理解为内心世界和外部世界变更的功能的依赖性的那个部分，它满足这样一个条件：这些依赖性的成员在相互分离中还相互接触。唯有这后一种依赖性才是（形式的）机械的依赖性，并且根据内心世界和外部世界（以及在本质规律上从属于它们的杂多形式）的区分，它分裂为联想－机械的和自然机械的依赖性。在这里无法指明，对于这两种依赖性形式来说，“身体”的本质以及相似性原则，即在那些无法回溯到各局部同一（identitas partium）（在时空部分的意义上）上的现象中相似性的存在，已经是被预设了 的。

对这种“机械的”自然规律性而言，即也对联想心理学而言，规范肯定是无法说明的。甚至可以表明，对这样一种性质的自然规律性的假定本身还预设了一个规范：即

于观念应然之上的命令(作为诫令或禁令)便发向这个追求。每一

这样一个规范,它诫令要主宰自然(在上面所理解的自然)。因为,无论是机械的自然观还是与它相符的严格的联想心理学,它们都仅仅从这里和那里的客观而先天存有的、功能的变更依赖性中选择了这样的依赖性:对于通过一个具有身体的生物(尽管并不必然地是作为人的人)之愿欲来可能地主宰这些现象系列的做法来说,这些依赖性能够具有它的自然控制行动之切入点的意义。我所理解的严格的联想心理学,是那种把接触联想(Berührungsassoziation)的原则当作它的最高原则的联想心理学。这两种"观点",联想心理学的观点和机械自然的观点,因而都只具有一个受可能的生命和身体之实存制约的意义。既不能——像休谟认为可以指明的那样——以某种方式从被预设的接触和相似的联想规律中推导出(作为物理自然规律的)自然规律的观念,也不能——像康德所以为的那样——从一个对于外部自然来说已预设了的现象的以及空间的相互作用的时间顺序之合规律性中推导出联想规律中的任何一个,尤其不能推导出相似性规律。但是,只要预设在所有现象变更中的普全功能原则,同时也预设一个无法从两者中推导出来相似性原则,它作为理解的形式作用于外部世界和内心世界的自然世界观的构成,那么这两种(形式的)机械规律性就还是可以解释的,只是在这里无法再做进一步的阐述。(也可参阅这部著述的第六篇 A 中关于人格的论述的第 3 章、g)

但是,如果主宰自然的规范作为对机械规律性的心理之物和物理之物的可能操纵(Lenkung)而先行于它的基础,那么每一个企图从联想心理学上说明规范本身及其历史变换,或把它们的变换理解为成长的能力(即通过增长着的机械的自然认识来主宰自然的能力)之结果的做法,都从一开始就是不可能的。即便从历史上看,情况也是相反,是新苏醒的对主宰自然的统治意愿才在近代之初首先使机械一物理的理论,而后使机械心理的理论获得了重大的意义。正如统治自然的规范从本质规律上要先行于那些机械的规律原则一样,在现象中寻找那种合规律性的做法在历史上也受那个作为被意识到的原则之规范在历史中的实际显现的制约。

从以上所说可以明了:通过在机械的自然规律方面的认识增长而得到说明的无非只是技术规则的变换,这些技术规范是指:人们在那个"主宰自然"的规范之前提下应当如何遵循这个规范。但这个规范本身与每一个真正的规范一样,是完全无法通过这种认识的无限增长而得到说明的。参阅笔者"论怨恨与道德的价值判断"(1912 年,同上书)的研究。所有那些把规范的历史变换回溯到机械的自然认识变换之上的企图(如斯宾塞的、包尔生的那些企图等等),都已经预设了一个历史上不存在的规范与近代规范的同一性。因此,所有那些把规范本身仅仅当作是用来进行提高的技术规则的企图当然也是如此,无论被提高的是人类福利,还是生命最高值等等。

恰恰在这一点上,即规范本质上有别于所有哪怕只是可能的技术规则,康德完全是合理的。

个义务在这里都直接是对一个做的承担义务，并且始终是相对于一个人格而言。对一个意愿行为，我们不能像对一个做（Tun）一 226 样承担义务。但承担义务的律令对于在“愿欲一做”方面的意愿决断来说还是“规定因子”。[①] 由于情况就是如此，所以，如康德所正确地看到的那样，不可能将规范概念和义务概念回溯到一个单纯的手段与一个被给予的目的的关系之上。毋宁说，目的设定本身应当（在观念的意义上）在规范或承担义务的律令的一同规定下进行。

但现在更为重要的是这样一个规定，一切义务的承担和规范都直接地指向愿欲一做的行为。与此看起来相矛盾的是：尤其是 227 许多教会作家也在谈论“信仰义务”和“爱的义务”。如果这些说法所指的与人们在谈及意愿的承担义务时所指的意义完全相同，那么，——正如康德所正确强调的那样[②]——就必须对这种说法予以抵制。信仰行为和爱的行为之本质就在于，这种行为通过律令和规范是无法规定的。在严格的意义上不存在一种对信仰和对爱的“承担义务”。但如果人们认为，一个规范和一个律令只是为此而存在，即：人们通过意愿行为而移置到这个进行一个信仰行为或一个爱的行为的内心位置中，那么信仰义务和爱的义务这些概念也许可以是有意义的。例如我们可以对某人说，“把你的注意力集中在你的教会的教义内涵上；尝试着在精神上进入到这个教义中；把你自己完全带入到这个对一个信仰行为来说是前提的认识位置

① 参阅这部著述的第一部分、第三篇。

② 尤其参阅康德的《单纯理性界限以内的宗教》。

之中。”但一个进行信仰行为本身的“义务”是永远无法被接受的。所以我们可以向一个没有看到一个人的价值的人指明这些价值，并且要求他努力去进行比至此为止更深入的对这个人的价值本质的探讨。但我们永远不能让他在这个人面前“承担”爱的“义务”。如果人们谈及“爱的义务”①，那么，悄悄将爱的行为取而代之的必然是做好事（Wohltun），在特殊情况下还会是“有好意”（Wohlwol-
228 len）（倘若人们在这里所指的不单单是特定的外部事业＜Werke＞）。在“信仰义务”和“爱的义务”这些语词联结中包含着一个巨大的危险：这些名称原初只为精神行为所拥有，现在它们被某些对这些行为的外部可见的证明所取代，无论它们是象征性的行动，例如宗教礼拜，还是特定的事业。谁不是在那种我们前说明过的转移的意

① 教会—天主教的作家也喜欢谈论一种“爱的法则”（Gesetz der Liebe），例如在这样一种联系中：耶稣用一种新的法则取代了旧的“法则”，新法则是“爱的法则”，它比旧（摩西）法则更高，但把旧法则包含在自身之中。如果这个说法应当意味着：爱不是随意的东西或一个因果地产生的感受状态（在康德的意义上），而是有一个内在于这个行为本质中的规律性，它不能被回归为任何东西，那么这个说法是有完全正当理由的。但如果它应当意味着：有一种“法则规范”（Gesetznorm）在诫令人们去爱，这个爱是由耶稣提出来的，他将它排列在现有的规范旁，同时又把这个规范抬高到其他规范之上；而且没有这种“爱”（作为天生主观的爱＜genetivus subjectivus＞）的法则，而只有去爱的法则（＝应当去爱），那么这个说法就是悖谬的。基督教对“爱的法则”之驳斥的合理性恰恰可以在这个说法的意义上得到衡量。这个驳斥在第一个情况中是没有正当理由的，在第二个情况中则有正当理由。但是，只要这个驳斥的大部分核心都具有这样的性质，即完全绕过了爱的行为现象的这两个部分，那么这个驳斥就始终是无限可抱怨的。由于束缚在一个爱的规范的观念上，即束缚在第二个意义上的爱的法则上，路德也把爱与他称作“爱的事业”的东西混为一谈，并且因此而得出他关于“唯靠信仰”（sola fides）的理论。而他的对手现在又一再地用新的“爱的法则”的观念（在第二个意义上）来反驳他，以至于爱的行为和爱的法则（在第一个意义上）无法在这两个对手的概念构成中找到任何归宿地。

义上理解“信仰义务”这个词，他甚至就必定会陷入这样一个欺罔中：把信仰行为的外部表达，例如信仰表白的行为，甚而把一次进教堂或其他的朝拜行动，当做这个信仰本身。因为对这些事情，人们的确可以承担义务。所以，如果这些概念在那个虚假的(falsch)意义上被理解，那么事实上便出现了那种基督教作家常常批评天主教教会道德所具有的迷误(Irrungen)：单纯的事业神圣性(Werkheiligkeit)的危险。并且在这个情况中还存在着另一个危险。“愿欲信仰”和“愿欲爱”的事实情况无疑是有的，但它们不仅与信仰和爱本身没有关系，而且它们的此在甚至始终都表明，信仰和爱恰恰不是现存的。如果人们在虚假的意义上谈论信仰义务和爱的义务，那么人们也就以此而在传布这样一个欺罔(Täuschung)：把这个单纯的愿欲信仰和愿欲爱等同于信仰和爱本身，并且将它们视为等值的。

康德也正确地看到，信仰行为与爱“不能被诫令”。但完全谬误的并且只有从他的整个伦理学的虚假基本前提出发才能理解的是他的推论，即爱的行为由于不能被诫令，所以不具有伦常价值。

在《实践理性批判》第一部第一卷第三章中，康德对“爱上帝甚于一切并且爱你的邻人如爱你自己”这个语句给予解释，这个解释实际上是将这个语句的意义消除殆尽。他首先认为，“因为它——这个语句——作为诫令要求敬重一个命令去爱的法则，而不是将它托付给随意的选择……”。通过这种理解，爱的行为本会使人超越出这个或那个律令的“法则”及其有效性领域而朝向耶稣(因为如福音所说，谁按照耶稣来行为举止，他就理所当然地<eo ipso>也在实现着这个“法则”所要求的所有价值，但同时实现着一个高于所有法则以及高于它们所能禁令和诫令的东西的价值），现在则重又被隶属于这个“法则”。耶稣看起来就像是一个仅仅提出也现存于十诫书的立法中的“上帝立法”的一个新内容的人；这个理解
229 没有明察到：在那个语句中从一开始就是以一个与上帝的新的基本关系为出发点的，这个关系的意义把“命令”和“顺从”包含在自身之中：上帝子民对上帝的基本关系。爱的行为在这里甚至被视为奠基于对这样一个法则的“敬重”行为之中，这个法则的内容仅仅是“爱”；所以，那个敬重的行为看起来要比爱的行为更为基础并因此而更有价值。[①]

实际上这个语句不能被看做“命令着的”“规范”，相反，像康德随即自己也说的那样，想要“命令”和“诫令”去爱是悖谬的。这个语句所表达的是：谁如此地行为举止（即爱邻人如爱自己），他便在实现着最高的伦常价值，而且这样一种行为举止是一个观念地存在应然的行为举止。但只要这个语句是朝向那个主观的意愿本身，那么它就不是被当做诫令着的规范，而是被当做遵从的邀请。[②]

康德在他的解释中继续说，“但是，对上帝的爱作为禀好（感发的[③]爱）是不可能的；因为上帝不是感官的对象”。这里首先表明

① 行为与它们的价值高度的奠基关系处在本质联系之中，对此参见这部著述的第一部分、第二篇 B、〔第 3 章：〕“更高的与更低的价值。”

② “感发的”是对康德“pathologisch”一词的中译。康德将它与“主动的”、“实践的”概念对立使用，主要是把它理解为“受动的”或“被动的”，更确切地说：“通过感性的动因”而产生的（参阅：康德，《纯粹理性批判》，B 562）。——译注

③ 即便在这个方面，天主教－新教（路德）的反驳也常常偏离了实事的核心。路德新教反对这样一种观点：耶稣立定了一个“新的法则”，并且他——撇开他的牺牲生

康德的这个有双重根本谬误的爱的概念的这样一个结果，根据这个结果，爱应当是“感性感受”的一个衍生物，此其一；它还应当是一个单纯“状态的事实情况”，就像某个在一个对象上的感性快乐，230 此其二。这两点我们在其他地方都已做了反驳。[①] 如果人们把“禀好”这个词理解为一种直接朝向一个价值的运动（没有在先的规范和命令），而不是像康德那样同时也用同一个词来理解“感性本能”，那么“对上帝的爱”，即所说的那种精神的行为，便是完全可能的，即使上帝不是感官的对象。甚至必须反过来主张，一个对单纯“感官对象”的爱是某种悖谬的东西。[②] 如果人们在语言上也说，

命和他的拯救使命的意义不论——也是“伦常教师”和“伦常的立法者”。但由于他们似乎把伦常一般（作为一个相对于宗教之物的独立现象）仅仅认作是规范的和法则公正性（Gesetzgerechtigkeit）的伦常（完全就像他们的许多对手一样），他们也（必然地）否认耶稣具有任何不依赖于他的宗教意义的纯粹伦常的原初意义，并且把仅仅把他理解为上帝之子，其赎罪的血使那些信任他并生动地信仰他的人获得了对上帝的论证与和解。原则上完全正确的是：耶稣既没有“体验到”，也没有“发现”，也没有“提出”在“规范”意义上的新伦常法则。但是，如果有人以为耶稣不具有一个基本的伦常意义（它本质上不依赖于宗教的意义，但在其位格中与宗教的意义有机联结为一个具体的统一），那么这必定是因为：这个人是一个把伦常价值奠基于规范之上的人，并且是一个把人格对人格的伦常作用置于这样一个选择的张力之中的人：或者这个效应就在于其实践一伦常的效应（即在于它们的愿欲和行动），或者在于它所分派的那些规范。但无限高于所有这些效应的人格对人格的伦常效应在于：对它们的纯人格价值本身以及对人格之单纯存在的纯粹而直接的观看会邀请人们去“遵循”。只有一个为耶稣的显现所指明的观念的应然质料（不是质料的应然）：这就是他本身——而且因此，不仅所有对他行动的“仿效”，而且所有对他的那些被误认的新规范的“顺从”，还有那种对一个原初伦常意义以及伦常效应意义的否认，都只是一种多重的“对他的避开”（Ihm-aus-dem-Weg-Gehen）。关于伦常“遵循”的本质可以参阅这部著述的第六篇 B、第 3 章对自律和他律的论述，还有在第 4 章、第 6 点 a 中的论述〔边码 558—568〕。

① 对此参阅笔者，《论现象学与同情感理论以及论爱与恨》（1913 年），第 52 页至第 76 页，* 以及“论怨恨与道德的价值判断”（同上书）中对爱的肯定性立论。

② 参阅笔者，《论现象学与同情感理论以及论爱与恨》（1913 年），第 70 页及以后。

“爱一种食品”，那么这指的便是一种完全不同于人们在说爱一个人时所具有的那种行为举止。我们在这里不去考虑这一点，即：康德眼里所看到的始终只是对上帝之爱的现象，而没有看到那种最高的基督教现象“在上帝中的爱”（amare in Deo），在这种爱之中，人要高于一切法则，甚至要高于上帝的法则，只要上帝可以被想象为是“立法者”；因为他直接地懂得如何主宰精神生活的原则（在同时的不同实在行为中）的本质同一性，从这个生活原则中，一切可能的“诫令”都能够找到它们的唯一可能的（但也是必然的）合理论证。

倘若这个语句像康德所以为的那样首先是一个“上帝的诫令”，那么这个诫令便只能是出于畏惧（Furcht）和（对惩戒和褒奖的）希望来遵行，因为这里没有预设对最高的主的爱或敬畏（Ehrfurcht）——这些行为在价值上要远高于所有“敬重”（Achtung）。①

① 关于爱和敬重的现象学区别参见笔者《论现象学与同情感理论以及论爱与恨》的著述（1913 年），第 48 页。关于敬畏参见笔者“论羞耻与羞耻感”的文章。* “敬重”有别于爱，在爱的运动中，价值的一个（被定性的）更高状态成为直接的可感受性，敬重则以对一个被给予的价值的感受和根据它而对其对象的一个评判为前提——而爱则显然不是如此。将爱奠基在对一个“命令去爱”的法则的敬重中——而且是对一个单纯的法则的敬重，不依赖于提出这个法则的人——，这是唯理论在伦理学中所达到的悖谬之极端。即便是一个法则规范也只能借助于价值来要求并获得“敬重”，它的观念应然基础便回溯到这个价值之上，只要不是进行这个规范化活动的人的人格价值在要求敬重。但只因一个法则是“法则”便敬重它，这种事情在严格的纯粹性中永远无法触动并且也从未触动过一个感受的生物。否则每一个自然规律，例如欧姆定理，也必定会要求“敬重”。如果有人主张，他敬重一个法则只是因为它是一个法则并且具有命令形式，那么这个人在他的敬重客体中所想象的要远比他承认的更多。但如果有人说，这里所关涉的还是善的法则（或伦常价值的法则），那么这个人仍然还可以从一个法则或一个规范中推导出善的观念，并且而后还要求对这个法则的敬重。只有当价值（为实现它而下命令）除了被评判以外还可感受地被给予时，才有对律令形式本身的敬重。

倘若这个语句完全被看做是由耶稣提出的一个诫令、一个规范法则、一个"爱的法则"，就像一些神学家所说的那样，那么人们就必须认为路德是合理的，他也把爱从人与上帝的最终奠基性根本关系中排除出去，也已经把它看做是"无可救药的事业"，并且只把信仰当做对这个根本关系来说至关重要的东西。因为在他对传统神学与道德的批判中也存在着那种我们在康德那里发现的谬误：即这个预设，尽管康德是把极端道德主义的结论与这个谬误联结在一起，而路德则是把极端反道德主义的结论与这个谬误联结在一起，[①] 并且他最终不仅否认基督是"立法者"，而且也否认他是"伦常的榜样"，而是更多地承认他作为"拯救者"的纯粹宗教含义。 231

在他的解释中，康德继续说，"这同一种爱对于人诚然是可能的。但不能被诫令；因为没有一个人能够仅仅因命令而去爱某人。因此，在所有法则的核心中被理解的仅仅是实践的爱。爱上帝在这个意义上就意味着：乐于施行上帝的诫令；爱邻人意味着：乐于履行对邻人的一切义务。"

正如我们在前面已经强调过的那样，在这些阐述中有一点是正确的：爱是不能被诫令的。当然，若有人从律令伦理学的预设出发，并且不容置疑地误以为："唯有可以被诫令的东西才具有伦常

如果只有评判连同空乏的价值意向在此而没有可感受的充实，那么存有的更多是"尊敬"(Respekt)。但在缺乏这个(空乏的)价值意向的情况下，通过单纯命令形式本身而被给予的就只有奴性的追求之可感染性(Ansteckbarkeit des Strebens)，它肯定是与敬重最没有关系的东西。

① 但恰恰因为这些结论是最重要的，所以我完全不能理解：人们还一再地敢在一种伦常的精神共同体的意义上谈论"路德与康德"。

价值”，甚至若有人想宣称，善是某种通过一个法则来诫令的东西，那么他就必须由此而得出这样的结论：善也不具有任何伦常的价值。对于那个语句的意义而言，由此同时也就形成了这样一个抉择：那个语句要么像我们所主张的那样不是被意指为诫令，要么它自身就是悖谬的。在康德所设定的“这个语句是‘一个命令爱的诫令’”的前提下，他并没有像逻辑学所要求的那样推导出：“它是悖谬的”，相反，他力图对“爱”这个词进行完全随意的转释，以便他最终能够将最乏味的道德主义加入到对这个福音语句的解释之中。
232 他认为，如果爱不能被诫令，那么“实践的爱”还是可以被诫令的。然而并不存在严格意义上的“实践的爱”，即作为爱的一个属种的“实践的爱”。即便不是如此，在实践的爱方面申言某些在一般的爱的方面必须加以拒绝的东西，这种做法也是无意义的。只要“实践的爱”被理解为一种特殊的爱的质性，那么这种爱就不存在，存在的只是一种会导向实践行为举止方式的爱。但它与爱一样根本不能被诫令。相反，导向类似实践行为举止方式的也可以是不同于爱的东西，例如“有好意”(Wohlwollen)和“做好事”(Wohltun)。这两者中的后者是可以被诫令的。[①] 但这两者都根本有别于爱的行为。它们可以存在，同时却不是爱的结果；例如我们也对可以为我们服务或对我们有用的人“有好意”；而做好事也可以是虚荣心和名誉欲的结果。但在那个福音语句的意义上，有好意与做好事本身只是因为在它们之中隐含的爱才具有伦常价值。另一方面，

① 关于有好意和爱可以参见笔者，《论现象学与同情感理论以及论爱与恨》(1913年)，第41页。*

爱并不一定会导向有好意与做好事。人们也可能出于爱而发怒和施痛，只要人们认为，这个施予的疼痛和痛苦会导致这个人的真正救赎(Heil)。[①] 爱本身在本质上恰恰不是以他人的福康(Wohl)为目标，而只是以他的人格的最高价值为目标；只有当他人格的这个价值因此而被促进时，爱才会以他的福康为目标。因此，如果康德在那个福音语句中想用有好意或做好事来替代爱，并且用"实践的爱"的歧义性来掩饰这个做法，那么这是完全不合理的。此外，"爱上帝"与"乐于施行他的诫令"根本就不是同义的，"爱人"与"乐于履行对人的义务"也根本不是同义的。由于义务本质上不依赖于现有的禀好与厌恶(Abneigung)，所以"乐于做"是一个伴随现象，它对于义务的履行来说是无关紧要的，并且它只要现存，便只能建基于对人格的爱之上，或者是这些人格发布了诫令，或者是人们相对于这些人格具有相关的"义务"——这样，这些义务恰恰也就只是观念的应然，而不是作为"义务"被给予。我们乐于对我们所爱的人履行我们的"义务"，并且爱上帝的人乐于施行所谓"上帝的诫令"。但它在此同一时刻也就不再是"诫令"了。但完全不可能的是将这种爱本身等同于它的那个单纯可能的结果，即：人们"乐于履行他的义务"。[②]

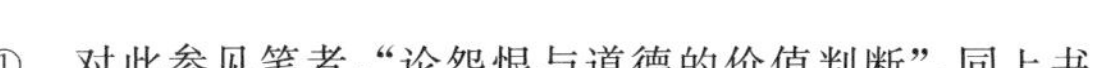

① 对此参见笔者，"论怨恨与道德的价值判断"，同上书。

② 更为怪异的悖谬是在同一处的说法：如果说，你应当爱邻人如爱你自己，那么这并不意味着：你应当直接地首先去爱，并且借助于这种爱(而后)去做好事，而是意味着：对你的邻人做好事，而这个做好事会在你心中引发对人的爱。也就是说，做好事应当引发爱！例如，出于虚荣心、出于获得一个有用的仆人之动机而做好事等等应当引发爱！康德也没有表明，青饲料何以会变成黄金。这无异于说："只要勤奋地下跪，你就会变得虔诚。"

233 但是，在将这些对福音话语的这些草率转释（Umdeutungen）一直导向对整个语句的完全去释（Wegdeutung）的同时，康德还继续说：“但是，那个使这件事情成为规则的诫令也不能命令人们具有这种合义务的行动中的志向，而只能诫令人们努力追求它。因为一个关于人们应当乐于做某事的诫令，是自相矛盾的，因为如果我们自己已经知道我们有职责去做什么事，如果我们此外还意识到我们乐于去做此事，那么对此的一个诫令就是完全无必要的”如此等等。所有那些康德在此对那些自相矛盾的特有先行阐述，即：重又“诫令”一个“对诫令的乐于施行”，都是完全正确的。但他并没有从中推导出，对上帝和邻人的爱恰恰因此而不能被等同于一个“对诫令的乐于施行”，却是反而试图用一个新的谬误来修正他至此的谬误，亦即用一个单纯对爱的追求或一个爱的愿欲来取代相当于“对诫令的乐于施行”的“爱的行为”（Lieben）。随之便达到了康德认定为“原初的”伦常善的唯一载体。人们现在只要看一眼便可以想象出康德对这些强大话语所做的几乎无法置信的转释。“爱上帝甚于一切并且爱你的邻人如爱你自己”现在已经变为这样的语句：“追求对上帝诫令的乐于施行和对你的邻人的义务的履行。”

这里还应当再分析一下这门律令伦理学的基本谬误的另一个方向：“只有可诫令和可禁令的东西才具有伦常价值。”或者，所有不可诫令与禁令的东西都不具有伦常价值，因为人会自发地做（或不做）这些事情，或者说，因为这里所涉及的行为按其本性是不能被诫令或禁令的，就像信仰行为和爱的行为一样。这些命题完全只有从实用主义的感触出发才能得到理解：对伦常价值的设定，完全取决于人们能够在多大程度上**干预**伦常世界，并且**通过命令来改变**这个世界。因此，受制于这个成见的完全不单单是狭义上的实用主义；康德也在分有它。而教会的教师们也相当频繁地陷入那个基本谬误的泥潭。

并不是说，善与恶的概念在某种意义上要取决于先行的规范 234
和承担义务，需要做的事情毋宁是：检验**每一个**律令以及**每一个**重又据此而提出的意愿规范本身，看它们的内容在多大程度上是在观念的意义上应然存在的，以及对它们的提出在多大程度上是**合理的**和**有价值的**。

就这些成见的第一个而言，只有那种不仅是合义务的，而且此外还像康德所要求的那样是“**出于义务**”而发生的东西，即出于对义务诫令的顺从而发生的东西，才具有伦常价值，因而人们如所周知地常常将康德的学说称作“**严峻主义**”[①]，并且继续对此进行争执，是否现存着一个严峻主义，以及它在多大程度上是有正当理由的。根据我们前面的续论，那种“出于禀好”而非“出于义务”而愿欲并施行的观念存在应然的“美的心灵”之行动与康德唯独赋予伦常价值的“出于义务”之行动处在何种关系之中，这个老问题当然可以在这个方向上得到化解：所谓的“美的心灵”在这里并不只是伦常等价的，而是还是具有**更高价值的**。[②] 此外必须承认，康德至

① 这里的严峻主义的德文原文是“Rigorismus”，也被译作“严肃原则”。该词源自拉丁文“rigor”，意为“僵化”、“严厉”。一般被用来指称一种对一个普遍法则，尤其是伦理法则的严格而彻底的强调和运用。代表人物主要是斯多亚学派、康德等等。与严峻主义相对立的是冷淡主义(Indifferentismus)和调和主义(Synkretismus)。——译注

② 关于这种伦常欺罔的怨恨根源参见笔者，“论怨恨与道德的价值判断”，同上书。

少在他的逻辑论证以内没有犯下席勒在著名的双行短诗中(Distichon)中曾指责过他的谬误[①],他或许会认为,有德行的行动的一个本质标记就在于,它是**违背**禀好而进行的。根据康德的论证命题,它也可以在于,不仅禀好的内容与义务的内容是重合的(这是不言而喻的),而且与一个禀好相符合的行动同时也是作为“出于义务”进行的而被给予的。他的阐述提出这样一个思想:一个伦常上善的行动也必定是一个**违背**禀好的行动,就此而论,这个做法更多地是建基于他阐述的情绪内涵和激情之上,而不是建基于他命题的实事意义之上。同样,我们也不可以把人在其“出于义务”(这义务只是在行动同时是**违背**禀好的时候才凸显出来)的行动方面所特有的认识确然性等同于一种处在伦常善中的实事必然性,即:始终违背禀好而进行。无疑有一些拘泥的天性为了确定它们出于义务而可能采取的行动,宁可违背它们的禀好而不是遵从它们的禀好来行事,即使它们实际上也会出于义务去做与它们的禀好相符的东西。由这种本身完全不是伦常偏好的拘泥性出发(因为“是善的”这样一种**意识**＜Bewußtsein, gut zu sein＞根本还不是伦常
235 价值),这条道路很容易导向一个更少具有对伦常意义之要求的现象。我指的是一种违背自己本身及其禀好的残酷性,但它通过特殊的价值欺罔常常被视之为并且被享受为某种特殊的“善”和“高贵”。我们并不相信:康德已完全从这种禀好中解脱出来,我们也不相信,它没有对他的伦常构想施以影响,直至一个特定的程度,

① 对此可以参阅舍勒在本书“第一版前言”(边码第 10 页)中的相关论述。——译注

即影响到对这些构想之阐述的激情。但无论情况如何，颂扬“美的心灵”的人对康德所做的指责完全是成立的。因为即便人们认为一个出于义务与禀好的行动之组合是完全可能的，就像人们常常会说，某人“乐于和愿意”或“喜欢”履行他的义务，但是，在康德看来，美的心灵的行动与义务人(Pflichtmensch)的行动相比不再是等价的。然而按照价值伦理学的正确出发点，这个行动不是等价的，而是有更高价值的。康德当然原则上不可能承认这一点，因为对他来说，“善”这个词是通过观念应然的概念才获得了其意义，甚至在某些地方还是通过合义务与“出于义务”的概念。因此在他看来，出于“纯粹禀好”来行善是一个语词矛盾(contradictio in adjecto)。

此外，康德还犯了一个我在其他地方[①]已经揭示过的谬误：他使一个行动的伦常价值依赖于它对行动者而具有的代价和牺牲。在他于《实践理性批判》方法论中关于正当伦常教导所给出的怨恨欺罔例子[②]中便直截了当地说：“即使在这里，德行仍然只是因为它付出了多少而有多少的价值，并不是因为它收入了多少而有多少的价值。”我在其他地方指出，有一种完全确定的建基于怨恨之上的价值欺罔，即因为某物为实现自己而运用了更多的力量、努力、劳作等等就把某物看做更为有价值的。如果有人例如认为，一

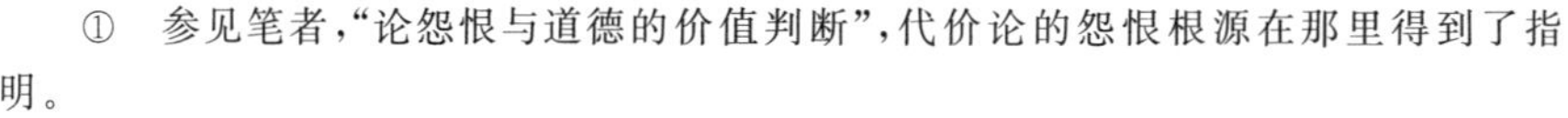

① 参见笔者，“论怨恨与道德的价值判断”，代价论的怨恨根源在那里得到了指明。

② 这也就是下面将要提到的安妮·封·博林和英国亨利八世的例子。关于这个例子的详细阐述可以参见康德的《实践理性批判》、第二部，中译本，边码第 155—156 页。——译注

篇你写的论文因为你付出了巨大的努力就特别有价值；如果有人相信因为对某人做出了许多牺牲他就爱这个人，如果有人因为有这么多殉教者为信仰而死就把信仰认作是真的和有价值的——那么这个人便失足于这种形式的价值混淆。因此，毫无疑问，价值——无论是什么价值——都永远不能建基于牺牲和代价之上；
236 明见的毋宁是：只有当更高的价值或在同样的高度上更多数量的价值通过牺牲与代价而明晰地被获得或被实现时，牺牲与代价，即价值的献出，尤其是本己价值的献出，才在同样程度上本身重又是有价值的。这些价值是“更高的”，这一点永远不可能通过所耗费的牺牲或代价而“被论证”或哪怕只是“被证实”。一门明确地否认或在其推论的方式中否认这个原理的道德学说，乃是建基于否定主义的怨恨之上，建基于虚假的牺牲癖之上，倘若不是建基于感发性的爱疼痛(Schmerzliebe)和对自己的残酷性之上。例如康德叙述安妮·封·博林和英国亨利八世的方式，他在那个“正直的人”所受的威胁和痛苦的增长中也使“赞同”上升为“钦佩”和“惊异”，并且上升为“敬仰”等等的方式——这种方式并不能够摆脱那种感发性的动机引发(Motivation)。因为毋庸置疑，即使那个人在没有受到这种增长着的对自己正直性的考验，即使他没有为保持这种正直而付出代价，他也仍然是善的和正直的。人们只能说，他的意愿实际上是多么善和正直，这一点在这个情况中不是以同样的程度昭示给他人(也许甚至不是以同样的程度昭示给他自己)。康德显然是混淆了伦常价值的这种被昭示状况(Offenbartwerden)与伦常价值本身。若非如此，这样一种状态的伦常价值就将在于对这样一种考验的承受和牺牲等等，伦常性就会像居伊约所说明

的那样，社会状况越是有序，甚至伦常越是温顺，伦常性就会消失得越多，因为，以在上面情况中的那种程度来施予人以考验的机会是越来越少了。人们甚至必须要求，始终要有几个人是足够的卑鄙和恶劣，以便能够如此长久地折磨他人，直至那些人的“德行”完全昭示出来！但是，倘若人们把善的志向的被昭示条件——包括在自己面前的——混同于这个志向本身的条件，那么**被视为**伦常的就只是隐秘的虚荣心和爱名誉(Ruhmliebe)了。

即便代价与牺牲不能论证它们为之而形成的东西的价值，代价论当然还是含有一些正确的东西，只是这些正确的东西可惜是处在一个完全不同于人们通常在寻找它们的地方。我们通常在自问“哪些实事对我们来说比另一个更有价值”或“哪个人对我们来说比其他人更可爱”这类问题的地方进行这样的**思想实验**，即我们向自己提出另外一类问题：你会为了哪些实事而牺牲其他实事？你会把这两个人中的哪一个例如先拉出水，如果他们两人都落水的话？我们在这里以这样一个明见的联系为出发点：人们应当为更高的价值而牺牲更低的价值，并在完全明察它的更高状态的情况下愿欲做出牺牲，而后在朝向“能够牺牲某物”的意识上来检验， 237
哪些价值对我们来说是更高的。但这个进程永远不具有这样的意义：价值乃是通过那个可以为一个而牺牲另一个的意识才**被创造出来**并且**在等级上被确定**。这里所关涉的更多是一种我们在我们本已的、被视作被给予的价值认定方面所做的**澄清**(Klärung)。当然，一个人只要犯下这种错误(参见斯多亚学派和康德)，即：不是

把非反思的善的存在[①]，而是把“能够摆在自己面前的善”、“能够敬重自己”设定为最高的价值，那么他必定也会失足于另一个错误，即：把用来获得对本己伦常价值的这个最敏锐认识与确然性的手段，当做某种构造着那些价值的东西。但恰恰因此必须避免这两个错误。

然而以上所说似乎还没有穷尽代价与牺牲对于我们的关于人的价值判断所具有的意义。只有一点我们是确然地知道的：无论是伦常价值，还是观念的存在应然连同为实现它们所耗费的力量，都与此毫无关系。如果它们在内容上是作为确定的而被给予，那么有效的毋宁是：伦常上地位更高的人格是那些为实现这些内容所付努力与代价最少的；谁最少具有对善的抗阻，他就是最善的。然而一旦已经有了一个听从一个承担义务的规范的律令以及有了一种约束性，并且有一个命令下达到多个人格那里，那么情况就完全不同了。在这种情况下，其一，为规范奠基的那个价值完全是不依赖于规范以及对它的顺从的；其二，对那个律令的顺从的价值始终是同一个，即使那个命令顺从者所要克服的抗阻会大小不一。但顺从的价值在其中得以实现的那些行动则在价值上是各不相同的，这是指：更有价值的行动是在一个更大的抗阻中被克服的。因而这个估价(Wertung)在这里恰恰显得是悖谬的：人格为法则的“顺从成就”(Gehorsamleistung)所付出的越少，人格就越有价值。“顺从”的价值在任何地方都是同一个。但“行动”却是“付出”越多就越有价值。我们对顺从成就的价值评估所具有的这个貌似的悖

① 这里需要注意在这部著述的第一部分中关于这一点所做的阐述。*

谬可以由此便得到理解：唯有当具有相同的伦常能然或相同的“有德行”（Tugendhaftigkeit）的人格被预设时，“代价”才会对价值评估成为问题。正如我们已指出的那样，每个律令就其本质而言都预设了对一个负价值之物的观看，因为在对这个律令所要求的行动而言尚不存在一个“禀好”之前，这个律令就根本不具有任何“意 238 义”；而且每个有正当理由的律令都预设了一个不是针对诫令，但却针对它的观念存在应然内容的抵御追求；因此，人们便可以理解：那些单纯地和仅仅地通过那个存在应然之物在其中被给予的律令形式而得到克服的抵御追求越大，在其中完成了“顺从”的那个行动也就越有价值。但只要我们不去顾及可能的顺从之成就与已经存在的、被预设为合理的律令之间的关系，而且只要我们试图在不借助于律令的情况下通过对人格本身的伦常价值的观看来确定价值，那么也就不存在那种对代价和牺牲的关注与考虑。

“真正的”牺牲只有在它们也在为了一个作为更高的而被给予的价值的意向中被做出时才存在，即为了这样一个价值，它不依赖于这个牺牲意愿就已经曾是一个更高的价值，并且作为这样的价值而被给予。此外，它们只有在被牺牲的善是作为一个正价值的善而被给予时才存在。我在关于怨恨的文章中已经指出，正是这最后一个因素也将伦常上真正的“禁欲”与怨恨的假禁欲区分开来，假禁欲的特征恰恰在于：我们所拒斥的那些东西，同时并且已经事先去价值化（entwerten），而且作为一个“无谓的东西”（Nichtiges）而被提出。只是因为财产、婚姻、本己意愿是肯定的善业，因而对于基督徒来说，例如为了更高的善业而自由地放弃它们的做法就展示着一个伦常上有价值的行为。

因此，J. 亨利·纽曼将真正的禁欲称作“通过对尘世之物的拒斥来钦佩它”。与此相反，有怨恨的人并不钦佩他所拒斥的尘世之物，而是将它去价值化；他说：“所有这些都是虚无”，“这并不具有价值”，“这些都是无用的事物”。例如贫困是一种弊端，财产是一个善业，而对于真正的禁欲来说，只有对那个已经被设定为正价值的并如此被感受的财产的自愿放弃才是一个更高的善，而怨恨的禁欲则将贫困本身宣告为善业，将财产宣告为弊端[①]。并不是一个更高的善业，而是对财产控制的无力（Ohnmacht），才促成了对财产的放弃，这只是虚假地**被想象**为一个对它的放弃成就的肯定行为。我们在这里也还清楚地看到了我们在前面所关注过的那种虚假的代价论的后果。

239 c. 能然与应然

前面已经暗示过，有一个最终的无可化解的追求样式，我们曾将它称之为“能然”[②]。这种**能然**作为**体**验行为（*Er*lebnisakt），即作为在其中追求内容能够在一个“我能做某事”的意识中原初地被给予我们的行为，是完全不同于单纯的能然意识的。在这个意识中，某个**内容直接**作为处在我们意愿力（Willensmacht）中的而被给予。人们常常试图把这种“能然”化解为一种将某个需做之物或需成就之物的**想象**加上一个回忆的结合，即我们已经实现过这个

① 经济的代价论之起源是否在怨恨之中，这里对此问题置而不论。

② 参见这部著述的第一部分，第三篇，〔边码〕第 143—144 页。

内容，再加上一个与此衔接的期待：在可能的情况下再一次实现这同一个东西。即是说，人们认为，为了知道我“能”做某事，我必须回忆某个业已进行过的行动或再造某些类似的以往冲动（Impulse），这样，“能然”无非也就意味着这样一种期待：我在可能情况下将做我已曾做过的事情。然而这种对“能然”的智识主义化解是建基于一个彻头彻尾的谬误之上。由于我们具有“能够做某事”的直接意识，因此我们期待：我们在可能情况下将做某事。但能然并不处在上述组合中。所以不言而喻，“能然”本身作为现象完全彻底地有别于所有做某事或成就某事的秉性（Dispositionen）和“才能”（Vermögen）。或许也还有对于一个个体以往曾拥有的特定能然意识之出现而言的秉性；但对它的假设是以一种追求着的体验本身为前提的，但这个体验本身绝不是一种秉性。

“能然”的独立性和特性尤其鲜明地表现在我们对一个实事的单纯“能然”所具有的满足、喜悦和快乐这样的特殊种类上。这种快乐与我们在可能情况下从对我们意识到能够做的东西之实现那里而期待到的那种快乐没有关系。它也不是一种在做我们能做之事上的快乐——而是一种在这个做的能然上的快乐。这一点尤其清楚地表现在这些情况中：恰恰因为我们意识到，随时都能够做此事，所以我们才不去实现它，例如不去实现，甚至都不去追求实现
一个享受。反之，“不能够”或“无力”的意识（一个完全肯定的体 240
验）[①]根本不只是在于：我们知道未来会缺失那种从对所能之物

① 因而“无力”并不是某种能够做某事却又缺乏成功的追求。它是能然本身的一个质性，而不是一个缺失的能然。

(Gekonntes)[①]的实现中或从它的施行中涌现出来的快乐。例如，如果人们把对财富与经济权力的追求仅仅回溯到对由这个财富所带来的实际喜悦和享受的回忆与期待上，或者回溯到对赢得、对劳作以及对它们的再造的喜悦上，那么这种追求就永远无法得到理解。毫无疑义的毋宁是这样一种情况：主要的驱动力在于达到那种经济的能然意识和权力意识，达到商人或大企业家在面对他们的占有财富时所体验到的那种支配的能然、造就的能然、规整的能然、主宰市场的能然。[②]"能然"的满足是一个比对在所能之物的杂多实现上的喜悦更深层、更高贵的满足。能然意识也不是某个对束缚在以往已发生过的行动和施行上的意识事实的"复制"或"再造"。我们甚至常常在那些我们从未实现过的内容面前、在全新的处境中、在生活向我们提出的全新的和特有的任务面前，体验到一种"我能做这个和那个"的意识。反过来说，实际的实现，甚至

① "Gekonnt"是"能够"(können)这个助动词的过去时和被动态。英译本作"what we were able to do"。这里与"gesolltes"(所应的)相应地译作"所能的"和"所能之物"。——译注

② 一个完全不同的事实是吝啬，Th. 利普斯曾用它来举例说明对能然的喜悦：吝啬者不断地积累财富，以便能将他的购买、享受和占有的能然提升到最高程度，并因此而拒绝在实际的占有、享受上的快乐。恰恰是这个例子完全没有切中真正的能然和对能然的快乐。吝啬恰恰在于这样一种态度，即能够在作为一种单纯手段(这手段是指对任意的能够带来快乐的东西或能够是"适意"的东西而言的手段)的金钱本身之上获得快乐。吝啬者在他的态度中完全还是享乐主义者，只是一个扭曲了的享乐主义者，对他来说，对适意之物(或在为这个价值所束缚的善业)的快乐本身已经被推延到对它的纯手段上。他并不是在能然(购买的能然、占有的能然等等)之中体验到满足，而是在对单纯的购买、占有等等客观条件之现存的意识中，在对一个现存的能够购买之秉性的智识意识中体验到满足。吝啬产生于快乐欲(Lustgier)与无力的联结，无力乃是指无力获取快乐和服务于快乐的手段。

是对这样一种的实现而言的实在秉性（只要它处在我们本身或我
们的实际力量之中）的引发，也依赖于这一点，即：这个“能然”意识
是在显著的程度上现存的。因此，教育家们曾合理地强调：人们必
须注意提升学生的能然意识，并且可以说是使它服从于一个独立
的教化（Kultur）。一个人身上的许多力量或许在沉睡着，它们之
所以从未得以实现，只是因为他不具有正当的**能然意识**，不具有他
的意愿力的意识。实际上，一个符合那种描述的行为举止，即联想
心理学为“能然”所设计的那种行为举止：只要我们没有回忆起以
往的一个类似行动，我们在这个行为举止中就仍处在怀疑之 241
中——这种行为举止应当被称做**感发性的**。“我能做吗？”这个问
题甚至是在显著的程度上被前移到了所有“我要做这个和那个”之
前了。谁为了构成一个能然意识而需要对以往行为的再造，他就
患有一种病态的迟疑，它可以——根据这个直接的能然体验的缺
失所朝向的区域的不同（说话等等）——采纳一切可能的形式。因
此，尤其是在能够行动意义上的“能然”与对那些在一行动中伴随
着我的肢体运动的感官感觉和运动感觉之组合的一个回忆与再造
根本无关。而这种能然意识（能够愿欲、能够做）的缺失完全不能
被回溯到那些回忆与再造的缺失之上。

在这里也体现出能然的独立性：这个被另一个人看做“**权力**”的能然具有一种完全不同于对处在权力范围内的有关行动之**施行**的单纯**期待**的影响，或者说，完全不同于对强力的某种活动的单纯期待的影响。因此我们要与混乱的习常用语的做法相反，将“权力”（Macht）与“强力”（Gewalt）最鲜明地区分开来。**最少**需要强力来在其他生物面前实施他的意愿的人，大都是在某个方面最多

拥有“权力”的人。当一个缚狮人看着那头在强力上远胜于他的狮子时，他的目光所具有的影响肯定就在于在此目光中所包含的意愿力的显现。任何一种权威（例如国家、教会），如果没有权力就是不可想象的；但它在实施其命令时所使用的强力越少，它所拥有的权力就会越多。

现在，能然与应然，以及——由于这里可能只涉及在“承担义务”意义上的应然——能然与实在应然*处在何种关系之中，关于这个问题，在哲学史上曾出现过完全不同的见解。

一方面人们常常试图把“**应然**”回溯到一个**能然意识**上，并且是比在一个生物的实际行动之平均值中显现出来的能然“更高的能然”意识上。例如居伊约在他的《无义务和无约束力的伦常性》一书的很有意思的一章中便试图证明：一切“承担义务”的意识都只是关于具有**更高**价值之行动的能然意识，这里的更高是相对于各个正好当下的追求与意图所意指的行动而言。按照这个观点，在意识到一种尚未进入我们动机引发之当下游戏中的能然、权力

242 时，我们才会具有对某物“承担义务”的特殊意识。我们至少必须在其他人身上曾经感知过这样一种**能然**，而后才知道自己对有关内容承担义务。在从根本上说，大多数古代哲人的观点也都回归到这个想法上面。亚里士多德一般是把善规定为对于一个生物而言的东西，这个生物对此具有一种特殊的并仅属于它的“能力”，而后他从这个命题中推导出：对于人来说，他有别于动物和植物的特殊“能力”是理性活动（Vernunftbetätigung）（“理性生物”＜anima rationalis＞），而善正是在这种理性活动中展示自身。因此，作为这个方法进程之基础的正是那个命题：所有应然都必须回溯到一

个内容之上。[①] 但这个看法在近代通过斯宾诺莎而得到了更为清晰和明确的倡导。* 斯宾诺莎把所有的坏和恶都回归为一种权力和自由的缺失，并且对他来说，任何人都应当做他能够做的事情。即使在神学中全善也被回归为全能，而对世上的恶与弊的证义（rechtfertigen）则在于：倘若一个世界不包含这些恶与弊，那么它也就不会包含那些唯有一个全能的生物才适于创造的一切可能之物。斯宾诺莎非常了解那种对能然本身的喜悦，这在他的著名命题中得到表明："幸福不是德行的报酬，而是德行本身。"[②]因为在那种幸福中所意指的无疑就是与最高的权力意识和自由意识联结在一起的喜悦。对于教育学，斯宾诺莎也从这个前提中推导出一个重要命题：一切真正的教育都永远不要使人戒除错误，并且永远不要以禁令的方式和"你应当做这个和那个"的方式进行，而始终只能以此方式进行：使学生去注意在他之中的新的力量，这些力量的活动会使那些错误自己消失。因而在他看来，教育指示的基本形式并不是"你不应当"，而是"你能够做这个和那个"。例如，如果我们面前有一个嗜酒者，那么根据这个意见，要想通过告诫、劝说来使他戒除这个恶习是不会有多少价值的，但也许我们可以通过以下方式来到这个目的：我们去发展在他之中的新的兴趣和沉睡的力量，向他指出肯定的生活目标，在对这些目标的遵循过程中，他的恶习可以说是消失了，或者说是被掩盖了。最近威廉・詹姆

---

① 对于熟悉亚里士多德学说的行家而言无须再说的是：在这里与在整个亚里士多德哲学中一样，能力并不意味着秉性或"为……的实在条件"（reale Bedingung für），而是实在能力（Potenz）。

② 参阅：斯宾诺莎，《伦理学》、第五部分、命题四十二。——译注

斯便把这个斯宾诺莎的原理当做他“意愿教育”(Erziehung des Willens)学说的基础。

243　但同一种观点我们恰恰也可以在路德那里找到，尽管它是用宗教的和神学的语言被表达出来。路德针对天主教的证义学说(Rechtfertigungslehre)所做的全部抗争都具有这样一个前提：只有当人通过对一个仁慈的上帝的意识，即通过在上帝面前“唯有通过信仰”才得到证义的意识，也拥有了对善的**力量**意识与**能然**意识时，他才会愿欲**善**并进行**善的**行动，并在秉性上有此能力。因而路德明确地宣称反对这样一些人，他们把那种证义完全地或部分地视为顺从上帝诫令、顺从“这个法则”的结果：“从应然无法推导出能然”(a debere ad posse non valet consequentia)。但不仅是在这个命题中否定地被说出的东西是他的信念，而且他关于信仰与善的事业之关系，甚至关于伦常性一般的整个基本学说实际上都建基于这样一个命题之上：“从能然可以推导出应然”(a posse ad debere valet consequentia)。一切**真正的**伦常“应然”对他来说都是新的力量意识和能然意识的一个结果，这种意识由于对耶稣所代表的罚难(Strafleiden)之信仰以及对他的血的赎罪力量之信仰而产生于对罪孽的宽恕之中。

与上面阐述的观点处在最极端对立之中的是康德的意见。它在这个命题中明确而清晰地得到表露：“你能够，因为你应当！”根据《实践理性批判》的第六节，这个命题的意义就在于：我们对无条件—实践之物的认识并不始于对自由的体验，而是始于对实践法则的意识。即是说，我们的“**能然**”只是就我们所看到的我们的**义务**而言才为我们认识到和意识到。我们永远不能首先向自己提出这个问题：什么处在我们的权力之中，而后才在我们如此而发现的东西的界限内去确定：我们应当做什么和不应当做什么；恰恰相反，我们必须首先聆听“实践理性的声音”，它使我们断言地（kategorisch）承担起一个做的义务，而后才假言地（postulatorisch）达到这个**设想**：我们也能够做我们应当做的。毫无疑问，康德并没有认为，一个简单的理论推断会从这个义务意识导向能然意识。他也认可了我在前面所引的路德命题，虽然他是把“无法推导出”（non valet consequentia）理解为一种简单的理论推理。康德在《纯粹理性批判》的第三个二律背反中依据对作为物自体的人（“人之本体”＜homo noumenon＞）和作为现象生物的人（“人之现象”＜homo phänomenon＞）的区分而证明了或自以为证明了：自由只是“理论可能的”，而这个自由在其**肯定的**意义上，即作为“能够”做什么，只是一个建基于绝对律令的发现之上的“预设”之结果。但即使在这个意义上来理解，康德的命题也是不合理的。当然，这是 244
一条有正当理由的**教育学**准则，即：不允许学生去观看他的能然，而是向他发布命令并且仿佛是说：“你必须并且你能够做你应当做的，你根本不可以问，我是否能够？如此等等”，以此来发展能然意识。但完全不依赖于此的是这样一个**明见的明察**：对一个在其能然领域中根本不包含被诫令之物与被禁令之物的生物提出一个诫令或禁令，这是悖谬的。我们之所以并不苛求动物去服从伦常法则，不正是因为我们知道它们无法实现这些法则吗？正如价值本身以及观念的应然－存在－命题不以任何方式依赖于一个能够或不能够一样，在诫令和禁令与能然之间也肯定不存在特殊的本质联系。

现在首先需要承认：对观念应然的体验与能然是同样原初地并互不依赖地建基于最终的直观之中，因而无论如何都不可能以某种方式把一个回溯到另一个之上。

以观念应然的体验为前提的“义务”意识因而也就无法被回溯到对一个更高的能然的觉知（Innewerden）上去，正如能然不能被看做是从一个唯一直接被给予的义务意识中单纯假设性地被推导出来的东西一样。康德的下列说法（同上书）是谬误的：“它〔我们对无条件的一实践的东西的认识〕不能从自由开始；因为我们既没有直接意识到自由，盖缘自由的最初概念是消极的，也不能从经验中推论出自由概念……。因此，正是我们直接意识到的道德法则首先展现在我们面前，而且由于理性把它展示为不让任何感性条件占上风的，甚至完全独立于这些条件的决定根据，所以道德法则就径直导向自由概念。”①因为，这种说法是不正确的：我们对应然体验的意识能够比对能够做的自由的意识更为直接。仅因为此，德行的概念，即直接意识到一个作为观念的所应的被体验之物的能然，才是一个有意义的概念。倘若没有两个直接的体验，那么——如康德所认为的那样——能然就根本不是直接的体验事实，相反，应然体验才是这种事实，但由于应然体验只是“被假设的”，因而“德行”也就只是对义务的履行的秉性，而根本不是独立的伦理学范畴了。②　倘若另一方面没有对某物的直接应然体验，

245

① 参阅：康德，《实践理性批判》、第六节；中译本，第 30 页。舍勒对引文中的重点号做了改动。——译注

② 但德行以及它的所有定性（Qualifikationen）都是直接的体验事实；因此它们永远不能被回溯到习性之上，而这对技能（Fertigkeit）来说则是可能的。

相反，这个体验只是对一个能然体验的再造，就此而论它的内涵作为追求设计还处在一个生命位置上，但对此内涵的直接能然却不再被体验到，那么德行便与单纯的能干（Tüchtigkeit）不可分割地融为一体。然而德行不是对在某件事情上的能干，而是在对一个作为观念所应的被给予之物和被体验之物的愿欲与施行方面的能干。

如果对一个内容的观念应然的体验以及对一个内容的所能状态的体验是同样原初的，是同样直观地可充实的本质事实，那么对所有"义务"和"规范"而言，即对所有与人格的律令特征相对立的内容而言都有效的便是：它们为这个将要接受律令形式的内容预设了一个可能的能然体验。①

① 这里不再深入讨论这些问题与自由问题的联结。

第五篇　质料的价值伦理学与幸福主义 246

我在引论中曾引用过这样一个作为康德最基本学说之一的命题：任何一门质料的伦理学必须也是一门**幸福主义**的伦理学，即这样一门伦理学，它或者是把快乐本身视为最高价值（或“至善”），或者是以某种方式把善与恶的事实和观念回溯到快乐与不快之上。因而在康德看来，唯有一门形式的伦理学，即一门同时作为理性的伦理学而避免任何一种与情感生活之关涉的形式伦理学，才能避免这些迷误，幸福主义的任何一个可想象的形式——也是按照我们的已经多次强调过的观点——都会导向这些迷误。康德的这个命题已经作为与事实不符的而在这部著述的前面几处多次遭到了否定。它的最深层的根源在于康德对情感生活的本质与价值本质以及它们之间关系所形成的那些不充分的想象。对这些现象进行个别的批判并不具有很大意义，尤其是因为据此并不会涉及近代研究者对此问题所提出的并且可以说是同样为这些事实所反驳的那些特别细致的理论。因而我将试图根据我们这里的情况之所需来观察这些事实本身。

康德本人并没有对快乐与价值进行过特殊的研究。但从他的阐述中可以清楚地看到，他认定，一个事物具有一个价值，这个事

实情况与以下情况是等义的：我们以评判（Beurteilung）的方式将一个价值归给这个事物，而这只会发生在当这个事物通过它对心理物理器官的作用而在我们之中引发一个**快乐**状态时。在前一篇中已经深入地指明，价值与价值被给予性并不奠基于一个评判行为之上。只要我们追求并且只要我们愿欲——不依赖于对愿欲在伦常法则上的衡量——，在康德看来，我们就肯定（ego ipso）是在追求快乐。康德对待这个定理如同对待一个自然法则，也只因为此，他才能够说，人们“应当”追求快乐，这个说法是没有意义的，因为每个人都已经在自发地做着这个。但对康德来说，人们所追求的不是别的，只是快乐，这样一个自然法则——在我看来——是双重的：一方面是**客观的法则**，即：追求是以这样一种方式进行，它具有一种不断地从一个较小的快乐向一个较大的快乐（或从一个较
247 大的不快向一个较小的不快）上升的趋向；另一方面，它也是追求的一个**意向的法则**，即是说，它也应当表达这样一个事实情况：快乐在这个追求中被意指。因而这是一个绝对的同时也是相对的法则。一个客观的自然法则和一个“向而追求（Streben nach）”之意向的法则。除此之外，对向着本己快乐的追求与向着他人快乐的追求，康德既没有做出一个对他的伦理学来说至关重要的实事区分，也没有做出一个价值区分。然而有一点是明晰可见的：他认为，对他人快乐的追求（借助于同情感）可以发生地（genetisch）回归为对在他人快乐上的本己快乐的追求；同样，这个定理也是他的设想的一个严格结论：所有快乐和不快作为感受——撇开“对什么”（“woran”）的感受不论——都既在**质性**上是同类的，也在**深度**方面没有差异，它们的基本生成形式，即所有快乐与不快，作为衍

生物都回归于其上的基本形式，乃是感性的快乐和不快。因为——如我在其他地方[①]所指出的那样——在感性快乐（不同于生命感受领域和纯粹心灵的和精神的感受领域）的本质中包含着，它们作为在广延上和在身体位置上得到确定的感受无法直接地被追复感受（nachfühlbar）、被在先感受（vorfühlbar）以及被一同感受（mitfühlbar），而只能作为现时的和“本己的”感受而以可感受的方式被给予。现在有一种关于他人感官快乐和痛苦的（判断式的）知识，以及某种由此推断出的对相似类型的本己以往处境的再造，以及由之而产生的相关感受的“复苏”和“回响”，然而却没有一种对这些在他人之中的感受的直接“感受”。没有“感性的同情”，至多只有通过感性感受的感染（Ansteckung）。但由于康德把所有在伦理学上至关重要的感受——唯一例外的是敬重感，他将它称之为“通过伦常法则而引发的精神感受”——都视为“感性感受”，仅仅出于这个理由，既是作为在伦常上至关重要的愿欲与行动的观点根据，也是作为伦常价值载体的同情感之整个大军，便在他那里遭到了淘汰；[②]此外他也把爱与恨算做同情感[③]。只有通过这个前提，即所有除“敬重”以外的感受都具有感性的起源，我们才能理解，康德在感官快乐、喜悦、幸福、极乐之间既不做质性方面的，也不做深度方面的本质区分，因而对他来说，例如亚里士多德

① 对此参见笔者，《论现象学与同情感理论以及论爱与恨》（1913 年），第 9 页。*

② 因此，怜悯、慈悲等等对康德来说不是可以在现象上得到指明的情感的体验单位，而只是秉性、在特定的本能冲动和行动方面的“天生资质”，它们因此也就无法具有任何伦常价值。

③ 参见笔者，《论现象学与同情感理论以及论爱与恨》（1913 年），第 45 页。*

的幸福主义和亚里斯提卜的享乐主义不仅作为理论的学说是虚假
248 的——这也是我们的看法——，而且它们作为生活态度也是等值的。如果将所有这些总结起来，那么根据康德的前提，人就是不依赖于理性形式的伦常法则的一个绝对利己主义者和一个绝对的感性快乐的享乐主义者；而且这在他的任何一个〔感受〕萌动（Regung）中都是没有区别的。因此，对他来说，任何一门通过向情感的生活－亲历之回溯而建立起来的伦理学自然都必定已经是**享乐主义**。对他来说，在享乐主义中根本不可能有一个**先天性**的领域。①

但康德的所有这些前提（如下面将会具体指明的那样）都是完全没有根据的，而且——历史地看——恰恰是一些部分是从英国人、部分是从法国人的感性主义心理学和伦理学中为他所不假思索地接受下来的非批判性假设——这些〔心理学和伦理学的〕文献必须从十八世纪西欧人种的体验结构出发来理解，但却没有任何事实的根据。

① 参阅这部著述的第一部分、第二篇、〔边码〕第 82 页及以后。

第 1 章　价值与快乐

如果人们放弃了那种误以为可以把价值的存在回溯到应然之上、回溯到规范、律令、评判的方式之上的谬误，那么在特别缺乏我们的哲学问题之选择(Fragedisjunktionen)的情况下，人们就会更容易回落到这样一个命题之上：某物的价值存在(*Wert*-sein)表明了一个对象与快乐体验和不快体验的某种“关系”方式。

可以认为，这种学说的最原始形式就是那样一种学说，这种学说认为，一个对象、一个行动的价值状态(Wertvollsein)仅仅是对这个事实组成而言的一个不合适表达，这个事实组成是指：这个对象通过它对人及其自我的作用而唤起了他的快乐。据此，那种“关系”就是一个经验的因果关系，并且不言而喻，也就没有什么先天的价值论。由于人们常常会将那些暂时没有唤起快乐和不快的物事、行动等等评判为有正价值的和有负价值的，因此他们在这种情况下通常会满足于这种说法：这个物事自身具有一种唤起这些体验的能力、秉性或力量。我在这部著述的第一部分中已经指明[①]，这种先于所有现象学检验而产生的“理论”(无论人们将它如何复杂化)是不能成立的。我在这里还要补充几点：

1. 价值不是“关系”，不是附加给像“相同”、“相似”、“不同”这

① 参见这部著述的第一部分、〔边码〕第 38 页及以后。

249 些关系上的关系。价值可以构成一个关系的基础，但它们不是关系，正如红和蓝不是关系一样。正因为此，价值一体验。即对价值的体验，也不是关系体验。在自然的语言中我们就已经明确地区分：一个物事究竟是自在地还是仅仅为我地具有价值，例如具有一个装饰品的价值和它的对我而言的价值（触发价值）[①]。譬如，所有“交换”的本质都在于：两个物事虽然客观上具有同一确定的价值，并且这种价值的同一性对于交换者来说是“被给予的”，但是，同时被给予他们的是：这个“为 A 的物事 S”比“为 B 的物事 S”具有一个更高的或更大的价值，（他所具有的）“为 A 的物事 S_1”具有一个比“为 B 的物事 S_1”更小的价值，然而这便意味着，这个自在地有价值的物事与一个 A 或一个 B 的关系，亦即这个在此用“为”（für）来表达的关系，本身就是一个新的价值载体，它附加到这个物事价值的载体之上。所以，一个价值不仅可以是一个关系的基础，而且也可以附属于这个价值本身。当然，我们常常将一个物事的单纯价值与对它价值的感受的相关性，或者甚至只是与对可能的使用的相关性，认作这个物事本身的价值。这是我们的价值欺罔（Werttäuschungen）的最强源泉之一。但只要这个事实组成被给予我们，我们也就将这个欺罔看穿为“欺罔”。而后我们会说，“这个物事是好的”，只是我“不想要它（keine Lust auf sie）”，或者——在不同的情况下——，“不喜欢它（keine Lust an ihr）”。[②]

① 亚里士多德已经在《尼各马科伦理学》的引论中对此做了恰当的区分。

② 舍勒在这里使用的语词是“Lust auf sie”和“Lust an ihr”。前者可以是指对将有的东西的快乐或兴致（朝向某物的快乐），后者可以是指对已有的东西的快乐或兴致（在某物上的快乐）。也可参阅本书边码第 54 页。这里无法译出“Lust”一词的“快乐”含义。——译注

甚至还可以说，我们能够在何种程度上经验一种价值、我们对价值的感受能力是丰富的还是狭隘的，其本身也还是一个意识的对象，并且有可能也是一个关于我们的特殊本性和组织的价值意识的对象。例如一个艺术品的价值也常常是通过对另一个人对有关价值之感受的追复感受（Nachfühlen）才对我们成为相即的（adäquat）被给予性，而且由此也使这样一个事实组成相即地被给予我们，即：我们对这种价值的感受能力是一种非常有限的能力。

2. 因而如果人们想把价值完全归入到一个范畴之中，那么他们就必须把价值标识为**质性**，却不能将它们标识为关系。当然，在这些质性中本质上包含着这样的状况：它们原初只是在一个“**对某物的感受**”中成为被给予性。但首先这并不意味着：它们就处在某种与感受状态的关系之中，处在与某种现时的或“可能的”感受状态的关系之中。正如“蓝”不是一种视觉或一种与某个感觉状态的关系或某个看的行为的未知的 X 一样，价值质性也不是一个感受状态或与一个感受状态的关系或不只是一个感受的（未知的）X。事物在我们心中引发出变换不定的感受状态，或者是以合乎体验的方式，即我们感受到它们的效应，或者只是以客观因果的方式（例如在我们不知道的情况下由呼吸困难所引起的恐惧）；这些感 250
受状态从我们的价值认定及其质性质料旁边流过，原则上不产生任何影响。当然，它们有可能会使我们干脆不去进行价值把握的活动，例如，疑心病以及所有那些人们称作“**自我中心**”的现象，即所有那些本能地朝向本己感受状态的方式，便都是这种情况。但是，即使在我们看来，我们的周围世界是作为对我们变换不定的感受状态而言的**激发源泉**而被给予——就像在对象的价值盲目性的

情况下——，这个周遭（Umgebung）的部分组成仍然在现象上披着价值的外衣。只是那些在物事上以欺罔的方式显现给我们的不是对象的价值，而是我们的感受状态本身的价值质性。对象的价值的位置以及对象价值存在一般的位置在这里始终是被给予的；但在这些位置上，现在显现给我们的是我们的变换不定的感受状态的价值质性，并且向我们或完全或不完全地遮蔽着有关物事的价值质性。这样我们便会误以为，“饭菜很糟糕”，因为我们的状况很糟糕；我们今天带着好心情来看一个“可疑的”物事，因为我们今天遇到了一件喜事。但与此绝然不同的例如有罪名昭著的“利己主义”。利己主义者是完全朝向物事和价值的——但却并不朝向他的自我和他的感受状态。但他却不沉湎在物事、人、行动的价值一充盈中——同样，当他感受着朝向他自己时，他也不沉湎在他的自我和他的体验本身的价值之中——，而是仅仅沉湎在这样一个价值中，即那些物事价值或自身价值与他的被体验到关系所具有的价值。这个价值就在于，他感受、把捉、理解（享乐的利己主义）这些物事的价值——或在更为粗俗的“实用”利己主义的形式中：他可以根据它们的价值来“需求”或“使用”它们——；这个价值并不是他的道德的善或某种能干（Tüchtigkeit）的价值，而是这样一个价值，即他就是价值的载体；这个价值对他来说成为选择的视点，他的感受便是根据这个视点来挑选所有可能的价值——其间并不参入任何意图或判断。典型的利己主义者并不是那个充分地体验着物事的价值，从而想去享受它们或占有它们或使用它们的人，而是这样一个人，在他那里，由于对他体验（不是对被体验物）的自我集中（Ichkonzentration），这种充分的体验受到了阻碍——

这也包括对他的价值本身的充分体验，甚至包括在完全特殊的程度上的价值体验。[①] 同样，这个命题也不意味着：在价值中包含着借助于一个“对某物的感受”形成的它们的被给予性，唯有当价值被感受到或可以被感受到时，价值才实存着。现象学的事实组成恰恰在于：在对一个价值本身的感受中，价值与对它的感受是作为 251
不同的而被给予——在每一个个别的感受功能的情况中都是如此——，因而感受的消失并不取消价值的存在。正如我们每时每刻都意识到我们知道很多的东西——但却并不现时地拥有这些知识——一样，而且正如我们意识到我们不知道许多可知的东西一样，我们也将许多的价值感受为这样的价值：它们为我们所了解，并且属于我们的价值世界，并且还有无限多的存在着，但却从来没有或永远不会被我们感受到的价值。[②]

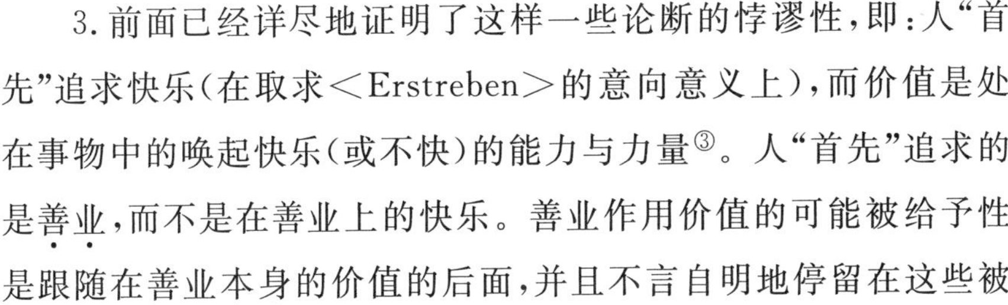

3.前面已经详尽地证明了这样一些论断的悖谬性，即：人“首先”追求快乐（在取求<Erstreben>的意向意义上），而价值是处在事物中的唤起快乐（或不快）的能力与力量[③]。人“首先”追求的是善业，而不是在善业上的快乐。善业作用价值的可能被给予性是跟随在善业本身的价值的后面，并且不言自明地停留在这些被

① 在这个意义上，尼采的命题是有效的：“每一个人对于自己都是最远者！”（参见：尼采，《论道德的谱系》，前言，一。——译注）

② 这个现象特别明显地表现在对世界的敬畏态度中。敬畏不是一种简单附加在一个被给予的价值系列上——而在客体中没有发生任何变化——的感受。毋宁说，它赋予每一个善业以其价值性的深层向度，因为它以感受的方式深入其价值质性的每一步，都使得越来越丰富和高的价值被“猜测到”。它提供了一个特有的客观价值－充盈的意识以及敬畏地被给予的对象之“无穷尽”的意识。

③ 参见这部著述的第一部分、第一篇、〔边码〕第38－39页、第56页。

给予的善业的界限以内。但即使根据像亚里斯提卜向智者们所建议的一种人为的观点，快乐成为了追求的目标，这种情况也仅仅在于，快乐在这里是“**作为善**”而浮现在追求者的面前。恰如我们周围世界的事物并不是作为对感性感知的刺激而被给予我们的（例如通过“无意识的因果推理”）一样，善业也不是作为我们在它们身上所感受到的东西的原因被给予我们。而且，正如感知本身不是一组感觉状态（以及它们的变种）一样，对善业的感受也不是一组快乐状态。因此，一个生物所能感受到的一系列快乐状态和不快状态，原则上是严格地束缚在它的**感受领域**上，并且束缚在于此领域中被给予的并受它的**价值**质性束缚的可能善业统一上。这个命题不仅对那些〔主动〕意指的快乐和不快状态有效，同样也对那些被动忍受的快乐和不快状态有效。如果我们将事物的价值一般——在中性的意义上，无论它是一个善业还是一个弊端——称之为一个价值事物，那么有效的便是这样一个命题：所有可能的快乐和不快状态都处在对这样一些价值质性而言的感受能力的界限以内，这些价值质性是作为特性并同时作为这些价值事物及其范围的代表而出现的。这里可以用一个前面已暗示过的例子来说明。对于一个实体的**营养价值**的概念而言的基础是这样一些现象学的材料，它们在作为**食欲**与恶心的**相关项**的事物上作为“吸引的”和“诱人的”或者作为“恶心的”和“生厌的”而被给予。在这个基础上建立起所有对实体及其组成部分（即它们构建生物体之力
252 量的最佳量）的所谓“营养价值”的客观化学－生理学研究与测量。要想用这种研究来**取代**“食欲”的价值区分功能的做法不仅是可笑的，也是不可能的，因为，如果不去顾及并预设一个这样的合乎感

受的价值区分，那么甚至连这个研究的问题都无法有意义地被提出来。食欲与恶心所表明的根本不是本能冲动，即便它们常常建立在本能冲动之表达的基础上；它们是指向价值的（生命）感受功能。因而它们既完全有别于饥饿，也完全有别于食本能及其对立面：呕吐的冲动；前者是那种伴随着焦灼、钻心的疼痛强显（Schmerzbetonung）的机体感觉所具有的非指向的渴望（Drängen），它既不能进行价值区分，也不具有一个对立面（“饱足”只是在这种本能得到满足时的状态），而后者是食欲和恶心的结果。已经无须说，食欲与恶心及其程度的变更是不依赖于饥饿的程度的。在最为饥饿的情况下，人也可能会对一种食物感到恶心，而在最不饥饿的情况下，人却可能具有最大程度的食欲。食的冲动和对恶心之物的抗拒通常是跟随在食欲与恶心之后的。但它们也可以脱离开这个基础：这时我们便谈及变态。但变态的永远不会是食欲和恶心，从经验上看，例如即使在对恶心之物的食本能中止的情况下，食欲和恶心也不会停止它们的表达。恶心之物即使对变态者来说也仍然是“恶心的”。食欲和恶心有可能——像所有对什么的感受一样——是“欺罔的”（täuschen）；但它们不会“变态”。因为它们是认识一功能，而不是追求和欲求功能。但现在同样清楚的是：在食欲和恶心中被给予的食物之有价值的存在，与这食物在舌上和在腭部经适度运动而带来的感性感受状态没有丝毫关系，与在食物中包含的甜、苦、酸、咸等等好味道或坏味道没有丝毫关系，与对这些感受质性（它们本身能够以更为对象的方式或更为状态的方式再次被给予）的享受没有丝毫关系。但在这里有效的或许是：那些与味道质性及其复合相联结的、质性上有别的好味

道和坏味道通常是并且大都是(ceriteris paribus)这样的:1)它们只出现在这样的界限内,即当食欲和恶心已经做出它们的(相对于这些感受状态的)在先感受(*Vor*fühlen)的表达,2)它们的各种质性只处在这样的界限内,即对于相关生物以及与它相应的周围世
253 界的组织来说,恰恰是这些质性才能够具有对那些在食欲和恶心的共同领域中所包含食物的代表性意义。因而食欲和恶心可以说是预先决定了:这类感性感受状态的哪一种会出现以及哪一种不会出现。而它们也在这里直接地决定着"向而追求"(Streben nach),但却并不决定这些感受状态,或者并不决定那些有力量和秉性来释放和引发这些感受状态的东西。因而对象的价值被给予性和价值区分原则上先行于对由这些对象引发的感受状态的经验,并且为这些感受及其进程奠基。

然而在价值、价值感受和感受状态之间的联系现在对相属的质料情感领域的所有阶段——直至最高阶段——都有效。感受状态原则上始终是1.作为被引发的、2.作为被物事、行动等等作为价值载体在此的东西所引发的而被给予——无论这个被体验到的效应是多么偏离开客观实在的效应,例如当我们将一个感受状态"推移"到某物上,即是说,当我们把这个感受状态体验为由这个某物所引发的,而这个某物实际上并不是它的原因。即使在这里也存在着一个重要区别。价值,同样还有善业,它们并不以任何方式是客观实在地有效的。但被体验为有效的并不仅仅是事物,而且也是作为价值的价值、作为善业的善业。价值与善业"吸引人"或"令人生厌",这并不像人们很容易曲解的那样仅仅意味着:我们欲求它们或憎恶它们,但只是以本能的方式,或只是以向心地朝向

“本能”的方式。在一个“把我饿坏了”、“把我渴坏了”、“把我想坏了……(es gelüstet mich nach)”〔的事实〕和那种被体验到的吸引与生厌之间存在着一个鲜明的、清晰的区别，后者产生于善业事物本身，它们不同于前一类事实，尽管它们被体验为是自我一向心的，但它们却束缚在身体上，并且在最宽泛的意义上被体验为是属于我的(虽然不是从心灵的自我出发)。即使在此建立起来的价值和善业与吸引和生厌的力量之间的动机引发法则也不依赖于感受状态，但却可能共同决定着它们。但一个善业的本性并不在于这个仍然是价值无涉的事物所发出的这种吸引。一个风景的美或一个人的美与我的目光对这种美的迷恋状态(Gebanntsein)是清晰有别的体验，前者为后者奠基。美并不“是”被体验到的这个“价值无涉的”风景的效应，而是它的正在起作用的美，并且这个美的效应在转换为一个感受状态的变换[①]。

还可以提到第二种企图，即把价值现象回溯到一种与快乐和不快的感受的关系之上(在一些人那里类似于与许多欲求或这种欲求的秉性的关系)，这种企图至少没有陷于这样的谬误：将那种“关系”当做一种因果关系。这同一个学说既是为情感的价值理论，也是为价值的欲求理论所构造起来的。由于我们原则上已经拒绝了价值的欲求理论，因此我们在这里只继续考虑情感的价值理论。这个理论主要是通过H.科内利乌斯而得以阐释的，在他之前还有F.克吕格尔曾以更为鲜明的形式做过阐释。这种理论 254

① 一门“诱惑”现象学以及“赎罪要求”现象学应当对此进行更为详尽的解释。一个作为恶而被给予的东西不能既“诱惑”，同时又发出在其中所包含的吸引，尽管并没有对此的渴望在这里被给予，并且愿欲还在对这种被体验的效应进行着抵制。

是一种对事物、事物被给予性的实证主义理解的相似仿效。* 当然，人们在这里说：价值既不是感受，也不是事物的秉性，即这样一些秉性，价值借助于它们才有力量唤起感受。价值具有一种持恒（尤其是克吕格尔明白正确地强调这一点），这种持恒是各个快乐体验所不具备的；一个物事（以可体验的方式）所唤发的各个现时感受（或现时欲求）也与价值的这个标志，即与这个物事从所谓“估价”（Wertung）中获得的价值的这个标志，处在对立之中。我们可以在善业上获得不快，在弊端上获得自身满足。但如果我们看一下那个使一个价值评断得到充实的东西，即那个与“估价”（它在这里起着与感知相似的作用）相符合的东西，那么我们所发现的并不是在这个物事本身上被给予的质料的东西（Was）。我们在这里找不到它，就像我们也不会为“事物”找到这种东西。唯有特定的、在通常情况下产生的快乐体验（或欲求）的顺序的秩序才构成这个价值的本质——与此相似，“事物”只是感性内容的秩序，即在通常情况下于对同一个体和不同个体的不同的、可能的感知中显现出来的那个秩序。就其本性而言，快乐体验只是现时的并且同时是个体的，而价值作为这些体验的持恒秩序即使在现时的快乐体验的流动中也是不断持续着的并且同时是交互个体的。但价值的被给予性在于，一个事物不仅释放出现时的感受状态和欲求，而且也一同激发出以往曾有的这同一个事物的感受作用和欲求作用的秉性，并且在经验的进程中、在对这个事物的变换不定的验证中，使人期待类似的快乐状态（或欲求）。因此，在这里构成价值被给予性之本质的东西，是各个现有的、建立在所谓秉性的激发之基础上的细微的期待张力的联系①。

即使是对这个更深层的和更严肃的、将价值回溯到快乐体验 255
上的企图，我认为也有确切的理由予以驳回：

1. 根据这种理论，只有多个在同一个物事上的快乐体验才能够产生出价值与快乐的区别。但实际上，即使当一个至此为止完全未知的物事引起我们的快乐时，我们也已经发现各种不同的“适意”的事实，以及“对这种适意的快乐”的事实。甚至可以说，当我们将这个纯然的价值感受为性质（Quale），同时却还没有意识到这种适意究竟是附着在什么上面，例如究竟是附着在作为总体的我们周遭的哪个事物上面，这时候这个区别本身就已经清楚地被给予了。但接下来将会很难说，如果价值根本不是作为一个事物的特性或善而被给予我们，那么，在这种情况下被激发出来的应当是哪一些感受秉性。因为，按照上述理论，这就是这同一个事物的感受体验的秉性，它们的激发构成了价值意识！

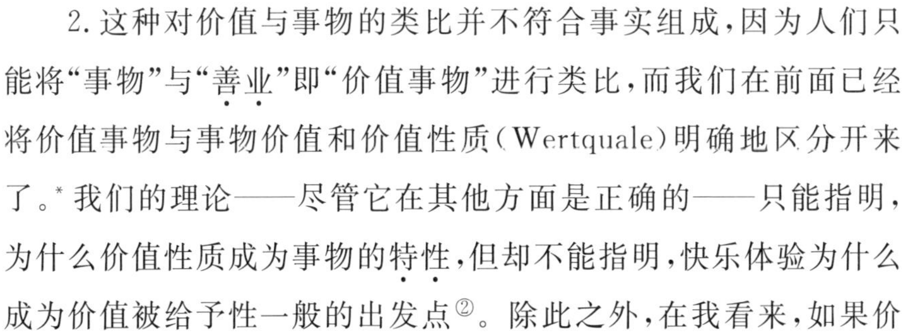

2. 这种对价值与事物的类比并不符合事实组成，因为人们只能将“事物”与“善业”即“价值事物”进行类比，而我们在前面已经将价值事物与事物价值和价值性质（Wertquale）明确地区分开来了。* 我们的理论——尽管它在其他方面是正确的——只能指明，为什么价值性质成为事物的特性，但却不能指明，快乐体验为什么成为价值被给予性一般的出发点②。除此之外，在我看来，如果价

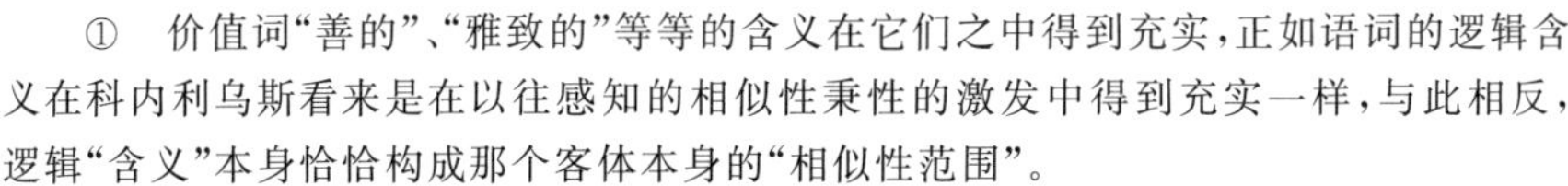

① 价值词“善的”、“雅致的”等等的含义在它们之中得到充实，正如语词的逻辑含义在科内利乌斯看来是在以往感知的相似性秉性的激发中得到充实一样，与此相反，逻辑“含义”本身恰恰构成那个客体本身的“相似性范围”。

② 参阅这部著述的第一部分、〔边码〕第 38 页。

值应当是一个严格的与事物的类比,那么事物性的统一就不能被预先设定。然而,只有当那些据称是被激发的秉性被定义为“这同一个事物”以往所激发的感受之秉性时,这种情况才会发生。但实际上善业或价值现象的事物性统一也不依赖于事物,或不奠基于事物之上。然而,如果事物性的统一不应当被预先设定——因而本身按照这种学说只是一个在“感性内涵的顺序中的持恒秩序”——,那么就需要提出这样的问题:究竟是哪些曾被体验过的快乐体验的秉性,或者说,这些秉性中的哪些秉性的激发现在应当使那个误以为是被给予的、特定的价值成为被给予性。有一大批这样的感受体验及其秉性,而我觉得,对这样一大批感受体验和秉性的某种派生的、含糊的激发永远不可能为我们提供确定的、界限分明的价值质性,亦即那些为我们所实际感受到的价值,而且即使我们不考虑它们对不同善业和善业种类的代表性功能,并使它们在其纯然的什么(Was)中被给予我们,它们也仍然是被我们感受为不同的价值。

3. 看起来,这种观点的一个很大的长处首先就在于,它可以说
256 明,例如我们为什么给那些我们既不现时地欲求,也不以现时的快乐反应来看待的事物以一个正价值。但现时的感受体验可以与我们同时的价值意识的内容发生直接的争执,以至于我们可以说,“这个艺术品虽然很有价值;但观看它没有给我带来愉悦;我不喜欢它”,“这个人虽然是能干的和有德行的;但我无法忍受他”,如此等等;这个无疑的事实给这种观点造成巨大的困难。因为这些说法具有与下列说法根本不同的意义:“这个物事虽然很有价值;但我现在(即在我当下的状况中)对它没有兴致,我现在不能为它感

到喜悦”,如此等等。在后一种情况中可以说,这些再造的感受获得了一个超出现时感受的“超重分量”;但是,只要这种肯定的感受体验不能被指证,并且只要我们所表达的是一个持续的、与我们的价值意识相争执的感受与物事之关系,情况就不会如此。而这类情况无疑是存在的。它们甚至是新的感受的源泉:例如我们为此而哀伤:我们对美的东西无动于衷,它不能打动我们,或者,某种特别恶的东西对我们具有持续的吸引力。恰恰因为在价值状况与感受反应之间存在着综合的要求关系(一个价值状况A,例如“朋友来了”,“要求”一个“喜悦”,一个价值状况B“要求”悲哀),而这种要求关系的缺乏就是产生否定的感受状态的源泉,所以才会表明,在我们的感受体验的事实进程与我们的价值意识之间并不存在必然的联结。即使我们明见地意识到,我们不仅是当下地不欲求某物,或不对它感到喜悦,而且也不“能够”对它感到喜悦,虽然它可以被感受为正价值——即便如此,这种理论也无法自圆其说。

4. 然而更为关键的问题在于:我们的快乐体验和不快体验本身也还会获得价值。不仅存在着一种在粗俗之物上的喜悦、在高贵之物上的不快,而且也存在着一种粗俗的喜悦、一种高贵的悲哀等等。我们的感受体验本身重又是特定种类的价值的载体。不仅存在着价值体验,而且也存在着体验价值,但这个事实组成按照上述理论在这里就被完全排斥了。并且如此一来,相对于一个物事、一个人的价值意识也就必定会化解;我们越是使以往的感受体验以及可期待的将来感受体验(据说它们只是在这种意识的“秉性激发”中进行构造)个别地被给予我们,即越是明确地被回忆和被期待,这种价值意识化解得也就越多。如果它们已被耗尽在对价值

意识的构造上，那么它们也就不可能在不取消价值意识的情况下
257 于意识中有分别地（并且连带着它们的价值）被给予。此外还有，一个物事的价值意识与对**这个**价值的特殊价值意识，后者“对我们而言”就在于，我们以不同程度的期待张力来期待这个物事（无论是因为它或近或远，还是因为它“对我们”或重要或不重要），这两者在被给予性中始终是**清晰有别的**，因而**不**能混为一谈的，然而上述观点却认为可以如此。

5. 我们暂且将这种理论视为正确的——那么从它之中可以得出哪些伦理学结论呢？我很有兴趣将这种观点与古典的亚里斯提卜享乐主义做一比较。亚里斯提卜根本不把价值回溯到快乐之上。相反，对他来说快乐就是最高的价值，就是至善（summum bonum）。按照我们的理论（它在这点上差不多就可以被称之为“禁欲的”了），快乐却永远不可能是一个价值[①]。但据说是它才使价值得以可能，并且它论证着价值。按照这种理论，甚至正价值都只**是**可能的快乐体验的一个象征，是这种体验的一张汇票，是这种体验的一种无法通过快乐本身来“支付”的支票，它最终会化为虚无。但据说伦理学现在还是要给出诫令：去偏好这张汇票、这张对快乐的支票，偏好它甚于快乐**本身**！我承认，这在我看来是悖谬的。如果快乐不是一个正价值，那么对它的汇票又如何可能是一个正价值？将快乐推延到“以后”的单纯机动程序能够获得一个正价值吗？如果被推延的东西不具有正价值，那么这种推延能够是正价值吗？我可以理解，人们——**倘若**快乐是一个正价值——应

① 对于费利克斯·克吕格尔来说，最高的价值就是“估价本身”。

当如此地推延它，以至于最大可能的快乐在此过程中产生出来。但我不理解，如果一个物事不具有价值，那么对这个物事的推延——无论它如何进行，是自动的还是随意的——又如何去展示一个价值。假如我们的学说所表达的实际上是一种人类本性的自动性，那么我只能将哲学家的下列行为举止看做正确的。他必须说："一个寓居于你心中的自动性具有一种在你的精神发展过程中欺骗你的倾向：即把一种仅仅将快乐推延至'以后'的做法偷换为价值，并且因此也偷换为取求价值；将一个象征、一张汇票——不加以兑现，也不可能兑现[①]——在你眼前偷换为某种含有物事的东西(Sachhaltiges)。从这种臆想中醒来吧！对这种欺罔的自动性进行抗争，它每时每刻都欺骗着你并且使你持续不断地一无所
获。"亚里斯提卜肯定会这样说。而我认为，他是有道理的。的确， 258
这种理论非常清楚地表达了一种特定的**现代**体验类型的倾向，我在其他地方[②]已经标识过它的本质：一种盲目的**工作**追求倾向，同时这种追求的最终根基在于一种完全世俗—享乐的事物估价**和**一种禁欲的快乐抑制——这种倾向无疑构成了现代复杂文明的驱动车轮之一。但伦理学(和心理学)**没有**理由在一种伦理学理论中对这种类型进行证义。伦理学作为道德谱系学更多是具有这样的任务：将这种体验类型以及它的起源回溯到某些具体的**历史**原因之上，并且指明——我认为这是可能的——，它首先产生于人的一个阶层之中，这个阶层——由于束缚在对上升的，但在其展开过程中

① 因为快乐本身根本**不**是价值，因而对它的取求是非伦常的。

② 参见笔者，《怨恨与道德的价值判断》(1912 年)，同上引书，第 348 页。*

越来越缺乏更高价值的奢侈文明的最深怨恨中，它按其资质就不可能看到：它尽管如此还是接受并分有了这种文明的估价方式，并且它的工作原初就是为了满足它的需求——“不断地前进到”对一种对快乐享受的假禁欲的蔑视，而它的工作原初正是为了增加这种快乐[①]。这里不能更详细地探讨这个问题[②]。

因此，无论人们在快乐与对象之间设置何种“关系”，永远也不可能从这种关系中推导出来有价值这个事实。那些作为无法得到进一步说明的原现象的价值事实也会反对这种企图。但正因为此，康德的命题“一门质料的价值伦理学是‘享乐主义’”是一个根本谬误的命题。毋宁应当反过来说：唯有质料的价值伦理学才能够给出反对带有任何色彩的享乐主义的决定性理由。这个理由就是：任何一种感受状态都既不是价值，也不决定着价值，而至多只可能是价值的载体。即使是那种实际上在事物和善业上寻找快乐的实践享乐主义者——他始终明确地有别于在前面所规定的意义上的利己主义者——，也只能去取求作为一个价值载体的快乐，更确切地说：作为他的享受对象的快乐。他或许在伦理上有迷误，并且我们也的确认为是如此。这时他的谬误并不在于，他将一个正

259 价值归诸于快乐，而是在于，他给予这个价值在价值级序中的一个虚假等级。他尤其没有明察到，所有状态价值都确然地(eo ipso)

① 对我们命题的极富教益的支持是由维尔讷·桑巴特在他的《奢侈与资本主义》一书中提供的，1913 年；特别参见关于大城市之产生的一章。

② 我在这里不再考虑价值的同感理论，因为我在其他地方已经对它做了详尽的反驳。参见笔者，《论现象学与同情感理论以及论爱与恨》(1913 年)，附录与第 5 页，以及“论自身欺罔”(1912 年)，同上引书，第 127 页。*

隶属于人格价值、行为价值、德行价值和功能价值，同时，状态价值的存在和不存在、它们的质性与深度的变更最终依赖于后面这些价值[①]。一个人的幸福是有正价值的，就像幸福的人格一样。甚至实践的享乐主义者——而这是包含在他的态度中的悲剧现象——也没有明察到，只有一个唯一绝对可靠的手段可以避开这些还处在快乐状态本身之中的正价值并且也不去实现它们，这个手段就是：意指它们并且取求它们。他不仅自己欺骗自己获得了他为了快乐而牺牲的更高价值；他也还欺骗自己获得了在快乐本身中包含的正价值！

但现在这样一个问题就变得更为急迫：价值如何作为原现象而成为被给予性。下面我们要谈论这个问题。

① 对此参阅这部著述这一篇后面的第8—10章。

第2章　感受活动(Fühlen)与感受内容(Gefühl)[①]

哲学直至当代都倾向于一个历史上起源于古代思维方式的成见。这个成见在于一种完全不符合精神结构的对“理性”与“感性”的分离。这个区分在某种程度上要求将所有那些不是理性的东西——秩序、法则以及如此等等——都划归给感性。因此我们的总体情感生活——并且对近代的大多数哲学家来说也包括我们的追求生活——也必须算作是“感性”，还有爱与恨。同时，按照这种区分，在精神、直观、感受、追求、爱、恨中的所有非逻辑的东西，也都被看做是依赖于人的“心理物理组织”的；而它们的形成便逐渐成为在生活和历史的进化中这种组织的实在变化的功能，并且依赖于周遭及其作用的特殊性。是否在我们精神生活的非逻辑之物的基础上也可能有原初的和本质的行为总和与功能总和的等级差异——其中也包括一种“原初性”的等级差异，它与行为的等级差

---

① 舍勒在这里使用了两个与“感受”有关的词：“Gefühl”、“Fühlen”。中文的“感受”一词，实际上已经囊括了这两个意思，但为了明确加以区分，特将两者分别译作“感受内容”、“感受活动”。英译本作“Feeling and Feeling-States”。而在舍勒不强调“感受内容”与“感受活动”的区别时，则仍按通常的习惯译作“感受”。对这两者的属于区分可以参见本章中舍勒自己的注释说明。——译注

异相并列，我们通过它来把握那些受纯粹逻辑学束缚的对象——，因此是否也存在着一种纯粹的直观、感受、一种纯粹的爱和恨、一种纯粹的追求和意愿，它们与纯粹思维一样，都不依赖于我们人种的心理物理组织，同时它们具有一种原初的合规律性，这种合规律性根本无法被回溯到经验的心灵生活的规则上去——基于那种成 260 见，人们根本没有提出这方面的问题。因此，人们当然也就没有探问，在那些非逻辑的行为所指向的对象与质性之间是否就不存在先天的联系和争执，并且与此相关，是否就不存在这些行为本身的先天合法则性。

对于伦理学来说，由此导致的结果在于：它在其历史上或者被构建为一门绝对先天的伦理学，而后是理性的伦理学，或者被构建为相对经验的和情感的伦理学。几乎没有人问过：是否就不存在一门绝对的并且情感的伦理学。

只有几个思想家对这个成见进行了撼动——但也仅此而已，因为他们也没有做出构建。他们之中有奥古斯丁[①]和布莱斯·帕斯卡尔。在帕斯卡尔的著述中，我们可以发现有一个观念像一条红线贯穿在其中，他时而用“心的秩序”(ordre du coeur)，时而用“心的逻辑”(logique du coeur)这些语词来标识它。他说：“心有其理(Le coeur a ses raisons)。”他将此理解为一种永恒的和绝对的感受、爱和恨的合规律性，但这种合规律性绝不能被还原为智识的合规律性。他用伟大和崇高的语词来谈论那些以直觉的方式获得

① 对于奥古斯丁，可以参阅 A. v. 哈那克的教义史和 J. 毛斯巴赫的《圣奥古斯丁的伦理学》。

这个秩序的人，那些在生活和学说中表达这个秩序的人。他谈到，他们要远远少于那些科学认识的天才，而且他认为，他们的地位与这些天才的地位的关系，就类似于这些天才的地位与一个普通人的地位的关系。在他看来，最多地和最完整地把握和亲历这种“心的秩序”的人是耶稣基督。

奇怪的是，帕斯卡尔的这些话被他的许多介绍者们所误解！人们把他的话理解为：“当理智在说话时，心也在一同言说！”这是一个在许多哲学家那里也可以发现的著名观点：例如当人们说，“哲学的任务在于，提供一种既满足理智，也满足情感的世界观。”即是说，人们是在一种嘲讽的含义上来理解“理由”(Gründe，raisons)这个词。人们以为，帕斯卡尔并不想说：心具有“理由”，或者，在这里有某种在地位和意义上与“理由”真实等价的东西，而且这是它的(ses)理由、它自己的理由，这些理由并不是它从理智中借贷来的；相反，人们认为，帕斯卡尔是想说：不必到处去寻找“理由”或理由的“等价物”，也不必时不时地让“心”一同言说——感受
261 是盲目的！现在，这恰恰是帕斯卡尔观点的对立面。他的语句的重音是在它的理由和它的理由上。事实上，他语句的意义并不在于：在所谓“心和情感的需求”面前放弃思维的仔细性，或者，在理智不知道答案的地方，通过那些促使我们产生感受和“公设”——哪怕是“理性公设”——的设定来对所谓“世界观”进行追加的“补充”！相反，这个意义在于：有一种经验，它们的对象对于“理智”来说是完全封闭的；对于这种对象，理智是如此盲目，就像耳朵与听对于颜色是盲目的一样——但这种经验却为我们输送着真正客观的对象，以及在它们之间的一种永恒的秩序；这便是价值，以及在

它们之间的一种等级秩序。而这种经验的秩序和法则是与逻辑学和数学的秩序与规律一样地确定、精密和明晰;即是说,在价值、价值认定以及建基于其上的偏好行为等等之间存在着明见的联系与争执,在此基础上对伦常决定及其法则进行一种真实的论证是可能的和必要的。*

我们在这里与帕斯卡尔的这个观念相衔接。

我们首先将意向的"对某物的感受活动(Fühlen)"区分于所有单纯的感受状态(Gefühlszuständen)。这个区分本身还不会涉及这样一个问题,即意向感受〔活动〕对价值意味着什么,就是说,它们在何种程度上是对价值进行把握的官能。首先:存在着原初的意向感受活动。也许当感受内容与感受活动同时存在时,甚至当感受内容恰恰就是感受活动所指的东西时,这一点会得到最佳的表明。我明见地把捉到一个无疑的感性感受状态,如一个感性的疼痛或一个感性的快乐状态,这个状态与一道菜、一种气味、一个轻微的接触等等的适意之物相符合。现在,对它的感受活动的种类与样式还完全没有随着这个事实组成、这个状态的感受内容而得到规定。当我"忍受那种疼痛"、"承受"它、"忍耐"它,甚至可能"享受"它时,这里所涉及的更多是一些变换不定的事实组成。在这里,在感受活动的功能质性中发生变更的(也包括例如可以发生程度上的变更的)东西,肯定不是这个疼痛状态。但它例如也不是一般的注意力连同其各个阶段"发现"(Bemerken)、"注意"(Acht-en auf)、"关注"(Beachten)、"观察"(Beobachten)或"理解"(Auf-fassen)。一个被观察的疼痛几乎就是一个被忍受的疼痛的对立面。所有这些注意力和理解的种类与阶段也可以在任何一个这种

感受质性以内自由地变更，只要它们能够做到不使这个感受内容化解掉。对于这些可感受到的疼痛被给予性的变更而言的限度在
262 这里完全不同于在与刺激的关系中的限度与疼痛状态的上升状况。因而忍受能力和享受能力与对感性的快乐与疼痛的敏感性(Empfindlichkeit)无关。一个个体可以比另一个个体更多或更少地忍受同一个疼痛程度。

感受状态与感受活动因此是根本不同的：前者属于内容和显现，后者属于接受它们的功能。从这里显然存在的区别上可以很容易弄清这一点。

所有特殊的感性感受内容都具有状态的本性。它们或许在这里还以某种方式通过简单的感觉内容、通过表象内容或感知内容而与客体相联结，或者或多或少地是“无客体地”在此存在。但只要这种联结发生，它就始终具有**间接**的本性。将感受内容与对象联结在一起的始终是一些相对于感受内容的对象而言后补的关系行为。因此，若是我问自己：为什么我今天是处在这种情绪或那种情绪中？是什么**原因**引起了我心中的这种悲伤和欢快？这个因果联结的对象和状态在这里甚至有可能首先在完全不同的行为中被感知或被回忆。在这种情况下，我只是后补地通过一种思维而使它们发生联系。感受内容在这里并不是**天生**就关系到一个客体的东西，例如当我“在落日的光辉中感受到雪山的美”时。或者也可以说：一个感受内容是通过联想而与一个对象联结在一起，通过对它的感知或表象。肯定有一些感受状态看起来首先是不与任何客体相关联的；这样我就首先要找到使它们产生出来的原因。但在这些情况中，感受内容不会从**自身出发**与一个对象相关联。它不

会“接受”任何东西,不会有任何东西向它“运动”,并且不会有任何东西在它之中“指向我”。没有任何“意指”、任何朝向状态是内在于它的。最后,对我来说,在一个感受状态常常与外部对象与境况,或者说,与在我身体中的变化体验一同出现之后,它也可能以后补的方式成为对这个变化的“指号”。例如,当一个疾病的初始在某种疼痛中向我报到自身,而我以前就知道这种疼痛是与这种初始的疾病相联结的,这时情况便是如此。即使在这里,象征关系也是通过经验与思维而得以形成的。

与这种联结完全不同的是意向感受活动与在其中被感受到的东西的联结。但这种联结是现存于所有关于价值(Fühlen *von* Werten)的感受之中的[①]。这里存在着一个原初的、感受活动对一

① 因此我们区分:1.对状态意义上的感受内容的感受活动,以及它的样式,如忍受、享受。我发现,撇开在同一感受状态中的样式变换不论,感受活动本身也可以接近零点。非常强烈的惊吓(例如在地震时)常常会产生出一种几乎完全的无感受性。(我刚刚读到雅斯贝尔斯的《心理病理学引论》,他对此做了一些出色的描述。)在这些情况中,敏感性是全面地完好无损。在这种情况中没有理由不将这些感受状态看作是现存的。这里或许只存在着一种那些显现的提升情况,在这里,恰恰是一个感受内容的程度以及由它造成的完全充实性使我们暂时在它面前变得“无感受”,并将我们置于一种对它的呆滞的、痉挛的“无动于衷”状态。而后才在这个感受内容的平息中,或者说,在我们由此造成的完全充实性的逐渐消失中,感受内容才成为一个真正感受活动的对象。呆滞的“无动于衷”“消解了自身”,而我们感受到(fühlen)这个感受(Gefühl)。在这个意义上,对一个感受的感受“减轻着”并且规定着这个压力的状态。我在其他地方*已经指出:与此相似,对一个他人的痛苦的真正共同感受会使我们摆脱由此痛苦造成的感染。2.其次,我们将感受活动区分于对象的、情感的情绪-特征(一条河流的静谧、天空的晴朗、景色中的悲哀),在这些特征中虽然包含着情感的、质性的特征,它们也可以作为感受质性被给予,但因此却永远不会作为“感受”而被体验,亦即永远不会自我相关地被体验。3.对价值的感受,如对适意、美、善的感受;感受活动在这里才获得了除它的意向本性之外的还具有的一种认知(kognitive)功能,它在前两种情况中还不具有这个功能。

263 个对象之物、对**价值**的自身关系、自身朝向。这种感受活动不是一个死的状态，或一个可以接受联想联结或可以被关涉的事实组成，或一个可以是“指号”的事实组成，而是一个目标确定的运动——即便它还根本不是一个从中心出发的**动作**（更不是时间上延展的运动）。这里所涉及的是一种逐点的（punktuell）、随情况不同或是由自我发出指向对象的，或是朝向自我的运动，但这种运动中，某个东西被给予我并且“显现”出来。因而这种感受活动与它的价值相关项的关系恰恰就等同于“表象”与它的“对象”的关系——恰恰就是那种意向关系。在这里，感受活动并不是要么直接和一个对象**外在地被放置在一起**，要么通过表象（它机械偶然地或通过单纯思考的关系而与感受内容结合在一起）而和一个对象**外在地被放置在一起**，相反，感受活动**原初地**指向一种**特有的**对象，这便是“**价值**”。所以“感受活动”才会是一种有意义的感受活动并且因此而是一种能够“被充实”和“不被充实”的事情①。我们对此可以一个感触（Affekt）为例。一个愤怒感触（Zornaffekt）“在我心中升起”并“随后在我心中消退”。在这里，愤怒与我所为**之**愤怒的东西的结合肯定不是意向的结合和原初的结合。表象、思想，或者更确
264 切些，那些在其中被给予的对象，即我首先“感知”、“表象”、“思考”的对象，“激发出我的愤怒”，而只是后来，我——即使在通常情况下是非常迅速地——才将这个愤怒与这些对象联系起来，并始终贯穿在这个表象的始终。我在这个愤怒中肯定“把握”不到任何东

① 因此，所有“关于……的感受活动”在原则上是“可理解的”，而与此相反，纯然的感受状态却只是可察觉的和可以得到因果说明的。

西。毋宁说必定有某些弊端已经感受性地“被把握到”,然后它们才会激发愤怒。如果我“在某物上并为了某物感到喜悦、为了某物感到忧郁”,或者,如果我“对某物感到兴奋”或我感到快乐、绝望,那么情况就已经会有很大的不同。“在……上”(an)和“为了……”(über)这些词已经在语言上表明,我所为之高兴等等的对象并不是在这种喜悦和忧郁中才被把握,毋宁说它们已经事先站在我的面前,不仅是被感知的,而且也已经带有在感受活动中被给予的价值谓项。那些包含在这些相关价值状况中的价值质性从自身出发要求有这类情感“回答反应”的某些质性——正如另一方面这些质性也在它们之中于某种意义上“达到了它们的目的”。它们构成理解关系、意义关系、特殊种类的关系,它们不是纯粹经验偶然的,并且它们是不依赖于各个个体的个体心灵因果性的[①]。如果价值的要求看起来没有得到充实,那么我们就会为此感到痛苦,即是说,我们例如会为此感到悲哀:我们对一个事件没有能够感到喜悦,而这个事件的被感受到的价值是配得上受到如此对待的;或者,我们没有能够对例如一个喜欢的人的逝世感到悲伤,而这个逝世恰恰“要求”这一点。这种特殊的“行为举止方式”(Verhaltensweisen)(我们既不想称它们为行为,也不想称它们为功能)或许与意向的感受活动具有共同的“方向”。但它们在严格意义上并不是意向

① 价值状况和情感回答反应之间的这些意义联系作为预设进入到所有经验理解(也包括社群的和历史的理解)之中,进入到既对陌生人的也对我们本己的经验体验的理解之中。因此它们同时是对陌生心灵生活的理解法则,这些法则还要加入到“表达的普遍语法学法则”(参见笔者,《论现象学与同情感理论以及论爱与恨》,1913 年)中去,这样才会使理解成为可能。

的，如果我们在这里将“意向的”仅仅理解为这样的体验：它们可以意指一个对象，并且在它们的进行中能够有一个对象之物显现出来。这只是发生在情感体验那里，它们恰恰构成了最严格意义上的价值感受活动。我们在这里并不是“在某物上”（über etwas）感受着，而是我们直接就感受到某物、感受到一个特定的价值质性。在这种情况下，亦即在感受活动的进行中，这个感受活动并没有被我们对象地意识到：只有一个价值质性从外部或从内部“向着”我们走来。需要有一个新的反思行为才会使这个“为了……的感受活动”成为我们的对象，并且使我们现在能够以后补的方式反思地观看：我们在这个已经对象性地被给予的价值上究竟“感受到”什么。

我们把这个对价值的接受的感受称作意向感受功能的类别
265 （Klasse）。这样，我们就全然不能说，这种功能乃是通过所谓表象、判断等等“客体化行为”的中介才与对象领域发生联结的。这样的中介唯有状态的感受活动才需要，而意向感受活动却不需要。在意向感受活动的进程中，毋宁说对象本身的世界向我们“开启”（erschließen）自身，只是恰恰从它的价值方面向我们开启。在意向感受活动中常常缺少形象客体，这正表明，这种感受活动自身原本就是一个“客体化的行为”，它不需要以任何表象为中介。我们在这里无法研究自然感知和世界观的建构、儿童语言的含义统一之生成的普遍规律、各大语系的含义划分的差异性与语词及其句法划分在现行语言中的含义推移，而这样的研究将会表明：感受统一与价值统一对各个在语言中表达出来的世界观起着引导的和奠基的作用。自然，如果把整个感受领域原本地仅仅划归给心理学，那么人们原则上必定是偏离了这些事实，甚至偏离了对这些事实进行把握的任务；这样人们就永远看不到，在感受活动中、在偏好中、在爱与恨中，是什么在世界与世界的价值内涵方面向我们开启自身，而是仅仅看到，当我们感受时，当我们偏好时，当我们爱和恨时，当我们享受一个艺术品时，当我们向上帝祈祷时，在内感知中，即在我们之中的“表象的”行为举止中，我们所找到的是什么。

必须将这种情感功能区别于这样一些体验，它们是在其功能活动基础上作为情感生活与意向生活的更高层次而构建起来的：这便是“偏好”与“偏恶”，我们在它们之中把握到价值的等级阶段、它们的更高状态与更低状态。“偏好”与“偏恶”完全不是像“选择”一样的追求活动，这种活动毋宁说往往已经是以偏好行为为基础的；它们也不是纯粹感受的行为举止，而是情感行为体验的一个特殊类别。由此已经表明，我们只能在严格意义上的行动之间进行“选择”，而与之相反，我们可以“偏好”这个善业甚于那个善业、“偏好”好天气甚于坏天气、“偏好”这道菜甚于那道菜，如此等等。“偏好”也直接发生在被感受到的价值质料上，而不依赖于它的事物性载体，并且它和选择(Wählen)一样，既不预设形象的目标内容，甚至也不预设目的内容。毋宁说，追求的目标内容——它们本身重又不是目的内容，如我们所说，* 它们已经预设了一个对先行的目标内容的反思，并且仅仅是在追求活动以内的愿欲所特有的——已经在偏好活动的共同制约(Mitbedingung)下构成自身。因而偏好还从属于价值认识的领域，而不从属于追求的领域。这个类别，即偏好体验，重又在严格的意义上是意向的，它们是“有所指向的” 266
和意义给予的；但我们把它与爱和恨的类别聚合在一起，它们是

“情感的行为”，与意向的感受功能相对立。

最后，爱和恨构成我们的意向生活与情感生活的最高阶段。在这里我们距离所有状态性的东西最远。语言就已经表达出——在将它们区分于回答反应的同时——这一点，因为它不是说“在某物上”（über etwas）或“在某物旁”（an etwas）的爱和恨，而是说爱什么和恨什么。我们之所以经常听到人们把爱和恨与愤怒、怒火、恼怒一起算作“感触”或也算作“状态性的感受”，这只能用我们这个时代无比地缺乏教养和在所有这些事物中全然缺乏现象学研究来予以说明。人们可能会认为，爱和恨本身就是一种偏好或偏恶。情况并非如此。在偏好中始终有多个被感受到的价值至少是被意指。而在爱和恨中则不是如此。在这里也可以是一个价值被给予。我在其他地方已经论述过[①]，爱和恨本身的特征还可以进一步得到描述，一方面是它们与感受和偏好的关系，另一方面是它们与追求及其各个样式的关系。在这里也只消反驳这样一种观点，即爱和恨是一种对在偏好中被给予的被感受价值之更高或更低状态的“回答反应”。相对于回答反应（例如报复），我们想把爱和恨标识为“自发的”（spontane）行为。在爱与恨中，我们精神所做的事情要比对已被感受到的和可能被偏好的价值的“回答”伟大得多。爱和恨更多是这样一种行为，在它们之中，各个可以被一个生物的感受所达及的价值王国（偏好也是束缚在这个王国的存在上）经历着一种扩大或缩小（而这当然是完全不依赖于现存的善业世界、实在的有价值的事物的，即使是对于被感受的价值之多样性、充盈和差异性而言，它们就已经不被预设了）。如果我谈到那个被

① 参见笔者，《论现象学与同情感理论以及论爱与恨》（1913 年）。

给予一个生物的价值国王的“扩大”和“缩小”，那么我指的当然绝不是一种通过爱和恨而对价值的创造、制作或毁灭。价值是不能被创造和被毁灭的。它们的存在是不依赖于所有特定精神生物的组织的。但我认为，对于爱的行为来说，它的本质并不在于，它根 267
据被感受的价值或根据被偏好的价值而以“回答”的方式来指向这个价值，而是在于，这个行为更多是在我们价值把握中起着真正发现的作用——而且唯有它在起这个作用——，它可以说是在展示着一个运动，在这个运动过程中，各个新的和更高的，即对这个相关的生物还是完全未知的价值昭示并闪现出来。因而爱并不追随着价值感受与偏好，而是作为它的先锋和引导而先行于它们。就此而论，它虽然没有获得对自在存在的价值一般而言的“创造性的”成就，但却获得了对各个可为一个生物所感受和所偏好的价值而言的“创造性的”成就。因此，所有伦理学都将在对爱和恨的法则的发现中完善自己，这些法则就绝对性[①]、先天性和原初性的阶段而言要胜于偏好的法则以及在与它们相应的价值质性之间的法则。

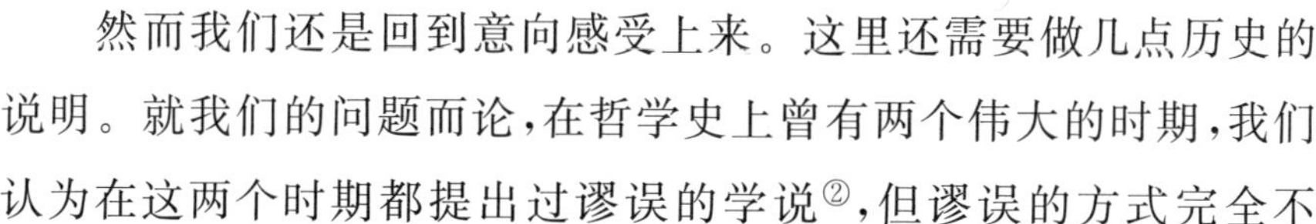

然而我们还是回到意向感受上来。这里还需要做几点历史的说明。就我们的问题而论，在哲学史上曾有两个伟大的时期，我们认为在这两个时期都提出过谬误的学说[②]，但谬误的方式完全不

① 关于绝对先天和相对先天的概念可以参见笔者关于“现象学与认识论”的论文。〔此文没有在舍勒生前发表，以后收入《舍勒遗稿选集》第一卷“伦理学与认识论”。——译注〕

② 由于迪特里希·封·希尔德布兰德在他的著述“伦常行动的观念”(参见《哲学与现象学研究年刊》、第三辑)中更为仔细地探讨了感受与价值学说的历史展开，我在这里就只是大致地说明这个事态。

同。第一个时期一直延续到19世纪初。直到这时，我们还处处发现关于意向感受的学说极为流行。斯宾诺莎、笛卡尔、莱布尼茨带着不同的变化来倡导这个学说。在他们以及在依赖于他们的那些思想家中，没有人曾把整个情感生活等同于——请允许我用此措辞——胃压疼感的被给予方式。倘若有人这样做的话，他当然也就找不到价值。倘若人们把太阳、月亮和在夜空中显现的星星当做状态的“感觉复合”，即当做原则上与胃压疼感处在**一条**被给予性的线路上并且只是以有别于相互依赖的方式而“依赖于”胃压疼感之显现的现象，那么人们也就永远不会去从事天文学。将整个情感生活视为一些在我们心中无意义地和无目标地流动着的因果地被运动状态的进程：否认整个情感生活具有任何“意义”和任何意向“内涵”，这种情况只可能在一个心的迷乱——心的无序(désordre du coeur)——达到了一定程度时才会出现，正如在我们这个时代。然而，那些伟大思想家的谬误在于，他们认定，感受活动一般，即爱、恨等等，不是最终的东西，不是精神中最原初的东西，而另一方面价值也不是最终的、无法分解的现象；他们认为，例
268 如像莱布尼茨便是如此，意向感受仅仅是一种“含糊的”、“混乱的”领会(Begreifen)和思考；但这种混乱含糊的思考的对象在他们看来就在于明晰的、合理的关系。例如在莱布尼茨看来，母爱就是那种混乱的领会：爱孩子是善的。但他们把“善”与“恶”回溯到**存在的完善性程度**上去。这些思想家甚至也完全相似地去理解例如颜色、声音的直观质性范围。它们对于那个时代哲学家来说——形而上学地看——是事物对所谓“心灵”的作用，这个心灵根据完全不可把捉的“能力”(真正“玄妙的”质性)，按照某些运动来表象这

些内容，而后将它们(“虚假地”)向外投射。这个尤其是在洛克那里表现出来的学说只是一种后补的形而上学建构。在认识论上，它们在这些思想家看来只是一种围绕(um)那个运动本身的“混乱的”和“含糊的”(不清楚的)知识。因此，不仅存在着一种对于质性与运动而言的因果关系，而且也存在着一种认知关系。与此相符的恰恰是在哲学问题的另一个主要领域中、在价值问题中的尝试：以某种方式将价值化解为单纯的“存在程度”，对此，“完善性”概念表明自己是手段。对斯宾诺莎来说，“最好的”世界是在其中有一个存在的最大值的世界：例如他说，上帝也必然会因此而使恶与弊端从自身中产生出来，因为没有它们，一个世界就会是一个不太“完善的”世界，而这样一个世界也就不能包含“所有的可能”。即使是在这里与斯宾诺莎发生抗争的莱布尼茨也不是把完善性回溯到一个被视为根本的价值观念之上，而仍然是间接地回溯到存在概念之上。因此，对于我们来说还是感受性的价值必然性的东西，对于“上帝”来说是存在的必然性(类似于对我们来说的事实真理＜vérités de raison＞，就是对上帝而言的理性真理＜vérités de fait＞)。尽管上帝没有让“所有可能”出现在存在中——就像斯宾诺莎所说的那样——，而是仅仅将那些除了他的“自身可能性”以外还与其他可能事物“可共存的”(kompossibel)东西选入到这个领域之中。因为对于莱布尼茨而言，存在的前提不仅是可能性(Possibilität)，而且还是可共存性(Kompossibilität)。但如果莱布尼茨说，上帝在“各个可能的世界中”根据一个“最佳原则”(principe du meilleur)而创造出一个“最好的”(即最完善的)世界，那么他后来重又对此解释说：最完善的世界是在所有可能世

界中的这样一个世界，在其中“事物的最大值是可共存的”。通过一系列的迂回途径，他仍然还是将价值还原为存在。

但这个学说恰恰与那种关于感受活动的学说相符合，后者认为，这只是在理性认识意义上的一种混乱的认识。

269 在19世纪初（自特滕斯和康德①以来），人们缓慢地认识到情感生活的不可还原性。但由于18世纪的那种智识主义观念仍在延续，因此人们现在将所有情感的东西都降格为状态。

将这两种基本观点与前面所做的阐述加以比较就会表明，这两者自身都既含有正确的东西，也含有虚假的东西：第一个观点含有这样一个正确的明察：有一种意向的“关于……的感受”（Fühlen von）一般，除了状态感受以外也有情感的功能和行为，在它们之中，有某物成为被给予性，并且它们是以独立的意义法则和理解法则为基础的。但虚假的是——类似于对声音和颜色的质性的感觉——那种以为感受可以还原“知性”的观点，以及那种认为这两者之间只存在程度差别的看法。在第二种观点中正确的是认为情感存在和生活不可还原为“知性”的看法，但虚假的是在其中随即隐含着的否认意向感受的做法，以及把整个情感生活都让渡给一门描述的和因果研究的心理学的做法。因为几乎无须说，即使一些现代的心理学家承认：感受具有一种对生命活动及其引导而言的合目的的特征（例如不同种类的疼痛、疲惫感、胃口感、畏惧等等），而且它们是作为某些可促进和可避免的现存的和未来出现的

① 参见在上面所引的希尔德布兰德书中对康德青年时期著作的论述，根据这些论述，在康德那里可以发现对意向感受之设定的痕迹。

状态之指号在起作用，这种承认也与感受的**意向**本性和认知功能没有任何关系。在一个单纯的信号(Signal)中没有任何东西“被给予”。因此必须从我们的基本命题出发来彻底重新研究特别是生命感受的各个样式。[①] 在这里将会表明，单纯的情感状态在严格的意义上只是感性感受，而始终**能够**指明一个意向特征的不仅有生命感受，而且还有纯粹心灵感受和精神感受，但纯粹精神感受是必然地指明着这种特征。一个感受状态可以作为“对某物的指号”(例如在那些疼痛的种类方面)起作用，这种可作用性在这里始终已经是通过一个真正意向感受来中介的——因而并不立足于单纯的、仅仅是客观和目的的联想联结。由于唯有精神感受、心灵感 270
受和生命感受才具有清晰突出的意向特征，因而这同一个谬误使得人们完全误识了它们的本质，因而人们大都完全根据与感性感受(这些感受的状态本性已经确定)的类比来对待它们。人们完全没有看到，例如在精神的自身价值感受以及它们的众多样式的细腻游戏中，我们的人格价值能够向我们展示出来。同样得以展示的是**价值欺罔与感受欺罔**的整个领域，按照那种虚假的学说，它们就不得不化解为单纯的缺失现象或变态，或者就不得不与谬误(Irrtum)混为一谈。

---

① 笔者在《情感生活的意义与意义法则文集》(第一部分“论羞耻感”)中向自己提出了这个任务。* 也可以参阅笔者的著述《论现象学与同情感理论以及论爱与恨》(1913年)。

第3章 关于价值之“相对性”（与“主体性”）命题的意义

根据我们至此为止的分析，价值已经被确定为是不可还原的感受直观的基本现象。尽管如此，我们还会面对所有价值的，尤其是伦常价值的主体性和相对性的命题，它是整个现代世界的一个如此顽固的哲学信念，以至于我们不得不在这个命题上、在它的意义和它的所谓论证上，以及在它之所以被提出来的心理原因和历史原因方面稍做停留。*

当人们谈及价值的主体性时，他们想说什么呢？这个命题可以意味着：在所有价值中都本质必然地包含着一个特殊种类的“关于某物的意识”，它们通过这个意识而被给予。这便是感受活动（Fühlen）。在这个意义上，这个命题是正确的。我们是以现象学的最高原理为出发点的：在对象的本质和意向体验的本质之间存在着一个联系。* 而且是一个我们在一个这样的体验的每个随意事例上都可以把握到的联系。因此，它并不是一个——像康德所说的——这样的主张：对象的法则必须“根据”（richten）把握它们的行为的法则。对象把握的法则也就是把握对象的法则。这个联系在这里是单方面的。但我们同样也排斥绝对的本体主义，即那种认为有可能存在按其本质不可被任何意识把握的对象的学说。

任何一个对某个对象种类之实存的主张都根据这个本质联系也都要求给出一个这个对象种类在其中被给予的经验种类。据此我们说：就其本质而言，价值必须是可以在一个感受着的意识中显现出来的。

但这里当然还没有说：在这个意义上的价值就是“意识显现”，
价值只是在内直观中显现出来。这第二个“意识”概念按照前面所 271
述*是以第一个“意识”概念为前提的。这里更没有说：价值仅仅属于“自身直观”，无论是内自身直观，还是外自身直观。因此，一个人所能把握的所有陌生价值（无论是心理的还是物理的自身价值）都必须首先为他自己所感受到。接下来，我们在交流中和在历史中把握到那些**没有**被给予我们自身并且也从未被给予我们自身的价值。例如，如果一个时代将自己的价值置入到一个较古时代的价值状况中去，那么这便是历史欺罔的一个基本形式。因此，我们例如理解那些我们永远无法在对我们本己心灵存在的观察中把握到的陌生心理活动的价值。我们之所以能够理解，也并不是因为我们推断出或同感到陌生的心灵之物，而是因为我们在表达现象中感知到它们。[①]

我也已经驳回了**这样的**主张：价值的存在预设了一个“主体”或“自我”，无论这是一个经验的自我，还是一个所谓“先验的自我”或一个“意识一般”等等。* 自我在这个词的**每个**可能意义上都还是意向体验的**对象**，并且因此而是在第一个意义上的“关于……意

① 笔者在《论现象学与同情感理论以及论爱与恨》（1913 年）一书的“附录”中曾试图详尽地证明这个命题。

识”的对象。自我**只**在内直观中被给予，并且本身只展示着某种在内直观方向上显现出来的多样性的**形式**。因此，一个自我究竟是否“具有”或“经验到”价值，这对于它的存在来说是完全无关紧要的。“自我”——也包括在其形式意义上的自我或自我性——是价值意识的对象，而不是它的本质必然出发点。与此相同，所有那些把价值回溯到一个“先验的应然”、一个内感受的“必然性”之上，但把伦常价值回溯到“良知之陈述”等等之上的理论也就随之而作废。价值的存在并不以一个自我为前提，就像对象（例如数字）的实存或整个自然并不以一个“自我”为前提一样。因此，就是在**这个**意义上也应当对这种价值主体性的学说进行反驳。

这种反驳在激化的程度上也适用于任何一种想把价值按其本质局限在**人**、局限在他的组织之上的学说，无论这组织是指他的“心理”（人类主义**和**心理主义）组织，还是他的心理物理组织（人类主义），即是说，适用于任何一种想把人的存在**相对地**设定在**他的组织**之上的学说。这种学说是完全荒谬的，因为毫无疑问，动物也在感受价值（例如肯定在感受适意的东西和不适意的东西的价值、有用的东西和有害的东西的价值等等）。撇开对价值的理解不论，价值也**存在于**整个自然上。在这里我们仍然不能以自然**科学**为出发点，它——本身还受那种对外直观显现因素之选择的引导，而这种选择是奠基在可能的自然控制的**价值**中的——试图故意地不去
272 考虑价值。例如，审美的自然价值并不因此而就是艺术价值的临界情况（如黑格尔所以为的那样）：就好像一个日落的美只是一个尚未画出来，但却**作为**“艺术品”而被构想出来的“图像”一样。现在或许会有人指责说，无论如何，在自然中也还是有许多价值**中性**

的事实组成。由此而恰恰表明了，价值是相对于人而言的可用之物。但问题在于：这究竟是因为这些对我们来说价值中性的事物根本没有价值，还是因为我们不能感受到这些价值？想一想在个体、民族、种族、时代所具有的价值质性充盈中的巨大差异以及人在这方面具有的不寻常的教化能力吧！例如苏门答腊的马来亚居民只具有两个词来表达适意和不适意、快乐与不快乐。我们现在不能从语词的缺失直截了当地推导出价值意识的缺失，就像在颜色名称上的情况一样[①]。但也还是可以从这些人的其他行为举止中得出这样的看法，即他们所感受到的价值质性比我们所感受的要少得多。

但现在，如果只是确立了价值一般的存在，那么将那些在其存在中的价值与只是在其可感受性中“相对于”我们的价值区分开来的标准在哪里？价值感受的发展能力既对历史的人来说，也对个体来说，都是一种无限的能力；而作为种属的人也是普世生活发展的一个变化着的环节。只是通过他的感受的发展，他才步入到现存价值的价值充盈中去。

例如，我们这个文化和时代的人类大众的价值世界之所以贫乏可怜，原因完全不在于一个总体的、人类的价值主体性，而是在于其他因素，它们部分地规定着一般人的自然世界观，部分地规定着我们文明人的通常直观[②]。

自然的人通常总是会清楚地意识到那些对他来说可感受的价

① 对此参见A. 马尔梯的出色研究《关于颜色感官的历史发展》。

② 对此参阅笔者《论自身欺罔》（1912年）的研究，同上引书，第140页及以后。*

值，但只能在这个程度上意识到，即这些价值是对于他的受其身体本能和需求引导的行为举止而言的指号。这种可感受的价值对于他的需求和兴趣的变换不定的满足方式所具有的可能的“符号功
273 能”，就是限制着他的关于价值——不是关于它们的存在——的清楚意识的东西[①]。我们越少主动地占有我们的精神人格，价值也就越多地会仅仅作为那些对我们身体需求来说至关重要的善业事物的符号而被给予我们。我们越是生活在“我们的肚腹中”——就像耶稣使徒所说的那样[②]——，世界就越是价值贫乏，而且那些仍然被给予的价值也就越是仅仅存在于它们对生命的和感性的“重要”善业而言的可能符号功能的限制之中。但在此之中，而不是在价值本身之中，包含着价值被给予性的主体要素。其次，对于生活在社会中的人来说，价值之所以能够超越出他的本能注意力的限制，通常只是因为这些价值的可能载体是如此有限和罕见，以至于制作它们需要付出劳作和辛苦（这不是又与它们的可划分性的程度具有某种关系），而且通常是因为那些从属于它们的善业不仅

① 在亚人类的（untermenschlich）生命自然上所享受到的多种多样的美，例如在所有种类的动物装饰（图形、羽毛、鳞甲等等）中以及在它们的鸣唱中的审美价值，看起来自然是服务于繁殖和求爱，因为它们同时是对于这些如此被装饰的范例的事物价值而言的符号。但即便如此，从性需求中不仅推导出价值的选择、保存、可遗传性和固定，而且推导出价值本身，这种做法仍然是完全荒谬的。即使可以将这些价值的载体看作是产生于最小的累积补加，却肯定不能如此看待它们的价值。还有，恰恰是这种奇特的一致性，即我们人觉得美的东西并且例如吸引着雌性动物的东西（尽管在组织上有如此巨大的差异），指明着这些价值的客体性。对此参阅奥利弗·洛奇在他《生命与质料》（柏林，1908 年）一书中的深刻而美妙的阐述。

② 舍勒在这里所引的应当是《圣经》“罗马书”（16. 18）中的话：“这样的人不在事奉我们的主，是在满足自己的肚腹。”——译注

“被占有”，而且是被一个人“较之于”另一人所占有的**更多地**占有[①]。因此，例如历史上一个社群阶级的生活标准的绝对进步并不作为它们的善业数量的增长而受到关注，受到关注的是这个标准与其他阶级的生活标准的各自差异。作为价值而对注意力凸显出来的，并不是人们所**具有**的东西，而是人们相对于其他人所**不**具有的东西(在同样具有对有关善业种类的可能政治一法律候补资格时)。这个情况也适用于发明的价值意识和文明善业的价值意识，它们只是在从旧到新的过渡中才“感激地”被接受，才作为价值而以可感受的方式被强调，但在其他时候则是不被感激地——几乎就像空气和空间一样——被使用。但是，以此方式“首先”被给予我们的就是自身作为**这些价值的价值差异**，甚至是对**作为**价值的价值差异而言的单纯**象征差异**(只要想一想对名称、阶层标志等等的过分重视)；也正是在这个事实中，包含着**我们的**价值意识(我们行为举止的人性的、“太人性的”东西)的**主体的**因子，它使得人 274
们对实际价值和善业的理解越来越贫乏。然而这些价值本身并不会因此而是“主体的”。唯有当这个在这些价值面前的行为举止以特别**突出的**程度与**资本主义竞争体系**中人的流行价值一体验结构相符合时——完全类似于机械的存在理解与流行的存在的体验结构的相符合——，那些处在它的各个联结之中并且能够将它不**只**是作为在其他可能的历史体验结构中的**一个**而加以客体化的人，才会将它变为一门价值的形而上学，并因此而将这些价值**一般**说

① 参阅在后面*关于“追求者”一类型的论述，这种类型的人的自身价值意识是在对自身与他人的比较中才**构造**起来的，只要他并不比一个他人“更多”，他就不会为自己思考“任何东西”。

成是“主体的”。但实际上展示着那种价值的体验结构的并不是精神的或人类精神的“自然法则”，而是历史上的人所累积的债务。根据某些原则，我们从生命价值（它们本身在与精神价值和神圣价值的关系中已经是此在在相对的*）的序列中区分出社群价值和经济价值，这些原则在这里被当做我们的价值意识的前提，甚至不仅被当做这种价值意识的前提，而且还被当做这些价值本身的前提！

但是，只要有人能够从“时代”兴趣视角的迷雾笼罩中探出自己的精神头脑，那么他就会看到，价值可以在一种完全不同的方向上被给予人们。在这个方向上，我们缓慢地摆脱某些对我们行动而言的价值事物以及其他已经实存的善业所具有的象征价值，并且摆脱对善业和善业的部分而言的那些价值象征，同时我们朝向它们内部的内涵本身，并且——反过来——根据那个如此纯粹地被感受到的价值领域来安排我们的行动和我们的善业创造（而不是听任它们的现有方向来限制和分解我们的价值观）。其次，在这个方向上——由于凝聚原则与个体主义的竞争原则和忌妒原则相比获得了优势——，善业越是不能被可能地“占有”（它们越是不可分），对它们的评估也就越高，而在可占有的善业中，得到最高的评估的重又是那些在生命上最有价值的，无论它们是以多大的数量现存，如空气、水，在某种意义上还有土地；而且它们的数量越多，它们得到的评估也就越高，因为在对这些善业享受的感受上或在对在善业上的喜悦的感受上还能够以同一程度附加上对共同享受和共同喜悦的价值的感受。再次，在这个方向上，一个人格所具有的任何一个超出我的价值的价值都将是自为地被给予的，而且首

先被给予的是价值本身和它们的增长(或它们的减少),而不单单是它们的差异。最后,在这个方向上,由于所有价值感受及其文化都受这样一个基本直观的指导和引领:还存在着无限多的至此为止没有能够被人感受和把握到的价值,因而有一个越来越严肃、越来越仔细、越来越确定地展开了的并且上升着的意识在伴随着这 275
个过程,这个意识就是:唯有对我们这个时代中的自然人的那种体验结构及其片面扩张的克服,才会使我们找到通向现有客观价值的通道,才会破开那些囚禁着我们的监狱四壁,并且才能够,如费希纳如此恰当地描述的那样,可以说是让日光、“日景”(Tagesansicht)重又涌入到我们感受着的精神眼(Geistesauge)中。

对于人格来说,它自身的存在和行为举止越是自在地有价值,价值世界在迈出的每一步中也就显而易见地开放自身。虔诚者的心灵始终在轻声地感激空间、光、空气,感激他的臂膀、肢体以及他的呼吸之存在的厚意,而所有那些对他人来说是“价值中性”的东西,都充满了价值与非价值。方济各的话“我们以不占有任何东西的方式拥有万物”(omnia habemus nil possidentes)便表达了这个将价值感受从上述主观限制中解脱出来的方向。

第4章　价值对于人所具有的相对性

因而我们在这里必须明确拒绝任何一门所谓“人的伦理学”(humane Ethik)。另外康德也已经完全合理地做出了这种拒绝，因为他指明，伦常法则是对“理性人格一般”有效的，并且只因人是理性的载体才是对人有效的。“人类”作为实在的种属也只是在其他对象中的一个对象，我们在这些对象上把握到价值并且对这些对象的价值进行评判。人类根本不以任何形式就是这种价值把握的“必然主体”，因此好和坏也不是那种作为感受方向包含在人类“种属意识”中的东西。同样，人类也不可能意味着在下列意义上的伦常价值评估的“原则”，即那些促进着或阻碍着那个包含在作为实在种属的人类之中的“发展趋向”的东西就是好的或坏的。现代的进化论向我们展示，人类是地球上的生命发展过程的一个结果，并且它把人(连同其全部心理物理资质)当做一个附带了所有地球的周围世界之偶然情况的必然发展结果纳入到其他自然的框架中；这门进化论因此而恰恰使这样的想法一劳永逸地成为不可能，即：在作为“人”的“人”之中有特别的和特殊的心理的或物理的自然代理(Naturagentien)在活动。* 然而这个想法虽然不在实践哲学以内，但却在理论哲学中，也还在康德的学说中，是基础性的，所以，例如康德把空间和时间的直观形式看做仅仅是对“人”有效的。人类与每一种族、每一民族和每一个体一样，是一个原则上可变化的并且在其物理心理构造中完全是生成的普世生命发展结 276 果。它本身如何能够含有伦常评估的“**源泉**”或“**原则**”呢？人类在多大程度上和多大范围内是由**好**人组成的，人类便在多大程度上和多大范围内具有肯定的伦常价值；但根本不能说：那个可以在“人类种属意识”中活动的人，即那个听从族群本能的人，就是“好的”。“人类”甚至完全可以随意地变坏，同时它却由于它的种属意识的一同变化——就这种意识是伦常价值的源泉而言——而并不**能够**自己留意到这种变坏。正如一个随被测量的东西一起成比例地收缩的量尺始终只给出同样的量度单位一样，这里的尺度，即种属意识，也始终会与被测量的东西如此地相适应，以至于在“人类”的每一个任意的实际变坏过程中，评估的结果都始终是同一个。

我们的确是通过**感受**，而且本身是**在人身上**(an)发生的感受，来发现伦常价值的特有**本质性**，同样也发现所有价值感受、偏好、爱和恨等等的行为法则。但我们**在人身上**(an)对它们的发现，原则上并不有别于我们最终也可以**在人身上**发现算术的、力学的、物理学的和化学的定理与法则，以及那些对所有生命来说都具有有效性的定理。因而我们在人身上(并且首先是在某种人身上)也发现“人格”的本质和观念。人之为人，在所有这些情况中都可以说是对可感受的价值、行为和行为法则而言的场所和机会，它们本身因此根本**不依赖于**特殊的**种类**组织和这个种类的实存。即使当一个人自由地穿过空间坠落时，坠落规律也可以在人身上得到证明。

因此，对于我们的价值把握的明见性和客观的存在有效性来说，例如对于那些可规定为属于伦常**明察**的行为来说，是否这个种类的**所有**成员都具有它，或者，例如是否也有一些种族和民族——就像一些人种学家所主张的那样——**不**具有这种特殊的明察，这些问题是无关紧要的[1]。原则上同样无关紧要的是，这样一些行为是在历史的人类生命展开的**哪个**阶段上显现出来。主要的问题在于，**只要它们在此并且一旦它们在此**，它们和它们的对象就服从一个合法则性，这个合法则性就像颜色几何学和声音几何学的定理一样不依赖于经验的归纳。甚至我们至此为止对（在自然意义
277 上的）“人类”的或然形成方式的认识还表明，这些伦常的质性和行为很可能并**不**符合“普遍的人的”资质。我们所有具有的关于那种形成的所有实证知识在我看来都并不说明：人种是在**这个**意义上构成一个血缘关系的统一，即所有种族都回归到同一个动物阶段上。毋宁说，很可能不同的种族都回归到不同的动物变种上，这些动物是人种**与**灵长目动物的共同祖先。但如果人类起源的“多源”假说在这种情况下也仍然有效的话，那么，与“**人**”这个概念实在相符的就根本不是一个实在统一的种属（它本身预设了血缘关系），而只是一个普遍对象，只要我们想到它的实在相关项，它都会从一开始就分解为**许多**种族统一。因此，不仅有可能是而且很有可能是这种情况，即：也只是在某个种族范围内，一些在人类的其他部分中**无法**发现的**行为变种**以及与它们相关的**价值变种**才实际地显露出来。这同样并**不**意味着对这些现象的对象性以及对它们的联系的本质必然性的反驳。如果这对价值本身以及在其中把握到价

---

① 参阅卡尔·施通普夫在他的“论伦理学的怀疑主义”（1908 年）讲话中的确当表述。

值的行为是有效的，那么这对那些引导着行动的**各个规范**的构成当然也就更有效了。因为所有“规范”都预设了实现在它们之中被诫令的东西的能力。尽管康德否认“你能够，因为你应当”这个命题，他在这个著名的命题中也并不要求：伦常法则的“普遍有效性”同样要延展到动物之上。但是，即使不同的种族有能力把握到和明察到这同一类价值和价值联系，在不同的种族以内也并不一定就会以平均的方式现存着那种实现观念应然内容的能力。恰恰是**客观的、质料的价值伦理学**才完全**不**会排除一种对不同种族而言的规范的差异。

因此，同样完全有可能的是：历史上的某些伦常价值质性还会重新被把握到，而且例如它们首先是在**一个唯独的个体**的感受性的目光面前出现。对这样一个质性以及对它展示着一个比至此为止已知价值更高的价值的这样一个事实的明见把握，与这种可把握性的普遍性或传布范围根本没有关系。因此它也与规范的所谓“普遍有效性”根本没有关系。

我们的确必须仔细地区分以下事物：其一是对**把握**某些价值的**资质**(Anlagen)的实际的**普遍占有**。其二是在一个被给予的人际圈中普遍被视作伦常的东西或伦常的**普遍“有效之物”**，无论是否所有属于这个范围人都有能力把握这个普遍有效的价值。最后是这样一些价值，对它们的承认是**普遍“有效的”**，无论它们实际上 278
是否“普遍有效”。在这个意义上，在这个“普遍有效之物”的本性中就包含着：它与其他两种普遍之物不同而回归到一个观念的所应之物上；相反，普遍有效的东西则仅仅包含着一个每每实际主宰着这个普遍判断的有关那个观念所应之物的意见。但在“普遍有

效之物”中也还包含着对普遍传布的秉性和资质的考虑，即能够把握这个所应之物的秉性和资质。例如我们并不认为，一个规范要想是普遍有效的，就必须在一个人际圈中存在着实现这个所应之物的资质，“对于”这个人际圈或对于它的成员来说，对某些价值的承认是普遍有效的。单就康德否认这一点来说，我们完全应当赞同他。但的确必定存在着对这种能够把握相关应然内容的意识而言的资质。在这个意义上，对这个所应之物本身的把握必定处在相关生物的“权力”中。在这个意义上，例如若我们说恭顺和宽恕的价值对于动物也具有“普遍有效性”，那便是没有意义的。而在这个意义上，为某些人所达及的价值和应然内容也完全有可能并不要求对整个人类的“普遍有效性”。因为，——严格意义上的——普遍有效性的确预设了相关命题的明见真实（Wahrsein）；但这还并不足以使一个定理在不考虑其能够被明察的情况下就成为“普遍有效的”。

在康德那里，普遍有效之物的概念在道德中受到双重的运用。其一，伦常法则作为法则对所有理性生物来说都是普遍有效的。其二，只要“善”是愿欲，即能够在一个准则中被普遍化的、“普遍有效的”、适宜于成为一个普遍立法之原则的愿欲，那么一个准则（Maxime）的普遍有效性也就还会出现在伦常法则的内容中。但在对此概念的任何一个运用中，我们都不能赞同康德的做法。因为，尽管伦常法则“对所有理性生物都普遍有效”这一点是正确的，康德却突然做出了“所有‘人’都是‘理性生物’”这个事实性的预设，此外还有“伦常法则是对所有人都有效的”这个进一步的推论。当他（身处18世纪的激情之中）说，“在每一个人中都可以注意到人类”，或“人”必定从来都不只是手段，而且始终同时也必定是目的（这个命题重又只对理性人格才能够要求有效性），上述情况便表现得尤为清楚。因此，尽管康德小心谨慎地避免将伦常法则的有效性方式局限于人，在他那里却仍然有那种“人本主义的”（humanistisch）观念在活动，尽管更多是以激情的形式，而较少是以 279
他的各种理由的形式；这种“人本主义”观念是与我们的人种学与历史学的知识以及我们关于人的发展史的实证知识完全不相符合的[①]。而对普遍有效性概念的第二个用法就更不能（下面将会更详细地说明）得到认同了。因为完全有可能是这样一种情况：一个个体唯独自己具有对一个只向他自己指明的并只对这个唯一的“事例”有效的应然内容的充分明见性，从这个事例内容中他同时完全清楚地意识到，这个事例根本不适宜成为一个普遍立法的原则，既是在所有同类境况和“事例”方面的“普遍”，也是就所有人而言的“普遍”；相反，它只是一个对这个个别个体而言的应然并且只在这一个事例中而且只对他自己是明晰的。以此方式，对所应之物（Gesolltes）的客观本性的明察例如根本不是“主观的”，而原则上始终完全是对象性的。但是，将一个准则的可普遍化直接当做对它内容的伦常论证的标准，甚至像康德所尝试的那样当做它的“善的存在”，这样一种做法将会作为一种完全的迷误而在后面*受到反驳。

因此，可以将下列情况视为一个令人高兴的事实，即：在哲学

① 参阅马克斯·斯坦纳在他的《达尔文的学说及其最终结果》（柏林，1908 年，第 142 页及以后）一书中的确切阐述。

伦理学的当前问题状况中，那种想使价值概念尤其是伦常价值概念，成为相对于人的概念的学派，即所谓“人的伦理学”，在它的提问中就已经或多或少地遭到了排斥。当前的问题状况令人高兴地处在一个非此即彼的抉择中：或者，伦常价值与伦常法则可以被回溯到价值上，这些价值既在其可感受性中是相对于生命的，也在对象的意义上展示着生命价值的展开，或者说，将那些从属的规范回溯到普遍的生命法则上，例如将有用之物的适应和遗传的生命法则回溯到那些对不是作为人的人，而是在其特性中作为生物的人而有效的法则上（在其使用中当然是受人的组织和他的周围世界的特殊性的制约）——或者，在人类以内，无论在其存在和展开的什么位置上，显露出价值与行为的一个全新本质种类，人在这些价值与行为中开始参与到一个王国之中，它可以被称作是“超人的”并且在其肯定的意义上是“神的”王国，并且它自身承载着那些不依赖于所有那些在普遍生命领域以内被给予的价值和联系并且凌
280 驾于它们之上的质性和联系。第一种意见是例如为斯宾塞、居伊约、尼采、某些种族伦理学者等等所主张的意见。若果如此，我们就必须把伦理价值和法则仅仅看做是生命价值和生命法则的特例，也就是那些根据特殊人类组织而从其他生命价值序列中凸显出来的特例。这意味着，在当前的伦理学问题境况中至少这一点是清楚的：伦常价值或者比单纯的“人性的东西”更多，或者更少。它们——在任何情况下——都不可能是特殊的人性的东西。这可以看做自人本主义时代以来伦理学基本观点的最大变化。在这个时代，既没有一个将人一同包含进来的生命进化理论，也没有一种对人的种族的巨大不同性的确切认识，以及一门建立在对此差异

性之明察上的人种志学和历史科学。以前,“人”曾被视为某种固定的东西、稳定的东西,而人的概念则不由自主地以一种方式被理想化,并且这个理想概念被强加了一个作为相关项的实在种属;在我们今天看来,上述情况之所以可能,只是因为依据了那些有缺陷的事实认识。因此,那种“一般的人性的东西”、“人类”、“真正人性的东西”等等的激情才会产生,对此,我们今天的语言自尼采以来就已经开始越来越多地用单纯人性的东西或“太人性的东西”来予以对抗。

第5章　价值对于生命所具有的相对性

如果人们在这个意义上诠释价值的主体性和相对性命题，即认为所有价值存在一般（即也包括伦常价值）都是相对于生命的，并且对于一个纯粹精神来说，即对于一个并不活动在一个可能的生命组织以内的纯粹精神来说，根本不存在价值，那么我们就应当更为严肃地对待这个价值主体性和相对性的命题。或者，价值的存在也必然地束缚在生命感受和追求的特殊领域上。康德也认为这个命题适用于所有质料价值。因为善和恶对他来说恰恰不是价值，而是仅仅涉及愿欲的合法则性和违法则性的价值标识。但这个命题也就会是根本谬误的。倘若价值是相对于生命的，那么首先就不可能将一个特定价值归于生命本身。生命本身就会是一个价值中性的事实组成。但根本不可能这样说。生命不仅作为这个和那个生命存在者（Lebewesen）（因此自身也体现着这样一个生命<Leben>），而且也作为本质性（Wesenheit）而是一个价值认定的对象[①]。例如这是一个明见的命题（马勒伯朗士已经将它作

---

① 舍勒在这里暗示了德文中“Lebewesen”（生物、活的存在者）、“Leben”（生命、生活）“Wesen”（本质、存在者）和“Wesenheit”（本质性）之间的内在联系。——译注

为一个明见的命题陈述出来)：在其余情况相同时，活的东西具有比死的东西更高的价值，因此——完全不依赖人的同感——要求 281
我们有一种与死的东西**不同的**行为举止。这对所有那些在上面显现出生命现象的对象而言都有效，同样也对最低级的植物和动物有效。很奇怪的是 H.斯宾塞还想把生命的价值回溯到某些系统的保存能力的大小之上。就好似一个随意的化学原子要比某个生物更有价值一样！[①] 实际上生命价值就展示着一个最终的、无法拒绝的价值质性，恰如生命本身展示着一个无法推导的原现象一样。

同样清楚的是：倘若生命(无论怎样理解)是我们的精神、我们的直观、爱和恨、价值感受及其合法则性和形式的根，那么，或者这个“生命”所展示的是某种完全不同于我们在自然的世界观和在科学的和哲学的生物学中所直观面对的那个生命——而用同一个名称来标识这两者是一种歧义性——，或者这便是一个完全超越的、不可规定的 X，因为正是这个在我们的经验中还“被给予”的“生命”，已经穿越了恰恰是那**个**在这里也许应当从生命**出发**得到解释的精神的法则和形式。倘若一个知性和一个感知的内容与法则在这个意义上是相对于生命的，例如是本能和需求等等的结果，那么这个知性和感知永远无法将生命本身**作为对象来认识**；与此相同，倘若一个感受与偏好、一个爱和恨是相对于生命的，那么它们也不能对生命本身进行**价值认定**。而这样一个精神也就既不能偏好生

① 参见保罗・亨瑟尔在他《伦理学的主要问题》(第二版，莱比锡，1913 年，第三个报告)一书中所做的确切判断。

命甚于死亡，也不能为了更高的东西而牺牲生命。因此，“价值与价值存在完全是相对于生命的”这个命题绝不可能是有效的。无论我们是把“生命价值”理解为一种特别的、在实事上得到独特描述的价值样式，还是理解为作为载体而对生命事实和生命显现起作用的价值，始终都有效的是：价值一般（以及它们的价值存在）存在着（sind）和存有着（bestehen），它们并不是通过对实际生物的某种反应才存在和存有。但很有可能是这种情况：一组如此存有的价值以独特的方式恰恰属于“生命”（在一种本质联系的意义上），而且是以一种双重的方式：一方面，具有生命之物本质的事物是这些生命体的必然载体，另一方面，这些价值也以特殊的生命感受内容（Lebensgefühl）的形式或生命感受活动（vitales Fühlen）的形式而成为被给予性。

前面已经强调过，存在着这样一种束缚在生命本身的本质上
282 并且不可还原的价值种类[①]。对于整个伦理学来说，至关重要的事情就在于：看到这个价值种类的独特性，并且既不将它混同于“有用的东西”，也不将它混同于“精神的”价值。尤其是要避免将生命价值回溯到有用的东西上[②]。

正确地看到这个事实并且认识到它对伦理学的重要性，这是两个法国研究者的出色功绩，即哲学家富耶和居伊约[③]。17 和 18 世纪的整个伦理学，包括康德的和斯宾塞的伦理学，都处在那种根

① 参见这部著述的第一部分、〔边码〕第 123 页。

② 参阅笔者，“论怨恨与道德价值判断”（1912 年），同上引书，第 351 页。*

③ 参阅阿尔弗雷德·富耶的《力的观念的进化主义》，R. 埃尔斯勒德译本；J. M. 居伊约的《无义务的伦常》。*

据笛卡尔哲学而发展起来的虚假生命观的主宰之下。这种生命观以及与之相符的心理学的本质恰恰在于，力学的基本概念和基本法则，在这里尤其是指**各个守恒原则**[①]，被转用到了生命现象之上。据此，例如人们试图把所有同情最终——即使是间接地——都回溯到利己主义之上，但却把所有生长现象、展开现象、进化现象都回溯到最小生命单位之保存过程的单纯副现象（Epiphänomen）上，据说这些最小生命单位只是通过它们在某些有机组织中的社会化才展示出“生长”、“展开”、“进化”的形象。在这里无法指明，这些观念也是多么深地进入到了例如如今细胞学说和进化学说的基本观点中。在更为深刻的眼光看来，伦理学的谬误无论如何都只是**特殊的**谬误，它们完全产生于一种虚假的生命观。上述研究者的功绩在于：至少是为**伦理学**而与这些谬误进行了决裂。

他们完全正确地看到，有一个完整的**价值系统**和与之相符的道德 411
规范，它们已经从自然和**生命本身**的本质中推导出来和产生出来，并且对于它们来说，不需要去顾及比生命价值更高的价值，不需要去顾及精神价值和从属于它们的行为——甚或不需要去顾及神性。从生命、生命感受以及内在于所有生命的对感性感受和驱动之趋向的统一关系中，事实上已经同样产生一个等级秩序以及一个应然意识、尽义务意识和某些规范的意识，对于它们的构造和推导不需要去顾及特殊的**精神**行为、它们的合法则性和**它们的**此在
形式：**人格性**。这是一些我们前面曾强调过的高贵—粗俗、权力和 283

① 德文中物理学的“守恒原则”（Erhaltungsprinzip）与生物学中的“〔自身〕保存原则”是同一个概念。——译注

福利等等的价值。只是当这两个研究者把生命价值看做最高的价值，并且以为已经指明，任何一门设定超出生命价值之上的价值的伦理学都是虚假的时候，他们才犯下谬误。较之于和他们一样主张伦理学的生命主义原则的尼采，他们也仍然胜出一筹，因为他们深刻地明察到，爱、同情、献身趋向、追求牺牲与朝向生长、展开和权力的趋向一样，对于所有生命来说都是本质性的。尼采也彻底地克服了生命首先是“生存保存”的谬误，但他没有克服另一个谬误，即生命仅仅是自身保存，或者按照他的理解，自身生长。毋宁说，他恰恰在这一点上接受了一种虚假的和片面的生物学和心理学的全部迷误，而且尤其是在它们通过达尔文的“生存斗争”原则而获得的那种表述中接受了它们。但是，尽管（如我在其他地方已指出的那样[①]）这些早先的道德主义者们和生物学家们没有放弃对同情感与爱的积极的价值评估（例如斯宾塞和达尔文），他们却仍然把它们回溯到一种自身欺罔和臆想的机动程序上，因而尼采得出一个在他的——与那两个研究者分有的、谬误的——基本前提下非常合理的结论：建立在同情感和爱之上的所有同情感和全部爱和同情的道德，以及它们的还在起作用的价值评估，都是衰败的生命的一个结果。实际上正确的生命观作为对“权力”的趋向根本不排斥这种可能：对陌生生命过程的分有和同情同样属于生命的原初趋向。毋宁说，恰恰是从这个联结中产生出生物的一种联合的权力追求的观念以及在权力获取中的相互支持的观念，并且随之而重又是作为那种权力趋向之最大效应的结果。

① 参见笔者《论现象学与同情感理论以及论爱与恨》（1913年）一书。*

但是我们还是回到“利己主义”的问题上来。生命经验的最简单事实并没有表明:“利己主义”是一个原初的生命趋向,而后从中通过增长着的兴趣凝聚的观念和感受的中介才进化出同情感,因而同情感是生成地附加给一种原初的利己主义一样;这些事实更多地表明,情况恰恰相反:利己主义之所以成立,正是因为缺少和剥夺了对所有生命来说都原初本己的自然同情感。

如所周知,那种想从一种所有生物都具有的原初自身保存的趋向中推导出同情感的学说已经经历了最为杂多的变形。开始的出发点是那种完全素朴的观点,即认为我们的所有估价(Werten)和施行(Tun)都建基于对本己好处的算计之上;以后人们试图把 284
这种来自利己主义的同情感“进化”想象为越来越间接地和越来越少地受到有意的思考的引导。约翰·穆勒认为每个人生来就有其生存保存(Daseinserhaltung)的趋向,他试图指明,如何通过在别人的疼痛状况以及对它们的表达仿效以及本己体验到的损害之间的相似性联想而最终产生出这样的趋求:去减轻别人的疼痛,即使它没有与本己的疼痛联结在一起;当这个联想链的各个第一性环节(本己的损害和疼痛)缺失时,就会形成一种趋求:去减轻别人的疼痛,即使它没有与经验中的本己疼痛联结在一起。斯宾塞走得更远。他已经使个别人的共同感受的秉性成为天生的,但却把那个在穆勒看来还是同情感构成的自动过程移置到了有关生物的猜测系列史之中。然而在所有这些尝试中,那个原初的虚假原则当然还始终完整地得到了保留。除此之外,在斯宾塞那里,人类历史甚至或多或少地被颠倒了过来,因为他恰恰在原初的“共同体形成”中看到了那种标志着“社会”状态的特征,具体地说,标志着现

代各种社会状态的特征，即那种主宰着的个体利己主义特征，而对于原初共同体形成的本质来说，特征性的东西恰恰是那种我在其他地方称作“凝聚原则”的原则[①]。但正如生命经验已经指明的那样，某些经验，例如对一个原初信任的失望，或将所有注意力都引到自己机体上的疾病，以及类似的原因并且同时还有那种对生命经验的特殊知性加工，才会导致“利己主义”，而对各个历史时代都同样有效的是：各个共同体在同一程度上患有内部疾病或虚弱衰老，于是利己主义在其中成为制约性的原则。我在这里要强调：以上所说也与正确的客观生物学观点完全一致。种类保存的趋向在生物中天生要比个体保存的趋向更为强烈和更为有力，尤其是还有一些并不十分特别的适应条件在规定着行动的方向，即：某个总体生命的丰富性并不是通过个体的较长生命延续，而是通过在加剧繁殖的过程中较短的生命延续才获得更高的程度并且提升到更高的程度。无论是种类的生命延续，还是生命延续和再造趋向的各种关系，自身都不展示为适应现象。因而种类保存完全不是个体生存保存的总和，而是原则上以一个在生物中的先行于个体保
285 存的原发趋向为基础。再造本能或繁殖本能是走在保存本能之前的，只有当繁殖本能受到某些阻碍时，一个增强了的个体保存本能才会产生。而且客观上各个繁殖力的有机载体也不显现为个体的一个部分（例如胚细胞是在组成生物体的诸多其他细胞中的一个细胞），相反，有机个体倒是在这个意义上显现为繁殖力的那个载体的“部分”，即它已经被前定于（prädeterminiert）这个载体之中。

① 参阅笔者，“论怨恨与道德的价值判断”（1912 年），同上引书，第 359 页。*

这个命题在魏斯曼的关于胚胎原形质之连续性的学说中只得到了对它多种可能陈述中的一种陈述，但这个命题却与这个学说完全不一致；无论人们对个体在其生命中所获取的那些特性的可遗传性做何种思考，这个命题都始终成立。因为每一种获取能力(Erwerbs*fähigkeit*)本身都是一种局限于某些动物种类上的才能(Vermögen)。

但是，即便我们把各个种类放在它们的相互关系中来观看并且最终还把更高的生物统一放在它们的相互关系中来观看，甚至把那些巨大的有机王国放在它们的相互关系中来观看，现在对于在一个特定种类之内的自身保存本能与献身本能、利己主义与同情、个体保存与种类保存之间的关系有效的东西，也仍然是有效的。唯有一种特定的表达，即对那种虚假地将生命理解为个别生物体"自身保存趋向"的表达，也在展示着那种从一个所谓"生存斗争"中推导出所有生物体进步的学说。只要先检验一下这种学说的历史生成过程就可以发现其中的特征：这种学说的基础就在于，将源于人类文明状况的概念转用到人以外的生命世界上，而就它们被用于人而言，这门学说的基础则在于，将那些从西欧—工业化主义的现代文明中得出的概念转用于较早的人属(Menschentum)形式。由于强烈地直观到那种与英国工业化主义相联结的为工资和食物而进行的劳工斗争和人际斗争以及与此相伴的大众贫困，在一个正统传道士——他已经因为他的加尔文主义教义而不得不把自然界视作某种"贫乏的"和"匮缺的"东西——的大脑中便产生出那种人必然会为他们的食物而竞争斗争的观念，以及与此密切相关的、为所谓马尔萨斯的人口法则所表达的各种学说。达尔文

将这个观念转用到整个有机的自然界上。仅此观念的生成过程就可以使人担心：这种作为对生命而言的必然进步条件生存斗争的
286 学说是否把一个仅仅是完全特殊人类历史状况的“投射”(Projektion)纳入到了有机自然界的大总体中。由于达尔文所对准的只是他在自己周围看到的人的斗争，也包括在面对植物世界和动物世界时，所以他从未有意而明确地提出过这样一个问题：在有机自然界的总体中，在各种相互的凝聚和支持、献身和牺牲的趋向与那个建基于生存斗争的利己主义之上的斗争原则之间存在着何种标准关系。但现在问题并不在于说明：这两者为何经常在自然中一同进行着主宰：斗争与支持、竞争与凝聚，而且是以一种混合的方式，这种混合使得任何一种对何者为强、何者是占上风的和特征性的规定都成为不可能。在这里要提出的毋宁是这样一个问题：在这两种趋向中哪一种趋向是为另一种奠基的。这里先天地存在着一个双重的可能性。情况有可能是这样的：我们能够对各个生物所做的划分和系统化所依据的标准越是深入和基础，那么斗争原则就越是占据优势，但是，我们所做的这种系统化所依据的标准越是第二性的和派生性的，那么相互支持的原则所获得的基地和统治就越多——而这反过来也是可能的。在我们于其他地方提出“这两种可能中哪一种是实现了的可能性”这个问题之前，我们还可以决定这样的问题：在这两种可能性的哪一种情况中，人们可以谈及一个原则相对于另一个原则的占上风。但这个问题在我看来已经自身做了回答：唯当斗争随着那些划分标准的深度和含义而不断增强，而相反的支持和凝聚原则却只是在我们的系统化标准自身显得更为派生时才出现，这时我们才能够说，斗争原则是有机

自然界的基本角度的形象。如果人们带着这些在我看来是无可争议的前提来讨论事实问题，那么我相信，有机自然界的基本角度就会具有不同于达尔文在他的图画中所赋予它的那些特征。划分的标准越**深入**，凝聚原则所获得的超出斗争原则的意义也就越重大，以至于人们可以说，生命的总体角度在于：**内部是凝聚和统一，外部是斗争与分裂**。如果从我们已知生物的重大差异性出发，从植物和动物的生存方向出发，那么斗争在这里完全是**隶属**于凝聚原则的。这两个系列的不同给养形式排除了斗争的可能，或至少使斗争变成次生的。但植物的给养形式也制约着动物的给养形式。如果在这个方向上继续走下去，那么就会表明，只有在那些陷入斗 287 争中的有关生物和统一（即便这是一个种类的适应形式和变异，是相互包容的种类，是在某个适应形式和变异以内的个体）已经被一个更为深入的划分标准的一个**更高统一**——与一个或多个相同的秩序相比，这个统一**主要是**与相互支持和凝聚有关——所包含时，斗争原则才获得意义。

对此提供支持的还有第二个考虑。我以前* 曾指出过，斯宾塞特别明显地犯了这样一个基本错误：他把**人的环境**以及与**人**相应的思维形式当做适应的对象来为**所有种类**奠基，因而他的整个进化论都自身展示为**一门**巨大的拟人论（Anthropomorphismus）。他没有看到：在**世界被给予性相同**的情况下（作为纯粹理性和纯粹直观被给予性），各个种类根据它们的组织而从（在现象上还原了的）世界的大总体中为自己切割出完全**不同**的环境，而且我们的机械物理学和化学的“自然”是处在**人的环境的结构**属性之界限**之内**的（无论它们超越出自然世界观的特别**内容**有多远），他如此行事，就好像所有生命都可以说是具有这个任务：去适应这种人的环境[①]。结果便是：他也以为可以把生物的各种组织区别回溯到一堆或一批以不同方式形成的生物个别器官的适应标志之上。达尔文和斯宾塞在这个问题上存在巨大差异：这种适应是如何进行的，以及对各个最佳适应了的变体的选择在这里起着什么作用，在功能上获取的特性的遗传起着什么作用，但若撇开这些差异不论，达尔文在上述基本错误方面是与斯宾塞相一致的。然而下面的事实非常清楚：对于竞争斗争的可能性来说，一个基本条件就是：它只能发生在那些处在斗争中的生命单位仍然具有一个共同的环境结构的地方，或者说，只能在这个程度上发生，即这个环境结构指明着共同的组成部分。当情况并非如此时，斗争便失去了共同的基地。但是，如我以前所说，倘若原发的生命趋向不是去适应一个被给予的环境的趋向，而是去超越、去扩展所有被给予的环境的趋向并且去占领新的环境，* 那么斗争的原则就只能在这个程度上起作用，即当这个原初的趋向停滞下来时，并且当取代它而占上风的
288 是对一个被给予的环境的单纯适应趋向时。一旦情况如此，对这个环境的善业事物而进行斗争当然便是必然的结果；一旦情况与此相反，那么生命单位越是进化并且越是扩展它们的环境，它们也就越是使斗争变得多余或越是限制着斗争，并且它们也就越是能够在普世的大总体中并面对它的极为丰盈的餐宴而安宁地相伴生活。

对此还有另一个考虑，这个考虑一部分是反对伦常价值本身

① 对此参见笔者的论文“现象学与认识论”。*

的生命相对性原则的，但它同时也提出这样的问题："人"是否从这个原则出发而保留了生物伦理学所赋予他的价值。一旦我们把"生命"只是理解为地球上的生物组织世界，那么如所周知，生命便无疑被自然法则设定了一个终结。正如个体与种类是会死亡的一样，那么地球上的生命本身也会如此，无论是因为随地球对太阳的不断接近而引起的温度上升，还是由于那个主宰着全部自然的法则：即所有能量都在追求转换为热，并且能量的差异在缩小；对于这个趋向，尽管生命（正如柏格森和奥尔巴赫所指明的那样）看起来是在出自本性地进行抗争，但在这个趋向面前，至少地球上的生命最终必定仍然是无能为力的。宏观地看，地球上的生命在宇宙史中几乎维续不到一秒钟，而且所有那些仅仅从它之中产生出来的产物和事业也都包含在这一秒钟里。倘若地球上的生物体不仅仅是载体，即这个生命在上面按特有的法则而显现出来的载体，类似于四处遍布的磁性在带有正负极的物体上显现出来[①]，而且倘若这个生命仅仅存在于这些生物体的特性和活动之中，那么，再提出下面的要求便是很奇怪的事情了，这个要求是指：我们应当进行所谓"伦常行动"（亦即是促进生命的行动）并且不做非伦常行动，这样便可以微不足道地延长那个世界秒（即在这个意义上的"生命"的维续时间），为此，我们需要放弃如此多的生命的和感性的幸福，正如对伦理学规范的推导所不可避免地指明的那样。此外，对生命一般之毁灭的想法在这种情况下也就已经包含了对所有伦常

① 我是从奥利弗·洛奇关于《生命与物质》（柏林，1908 年）的论述中得到这个形象的比喻。

价值的扬弃——这个观念与所有伦常价值的意义意识明见地发生争执。

还有一点：一个对生命形式的无疑是正面的价值评估当然也配得上生存的独立性之尺度，即这些形式相对于其他形式所具有的独立性尺度。这些形式越是依赖于其他形式，它们也就必定是
289 越受到威胁和越会受到伤害的，并且在地球上的生命的绝种次序中，那个最终是所有地球生命的命运在它们身上实施的时间也就越早。但现在，我们地球的有机自然是如此地构造起来的，它使得植物获得了（在各个王国之间的）最大的独立性；如所周知，如果绿色植物不从无机材料中为动物提供有机的食物，动物便无法供养自己。然而在动物的范围以内，人作为食肉动物要比任何一种动物都更依赖于所有其他的动物。对此要附加上一个普遍的命题：一个生物越是细微地变异，并且它的生命条件越是显得被联结在越来越特殊的条件上，那么这个种类的条件——在自然及其展开的总体中——也就显得越是不可能。若将这里所说的用于人，那么他恰恰是在一种十分鲜明的程度上表现出缺少一个独立的和可延续的实存。*

因而从以上所说中得出："人展示着最有价值的自然生物"这个命题——只要它不是起因于一种单纯的拟人化的（anthropomorph）自恋并且应当具有一种客观的意义——是根本不能从生物学价值的立场出发得到论证的。即便是那两个构建文明的主要能力（借助于它们，人被称作是能够想出活动的符号来进行说明并能够构建艺术作品的动物）以及人的事业（文明本身连同内在于它的"进步"）也不足以能够将人提升到超越出这个生物学的判决的

高度。如所周知，例如赫伯特·斯宾塞和弗里德里希·尼采从他们的预设“生物学的价值是‘最高的价值’”出发，得出了在对**文明价值**的评判方面**完全不同**的结论。H. 斯宾塞认为可以从这个预设出发来论证文明，并且同时指出，它可以通过它的“进步”来重新治愈它所造成的所有创伤，而尼采的行进方向则更多是对文明价值的毁灭和对他最终称作“金发野兽”[①]的东西的颂扬。尽管斯宾塞得出了他的结论，但这只是他在生命本性方面的**原则性**迷误之结果。因而尼采在解决**这个**问题时——**仅仅**在解决这个问题时——原则上应当**更有**道理一些。但他们**两人**都错在他们的**预设**上，即以为生命是最高的价值。事实上，只要是用**生物学的**价值来衡量人与他的文明，那么人与文明都表明自己是地球生命在其发展中所迈出的步伐中的某种失足（faux pas）。如果有人不知道比生物学价值**更高的**价值，那么就应当把他连同他的文明都标识为 290
“患病的动物”，或者说，尽管他是文明人，也应当将他标识为“患病的动物”，而他的思想也就前后一致地显现为仅仅是他所患疾病的一种形式。我以此所说的无非也就是 I. 康德已经说过的东西：“倘若在一个具有理性和具有一个意愿的生物身上，它的保存、它的安康，一言以蔽之，它的幸福感（Glückseligkeit）就是自然的真正目的，那么自然便为此而很糟糕地安排了它的活动：即把这个被创造物（Geschöpf）的**理性**当成了它的意图的实施者。因为，所有需在这个意图中进行的行动以及此生物的行为举止的全部规则都

---

① 尼采在《论道德的谱系》一书中曾歌颂作为“食肉动物”的“高贵种族”，将他们称作“金发野兽”（参见尼采，《论道德的谱系》，第一篇论文，11）。——译注

可以通过本能来向它做出预先的规定，本能可以做得远比理性更为仔细……”[①]。如果现在我们来进一步考察一下，根据我们今天对生物进化的实证知识，自然是利用哪些手段来创造更高的组织，那么在这些手段中几乎没有有意识选择、理性等等的位置。因为，无论人们怎样来想象生物进化的原因，或是认为它起因于自然培育和选择的全权，或是认为除此之外还因为借助了一个内在于生命的朝向更高组织的趋向以及在功能上获取的遗传累积作用，纵使是在后一种情况中，“理性”在此也没有起到任何作用。因为即便在物理学的意义上被称作“功能”的东西也与各个精神的因子没有关系。故而在人类“理性”中，我们所能看到的并不是一个生物学上特别有价值的手段，而是在已知的、于植物王国中就已起作用的、用于更高培育的各种手段中的一个最无价值的手段。倘若自然实际上只是通过构建这些相对于本能和自动性而言用起来糟糕得多的工具——如上述意义上的理性和良知——才能够做到“保存人种”，那么这仅仅表明，对于自然来说，由于这个类型所具有的特别的生物学价值较少性（Minderwertigkeit），所有其他用于保存生命和提高生命的更常用和更有价值的手段都已经丧失。此外，无论有意识的知性通过人为适应之替代品而为人的保存做了些什么，这个知性都对于所有那些促进生命的心理物理自动性和本能，即对于那些在人这里还显现为那些更多带有这方面能力的更高动物种类（譬如昆虫）之残余的自动性与本能，起到了一种直接的危

① 参见康德，《道德形而上学之建基》，第一篇（福兰德版第 12 页）（重点号为舍勒本人所加。）——译注

害作用。这里倒是可以提到一个法则：自动的生命活动（包括心理的生命活动）越是有意识地被进行并且越是伴随着有意识的选择和注意力，它们也就越是受到干扰并且越是会患病。

但是，如果一个生命系统在生存中的单纯保存能力被当做是这个生命系统的价值尺度，就像例如在斯宾塞那里所发生的那样， 291
那么那种对人的估价便显得最为荒谬不过——如果它应当是一种超出对人的自恋表达之外并与实事相符的估价。因为，如此而言，人——根据经济学的规则——带着他的最高细微变异的神经系统就必定在所有装备较为简单的生物面前显得与在山区小伙子面前的一个登山迷无异：登山迷只是在借助于一个非常大而泛的器械（冰爪、绳索、雪镜等等）在攀爬，而山区小伙子的攀登是借助于一根简单的手杖。但由于山区小伙子是“更好的”登山者，因而——以这种衡量方式——人也就必须被视作更为低级的生物，因为更高的价值并不是因为更大的细微变异而实现的，而是因为没有细微变异才实现的，也就是作为“生存中的保存”的更高价值。但为了证明这个价值在人这里是“更高的”价值，就必须离开为人所决定的，甚至是生命的价值一般。

现在或许可以说：即使根据真实的生命价值本身，人也是生物中“最高的”生物：他是生物中最有权力的生物，是具有最大最宽的行为活动空间和最大环境的生物！然而问题恰恰在于：人是通过什么才获得这个权力的！而在这里不容置疑的是：不是他的生命组织，而是他的人为工具才赋予他以这种增长了的权力，或者说，赋予他以制造这种权力的能力。但现在这种对文明而言的能力的生命构建和进化高度是处在一种无疑的价值状况中：1. 唯当（为实现同一个价值)构建一个器官的生命进化能力缺失时,建造一个工具才是值得的;2.唯当一个较远的纯粹生命展开停滞时,并因此也只有在有关种类类型指明一个“固定了的”特征时,文明以及对于它而言的能力(它本身只是在其他能力中的一个生命能力)才会构建自己。因此,只要这里已经预设了一个有缺陷的生命组织,或一个需要这种人为替代品的组织(因为它恰恰是有机地固定了的),那么,一旦所谓的“知性”像这种能力一样去建造人为的工具,它便只会是一个好处(Vorzug)。故而,如果把工具看做是一种对器官的扩展,那么这将是一个原则上不正确的观点,它在其结论中恰恰会导致对价值秩序的颠覆(如我在其他地方曾指出的那样[①])。然而知性的构建或许不同于例如本能,它可以视作一个生命的进化结果,即工具建造方面的能力构建。但工具本身以及用于对它们
292 的制作的行动,却不能被视为对生命权力的扩展。而且那种知性的构建毋宁说也已经是停滞的生命的结果,即一个生命亏空的结果。由于同一个原因,人成为一个“知性动物”,由于这个原因,甚至在人类范围以内,生命的弱者也首先是“聪明”、“算计”、“狡猾”、“小心”的载者,是生存的人为合理化的载者,并且由此可见,在较高的动物王国中,狡猾常常成为缺乏的自卫力量的替代品。因而这是在生命意义上的人的无能、他的独一无二的需要帮助状况和周围器官变异过程的停止状态,这首先是对他生命进化能力的固定,是一个事实:他是——如魏斯曼所说——“最固定的动物种类”,这个种类导致他的文明能力的构建。他没有像那个引向他的

① 参见笔者,“论怨恨与道德的价值判断”(1912 年),同上引书,第 362 页。*

整个生命那样**继续**前行，并且有机地将自己展开到一个“更为丰富的环境”中去，例如通过构建新的感官和对新的知性的感觉性，而是仅仅人为地在一个**稳固的环境**以内扩展他在具有同一质性的**事物**上的活动空间：即是说，他是在“**适应**他的环境”——而不是在“**扩展**”它（在这样一个词意上：正如这个环境在一个种类向更高的组织种类的进化过程中被扩展一样）。也可以形象地说：人迷恋上了他的环境。甚至可以说：这种通过单纯的文明而达到的构建与“适应”更多地导致了生命能力的一种**衰退**（Zurückgehen）。所以嗅觉越来越衰退；所以记忆是通过书写和印刷；所以文明成为**更多**感性需求的原因，而较少带来满足这些需求的手段，并且它造成**更多**疾病，而较少能够通过药品和卫生的进步来治疗这些疾病；文明成为人类的人口增长率下降的原因，因为在它的结果中就包含着较小的繁殖率，而且原则上是以更高的程度，即以无法通过对死亡期限的可能延长——借助于科学与卫生——来重新弥补的程度。文明作为总体为此而把相对于强者的弱者固定下来并使它们**保持**繁殖能力；因为在**它的**统治下，“弱者”不会像在自然中那样毁于绝种（Aussterben），而只会毁于**降级**（Deklassierung）。但这种降级并不具有生命的促进价值，唯有从繁殖中的**排斥**才具有这种价值。但由于这种排斥并没有发生，因而这种降级恰恰只会相对地增多弱者并且使**它们的**价值也越来越多地**成为主宰**。

如果根据以上所说，“人是生物中最有价值的生物”这个命题
在生物学上不能得到论证，那么由此也就清楚地得出，这个命题只 293
有在以不同于**生物学价值**的其他“最高”价值为基础的情况下才能获得一个客观的意义。而这时我们便到达了这项研究的目的地：

即是说，当我们评价“人”时，我们实际上已经预设了不依赖于生命价值的价值：神圣之物的价值和精神价值。这意味着，只要“人”是那些不依赖于他生物学组织的行为的载者，只要他看到了并且实现着那些与此行为相符的价值，他就是“生物中的最高生物”。即是说，唯有在预设了这种不依赖于生物学价值并凌驾于它之上的神圣之物的价值和精神价值的情况下，人才也是价值最高的生物。在他之中或在他的展开过程的某个位置上得以突破的新事物恰恰就在于一种——从生物学上衡量——精神活动的多余，以至于看起来就好像在他和他的历史之中打开了一道裂缝，一个优越于所有生命的行为与内容（价值）的秩序在这个裂缝中显现出来，而且同时还有这个秩序的一个新的统一形式显现出来，即那个我们必须视为“人格的”统一形式（不同于自我、生物体等等），而联结它们的是爱，以及奠基于其上的纯粹正义。但作为“神圣”价值之最终载体的这种同一形式的观念是神的观念，以及那些从属于它的环节人格及其秩序的王国、“神的王国”。但随之我们便获得了一个奇特的结果！“人”，就其是“价值最高的”世俗生物和伦常生物而言，本身唯有在预设了神的观念的情况下并且在“神之光”的照耀下才是可理解的并且在现象学上可直观的！以至于我们恰恰可以说：正确地看，他只是向着神圣之物的运动、趋向、过渡。他是一个身体的生物，意指着神并且是神的王国的突破点，在神的行为中，世界的存在与价值才被构造出来。因此，把神的观念看做是一种“拟人论”（Anthropomorphismus）是多么悖谬！恰恰相反，在神的最高贵标本的拟神论（Theomorphismus）中包含着也是神的“人类”的唯一价值！因而人的意向超出自身和所有生命而恰恰构成他的本质(Wesen)[①]。这正是“人”的本真的本质观念:他是一个超越自身以及他的生命和所有生命的事物。他的本质核心——撇开所有特别的组织不论——就是那种运动、那种自身超越的精神行为!但“人的”伦理学和“生物学的”伦理学都在同样程度上误识了这一点。

但在这里证实着真理之统一的重又是那门进化史的生物学,因为它论证了哲学的这个结论。所有对生物学意义上的人的形成的实证研究,无论是形态学的和生理学的人种比较连同人种与灵长目动物的比较,还是古生物学,目前都还在多源的假说与单源的 294
学说之间动摇不定,多源的假说也就是这样一个命题:人并不展示着一个自身封闭的血统统一。然而人作为生物学种类生物的定义统一因此也本身成为问题[②]。即是说,更不能以伦理学中的“人”——这个概念是在自然主义意义上被理解——的统一的伦常资质为出发点。但无论如何,只要我们以生物学的方式来看待这个问题,在人与动物之间都不存在严格的本质界限。然而进化论对哲学所具有的意义的全部问题现在都在于,从中可以得出什么样的结论。自然主义推断说:因此人也是一个更高的动物,他的精神和他的进化也是动物进化的一个进化产物。但这个观点的谬误在于,它完全采纳和预设了一个生物学的统一概念“人”,而不是把人的生物学不可定义性看做那门学说的主要结果。但我们要推断说:因为不存在一个生物学的本质概念“人”,所以,在那些自身指

① 这里的“Wesen”有“本质”和“生物”两个意思。——译注

② 克文斯得特曾判断说,“如果黑人与高加索人是蜗牛的话,动物学家们会将他们标识为两个种”。

明生命的地球生物之间的唯一本质界限和唯一可能的本质界限并不处在人与动物之间，人与动物更多是在系统而生成地展示着一个连续的过渡；相反，这个本质界限是处在人格与生物体之间，处在精神生物（Geistwesen）和生命生物（Lebewesen）之间。

这样，已经为奥古斯丁、马勒伯朗士和帕斯卡尔如此深刻地提出来的“人在宇宙中的位置”的问题——没有一门伦理学能够避开这个问题——便至少得到了清楚扼要的说明。某种哲学曾试图编造说，人作为自然种属具有语言、伦常性、理性甚至所谓不死的灵魂实体的特殊“资质”等等，与此相反，哪怕是对这种尝试的**意义**，我们就已经要明确予以否认。然而我们主张，在从动物到人的连续进化范围内就已经于此处和彼处（亦即并不必然是“处处”）显现出一个特定生物的行为与这些行为的法则，显现出一个特定生物的价值与这些价值的联系，我们首先根据它们的本质内涵来指明它们，而后指出，它们从属于一个原则上是超生物学的秩序一般，而且它们在数量上多得足以使我们从它们之中猜测到一个价值世界、人格世界的存在，这个存在或许会在这里和在那里闪现到人类的周围世界中来，但它并不具有生物学的起源。*

如果我们观看一下这个导致人们以为“‘人’也是生物学上最有价值的生物”的谬误根源，那么就会有——在斯宾塞那里表现得
295 最明显——以下的东西展示给我们：斯宾塞没有用那种与之相符的环境来给生物的每个种类和秩序奠基，并且仅仅就那个与它们的组织结构相符的环境来评判一个种类的所有成员的“适应状况”，而是犯了这样一个过失：他用人的环境来给所有种类奠基，并就这个人的环境来评判所有种类的适应状况的程度。因此他也还

把各种组织区别回溯到对人的环境的适应标记的区别上去，而恰恰是这一点构成了他的认识论的根本过失。如果他把知性范畴和伦常性的先天要素回溯到“适应”之上，即回溯到那些据说是由祖先们获取的，但现在则通过遗传而对个体成为天生的适应之上，那么他在这里所预设的那个应当适应的“自然”就恰恰是一个已经在其结构中被恰恰是那些范畴所规定的自然；即是说，如果要适应的东西不应当是那个未知的、超越的X、那个声言其不可知论的X——而且在它身上永远无法检测任何一种“适应”——，而是通过自然世界观和科学而被给予我们的自然，那么，这个已经为所有那些范畴所贯穿的，因而已经展示着一个“适应”之结果的自然，便不可能同时也曾是一个适应的对象。在这里只有两种可能：或者必须与康德一起放弃对知性形式的生物学推导[①]，并且将它们视作绝对最终的东西，甚至看做是一种“宇宙之上的（metakosmisch）”普世基础——正如O.李普曼确切地所说——；或者，就必须将它们看做是在生物学上可推导的，但而后也必须将它们仅仅视作规定着人的种类的环境的，与这个环境相对立的是一大批其他的环境和类似的范畴系统。相反，斯宾塞的观点则建基于一个必须被标识为“拟人论”（Anthropomorphismus）的思想变化之上。他从一开始就使所有生命组织都与人和他的环境相关，并且也悄悄地将这个环境配备给其他的组织。但这意味着，他在这里的处理方式与他在其伦理学相对主义中对人的价值评估史的处理方式

① 我们在这里所说的“知性形式”，并不是那些与纯粹逻辑学命题相符的行为，而是在它们面前限定的思维态度，这些思维态度导向一个机械的普世图像。对此参阅笔者，“现象学与认识论”。*

完全一致。如我在其他地方* 已经强调过的那样，他在这里使所有价值都与当前西欧人的价值相关，并且通常把历史的价值评估看做是在这些价值的实现方式中的单纯技术区别——而实际上这里存在着价值评估和道德本身的区别——，同样，他在这里也已经
296 悄悄地用全部生命进化来为作为目的地的“人”奠基，并且将所有这些价值和这些实际上只是导致了人类文明之构成的变化形式，都纳入到生命进化的进程之中。他没有对自己说，一个对某个种类、恰恰是对人类种类而言从生命中产生出来的知性，永远不能说明生命本身——就像部分永远不能理解整体一样——，生命对这个知性来说毋宁说必定是必然超越的；相反，他给出一幅生命及其进化的图像，它仅仅指明，倘若一个可能的工具的任务在于，像制作机器一样来制作生物体，那么它在这里必须如何开始制作它们。对这后一个谬误，亨利・柏格森也已经做出过深刻的指明[①]。

如果我说出这个命题：人是一个趋向的载者，这个趋向超越所有可能的生物，并且它的方向朝向“神明者”，或者更简短地说：他是一个神的寻找者，那么这还根本不是一个精确的表述，它的主语就会是一个已经现存的、可定义的人的统一，或是具有生物学的本性，或是具有心理学的本性。这样一个统一恰恰是我曾明确拒绝过的东西。毋宁说，人按其本质来说恰恰只是这种寻找的活的 X，从所有可能的心理物理组织来看，它都还必须被想象为完全可变的，以至于实际的、地球的人的组织因此还只展示着由那个 X 提供了无限活动空间的所有可能性中的一个实现了的可能性。倘若

① 参见柏格森，《创造的进化》，引论。

一只鹦鹉透露出那个趋向，那么对我们来说，它就比在一个缺乏那种对生命世界(Lebenswelt)之超越的原始民族中的某个可以找得到的成员"更容易理解"。而且它虽然在生命组织上有偏差，却会因此而比一个没有此种趋向的自然民族的每个成员都更有权利叫做"人"，由此出发，我们原则上可以在所有情况中都发现向动物的连续过渡，将这种过渡加以分割并且设置一个界限的做法始终只能是我们知性的一种随意行为。

当然，当我们想要直观人的本质时，这里随之而被预设的并不是在一个实存的实证规定了的意义上的神的观念，毋宁说它只是神的质性或圣者的质性，在一个无限的存在充盈中被给予。不能在任何意义上预设那些(在地球人的各个历史时期中以及在各个实证宗教的变化不定的信仰表象中)重新取代这种本质性的东西。但这个观念本身并不是例如在不同的、实证的、被表象的神祇事物(Götterdingen)上的一个经验抽象，这些神祇事物在不同的实证宗教中成为一种敬仰和礼拜的对象，相反，它是在各个价值的等级 297
秩序中的最终的(并且是最高的)价值质性，这些价值原初也对所有关于"神"的实证表象、观念和概念的构建具有引导作用。如果我们对这些表象和概念进行历史的和心理学的探讨，那么它们事实上也含有大量无疑是"拟人化的"要素，这些要素与各个民族的偶然的、历史的生命内容处在一种每每是特征性的联系之中。穆罕默德的神显然具有某种狂热的和感性的、穿过沙漠漫游的酋长的特征，亚里士多德的神显然具有某种安分守己的、乐于本己智慧的、沉思静观的希腊学者的特征，而基督教的上帝观念的个别具体表现——如果我们只看各个民族的直观宗教性而不看单纯的教

义——也肯定带有这些民族的本己特征，并且在时间上也随它们各自的历史进化阶段而变换不定。早期日耳曼各个民族的基督教上帝，事实上便具有某些蓝眼睛的外貌和一个日耳曼大公的蓝眼睛志向，无契约的忠诚仅仅与他相联结，而这个基督教上帝与罗马的、政体的宗教上帝观念有着天壤之别。这样一种观察可以无限地延伸下去；而宗教史和宗教心理学的任务就在于，分门别类地指出：是哪些不同的因子规定了对神明者(Göttliches)的具体的客体表象，这些表象的要素中的哪些要素在特征上规定了这些表象，例如民族特征、崇拜形式、对教士的定义、科学与哲学的阶段，如此等等。撇开这些不论，在被称作集体的“启示”和个体的“神恩”的特殊**宗教**经验的范围内，首先却是通过对示范性的神圣者(Heiligen)的人格性之经验，神明者(Göttliches)的观念才得到实证直观内涵方面的充实，这些内涵一方面无法在哲学上进一步推导，另一方面又可以获得与这种独立的经验种类相符的完整客体性。但是，这个在“启示”中被直观到和被体验到的统一整体原初是在语言上如何被构成并且随之而被告知，其次它如何通过传统和教会组织而浓缩为有固定外延的教义，以及对它们的理解如何通过变换不定的神学科学而成为对这些教义内涵的一种总是更为清晰的规定和系统化——这些便是宗教认识的理论所需揭示的东西。但
298 **在这里**我们所关注的问题首先在于：在完全**不依赖于**这些实证宗教认识的源泉，甚至不依赖于由民族的特别的本己特征和历史的生命内容所附加在对实证宗教表象之规定上的各种色彩的情况下，也存在着一种神明者(Göttliches)的**先天价值观念**，它并不以任何历史经验或归纳经验为前提，甚至也**不以任何**方式以一个世

界和一个自我的生存为基础。*

借助于以上所说，我们接受了自奥古斯丁以来就寓于那种被称作“本体主义”的宗教哲学的思想方向中的真理核心。当然，在这里不仅是神明者的质性，而且在某种实体意义上的神本身的此在，也被视为某种直接和直观地被给予的东西，而对它的把握完全不需要预设一个世界的此在，甚或也不需要预设它的属性以及从它出发向它的最终原因或（在“目的论的”证明中）这个原因之属性的因果推理。在这个学说中符合真理的东西就在于：在所有宗教的客体观念中都存在着一个具有直接直观本性的最终要素。但需要完全驳回的是那种大都与所有至此为止的本体主义形式联结在一起的见解，即我们也能够以此方式来把握在一个实体的现实者（神）意义上的此在。对此首先需要在一个启示中的特殊的宗教实证经验。如果误识了这一点，本体主义就必然会成为一种朦胧的神秘主义，它必定会以为可以摧毁所有实证的宗教表象，因为它用一个无限存在的空乏观念来衡量它们。但我们与历史上被给予的本体主义的区别其次还在于：它把无限存在的观念看做是在所有实证的宗教表象中这个直观地被给予的最终要素，并且现在试图以杂多的、不充分的方式，尤其是通过一个“最完善的生物”的含糊概念的中介，来从那个观念中诱导出价值谓项。与此相反而有效的是：这个最终的直观的要素具有一个最终无法化解的，但在价值级序中明见地是最高的价值质性的特征，并且它恰恰处在这个无限的神圣者（Heiligen）的价值之中。因而价值因素并不构成一个已经被给予的神的观念的谓项，而是构成它的最终核心，而后所有关于现实者的概念理解和形象表象才围绕这个核心而结为晶体。

这是在感受中和在对爱神的意向中唯一被给予的，特别细致入微的神明者（Göttlichen）的**价值质性**，它对神的**观念**和神的**概念**的构成起着引导作用。每一个神最终都是以与其原发被给予的价值本质相符合的方式被想象和被表象。这样帕斯卡尔的话的深邃悖谬便得以消解：“要不是我已经找到你，我就不会去寻找你。”这种“找
299 到”恰恰是指一种对神的价值本质的拥有，它是在心的精神眼睛中和在爱中、在这些情感行为进行**时**的这些质性的闪现中发生的，而那种“寻找”则是指一种概念的规定和表象方式，它是根据那个已“找到的”神明者而进行的。因此，在神明者方面甚至只有一条行为的奠基法则得到充实，它并不只是具有一种单独对神明者而言的有效性，而且它也符合我们以前已表明过的命题：**事物的价值是先于并且不依赖于对它们的形象表象而被给予**我们的。因此，即使一些个体和群组在其概念理解方面相差甚远，在那个实体中、在那个神的观念的核心中，它们之间也可以存在**一致性**。概念的理解是随教育水平而变换和起伏的；一个农妇的上帝不同于一个饱学的神学家的上帝，这是不言而喻的。尽管如此，最终的**宗教**真理内涵在那里和在这里仍可以是同一个。以相同的方式在爱中把握上帝的人要比以相同的方式去领会上帝的人更多。如果有人误识了这个命题，那么他就因此而已将那些只能由并且只应由人之间的最深层的统一性与一致性来论证的东西（甚至比这还要多，如我们已经指明的那样）、将那些刚刚**构成**并**构造**了（在伦常意义上）人类之**统一**的东西，推入到了智识教育阶段的必然的和无法取消的差异之中，而且他首先使它们成为一个争论的对象和智识口角的对象，并且因为这个原因也使它们成为最沉重的宗教斗争的争辩

客体，历史上的重大宗教战争便是它们的例子。

我并不希望，在这里被给予的这些对神的观念之现象学的说明被混同于那种主体主义的、浪漫派的感受宗教观，就像例如施莱尔马赫在德国所意图倡导的那种宗教观。一种宗教的客体观念不能建立在一种感受上，即是说，不能建立在一种主观的状态上；我丝毫无法想象类似施莱尔马赫所提出的命题：宗教教义是“对虔诚的感受的描述”。* 虔诚意味着在各个作为实证的而被表象和被想象的神明者（Göttlichen）面前的主观行为举止，而就所有可能的神祇观念（Götterideen）[①]和神的观念（Gottesideen）而言，这种行为举止在不同个体那里可以是完全相同的和不同的。肯定也曾有过虔诚的和不虔诚的拜物教徒。宙斯可以被虔诚地和不虔诚地敬仰，而人们根据宙斯来朝拜基督教的上帝，这并不能被回溯到虔诚的增长或变化之上。

① 在汉语中“神”指天神，“祇”指地神；“神祇”泛指一切神明。“神祇观念”也可以译作“诸神观念”。——译注

300 第6章 伦理学的价值评价及其维度的历史相对性

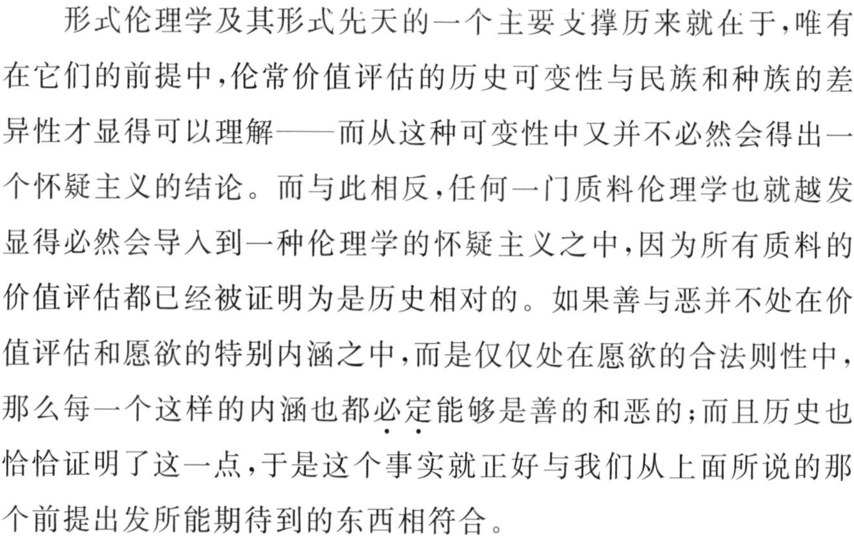

形式伦理学及其形式先天的一个主要支撑历来就在于，唯有在它们的前提中，伦常价值评估的历史可变性与民族和种族的差异性才显得可以理解——而从这种可变性中又并不必然会得出一个怀疑主义的结论。而与此相反，任何一门质料伦理学也就越发显得必然会导入到一种伦理学的怀疑主义之中，因为所有质料的价值评估都已经被证明为是历史相对的。如果善与恶并不处在价值评估和愿欲的特别内涵之中，而是仅仅处在愿欲的合法则性中，那么每一个这样的内涵也都**必定**能够是善的和恶的；而且历史也恰恰证明了这一点，于是这个事实就正好与我们从上面所说的那个前提出发所能期待到的东西相符合。

如果撇开前面所指明的在这些前提和结论中的谬误[①]不论，那么还有一些不同的虚假前提在为上面这些〔形式伦理学的〕设想

① 即是说，1. 混淆了价值变化与承载着这些价值的、被评估的善业统一与相对统一的变化。2. 错误地从规范的变化推导出价值的变化。3. 错误地从缺乏的普遍有效性推导出缺乏的客观性和明晰性。4. 误识了这样一个事实：在对“愿欲”和“行为”——而不是存在——规范与义务——而不是德行——的唯一伦常价值评估中，恰恰隐藏着一个真正的质料的－可变的因素。

提供基础，这些设想只能通过一种对**价值评估相对性的各个维度**的实证明察才能得到完整的和实证的澄清——这是一份教育剧本，它同时具有这样重要的意义：为我们历史地理解所有人类伦常的价值评估直接提供一个先天的概念系统，通过这个系统，那个起先看起来像是一个带有翻倒颜色罐的调色板一般的价值评估及其内涵的王国，便可以获得一个有意义的秩序的特征。当然，那些生来就把价值看做因果进行的感受状态和感觉状态之反射（Reflex）的人，也丝毫不会在过去的王国中去**寻找**这种有意义的秩序，而是——如果他不是一个仅仅满足于对变化的确定的纯怀疑论者——至多试图去发现在那些价值评估的发展进程中的一个方向。倘若我们把星空仅仅当做感觉的复合，那么我们也就永远无法将天空和它的历史区别于对它的认识史，甚至永远不可能从事天文学。但是在我看来，就好像这个首先在堆集着单纯事实山丘

（Tatsachenberge）的极为年轻的“历史时代”，根本还无权单独从 301
历史出发来对这个关键问题进行判断，而在试图依据一个丰富的现象学的概念构架来对价值评估相对性的可能维度、对在历史评估及其系统（“品味”与“格调”、“良知”与“道德”等等）中可能包含的意义与和谐的程度进行判断之前，这样一种判断就更是不可能。也许那个“带有翻倒颜色罐的调色板”会随时间——从适当的距离并且带着适当的理解——而逐渐获得一幅壮观的图画的意义联系——或者是这样一幅画的残篇的意义联系——，在这幅画上可以看到，无论人类是如何千差万别，它仍然是以爱、感受和行动的方式像占有一个王国一样占有着客观的、不依赖于它和它的各个形态的价值和这些价值客观级序，并且将它们拉入到它的生存中

来，就像例如对天空的认识历史所表明的那样[①]。

对于历史伦常事实的研究来说，首先必然要划分对外部的和内部的事物因果联系之智识明察的各个阶段，这种划分以最纯粹地摆脱了价值评估一般的方式，尤其是摆脱了伦常价值评估的方式进行——所有那些属于行动之技能（Technik）的东西也是如此。例如，如果在一个亚洲的岛民那里，吸烟被视为这样的坏事，以至于唯有谋杀国王才能与之相比，并且会受到死刑的惩罚，那么这个事实并不一定就包含着对我们的价值评估的偏离。例如，倘若吸烟在那里被视为一种致命的毒品，那么这种情况就没有偏离开我们的价值评估。对生命的民众福利的评估在我们这里是同样的一回事。伦理学的相对主义通常用来引证自身的一大批差异性都可以通过对制约着它们的迷信或某种智识的谬误与欺罔而得到消解[②]。与此相同，所有在伦常上重要的制度与行动方式方面历史地变化着的东西，都必须在这个方向上得到检验：它的基础究竟是
302 伦常价值评估或其他价值评估的变化，或仅仅是在善业世界中的变化。对经济善业的一种——相比较而言——实际低估的原因可能在于对这个价值种类的感受没有充分形成，可能在于自然的特别富足，可能在于在感受上受制于作为更高的而被给予的价值（例

① 这只是一个形象的说法，因为否则就只能对善业进行比较，而不能对价值与星星进行比较了。

② 对此例如参见C. 施通普夫，“论伦理学的怀疑主义”。另一方面，这一点是无论如何应当确定的。例如像布克勒（参见“英国的文明史”）所提出的那种原则是一个完全误导性的原则：所有历史变化都是通过智识进步引发的，而在伦常中则一切如故。与他相符的恰恰是达尔文的主张：同情感是社群本能和智识发展的结果。对此参见笔者《论现象学与同情感理论以及论爱与恨》（1913年）的著作，第33页。*

如受制于宗教价值，“自愿贫穷”便是这种情况）。唯有在最后一个情况中才存在着对这种低估而言的一个伦常上的重要根据。一个向（实际的）一夫一妻制的过渡的原因可能在于女性人口数量与男性人口数量相比要少，可能在于增长的贫困，甚至可能在于看起来如此偏远的事物，如采用牛奶喂养儿童的做法[①]。这样的话，一夫一妻制就肯定不具有伦常的意义，而伦常的多配偶制并不会因此而被克服。而后，无论如何必须将那些半是和全是人为的价值评估表达形式的变更最明确地区别于伦常感受本身的变更，例如将礼仪的变更区别于羞耻感的变更[②]。还有其他一些可以看做伦常的变更在分析中表明自身只是一些会导致群组之间的兴趣凝聚的增长或减少的变更，例如历史上和平时期的延长，或忍受能力的增强，它们既与对他人情感状态的追复感受的增强没有任何关系，也与怜悯（Mitleiden）的增强没有任何关系，而只是随文明一起增长的软弱的结果；还有其他的变更则只是审美感受的变更。

只有将这些被比较的民族或其他群组**还原到**智识教育、行动技能、它们的价值评估之表达的教育阶段、它们的伦常以外的价值评估、它们的兴趣凝聚的程度和方式、它们的忍受能力等等[③]的相同状况上去，在它们与伦常价值的关系方面才**能够进行比较**。伦常价值评估的变更与发展原则上永远不会是所有这些另类的变更的明确结果，尤其不会是智识教育阶段的明确结果。最高的和变

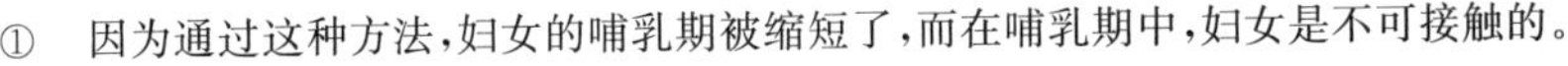

① 因为通过这种方法，妇女的哺乳期被缩短了，而在哺乳期中，妇女是不可接触的。

② 在已经引用过的笔者论著《论羞耻感》中，读者可以找到这一类混淆的更多例子。

③ 这里给出的各个因素只是指一些例子而并不带有对完整性的要求。

异最细微的智识文化可能是与伦常感受的最大原始性联结在一起的，反之亦然：构成文明之驱动轮的、增强到最大的兴趣之啮合，以
303 及通过它而得到保证的生命安全性、财产安全性和交通安全性，可以是与伦常教育的极为低下状态联结在一起的①。

只在所有那些我们于伦常的价值领域历史中所遭遇到的外壳和化装后面，才是质料之所在，在它身上显现出伦常一般的相对性维度问题。

但在这个质料的范围内首先包含着五个主要的层次，所有对伦常事物的历史考察都需要对这五个主要层次进行最明确的划分。它们是：

1. 对价值本身之感受（即“认识”）的变更，以及对价值的偏好与爱和恨的结构的变更。可以把这种变更总称为“伦理”（Ethos）的变更②。

2. 在对这些功能和行为中被给予的价值与价值等级关系的判断和评判规则领域中发生的变更。这些是（在最宽泛意义上的）“伦理学”（Ethik）的变更。

3. 制度统一类型、善业统一类型和行动统一类型的变更，即是说，制度之总和、善业之总和与行动之总和的变更，它们在伦常价值状况的基础上具有它们各自的统一；例如“婚姻”、“一夫一妻

---

① 参阅笔者，《论羞耻感》（1913年），第99页。*

② 与伦理相应的在智识领域中是“世界观”（＝对世界直观的结构）本身（每个人和每个民族都具有这种世界观，无论他们是否反思地“知道”这一点），在宗教领域中是活的信仰本身与它的内容的结构，它们有别于对在信仰中被给予的内涵的独断论的和神学的（亦即规范的、定义的和判断的）理解，并且是这种内涵的基础。

制”、“谋杀”、“偷窃”、“说谎”等等。这些类型必须明确地与那些(实证地)根据伦常与成文法而有效的各个定义区分开来，这些定义是指对例如还应当作为“婚姻”，还作为“一夫一妻制”，还作为“谋杀”和“偷窃”而有效的东西的定义。但这些变换不定的定义是以那些作为对这些定义之可定义性的基础的类型为根据的。这些类型展示着实事状况的统一性，但这些统一作为它们的这些和那些相同的或不同的统一只是在特定的价值状况的基础上才可以得到区分。所以谋杀永远不等于杀死一个人(或有意图和有考虑地杀死一个人)，说谎永远不等于有意识地说一个假话，如此等等。毋宁说它的本质在于，如果一个这种类型的行动应当成为说谎、成为谋杀，那么一个固有的、在任何情况下都应当查明的伦常的负价值状况必定是已经被给予了。这种变更应当被标识为各个道德的变更，与它们相符的重又是一个道德—科学的变更。

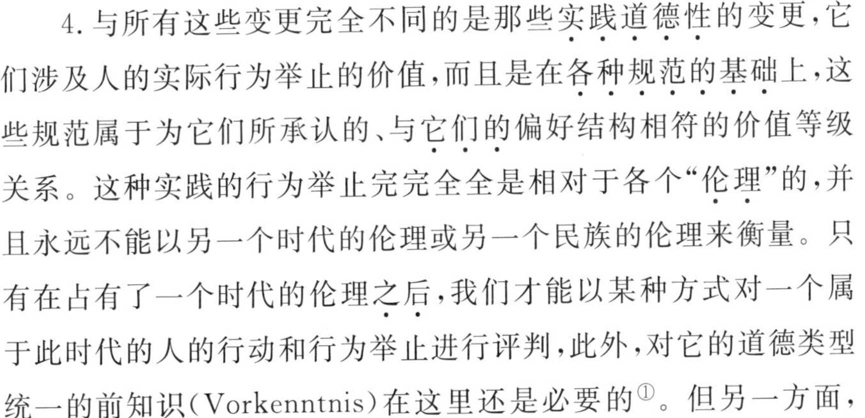

4. 与所有这些变更完全不同的是那些实践道德性的变更，它们涉及人的实际行为举止的价值，而且是在各种规范的基础上，这 304
些规范属于为它们所承认的、与它们的偏好结构相符的价值等级关系。这种实践的行为举止完完全全是相对于各个“伦理”的，并且永远不能以另一个时代的伦理或另一个民族的伦理来衡量。只有在占有了一个时代的伦理之后，我们才能以某种方式对一个属于此时代的人的行动和行为举止进行评判，此外，对它的道德类型统一的前知识(Vorkenntnis)在这里还是必要的[①]。但另一方面，

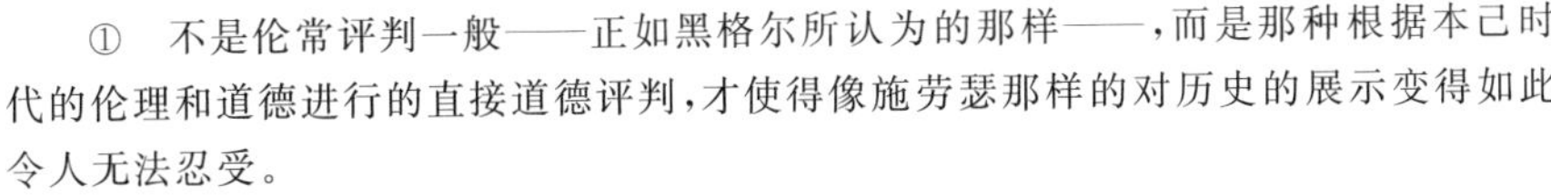

① 不是伦常评判一般——正如黑格尔所认为的那样——，而是那种根据本己时代的伦理和道德进行的直接道德评判，才使得像施劳瑟那样的对历史的展示变得如此令人无法忍受。

我们完全可以**自己**来评判历史存在和行动（根据对时代伦理的追复感受的理解），并且在此同时并不需要去坚持那些在相关时代的**伦理学**中记录下来的定理，甚至不去坚持同时代人的实际评判以及在它们之中被视作权威的判决[①]。另一方面，一个行动也可以根据一个时代的伦理而是相对“坏的”并且尽管如此又是绝对“好的”，只要行动者在**他的**伦理中超越出了他那个时代的伦理。甚至在道德性与伦理的关系本质中——而不是在同时代人的偶然的非道德性中或在他们的有缺陷的伦理中——就包含着：一个**伦常天才**，即在他那个时代的伦理中是占有优势的，亦即在对一个更高价值的初次把握中向存在的价值的王国做了新的突进的**伦常天才**，按照他那个时代的现存伦理会被——并且是“合法地”和没**有**欺罔与谬误地——评判为和判决为伦常上价值较少的（minderwertig）。因此，并不是出于要坦然面对历史学家的伦常指责的原因，在伦常历史上的伟大过渡本身才充满了那些必然要陷入到这种对伦常发展本身来说是本质内在的**悲剧**中的形象[②]。

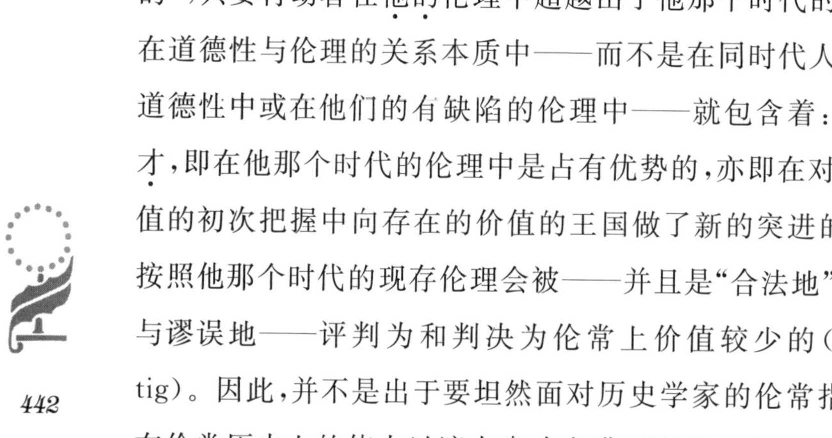

5. 与道德性的变更相区别的最后还有那些发生在**伦常**与**习俗**领域中的变更，即那些行为形式与表达形式，它们的效用和运用仅仅植根在（真正的）传统之中，在这种传统的本性中就包含着：只有对它的偏离才会预设一个愿欲行为。伦常和习俗**自身**还可以是善

---

① 例如，对苏格拉底的杀害始终是一个误判死刑（Justizmord），尽管判决和惩罚是通过希腊公众“合法地”做出和执行的。

② 参阅在笔者“论悲剧性现象”（1914 年）* 的著述中对“不负罪的（unverschuldet，或“无辜的”——译者）罪责”的注释说明。在上面的事实中包含着“悲剧性的”负罪（Verschuldung）一般的永恒源泉。

的和恶的，并且在其起源方面几乎始终回归到伦常上直接关系重
大的行为和行动上。它们可以“超越出”在伦常上肯定的和否定的
有价值之物。但只要一个有悖伦常的行动是在没有根据的情况 305
下，即在没有明察到其伦常的低价性的情况下发生的，那么它在实践上也是非道德的，因为在对那些进入到传统之中的各个行动的**选择**中，**伦理**已经在一同活动了，它也提供对实践的道德性而言的尺度。但带着这种明察，这个有悖伦常的行动便是伦常的了。

第 1 点　伦理(Ethos)的变更

存在着**伦理**本身的变更，这些变更与一个被给予的伦理对文明与文化的变换不定的善业世界的适应(但却一同决定着它们的构形)没有关系，或者与一个被给予的伦理对整个自然现实(包括各个民族的资质)的适应没有关系——这一点似乎恰恰既被**相对主义的**、质料的善业伦理学和目的伦理学所忽略，也被**形式**伦理学所忽略。**伦理学的相对主义**不仅将伦常的价值评估，而且也将价值本身及其等级秩序都看做是处在发展之中的，这种伦理学相对主义的起源正是在于：它拒绝把在当前的实际价值评估上抽象出来的伦常价值纳入到历史的过去的伦常主体中去，并且把一个伦理本身的变更实际上之所是的东西，当做是愿欲和行动对那些与当前价值评估或它们被误认的统一(例如普遍的福利、文化发展、生命最大值等等)相符合的东西的单纯增长着的适应。在各个直接的价值意识以及主宰着它的偏好法则的内涵中也存在着变更并存在过变更，并且因此而存在着并存在过一个**伦常理想本身的**变

化（不仅仅是对这种价值意识在变换不定的群组、行动、制度上的运用的变化），相对主义恰恰始终没有看到这种伦常价值评估的“相对性”。对它来说，所有变化都在于，例如在不同的时代，一个社会的不同群组（时而是战士与农夫、时而是研究者和工人）或不同的人类特性（例如时而勇气、果敢、活力，时而辛勤、节俭、勤奋，或不同的行动种类）在效力于例如对普遍福利的价值的实现，并且据此而找到一种偏好评估（Vorzugsschätzung）。但是，对于相对主义者来说毫无疑问的是：这种价值（或由相对主义伦理学家推至极端的另一个价值）曾始终是并且处处是最高的价值，并且可以借助于各自的生活现实、资质、技能水平和智识明察而从它之中推导出各个价值评估，并且从概念上说明它们，而且在极致的情况下，
306 以往的人们曾缺少对他们的价值评估之意义的清晰理论意识（亦即真正的伦理学）。

但是，对历史上出现的伦常价值评估的杂多系统的所有未来研究都必须彻底地摆脱这些成见。它将能够借助于由关于**价值评估相对性的诸维度**的学说所直接提供的、与历史材料相接近的概念，把握到既处在道德性**之后**，也处在民族世界（首先是大的种族单位）的伦理学**之后的伦理本身的大的类型形式**，即价值的体验结构及其内在于它的偏好规则[①]。这里将会深入地分析，伦理是如何也制约着对世界的直观－方式（Anschauungs-weisen）、制约着

① 首先是各大语系构成各**个价值统一**的方式、价值世界所接受的贯穿在语言的语词含义中的各个外表、价值世界所获得的贯穿在句法中的分段，这些在经过严格的探究之后可以为我们提供最为丰富的启示。

"世界一观"(Welt-anschauung)[①],即先于所有判断领域的认识着的世界生活一亲历(Welter-leben),尤其制约着这些对象的被体验到的此在相对性的各个阶段构成。例如,在这里要研究的不是变换不定的关于爱和正义的观念,而是那些伦常执态本身及其被体验到的等级秩序;不是人们在行动等等之上将什么当做高贵的或有用的或用于福利的等等,而是人们根据什么规则已经彼此在偏好或偏恶这些价值本身[②]。谁会看不到这样一个较为深入的分析:活跃在古印度等级秩序和宗教中的伦理就已经作为伦理(不是作为伦理学和对这个民族的变换不定的历史现实的适应)彻底地有别于希腊民族的伦理或基督教世界的伦理?谁会看不见:例如恩尼乌斯[③]之前的罗马人认为暴利比偷窃更无耻,或者,按照旧德意志的伦常的和法律的价值评估,抢劫要比偷窃稍好些,这样一些 307

① 我们并不是在当下大都使用的意义上来使用"世界观"这个词:通过一门科学的某个最终概念,即通过产生出所有那些今天被称作一元论、唯能论、泛灵论等等的东西,来仓促地结束本质上无限的科学过程。在这个意义上,E. 胡塞尔合理地拒绝所有的所谓"世界观哲学"。(参见胡塞尔,"哲学作为严格的科学")我是在 W. 封·洪堡和 W. 狄尔泰的意义上使用这个词(如果我理解正确的话),即:它标识出一个实际主宰着或是整个文化圈,或是一个人格的选择与划分的方式,在这种方式中,世界观已经在自身中实际接受了物理事物、心理事物、观念事物的纯内涵(Washeiten)(无论它是否以及在何种程度上反思地知道这一点)。然而在这个意义上,"科学"的每一个历史阶段也始终已经受到世界观和伦常(Ethos)的决定,并且是在科学的目标和方法中受到限定,并且从科学的方面永远不能够改变世界观。对此可以参阅笔者在"死亡与永生的观念"* 报告中的阐述(该报告在本书后面还被多次提及。这篇报告也就是以后收在《舍勒遗稿选集》第一卷"伦理学与认识论"中的"死亡与永生"文章。——译注),以及笔者的文章"现象学与认识论"。

② 具体的例子可以参见笔者"论道德价值判断中的怨恨"(同上引书)的文章。

③ 恩尼乌斯(Q. Ennius,公元前 239—公元前 169 年),罗马诗人,被称为"拉丁诗歌之父",将六音步诗行引入罗马诗歌创作中。——译注

事实指明了在生命价值（勇气、男性气概）和有用价值的某些种类之间的根本不同的偏好法则？即是说，并不是指明了按同一偏好法则发生的对不同行动的价值评估的变换！在一个伦理对变换不定的历史生活现实的单纯适应中当然也存在着一种变换，这种历史的生活现实例如在变换不定的实际定义中表达出：什么应当被视为暴利，什么应当被视为偷窃，什么应当被视为抢劫。但它们同样有别于伦理的变更，就像那些在一个伦理以内可以任意多的伦理学理论是有别于伦理的变更一样。伦理本身也已经生活在这种历史的生活现实本身的建构之中，并且因此而不是对这个现实的适应，因为伦理已经是这个现实的基础并且也曾引导过它的非随意的建构形式。我们在历史的艺术科学中终于开始，将那种受一个特定审美世界体验结构引导的、向直观世界之深入的各个类型的基本形式，区分于那些建基于变换不定的能然之上、建基于艺术技能的水平和现存质料之上的差异，以及那些每每被统治者的伦理与世界观所规定的、通过艺术来颂扬的对象的差异，并且也将这些类型的形式再次区分于有意识地“被使用的”审美的和技能的法则，——与此相同，我们也必须学会，将那些伦常的伦理变化（它可以说是一个第一秩序的变化）区别于那些适应的差异。

尽管如此，在这种伦常价值评估的最极端的“相对性”中也不含有任何可以提供给伦常价值及其级序本身的相对主义之假设的根据[①]。这只是因为，对价值宇宙的完整而相即的（adäquat）体验、

① 如果我可以使用一种类比的话，那么我想说：就像对各种几何学连同其各个公理系统的发现（它明显地有别于在每一个这样的系统中对新的定理的发现）不会使几何学本身变得比它天生之所是更为相对一样。

因此还有对世界伦常意义的展示，**本质上**是与不同的并且按固有
法则自身展开的伦理形式的一种**合作**联结在一起的。恰恰是得到
适当理解的**绝对伦理学**才以一种近乎诫令的方式在**要求**这种差异 308
性，要求那种时代单位和民族单位的情感价值—视角主义，以及那
种伦理本身的教育阶段的原则上的未完结性。正是因为伦常价值
评估以及它们的各个系统具有更多的形式并且在质性方面更为丰
富，远甚于我们从单纯的各民族的自然资质和自然现实的杂多性
那里所能期待到的，因而单凭这个理由就几乎可以设定一个客观
的价值王国，对这些价值的体验只能逐渐地并根据对价值的选择
的特定结构来进入这个王国。而反过来说，恰恰可以在这里看到
伦理学相对主义的根源所在：它把价值本身当做是对那些正好在
它文化圈中流行的对特定善业和行动的（倘若不甚而是对关于它
们的单纯理论的）价值评估而言的单纯**符号**，并且整个历史现在便
将自身随意地构造为行动对如此实际绝对地被设定的它的时代价
值的单纯增长着的适应，并且因此而将自身随意地构造为朝向这
些价值的“进步”。所以，价值相对主义处处都建基于一种绝对化
的做法之上，即对各个固有种类和相关研究者的文化圈的价值评
估的绝对化；这意味着，它建基于伦常价值视域的狭隘与盲目之
上，其本身在伦常上重又受这样一种状况制约，即：缺少对伦常价
值王国、对它的广延与充盈的敬畏与恭顺；而且它还建基于一种傲
慢之上，即：将**自己**时代的伦常价值评估不加批评思考地当做“不
言而喻”的唯一价值评估，并且因此而错误地把自己时代的价值强
加给所有的时代，或把从自身出发对这些价值的体验“同感到”
（einfühlt）过去的人中去——而不是通过对其他时代和其他民族

的伦理类型的理解来直接地拓展它在对客观价值王国的经验中的有限性，并消除它在自己时代的价值体验方面所具有的障眼罩。

然而**形式的**绝对伦理学所犯的仅仅是另一种形式的谬误。由于它不了解处在伦理学和实践道德性之间的一种**伦理**[①]，它也就不了解在伦理本身中的变换，并且满足于仅仅提出一个对（潜隐地）被设定为始终同类的和持恒的伦理而言的“新的公式”，就好像人在所有地方并且在所有时代都是同样地“知道，什么是善和恶”。由于它如此误识了伦理**本身**作为价值及其级序的体验形式已经具有的本质**历史性**，它便必然会做出这样的设定：一门完整的、既**详细阐明**伦常价值也**详细阐明**理解着这些价值的精神的伦理学在任何时代都必定是可能的，这门伦理学而后便自然会在一个所谓的绝对道德原则中，即在**一个**定律中达到顶峰。但它必须把在伦常—历史世界中的所有其他变更都转嫁出去，或者是转嫁给**实践** 309 **道德性**的世界（这样，那些在对陌生文化状况的赞誉和责难中的非历史的道德主义的强求性，就像德国启蒙运动的那种方式曾经所是的那样，便也获得了一种哲学的证义），或者是转嫁给一个无法再理解的人类**本能属性**的变更，这种本能属性为那些“公式”准备常新的和变换的，但在伦常上中性的“材料”。但这门学说完全与伦理学的相对主义一样，始终没有看到伦理本身的内在历史、这个**在**所有历史**中**最中心的历史。

但伦理本身中的变换是在哪些**特别的维度**中进行的呢？伦理的更新与成长的最彻底形式是在**爱**的运动中并借助于**爱**的运动而

① 参见这部著述的第一部分、第二篇、〔边码〕第 86 页及以后。

完成的对“更高的”(相对于被给予的)价值的发现和开启,并且首先是在我们已经列出的* 那些最高的价值样式之界限以内,而后继续在其他的价值样式中。因而价值王国是在**伦常**一**宗教的天才**身上开启的。随着这样的变更,在旧价值和新价值之间的偏好规则便会自动发生变化;尽管在旧价值与它们两方面的客观性之间的偏好规则必定很少被涉及,但这个较旧的价值王国在其总体上却被相对化了①。偏好旧的价值甚于新的价值,这在现在便是伦常的盲目和欺罔,而把旧价值当做最高价值,按照它们来生活,这在实践中便是“恶的”;旧的伦理的德行现在必定成为“闪亮的恶习”。但需要注意:在旧价值之间的偏好规则并**不**因此而被触及。例如,回报,甚至自身报复,始终要比那种偏好本已利益或(在回报方面)公众利益甚于回报和报复的做法“更好”——即使是当这种回报和报复在价值上被从属于原谅(Verzeihung)时,即作为最高价值并因此而在经历侮辱和得罪时**唯独**是伦常上“善的”行为举止。因为伦理是“在成长着”,所以旧的价值的偏好法则不会被摧毁。这个总体只是被相对化了。

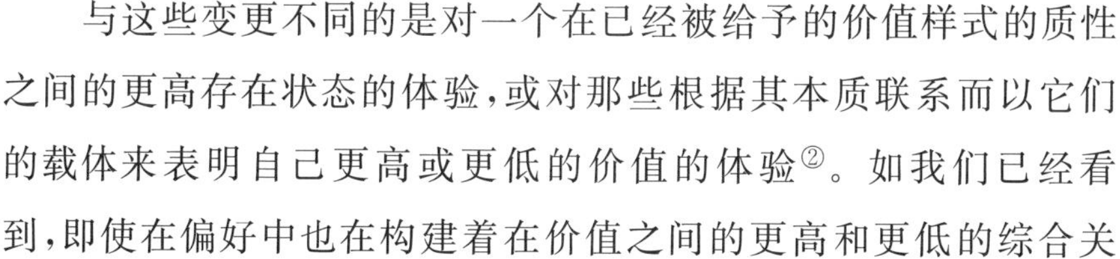

与这些变更不同的是对一个在已经被给予的价值样式的质性之间的更高存在状态的体验,或对那些根据其本质联系而以它们的载体来表明自己更高或更低的价值的体验②。如我们已经看到,即使在偏好中也在构建着在价值之间的更高和更低的综合关

① 对于如此地新开启一个总的价值领域并使较旧的伦理相对化,我所知道的最出色的明证就是耶稣在山上对门徒的教训,它也在形式上作为这样一种新开启和对较旧的“法则”价值的相对化的明证而处处得到宣布:“但我告诉你们。”

② 参见这部著述的第一部分、第二篇 B、第 2—4 章。

310 系。在这种变换的维度中，首先是各个价值领域得到更为鲜明的区分，例如能干被区分于德行，高贵与坏的价值被区分于善和恶的价值，人格价值和志向价值被区分于行动价值和成效价值。

最后还有在**区别**的丰富性中的各种变更，具体的价值质性（否定的和肯定的）便完全可以在这些区别中被感受到，并且其次在语言上也被区分开来。这种价值感受本身的可变异性程度以及建基于价值感受之上的同意与不同意的、最后还有评判的层次性程度，都使人认识到某种东西，我们可以将这种东西合适地称之为**伦常教育的阶段**。

但撇开这些伦理成长的变更不论，即撇开那些在其中开启了客观价值的王国及其实事秩序的变更不论，在历史上也存在着所有那些价值**欺罔**和偏好**欺罔**的形式，以及通过它们而得到论证的**伪造**和**颠覆**的形式，即对那些以往已经适合客观价值级序的伦理评判形式和标准的伪造和颠覆，这样的形式，笔者在他关于怨恨的研究中已发现了一个。唯有对这种情感的欺罔形式进行系统的研究，我们才会学会在伦理的历史中看到这类形式，并且学会在这里将**价值的欺罔**区分于关于它们的载体的单纯虚假观念，以及区分于实践的非道德性。在流行的或现行的“伦理学”意义上的一个总体时代的价值判断原则完全有可能就建基于这种欺罔之上，并且也可能受到这种欺罔的话语和判断的遗留影响，而这个时代的**伦理**却并**未**曾陷入欺罔。因此，除了这些欺罔的系谱学以外，还值得研究的是它们的最大程度的传播形式。而在这里处处都应当完全区分开对价值本身的执态和对正好现存的历史现实、实际的价值载体和善业世界的执态。我们可以生命价值与有用性价值的关系

为例。唯独从生命价值中才产生的规范原则上无疑会要求一种贵
族统治的社会建构[1]，亦即这样一种社会建构，在它之中，贵族血
统带着附着在它上面的性格学遗传价值也享有政治特权。相反，
从有用价值中产生出来的规则自身具有对各个群组的生物学价值
差异进行平衡的要求。就其自身来看，这些规则至少是涌向政治
民主的，即使它们在民主的范围内为最深层的“阶级对立”的产
生——例如在原发地被建立起来的群组的占有差异性方面——留 311
下了最大的活动空间。但从这两个本质关系中——我们在这里无
法对它们做更深的论证——现在根本不能得出：生命贵族的伦理
也**必定**会导致对一个特定历史－实证的和实际统治的少数人的证
义（rechtfertigen）；或者，功利主义－民主的伦理**必定**会导致对当
前实际的大众统治的证义，必定会导致多数人原则和选举原则。
一个统治着的少数人的伦理（甚至一个积极的、有名无实的“贵
族”[2]伦理）自身完全有可能载有一个按其本质是功利主义－民主
伦理的特征，而被统治阶层的伦理却载有一个生命－贵族伦理的
本质特征。一个统治着的实际少数人的现行价值按其本质完全可
以是“大多数人”的价值[3]。

---

① 如果赫伯特·斯宾塞恰恰出于他的生命最大值原则出发而成为现代民主的赞颂者，那么这个做法的最终原因在于：他试图将生命价值回溯到有用价值上去。

② 例如可以注意这样一个事实：在法国革命中被摧毁了统治和特权的法国贵族的绝大部分（参见 W. 桑巴特在《奢侈与资本主义》中的证明）都根本不是贵族，而是由贵族化了的小商贩组成，即是说，这些贵族就是那些剥夺了贵族的权利的群组的后裔。

③ 例如 L. 施密特的《古希腊人的伦理学》便试图展示在这第一个意义上的希腊人的伦理学。

第2点　伦理学的变更

我们所理解的一个时代的“伦理学”(在最宽泛的意义上)，乃是从判断上和语言上对那些在情感意向本身之中的价值和价值等级关系以及奠基于它们之上的评判原则和规范化原则的表述，这些价值、价值等级关系和这些原则，原则上是通过一种逻辑还原的操作而被发现的，并且是作为这样一种普遍定律而被发现，即从这些定律中可以逻辑地推导出具体评判行为和规范化行为的内容。

但在这个伦理学的总体领域之内始终必须鲜明地区分：被伦常主体本身“运用和使用”的伦理学(并且在它之中重又区分明确“被承认的”与只是默默“被承认的”伦理学，这两者之间可能有**很大**区别，并且前者始终要比后者更为僵化和更为严格)与那些通过一种方法的、逻辑的操作(它把那种“实用伦理学”重又当做材料)才获得的伦理学公理的群组；也就是说，一方面是在自然语言中表达出来的自然—实践世界观的伦理学(例如所有时代的谚语智慧，同样还有所有流传的箴言，都属于这种伦理学)，另一方面是或多或少科学的、哲学的、神学的**伦理学**，它常常对那种实用伦理学进
312 行“证义”(rechtfertigen)并从最高原则出发进行“论证”(begründen)，同时这些“原则”完全不必被实用伦理学的主体**所知道**。第一个意义上的伦理学通常是所有伦理的持恒伴随现象，而**后一种**意义上的伦理学则是一种相对罕见的现象。**它的起源始终**

是与一个现有伦理的分解过程联结在一起的[①]。不言而喻，这种“科学的”伦理学不仅不会具有任何超出伦理本身的直观明见性的价值（甚至不会具有对这个伦理进行批判的可能性），而且也不会具有任何一种这样的认识价值，即任何一种超出对包含在实用伦理学中的事实性东西所做的（根据形式逻辑学及其法则）尽可能经济的表述之原则的认识价值。它只是表述着对伦常价值的流行的和习传的意见，并且不能对这些意见进行任何批判，因为这些意见是它的事实基础。如果它的一个原则在其逻辑结论中与现行的和实用的伦理学发生矛盾。那么，“虚假的”并且需待改造的并不是这门伦理学，而是这个原则，直到从它之中推导出事实来。因而也毫不奇怪，这门“科学的”伦理学从各种最为不同的“原则”中推导出来的始终大致是同样数量的具体道德评判规则和规范：正是那些恰恰处在有效性中的评判规则和规范；这个事实表明，推理的内容作为现行的伦理学已经在所谓“论证”之前便确立了。唯当一门伦理学不仅从诸原则中推导出这种实用的、流行的、“现行的”伦理学，而且在对实用的评判规则进行这种纯粹逻辑的规整和系统化之后对这些规则在伦理内涵上进行衡量，并且首先在伦理的“被意指”的本质明见性基础上对它们进行一种批判和意指；而且，唯当它其次还对这些“被意指的”时代的伦理明见性本身在伦常价值和价值关系的纯自身被给予性上进行一种批判，这门伦理学才配得上叫作真正意义上的哲学的伦理学。

① 对此，H. 施泰因塔尔在他的伦理学中已经确切地指明，在希腊人和罗马人那里，对伦理事物的科学反思的增长幅度是与他们的伦理的分解幅度相等的。对基督教伦理与基督教伦理学的关系，也可以做类似的说明。

在这个和那个意义上的伦理学形式在这里可能远远地偏离开伦理的内涵，而且人们永远不可从伦理学推导出伦理本身[①]。但必须将这些可能的伦理学的“失误”（在实用的“评判”伦理学中）与“谬误”（在科学的伦理学中）最鲜明地区分于包含在一个时代和群
313 组本身的伦理中的情感“欺罔”[②]，这些欺罔导致了一种虚假的伦理和与之相符的“假象价值”的流行，在这种虚假伦理中，绝对的价值级序显现为“被颠覆了”。相对于这些内在于伦理的欺罔及其相关项“假象价值”，所有伦理学的谬误都是无伤大雅的事情，而另一方面，最高的伦理学“真理”只是伦理学与伦理的相合（Deckung）（有别于争执），它永远不能保证在伦理本身之中不出现这些欺罔。

第3点　各种类型的变更

由于伦理学的相对主义并不把价值状况的类型统一与从属的、通过它们而得到统一的状况区分于事物、行动、人的各个总和，它们根据定义（per definitionem）每每被看做是这些价值状况的载体，因此，或许在它看来，论证它的命题是很容易的。只要看一看

---

① 当然同样也不能推导出实践的道德性。

② “失误”（Verirrung）、“谬误”（Irrtum）与“欺罔”（Täuschungen），也包括舍勒在其他地方使用的“迷误”（Irrungen），在德文中都属于近义词，但舍勒在术语使用上通常区分这四个概念。关于“错误”与“欺罔”之间的基本差异可以参阅舍勒此前发表的论文“自身认识的偶像”第一节“有别于谬误的欺罔之本质”。德文原文载于：马克斯·舍勒，《论价值的颠覆》，《舍勒全集》第三卷，伯尔尼/慕尼黑，1972年，第222页及以后。关于“失误”与“错误”的区别可以参阅本书的边码第88页上的注释：舍勒在这里也谈及“失误”，“它不同于理论的‘谬误’，也不是它的一个变种”。关于“迷误”与“欺罔”的区别可以参阅本书的边码第228页。——译注

偷窃、通奸、谋杀这些行动类型便可。显而易见，在不同的现行财产制度中，同一些实际行动必定会显现为是偷窃，以及显现为不是偷窃，而是合法的占有；在不同的婚姻制度中（随一夫一妻制或多配偶制及其众多下属形式的不同），同一些行动必定会显现是通奸或显现为好的和合法的。但这种情况并不排除以下的可能：偷窃和通奸——如果仅仅吸取出它们的本质，正是这种本质才为所有可能定义提供其统一的本质——在真正的伦理面前也显现为恶的（完全不去顾及违法性）。在谋杀方面——对它的价值评估对于人格价值与人的生命的生命价值的关系问题来说也极为重要——，W. 冯特判断说："直觉主义只能通过对事实的强行扭曲才能适应这种良知的可变性。对此的一个充分明证就是这样一个经验：曾有过许许多多的民族和许许多多的时代，对它们来说，出于一些在我们看来是无耻的动机而进行的谋杀不是犯罪，而是一种光荣的业绩。"[①]

我们承认，我们一开始只是带着极度的惊异读完了这句话，甚至将它——尽管它肯定不是这个意思——感觉为一种对历史人类的严重名誉损害，而我们与历史人类之间是由一根伦常凝聚的纽带联结着的。但为了知道冯特的这个判断是否正确以及在这里和
那里是否有完全不同的行动被感受为和评判为谋杀，就必须探问：314
构成了这个价值状况的同一类型的谋杀之本质究竟何在。我们同时也可以将这个（在这里只是大致地和不完善地所实施的）考察看做找寻这些类型之方法的例子。

在开始这个考察之前，我们先要说明一点。也许威廉·冯特

① 参阅 W. 冯特，《伦理学》，第四版，第三卷，第 59 页。

是以某种像对当前帝国刑法法典中对谋杀的定义作为他的命题的基础，以此得出他的那个令人惊异的判断。然而我们重又觉得这是不太可能的，因为他这种情况下必定会把所有在 70 年全副武装向边境进军并且有打算有思考地杀人的德国人[①]，同样还会把刽子手的功能，都视为谋杀的事实组成。因为，即使我们这个时代某些群组的一种病态的、非真正的和迷误的感受激情(Gefühlspathos)将这场战争称之为"大规模谋杀"，我们却可以肯定，W. 冯特根本不会让这种说法影响到他的哲学判断。必定是一个根据较老的日耳曼的伦常和法律的观点也有效的对谋杀的定义——即使它的单纯定义本性未被顾及到——才促使冯特说：在这个相对较短的时间里，谋杀在德国还是一个被允许的行动。在这个时期被视作谋杀的大致只有我们今天称作暗杀的事情，而相反每个公开的进攻(并预期那些被攻击的带武器的男人会自卫)以及由此导致的杀人(有打算有思考地)则不被视作谋杀。因而我们不能用我们当前关于这种行为类型的概念去面对历史，以此来检验冯特的命题。这个"相对主义"恰恰只是那种当前伦理学绝对主义的一个结果，甚至是我们所说的那种当前成文法的结果。

从为神祇并服务于神祇的人祭时代开始，直到属于基督教宗教核心的深层的、精神化的牺牲观念，并且直到那种在今天仍然被视为"善的"、为了精神价值(为了认识、信仰——无论是在有生命危险的工作中，还是作为殉道者——自由和祖国的荣誉)而做出的对自己生命的奉献，人的生命的价值在任何伦理面前都不曾是作

① 舍勒在这里所指的是 1870 年的德法战争。——译注

为“最高价值”而被给予的。它不是“最高善业”，这一点是与人类
的共同伦理相符合的。当然，这种事实组成对于所有生物学的伦
理学来说都是不可理喻的[①]。对它来说，所有价值，只要它们是比
在生命上本身重又是价值最高的生命形式的生命“更高的”价值，
即比人的生命“价值”更高的价值，就必定都是臆想，或者——如弗
里德里希·尼采所说——对它们的设定是一种没落生命的征兆， 315
甚至是在这种生命中吃亏者们的“怨恨价值”，或者是对价值的虚
假喜好，这种喜好——由于它们的生命相对性被误识——虚假地
显现为绝对价值。但是，清晰明见的是：人类生命的价值恰恰**不**是
最高的价值，可以偏好其他价值的存在（隶属于精神的和神圣的价
值领域样式，以及在它们之中的本己价值与陌生价值、个体价值与
集体价值、人格价值与实事价值）甚于人的价值的存在；仅仅在这
个清晰的明见性上，这个〔生物学伦理学的〕原则就已经遭到损
毁[②]。另一方面，我们无法看到，从这些基础出发，谋杀是以何种
方式不仅有别于对一个人的杀害，而且也在价值**本质上**，而不只是
在价值程度上有别于对任何一个生物的杀害。[③]

① 但对于冯特的伦理学来说却并不是不可理喻的。冯特把“促进精神文化善业”看做是伦常价值评估的最高原则。

② 这样一个借口是无法成立的，即：这里所涉及的仅仅是个体生命为集体生命所做的牺牲，或生命力较弱的生命为较强的生命所做的牺牲，或粗俗的生命为高贵的生命所做的牺牲等等。这个借口首先不能解释这些准备牺牲者所抱有的意向；它也不能解释例如一整个民族准备为它的自由和荣誉而死的情况；而且它正好**违背了**所有时代的伦理，这种伦理恰恰**首先**要求更强的和更高贵的生命做出这种牺牲，而且也是为更弱的和更低贱的生命所做的牺牲。

③ 印度的伦理特别是佛教的伦理把“对一切生物”的慈悲（Güte）当作准则，并以推论的方式才把对人的生命慈悲当作准则。这种伦理虽然把这个区别相对化了，但这

仅从这些理由出发，就不能将每一个杀害一个人的行动视作“谋杀”，并且不能将命令这种行动的公共设施视作使谋杀合法化的设施。当然，这种类型的基础在于这样一个实事状况：“一个人通过一个行动而被杀害。”没有这个实事状况也就没有谋杀。在这个事实中就已经包含着：“人”这个统一如果不是根据观念和语词、就是根据感受性的理解一般而被给予，并且例如清晰地突出于与动物、如与相关群组的牲口和家畜的交互感应(sympathetisch)关系。凡是在应当谈及“谋杀”的地方，这种“人的存在(Menschsein)”就必须被看到。一个群组、一个不具有这个观念或不理解在实际的人之中、例如在到来的陌生人身上的人的存在的部族，
316 也就在这些人面前不能承担谋杀的罪责，正如一个人若把某人当做一个动物或一棵树而向他射击就不能承担谋杀的罪责一样。如果有人因病理学的缘故而缺乏这种理解，那么这里也永远不会产生一个谋杀。因此，要决定一个“谋杀”在此或在彼是否可以视为被允准的，第一个条件就在于，先行检验(Vorprüfung)对人的存在的那种可理解性是否延展到不同的实际人群上，并且先行检验那个观念一般的被给予性程度。如果这种可理解性例如仅仅达及部族同人等等，那么杀害部族同人便是“谋杀”，而杀害外人则不是“谋杀”。但即使杀害一个人也不是谋杀，而只是谋杀的前提。如

只是因为，爱和慈悲一般只是被理解为“心的解脱(Erlösung)”(参见佛陀的说法传道)，并且与把生命价值视为正价值，甚至是最高的正价值的生物学伦理学相反，这种印度的和佛教的伦理把生命价值视为负价值。在佛教的爱的观念中具有伦常价值意义的不是“向着一个正价值”，而是“离开自己”。关于那些论证着与生命自然的伦常关系的感受与价值，以及关于它们不能从我们的伦常—人类的关系中推导出来的问题可以参见笔者的《论现象学与同情感理论以及论爱与恨》(1913年)，第55页及其脚注。*

果人们所谈的是谋杀，那么在意向中必须有一个生物即“人”的人格价值一般被给予，并且必须有一个可能的行动意在消灭他。我们举几个例子：

冯特考虑的或许是对神祇的人祭风俗，即作为一种被视为绝对神圣的存在。这种风俗是对“谋杀”的合法化吗？肯定不是！这种风俗建基于最不同形式的迷信之上，例如，通过这种献祭，人们便或者是表明既是对神祇又是对被献祭者的一种爱心效劳，或者是实现了神祇的要求。在第一种情况中，被挑选出来当做献祭品的通常恰恰是最漂亮和最高贵的少男少女以及最可爱的人。但这个意向根本不是那种对人格存在的否定以及那种本质上属于谋杀的“毁灭吧”；毋宁说，在这个爱心和好意的意向中所包含的是对人格存在之肯定的伴随意向（Mitintention）。否则又怎么会有真正的祭品呢？在某些条件下（对到达的陌生人或战俘）对一个法的要求（Rechtsforderung）的实现或“对神祇的宽慰”同样缺少那种本质上属于谋杀的毁灭的行动意向。但是，将一个的存在和生命奉献给某些有用性需求和适意性需求，这是按照所有时代的伦理都受唾弃和被禁止的。上述这种风俗当然也可能会为了某个利己主义的目的而被滥用，例如为了自己和自己的家庭而获取神祇[①]、教士、有权力的人的欢心，或者为了确保自己的财富和女人等等。这时，在这种风俗的主宰下，这种行动也会被视作卑鄙的谋杀，这种志向也会被视作恶的和不虔诚的。在这个风俗中得到实现的——

① 参阅赫伯特·斯宾塞对有关事实的完全谬误的解释：《综合哲学的体系》，第十卷、第一篇：“伦理学的归纳。”

尽管是在迷信的前提下——还有这样一个偏好法则，即：生命价值从属于神圣之物和包含着那种法的秩序（Rechtsordnung）价值的
317 精神价值。对此，在这里不仅处处缺少恨及其本质相关项、存在否定的意向，而且在行动中也缺少消除存在的意向。杀害常常只是向另一个更高的存在领域和价值领域的“移置”，向“天上的场所”的“移置”，将一个本身还是身体的礼物移交给神祇；但是，它永远不会被看做是对人格本身存在的消除——献祭品的观念和本质就已经排除了这种可能，献祭品包含着对一个有肯定－价值之存在的献去（*Hin*gabe）[①]。一种毁灭着被献祭者的献祭是一个语词矛盾（contradictio in adjecto）。

类似的情况也适用于死刑。如果它是在毁灭存在的意向中进行，即是说，只要人的生命被等同于他的存在，而人格的维续不是直观地（和无“证明”地）被视为已被给予的，那么死刑当然就是（道德）谋杀。[②] 因为惩戒就是施弊而夺善（Zufügung eines Übels und Beraubung eines Gutes）。一个毁灭被惩戒者的惩戒并不是惩戒。它只有在这样一个前提下才是“惩戒”，即：被惩戒者的生命对作为人格的他来说是一个善业，这个人格的实存不会通过对这个善业的剥夺而被消除。对一个人的毁灭——例如为了社会的福利——是（伦理的）谋杀[③]。唯当这样一个意向存在，即不取消人格，而是

---

① “Hingabe”一般被译作“献身”或“奉献”等等。舍勒在这里用加了重点号的前缀来强调它的原意：“献去”。——译注

② 关于人格维续的不同被给予方式可以参见已被引用过的笔者的报告“死亡与永生的观念”。

③ 对此参见俾斯麦在其著名的普鲁士各邦议会（Landtag）讲话中针对这个伦理学上本质的问题点所做的阐述。

随法的秩序的实现也给人格以它的权利[①]，这时，谋杀特征才不存在[②]。

为什么在战争中和在决斗中的杀害就不是谋杀呢？在战争中的杀害（也包括在进攻战中）的情况中，首先缺少在被称作“敌人”的东西中的人格的被给予性。唯有作为集体事物“敌人”的成员，单个人才作为一个生命权力的复合体而被给予；恨、复仇渴望等等的对象可以是陌生的国家，但不是一个从属于它的人格。当然，战争状态也可以被滥用于例如杀害一个人格性的敌人、滥用于通过杀害某些人格来掠夺和自身发财。这时当然就是一种无耻的谋 318 杀。但只要在战争中有人格被给予，对人格的否定和毁灭的意向就很少会被给予，毋宁说，骑士原则不仅要求人格去面对它所引起的危险的同一种类和同一程度，而且也要求敌人的人格在其价值此在和实存中带着好意而被肯定，而且他的打击和回击越是能干和出色，对他的肯定所带有的好意就越多。我们发现，决斗的进行就已经始终束缚在对敌人的肯定性价值评估的某种程度上[③]。

---

① 所以，杀害异教徒不仅是为了总体的灵魂拯救的保护，而且也带有净化他的灵魂的意向。

② 我不希望受到这样一个误解的指责，即：在我的这些前提下，对人格维续的信仰排除了谋杀。问题并不在于，一个人“信仰”（包括“活的”信仰）什么，而是在于，他在行动中意指什么。因此，问题也不在于，这个意向是如何产生的，例如是如何从掠夺、复仇等等意图中产生，而是在于，在行动意向本身中隐含着什么。而它的内容在这种信仰中也可能是对人格的毁灭。如果人格没有在根据伦常教育的阶段它能够被给予的地方成为被给予性，那么这里发生的就不再是谋杀，而是杀死（Totschlag）。

③ 关于战争与决斗的伦常论证——这是一个完全独立的论题——，在这里未做决断，同样也没有对死刑的伦常论证做出决断。这里所涉及的仅仅是对谋杀这个观念的澄清。

我们说，谋杀是以一个作为人格和作为可能人格价值载体的人的被给予性为前提的。作为它的基础的价值状况本质上束缚在对人格的毁灭的行动意向上。由此出发也就可以理解——甚至是严格的结论——，凡是被杀死的人没有作为“人格”而被给予或被看做“人格”，这种杀死就不包含谋杀。例如以前印度曾施行的寡妇活焚风俗便是这种情况，这个风俗的可能性只能由此得到理解，即女人同时被剥夺了人格性（“灵魂”，类似于在穆罕默德信徒那里的情况）。妻子在这里“被视为”某种附属于男人的人格性的东西。在古罗马时期，一方面一家之父（pater familias）可以杀死他的孩子，另一方面自由的罗马市民可以杀死他的奴隶，这里现存的仍然是同一个理由：杀死孩子，“就像他可以切下他自己的一部分肢体一样”，杀死奴隶，“就像〔毁坏〕一件物事一样”（蒙森）。在这两种情况中都缺少在被杀死者之中的人格性的被给予性（以及对人格性的法律认可）。孩子只是一家之父的一部分肢体，他在杀死孩子时也不想放弃作为人格的自己，而只是“伤害自己”。孩子的意愿行为也被看做父亲的人格意愿的部分行为。但奴隶则是作为物事而被给予的；他的人格和他的意愿是“在主人之中”的（亚里士多德）。所有为了维持一定人口数量或为了以特定方式维护男性或女性个体而施行的风俗（杀死新生儿、弃婴等等），都伴随着被杀死者的人格性之被给予性的缺失，无论是以这种方式，即：新生儿被视作尚不具有人格性，而只是作为被赋予灵魂的身体（有感受的身体）而被给予，而这些行动被感觉为是有利于维护国家权力而做的家庭的义务性自身伤害以及对国家意愿的顺从；还是以这种方式，即：人格的价值统一（以及它的自主意愿）根本未曾在人的个体中

被给予，而是在像家庭、部落、氏族、国家这样的单位中被给予。在 319
这两种情况中都缺少谋杀的价值实事状况。堕胎也仍然是杀死一个人（作为生物），它在任何地方都还没有被看做谋杀（这是任何“生物学的”伦理学都无法说明的事实）。它之所以过去和现在都不被视为谋杀，乃是因为胎儿不是作为人格性而被给予的。在古罗马时期，胎儿——如所周知——甚至不是作为独立的生命统一而被给予，因而堕胎——作为朝向母亲的“肚腹”（“viscera”）[①]的行动——一向是不受惩罚的。堕胎在这里根本不是“杀死”。它在帝制时代开始作为这样一种量刑单位而被承认，并因为这个缘故而受到惩罚，但——至今仍然——有别于谋杀。

以上所说只是用作例子。但它表明，一个特定的行动意向与一个明确限定的价值实事状况的联系，即是说，“行动〔过程〕”（Handeln）与“行动〔结果〕”（Handlung）的一个确定类型（Typus）就在于，它先于所有的和任何一个真正的伦理而被视为恶的，并且在任何地方都不被视为“允准的”，更不被视为“可赞的”。但相对于这种统一的类型，那些变换不定的、肯定的有效性统一和对“在哪些条件下（根据伦常教育的水平等等）可以认定一个谋杀”的定义，也就是说，这个本质－类型的一个实在情况，便仅仅具有实用标准的意义，即这方面的实用标准：什么应当被视为谋杀，什么应当被视为这样一个类型的行动统一之实现。伦理学不能坚持这种变换不定的标准（例如我们刑法法典的定义，或者甚至只是对什么

① 拉丁语中的“viscera”含有“胎儿”和“肚子、内脏”两方面的含义。舍勒在这里指出这两种含义在古罗马时代的内在联系：胎儿被看做只是母亲身体的一个部分而不具有独立的人格。——译注

“应当被视为”谋杀的“流行意见”)。伦理学必须说明：什么**是**谋杀，它的本质何在。如果对这个艰难任务的解决是以合理的方式进行的，那么在这些恶和善的行动单位之类型方面，对“相对主义”的虚假证明材料也就会日趋减少，直至消失。只有那些坚持这种类型的变换不定之外衣并且在外壳面前看不见内核的人，或者，只有那些以为正是这些定义才使这种本质性若不是甚而**被创造**，也是使它们**可被理解的**人，只有他们，才会以这种过于廉价的方式得出**相对主义**的命题。[①]

320 另一方面，这个例子或许可以表明，形式伦理学的这个假设是多么没有根据，即：“**谋杀是恶的**”这个命题——与所有质料的伦常

① 如果人们清楚地看到了谋杀的本质，那么人们也就会认识到，自身谋杀(Selbstmord)有别于殉道和自尽，它是一种**真正的**谋杀。(“Selbstmord”在德文中含有“Mord”的词干，因而被舍勒用来区分一般意义上的“自杀”＜Selbsttötung＞或“自尽”＜Selbstentleibung＞。——译注)因为在杀死行为(Töten)中对人格和人格价值之毁灭的行动意向构成了它的本质。这既对本己人格有效，也对陌生人格有效；因为陌生价值并不高于本己价值。真正的自身谋杀发生在当且仅当意向指向人格的非实存时，而且是因为善业的损失，这些善业的价值是从属于人格价值的，无论它们是精神善业、生命善业、有用的和适意的事物(财产、社群自由、生活享受等等)。相反，殉道则发生在当生命和所有相对于它的善业被奉献给更高的善业时，即被奉献给**精神人格**及其自**身价值**的保存，例如被奉献给信仰价值和(作为“绝对”被给予的)认识价值的保存。自身谋杀者恰恰承认“生命”的本质是最高的价值(他不知道在它之上的任何其他价值)并且在他的行动中(误以为)毁灭他的**存在**本身，即将它“作为”被他承认为最高价值的生命价值之坏的实在形态来毁灭。与此相反，殉道者则将**他的**生命，即作为**肯定的**善业而被给予他的生命，奉献给一个善业，即一个**本质上**作为比生命一般**更高的**而被给予他的善业。由于他肯定**他的**生命，他也就否定了“这个”生命一般是“最高的”价值。而在这里，我觉得，只要真正的“自爱”，即对本己人格之拯救的关心在牵着他的手，那么，他究竟是“让人”杀死自己，还是自己杀死自己，这就构不成一个本质区别；因而有别于自身谋杀者的自恨。在殉道的情况中仅仅包含着“自尽”，它在伦常上完全不同于自身谋杀。

价值判断一样——具有一个仅仅是实际的和相对的含义，因为它至少——人们这样认为——是以人类的组织为前提的。形式伦理学必须前后一贯地设定：只要谋杀者认为“他的行动的最大值对一个普遍有效的立法原则”是适宜的，他就也可以是好的。如果这个意向的任何确定内涵都不是恶的，那么每一个内涵也就都可以是善的。而且，倘若一个人将他的自恨（Selbsthaß）和恨人（Menschenhaß）提升为普遍原则，甚至通过一种认为人格的不存在比人格的存在更好的“形而上学”来为它建基，那么他为什么就不会带着这样的意识来进行这种恨，即：每个人也都应当做同样的事情？可以指出一些与这种可能性相当接近的谋杀人的事例。人们不会真的认为，在这种情况下的谋杀是一个伦常的善举吧？这样一个推论也是不正确的：由于谋杀包含着一种杀死，而杀死是在一个活的组织上进行的，所以这个命题就对“理性生物”一般丧失了它的意义。由于“身体”（Leib）完全不是一个在地球的有机组织上的经验抽象，相反，它本身是一个不依赖于这些组织之此在的本质性并且是这个此在的形式，因此，如果“谋杀”的本质核心果真包含着对一个身体的毁灭，那么这本身就会是不正确的了。这样的话，凡是存在着身体的、人格的生物的地方，这个命题就都会“有效”了。但是，构成价值实事状况之伦理学核心的，实际上是一个人格对另一个人格的人格价值之毁灭的意愿意向。在与这个核心的关系中，“杀死”本身只是这个意向在身体的、人格的生物以内所具有的一种实现形式。而正因为此，这个命题在每一个可能的人格王国以内都是绝对有效的；甚至从神的伦常本质中可以得出，神——尽管他的无限权力使得对一个人格的毁灭得以可能——不

可能愿欲这种毁灭。

321 我们在这里不去研究**道德性**、**伦常**和**习俗**的各个特别相对性维度，也不去处理对**法的秩序**的类似研究。然而我们要强调：如果法的教育应当得到正确的施行，那么即使是法的历史也不能缺少一部作为基础的、关于这个教育的相对性维度的教科书。[①]

① 在这个领域中，A. 莱纳赫在他的著述《市民法的先天基础》（载于：《哲学与现象学研究年刊》第一辑，第二册）中以杰出的方式试图划分绝对之物与相对之物的界限。

第7章　所谓伦常价值的良知主体性

前面已经明确地强调过，价值的"主体性"的概念具有不同于价值的此在相对性概念的含义。尽管我们现在已经如此深入地探讨了这两个问题，但是，倘若我们不去阐释关于伦常价值主体性学说的另一个形式，那么这个阐释仍然是不完备的。这另一个形式便是以良知(Gewissen)概念为出发点。

今天，没有什么主张会比这样一门学说"更自明"，并且能够受到更普遍的尊重，这门学说认为，所有伦常的价值判断都是"主观的"，道理很简单，因为这些判断建立在"良知"之陈述的基础上，而公认的"良知自由原则"排除了通过另一种明察之机制来修正良知陈述的可能。

1. 在导向伦常价值主体性学说的诸多理由中，处在首要位置的是这样一个事实：承认并且评判客观的价值要比承认并评判其他对象性内容更困难。"更困难"是指，这里有比在其他理论认识情况中为数更多的和力度更强的欺罔动机(Täuschungsmotive)需要克服。即是说，并非由于价值对于各种兴趣及其斗争而言仅仅是象征——就像伦理学的唯名论所认为的那样——，而是由于对它们的把握就已经预设了一个与我们的兴趣正相反对的斗争，而成功的斗争在这里比在其他认识的情况中要少得多，所以很容易造成这两者之间的混淆，一方面是我们的兴趣向我们所暗示的东西，另一方面是客观价值认识的内容。但这个事实的根据在于，我们的伦常价值认识与我们的意志生活处在直接的联结之中，这种联结要比我们的伦常价值与我们的理论认识之间的联结更为直接。

这个状况决定了一系列价值欺罔的动机，这些动机要比所有其他的欺罔动机都流传得更为广泛。这是一个非常值得注意的现象：伦理学的怀疑主义较之于理论逻辑的怀疑主义要流传得更为广泛。322 尽管如此，理论的世界图像[①]的差异同样很大，也许甚至比曾占主宰地位的各个道德体系的差异更大。这种现象的原因何在？我认为这个原因就在于，在个别情况中，我们的差异意识对伦理学价值方面的反应要比对我们的见解和判断的理论区别方面的反应细微得多。而这种情况的原因又在于，我们在总体上趋向于过高地估计我们的价值判断的共同性——其所以会有这种过高的估计，是因为我们所有人都生来就倾向于用“别人也曾这么做”来为我们的行为做论证和道歉。儿童们就已经习惯于以此来论证他们的所作所为。在价值问题上偏离开其他人要比在理论问题上的偏离更使我们感到不安，而正是这种不安，才使我们在理论问题上更多地看到差异的存在。怀疑主义因而是一种失望的结果，一种建基于我们的弱点——即：不能独自地面对伦常的价值问题，而是始终胆怯地环顾四周，察看是否有其他人也这样感受和思考——之上的失望的结果，这种失望是指，我们在价值问题上常常无法找

① 例如天体图像。

到被期待和被寻求的共同性。所以我们很容易走向这样一个命题：所有伦常价值都是“**主观的**”。

这种对社群支点的趋向是如此之大，它甚至使康德远远偏离开真理，以至于他想把一个意愿公理的单纯普遍化能力当做这种能力的伦常正确性的标准。当然，我们希望一个本身命令一个**善事**(Gutes)的公理也会被普遍化到所有的善事上(只要这个公理不是生来就指一个个体或一组个体)。但这种随情况不同、因人而异的单纯**普遍化能力**绝不就因此而使这个公理成为善！我们将会看到，在严格客观的明察中存在着这样一种明见性，即：一个特定的意愿、行动、存在**只是对**一个个体而言、例如对“我”而言的善，它并不能被普遍化；我们甚至还可以看到：对一个存在和状态的纯粹的、完全的和**绝对伦常价值**的伦常明察，自身就必定会**始终地**并且**必然地**带有这种局限在个体之上的特征；而且这种明察越是相即(也就是说，越是“客观”)，它也就越是必定带有这种特征[1]。因而这种对“公理”之普遍化能力的排斥不仅不会妨碍严格的客观性和这种明察的负责特征，而且这种排斥甚至**必须**如此彻底进行，以至于我们所获得的完全是对绝对的善之本身的最终的、明见的、完全相即的最严格明察，而不仅仅是一些能够用来压制冲动的规则，它 323
们只会模糊并歪曲这种单纯的明察能力。试想一个具有个体束缚力的良知陈述含有如下内容：“这是**你的**并且**仅仅是你的**善，它始终是对他人而言的善”；这样一个良知陈述的观念必定会不言而喻地被指责为是**自相悖谬的**，**倘若**人们相信可以把善的客观的、明晰

① 参阅这部著述后面第六篇、B、第 2 章：“人格与个体”。

的价值错误地回溯到一个公理的单纯可能的普遍有效性上。当然，对善的明察，亦即对“为我”所做和所欲的善的明察，也就自然而然地必定带有一个只是“主观臆想”的特征，或者带有一个缺乏所有明晰性的主观冲动的特征。然而，实际情况却正相反：具有这种特征的恰恰是那种怀疑的、渴求社群支撑的倾向、那种对伦常之善的真正客观性和明晰性的原初不信任，它导向一种规范论（Nomismus），根据这种学说，一个有可能普遍有效的规范应当可以使那种对善的明察——因此也包括对那种对“为我的善”的明察——从自身中产生出来。现在，普遍有效性与寓居在一个价值评估中的普遍化能力便应当成为一种替代品，用它来替代这样一个状况：我们的评判无法在直观被给予的、明见客观的价值中得到实现。诚然，从心理学和历史学角度来看，这个进程严格地表达了那些构成了我们今天有效的道德法典的价值判断的起源，也就是说，它们的来自直觉薄弱者或感觉薄弱者群组及其“心的无序”（désordre du coeur）之中的起源[①]。

因此，正是这种在客观价值统治下的自卑感和自卑意识才导致了那种对价值一般的报复行为，这种行为在这样一个命题中达到了巅峰：“所有”价值都“只是”主观的！这些价值的实现，并且在承认它们的情况下某些东西的起效用，这是一种隐秘的和深切的衰颓经验，还有由此而产生的抑郁感，正是它导致了对它们的被误认的“主体性”的假设，或者说，导致了将它们的真正客观性误释为“普遍有效的主体性”。

---

① 对此参见笔者，“论怨恨与道德的价值判断”（1912 年），同上引书，第 342 页。

2.这个关于“价值主体性”的主宰观点如今很乐意将自己伪装在一个名字的激情后面，这个名字看起来就像吹喇叭一样将近代的整个伦常趋势都聚合在一起：它叫做“良知自由”。我们也假定，这个名字所指的是某种伟大的、重要的东西，某种应当得到坚持和保存的东西。但在我们为之“担保”、“斗争”等等之前，我们先要允许自己问一下，它是什么？

奥古斯特·孔德曾将良知自由原则（连同民族主权原则）视为 324
能够被他称作“形而上学的”、“否定的”和“批判的”阶段的基础，按照他的总体判断，这个阶段是他所划分的世界史各个阶段中最不实在和最无本质的阶段，而且根据他的信念，这个阶段脱离于“实证的”阶段。就是这个孔德，提出了这样一个问题：在那些力求达到严格明察的科学中，是否存在类似接受的自由和拒绝的自由这类东西？在数学、物理学、化学，甚至只是在生物学中，有这种东西存在吗？在这里，人们始终遵循科学的结果并且相信和信任有关学者的判断。这种情况与道德的事情是根本不同的，道德是通过良知自由的原则而被表达出来的，根据这个原则，任何一个人都应当有权说出并且规定，什么是善和恶；因此，科学领域与道德领域的根本相反状况只能被看做一种对形而上学一批判阶段的内部道德无政府状态的表达。在他看来，良知自由的原则不是一个实证的和创造的原则，而是一个消解的、否定的原则，它在“实证阶段”必定会被那种对善和恶的客观、有效明察所替代。[1] 这个说明以奇特的方式将正确的与错误的混在一起。无疑确切的是：“良知自

① 边沁在其《道义学》中对此原则做了类似的判断。

由”的原则常常被如此地运用，以至于它只是表达了这样一个意识：在伦常问题中缺少那种在理论认识问题上为人们所乐于承认的可能的答案之客观性。孔德也看穿了这个阶段的“心的无序”(désordre du coeur)。尽管如此，他对伦常认识与他所说的诸科学的类比是一个错误的类比(我们的感觉已经立即告诉了我们这一点)；同时，孔德在抛弃对那个原则的错误赋义和运用的同时，他也抛弃了这样一个意义，这个意义为此良知自由的原则提供了保证并且使此原则在任何一个可想象的“阶段”都可以得到应有的承认与尊重。

应当如何理解“良知自由”(Gewissensfreiheit)，这要取决于人们对“良知”的理解。

“良知”首先不与伦常明察同义，或者也不仅仅与这方面的“能力”同义。对什么是善和恶的明见明察，本质上是不可能有欺罔的(可能有欺罔的只是在于，是否有这样一个明察摆在面前)，而“良知欺罔”却也是存在的。人们不能以这样的借口来取消“良知欺罔”的事实(例如像J. G. 费希特和弗里茨所做的那样)，即：可能出错的问题仅仅在于，这个向我们窃窃私语、告诉我们(只是以错误的方式)一些被我们看做良知陈述的东西，它究竟是良知，还是另一种感觉或冲动？如果“良知”的确是一个绝对的最终机制，在伦
325 常问题方面的最终召唤是由此而发出，那么人们就必须得出结论，它不可能会出错；而且它也就逃避了任何一个以另类明察的方式进行的批评，例如以对客观的善的直接明察的方式，更有那种借助于权威的和传统的伦常明察之经济化形式而获得的明察的方式。然而良知并不具有这个功能。“良知”所忠告的东西究竟是不是客

观、明察的善，根据这一点，“良知”或者是较为有价的，或者是较少有价的。它本身还是一个载体，而不是伦常价值的最终源泉。世上有无良知的人，这句话的意思不仅在于，这些人不去倾听那种“声音”，或不给这种“声音”以实践结果等等，并通过欲望冲动来克服良知的清晰；而且这句话的意思还在于，这个“声音”本身不存在或只是很微弱地存在。只要在行动之后出现的纠正或从其他方面发出的指责唤起有关举止的坏的意识，而清楚的回忆却仍然在说，“本来根本没有坏的想法”，这时，对良知萌动[1]的不关注与良知欺罔之间的区别就会很清楚；同样，当一个人初次看到另一种具有较高价值的举止时，而且当这个人现在从这个新的明察出发而将自己的举止感受为或评判为是坏的时，对良知萌动的不关注与良知欺罔之间的区别也会很清楚。

此外还可以看到，良知——根据它的词义——的功能本质上是否定性的。它展示什么是坏、什么是不应当的，它“提出责难”，如此等等。如果我们说，“良知在萌动”，那么这也就意味着，有某种东西在抵制有关的举止；但它从不意味着：良知说：某事是善的。因而“坏良知”是一个比“好良知”更为积极的现象；对于某个在伦常上有问题的举止而言，“好良知”实际上只是“坏良知”的明显缺失和明显匮乏。即使在做出一个意志决定之前，如果人们“带着他的良知去听从忠告”的话，良知所“警告”、“禁止”的也要比它所倡议或吩咐的更多。所以它并不具有一种提供原初积极明察的功能，而只具有一种批判的、部分是警告、部分是裁决的功能。

① 民俗学者们证实，并不是在所有自然民族那里都可以发现“良知萌动”。

因此，作为本己个体认识活动和伦常经验对伦常明察的贡献之总和——不同于那些在传承中和在传统权威中可以说是达到顶峰的同类认识——，良知也只是各种明察中最终伦常明察的**一个**
326 经济化形式；而且，唯有它与权威定理与传统内涵的**共同作用**，以及**所有**这些只是**主观认识源泉**的**相互纠正**，才保证了人们从主观上最大限度地获得这种明察（在平均的情况下）。但**所有**这些伦常明察的**源泉**都可以通过明察**本身**、通过对什么是善、什么不是善的明见的**自身被给予性**而得到诉诸。然而如果“良知”成为伦常明察的貌似**替代品**，那么“良知自由”的原则当然也就**必须**成为“在所有伦常问题中的无政府”原则。每一个人都可以诉诸他的良知，并且要求所有人绝对地承认他所说的东西。

但良知本身是通过非常复杂的途径才获得了这样一个被误认为是**可最终诉诸的机制的角色**。

我们看到，“良知”一词是在拉丁文的“conscientia”中得到最初语言表达的，它在这里还仍然可以表示两个意思，即：“同知”（Mitwissen）以及我们的“良知”（Gewissen），而自此时起，它便具有非常不同的意义，但这个意义从总体上看越来越多地趋向于伦常的含义。我发现存在着以下三个主要阶段：在经院哲学家那里，良知被等同于实践理性（亚里士多德的“实践努斯”[νου πρακτικό]），这是一种必须将诸规范定理运用于个别情况（“良知情况”[casus conscientiae]）之上的能力。在第二个含义中，“良知”虽然不再是那种看起来像是逻辑推理实施者的东西，而是一部分是警告者、一部分是内部裁决者（例如在康德那里也是如此，他将良知明确区分于他的“实践理性”，亦即区分于作为进行实践规范的理性的“理性本身”）。在第三个含义中，良知也突出于这个功能之上，并且逐渐成为对善和恶而言的内部认识机构（根据情况的不同，这个机构或是更为理性的或是更为直觉－感受的机构）。但是，良知乃是通过这样一个动机而获得了它在后两个含义方面的当前权威，这个动机就是对认识萌动的宗教－形而上学**诠释**。这些认识萌动**本身**是借助于这种诠释才被综合为一个统一的、摆脱了所有可能欺罔（Täuschungen）和迷误（Irrungen）的认识或裁决善恶的机构。这种诠释曾经在于，“**上帝的声音**”使自己在“良知”中可以被听到。只是借助于这种解释（上帝从本质上说当然是不会迷误和欺罔的），良知才**获得了**这样一个可最终诉诸的机制的特征；而且正是通过这种方式，这个词所具有的那种现代意义才被创造出来。这个诠释并不是以后附加上去的，就好像良知即使没有得到如此的解释也可以“陈说”，并将它的本性作为最终机制而维护下去一样！恰恰相反，正是这种诠释才使它变成那种被误认为是不可伤害的、不会偏误的机构！即使以后（在宗教意识消解的各个时代中）并非所有使用这个词的人都还在所有情况中有意识地进行这种诠释，327
但随这样一个声明“这是我的良知告诉我的！”一同出现的**激情**，则纯粹是那种较为古老的和传统的诠释的余音回响。随着对这个诠释的完全的、持续的扬弃，这个余音肯定也会消失，就像那个相信这种统一的、永无迷误的声音存在着的信仰一样。这个意义上的良知完全属于一个宗教信仰之落日的诸多晚霞。因此，如果良知自由的原则在无此诠释的情况下仍得以自身维持下来，就像在近代，例如无神论者也依托和诉诸良知并以它的名义提出要求，那么这个原则就**必定**从本性上属于“**伦常无政府的原则**”。

3. 但在良知概念的另一方面的延展来看，情况也仍然是如此。有一些伦常明察导向普遍有效的规范之伦常价值，而另一些伦常明察则仅仅导向那些“为”一个个体或“为”一个群组来说自在的善；而这两种明察具有相同的严格性和客观性。“良知”的合法意义现在就在于：(1)它只是伦常明察的**个体的经济化**形式，(2)这种明察只是在这样一个程度上和**这样的**界限内被展示出来，即：它指向“为我”的**自在的善**。这种伦常明察的经济化形式当然也可以导向那种**普遍有效的**善(gut)以及正当(recht)。另一方面，“为我”的善可以不仅仅**通过**我自己，而且也可以通过另一个人比我自己更了解我的(朋友、权威等等)而向我指明出来。但是，唯有在事关伦常明察的那种复数时，才能——正确地——谈及“良知”；这些复数既不包含也从不可能包含在那些普遍有效的规范中，而且，认识过程正是在此复数中才得以完成；同时**我**便脱出**自身**而走向这个明察的人。我(从自己生活经验中)所萌发的对善的明察，而且仅仅是对“为我的善”的明察，它的落实构成了良知的本质。因而在这个意义上，良知是不能通过所有可能的“规范”、“伦常法则”等等来替代的。只有当它们中止时，并且当行为和意愿已经满足它们时，良知的成就才得以开始。因此，良知的陈说越是纯粹，它就相同的境况而对每一个人所说的东西就必定越是不同，而且良知自己曾说，它肯定是会迷误的！对于**这个**意义上的“良知”，**良知自由的原则**肯定是有效的，这个原则也就意味着：当人们遇到一些问
328 题，而这些问题的答案**没有**通过(并且从本性上无法通过)明晰的价值定理的**客观、普遍有效部分**以及建基于其上的规范而得到规定时，每一个人都有自由听从他的良知。因而良知是伦常个体作

为个体所具有的权利，这种个体会防止良知自由的原则提出单纯普遍有效伦常法则的错误要求。然而，良知和良知自由却恰恰因此而并不消解一个客观的善的观念，“良知”恰恰表明自己是对这个善的认识之机构，因为良知就是“为”一个个体的客观的善；而且，良知和良知自由也不消解在对所有人有效的价值定理和规范方面的普遍有效之明察的观念和权利。毋宁说，这些价值定理和规范可以在不依赖“良知”的情况下而被严格的明察所把握，而且它们具有一个完全独立于每个人的良知认可而具有束缚力的特征。因此，真正意义上的“良知自由”永远不可能被用来反对一个对普遍有效的并且也是质料的道德定理的严格客观的和有束缚里的认识。因此，它也肯定不是一个在伦常问题中的“无政府原则”。

但现在毫无疑问的是，那个公式的主宰意义完全不符合我前面所定义的东西，而更多是符合 A. 孔德所看到的东西。这个“主宰意义”更多是建立在这样一个前提上：根本不存在“为”个体 A 和 B 的不同的自在的善；也就是说，建立在这样一个前提上：客观的善必定本身也是普遍有效的！甚至某个东西只是因为符合一个适合普遍有效性的法则才成为“善”！而“良知”现在也就应当是某种可以对这些按其本质“普遍有效的价值和规范”“自由地”做出肯定与否定、认可与拒斥的东西！只有在这个“意义”上——而这个意义恰恰是以对伦常个体所具有的所有个体的、仅属于他自己的权利和义务的剥夺为出发点的——，良知自由原则才是 A. 孔德所说的东西：“在所有伦常问题中最主观的无政府原则”，对那个被抬高为原则的“心的无序”的表达！这样，它就必定会使任何对此类问题的专业性阐释先天地成为不可能——只有当这里确实存在着客观上可确定的东西时，这种阐释才有意义——，从而也使任何对此阐释的审判之必要性的承认成为先天的不可能，并且把所有一切都交付给主观的“趣味”！一旦“良知”被导向理论公式，它便会成为一个“普遍有效的理性声音”，甚或成为一个所谓超越于“个体利己心”之上的“种属直觉”的声音，如此等等。而且由于人们还主张对**这个**“良知”而言的“自由”，因而一种客观价值明察和伦理学的**观念**也就随之而被否定。它甚至恰恰就是对在这个观点中所含
329 有的良知自由的**真实**意义的颠倒。只要实际上还存在着**客观的和普遍有效的**认识，还存在着由此而流出的规范以及通过明察和真理而产生的束缚力，那么主观的随意也就得到了永久的解释，因为只有当共同的实际研究与认识受到怀疑时，人们才会诉诸“良知”。但是，只要“良知”作为个体有效的，但并不因此就不是客观的明察之运载工具而真的有话可说，而且它的**自由**的原则也的确有效，那么所谓普遍种属理性，更确切地说，那种通过相互传染而形成的大多数人的载体臆想的声音便设定了对个体的束缚；**而且这样一来**，良知和良知自由也就原则上已经受到损害。

4.但如果奥古斯特·孔德所提出的要求——即要求一种关于什么是善恶的客观的、其结论具有普遍束缚力的研究和认识——的确是合理的，那么他对数学和物理学的类比就含有一个对此认识领域的**特性**来说不公正的因素。孔德恰恰也没有认识到，所有伦理学认识都必须依据那些**在感受和偏好中进行的**“**价值经验**”，恰如所有理论思考都必须依据感觉经验一样。他像所有实证论者一样，只是用一种以普遍福利为目的的行为工艺学来取代这样一门依据感受和偏好的伦理学，同时他把这种普遍福利方面的价值

预设为基本价值。但是，已如我所指出的那样，伦理学认识是根据“**感受**”的严格法则来进行的，这个事实完全可以使伦理学不再是“主观的”。但这个事实又论证了伦理学与其他“科学”的区别，而孔德所做的类比无法公正地对待这个区别。如果我们在伦理学问题上不是以相同的方式信赖那些研究者和学者所赋予道德的答案，就像我们在天文学中信赖天文学家那样，那么这是因为所有“伦理学”都预设了作为**在**感受、偏好、爱、恨**之中**明见性的伦常明察。所有实证论都已经误认了这个事实状况，因为它想把伦理学本身建立在生物学和历史或社会学的基础上。但对此这个明察本身的主观能力——撇开对此明察的所谓“天赋”的所有区别不论——是与这样一些条件联结在一起的，这些条件与那些对科学认识，甚至理论认识能力方面的条件是不可比的。这是一个事实：除了对所有认识而言都存在的欺罔源泉以外，这里还要加上**所有**那些植根于个体与群组之利益中的欺罔源泉，正是因为这个事实，对伦常明察的主观能力**预先**设定了某个东西，而这个东西另一方面却可能才是伦常明察的**成果**：一个阻塞欺罔源泉、以便因此而使伦常明察成为可能的完整手段系统。也就是说，我们在这里面临 330
一个已经为亚里士多德所明确意识到的**二律背反**：为了进行善的生活（善的意愿和善的行为），伦常明察是必要的。为了扬弃那些阻碍这种明察之成立的我们利益的诡辩论，以及扬弃那些始终存在着的用我们的价值判断去适合我们的实际意愿和行为（同样也去适合我们的弱点、缺陷和错误）的倾向，善的生活是必要的。对这个二律背反的理论解答就在于，所有**善的存在**、**生活**、意愿、行为本质上都以**伦常明察本身的存在**（但不是以一门“伦理学”）为前

提，但对这种明察的主观能力本身则以善的存在、生活为前提。在这个问题上，我们在那些与此欺罔源泉无关的理论认识中并没有找到相似性。

在伦常价值系列本身以内，从这个在伦常明察与伦常生活的原则性的关系中产生出一种设施的伦常本己价值，通过这个设施，伦常方面的最善者[①]的伦常明察的各种存在内涵首先是通过单纯的命令和忠告而作为规范被规定和推荐给所有人（包括那些作为个体的权威本身的载者）：权威的伦常本己价值本身（它还独立于这样一个问题：这个价值是在何种实际权威中展示自己，真正的和非真正的权威，或反伦常的暴力，它们之间的区别何在）。我无须说，这些定理恰恰已经标示出那种想把“善”、“恶”本身的内涵与本质建立在一个权威之规范和命令基础上的所谓权威伦理学（霍布士、司各特派、教会人士等等）所具有的全部背理性。甚至恰恰是这门伦理学在否认权威的伦常本己价值，因为它想用伦常明察的命令来取代伦常的明察。如果善恶真的是权威所说的东西，那么权威本身也就恰恰不能获得明晰的伦常价值了。这样，命令与服从就必定是同样地“盲目”。但权威的伦常本己价值本身仍然是一个明晰的伦常定理。在理论认识的问题中不存在任何“权威”，而且这种权威的某些实际要求合理地与“研究自由”的原则相反对，而在伦常问题的整个领域内，一个权威的存在恰恰是一个不可或缺的条件，在这个条件下，自身明晰的伦常价值评估以及建立在此

① 这是指那样一些人，他们的人格存在本身已经作为善的而被伦常明察所把握到。

基础上的要求才能够得到实际的明察，因为这些评估和要求首先是无明察地单纯根据命令而实际进行的。但即使在这种对权威的单纯的服从情况下也存在着前提，即：对于服从者本人来说，这个 331
下命令的权威所具有的伦常价值，或者说得更明确些，这个颁布命令的机构所具有的真正权威本性，必须是明晰的。权威与任何一种单纯的权力和强力的区别就在于，一个人格仅仅对于这样一个人具有权威，这个人明察到，这个人格所具有的伦常明察比他自己所具有的要更深刻和更丰富。对权威的伦常“**信任**”便是建基于这种明察之上，权威的生存本质上就建立在这种伦常信任的基础上，一旦这种信任被剥夺，权威便会成为非伦常的权力与强力。

然而所有权威的界限都处在作为明察的**特殊**源泉的**良知**所管辖的领域之中。所有权威都只是与**普遍有效**明晰的善相关，而永远不会与**个体有效**明晰的善相关。每当权威之命令进入到那个超越普遍有效价值的价值领域时，这种进入都会使权威的命令成为反伦常的。

第 8 章　关于情感生活的层次划分

对于康德在情感生活的本质方面的预设而言，不言自明的不仅仅是：所有质料的价值伦理学同时必定是幸福主义，而且还是：它必定是享乐主义，即是说，事物和行动与感性快乐的关系构成了（在所有质料的价值评估方面）这种评估的意义。* 现在我们已经看到，与任何一种感受状态的关系，无论是与感性的还是非感性的感受状态的关系，都不可能改造出乃至创造出价值，尤其不能改造出乃至创造出伦常价值。但是，这并不排除这样的可能，即：无论是伦常主体的感受意向还是它们的感受状态都与人格价值以及人格的行为、愿欲和行动的价值处在本质联系之中，通过对这些价值的认识，"幸福与伦常"的古老问题可以获得一个明显不同于康德（和其他以往的思想家）给予它的答案。

我们在这里无法对情感生活的现象学进行如此宽泛的阐述，从而使一大批哪怕只对伦理学来说重要的问题能够得到一个解答。但有几个我们认为已经发现了的原理应当在这里得到阐释，只要它们对伦理学问题具有意义。

即使对于一门拒绝"人追求（streben）实现感受状态，同时并不具有一个对被取求之物（Erstrebtes）的价值意识"这个命题而且（根据前面所引的偏好法则：所有状态价值都隶属于人格价值、行

为价值、功能价值和行动价值）也拒绝“人应当追求幸福”这个命题 332
的伦理学来说，仍然存在着两个重大问题：第一个问题涉及感受状态及其基本种类与人格价值、人格的愿欲价值以及人格行动价值的联系，也就是这样一个问题：伦常的存在和行为举止是否也本质必然地与特定感受的存在相联结——有正价值的行为举止也与肯定的和有正价值的感受相联结，有负价值的行为举止也与否定的和有负价值的感受相联结，有更高价值的行为举止所联结的感受层次和种类也不同于有更低价值的行为举止，如此等等——，或者，这种联结是否仅仅是一种经验－偶然的联结；最后，或者——像康德和斯多亚学派所认为的那样——是否只存在一种应当的和“值得”（Würdigkeit）的联结，例如善者所具有的那种联结，这样他便是善的，也是幸福的[①]。第二个问题是：感受状态及其种类——不是作为价值实现的追求目标和愿欲目标，但却是作为这种追求的可体验到的源泉，而且是对各个确定的等级阶段的价值的追求源泉——起着什么样的本质必然作用。这个问题过多地与所谓的幸福主义的问题联结在一起。但是，那个为许多伟大人物所承认的“唯有幸福的人也才能够做出伦常上善的愿欲和行动”的命题[②]与幸福主义，即与那种主张“幸福是一个追求的目标并且就是这个取求价值的目标”的学说，根本没有任何关系。甚至可能是这样一

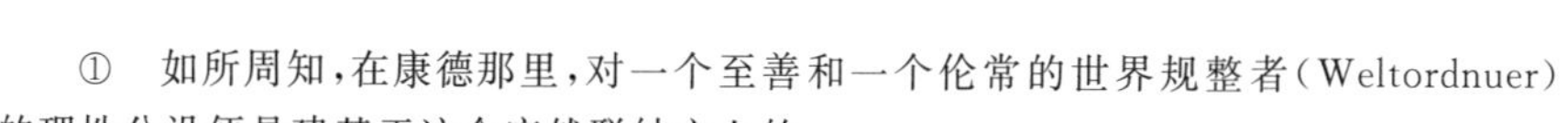

① 如所周知，在康德那里，对一个至善和一个伦常的世界规整者（Weltordnuer）的理性公设便是建基于这个应然联结之上的。

② 例如这是路德的——确实不是一个幸福主义者的——基本观念；斯宾诺莎的命题“幸福不是德行的报酬，而是德行本身，并且是所有善行的源泉”也不具有任何幸福主义的意义；因为幸福主义者把德行仅仅视为一种创造幸福的秉性。

种情况：尽管祥福（Glückseligkeit）[①]必然是所有善的人格存在的伴随现象，而且此外还是所有善的行为举止的本质必然“源泉”，但它同时却永远不——甚至或许是**正因为此**才永远不——可以是追求、愿欲和行动的目标和目的。

前面已经指出*，在我们所熟悉的情感生活中存在着一个**层次**，它不处在作为这些和那些的感受萌动的偶然此在中。首先无可置疑的是，一种划分较细的语言，如德语，用极乐（Seligkeit）、祥福（Glückseligkeit）、幸福（Glücklichsein）（“幸福的”（glücklich）一词也常常被客观地使用，如在“有幸福”＜Glück haben＞中）、轻松愉快（Heiterkeit）、欢快状态（Fröhlichsein）、舒适感（Wohlgefühl）、感性快乐（sinnliche Lust）和适意（Angenehmlichkeit）所标识的那些事实，并不始终是同一种仅仅具有强度差异的

333 感受事实，或与不同感觉和不同对象相关项联结在一起的感受事实。毋宁说，在这些语词中（如在它们的对立面“绝望”＜Verzweiflung＞、“悲惨”＜Elend＞、“悲哀”＜Trauer＞、“痛苦”＜Leid＞、“不欢快”＜unfroh＞、“不适意”＜unangenehm＞等等中）得到标识的是相关肯定感受和否定感受本身的轮廓分明的**差异性**。例如人不可能对同一个价值状态的出现既感到“不适意”，又感到“极乐”，如此等等；这种感受的差异性看起来也以某种方式在要求不同的价值状态。为了认识这种差异性的本性，一般地设想那些有

① “Glückseligkeit”在德文中是指对“幸福”的感受，可以译作“幸福感”或“满怀幸福”等等（也有译作“幸福”的）。在本书此前的语境中也常常可以做此理解（例如在本书边码第290页对康德所用此词的翻译中便译作“幸福感”）。但舍勒在这里将它视作间于“极乐”与“幸福”的感受状态，因此勉强将它统一译作“祥福”。——译注

别于快乐特征和不快乐特征的感受之不同质性，就像例如洛采和利普斯——我们觉得这是完全合理的——所做的那样，这还是不够的。忧伤与悲哀在质性上肯定是有区别的；但在悲哀（或忧伤）与一个难受的皮肤感之间所存在的差异则完全不同于这个意义上的质性差异。但对这种差异性的特殊性做出指明的在我看来是这样一个事实：前面所简述的在一个意识行为和意识因素中的各个感受种类可以并存，并且最明显地并存于在它们具有不同的、即肯定的和否定的特征性的地方。这一点首先完全清楚地表现在极端的情况中。一个人可以是极乐的，同时又忍受着一个躯体的疼痛；甚至对于例如真正的殉道者来说，对这个疼痛的忍受本身就可以是一个极乐的忍受；另一方面，一个人可以在“直至心灵最深处地绝望”的情况下体验到，甚至是自我中心地享受着各种感性的快乐。但是，在一个被感受到的沉重不幸之中，例如面对一个巨大的财产损失，一个人也可以是“轻松愉快的”和“平静的”，然而人们在这种情况下却不可能是“欢快的”。另一方面，人们也可以不欢快地喝一杯葡萄佳酿和品味这酒的芳香。在这些以及其他相似情况中，不仅是各个感受状态在一个疾速的顺序中变换不定——当人们看到一个事端（Vorkommnis）的不同价值层面时，情况也会如此——，而且它们全都是一同被给予的。但它们并不会混淆为一个总体一感受状态的统一；它们也不仅是通过其客观相关项的差异性而被分离开来；这些相关项毋宁说常常会从意识中消失，而这些具有本质差异的感受状态则不会一同消失。但这些感受状态也以不同方式的被体验和被给予。人们可以在沉痛的同时于体验中和表达中将一个欢快的微笑当下化。在这种欢快中我们以可感受

的方式从我们的中心自我深层中脱身出来，进入到我们心灵实存的一个更为边缘的层次中；无论我们在这里的滞留是长还是短，
334 “深度的痛苦”始终处在那个自我深层之中，并且在那个边缘层次上的感受状态之变换中赋予我们的整个状态以其核心的印记。[①]而表情的显露也在分有这个区别。一个悲戚万分的面孔即使在笑时也仍然是悲戚万分的，一个轻松愉快的面孔即使在哭时也是轻松愉快的。另一方面，具有如此不同的**深层资质**的感受并不会被混淆成一个感受，这种不混淆的情况恰恰可以用来标识这一点：感受并不仅仅具有不同的质性，而且此外还具有不同的**深度**。不可能同时是忧伤的又是悲哀的；始终只会产生**一个**感受。[②]

但具有这种深度的不仅仅是感受功能和情感行为，而且还有感受状态。感受功能和情感行为是在体验中从一个埋藏更深的自我源泉中喷涌出来，而在其中包含的意向之充实同时提供——如果事关价值——一个更深的**满足**。而感受状态一方面附着在一个较深的自我层次上并且同时以一种更丰富的方式**充实着**这个自我中心；唯有由此而产生的结果才是：它们也以染色的（färbend）和透照的（durchleuchtend）方式扩展到或多或少是大部分的其他意识内容之上。

但我认为，这个感受“深度”的现象标记本质上是与四个特征鲜明的感受**阶段**联结在一起的，它们与我们整个人类的实存结构

① 当路德的小女去世时，路德曾说：“我在精神中是欢快的，但在肉体上是悲哀的。奇怪的是，知道她肯定是安宁而舒适的，却仍然如此悲哀。”（《席间演说》，“死亡”，2）

② 只有在感性感受过程中，感受才借助于它们的定位和广延而始终得到区分。

相符合。这四个阶段是：1. **感性感受**或“感觉感受”（卡尔·施通普夫），* 2. **身体感受**（作为状态）与**生命感受**（作为功能），3. **纯粹心灵感受**（纯粹自我感受），4. **精神感受**（人格性感受）。

所有“**感受**”一般都具有一种被体验到的与自我（或者说，与人格）的相关性，这种相关性使得所有感受**区别于**其他的内容与功能（感觉、表象等等）；这是一种原则上不同于那种也可以伴随着表象、愿欲和思维的相关性。不仅是状态具有这种相关性，而且功能也具有这种相关性。只要我感受“某物”，例如某个价值，这个价值就贯穿在功能的始终而与我这个感受者联结在一起，这个联结要比我在表象某物时与被表象之物的联结更为紧密。但是，这个对所有情感之物而言都是本己的自我相关性与“我表象某物”的区别首先在于，在这里并不像在智识领域中那样，体验的主体性特征并不随着深入体验的活动而减少和增多。任何一种不断增强的活动 487

（无论是在追求活动中所包含的，还是在注意活动及其各亚种中所 335 包含的不断增强的活动）都将智识内容或愿欲设想越来越强地捆绑在自我之上，但与此同时，只要这种不断增强的活动发生并且按照它发生的程度，它会趋向于反过来使感受越来越多的**脱离开**自我并随之而将自我的感受特征越来越多地化解掉。如果说智识内容不会脱离开自我，它们就必须以某种方式被自我所“坚守”（gehalten）。而感受则**天生**是附在自我上的；它们只能——活动地——被“避离”（*fern*gehalten），即是说，它们按照其内在倾向会仿佛是自动地回到自我上来。正因为此，感受本身原则上是不能随意地被控制和被引导的，它们只能间接地通过对它们的原因和结果（表达、行动）的控制才是可控制和可引导的。

但感受的这种总体的自我相关性在上述四种感受中是一个具有根本不同和本质不同特征的自我相关性。

我们发现，感性感受是通过以下标记而得到明确特征描述的：

1. 与所有其他感受不同，感性感受是在身体的某些部位作为广延的和定位的而被给予。因此它是根据或多或少清楚地被意识到的身体（而不是根据外在地被感知到的身体）的器官统一而被划分的。此外，它能够——在并不参与严格意义上的“运动”的情况下——变换它的场所，同样能够或多或少可感受地“广延”，并把更宽泛的和更偏远的身体部位引入到共同激情（Mitleidenschaft）之中。[①] 在我看来，在所有种类的疼痛以及感性适意的情况中，如饭食、饮料、触摸、狂喜等等感性适意的情况中，这都是很显然的。

2. 感性感受不能脱离开在注意力中的相属的感觉内容；永远不可能怀疑：这些内容的哪一个群组属于它；感性感受永远不会是无客体的；但它也不以任何方式“对立地”拥有这些内容，并且是不带任何“意向”地朝向它们。这是由下列命题表达出来的：它是本质必然地作为状态、永远不是作为功能或行为而被给予的。因此，这些纯粹感性的感受就已经缺少意向性的最原始形式，即“具有朝向某物的快乐”[②]。感性感受本身或许既能够成为例如享受和忍

① 它的强度变化并非不依赖于不断增长的广延；广延随强度而增长，但强度并不随广延而增长。亨利·柏格森试图把它的强度回溯到扩展上的做法（参见《论意识的直接材料》）在我看来是失败的。（《论意识的直接材料》一书的中译本根据名为《时间与自由意志》。吴士栋译，北京，1997年。——译注）

② 痒感（Kitzelgefühl）在自身中本身必定承载着上升的并在达到最大值时消失的倾向，而它们的刺激对象必定始终具有运动特征，这些在生命上如此重要的痒感就已经明确地区分于纯粹感性感受。

受的对象，也能够以一种特有的一同相关性方式而进入到对价值状态的享受和忍受之中。然而它们本身并不包含任何功能方面的 336
东西。尽管如此，最简单的感性感受也永远不会束缚在一个唯一的感觉上，相反，它在与感觉内容的关系中就始终已经展示着一个新的**质性**；因而它不是一个像质性和强度一样附着在感觉上的感觉本身的一个特性或一个“色调”。它的边界和提升状况也并不与感觉的边界和提升状况相合。①

3. 感性感受不带有**任何**人格关系，并且仅以一种**双重间接的**方式才是**自我**相关的。我们发现，它既不像纯粹心灵感受如悲哀和忧伤、痛苦和幸福一样直接附着在自我之上，也不直接充实着**身体自我**(Leibich)，并且不像真正的身体感受一样附着在身体上。这个身体自我本身只是通过“我的身体”这个现象的关系事实，包括所有作为感受而属于它的东西，才与心灵自我相关联。但感性感受也并不直接与身体相关，即是说，我并不会发现它作为情感色彩而与我的身体意识总是同时出现；毋宁说，它是奠基在某个已划定的身体**部位**的被给予性上而被给予的，恰恰是作为这个部位的状态，而且唯有通过这种双重的体验关系，它才也直接与自我相关。我对它的感受，是在我体验到器官统一的“地方”，它便是这个器官统一的状态。②

4. 感性感受按其本质来说是一个仅仅**现时的**(aktuell)事实组

① 对此问题也可以参见克瓦勒夫斯基的研究，载于：勒文费尔德的《神经生活和心灵生活的边缘问题》。

② 仅因为此，疼痛才被定位在被划分出来的肢体中，因为这个肢体还被误以为是被给予的。

成。这就是说，对它来说不存在任何真正的感受回忆（Gefühlserinnerung）和感受期待（Gefühlserwartung），或者——如果我们想说得更明确些——**没有**“**再感受**”（Wiederfühlen），**没有**“**追复感受**”（Nachfühlen），**没有**“**在先感受**”（Vorfühlen），同样**没有**对一个感性感受的“**共同感受**”（Mitfühlen）。它的唯一存在形式是它**在**身体**上**的时间的和场所的存在形式。或许我们能够通过回忆和对曾是它的刺激的那些对象的再造而使一个类似的感受在我们身上（在减弱了的程度上）显现出来，但这个感受而后便是一个**新的**感性感受并且也作为新的感性感受而被给予；撇开这些不论，只有它的原因和结果才可以为再体验、回忆和期待所达及，但它本身是无法被达及的。与此相反，我们觉得，如果对**整个**情感领域都声言，在它之中根本没有真正与表象、回忆和期待相似的东西，那么这就是谬误了。因为，我不能**以感受的方式**将一个永远不被体验到的
337 **心灵**感受引领到我的心灵面前，我不能统贯感受（durchfühlen）一个永远不是实际地如此被感受的东西（合乎想象地）——同时这个如此被给予的东西并不因此而成为我的现时感受状态（例如在对一部小说的理解中），我也永远不能以感受的方式理解被感受到的东西（例如把善者理解为罪人，把罪人理解为善者），我不能——如果我以前体验过一个感受——**追复**感受（*nach*fühlen）它，不能以感受的方式将它作为**同一个东西**“再次统贯体验（durchleben）”，我不能**在先**感受（*vor*fühlen）它的再来，并且——这对伦理学尤为重要——，它可以作为“同一个”痛苦例如与另一个人“一起”而被共同感受到（mitfühlen）。**感性感受完全地和本质地摆脱了所有这些东西**。它们还可以是感受感染的刺激，然而永远不可能是共

同感受的基础；①它们在削弱之后重又作为类似的而出现，但永远不会被回忆或（合乎感受地）被表象。正因为此，它们的刺激对象也必然是作为“当下的”而被给予。我们当然可以具有对一个不在场的对象如对一个人的感性快乐；但只能以这种方式，即我们只能将它表象为或想象为当下的——而不能以这种方式，即像在例如爱的喜悦中一样，人也被表象为不在场的，然而它的存在却唤起了喜悦。但如我在其他地方②曾表明的那样，所有真正的生命感受也还是可以为追复感受、在先感受和共同感受所达及的。

5. 感性感受就其本质而言是点状的（punktuell），不持续的和无意义连续的。对于点状性和不持续性可以参照我在第一部分中所说。* 但它缺少意义连续乃是因为在感性感受之间没有充实联系（Erfüllungszusammenhang）以及没有制约着它们的本质共属性与争执。一个感受，例如懊悔的感受，能够——无论这懊悔是在哪一个时间段上出现——根据一个坏的行动上取消一个否定的自身价值感受。* 在这里有一个显然的意义联系。畏惧与希望（两个生命的感受功能）会在特别的感受中得到充实和得不到充实，并且恰恰随这些“充实”而消失。但一个纯粹感性感受不做任何“要求”并且至多是去“充实”一个对它的追求，但永远不会去充实另一个情感的功能。它既不向前（vordeuten）也不向后“意指”（zurückdeuten），它不带有可能的情感体验结果，并且自己不是一个从其他情感体验中得出的“被体验到的结果”。

---

① 参见这部著述的第一部分、第二篇、〔边码〕第 111 页。

② 参见笔者，《论现象学与同情感理论以及论爱与恨》（1913 年），第 27 页。*

6. 在所有感受中，感性感受最少受到对它的注意力之转向的损害。它在这里似乎根本不像其他感受那样来去匆匆，相反，由于它的始终一同被给予的、间接地对意识而言的感觉基础日趋清晰，所以它既在提升自己，也在突显自己。反之，所有生命感受都因为对它们的注意力的转向而在其正常的进程中至少是受到干扰，并
338 且只有在注意力的亮度领域的彼岸才有意义地和正常地起作用。所有那些始终同时在帮助我们对生命活动进行有意义引控的生命感受，都是在黑暗中生长起来的，它所蕴藏和孕育的力量恰恰会被注意力所损害。但纯粹心灵感受具有在注意力之光束面前——对它们的各个种类而言以不同的程度——完全溶化的倾向。因而一个疼痛会通过引开对它的注意力而变得较容易承受，例如通过自己的消遣或通过从事有趣的事情。它可以例如在战争中或在战斗的过程中甚至起先根本不“被发觉”，遑论被关注。相反，一个心灵痛苦的压力则在人为引开对其对象之注意力的过程中是增长着的，而对同一个东西的注意力之有力指向以及与此相联结的对它的分解和客体化则恰恰反过来在这里起着“解脱”(befreiend)的作用。

7. 但对于伦理学来说具有重要意义的是这样一个事实：感受越是接近感性感受状态的阶段，拥有感受和不拥有感受就越是要服从于愿欲和不愿欲(同时也从属于实践的可制作性)。生命感受就已经极少是实践地一任意地可改变的，而心灵感受则更少是如此了，而精神一人格一感受就完全不是如此了。每个感性的快乐都可以通过施加相应的刺激而被制作出来——只要不存在相属感

觉的感受麻木性或感觉麻木性[1]；每个疼痛原则上都可以被麻木
化。相反，舒适和不舒适、清新和疲惫、健康和疾病、蓬勃上升的和
衰败下降的生活等等的感受并不是以同样的方式被愿欲，并且无
法以同样的方式被制作；它们一同依赖于例如整个生活方式，并且
是在个体资质与种族资质的更高的程度上；只能在狭小的界限内
通过某些实践的措施来改变它。但纯粹心灵感受——它们越是纯
粹并且越是不掺杂生命状态——是如此紧密地附着在个体意识内
容的各个总体素群（Konstellation）上，以至于它们比生命感受更
少能够听命于一个意愿的引控。根据它们在其深度层次中的特殊
深度程度的不同，它们具有其特殊的持续性以及其特殊的平息节
奏，并且能够在其中通过任意的压迫或忽略的抑制而在其内部被 339
给予性中被干扰，但却不会以某种方式被改变。那些从我们人格
本身深处自发地涌出的感受，完全摆脱了任何一种意愿主宰，它们 *493*
因此而恰恰最不是"反应性的感受"：人格本身的极乐状态、绝望状
态。反应性的感受只是在它们是反应性感受的程度上，才听命于
任意的生产。但这些感受——如果我可以说的话——是作为纯
"神恩"而给予自身的，并且，它们作为所有行为举止的、包括愿欲
的源泉越是重要，意指它们甚或将它们的存在或不存在设定为"目
的"的做法也就越是完全不可能。

从这个事实组成出发，现在才完全可以理解，所有实践的幸福主义，即快乐感受在其中展示着追求和愿欲的目标与目的的每个

① 关于这两种麻木性的可分性可以参见 H. 洛采，《医学心理学或心灵生理学》，莱比锡，1852 年。

伦理的行为举止——无论它是对自己本身还是对他人——都必然会接受这样的倾向：把所有在它之中包含的意愿活动都指向对感性快乐的单纯增多，即是说，成为幸福主义的行为举止。这里的原因并不在于，不存在有别于感性快乐的其他快乐；或者，一切快乐或任何快乐都是一个出自“感性快乐”的一个生成发展结果，而是在于，唯有感性快乐的原因才是直接在实践上可引控的；例如在社会伦理活动以内就首先是占有关系（Besitzverhältnisse）。反过来，重又是社会改造者的实用主义效应，才在伦理学的历史上如此频繁地导致了这样的情况：或者是根本不去顾及非感性的幸福感受，或者只是错误地将它们作为可以实现的价值载体来顾及（一如边沁所做），或者却认为，所有其他的快乐都只是感性快乐的生成发展显现（例如 H. 斯宾塞便是如此）。譬如 J. 边沁在他的《道义学》中对他用占有程度来衡量“快乐总量”的各个程度的尝试的论证不仅明确地借助了下列命题，即：撇开其作为独立的快乐源泉的功能不论，占有就是那个对开启所有其他快乐源泉而言始终也必然一同参与的快乐源泉，而且也借助了这个命题：占有是唯一在实践上可引控的快乐源泉。但他和他的功利主义追随者都从未获得这样一个对伦理学来说如此重要的明察：幸福感受（Glücksgefühl）的价值和伦常意义作为伦常愿欲的源泉与通过愿欲和行动一般而对它们的可达及性恰恰处在一种相反的关系中。他们没有看到，天生就只有那些价值最低的喜悦才会本质必然地受到所有对社群和法律体系的可能“改革”、受到社群政治的施行（Tun）一般的实践影响。而且喜悦（与痛苦）随着向其深度层次的进步而必然会以越来越大的程度避开可能的影响。但在我看来，对这个

事实组成的明察——有意或无意地——引导了所有伦理学家—— 340
从苏格拉底到托尔斯泰——，使得他们针对这些趋求而一再地要求人格驻足于自身之中，这意味着回返到它的存在和生命的更深层次之中；而且使得他们不是在单纯“体系”的改变中，而是仅仅在人格的内心再生中才看到伦常的“救赎”(Heil)。

现在让我们来看一下**生命感受**的深度层次。

作为一个特有的和**不可还原**到感性感受层次上的情感生活的层次，生命感受以及它的样式已经将自身展示为：它们在所有那些对感性感受来说是特征性的标记中都载有背离的特征。

在对情感生活和追求生活各阶段的现象学考察面前，那种以为生命感受(以及它的各个样式)可以被回溯到作为感性显现的快乐与不快乐之上并且仅仅展示着感性显现的“融合”的看法根本是站不住脚的。①

前面已经提及各种不同的生命感受的现象特征。在感性感受得到延展和定位的同时，生命感受虽然还参与着身体的总体广延，然而却并不具有在它“之中”的一个特殊广延和一个场所。如果我问：你在哪里觉得伤心？你在哪里感觉到快乐？你的疼痛延展到哪里？它是钻心般的还是针刺般的疼痛？那么，舒服和不舒服，例如健康感和疾病感、清新和疲惫，都不能以类似的方式在其定位以

① 与此相似，在生命显现的客观方面也可以表明，那种与对生命感受的感觉主义-联想心理学说明**完全相应**的学说是与上述事实不符的，这种学说把一个有机体的全部生命活动都说成是它的各个器官、组织和细胞的孤立活动的单纯总和与相合作用，亦即有机生命的“细胞国家观”。我们在这里首先坚持与此相关之过程的主观方面。

及在其器官方面得到规定。尽管如此，这些感受不同于如悲哀和伤感、极乐和绝望这样的心灵感受和精神感受，它们是极其明显的**身体感受**。并不是“我”可以“是”舒服的和不舒服的，就像“我是悲哀的”、极乐的和绝望的一样，而是“我”只能如此“感受到”“我自己”(mich)，同时，这个“我自己”(mich)无疑意味着那个**身体自我**(Leibich)、那个对我们身体的**统一**意识，在身体的总体中被划分出来的器官感觉和器官感受只是次生地、犹如出自其奠基性背景般地突显出来。有一种观点认为，感性感受的广延和场所仅仅是
341 “表面上的”，它们实际上也像心灵感受与精神感受一样，是非广延的和无场所的，例如它们只是借助于一个“经验联想”才与个别器官的图像联结在一起，或者它们只是“被投射到”这些器官中去——这样一种看法是完全没有根据的。在疼痛中和在感性快乐本身中，在完全不知道(不通过对它们的外感知和回忆图像而知道)有关器官的情况下，我们发现广延和场所。人们可以指出一些欺罔，例如在被截肢者的疼痛感觉中存在的欺罔，他以为恰恰在他已被截去的胳膊中感受到他的疼痛，或者人们可以指出一些游动不居的歇斯底里的疼痛，它们不具有边缘的基础，这些指明根本不足以动摇上面之所说。这类欺罔预设了通常情况的被给予性。在第一种情况中，记忆图像或许会克服在残肢上的疼痛感觉，而在第二种情况中则恰恰包含着感受臆想(Gefühlsillusion)，它们原则上并非有别于在生物与机械中的表象臆想，但没有一个医生可以在不利用疾病的主观症状并且同时不**预设**这些现象之真正性的情况下做出一个诊断——至少，只要没有新的现象给他提供对病人陈述内容进行怀疑的根据，他就无法做出诊断。此外，从这些现象本

身，到在语词中的陈述，这当然是一条漫漫长途；一个疼痛可以在不被发觉和关注的情况下现存，它可以在没有（作为当时被判断的事实组成）被回忆的情况下就仓促而逝，它根本不能被纳入到或者不能被错误地和正确地纳入到一个概念之下。

其次，生命感受及其样式是一个统一的事实组成，它缺少感性感受所具有的那种“相互分离”的杂多性形式。唯当我们已经知道了，生命感受可以被回归到感性感受上，这时才会产生用“融合”来解释这种“统一性”的契机。但这仅仅因此便已是不可能的了，因为在生命感受的某种现存状态中，感性感受的杂多性甚至对意识而言也是现存的，而且对它的注意力根本不会必然地改变生命感受。倘若生命感受是感性感受的一种融合（如在冯特的意义上），那么感性感受在生命感受之中也就必定会被用尽，并且就无法仍然与生命感受并列地现存。而后，生命感受就可以具有一个实证的方向，并在其中重又具有随意的质性，而主要的感性感受却并不同时表明相同的肯定特征。例如，在不具有任何可发现的疼痛的情况下，甚至在感觉到最强烈的感性快乐感受时，我们可以感受自己是“疲惫的”和“悲惨的”，并且我们也可以在强烈疼痛的情况下感受自己是“清新的”和“有力的”，而且患有疼痛的、长久持续的、342 例如可以单纯归结为损伤的疾病的同时，我们完全可以具有一种对我们生命的蓬勃上升的意识。在其中同样表达出生命感受及其意识的特性和独立性。

在感性感受的继续将自身展示为或多或少死的状态的同时，生命感受却始终已经具有功能的和意向的特征。感性感受可以根据一个客观的研究和一个建基于它之上的关系而将自身展示为对

某些在器官和组织中的状态和过程的“指号”(Anzeichen)。即使我们可以根据经验联想——哪怕不借助于进行关系联结的思维行为——而将它们理解为这样的“指号”,它们也并不因此就超越出那种死的状态特征。与此相反,我们在生命感受中感受到我们的生命本身,即是说,在这种感受中有某种东西被给予我们:它的“蓬勃上升”、它的“衰败下降”、它的健康和疾病、它的“危险”和它的“优势”。而这一点既适用于那些朝向我们本己生命的生命感受,也同样适用于这样一些生命感受,它的功能是在追复感受和共同感受中以及生命同情中转向外部世界或其他生物的。感性感受并不在任何意义上超越出它们实存的点状性之外,而在生命感受中则也有我们周围世界的一个特殊价值内涵被给予我们,例如森林的清新、生长着的树木的压迫力量。但具有完全特别意义的是这样一个事实:并不是精神感受才分有了,而是生命感受已经分有了追复感受、共同感受的功能。生命感受因而天生就能够一同论证共同体的意识,而这对感性感受来说则完完全全是不可能的和关闭的。所有属于“激情”(Leidenschaft)领域的东西,例如激情的爱,即使它们肯定不属于精神领域,也完全有别于感性感受。对于生命感受来说也存在着真正的所谓感受回忆(Gefühlserinnerungen),而对于感性感受来说却只存在着回忆感受(Erinnerungsgefühle)。对一个曾有的疼痛,如果我不满足于对它的判断回忆,那么我只能通过将一个较轻的现时疼痛与对有关刺激的表象相联结的方式来加以回忆。感性感受——如前所述——本质上是现时的。它们因此并不具有生命领域之感受所具有的实存的连续性以及相互分离的连续展开。正如我能真实地共同感受到一只鸟的疲惫。但却永远不能真实地共同感受到它的对我而言完全未知的感性感受状态，我也能以后追复感受到一个本己的生命感受，或更确切地说，追复感受到，我的统一的生命有机体的状态处在何种 343
境况中。

但这种已经为生命感受所具有的意向特征还会获得一个完全特别的意义，因为生命感受能够明见地**指明**在我的躯体之中和之外的事件与过程的生命“**价值含义**”(Wertbedeutung)——可以说是它们的生命“意义”(Sinn)，这个价值含义对于整个表象领域来说是完全关闭的，对于概念领会(Begreifen)的领域来说就更是如此了；即是说，生命感受能够使那些**绝未**被我把握到其相属智识意义的危险与优势得到指明——不是根据一个经验联想，而是直接地予以指明。所以，撇开它们的直接感受内涵不论，生命感受在其总体性中也构成一个对于生命过程之变换状况而言的**真正符号形态**；它的价值仅仅在于，这些符号的出现原初在**时间上要早于**生命过程所经历的那些实际的损害或促进，无论这些损害或促进是通过在躯体中的进程，还是通过周围世界的进程而造成的。因为，只有通过这种特性，生命感受才能够规定那些可以避开那些“危险”，但可以保证那些可能的“优势”的行动。所以，在生命感受之中，那些**本身**尚未被给予我们的现象的**价值**已经被给予我们，以至于我们还能够促进或遏制它们的显现。因而，如果人们将它们**原初**仅仅当做是在有机体中的有益的或有害的进程的**同时伴随现象**，并且其次仅仅当做对它们的单纯指号，即可以从智识上被计算或以其他方式被期待的指号，那么这就是一个对生命感受的经验误识。毋宁说这是属于**感性**感受的特性。它们就其本性而言是有机体刺

激的结果——而生命感受则恰恰向这些可能的刺激本身及其出现**预告了**这些刺激的价值。感性感受，例如不同种类的疼痛，同样能够成为对于在有机体内部的促进生命和阻碍生命之进程而言的**指号**，当然只是根据经验联想。但这里恰恰始终也只是“被灼的孩子学会怕火”而已。与此相反，如果我们研究最简单的现象：恐惧、畏惧、恶心、羞耻、胃口、憎恶，对动物和人的生命同情与生命反感，眩晕感[①]以及其他类似的东西，那么情况就会完全不同。这些感受
344 的全部意义和全部含义恰恰就在于，它们所指明的是**将来之物**的价值，而不是现存之物的价值，而且它们在某种意义上既是空间上的遥远感受，也是时间上的遥远感受（Ferngefühl），有别于感性感受所展示的那些空间上和时间上的接触感受（Kontaktgefühl）。

纯粹心灵感受重又最明显地突出于生命感受的阶段。心灵感受并不因为以下的原因才成为自我的一个状态或者说一个功能，即我在现象上是穿越过身体被给予性的并且把这个身体把握为“我的”身体，即属于（心灵）自我的身体。它**生来**就是一个自我质性。一个深层的悲哀感受也不会以任何方式参与广延，而广延例如在一个舒适状态和不舒适状态中还始终含糊地存在着。当然，在这个层次之内，感受还具有一个杂多而不同的自我切近〔关系〕与自我疏远〔关系〕。在语言表达中：例如“我感受到自己是悲哀的”（ich fühle mich traurig）、“我感受到悲哀”（ich fühle Trauer）和“我是悲哀的”（ich bin traurig）（第一个表达或许已经达到了语

① 参见 E. 普甫吕格在其著作《生命自然的目的论的机械论》（第二版，波恩，马克斯·柯亨父子出版社，1877 年）中的细腻分析。也可以参阅 H. S. 杰宁斯在他的书中对畏惧的阐述：《较低级生物体的行为举止》，德文翻译：芒高尔特，莱比锡，1910 年。

言可能性的界限[1])便标识着不断增长的自我切近。感受体验种类的差异性有可能关系到同一个质性和深度层次的感受，但这个差异性与特定质性领域束缚于其上的层次差异性丝毫无关。即使是纯粹心灵感受通过不同身体感受和生命感受而经历的变换不定的着色，也不会取消它的特性。心灵感受与所有层次有别的感受种类一样，都遵循着它们本己的变换法则，而一旦那种着色变得过于强烈时，或者一旦在不同层次的环节之间发生一直导致混淆的欺罔时，我们便将此心灵感受看做是一种或多或少病态的“乖张”(Launenhaftigkeit)。倘若一个人的心灵感受没有“受动机引发”(在以前曾提到过的理解联系中)，并且他的感受连续性没有始终被分离于变换不定的情感身体状态，那么他就会像一个智识上严重被干扰的人一样不可理喻。

在我看来，将精神感受与纯粹心灵感受区别开来的首先是这样一个事实：它们永远不可能是状态性的。在真正的极乐和绝望中，甚至在轻松愉快(心平气和<serenitas animi>)和“心灵平静”中，所有自我状态性的东西(Ichzuständliches)就已经像是消失殆尽了。这些感受似乎是从精神行为本身的起源点中——犹如——涌现出来，并且将它们的光明和它们的黑暗泼洒在所有那些在这些行为中被给予的内心世界和外部世界的东西上。它们“穿透”(durchdringen)所有特殊的体验内容。它们的特性也表现在：它们是绝对的感受，而不是相对于人格外的价值状况和相对于它们

① 相反，对于“舒适”(wohl)和“不舒适”(unwohl)、“舒服”(behaglich)和“不舒服”(unbehaglich)而言，“我感受到自己”(ich fühle mich)则是最相即的表达。但我们永远不可能说：我感受到自己是适意的(angenehem)。

345 的动机引发力量的感受。我们不能在同一个意义上“对某物”绝望并且“对某物”极乐，就像对某物欢快和不欢快、幸福和不幸等等一样。只要这些措辞在语言上被使用，它也就立即会被感觉为夸张。人们简直就可以说：只要这个我们“为之”极乐和绝望的某物(Etwas)还被给予并且还可以被说出，我们也就肯定还不是极乐的和绝望的。很可能有一系列其他在动机引发的意义链中的体验把这些感受从我们这里夺走，或者让这些感受在体验系列的末尾出现：但只要这些感受在此，它们就会以特有的方式脱离开这个动机链，并且仿佛是从人格的核心的出发充实着我们的实存和我们的“世界”的整体。而后我们便只能“是”极乐的和绝望的，而不能——在严格的意义上——“感受”极乐和绝望，遑论感受“我们”是极乐的和绝望的。然而在这些感受的本质中包含着：它们或者是根本没有被体验到，或者便是占据了我们的存在之整体。正如在绝望中隐藏着一个在我们人格实存与我们世界之核心中的情感的“否！”一样——“人格”在这里甚至还不是反思客体——，在“极乐”——幸福感受的最深层次——中隐藏着一个情感的“是！”看起来，恰恰是精神感受构成了人格存在本身之伦常价值的相关项。因此它们实际上也是形而上学的和宗教的自身感受。唯当我们本身不再需要与一个特别的存在领域(社会、友人、职业、国家等等)相关联，并且唯当我们不再作为此在相对于和价值相对于一个通过我们进行的(认识的或意愿的)行为的而被给予，而是作为绝对的“我们自己本身”(Wir selbst selber)而被给予，这些精神感受才能够被给予。只有当那些在我们之外或在我们之中的特别实事状况和价值状况不以可感受的方式在动机上将我们引向(motiviert)这种极乐的可充实性(Seligkeitserfüllbarkeit)时,并且只有在它们的存在和持续——在现象上——没有受到任何为我们所进行的愿欲行为或一个行动和生活方式的制约时,或者以能够变化的方式矗立在我们眼前时,确切意义上的极乐才被给予。因为这恰恰是构成极乐和绝望之"基础"的人格本身的存在和自身价值。接下来,只有当——仿佛是——所有可能的逃脱途径都像是已经从否定的感受中被消除了,而且我们甚至已经无法想象任何一个处在我们的人格能然的活动空间中的可能行为和可能行动、可能行为举止能够改变这个感受时,绝望才会出现。在这种不为人格及其可能行为以外的价值状况所决定的状况中凸显出这样一点:这些感受仅仅植根于人格本身的价值本质之中,以及植根于它的所有比它的行为之存在与价值存在更优越的价值本质之中。这些感受因而是唯一的既不能通过我们的行为举止而引起的,也不能哪怕被想象为与我们行为举止相配的感受。这两者都与这些感受的本质相悖。[①]

① 这个命题完全不依赖于对这些感受的所有宗教-形而上学诠释(例如将它们解释为神恩或神惩)。无论如何,当路德明确否认极乐是由事业所引起和挣得时,或者当他否认绝望可以通过事业来转化和消除时,他也就在这些宗教的包装中认识了这个本质联系。然而这个明察完全独立于他的其他宗教陈述(例如极乐只能通过信仰等等)。

幸福主义的问题

346 第 9 章　感受状态与伦常价值的关系

在任何一种对某物的追求中——如我已经表明的那样[①]——都会有对某个价值的**感受**深入进来，它为追求的形象组元或含义组元奠基。这个特有的状况就是通常被标识为实践的**动机引发**(Motivation)的状况。所有动机引发都是直接被体验到的因果性，并且在突出的意义上是“吸引的因果性”(Zugkausalität)[②]。与它有别的是各个**感受状态**，追求和愿欲便可以说是从这个感受状态中迸发出来的，这个状况不同于动机引发，它将物理“推动”(“推力”＜vis a tergo＞)的现象包含在自身之中。一个如此起作用的状态也可以被标识为追求的**源泉**或**动力**。正如追求的“目标”是通过在体验中对追求内涵中之价值的感受而被决定的一样，对目标的**追求**也通过它的感受源泉而被决定。最后，附加到每个追求的这些情感组元之上的还有这样一个感受，它**伴随着**追求和愿欲本

---

① 参见这部著述的第一部分、第一篇、〔边码〕第 56 页及以后。

② 因此，在我们似乎不具有这种状况时，我们将一个追求也标识为没有动机引发的，例如一个愤怒冲动或怒火冲动。

身的进行，并且它与它的价值处在一个特别的联系之中。因此，例如所有奠基于爱之中的愿欲本身在进行的过程中始终是快乐的，而所有奠基于恨之中的愿欲则始终是不快乐的——，无论前者是否同时会因为没有得到回爱（Gegenliebe）的满足而导向一个不快乐的状态，无论后者是否同时会因为恨得到了满足而导向一个快乐的状态。因而需要将这种伦常的**功能感受**区分于**价值感受**（动机引发感受），同样也需要将它们区分于追求的**源泉**和追求的情感**作用**。

但是，在追求的源泉与价值方向之间现在建立起了一些特有的本质联系，它们重又论证着某些愿欲和行动的进程法则。我们在这里并不想详尽地探讨这个论题，而是强调其中的两个本质联系：

a. 在“更深的”情感自我规定性的否定规定性情况下对替代物的倾向法则 347

任何一个实践的幸福主义——如我们所见——都必定会**以必然的方式**成为享乐主义，因为（最肤浅的）感性感受在实践中是最容易被制作出来的。这种实践的幸福主义的源泉在于人的中心的不极乐（Unseligkeit）[①]。每当人在他的存在的一个**更中心的**和更深的层次中**没有得到满足**，他的追求就会获得一个**调准**（Einstel-

① “Unseligkeit”在日常用语中一般指“不幸”或“不祥”。但舍勒在这里用它来指幸福感受最高层次“极乐”的缺乏或不达，相当于“极乐”的对应项“绝望”，故而勉强译作“不极乐”。——译注

lung)：犹如用一个对快乐的追求意向，并且是对各个更为边缘的层次即同时也是更容易制作的感受的层次的快乐的追求意向，来取代这个不快乐的状态。在这个意义上，这种对快乐的追求意向本身已经是一个内心不极乐(绝望)的符号，或者——根据情况不同——是内心不幸或悲惨、内心不快和悲哀的符号，或者说，一个指明"生命之衰败下降"方向的生命感受符号。所以中心的绝望中会在不断更新的人际接触中"寻求"幸福；生命虚弱者(设想一下那种不断增长的感性享受癖，它与如此之多的疾病理解在一起，如肺病)会"寻求"单个感性快乐感受的积累。即使对于整个时代而言，不断增强的实践享乐主义也始终是生命败落的最确定无疑的符号。[①] 甚至可以说，无喜悦和生命感受的否定规定性越是普遍成为一个社会内部的基本态度，那么对能够唤起快乐和消除感性疼痛的手段(例如麻醉品)的需求通常也就越大。此外还有，喜悦越是中心，对它们的释放也就在相同程度上越不需要外部的，特别的刺激组合(Reizkombination)，这些组合在其复杂程度上也就越是罕见，而且对它们的制作也就越是被束缚在例如特定的占有关系上[②]。一个快乐感受越是中心和越是深层，因而它天生也就越发不依赖于外部生命进程的可能变换情况，它也就越发不可摧毁地附着在人格本身之上。极乐与绝望在变换中充实着人格的中心，

① 但是，实践享乐主义从来不是——像许多我们的道德说教者所说的那样——这种败落的原因以及所有从属于它东西、例如生殖率回落的原因。

② 因此，在历史上变动不居的对作为感性喜悦的主要源泉的财富之追求尺度始终同时也是对追求者的生命的蓬勃上升和衰败下降的符号。所有生命的败落都伴随着对财富的不断增长的追求。

同时却并不触及客观的幸福和不幸及其感受相关项；而当单纯的喜悦和痛苦相互变换时，幸福感受与悲惨感受——正如每一个生 348
命都会带有的那样——也不会随之而动摇。它们包容着这个变换。但更深的感受层次的每一个否定的规定性会使追求的热情在其对各个更为边缘的层次的快乐回顾之指向中立即茁壮地成长起来。因此，“极乐的”人也能够喜悦地去忍受悲惨和不幸——同时却不因此而必定会对更为边缘层次的疼痛和快乐变得麻木。

没有一个伦理会像基督教伦理一样如此深刻地在自身中接受上面所说的意义。基督教生命学说的伟大革新就在于，它不像斯多亚学派和古代怀疑论那样把对感性感受的漠然（Apathie）亦即麻木（Abstrumpfung）视为善，而是指明一条道路，在这条道路上，人们仍然要忍受疼痛和不幸，但却能够犹如极乐地去忍受。古代伦理学只知道麻木化的方法，或者那种在“理性”判断（斯多亚的判断：“疼痛不是弊端”）中对痛苦进行随意转释的方法，即是说，一种针对生命的疼痛与痛苦的臆想主义（Illusionismus）的和自身替代的方式。另一方面，佛教学说只知道通过对在事物本质本身之中的（误认的）根据的认识以及通过对它听天由命的顺应来将痛苦客体化的方法，因为痛苦而后便被理解为一个建基于事物本质中的世界痛苦的必然结果和部分。所有这些方法都——合理地——受到基督教痛苦论的拒斥。它拒绝否定的、禁欲的麻木化方法和“禁欲”（在这个词义上）方法，并且素朴而真实地将疼痛称作“弊端”，将各个快乐称作一个“善”。而且，它称作“心灵医治（Heil）”的东西的本质要素，在它看来并不是单单通过对欲求和（误认的）在它之中构建起来的世界之现实存在（它的对立面是在完全保留下来

的涅槃思想核心的世界内容那里)的扼杀来从痛苦中得到的拯救,而是在人格存在中心中的肯定性极乐。从痛苦和弊端中的拯救对它来说不是——如释迦牟尼——极乐,而只是极乐的结果;而这种拯救并不在于一种疼痛与痛苦的不在场,而是在于以“正当的方式”即以极乐的方式来忍受它们的艺术(“极乐地承担十字架”)。*

从我们的法则出发至少会产生出对此问题解答的可能性:哪些位置是疼痛与痛苦在“拯救道路”上所能够实际地占有的和不能够实际地占有的。肯定不是那种位置,即一种实际的、与病态的东西相接触的痛苦癖(它也经常披着基督教的语词外衣)所指派给它们的位置。任何一种痛苦(无论在哪个层次上)都是一个弊端,并且没有一个痛苦可以是极乐的条件。任何一种将痛苦理解为伦常的改善手段或理解为一个所谓神的教育手段的做法都已经是可疑的,因为永远无法表明,为什么恰恰需要这种痛苦(一个弊端)才能达到这些目标。从生物学上把疼痛理解为警告符号的做法也似乎

349 表明了那种合目的性,它根据种类和程度而处在与损害与疼痛的联结之中;但它永远无法从这个目的论的思想中推导出这样一个必然性:有疼痛一般存在,并且生命的进化为何不去运用其他的警告符号。但更为边缘的情感层次的任何一个否定的感受规定性都具有一个行为的源泉价值,我们在其中意识到我们生存的一个更深层次,并且——仿佛是——我们将自己拉回到它之中,甚至常常是在这种拉回的体验中才发现它是更深的层次。但是,我们而后在这个我们存在的更深层次上体验地看到的东西,如极乐或绝望,并不以任何方式受更为边缘层次的疼痛和痛苦的制约或规定。没有人会因为痛苦而成为极乐的——他只会因此而进行那种“内心

反省”(Einkehr)，它使他把握和关注到他的存在的更深层次。如果赋予痛苦以一种“净化”(Läuterung)的力量，那么它所具有的这种把我们引向我们存在的各个更深层次的功能便得到了表达。净化并不是指伦常的“改善”(Besserung)，更不是教育。“净化”仅仅意味着将那些不属于我们人格本质的东西从我们身上抛开，以及将我们的生存清晰地呈现给我们的意识。

b. 所有朝向肯定的和相对更高的价值实现的意愿方向原初都永远不会发源于作为源泉的否定性感受状态，而是发源于作为源泉的肯定性感受状态

不仅在历史上的整个伦理学中，而且在历史上的整个价值论中都贯穿着一个观点，根据这个观点，不同的否定性感受体验，即在此被称作“痛苦”、“苦难”、“需求”、“贫困感受”等等的感受体验，就是对朝向肯定的和相对更高的价值之实现的愿欲方向的必然条件。[①] 无论这些学说的内容看起来有多少根本差异，因为它们关系到伦常价值和其他价值，例如文明与各种发明的起源，但它们却具有同一个统一的错误的根源。它们把所有否定性的感受状态或者是变成了创造价值的感受状态，或者是变成了实现肯定性价值的源泉。但这些学说的起源都在于怨恨、嫉妒以及与它们相联结

① 只要想一想那些谚语智慧：“苦难教人祈祷”、“苦难是文化之母”等等。

的价值欺罔，最终还在于由此得出的、如此紧密联结的“痛苦骄
350 傲”——在这里无法对此做进一步的证明。[①]

在伦常价值方面，最高的价值是人格价值本身。但唯有善的人格本身也才是必然极乐的人格，而恶的人格本身则是必然绝望的人格。所有行为价值，尤其是那些愿欲价值，以及所有伴随这些行为的感受，最终都依赖于这些人格的内心价值以及人格的最中心的、情感的被充实状态。这个伴随着人格价值的最中心感受在这里是愿欲及其伦常志向方向（Gesinnungsrichtung）的“源泉”。唯有极乐的人格才能够具有一个善的意愿，并且唯有绝望的人格才必定在愿欲和行动中是恶的。所有实践的幸福主义是多么根本错误或多么悖谬，康德的学说在我们看来也就有多么悖谬，按照这种学说，祥福（Glückseligkeit）与伦常价值在其存在中彼此是完全不依赖的，并且只是通过一种必然的理性公设才在一个应然的意义上相互联结在一起。[②] 所有善的意愿方向都起源于最深层次的肯定感受的一种溢出（Überschuß），而且所有“更善的”行为举止都起源于相对较深层次的肯定感受的一种溢出。仅仅因此——在我看来——人们才可能忽略这个简单的伟大真理：人们想通过一个意愿行为或在一个意愿行为中把可实现性变成所有伦常价值存

① 参阅在笔者的文章与论文集《价值的颠覆》（柏林，1915 年*）中“道德建构中的怨恨”论文的第一章。

② 没有人比路德更深刻地看到这一点，在他那里，这个看法是隐藏在他所提出的各种历史-相对的和可疑的独断论设想（唯靠信仰＜sola fides＞学说等等）中的，但这些设想并不能够有损这个明察。

在一般的本质条件；由于人们此外还——正确地——看到，极乐与绝望是无法以任何方式通过我们的**愿欲**来制作的感受（因为它们恰恰是渗透在愿欲着的人格本身之存在中），人们便不得不认为，伦常价值与这些情感的人格被充实状态**根本**不具有任何本质联系。再加上人们常常也会忽略这个最终的情感深度层次——倘若不甚而忽略整个**深层维度**的差异性的话——，并且因此而误以为能够指明那些生命经验和历史经验，它们常常使人认识到束缚在不幸与悲惨上的一个人格的最高的伦常价值，以及束缚在幸福和成就上的一个人格的最重的伦常恶习与过失。但不言自明的是，人们在这里所说的“幸福”与“不幸”，即那些通常会引发出否定性感受，而且是某个较为边缘层次的否定性感受的事端（Begebenhe- 351
iten），**不会**容许**任何一种**向一个人格——我们的意义上的人格——的极乐和绝望的推断。属于这种人格的极乐与绝望之**本质**的，恰恰是它们的存在相对于这些幸福与不幸之变换的独立性。即便在这里也谈不上任何幸福结果以及愿欲和行动的成就，而只能谈及这些东西的**情感根源与源泉**。但极乐与绝望却渗透在人格本身的存在——它们处在其愿欲的彼岸——之中，并且因此也统握着和共同规定着**它们在行为上所进行的一切**。

然而，在行为价值与**伴随着**行为进行的感受之间恰恰存在着同一种——完全独立于外部历史经验的——联系方式。每个作为善的而被给予的愿欲都是由中心的幸福感受所伴随的，每个坏的愿欲都是由同样中心的痛苦感受所伴随的——而何种感受**状态**对于整个行动者来说是那个愿欲和行动的被误认的**结果**；这个问题

是完全无关紧要的。只有那种把这些感受完全颠倒地建构为对善的和恶的愿欲的“自身—褒奖”或“自身—惩戒”的做法，以及与此相近的在这种联系观中的幸福主义的措辞才可能重新唤起反幸福主义者们的命题：一个这样的存在联系是根本不成立的。

但在这里已经不可能谈及惩戒和褒奖了，仅仅出于两个原因：其一是因为，奖励善业（Lohgüter）与惩戒弊端（Strafübel）永远不可能达到这样一个中心位置与深度阶段，即本身在善的愿欲中展示着喜悦并且在恶的愿欲展示本身中痛苦的那些幸福感受所具有的中心位置与深度阶段；其二是因为，每个对这些感受的意愿意向自身都已经足以使它们变得不可能。[①] 一个幸福感受越是不作为目标浮现在善的意愿面前——应当是“善的”——，它也就越是绝对确然地承载着幸福。

可是，所有其他正价值的原初实现源泉也从来就不在于一种所谓“需求”或“贫困感受”、一种“教人祈祷”并且“是文化之母”的“苦难”，如此等等，而在于一种肯定性感受状态的盈余（Überfluß），并且伴随着肯定性的行为感受或功能感受。

让我们来关注一下，一个所谓的“需求”究竟是什么。与一个单纯的本能萌动不同，例如与饥饿不同，一个需求是对一个固定种类善业之不存在的（不快乐）感受，或者是对这样一个善业在质性上得到固定描述的、不快的“贫困的”（Ermangeln）（不快乐）感受；

---

① 谁取求那些附着在善的意愿上的喜悦并因此而意愿“善业”，谁的愿欲就不再是善的——而且正因为此，他必然始终不能具有本质地附着在善的愿欲本身之上的喜悦。

而在这个特有的"贫困"体验上建立起对这样一个善业的追求。当 352 然，贫困的善业（或善业种类）的肯定性内涵（Was）在这里并不必须被表象出来或被想象出来。它不常常就是需求的"渴望"吗，这种渴望首先必须在建构性的想象中为一个如此种类的善业的观念和表象构形（formen），它或者对它的制作可以满足这个"需求"。但是，那个构成了一个需求之朝向的善业统一的特殊正价值必须已经在感受中在先被给予，而后才有可能形成那种贫困体验。因而情况并不像价值和价值评估的需求理论（例如不同的国民经济学作者所提出的那种需求理论）所以为的那样：有价值的仅仅是那些（＝x）满足了一个"需求"的东西。某物的有价值并不意味着，一个单纯的贫困（即贫困体验的客观相关项）能够被消除，一个价值虚空可以说是能够被填补，一个漏洞被堵塞。毋宁说，对贫困的感受预设了，"贫困的"善业的正价值就首先是在感受中在先被给予的，只要这里现存的不只是一个完全不被指向的，还不以任何方式配得上叫做"需求"的渴求。此外还要加上第二个需求组成的标记：这种本能萌动（每个需求都"建基于"这种本能萌动之上）是以某种方式周而复返的（periodisch wiederkehrend）；因为一个在我们一生中只欲求一次的东西，就不会是一种需求。最后，当每个本能萌动，或者更确切地说，当建基于它之上的"对……的欲望"成为一个"需求"时，它必定已经以某种形式得到了缓和，并且同时这种缓和必定已经成为习惯性的了。因此，与自然被给予的"本能"、它的萌动的急迫性与强度不同，所有需求都是历史地和心理学地生成的。没有天生的"需求"。正因为此，需求才永远不会是某种原

初的东西，即人们可以由此出发来说明例如对某些善业种类的发明或某些生产的东西，相反，需求才是始终需要一个“说明”的东西。我们每天都在眼前看到，那些起先仅仅用于奢侈、即用于在它们之中所包含的适宜享受的事物，是如何作为事物并且作为这种事物而成为“需求”的，而后不仅它的此在同时被感觉为是快乐的，而且它的不此在被感觉不快乐的和“有缺失的”。而且历史告诉我们，这个过程也在这样一些善业方面进行着，它们今天属于最不言而喻的所谓大众需求，如盐、胡椒、咖啡等等。很明显，对这些善业的原初生产永远无法通过一个需求的本能力量而得到“说明”，因为，它们可以渐渐成为“需求”这个事实毋宁说是始终预设了这种创造和它们的感受源泉和相关产品消费向一种习惯形式的过

353 渡。[①] 另一方面，在某个方向上最急迫的苦难并不能够唤起“对某物的需求”。例如，有一大批黑人种族都居住在鱼量丰盛的湖泊旁，并在每年都会在特定的时期陷于严重的饥饿苦难；尽管如此，却并没有形成一种对鱼以及对通过网或鱼钩来完成的捕鱼方式之发明的“需求”。需求恰恰还预设了除了对于某种物事的肯定性价值的感受以外对这种物事的现存状态的信念，或者说，预设了这样一种信念：对它们来说存在着一种唤起的方式。也许当所有这些因子被给予时，它们而后还能够驱动(antreiben)对这种善业的生

① 恰恰因此，需求唤发的原则能够并且必须不仅仅在所有对自然民族的殖民性文明工作方面(参阅维尔讷·封·西门斯，《生命回忆》)，而且也在最高文明化的经济中接受一个有意识地引导此工作的地位。例如整个现代的电子工业都要归功于这个原则的此在。

产活动，也许同样能够在这些需求**方向**改变的情况下驱动对有类似动机的善业的生产活动，但**永远不会**驱动对这些生产方式原初“发明”或对具有这些肯定性价值的善业的“发现”。就其情感的基础来看，那种发明和发现的活动本身（撇开那些自由的、游戏的、联结组合的想象以及按照它而进行的“尝试”不论）始终是产生于各个更深入的存在层次的快乐的**力量溢出**和**能然溢出**；那些更为边缘的情感生活层次的不快乐并不已经展示一个“对……需求”，而只含有一个含糊的渴望，从这种不快乐中永远不会对这个溢出（Überschuß）产生出一个特定的肯定性价值方向，而至多只会产生出对某些其他可能价值方向的**排斥**（Ausschluß）。

约翰·洛克首先将所有追求的形成都回溯到一个需求之上[①]，在他之后，人们让“需求”对于文明形成以及对文明进步所发挥的虚假作用就在于，人们忘了探问一个“需求”是什么，而且对需求及其变化不做说明，并且因此而没有注意到，人们始终已经**预设了**对善业的价值评估**以及**将它们唤起的源泉。[②] 整个生产性的意 354
愿生活与它的情感基础都以此方式而（完全不确切地）是从“消费者”的立足点出发**建构起来**的，亦即是如此构建起来的，就好像善业生产者在他的生产过程中所体验到的东西与善业消费者在带有

① 如所周知，A. 叔本华从这个为他采纳的洛克理论中得出了他的悲观主义结论，并且从它出发而推导出单纯否定性的快乐一般之意义。

② 类似的谬误表现在：人们想从一个“品味”的变换来说明艺术家的变化，而“品味”毋宁说是从被生产的艺术方式以及享受者和接受者的感受对在**它**之中所包含的审美价值之适应出发才是可以理解的。

对这样一个善业之欲望时，即在具有对它的“需求”时，所体验到的东西恰恰就是同一个。同时，以此方式，一个在时间上实际产生要迟得多的“需求”（无论是通过一个社会的成员的相互感染和相互衡量，还是通过对一种特定的、在其此在中预设了善业的满足方式的直接追求适应）也被虚假地移置到那些对善业的生产的原初位置上；所以，从未有过的“需求”而后便被虚构出来，因为它们更多只是那些生产的结果，而人们却让它们成为这些生产的原因。这种需求学说不仅在对所有伦常价值（“把苦难变为德行”合理地被看做是真正德行缺失的符号）以及所有精神价值和文化善业的理解上完全站不住脚——这应当是不言而喻的——，而且也对文明的价值和善业的理解来说完全站不住脚。也许在这里存在着一个区别。但这两种善业生产的本质区别只是在于，前一种生产是从一个自由的、不受本能一般影响的精神充溢（Überschwang）出发进入此在，而后一种生产却通过这个自由想出的产品对本能、它们的构建和它们的萌动的回复作用（Rückwirkung）而在其属性中一同受到制约。但本能与本能萌动还不是“对某物的需求”，后者毋宁说也已经预设了善业种类本身的生产。

我们在这里不得不放弃分析这个明察对文明构成的具体问题所具有的意义。①

① A. 阿德勒最近在他的关于“器官的价值较少性”（Organminderwertigkeit）和“神经质特征”的著述中以一种本质不同的方式尝试着在一个被感受到的贫困上（在一个本己的器官属性或一个心灵资质方面）证明不快乐的创造力量，尤其是当它在与其他个体的比较关系中被意识为特别的“缺陷”并且强烈地刺激着“嫉妒”和“荣誉”的时候。阿德勒认为，这种不快乐的感受会唤起一种“过度补偿”（Überkompensation）的倾

向，并且例如会在器官和资质上制造出一种对这些被意识为价值较少的东西的特别训练决心和训练姿态；而且他认为，通过这种“现在是时候了”（Nun erst recht），常常也会有特别的价值崇高的成就得以形成。尤其是那些理想构成，即关于一个人期望是什么和能够做什么、关于在他面前“浮现”的他自己的理想是什么的理想构成，便是起源于一个与各个被感觉为有缺陷的资质的对照之中。这里无法再详细分析这个进程形式对于病态心理现象的心理学说明的意义。但无论如何，如果人们想用这个过程来说明意愿构成和理想构成一般并且把这个过程看作是在它们之中人类文化成就的正常成立形式，那么这就是一个深刻的谬误。毫无疑问，这是一种特殊的肯定的能然意识，伴随着对作为能然的能然之喜悦，这种能然意识为这个通常的人给出了在一个领域中对他的实际成就而言的（理想）标准，而且这种能然意识使他永远不满足于一个成就，并驱使他超出每个成就之上。即便是包含在最本己的力量之线索中的东西，也仍然是能够作为“不可达及的”而伴随着生活的“理想”。但是，当然也不应否认，也有一种与此相对贯穿在与“人们知道自己能够做什么”之对比中的特殊理想构成（例如，歌德曾首先想成为自然研究者，米开朗琪罗曾首先想成为诗人和宗教人＜homo religiosus＞），此外，某些领域的价值评估这一方面和与它们相关的能然感受另一方面是远远相互分离的。然而这种相互分离并不会导致一个与那些价值评估相符而与这种能然不相符的理想构成。唯有当这种能够意识，即对于一个内容领域来说是“真正的”能然意识，或展示着还未分化的人格能然本身的能然意识，被转用到一个在其中它是非真正的能然意识并恰恰被一个原发地感觉到的能然贫困所遮盖的领域上时，向着过度补偿的驱动，尤其是相关资质的训练才能产生。理想构成而后便遵循着这个“被误认的”能然的方向。但以这种方式永远不可能形成肯定性的原初成就，而是至多只能形成对那些引发这些成就的东西的虚弱仿效，相关者便（有意识地或无意识地）与这些仿效“竞争”。有一种特殊的人的类型，他只是在将自己的竞争与他人的价值的比较中，即是说，只是在他自己知道“比另一人价值更多”时并完全作为“有价值的”（即便作为价值较少的甚至作为负价值的）而被给予时，才建构起对本己价值的意识，即他所缺少的那种作为素朴的自身价值感受的本己价值意识；也就是说，他并不比较那些对他来说已经自在地和在另一个人身上被给予的价值（例如，就像一个人，他为自己“选择了”一个他愿意效仿的“英雄”），相反，他的价值和其他人的价值是在比较中才对他成为被给予性。这类人的主动的游戏方式会渐渐成为“追求者”，他的追求目标并不处在任何肯定性的实事内涵及其价值之中，而只是在比别人更多的存在、更多的成就之中，并以此方式试图去平衡各个被感受到的价值差异（他的价值较少性）。而这类人的被动形式则会导致一种怨恨的类型，即导致一种通过拽下他人价值来平衡被感受到的价值差异的做法，——最终导致在他人价值方面的价值评估之变态。在我看来，阿德勒所看到的那个类型是属于第一种形式的。

355 第 10 章　幸福与伦常价值的联系与制裁和报复之观念的关系

在祥福(Glückseligkeit)与伦常的肯定性人格价值之间、在善的行为举止与伴随它的肯定性感受之间存在着某种联系，这种联系超越出这两个事物的单纯偶然的、经验的结伴(Beigesellung)或不结伴之上，在此问题是，所有做过认真思考的人都是同一个看法。只有当这个联系的本性要被确定时，例如它究竟是一个“本质联系”的联系，还是“自然法则”的联系，或仅仅是一个“应然要求”的联系，这里所关涉的究竟是一个因果关系，还是另一种关系，在
356 因果关系中的原因和结果究竟是什么，如此等等——这时争执才开始产生。

为了澄清这个重大问题，我们以对**正价值**或**负价值**本身与那样一些生物**感受**之间所存在的关系的研究为出发点，对于这些生物来说，这些价值是内在于一种向于……追求(Streben nach)(或一种对于……抵御追求)之中的，而我们的这个出发点并不依赖于这些问题:在这里所涉及的是哪些善业，以及这些生物具有哪些组织。

但在这里我们现在已经觉得某些联系是**先天的**，因为它们同时作为对所有被赋予心灵之生物的理解而言的理解联系在起作

用，而且因为我们也不可能想象任何观察可以取消这些联系。这些联系就是：

1. 被感受到的一个正价值的此在所具有的结果是某种快乐，即作为相关生物之反应的快乐。如果正价值成为一个取求的“目标”，那么这个倾向于将价值从不存在带入存在的活动就还会比这个目标被达到时更多地为满足所伴随。如果正价值成为一个抵御追求的目标，那么这个抵御追求越是达到了它的目标，这个活动就越多地为不满足所伴随。被感受到的一个负价值的存在所具有的结果是不快乐（作为相关生物的反应）。对一个（被感受到的）负价值的取求越是达到目标，这种活动就越是以不满足为结果；对一个被感受到的负价值的抵御追求也在相同的程度上以满足为结果。

因此，撇开其本己质性不论，这些感受的存在同时也是价值和非价值的（间接地还有对它们的感受表达的），而且是那些为相关生物以感受方式所接受的价值与非价值的存在与不存在的“符号”。但满足的质性与不满足的质性同时也是他对那些被他感受到的价值的追求和抵御追求之状况的“符号”（“不满足”在这里绝不只是在满足上的贫困，而是一个肯定的事实）。没有一个归纳经验的事实能够动摇这些命题。因为像“不同生物对同一类事物做出快乐和不快乐的反应”这样的事实仅仅表明，这些事物对这一些生物是善业，对另一些生物则是弊端，或者，对这些和那些生物来说各不相同的价值在这些事物上得以实现。对正价值之存在的快乐反应与对负价值存在的不快反应并不以此方式而受到丝毫干扰。而同样的道理也适用于满足和不满足与对正价值和负价值之取求（以及抵御追求）的成效的联系。

357 具有重要意义的是这个问题：我们是否可以或必须承认，一种对正价值的抵御追求，或者说，一种对负价值的取求是同样原初的事实。这种看法既不会受到那些以为可以将满足定义为一个有成效的追求（无论是取求还是抵御追求）的伴随现象的人的赞同，也不会受到那样一些人的赞同，这些人认为这是一个本质法则：唯有正价值才受到取求，并且唯有负价值才受到抵御追求。他们会说，在对一个正价值的抵御追求之假象中始终要么是在同一个事物上有一个负价值被感受到，要么是在这里只包含着一个对更大或更高价值的偏好和对那个正价值的偏恶。然而这些完全是一些在这样一个明见的事实面前无法立足的建构，这个事实是指：有一种对肯定的和被感受为正价值的抵御追求，并且有一种对否定的和被感受为负价值的取求。无法探问这个事实的“是否”（Ob），而只能探问它的生物条件。而现在这样一种本质条件当然是实存的。即是说，每个将其本己的存在本身感受为负价值的并因此而将自己感受为“非存在应然的”生物，都必定取求负价值并抵御追求正价值。它仿佛是在这个实践的行为举止中否定着它的本己价值本质并且仿佛也还在其中肯定着正价值的存在。在这个联系中包含着坏人的本质上自身毁灭的特征。并非因为坏人不“在生存中保存”自己，所以他才是坏的——就好像“好”就等同于在生存的保存能力一样，如斯宾诺莎便这样说（而且达尔文和斯宾塞在他们对伦常的推导中也预设了它）——，而是因为坏人是坏的，他才必定会毁灭自己和他自己的世界。[①]

① 所有价值欺罔的最终原因在于追求的变态，这些变态始终出现在好的东西被

2. 进行着行为的生物(一个特定的**价值高度**)的每个正价值的增长都伴随着从属的感受深度层次的一种快乐的提升,每个正价值的减少都伴随着一个快乐的降低,每个负价值的增长都伴随着不快乐的提升,每个负价值的减少都伴随着不快乐的降低,这些快乐与不快乐提升和降低都是反应,而且是**对于**价值增长和减少而言的“**符号**”。在这里,价值高度和感受深度是相符合的。

3. 每个对一个更高价值甚于一个更低价值的偏好都伴随着肯定感受的深度提升,每个对这个更高价值的偏恶都伴随着否定感受的深度提升。因此,从前面所说(所有具有正价值的做和为 358
(Tun und Leisten)都源自于肯定中心＜positivzentral＞的感受)便可以看清:每个对一个更高价值甚于一个更低价值的偏好都会使另一个这样的偏好**更容易**可能,而反过来,每个对一个更低价值甚于一个更高价值的偏好都会使同一本性的其他偏好更容易可能。对于“选择”来说(它既可以是根据在“偏好”中作为更高的而被给予的价值来进行的选择,也可以是根据在“偏恶”中作为更低的而被给予的价值来进行的选择[①])有效的是:满足的深度是随着对**更高**价值的选择而提升的,不满足的深度是随着对更低价值的选择而提升的。

这些联系在其要素性的基本思想中完全不是新的。它们的基

抵御追求并且坏的东西被取求时。价值欺罔绝不是变态的原因;毋宁说,变态是这样一种价值欺罔的原因,这种欺罔把那些尽管是作为坏的而被给予的东西,哪怕仿佛只是“透明地”,仍然**误认**(vermeinen)作是好的。参阅笔者的论文:“道德建构中的怨恨”,第一章,载于:文章与论文集《价值的颠覆》、第一卷、莱比锡,1915 年。

① 可以回忆一下在这部著述的第一部分、第二篇 B、第 3 章中关于行为载体(无论是“善的”还是“恶的”行为载体)的偏好类型和偏恶类型所做的陈述。

本思想例如清晰地隐含在莱布尼茨的学说中：每一个快乐都标明一个在感受主体的“完善性”中的进步。唯当我们认为，完善性**不可还原到存在的**程度，快乐**不可还原到**对此“完善性”的某种繁杂**明察**上，这个学说才从原则上偏离开了这个规定。根据归纳经验而对这门学说所做的已知诘难长期以来就带有合理性的假象，这乃是因为人们没有区分感受生活的**各个阶段**。所以，也就不是所有随意的快乐都会标明对一个特定主体、例如对人格或总体生物体而言的正价值的此在，不是每个快乐都会标明这样一个价值的增长。例如各种**精神**的情感（即贯穿在感受行为中的纯粹行为感受）并不标明任何价值和任何对人格**生命**的促进，而是仅仅标明在达及其理想的个体价值本质的过程中精神**人格本身**的价值、对它的各种促进和阻碍。它们确切地测量出在人格本身之所是的东西与它应当是的东西之间的**间距**（Abstände）——在这里，同一个人的生命感受完全可以同时被规定为不一样的，例如在被体验到的对人格的促进过程中，这种生命感受可以展示着一个下降的进程。而且人们同样无法要求**感性**感受去标明：例如促进或阻碍**总体**生物体之**福康**（Wohl）的是什么。如果在酷暑下喝冷水导致了死亡，如果严重的肺病和精神病伴随着感性的快乐，如果感性快乐与不快乐的此在和缺失及程度完全不会与整个生物体的生命之损害和促进的程度相符合，那么所有这些都仅仅是对那个人而言才是奇妙的，这个人误识了生命感受的统一和自身法则性并且仅仅将它
359 看做是感性感受的一个合量（Resultante）。但是，如果我们认为，感性感受恰恰也只是标明了在**各个器官**中的特殊生命活动的价值

状态(以及促进和阻碍),而在这些器官上也可以现象地发现这种感受,同时却并没有以此方式而一同测量出,这个特殊活动对于整个生物体的统一生命意味着什么——那么这种反目的论便会成为不言自明的,甚至会被倡导。只是这个尺度才给出在其本己变化中的生命感受。此外,当然也不可以认为,所有快乐感受和不快乐感受都具有一个伦常意义。唯有最狭窄意义上的良知感受才会具有这种伦常意义,即是说,唯有那些附着在对价值的偏好和偏恶上、附着在选择和价值与人格本身之关系上的情感变更才会具有这种伦常意义。但所有这些变更都始终也同时是感受深度的变更。

现在,从这些本质联系中可以为幸福与伦常性的古老问题获取一些什么样的教益呢?

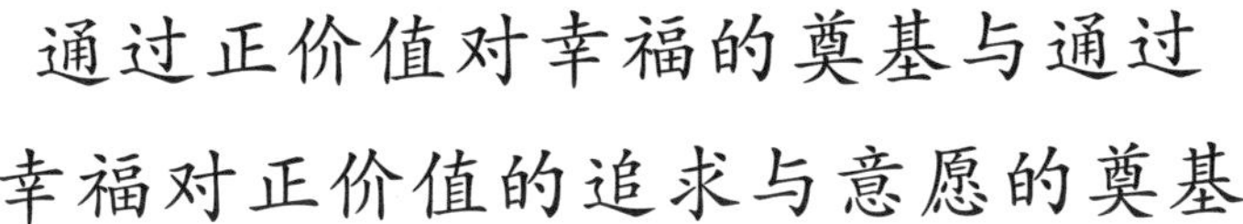

通过正价值对幸福的奠基与通过幸福对正价值的追求与意愿的奠基

在其实用主义的热情中,伦理学家几乎始终都只提出这样一个抉择:要么,幸福是由在伦常上有价值的此在、生命和行动所决定的;这样,幸福对于"德行"、对于伦常愿欲和行动本身,就既不会作为源泉也不会作为目标而具有意义,亦即根本不具有任何意义。于是幸福或者只能被看做本性必然的结果并同时被看做"德行的报酬"——或者就必须将此视作"公设",即:好人将会是幸福的,因为他"应得"(verdient)是幸福的;这样一来,"应得幸福"或"值得是”幸福的就会比“是幸福的”更好。[①] 要么，幸福就是所有那些配得上“有德行的”这个名称的行为举止的目标。于是，人就首先应当追求幸福（幸福主义）。但这个抉择已经绕过了这个问题。所有对幸福和不幸的感受都奠基于对价值的感受之上，而最深的幸福、完善的极乐则完全在存在上依赖于本己伦常善业的意识。唯有好
360 人才是祥福的人。但这并不排除以下的可能：恰恰是祥福才是所有善的愿欲和行动的根源和源泉——然而永远不可能是它的目标，甚或是它的“目的”。唯有幸福的人才行善。因而幸福绝不是“德行的报酬”，德行同样也不是祥福的手段。但它却或许是德行的根源和源泉，但这个源泉本身已经不只是人格内心本质善业的一个结果了。

尤其需要拒斥的是这样一种学说，它要求对观念能然命题的负责力量进行所谓的“核准”（Sanktion），即一种“约束性的根据”，通过它也会以某种方式把善业与本己的幸福兴趣后补地“联结”在一起。只有在善业原初被看做是与人格、它的存在和本质相解脱的时候，例如被看做是一系列瞄向（hinzielen）人格的要求或法则规范的内容，以至于人格先要——以某种方式——为那些要求所获取，只有这时才需要这样一种“联结”；只有在这些最深的幸福感

① 第一种学说便是那种“伦常因果性”的学说，善的行动同时显现为幸福的原因——一种构成了关于一种所谓自然伦常世界秩序的所有学说之基础的观点。例如在十诫中的第四诫“要孝敬父母，好使你享长寿”肯定不是像常常被诠释的那样：即做幸福主义的（在使你长寿的意义上）理解，而是在那种“自然回报”的意义上。关于那种将此视为幸福的应得的观点，或者偏好值得幸福（Würde zum Glück）甚于幸福的观点，可以参阅笔者在“论德行的复苏”论文中关于“恭顺”（Demut）的论述，载于：文章与论文集《价值的颠覆》、第一卷（1915 年）。

受的本质与组成同时完全不被看见和注意的时候——这些幸福感受是奠基在人格本身的善的存在(Gutsein)之中，并且所有其他可能的报酬都只能展示一个具有较少深度的幸福感受层次——，只有这时才需要这样一种“联结”。但这个原初的善的存在是人格本身的善的存在，而最深的幸福感受是伴随着它的极乐意识。那么这里还要所谓“核准”做什么呢？即便一个善行会给行善者带来任意大的损害，将他置于任意不幸的状态之中——但由此行而引起的不快乐所具有的深度，永远不会与在这个善行本身中的快乐所具有的深度相同，并且永远不会与那个作为它的源泉而使它得以可能并且完全无法被任何更为边缘层次的不快乐摧毁的更深快乐所具有的深度相同。没有一个应当为伦常善业给出褒奖的报酬善业(Lohngut)能够从本质法则上来规定与幸福本身一样深的幸福，正是从幸福本身中才奔涌出伦常愿欲并且伴随着它；没有一个用于处罚的惩戒弊端(Strafübel)能够规定如不极乐一样深的痛苦，正是从不极乐中才流淌出坏行，以及伴随着它的不快乐感受。“善自有善报”和“恶自有恶罚”这样的说法也还预设了一个错误的命题：必须有某种对伦常存在和愿欲而言的“核准”。

正是出于这个原因，必须拒斥那种在内在的或超越的“回报”意义上的古老学说，即认为在好的行动上会自然合规律地构成幸福结果，在坏的行动上会自然合规律地构成不幸结果，同样也要拒斥康德的学说，它明确地否认有这样的构成，但却根据实践理性的“公设”而通过一个“伦常的世界规整者”的施行(Aktion)[①]来要求

① “Aktion”是舍勒较少使用的一个概念。这里将它译作“施行”，主要是为了在译名上有别于“行为”(Akt)和“行动”(Handlung)。——译注

这样一种“回报”，甚至想把对一个伦常的世界规整者的“信仰”首先建立在这种“理性必然的”要求之上。

361 让我们来弄清楚：什么是“回报”。“被回报”的东西始终只能是那些带来幸福的或带来损害的并因此而造成不快的现实作用或可能作用，这些作用是指一个伦常上好的和伦常上坏的行动对其他生物所具有的作用。唯有对于这些作用而言，在报酬善业和惩戒弊端中才会存在着一个可能的价值一等值性，以及在快乐和不快乐的深度种类中的等值性。相反，对于在这些行动中隐藏的善和恶的价值——无论是作为它们的特性，还是作为愿欲和人格的特性——来说，回报的概念不具有任何意义。“回报”，它在这里只能具有这个意义：“对恶人和恶行以恶相待”；然而明见的是，在恶人和恶行面前也应当在伦常上以善相待。甚至回报的行动本身也愿是一个伦常上善的行动！其次，“回报”还可以意味着：给恶行报以一个不快乐，这种不快乐具有与在“坏良知”本身中隐藏的不满足同样的中心深度。但这是不可能的，因为这种深度的不快乐恰恰在本质上是与恶的存在与愿欲联结在一起的。

因此，回报的观念在纯粹伦常领域中根本不具有任何场所。毋宁说，回报是一个原初仅仅从那个因一行动而受害者的立场出发以及从一个第三者的立场出发并且就他而言才获得一个意义的观念；它所获得的意义并不来自那个是善的和恶的人或做善行和恶行的人的立场，而且也不是对于他而言的意义。对回报观念的寻找不应当在伦常领域的周围(Umkreis)进行，而应当在与它根本不同的法律领域的周围进行。“回报”本身因此也绝不是一种对正义应当存在的结果要求(Folgeforderung)。正义只是在规整着和规定着回报的冲动，因为它把对称的观念、以牙还牙、以眼还眼的观念（以某种更为确定的方式）**添加给**对回报的要求。但是，从正义的观念中并不能推导出或通过分析而得出“回报”的观念。回报是与报复**同源的**，并且首先是与一个 C 的特别被**追复感受到的**报复冲动**同源的**，它与一个受害者 A 对一个施害者 B 的报复冲动是一同进行的。同样，补偿是与 A 对 B 的同情共感的感谢一同进行的。[①] 但在这里**只**有同源性，没有相同性。在报复的事实组成中只要有两个人就足够了。而为了回报则原初就需要有三个人，其中的“第三者”——在感受上——要“**超出**”另外两个人之上。此外，回报既作为“要求”，也作为实施的活动（例如从法官方面来 362
说），是一个完全**独立于**在受害者心中的报复感受和在受益者心中的感谢感受的**种类和强度**的事实。例如使每个回报的法官的行为**有别于**受害者的报复冲动的东西恰恰在于，他完全冷静地和不受这些感受影响地行使他的职务。其次，当受害者心中并**没有任何**报复感受现存时，回报的要求也会出现。但这个事实是可以由此而得到理解的，即：回报**与**报复都以一个共同的体验为基础，更进一步的研究会将这个体验确定为是对被某个价值状况所要求的“**赎罪**”的体验。报复已经不同于对一个施加的弊端的直接“反对”（Gegen-）和“反抗”（Abwehr），同样也不同于通过完全无目标的运动而进行的单纯愤怒感触和怒火感触的发泄。即便是那种并非针对有罪者本身，而是针对某些与他相关联的人（家庭、氏族、部落、

① 然而需要强调的是：承载着原初的和肯定的特征的只是回报，而不是补偿。“回报”一词——在不做附加的情况下——因而始终意味着对损害的回报，而不是对做好事的回报。

民族）或善业的报复冲动，甚至——以最原始的方式——针对任何有生命的和无生命的善业的报复冲动，[①]也带有一种将反击“回置”到一个较后时间的行为，并且带有“这是为了这个”的体验——在回报中也含有这同一个意向要素。如果我们既把这个有报复感受的、被损害的主体也把实施着回报并始终飘浮在施害者和受害者之上的“第三者”从思想中排除出去，那么，除了否定性的价值状况（例如“这里有人被杀害了”）以外，甚至在原始的关系以内，即某种东西偏离出它的“自然界限”并造成一个弊端（例如一条河漫出了堤坝并造成洪水泛滥）的这种原始关系之内，仍然会有某种东西留存下来：这就是从这个负价值状态**本身**出发可感受到的“赎罪”“要求”。因此，没有看到任何可能的、可以对其施以报复或施以回报的作案者的情况下，似乎是这“流淌的血”本身在“走向赎罪”。但是，回报与报复**在相同的程度上**奠基在这种对要求的**体验**之中。因为，无论报复相对于“回报”而言是多么“主观”和不节制，报复也已经有别于单纯的感触，如愤怒、怒火、恼怒（以及对它们的发泄），它是一种奠基在一个被给予的负价值的事实组成中的情感。感受到报复的人，虽然试图将他受到的损害作为**他的**来加以弥补——有别于那个进行回报的人——，然而却是如此地进行弥补，以至于这种损害即使撇开**他的**不快乐不论也显现为是某种**要求赎罪**的东西。正因为此，报复的活动才有可能被感觉为是“义务”，甚至在某
363 种情况下，缺乏报复感受会被感受为是伦常的缺陷，但缺乏愤怒、

① 参阅笔者在怨恨论文*中针对S. R. 斯坦麦芝（《对惩戒之最初发展的人种学研究》，莱登，1894年）的观点所做的阐述：原初存在着一种“无指向的”（ungerichtet）报复。

怒火等等则不是如此。报复是以一个作案者(Täter)的观念为前提的,回报则至少以一个作案(Tat)为前提——同时作案者并不需要以确定的或不确定的方式被给予——;另一方面,报复并不必然以承担罪责为前提,而只是以对弊端而言的因果性为前提,而回报却在作案因果性之外还以承担责任的被给予性为前提,与此同时,赎罪要求则并不必然与这些条件中的任何一个相联结。因此,例如一个偶然的并非由一个报复者或一个回报的强力的报复活动和回报活动所唤发的弊端作案者的死亡,也可以被感觉为是"对"他作案的"赎罪"。报复和回报看起来仅仅是用来满足发自负价值状况本身的赎罪要求的两个主观方法。但惩戒的观念现在就其在精神中的起源而论却并不会回归到报复上,而是回归到回报和赎罪要求上。那些试图将它无论是从报复中,还是从正义的观念中推导出来的做法,甚至是在对其本质的完全误认中从某个目的中将它推导出来的做法——当然在它被给予时它也以杂多的方式是与这个目的同源的——,因而都同样是行不通的。从报复中推导出惩戒的做法当然可以得到历史的和生成的论证,在它的起源的意义上,它可以说是不充分的;尽管报复感受和报复冲动完全消失,赎罪要求及其实现也会通过惩戒而保留它们的意义。回报和惩戒因而都不是相对于有报复感受的生物之生存的。然而另一方面,如果人们想将它从纯粹伦常的价值和要求中,尤其是从"正义"的要求中推导出来,那么这便是对回报的观念和惩戒的观念的更深的本质误认。因为,正义完全不会要求——只要它的本质得到纯粹的把握——用弊端来回报恶。按照正义的本质核心的一个部分,"在相同的价值状况中,愿欲着的人格的相同的行为举止也成

立”，这是善的并应当是善的；只是从这个部分中才得出，如果存在着回报的话，那么回报同样应当涉及等值的东西。但从正义之中并不得出对一个“回报”本身的要求。

因而回报和惩戒以一个不带任何内心基础的纯粹伦常根源为荣耀。实际上这些观念并不延伸到人格和人格关系的绝对的和纯粹伦常的领域中，相反，它们在其内涵中完全是相对于一个生物共同体的福利价值的。如果我们将纯粹伦常的价值和要求明确地区分于所有那些在人的本性中与它们相联结的东西，那么这个被看到的恶的东西的事实——无论它是针对我们的，还是针对其他人
364 的，并且无论它是促进着，还是阻碍着福康（Wohl）——便只可能唤发起悲哀，并且根据所有人与所有人的伦常凝聚感受原则而唤发起每一个人关于他的共同负责（Mitverantwortung）的意识（在“我的罪，我的全罪”＜mea culpa，mea maxima culpa＞的意义上），但却永远不可能唤发起对回报的要求和冲动。这种伦常明察已经明晰清楚地现存于基督教中。绝然的回报性的“朝向”（在伦常的意义上，而不是在法律的意义上）被明确地当做恶而遭到拒斥。任何事实性的风俗及其被误认的“对伦常支撑的需求”，诸如我们的实际惩戒系统所展示的那种，都不会对这个明察造成丝毫的损毁——即便这样一个系统出于各种非伦常的原因而必须被承认为是必然的，甚至不仅必然地奠基在人的本性中，而且也必然地奠基在所有生物的本质之中，并因此而必然地奠基在它的秩序的核心之中——甚至超越出所有地球人类经验。这并不会改变这个事实：它对于纯粹伦常机制领域而言并且也在神性面前缺乏任何意义和价值，并且因此而不具有任何纯粹伦常—宗教的约束性

(Sanktion)。

因此，倘若康德把回报称之为一个“纯粹”实践理性的公设，那么我们就必须将此明确地作为没有根据的而加以拒斥。它只是一个**生命有限的**(vital bedingt)理性的公设，而不是“纯粹”理性的公设。

然而，始终还必须将作为这样一种价值观念以及作为相对于生命共同体的福利价值而言的价值观念的回报**严格地**区分于那样一种价值，即它的实现对于达到某些共同体的目的，例如对于保护这个共同体，所能具有的在它**作为**回报的纯粹价值以外的价值。这个价值自身，即这种以坏回报坏、以恶回报一个施加的恶的做法所具有的价值——自身，即是说，不具有其他的、与未来相关的可能目的使用——，首先在于，回报使被害者的心灵从憎恨的志向中**纯化**(reinigen)出来，因为它给予他一种被满足的赎罪要求的感受、一种“赔罪”(Genugtun)的感受，并且因此而将每个伦常关系、包括与他的施害者的关系的**根源**重又交还给他：**爱的能力**。另一方面，随着对有罪的施害者的回报和处罚的发生，在施害者自己的身上有某种东西得以进行，这种东西使他**同样**能够进入到一个既与有罪的被害者，也与他自己的伦常基本关系中。正如惩戒并不产生于伦常的承担责任之中，即作为本质必然的应然要求的在伦常上承担责任，它本身也不可能也摆脱**罪责**及其压力。这种功能和施行是由纯粹伦常的**懊悔**所保留的，唯有它才能够重造那种肯定的内心幸福，它的否定的对立面是——在同一个深度水平 365
上——有罪的行动的源泉。* 懊悔所具有的不快乐深度是建基于本己活动的伦常无价值上的，它无法被任何从外部施加的惩戒弊

端和为它所规定的不快乐所取代。因为这两种感受从属于根本不同的深度层次。但有一种东西必然会唤发起惩戒弊端：那种“净化”(Läuterung)，它根本——如我们所见——不可能是一个不属于更深人格领域的不快乐或痛苦的唯一伦常－重要结果。惩戒将施害者的内心目光吸引到他的更深人格领域，并因此而使他看到他的伦常特性状况(Beschaffenheit)。在此意义上，惩戒给予他通过懊悔行为而从伦常上去消除那些附着在他身上的恶的机会——然而却并不因此而就对懊悔行为做出规定。但这种懊悔行为一方面是受害者根据被要求的赔罪来进行真正的原谅行为的前提，另一方面也是对此而言的前提，即：施害者也从他那方面失去憎恨的志向(这种志向会把任何针对受害者的有罪施害都确立为是对施害者而言他的坏的回忆符号)，并且也从他这方面重新获得已失去的对受害者的爱的能力。所以惩戒是一个在受害者和施害者之间的伦常关系之可能性被再造出来的形式——在自在的非伦常的回报冲动的前提下。唯在其中——不是在一个纯粹的“伦常正义要求”中——才包含着惩戒所具有的、仅仅是相对的伦常权利。它减少着——在不纯粹的伦常人格关系的前提下——世界中的恨以及与它本质地联结在一起的中心的不快乐感受，尽管它最终还是将一个定量——并不以一个因此而可被引发的更大快乐为条件——添加到更边缘的不快乐感受之中。因此，它通过其单纯的回报意义——而不是通过它对未来人类行为举止的某种作用(改善、威慑)——而有助于对受到损害的纯粹伦常关系的再造。甚至对法律惩戒弊端的回报意义——而完全不是这个弊端本身，以及它对未来的活动与存在的动机引发作用——也就仅仅在于：它具有这个必然的结果。而事实情况却恰恰是：这个弊端被设定为惩戒，而不是被设定为预防措施，并且惩戒弊端并非作为弊端而被（那些可能的施害者）畏惧并且被（那些受害者的）期望，相反，处罚本身和弊端只是在奠基于惩戒的观念之上时才被畏惧并且被期望——这是这个相对的伦常的含义所唯独具有的东西。那些想用单纯的“保护措施”及其意义来代替惩戒去引发未来行为举止之动机的人，在我们看来是忘记了以上所说的这些情况。[①]

从一个既误识了感受的深度差异，也误识了与它相应的弊端 366
活动之本质差异性的立足点出发，惩戒，作为将一个弊端添加到至此为止弊端中的做法，就必定会遭到拒斥[②]。而后它也不能通过以下方式而重新得到证义（rechtfertigen）[③]，即：这种将弊端添加到现存的弊端中的做法可以——功利主义地——论证自己的合理性（rechtfertigen），因为它还是减少了弊端的总体之和。即使完全不去考虑，带有这种意向的对一个弊端的添加永远不会带有一种“惩戒”的特征，它首先缺少的还是任何伦常的证义（rechtferti-gen）。因为，这样一种惩戒只会在此意义上具有这种证义活动，即这种证义活动使自己适应于教育活动，而且进行这种证义活动的那个人还没有作为完全的人格被给予[④]。但是，即使是施害者，以及一个犯有任意重罪的罪人，也具有伦常的权利——只要他达到

① 我们根本不知道“惩戒是一种保护措施”这个论断究竟与什么样的意义联结在一起。

② 如边沁已经所做的那样。

③ 例如边沁就是如此。

④ 教育学的“惩戒”也只是一种假惩戒，完全就像教育学的命令是一个“假命令”、教育学的问题是一个“假问题”一样。

法定年龄并且具有责任能力——去要求对他的人格和作为伦常生物的尊严的**承认**。无论成文法的状况如何，他从**这个**权利出发也都会具有一个伦常的权利；针对这种假惩戒系统而**要求实际的**和**真正的**惩戒。因而他具有一个伦常的“对惩戒的权利”，而例如所有那些想把他当做他们的保护措施的唯一和单纯对象的人，就有可能在伦常上不合理地剥夺他的这个权利[①]。他首先具有一个对他自己进行净化的**作为**惩戒之惩戒力量的权利，并且具有对在他之中所包含的再造力量的权利，这种再造是对一个与被害者和所有以追复感受和共同感受的方式参与这个损害及其针对施害者的否定志向的人所具有的人格的伦常关系的再造。即使是最重的真正惩戒——就较深的感受层次来看——也还是要比最轻的单纯教育的法律惩戒和假惩戒要“弱”得多，后一种惩戒由于把施害者当做了可疑的社群政治实验的未成年对象并且不是朝向作案而是针对作案者，因而恰恰**排除了**这种再造一个伦常关系的可能。因此，边沁的这个要求是不合理的，即对一个惩戒弊端的设定的合法性仅仅在于，一种通过对它的设定而可证明的同一种普遍幸福的扩大是可证明的[②]。惩戒弊端也作为对世界中弊端的**最终**减少而得
367 到证义，因为它可以指明自身是**伦常关系之再造的条件**以及是与这些关系本质地相联结的更深幸福感受之**再造的条件**。因此，尽

---

① 无论现代实证主义的保护惩戒理论(Schutzstraftheorie)以及按它进行的实践如何以“人的”(human)、“人类的”(menschlich)、“社群的”(sozial)等等自诩，它还是建基于对作为人之中的**人格**的“人”的一个深层的、非伦常的蔑视之上：它把人格贬低为对一个完完全全处在这个人格本身以外的目的而言的单纯手段。

② 一个惩戒例如并不会因此而被消除，即：被惩戒者在惩戒出场之前就死去，或者它在完成惩戒之后就立即死去——即使我们不去考虑它的示范特征。

管惩戒——在这点上可以赞同所谓的“现代派”——不具有纯粹伦常的根源并且不建基于正义的观念之上，尽管它依赖于那些仅仅是生命相对的回报价值和赎罪价值的持存与承认，它们的冲动以及它们的愿欲可以在具有更高价值的“原谅”行为中得到克服，而且在伦常的意义上也“应当”得到克服，但是，无论是它本身，还是它建基于其上的回报冲动，都是某种以生成的方式从有用之物的构成和保存出发能够被理解，并且根据对社会的有用性而被要求的东西。功利主义也不能够以任何方式从生物学上和从心理生成方面说明报复冲动、赎罪要求以及回报冲动的产生。与在这里的情况一样，在某些无法被回归为一个诸感性感受（与感性冲动）之总和的真正生命感受（与倾向）那里，功利主义也不能够做出说明。因此，功利主义也没有看到：具有更高价值的生命福利、共同体的福利在要求回报的本能（Vergeltungstrieb）（并因此也要求通过惩戒来对它赔罪），即使这种回报的本能从单纯的社会一般用处的价值来看恰恰应当被视作是“有害的”[①]。因而回报本能的衰死（Absterben）绝不应当被视为伦常的进步，而应当看做是一个生命衰落的信号。[②]

但所有这些都不会取消这样一个命题：在生命领域彼岸（那些凌驾于它之上的纯粹伦常价值不属于这个领域）的“回报”不具有

① 关于福利与用处的区分参见在这部著述的第一部分、第二篇、B、第5章。

② 所有权利首先都必须考虑人类本性的事实，在这里是“权利感受”（Rechtsgefühl），即使是“科学”也永远无法置身事外。单纯的回报渴望之缺失不能被视为长处，而只能被视作缺陷和亏损现象——对立于那种自由地放弃通过原谅行为来满足这个渴望的做法。

任何意义与价值。在纯粹伦常人格的王国以内、在精神的“爱的共同体”以内，不仅没有任何报复要求，而且也**没有任何回报要求**，有的只是对**爱**和**正义**的要求。不是“回报”的原则，而是那种建立在爱之上的**原谅**和**感谢**（不同于“褒奖”）的原则，以及那种**伦常凝**
368 **聚**[①]（或同罪同功＜der Mit-schuld und des Verdienstes＞）的原则，构成了这个王国的宪法。因此，唯有在原谅和感谢对于**伦常能然**来说明见地是**不可能**的地方，才会在伦常上要求回报、要求惩戒和褒奖。与此相反，出于保存和维护感性价值和功利价值（适宜之物和有用之物）的目的而不提出回报要求的做法始终是带有**负价值的**，而提出这种要求则是相对善的（但不是绝对善的）。

一种“彼岸的回报”的观念仍然是有**意义**的（这里并不讨论它的实存），因为回报并不具有一个依赖于人及其组织的价值（遑论依赖于一个仅仅是“历史的”含义），而仅仅还具有一个依赖于生命（按其**本质**）的价值。然而，即便是这样一个回报也**不**是一个纯粹伦常的要求。

但一种所谓**神的报酬正义和惩戒正义**的观念则与此情况不同。它即使是按照**本质**与**意义**（撇开它的实存不论）也**不**以**任何**方式与一个净化了的神的观念相符合。将神性虚构到回报冲动上的做法并不比把神性（借助于那些老犹太人）赋予报复冲动的做法的迷误更少，而且它仅仅表明，神的精神性的观念还不是纯粹的和清楚的以及从生物学的共同表象中纯化出来的观念。“善的”人格在

① 笔者至此为止已经在两个地方触及这个原则：参见笔者，《论现象学与同情感理论以及论爱与恨》（1913 年），第 65 页，以及“论怨恨与道德价值判断”（1912 年），同上引书，第 359 页。* 对此原则的更深奠基必须留待以后的研究来完成。

其生存及其行为中直接以“在上帝中愿”(velle *in* deo)、“在上帝中爱”(amare *in* deo)的意义上参与神性的本质，并且恰恰在其中是“极乐的”。每个通过神的“褒奖”都只能用一个更小、更低的善业来取代一个更高的善业，并且用一个更浅的感受来取代一个更深的快乐。神可以(从构成他的本质的爱出发)“宽恕”[1]“恶的”人格，并因此(不同于单纯的原谅，原谅不能够绝对地而只能“为了”需原谅的有限人格而取消一个恶)来取消它的恶。但是，他不能够借助于他的超出所有回报之上的本质来“回报”它，而只能通过不宽恕而将它托付给回报的要求与法则。

一个“回报着的神”，或者，一个只是根据一个理性公设而“被要求”进行回报的(并在这个意义上作为“伦常的世界规整者”)神的观念——一个为康德在其宗教哲学中所表述的神的观念——是与以上所说相矛盾的。康德完全合理地反对这样一种主张：善的愿欲可以与各种各样对神的报酬和神的惩戒的算计以某种方式一同存在；而且他合理地强调，这种愿欲不“应当”是这样的算计。但是，在我们看来，他并未指明，如果这个“必然的理性公设”根据一个回报的神的法官的存在来进行，那么回报因而也就必定会必然 369
地被期待，尽管如此，对伦常上善的行为举止的动机引发还能够是完全纯粹的、不带有任何幸福主义报酬投机和惩戒投机的。即使在这里也不能从应然推导至能然。对报酬－善业的单纯算计以及对惩戒－弊端的单纯畏惧——按照他的学说，这些当然也只能是

[1] “宽恕”不应当被理解为对惩戒弊端的单纯减轻或对惩戒的减轻，而是应当被理解为对作为质料价值本身的恶的实际取消——当然不是对它的载体的实际取消，例如不是使实际的行动变得犹如没有发生。在这个意义上，唯有神才能“宽恕”。

不可能的。但这样一种行为举止也不应当被等同于对作为惩戒的惩戒的畏惧，以及对作为褒奖（Be-lohnung）的褒奖（Belohnung）的希望。任何一门伦理学，也包括被康德称之为“异质的”伦理学，都始终将那种“奴颜婢膝的”行为举止和算计——如经院哲学家们所称呼的那样——指责为是非伦常的。[①] 但对在惩戒中的惩戒特征的畏惧不同于对惩戒弊端的畏惧，前者还不会随着对后者的排除而被排除。而后一种畏惧必定是在理性公设应当论证真正的信仰时才随此公设的进行而出现的。

唯有明察到，回报不是一个从正义的纯粹理性观念中流出的要求，而只是一种有限的、受生命决定的要求，这个冲突才能够最终得到解决。

① 尤其是受到经院哲学的全部哲学的如此指责。

珍藏本
纪念版

汉译世界学术名著丛书

伦理学中的形式主义与质料的价值伦理学

——为一种伦理学人格主义奠基的新尝试

下册

〔德〕马克斯·舍勒 著

倪梁康 译

2017年·北京

目　　录

第六篇　形式主义与人格 …… 539
A. 对人格一般的理论理解 …… 541
第 1 章　人格与理性 …… 541
第 2 章　人格与先验统觉的“自我” …… 546
第 3 章　人格与行为。人格与具体行为的心理物理中性。人格以内的本质中性阶段 …… 558
a. 人格与行为 …… 558
b. 人格的存在永远不是对象。人格及其行为的心理物理中性。它们与“意识”的关系 …… 564
c. 人格与世界 …… 573
d. 微观宇宙和宏观宇宙与上帝的观念 …… 577
e. 身体与周围世界 …… 580
“身体”与“周围世界”不是区分“心理”与“物理”的前提 …… 588
f. 自我与身体(联合与分离) …… 604
g. 说明心理学的先天质料原理 …… 615
B. 伦常关系中的人格 …… 684
第 1 章　伦常人格的本质 …… 684
第 2 章　人格与个体 …… 702

第 3 章　人格的自律…………………………………………………… 711

第 4 章　我们的人格概念与人格主义伦理学的其他形式的关系…………………………………………………… 721

第 1 点　人格的存在作为在历史和共同体中的自身价值…………………………………………………… 723

第 2 点　人格与本己价值意向…………………………………………………… 728

第 3 点　人格与个体(人格主义与“个体主义”)…………………………………………………… 730

第 4 点　个别人格与总体人格…………………………………………………… 745

第 5 点　私密人格与社群人格…………………………………………………… 802

第 6 点　a. 各种流行的伦理之起源法则榜样与效法…………………………………………………… 817

b. 纯粹价值类型之等级秩序的观念　…………………………………………………… 831

附　　录

编者对正文与脚注的附注…………………………………………………… 851

作者著述索引…………………………………………………… 866

概念索引…………………………………………………… 874

人名索引　…………………………………………………… 1006

译后记　…………………………………………………… 1012

第六篇　形式主义与人格 370

形式伦理学尤其是康德的形式伦理学的原理性的要求之一在于：它仅仅赋予人格以一个凌驾于所有“赞美”（Preis）之上的“尊严”；与此相反，在这门形式伦理学看来，所有质料的伦理学据说都会毁灭人格的尊严及其无所从出的自身价值。同样必须毫无顾忌地予以承认的是，这种情况适用于所有善业伦理学和成效伦理学。人们或者会用人格善业的成就对一个现存善业世界（哪怕是“神圣”善业）的所做的促进来衡量人格善业，或者会用它的愿欲

（Wollen）和施行（Tun）作为达到一个目的（哪怕是一个内在于世界历史发生中的神圣终极目的）的手段而取得的成就来衡量人格善业；而任何一个想用上述准绳来衡量人格善业的做法都会与前面所说的偏好法则相争执；这个法则意味着：人格价值本身是这些价值中的最高价值。然而另一个问题还在于，形式主义的理性伦理学和法则伦理学不也从它们那个方面——尽管是以一种不同于善业伦理学和目的伦理学各种形式的方式——在对人格进行**去**尊严化的活动（*ent*würdigen）吗？并且是通过这样的方式：它们将人格置于一个非人格的**法规**（Nomos）的统治之下，唯有顺从这个法规，它们的人格生成（Personwerden）才得以进行。

因此，在对什么是人格，以及它在伦理学中具有什么意义的问

题进行独立的实事考察之前，必须清晰地标识出人格在形式主义的系统联系中所处的场所（Ort）；但随后便要提出这样的问题：如此被理解的在形式主义内部的“人格”与伦常价值具有何种关系。

A. 对人格一般的理论理解

第 1 章　人格与理性

541

形式伦理学首先把人格标识为“**理性**人格”(*Vernunft*person)，这并不是一个术语上的偶然。这个术语例如并不意味着，人格的本质就在于进行那些——独立于所有因果性——遵从一种观念的意义法则性和实事法则性(逻辑学、伦理学等等)的行为；相反，这个术语已经(在一个语词中)凸现出对形式主义的物质(materielle)设定，即人格根本不是别的，就是一个理性的、即遵从那些观念法则的行为活动的各个逻辑主体。或者简短地说：人格在这里是某个理性活动的 X，因而伦常的人格就是符合伦常法则的意 371
愿活动的 X；即是说，并不是**首先**表明，人格以及它的特殊统一的本质究竟何在，而后再**指明**理性活动属于它的本质；相反，人格存在不**是**别的东西，它仅仅在于：它是出发点，是源自一个合法则的理性意愿或一个作为实践活动的理性活动的出发点的 X。因此，其本身是一个被称作人格的本质、例如一个特定的人(或上帝的人格)的东西，同时又是一个超出了它、超出了“合乎法则的理性行为的出发点”的东西——这个东西在这里是不能论证其人格存在的，毋宁说它只能限制这个人格存在，甚至能够相对地取消这个人格存在。

在这些规定上——正如结论将会表明的那样——有一点是完全正确的，即：人格永远不能被想象为一个事物（Ding）或一个实体（Substanz），它具有某种能力或力量，其中包括理性的"能力"和"力量"等等。毋宁说，人格是那个直接地一同被体验到的生活－亲历（Er-leben）的统一——不是一个仅仅被想象为在直接被体验物之后和之外的事物。

但舍此不论，上面所说的那种将人格规定为理性人格的做法首先会导致这样的结果，即：任何一种把人格观念具体化为一个具体人格的做法天生就已经与一种去人格化（Entpersonalisierung）的做法沆瀣一气了。因为这个在此被称作"人格"的事实组成，即"某个东西"，是一个理性活动的主体，是所有具体的人格、例如所有的人都同等地具有的，并且是作为一个在所有人格那里都同一的东西。因此，按此说法，仅仅在其人格存在中的人是根本没有分别的。据此甚至可以说：严格地看，一个"个体人格"的概念会成为一个语词矛盾（contradictio in adjecto）。因为，甚至理性行为也肯定（eo ipso）——即便是被定义为与某个实事法则性相符合的行为——因此而是外个体的（außerindividuell），或者像某些批判主义的追随者所说的那样，是"超个体的"（überindividuell）。因而那些作为规定着个体性的而附加给这些行为之主体观念上的东西，同样也就必然地取消了有关生物的人格存在。但这样一个结论是与下列本质联系相违背的，这个本质联系就是：每一个有限的人格都是一个个体，并且是作为人格本身是这样的个体——而不是通

过它的特殊的(外部的和内部的)体验**内容**才是个体,即不是通过它所思考、所意愿、所感受的东西等等才是个体,也不是通过它所需占有的身体(它的空间充实等等)才是个体。这意味着:人格的存在永远不可能化解为一个法则性的理性行为的主体——即便它的存在否则会得到更确切的把握,而且即便把它理解为生物性存在的或实体性的存在是错误的。如果人格可以说是依据伦常法则才——作为它的实行者——而被创造出来,那么它甚至无法在一 372 个伦常法则面前是“顺从的”[①]。因为,人格存在也是每一个顺从的基础。

如果人们的眼睛牢牢地盯住了上述对人格的错误规定——幸好康德没有这样做——,那么就会产生一门伦理学,这门伦理学根本不可能导致对人格之为人格(Person qua Person)的所谓“**自律**”或“尊严”。从这个规定中必须前后一致地得出的不是自一律(Auto-nomie,在这个词中,“自”＜Auto＞所应指明的还是人格的自立性),而毋宁是**理律**(Logonomie),并且同时是对人格的极端**他律**(Heteronomie)。[②] 康德的这个人格概念已经在 J. G. 费希特那里,并且更多地在黑格尔那里得到了前后一致的发展。因为在

① 国家权利的人格——一个派生的人格形式,H. 柯亨奇怪地将它等同于人格的本质——同样也不是根据一个权利状况来创造的,而至多是通过这个权利状况而得到承认的。例如唯有一个人格才**应该**得到选举权。但并不是每个具有这个权利状况的人都因此而已经**是**一个人格。成文法只能规定,某人在不依赖于对他是否是人格的前验证(Vorprüfung)的情况下就作为一个人格而“有效”,并且被看作是人格,或被当作人格来对待——而这始终只是就某些权利的行使而言。

② 但需注意,在康德本人那里,关于理性自律的说法要远远多于人格自律的说法。

他们两个人的思想中，人格最终只是对一个非人格的理性活动而言的无关紧要的通道位置。[①] 这些结论在这里——尽管出发点不同——重又与阿威罗伊和斯宾诺莎的结论相一致；即使如人们所说，是特殊的、偶然的体验内容或身体才使那些超人格的和超个体的理性活动个体化为人格。

但如果那个规定没有得到前后一致的坚持，并且如果在对人格概念的运用中混入了某个肯定的、质料的要素，这个要素以某种方式超越出一个理性活动的单纯 X 之外，那么，在对什么才应当是人之中分有那种“自律”和“尊严”的东西的规定中，以及对什么才应当是人之中分有那种不可侵犯的（Unverletzlichkeit）和敬重的东西的规定中，也就不存在任何界限了——没有严格的界限，至多是他瞬间的眨眼示意以及一种随意的、任性的情绪推延。故而这个在对人格的规定中的首要谬误（πρωτον ψευδος）完全是自发地导向一个谬误的抉择：或者是通过纯粹的理律才对人格进行他律，甚至趋向于一种完全的去人格化，或者是伦理上的纵欲个体主义，同时不带有其任何内部的权利限制。然而，唯有承认一个精神人

373 格和个体性才能防止这些错误，而这种承认会从一开始就完全排除那个概念系统。

在康德本人那里，人格观念显然还包含着一个假象，即一个还超越出一个理性意愿的 X 的实际生存（Existenz）与血肉之躯（Blutfülle）的假象，这乃是因为康德也将这个 X 等同于本体人

① 费希特的“封闭的商业国家”连同它对人格的完善的、社会主义的奴役是更为前后一致地运用康德的人格概念而得出的第一个国家哲学结论。

(homo noumenon),即作为“物自体”的人,并将它对立于现象人(homo phänomenon)。但现在,本体人在运用于人时在逻辑上根本不会比那个绝然无法认识的存在持恒者“物自体”概念走得更远。然而这同一个无法认识的持恒者也——不带有任何内部的区分可能性——对每一个植物和每一块石头而言是存在的。因而它又如何能够给予人以一种不同于那块石头所具有的尊严呢?[①]

① 在涉及自由时,情况会有所不同。第三个二律背反应当仅仅指明自由(在一个不可因果推断的否定性意义上)对物自体领域而言的逻辑－理论可能性。但例如自由的不是作为物自体的石头,而是人,这一点只有通过对作为绝然的“你应当”的伦常法则的发现并借助于公设(“你能够,因为你应当”)才能成为被给予性。但是,通过将那个可能的自由(人与石头共同具有的自由)等同于这个被设定的自由(肯定的自由)的做法,另一些已知的矛盾会产生出来。这时的自由存在(Freisein)便与“善的存在”(Gutsein)或与愿欲的法则性在概念的外延上相叠合,而第一个意义上的(先验的)“自由”便既是向着恶,也是向着善的自由——亦即活动一般(Tun überhaupt)之伦常重要意义的前提。如所周知,J. G. 费希特片面地展开了康德的这两个自由概念——两个概念都是完全不能成立的——中的第一个,而叔本华在他关于人的“悟性的、天生的基本性格”学说中则片面地展开了其中的第二个概念。前面已经指明,著名的“你能够,因为你应当”违反了一个明晰的本质法则。参见这部著述第一部分、第四篇、第2章、c。

第 2 章　人格与先验统觉的“自我”

在康德看来，每一个对象性的经验统一的原条件，以及随之还有对象一般的观念（既包括内“心理”对象，也包括外“物理”对象；我们还可以补充说：也包括观念的对象）就在于，每一个感知、表象等等行为都必定能够伴随着一个“我思”（Ich denke）；这里所说的“**我**”（Ich）不是一个后补给对象统一的相关项，相反，它的统一性和同一性是**对象**的统一性和同一性的**条件**。“对象”据此便仅仅意味着可以为一个自我所认同的某物（Etwas）。**同一性**在这里例如并不是（如对我们而言）对象的一个本质标记，并且不是一个可以
374 在每个随意的对象中被直观为这样一种标记的东西（同一律 A＝A 的直观基础），相反，“对象”一词的意义应当与某物能够通过一个自我而得到认同的状况相一致。因此，按照这种说法，自我比对象更原初地具有同一性，而且对象可以说是从自我那里才承袭了它。[①]

根据我们前面所做的确定[②]，这样一种条件是不存在的。当

---

① 在这里，心理学的经验自我只有在（质料的）“空间中的固持性”的基础上才具有其同一性和统一性（参见“观念主义的反驳”）。但质料本身则是在先验自我的基础上才具有其同一性和统一性。

② 参见这部著述的第一部分、第二篇：“形式主义与先天主义”。

然，本质同一的对象必定也有本质同一的行为与之相符合。但这个联系——正如对象与行为一般的联系——不是片面的联系，而是一个相互的联系。而“这个自我”（不仅是个体的自我，而且也是与自我类的<ichartig>杂多与统一的观念、即与有别于在直观中的时空相互分离的“这个自我”相符合的东西）本身也还是一个对象。但一个行为永远不会也是对象；因为行为存在的本质就在于，只能在进行（Vollzug）本身中被体验到并且只能在反思中被给予。因而一个行为永远不可能通过一个次生的行为、例如一个回顾的行为而重又成为对象。因为即使在那个使行为超出其（素朴）进行以外还可以被知的（wißbar）反思中，行为也永远不会是对象；反思的知识“伴随着”行为，但并不把它对象化。* 因而一个行为永远不可能在某种形式的感知（甚或是观察）中——无论是外感知，还是内感知——被给予。但是，每一个自我都是在仅仅是一个唯一的感知类型的形式中被给予的，并且是在内感知的行为一形式中和在本质法则上与之相符合的杂多形式中被给予的。如果我们将感知的这些形式区别以及它们的杂多性的直观形式相关项还原为一个无形式的直观的行为，那么在一个内感知行为（作为一个感知行为的方向规定性）的进行中，自身只是作为感知的形式而起作用的“这个”自我本身，也就还是一个特定的感知的质料——亦即不是单纯的对象观念，或像康德所说的在时间直观形式中的一个“逻辑主体”的观念。

因此，无论是对于体验述谓而言的“逻辑主体”观念，还是（至少）同样原初地隐藏在外感知的被给予之物中的时间杂多性，都不能规定这个自我性（Ichheit）并将它分离于自然存在（Natursein）。

例如质料是一个在时间中的逻辑主体（不仅是在空间中的固持之
375 物）。由于对象及其相关项的观念、行为的观念因此而通过某些在现象学上可指明的素朴的、无形式的直观的不同质料同样原初地向一个“自我”和一个“质料”的观念的附加（或者说，向相应的“内”感知和“外”感知的方向区别的附加）而得以区分自身，所以自我**不**可能在**任何**可能的词义上是对象的条件。毋宁说，它本身只是诸多对象中的一个对象；而它的同一性仅仅在于，同一性恰恰就是对象的一个**本质标记**。另一方面则表明，康德的规定包含着一个矛盾，倘若对象无非就是可认同的东西，那么连“自我”——据说它的同一性甚至就是对象的条件——也恰恰必须是一个对象，然而它作为“对象的条件”却又不可以是对象。

因而我们只能承认一点；这一点虽然也包含在康德的学说中，但——由于它对这一点做出了完全是超越的规定(überbestimmt)——也被他的学说所遮蔽：可以通过一个行为来把握(Erfaßbarkeit)，这“属于”一个对象的本质，但**行为的可认同性**——即使在不去顾及行为所把握的对象的同一性的情况下——同样本质必然地“属于”**对象之同一性的本质**。但并不是**除此之外**还有一个进行着那些行为的自我的认同或同一性属于此。自我的同一性仅仅是这个本质共属性(Zusammengehörigkeit)的一个特例，但却不是它的基础和“条件”。而那些本质共属性也根本不意味着：对象和对象联系必须“朝向”行为以及它们的联系和先天的奠基关系（“哥白尼式的转向”）。因此，世界或世界存在的“条件”完全不在于：通过一个**自我**，或者说，通过一个自身承载着**自我性**本质的认识者而可以被经验或可以被认识。唯有诸思维活动

(cogitare)才是在上述本质联系意义上的“条件”(而非一个我思<cogito>),此外,世界存在也同样不是诸思维活动的“条件”。因为,每一个本质联系都要求,对象、那些本质性的对象,也是自身——并且是相互地——决定自身的。[①] 对“先验偶然”的那种特别“康德式”的恐惧——即:倘若我们不是一开始就已经通过我们经验的那些法则来“约束”这些对象,它们就有可能自说自话,与我们经验(思维等等)的法则不相符合——本身只是康德误识了上述本质联系才导致的一个结果,〔因为〕这种本质联系恰恰排除了这样一种可能性;但这并不需要借助那种企图,即——如果我可以这样说的话——使对象越过我们经验法则的拐杖的企图。然而随着那种“恐惧”的消除,对它的“哥白尼式的转向”的主体主义反应也 376
就会消失殆尽。

在以上所说之中已经包含着,我们从我们的立场出发也完全承认康德对他那个时代的唯理论**心灵学说**的反驳——只要这种反驳是纯粹否定性的。与所有事物性的设定一样,将一个心灵事物设定为实在实体和在内感知中被给予的体验之“载体”的做法,也不仅仅处在上述行为与对象之本质联系的主宰之下,而且除此之外也处在所有那些丰富的本质联系的主宰之下,这些本质联系构成了**自我性**及其杂多性形式的本质,(先天的)心理现象学就应当对这些本质联系做出阐释。自我性、当然还有个体的体验,**不**可以**建基于**这些心灵设定上——至多只会是后者建基于前者之

① 在“本质联系”本身之中并不隐藏着任何“条件”,而只隐含着共属性。唯有对本质联系的运用才会导致“各种条件”。

上——，这对我们来说当然也是不言自明的。[①] 如果自我性——不仅是个体的体验自我——已经是一个对象，并且服从于所有那些在对象间存在的、作为纯粹逻辑学定律的阐释基础的本质联系，那么这个被假定为个体的体验自我之“实在基础”的“心灵”当然也就更是一个对象了——因为它甚至还是一个事物呢。因而它永远不可能被看做各个行为的出发点，这一点已经可以从下列事实推导出来：甚至连对于这样一个事物之（可能）设定而言的直观基础，甚至连这个基础的基础、即自我性，都不是作为这样的“出发点”而在现象上被给予。

但是，另一方面，针对康德的企图，即：否认那种相即地被给予的体验，并将用这个词所指的东西下降为单纯的“在时间中的体验联系”——被附着在一个单纯逻辑主体的观念上——，我们则必须将一个个体体验自我的直观素材作为无可争议的现象予以坚持，这个体验自我通过它的个体的体验种类本身而给每一个体验抹上特有的色调，并因此而在每一个相即地被给予的体验中一同被给予。体验自我远远不是体验的某种联系；唯当在体验之中那个体验着的个体也一同被给予时，每一个体验本身才是完整而相即地被给予的。[②] 只有那种从体验作为一个自我个体的体验而本质必
377 然地具有的内涵之中抽象出来的做法，亦即从那个始终是对这些体验（Erlebnisse）的个体体验活动（Erleben），即与那种在体验中的实证的特殊内涵相一致的体验活动中抽象出来的做法，才会使

---

① 例如，由于“心灵”或它的直观基础本身还只能是在内感知的特殊形式中被给予的，它如何又应当是进行着外感知的东西呢？

② 对此思想的更为详细的阐述可以参阅笔者论“自身欺罔”的文章（结尾处）。

得我们在心理学中像谈论自由飘浮的特殊构成物一样去谈论“体验”。而这一点已经适用于描述心理学了，它还没有将体验当做可认同的“事物”或可重返的、可再造的、可联结的等等“事件”(Ereignisse)来加以操作。正如自我性相对于在时间一般中的一个对象观念已经是一个实证的直观素材——一个对无形式的直观行为而言的直观素材——一样，每一个个体自我对于一个内感知形式的行为而言也是一个不断更新的直观被给予性，它既不与某个特别的体验内容相叠合，也不与它的总和或与这些内容之间的某种关系和秩序相叠合。由于每一个经验自我都建基于一个特别的、只能为直接直观所达及的、对所有那些哪怕只是可能的、实际上始终或多或少是偶然的体验系列的体验活动之中，而这些直观行为的种类本身还可能是被给予的——例如即使在艺术的传记中也还只能是被指明——，所以它虽然可以在其实际体验上被直观到，但却永远不可能化解为这些体验或化解为它们的联系。个体的体验自我为了辨认出它就是这个个体的体验自我，也并不需要一个实际的、特定的身体性，甚至不需要一个特定的有机体。而这重又是一个本质联系——而非单纯的事实组成，即：凡在这样一个个体自我被给予的地方，都会有一个个体的身体一同被给予——并且与此同时也有一个身体自我一同被给予。[①] 因此，为了将一个个体自我设定为实存的，我们根本不需要对其躯体进行奠基性的实存设定。例如，它同样隐藏在它的实存的某些“符号”和“痕迹”中，即

① 我在其他地方曾试图表明，在感知中的这个身体自我除此之外还作为“内感官”而作用于那些对这个总体个体而言在其存在和体验上“可感知的东西”。参见笔者“论自身欺罔”(同上)的研究。还可以参阅后面的论述。

那些为某些作品和行动以某种物质形式所印嵌出来的“符号”和“痕迹”中——并且在这些作品和行动中得到“理解”。

但还有一点：“自我性”仅仅并且唯独在某个个体自我中才展示为存在着的，因此除了是所有可能的个体的自我的“本质”——并且是作为诸自我的本质——之外，它本身不能还被看做是“一个”存在者；这也是一个本质联系。尽管我们可以构建一个“自我性”的观念，同时不需经验地将它从个体自我上抽象出来，而毋宁是通过本质抽象而在个体自我上发现它，——我们也还是会在自我性的本质和一个个体自我一般的本质之间找到上述本质联系。但恰恰在这个地方，这个本质联系对我们具有特别重要的意义；因为它表明，所有一切关于一个“超个体的自我”、一个“意识一般”、一个“先验自我”的说法连同在所有人之中的各种特别的、合法则的进行方式，都是一种明见的悖谬。只有自我性的本质这一方面，以及各个个体自我的另一方面，而那种自我性仅仅存在于这些自我之中。个体自我因而根本不像所有那些概念的追随者所认为的那样，是自我性的一种“界限”（Schranke），恰恰相反，一个外个体的或“超个体的”自我的观念——它的界限或“经验含混（Trübung）”就是个体自我，而且在对它的预设中，个体自我才会是这样的界限——才是一个明见悖谬的假设。[①] 因此，如果我们删除掉这些个体自我，那么并不会有一个所谓超个体的自我作为

378

① 例如不是一种“充满矛盾的”（widerspruchsvoll）假设，好像这里存在着一种术语矛盾（contraditio in terminis），也不是“无意义的”（unsinnig）假设，因为纯粹语法的法则在这里始终没有受到损害。它是“悖谬的”（widersinnig），因为它取消了自我这个观念的具有本质法则束缚性的意义。而且它是错误的，因为它是“悖谬的”。

“世界”的关系中心留存下来，而是根本没有任何自我留存下来。

我们由此可以进行一个简单推论：倘若“世界”（作为外部世界和内部世界）一般还是一种不同于各个个体自我之体验内容的东西，那么也没有任何自我（包括“先验的”或“超个体”）可以是世界的条件。而是相反：对世界及其被给予性的自我决定性的任何一种设定都会因为上述本质联系而必然地导向唯我论。[1] 但是，由于通过一种明见的超越意识，唯我论是明见悖谬的；也就是说，在每一个“关于……的知识”的行为中有一种直接的知识一同被给 379
予，这种直接知识是对已经作为存在者的存在者本质上不依赖于一个知识行为之进行（以及也是对“这个”知识行为的知识，既是在我们对我们的感知方面，也是在我们对外部世界的感知方面）的知识，通过这种知识，唯我论是明见悖谬的；所以，留存下来的也就仅仅是这样一个推论：自我不在任何词义上——无论是作为现时的词义，还是作为单纯“可能的”词义，因为即使在“可能之物”的领域中，那些本质联系也在起作用——能够成为对象的条件。

但个体自我同样也不会——像任何一种形式的“先验主义”所要求的那样——与“经验自我”相叠合，只要“经验的”所指的是观

[1] 这里还根本没有对一个共同体－集体自我（以及与它相应的共同体心灵）之设定的权利做出任何说明。因为这里的问题并不在于“集体”和“集体成员”之间的对立，而是在于本质和这个本质的（实例）个体之间的对立。一个“共同体自我”将会与那种“普遍意识”或一个“超个体的自我”——如我们在这里所反驳的那样——没有丝毫关系。但一个共同体自我——即使在它最大的延展中——也几乎不想满足于——只要我们始终是严肃的——展示一个“经验对象的条件”。人们总不能要求世界去——先天地——附和“某个集体意识的法则”。笔者上面的论述在许多方面与 M. 弗里施艾森－克勒在其富于教益的著作《知识与现实》中所强调的结论是一致的。

察和归纳的领域。毋宁说每一个个体自我都具有它的"本质"，这个本质并不会随着它的实存的取消而在思想中消失，而且这个本质例如也为诗的世界的人物形象所拥有。同样，一个个体自我的这种本质也在它的所有经验体验中——只要这些体验是完整而相即地被给予的——一同被给予。然而这个"个体的本质"永远不可能被某种观察的形式所达及，而对它的认识也永远不可能被任何一种归纳的形式所达及。但对它的这个本质的直观是一个前提，即：任何一种将那些甚至是通过忽略个体的本质差异性才得以可能和可以达及的"经验心理学法则"（无论是集体心理学，还是个体心理学）运用在相关个体的某个经验发生或行动上的做法之前提。本质也与普遍性没有丝毫关系。一个个体的本质完全有别于作为这个自我之本质的"自我性"——这一点几乎无须再说了。因此，谁想把作为对一个自我的所有可能观察（无论是自身观察，还是陌生观察）之总和的"经验自我"称作是一种"含混"（Trübung），那么他至少是想说明，经验自我是对个体的本质自我的一种含混——但并不是对一个"自我一般"或一个"先验自我"的"含混"。然而如果这个人想用"先验的"这个名称来标识某种属于本质领域的东西，那么他就必须前后一致地也谈论一个先验的个体的自我，它同时也是"超经验的"，但尽管如此还是一个质料的直观内涵——亦即根本不是那种不可认识的实事（如康德的"本体人＜homo noumenon＞"）或像心灵实体一样的假设的实事。

尽管在这里所说的东西对伦理学具有重要意义[①]，但我们在

① 对此参见这部著述这一篇后面的 B 部分。

对人格性(Personalität)的认识中仍然还没有前进一步。因为“人格”的概念无法从任何一个在这里发现的基本事实和概念中获得：既不能从行为与对象、行为形式、行为方向和行为种类以及从属的 380
对象区域之间所存在的各种联系中获得，也不能从自我性和诸个体自我中获得，更不能从“心灵”中获得。

但现在还有两个问题留存下来，只有将它们最清晰地分离于——在那些被批判的学说完全无法找到这样的分离——上述问题，这两个问题才能够被直观到。

即是说，如果我们在严格地放弃行为及其自然组织的实在载体的情况下把所有行为种类、行为形式、行为方向区分开来，指明它们的本质性和它们的奠基法则，那么就会产生一个最终的问题：究竟是什么东西在以完全独立于其载体(如人)之自然组织——正是通过对它们的还原才凸现出行为的本质性——的方式将这些不同的行为本质本身——而不是例如一个实在个体或这些个体的一个种属所实际进行的行为——聚合为一个统一。这个个别的、在时间上确定的行为，例如我现在在写作的同时的思维，是由一个特定的个体人连同他的所有实际存在和如在(Sosein)来进行的——而不是由例如一个“自我”甚或一个“心灵”来进行的。我们在这里不需要这个行为的其他进行者。如果我们(通过现象学的还原)不考虑这个进行者和他的实在与属性，那么留在我们手中就只是不同的行为本质，例如判断、爱、恨、愿欲，以及内感知和外感知等等，在它们之中只有唯一的一个、即内感知的行为本质，才是与一个自我相一致的。即使在这里我们也不需要这些行为的进行者；这乃是因为我们恰恰已经不去考虑一个个体的进行者。我们在这里以

完全独立于一个行为进行者的所有方面的方式来检验那些无限丰富的法则关系，即那些例如在感知和感知事物之间、在看(Sehen)与看的事物(Sehding)之间、在感受与评价之间、在爱与评价、偏好与评价之间、在愿欲与它的各种设想之间存在的法则关系。但现在还存留着一个问题：并不是这样一个问题：行为是由谁或由哪种实在生物来进行的，这个问题对于行为本质来说是没有意义的；而是这样一个问题：在这些如此本质**不同的**行为种类、行为形式、行为方向中，究竟有哪些**统一的**进行者"属于"一个行为进行的本质？但是，由于行为本质及其奠基联系相对于整个归纳经验而言确然地(eo ipso)是"先天的"，所以我们也可以说：究竟哪些进行者本质上"属于"如此**不同的**本质的行为之进行？只是在这个地方——而不是在这些问题秩序中的"前面"——，**人格性**才作为问题而对我们提出来。

381 第二个类似的问题产生在**对象**和对象领域方面。如果我们与行为方面的现象学还原相应，在这里也进行还原；如果我们不去考虑对象的现实和非现实，以便仅仅去探究它们的纯内容性(Washeit)的本质联系和意义联系，并且这些内容性是形式的和质料的、建基于特别的对象区域之中的内容性，就像例如价值和实存对象(或者说，作为现象的、客观的追求相关项的抗阻＜Widerstände＞)所展示的那些内容性，而在它们之中还有其丰富的亚领域(例如物理之物、心理之物、观念之物)，那么就会产生这样一个问题：这些对象本质最终会聚合为哪一种**统一**，倘若它们应当走向存在之中——而不应当例如在这个或那个事物上**存在**？重又是在这个地方，作为**世界统一**的**世界**问题才摆到我们面前：这是一个与那个人格问题最严格地相一致的问题。

因为，行为的观念与对象的观念、所有本质的行为种类与本质的对象种类、例如内感知和外感知的行为形式与心理之物与物理之物的存在形式、生命的行为与一个“周围世界”在本质上是相一致的，与此完全相同，人格（作为本质）也与一个世界（作为本质）相一致。

而在这里需要注意：心理之物和物理之物在这里所展示的完全只是一个唯一的世界存在的两种存在形式，两者都先天地受到两个根本不同的杂多性形式的规定。在这个意义上，所有自我性及其个体本质，当然也包括这个“自我性”或这个“自我”的本质，都完全属于“世界”；但它们并不构成世界的关系中心。唯有把自我性看做是“自然”的关系中心才是有意义的，而不是把它看做“世界”的关系中心，属于它的还有心灵之物的整个存在。同样，内感知和外感知作为自在纯然的、无形式的直观方向的本质差异性，仅仅展示着一个可能人格的两个不同行为方向。因此，正如内感知和外感知的对立在人格“本身”的本质中消失了一样，也就是说，就像人格的本质是在心理物理上中性的一样——纯粹人格行为的本质也是如此——，如果我们还对这个存在的形式进行“还原”，亦即在一个纯粹无形式的直观行为中也使那些通常作为直观的“形式”而起作用的杂多性本质区别本身一同成为“被给予之物”的内涵，那么，世界的存在也是在心理物理上中性的。

382 第3章　人格与行为。人格与具体行为的心理物理中性。人格以内的本质中性阶段

a. 人格与行为

倘若有某种生物，它们**仅仅**参与**知识活动**（作为思维的知识和
558 直观的知识）以及从属于这个（特殊理论的）领域的行为——可以将它们称作纯粹理性生物——，那么也就既没有“**人格**”的存在，也没有“**人格**”的问题。确实如此！这些生物始终还是进行着理性行为的（逻辑）主体：但它们不是“人格”。即是说，即使它们参与内感知和外感知，并且勤奋地从事自然认识和心灵认识，即使它们在自身之中发现了“自我”这个对象并且对“这个自我”的可能的和实际的体验做出了完善的看穿、描述和说明，就像对所有个体自我的可能的和实际的体验一样，它们也仍然不是“人格”。完全同样的情况也适用于那样一些生物，对它们来说，所有内容都只是作为愿欲中的设想而被给予的，它们是一个愿欲的（逻辑）主体——但不是人格。因为人格恰恰就是那种统一，即对**在这个生物中**所有可能的**差异性**行为而言存在的统一——只要这些行为被看做是进行了

的。[1] 即是说：本质不同的行为种类的不同逻辑主体（它们只是作为恰恰是这些行为差异性的通常是同一的主体）只能在一种形式统一中存在，——只要反思是朝向它们的可能“存在”，而不仅仅是朝向它们的本质——，这种情况使得我们现在可以说：在一个人格中存在，并且仅仅在一个人格中存在，这本身就属于行为的差异性的本质。

在这个意义上，我们现在可以陈述这样一个本质定义：人格是不同种类的本质行为的具体的、自身本质的存在统一，它自在地（因而不是为我们的<πρos ημαs>）先行于所有本质的行为差异（尤其是先行于外感知和内感知、外愿欲和内愿欲、外感受和内感受以及爱、恨等等的差异）。人格的存在为所有本质不同的行为“奠基”。 383

现在一切都取决于我们对这里称作“奠基”的关系的正确规定。

首先必须弄清：尽管我们在纯粹现象学领域中所做的所有行为研究都关系到真正的、直观的本质性，而永远不会是那种经验的抽象，它们毋宁说已经预设了对这些本质性的看到（Erblicken），因为它们标划出了对可能的、“共同的标记”这种归纳抽象的可能活动空间，然而，这些研究也始终关系到抽象直观的本质。[2] 只要

---

[1] 因此，一个“自己思考自己的生物”（根据除弗兰茨·布伦塔诺以外的大多数解释者的说法，这就是亚里士多德的神）还不是“人格”。如果在“关于”自己本身的意识中，所有可能的意识种类（例如知识着、意愿着、感受着、爱着和恨着的意识种类）还没有联合起来对自己进行自身把握，那么“自身意识”就还不是人格。

[2] 一个表面颜色的红的微差，例如这块布的红的微差，完全是直观的；它也已经作为这个红的微差而是“个体的”——而并不是通过它所进入的复合体才是个体的；但它同时也是一个抽象的东西，属于这个布的表面的具体。

它们也应当存在，它们就是“抽象的”(abstrakt)，但并不是“被抽象出来的”(abstrahiert)，而是“抽象地”作为一种补充在要求着。然而与这些抽象的本质性相对立的是作为第二种真正的、直观的本质性的具体的本质性。[①] 但如果一个行为本质应当是具体的，那么对于它的完整的直观的被给予性来说，对那个作为行为进行者的人格的本质的观看便始终是前提。[②]

从这里就已经可以清楚地看到：人格永远不能被回归到无论是一个单纯的行为“出发点”的 X 之上，还是行为的某种单纯的“联系”或交织之上，一种所谓“现行主义的”(aktualistisch)人格性理解就常常是这样操作的，它想从人格的做(Tun)出发来理解人格的存在(ex operari sequitur esse)。人格并不是一个空乏的行为“出发点”，而是具体的存在，没有这种存在，所有关于行为的说法都永远不会切中某个行为的完整而相即的本质，而始终只会切中一个抽象的本质性；只是通过它们对这个或那个个体人格之本质的所属性，行为才从抽象的本质性具体化为具体的本质性。因而人们也——在不带有对人格本质本身的事先意向的情况下——永远不能完整而相即地把握一个具体的行为(Aktus)。同样，只

① 某物并不因为是具体的便会被看作是“现实的”。例如“数字”3 本身，只要它既不作为数目也不作为序数起作用，并且只要它应当填充所有这类形式的可能等式：4－1＝?，2＋1＝? 17－14＝? 等等，以及这种形式的等式：2＋1＝＋? 和 4－7＝－?，它便是一个唯独是具体的，但却是观念的而非现实的实存，而所有那些只是意指相关等式之可能填充的诸三(Dreis)则仅仅展示着那些具体的 3 的抽象。

② 当然，也可以进一步构建各种人格阶层(Personklssen)，它们构成向对相关行为的更为完整之本质认识的一个过渡，这种本质认识是在对那个进行着行为的人格个体的认识中得到完善的。

要在其中存在着一个“联系”的人格“本身”没有被给予，每一个“联系”就仍然只是一个抽象行为本质的“联系”。[①] 只要那种人格的 384
现行性理论（Aktualitätstheorie）否认人格是一个“生物”，或一个在实体的因果性意义上进行诸行为的“实体”，那么它当然就完全是合理的。人们事实上可以随意地删除或更换这样的“事物”，以及可以假定有更多的“事物”（只要想一下康德对那些以运动的方式相结合的电子粒＜elektrische Kugeln＞的想象[②]即可），同时在直接的体验中却没有发生丝毫的改变。据此，甚至每一个人都带着同一个“实体”跑来跑去，这个实体——在此尤其缺乏任何一种杂多性，如时间、空间、数、量——根本无法相互区分开来。[③] 但是，人格因此就必定只是它的各个行为的“联系”（哪怕是意向的意义联系），这个推论是完全不能成立的。[④] 人格当然存在，并且也只把自己体验为进行着行为的生物，而且它不在任何意义上是“在各个行为之后”或“在各个行为之上”的东西，或者不是某种像一个静止点一样悬在它的各个行为的进行和进程“之上”的东西。所有

① 如果忽略了这一点，一门行为学说就会把人格当作一个行为马赛克（Aktmosaik），并且就只是对精神一般的自动理解的一个新版本而已，联想心理学便与此相似。

② 关于康德“elektrische Kugeln”方面论述的出处不明，中译本权且译作“电子粒”或“电子球”。英译本作“electric spheres”。——译注

③ 这是斯宾诺莎的深刻明察，只要他是从笛卡尔的实体理论而来。故而心灵实体便成为一个实体的“思维”属性的样式。斯宾诺莎也正确地看到，在“精神具有思维，并且仅以‘思维’为本质”这个假设的前提之下，人格的位置便不复存在；而思维者的个体化在这种情况下便必定会随阿威罗伊而被推延到人的单纯身体差异性上。所以他只是从笛卡尔的错误前提中得出了正确的结论。

④ 显而易见，在这里所谈的不可能是一种因果联系。这样一种联系只是对在内感知中被给予之物的实在体验相关项而言实存。

这些都只是出自一个时空领域的形象说法，对于人格与行为的关系来说，这个领域显而易见是不存在的——但它已经一再地导致了对人格的实体化。[①] 毋宁说，整个人格都隐藏在每一个完整具体的行为之中，并且人格也在每一个行为中并通过每一个行为而“变更”（variiert）——同时它的存在却并不消融在它的某个行为中，或者不会像一个时间中的事物一样“变化”（verändert）。但在作为纯“变异”（Anderswerden）的“变更”的概念中并不包含任何
385 一种使变异得以可能的时间，更不包含任何一种事物性的变化；同样，关于这种变异的一个“相互接续”（我们在没有对一个变化进行把握并且在没有对被给予的材料进行事物性划分的情况下仍然可以把握到这种变异，而且这种变异是包含在例如“变换”＜Wechsel＞的想象之中的），在这里也还没有任何东西被给予。而正因为此，在这里也不需要在这种相互接续中的持续存在便可以确立“个体人格的同一性”。同一性在这里仅仅在于这个纯变异本身的质性方向中。如果我们想使这个所有现象中最隐蔽的现象对我们被给予。那么我们当然就只有通过形象的说法来促使读者向形象的方向去看。所以我们可以说：人格生活到时间之中；它以变异的方式将它的行为进行到时间之中；但它并不生活在现象时间以内，这种时间是在内感知的心灵过程之流逝中直接被给予的；它更不生活在物理学时间中，在这种时间中既没有快，也没有慢；

① 这种形象说法也会导致那种类似于17世纪所提出的问题：“心灵是否始终在思维”，它是否在无梦的睡眠中也进行行为，等等；它是否在一个生命发展的进程中“不变地固存”，如此等等。

既没有持续（由于它在这里只是作为演替的临界情况出现[①]），也没有当前、过去和将来的现象时间向度，因为现象时间的过去点和将来点在这个概念构成中只被“当做”可能的当前点来处理。由于人格恰恰是在对其可能**体验**（Erlebnisse）的**体验活动**（Erleben）中进行着它的实存，因此，想要在已生活过的体验中把握它的做法是根本没有意义的。故而只要我们所看的是这些所谓的“体验”而不是对这些体验的生活**亲历**（*Er*leben），人格就始终是完全超越的。然而，**每一个**这样的体验活动，或者我们也可以说，每一个**具体的**行为，都包含着所有那些我们在对行为的现象学研究中所能区分的行为本质，并且是根据先天的建构关系，这些建构关系确定了在行为奠基方面的结论：亦即它始终包含着内感知和外感知、身体意识、一个爱与恨、一个感受和偏好、一个愿欲和不愿欲、一个判断、回忆、表象等等。所有这些区分，无论有多么必要，都只再现了——仅就人格而言——在具体人格行为上的抽象特征。正如人格不能被理解为仅仅是其各个行为的联系一样，一个具体的人格行为也不能被理解为这些抽象的行为本质的单纯总和或单纯建构。毋宁说，正是人格本身，它生活在它的每一个行为中，并且用它的特性完全贯穿了每一个行为。对本质的认识、例如对爱或判
断的认识不会使我们更进一步地认识到，人格 A 或 B 如何爱和判 386

① “客观”时间是解形式的（deformiert）和解质性的（dequalifiziert）现象时间。在现象时间之内的持续和演替是与肯定的质性相同的，而在客观时间中的持续则仅仅与一个对象的演替的存在时段相同，这个对象在这些时段中不会变化。即便因此而在客观时间中没有“当前”，因为也没有将来和过去（这种区分是此在－相对于一个身体的），与客观时间的各个点相符合的仍然只是现象时间的各个当前点。

断，而对那些在那些行为中被给予人格的内容（价值对象、实事状态）的观看也同样如此。与此相反，对人格本身及其本质的观看会立即给每一个我们知道由它所进行的行为都附上一种在内涵方面的特色——或者说，对人格“世界”的认识会立即给每一个行为附上人格的内容。

b. 人格的存在永远不是对象。人格及其行为的心理物理中性。它们与“意识”的关系

我们已经表明，“自我”在任何一种词义上都还是一个对象：自我性还是无形式的直观的一个对象，个体自我是内感知的一个对象。与此相反，一个行为永远不会是一个对象。因为，即使除了素朴的行为进行之外还有一种在反思中对这个行为的知识，这种反思（无论是在行为进行的瞬间中，还是在反思性的直接回忆中）并不包含任何对象化的东西，而这种对象化例如是所有内感知，尤其是所有内观察的特性。①

但是，如果一个行为已经永远不会是对象，那么生活在其行为进行中的人格就更加永远不会是对象了。毋宁说，它的绝无仅有的一个被给予方式只是它的行为进行本身（也包含它对它的行为的反思的行为进行）——它的行为进行，它在其中生活的同时体验

---

① 反思与内感知的区别也完全清晰地表现在，例如一个外感知的行为完全可以在反思中被给予，但却不言而喻地永远无法在内感知中被给予。谁误识了这个事实组成，他就必须将外感知的全部内涵都变成这个（而后）在内感知中被给予的外感知行为的一个部分内涵，即是说，必定要堕入到观念论的心理主义之中。

着自身。或者，如果事关其他人格，就是对它的各个行为的一同进行(Mitvollzug)或追复进行(Nachvollzug)和在先进行(Vorvollzug)。在对其他人格的行为的这种一同进行或追复进行和预先进行中也不隐含任何对象化的东西。

因此，如果像通常所做的那样把心理学理解为一门关于——那些可以为观察、描述和说明所达及的——“各种发生”(Geschehenissen)的科学，并且是那种处在内感知中的发生，那么不仅所有那些配得上行为这个称号的东西，而且还有心理学的人格，都会出于这个原因而是完全超越的。因而我们必须将这样一个尝试视作完全错误的尝试：把对行为的研究，例如判断、表象、感受等等分 387
派给心理学，但把“显现”和“内容”分派给其他科学(在弗兰茨·布伦塔诺看来是自然科学，在 C. 施通普夫看来是“现象学”)。相对于“行为”而言的内容和对象，除了许多其他东西以外，也包含着所有那些仅仅可能的心理学研究之事实；这些事实本身在本质法则上只会在内感知的人格行为中被给予，例如在这样一种情况中：试验主持者(Versuchsleiter)“理解”被试验者(Versuchsperson)在自身中所感知到的和观察到的东西，在这里人格行为必须是由试验主持者来追复进行，即人格行为重又不能被对象化。但这并不排除以下的可能，即根据卡尔·施通普夫的极具价值的阐述，在那些于内感知中对象地被给予的现象以内，重又可以区分出显现内容和显现功能。[①] 我们甚至认为这种区分是极为必然的和不可还原

① C. 施通普夫，《显现与心理功能》，皇家普鲁士科学院 1906 年论文集，柏林，1907 年。

的。联想心理学的基本错误就在于没有注意到这种区分。尽管如此，这些“**功能**”与那些“**行为**”没有任何关系。所有功能首先都是自我功能，而永远不是某种属于人格领域的东西。功能是心理的，行为是非心理的。行为是被进行的，功能是自身进行着的。连同功能一起，必然有一个身体被设定，并且有一个周围世界被设定，功能的“显现”便隶属于这个周围世界；而随人格和行为一起，还不会有一个身体被设定，而且与功能相应的是一个世界，而不是一个周围世界。行为从人格中跃出而进入到时间之中；功能是现象时间领域中的事实，并且间接地通过那些按照在它们之中被给予的显现的可测的时间持续而对它进行现象时间关系的归序（Zuordnung），功能本身也是可测的。属于功能的例如有看、听、尝、嗅、**所有**种类的注意、发觉、关注（不只是所谓感性的注意力）、生命感受等等——但它们不是某物在其中“被意指的”，并且相互间具有一个直接的意义联系的真正行为。据此，**功能**可以具有与**行为**的一种双重关系。功能一方面可以是行为的对象，例如，当我试图使我的看本身成为直观的被给予性时。但功能也可以是这样一种东西，一个行为“通过”它而指向一个对象之物——功能本身在这里却没有成为对象：例如，如果我这一次是在看对象的同时、另一次是在听它的同时进行“同一个”判断行为（即同一个意义的和关于同一个实事状态的判断行为）。施通普夫确切地强调，他的“显现”
388 的变更性不依赖于功能的变更，并且功能的变更性不依赖于显现的变更，这是对区分功能和具体的显现而言的一个标准。但恰恰是这个标准也适用于对功能和行为的区分，不同之处仅仅在于：同一些行为可以与功能的所有可能的复合和变更联结在一起——反之亦然。与此相反，例如在行为之间的行为法则与奠基联系是不能被转用到那些具有完全不同的功能配置的生物上去的。但是，那些原则上带有经验－归纳本性的功能法则是不可能为那些具有先天本性的行为法则设定任何界限的。[①]

这意味着，功能与显现的对立还是作为部分而包含在人格及其世界本身以内，并且因此永远不能与〔人格及其世界的〕这个对立相合。只有当我们从那些于具体人格行为中分离出来的直观行为之被给予性中看到“身体”以及与身体相符的“周围世界”，施通普夫式的“功能”及其对立项“显现”才能因此而被给予。

如果我们从心理领域中排除行为（并且首先排除人格），那么这当然不是说，它们是物理的。这只是说，这两者恰恰在心理物理上是中性的（indifferent）。当然，源自笛卡尔式的形而上学的古老抉择在这里丝毫不会使我们感到为难。这个抉择就是：“所有的东西”要么是心理的、要么是物理的；这个抉择如此长期地遮蔽了观念的对象，以及遮蔽了完全有别于躯体（Körper）的“身体”（Leib）这个事实，并且因此也遮蔽了生物学的真正对象；这个抉择使法律、国家、艺术和宗教对象以及许许多多其他的东西在由哲学家“所承认的”存在范畴中徒劳地寻找栖身之处。

但我们或许会用“精神”这个术语来表达行为的总体领域（根据我们前几年的进程），[②]只要我们这样来称呼所有那些具有行为、意向性和意义充实性之本质的东西——无论它们处在何处。

---

① 也可以参阅笔者在“自身认识的偶像”（《文章与论文集——价值的颠覆》，第二卷，1915 年）中对布伦塔诺式的和施通普夫式的心理和物理之区分的批判。

② M. 舍勒，《先验的和心理学的方法》，莱比锡，1899 年。*

这样，从以上所说便无疑可以得出：所有精神从本质上讲必然地是“人格的”，一个“非人格精神”的观念是“悖谬的”。但一个“自我”
389 绝不属于精神的本质；因此，对“自我与外部世界”的区分也不属于精神的本质。[①] 毋宁说，只要事关具体的精神，人格就是精神的本质必然的和唯一的实存形式。

对“人格”[②]一词的语言运用已经表明，我们在这里所看到的统一形式与内感知的“意识”－对象的统一形式没有关系，并且因此也与“自我”(并且既与那个与“你”相对立的“我”，也与那个与“外部世界”相对立的“自我”)没有关系。与这些语词相同，人格并不是一个可感受的相对的名称，而是一个绝对的名称。“自我”一词总是一方面与对一个“你”的指示相联结；另一方面总是与对一个“外部世界”的指示相联结。而人格这个名称则不是。例如上帝可以是人格，但不可能是“自我”，因为对它来说既没有“你”，也没有“外部世界”。相对于自我来说，人格所指的是某种具有总体性的、自身自足的东西。例如，一个人格在行动着；它“去散步”等等；一个“自我”则不能这样做。“自我”既不行动，也不去散步。也许语言允许我说：“我行动，我去散步。”但“我”这个词在这里不是对作为一个心灵体验实事的“自我”的称呼，而是一个机遇性的表达，它把它的含义与各个说话者相混淆，而且它只是称呼的语言形式。在这里说话的并不是“我”，而是人(Mensch)。所有这些都清楚地

① 因此，对人格－世界、自我性－外部世界性、个体自我－共同体、身体－周围世界的各个区分是不能相互回溯到彼此之上的。

② “Person”一词在德文中具有“人格”(位格)和“人”(个人、法人)两层意思。这里只能统一取第一层意思翻译为“人格”。——译注

表明，我们用人格（Person）所指的是某种相对于“我－你”、“心理－物理”、“自我－外部世界”的对立完全中性的东西。如果我说：“**我**感知到我”，那么第一个“我”（Ich）不是心理的体验－自我，而是称呼形式。但第二个“我”（mich）也不意味着“我的我”，而是置而不论我究竟是外部地还是内部地感知到“我”。相反，如果我说：“我感知到我的自我”，那么这两个自我就又有不同的意义。第一个自我所具有的意义与在“我去散步”中的我是同一个，即具有称呼形式的意义；与此相反，第二个自我则意味着体验活动的心理自我、**内感知**的对象。因而一个人格例如可以“去散步”，也可以“感知”它的自我，例如当它从事心理学时。但它在这里所感知到的这个心理自我既不可能感知，也不可能去散步或行动。反过来，人格虽然可以感知它的自我，同样可以感知它的身体、同样可以感知外部世界；但人格绝对不可能成为对象，不可能成为无论是由它自己进行的还是由其他人进行的表象或感知的对象。

也就是说，人格只是实存和生活**在意向行为的进行中**，**这属于人格的本质**。因而它本质上不是“对象”。反之，每一个对象性的观点（即便它是感知、表象、思维、回忆、期待）都立即会使人格的存 390
在变为超越的。

但是，行为的心理物理中性在以下情况中清楚地被给予：所有行为和行为区别都既可以将心理之物，也可以将物理之物当做对象。所以，表象、感知、回忆与期待、感受与偏好、愿欲与不愿欲、爱与恨、判断等等既可以具有心理“内容”，也可以具有物理“内容”；例如我可以“回忆”一个“自然显现”，也可以“回忆”一个心理体验；可以感受我的价值，也可以感受外部世界的一个客体的价值，如此等等。因而我们原则上必须拒斥一些人的奇特说法，即：在我回忆一个体验的情况中，心理流的一个要素从这个心理流中凸显出来，并且意向地回指向这个心理流的另一部分。正如行为不可能是对象一样，心理的事情（Vorkommnisse）或“事件”（Ereignisse）也不可能“意指”某物或彼此发生意向的相互关系。它们存在或不存在，并且具有这些或那些属性。而另一方面，我们为了爱物理的显现，或为了在物理世界中要某物和做某事，完全不需要穿越心理领域，而对于这种要和做的意义和存在而言，在愿欲者的心理领域中此时进行着什么，这完全是无关紧要的。但一方面，就像在那种说法中所发生的那样，将某些意向之物偷带进心理的领域是错误的，而另一方面同样错误的是：完全否认心理之物，并且例如随同 Th. 齐亨一起主张：任何对一个表象的回忆都是一个新的表象、心理流的一个单纯附加要素。前者是将心理之物错误地精神化，并且败坏着心理学；后者却将精神心理学化，并且败坏着哲学。

心理学既不可能与回忆、期待、爱等等的（抽象）本质有关，也不可能与这些作为一个具体人格行为之抽象部分的行为有关；它同样不可能与这些行为的先天建构关系有关。它所涉及的仅仅是在进行这些行为时在内感知的领域中发生的东西，以及这些东西在彼此间和与身体的（因果方面的）联系。而在这里和在所有归纳科学中一样，并不存在一个描述与说明之间的鲜明分界。所以，成为心理学问题的例如有：联想和再造、对表象进程的一个确定倾向的反复滞留（Perseveration）、后续作用（Nachwirkung），并且是作
391 为对一个（从其被预设的对象出发而得到规定的）“内容”之表象行为或回忆行为的产生条件。* 但回忆和表象等等的本质以及这些

事物的现象学对心理学来说始终是封闭的。同样，这些行为来自人格性的起源以及起源的先天法则对心理学来说也始终是封闭的，而这两者对任何一个可想象的〔心理〕流时段都有效，心理学以归纳的方式所研究的就是这个〔心理〕流的变换不定的内涵。心理学家所看到的是这个〔心理〕流的各个部分，而这个〔心理〕流按照先天的起源法则在每一个位置上都"产生"出来，但在这个位置的活动空间以内却是从人格的具体本质中产生出来的；倘若那个〔心理〕流的内涵完全可以为我们提供关于这个"起源"的教益，那么这个〔心理〕流的每个随意的时段、每个随意的切面也都必定能够这样做，这样也就不需要任何"归纳"了，一个体验从一个人格中的起源与一个体验在一个人格中的产生是根本不同的两回事。

如果我们将"意识"这个词理解为——我觉得这是在语言上唯一有意义的理解——所有那些在内感知中显现出来的东西，就像人们把心理学例如定义为"关于意识显现的科学"时所做的理解一样，那么人格及其行为就必须被标识为超意识的存在（überbewußtes Sein）——相反，意识显现本身重又分解为上意识的和下意识的意识显现；但是，所有与这些显现相符合的心理实在之物，即那些所谓的心理事件和过程、它们的因果性、为制作因果联系而被假设的心理秉性等等，就都必须叫做无意识的。[①] 反之，谁想用

① 我并不把内感知的"下意识"（unterbewußt）领域理解为例如未被关注之物、未被发觉之物，以及类似的东西，而是理解为所有那些被设定的或被取消的或被变更的东西，它们导致了各个被内感知之物的总体组成，即在特定方向上"变化了的"总体组成；同时却并没有（即使在最大的关注观点中）事先使它们成为得到区分的被给予性。因此，对于这些还完全从属于现象领域的"下意识"事实来说，与对于上意识（oberbewußt）的现象一样，重又存在着心理实在、秉性，以至于无意识（Unbewußten）

意识这个名称来标识各种“关于某物的意识”，并且同时想严格地避免在对这个词的运用中置入这样一种智识主义的理论，即一个“表象”必定是所有意向行为的基础；就是说，谁想(在起初还不带有奠基理论的情况下)把“关于某物的意识”理解为所有意向指向的和意义充实的行为(也包括关于某物〔例如价值〕的感受、关于某物〔构想〕的愿欲、关于某物〔实事状态〕的判断等等)，那么他也就
392 会愿意并且可以把人格标识为具体的“关于某物的意识”。但如果在“关于某物的意识”中只包含着诸思维(cogitare)，并且误以为爱、恨、感受、愿欲及其合法则性是建基于一个如此被定义的人格＝思维实体(res cogitans)与一个身体的联结之上，就像康德对所有情感行为和意愿行为所做的预设一样——“敬畏感”是一个奇特的例外——，那么把人格标识为具体的“关于某物的意识”的做法就是完全不被允准的。[①] 由于在“关于某物的意识”之意义上的“意识”这个表达在历史上与笛卡尔式的唯理论及其成千上万的变异(我们也可以在这一点上把康德算作是这种变异)最紧密地联结在一起，因而我们宁可仅仅在以下两个意义上使用“意识”这个词：或者是在内感知的特殊的“关于……的意识”的意义上，或者是在意识显现＝心理之物的意义上。

的领域分解为一个下意识的无意识(Unterbewußtunbewußten)领域和上意识的无意识(Oberbewußtunbewußten)领域。在本诺·埃尔德曼的语言(那种联想心理学的语言)中，我们的下意识的无意识与“秉性的被引发者”是一致的。

① 因为他的“纯粹意愿”也只是“作为实践理性的理性”，即与一个做(Tun，πράττειν)相关的思维。赫尔曼·施瓦茨最先确切地强调：康德从根本上否认一种纯粹的“意愿”；参见《意愿心理学》(1900 年)。

c. 人格与世界

我们把**世界**称作人格一般的实事相关项。因此，与每一个个体人格相应的也就是一个**个体的世界**。但正如每一个行为都属于一个人格一样，每一个对象也都在本质上“属于”一个**世界**。然而每一个世界在其本质建构中都先天地束缚在那些处在各个实事本质性之间的本质联系和结构联系上。但每一个世界都仅仅作为一个**人格的世界**才同时是一个具体的世界。无论我们所区分的是何种对象，内心世界的对象、外部世界的对象、身体性的对象（并因此也包括整个可能的生命领域），观念对象的领域、价值的领域，它们都还只是一种抽象的对象性。它们只有作为一个世界、一个人格的世界的各个部分才是完全具体的。唯有人格才永远不会是一个“部分”，而始终是一个“世界”的**相关项**，即一个人格在其中体验到自己的那个世界的相关项。如果我从一个随意的人格中仅仅取出它的具体行为中的一个，那么这个行为自身便不仅包含着所有可能的行为本质，而且它的对象相关项也自身包含着所有本质的世界因子，例如自我性、个体自我、心理之物的所有本质构造，同样还有外部的世界性、空间性、时间性、身体现象、事物性、作用等等。393
而如果不去顾及特别的情况，那么这个相关项根据一个先天合法则的建构便对所有人格以及对每一个人格的所有可能行为都是有效的，并且不仅仅是对现实的世界有效，而且也对所有可能的世界都有效。但除此之外，这个相关项也还包含着一个最终是本己特有的东西，一个在那些指向普遍本质性的本质概念中永远无法把

捉到的东西、一个仅仅为这个人格的世界而非其他“世界”所具有的原本(original)本质特征。但是,这个相关项存在着[①]——这个事实组成并不是一个经验地被发现的事实;它同样也不是这个个体的先天的本质本身;它本身更多还是一个所有仅只可能的世界的普遍本质特征。因此,如果我们把所有相对于一个具体的人格一般而“被给予的”东西都还原为对这个人格来说纯粹自身被给予的现象的本质性,即还原为它们之所是的完整的事实——以至于所有那些还是抽象的行为质性、行为形式和行为方向以及所有那些只在行为上可区分的东西,都会进入到对人格的这个纯粹的和无形式的行为而言的被给予性领域之中——,那么我们在这里所具有的就仅仅是一个此在一绝对的世界,而且我们便处在自在的实事的王国中。而反过来有效的是:只要对不同的人格而言还存在着一个唯一的世界,而这个世界尽管如此还是被看做“自身被给予的”和“绝对的”,那么,那个世界的这种唯一性和自同性(Dieselbigkeit)就必定是假象,而实际上被给予的只是那些对具体人格性的某个载体种类(例如,相对于生物、人、种族等等)而言是此在一相对的对象领域;或者,尽管这个“世界”,亦即这一个包容着所有具体世界的具体世界是被给予的,但它不是“自身被给予的”,而只是被意指的;就是说,“这个世界”在这种情况下成为康德意义上的一个单纯“理念”(但不带有实在性征兆);康德甚至相信可以把“世界”本身的本质降低为一个“理念”。然而“这个世界”完全不

① 只是在此,现实世界从“可能世界”的合法则性中的不可演绎性、即它的“偶在性”(Kontingenz)才被给予。

是一个“理念”，而是一个绝对存在着的、始终具体的、个体的存在；并且，一旦我们要求，它是对任意多的个体人格而言“被给予的”并且同时是自身被给予的，或者，只要我们以为可以通过普遍的概念和命题而把对它的存在和内容之确定和规定的“普遍有效性”变为它的实存以及任何一种实存的条件，那么对它的意向就只会成为一个原则上无法充实的理念，成为一个单纯被意指的东西。因为对世界的这样一个规定本质上是永远不可能的。但是，前面已经表明，恰恰是所谓“先验的”真理概念、实存概念和对象概念，即那种把对象消散在一个必然的和普遍有效的表象联结中的概念，才实际上展示出一种主体主义的歪曲。而正是这种歪曲才会导致：394
绝对存在成为“物自身”，即作为一个不可知的 X 的“物自身”。因此，形而上学的真理，或“这个”真理本身，甚至必定对每一个人格都具有不同的内涵——在先天世界构架的界限内——，而这是因为，世界存在本身的内涵对每一个人格来说都是异而又异的。因此，关于这个世界以及在某种意义上的这个绝对的世界的真理之所以是一个“人格的真理”（类似于绝对的善是一个“人格的善”，这在后面还会进一步得到表明*），这并不是因为一个被误认的“相对性”和“主体性”或真理的“人性”，而是因为人格与世界的那种本质联系：它是这样的而非别样的，这一点建基于存在的本质——但不是“真理”的本质——之中。当然，那些从一开始就把人格性看做某种“负面的东西”、例如看做是一个“先验理性”的偶然身体性的和自我类的局限性的人，或者，那些不知道它本身建基于绝对存在之中，甚至就展示着绝对存在（恰如展示着世界），而是将它看做经验世界或一个世界一般的单纯组成部分的人，是永远不会明察

到这一点的。他始终会以为，必须删去人格才能达到存在——但他实际上只“需要”通过将所有这些都加以对象化的做法来“克服”他的自我、他的身体性以及首先是他的那些恰恰限制着他的人格性本质的种属成见、种族成见和其他“成见”，从而使那个对他的人格性来说本质相属的绝对世界可以逐渐从单纯“世界关系”的虚无交织中脱身出来，在他的纯粹人格性面前凸现。如果人格与世界是绝对的存在，并且两者都处在相互关系之中，那么绝对真理也只能是人格的，并且只要它是非人格的，只要它是“普遍有效的”而非人格有效的（personalgültig），它就必定或者是谬误，或者只是关于此在相对的对象的真理。但是，在那些以为可以在这里将“真理”定义为一个命题的单纯“普遍有效性”的主体主义者和先验心理学者看来，一种人格有效的真理不可能是在一种被判断的命题与它的实事状态之间一致性的（最严格的、“先验”无蔽的）意义上的“真理”，一个人格有效的真理（以及一个人格有效的善）根本就是一种“语词矛盾”（contradictio in adjecto）。

当然，倘若人格性是一个——在某种意义上——奠基于“自我”上的概念，也是奠基于一个“先验自我”或“意识一般”之上的概念，那么一个“人格的真理”也就是悖谬的。即使是费希特的“自我”及其诸多现代变形，但也已经包括康德的无比深邃和审慎的
395 “先验统觉”，都从根本上消解了严格、客观的真理观念，并且仅仅展示出在一条道路上的最初步骤，而这条道路最终会完结在所有哲学的实用主义沉沦之中。

d. 微观宇宙和宏观宇宙与上帝的观念

如果每一个“人格”都有一个“世界”与之相符，而每一个“世界”都有一个“人格”与之相符，那么——由于具体性属于现实之物的本质，而不仅仅属于例如它的经验现实存在——就需要探问：这个“观念”是否还具有一种现象的充实，或者，是否在多数人格世界那里都必定会出现这种情况；这里的“观念”，不是指例如“一个”具体的、现实的、绝对的世界的观念，这个世界是每一个人格原则上都可以作为“它的”世界来达及的；而是指一个唯一的、同一的、现实的世界的观念——超越出那个联结着“所有可能世界”的先天本质构架之上。根据一种旧的哲学传统——但并不受有关作家所意指的那些东西的束缚——，我们把这个唯一的、同一的、现实的世界标识为“宏观宇宙”的观念。如果有这样一种宏观宇宙，那么在它之上和在它之中就有某种对我们来说是陌生的东西：它的先天本质构架，现象学在所有实事领域中都确定了这种构架。因为，由于它适用于“世界”这个普遍的本质，它也就适用于所有可能的世界。这样，所有微观宇宙，亦即所有个体的“人格宇宙”——如果有一个为所有人格所观看到的唯一的、具体的世界——在不影响其世界整体性的情况下就同时也是宏观宇宙的诸部分。但宏观宇宙的人格对应项(Gegenglied)就是一个无限的和完善的精神人格的观念，这个精神人格的行为是根据它在那种指向所有可能人格之行为的行为现象学(Aktphänomenologie)中的本质规定而被给予我们。然而这个“人格”仅仅为了充实一个现实的本质条件就必须

是具体的。[①] 故而上帝的观念是根据一种本质联系而与世界的统一性、同一性和唯一性一同被给予的。因此，如果我们把一个唯一的、具体的世界设定为现实的，那么，不一同设定一个具体的精神的观念的做法就是悖谬的(widersinnig)(不是“矛盾的”＜widerspruchsvoll＞)。但哲学永远无法为我们提供这样的动机：即对这个上帝的观念本身也做现实的设定，能够提供动机的重又只能是一个具体的人格，它始终和一个与此观念相应者处在直接的交往之中，而且对它来说，这个观念的具体本质是“自身被给予的”。因此，“上帝”的每一个现实性都仅仅建基于上帝的一种可能的、实证的启示之中、
396 建基于一个具体的人格之中。[②] 我们在这里不再进一步探讨这些问题，而只是强调：任何一个不从本质上回溯到一个人格的上帝之上的“世界统一”(因此也包括独断论和泛神论的所有变种)，在哲学上也是“悖谬的”设定，这同样也包括向任何一种人格的上帝的“替代品”的回溯，无论这替代品是一个“普遍的世界理性”、一个“先验的理性自我”、一个“伦常的世界规整者”(康德)，还是一个“规整着的秩序”(ordo ordinans)(最早期的费希特)、一个无限的逻辑“主体”(黑格尔)、一个非人格的或自诩的(soidisant)“超人格的无意识”，如此等等。因为它们与那些可以得到指明的明见本质联系相违背。谁在言说具体的思维或具体的愿欲，谁也就立即一同设定了人格性的图腾，因为否则我们所涉及的就只是一个抽象的行为本质。但具体性本身属于现实的本质——不

---

① 在这部著述的自始至终都没有谈及对上帝“本质”的一种实在设定。*

② 对此参阅这部著述的下一篇：纯粹人格类型。*

是首先属于对现实的设定。而谁在言说并设定“这个”具体的、绝对的世界，并在此同时不只是指他自己的世界，谁就也不可抗拒地一同设定了上帝的具体人格。当然，倘若人格性的本质建基于“自我”之上——就像爱德华·封·哈特曼在他对这个问题的敏锐的，然而是纯粹辩诡的（dialektisch）研究中所预设的那样，那么一个人格的上帝的观念也就将是悖谬的了。因为在任何“自我”中都本质必然地既包含着一个“外部世界”，也包含着“你”和“身体”，它们都是一些一旦用它们来对上帝做出述谓判断就会导致先天悖谬的事物。而反过来，一个上帝的人格的有意义观念已经表明，人格的观念并不奠基于“自我”之上。

但是，世界的统一性和唯一性并不已经建基于逻辑意识的统一性中（建基于其中的只是认识对象的统一性，它本身在本质上重又要求从属于一个“世界”），更不建基于例如“科学”（作为对此在一相对的对象的一种特殊象征的和普遍有效的认识方式）之中，或建基于文化的某一个精神根基之中，而是建基于一个具体的、人格的上帝的本质之中，与此相同，所有个体人格的本质共同体都不是建基于某个“理性合法则性”或一个抽象的理性观念之中，而是仅仅建基于这些人格与人格之人格的可能共同体之中，即建基于与上帝的共同体之中。所有那些具有伦常特征和法律特征的其他共同体都以这个共同体为基础。所有的爱（amare）、沉思（contemplare）、思维（cogitare）、意愿（velle）因而都只是作为一个“在上帝之中”的爱、沉思、思维和意愿才与这一个具体的世界、这个宏观宇宙联结在一起——在这里无法进一步探究这个关系。

397 e. 身体与周围世界

我们在分析行动时已经遭遇过**身体**与**周围世界**的概念，并且将它们明确地区分于自我与外部世界、人格与世界的各种对立。[*] 这里的问题在于，——在没有完全澄清这些概念本身的情况下——确定它们与人格和世界的被给予性之间的关系，或确定那些与它们相应的被给予性与人格和世界的被给予性之间的关系。

现在在此首先得以确定的是，**身体不属于人格领域和行为领域**，而是属于任何一个“关于某物的意识”及其种类和方式的**对象领域**。而且它的现象的被给予性方式和被给予性奠基本质上有别于**自我**及其状态和体验的现象的被给予性方式和被给予性奠基。

让我们首先通过对流行看法之主要类型的批判来开辟一条通向对这些关系的正确认识的道路，而后才根据这个认识来推导出对这些事实的一种实证研究。

我们的主张是：“**身体性**”展示了一种特别的、质料的本质被给予性（对纯现象学直观而言），它在每一个实际的身体感知中都作为感知的形式（也可以在我们先前对范畴之物[①]所做的更为详尽的特征描述之意义上说：作为范畴）起作用。这里包括：这个**被给予性**既不能被回溯到这样一个外感知上，也不能被回溯到这样一个内感知上，也不能被回溯到对两种感知内容的一种归派（Zuordnung）上；遑论甚而被回溯到归纳经验，亦即对一个特别的个别事

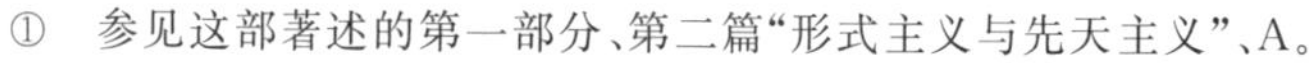

① 参见这部著述的第一部分、第二篇“形式主义与先天主义”、A。

物的感知的事实组成上。而且这里也包括：反过来，身体也永远不能被视为一个原发的被给予性，在这个被给予性的基础上，一个作为心理物理中性的“被发现之物”才通过它与作为“心理之物”的身体的各种不同关系而分离出并凸显出自身。但是——如果心理之物和物理之物被确定为是属于两种不可还原的感知方向（内感知和外感知）的——，这个被体验到的两种内容序列与“身体”这个素材的双重关系一定会导致两种科学，它们的特性只是在这时才会向我们鲜明地展现出来。

我们首先要明确地区分两种事物，可惜即便是科学的用语如今也常常对它们不加区分：这就是“**身体**”（Leib）和“**躯体**”（Körper）。如果我们想象一下，把所有那些我们用来感知外部世界的外部器官功能都取消掉，那么随着对所有不同躯体之感知的消失，对我们本己“躯体”的可能感知也就一起消失了。我们就既 398
不能像对待外部的、例如死的躯体一样，触摸自己和接受我们的胸、手、腿等等形式，也不能观看自己（无论是否通过镜子），也不能听见那些通过我们的声音或以其他方式发出的响声，也不能尝到或嗅到自己，如此等等。但我们的“身体”的现象却完全不会因此而被湮灭。因为——如果对此实事做更确切的理解——，关于我们的身体，我们除了具有可能的外意识以外，也还具有一个内意识，而我们在所有死的躯体上却无法找到这种内意识。当然，现在流行的做法是：其一，把这种关于我们身体的内意识等同于所谓“**器官感觉**”（如肌肉感觉、关节变化时的感觉、痛感、痒感等等）的总和或混合产物，其二，把这种“感觉”与外部器官的所谓感觉、如所谓颜色感觉、声音感觉等等的区别看做**质性的**（qualitativ）、**场所**

的(örtlich)区别。而这在科学中重又引出了那种对于未被误教者(Unverbildete)的想象方式来说如此奇异的说话方式,按照这种说话方式,例如一种疼痛的额头感觉或一种皮肤发痒被称作一种“心灵现象”——并且例如与忧伤和悲伤一同被联合到一个基本种类的现象中,即所谓“心灵现象”。按照这种观点,当然根本也就没有一种最终的、无法分解的意识领域,即:身体意识和一个与它相符的“身体”现象;有的更多只是:一方面是本己的“躯体”,我们是将这个躯体“设想到”(hineindenken)视觉的、触觉的等等外感知的器官内容中去,就像我们也把其他“躯体”设想到其他器官内容中去一样(例如把这个放在我面前的墨水瓶设想到我的视觉看图中去);另一方面是我的心灵意识流的特定组成部分,它们只是通过对它们的依赖于我的这个躯体之变化的产生和消失的外部观察、对特定器官(如手、腿、肌肉、关节等等)的如此存在和别样存在的外部观察才被归派给这些器官——甚至正是这种归派才提供了指称那些“感觉”、例如“器官感觉”、“肌肉感觉”、“关节感觉”等等的合法论证,而根据它们的纯粹“现象的”实际性(Faktizität),在它们本身之中并不包含任何会向我显露一个肌肉、一个胃器官等等实存的东西。简言之,“身体”在这里将自身消解在一个被赋予心灵的躯体的事实组成中,身体意识将自身消解在心灵的和躯体的事实组成的单纯并列之中,或消解在这些事实组成的单纯联系和秩序之中。

但是,谁——只要他是还没有被误教的并且还能看到可见的东西——不会一眼就看出,这种甩开(wegvoltigieren)身体的方式是一种完全远离直观的、空乏的和虚无的构建呢?

在这里始终完全无法理解的首先是这个无疑的事实组成：在 399
那种每个人关于身体（并且首先是自己身体）的“此在”和“状况”（Befinden）所具有的内意识以及对他的身体（身体躯体<Leibkörper>）的外感知（例如通过看和触觉的外感知）之间存在着一种严格的和直接的同一单位（Identitätseinheit）。即使需要学习并且需要一种逐渐的“发展”，才能把这个右手——我把它的存在、形态、手指活动当做我的内身体意识的组成部分来拥有，而且它现在使我感到“疼”——当做我现在用左手感受到并与我的视觉图像相符的同一个事物——与此相同的还有把我现在感到饿的地方事物性地等同为对解剖学家展示为胃的东西，如此等等；即使如此，这个学习过程仍然只是：其一，对一个（从内部和外部来看的）“身体”的“各方面”的彼此相应部分的归序（Zuordnung），在此过程中，这个整体的、从内部和外部被给予的身体－对象的直接同一性是在先被给予的；其二，并不是直接被给予的显现与同一个对象性一般的关系，而只是它们的事物性含义或它们的共同功能作为对特定事物、例如对“手”这个事物、“胃”这个事物等等而言的象征与同一个对象性一般的关系。就是说，这里的一切都类似于这样一个事实组成：我们必须学会，把那些单纯的看的事物（Sehdinge）在其中被给予我们——并且是原初地被给予——的深层区别与实在躯体（也包括“眼睛”这个躯体）的距离关系作为一种对此距离而言的符号系统联系起来（黑林）。但我们绝不需要“学习”这种深层的看本身，或者说，这种深层的看绝不是从尚未含有任何深层或深层差异之物的所谓感觉中“产生”出来的。因此，我们必须学会：被给予的并不是这同一个“身体”的同一性、内意识和外意识

的同一性——我们要说，在前者那里是作为“身体心灵”，在后者这里是作为“身体躯体”！这个身体本身更多是在不依赖于，并且先于所有以某种方式被区分了的所谓“器官感觉”以及先于所有对它的特殊外感知的情况下，作为一个完全统一的现象的事实组成而被给予我们，并且是作为一个如此的和别样的“身体状况”（So-und Anders“befindens”）而被给予我们的。它，或者说，对它的直接的总体感知，既在为身体心灵这个被给予性奠基，也在为身体躯体这个被给予性奠基。而正是这个奠基性的基本现象才是严格词义上的“身体”。

相反，上面所说的那种理论想要证明：被认为是同一的身体其实本身只是一种臆想：实际上只有一组纯粹心灵的所谓感觉（以后被称作“器官感觉”）和一种对这些感觉及其统一与变换向其他感觉群组的上升着的固定的归序，后一组感觉与身体躯体的关系也

400 无非就是与死的、不属于生命的躯体事物的关系。这两组“感觉”的区别仅仅在于第一组的特定持恒（Konstanz），以及“双重感觉”的经常出现（例如当我触摸我的躯体时；而在看时则没有这种双重感觉[①]；例如在听我的声音时，在喉、口等处的体验与声音的内涵联结在一起）。因此，据说是从一种直接被给予的身体同一性——正是它才使那种持恒和那种归序变得有意义——中才形成了我的体验的一个部分的单纯持恒（某种完全“无法领会的东西”）以及单纯的“归序”本身，它们无非只是一种“固定的”联想而已。即使撇

① 只要人们不想把紧张感（Spannungsempfindung）和位置感（Lageempfindung）——即眼部肌肉在我们睁开眼睛时，也在眼睛休息时为我们提供的那种感觉——看作是这种双重感觉。

开所有那些出发点上的错误不论，在这里用来区分与所谓“身体”和身体以外的东西相关的感觉的标准也是不充分的。若是有人终生被囚禁，那么监狱的四壁并不比他的手的外观更少“持恒”，如此等等。而且他完全不可能忽然开始把这四壁与他的身体混为一谈。但一种所谓的“双重感觉”在触摸过程中根本不会在现象中被给予：唯有对例如我用来触摸它的手指和手掌的观看才会在这里使我们将这同一个内涵与感觉活动(Empfinden)的两个功能进程联系在一起，但对它们的设定已经预设了身体和身体部分与其他躯体的区别。

如果我们将那些流行学说的各种不同错误起点加以总结，那么这些错误可以被归结为以下几点：

a. 它错误地认为，内“身体意识”只是一组感觉。

b. 它错误地认为，那种所谓的身体感觉(Leibsensation)仅仅在程度上有别于“器官感觉”，而“器官感觉”只是在程度上和内容上，而非通过它们作为身体状态所具有的本质被给予方式有别于声音、颜色、味道、气味等等。

c. 它错误地认为，躯体身体(Körperleib)完全与其他躯体一样，是原初地被发现的(vorgefunden)。[①]

d. 它错误地认为，身体感觉是“心灵现象”。

e. 它错误地认为，内身体意识原初是未被划分的，并且只是根据它次生地相关的躯体部分之尺度才得以划分。将这个实事状态

① 除此之外，从这个预设出发也可以理解Th. 利普斯用来反驳一种原初的深层的看的一个论据：每一个对距离的把握都预设了，有两个处在一个距离中的躯体被感知到；但现在眼睛并没有被感知到；所以……。

颠倒过来也是错误的。

401 f. 它错误地认为，内身体意识的内涵原初可以比外感知的内涵更具有欺瞒性(内诊断学)。

g. 它错误地认为，内身体意识原初是非广延的，并且不具有空间和时间的秩序。

h. 它错误地认为，在对身体的意愿支配与对外部事物的意愿支配之间不存在原初的区别。

i. 身体本身的统一是一个单纯联想的统一，这一点之所以是错误的，乃是因为，正是身体才使一种联想的联结得以可能。

再对这些迷误中的第一个迷误说一句话！[①]

上述理论的第一个谬误就在于假定，对我们的身体的内意识可以简单地等同于我们在定位于个别器官中的同时所体验到的那些感觉的总和。因为，关于我们身体的意识实际上始终是作为关于一个总体、一个或多或少含糊地被划分的总体而被给予我们的；而这是不依赖于并先于所有特殊"器官感觉"之复合的被给予性的。然而这个关于身体的意识与那些器官感觉的关系并不是一个整体与它的各个部分的关系，或者不是一个相关性联系与它的各个"基础"的关系，而是一个形式与它的各个内涵的关系。所有心灵体验都只作为共聚在一个"自我"中的而被体验到，在这个自我中，它们被联结为一个特殊种类的统一，与此完全相同，所有器官

① 我并不想在这个语境中完全澄清这个身体被给予性的困难问题。然而在发表那些用来对生物学根本概念进行现象学检测的研究时，我常常想详尽地讨论这个问题。我在这里的目的仅仅在于：在这个问题的界限中指明在自我被给予性和躯体被给予性的联系以内的身体被给予性的系统场所。

感觉也必然是作为“共聚”在一个身体中的而被给予。并且，按照康德的确切命题，“自我”必定能够伴随我们的所有体验（心灵种类的），与此相同，身体也必定能够伴随所有器官感觉。因此，身体这个事实组成是一个基础性的形式，所有器官感觉都在它之中得到联结，并且借助于它，这些器官感觉才是这个身体的，而非其他身体的器官感觉。只要器官感觉被注意到或自己凸显出来，就像例如在疼痛感觉的情况中一样，那么，其一，身体的那个含糊总体就始终作为它的“背景”而一同被给予；其二，但在任何器官感觉中，即作为在一个特殊种类的感觉中，身体总是作为总体而一同被意指。从以上所说已经可以看出，我们完全不必通过——在一种逐渐归纳的意义上的——“经验”才“学到”：我们不是天使，而是拥有一个身体。我们唯一所学的仅仅是在我们的身体被给予性的杂多性中的定向，是这种杂多性的变换对于那些同样根据内部方式而被给予的身体单位或身体器官的各个环节单位所具有的“意义与
含义”。但“自我”与“身体”的联系本身是一个对所有有限意识而 402
言的联系——因而不是一个归纳－经验的联系或联想的联系。对新生儿的观察自身是正确的，但却常常受到错误的诠释。当孩子初次看到他的小脚时，他当然会“惊奇”；他也会像拍打陌生的外部事物一样去拍打这双脚，而且，在一段时间里，他必定会学到，例如一个被角的视觉图像并不像他的脚的视觉图像一样与他身体有关。但对“身体”与“外部世界”之领域的区分在这里早已被预设了；他如此“学到”的并不是对这些领域本身的区分，而是区分：哪些看的事物从属于这个和那个领域。

“身体”与“周围世界”不是区分“心理”与“物理”的前提

在现代研究者中，尤其是阿芬那留斯，以及完全独立于他的（如他自己所说，“来自观念论方面的”[①]）恩斯特·马赫创造了一种认识理论，根据这种理论，只有在身体和周围世界（Umwelt）在先被给予的情况下才会区分出心理现象和物理现象。阿芬那留斯主张，有一种素朴的“发现”（Vorfinden）——在其中既没有预设一个“自我”，也没有预设一个对行为、对象和内容的区分——，而这种素朴“发现”的内涵就是对“自然的世界概念”而言的素材。但这个素材所包含的无非只是一个身体和这个身体的周围世界，它们的内容彼此处在一定的变更的依赖性中。在各个周遭部分（Umgebungsteile）本身之间存在的依赖性是对作为物理学、化学等等自然科学的指责；在身体的各个部分和进程以及处在第一种依赖性中的各个事实之间的依赖性构成了生物学的对象；不是在各个周遭部分与各个身体部分之间存在的内容的相互依赖性，而是这些内容变化的相互依赖性构成了心理学的对象。这样便产生出一个错误的和“人为的”世界概念，因为人们首先把一个在周围世界中“被发现的”内容（例如这棵“树”）与一个身体（以后它被还原为“C”系统，即脑连同其脊髓突起）的这种变更关系在“共同人”

① 这里的“他”应当是指马赫。马赫在《感觉的分析》中曾说：“阿芬那留斯的陈述是从实在论而来，我的陈述……则是从观念论而来。”（参见，恩斯特·马赫，《感觉的分析》，洪谦等译，商务印书馆，1996年，第45页。引文有所改动。）——译注

(Mitmenschen)面前提升为一个特殊对象，并且将这个对象“嵌入到”[①]共同人的身体之中，把一个特殊的“主体”、一个“心灵”等等 403
异想天开地附加给(hinzudichten)对这棵树的“感知”或“表象”，并附加给这些新的构成物或“意识内容”等等。这样便冒出了“心灵的概念”以及“心灵之物”的概念，同样还冒出了对一个就这些“虚构”对象而言的特殊真理源泉的设定：一个“内认之为真(innere Wahr-nehmung)”[②]的概念；在其他研究者那里重又有对一个(心理)行为和一个与它相应的(物理)对象的区分，以及更多类似的东西。

对这些主张以及——经过必要修正——马赫的主张，如今应当已经不再需要进行严肃的反驳了。它们已经通过它们的无法取消的结论而受到了判决：所有感受都必须回溯到器官感觉及其(感性的)感受特征之上，同样，自我体验甚至人格，都必须回溯到这些体验的复合与衍生物之上，所有回忆图像都必须回溯到削弱了的(“虚幻的＜schattenhaft＞”)周遭组成部分的一种再现(Wieder-auftauchen)之上，但所有“思维”都必须回溯到单纯的经济学和对某些图像或图像内容的最节约使用之上。因为所有这些无法避开的理论结论甚至对一门通常与事实一般打一些交道的心理学来说

① “嵌入”是阿芬那留斯所特别偏重的术语，指的是把外部世界的质性向内心世界的内移(E. 弗洛伊德也将它当作一个重要术语来使用)。这个词的德文原文为“introjizieren /Introjektion”，对应于较为常见的“projizieren/Projektion”，即“投射”(此外，马赫还使用过“Extrajektion”，即“投出”)。“投射”或“投出”是向外的，“嵌入”是向内的。对此还可以参见后面的“自我嵌入说”和“感觉投射论”。——译注

② “认之为真”的德文原文是“Wahrnehmung”。它的通常意义就是“感知”，但舍勒在中间加上连接号，意在突出它的基本词义，即：当作(nehmen)真(wahr)。——译注

便从一开始就已经无法讨论了。

我们在这里对那些(已成为历史的)学说的兴趣仅仅是在**身体**问题方面。阿芬那留斯以此为出发点,即“共同人的身体”、它的“周遭”和共同人的“陈述”是以一种完全同形的方式“被发现的”。但他从一开始就没有关注这样一个事实:那个“被发现的”质料起初并没有为他提供丝毫支撑点来区分像一个“**身体**”、一个“**周遭**”和“**陈述**”这样的东西。因为,是什么将“身体”区分于一个“周遭部分”,例如区分于某个具有同一感性内涵的死的事物?是什么将一个“陈述”区分于一个随意的音响合成或响声合成,并使它成为一个“陈述”,哪怕是成为一个单纯的“表达现象”?“身体”并不简单地像**一个**躯体事物一样处在其他躯体事物之间和与其他躯体事物并列,而是作为它们的“中心”而被给予的,就是说,这些躯体事物是**作为**它的“周遭”而被给予的;“表达”甚或“陈述”并不简单地就是躯体事物的某种变化,并受到与其他躯体事物(如落在地上的一块钢的音响)的变换不定关系的规定,而是始终在此存在于一个双重的象征关系[①]之中,——在这个简单的“发现”(Vorfinden)的**被给予之物**中为何会含有这种象征关系?这里的抉择是简单的:要么,那种在阿芬那留斯看来是素朴的、中性的“发现”不是这样一种
404 发现,而是对身体、周遭和陈述(它们始终可以包含着**同一个**感觉材料)而言也具有一个**不同的种类**和**形式**,但被发现之物则具有一个不同的,虽然是直观的,但却非感性的结构,它与这种形式

① 无论是被表达的体验的象征关系,还是在表达中可能被意指的对象的象征关系。在陈述时始终有一个对象被意指。

本质上相符——要么，这种区分根本就不成立。阿芬那留斯犯了一个明显的差错：他从一开始就把“身体”等同于身体躯体，而没有将此视为一种本质联系，即：同一个身体也还能够以一种完全不同的方式——以内心的方式——被给予（例如在饥饿、狂喜、疼痛中），即使是这种看法也想根据一个同一种类的“嵌入”而使这样一种嵌入得以产生，例如将“树”这个周遭组成部分嵌入到身体“之中”，作为对这树的“感知”。但是，即使后一种“嵌入”真的成立，即使以此方式对一个（在一个将单纯“关系”加以事物化（verdinglichen）的虚构的构成物“感知”、“表象”意义上的）“心灵之物”的假定、对一个自我的假定，以及对一个对此自我而言的特殊认识源泉亦即“内感知”的假定才会产生出来，那么像“饥饿”或像“痒”这样一种东西也仍然永远不可能以类似的方式“被嵌入”。因为，在此被嵌入的“周遭组成部分”或它的“特征”又会在哪里呢？而为了使这样一种“嵌入”、即一种不是向死的东西之中的嵌入得以成立（即使是泛灵论者[①]也不会认为石头对动物的“感知”与动物对石头的感知是一样的），一个本质上有别于周遭部分的身体统一显然就已经被预设了。只要这种“嵌入说”不仅仅是对著名的、较旧的感觉“投射论”的拒绝，我们实际上就会把它看做是完全无根据的。然而相对于阿芬那留斯的许多批评者，我们在这一点上还是赞同他：无论“自我”的概念是怎样形成的，并且无论“自我”是怎样被给予“共同人”的——对一个具有“身体性”本质的事实组成的感知并不

① 针对死的东西的泛灵论者（Animismus）——即阿芬那留斯所引述的泛灵论——显然预设了“自我”、“心灵”观念的构成。

奠基于对一个“自我”的假定或一个对在被发现之物中的心灵事实的假定之上；不是在此意义上的奠基：即为了将任意的显现视之为并发现为一个“身体”的显现，“自我”必须首先被给予。[①] 当然，每
405 一个被给予的人的身体都是（对于这个人本身来说）作为“我的”身体、（对于他人来说）作为“他的”身体而被给予的：但这种自我关系并不是那种使它成为身体并将它作为统一而从其他“被给予的”内容之充盈中提取出来的东西。然而恰恰是根据这种身体被给予性的独立性，身体一统一必定本质上不同于那些死的事物的统一。[②]

与此完全相同，事实情况也与恩斯特·马赫的学说相悖。马赫只是通过以下方式才让他的“存在要素”成为“感觉”，即它们的被给予性和非被给予性表明自身是依赖于一个“生物体”的存在；因此，如果例如一个球不是通过钠光才变为“黄的”，而是因为某人服用了山道年[③]，那么存在要素“黄”便是心理的。但展示着一个身体的这批存在要素 L（身体）是通过什么才区别于其他的存在要素 U（周围世界），以至于在 L 中的变更及其相互依赖性也可以区

① 例如利普斯和埃特林格便是如此。

② 阿芬那留斯对纯粹经验的批判是以这样一个预设为基础的：C 系统在它对刺激的所有加工中都以一个“自身保存”的最大值为目标，并且因此而按照“用力最小”原则来加工所有的东西；这个预设已经含有对“非机械”因子的一种预设，这种预设——无论它在我们看来是多么合理——在他那门主张身体是像一个任意的躯体事物一样被发现的认识理论中，仍然没有得到任何论证。即使人们只想做这样一个——完全不可能的——尝试：从思维经济原则中去获取甚至逻辑学的原理，而这重又意味着，证明它们的有效性是“一个身体的保存条件”（甚至是一个 C 系统的保存条件），即使如此，人们也必须用一个规定着身体之统一并且在身体中起作用的目的论原则——用最小的手段进行自身保存的倾向——来为身体奠基，并且无法在生物学中也仍然是机械论者。

③ 山道年是一种从山道年花中提取的抗蛔虫药材。——译注

别于在 U 中的变更和相互依赖性呢？而那些只是**作为**与身体相关的存在要素才是存在要素的“感觉”与那些应当**从中**产生出身体本身的存在要素的现象的区别又是什么？对此问题没有做出任何回答。两位研究者都没有看到，存在着“**身体性**”这样一种本质，它不是从各个实际身体中以归纳的方式被抽象出来的，而且，正是在一个经验对象上（例如在我此刻的身体上，或在另一个人的身体上等等）对它的可能直观才将它作为一个有别于并且**本质上**有别于死的对象的身体对象而给予我。两位研究者都将身体性等同于（具体的＜in concreto＞）身体，并且将它们重又等同于单纯的身体躯体，即（在我们的语言中）作为单纯外感知对象的身体。阿芬那留斯主张：根本没有“外感知”和“内感知”的发现的差异；这个主张通过它对一个“内感知”概念的误解性论战仅仅表明，阿芬那留斯将所有一切的感知都消解在“外感知”的概念中。贝克莱曾试图用一种错误的片面性和人为性来证明洛克的“感觉”（sensation）只是“反思”（reflection）的一个临界状况——就好像颜色、声音原则上并是不以有别于肌肉的疼痛和紧张的方式被给予（就好像它们是以自我相关的方式甚至只以自我关系的方式被体验），而外部的感性感知则无非是作为一种强烈的表象而被给予的一样——，阿芬那留斯也试图以同一种错误的片面性和人为性来指明内感知的事实是产生于那些也为外感知的最简单复合所含有的同一些要素 406
之中，但却试图用下列贬毁来消除掉“内感知”这样一个特殊的感知**方向**：即：人们用这些〔关于内感知的〕话语所指的是一种对处在客观躯体“之中”的心理之物的感知，当人们感觉到一个“蓝”或一个“疼痛”时，并没有一种“头脑中的蓝”或在（解剖学的）手臂“之

中"的疼痛。通过这种假定，首先便产生出他的（而且是广泛流传的）学说：与那些所谓动感的、被动的感觉（它们实际上只是在肌腱与关节中的接触感觉以及建基于它们之上位置现象与形式现象的结果，并且只能根据先前被体验到的运动冲动而被解释为"运动感觉"）不同，所有特殊的身体的或属于身体的、被体验到的显现，如疼、痒、紧张和松弛，甚至所有被体验为是主动的运动冲动，都可以被视作这样一些感觉的复合，这些感觉也可以作为"要素"而在外感知的内涵中被发现。而接下来还产生出这样的学说：根本没有非广延的心灵体验，例如像精神感受尤其是自我体验本身，便毫无疑问地是这种体验。他更没有看到，"内"感知和"外"感知的方向差异并非相对于那种就一个身体躯体（在空间的意义上）的"内"和"外"的东西而言，相反，在这里存在着一个行为方向的差异，它与在它之中被给予之物的一个特殊的杂多性形式本质地联结在一起——一个方向差异和形式差异，即使在设想一个身体完全不存在的情况下，这种差异仍然会留存下来；但它在关系到统一的并且原则上在不具有感知行为的这种方向差异的情况下而"被给予的"身体的同时，设想出并提供了两种绝然不同的（toto coelo）关于身体的"看法"，尽管如此，对于这两种看法来说都明见无疑的是，它们所涉及的是同一个事实组成"身体"。①

---

① 阿芬那留斯主张，在"内"感知的过程中，人们暗中想到的是对躯体的、空间的"内部"的感知；对这种主张的反驳是：相反，在严格意义上的外感知的空间性中根本没有"内"和"外"，而是只有一种纯粹的相互分离（Auseinander），而没有真正的"相互交织（Ineinander）"。只有一种为自然世界观所特有的，甚至是对死的躯体事物的身体化（Verleiblichung）才使我们例如可以说，在箱子"里"有一个球，或在空间"中"有一个躯体。因为这两者都预设了：我们把这个在其空间形式中的球首先直观地也一同算作

“心理”—“物理”的区别同样不会像这两位研究者所认为的那 407
样，可以被理解为“同一些”内容和要素的“关系”与“秩序”的一种单纯区别。实际上，这两位思想家作为原被给予性（Urgegebenheit）来进行奠基的东西，始终已经是物理的因素（那些尚未事物性地、遑论躯体性地被把握的外感知内容的要素）。甚至马赫的“存在要素”[①]——无论马赫怎样像休谟那样努力从中推导出仅仅作为一个相对稳固的存在要素之复合的事物范畴——都是十足的、真正的物理事物（即看的事物、触摸的事物等等）连同对它们的所有现象学本质规定（完全就像休谟式的“印象”＜Impressionen＞）。作为“感觉”，即作为“与一个生物体相关的”，诸“要素”并不是纯粹的感觉“内容”，而已经是感觉—事物（Empfindungs-Dinge）了。正因为此，哲学的形式“物质主义”便被给予了。由于它是质性的物质主义，因此它仍然是一种物质主义。然而一门（无论如何）必须避免这个差错的“秩序理论”所具有的任何其他可能的形式，在这里都必定会失败。* 一种悲哀或一种忧伤的一个“因素”永远不可能“也”作为一个物理的显现出现（即使这个概念本身被看做也包含了所谓器官感觉的内容的概念）；它也永远不可能作为例如一个风景的“性格”出现。因为悲哀——当“我是悲哀的”时——这个感受的单纯同一质性以及在“悲哀的风景”中的“性

“箱子”，并且随后无意识地将它（作为属于这个球的）从“箱子”那里去除掉。关于“躯体”的不可穿透性的明见、先天命题使得每一个“之中”（in）在这里都成为单纯“虚假的”。因此，情况恰恰与阿芬那留斯所说的相反。所有的“相互交织”都是一种对在内感知杂多性中各个要素相互关系方式的一种类比。“我的心是在我的身体躯体‘中’”的说法同样也含有这种类比。

① 恩斯特·马赫，《感觉的分析》（耶拿，1903 年）第一卷，尤其是第七章和第八章。

格”的单纯同一质性不是一个在这里或那里的实在要素。倘若秩序理论想要说的仅仅是：“心理”与“物理”不是在经验上可定义的（亦即不是可以借助最近的属加种差＜genus proximum und differentia specifica＞来定义的）对象性的统一，那么它当然是完全有道理的。倘若它们就是这种对象性的统一，那么这里所涉及的就不是本质差异了；就本质差异而言，甚至一个标准就在于，即：我们在试图对它们定义时必须预设它们，并且在定义中必定会陷入一种循环定义（circulus in definiendo）。而在这种设定中，同样没有任何理由不去设定一种感知＋关于（例如在“我感知到树木，我感知到房屋”等等中的）对象的两个不同的经验概念，而去设定两个不同的感知方式和感知方向。[①] 但从“秩序理论”的这个正确的
408 否定性确定中并不会得出：心理现象、物理现象和身体现象的质料差异根本就不存在，而且这些差异所涉及的仅仅是形式不同的秩序区别。从这里只会得出，已经包含在心理、物理对象本质中的不同质料内涵同样也本质地束缚在这两个感知方向上。[②]

因此，以下一类说法也就无从可谈，即：“自我性”本身以及“个体的自我存在”不是直接直观的一个素材——与在不具有任何对特定事物“物质”之假定的外感知对象中的“质料性”相符合——，而是建基于像“嵌入”过程那样以某种方式在生成和历史方面可说

① 因此，倘若存在着一个可给定的标记 x，这个标记为物理对象所拥有，而心理对象则不拥有，那么人们只能说，存在着同一个感知，一次是对物理对象的感知，另一次是对心理对象的感知——就像有对桌子和椅子的感知一样；但并不存在像内感知和外感知那样两个不同的感知－方向。

② 同样，在 E. 胡塞尔看来，“意向相关项”和“意向活动”在其质性的类（Artung）一般中也是相互制约的。

明的过程之上。唯有成千上万种形式的实体性灵魂信仰和迷信才可能被回归到类似的过程上去——然而即使是这些信仰也只能在预设了那些直观素材的情况下发生。但“自我性”这个本质对于“心理”这个本质来说却是构造性的，并且与内感知的方向处在一个本质联系中，在无形式的纯直观中，这个联系本身仍然在这两个环节中被给予。正如阿芬那留斯所合理反驳的“感觉的投射理论”以及与它完全相似的“价值”、“性格”、力量和生命现象的“同感理论”是站不住脚的，或者甚至无法论证一个“外部世界性”的现象（无论是否借助于“无意识的因果推论”，就像叔本华和 H. 黑尔姆霍尔茨所假定的那样）一样，与此完全相同，一种“嵌入”也无法使人理解对一个心理区域、一个自我等等的设定。凡是发生这些过程的地方，这些过程早已经预设了这两个区域和存在领域的被给予性以及它们的本质内涵，投射、同感、嵌入都是进入到它们之中。[①]

如果像我们所强调的那样，身体性原则上“可以”在不对一个从属的心理自我做任何顾及的情况下“被给予”（在这里我们完全赞同阿芬那留斯），那么另一方面就必须说，我们完全不必为了在每个心灵体验中把握到一个自我性而去接受一个穿越某个身体被给予性的原则性通道——遑论一个穿越对他人身体或共同人身体之感知的通道；为了把一个他人自我和一个他人身体理解为这样一种东西，我们同样不需要一个穿越本己自我和本己身体的通 409

① 因此，老的投射论以及嵌入说（前者的纯反像）失足于同一个基本错误：没有将心理的、物理的和身体的现象作为在现象以及从属于它们的感知方式之间的最终本质差异加以区分。

道。[1] 即便我想象把我的身体的器官感觉的被给予性还原为零(甚至有的时候唯有我们的身体图式对我们来说才是直接实存的——几乎不带有任何实证的内涵——,有的时候我们看起来就好像是摆脱了"所有地球引力"),自我也始终还是"被给予的",而且例如它的精神感受也始终还是"被给予的";并且,例如我"是悲哀的"的方式,即悲哀如何关涉自我并"充实"自我的方式始终还是一个本质不同于其他的感受方式,诸如"我感到自己疲惫和清新或饥饿和饱足",我感到自己有病或健康,甚至我"感到我的腿疼"或"感到我的皮肤痒"。即便在具体情况下(in concreto)很难,甚至不可能将那些包含在一个具体的总体状态中的生命感受和身体感觉的样式与一个作为自我规定性或以直接关系自我的方式而被体验到的事实区分开来,并且即便在这里(尤其是在那些总是由心灵方面、身体方面的东西和外感觉混合而成的感触那里)非常容易形成自身欺罔,但这丝毫不会影响在现象本质中的被给予性的种类差异(Verschiedenartigkeit)。只是因为没有将那些仍然属于外感觉的内躯体(innerkörperlich)接触感觉(它们具有触摸内容<Tastinhalt>的质性)如关节感觉、肌肉感觉区分于本真的身体感觉和身体感受和本能冲动,就像疼、痒、饥饿感和饥饿冲动所展示的那样,这时人们才有可能以为找到了一个"过渡",例如从颜色和声音到饥饿的"过渡",并且把"饥饿"类的事实完全在相同的词义上理解为躯体内部的感官感觉,就像把颜色感觉理解为对外身

① 参阅笔者《论现象学与同情感理论以及论爱与恨》(哈雷,1913 年)一书的附录。

体的存在的“感觉”(Empfindung)一样。但实际上,被体验到的身体状态是绝对有别于外感官功能的内容与质性的,而后者(例如颜色和声音)也同样绝对有别于对它们的和它的基本种类(如看、听等等)的“感觉活动”(Empfinden)本身。例如,即使同一个触摸内容可以是对从属于躯体的、现象的滑、软、硬这些规定性而言的基础;即使在那些用“感到‘软’、‘硬’、‘糙’、‘滑’”这样一些命题来度量的现象中,这同一个触摸内容也可以是对那些比感情状态更多地体验到的体验而言的基础,但这在疼、痒、饿那里却是完全不可能的。它们永远不能作为死的躯体的规定性而“被给予”,而是至多只能作为它们的被体验到的对一个身体的作用而被给予;而且它们的“要素”也不可能是如此被给予的。

自然,对于一个行为来说,从内感知的本质中始终地并且必然明见地被给予的只是自我以及它的“某些”体验和规定性本身的本质和个体性。但在对这些体验和规定性的每个实际把握中,在它们的特殊内涵方面起作用的是这样一个命题:在内直观区域中的所有内容同样都会在所有清楚明白的程度上成为现实感知的内容,只要它们的存在或不存在、它们的如此存在和别样存在设定了身体的某种变更。我用下列语句来标识这个事实:所有内感知都是通过一个“内感官”而得以进行的,借助于这个内感官,可能内感知的所有不设定身体变更的内涵都始终留在“下意识”[①]的区域中,而且借助于这个内感官,并非那些被内感知到的东西本身,但却是在实际感知活动中显露自身的“现象”(Erscheinung)的被给 410

① 对这个概念已经做过阐释。参阅这部著述〔边码〕第 391 页。

予形式，也在分有着那种对现象的“**身体**”之事实来说本质性的杂多性之形式。因此，即便是对自我的实际感知与对“纯粹”心理事实区域的感知也**不**是直接的、给出那些事实本身的感知，而是一个**通过身体－感性之中介**的感知——并且因此完全就像实际的、通过“外感性”的外感知一样能够是欺罔。[①] 在这里和在那里一样，“感性”并未“创造出”或“生产出”任何东西，而只是根据心理体验（或者说，根据可能的外感知内容）对于一个身体所具有的重要意义以及根据它的活动的内在目标方向的尺度来进行抑止和选择。

只是从这个事实组成出发才可以明晰地看到：为何在自我中各个体验的纯“**相互交织**”对于实际的感知来说同样会获得一种已经为现象的身体的杂多性所具有的**相互接续**和**相互分离**的特征（但并不因此而留有时间性和空间性的痕迹），以及心灵体验如何分裂为“当前的”、“过去的”和“将来的”。

没有一个标记会如此明确地首先将所有本质性的**身体**现象如此明确地区分于纯粹**心灵**现象，即：前者是**广延的**，后者是**非广延的**，因此它们与自我的关系是“有种类差异的”——这个种类差异本身还具有其各个亚种。例如一个疼痛是清楚地延展着的；它“扩展到”例如“背脊上”，它变换它的场所性（Örtlichkeit）；一个“饥饿”是某种在胃部和胸部的东西；甚至“疲惫”——尽管不带有那种
411 为一个痒，还有一个“在腿上的疲劳”所具有的场所性——也会像

---

① 在前面所引的笔者《论现象学与同情感理论以及论爱与恨》一书的附录第133页上已经指明，由于忽视了这个事实，即实际的、心理的自身感知也是一个在身体上和感性上受中介的感知，才会产生出人们如何才能认识陌生心理（Fremdpsychisches）的困难。

是“倾泻”在广延的身体总体之上和之中的一样。但这样一些规定对于“悲哀”、“忧伤”、“轻松愉快”等等来说是完全没有意义的。尽管如此，这些身体现象完全不是“在空间中”，不仅不是在客观的空间中（例如在作为解剖学的、客观的形式统一的手臂中），而且也不在一个现象的空间中。毋宁说，它们与所有纯粹心灵的东西一样，具有这种“非空间性”。

然而它们不仅仅是广延的：它们也指明着一个“相互分离状态”（Außereinandersein），而在这个杂多性形式之内重又指明着一个相互并列状态和相互接续状态，以及在这些杂多性形式中的一种“变换”的显现。但无论是相互并列，还是相互接续，在这里都不是在一个空间中和在时间中——作为在一个空间中和在一个时间中——的关系，更不是可度量的关系。或许在这里还有一个相互分离“更多”或“更少”，而后是相互并列或相互接续、例如一个痒对一个疼的接续的“更多”或“更少”：但没有这样一种空间段和时间段，人们通过它们可以看到各个现象被联结在一起。即使是将它们排列到（Einordnung）空间与时间中去的做法也是完全错误的。虽然疼在这里可以在同一个场所性上“变换”为痒。但若说相关的身体部位从一个疼的部位“变化”为痒的部位，这就是没有意义的了。而如果一个疼延展“开来”或时而在这个肢体上疼，时而又在另一个肢体上疼（例如在风湿病中），那么这里丝毫不具有“疼痛从这里运动到那里”的意思。因而这种杂多性是完全有别于那种外身体现象的杂多性。

但它同样也完全有别于（纯粹）心灵事实所具有的那种“在自我中的相互交织”。一个思想和一个精神感受和一个期待——什

么叫做：它们是“相互分离的”，它们是“相互接续的”或“相互并列的”？人们常常不是把“相互并列”而更多是把一种“相互接续”归派给它们，这种做法的原因只是在于，人们把它们在内感官前面出现的**被给予性**方式等同于一个在它们自身之中的**内涵**。不是“纯粹的”心理现象，即不是那些从中提取出所有那些决定着对它们实际感知的身体状态之物（Leibzuständiliches）的现象，而仅仅是它们在多数具有“内感知”方式和形式的行为的**各个内涵中的显现**才构成一个“相互接续”。一个内直观的行为 A 在其内涵中当然可以具有比另一个行为 B 更多的充盈。但这个**充盈**区别并不是“相互接续”的杂多性，第三个内直观行为 C 当然也可以在其内涵方面**一同包容下** A 和 B 的充盈：而后 A 和 B（F 和 F_1）的充盈在行为 C（F_2）的内部显现为处在“相互接续”中的——但这是因为 F 和 F_1
412 被归派给**实际上是相互接续的身体状态**。然后，这种在行为 C 中的 F 和 F_1 也只是它本己充盈**内涵**的一个部分内涵，而 F 和 F_1 却不具有任何作为有别的充盈统一的此在。所以，朝向本己自我（或一个他人自我）的内视域也许会**增长**和**缩减**——但这个视域的内涵却并不会在此同时指明一种相互接续。不是在此显现的东西，而是它**如何**显现的方式表明一个“相互接续”。可以用一种形象的说法：如果黑暗中在墙上有一道光掠过，而我们并不知道（这个对我们隐蔽着的）光，那么这墙的不同部位便是演替地（sukzessiv）被照亮：尽管如此，这里并不存在墙的不同部位的相互接续，而只有一个对它的照亮的相互接续。不了解这个运行机制的人会认为，这是各个部分的相互接续。由于它现在是那些实际地处在相互接续之中的身体状态，这些身体状态以变换不定的方式按照一个特定的方向法则来为内感知澄明那些相互交织地存在的自我规定性，因而看起来可能是这样一种情况：这些规定性本身在自身中是相互接续的，而我们只是将它们归派给不同的、相互接续地出现的身体状态，并且同时在受这些身体状态制约的情况下来感知它们。

在这个意义上，我们所体验到的所有东西（也包括所有从被给予的身体出发而显现为已过去的东西），都是在自我中“集聚并交织”——同时我们却既不能说，如此“过去的”显现之物还在客观时间中持续下去，只是现在没有被感知到而已（或者说，它的一个“秉性”，而且是一个心理的“秉性”在持续下去）；我们也不能说，它没有持续下去并且湮灭了，持续下去的只是一个重新体验它的生理学的秉性而已。（心理的副现象主义。）因为这两种如此激烈争斗的观点都失足于同样一个首要谬误（πρωτον ψευδος）：把自我与它的规定性及其杂多性看做是已经原初地具有一个相互并列的顺序——而没有看到，在这里有一种完全不同的、实证的杂多性、那种相互交织的杂多性，它的要素只是作为在一个附在身体上的生物方面的一个内感知的各个显现要素而被归派给他的身体状态的一个相互接续，而且它的要素在其显现中是受此决定的。恰恰因为每个心理体验都对“自我”的总体性做出不同的规定，但自我本身——作为不处在相互接续和相互分离中的东西——却既不能持续下去，也不能中止（即是说，在第二个时间点上，就像在第一个时间点一样，既不能存在，也不能不存在），因此，它就不需要这些假定。

413 f. 自我与身体（联合与分离）

自在统一并且包含行为质性区别的直观（内直观和外直观）只是根据它与一个身体的存在所具有的本质联结才分裂为各种行为质性的区别（感官感知、回忆、期待）。然而与这些行为质性相符合的是当前存在（此时此地的区域<Jetzthiersphäre>）、过去存在和将来存在的实事区域——在客观时间中没有它们。“感知”作为那种在其中某物自身并同时切身地（leibhaftig）被给予的行为质性，同时也是身体的一感性的，并且只能给予“当前之物”，也就是说，只能给予（内和外）感官感知的内涵，故而这不是一个分析命题，而是一个综合命题。想要反驳这一点的仅仅是那些只想通过感性或

604 感觉的概念来定义感知的人，亦即没有看到这里有一个特别的行为质性本身的人。①

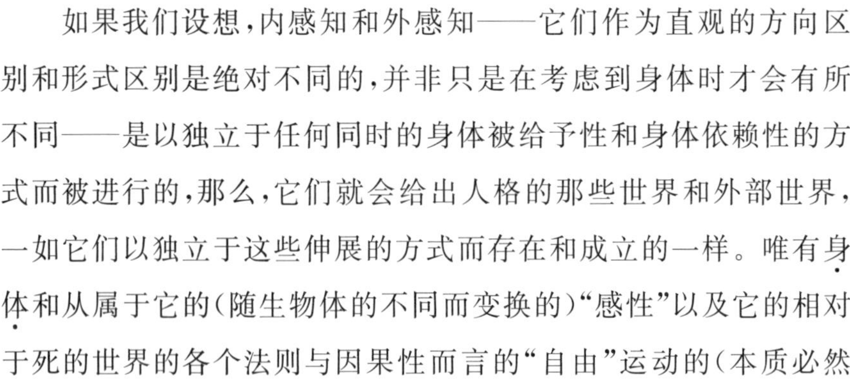

如果我们设想，内感知和外感知——它们作为直观的方向区别和形式区别是绝对不同的，并非只是在考虑到身体时才会有所不同——是以独立于任何同时的身体被给予性和身体依赖性的方式而被进行的，那么，它们就会给出人格的那些世界和外部世界，一如它们以独立于这些伸展的方式而存在和成立的一样。唯有身体和从属于它的（随生物体的不同而变换的）“感性”以及它的相对于死的世界的各个法则与因果性而言的“自由”运动的（本质必然

① 对此可以参阅笔者在论“自身欺罔”（同上书）论文中以及在《论现象学与同情感理论以及论爱与恨》（哈雷，1913 年）书中的论述。

的）参与，才按照特定的法则在规定着那些自在可能的直观统一的分离和选择。因此，对于所有对个别依赖性的研究而言，这个命题是指导性的：不仅是外感知，而且内感知也是束缚在“感性”和在实际施行中的身体的运动结构与本能结构上。因而可以将内直观看做与外感知一样是受感性和本能萌动的中介的。[①] 它是通过一个“内感官”而进行的。

对身体感性的功能划分（即划分为看、听等等功能，它们具有一个不依赖于边缘感官和中心感官的、可仔细查明的本己合法则性＜Eigengesetzmäßigkeit＞）在这里对于内直观和外直观来说是一个原则上同一的划分；尽管心理“功能”和物理“功能”的概念必 414
须始终区分开来。感性的功能法则始终不依赖于感官以及与之相符的“感觉”的结构、顺序、刺激感觉性等等，并且先行于这些感官和感觉的合法则性。因而即使是内心世界也包含着通过对实际心灵存在与生活的双重选择而对它的被给予性的生动性划分（Lebhaftigkeitgliederung），这种选择是通过感性功能并且是根据作为刺激价值（Reizwert）的心灵存在对身体与它的器官感觉所具有的意义来进行的。而以完全类似的方式，身体躯体的功能运动结构和身体心灵的本能结构是以身体倾向的同一个统一的、同一的结构为基础的。[②] 但是，这个结构的合法则性重又在原则上如此地独立于运动器官和与它们相符合的运动冲动的系统，就像功能感性的合法则性独立于感官以及从属于它们的感觉的设施一样。最

① 笔者在此只是用这些命题来完善这个实事的总体图像，对这些命题的详尽证明不得不留待以后的工作来完成。

② “倾向”在这里是一个质性同一的本能和生命运动之组成部分。

后，在身体性的东西和生命的总体区域以内产生出这样一种在感性的运动倾向与功能结构之间的合法则的关系：功能结构**依赖于**运动倾向，因为只有这样一些感性功能（更不用说与它们相符合的感官和感觉能力）才会构成自身：对于那些处在身体运动倾向的目标方向上的对象来说，这些感性功能可以成为对可能的直观一般而言的合适的转移手段。

对于这个在自我杂多性和身体之间存在的关系的基本规定而言，——尽管有不同的特殊答案，并且撇开两种实体的形上学说不论——只有两个原则不同的回答。第一个答案是：身体将自我的相互交织**分离为**（dissoziiert）在对被给予性的内感知中的个别体验上被发现的东西。另一个答案是：身体将原初相互区分的心灵要素事实组成**联合为**（assoziiert）统一的构成物，最终联合为一个“自我”的复杂的联合集结物。

按照后一种看法，自我是一个由各个实事与过程组成的混杂物，这些实事和过程明显地束缚在以某种方式被划分的身体激发（Erregungen）上。所有心理的统一性构成都依赖于这些在身体统一中的激发的联结和联结方式。（联合的观点。）

415 按照前一种看法，**自我**是**纯相互交织**的一个杂多**统一**；它是某种**只能在充盈方面**增长和缩减的东西，只要它是随着对身体的还原而被设想为是纯粹自为的；但那些可观察的“**体验**”统一是这个统一的**分离结果**，它是通过在一个身体中的表达并且通过对包含在那个自我杂多性中的纯粹心理内容在身体上的运用并且通过一个身体而形成的。因而按照这种看法，身体并不在“聚合”，而是在将那个杂多性分解和**分割**为个别的块片、**经验的体验**。

对这种看法的理解首先要依赖于一点,即人们要学会看到:纯粹心理事实具有一个特殊的杂多性形式,即在自我中的相互交织。如果人们把"自我"想象为以某种方式"对立于"(gegenüber)心理体验的,即作为一个在时间上持续的不变对象而"对立",而那些体验在这个对象旁边流过——就像人们如果把它看做这个河流本身(看做一个事件流)一样,那么,这个统一也就不是直观所能达及的。在第一种情况中,这个自我是一个完全空乏的、不带有任何杂多性的"简单的东西"。它僵化为一个实体的X,人们重又把同样未知的"心理秉性"等等附加给它。而后人们说:"过去的"体验本身不具有任何存在;但它们当时曾作用于"自我"(=心灵)并且留下了"心理秉性";这些心理秉性可以通过躯体对心灵的某些刺激而重又被引发。但与此相对而有效的是:过去的体验完全不会停止存在和作用,它们在自我中并且是"在"自我"中"实存(existieren)——而对这些体验中的任何一个体验的消除原则上都会使当前的总体—体验以某种方式发生变更;它们仅仅不是被内感知到,因为为了感知到它们就需要有一个身体激发,就像它们被体验时所发生的那种身体激发一样;但它们是被纯粹内感知所包容的,并且是在其总体性中的纯粹心理的作用性中起作用的;然而,倘若内感官,即本质上与一个身体联结在一起的内感官,没有为了对它们存在以及它们的作用性的感知而根据特定的法则来分割它们,那么它们也就都会在自我中像"当前的"体验一样被给予了。如果人们明察到了这个作为心灵实体理论之基础的迷误,并且尽管如此仍然无法看到这个特有的在自我之中的一个真正杂多性的相互交织,那么人们便是从一开始就把这个相互交织的存在者相互分离

开来了；人们不再看到这个"在自我中"(das "im Ich")，从而便把内感知的各个瞬间的感知内涵等同于心理之物一般。于是，"过去的体验"便很少实存，就像关于它们的"心理秉性"也很少实存一
416 样；相反，心理之物一般按其本质而显现为各个单纯的现在显现(Jetzterscheinung)，它在心理上并不与一个以前的现在显现联结在一起，并且只是通过身体躯体在客观时间中的连续实存和通过在身体躯体中的生理学因果性才成为一个联系在一起的整体(副现象主义)。现在就只有"生理学的秉性"了。而不容怀疑的便是：对有一个超出当前的具体的瞬间以外的心理之物的假定，在哲学上就已经是荒谬的了，而回忆的事实就会是完全无法理喻的。[①]

但所有这一切的原因都在于，人们不想看到，有一种心理的杂多性——以及在它之中的联结——，它展示着一种真正的"在自我中的相互交织"；在自我"之中"的而不是在它之外的体验的真正存在。即是说，如果要问：过去的体验在何种程度上"存在"，那么我会说：它们在我的自我中"存在"，这个自我在它的每一个体验中都会"成为"他者(anders "wird")——但同时却并不像一个事物那样"变化"(verändern)。因而它们并不是存在于一个神秘的过去空间——仿佛是没有血肉的幽灵，为了在这里吸吮我的生命之血而不时地来叩敲我的当前。但人们同样不能说，它们并不曾作为体验实存过，而只是作为一个心灵的"秉性"，或者作为一个躯体的

① 对一个过去的心灵生活一般的设定在这个前提下就已经是一个毫无根据的设定；因为很明显，我始终可以设想所有过去的心灵生活都被放弃了——如果保留下来的仅仅只是以往刺激作用的所有生理学秉性——，而同时在我的现在经验的内涵中却不必有丝毫变化。

“秉性”。一个未被体验到的(也包括未被下意识地体验到的)心理之物将会是一个纯粹超越的假定、一个可以完全抹去的象征，它根本永远无法在直观中指明一种充实。但过去的体验是在自我本身“之中”现存的，并且在以下意义上是作为“起作用的”而仍然也还在内直观中被给予的，即：这些体验中的任何一个体验的任何变更都将会变更这个在特定方向上的直观的各个总体内涵。从我的生命的所有点出发，它们在一种统一地被体验到的作用性中“招呼着”(ansprechen)和“引发起”(motivieren)我的每一个较为遥远的体验。但是，它们并不因此就对受感性制约的内感知——它像任何感官感知一样本质上受身体的制约并且局限在“当前”上——而言是连同其特别实证内涵而在此的，完全就像那些作为在身体“周遭”[①]中的“处境统一”的部分而特别地一同规定着每个感性统一内涵的东西对于外感知而言也不是有所分别地在此一样。因此，副现象主义是把“内感官的生理学”与心理学本身混为一谈。因为，“我的过去的自我体验并不存在、根本不实存”，这样一个主张 417
完全就像“我的环境中的太阳(Milieusonne)并不存在，因为我此刻看不见它”的主张一样荒唐。

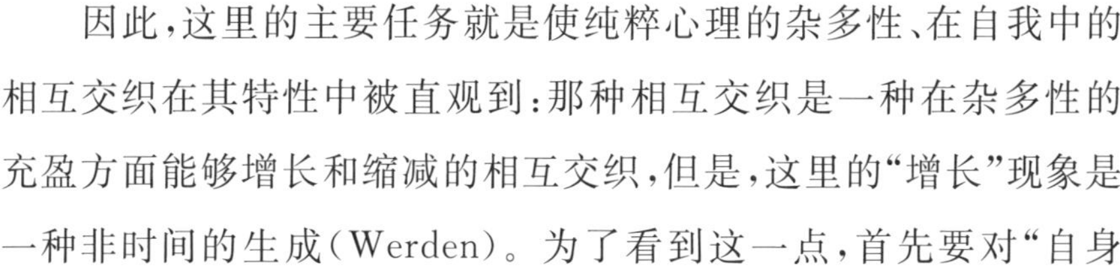

因此，这里的主要任务就是使纯粹心理的杂多性、在自我中的相互交织在其特性中被直观到：那种相互交织是一种在杂多性的充盈方面能够增长和缩减的相互交织，但是，这里的“增长”现象是一种非时间的生成(Werden)。为了看到这一点，首先要对“自身

① 关于“周遭”概念可以参见这部著述的第一部分、第一篇、第 3 章，〔边码〕第 153 页以后。

拥有自身”(Sichselbsthaben)的现象学进行扩建。

有一种在语言上被称作“聚合”(Sammlung)的状态，即集中的在自身中存在(Insichsein)——仿佛是“深深地活在自身中”。在这里就像是我们的整个心灵生活、包括过去的心灵生活，都被总括为一，并且是作为一体而起作用；它们是一些罕见的瞬间——例如在重大的决定和行动之前。从我们以前的体验中没有什么“个别的东西”被回忆——但一切都以某种方式是“在此”的并且是“起作用的”(wirksam)。我们在这里并不是空乏的，而是完全“充足的”和“丰富的”。我们在这里真实地“在我们这里”(bei uns)。作用性体验(Wirksamkeitserlebnisse)从我们生活的所有点出发在招呼着我们(ansprechen)，千万个发自过去和将来的微弱“呼声”在我们心中鸣响。我们“纵观”在其所有杂多性中的我们的整个自我，或者在深入到一个行为、一个行动、一个活动、一个事业的过程中将这个自我体验为一个整体。但在这里我们根本没有“发现”我们过去的个别体验，并且不把注意力指向这些方面，也不指向例如“我们的自我”。但我们在这里以一种特有的集中的方式“体验到”自我总体性。然而与此相联结的恰恰是一个特色鲜明的，并且对了解这个现象的人来说无法混淆的身体被给予方式。本己的身体性在这里是作为某物而被给予的，这个某物“属于”那个集中的总体性，并且这个总体性可以对这个某物实施“权力”与主宰。它同时是作为“仅仅当前的”(nur gegenwärtig)以及作为一个瞬间存在而被给予的，这个瞬间存在作为部分瞬间而被包含在一个作为“持续的”而被给予的实存中。身体性的各个内容在这里看起来仿佛是从这个持续的实存旁边“流过”。相反，在与先前所描述的相反

的状态——这些状态的共同之处就在于，我们可以说是“生活在我们的身体中”——中，在自我被给予性和身体被给予性之间存在着一个完全反置的（umgekehrt）现象的基本关系。（例如在巨大的、强加的疲惫和疲劳的情况下，在极度的虚弱状态中，在短暂的消融在空乏的“享受”和消遣的情况下，等等。）我们的体验实存的水平以特有的方式在那种自我总体性连同其内涵的相互交织与身体自我连同其广延的相互分离之间变换。现在我们是生活在我们的存在连同其内容状态的广延性相互分离和相互接续的这个身体边缘（*Leib*peripherie）上。恰恰在先前“充足的”地方，现在是“空乏的”。而这个“空乏”还是自身被给予我们的。我们现在也生活在“瞬间之中”，其程度完全与我们生活于身体中的程度相等；可以说是与身体占有“自我位置”的程度相等。“生活在身体中”，这并不意味着：“对象地”拥有它；这种拥有在这里恰恰是最不可能的。它意味着：在内体验中自身“在它之中存在”，在它之中“冥想”（wähnen）。在这里异常清楚的是这样一个现象：那些仍然被给予的并且在此存在的纯粹心理之物获得了一个“流动”（Abfließen）的外表；于是，思维、感受等等便好像只是一个“穿透过”脑袋和身体的“小运动”。在这里也是当前的和作为当前的而被给予的身体（以及在状态中充实着它的东西），现在在此不是“我们本己的”和“屈从于我们的权力的”，也不是作为“仅仅瞬间的”而被给予，相反，它就是我们的自我本身，或显现为是我们的自我本身，并且同时显现为在固定的、持续的、连续地充实着客观时间的某物，心理之物作为“仓促的东西”而在它的旁边流过。 418

首要的问题根本不是观察的事实以及对它们的理论加工，也

不是某种随意的方法上的“目标设定”，而是直接的自己被给予自身的存在（Sichselbstgegebensein）在这两极中杂多变换着的现象的方式和方法，那些更多是物质主义的或更多是精神主义的（一种主张心理的本己因果性的）理论的直观基础便建立在这些方式和方法上。恰恰在这里，这些体验方式也先行于所有的观察和理论，并且随它们的差异性的不同也使完全不同的事实范围而有可能被观察到。

419 我们的自我体验的自我深度具有许多这样的水平或这样的水平区别，必须对它们进行明确的和仔细的规定。[①] 每一深度都具有其特殊的、那些在它之上显现的杂多性或事物与过程联结起来的基本方式，说明心理学把在各个符号中将这个基本方式当做这些事物和过程的基础。最边缘的层次具有“接触联想”的联结；一个较深的层次是那种受通过“相似性”进行的联结来主宰的层次；一个更深的层次是真正的“同化”层次；接下来是不同形式的注意力（本能的和随意的、被动的和主动的、感性的和精神的注意力）的丰富层次，与它们相衔接的是各个兴趣方向，而后重又是为它们奠基的态度方向（Einstellungsrichtungen）；[②]处在最中心处的是在其杂多性本身之中的纯粹心理自我的统一增长和缩减的作用性。

这个水平本身及其变换同时还展示着内感知的对象或被内体验到的作用性的此在相对性的各个阶段，即是说，自我总体性的此在相对性阶段。但这个水平的变换并不是本身还屈从于某种心理

① 对它们的更为仔细的规定不得不留待笔者打算以后发表的研究去进行。

② “兴趣”和“态度”的概念在这部著述的第一部分、第三篇中已经得到了一个仔细的界定。

因果性的东西：这个变换遵从于那些与所有心理因果性相关的“自由的”人格行为和它们的“自身位置”。

因而心理因果性最终仍然是自我因果性(Ichkausalität)，即是说，统一的自我的被体验到的作用性。它作为这种作用性本质上是个体的因果性，即那种在其中没有“相同的原因和结果”会重返的因果性，因而每个自我变化都依赖于自我直至这个变化为止的体验系列的整体。这个纯粹心理的因果性也可以被称作动机引发的因果性(Motivationskausalität)，而且它是理解心理学在所有方向上需要探讨的任务——这种心理学是精神科学的基础。它并不“说明”，而是“理解”所有个体的或种类的心理统一——根据它们的个体的或种类的内涵；因此，它并不忽略各个自我总体性的“个体性”或“类型”，而恰恰是牢牢地把握住它们，并使它们成为特殊的对象，它从这些对象出发来进行“理解”。

尽管所有纯粹心灵的存在和发生都是通过这种心理学而得到明确的规定，但任何一个对内观察来说被给予的具体心理进程都不会受它的规定。因为，要做出这个规定，除此之外还需要对“内感官”的心理－生理学机动程序的认识，即对分裂规律和分解规律的认识，根据这些规律，纯粹出于自身的，并且以可理解的方式展开自身的自我总体性通过它们的身体有机体而被分割和被分离。只是因为我们坚定地撇开始终是个体的自我总体性的存在与作用性不论，我们现在才能够纯粹自为地研究这些合规律性本身——按照某些可以得到相同评论的再造、同化、联想、限定等等原则。唯有这个任务才是作为“自然科学”、即作为“内感官生理学”的心理学的对象。但在这里，对于每一个水平来说都有一个特别的、非归纳的说明原则。唯有这后一种“心理学”才不是在“理解”，而是在“**说明**”，即提出客观实在基本进程的心理生理学因果规律，它们与自由落体的事实一样是“无法理解的”。

唯有具体的动机引发因果性和理解的因果性与这些心理生理学合规律性的叠加（Superposition）才产生出——即使是这一点也是在对“自由”人格行为忽略不计的情况下才有效——一个真正明确的规定，即对心理上具体地（in concreto）发生的东西的规定；就
420 像在自然中对外感知的每个具体对象和它的属性来说需要一个物理学说明同时加上生理学说明一样。[①]

人们之所以误识了这个复杂的实事状态并且以为只存在内感官的生理学——它的先天质料前提是在联想原则之中——，其原因恰恰是同一个欺罔，这个欺罔曾导致这样一个假定：机械论自然观提供了绝对自然现实的图像；这种假定没有注意到这样一个事实：无论是联想心理学的对象，**还是**机械论自然学说的对象都是**此在相对于**（daseinrelativ）一个**身体性的生物**一般而言的，并且它的倾向、它的心灵体验活动（或者说，它的外感知内涵）必须在身体倾向的意义上得到评价；同样，这种假定也没有注意到机械论目的设定的原则（对于心理学而言则是教育学的、政府官员的、医生等等的目的设定），由于这种目的设定，在内直观（或者说，外直观）的被给予之物上被挑选出来的**仅仅**是**那样一些**要素，它们仍然具有一

① 对此参阅这部著述的第一部分、第三篇、〔边码〕第157－158页。对“物理学的”一词的使用在这里当然不是就物理学而言的较窄意义上，而是就关于死的东西的自然科学之总体性一般而言，而对“生理学的”使用则是对关于生命的科学之总体性而言。

种对可能的身体的激发的直接依赖性的，并且因此也就可以受到从外部而来的对身体的可能影响的规定(或者说，在技术上可以受到身体向外运动的主宰)。在“**纯粹**”心灵因果性以内根本没有任何东西可以“被预见”，并且没有东西可以“被预计”；因为每个原因在这里都只具有**一**次结果。或许那个形式先天的命题“相同的原因—相同的结果”是严格真实的；但这个命题在这里不“起作用”，因为在这里恰恰没有“相同的原因”！但是，凡在**没有**这些东西的地方，也就没有什么东西可以“被操纵”。“现代”人急不可待地想要“操纵”，正如他起初是在外部自然中，最后他也在心灵中只承认“可操纵的东西”亦即心灵的联想—机械方面是存在着的一样，他内心的眼睛也看不到在心灵中的非机械的东西(Amechanisches)。由于在他的教育—技术观点中使他**感兴趣**的只是那些在依赖于身体的同时也通过外部的影响而可预计的和可改变的东西，故而他最终得出这样的命题：自我只是一个在感觉的派生物之间的“联想的捆索(Bündel)”。但是，实际上某个物理机械程序并不会明确地规定着一个具体的自然发生，毋宁说始终还存在着无限多的可设想出来的机械程序可以同样好地说明相关的物理显现，与此相同，某个具体的心理发生也不会明确地受联想机械论的规定，这种机械论甚至只是在它于内感官前的显现之中才起作用。

g. 说明心理学的先天质料原理 421

因此，一种纯粹心理的体验所具有的原发的规定性仅仅——不依赖于所有这些可能的问题：它是在何时发生的，以及在谁的身体中存在着对它的感知的某个种类的相关项——在于，它是这个或那个个体自我的体验。只是通过它对一个特定个体自我的从属性，它才会在所有可能“内心世界”之总体性中，即在作为通过内感知所达及之物的整体的总体性中，找到它的所谓“存在位置”。

人们或者是把自我想象为一个凌驾于流动的运动之上的持续的点，它——像一个人在一座塔楼上观看在下面流过的河流一般——观看并且感知那种流动，或者是将自我等同于那种流动的“联系”，这两种流行的“看法”（Bilder）相对于上述事实组成而言因而都在同样程度上是误导的类比；第二种看法的偏颇仅仅在于对第一种偏颇的反应。* 个体自我“持续得”如此之短，以至于——在不损害它的自我性的情况下——它更多地是在它的每一个体验中“变动着”（ändert）[①]；并且它仅仅是在它的体验“中”变动着，因而并不是如此地变动着，就好像体验在它之中“导致”（verursachen）变动一样，就好像自我和它的体验首先是被分离开来的一样。甚至可以说，这种在它的体验中的“变异”（Anderswerden）和这种以它个体的方式的变异——这便是它的“实存”的全部内涵。体验在它的变异的前进中始终不会停留在它的“过去”的一个神秘空间的“某处”——以便能够例如再次从中被取出来；同样，它的被称作“未来的”体验也不会从一个“未来”空间或“未来”领域中游荡到它之中，好似它们事先就已经在那里一般。在它的“他在”本身

① 说变化（ver-ändert）或许过了一些。变化（Veränderung）是以演替和持续为前提的。变动（Änderung）则仅仅含有一个变—异（Anders-werden）或一个在生成中的他—在（Anders-sein）。但“生成”并不含有任何时间性的东西，而只含有从“如在”（Sosein）到“他在”（Anderssein）的过渡的连续。

中存有的(besteht)更多是相关体验的整个被体验状态(Erlebthaben)。同样也不能说,过去的体验虽然隶属于存在,但只是过去存在(Vergangensein);它在那个持续着的、处在河流之上的自我中留下了一个秉性(一个“心理的心境”[①]),自我通过它而为“当前自我”展示出一个因果因子——例如对它的未来的、可能的体验活动,其中也包括对那些“未来的体验”之回忆体验的体验活动。这个看法之所以偏颇,只是因为没有这样一种“不可体验到的体验”,即是说,没有这样一种本质上完完全全只是(nur und nur)“心境”的体验。因为人们完全可以弄清:如果对自我本身的回忆(或对它 422 的“追复体验”)重又只是在于对它的那种“心境”的现时化,那么这样一个在其实存中的——而这个实存却是它设定一个“心境”的前提——“过去的体验”究竟在所有世界中的何处,哪怕只是以本质可能的方式,可以得到确定呢?过去的体验在这里本身就是一个纯“物自体”,人们可以随意删除和设定它,而一个个体的各个体验组成却不会因此发生丝毫变动。此外,我们称之为“过去”的自我体验也会听任各次被体验到的自我保持不变——只要它不去回忆它们——,这个假定是对所有经验的背弃。因此毫不奇怪,针对这种看法的诠释,又有另一个看法的诠释立即作出了反应,它将心理一般地和本质地——并不是像我们那样将它与一个现时的个体自我、而是——与一个各次的当前联结在一起,而后自我本身再与这个当前联结起来,并且说:原初唯独只有当前的和作为当前的而被

① 这里的“秉性”和“心境”在德文中是同一个词“Disposition”。舍勒在括弧中的“心理的心境”上加了引号,目的旨在说明,它与“Disposition”的词干含义“位置”(position)有关;而前一个“秉性”则是指心理学通常意义上的“秉性”。——译注

意识到的东西，例如我当前所感觉到的、思维到的东西等等；其他的一切都只是身体，甚至是躯体的变样（Modifikation），是对此而言的“生理学秉性”，即一个新的内容进入到一个各次的心理当前性联系（Gegenwärtigkeitszusammenhang）中。因而自我在这里完全地被删**去**（*weg*gestrichen）[1]，并且取而代之的是作为唯一连续持续者（Dauernde）的**身体**，它的变换不定的变样具有对副现象（Epiphänomen）的体验，这些体验**彼此之间**缺少任何联系和任何独立的统一形式。但谁在这里会看不到这个现象学的基本谬误呢？它显然在于：完全也可以使“当前被意识到的东西”成为“作为当前被意识到的东西”：就好像并不是**每个**意识瞬间（在“各次当前被意识的东西”的意义上）都以合本质规律的方式将自身**构造到**（konstituiert）那些部分内容之中，即一个**作为**当前的而被意识到的、一个（在回忆的或追复感受的行为中）**作为**过去的而被意识到的、一个（在期待或在先感受的行为中）**作为**将来的而被意识到的东西的部分内容之中。这种说法听起来就像是：回忆行为、期待行为及其“内涵”“起先”只是那些“作为当前的”而被意识到的东西的“内涵”的各个部分而已，即是说，在回忆时只是先发现一个当前的“回忆图像”，但在期待时则先“发现”一个“期待图像”，而后它们才通过所有那些花招（无论是投射＜Projektion＞、回掷＜Rejektion＞，还是对这些“图像”之“象征功能”的单纯判断）而坠落到一个过去区域或将来区域中。所有这些都是自然主义心灵观的一种

---

① 这里的原文为：“Hier wird das Ich als so völlig weggestrichen”，于理不通。疑为笔误或印刷错误。现参照英译本改为：“Hier wird das Ich also völlig weggestrichen”，即上面的中译。——译注

完全空乏的、颠覆事实的构想。无论是回忆行为还是期待行为，**或是**它们的实证内涵，都不是作为“当前的”而被给予的：这些行为之所以不是，乃是因为它们作为充实着时间的行为根本不会被体验到；这些内涵之所以不是，乃是因为它们作为直接过去的或作为将来的内涵从一开始就是被给予的。如果我们撇开这些不论，而将这些行为（在一种非现象学的意义上）称作“当前进行的”，那么这  423
个陈述的意义恰恰在于：这里所关涉的是自我行为，并且每个自我都含有一个身体，这个身体也是当前被给予的并且只能如此被给予。[①] 此外在这里还产生出一个对于说明心理学而言的**先天**定律：对于这些特别种类的实在行为之进行来说，以及对于从那些总括了相关个体的回忆和期待的可能内容中恰恰是**这些**而不是**那些**内容的选择来说，必定也存在着**身体的相关进程**（对于回忆来说存在着一个“再造着”它的**特别**－内涵的原因，对于期待来说存在着一个“决定着”它的**特殊**－内涵的倾向）。但这些恰恰也适用于（内）感知的行为及其“作为当前的”而被给予的纯粹心理内涵。这个行为同样没有“作为当前的”而被体验到，相反，它就是“当前的行为”，而且出于同一个理由，回忆行为和期待行为也是“当前的行为”。但它的“作为当前的”而被给予的内涵本质上只是一个意识瞬间的完全具体的**总体**内涵的**部分内涵**，因而始终被一个**过去存**

① 如果我回忆某个当时曾是当前的东西，例如我作为儿童站在一个湖边，那么这个内涵本身的“当前存在”属于回忆活动的包容性内涵，这个内涵本身是“作为过去的”而被给予的。因此，回忆一个体验的当时的当前和回忆这个体验，这是完全不同的事情。在第一种情况中，身体现象始终作为部分隐藏在这个回忆内涵之**中**：我在回忆中看到“我”站在湖前，有别于“我回忆我曾站在湖前”。

在和一个将来存在所围绕流动(umflossen)。而无论内直观所涉及的是我的整个身体的哪些意识瞬间，每个瞬间本身重又都会含有一个当前存在—过去存在—和将来存在的三分。因此，并不是被误认为是诸多的流动般相互接踵而至的意识瞬间才产生出这种伸展及其各个区域，相反，这些瞬间中的每一个都已在自身中承载着它们了，即便它本身也只是被想象为是充实着一个不可分的片刻(Augenblick)；〔即是说，〕起先并非是“河流”，而是它的“横切面”中的任何一个。[1]

424 由于我们说，作为当前的而被给予的心理体验始终是一个总体被给予性的部分，这个总体被给予性也在过去存在和将来存在的方向上伸展自身，因此这也就直截了当地一同说明了，对那些作为体验着的体验而言始终一同被给予的“自我”并不是由一种对“首先”仅仅被给予的“诸当前自我”的“综合”所构成的。作为现象的事实的“当前自我”这种东西甚至根本就不存在。所有作为当前的而被体验到东西都本质必然地是在那个总体被给予性的背景上被给予的，在这个总体被给予性中，个体自我的整体——在时间上不可分的——重又被意指。故而，所有体验——无论它们本身重又是“作为当前的”，还是“作为过去的”，还是“作为将来的”而在那

① 甚至根本就不存在这样一个作为现象的事实组成的“意识瞬间”。只是通过一个“关于……的(内)意识统一”(＜innere＞ Bewußtseins*einheit* von)对一个(本质上当前的)身体被给予情况的从属性，相关的意识统一才能本身也叫做一个“当前的意识统一”。但因此还不会有一个“意识瞬间”被给予。唯有通过将重又必然地“属于”身体被给予情况的那个躯体身体进一步排序到客观时间之中去，即排序到作为机械论的基础的，并且自身不再含有当前、过去、将来的客观时间之中去，身体被给予性本身的那种情况才能够被设想为是(直接地)排序给客观时间的，并且在双重的意义上也是“直接地”充实着从属于它的(作为“这个时间的一个瞬间”的)意识统一的。

个总体被给予性中被给予——也都本质必然地是在那个被意指的自我所体验到的整体生活的背景上显现出来，无论在这个“整体”生活方面被给予的东西有多么多，或者有多么少。

因而首先很明显，所谓的自我同一性（Ichidentität）并不是通过指向体验内涵及其相互间意义关系的认同行为（Identifizierungsakt）才构造起自身。它毋宁是对所有那些作为直接同一的东西而被给予的内涵之体验的个体方式。对例如包含在不同行为质性（例如对我所“感知”的“同一个东西”的回忆；现在感知我先前只是“想象”的或“判断”的东西，现在“知道”先前只是“猜测”的或“回忆”的或“搁置起来”的东西，等等）中的内涵的所有认同，都以这个体验活动的直接同一性为前提。此外还有效的是，正在进行着的例如间接的“对某物的回忆”的行为是与那些还在直接回忆的区域中被给予的（如我在前面所指明的那样，首先是在价值方面被给予的）现象联结在一起的，与这些行为一起发生并被体验到的也还有一个特别的连续性意识（在这里是指连续性回忆意识）。这种“连续性意识”并不是一种“连续的意识”，作为一种在时间中始终充实着的意识。这样一种意识根本不需要存在。在最深的睡眠中、在昏迷中等等或许完全不会有意识在此。但“同一个东西”无论何时被回忆以及无论多少次被回忆，随各次的新的回忆一起也必定还有对一个以前的回忆行为与“同一个东西”的意义相关性的直接意识一同被给予——只要这不会导致这样一种想象，即一系列仅仅是内容完全相同的事件先前被体验到。[①] 但以完全相似的

① 在我看来，由皮客的学生最近所描述的现象，即被人称作的重迭记忆错误

方式而有效的是：在上述情况中对具有同一种质性的一批行为相互之间有效的东西（对“同一个东西”的回忆行为、对“同一个东西”的期待行为，如此等等），同样也对具有不同质性的行为有效，如感知、表象、回忆、期待、判断、欲求、爱等等。一些著名的尝试者不是把那种例如在“我现在想象我先前感知的东西”、“我现在回忆先前被感知的声音 c”、“我恰恰喜欢我所期待的东西”这样一些陈述中包含的内容同一性视为一个最终的原现象，而是还想“说明”，例如，“首先”有一系列时间上分离的体验被接受，据说它们彼此只是在一个方向上特别相似——任何一个这样的尝试者都撕碎了自我的统一，同时并没有能够通过如此错综复杂的“假说”来将它重新建立起来。

425

问题恰恰不在于，如此不同的行为是如何在时间上和质性上达到这种意义同一性的。这更多地是一个根本无法提问的原现象（Urphänomen）。问题毋宁在于：说明心理学家的这个前提是如何形成的，即：例如现在有一个回忆体验和一个“回忆图像”，但在三分钟前有一个对“声音 c”的感知体验——两者都被排序到客观时间之中，并且通过某种像“再造”一样的东西联结在一起，即是说，通过某种我们在现象上根本一无所知的东西联结在一起？同样：人们是如何做到：把感知进程与表象进程和回忆进程看做是不同的进程类别，以及如此等等？对如此直接的意义结合体（Sinngeeinten）的撕碎是如何发生的？我们甚至还不得不对问题加以

（re-duplizierende Paramnesie）的现象（参见：施贝希特的《病理心理学杂志》，第四期），便是立足于上述被称作“连续性回忆意识”的缺失的基础上。*

扩展：

看起来我们并不始终如此地意识到一个刚刚进行的行为与具有同一质性或不同质性的、以前进行的各个行为之间的意义相关性，以至于我们也能够将那些行为在时间上加以定位；或者根据可能的质性化的不同方向来标出那些行为的质性，或者也能够在具有同一质性的以前行为中标出那个同一地被意指的东西的不同外表，例如一张面孔。例如常常存在着一种对被感知之物与“一个在某时、某地、以某种方式已经被给予的东西”的单纯“**自身性**”(Selbigkeit)的体验，同时这些不确定的地方却并没有在内容上得到充实。我们可能也不知道：我们对“同一个东西”究竟以前只曾“想象过”，**还是**曾“感知过”；或者是否有人向我们叙述过它；再有：我们——如果事关感知的话——究竟是“听到的”，**还是**“看见的”。甚至那种“自身性”也可以在此并且改装了内涵——而一个以前的体验活动和一个仅仅可能的回忆活动(“能够回忆”)的观念却并不是现存的，这种观念更多是在“自身性”现象的**基础**上才产生的。单纯被体验到的关系“与 x 同一的”、“与 y 相似的”、“与 z 相异的”、“与 a 有别的”、“与 b 类似的”、“比 c 更美的”、“与 g 同样好的”等等才将目光引导到对这个 x、y、z 等等的更为确定的充实方向上去。前面所举例子中声音 c——例如可以在缭绕的余音中——还可以被给予，而并不一同被给予的是：我们是否还现时地 426
听见它，抑或只是在直接的回忆中“内心地听见”。所以，当出现一个事件时，在直接的“完全不同于……”中首先被意识到的是：曾有过某种期待，而且是在一个与此内涵相对立的方向上的期待。这个事实以及类似的、可以随意堆积的这种类型的事实是不能用例

如这样的说法来搪塞的，即：这只是一种对从属于 x、y、z 的内涵的“遗忘”而已。撇开那些在“遗忘”（有别于单纯的不－回忆）本身中包含的困难问题不论，这里的问题恰恰在于，被给予之物与在这里作为不是现时地被给予的显示者（Figuierend）的意义相关性对于意识来说并没有一同被消除掉，甚至必定不会被一同消除掉。无论是现存的内涵本身，例如被回忆的声音 c，还是那个内涵在其中现存的行为质性，还是将相关的关系“与……相同”、“与……同一”排序到相关的关系概念“相同性”、“相似性”等等之中的做法都不能够以某种方式澄清这个体验事实。即便是对“这里刚刚回忆的是抽象的东西”——不带有从属的具体的东西——的假定也不能澄清什么。因为，或者就是承认，抽象的东西也并不必须从一个先前被给予的具体的东西中“抽象出来”。因而一个抽象的东西的内涵也可以作为独立的内涵原初地被给予，而后它只是在与一个具体的东西的关系中“作为”抽象的而显现出来——这样的话，这个假定就没有办法以某种方式动摇我们的观点；或者这个抽象的东西本身重又被回溯到一个单纯的注意力事实和一个“对……忽略”（Absehen von）之上——这样的话，就会重复在“遗忘”那里已经出现的同一个问题。不是这样的，这些事实以及类似的事实并不表明，行为内涵相互间的意义相关性（尽管它们在质性上和时间上各不相同）展示着某种关于不同的、具体的和在时间上天生（von Hause aus）不同的意识削弱（Bewußtseins*verminderungen*），相反，它们表明，它们是如此地原初，并且是如此原初地和独立地被给予，以至于它们即使没有这些如此被想象的体验也仍然能够在此，而且正是它们，在 x、y、z 随着在时间上和质性上和内容上确定的体验而以充实了的方式被给予的情况中，从一开始就规定着这些而非其他体验（它们同样是可以再造的）的被给予。[①]

因此，我们用这样的问题来与那个错误地被提出的问题针锋 427
相对：这个在现在的回忆体验中被给予的声音c究竟是以何种方式被认同为那个被感知的声音c；而对这个问题的扩展是指：究竟是如何从这个无时间的意义联系和从所有由一个人格生物进行的行为的无时间的意义连续性——这里仅仅研究自我行为——出发而达到那种在时间中的行为体验的流程图像的，进一步说，尽管这些体验的行为质性不同并且看起来是处在不同行为的客观时间以内，它们究竟是如何从对这些体验的同一个体的体验而达到那种在时间中的行为体验的流程图像的，而在设定这个流程的情况下却并不能重新获得那个无疑现存的意义联系。

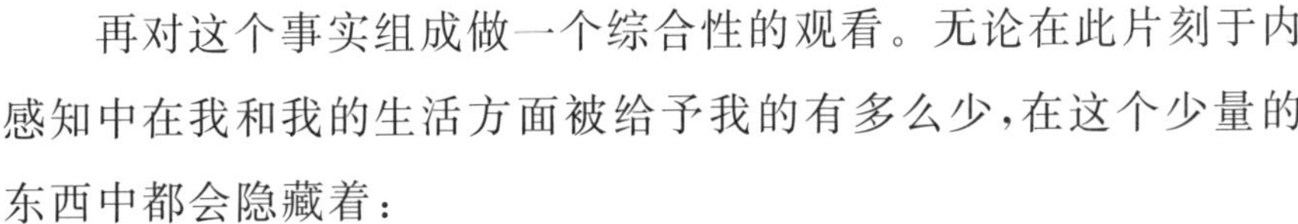

再对这个事实组成做一个综合性的观看。无论在此片刻于内感知中在我和我的生活方面被给予我的有多么少，在这个少量的东西中都会隐藏着：

1. 对我的个体自我的总体性的意向，这个个体自我不需要对这个瞬间自我和以前的瞬间自我进行拼凑，并且它在每个体验中都自知为体验者。

2. 除了当前区域以外，还有一个过去区域（直接回忆的回忆区

---

① 也正是“诸含义方向”（Bedeutungsrichtungen）或各个可能的“对某物的意指”（*Bedeuten* von etwas）方向在规定着个体的图像表象的时间流程，或者说，规定着这个流程的是一批相互交叉的含义方向的意义联系，与此同时，各个价值含义指证着在限定中的优先定位。

域）和一个未来区域（直接期待的期待区域）。①

428　3. 在这个被给予性以内重又有那些还被给予之物与不再现时地被给予之物的所有意义联系种类，但却在过去存在和将来存在

① 若是有人认为，"回忆"无非意味着：拥有一个当前的图像，并且判断，在过去之中包含着某个与它相符的东西；而且如果对这个被当作过去的东西的一个可能作用的期待判断得到充实，或者哪怕对一个类似体验的再次显现的期待得到充实，那么这个判断便为真——我便会对他提出以下反驳：1. 他应当标示出：单纯的判断回忆，例如我曾判断"我看到过这个风景"，是如何区别于在回忆中对这个"风景"的"看"；2. 除了当前的"回忆图像"和判断以外，他从何获得"过去－存在"这个材料，而他恰恰是把这个与当前图像相一致的某物置入到这个"过去－存在"之中？或者：这个图像的"象征功能"为何除了"关于某物的象征"以外也还含有过去之物的象征存在（Symbolsein）。如果他回答说，"过去"这个词无非意味着流至4点——设想时钟"现在"正指着这个时间——的时间持续，那么就必须提醒注意，用时钟来测量的时间不含有"过去"、"当前"、"将来"的痕迹，因此必须要问：他如何以及为何恰恰将这个时间持续称作"过去"，而不是将任意一个其他的、同样从一个随意选择的客观连续时间点流至这个点（而每个点在这里都是"随意的"）的时间持续称作"过去"。实际情况应当是这样的：恰恰因为，在客观时间及其内容方面各自展示为"当前的"、"过去的"、"将来的"的东西，完全是相对于在本质规律上是"当前的""身体"以及与此一同被给予的过去区域和将来区域的，所以那种时间伸展本身的现存状态（Vorhandensein）不是一个相对的，而是一个绝对的事实。并非我的在4点之前的生活是我过去的生活；相反，我的在过去之中、在这个直接被给予的伸展中被给予我的生活，与4点之前的时间相叠合，因为它与这个时间的内涵是"同时的"——在绝对的时间中是同时的（这个绝对时间不同于客观可测的时间），在这个绝对时间中，我的身体取得了一个特定的点。3. 如果他并不知道（在直接的明见性中），他曾体验过它，那么他而后为何要期待一个相似的同样的重新显现（与被看作是在过去之中的东西相似）？而是否有一个回忆出现的问题，要通过这个期待的充实才会得到证实。唯当我们至少是明见地认为知道，在回忆中这个体验本身是在过去被给予的，我们实际上才期待这个相似者的重返。但这个被给予并非在于一个期待充实。（参见在笔者《论自身欺罔》中的类似的案例，同上书*）4. 此外，期待的情况与此类似。或者，难道说存在着一个"直接的对……的期待"，而不存在这样一个回忆？这就意味着以完全迷误的方式把回忆奠基于期待之上。如果我们可以期待例如在将来中一个历史事件的作用性的重返的话，那么难道说这个历史事件唯有在那时才历史现实地起作用吗？这将是对历史所做的最乏味的实用稀释了！

这两个方向上通过这个联系体验而可以说是被招呼和一同被触及——无论相关体验的现时性被排序给“我的”在客观时间中持续着的躯体身体以及所有与它处在因果联结中的其他躯体的哪些时间点。

无论如何，这是随每个内心世界而被给予的一个本质的事实组成。

但如何来回答以上的问题呢？

心灵存在本身的自然经验知道活的自我统一性以联想心理学的方式消融在那个仅仅在客观时间上被划分的诸瞬间中，它对诸体验的杂多性的意义统一之消融——这是毫无疑问的——一无所知。但它本身同样也对那种杂多性的非时间的相互交织一无所知，正是在这种于时间之外的划分的形式中，个别体验组（Erlebnisgruppen）构成意义的统一，并且最终在相互间拥有在体验着的自我的总体意义上的一个意义统一。毋宁说，自然经验所提供的东西，看起来就是这两种联系的组合混合物（mixtum compositum）的方式。正如它常常以含糊的方式将自我、它的感受和思想置入到身体、“大脑”“之中”，并且也使它们例如随着一次散步而以某种方式一同穿过空间一样，它也以含糊的方式将体验摆到时间之中，并且使它们在这里流动，当然是在把握住一个同样含糊的内容的自我同一性和持续的前提下。即使是经验描述的心理学——我指的是严格的、经验的心理学，它远离那种最极端的建构的联想心理学，同样也远离某些其他的心灵理论——也在联想的联结之外发现了主要的意义联结；而且只是在对心灵生活所做的病理学

分解的情况中（例如意念失序＜Ideenflucht＞[①]），联想的联结才会
429 获得超出意义联结的更重分量。值得感谢的是屈尔佩学派的思维心理学，它便在总体上提供了这样一种观点。这门心理学揭示了对思维进程的较陈旧的联想心理学描述的人为性，既在作为“对某物之思维”的“思维”的意义上，也在思想接随（Gedankenfolge）之过程的意义上；但它也坚持纯联想的出现。这也是毫不奇怪的，因为真正的经验心理学完全与经验的自然科学（如实验心理学和化学）一样坚持自然经验的基本形式——尽管它对自然经验之内涵的观察和描述要比在日常生活中的情况要细致得多。另一方面，自然经验本身的事实以及它们的基本形式对于现象学和哲学来说根本不是最终的被给予性。现象学与现象学的看并不是在这些基本形式中进行的，而是使它们本身再次成为纯粹直观的被给予性。而这对关于外部世界的自然经验同样有效。对于自然经验及其客体展示出的“一个结构”，即那个既不能在自然经验以内，也不能通过实证经验科学（它根本还滞留在那些基本形式之中）来说明的结构——现象学还能够对这个结构进行澄清和拆解。

但如果我们现在以此方式向前走，那么就会表明：就那些被现象学指明为交织在我们整个心灵生活之始终（durchweben）的行为意义统一来看，或者说，就一个具体自我（在这个自我中，那些摆

① “Ideenflucht”是一个病理学的概念，被用来指称各种意念的急速变换，而且这些意念彼此间不具有内在的或逻辑的联系，而且也不具有主动的、选择性的和确定性的统摄力量。这里尚未找到对应的中译名。英译本作“in morbid imagination”。或可译作“臆想症”。——译注

脱了这样一个自我的抽象的行为本质的本质联系重又得到了充实,但却是以一种特别的、独一无二的方式)的具体行为意义统一来看,自然经验及其本质组成,即隐藏在它们的任何一个体验中的组成,已经完全**在准备着**提供关于心灵生活的一幅联想心理学的图像了。我曾说,那种行为意义统一"交织"在那个心灵生活的"始终",它在自然经验中被划分为某些变换不定的统一(在它们之中还隐藏着意义统一),并且在时间上流逝着,以一种完全无时间的方式并在严格本质规律的形式中。如果在那里——根据现象学在纯粹意义统一的交织中所发现的东西——这个自然经验的"**自然的心灵生活**"看起来还没有已经像是一种对这些具体意义统一的**相对消融**,一种将它们粉碎为块片的做法,在这些块片中虽然还可以看到这个整体的这些纯意义统一的线索,但它们看上去就像是摆脱了这个整体,并且移置到(或许还在缺少这个或那个块片的情况下)一个时间进程的相互分离之中:就像是"自然的进程"除了受到行为的具体意义统一的内本质联系的主宰以外还——在不依赖于它,但与它相叠加(superponiert)的情况下——受到完全**不同的** 430
原理的主宰,这些原理会像那些意义联系一样对"自然经验"的结构成为规定性的。因此,"自然经验"在自身中就已经自己天生地具有一种**倾向**——当然也不会比这**更多**了——:提供一幅联想心理学的自我及其体验的图像,即这样一幅图像,它在最理想的阐述中只是使一个**唯一**的联结方式成立(bestehen),亦即使体验之间的接触联想成立(至少是作为基本的联结方式):这是在一种纯相互分离中的联结,这种相互分离随情况的不同而可以是时间的和

空间的。[①] 但另一方面有效的是：如果人们用一门完善了的联想心理学的理想图像来测量“自然经验”的事实，而这些事实已经——用一个心灵生活的具体意义联系来衡量——指明了对这个图像的倾向，那么它们现在就反过来获得了一个对那个具体意义统一的“倾向”——这个“图像”改变了，而一种严格的联想心理学的企图现在就会重又显得像是一个根据这些在此结构中实际地被给予之物而演出的滑稽剧。现在显然“缺少”一种东西，一种将意义的某种统一带入到在纯相互分离中的各个体验的要素组合之中去的东西，以及一种重新建造起意义统一，甚至重新建造起相应的、被自然的、标识着心灵的语言所误认的体验统一的东西（对一个“忧伤”、一个“喜悦”、一个“怜悯”、一个目标确定的对某物之追求的体验）。[②] 无论如何可以看到：某些像意义统一一样不能消解在所谓相似形联想和同化联结中的东西（所谓的相似形联想就已经在反抗这种同化联结了，相似形联想越是已经现存于意义记忆中，它就越是不会被建构起来），即某些为心灵生活的现象学所确

① 在这里无法更详细地研究那些处在这种纯相互分离（以及在此形式中的意义统一）与各个体验要素的那个绝对消散性之间的各个心灵存在的层次以及从属于每个层次的联结形式，它们向上一直展示到同化（Assimilation）（心灵生活的“化学机理<Chemismus>”），向下一直展示到生命感受、生命本能、生命本欲（心灵生活的“生命主义”<Vitalismus>）。

② 人们在这里当然可以（像在例如赫尔巴特那里一样）再次使一个粗糙的“心灵实体”受到多重的干预，而在这个心灵实体中，那些联想序列重又可以彼此“相会”——，而在这个心灵实体方面，一个理性的联想心理学家应当会承载一种比他在一以贯之地（konsequent）坚持他的原理的情况下更强的要求（正如老赫尔巴特派也极为确切地强调的那样），或一种统觉（在 W. 冯特的意义上），或“综合活动”的含糊权力，这样才能把“印象”（Impressionen）和“表象”的尘灰堆（Staubhaufen）重新变为一个被体验到的心灵整体。

定的东西，它必须在此，才会使那种联想机械程序的制作成为不可能。

在这里现在可以对那个问题作出回答的尝试，这个尝试—— 431
设想它是完善了的——当然开辟了一个巨大的工作域，在这里只能略述它的各个部分。

如果我们还试图把关于心灵存在与生活本身的“自然”经验结构回溯到现象学的本质联系上，那么就需要表明，在经验的心灵生活（这里的心灵生活是指在观察、描述和向经验规则的归纳普遍化面前自身给予的，并且是在这个生活的每一个任意的块片中自身给予的心灵生活）的组成中有一批严格的“**原理**”在进行管理（walten），这些原理本身还会回归到明见的本质联系上，并且展示着关于心灵生活的所有归纳经验的质料先天；但它们又是在它们与那种结构的**意义联系**相**叠加**的同时才产生的。

一个具体自我（作为无形式的纯直观一般的一个内涵）的各个行为意向的具体意义联系必然是——正如我们所见——一个意义联系，是在**内直观**中被给予的，一个“相互交织”的杂多性与这个意义联系相一致。如果我们现在**仅仅**设定内直观的行为，并且不以任何方式根据某个“方向”、“形式”、“质性”等等来对它加以定性，那么我首先要问：若果如此，每个“**关于**……的**内意识**”的**内涵**向着当前、过去、将来的**伸展**还是被给予的吗？我还要问：若果如此，某些已经被定性的自我行为的内涵的流逝还是被给予的吗？而第三个问题是：若果如此，那个始终只是被意指的总体自我（Totalich）（它就像一个“背景”一样也“包围着”＜umgibt＞那些伸展及其内涵，并且在自然经验中是永远不会被给予的，而是完全就像物理世界的具体躯体事物一样始终只是在感知中“被意指”）就会**自身**被给予吗？第四个问题是：那些（在那三个〔方向的〕伸展中）包含在现时的被给予之物中的意义联系的被给予性，即那些指向这个具体自我的时间性总体生活的所有可能点，并且“招呼着”（ansprechen）它们（同时被招呼者却并不是现时当前的）的意义联系的被给予性——，这种被给予性在这种情况下是否也仍然带着它们**缺失的**环节而是现时地被给予的？

根据多个理由，必须对第一个问题作出否定的回答。这些时间性的方向本质区别及其它们在行为方面的相关项、感知、回忆、期待这些行为本质质性还**不**处在一个纯粹观视（beschauen）其具体自我的人格之本质中。当然，它们是本质区别。而只要它们是本质区别，那么也就不可能将它们回归为在它们之中被给予的体验的单纯“相互接续”；同样不可能对作为显现的“相互接续”做这样的回归，就像例如某些对所谓“时间意义”的发生心理学理论曾尝试过的那样。因此，例如不可能（按照那门效法地点符号理论的“时间符号理论”的方式）指明关于作为“同时”叠加的图像内容的
432 细致入微的、持续不断的质性差异，它们在向后的方向上和向前的方向上产生出一个所谓时间视角（Zeitperspektive）的意识。① 而且同样也不可能否认的是，感知、回忆、期待是真正的行为**质性**。但每一门想把回忆回溯到表象之上的学说都会进行这种否认，与此相联结的是这样一种的内涵的可以象征地回指到过去之中的、

① 而这种“质性差异”也从未被揭示过。甚至它们——即使它们存在——也永远不可能被揭示，因为它们为了制作出时间视角的显现已经被耗尽了。

内在于过去的“标记”或“象征功能”。因为正如有不带回忆的表象（而一个对表象内涵的单纯标记附加永远不会产生关于某物的……回忆意识[①]）一样，在回忆区域**以内**也存在着不带任何伴随性表象[②]的回忆，甚至存在着再认识[③]。据此，我们也就可以省略对那些将回忆回溯到对一个感知的再造上去（如回溯到一个削弱了的感知内涵上去）或（如贝克莱所尝试的那样）将感知回溯到一个强烈的和无可抗拒的表象上去（在贝克莱看来是上帝将它魔变到我们心中去的）的企图的批判。甚至“再造”本身在那个仅仅被设想的感知的特殊内涵之构成方式中也是起着恰恰与它在一个回忆内涵的构成中所起的**同一种**作用。[④] 而“期待”也同样无法被回溯到对一个未来之物连同对它内容的想象上——这里不再做进一步的说明。

但从以上所说并**不**能得出：在取消了身体，并且是取消了身体性本质的情况下，时间性的方向质性和相应的行为质性仍然还会存在。从它们之中更多可以得出的是：过去、当前、将来的伸展及

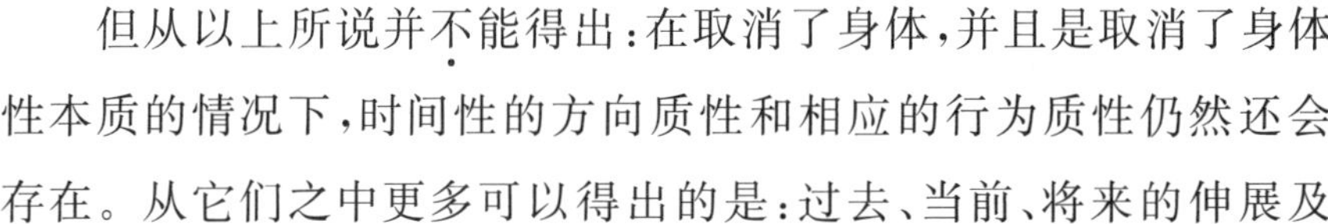

① 即使是对在过去曾发生过某事的想象也显而易见地不是对这个发生的事情的回忆。

② 这里也包含那种始终只处在含义区域和判断区域中的回忆，例如对思想的回忆，K. 比勒清楚地指明了这一点。但如果回忆本身具有合乎想象的本性的一个图像内涵，那么回忆便直接瞄准那个图像内涵，同时这个内涵本身却并没有被想象。因此，我现在对我昨天所想象的宙斯的回忆便大致是这样进行的，以至于“昨天被想象的”也一同被给予——但现在却并没有想象它。

③ 再认识并不与回忆相联结；遑论它与再造相联结。极为常见的是“这同一个”的意识才为一个回忆行为**奠定基础**。

④ 因此，例如记忆颜色就无疑具有一个感知内涵的特征，而不具有回忆内涵（或“想象内涵”）的特征，并且可以说是以一个再造为条件。

其相应的行为质性是不依赖于身体躯体（作为外感知的对象）在机
433 械论的时间中所占据的时间位置的。因此，如果我们把一个自我一般以及与它一同被给予的内直观的身体载体（因此不只是这个和那个**特定的**身体躯体）还原掉，那么那些显现和行为质性**本身**也就消失了；它们成为一个心理自我的杂多性与一个可能的身体所具有的单纯关系种类。因此，如果我们**仅仅**设定必然包含在每个实际的人的内感知中的内直观行为，那么纯粹自为地看，这个直观的光束（Strahl）就不**可能**以**相同的**直接性来切中这个具体自我的**每一个**心理体验，并且不**可能**以**相同的**直接性使过去和未来的内涵像当前的内涵一样成为被给予性。只有当**身体性**与一个自我联结——而且是本质地——联结在一起时，这才是不可能的。[①] 但另一方面，在这种与身体性的联结中，（在最严格的意义上的）内直观行为的同一性同样留存在具有这种形式统一的行为的所有行为质性中，就像那个在它们之中的被意向之物（Intendiertes）和“被意指之物”（Gemeintes）始终是被给予的一样。例如并非只有“内感知行为”的**概念**是处在内感知行为的那些质性中，相反，恰恰是这个行为本身是处在这些质性之中。而现在由此得出的结论就在于，例如被回忆的和先前以感知方式被听到声音的直接同一性，同样还有在被期待的东西和被感知的东西之间的直接同一性等等是**自身被给予的**。我不知道还有任何其他的前提和学说能够澄清这个基本事实——这些事实对于可能欺罔的概念来说也是**被预设**

① 然而，通过这种如此合乎本质的联结，自我与那些伸展的联系并不同样成为本质联系。唯有它的必然性还存在着。但它建基于根据对某种本质上是身体性的东西的设定所做的推理之上。

了的。

如果另一方面内直观行为的分裂(例如分裂为上述质性)并不包含在自我一般的本质之中,而是在自我一般与身体性本质地联结在一起时才形成,那么也就产生出这个唯一与事实相符的结论:唯有在感知、回忆和期待的相合统一中,完满的直观、即相关的在感知、回忆和期待中被意指的对象性内涵之充盈才能被给予,甚至这个完满的充盈才会在这些相合统一中构造出自身。

每一门以某种方式使回忆内涵从感知内涵中“产生”出来的理论(例如在休谟的“复制”的意义上,“每一个”观念据说都是对一个“印象”的复制)甚至都始终会走向这门奇特的学说:

1. 回忆作为回忆(以及期待作为期待)已经能够给予它们所给 434
予的东西,即使是以比感知较不“直接的”方式。

2. 回忆内涵(以及期待内涵)——按其本质就已经——在内涵方面比感知内涵更为“贫乏”,并且至少在自身中含有的东西比感知内涵“更少”。

3. 所以,回忆内涵(以及期待内涵)每一次向一个被感知对象的进入(只要事关对象的同一些标记)都只能篡改对这个对象的直观——但并不因此就会形成向它的对象内涵的更深的进入。

然而,任何一个这样的感觉主义偏见都没有得到某种方式的论证。首先,直接回忆的内涵永远不会从感知内涵中“产生”出来。* 而且即使对于间接的回忆来说(它通过直接回忆而在一个特定的“方向”上被奠基,即在朝向一个在含义上受限的“区域”的“方向”上,间接回忆就像是抓入到这个区域之中＜hineingreifen＞),有效的只是这样一个本质规律:每一个可能的感知都有一个可能的间接回忆“属于”它。即是说，这个定律(Satz)是建立在一个间接回忆和感知之间本质联系的基础上，但并不建立在心理学的经验(Empirie)基础上。毋宁说，每一个可能的经验都始终已经预设了这个定律。心理学家甚至是以在客观时间中的心灵事件的一种流逝这个事实组成为出发点的；而他的每个可能“观察”都已经在要求对被观察的事件的间接回忆与感知的直接可认同性和本质共属性。与此相反，对于直接回忆的内涵来说，那个定律根本不以任何方式有效。甚至明见有效的更多是：感知在内涵上永远无法给予直接回忆所给予的东西，同样也永远无法给予“对某物的……直接期待”所给予的东西。并不是因为例如我们“人的生命组织”(以及我们的时间感官＜Zeitsinn＞)排除了同样感知直接回忆内涵的可能——似乎只要扩展我们的时间感官就可以使之成为可能。毋宁说，在每一个不可分的、与客观时间的一个点相符的意识瞬间中，感知、回忆和期待都是带着特别的内涵而被给予的。如果我们设想一些生物，它们的感知范围和“当前范围”根据一个别样的生命组织而可以随意地更大或更小(同样还有它们的“功能”的范围，例如它们的听、看等等的范围)，那么对它们而言就可以说是同一个内涵在感知中(在范围增大的情况下)永远不可能像在直接回忆中一样被给予，同一个内涵在回忆中(在范围缩小的情况下)也永
435 远不能像在感知中一样被给予。对它们来说，(在感知的领域增长时)被给予的更多是例如事物和事件，更多是运动和变化或它们的部分(并且是在同一个空间和时间的统一中)。

但“事物”、“事件”、“运动”和“变化”是被给予它们的，即这个生物的事实是被给予它们的，这一点也就预设了在被感知之物、被

直接回忆之物和被直接期待之物的内涵不同的情况下在这些生物的每一个直观行为中对一个被意指之物的直接认同。在完全不依赖于实在的和虚假的事物性（就像隐藏在例如幻觉事物中的事物性）、实在运动与变化和虚假运动与变化的情况下，根据这些现象的本质，它们只是在具有这个质性的行为的统一中才是可被把握的。因此也就不言自明：任何对被感知之物（甚至是对在感知内涵中的单纯感觉内涵）的再造，无论是通过同化还是联想，都不可能在生命组织变化的情况下取代直接回忆和期待所给予的东西。

即使是间接的可能回忆的内涵也不以任何方式从可能感知的内涵中“产生”出来。但除了那个已经提到的定律（即每一个感知都有一个间接回忆属于它，反之亦然）以外还有效的或许是下列定律（再造定律）：

一个间接回忆的产生是在时间序列的秩序中与一个在此秩序中先行的、对同一个对象和同一个内涵的感知联结在一起的。

这个定律是这样一些定律的结果：1. 关于每个可能的回忆对象与一个感知对象的直接同一性的定律——这是一个使一个再认识的观念得以可能的定律[①]；2. 各次的感知内涵与各次的回忆内涵的本质共属性的定律；3. 这样一个定律，即：每个间接的回忆内涵只能包含在一个为直接回忆每次以意指的方式所瞄向的或朝向

---

① 可再认识性（Wiederkennbarkeit）并不是例如同一性（像纯心理主义所教导的那样），再认识的意识（在“关于……的意识”的意义上）还是一个条件，甚至是与“直接的同一性意识”相同一的。即使在一个对我的生活的一个特定事件的唯一回忆的情况中，这个事件的自同性也可以是与当时现时的被体验之物一起被给予的。属于“再认识”的是一批行为，同时再认识也可以在一个间接被给予的回忆区域以内的一批回忆行为中构造起自身——同时，对此事件的一个感知却并没有被给予。

的一个区域中(即在被体验到的“过去”中)。

然而这个定律并不是观察的心理学的经验事实,而是一个**本质规律**——建基于间接回忆和感知的本质之中。但这个定律根本不意味着:间接回忆是从一个实际的、先行的感知中“产生”出来的,或者是这个感知的一个“剩余”。它所指的并且它可以指的仅仅是时间的序列,而非内涵的“起源”方面的任何东西,仅仅是这个序列的秩序,而非在与持续相对的演替的意义上的序列。然而,所有观察的心理学都预设了这个在此意义上的定律,因为即便是**它的**客体、在客观时间中的心理事件也是在相关的行为构造起自身的。

436 (above: 的,或者是这个感知的一个“剩余”。)

仅因为此,现在“**再造**”概念的纯粹现象的内涵以及这样一个明晰的定律才是被给予的:在(一个身体性事物的)每一个间接回忆中都包含着对一个(以某种方式)“先前”被感知之物的(某种方式)再造。将某种向感知内涵——例如以削弱的方式、“更疲惫的”方式——的实在回返的东西置入到这个“再造”之中的做法,或者一种从感知内涵中“产生出”间接回忆的说法(就好像每个间接回忆的内涵都必定是在某种感知内涵方面的减少一样)都不仅是偏失的,而是还会把再造概念神秘化。由此也就可以明白,什么才能对再造做出唯一的和本质的“**说明**”。显然**不**是“回忆”一般。从直接经验及其在“过去存在”中的内涵以及它们的合乎价值的和合乎含义的“各个方向”中——在这些方向中——显露出,并且只能是显露出所有间接回忆内涵的始终已经以某种方式**被划分的**模糊(Dunkel),对于这些间接回忆及其内涵和方向来说,“再造”概念甚至肯定(eo ipso)不具有任何含义。另一方面——我要说——,

不仅间接回忆就其一般本质而言预设了直接回忆以及在它之中被给予的“过去存在”的本质性，而且对于一个特定的个体自我来说，任何一个内涵，如果它没有在含义上和价值上被界定在这个自我的各个直接回忆区域中，它也就不能成为间接的回忆！即是说，直接回忆为间接回忆确定了可能的本质内涵的活动空间，只有它们的范例才能够成为间接回忆的实际内涵！而现在，再造仅仅规定着：哪些范例从这个可能内涵的活动空间中——这些活动空间随个体性而变换不定，但在它们之中始终保留着例如追求、表象、爱等等行为种类的普遍奠基法则——间接地被回忆。因此它相对于那个活动空间来说只具有一个选择性的含义，但不具有规定这些内涵的纯何物（Was）的含义。①

我们也必须关注：与间接回忆相对的唯有“遗忘”（Verges- 437
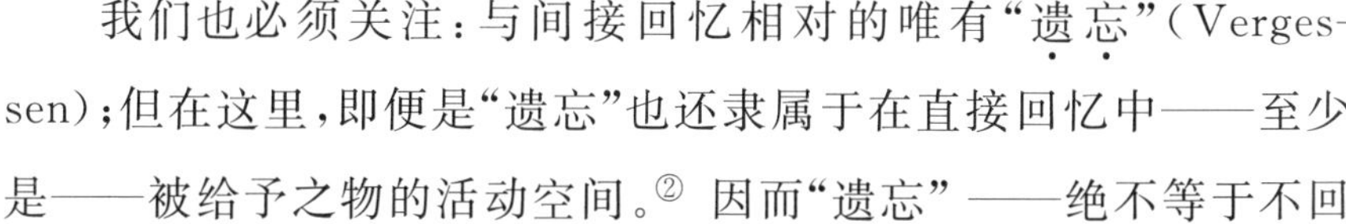
sen）；但在这里，即便是“遗忘”也还隶属于在直接回忆中——至少是——被给予之物的活动空间。② 因而“遗忘”——绝不等于不回

① 在“回想”（Besinnen）中还会体验到对间接回忆（在这种回忆中甚至唯有回想是一个样式<Modus>）所指向的东西（在单纯的“关于某物……的意指”的意义上）的“接近”与（所谓）“疏远”，这个事实表明，我们的回想所朝向的并不只是像例如在一个等式中的 X 被寻找的东西，相反，对它从属于直接回忆内涵的活动空间的从属性（Zugehörigkeit）意识还在此。在许多事物那里——即便我们通过一个我们所相信的第二者的传诉来判断：我们曾体验到特定的事物——，我们根本不是从一开始就进行回想！我们之所以不这样做，乃是因为我们认为知道（在相关的片刻中）在这里缺少一种回想能力（Besinnen*können*），乃是因为相关的事物根本不去“招呼”直接的回忆内涵。

② 在这里被称作直接回忆的东西，作为内涵按其普遍本质（撇开所有个体的自我不论）来说仅仅有一个过去之物一般的区域与之相符，它是这个始终一同被带来的各个关于心理意识时间背景的伸展之一。如果我们研究一个个体的某个直接回忆，那么例如对直接回忆和间接回忆的区分并不能被看作是：前者是以正在过去的东西（das *eben* Vergehende），例如以“一个声音的余音（Ver-klingen）”、一个现时体验向过去的下

438 忆(Nichterinnern)一般——始终朝向某个在直接的回忆内涵中还

坠(Dahinsinken),甚或以“刚刚流逝的时间”的内容为内涵的,而后者则是处在更远处的东西。毋宁说,这个区分是建基在被给予方式的本质区别上的。

我们在这里发现下列现象上的特征＊:

1. 在直接回忆时,行为的质性(=回忆)在行为的进行中并不作为被给予的而被体验到;体验完全滞留在那个仅仅为“过去存在”所包围的内涵中。所以这种情况例如在那种刹那间——直至“脱出”(“herausreißt”)——具有一种“出神”(Entrücktheit)特征的“梦幻”中表现得非常清楚。所以“我重又看到”,在我面前,当我是孩童时在那里玩耍过的湖、风景、别墅、人,我自己作为孩童也包含在这个整体之中,并且看着它、体验着它。我在此同时例如看到这些和那些,并且例如当我把目光转到这所湖边的屋子时也重又间接地回忆起某些曾以某种方式与这间屋子相联结的东西。与此相反,在“间接回忆”时,“对某物……回忆”的行为质性被体验到,并且我不是从我滞留于其中的东西的过去质性(Vergangenheitsqualität)中才知道:我在回忆。只是在这里,严格意义上的“我在回忆”才也以被体验到的方式在此。

2. 在直接回忆中,“被回忆的内涵向我走来”,或者也可以说,“各个内涵以变换的方式”如此地“突入”到关于某物的现时意识之中,以至于它们也还作为“突入其中的”而被给予;亦即如此地突入,以至于仍然被意指的某个更广泛的东西“部分存在”(Teil-sein)或“角度存在”(Aspektsein)也是一同被给予的;这通常是急速变换的。对视角概念而言的现象基础可能就在这里。与此相反,在间接回忆中始终有某个东西的起点(Ansatzpunkt)在这个“作为当前的”(或在直接回忆中“作为过去的”)被给予之物中也有意识地一同被给予;尽管我在此并不需要知道或把握到:这个角度究竟是什么。所以我也许例如并不知道,这是我的周围环境中的茶香,它把一个海的景色与船只作为曾见过一次的东西带到我眼前。尽管如此,——在这里完全不同于直接回忆——那个“出发点存在”还是一同被给予的;我常常是后来才发现它的内涵(例如茶香)。然而一旦这个意识不在此,那么对“必定有某物在此”(一个隐藏的联想)的单纯假定就会成为一个完全随意的偏见。因而在直接回忆中,体验的时间方向始终是过去→当前:作为过去的被给予之物自身是在我的当前中“继续着的”,我是作为“生活到”我的过去“之中的”(hinein-lebend)(类似于在直接期待中我是作为“生活到”我的将来“之中的”)而被给予我自己的。在间接回忆中则相反,体验的时间方向始终是当前→过去:在这里是从当前走“回”过去,并且处在两者之间的是一个明确的切面;我从当前出发生活到过去中去(无论在这里是主动地、例如以回想的方式,还是被动地、〔作为〕自动过程的一个猎获物)。

3. 很明显,唯有在间接回忆方面才能谈论“回忆图像”,即是说,才能谈论:回忆内涵同时只是作为“关于……的想象”而被给予,并且与“实事本身”处在对立之中。只是

被招呼的东西。如果我们走到这个"被招呼者"的近旁，那么（在回

在间接回忆这里，例如被回忆的湖才同时"作为单纯被想象的"而被给予；除此之外则是"作为它本身"而被给予的，在这一个角度上恰恰像是在感知中，即便是以遮蔽的方式。因此，谁将"感知"这个词（随意地）定义为有某物在其中"作为自身在此的"而被给予的行为，他就必须一以贯之地也在这里谈及"感知"，并且区分感知的回忆和想象的回忆。所谓"回忆图像"在这里就其内涵而言（即撇开"想象"的现时性不论）永远不会展示完整的回忆内涵。展示着完整内涵的毋宁是在间接回忆的出发点和起点与那个回忆内涵本身之间的同化。我在这里将同化理解为这样一种不可还原为类似出发点的接触联想的内涵之联结，以至于内涵的所有部分相似性（不是内涵部分的所有相似性）都在它们的相似性程度上得以增长，并且取消着非相似性。* 宏观地看，例如所有叫做（真正）"传统"的东西也都可以回溯到这样的"图像"上——有别于"生命的历史"，在这个历史中，与自然进程的单纯客观的相互接续不同，直接回忆已经把单纯的进程时段联合为一个意识的统一；并且也与所有对"历史"的认识不同，这种认识是完全建基于间接回忆的基础上的。因此，只是在对此"图像"或对此传统内涵的分割与分析才会在同一个过程中给出纯当前存在的内涵、纯粹的感知内涵，以及纯过去存在的内涵、纯粹的回忆内涵，并可以说是将两者彼此拆分开来。

4. 因而在这些对直接回忆与间接回忆的区分中根本不起任何作用的是这样一个问题：这里涉及的是"刚刚过去的东西"，还是随意久远的过去的东西。故而这种区分与所谓"体验的直接的后延（Nachdauer）"没有关系，也与某种"效法（Nachbilder）"没有关系，同样与所谓回忆效法（Erinnerungsnachbilder）没有关系。倘若人们混淆了这些，那么这就会导致一种对直接回忆的区域的完全错误的限制；那样一来，我们的定律"所有间接被回忆的东西都已经被放置在一个直接回忆的活动空间中"当然就会成为一个悖谬。但是，人们用来支持"唯有刚刚过去的东西才能被回忆"——即使不如此地定义"直接回忆"——这个命题的"事实"不可能是事实，而只是对这些事实的虚假诠释。如果我例如检测一下，我在最佳的间歇长度里可以——不经回忆——同时听到多少声节拍器的敲打，那么，其一，我所确定的某个特定的东西并不是对一个所谓的直接意识范围而言，而是对那个进入到"对某物……听"中的直接后听（Nachhören）而言，它有别于对现时地"作为当前的"而被给予的敲打的听；但它同样也有别于对后听以及对后所听（Nachgehörten）的直接回忆，在这种回忆中，后听本身作为演替而展开的内容与刚刚所听到的东西重又联合为一个的直接意识统一。其二，如果被试验者将被给予他的东西"立义"（auffaßt）为对实在自然过程的指明，并且恰恰不是立义为节拍器的敲击声，但还是立义为来自事物的声单位（Schalleneinheit）的数，那么我就为在知觉中，即在听中被给予的东西确定了某种东西。对于声音质性或声响质性、声音与声响——即在不做此立义的情况下——，我根本没有确定任何东西。我也根本没有确定，直接的后听对

忆中)就会有一个精神目光的转开(Wegwendung)发生,这个转开构成了"遗忘"的实证行为。因此,人们还可以追究"遗忘"的责任,而这对那种再造机械程序的缺陷来说则是无意义的。

439 最终还产生出对这样一个条件而言的第三个**本质法则**,即**相似性原理**,一个可能再造的形成在本质上是与这个条件联结在一起的。

在间接回忆中不仅只是像在回忆和感知一般时那样,有一个可能的自同者(Selbiges)被给予,而是同样本质必然地——即使作为被意指之物的是同一个对象——有一个在感知中和在回忆中**不同**的内涵被给予。但这乃是因为,间接回忆的所有内涵都必须曾包含在那个被可能直接回忆内涵的含义方向所改写了的领域中,并且从这个领域中展示出对一个范例的**挑选**。但现在,间接的回忆内涵永远不可能与直接的回忆内涵相合。我们已经看到,直接回忆的内涵是本质必然地和绝对地不同于感知内涵,而且不仅是实际地不同,不仅是相对于客观时间及其内容的一个位置而言地不同。甚至每个事物和一个事物(哪怕是最小的事物)的每个可能部分、每个事件以及它的每个可能的实在部分、每个运动以及它的每个部分,如此等等,都(还有其他的因子)本质必然地在直接回忆和直接期待中一同构造起自身;而且这是完全不依赖于对相关现

于那些在后听中还能够被给予我的旋律的**形式统一**和节奏的构形及其变换来说延展得有多远,而在此同时声音却并**不**需要也如此地被给予我。即便声音已经归属给单纯的间接回忆,对于它们在这个还是直接被给予的节奏与旋律形式中所取得的地位价值来说,情况还是不同,这些价值在声音上实现自身,但它们是直观的一个**独立**对象,即听的独立对象,而且并不只是展示着例如它们的关系。倘若没有某种关于它们的作为整体的音乐意义,我们又如何可能理解在一个乐曲演奏时的 1/2 小时?

象及其现实性或虚假性之理解的限制的。恰恰因为此，每个间接的回忆内涵也都必定以一种完全确定的**方式**和在一个完全确定的**方向**上有别于那个本质必然地从属于它的并且本质必然地在时间秩序中先行于它的感知内涵*——尽管相关的对象与那个感知同 440
样是本质必然地相同一的对象。但是，现在需要表明的是：这个差异性的特定种类是两个内涵的**相似性**。

唯理论和经验论的研究者们对于相似性现象（例如红和橙黄的相似性）始终抱着完全不同的态度；而这重又是在不同的方向上进行的。人们例如试图将相似性**回溯到**数目（Anzahl）或“集合”（“Menge”）的**同一性**和**差异性**上（各局部的同一＜identitas partium＞），这些数目和“集合”是指那些在作为“相似的”而被给予的实事中的各个部分的数量差异（例如赫尔巴特）。人们也与此针锋相对地试图从作为**基本**现象的相似性出发，把同一性看做是相似性的极限情况（Grenzfall），即看做是那种相似之物不再可以区分或“不可区分”的情况，而这样一来，“差异性”便不再被定义为相似性的前提（对它而言的属），而是定义为非同一性（例如休谟和所有特殊的唯名论者，对他们来说，所有“概念”只是根据客体的相似性范围而被使用的名称）。但所有这些都是逻辑斯谛式的随心所欲！我们在橙黄与红中既找不到空间的“部分”，也找不到仅仅是广延的“部分”，它们在这里或那里是同一的和不同的——而是只有在划分的数量或方式上是不同的，例如相对于红－紫的更大相似性。而数字 2 与数字 3 相比并不比数字 2 与数字 10 相比更相似，尽管它肯定不能在各个部分的“数字方面”与后两者是同一或不同一的（差异的），这难道是因为仅仅事关数字吗？难道同样的情况不也

适用于集合吗？另一方面——相对于第二个尝试——明见的是：相似性**预设了**（既在逻辑上，也在相似性的现象被给予性中）相似的对象与它们自己本身的同一性和它们彼此之间的差异性。与此相反，如果人们要求，为了相似性在实事方面是可能的，并且除此之外为了它是可把握的，就必须有一个同一的“**方面**”（“Hinsicht”）被给予，各个对象在关涉这个方面时是相似的。当然，这样一些相似性是有的，它们只是在这个前提下才被凸显出来，并且作为处在这个和那个“方面”的而是可规定的和可告知的。所以许多躯体在大小、构形、化学组成“方面”是相似的和不相似的，而且是在各种不同的程度上。但与这个预设了对相似的对象的概念把握的“**间接的**”相似性相应合的是一个作为它的前提的**直接**相似性。这种直接的相似性仅仅在于：例如在简单的质性之间，就像在粉红和紫（譬如相对于绿）之间，存在着一个相似性，它并不预设：例如，我在两种颜色中把握到红，或者，它被分解为声音、亮度、饱
441 和度——此外，这种分解根本不能施用在纯性质（Quales）方面，而是只有当我把这些性质把握为至少是对先前亲眼所见的面积单位的充实时，这种分解才能施行。但即使是在有这些“方面”的地方，以及在“就此方面”（in Hinsicht auf）的比较可以先行于对相似性之把握的地方（绝非所有相似性把握都必定如此），也常常有这样的相似之物被给予我们，亦即“A 与 B 是相似的”实事状态被给予我们，而且恰恰是**这个**被给予性才**规定着**对一个相似之物在其中形成的可能“方面”的观看。最后有效的一点是：相似性本质上是“关于某物 X 与他物 Y 的相似性”，而且如果对两个载体的观看没有一同被给予，相似性也就不可能**被给予**。然而尽管如此，如果以

为，X 和 Y 必须不是以“仅仅被意指”(nur gemeint)的方式被给予的，这样才能把握到它们的相似性；即是说，如果以为两者必须是自身被给予的或在一个实证的相即性程度中被给予的，那么这也是一种谬误的看法。毋宁说，“一个直观地被给予的 Y 是与一个 X 相似的”可以是被给予的，同时这个 X 却并不以不同于单纯被意指的方式被给予；以至于正是 Y 对 X 的直观相似性才导致对 X 的一种内涵规定——这是一个对相似性学说具有最重大意义的事实。我们同样必须不仅将相似性的直观本质完全区分于相似性的概念，而且我们也必须承认直观相似性本身的差异性——即不止是根据它们载体的差异性——，这些差异性无论是在实事上还是在其被给予性中都还是有差异的，这种差异性并不依赖于它们的载体对子(Trägerpaare)的差异性。紫与粉红的相似性以及橙黄与粉红或紫与橙黄的相似性自身就是在质性上不同的直观相似性(尽管这两者关系都归属于同一个相似性概念)；它们也可以在两个环节中每次只有一个环节被给予的情况下作为不同的相似性而被给予。最后，A 和 B 的相似性与 B 和 A 的相似性也是同一质性的相似性的直观不同情况，虽然这个先天定律是有效的：如果 A 与 B 是相似的，那么 B 与 A 也是相似的。

就相似性的被给予性而言，它与直接回忆处在一种特有的本质关系中，语言的措辞已经对此有所指明，例如，这些和那些实事“〔让人〕回忆起”这些和那些不同的实事(diese und jene Sache “erinnert an” diese und jene andere)；“我不知道，这些和那些〔让人〕回忆起什么”(ich weißnicht, an was dies und jenes erinnert)——这肯定是对一个现象的语言表达，这个现象完全不同于

那个作为下列措辞之基础的现象："我在这个实事上回忆"(ich
442 erinnere mich bei dieser Sache an)，如此等等。相似性把握从根本上是与一个直接回忆的行为相联结的；而且，只要两个感知行为a和b的同一感觉内涵*在一个包容它们的直观行为的整个内涵中与直接回忆β和γ的两个不同内涵相联结，相似性就会被给予。而后我们说，这些被感知的对象彼此是相似的。因此，使得这些在两个总体行为中被意指的(并且所在感知和回忆中作为同一个东西被意指的)对象作为"**相似的**"而被给予的，恰恰是在感觉的感知内涵相同一的情况下直接回忆之内涵的差异性，或者，我们还可以补充说，恰恰是在感觉的感知内涵相同一的情况下直接期待之内涵的差异性。相反，如果我们在两个总体行为中具有同一的直接回忆内涵和期待内涵再加上同一的感觉的感知内涵，那么"**相同性**"(Gleichheit)便被给予了。

从这里也可以直截了当地得到阐明：相似性**永远不**能被回溯到一个对象的**最简单的各个部分的同一性**上(以及其他最简单部分的差异性上)——犹如旧的唯理论所构想的那样。因为，与每个对象一样，一个对象的每个部分也只是在一个总体行为中被给予，这个行为自身已经包含着感知、直接回忆和直接期待。这甚至适用于一个完全简单的空间点和时间点的内涵；同样也适用于一个进程、一个运动、一个变化等等①的每个不可分的时段。而同样明

① 只因为此，一个点的"静止"才完全不同于这个点在时间中的单纯持续存在，但"运动"则完全不同于"连续的场所变化"。在运动中的这个点或这个运动的东西在它的轨道的**每个**不可分的点上仍然是处在"在运动中"；另一方面，一个连续地变换它的场所并且在此同时作为同一个东西被给予的对象，原则上在它的每个点上都可以处在

晰的是:相似性的被给予性并不预设任何比较,并且它可以先于和独立于它的一个载体的内涵而被给予。在世界上有可比较的东西,这就已经预设了对象的**相似性**。从以上所说之中得到阐明的是:相似性因而并不是那种可以随意地使内涵被挤压出来(auf-pressen)的所谓范畴,或者,若不是随意地,就是根据在被给予之物上的(实际上完全是超越的)符号,它们恰恰宣示出这个范畴的可运用性;相似性的概念及其直观本质、各个相似性彼此间在直观上重又是各不相同的,而这种差异性并不仅仅处在它们各自载体的差异性和不同性(Ungleichheit)之中;对仅仅在这些不同的直观相似性之间的一个对象之相似的"方面"的选择(在进行间接的相似性确定时)是决定性的——但完全不是它才**构造出**相似性。因 443
为,所有这些唯理论的成见都会回归到对直接相似性和间接相似性的混淆上;或者说,回归到对这样两种相似性的混淆上:对一种相似性的确定是以间接回忆为前提的,而对另一种相似性的确定则仅仅以直接回忆为前提。

同样得到阐明的是:相同性和同一性绝不能被回溯到相似性之上——例如以此方式:把相同性仅仅视为相似性的最大极限情况,但把同一性"回溯到"相同之物的不可分性之上。在相似性和相同性之间存在着一个本质的差异性,而不是一个单纯量性的(quantitative)或相对的差异性。在一个被给予的情况中,我们是否觉得可以发现相同性或仅仅发现相似性,这可能要千万重地取

静止中。这个显现甚至同样可以通过这同一个对象的一系列连续相随的消亡和新生的进程(即在不运动的情况下)而被制作出来。

决于我们人类的区分能力（Unterscheidungsvermögen），从我们对感觉的区分局限直至其他更高的和最高的区分才能（Unterscheidungsfähigkeit）。为此，相同性和相似性的差异性尽管如此也还始终是一个绝对的和建基于本质之中的差异性！自然，同一性和相同性的差异性也是如此。我们当然会十分频繁地**认同**一些实际上只是“相同的”对象。在直接的同一性欺罔和相同性直观的区域中包含着很大一批熟知的欺罔。但所有这些所涉及的都仅仅是运用，而非本质。“相同性”预设了关系环节与其自身的同一性以及它们相互之间的差异性；相似性恰恰预设了这一点并且此外还预设了不相同性——这些都是明见的定律，它们无法通过我们人类的区分能力而以某种方式受到质疑；它们除此之外也对所有的“区别”本身是有效的。

但与经验论的这些逻辑迷误相应的现在恰恰是它在相似之物等等的被给予性问题上的迷误。完全不可能说：像“我现在回忆我曾（例如在 5 秒钟之前）感知过的声音 c”这类陈述本来就不适合于这个直接的事实组成，因为这里只有两个不同的、时间上分开的相似**体验**（感知体验和回忆体验）；或者：每一个持续超过一个可分瞬间的对一对象的感知都与下一瞬间的感知都仅仅是不可区分地相似的，并且它们因此而被当做“同一的”（＝不可区分的相似性）；唯当在一系列每次都不可区分的、时间上相邻的感知中有两个相
444 距甚远的序列环节是可以区分的时候，那个首先被当做在序列环节之间的“同一性”才会被消除；而后这个在同一性假定与差异性假定之间的矛盾（或争执）才会导致对作为“行为”的感知和作为“对象”的被感知之物的区分——以至于现在行为“只是”相似的，

并且在“演替”的意义上是在时间上不同的，但“对象”则被当做是同一的和连续“持续着的”；但这才会重又导致对一个分离于所有体验的并且不依赖于它们而实存的实体的假定。[①]

在这里首先被误识的是：人们当做出发点的心理体验（例如感知体验和回忆体验，或两个直接相接的感知体验）是事物性的（或进程类的<vorgangsartig>）对象，完全就像人们由此而想进行生成说明的那些对象和事物性；而处在它们之上的那种对体验的内感知而言、对体验的“观察”以及陈述的可能性等等而言的问题，是与外部自然对象的问题没有任何区别的。其次，人们以在不同时间中产生的体验的相似性为出发点，却并没有哪怕是指明关于这个相似性的意识的可能性。但实际的任务却在于表明：如何会从对这个现在被感知的并且在紧随其后的瞬间中被感知的对象同一性的意识而达到对两个不同感知体验（它们在其他相同的状况中仅仅具有相同的内涵）的假定，并且，对直接“同一个”声音 c（在同一个时间点上）的感知和回忆的意向如何会破碎为两个仅仅“相似的”心理体验。而在这里现在便很清楚：每个心理“体验”本身都只是在一个感知、直接回忆和直接期待的总体行为中“被给予”；但“相同的”体验则是那些在一个包容了两个这样的总体行为的内直观行为中指明着那些总体行为的同一个内涵的体验，但它们同时也意识到这些总体行为的内涵不同于那个包容着它们的总体行为的内涵；而“相似的”体验则是那些尽管在只有感知内涵是同一的

① D. 休谟用来“说明”“对同一的和分离于意识的对象的信仰”所依据的著名基本范式便是如此。参见休谟，《人性论》第一部分。

情况下仍然在这两个总体行为的内涵中产生出不同总体内涵的体验，并且是产生出作为“直接不同”总体内涵的体验。因此，在感知
445 和直接回忆之间并不需要通过内涵相似性来进行中介。为了弄清有某个我们感性感知的和直接回忆的东西作为“同一个东西”被给予我们，我们并不需要“相似性联想”的原则；我们既不需要“相似性联想”，也不需要一种“再造”。只是对于那些通过它们而进行的间接回忆（和期待）与间接认同而言，无论它们是两个星空观察，还是对同一个心理事件等等的两个内感知内涵等等，对象的直接相似性，即再造地被感知的对象和被回忆的、先前被感知的对象的直接相似性，这才是间接回忆行为之产生的一个根本条件。

因此，我们便获得了这样一些定律：根据定律二[*]，“再造”合乎本质地属于对每个身体性的生物而言的间接回忆和间接期待，它的形成在先前被感知的回忆对象与期待对象的相似性上是与再造着这些对象的感知的对象联结在一起的，这既不是建基于所有心理之物一般的本质之中，也不是经验心理学的一个归纳性定律。毋宁说，这个定律对于经验心理学来说是一个公理，它永远不会被观察所变更并且永远不会被观察所反驳。但它同时是一个通过现象学还可以从一个自我与一个身体的本质联结而完全得到理解的定律。就此而论，这个命题是一个明晰的和质料先天的定律——但尽管如此，它只是对那些此在相对于（daseinrelativ）一个可能身体而言的对象为真。对于一个无身体的精神来说，像“相似性”这样一种东西是不存在的。对精神来说只有同一性和差异性。它的关于内心世界和外部世界的直观不会分裂为感知、回忆、期待——它的构形同样也不会分裂为当前、过去、未来这样一些伸展。即便

如此，相似性的存在以及从属于它的直接回忆并不是相对于身体有机组织的某个经验事实组成而言，例如不是相对于人的身体有机组织而言。而再造的相似性原则对于人的所有只要是可能的经验而言也都是一个先天的原则。而且是一个内直观与外直观的先天原则。

如果我们表述得更明确一些，那么我们可以说："联想相似性"是一个原则，一个直观着和认识着的生物一般、一个通过一个可能的身体的外感官和内感官来把握对象的生物便是根据这个原则来选择这些对象及其内涵。它在此意义上也可以被标识为它的(归纳)经验的"形式"。

但相似性原则已经作为前提而是所有可能的、根据接触进行
的联想的基础，甚至是关于那些接触在其中得以可能的杂多性的 446
直观之构成的基础，以及是这些杂多性本身(作为这样一个实事原则：世界上存在着相似的东西，因而存在着可联想的东西)的基础。因此，它永远不可能从一个被预设的空间和时间的存有中以及从接触联想中才被推导出来。* 甚至这些已知的推导中的每一个都是以这个被拒斥的定律为前提的，即：相似性是在相似之物中的各个简单部分的局部同一性与差异性。

进一步说，无论是认识对象的相似性原则，还是对它们的可能表象之构成的相似性原则，都是对一个所谓"自然因果的合规律性"之假定的前提，但并不是这个假定的可能结果，就像例如康德以为可以表明的那样。我们在这里通常把"自然因果的合规律性"理解为这样一个命题：存在着一些在时间中重返的、具有同一内涵的事件和变化，而这些就是原因和结果，以至于在直接的时间序列

中与一个作为原因的X相联接的始终有一个作为结果的Y；我们还把它理解为这样一个命题：有一些具有同一内涵的事物，它们可以在空间中占据不同的位置，并且处在彼此间的原因和结果的关系中，以至于一个事物X可以作用于一个事物Y，如果它在空间中接触到这同一个东西[①]。与之相反，所谓因果原则，即这样一个定律："所有实在生成(Realwerden)都是一个原因的结果"，以及这样一个定律："一个对象的所有变更(这个词在这里包容了一个某物相对于一个某物的'异在'＜Anderssein＞与'变异'＜Anderswerden＞)都明确地与另一个处在相互依赖性中的对象的变更联结在一起"——这是一个不对实在之物与观念之物进行任何划分、更不对空间和时间做任何预设的定律——，这个意义上的因果原则具有完全独立于相似性原则的真理性和有效性。但这两个定律，即因果原则以及"可能对象的所有变更的相互依赖性原则"，显然都是自然因果合规律性原则的严格前提，因而后者仅仅展示着对前两个原则的一种特别的运用。但尽管如此，后者不可能在不借助于相似性原则的情况下从前两者中推导出来。因果原则对实在对象一般有效，"依赖性原则"——我们想这样称呼它——甚至对所有对象一般有效，因而是一个纯粹逻辑的原则，而因果合规律
447 性原则虽然相对于所有可能归纳经验而言是先天的——然而同时却又只对那些此在相对于一个可能身体而言的对象为真。[②]

---

① 最近，麦克斯·普朗克指明了时间性演替和接触的条件与空间性接触(以及随之还有对源自自然科学基本想象的相对于发出观念＜Stoßidee＞而言的吸收观念＜Zugidee＞的排斥)的条件的共属性。参见他的著作《能量守恒原理》的结尾。

② 因此，在与因果原则和变更的依赖性原则的对立中，它对生物学而言便不再具

“自然因果规律原则”最终分解为两个方法上的亚形式（Unterformen），对于它们来说，在身体杂多性一般的相互分离中的同一个现象学基础是可以得到指明的：第一个亚形式是机械自然论的各个原则：外身体的自然躯体事物的所有变化都可以被看做是依赖于运动变更的东西；躯体的所有质性差异性都可以被看做是依赖于一个自身接触的、以某种方式持恒的空间充实之组合的东西。第二个亚形式是接触联想的原则：自我的所有变化都可以被视为依赖于接触联想的东西；所有心灵的复合都可以被视为依赖于一个可能身体的同时变样（Modifikation）的东西——即使这些变样随感觉、本能萌动等等的不同而各不相同。

我们首先局限于间接回忆（和期待）、再造与相似性上。这里产生出这样的问题：什么东西必须是相似的，而后这样一个感知才会导致再造？这个相似性是“被给予的”吗，如果它是被给予的，那么它是如何被给予的呢？这个相似性原则上所能“说明”的是什么？存在着一种与接触联想一样原初的相似性联想吗，它是对特定的间接回忆内容或期待内容的出现进行“说明”，还是它受一个接触联想的决定？相似性联想与接触联想原则上处在何种关系之中？相似性联想究竟是习熟与习惯之总体生命显现的前提，还是它的结果？是否存在着一种可以想象的、在身体躯体及其各个部分中（例如在大脑中）的相似性联想的“相关项”？最后还有：相似

有丝毫的有效性。对于生物学来说，在因果原则和依赖性原则的框架以内有效的是一个完全自立的因果原则，我们会考虑在其他地方仔细地阐述这个原则。——笔者在一篇即将发表的论文“现象学与认识论”中打算深入地表明，一个机械的自然说明的对象的所有实在性在何种程度上是相对于一个身体而言的。*

性联想是否已经在关于自我与躯体世界的自然世界观的构成方式中起着根本性的作用，还是它已经预设了自我与躯体世界的被给予性？

对第一个问题——在我看来——只有一个有意义的和清楚的答案：要想使一个感知成为对一个间接回忆或对一个特定对象的间接回忆活动的再造，这个感知的对象（正如它在感知被意指的那样）就必须与一个以前的感知的对象是相似的，这个以前的感知
448 "属于"那种〔间接〕回忆，并且它在时间秩序中的形成是这个〔间接〕回忆的前提。（类似的情况也适用于感知和对一个间接期待的再造。）因此，相似的东西必定不是例如"行为"或这些行为的"内涵"，而仅仅是它们所意指的对象。因而像"在联想中出现'相似的表象'"这样一类说法是根本谬误的。我当然也可以间接地回忆起表象、想象图像、梦等等（所谓表象回忆）；同样可以再回忆起我以前体验过的回忆表象。这时，它们便恰恰是以前的内感知和直接回忆的对象，它们与一个现在存在的内感知的对象"相似"，并且间接地被回忆。因此，作为再造条件的"相似性"只可能是一种在对象之间的相似性。故而也就不能说，未来决定再造，这些相似的对象必定要作为相似的对象而在特定的构形中被给予、被认识、被表象、被意识等等；或者，它们因之而彼此相似的那些标记和特性一般必须是被给予的，或者除此之外还必须是作为那种为相似性奠基的标记和特性而被给予的。在再造上起作用的相似性甚至显而易见地排斥对它们载体本身以及包含在它们的标记和特性之中的相似性一基础的直观。难道是再造才把例如与一个被感知的对象（例如一只老虎）相似的对象（例如一只狮子）带入到间接回忆之

中，这样的话，这个对象（狮子）如何可能是先前被给予的，以至于这两个对象的相似性只是借此才会被体验到呢？如此一来，再造甚至也都是不必要的了。在这个前提下，人们必须在把所有的所谓相似性联想都回溯到那些以前在这同一些同时被给予的对象上所体验到的相似性体验上去——这是一条完全行不通的解决问题的途径。当然，如果再造“根据”对象的相似性而起作用，那么被回忆的对象与被感知的对象的相似性也会从它们的内涵（作为对此相似性而言的基础）出发而被认识。但即使是这一点也并不是必然的。例如，一旦它没有被认识到，那么真正的相似性事实上恰恰也就不会导致一个相似性的判断，而是导致一个相同性的判断，甚至有可能导致一个同一性的判断。仅仅相似的东西，例如鸟和蝴蝶，在孩童看来是“相同的”，而且他也对蝴蝶做判断说：“这是一只鸟”，而不是“这像一只鸟”。同样，根据相似性的再造——即便它导致一个相似性的判断——也并不预设：在感知中，即在回忆所回归的、“所属于”的那个感知中，对象的特性和标记也必须是被给予 449
的，这些特性和标记是指这个对象据之而与那个现在被感知的（或被表象的）对象是相似的特性与标记。毋宁说，甚至规则就是如此：情况不是这样，而且只是在仅仅回忆的对象中才会“显现出”当时被感知的对象的各种标记与特征——因为对于这个与一个现在被感知的对象的相似性而言，它们是基础——，这些标记当时并没有进入到感知的内涵之中。我们不仅可以在回忆活动中去“关注、发觉、观察”等等一个被感知之物的标记，它们在对这个对象的感知中始终是未被发觉的、未被关注的等等（当然同样包括爱、恨、欲求、憎恶等等），我们不仅在回忆活动中可以找到例如两张面孔的

相似性、相同性等等，它们根本没有包含在以前的感知内涵中；我们也能够在回忆活动中根据在当前被感知之物与以前感知的内涵部分（“根据”这个部分，当前被感知的对象与以前被感知的对象是“相似的”）之间的相似性而拥有这样的内涵，这种内涵根本没有进入到以前的感知内涵之中，但却属于这个事物的“可能感知内涵”。只是**借助**与一个以后被感知之物的相似性，我们才在此情况中通过回忆而获得关于我们以前**不**曾感知到的标记与特性的知识，而**现在**将一个以前的相同性的判断和同一性的判断取而代之的是一个相似性的判断（或一个相同性的判断）。这样我便例如在回忆的追复感受中把握到一个感受状态，在回忆的看（以外直观的形式）中把握到一个风景，借助于它们与一个当前的感受或一个当前被感知的风景的相似性（同样也借助于它们与还直接被回忆的内涵）而越来越**丰富**地把握到它们，并且更丰富地感受到它〔这个感受状态〕、比这个客体当时被给予我时更全面地看到它。如果以为这恰恰是后补的、伪造的附加，那么这种看法仅仅是这样一个感觉主义成见的结果，这个成见就是：回忆必定总是要比那个本质合法则地属于它的感知更为贫乏，并且再造是旧感知及其内涵以“削弱了的程度”的神秘“重返”——以及更多的类似可笑的庸俗心理学的神秘主义。但实际上对我们曾感知的同一个东西的回忆是一种**突入**（Vordringen），即向那个在感知行为**和**回忆行为中被直观为同一的并根据其内涵而被意指为同一的对象之**整体**直观充盈的突入，因而对此对象的直观只是对于一个**身体性的**生物才必然地分裂为
450 回忆和感知。当然可以确定，一个在感知中没有被给予的新**事物**或一个新的实在事物部分是永远不可能在回忆中被直观到的。如

果我在对屋顶的感知中没有看到的屋顶上的麻雀，我也就不会在回忆中看到它。只要一个事物（或一个事件）的某些客观特性和标记根据一个被感知的事物的这些特性和标记而使得那个事物与这个被感知的事物相似，那么我所能够回忆的也就不是这个事物（或这个事件）的客观特性和标记。毋宁说，它们按其总体意向必定曾一同被包含在这个总体行为的内涵中，被感知的事物便是在这个内涵中构造起自身的（因而也在直接回忆和期待中构造起自身）；但这并不会妨碍它在后补的回忆中才找到一个超越出单纯“被意指存在”的直观充盈。

接下来，相似性是否必须以某种方式“被给予”，或者，我们称之为相似性联想的东西是否就是一个纯假设，并且完全不具有直接被体验到的基础？对于相似性联想概念本身来说，是否有一个在直接体验中的现象基础？若是没有，即是说，若是人们只是通过观察才确定，表象系列是如此接踵而来，以至于各个表象是“相似的”，或它们的各个对象是“相似的”——恰如人们可以在所有可能的观点下对记录下来的被试验者的联想系列进行规整一样，例如原因－结果、目的－手段、整体－部分等等，那么这时就需要探问：人们是如何做到把相似性变成一个严格的再造条件（而不是变成实际的表象系列、追求系列等等类型系统的一个单纯环节）。难道相似性联想是，并且根据所有心理学家的意见应当是比对表象系列之划分的一个可能观点更多的东西吗？但如果它是可能再造的一个严格条件，那么我们就要问：人们是如何通过观察来确定这个定律的——并且通过观察来确定这样的东西是否具有可能的意义。需要考虑：即使是心理学家（他常常忘记这一点）也在他的研

究着的行为举止中当然地服从于所有那些定律、规律等等，这些定律和规律是他自己对就心理进程而提出的，他声言这些定律和规律深入到这样的研究之中。心理学永远不可能主张某种——即便是真的——会使对此真理的发现显得明见地不可能和悖谬的东西。于是问题就在于：心理学家为何能够通过自身观察来确定，对一个特定的（间接的）回忆内涵的再造之条件就在于：被回忆的东西是与一个被感知的对象相似的？完全撇开“条件”不论——他是
451 如何知道这种相似性的呢？他知道他的被感知的对象以及他在其中关于它所感知到的东西；他也知道他的回忆的对象。但他从何知道那个以前被感知的对象或一个对此对象的以前感知呢？例如通过回忆？但它的内涵还应当通过对以前感知内涵的再造来说明呢！而这里所显示的还只是显相（declarandum）的一个**部分**而已。他声称，回忆的内涵是与以前感知的一个对象“相似的”。但**他**的回忆，即这个唯独能够将他带至那个对象的回忆，不也是受“根据相似性进行的再造”所决定的吗？这意味着，他必须说：“我只知道，现在的回忆的对象是与一个感知对象相似的，而关于这个感知对象我只知道一点，它是与回忆对象相似的！”即是说，他要么就是陷入循环，要么就是承认，他所主张的相似性是在本质上无法确定的！在这里现在需要关注以前关于直接相似性把握所说的东西：一个感知对象与另一个以前被感知的对象的相似状态事实上是作为一个被体验到的事实而“**被给予的**”，而恰恰是这**一点**决定了：以前感知的那个对象是通过再造而成为一个间接回忆的对象。因而据此而论，相似性联想是以一个**直接体验**为基础的。

可是这个作为再造之条件的相似性（原则上）究竟能“**说明**”**什**

么呢？它首先**永远**不能说明间接回忆的**内涵**，其次**不**能说明对这个内涵的**回忆**。尽管存在着这样一个本质联系，即所有的间接回忆都会有一个感知“属于”它，这个感知在时间顺序上先行于它（正是这个本质联系才导致对“再造”概念的假定），但回忆却是完全指向以前感知的对象，而不是指向对这个对象的感知[①]；而它的内涵并不“产生于”感知的内涵，而是完全产生于这个对象**本身**的内涵；当然，即使我回忆一个心理体验，而这个体验就是那个“对象”，情况也依然如此。我所始终——以回忆的方式——观看的是这个对象。而正如这个感知不是这个对象的一个可以再次出现的单纯“图像”一样，对一个“秉性”（无论是把它想象为心理的还是生理 452
的）的假定也是完全没有根据的，即一个遗留下感知并且现在必须将它“激发”起来的秉性。毋宁说，那个感知现在绝对地被毁灭了，并且从它那里没有留下任何东西；没有任何东西留在所谓“心灵”或“大脑”的“某处”！但如果相似性既不“说明”回忆活动的内涵，也不“说明”对内涵的回忆活动，那么在这里留下的实际上就只是这个唯一的显相（declarandum）：被说明的是——并且只**能**是——将那个处在上述确定意义上的直接回忆区域之活动空间中的东西排列到我的偶然当前的生命联系中（Einreihung）去的做法；即是说，被说明的是这个事实组成：相关的对象恰恰是**现在**而不是在其

① 当然，间接回忆（与直接回忆不同）本质必然地含有对“已经被体验过”的意识。但这并不是回忆的对象，它同样也不是这个内涵的部分。唯当一个“再认识”出现时，这个对象才作为自同的“已经被体验到的”而被给予。在这里，作为自同性的同一性是这个内涵的部分。相反，那个合乎本质的、伴随着回忆的对“**已经被体验过的**”意识则是回忆的**行为质性**的一个组成部分。

他时候——实际地——被回忆。这意味着，仅仅是一个人格的回忆世界所具有的与它的各个"当前"的关系，或者——我们也可以说——与它的身体被给予性的关系，通过那种借助相似性来进行的再造之原则而在这个意义上服从于一种规定，即：这两个感知对象（亦即这个现在被感知的东西和以前被感知的东西）的相似性是将一个完全可回忆之物排列到那个作为当前的而"被给予的"生命联系之中去的做法的必要条件（conditio sine que non）。如果在这个意义上的这种相似性以再造的方式起效用——并且是一个特定地定性了的相似性，即一种以不依赖于其载体之特性的方式而为此相似性所具有的定性（Qualifikation）——，那么也就可以甚至必须为已经发生的联想（这个词被当做是对一个过程的标识）之重复假定一个秉性。但是，不言自明的是：这种"联想秉性"与那门偏失的学说没有丝毫关系，这门学说是想反过来通过感知和表象的神秘秉性来说明联想本身，并且想领会它的"可能性"。我们也可以用另一种形式来意义等值地（sinnäquivalent）表达相似性所能说明的东西：它可以在那些在一个个体的各个当前瞬间中被给予他的实际的、间接的回忆内涵方面说明：在所有那些他曾感知和体验的，并且在回忆中可被再造的对象中，他现在实际回忆的恰恰是这个而不是那个对象。就此而论，它所说明的是那个在直接回忆的区域中通过间接回忆而作出的挑选。

不过即使在这里也还需要附加一点：相似性原则——恰恰因为它立足于一个明晰的本质联系之上，并且是一个真正的原则，而不是产生于观察之中的归纳的规则——永远不会自为（für sich）单独地说明任何一个具体的发生。它甚至是一个过去体验的当前被意识到(Bewußt-werden)的原则，而不是一个从在此当前所意识到的东西中推导出来的规则。间接的回忆是**在它之后**(nach ihm)、**根据它**(gemäß ihm)来进行的；即是说，它是一个间接回忆 453
本身的构成一方式的原则。因此，唯独可能的仅仅是对一个就那个实际被回忆之物而言的**唯一的**，但必然的并且尽管如此仍不充分的条件的**示明**。它所展示的只是一个必要的条件(conditio sine qua non)、一个完全普遍的条件，没有它，那种通过间接回忆而将一个以前被体验到的对象排列到当前生命联系中去的做法就是不可能的。已经很明显的是，被感知的对象——或者说，在对心理之物的回忆时于内感知中现在被体验到的心理体验——与以前的被感知之物和被体验之物的**相似性**无论是**在质性上**，还是**在程度上**都是完全**不同的**，并且在数目上是**无法比拟的**。只是随着那些在一个个体的回忆中所进行的行为的所有特别质性和方向的加入，随着他的爱和恨、兴趣这些行为方向的加入，以及最终还有所有种类的精神的、感觉中枢的一功能的、主动的和本能的注意力——在这里并未做区分——的加入，而它们重又贯穿在对感知、回忆和期待的区分之中，只有这时，才能从设定了那个作为再造条件的必要条件(conditio sine qua non)的区域出发来解释**实际的**被回忆之物。但我们对此不再做进一步的阐述。

然而，"相似性原则"不仅仅是一个对间接回忆而言的"再造条件"，而且也是一个同样原初的对间接期待而言的**决定**(Determination)条件。在直接回忆中被给予的东西——当然是"作为"未来的而被给予的东西——，是不需要任何决定的，就像在直接回忆中的被给予之物不需要任何再造一样。但决定一般是一个完全与再造一样**原初的**、回归到直接的被体验之物以及它们之间的本质联系之上的概念。

因此，将这种决定性的、被体验到的“力量”回溯到某一种直接的，即感受性的对某物之期待上的做法是完全失误的，这种力量具有一个例如对**现在**出现的表象、对本能冲动和意愿行为等等而言间接地在期待中被给予的东西，它是例如那个于在先感受(Vorfühlen)中被给予的一个愿欲之设想的价值对我现在的做而具有的力量。毋宁说，每一个期待都有一个对同一个对象的感知“属于”它，此外，一个“间接的”期待会有这样一个感知属于它，这个感知在时间顺序上紧随一个对同一个对象的直接回忆，但绝不会紧随一个对此感知的回忆或对它的对象的回忆，遑论对这个感

454 知的再造的回忆。如果我现在例如早晨起来心绪不好，而且不能做某些事情，因为我下午 6 点还要做一个关于形式逻辑的讲座——一个 W. 詹姆斯所举的例子——，那么这个直接被期待的 6 点钟讲座的对象便决定着我当前的情感状态；即是说，决定它的并不是对前一次讲座的回忆[①]，或者，对“我要做这个讲座”这个内容的表象。恰恰存在着直接的期待，根本无论这个期待内涵是否“作为”被表象的、“作为”被判断的等等而给出自身；也存在着那种不带有这些行为质性的直接期待。这个事实组成是否对——先前所说的——生成理论合适，这是完全无关紧要的，因为“理论”恰恰是需要指向事实的。只是本质联系告诉我们，直接被期待的东西会

① 对此也可参阅在笔者《文章与论文集》第二卷(莱比锡，1915 年)中的论文：“所谓养老金歇斯底里的心理学与对弊端的合法斗争”。

有一个对同一个对象的感知“属于”它。在这个情况中，这就是对以前做的 6 点钟讲座的感知或现时体验。所有通过外部设定的任务而进行的“决定”，但也包括由自己的“打算”、同样还有由那些命令和允诺等等在**不依赖于**对其设定的事情的再造和表象的情况下所规定的任务，原则上都是**相同**种类的：没有任何再造会插入到它们及其作用之间！正如我的过去作为直接被回忆的也直接作用于我的当前生命联系一样，我的“将来”也作为直接的期待内涵而起作用。例如，如果我的将来“宽阔”而“明亮地”摆在我的面前，我便心情欢快，如果它“狭窄”而“昏暗地”在此，我便会心情悲伤。这时并不是我的当前感受在给期待内容涂上这样或那样的色彩，而是这个内容在给我的当前感受涂上这样或那样的色彩。但在间接期待（在它之中，在将来区域里的被期待之物也还“作为被期待的”而被给予我*）中却包含着：一个以前直接被期待的东西也作为感知对象而实现自身；而现在，正是这个当前的感知对象与这个以前感知的对象的**相似性**在制约着从直接被期待之物的活动空间中对间接被期待之物的**挑选**——这个说法的意义与上面提到的回忆情况相类似。

663

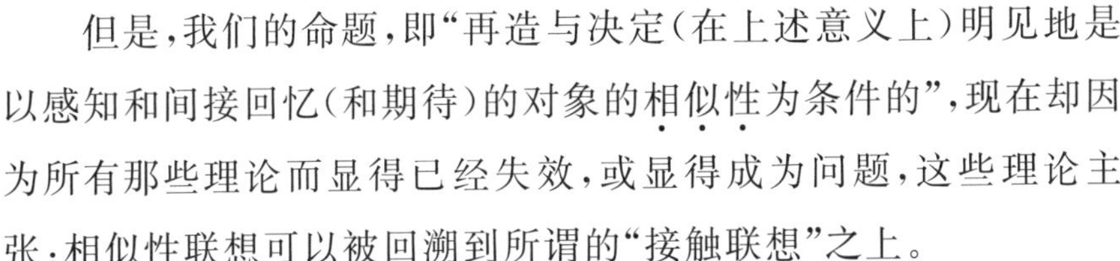

但是，我们的命题，即“再造与决定（在上述意义上）明见地是以感知和间接回忆（和期待）的对象的**相似性**为条件的”，现在却因为所有那些理论而显得已经失效，或显得成为问题，这些理论主张：相似性联想可以被回溯到所谓的“接触联想”之上。

促使人们做出这样一种“回溯”企图的**动机**是显而易见的：假定对于相似性联想来说**在神经系统中和在大脑中有一个相关的过程**，这是明见地不可思议的。当然，可以设想的是对这些过程的假 455

定，但这是对一种已经进行的相似性联想的增强性的习练(Einübung)而言，但永远不是对一个相似性联想的首次创造而言。这是无法设想的——完全不依赖于我们关于神经系统的实证知识的尺度——，因为明见地不可能的是：两个并不束缚在自然因果合规律性的基本条件上，并且不束缚在空间和时间中的 U 与 W 的接触上的事物的相似性，其本身可以表露出一种作用性，或者，它们拥有一个被严格地划归给它的机械的类似物，这个类似物在表露着这种作用性。[1] 如果存在着独立的相似性联想，那么这恰恰是对以下观点的否定证明，即：正如对于回忆内涵和回忆活动来说不存在一个机械的相关项一样，对于为它们所制约的这些内容的变换来说也是如此；同时这也是一个对我们的命题而言的肯定证明，即：在直接的相似性体验中，在感知和回忆中的被意指之物的现有的(bestehende)统一性和同一对象性，仍然可以说是在现象上透彻的(durchscheinend)，只要那些在这里并非是自身被给予的事物——或它们中的一个——的相似性在这里还能够成为直接起作用的。因此，那种“回溯”的基本动机既是机械论的成见、同时也是平行论的成见。

然而现在这种将相似性联想“回溯”到接触联想上的做法已经出于一个最简单的理由就是失误的，因为它预设了一个对相似性的错误想象。它甚至已经预设：相似性可以完全地和合乎本质地被回溯到相似对象的“最简单部分”所具有的一个部分的(teil-

① 这个回溯的动机在 H. 艾宾浩斯的阐述中(《心理学的基本特征》，莱比锡，1902 年)已经表现得非常清楚，在 H. 闵斯特贝尔格那里则是表现为完全有意识的“要求”(它当然并不会因此而就少一些随意性)。

weise)同一性和一个部分的差异性上。因为唯有在这个预设下面，人们才能够说：如果现时的感知 W——它的对象 G 具有 a b c d e 的标记——规定着对一个对象的回忆——对这个对象的以前感知 W_1 具有一个带有 a b c g h 标记的对象 G_1——，那么 G 和 G_1 的相似性作为整体就没有必要在对 G_1 的回忆的出现上起作用；那些在 G 中的与 G_1 相同一的标记 a b c，即在 G_1 中与 g h“相接触”的那些标记，就已经完全足以使 a b c g h＝G_1 也被回忆起来。这甚至是“回溯”的最著名范式，正如勒曼、艾宾浩斯、闵斯特贝尔格以及其他人所已经阐述的那样。[①] 而在这里，——倘若这种回溯 456

应当可以实施的话——这一点甚至是必然的，即：“简单的东西”，即相似性据说是建基于其部分同一性和差异性之上的那种“简单之物”，完全有能力在一个时空杂多性中进行某种“接触”。但这些预设不仅是没有根据的，而且本质上不可能的。相似性恰恰不是在单纯“复合体”之间的唯一接触现象；它也能够在每一个复合体的严格的**简单**部分之间存在或不存在。而且即使是在相似性之物之内，即在其中可以发现相似性本质（它和每个本质一样是某种绝对的东西）的各个对象的关系之内，也存在着各种增强的程度，即“更多的”和“更少的”相似性，在作为本质性的相似之物与同一的和不同的部分的被包含状态之间也不存在单纯的量性关系。同样，在那个范式中的同一的 a b c 也不能进行一种“接触”。因为，谁会看不到，这里的同一性根本不处在对象 G_1 的那个（a b c）与对

① 反对这种尝试的意见可以参阅奥托·萨尔茨的《论有序思维进程的规律》，斯图加特，1913 年，特别是第二篇。

象 G 的那个(a b c)之间,毋宁说,它们既在时间上,也通过它们对 G 和 G_1 的从属性而是各不相同的,因此在最极端的情况中也只是相同的;相反,它们的存在仅仅关系到概念对象“这个 b”、“这个 c”,它们像“数字 3”、“红”一样只是无时间的观念对象,即是说,真正的(胡塞尔意义上的)“种类”(Spezies);陈述它们在一个时空杂多性中的“接触”肯定(eo ipso)是毫无意义的。十分令人感到奇怪的是:偏偏是这种超一自然主义的(hyper-naturalistisch)理论在这里陷入了那种对“种类”的事物化(Verdinglichung),它恰恰构成那种错误的柏拉图主义的本质!当然,人们时而也会根据一些错误的理由来反驳那种“回溯”。故而人们说,如果我在亚当和夏娃的一个美丽花园中面对一棵树来进行回忆,那么首先必然的是:我根据相似性而先回忆的是在天堂里的树,因为,如果亚当和夏娃应当根据“接触”而被回忆的话,那么对这棵树的“想象”首先必须被再造出来。因为在这里存在的是与天堂里的树的“接触”,而不是与被看到的树的“接触”(赫夫玎)。这样一种论辩之所以形成,显然是因为在这里假定了那个错误的再造概念,它预设了对以前感知的表象的神秘“重返”或对以前感知所留下的一个“秉性”的激发。如果人们现在明察到,这样一种神秘的重返是不存在的,感知既不会重返,通过感知也不会有一种“秉性”实存,那么人们就可能
457 会把一种由接触所中介的相似性联想一般看做不必要的,并且认为,恰恰是这两棵“树”的同一的东西才通过接触而唤醒了回忆。但恰恰不是这样一些神秘的假定(它们与对幽灵的信仰只是在程度上不同,而在种类上并无不同),而是对相似性向各个部分的同一性和差异性上的不可回溯性的明察,才合乎本质地排除了这种

还原的可能。即便是对一个被感知或被表象的对象的**最简单**部分的间接回忆，也在要求与现时被给予之物的最简单部分的相似性。无论人们如何尽其所能地去分析两个复合体、例如两张面孔的总体相似性，这始终也还只是那些连同其基础直接地在复合的总体对象的各个部分或部分对象中给出自身的部分相似性。正是这种部分相似性（它们当然**不**是这些部分的相似性）才通过那些本质地从属于它们的"基础"的中介而导致对象的部分，是它们的相似性构成了总体对象的相似性。部分相似性在此过程中必须始终被观看到，相似的情况才会被把捉。[①] 但没有一种可想象的分析会从总体相似性哪怕是导致自身性和非自身性——遑论甚而导致各个部分的同一性和差异性。但尽管如此，一个对于接触与相似性的关系来说重要的本质区别仍然在于：对象之间的相似性如何这一次成为对间接回忆和从属于它的再造的条件，另一次则已经成为对一个具体事物本身的事物把握（Dingerfassung）的条件。

我们需要关注：相似性可以在不依赖于相似的对象（载体）的情况下被把握，更可以不依赖于某一个对相似性处在何处（即在对象的哪些部分）的可能标明，并且不同的相似性也可以如此被把握（例如面孔 A 与面孔 B、面孔 A 与面孔 C、面孔 B 与面孔 C 的三个

---

① 即使是作为直接现象的自同性与"不同于"（Verschiedensein von）、更确切地说：非自同性，它们作为对象的同一性或对象的差异性的基础也要先行于对这些同一性和差异性的确定。这里所存在的仅仅是这样一些本质联系：凡有自同之物的地方，那里也就有同一的对象。凡有非自同性的地方，那里也就有对象的差异性。凡有部分相似性的地方，那里就有相似的部分。同样还有这样一些本质联系：与所有相似性一起被给予的是这样的基础，对象借助于这些基础而是相似的。与所有相似性的差异性一同被给予的是不同的基础。所有基础都属于对象，与此相反，如果人们例如说：不同的相似性也要求不同的相似的对象对子，那么这便是根本失误的了。

458 相似性也已经可以作为自身相互不同的而被把握，而并不是根据对象的不同对子，以至于我们甚至非常频繁地根据两个面孔与第三个面孔的不同相似性来认识一个面孔与另一个面孔的不同性，同时会犹豫：这是否是同一个人）——由于这个事实，在相似性本身之间也还存在着相似性，它们不能被分割为较大的和较小的相似性。这个现象的被给予方式（按照前面所说）就在于，在感知与**直接回忆**中被意指为自同的对象在两个**总体行为**中具有同一个感知内涵，但却具有围绕着它的回忆内涵和期待内涵的不同圈环（Ringe），而这两个总体行为 A 和 B 本身却还是（在就 B 而对 A 的内涵的直接回忆中）联合在一起的。于是，在包容这两个总体行为的行为中，我们便只有一个被意指为同一个的对象，但在对这四个局部行为（第一个感知行为和第一个直接回忆行为、第二个感知行为和第二个直接回忆行为）的完全现象学的分析中却有这一个对象（肯定＜eo ipso＞也是它的各个部分中的每一个）的四个部分对象（不是对象的部分！），在它们之间存在着，并且必须存在着相似性。如果在两个总体行为中的这个对象向我们呈现出如此不同的“外观”（Ansichten），那么就必须将它们分解为两个不同的直接相似性现象。这种情况并且唯有这种情况，才可以叫做严格意义上的“同化”，它有别于**联想**——同化的本质因此就在于：在它发生时只有**一个**对象意向地被给予我们，而不是像在直接回忆与直接期待那里会有两个对象意向地被给予我们。所以，同化不能被回溯到要素的联想之上，并且它不言自明地也已经在这两个总体行为的每**一个**之中都预设了事物性（Dingheit），而对此事物性的把握——如我们所见——是在感知、直接回忆和期待中构造起自身的。[①] 它既不可回溯到简单要素或部分的相似性上，也不可回溯到部分的接触联想上；因为通过相似性而自身同化的东西是“**部分相似性**”，但却**不**是相似的部分。 459

我们现在要关注这个问题：在哪些根本条件下“接触联想”才会成为可能？但首先的问题是：什么是“**接触联想**”？

这个原则意味着：在对象上“**聚合地**”(zusammen)被体验到的东西，在这些对象中的一个对象被给予时具有这样一个倾向，即唤起对其他对象的回忆。但这个“聚合”意味着什么？它是否相当于“同时地”或“直接相随的”？这是一个对体验的规定还是对被体验对象的规定？时间上的“接触”在这里是否应当具有对空间接触的预先地位？这个命题是一个经验的规则，还是一个明晰的原则？它与相似性原则的关系又是如何的呢？

由于我们在**内直观**的被给予之物中找不到一个客观的时间一般，就像在这里也找不到客观的空间一样，甚至即使是一个单纯的相互分离一般（连同其相互并列和相互接续的质性）也是在作为各个“此时一此地”的“身体”被给予性中才被找到，所以“同时”和“直接相随”对我们来说——就这些被给予之物而言——首先不具有任何意义。“聚合”最初“在意识中”是并且仅仅是聚合地被体验到

① 因此，事物的存在形式永远——不言自明地——不能回溯到联想之上（如 D. 休谟所想的那样），永远不能回溯到一个期待联系或“感知可能性”之上，或回溯到一个“显现的法则”等等之上；但同样不能回溯到以前感知内涵及其再造与被给予的内涵的同化之上。毋宁说，事物的现象自同性——人们说，这个事物的感觉感知内涵与以前的感觉内涵自身同化——是——有意义地——谈论同化的前提。对此，新近可以参阅 W. 施贝希特，《论病理学的感知欺罔的现象学与形态学》（第二部分），《病态心理学杂志》第二辑、第 4 期、第 516 页。

的(zusammen-erlebt)东西，即是说，在一个内直观行为中、在一个统一的内直观行为中被给予的东西。这可以是所有可能的东西：同时的东西和非同时的东西、一个现在被感知到的东西和一个十年前的体验。在外直观中始终有一个相互分离在此——但就其本质而论并不束缚在一个身体的此时－此地上——，而所有在这个杂多性中以某种方式被思考或被表象的东西——不仅是同时的东西或在空间上相互接触的东西——重又在这样一个行为中是“聚合的”。只是随着对一个本质上含有此时－此地的身体的设定，并且带着它的各个部分的相互分离，在它的相互分离的整体中的身体感觉的相互接续，这样一种说法才会获得意义：“有几个东西是同时的、直接相随的或在空间上相互接触的。”——我们之所以这样说，是因为在这里包含了作为特殊情况的所有情况，即：有几个东西作为“在一个相互分裂中彼此接触的”也被给予了“关于……的意识”(Bewußtsein von)。这样一来，所有那些(作为这个被给予了意识一般的东西的部分)还作为直接对身体起作用的东西都是被给予的，并且因此而被归序到它的此时－此地中去。在这里并不隐含一个对空间和时间的划分，或者哪怕是对空间性和时间性的划分；因而也就会不隐含对空间接触和时间接触的划分。[①]

① 用时间杂多性来为空间杂多性奠基的做法是谬误的，例如贝克莱便想以此来为他关于空间直观之获取的学说做论证，莱布尼茨是在形而上学的形式中来进行这种尝试。如果前者只是在印象顺序的可反转性中使一条线(Linie)被给予，那么后者(在形而上学的形式中)则是通过“广延的某物”(quelque chose, qui s'etend)才使“延展”(extension)被获得。即便是康德的学说，即：所有杂多之物都“首先”是作为“内感官”的杂多之物而在时间中被给予，因此也包括首先在把捉它们的行为的时间顺序中的一条线的各个点，这个学说同样犯了上述谬误。用空间的杂多性来为时间的相互接续奠

对空间性和时间性的划分乃是通过外身体的一物理的(außerleiblich-physisch)现象两个要素的不同定向才被给予的——就此而论，在身体的此时一此地一被给予性方面，它们作为空间现象是可以反转的、作为时间现象则是不可反转的——，这个划分对于身体一躯体本身来说当然也是被预设的。[①] 因此，在接触联想方面所涉及的“接触”既不可以通过空间接触、也不可以通过时间接触来规定；同样不能通过“同时性”来规定，这是一个将空间和时间预设为有分别的并且只是标识着空间点与时间之关系的概念；所以它也永远不可能是空间性观念的基础，好似空间是一种“同时的东西”一样(莱布尼茨)。它的本质恰恰在于，这种接触是在单纯的相互分离之中，它的相互接触的要素还可以接受空间点或时间点的特征(作为可变更的规定)，而这些点的“接触”还可以获得一种相互接续和相互并列的可变更规定，但却并不天生地拥有它们。因此，在外感知一般的被给予之物以内的空间性和时间性的意识以及对它们的差异性的意识已经预设了接触联想的原则。所以，接触联想根本不是下面这种情况的单纯结果，即：身体是一个像在空间和时间中的其他躯体一样的躯体(并且带有同一个被给予方式)，而且其他躯体同样也作用于它，但在这里，那些与身体相关的刺激的空间接触是与身体一同发生的，而刺激过程的 460

基的做法也是谬误的，这种做法包含在笛卡尔和斯宾诺莎构想的意义中，H. 柏格森新近也有这样的企图，他用空间来说明唯一同质的环境，并且只想根据这个被给予的空间来理解那个不同于他的绵延(durée)而含有各个部分之相互分离的时间。

① 根据为运动现象与变化现象(Veränderungsphänomen)奠基的“变换现象”(Wechselphänomen)而对前两种现象的划分也是如此。

时间接触是与身体的内进程一同发生的。如果人们把所有原生的(von Haus aus)意识事实都束缚在这些躯体中的刺激及其后作用上(无论是在因果性的意义上,还是在一种所谓平行论的意义上),那么接触联想就会成为一种随意的定义,它可以是既非真也非
461 假。[①] 因此,关于空间性和时间性的意识与身体性处在本质联系中,与一个"此时—此地"一般处在本质联系之中,并且完全不是一个"纯粹先验意识"的内涵。对于上帝来说,这个困难并不存在。因此不言而喻,关于它的意识始终对所有实证科学来说、对于所有感官生理学和感官心理学来说是绝对无法说明的;因为这种被给予性以及在它之中管理着的本质联系(其中也包括关于空间性的所有可能科学,因而也包括几何学)都先行于感官功能及其可能内涵的差异性,当然也就更先行于那些重又是偶然的感觉器官的功能法则,它们作为躯体早就已经预设了所有这一切。然而身体本身却并不是在空间和时间之"中",而躯体则本质上是在空间和时间之中的。毋宁说,身体是空间和时间以及在其中的所有接触因果性(Berührungskausalität)(它们在广延方面与形式机械的因果性之本质相互叠合)的本质的关系中心。尽管如此,身体不仅是延展的,而且也像外身体的物理现象一样包含在同一个相互分离中,并且服从于科学的所有那些丰富的合规律性以及各种原则,它们对这种质料的杂多性来说是有效的,而在这里无法对它们做进一步的分析。[②]

① 闵斯特贝尔格在他的心理学中所做的那些确立便是如此。但"确立"(Festsetzung)也是处在真与假的彼岸的实事。

② 对此参见在笔者即将发表的关于现象学与认识论一书中论述生物学的现象学

因此，关于我们体验的一种“相互接续”（和一种“相互并列”）的**意识**对于时间顺序的概念来说本质上是**被预设了的**，因为在这个意识中才构造起对那些对象的把捉。因而关于一个相互接续的意识例如肯定无法以某种方式从经验心理学所必须预设的那种意识体验的时间顺序中推导出来。但这种“关于……的意识”还必须在现象学上得到澄清。这种澄清是从前面所说之中产生的：只要我们在内意识的同一个总体行为中看到，“同一个”在感知、直接回忆与期待中被给予的对象从一个被感知的对象“**成为**”一个直接被回忆的对象，或者说，从一个直接被期待的对象成为一个被感知的对象，而自身性意识在此同时则固持着，那么体验的相互接续的现象就会产生。这样我们便看到它的感知内涵“消失”以及它的直接回忆内涵“产生”——而在此同时对象并没有变化，相反，对象的 462

自身性却始终得到保持。它的感知内涵因此——而且是在我们从它对某个客观持续的感知中所抓取出来的每一个可分的时段中——便在客观时间的每个点的瞬间成为直接回忆的内涵。即是说，即使在我们以外或在我们的身体中**没有任何东西**发生“变化”，这个“相互接续”仍然是被给予的，并且是每个对变化之把握的前提。

但现在由此也得以明显：并非在多个统一的意识行为中才有，
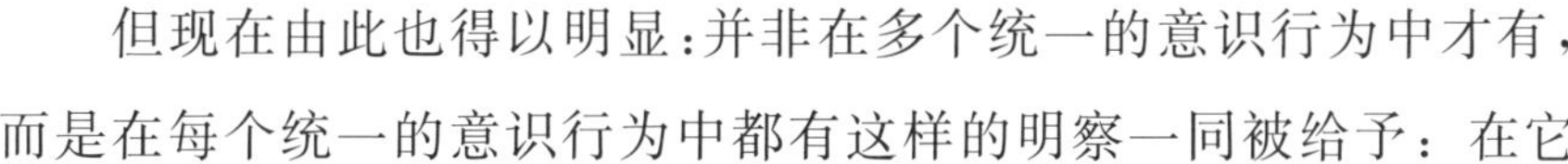
而是在**每个**统一的意识行为中都有这样的明察一同被给予：在它

之奠基的几个章节。* 在这些科学和原则中，（可以肯定）在形式方面包含着集合论和功能论，在质料方面包含着某些原则，这些原则是一门哲学上得到正确奠基的、立足于相对性原则之上的物理学的基础，而且在这门物理学中被预设的仅仅是——在闵可夫斯基意义上的——“世界点”（Weltpunkte）和“世界线”（Weltlinien）。但除此之外还有那些完全无法推导的、纯粹的生物学的原则，它们不依赖于为我们所知的地球生物而对所有的生命体有效，因为它们仅仅建基于生命体的现象之中。

之中被给予的是一条河流的部分环节，这条河流在一个方向上流动，并且既不在回忆方向上也不在期待方向上结束，而且内直观内涵的每个特别内容都必须在它的“相互接续”中构造起自身。这个河流现象——这里的前提在于：体验作为进程现在也能够以次生的方式被排序到客观时间之中，与所有其他躯体一同处在这种客观时间中的也有身体－躯体——因而本身永远不能回溯到个别意识行为内涵的某种“综合”甚或联想上，而只能是在每个可能的内涵中一同被给予。我的每一个体验都隶属于这条河流，并且隶属于一个不可分的河流——这一点并不是由归纳研究来告诉我们的，而是在每一个作为我的而为我所知的体验中明见地一同被给予的。因此，并不是“它包含在一个河流中，这个河流的各个环节展示着一个实在或其他的联系”这个情况使它成为一个特定自我的体验，而是因为它是这个特定自我的体验，它才必须也隶属于这样一条河流。

然而，体验在其中行为以亲历－生活的（er-lebt）方式被给予的那些行为并不隶属于这条河流的内涵。唯有生活过的生活（gelebtes Leben）——而不是对此生活的体验（das Erleben dieses Lebens）——才“在河流中”。但这条河流作为对自我体验的体验之形式却本质上属于身体，而不属于自我。[①]

因此，“根据相似性的联想”和“根据接触的联想”首先都处在

---

① 自我行为即使作为非时间的行为也不可以被看做是点状的（punktuell）；因为一个时间点已经预设了一个无限的、时间性的流动的被给予性。但就其普遍本质性来看，它们作为一个具体人格的行为（或者说，作为一个具体自我的自我行为）仍然具有一个直至时间之中的起源秩序，它们仍然具有一个“直至时间之中”的具体起源秩序，这个时间本质上必定自身展示为它们的形态的时间位置（Zeitlage）。

一种对此的本质依赖性中，即：一个身体与自我个体处在本质联系中。而以经验的方式作为“联想”、作为先前被区分的各个统一的联结向我们展示出来的东西，——从现象学上看——原则上只是一个对自我以及对它的体验的纯“相互交织”的原初统一的继续 463
重复；那个在相互交织中的统一——可以说并且形象地说——只是通过自我体验对各个身体当前所具有的不同含义才被分解和分裂。正因为此，这两个原则才不是在可观察和可归纳的体验上得到确定的规则，而是对心理被体验之物的观察的条件和对心理被体验之物的个体经验的条件。它们是一个身体性生物的自我及其体验只能如何成为被给予性的本质条件——但不是这个自我及其体验本身的条件。

但是，它们是这种本质条件的方式各有不同，这样我们便回返到相似性联想与接触联想的关系上。我们至此为止仅仅表明，相似性原则不能被回溯到接触原则上。然而现在同样也谈不上把接触原则“回溯”到相似性原则上。[①] 但或许可以探问：在这样一些

① 需要关注的是：在大卫·休谟把空间表象回溯到一个质性感觉内涵的马赛克上的企图中也包含着把空间中的接触回溯到相似性上的企图。每一个这样的质性点所具有的延展性（Extensität）按照以下的错误命题都只是作为对其质性的规定：“没有颜色或没有触觉也就没有广延”，——这是一个休谟与贝克莱可以共享的命题；贝克莱用以下的话语来表述它：“没有无颜色的广延”，它与康德的（同样是错误的）命题相对立：“没有无广延的颜色”。据说唯有这些点的不再可区分的相似性才产生出同质性的现象，并且它们的包含在可感受的最小值（minimum sensible）之中的细微性（Kleinheit）则产生出几何点的观念，而据说线或面的连续是由此而得出的：在想象中，被构成物显现为一个更大构成物（在其中每一个部分都被想象为超出了这个可感受的最小值）的部分内容，但同时重又显现为是与出发点构成物相同一的。同样的情况也适用于相同意义的时间理论。即便是所有以后的交融理论、例如赫尔巴特和 W. 冯特的理论，也都预设了这样的还原。

内涵之间是否可能存在着接触联想，它们并没有已经受那些包容着它们的意识**统一**的相似性联想的制约。

我们以此为出发点：对象的接触在接触联想的过程中成为再造的条件，这种接触一方面依赖于：对象曾在一个意识行为中被给予（无论是被表象还是仅仅被意指，或是这一个被表象或被感知，而另一个则只是被意指），另一方面，它们曾作为在一个此时一此地中相互接触地被给予。这样，无论如何可以明了：接触联想并不能从一个此时一此地的内涵导向另一个此时一此地的内涵，相反，能够这样做的仅只是相似性联想，或者说，“交融”或同化。我们重又必须非常审慎才既不会把作为这些联想之条件的“对象的接触”

464 规定过低，也不会将它们规定过高（完全就像在相似性联想那里一样审慎）。很明显，只要对象的纯粹客观时间顺序或空间近距被设想为是对有机体因果地起作用的，它们就并不足以在对象中的一个被给予时使另一个对象间接地被回忆。无论一个对象 A 可以在空间和时间上多么密切地接触到另一个对象 B，只要 B 没有在任何意义上被感知到，那么对同一个 A 的感知和这个感知的同一个内涵——倘若它是可能的话——也不会使 B 间接地被回忆。但如果它被感知，那么它与 B 的相互并列或它与 B 的相互接续就没有必要曾在一个特别的空间或时间的关系直观中被给予（甚或对此作出一个判断）；只是它不仅必须曾处在一个此时一此地（即一个“处境统一”）的相互分裂之中，而且也必须在其中（直观地）被给予；同样，B 也没有必要在感知的一个特别内涵中曾被感知——并且在其中与 A 接触——；只要 B 曾是单纯被意指的或被想象的等等就够了。即使是这种在聚合体验中的对象的接触也是特殊的、随情况变换而变换的，还在质性上不同的关系事实，它们例如并不必定是通过相互接触的对象的质性感知而被奠基的。例如在一个作为整体而被体验到的处境的各个部分之接触中始终包含着质性上特有的接触，它们聚合在一起产生出一个“**接触素群**”(Berührungskonstellation)[①]，这个接触素群不依赖于在它之中相互接触的对象的特别性，并且它的重返也可以重新将这个处境唤入到意识之中；这样，这些对象的相互并列和相互接续就不是在回忆本身之中重新被理解的。

在我看来，在各个“周围世界内涵”以内的一个“处境”统一性中——但不是相聚的对象的同一性或相同性——各个事物与过程的这种“相聚”(Zusammentreffen)的特性[②]首先是各个仍然是现象性的接触联想之出发点。它们作为被体验的事实恰恰是对“**接触联想**”概念而言的直观基础。只有通过它们才能确定这个事实，即存在着这种本质的联想。因为，倘若接触联想只是一个对象的联想，这个对象以前接触过一个在感知中被感知的对象，并且倘若 465
接触联想此外还是间接回忆的条件，那么心理学家又如何可能确定这样的“接触”？仅仅说：这个对象客观上还处在或当时曾处在

① “Konstellation”的通常含义和中译是“星座”。在原本的意义上，它意味着由几个要素的存在以及它们相互间的聚合关系所构成的一个形态，这个形态并不等于这几个要素在单独状态下的简单总和。这个概念以后例如在 Th. W. 阿道尔诺和 K. 曼海姆等人的思想中成为核心范畴。这里将它译作“素群”。——译注

② 周围世界是——根据前面所说(参阅这部著述的第一部分、第三篇、〔边码〕第 153－154 页)——还是被当作在个体性上起效用的而体验到的东西；它的内涵是在“处境”的相互接续中展开自身的。

与那个在出发点感知中的同一对象之旁或之后——这是根本不够的！如果它未曾以某种方式一同被体验到，那么它同样有可能是曾隐藏在天狼星上的。但它作为与现在被给予之物相接触的而一同被体验到，这一点却不可能重又是通过接触联想而被给予的！这甚至还意味着：通过A和B的接触，我在A被给予时回忆起B；而这个接触就“在于”：我在A时回忆B。可以看到，“素群”(Konstellation)的再造含义不可以回溯到一个接触联想的复合体上。毋宁说，它制约着个别对象与个别对象的接触联想的可能性！

因此，各个对象就必须在一个个体的周围世界之统一(及其“结构”)以内已经被包含在一个“处境”基本统一中，并且构成相互间的一个特有的接触素群，这样才可以说，一个以后被给予的对象、一个作为与“当时”相同一的而被给予的对象是在规定着与其他被包含在这个处境中的对象的接触联想。

但是，那个使得接触联想才成为可能的素群意识(不是“意识素群”——这个概念是以前者为前提的)本身所依赖的东西又是什么呢？由于每个处境当前的素群(无论它的特别对象内涵是什么)都是唯一的和特有的——因而并非作为从在它之中隐藏的对象的以及关于它们的被体验内容或其总和的自然中得出的特有结果才是“特有的”——，因此素群意识所依赖的是这些素群的相似性。故而我们断言(作为对我们的问题的回答)：一个此时此地内涵的素群(在时空上尚未确定的“相互分离”中)与一个以前的此时此地内涵的素群的相似性才使一个“通过接触进行的联想”得以可能。就此而论，一个“通过接触进行的联想”的所有可能发生都受一个相似性联想的发生的制约。[①]

现在，这两个联想原则还从原则上阐明些什么呢？并且借助 466
于它们还可以在经验心理学以内“说明”些什么呢？

首先就这些原则的有效性范围而言，从以上所述中已经可以明了，它们绝不仅仅只对“人”有效。如果这些原则只是通过对人所做的经验观察而不是从一个意识与一个身体的本质联系中所获得的话，那么所有实证科学也根本不会想到去假定：它们不仅仅对“人”有效——尽管它们必须做此假定。我们根本没有丝毫的权利将它们当做动物心灵生活的前提，但人们却处处都在这样做——并且是完全合理地这样做。这些原则实际上是对所有那些具有一个身体—精神实存的生物都有效的明晰定律。* 然而正因为它们是这种定律，所以它们也是完全不足以完全阐明某一个具体的心灵体验。因为在完全不依赖于它们的情况下，精神行为及其内涵的意义联系始终是一个完全独立的问题，这个意义联系不仅是指那种需由一般现象学来确定的意义联系，而且也是指每个具体的个体生活的意义联系。这些联系甚至始终是前提，在这个前提下，对联想规律及其运用的探问本身才能够具有某种意义。因此，那种以为联想规律能够向我们说明哪怕是唯一一个行为的意义内

① 我们所要坚决地予以拒绝的是这样一种观点：任何随意的东西，只要它是客观上“同时地”或“直接相随地”被体验到的——例如肌肉感与对多边形的思考、心灵痛苦与皮肤瘙痒等等——，都会在其中某个东西“重又在此”时表明一种被再造的倾向。撇开这种说法的不确定性不论，这样一种假定是完全荒谬的和违背所有经验的！客观上同时被体验到的东西（或自身相随的东西）根本不会因为这个缘故而具有再造的倾向，就像一个直接处在一面被感知的墙后面的未被感知的或被意指的事物一样，当在这墙重新被感知时，它也根本不会具有“被再造”的倾向。

涵，或它与其他意义内涵的联系的看法，乃是明见的悖谬。这些原则所规定的东西甚至始终只是——例如不是内直观或外直观的内涵，而仅仅是——这样一个在我们身体的某个此时－此地中的内涵的被给予性，或者我们也可以说：一个统一的身体感官的单纯被给予性和它的统一的意义联系的被给予性——但不是这两者本身——对身体所具有的依赖性的方式和方法。

可是，对于所有观察的、描述的和说明的科学来说始终有一个完全特定而具体的意义联系以及一个特定有组织的身体和身体躯体被预设。因此这类描述和说明中的每一个都必定已经以这个预设为出发点，即：在观察的对象中包含着一个意义、意义的合规律性与联想和联想的合规律性的叠加（Superposition）。因此，从经验上说，不存在“纯粹的联想”，就像不存在纯粹的意义联系一样，相反，存在的只是具体的事实，它们可以根据这两个视角而得到分析，并且只有通过对这两种合规律性的叠加才能得到完整的领会。[①]

① D. 休谟从这些原则出发，就像是从纯粹本体论的公理出发一样，并且用它们来说明同一对象、事物、因果性的观念，而且毫无保留。穆勒赋予它们与万有引力规律同等的尊严。（对休谟来说，万有引力原理与每个“自然规律”一样只是联想规律的一个特例。）冯特将它们放在与力学原则类似的位置上，但通过他的“统觉”而对它们的说明力做了重大的限制。其他人将它们看做是仅仅具有统计意义的经验规则，它们应当从外部自然和神经生理学和大脑生理学的物理规律出发而得到说明；即是说，把它们看做是仅仅对衍生现象而言的纯粹物理规律。即便是纳托尔普也——原则上追随康德——得出一个相似的见解；同样还有艾宾浩斯和闵斯特贝尔格（参见《心理学的基本特征》第一卷）。如果将相似性原则回溯到接触原则上，但重又把接触原则回溯到通过感知对象而产生的对有机体的客观上同时的或直接演替的刺激上，那么最后这个观点就是必然的。但这并没有妨碍艾宾浩斯把自然规律的观念本身回溯到我们对在自身相随的感知内容之间的相似性的主要兴趣上（参见《心理学引论》），以至于与那种兴趣

然而更重要的是关于所谓联想原则的特有“位置”的问题。今 467
天在此问题上无任何清晰性可言。这个位置的特性和不可比拟性——从前面所述可以得出——在于，联想原则既对那些此在相对于一个身体的外直观对象有效（原则上是“物理对象”），也对那些此在相对于一个身体的内感知对象有效。如果人们在这里想要一个名称，那么人们例如可以将它叫做“心身原则”（noosomatische Prinzipien），以便用这个连接词来暗示，它们规定着精神行为及其内涵如何嵌入到身体当前中去的方式和方法，无论这些精神行为是指向物理的外身体对象，还是指向一个自我的心理进程和体验。因此，它们对关于外部世界的“自然的世界直观”之对象和对象性结构的理解所起的作用与它们对自然的心灵直观（即心灵“事件”在一个固存的自我上的流过）所起的作用是完全相同的，并且它们也不以这种心灵直观为前提，因为它们并不立足于观察和归纳之上。但是，这两种自然的直观的构成方式却很有可能要
依据它们才能够得到领会。如果我们把探讨身体与周围世界之相 468
互关系的特有科学称之为“生物学”，但把探讨身体与经验心灵生活之相互关系的科学称之为“生物心理学”，那么这些心身原则就应当被看做是对这两门科学而言的公理。即是说，联想原则以中

相联结的相似性原则因此也就重又应当说明自然合规律性，而恰恰是通过对自然合规律性的预设，这个相似性原则此前已经通过接触原则的中介而得到了“说明”！柏格森又再次进行了这个完全行不通的尝试，亦即把相似性观念本身回溯到这一点上：“纯粹感知”的不同复合体由于它们对身体本能和需求的满足而倾向于被认同。但撇开这个根本错误不论，柏格森在这整个实事中的看法或许是最正确的。比较一下便可以表明，他的上述观点与在这里所提到的那些彼此相距如此之远的学说中的任何一个都不相合。

介的方式处在这两者之间：一方面是一个无身体的“精神”对自我和自然所具有的那种纯粹直观的内涵，另一方面是对一个与某个有机体的身体联结在一起的精神的自然直观的实际内涵。因而它们完全不只是“心理”原则，而且也同样原初地是“物理”原则；只是它们在这两个方向上并不是对那些被给予无身体的纯粹直观的绝对对象之区域有效，而是此在相对于(daseinrelativ)和作用相对于(wirkungsrelativ)一个身体而言的对象一般有效。

这些问题涉及纯粹心灵自我与身体的原则关系，并且最终把我们导向联想原则的现象学奠基，即导向对说明心理学的限制；我们之所以在这些问题上如此长久地滞留，乃是因为，唯当我们不只是(以否定的方式)鲜明地拒绝那些对所有伦理学来说都是致命的联想心理学的要求，即向我们说明人格统一的要求，而且还能够(以肯定的方式)将联想原则的固定地限定了的意义分派给联想原则，并且将它们的虽然是从属的但在此从属中得到合理论证的活动空间分派给根据它们而进行的所有说明，人格这个对伦理学来说基础性的概念才会启露出它的完整含义。这或许可以用来论证，我们为何在致力于伦理学基本问题的研究中接纳了这些最终的、看起来远离伦理学问题范围的研究。当然，只有在我们以与对按联想原则来进行说明的心理学所做的相类似的方式，同样根据其直观基础而对一门在外直观领域内进行说明的力学自然学说的基本原则和基本概念进行了现象学研究之后，对在这里是基础性的人格概念的论证才能最终得以结束。但这将会大大超出这部著述的范围，因而应当留待另一项研究来进行，它将对在这里提供的

东西具有补充性的意义。[①] 唯有通过这两项研究，即通过前面所述的和后面提到的研究一起，才能提供这样一个完整的证明：对心灵存在的联想心理学的说明和对外部自然现象的力学说明——它 469
们也在历史上产生于类似的动机之中——除了具有其他的前提以外还具有一个共同的前提：提供对实事的一个象征图像：唯有那些在这里和那里完全直观被给予的、直接可以通过一个人格生物来主宰和操纵的要素，以及这些要素的可能联系和关系，才能够成为存在和发生的独立变项，或者说，成为对其说明的“原则”。因此，这两种图像的对象都是此在相对于一个可能的人格和一个可能的身体和可能的生命运动而言；即是说，无论是这两种说明方式中的一个，还是它们两者加在一起，都不能够哪怕是“说明”生命一身体的统一，遑论“说明”人格的统一；这两者毋宁说是那些图像的对象的必然关系中心。[②]

在进行了这些涉及人格概念之理论意义以及人格概念之位置的研究——没有这些研究，下面的思考就始终是无依据的——以后，我们现在转向这样一个问题：作为伦理学价值载体的人格究竟起着什么作用；人格这个词在伦理学的各个联系中究竟意味着什么。

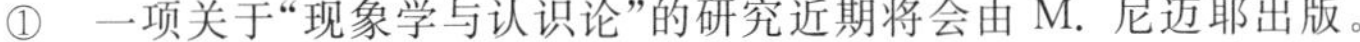

① 一项关于“现象学与认识论”的研究近期将会由 M. 尼迈耶出版。

② 在这里无法略述这个实事状态对这些原则的确定以及对生物学基本概念的确定所造成的进一步结果，它们只能在一种独立的、现象学的生物认识基础中得到阐述。这里同样也无法略述对自由问题之研究方式所造成的结果。

B. 伦常关系中的人格

第 1 章　伦常人格的本质

我们首先在没有预设以上被给予的现象学精神学说的情况下来想象一下，在人格一词的含义意向中包含着什么。这时我们首先会留意到两个因素：

1. 在我们通常认为有赋灵活动（Beseelung）、自我性甚或本己自我的存在意识与价值意识（自身意识、自身价值意识）的地方，我们总是不能使用“人格”这个词。例如动物也可以具有赋灵活动，而且无疑也会具有某种自我性。尽管如此，它们不是人格。当然也有这种情况出现，例如动物受到诉讼，并且受到规则合理的判决。但在更仔细的观察中我们发现，要么这动物是一个被施魔了
470 的人类的人格，要么就是人类以外的位格统一、例如“恶魔”在通过动物表达自己，即它们被位格“占据了”[①]。即便是人之“人”，也永远不能规定那些对各种人格有效的生物的范围。毋宁说，人格概念得到运用的只是人类实存的一个特定阶段。尽管我们在领悟了

---

① 参见在 J. 布莱根策的著作《动物伦理学》（班贝格，1894 年）中关于“动物诉讼”的论述。

现象学的本质之后会扩展这个概念，并认为在人类存在的未开化阶段（例如在儿童、弱智者那里）就已经有了人格存在的萌芽，但是，人格的本质初次向我们昭示出来的所谓场所（Ort），却只能在一个特定种类的人那里寻找，而不能在人类一般那里——诚然，在对这个种类的历史实证的界定中，它会发生重大的变换。

首要的一个条件就是拥有例如与疯狂心智（Wahnsinn）相对立的健全心智（Vollsinnigkeit）。这是在现象学的意义上，而不是在实证科学的意义上。但现象[学]的健全心智是在我们直截了当地试图“理解”一个人的生命表述的地方被给予的，这种理解不同于我们对这些表述所做的“因果”说明尝试。在“理解”中，作为实事状态的这样一个事实组成永远不会对我们来说是当前的，即在另一个人那里有诸多心理过程在进行，它们有其原因，而且生命表述就是发自这些心理过程的“作用”。毋宁说，对于“理解”来说根本性的东西在于：我们从一个于直观中一同被给予的另一个人的精神中心出发将他的相对于我们和周围世界的行为（话语、表述、行动）直截了当地体验为意向地指向某物的，并且追复地进行（nachvollziehen）这些行为，即是说，“追复判断”他所陈说的命题，或者说，与它们相应的判断，“追复感受”他的感受，“追复生活”他的意愿行为——并且所有这些都毫无疑问地是任何一个“意义”统一的基础。但这种“追复判断、追复感受、追复生活”当然也不是在“规定”意义上的“一同判断”，更不是做出同一个判断、感受同一些感受，或感受相同的感受。它只是对这样一个“意义”的追复构成〔效法<Nachbilden>〕，这个意义在任意多的行为中、在对它们的进行（Vollzug）做任意的时间分配的情况下都作为同一个出现；而

且在朝向**变换不定的自同性**(Dieselbigkeiten)的行为中作为同一个出现。他人行为进程的这种同义性(Einsinnigkeit)——完全不依赖于这个有意义之物是真还是假、是善还是恶,这些都隶属于一个完全不同于“意义”的区域——是在所有理解中的直观的、持续地被给予的**个别**理解行为的背景;它同样也还是“误解”的背景。唯当这些理解的意向受到阻碍,这些阻碍也因为接受了误解而表明自己是不可取消的时候,**我们的观点**才会以独特的方式**发生变换**。我们设想一下:某人在叙述一个奇特的、天方夜谭般的故事、
471 一个我们觉得“难以理解”的故事。我们正处在“理解”的观点中。但这时有人悄悄对我们说:“这个人疯了。”我们的观点便立即改变。先前被给予的精神中心,即我们从中追复体验他的行为的精神中心被一个空乏的位置取而代之;唯有他的身体中心和生活中心以及他的自我性还处在直观的被给予性中。在他的生命表露中,我们现在不再看到指向意义的意向的结果,相反,被给予我们的是表达运动和其他运动,我们试图在它们后面寻找作为原因的心理进程。但取代这些表露之“意义纽带”的乃是释放出这些表露的“因果性”纽带或周围世界的刺激;我们在理解中所**一同**观看的“对象”变成了“刺激”;意向变成了“过程”,“意义联系”变成了因果联系;人格行为中心变成了一个对象性的身体性和自我性;“理解”变成了“说明”:“人格”变成了自然的一个块片。如果我们以理解的方式所朝向的一个人对我们说:“今天天气好”,那么我首先不会例如判断说,“X 先生说天气好”或“X 体验到这样一个判断进程,它朝向好天气的实事状态”,相反,他的话只是一个让**我的意向指向好天气**(作为实事状态)的诱因,而我仅仅是有可能去纠正他对

现实的主张。这完全不同于在那些对我来说不是"有意义地"被给予的东西那里的情况！在这里我首先会说，"X说天气好"，"X判断天气好"，"现在他又说这个，现在又说那个"；而我把这个在他之中的进程带入到与其他的心理进程和周围世界的一个因果联系之中。* 对于两种情况来说，被判断的命题是真还是假，这是无关紧要的。一个人可以任意地"迷误"，但他却完全不会因此而失去他的健全心智。纵使一个心智迷乱的人（Irrsinniger）发现了最原本的真理，他在这里也仍然是一个迷误者（Irrer）。

从以上所说中得出：1）任何一种心理学的客体化都等同于去人格化（Entpersonalisierung）。2）人格无论如何都是作为意向行为的进行者而被给予的，这些意向行为通过意义的统一而被联结在一起。心理存在因而与人格存在无关。

2. 人格这个词的运用区域向我们已表明的第二个因素在于：人格是在一个特定的发展阶段上才被归派给个别人。一个孩童提供自我性、有灵性、自身意识①的显现；但他并不会因此而就是一个伦常的人格。唯有"成年的"孩童才是完整意义上的人格。但"成年"（Mündigkeit）——无论它根据变换不定的成文法被设想为从何时开始，并且对它的开始还会有哪些变换不定的真实的和臆想的前条件（Vorbedingungen）被提出来——也是建基于某些现象之上。成年的基本现象就在于：能够体验到一个在对每一个体 472
验本身之中已经被给予的（即不是在其内容中才建立起来的）对一

① 舍勒在这里所说的"自身意识"（Selbstbewußtsein）更多具有"自我意识"的含义。但由于"自我意识"只构成"Selbstbewußtsein"一词诸多含义中的一个，因此这里还是译作"自身意识"。对此概念的详细说明可以参阅译者，《自识与反思——近现代西方哲学的基本问题》（北京，2002年），第十二讲，尤其是第16—21页。——译注

个本己的和异己的行为、愿欲、感受、思维等等的差异性明察；并且——这是关键所在——这种明察并不必须去观顾(Hinblick)：这个行为体验究竟是通过一个异己身体，还是通过本己身体来向外部宣示的。只要这种观顾在体质上还是必然的，例如只要有人还要通过对另一个人亲身地(leiblich)表露了一个思想的回忆，即通过对这个表露和这个表露者(例如他的说话的嘴、他的面孔等等)的回忆图像，或通过对他的施行的图像才能够把这个思想或意愿认识为是异己的思想或意愿(对立于本己的思想或意愿)，那么他就还不是"成年的"。通俗地说：只要一个人不是原发地理解他的周围世界的体验意向，而是简单地一同进行(Mitvollziehen)这些意向，即是说，只要感染(Anstecken)、一同做(Mittun)、在更宽泛的意义上还有传统，这些形式对于他与其他人的精神基本关系而言是奠基性的传递形式，只要他所愿欲的就是父母、教育者或环境中的某个人所愿欲的，同时并不在对这个特定内容的愿欲中将这个意愿认识为一个其他人格的或一个与他自己不同的人格的意愿，那么，这个人就是未成年的。因为他恰恰通过这种方式而把"异己的"意愿当做"本己的"意愿，或者说，把"本己的"意愿当做"异己的"意愿。或许未成年者也可以区分他的愿欲与异己的愿欲，但并不是通过对愿欲内容的纯愿欲及其与它与其他内容的意义联系的观顾，而只是例如通过对在不同的、于场所上分离开来的各个身体上的愿欲的表露和宣布的观顾。但一旦缺少这种支撑点(例如在回忆中)，那么对未成年者来说，他的愿欲与他人的愿欲便是不可区分的。当然，在成年者那里也会遇到这种情况，例如他听命于暗示，并且把他人的意愿当做他自己的；或者在无意识的忆念

(Reminiszenz)中把一个他人的思想当做是本己的思想。所以我说:构成了成年之本质的是直接的能够区分,而不是实际的已经区分,是对这种区分的直接的能然意识(Könnensbewußtsein)。我们也可以说:"真正的能够理解。"

3.但是人格性的现象并不仅仅限定在这个本质上有健全心智的和成年的人上,而且也仅仅限定在这样一些人上,在他们那里直接地显现出对他们的身体的主宰,并且他们直接地感受到、知道和体验到自己是他们身体的主人。因此,人与他的身体的现象关系在这里具有最深层的意义。如果有人首先是生活在他的身体意识中,以至于他将自己就认同为这个意识的内涵,那么这个人就不是人格。唯有那些通过"我的身体"的纽带还把这个对他来说在外感知和内感知中可认同的身体体验为"属于"自己(这也是一个构成了对私有财产＜Eigentum＞的观念而言之前提的现象)的人,才
能配得上人格这个名称。身体性(不同于人格)是一个对象性的、 473
尽管并不必然作为事物(遑论作为躯体),但还是作为"物事"(Sache)[①]而被给予的统一。而且,只要身体作为对一个某物(Etwas)而言"本己的"(eigen)物事而被给予,这个某物在此物事中起作用,并且直接地知道自己在起作用,那么这个"某物"就是人格。死的物事通过最原初的"私有财产"、通过身体的中介而与人格相联结,就此而论,它们只是可能的私有财产。因此,"奴隶"——"主人"的对立面——不可能是私有财产的拥有者,相反,他本身就是私有财产。但在这里首先有一点很重要:当且仅当一个作为简单

① 参见这部著述的第一部分、〔边码〕第43页。

的、现象的事实组成的能够做(Tunkönnen)、一个“贯穿于”身体的能够做(在自己本身和他人那里)存在时,而且是一个并非在回忆中才被通过已发生的运动而被引发的感官感觉和活动体验所奠基的,而是先行于所有实际做的能够做而存在时,人格才会被给予。* 因此,不仅愿欲而且还有对意愿力(Willensmächtigkeit)的直接意识,都属于人格;如果有谁在法律上(无论是合理地,还是不合理地)被剥夺了这种意愿力,那么他也就不再“被视为”人格;而如果有谁实际地缺少这种意愿力和对它的意识,那么他就不是人格。他也就在他的身体上不拥有私有财产;但他可以是一个其他人的私有财产,即可以作为物事而被给予。所以,“奴隶”并不曾是社群人格(Sozialperson),而真正的(不仅是成文法的)奴隶不仅对于他人,而且对他们自己也是作为物事而被给予的。尽管如此,奴隶具有自我、心灵、自身意识[①]——这证明了,这些都与人格没有关系。因而杀害奴隶当时不被视为“谋杀”,就像杀害动物不被视为谋杀一样。因为毁灭物事、哪怕是活的物事,都不是谋杀。奴隶在当时例如也不能受到死亡的惩处:因为惩戒——如前所述——乃是施与弊端与剥夺善业,并因此而预设了被分派给他的、独立于这些实事的实存。人们可以对奴隶做任意的“关怀”;奴隶也可以受到任意多的善举。但他例如不能“被爱”,而只能被享用和被使用。奴隶也不能“听从”、不能“允诺”、不能“发誓”等等。之所以不能“听从”,乃是因为(如亚里士多德确切指出的那样)“他的意愿是在主人之中的”;主人是人格,他的身体和自我也属于人格。他之所以

① 即使作为社群生物,他们也没有被剥夺掉这些。

不能“允诺”（即进行那个预设了所有契约的基本行为），乃是因为一个无人格的人不能具有原则上独立于其身体状态的、在愿欲与能够做之间的连续性。因为允诺不是——就像心理主义、例如休谟所教导的那样——一个“人为的”、已经建基于协定之上的行为， 474
允诺不仅仅具有这样的内容：“我会做这个，只要你做这个”（以及反之），以至于协定是这个行为的根源和基础（而不仅仅是一个结果）；相反，允诺是一个自然的行为，在其中人格已经在当前的愿欲行为中将一个实事状态设定为“可以实现的”（而不只是例如“想象为”或“判断为”在未来可以实现的或可愿欲的）；唯有那个包含在对它的实现中贯穿于人格的做，才在这时“作为”未来的而被给予人格。但为了使此成为可能，对被愿欲之物的能够做必须以独立于可能的身体经验的方式而被体验到，并且在其中必须有一种在愿欲与这个能够做之间的可能连续。* 然而奴隶却缺乏这种对能够做的体验。因此，奴隶制并不是一种允许奴役人格的制度，或允许“人格可以成为私有财产”的制度，而是相反，由于奴隶并不对自己或他人展示为人格，而是展示为例如人、自我、心理主体等等，即还是展示为“物事”，所以他被杀死、被卖掉等等才是被允许的。与此相反，“农奴”则已经被看做人格，只是这人格被限定在对其身体的所有权的行使上。

如所周知，妇女作为妇女为了承认其人格也作了长期的斗争，而我们至少在这些斗争的历史中看到，所有这些本质联系都得到了充实。我们在这里可以清楚地区分某些时段。所以，在一夫一妻制与对妇女一般之人格本性的承认之间无疑存在着一个本质联系。如果例如在土耳其流行一夫多妻制，那么这个制度与古兰经的这个学说有必然联系，即女人不具有“心灵”，这个心灵显然就是在这里叫做“人格”的东西；相反，基督教则至少承认女子的宗教人格本性，甚至以上帝之母的形式把女性归派给天使（即纯粹有限的人格、在经院论语言中的“可分离的形式”＜“formae separatae”＞）。女子可以进一步是“神圣的”；与此相反，在穆斯林那边，女子也只是无人格的天堂美女（Huri）。印度人的焚烧寡妇的做法同样立足于这样一个看法：至少妻子相对于丈夫不是人格，而是物事。但即使是在基督教文化中，女子的**社群的**、**法律的人格性**一般也只是得到私法上的，而不是国家法的和公法的承认，并且如所周知在婚姻法中也只是非常缓慢地才赢得了完全的承认。**甚至**对于康德来说，已婚女子也还是法律的（不是伦常的）“物事”，以至于他把婚姻法放在物权法（Sachenrecht）之下来进行探讨。

这一系列的事实已经表明，在伦理学和法律学的区域中，**人格的观念**与自我、有灵性的观念以及类似的概念构成也**没有**关系。正如存在着无人格性（按其意义）的自我存在和有灵性（包括人的
475 有灵性）一样，当不再有自我和不再有灵性时（例如在上帝的**人格**那里，他既不可能与一个外部世界相对立，也不可能与一个你相对立）仍然假定人格性，这个做法原则上也还有好的意义。

4. 但是，基于这个理由，必须将人格的观念最明确地与所有还奠基在与上述概念相应的体验现象中的其他观念区分开来。这些观念是“**心灵实体**”的和所谓“**性格**”的实在概念与事物概念。

如果我们把关于对一个**心灵实体**之假定的论证问题完全搁置起来，那么它至少会被设想为一个实在的和事物的对象，它被那些在内直观中一同被给予的个体自我体验所假设，并且它被假定拥

有特性、力量、能力、秉性等等，以至于个体自我的个别体验内容之流程据说是在各种刺激对“心灵”的实在作用之变换不定的条件下才得到因果的理解。所有这些都处在与人格本质完全不同的方向上，甚至人格——除了别的以外——也是所有具有内直观本质的行为的具体主体，在这些行为中，所有心灵的东西都变得对象化，而人格本身却恰恰而永远不可能是对象，更不会是实在的“事物”；它仅仅作为它所进行的行为的具体统一而“存在”(ist)，并且仅仅在这些行为的进行中存在；它亲历(er-lebt)每个存在和生活——也包括所谓的心理体验——，但本身永远不是生活过的(gelebt)存在和生活。*

出于这个理由，心灵与躯体间相互作用的著名问题便与人格与其行动的关系问题完全处在不同的平面上。将相互作用方面现存的困难和争论问题带入到人格与行动的问题中的做法是完全没有道理的。由于人格根本不是指心理的东西，因此，“一个人格怎么能够行动”这样一个困难——以这种形式——也就根本不存在。唯有在对身体的周围世界、对身体和对自我的被体验到的作用性中，行动的概念才会得到保证。人格在这里同样直接朝向外部世界行动，一如它也朝向内心世界行动；后者例如在所有自身克服(Selbstüberwindung)的行为中、在对心灵自动发展的所有人格干预活动中。

因此，人格并没有必要首先作用于它的内心世界，而后才以此为中介再作用于外部世界。它距离内心世界并不比外部世界“更近”，并且同样直接地经历着这两者的“抗阻”。这样的一个行动因而始终——如这部著述的第一部分所已经表明的*——是一个不

可分解的现象统一，它不可能化解在对心灵体验和躯体运动和躯
476 体进程的某种组合中，或化解在它们的一种相互接续中。正确地看，17 世纪和 18 世纪曾如此急迫地探讨过的在宽泛意义上的所谓“相互作用”问题，在我们的前提下（这些前提此外还在本质上与康德相一致，至少在这里所考虑的主要之点上）甚至已经完全丧失了其形而上学的意义。

如果心灵概念和躯体概念并不展示绝对对象的种属，那么也就根本没有意义去问：它们能够相互作用，这是如何可能的。即是说，一如康德已经确切注意到的那样，这个著名的问题表明自己是一个“自找的（selbst gemachtes）问题”，并且究其根本只具有更多的认识论兴趣。但在心灵进程与躯体进程之间的所有可能联结本身都是通过**人格的统一的、不可分的作用性**为它所做的中介才得以可能和得以明了的。这意味着，对于人格的每个统一行动来说，都存在着两种直观形式：外直观和内直观的形式，而在两者的任何一个之中，都必定特别地反映出以某种方式成为问题的“行动”所具有的各自差异性、相同性和相似性。当然，这里所说的东西恰恰也适用于对异己人格行动的所有考察。这些异己的人格行动永远不会如此地被给予，以至于只是从被给予的运动中才产生出一种对作用着的心灵的“因果推理”。毋宁说，先行于所有这些观点的，必然是从异己的行动人格**中心**发出的对人格及其行动统一的**理解**。

如果我们继续把“性格”（Charakter）理解为持续的意愿资质或其他“资质”，例如一个人格的精神资质、智性资质和记忆资质，因而随之理解为性格学和差异心理学所探讨的整个问题范围，那

么这种“性格”(它在假定心灵实体时本身重又必须回溯到心灵的秉性和躯体的秉性上去)也与“人格”的观念没有关系。尤其是人格的行动根本不是它的各个资质与各个变换不定的外部生活处境之总和的明确结果。毋宁说,即使在心灵和躯体的资质完全相同并且在处境完全相同的情况下,仍然可以设想人格及其行动是自由变更着的。因此,把人格的自由回溯到单纯的性格因果性上的想法(不同于个别的所谓动机的因果性,一如利普斯所做的尝试)始终深埋在自由问题的单纯意义之下。这些资质和这种性格本身重又需要得到因果的(生物学的和历史的)理解,而且它们像性格与处境的产物一样是因果必然的。即便我们在这个意义上接受关于一个人的天生的和习得的秉性的知识(哪怕是以理想完善的方 477
式),而且即便我们也(同样理想地)仔细了解了外部世界对他的所起的所有作用,他的行动也仍然会随这种性格和这些资质所从属的那个人格的不同而各有差异。因此,自由问题(我们在这里不想展开它*)所处的位置要远比与这个答案相应的位置更深。

即使在认识论上,人格也是以根本不同于以上被称作“性格”的东西的方式而被给予我们。性格无非就是那个假设的,或多或少持恒的X,即我们为了说明一个人格的个别被观察到的行动而设定的X。因此,如果一个人的行动与我们从他就一个特定情况而假定的“性格形象”(Charakterbild)中所展开的推演不相符合,那么由此而导致的结果便永远只能是:我们有理由改变这个关于他的性格的“形象”。据此,一个(客观的)性格变化的概念,就像它例如在所有皈依的事实中所存在的那样,是不可能的(因为是矛盾的)。然而这样一种“性格变化”无疑也是存在的。与此完全不同的是我们对异己**人格**的认识关系。这在以下事实中得到最清晰的表明：我们能够既从一个个别的行动出发，甚至也可以从任意一个表达显现[①]出发去理解人格的个体性，并且能够（在伦理上）不单单是用**一般**种类的伦常法则，而且更多地能够用人格**本身**的理想意向来衡量它的各个行动。因而我们可以从我们对一个人格的理解的一直观的认识出发，当一个行动例如脱出了为我们所知的人格意向的范围以外时，我们肯定会指出，这种另类的行动必定立足于哪些因素之上，这些因素“干扰”了它的意向的实现。如果有人例如向我们讲述关于一个朋友的事情，我们以为理解这个朋友的人格，而这些事情脱出了相关朋友的被理解的人格意向所表明的可能性区域以外，那么我们绝不会像在第一种情况中那样，简单地改变他的人格形象，相反，我们对他个体性的明见认识会促使我们，或者是去批评这个讲述的正确性，或者是去批评对那个行动的领悟，但若是讲述者经得住这个双重的批评，我们便会将这些事情当做这是性格变化（例如病态类的），而这始终还意味着，我们将这些事情当做是某种形式的阻碍，即对人格的表达可能性和行动能力的阻碍。

因此，恰当地区分**人格**和**性格**，这对伦理学来说以及对“伦常
478 上善的”和“心灵上正常的”与“伦常上坏的”和“病态的”这些概念的区分和更细致的限定来说，也具有重要的意义。例如精神病学就某些心灵疾病而在所谓的“性格变化”方面向我们所做的描述，

---

① 每个行动**也**都具有一个象征的表达价值；当然，反过来并不是每个表达行为都具有一个行动价值。

即便是在最严重的病例中(例如麻痹症)也永远不可能涉及他人的人格。现在被消除掉的只是他的人格的异己被给予性。在较为严重的情况下所能说的也只有一点:疾病最终会使人格变得完全不可见,并因此而使对它的判断根本变得不再可能。但即使是这个陈述之所以可能,也恰恰是因为我们在那些没有被人格所一同涉及的性格变化的后面仍然假定人格的实存。我们不再认为这些相关的行动具有"可期算性"(Zurechenbarkeit),并且不再认为进行这些行动的主体具有对此情况中这些行动的"责任性"(Verantwortlichkeit),原因也就在于此。在一些事例中,由于行动者性格变化的程度,人格看起来已经变得完全不可见了,撇开这些事例不论,在所有其他不是这种情况的事例中,经验也是一个延续的证据,它证明那些由精神病学所描述的性格变化完全不依赖于人格所具有的例如伦常的和其他的精神意向。例如,同一个歇斯底里的性格在奥尔良的处女[①]的事例中会导致最真正的英雄伟人的业绩,在其他情况中则会导致最恶劣的价值毁灭的行动。而且尽管如此,这两种行动都带有同一个"歇斯底里性格"的特征。因此,〔精神病研究者〕始终应当在对病态性格的精神病分析中以最审慎的方式避免使用伦常责难和伦常赞誉的表达。如果情况不是如此,那么我们就始终可以认为,这是一个可靠的信号,它表明这个研究者没有能够做到:把病态的性格变化的本性从他在分析中所看到的特殊的、个体的生命内容中严格地剥离出来。

正是出于这个原因,心理疾病取消了相关行动对人格的"可期

① "奥尔良的处女",即圣女贞德,法国百年战争时期的女民族英雄。——译注

算性”，但它绝没有取消人格一般的“责任性”，因为这个责任性始终与人格的存在处在本质联系中。因此，应当最严格地区分行动的“可期算性”或一个人的“期算能力”[①]，即一个主体对于可期算行动而言的能力的这一个方面，以及伦常的“责任性”的另一个方面。期算能力的取消仅仅意味着，“动机”的作用性偏离了动机的正常作用性，并且因此而不可能以认识的方式决定：一个人的被给予的行动是否还从属于这个人的人格。相反，在严格意义上的人格责任性的取消是根本不存在的。例如一个动物并不对它的做
479 (Tun)负有责任。相反，病人则只是无期算能力而已。这就是说：没有人可以将行动算作(zurechnen)病人的人格，并且以此方式确定，他是否对此负责。相反，他始终要对他的所有真实人格的行为负责。因此，“期算能力”以责任性为前提。但责任性并不与期算能力同义，并且更不像许多决定论的理论家所以为的那样(例如也包括 Th. 利普斯，他把责任性等同于正常的动机作用性)是后者的结果。[②]

因此，对一个人的“期算能力”的承认仅仅包含着这样一个确定：可以把他的人格的某些行为归派给他的某些行动。但是，对非期算能力的陈述则否认这种归派的可能性。因而它所否认的不是

① 舍勒所说“期算能力”的德文原文是“Zurechnungsfähigkeit”，在法律上也叫做对自己行动的“责任能力”。为了区分这个概念与“责任性”或“责任能力”(Verantwortlichkeit)概念，并突出它与“可期算性”(Zurechenbarkeit)概念的字面联系，这里因而将它译作“期算能力”。——译注

② 因此我们必须否认，在责任性体验一般之中必然隐含着一个“面对某人(vor jemand)”的关系(就像这个词促使我们想到的那样)。唯当我们完全知道自己对我们的行为“负责”时，我们才可以感受到自己是“面对某人”负责的。

责任性，而是对某些行动之责任性的可确定性。这两个概念（期算能力和非期算能力）是从外部出发、从可见地进行的行动出发而构成的。伦常责任性的概念却完全不同！人格在对其行为进行之中的自身动作状态（Selbsttäterschaft）的反思中将自己体验为是对其行动一般（在这里并不必然是行动，也可以是志向行为、意图、打算、期望等等）“负责的”。这个概念植根于人格本身的体验，并且不是在一个根据对其行动的外部观察才构成的。唯有在这个反思中，责任性的概念才得到充实！[①] 在对自身动作状态及其伦常价值重要性的直接知识中——即不是在将一个进行了的、完结了的行为或行动与这个自身之间所做的一个后补的、思维的联结中——根植着伦常责任性的概念。所有责任性都预设了这种作为绝对体验的对一个“自身责任性”的体验。

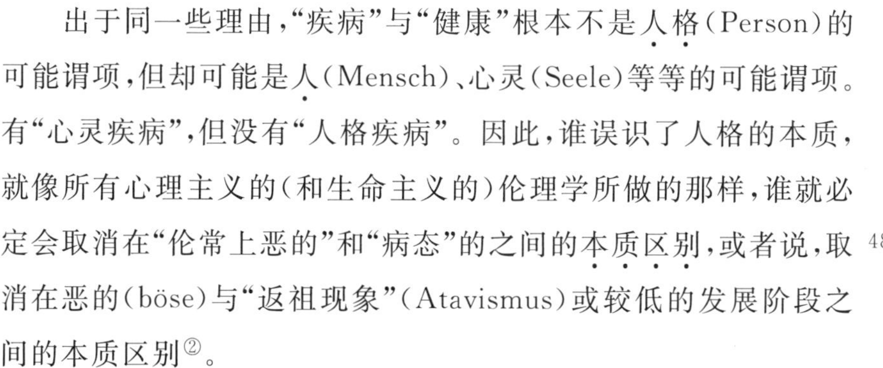

出于同一些理由，“疾病”与“健康”根本不是人格（Person）的可能谓项，但却可能是人（Mensch）、心灵（Seele）等等的可能谓项。有“心灵疾病”，但没有“人格疾病”。因此，谁误识了人格的本质，就像所有心理主义的（和生命主义的）伦理学所做的那样，谁就必定会取消在“伦常上恶的”和“病态”的之间的本质区别，或者说，取 480
消在恶的（böse）与“返祖现象”（Atavismus）或较低的发展阶段之间的本质区别[②]。

我们已经指出，性格与人格的区别极为鲜明和清楚地表现在：

---

① 因而人格对它的所有切中其私密存在（参见后面的论述*）的行为负责，而不仅仅是对它的作为社群人格的行为负责。与此相反，对它而言可期算的只是它作为社群人格的行为。

② 例如赫伯特·斯宾塞便是如此。

我们有能力用那些内在于人格本身之中的价值意向，即用它本己的理想价值本质(无论是在自身评判时还是在异己评判时)，而不仅仅是用普遍有效的伦常规范来衡量实际的人格、它的各个生命表述和行动。但是，倘若人格与“性格”一样仅仅作为它们的表述的持恒的原因而以推断的方式被给予我们，那么上面所说的情况就是不可能的。因为，倘若它们的这些意向只是作为它们的行动的被假定的原因 x、y、z 而被给予我们，那么也就不可能把观念的价值本质与人格的行动相比较，并且既不可能了解观念的价值本质在这些行动中的“充实”，也不可能了解价值本质与人格行动的“争执”。然而这恰恰却无疑是可能的。对他人的每一个更深的伦常评判都正是在于，我们对他人行动的衡量既不是唯独根据普遍有效的规范，也不是根据在我们自己面前浮现的理想形象，而是根据一个我们通过以下方式而获得的理想形象，即：我们可以说是将那些通过对他们的个体本质的中心理解而获得的异己人格的基本意向拉到尽头，并且使这些基本意向在一个只是直观被给予的具体价值理想形象之统一中联合起来——然后我们根据这个形象来衡量他们的经验行动。

为我们提供了对他们的这个理想的、个体的价值本质之直观的，首先是这个通过对人格本身之爱来中介的、对其最中心的喷泉的“理解”。这种理解的爱(das verstehende Liebe)就是伟大的工艺师和(正如米开朗琪罗在他著名的十四行诗中对它所做的深刻而优美的类比一样)伟大的造型雕塑家，他能够从各个经验个别部分的混合中——有可能只是在一个行动上，甚至是在一个表达姿态上——直观出并且加工出它们的价值本质的线条：一个它们本

身的“本质”，而那些对它们生命的经验的、历史的和心理学的认识
对这个本质所做的**遮蔽**要远远多于揭示，并且这个本质不会完完
整整地出现在任何一个个别的行动和生命表述中，但它却是**任何**
一个完整的理解的前提。因而这个价值本质是**无法**通过**任何归纳**
来达及的。毋宁说，这个本质还没有受到任何一个对一人格的所
有实际体验和所有遗传的和习得的资质的理想完善的归纳认识的
明确规定；唯有反过来从对它的本质的这个即便是不相即的直观
发出的、涌向所有经验体验和资质的光（Licht），才把对它的认识
提升到一个**普遍概念**的单纯总和之上，而无论是对于这些概念中 481
的每一个而言，还是对它们的总和而言，**另**一个人格还只能被当做
“应用事例”或当做“例子”。唯当我知道，对一个体验的体验从属
于哪一个**人格**，我才具有对这个体验的一个完善的理解。

但是，**所有**心理学——也包括所谓差异心理学和所谓个体心理学——都是通过从人格中**抽象出来并且**对人格**撇开不论**的做法才获得其客体的。故而人格对于心理学来说是完全**超越的**。心理学即使是以理想完善的方式所提供的所有东西，对于人格来说也都只是它的生命的可能**材料**，人格始终还可以这样或别样地去塑造这些材料。

第 2 章 人格与个体

然而，对我们在这里所理解的个体人格的价值本质还需要做更为透彻的规定。

如前所述，"本质"与普遍性无关。一个直观种类的本质性(Wesenheit)既是普遍概念的基础，也是指向个体之物的意向的基础。只有当目光从一个本质性指向观察对象和归纳经验时，一种贯穿在这个目光中的意向才会产生出来，无论这个意向是朝向普遍的东西，还是朝向个体的东西。但本质性本身却既不是一个普遍的东西，也不是一个个体的东西。正因为此，也有一些仅仅在个体之物中被给予的本质性，正因为此，谈论一个个体本质并且也谈论一个人格的个体的价值本质是有意义的。这种人格种类的和个体种类的价值本质现在就是我用对人格的"人格救赎(Heil)"这个名称来标识的东西。倘若人们例如说，这种"救赎"相当于一个人格一个体的应然，或者是在对这样一个应然的体验中被给予的，那么这将会是对这些价值本质的一种完全误识。或许也存在着一种个体的应然，存在着一种对一个内容、一个行动、一个做、一个事业的所应状态的体验，而这种体验是通过我进行的，并且有可能仅仅通过作为这个个体的我来进行。但是，这个对承担义务(Verpflichtung)的体验、对承担我的义务——无论我是否与他人分有这个义务，无论他人是否“能够”承认它，甚至无论自己是否“能够”承认它——的体验，就已经建基于我对个体价值本质的经验之上；如果人们相反以应然为出发点——就像 G. 齐美尔在一篇很有启发性的文章中所做的那样[①]——，那么对什么是与一种单纯个体的、任性的驱动（它通过一种自身欺罔而将自己包裹在一个“应然”和一个“义务”的形式中）相对立的真正应然所能做的区分就永远只能
是：随康德一同把真正应然看做这样一种东西，这个东西的内容可 482
以是应然的一个普遍有效原则。因为，在康德看来，一个仅仅是主体有效的表象联结与一个在对象上有效的表象联结的区别只是在于，前者“只是个体的”，并且出自习惯，而后者却是普遍有效的和必然的，与此完全相同，义务的应然也只能通过它的可能的普遍有效性和它的“超个体的”必然性而与个体性格的单纯强制驱动（Zwangsantriebe）区分开来。因此，我觉得齐美尔的有趣尝试是毫无出路的，他试图坚持康德关于“善”是所应之物的基本学说，然而却反对康德关于义务是必然普遍有效性的学说；这个尝试之所以毫无出路，乃是因为齐美尔在这里自身——相对于康德——所正确看到的东西在这个基地（Boden）上永远无法得到如此成功的表述，以至于它们可以与一种个体主义的主体主义区别开来；当然，这种主体主义也被齐美尔看做康德学说的一个还要更深的迷误。

相反，如果每一个应然本身都因为它建基于对客观价值的明察、在这里是对伦常的善的明察之上，因而才是伦常的和真正的明

① G. 齐美尔，“个体法则”（《逻各斯》，第四辑、第二册）。

察，那么也就存在着对一个善的东西的明见的明察之可能性，在这个善的东西的客观本质和价值内涵中包含着对一个个体的人格的指明，因此，从属于这个善的东西的应然便作为一种“呼唤”而向这个人格，并且仅仅向这个人格发出，无论这同一个“呼唤”是否也向他人发出。[①] 因而这是对我的人格的本质价值的看出（Erblicken）——用宗教的语言来说：对这样一个价值形象的看出，即：当上帝之爱指向我时，这个爱所具有的可以说是关于我的价值形象，并且是在我面前所指示的、在我面前所载来的那个价值形象——：正是这个特有的个体价值内涵上才建立起个体应然的意识；即是说，它是对一个自在的善的明见认识，但恰恰是“为我的自在的善（An-sich-Guten-für-mich）”。在这个“为我的自在的善”中根本不隐含任何逻辑矛盾。因为这并不是说，例如，它“为”我（在我对此的体验的意义上）而是自在的善的。这样才会含有一个逻辑矛盾。相反，它恰恰是在“不依赖于我的知识”的意义上而是善的，因为这也就包含了“自在的善”；但它尽管如此仍然在这个意义上是为“我”的自在的善：在这个自在的善的特殊质料内涵中（描述地说）包含着一个被体验到的对我的指明，一个被体验到的示意，它从这个内涵发出并指向我；它就好像在悄悄说：“为你的。”而这个内涵因此而向我指示了一个在伦常宇宙中的特有位置，并且它其次也向我提出行动、做、事业的要求，它们在我们表象它们时都向我呼唤：“我是为你的”并且“你是为我的”。

① 关于“召唤”（任命）、“使命”、“挑选”这些观念可以参见后面的论述。* 所有这些观念都以上述基本体验为基础。

这门主张有真正自在之善的学说——我再次指明这个实事状 483
态——恰恰也就是那门不仅仅是允许，而且甚至还要求对于每一个特殊的人格而言都有一个自在的善的学说；倘若有人与之相反地不承认“自在的善”，而是随同康德一起，想把善的观念建立在一个愿欲的普遍有效性（和必然性）上，那么对于他来说，恰恰也就不可能去承认一个对于作为个体人格的我而言的善。

但现在，如果那个使一个人格的观念价值本质得到揭示的行为就是奠基于爱之中的对这个人格的完整理解，那么这就既对这个本质通过自身而得到的揭示有效，也对这个本质通过他者而得到的揭示有效。这样，最高的自爱（Selbstliebe）也就是那个使人格得以自己完整地理解自身并因此而使人格的救赎（Heil）被直观到和被感受到的行为。但同样可能的是，另一个人格通过完整理解着的他爱（Fremdliebe）之中介而向我指明我的救赎道路；因而通过它对我所具有的、比我对我自己所具有的更真的和更深的爱而向我指明一个比我自己所能获得的更为清楚的我的救赎之观念。“每个人必定都最了解自己的救赎”是一个完全没有根据的命题。这个“救赎”本身与快乐、幸福根本毫无关系；如果康德在正确理解了的意义上就本己的救赎而论嗅到了“幸福主义”的气味，那么这正是康德对宗教的救赎观念的一种完全误解。① 或许在极乐

① 用宗教的方式来表达：在神的精神目光前展开的善的无限充盈中，在一个特定的“地位”（Stelle）上是这样的一个善，它是“为我”的善，并且含有我的理想的价值本质，而我因此也“应当”经验地成为这个价值本质。或者也可以说：这个共同的价值本质成为对我而言的“理想形象”，因为它不仅处在神的爱之一般的方向上，而且也处在神的对我的爱的方向上。因此，不是从“我的生命”（齐美尔语）中才经验地生长出这个形象，或它将自身给予为处在一个共同的应然逼迫（Sollensnötigung）方向上的X。毋宁

和绝望的人格感受中会测量出距离本已救赎的不同的、实际的近和远；但救赎并不因此而就处在这个极乐之中。

但现在，普遍有效的价值以及由此而推导出的普遍有效的规范与人格的价值本质和奠基于它之上的应然的关系又是如何的呢？对此问题，至此为止的大部分伦理学提供了这样一个答案，这个答案在康德那里得到最极端的表述：只有当人格实现了普遍有效的价值或听从了一个普遍有效的伦常法则，它才因此而获得一个肯定的伦常价值。康德甚至还走得更远了一大步：不仅所有应然对他来说是普遍有效的，以至于根本就不存在一个人格的亦即
484 个体的“应然”（不同于“诸禀好”），而且这个应然的内容又还叫做：如此地行动，以至于你的行动的准则能够成为对理性生物一般而言的一个普遍原则。即是说，一个意愿的普遍化能力、它适宜成为原则的能力对它来说是其伦常善良（Güte）的根据。他并不是说：去愿欲善并且而后看到，其他人也愿欲善；而是说：你所愿欲的就是任何人（在你的位置＜Lage＞上）也愿欲的东西，这便是善的。[①] 后面这一点已经为上述情况所反驳。但前者同样也需受到反驳。

说，所有经验生活的进行和构形都处在这个个体人格的价值观念的目标给定的影响之下，在此生活中确立那个个体人格在自在存在的善的王国中所接受的独一无二的地位，而在此之上所建立起来的便是为相关人格的存在理想在神的救赎计划中所占有的那个地位。

① 在康德的意向中首先并不包含这样一个著名的抗辩，即：“每一个对我们的个体性而言相同的人”都必须一同被纳入到“相同的条件”中，而且恰恰因为没有人在个体性上与我相同，所以康德的命题也就意味着，每一个在同一个位置上的人都应当进行不同的行动。这是一个人为地强加给他的意义。但这个抗辩在实事上是没有意义的，因为康德——如上所表明的那样——并不了解一个在严格意义上的“个体人格”，而只了解一个经验的个体，据说它只有通过对一个超个体的（überindividuell）理性的分有才成为“人格”。

根据以上所说而被视为有效的毋宁是：所有普遍有效的价值（对人格而言的普遍有效）在涉及人格的神圣存在这个最高价值以及在涉及“一个个体人格的救赎”这个最高的善时都仅仅展示出这些价值的最小值，在不承认和不实现这个最小值的情况下，人格无论如何也无法达到它的救赎；但并不是所有可能的伦常价值都在自身中包含着人格，以至于人格通过对这些价值的实现便达到自己的救赎。因而任何一个在普遍有效的价值方面的欺罔以及任何一个对从这些价值中推导出的规范的触犯都是恶的，或者说，都是受恶制约的。但对它们的正确认识和承认以及对它们的规范的顺从却完全不是肯定的绝然之善（das positiv Gute schlechthin），毋宁说，这种肯定的绝然之善只有在它也包含个体的一人格的救赎时才完全明见地被给予。

因此，唯有每一个个体伦常的主体都对那个只能为它所把捉的价值性质进行特殊的照管和培养，当然同时也不疏忽那些普遍有效的价值，这时价值普世主义和价值个体主义的正确关系才会始终被察觉到（gewahrt）。但这并不只对那些个别个体有效，而且也对例如文化圈、〔民族〕国家（Nationen）[①]这样的精神集体个体

① 舍勒在术语使用上区分“民族”（Volk）、“〔民族〕国家”（Nation）、“国家”（Staat）、“民族国家”（Nationalstaat）、“国家民族”（Staatsnation）等等。相关的具体论述可以参见他在本书边码第 534—535 页上的正文和脚注。这里较为困难的是对“Nation”一词的翻译，它既可译作“民族”，也可译作“国家”，但又不是这两者中的一个，而更多是两者之间的一个社会单位。因此可以译作“民族国家”（或“族国”）。然而在舍勒那里又有“Nationalstaat”一词，他在一定程度上把理想意义上的“Nation”（〔民族〕国家）称作“Nationalstaat”（民族国家）。因此，这里为了区别“Nation”和“Nationalstaat”，分别将两者译作“〔民族〕国家”和“民族国家”。——译注

有效，以及对民族（Völker）、部族、家庭有效。即是说，这里得出这样一个重要的明察：伦常生活理想例如在各个民族类型和〔民族〕国家类型那里的充盈与杂多性根本不是对伦常价值之客观性的反驳，而是这样一个状况的本质结果：唯有对普遍有效的伦常价值连同个体有效的伦常价值的共观（Zusammenschau）和穿透（Durchdringung）才会提供对自在的善的完整明见性。而类似的情况也适用于每个个体和集体个体的历史发展。例如，康德的规则要求：只有当一个准则对任意一个生命瞬间来说都能够是一个普遍的，即延展到所有任意的生命瞬间上的立法原则时，这个准则才是有正

485 当理由的。西格维克[①]曾提出一个类似的公理：“所有愿欲都只有在不依赖于一个愿欲在一个生命联系中所具有的时间区别的情况下才是善的。”我们必须明确地摈斥这个公理。毋宁说，一个个体发展系列的每个生命瞬间都同时展示着对完全确定的和独一无二的价值与价值联系的认识可能性，但与这个可能性相应的是向着伦常任务与行动的逼迫，这些任务和行动是永远无法重复的，并且在自在存在的伦常价值的价值秩序之客观关联中，它们对此生命瞬间而言（并且还是对此个体而言）可以说是预先决定了的，并且它们在不被使用的情况下必然会永远地消失殆尽。唯有对在时间上普遍有效的价值连同“历史上”具体的处境价值一起的共观，即是说，坚持同时的、继续着的对生命整体的概观（Überschau）并且细心地倾听那个完全是独一无二的“时机的要求”[②]——唯有这些

① 参见他的《伦理学的方法》。

② 因此，“时机的要求”（歌德语）恰恰是伦理学的一个本质范畴。

才能够提供在自在之善方面的完整明见性。因此，不仅是个体、民族和〔民族〕国家所具有的伦常价值的充盈和杂多性，而且还有被那些唯理论道德体系同样在原则上予以否认的那些在历史上变换不定的道德与文化体系的杂多性与充盈，它们都是伦常本质价值以及与它们相应的任务的一个本质结果。而恰恰因为自在存在的价值之本质就在于，它们只有通过个别个体和集体个体的杂多性并且只有通过它们的具体历史发展阶段的杂多性才能完整地得以实现，所以这种道德的历史区别的存在根本不是对伦常价值客观性的反驳，相反，它是一个必然的要求。反过来，对价值与规范的无限制的普世化倾向恰恰却是那种就像康德也曾做过的对价值之主观化做法的结果。即便伦常价值不能从实证的历史及其善业世界中抽象出来，但对它们的把握（以及对它们的价值级序与偏好法则的认识）的“历史性”对它们来说也是本质性的，就像对它们的实现的“历史性”或对它们在一个可能的“历史”上的实现的历史性对它们来说也是本质的一样。也就是说，就像相对主义把价值从历史善业中抽象出来并且将它们看做或者是在历史中被制作出来的，或者是从历史的传动中生长出来的做法是错误的一样，以为价值王国以及在它之中存在的级序的整个充盈也曾对一个个体、一个民族、一个〔民族〕国家被给予，或也会在这个历史的一个位置上被给予的想法也是根本错误的。

在这个充盈中存在着这样一些质性和偏好关系，它们可以为 486
所有人并且可以在所有时代被认识。它们是绝然普遍有效的价值和偏好法则。但也存在着一些质性和价值关系，它们仅仅适合于个体，并且天生是与这些个体相谐调的，因而也只能为这些个体所

体验和实现；而对于这些个体而言，在历史发展的独一无二的位置上同时只有一个可能的统观（Durchblick），以至于随着每一个新的发展阶段也必定会有新而又新的价值与偏好法则成为可见的（sichtbar）。但若情况不是如此，那么就必须看做是“伦常教育”的窒塞。然而每一个已被认识的偏好法则却因此而会继续存在下去。

不言而喻，伦理学作为哲学学科因此本质上永远不可能穷尽伦常价值：它只能涉及普遍有效的价值和偏好联系。但关键在于，伦理学也还要明确地表明（erweise）和阐明（verständlich machen）这样一个无疑的事实，即是说，能够说明（erklären）这样一个无疑的事实：存在着一种通过智慧而完全优于伦理学自己的伦理学认识，如果没有这种认识，所有对普遍有效价值的直接伦理认识（遑论对如此被认识者的科学展示）都将在本质上是不完善的。因此，伦理学永远不能够、永远不应当替代个体良知。

第 3 章　人格的自律

现在这里也是对伦理学的**人格自律**之概念进行奠基的场所。

根据前面所说*，所有真正的自律并不首先是理性的一个谓项（如在康德那里）以及不是作为分有一个理性法则性的 X 的人格的谓项，而首先是这个**人格本身**的一个谓项。① 但在这里必须区分双重的自律：对自身的善和恶的人格**明察**的自律以及对以某种方式作为善和恶而被给予之物的人格**愿欲**的自律。与前者相对立的是无明察的或**盲目的**愿欲的他律（Heteronomie），与后者相对立的是**被迫的**（erzwungen）愿欲的他律，它最清楚地包含在所有的意愿感染和暗示中。在这个双重的自律意义上，唯有一个自律的人格和这种人格的行为才会具有一个在伦常上至关重要的存在和愿欲一般的价值。因此，自律的人格本身绝非已经是一个善的人格。自律仅仅是人格的伦常**重要性**的前提；并且是那些可以归派给这同一个人格的各个行为之伦常重要性的前提。因此，如果例如 A 的一个自身为善的行动是无明察地和被迫地被愿欲的 487
（例如根据遗传或传统或一种在权威面前的无明察的顺从），那么它始终还是一个善的行动——尽管它不能被归派给作为人格的

---

① 这里的原文中的“dem X”应为“des X”之误。——译注

A；与此相同，如果一个同样是如此被愿欲的行动自身是恶的，那么它也仍然是恶的。即是说，所有承载着伦常价值谓项的行为统一的一个基本前提始终在于：它们是自律的人格行为一般的统一——但并不必然也是**那个**各次进行着这些统一行为的个体人格的自律行为。因此，无论是那种自然主义的决定论学说，还是那种自律学说，都同样是错误的；前者误以为：只要证明一个行动可以回溯到一个遗传的资质上，那么也就可以证明：这个行动因此而不可能是恶的或善的、有罪的和可嘉的；后者则不仅把行动者的自律当做是一个善的（或恶的）行动可归派给一个人格的可能性之前提，而且还当做各个行动的伦常重要性一般的前提。对于这两种学说来说，一个原－善（Erb-guten）和一个原－恶（Erb-bösen）（因此还有原罪＜Erbschuld＞）的观念，便都成为某种自身悖谬的东西：对于前一个学说来说，这乃是因为被遗传下来的东西不能是善的或恶的（可嘉的和有罪的），对于后一个学说来说，则是因为善和恶是不能被遗传的。[①] 但一个并不因为行动着的人格而招致的（verschuldet）恶的观念，或者说，一个并不因为这个行动着的人格

① 那些大都是实证主义的研究界所取得的重大功绩在于，在广泛的事实研究中针对个体主义道德的维护者指明了实际在伦常上被评价的行为举止方式的生物学的、历史的和社群的因果被决定性，但它们恰恰因此——由于它们仍然在进行着个体主义的**评价**——而误以为可以完全地排斥道德罪责的概念；对于这些研究界应当提出这样一个问题：它们如何知道：每个恶的并因此而有罪的行动也始终应当归派给行动者的人格，而不应当归派给例如它所隶属的诸人格的共同体整体或它的祖先们；同样，它们如何知道：坏的观点作为原初是坏的人格行为之**结果**就不能以遗传的方式传递，同样也不能通过传统来传递。对于这些问题，我们这个时代之所以还完全没有把握，其原因仅仅在于：我们虽然学会了历史地和社群地进行思考，但我们的评价方式却还几乎完全是18世纪个体主义的评价方式。

而挣得的(verdient)善的观念，甚至一个并不因为个体而招致的有罪性，实际上对于整个行为领域来说都是一个完全有意义的观念，而绝不是一个矛盾的观念。[①] 本质联系仅仅在于：所有的恶都必定是通过某个人格而自律地招致的；但并不必然也是通过那个个体的人格，即在其行动上附着恶的那个人格。康德曾赋予他的自律概念以一个主体主义的转向，按照这个转向，伦常明察和伦常愿欲不再被区分[②]，同时善和恶这两个词的意义被回归到理性人格所自身给予的一个规范法则上("自身立法")；唯有这个主体主义的转向才会从一开始就排除了一个以前的自律人格行为的价值内涵对个体而言他律的转递形式。倘若人们把这种(康德式的)对 488
"自律"之理解等同于自律一般，那么人们就必须完全回绝一种"自律的"伦理学的观念。然而我们认为这个术语是不适当的和迷惑人的。它使人忽略了一点：所有客观伦常的有价值之物也在本质上是与"自律的"人格行为联结在一起的，无论对这些行为原初所从属的特定个体人格的规定有多么困难。[③]

我们的自律概念与康德的自律概念所导致的一个重要的不同结果就在于：我们的自律概念至少并不排斥伦常的"所有人格之凝

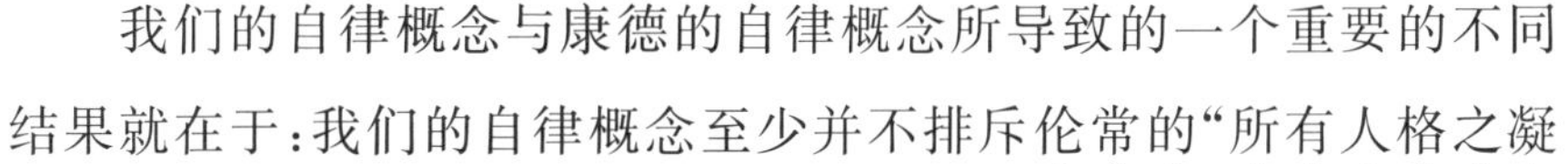

① 因此，尤其是"悲剧性的罪责"始终是非招致的(unverschuldet)罪责，因为它已经处在选择区域中，即处在需作选择的东西中，但并不附着在选择行为上。对此参见笔者在《文章与论文集》(莱比锡，1915年)中的论文"论悲剧性现象"。

② 参阅这部著述的第一部分、第二篇"形式主义与先天主义"、〔边码〕第86页以后。

③ 即使在一个个体生命以内也可以通过原初自律的行为而产生出某种对恶的观点(恶习)，而后它合乎习惯地被实现。然而它并不会因此而丧失其伦常上否定的质性。

聚”的原则，甚至在借助于在别处曾提及的其他明见命题的情况下还会要求这种原则——与此相反，康德的自律概念则必然要排斥这样一个原则。在善与恶、罪责与功绩中的凝聚原则就意味着：在每一个个体所招致的罪责或“自己挣得的”功绩以外，并且在不依赖于这些罪责和功绩的情况下，还存在着一个总体罪责和一个总体功绩[①]，它们并不能被算作是那些个体的所招致和所挣得的罪责与功绩的总和，而且每个个体都（以特定的、变换的方式）分有这些总体罪责和总体功绩；正因为此，每一个人格的个体都不仅对它本己的个体行为，而且也对所有其他行为是原初“共同负责的”（mitverantwortlich）。因而凝聚原则同时也就说明：每一个人与所有人的伦常共同责任性并不是建立在特殊的、通过允诺和契约而达成的相互间的承担义务之上，它并不是通过对伦常价值状况的进行和放弃的责任性而被“自由地”承担下来，恰恰相反，本己的责任性或自身一责任性原初始终也伴随着对这种进行和这种放弃
489 的共同责任性。[②] 当然，要想将这个原理运用在一个确定的共同责任性上，就始终需要实证地证明：相关的“共同负责的”人格与对

① 总体罪责和总体功绩重又可以具有一个更多是历史的和更多是社群的形式，但却始终同时具有这两种形式。它们的载体是“相互愿欲”、“相互爱”、“相互恨”，这些载体——如笔者在其他地方（参见《论现象学与同情感理论以及论爱与恨》一书）所表明的那样——是独立的体验现象，它们与内容相同的个体所愿（Wollungen）的总和没有关系。也可参阅这部著述后面的第4章、第4点“个体人格与总体人格”。

② 所有这些特殊的、自由承担的义务都已经——只要它们是伦常的，而不单纯是法律的义务——建基于对它们被承担时所随同的那个人格之行为的共同责任性之中——因此也处在对那个行为的共同责任性之中，它们正是通过这个行为而成为我的义务（在相互承担义务的情况下）或通过这个行为而“接受”我的有义务的允诺。接受一个自身为恶的行动的允诺与发布这样的允诺一样，它们都原初是恶的。

发生事情的实现一起，发挥着某个实际的意愿－因果的共同作用，然而这个**证明仅仅规定**着并且可以说是**定位着**这个共同责任性；但它绝不会**创造**这个共同责任性！而且这个共同责任性的程度也会随这个参与的方式的不同而显得是增强了的和削弱了的。但这个共同责任性本身并不是从这个参与的证明中才产生出来的。因此，共同责任性本身是与自身责任性一起直截了当地被给予的，并且包含在一个伦常人格**共同体**一般的本质之中；它不能被设想为是通过自身负责的、"承认"这种共同体的行为才形成的，这些行为从一个由每个人自身给予出的伦常法则中作为被要求的而产生出来。甚至可以说，随着自律〔概念〕，责任性一般〔概念〕也得到了论证，而论证着它的并不是人格的个体性，而是一个共同体的每个个体都具有的、在所有人中都同一的有人格性（Personhaftigkeit）。

上面所反驳的（康德式的）自律原则使得人格的伦常共同体（它的最高形式是宗教的爱的共同体[①]）的观念成为不可能。因为在康德看来，对异己人格（或它的人格尊严）的敬重是奠基于本己人格的主观自律以及自身敬重或对本己"尊严"的敬重之上——或者，如果我们据前所说在这里启用作为具有最高价值的伦常行为举止的爱，那么可以说，每个他爱（Fremdliebe）都奠基于自爱之上。[②]

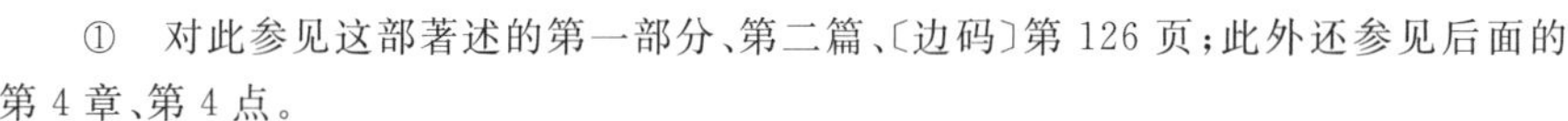

① 对此参见这部著述的第一部分、第二篇、〔边码〕第126页；此外还参见后面的第4章、第4点。

② 实际上明见的是：较之于在纯粹人格之爱中被把捉到的异己人格的救赎（并非较之于例如异己人格的尊严），本己的尊严作为自身敬重的价值相关项应当受到偏恶（nachsetzen）；因而并不应当——如康德所认为的那样——受到偏好（vorziehen）。参阅笔者在《文章与论文集》的"道德建构中的怨恨"论文中对在路德那里也存在的这种错误奠基所做的阐述。*

但实际上，他爱根本不是建立在自爱之上（遑论像在康德那里建立在自身敬重之上），而是与自爱一样原初和一样有价值，但两者最终都奠基于神爱（Gottesliebe）之中，这种神爱始终同时是一种对所有有限人格"连同"（mit）对作为人格之人格的神的爱的共同爱（Mitlieben）。因此，正是在这个神爱之中，个体主义的和普世主义的伦常基本价值、"自身神圣化"和"爱邻人"才完整地找到它们
490 最终的、不可分割的有机统一。因而〔它们之中的〕任何一个都不可以作为基础而被放置到〔它们之中的〕另一个之前！毋宁说，他爱和自身神圣化之间的相互本质联系就要求：所有他爱也只有在它将爱的人格神圣化的情况下才能被看做纯粹的和真正的，而所有自身神圣化只有在它于爱邻人的行为中得到实施的情况下才能被看做纯粹和真正的。①

同样至关重要的是——如前所述——，（在这部著述的第一部分所规定的意义上的*）伦常明察的自律有别于对明晰的善的人格之愿欲（以及它的其他在伦常上重要的行为举止）的自律。这个

① 根据E. 特勒尔奇的值得感谢的论著《基督教教会与团体的社会学说》（图宾根，1912年），在基督教伦理学中的个体主义与普世主义的统一就在于，利他主义的诫令完全同属于在上帝中的自身神圣化中所遵从的诫令，而且"为上帝而自身神圣化者相聚在共同的目标中、相聚在上帝中"，并因此也必定实施着上帝的爱的意愿。据此，异己人格之爱的价值已经奠基于自身神圣化的价值之中——这种观点在前面曾作为错误的"个体主义"而为我们所拒绝。以此方式根本不会产生出个体主义和普世主义的真实"联合"，因为个体主义将会更多地具有优先权。即使从历史上看，我们也认为特勒尔奇的这个看法并不切合基督教的共同体观念。按照这个观念，"在上帝中相聚"并不是一个单纯偶然的、通过每个人的自身神圣化而形成的东西，而是同样原初地既受自身神圣化，也受手足之情（Bruderliebe）的制约，这种手足之情展示着一个不同于自身神圣化、不建基于它之中，而是独立于它的价值。对此参阅笔者的论文："爱与认识"，载于：《白色页张》，七月册，1915年。*

双重的自律的关系（它对于所有那些可归派给相关个体人格的伦常一重要行为而言都是无法回避的前提）就在于：完全相即的、自律而直接的对什么是善的明察，**必然**也设定了对那个作为善的而被把握到的东西的自律愿欲；但反过来自律的愿欲却并不也共同设定了在它之中作为“善的”而被意指的东西的完全直接的明晰性。唯独不可能的是：一个自律的愿欲同时会是一个完全“盲目的愿欲”，这种愿欲据前所述是一个自身悖谬的东西，或者说，意味着将一个单纯的本能冲动混同于愿欲。但在这种冲动与受直接、相即、自律的明察规定的愿欲之间首先存在着有关善的不相即的，甚至单纯判断性知识的所有情况；其次还存在着有关意愿设想的好或坏的单纯间接知识的所有情况。但所有这些情况都完全**可能**在对被意愿之物的价值的完全自律的明察却并未自身被给予的情况下与自律的意愿和自律的选择联结在一起。所以，在**所有**“**顺从**”的行为那里都没有那种自律的、直接的明察是被给予的，即那种对被诫令为需待实现的价值状况的伦常价值内涵的明察；即使在某些类似于一种“自己听从自己”的东西或一种针对自身设定的意愿规范之顺从的东西存在的情况下，**这种**自律的明察仍然是缺失的。尽管如此，“做出顺从”的愿欲可以是一个完全**自律**的愿欲，即使它 491
明确地奠基于“顺从”的意愿之上。“顺从”甚至是这样一种行为举止的极端对立面，这种行为举止的极致就是出于暗示和感染的行动。谁在做出顺从，他就不是在意愿他人所意愿的东西，而只是“因为”他人在意愿这个东西，无论这个“因为”被认为是纯粹客观因果的，就像在纯感染和暗示中，还是被认为是异己的意愿对我的愿欲的有意识的动机引发，即是说，异己的愿欲在仍被体验到的连

续性中移置到——在不带有间隔的理解行为的情况下——我的愿欲之中，就像在所有特殊的奴性的行为举止中。谁在做出顺从(Gehorsam)，他就更多地是想“听从”(gehorchen)；即是说，顺从的**主动行为**首先成为他的直接愿欲设想，而后才在这上面建立起被诫令者的愿欲。因此，清楚地意识到异己愿欲与本己愿欲的差异和并将异己愿欲理解“为”异己的，这是对真正的听从而言的必要前提。所以，所有在上述意义上被暗示的愿欲和奴性的行为举止越是**他律的**，顺从的愿欲就越是完全**自律的**。相反，按照康德的自律概念，明察的自律和愿欲的自律并**无**差异，这样一来，异己顺从本身就已经是他律的、被迫的愿欲。但实际上，顺从中的他律(也包括在自身顺从中的他律，在反驳康德的意义上应当说，倘若真有这种自身顺从的话)就在于，对于听从者的意愿设想的伦常价值之**明察**不是一个自律地，而是他律地被规定的明察。这并不意味着，这里完全缺失任何形式的明察。当明察荡然无存时，我们便会说是“盲从”(blindes Gehorsam)——这在严格的意义上已经不再是顺从，而是奴性的行为举止。相反，在伦常上有价值的顺从就在于，即使所有顺从的特征都被描述为**缺少**对被诫令的价值状况的伦常价值的明察，对愿欲以及愿欲着的人格(或它们的“职责”)的伦常之善的明察仍然是明见地被给予的，这种明察在对相关诫令(Gebote)的诫令(gebieten)中或(具体地说＜in concreto＞)对相关命令(Befehle)的命令(befehlen)中显露出自身。在这种情况中包含着对诫令行为之伦常价值的自律的、直接的明察、对被诫令的价值状况的伦常价值的间接的、他律的明察，但同时也包含着做出顺从的愿欲的完全自律。即便是对神的诫令的伦常顺从也必定是已经通过对这个立法意愿之真实善良（wahrhafte Güte）的明察而得到奠基的；因此，并不应该是因为神做了这个诫令才有此行动——若这个行为举止不应该是奴性的话。如果对做出诫令的权 492 威或人格的善良的明察并不是完全相即的明察，亦即是一个可能受欺罔的明察，那么听从者对被诫令的对价值状况的实现便有可能展示为一种对伦常的坏的实现。尽管在这种情况中，在对被诫令之物的阐述中的愿（Wollen）与做（Tun）从听从者方面来说是坏的和有罪的，但招致这个坏的实现的却不是他，而是这个命令者，而他的顺从的伦常价值在这里始终没有受到损害。

由于我们可以明察到，另一个人格按其个体本质在伦常上要比我们自己更善和站得更高，因此，把在对我们的每一个意愿设想的评判中的本己明察结果变成每一个善的、可归派给我们的实践的行为举止的条件，这种做法是完全没有意义的。像康德那样的自律概念严格说来便在要求这一点，而这样一种自律概念不仅将会排斥任何伦常的教育[①]和指导，而且也已经排斥一种“伦常顺从”的观念，甚而排斥伦常的异己规定的更高形式，即那种通过对由一个明晰的善的人格所给出的纯粹的、善的例子的追随而完成的异己规定，最终甚至还会排斥那种由对“神的诫令”的顺从所提供的明见性，即在我们的愿欲和作为“他律的行为举止的”神的愿欲的意义统一方面的明见性。但是，对所有在伦常上有价值的存在和自律的行为举止的自律明察的正确原则根本不会要求：个体通过它对明晰之物的本己的、主观的明察而达到对善和恶的实际

① 正如赫尔巴特已经合理强调过的那样。

的、伦常的明察。它对价值及其关系本身的明察之路完全可以是由权威、传统和追随所提供的。尽管如此,如果它在这些伦常明察的可能源泉的不同认识价值中本身重又具有清楚的明察,并且除了它本己的、个体的生活经验以外还按照它的对它来说明晰的、总体的价值的源泉来尊重这种清楚的明察,那么它的行为举止仍然还会是一个在自律方面明晰的行为举止。

第 4 章　我们的人格概念与人格主义伦理学的其他形式的关系

根据这些关于人格的本质和价值所得出的结论，现在也需要
对在 19 世纪直至当代所形成的各种极具差异的**伦理学人格主义**
的形式进行评判，与它们相符的一部分是较强的、一部分是较弱的
一般精神思潮。请允许我简要地描述一下，在这里所倡导的人格 493
主义与那些形式具有哪些共同的特征，以及这种人格主义要对那
些形式做出何种拒斥。

伦理学思想在这个方向上的现有形式可以根据下列视点而得到最容易的划分：

1. 人格（或者说，有最高价值的人格）的存在究竟是被看做所有共同体和历史过程的**目标**，抑或反过来，人格的存在只是在它对共同体和历史的进程做出了某些确定事情（例如促进了文化发展）的情况下才被视为有价值的。

2. 人格对其最高本己价值的有意识的意向究竟应当视作是被要求的，抑或反过来有效的是这样一个命题：人格只有在任何一个愿欲行为中都不意指它的最高价值才能实际地达到这个最高价值。（“唯有愿失去自己的人才能获得自己。”）

3. 或者是把作为理性－人格的人格（在前面所阐述的意义上）

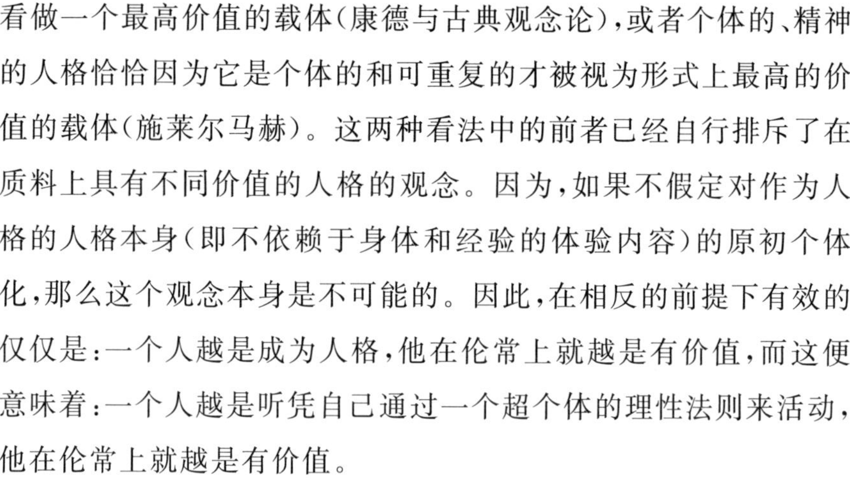

看做一个最高价值的载体(康德与古典观念论),或者个体的、精神的人格恰恰因为它是个体的和可重复的才被视为形式上最高的价值的载体(施莱尔马赫)。这两种看法中的前者已经自行排斥了在质料上具有不同价值的人格的观念。因为,如果不假定对作为人格的人格本身(即不依赖于身体和经验的体验内容)的原初个体化,那么这个观念本身是不可能的。因此,在相反的前提下有效的仅仅是:一个人越是成为人格,他在伦常上就越是有价值,而这便意味着:一个人越是听凭自己通过一个超个体的理性法则来活动,他在伦常上就越是有价值。

4. 除了个别人格的概念以外,是否也承认总体人格的概念(例如,〔民族〕国家的概念、国家的概念)具有一个独立于我们的概念设定的实在,并且如何理解个别人格和总体人格的范畴关系(整体、部分、参与、从属等等)。在总体人格中个别人格的伦常凝聚这个重要课题便属于这些问题的范围。

5. 被当做伦常最高价值的载体和伦常过程的主要舞台的究竟是私密人格,即如其自身地被体验并且仅仅如其自身被体验的那个人格,**还是**社群人格,即那个将自己体验为并且也知道把自己体验为某些与其他人格(个别人格或总体人格)相关的社群行为的主体的人格(个别人格或总体人格)。

6. 最后,各种不同的、由实际的派别所承载的人格评估形式之间非常明确的区别就在于:它们究竟使这里所阐述的价值样式中
494 的哪一些样式成为人格的最中心价值内容:占主导的是神圣的理想(神圣的样式),还是天才的理想(精神价值的样式),还是英雄的理想(高贵的样式)、“引领精神”的理想(有用的样式*),还是生活

享受艺术家的理想(适意的样式),以及它们认定在这些质料的人格性类型之间有哪些级序。

第 1 点　人格的存在作为在历史和共同体中的自身价值

根据这第一个划分基础,在上世纪的精神思潮以内有一些极为不同的对子处在对峙的状态中:康德和尼采(姑且不论一些小人物)站在人格存在的自身价值一边。相反,以如此杂多的方式被提出来的"大人物"理论和与它在其他方面完全对立的社会主义和共产主义思潮的伦理则把人格价值说成是派生的、是依赖于人格对一个非人格的共同体或一个非人格的历史过程(文化发展、文明发展和国家发展等等)所做之成就的(例如在 W. 冯特的伦理学中*)。

无论康德和尼采的人格概念具有什么样的根本差异,他们对一个共同体或社会的价值的衡量、同样还有对一个历史过程的价值的衡量都在于:它们是否并且在多大程度上能够为人格的存在(在尼采那里是最有价值的人格的存在、"伟大的人格性"的存在,在康德那里是在每个人之中的理性人格的存在)提供其生存与作用的最佳合适基础。人的历史的目的对尼采来说就在于人的"最高范例",对康德来说就在于一个使自由愿欲的理性人格得以可能的共同体。他们并不了解一个所谓超人格的最高价值载体(无论它叫做共同体、文化和文化发展、一个伦常世界秩序,还是叫做国家等等)。并不是一个对这种载体的"献身"才赋予人格以一个它先前并不具有的价值(尽管它的价值在这种献身中必然要在此同时显露和宣示自己)。而后,这两种学说也与所有后康德的德国观念论学说,尤其是与费希特和黑格尔的思想处在最尖锐的对立中,后者把对一个超人格、超个体的“伦常秩序”的献身或对一个作为最高价值载体的具有这种属性的国家和具有这种属性的文化进化的献身托付给作为条件的人格价值存在,而且对后者来说,神的观念本身也会前后一致地被去人格化(entpersonalisiert)(泛神论)。

495 在这一点但却是最重要之点上,由我所发现的价值等级法则与这两种学说是完全一致的:尽管物事价值本身要高于状态价值(例如舒适感受),但人格价值本身却高于物事价值,就是说,例如精神的人格价值要高于精神的物事价值。尽管人格愿欲对其本己价值的不意指才是它的实际可能价值的基础,[①]它的价值却始终还是价值的价值;对人格的颂扬、最终是对人格的人格的颂扬,即对神的人格的颂扬,始终也还是对所有伦常“秩序”的颂扬。因而共同体与历史作为最终标准永远具有超越自己之上的理念,无论它为那些最有价值的人格(个别人格和总体人格,后面将会表明这一点*)的最大值的纯存在价值提供多么广泛的生存基础和生命基础。但是,与我们这个原则相对立,认为唯有对共同体和历史的服务才赋予人格以价值,甚至唯有对共同体和历史的促进才把价值分派给人格,这在根本上是所有那些理论的共同预设;这些理论既包括那种由卡莱尔、特赖奇克和其他人所广泛传播的夸张的“大人物”崇拜,也包括德国哲学的一大部分(在新近人物中我只提

① 参见这部著述这一章后面的第2点。

W. 冯特)，最后还包括带有伦理学色彩的社会主义和共产主义的所有变种。无论这些思潮相互间的差异是多么根深蒂固，在**这一点**上它们却具有一个共同之处，这个共同之处越是因为其他的差异而难得被注意到，它就应当越是鲜明地被突出出来。但它如此难得被注意到的原因在于：人们通常没有充分地区别伦理学的**价值**人格主义和历史上的**因果**人格主义以及价值集体主义和历史上的因果集体主义，并且同时倾向于这样一种看法，即认为一个价值人格主义始终必定会有一个因果人格主义与之相符，一个因果集体主义也始终会有一个价值集体主义与之相符。然而情况根本不是如此。

“大人物”之所以称作“大”，乃是因为他们对历史的进程起了举足轻重的作用，或者因为他们将一个民族整体提高到他们此在的更高水平上，关于这些“大人物”的学说的“个体主义”与康德和尼采的学说处在对立之中，它是一种突出的价值集体主义的学说。人的价值在这里是以对一个外人格的(außerpersonal)“发展”的促进或对一个如此被设想的“共同体”的促进来衡量的。因此，这个学说同时也展示着一门因果人格主义和一门价值集体主义。只是作为一个强大的历史作用性的出发点之 X，而不是作为充实着这个 X 位置的存在充盈，“大人物”才根据这门学说而被评估为“大的”。

然而，**伦理学**必须坚决地拒斥这个标准，它或许对于历史学家(即使在这里也只是对于政治的历史学家)的较为狭隘目的而言还 496
有一定的意义。伦理学必须坚持**价值人格主义**，对于价值人格主义来说，共同体和历史的意义与价值恰恰在于：它们展示着对此而言的条件，即最有价值的人格统一能够在它们之中和在它们身上(in und an ihnen)昭示自身并且能够自由地起作用。即是说，在

价值人格主义看来，所有共同体与历史都只是在各个人格的存在与作用[①]中才找到它们的目标。而且，即使那种因果人格主义是完全错误的，并且人们可以说，在人类历史的进程中，历史变化的驱动因素越来越多地脱离开人格，并且越来越多地坠入到大众（Massen）之中，上述命题也不会受到影响。与这个命题的设定——我们认为这个命题是正确的，但不在这里证明它——联结在一起的完全不是价值集体主义。甚至可以提出这样的问题：或许这是同一些过程，由于人格的最中心存在、最深层的存在层次和价值层次越是通过对非人格的共同体和历史的服务而被触及，这些过程也就越是会使人格从这样的服务中解脱出来，因此，这些过程同时也就越来越多地将驱动历史的力量纳入到大众运动与“状况”的外人格因素之中。事实上，通过分工与合作（“组织”）以及所有种类的生产技术而完成的增长着的利益凝聚的联合权力便在展示着这些过程。它们同时还使得越来越深的人格层次以及“精神”一般从那些就本质而论可以由非人格的、非精神的力量来实现的任务中摆脱出来；并且使得历史发生的因果因素越来越从人格中脱身出来而漫游到大众之中。我们向原始时代、向历史发生的原因回溯得越远，人格就越来越多地成为历史发生的鼎盛和意义。甚至还可以多说一些：在人身上是真实人格的和精神的东西，在历史的进程中它会在一个无限的过程中越来越深入地摆脱权力以及由历史造成的束缚；它在时间的进程中就越会是无时间的；它在历史的进程中就越会是超历史的；就越会从历史因果性以内的单纯

① 正如下面将会表明的那样，个别人格与总体人格；参阅这一章的第4点。

原因和结果的这个角色中解脱出来。

然而从这个奇特的联系中却产生出对伦理学而言的一个原理，它与那些论证着人格相对于所有形式机械因果性的独立与自由的命题一样重要。这个原理就是：所有那些按其本性而能够通过外人格的和外精神的力量来实现的正价值，也都应当并且将会被实现。或者简言之：所有可机械化的东西也都应当被机械化。几乎无须再说，这个命题并不与那种实证主义伦理学的思想取向相叠合，这种伦理学，例如像 H. 斯宾塞的伦理学，将那种对爱、 497
牺牲、良知、义务强制——甚至最终还包括人格和精神一般——越来越多的排斥看做历史的一种不断“进步”。但这个命题却在所有真正的伦理学人格主义和观念主义与它们的真正反动的和“浪漫的”假形式之间划定了一条明确的界限，后者想以一种可能的机械程序为代价来人为地保存和固定人格原则，以一种可能的利益凝聚为代价来人为地保存和固定例如爱与牺牲，以可能的集体组织和机器为代价来保存和固定精神的、人格的活动。这些假形式并不会有助于在所有人性中的对人格的解放，而是相反会有助于对人格的奴役。在这里不应去估量这个原则的可使用性究竟有多么全面。只需暗示一点：它对人格精神的所有形态都是有效的，不仅是对单个的形态，而且也对集体的形态是有效的，例如对在与国际文明机械程序的关系中的〔民族〕国家是有效的。正是在对完全可机械化的价值的实现中越来越多的机械化，才把人格的精神形态的特殊之处和自身价值越来越纯粹地凸显出来，而不是去毁灭它们——就像实证主义和非真正的人格主义所共同认定的那样，只是它们的评价完全相反。

第 2 点　人格与本己价值意向

就上述几点中的第二点而言，这里所倡导的伦理学人格主义以这样一个命题为出发点：人格的每个可能价值增长的本质都在于：它从不有意地（willentlich）意指它自己的伦常价值。如果有许多自称为“个体主义”的伦理学思维方向的形式以及有同样多的它们的对手都认为：人格价值若要实现自身就也要被愿欲，那么这是对真正人格主义的一种深层误解。而现在，这个被愿状态（Gewolltsein）甚至恰恰是唯一一种在人格的本己价值和异己价值中永远无法被实现的方式，甚至都永远无法被给予的方式。因此，朝向可能的、本己的自身敬重的观点、任何一种“伦常骄傲”、任何一种不是对需待实现的物事价值或状态价值，而是对本己“尊严”的有意指向，都不是一种与下列原则相切合的行为举止，即：人格价值才是最高的价值。[①] 相反而得以清楚的是：这种观点恰恰必定会在它们的行为活动中并且由于它们的行为活动而妨碍和阻碍在相关人格中其他可能人格价值的实现。因为作为所有可能行为的具体主体的人格之本质（有别于自我、心灵、身体）就在于：永远不能成为对象性的，即使它会仅仅因为一种欺罔而以为自己成为了对象性的。然而我们的命题并不意味着：人格的价值增长在这个意义上是唯独客观的价值增长，即它并不也体验到这个价值增长。

498

① 关于“恭顺”与“骄傲”可以参阅在笔者的《文章与论文集》第一卷中的论文“德行的复苏”。这个思想也明确地表露在正确地被把握到的基督教上帝观念中：上帝在他创世的爱的意愿行为中颂扬他自己；但他在创世的行为中并不意指他的颂扬。

但这个体验恰恰是它**不**直接朝向自己的作用的(无时间的)**结果**，即不是一个被意指的内容。另一方面，反人格主义的伦理学的一个谬误就在于认定：人格的这种对于所有伦理学实证态度而言都是本质性的**不**朝向自身的状态和对其本己价值的**不**意指(Nichtintention)正好**反驳**了这样的看法，即人格恰恰在这种态度**中**实现着它的价值，并且人格价值是在等级上超出所有其他价值的。这个谬误来自于这样一个成见：**最高的**价值(或者说，价值内容，如善的状态＜gutsein＞、完善的状态＜vollkommensein＞等等)也必定会成为设想或规定着设想的愿欲因素。但我们在前面* 就已经发现了这样的定律：价值通过愿欲和行动的可能可实现性与这些价值的更高位置本质上处在一种可以说是成反比的关系中。如果这种通过愿欲的**直接**可实现性大部分地——即绝对地——排斥了

作为最高的价值的人格价值，那么这正是向上的极限情况。即便
729
是"对本己心灵救赎的关心"的概念以及与此相属的"自身神圣化"的更高概念，最后还有产生于世界道德中的"自身完善化"的概念，都必须从这个原则出发而被放置到它们的有效性的限度中去。它们将具有完整的(与价值级序相符的)有效性，只要"心灵"与"自身"在这些语词联结中与**人格**(作为一个对它们来说还是可能的对象、作为对它们而言的活动领域)明确地区分开来；但它们将是无效的，一旦"心灵"和"自身"被等同于人格。因此，一个具有因爱他人而牺牲本己"心灵救赎"之意向的人格恰恰是在这个行为**中**达到了它的本己价值的顶峰。而"心灵救赎"只要被想象为一个特定的、对象性的**事物**的命运和价值，人格也就难以达到它的本己价值的巅峰。但如果把"心灵救赎"、"自身完善化"等等了解为人格自

身的救赎、完善化，那么这些价值恰恰属于那个至此为止鲜为研究的价值类别，对这些价值的必然实现恰恰就是不通过愿欲来意指它们。

以上所说当然也适用于总体人格和集体人格，例如适用于〔民族〕国家。一个〔民族〕国家要想得到它的特有的最佳发展，它的成员就必须将"他们作为这个〔民族〕国家的成员必须在一个特定的方向上行动和作用、教化和创造"这样的反思最严格地从他们的意向中驱除出去，并且必须仅仅听从那些包含在〔民族〕国家精神与伦理之理解范围中的物事价值的引导。[①]

第3点　人格与个体（人格主义与"个体主义"）

这项研究将我们所引致的伦理学人格主义带有一个强烈地偏离开现有的各种伦理学思潮的特征，这个特征尤其表现在它赋予作为伦常价值载体的人格之精神个体性的生成与存在的地位上。人格价值本身对我们来说是最高的价值阶段，并且作为这个最高阶段而在等级上胜过所有以人格的愿欲、做、特性为载体的价值种类，同样也胜过物事价值和状态价值。即便是人格的"愿欲"也永远不可能比与此愿欲相关的人格更好或更坏。但同时——我曾表明——每个人都在他所是纯粹人格的同一程度上是一个个体的并

① 参阅笔者的论文"法国哲学中的民族性的东西"，载于：《新信使》，1915年8月号。* 精神的本己民族性的东西恰恰在它不是自己（可以说是作为推动＜Stoß＞）起作用，而是反思在对它（可以说是作为吸引＜Zug＞）起作用的时候丧失殆尽。

且因此而有别于任何其他人的独一无二的存在，同样，它的价值也是一个个体的、独一无二的价值。（并且不言而喻，这既对个别人格有效，也对总体人格有效，例如对希腊民族或罗马民族有效。）与此相符，在普遍有效的客观的善以外，对每个人格（个别人格和总体人格）来说都还存在着一个**个体有效的**，但仍然是客观的和原则上明晰的善，我们用一种在确切词义上的“良知”（Gewissen）来把握它。

伦常价值的所有**最终**载体因此不仅在它们的存在中，而且也在它们的价值中是**有别而不等的**，并且是在它们被领会为（be-griffen）**纯粹**人格的同一程度上。故而对它们的价值相同性（以及由此产生的义务相同性）的假定或者是一种纯臆想，或者便是通过 500
对一个特别的**任务**范围的观看才产生出来的（在这种情况下是合理地产生出来的），这个任务范围定位在普遍有效的善的理念之中。“就”这个任务范围“来看”，例如“作为”经济学的主体、“作为”国民权利与义务等等的载体，它们在被给予的情况（它是一个特别探究的对象）中便可以并且也必须“被视为”相同的。因此，在伦常的“理想”中，**每个人格**——在无损于那些普遍有效的、从人格价值一般中流出的一系列规范的同时——**在其他方面都相同的生物体的、心理的和外部状况下，必定会有与每个其他人格在伦常上不同并且在价值上不同的行为举止**。但因此还没有决定：人格的自在存在的差异性和价值差异性是否并且在多大程度上也可以对我们而言成为被给予性，甚至可以“被确定下来”。倘若它无法做到这一点——那么它至少在全爱和全知的上帝观念面前存在。即是说，恰恰是“在上帝面前”，我们设想人格及其个体价值是绝然**不同**

的，并且不会去假定所谓“在上帝面前心灵的相同性”，这种相同性被一些人——在我们看来是不合理地——说成是历史上的基督教学说。[①] 甚至恰恰可以将这样一个命题视为我们研究的结果：当人被当做对善业和任务的“占有”主体和承担义务主体时，他们所涉及的善业与任务在价值秩序的等级中越是低贱和相对，他们也就越应当是相同的并且因此而“被看做”是具有相同价值的。“天上的”贵族制——通俗地说——并不排斥，或许甚至还在要求“地上的”民主制。如果对在其急迫性阶段秩序中的本能需求的满足是——并非对于存在而言的条件，但却可能是——使那些自己本身为个体的和具有不同价值的精神人格（在行为、做、作用中）得以显现的一个条件，那么与那些越是急迫的需求相符合的善业和任务对于人来说也就应当越是相同，即越来越相同——并且是更为相同，恰恰是为了使它们在绝对或较不相对的存在价值方面的差异性，以及它们的更高的善业和任务相关的、具有更高价值的能力始终不被隐藏起来和遮蔽起来。[②]

如果我用这个结论来比照那些流行的伦理学思潮，那么18世纪哲学的那种广泛的、至今还在起作用的“个体主义”思潮几乎都会必定会显得是对正确的东西的完全倒置，在这种思潮看来，人和
501 人的价值的存在越是接近绝对的存在阶段（作为理性生物），并且人和人的价值越是与最高的等级阶段的价值（救赎与精神价值）相调和，它们就越是被看做“相同的”；而人和人的价值越是接近感性

① 这样的学说之所以出现，这可以通过对基督教所受到的斯多亚哲学的一种补加改造而得到说明。

② 在这里无法阐述对这个原理在社会学、政治、法学上的多方面重要运用。

的身体状态并且越是与最低的等级阶段相调和，它们也就越会显现为不同存在应然的(*ungleich* sein-sollend)。因此，这种先验的普世主义与经验的贵族主义和个体主义的结合恰恰便是我们观点的对立面。它的哲学基础——如我们已经看到的那样——在于对一种所谓"超个体的、先验的理性"的预设，无论这种理性是通过每个人的身体(阿威罗伊主义的一个新形态)，还是通过每个人的特别的、只能以归纳的方式被确定的心灵生活内容才被具体化为诸多的人格。在这种思维方式中当然没有给一个精神之为精神的个体主义的观念留下位置，也没有给这个进一步的观念留下位置，即：存在与价值的个体化恰恰是随着精神性的纯粹性而加剧的。此外还有，这种所谓的"个体主义"部分是将个别的观念(相对于总体)混同于完全不同的个体的观念(相对于普遍或普遍人)，部分则是认为这两个观念是相互紧密联结在一起的。与此相反，我们的"个体主义"则不在任何意义上排斥总体人格(当然是作为个体的总体人格)的实在以及对此假定的伦理学后果。另一方面，这种思维方式(康德的学说也完全隶属于这种思维方式)将所有仅仅个体有效的善等同于单纯的"主观的东西"，即等同于仅仅自以为善的东西(gut nur Dünkenden)。

此外，个体人格在这个思潮中已经完全融化在社群人格中了，而人们却没有觉察到：每个个体人格还可以被看做社群人格并同样原初地被看做私密人格，而且两者都只是它的未划分的总体的两个方面和两个外观。* 于是，在这个思想构架中，在有些人那里(尤其是在康德那里)，在社群人格的整体中作为对在伦理学上至关重要的人格概念一般而言的支撑点而受到偏爱的更多是国家法

的人格、国民，在另一些人那里（主要是在英国哲学中）受到偏爱的则是作为经济学的和私法的、缔结契约的主体。而且在这个思想方向的伦理学中受到最高价值评估的仅仅是这个“人格”。

当然，作为国民的社群人格和作为私法主体的人格彼此处在何种关系中，在这个更为特殊的问题上，我们也必须站在康德一边。必须将作为私法主体的人格设想为：在每一个人之中都是服从于作为国民的人格的。之所以如此，乃是因为国家之实存的最高意义就在于对生命意愿的一种合理支配和对（一个民族共同体
502 的）生活善业的适当分配，与此相反，所有私法原则上都与隶属于生命价值序列的有用价值和适意价值有关，或者说，与受到理性规整的朝向它们的意愿（以及与被这些价值质性所包含的各种善业）有关。根据我们的价值秩序，尤其必须将经济学主体设想为如此地服从于作为国民的人格，以至于可以说，所有那些受纯粹经济学的，即自私自利的、相同的、在经济情况方面全知的、连续（无睡眠、懒散等等）工作的主体所引导的经济过程的同时性法则和相继性法则，都仅仅构成对于作为国家成员的人格，即对作为国民的人的意愿而言的各个技术规则的一个总和，这些技术规则可以用于自由变更的目的。[①]

① 正如统一的生命中心（以及对其萌动的理性支配）在小范围内个别地规整着，并且是根据它的“目标”规整着所有瞄向有用和适意的追求，国家则在大范围内限制着社会，并且作为国民的人限制着经济学的和享受的主体。在这里，中止对国家意愿在那种根据此臆想而在法则上被支配的经济过程之干预的做法也还可以被看做国家的一个积极的意愿行为。因此，如果国家例如不实行关税保护政策，而是实行自由贸易政策，那么它这样做并不是为了一个自由贸易“原则”的缘故，而是因为它把中止干预自由竞争的做法视为它的合目的的任务。

然而康德的这个深刻明察并不会使那个已经包含在他的基本概念之中的谬误变得更小，这些概念仅仅把社群人格认同于人格一般，把理性人格认同于精神—个体人格，并且除此之外还把所有法律观念（也包括私法、教会法）所预设的同样“有效的”理性人格的观念认同于国民人格的观念。[①]

因为我们根据前面所做的阐述而可以不去怀疑：个体精神人格的核心（正是在它身上，“理性人格”和“社群人格”一般只是通过与某些领域和任务的联系才展示出现存的抽象内容）尽管如此还是比所有的国家和所有作为国民的单纯人格性更优越，而它的救赎则完全不依赖于它与国家的关系。从上往下看，国家的观念也是奠基于个体的总体人格一般的凝聚之中（而非奠基于这些人格的一个契约之中），并且奠基于这些人格的一个可能的爱的共同体之中，但从下往上看却是奠基于一个可能的、建基于在生命同情之上的生命共同体（Lebensgemeinschaft）中[②]（而非奠基于一个目的社会中＜Zweckgesellschaft＞），这个生命共同体是国家的素材。
所以，作为一个始终个体的，并且自身不同的和具有不同价值的自 503
由精神人格的王国成员，人格从任何方面来看都比国家更优越（staats*überlegen*），我们也可以说，比法律更优越（rechts*überlegen*）。

---

① 康德将人间的“至善”定义为一种自由的、世界公民的国家宪法，每个公民和臣民都依据这个宪法，而且每一个人的目的都与每一个其他人的目的在一个系统中相一致；这种定义仅仅是他上述做法的一个结果。

② 生命共同体（以及它的各个条件，例如一块领地等等）并不仅仅是国家意愿的素材（如在康德那里），而且也是对它本质的一种共同构成。*

因此，国家（在极端的程度上）可以要求牺牲人格的生命（例如在战争中），但永远不能要求牺牲人格一般（它的救赎与良知），或者也不能仅仅要求一种对国家的无限制的“献身”。[①]

正如经济学的人格是低于国家的（unterstaatlich）、个体的精神人格一般的核心是高于国家的（überstaatlich）一样，接下来，整个私密人格领域[②]则是外在于国家的（außerstaatlich）。然而原初凝聚的原则也对私密人格有效（因为它对精神人格一般有效），而且即使是私密人格，也只是在人所展示的那个感性－生命－精神生物的层次统一的私密方面的精神核心。因此，人作为相对私密的人格也具有一种与作为相对私密人格的人的特殊联结形式。只要在这里重又不去考虑私密人格各自的个体性以及它们的差异性和价值差异性，并且只要各个私密人格被看做相同的和具有相同价值的，私密人格便成为教会法的主体。但只要这个联结统一关系到一个王国和人格总体所具有的凝聚的救赎价值，教会的理念和本质便建立在这个联结统一的基础之上。

如果我们的“个体主义”与康德哲学及其追随者的那种个体主义的关系随之而得到确定，那么在这里还可以对它与这种伦理学观点的其他种类的关系做个简短的阐述。

---

① 如果人们新近也在一些重要的研究者那里发现，他们始终将自由的、“机械的”国家观的个体主义与一种“普世主义的”、“有机的”国家观对立起来，根据后一种国家观，国家是一个“超个体的”实事善业（Sachgut），个体应当为它做出任何一种牺牲；或者，如果人们将我们的德意志国家观颂扬为古代国家观的遗产，那么我只能将此视作极度的陈词滥调和对问题的幼稚简单化。所有古代的国家观都通过耶稣而被一劳永逸地终结了。

② 参阅后面（第5点）对此概念的论述。

在这里所谈之点中，至少施赖尔马赫在我们看来还是距离我们认之为真的东西最近的人。他——尽管是在一种与我们的不同的主体主义的基础上——与康德的理性主义学说针锋相对地重新 504
修复了每个个别人格和总体人格的个体主义救赎的观念、一个根据个体良知的善的观念、一个精神个体性的观念。[①]

尽管在一个完全**谬误**的方向上，但却是出于一个合理的动机，马克斯·施蒂纳对各种理性主义的学说进行了批判，并且据此而展开他的无政府的“个体主义”。他完全正确地看到，在“理性人格”中、在所有人格中既应是同一个，但又不应是同一个的（即前一个）人格，乃是一个**不可能**的概念，并且在人格中合乎本质地包含着个体性。然而由于他始终不加检验地与他的对手们在这一点上相**一致**，即：人格的个体化是借助于它们的**身体**才得以设定的，所以他的价值个体主义便成为一种要求把伦常权利归还给所有**身体本能萌动**的无节制“纵欲生活”（Ausleben）的学说。由于他除此之外还将这种个体主义与一种接近费希特谬误的认识论主体主义相联结，并且将他的“个体”等同于“个别”，这样便产生出他的这种无政府主义形式。就所有这些“纵欲生活个体主义”而言，尽管他的学说在哲学上无关紧要，但他的谬误的**源泉**和**方式**始终还是极为富于教益的。在这里得以表明，他的学说和康德及其后继者的学

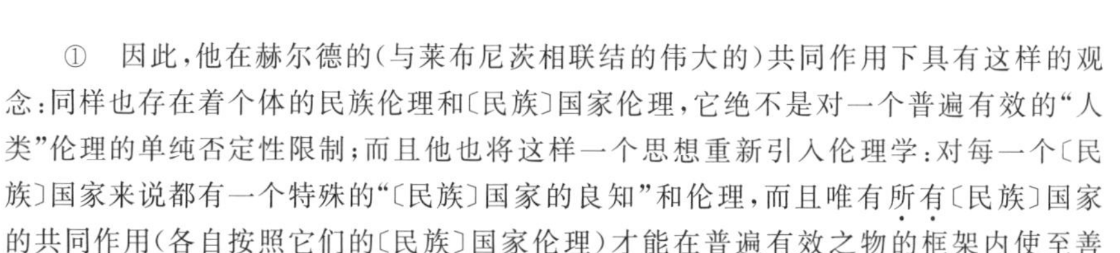

① 因此，他在赫尔德的（与莱布尼茨相联结的伟大的）共同作用下具有这样的观念：同样也存在着个体的民族伦理和〔民族〕国家伦理，它绝不是对一个普遍有效的“人类”伦理的单纯否定性限制；而且他也将这样一个思想重新引入伦理学：对每一个〔民族〕国家来说都有一个特殊的“〔民族〕国家的良知”和伦理，而且唯有**所有**〔民族〕国家的共同作用（各自按照它们的〔民族〕国家伦理）才能在普遍有效之物的框架内使至善得以展示。同样的情况也对认识有效。

说都建立在**恰恰同一个**缺陷的基础上：他们**没有看到精神的个体性**，并且假定：只是身体性才将人格个体化。因此也就毫不奇怪，正是这个在现代生活的现实中如此普及的本能“个体主义”的生活观，**实际上**却导向了一个应当是与这种作为“个体主义”的生活观完全相对峙的目标，即导向了所有这些“个体主义者们”的存在与生活的如此巨大的客观**同**形性（*Gleich*förmigkeit），以至于人们可以从**一个**范例出发大致地猜断出所有其他人的本质和行动。因为身体的本能萌动及其建构正是构成在人的本性以内**最总体的**（generellste）进程的东西，甚至是对人来说与高级动物相同的东西。所以这里存在着一个在这种“个体主义者”的**主观**意识（我是一个“独特的”个体）与**客观**个体性的实际缺失之间的奇特争执。“个体”这个范畴的意义恰恰在于：在它任何一个有效性的情况中都切中一个独一无二的并因此而有别于他者的东西；这个“个体”对于这位个体主义者来说成为一个概念**范围**，就范围而言，他本人以及他的共同个体主义者（Mitindividualisten）仅仅展示着“范例”，而
505 这些范例本身彼此间是毫无差异的。这个争执按照相同的规则也在所有那些涉及某个**集体**实在的个体性的情况中重复自己。〔民族〕国家的“沙文主义”在所有可能的地区都表明**同一个**习性、讲**同一种**话语、做**同一种**姿态。尽管每一个〔民族〕国家的个体都在要求着一个各自**不同的**“民族主义”，但这种民族主义却忘记了一个事实：即便它的民族（Volk）也是对“〔民族〕国家”（Nation）而言的一个范例。但恰恰是在这里被蔑视的人类本能生活的内在和外在联结力量和规整力量（这些力量按照人的和国家的和民族的**普遍有效**规范而起作用，作为义务意识、作为国家的和教会的权威、作

为伦常等等，它们或多或少地涉及人类本性的总体<Generelle>)，才不仅创造了它的自身价值（并且只是在此前提下），而且还创造了解放个体性之真实处所的条件，即一个个别人或一个民族的精神人格性——就个体主义的这些预设来看，个体主义必定是忘记了这一点。

从这些伦常思潮——自然是以完全不同的意义表露出来的伦常思潮——中脱颖而出的还有伦理学“个体主义”的最后一个类型；它把“富有的”、“伟大的”个体性的存在与作用看做最高价值的载体，并且把为这些人类的“最高范例”制造最佳生存条件标识为伦常任务的定向点。* 弗里德里希·尼采成为这个思潮的最杰出代言人。如果撇开尼采为他的观念所编织的所有那些色彩斑斓和变换不定的外衣不论，那么可以在这个观念中找到一些标记，我们的论述肯定它们之中的一些，但却必须否定另一些。要求得到肯定的是：人格本身的存在（不是人格的愿欲、做等等）在这里显现为最高价值的载体，此外，人格的个体性不是被视为它的可能的正价值的断裂或“限制”，而是被视为它的增强方向，并且存在着一个最终无法还原的价值差异（Verschiedenwertigkeit）。[1] 对于康德来说，人格（作为自律的理性人格）的影响是在每个人之中，并且这个影响的程度就是伦常的最终目标，或者说，就是在世界中现存的善的程度。但这个人格本身还不能是善的或恶的，在价值上也不能是更高的或更低的。自律的人格，这对他来说就是“善的”人格。诸人格在质料方面的价值差异在这里被排斥了；同样被排斥的还

① 在这里，尼采与施莱尔马赫是一致的。

有这个价值**差异性**的唯一可能载体、它的质料的个体性。在这点上，我们在这里所展示的伦理学是站在尼采一边的。并非在每个人中的同类的理性人格与它的行为（或仅仅是与愿欲行为）的关系
506 才论证着对伦理学价值的分殊，而是人格**本身**原初就是本质不同的。只是因为人们为了实现普遍有效的善而**不去考虑**这个原初的价值差异性，这才会导致那种对人格在普遍有效的伦常法则面前的相同性的假定以及它们对于法律与国家而言之结果的**假定**。

相反，在另外两点上，康德与尼采是站在**同一**边的，而我们的论述则远离这两者。对于他们两人来说（尽管是在根本不同的意义上，对康德来说是在已经阐释过的意义上），人格不仅是伦常价值的载体，而且还最初地将此价值**设定**为价值；即是说，这两种“个体主义”都是与主体主义和价值唯名论（Wertnominalismus）拴在一起的：在康德那里是与先验主体主义，在尼采那里是与经验主体主义。对我们来说，人格仅仅是最终的价值**载体**，但不在任何意义上是价值**设定者**。① 此外，对于他们两人来说，每个人格都**仅仅**是**自身**负责的（*selbst*verantwortlich）——并不同时并且同样原初地是对其他人的行为举止、愿和做“**共同负责的**”（Mitverantwortlich）。这意味着，这两种人格主义同时是**单元论**（Singularismus）：康德的人格主义是理性的单元论，尼采的人格主义是经验的单元论。这两位哲学家都否认凝聚原则。

尽管尼采远离所有对“大人物”的廉价的历史学家狂热崇拜——如前所述，它的基础是价值集体主义的而非价值个体主义

① 即便在神那里，本质善业也先行于所有“伦常立法”。

的——，但他的“个体主义”却由于它所着重的历史定向而仍然与这种狂热崇拜在一个特征上是共同的，我在这里同样将这个特征作为与我们的原则完全相争执的特征加以突出。人格的伦常价值质性进入人类经验一般之中以及在此范围内进入到它的被我们称作“历史经验”最小片断之中的方式与程度不会以任何方式规定或限制这些人格及其质性的实存（Existenz）。甚至古老的基督教公理或许也可以在哲学上得到证义：在相同条件下（ceteris paribus），善比恶始终更不为人所知，善静静地绽开，而恶却喧嚣于世。现在还没有对不同的肯定的和否定的伦常质性一般的醒目界限以及在其他方面相同的状况下对历史意识而言的伦常质性的醒目界限做出足够的研究。每当一门伦理学以“伟大人格”为定向时，它必定是完全忘记了所有这一切。因为在“伟大”中不仅包含着（至少作为共同条件）一个对人类事物的广泛实际的和可见的作用性，而且也包含着这种作用性在历史意识连续性中的某种形象的形 507 741
式；即便这种历史意识仅仅是“历史意识”的那种最小值，即已经构造出有别于自然中的各个状态的单纯客观相互接续序列的客观“历史”本身——即不是以某种历史认识的形式对历史的知识——的历史意识。我可以想象有许多好人，他们不被并且不曾被任何人认识为好人；但一个大人物则不是如此。当然，所谓“伟大”的最终奠基也是在这样一些人格性中，这些人格性自身是有价值的，并且对作用性和作用性的形象来说仅仅展示着认识根据，而非存在根据。[①] 但这个首先使得对真实的和虚假的“伟大”的区分得以可

① 卡莱尔（参见《英雄敬仰》的引论）和布克哈特（参见《世界史的考察》中关于“历史伟人”的第五章）也合理地明确强调了这一点。

能的奠基还只是可能的"伟大"状态("Groß"sein)的一个必要条件(conditio sine que non),但却不是它的完全充足的根据。然而在"大"之中也同样必然地包含着那种可觉察的作用性的广度以及关于它的一个形象。这样,在"伟大"人格的观念中,人的存在、形象和作用性便以完全独特的方式相互渗透。但因此而在它们的存在条件(人们还必须通过历史学家来将它区分于认识条件)中也就已经包含着所有其他的、纯粹经验的条件,即对于那种作用性的可能广度以及对于那种在历史意识中形象的形成和形态的形成而言是必要的条件。为了成为"大","时间"、"处境"和"任务"必须是被给予的,它们回应那些人格质性,并且允许它们的活动的阐释,而每一个形象的形成都需要旁观者、歌颂者、历史撰写者等等。

但是,如果我们必须将一个人格的存在善业当做它的"真实的"伟大的基础[1],那么可能伟大相对于实际伟大而在现有的人格和被给予的人格质性中所具有的这两个不可避免的挑选因素(*Auslese*faktoren)也就不具有任何伦常的意义。如此一来,人们为了是一个伟人,就必须是一个好人,但为了叫做伟人,却并不必须是一个好人。因而伦理学也就没有理由把"伟大的"人格性看做尼采意义上的最高尘世价值。即便是面对过去,伦理学也更加必须推荐人们去敬畏所有人属(Menschentum)的内心精神结构,伦常价值原初便附着在它的人格交结点上——或许这种崇高的精

① 我所认为的"必须"完全是在这个意义上,即这个存在善业是所有其他的伟大、例如在艺术、国家活动等等中的伟大的必要条件(conditio sine que non)。至少对绝然伟大的表述(Prädizierung)——在不说明方向的情况下(例如作为艺术家的伟大)——在我看来是受此束缚的。

神结构很少会衣着艳丽、成果显著地突进到那个领域之中，即那个不仅是我们所熟悉的“历史”，而且甚至所有可能的“历史”连同所有“伟人”都演义于其中的领域之中。但是，这些预设却为伦理学提供了它提出这样一个理想规范的权利：这是应当的，即：创造出这样一些生命条件，以便有这样的好人（而不是恶人）存在，他们也可以成为伟人。 508

在一个有所不同的，但与他对“伟人”的着魔相关联的方向上，尼采陷入到一个在前面已经反驳过的实用主义的成见之中，按照这个成见，恰恰是对最高伦常价值的实现必然也可以是并且必须是一个对我们的愿欲和行动而言的任务。这就导致了他把（伟大）人格的存在不仅视为世界发生（Weltgeschehen）的最高价值，而且也视为我们行动的一个直接意愿目标。他的幼稚的种族伦理观念和种族政治观念，甚至他的人格性理想在一个于未来才产生的“超人”的形式所接受的色彩，都是这个原则谬误的证据。所以他必定会误识所有历史伟人的神恩特征（Gnadencharakter）。他将时代伦理充满激情地批评为一种在他看来是错误的“民主主义”[①]，这个批判便植根于在这组观念中，同样植根于其中的还有那个可笑的闹剧：在对他的学说的讨论中看起来有些要素能够以他的命题为依据，而这些要素作为受到狭窄限定的阶级利益与党派利益的代表[②]就已经与他曾极为严肃地致力于在人类－伦常事物上所采取的超脱的立场的高度没有什么关系了。但恰恰是合理地被把握

① 关于有别于“民主”的“民主主义”概念可以参阅笔者在《文章与论文集》第二卷中的论文“资产阶级”。

② 例如参见亚历山大·提勒，《从达尔文到尼采》，莱比锡，1895 年。

到的人格性价值伦理学(Persönlichkeitswertethik)才必定会——如前面所指出的——在它运用于意愿规范化问题的过程中导致这样一个定律:唯有在对那些首先屈从于功利价值、其次屈从于生命价值的善业的分配中制作出尽可能同类的人格存在与生活的条件,这样才能使各个更高价值的载体的内在差异显现出来,并且才能使它们在行动和事业中得到自身阐释;而且唯有朝向这个善业种类目标的愿欲方向才能间接地达到那些本质上不可能直接达到一个"目的"的东西:至善的存在。倘若尼采曾意识到这个原则性定律,那么他对时代伦理的批判尤其是他对在人与人之间的平等何在(worin)与不平等何在,以及在所有种类的善业与权利分配方面的平等与不平等应当何在这些问题上的种种决断,就会完全不
509 同于他实际做出的。但对此问题的更为仔细探讨是实用伦理学的事情。

最后,尼采的人格性观念的质料内涵(只要他在进行同时的、相同条件下的<ceteris paribus>最大集中时超出人格性的最大财富和最大充盈的仍然形式的价值之上)是片面的,并且与价值的真实质料的级序完全不相应地受到英雄类型的规定。他不能公正地对待作为人类形成之引导方向以及作为人类共同体的基本种类的成果和最集中意义的天才观念和圣人观念的等级——与英雄的等级相比——,而这种情况之所以出现,乃是因为尼采试图为整个伦理学提供一种谬误的生物学的奠基。

第4点　个别人格与总体人格

正如人格在一个体验流的共同被给予的背景上发现每一个心理体验，但却在一个在时-空上无法终结的自然的背景上并且作为这个自然的“部分存在”而发现外感知的对象一样*，人格本身在它的每一个行为进行中也是作为某一种广泛的人格共同体的成员而在自身体验活动（Selbsterleben）中被给予的，而在这个人格共同体中，同时性和（各代人<Generationen>的）后继性（Folge）起初还是未区分的。从伦理上看，这种对其在社群领域一般中的必然成员性（Gliedschaft）的体验是显现在对这个人格共同体的总体作用的共同负责性中；在共同体一般的可能事实性方面则显现在作为内陌生感知（inner Fremdwahrnehmung）的基本行为的追复体验和共同体验、追复感受和相互一同感受（Miteinanderfühlen）中。由于在某一类行为中对可能共同体的意向本质地一同被给予，并且是随这些行为本身的本性一同被给予，所以共同体的意义及其可能实存并不是一个始终只由经验确定才能得出的假定。毋宁说，这个假定就像对一个外部世界和内心世界的假定，它们同样本质地和同样原初地与一个“人格”的意义联结在一起。

在这里要对这个同样原初性给予很大的重视。“共同体”一般的实存，或者说，对共同体一般的设定，既不在伦理学上也不在认识论上与一个躯体世界的实存（或设定）相联结，我相信在我的论同情感一书的附录中已经表明了这一点。这是对以下事实而言的最高哲学根据，这个事实便是：关于共同体和历史的科学在其基本

510 被给予性中不依赖于自然科学以及**它们的**基本被给予性，即是说，前者相对于后者始终是“自主的”。因此，在这些科学中的概念统一构成——无论是同时性的概念构成，还是后继性的概念构成，如家庭、部族、民族、〔民族〕国家、文化圈等等——为了构造自身在任何时间和任何地点都无须进行一种向已经构成了的自然科学的实在统一的回溯，例如无须回溯到地理学的实在统一（领土）和自然科学生物学的人种学的实在统一上去。历史学和社会学应当对此做出更详细的论证。只有一个躯体世界的**相关项**才是必然地包含在社群单位的本质之中。但下面这样一种看法（贝克莱和 J. G. 费希特所持的看法）也是无法成立的，即：一个客观－实在的和本己合法则的躯体世界的实存以及对它的假定只是**建基于**一个社群单位的实存以及对它的假定之上——例如将这个躯体世界假定为对一个社群单位的成员来说能够是同一的并且可认同的 X，或者说，假定为一个义务意识的单纯“质料”，这种义务意识**原发地**导致了对一个共同体的假定[①]。

然而共同体的实存以及对它的设定同样也不——如我们已经表明的那样[②]——建基于一个对象的**内心世界**或一个心理之物的实存或对它的设定之上。理解与共同体验（也包括对他人的内自身感知）必然要将这种对象化排斥出去；但它们却是对每个陌生心理而言的最高认识条件。但本己心理也是在与陌生心理的区分中

① J. G. 费希特在他的自然权利中便是这样来进行演绎。新近在这方面追随他的是胡戈·闵斯特贝尔格。

② 参阅上面提到的〔《论现象学与同情感理论以及论爱与恨》一书〕附录* 以及在《文章与论文集》的“生命哲学诸论”一文中关于 W. 狄尔泰所做的论述。

才构造起自身的。

因此，共同体和历史是在心理物理上中性的概念。

所以每个人不仅在一个背景上觉知到(gewahren)自己，并且始终将自己觉知为某个中心化的体验联系之总体的“成员”，这个总体性在其时间性的延展中叫做“历史”，在其同时性的延展中叫做社群单位；而且每个人自己作为在这个整体中的伦常主体始终也作为“共同活动者”、“共同人”以及作为对伦常重要之物的整体而言的“共同负责者”而在这个总体性中被给予。

在这个无法终结的相互一同一体验(Miteinander-erleben)之总体性中的多重亲历一生活(Er-leben)的中心——只要这些相关的中心完全满足以前被给予的对人格的定义——就是我们应当称之为总体人格的东西。

正如我刚才所说，社群单位的意义就在于：它构成一个永远无法终结的总体性。因此，正如一个有限人格的本质就在于：它是一个社群单位一般的成员；此外，正如所有社群单位的本质都在于：它是一个具体的总体人格的局部凸现——与此相同，每一个被给予的社群单位的本质也都在于：它是一个包含着它的社群单位的 511
成员，而每一种被给予的总体人格的本质都在于：它同时也是一个包含着它的总体人格的成员。所有这些都是严格的先天定律，它们也可以借助于它们的先天性而迫使我们在精神中超越每一个被给予的、实际的和尘世的共同体，即是说，将它们理解为一个包含着它们的共同体的成员。至于这种超越的行为是否会在一个实际的经验中得到“充实”，这对这个“关于……的意识”(Bewußtsein von)的意义和本质来说是无关紧要的。因此，即使是一个臆想出

来的认识论的鲁滨逊，他也会在对某些共同构造出一个人格一般的行为种类的那些缺乏充实的行为之体验中共同体验到他的这种在一个社群单位中的成员状态。[①] 因为这些行为种类并非是在其偶然客体或经验共同物的基础上，而是按其意向本质便已经是实际的行为，恰恰是社群行为，即只能在一个可能的共同体中得到"充实"的行为。例如所有那些被我在上面所提到的那本书中作为真正能够充实和需要充实的爱的种类而区别于所有爱的分异(Liebesdifferenzierung)的行为，这种爱的分异要通过实际被经验的客体的本性才得以进行[②]；但同样，统治与听从、命令、允诺、发誓、共同感受等等，这类行为现在便与具有单个化的(singularisierend)本己行为(自身意识、自身敬重、自爱、良知检验等等)之本质的行为以及与在这两个方向上中性的行为种类(例如判断)相对立。这样我们便可以说：作为个别人格的人格之存在是在一个人格与它的世界以内、在一个特别的单个化的本己行为的本质类中构造起自身的；而总体人格的存在则是在社群行为的特别本质类中构造起自身的。"相互—同体验"这个种类(在与"理解"的关系中仅仅展示着一个变种)中的所有体验的各自总体内涵是一个共同体的世界、一个所谓的总体世界，而它在行为方面的具体主体是一个总体人格。单个化行为和自为体验这个种类的所有体验的

① 更为详细的论述可以参见笔者《论现象学与同情感理论以及论爱与恨》一书(1913年)，第96页以后。*

② 如母爱、性爱、祖国之爱、家乡之爱，但也包括爱人和爱神。它们不依赖于它们的特殊客体以及对这些客体的确定而是本质有别的并且只能在这些客体中得到"充实"或"不充实"。参阅同上书，第73页以后。

各自内涵是一个个别人的世界和一个个别世界，而它在行为方面的具体主体是一个个别人格。因此，每一个有限的人格都“含有”一个个别人格和一个总体人格；它的每一个世界都含有一个总体世界和个别世界：两者都本质必然地是一个具体的人格与世界之整体的两面。所以个别人格和总体人格在每一个可能的具体有限人格以内都还相互间是可联系的，而它们的相互关系则是可体验 512
的。故而，即便是各个总体人格及其世界也不是各个总体人格甚或个别人格所进行的某种“综合”的结果，相反，它就是被体验到的实在。而且，正如总体人格不是某种方式的“总和”或某种方式的人为的[①]或实在的个别人格之集体[②]（或者它们的特性不是个别人格之特性的组合）一样，总体人格也不例如“首先”被包含在个别人格中，总体人格的世界也不哪怕是首先包含在个别人格一般的各个世界之“总和”中。因此也不需要任何一种对一个总体人格之实在的推理或任何一种建构性的“综合”行为。只有在需要查明一个总体人格的特别世界－内容时才可能涉及这些行为。

因而在人格本身之中，个别人格和总体人格得以区分，它们彼此相互联系，并且这一个不以另一个的观念为“基础”。总体人格或社团人格（Verbandsperson）并不是在这个意义上由个别人格组合而成的，即它只是通过这种组合才产生出来；它同样不是个别人格的单纯相互作用的结果或（主观的或对认识而言的）随意总和的综合结果。它是被体验到的实在，不是一个建构构成物，但却是所

① 就像一个统计学的统一。

② 就像星空这样一个集体事物。

有种类的建构构成物的起点。

如果有人问，总体人格是否具有一个不同于并且独立于关于个别人格意识(Bewußtsein-von)的“关于一意识”，那么回答便会指向问题的意义。总体人格当然具有一个不同于“关于”个别人格之“意识”的独立的“关于……的意识”。

只是那些将意识分异一般只是建基于被区分了的各个身体之上的人，或者那些将人格概念建基于一个心灵实体概念之上的人，才会觉得这个命题是悖谬的。[①] 此前就已经指明了这些观点的谬误。但由于总体人格是在各个人格的相互一同体验中构造起自身，并且作为人格而在这种相互一同体验中构成体验的具体行为中心，所以它的关于一意识始终一同被包含在一个作为行为方向的总全的(total)、有限的人格意识中，因此绝不是一个以某种方式超越出它的东西。尽管如此，我们既不能认为，一个特定的、有限
513 的总全人格(Totalperson)也重又必须具有一个它在相互一同体验中偶然体验到的反思意识；我们也不能认为，这个总全人格的体验活动每次都可以包容那个被始终也作为成员而从属于它的总体人格(Gesamtperson)所体验到的总体内涵(Gesamtgehalt)。甚至在这个被体验到的、成员人格和总体人格在其中被给予的状况的本质中就已包含着这样一个特有的意识：这个人格永远无法包容从属于它的总体人格的体验活动的总体内涵。总体人格及其世界在任何一个从属于它的成员人格中都不是完整的，它在每一个成员人格中被体验到，并且被每一个成员人格所体验到，但却是作为

① 一个总体心灵实体当然是一个。

一个在持续、内涵和作用范围方面超过它的东西而被给予。或许每一个总体人格的本质都在于:它拥有作为成员人格的人格,这些人格也是个别人格;但它们作为总体人格的实存及其严格的连续性并不与同一些个别人格个体的实存相联结。后者相对于前者是可以自由变更的并且原则上可替代的;它们通过死亡或者以其他方式从它们的这个成员性的位置上被排斥出去。① 另一方面,这些个别人格个体作为成员隶属于不同的总体人格个体,同一个个体例如隶属于一个国家和一个教会。

也许在人们看来,我们带着这些命题在亚里士多德的学说与首先由伊壁鸠鲁学派所倡导的学说之间的争执中直截了当地站在了亚里士多德一边;前者认为,人作为理性生物在本性上是一个政治的动物(ζωον πολιτικον)②,后者则认为只是契约才构造了共同体的某种形式。然而人们的这种看法只是在否定的方向上才成

① 人们首先要防止:有意地或悄悄地将总体人格本身重又看做一个只是更为广泛的个别人格,并且向它要求一种唯有个别人格才能具备的意识。只要人们这样做了,当然就可以轻易地表明:总体人格不可能具有意识,或者,这种假定所涉及的是一种"神秘的"主张。在这里存在的错误与根据胡塞尔的确切阐述而为贝克莱所犯的错误相似:贝克莱为了证明种类(Spezies)的存在而要求人们想象"一个"既不是直角的也不是斜角的,但却同时是两者的三角形。必须要有特别的单个化行为,个别人格才能被给予——对这个事实的误识很容易导致一种个别人格的形而上学本体(Hypostase),就这种本体而论,倘若一个总体人格没有被错误地当作一个单纯更为广泛的个别人格,那么它当然也就无法重又被获得。

② 当然,亚里士多德的这个命题所表明的也根本有别于在哲学问题上完全外行的历史学家和国民经济学家如此乐于地强加给他的东西,即单纯是对这个(可疑的!)事实的平凡承认:没有个别地生活的人——即使是契约说的敏锐代表也永远不会否认这个事实。亚里士多德的命题意味着:在"人"=一个努斯(νους)之载体(理性动物<anima rationalis>)的本质中包含着:他是一个国家共同体的成员并且自知这一点——无论他在此实际上是否始终愿意作为个别人生活。

立，即我们无论如何必须拒绝契约说——并且是在它的三重可能
514 的意义上：在一种生成理论、一种起源学说和一种准绳学说（Maßstablehre）的意义上，根据最后这种学说，对共同体的规整方式只能按照契约观念来进行评判。然而在肯定的意义上却绝不是说，我们的观点证实了亚里士多德的学说。对于亚里士多德来说，个别人格并不是与总体（Gesamtheit）同样原初的，相反，——根据本质而不是根据历史——它相对于总体是派生的。人格完全就在于，它是一个共同体（首先是国家）的成员，并且相对于它作为这个成员所具有的价值，它不具有独立的本己价值。与此相反，在我们看来，每个人格都**同样**原初地是一个个别人格和（本质上）一个总体人格的成员，而它的作为个别人格的本己价值不依赖于它的作为成员的价值。而其次，亚里士多德并不了解一个总体**人格**的概念。因此，以古代的方式（直至上帝学说），逻各斯、**形式**、理性对他来说要**高于人格**的观念，而且因此国家在他看来也不是自立自主的[①]人格意愿，而是一个民族共同体的形式与遵照法则的理性秩序。但我们即便在这里也仍然坚持：共同体一般的最终基础是在**人格**的观念之中，而且最高的价值不是共同体价值，而是**人格**价值——而在共同体价值**中**的最高价值则是那些为一个总体**人格**所具有的价值。而在这里，处在与个别人格关系中的总体人格并不

① “自立自主的”一词的德文原文是“souverän”，一般的对应翻译应当是“主权的”、“独立自主的”、“无上的”等等。但舍勒对这个“我们的概念”的理解和定义是“存在的独立”和“意愿的凌驾”（参见本书边码第 531 页以及边码第 532 页上的注释）。因此这里和后面特别译作“自立自主的”，相应的名词则译作“自立自主性”，以示区别。——译注

展示着一个普遍与个体的关系的特别变种，相反，总体人格（撇开它的各个概念不论，如国家、〔民族〕国家、教会）与个别人格一样是一个精神个体；例如普鲁士国家。[①] 尤其对我们来说，从伦理学上看，在个别人格和总体人格之间不存在任何原则上的、伦理学的隶属关系，相反，这两种人格仅仅具有对无限人格观念的一个共同的伦理学隶属关系，在这个无限人格中，对所有有限人格而言本质必然的个别人格和总体人格的区分都取消了。因此，神性按其观念就已经既不能被设想为个别人格（这将会是偏一神论＜Henotheismus＞，而非唯一神论＜Monotheismus＞[②]），也不能被设想为最高总体人格（泛神论），而是只能被设想为这个（“唯一的”，而不是多数中的“一个”）绝然的无限人格。

从以上所说已经显而易见的是，并非社群单位的所有种类（只 515
要我们用“社群的”（sozial）这个表达所标识的是仍然最为普遍的和最无分异的人之联合）也都是可以被称作总体人格的统一。

有一种关于所有可能社群的本质单位一般的理论，它的充分发展以及而后在对实际社群单位（婚姻、家庭、民族、〔民族〕国家等

---

① 历史上在基督教（尤其是它关于个体性和每个“心灵”的无限价值的学说，以及通过将每个人格划分为国家与教会这两个基本共同体的做法）与古代共同体思想和社团思想之间所产生的张力才使人们进入到这个问题充分深度之中——这个深度是远远不能用以下两种想法的深度来衡量的：一种是简单地想以某种形式回到古代的国家思想，另一种是想以某种思想在基督教的基地上改造契约说（例如整个加尔文主义都是如此）。

② “Henotheismus”和“Monotheismus”的通常中译都是“一神教”或“一神论”。这是因为“Heno-”和“Mono-”的前缀都来源于希腊文的“一”。但这两个概念有深层的差异：前者是指一种对在诸神中受到偏好的一个神的信仰，而后者则是指对唯一存在的一个神的信仰。所以这里将两者分别译为“偏一神论”与“唯一神论”。——译注

等)的理解上的运用，构成了一门哲学社会学的基本问题和每一门社会伦理学的前提。如在前言中所说，我们想在一部特别的著作中阐述这门学科。在这里所需做的仅仅是：为了这个目的而对总体人格的概念做更深的奠基，至少指明那门社群的本质学说的划分原则以及它们的主要结果。这些原则中的第一个原则就是各种本质不同的相互一同存在和相互一同生活，相关的社群单位的种类便在它们之中构造起自身；第二个原则在于各个价值的种类和等级，社群单位的各个成员在这些价值的方向中“相互”观视，而后根据它们来共同按照规范发挥作用。就像所有非归纳性的本质概念和命题一样，这些本质统一和联系也永远不会在实际的经验被给予性中纯粹而充分地被实现，但它们作为这些经验被给予性的客观可能性的同时前提而服务于对这些经验被给予性的理解。

按照这些划分原则中的第一个原则，我们依据《论现象学与同情感理论》书中，尤其是在附录中的深入的，但还不完全充分的前研究区分以下社群单位：

1.(同时)通过无理解的所谓感染和不由自主的仿效而构造起自身的社群单位。[①] 在动物中它叫做“兽群”(Herde)，而当它在人这里出现时则叫做“大众”(Masse)。即使是大众也具有相对于它们的成员而言的本己实在和作用的本己合规律性。

2.在这样一种共同生活和追复生活(共同感受、共同追求、共同判断等等)中构造起自身的社群单位，即：尽管这个单位成员进

① 关于这个过程的心理学机动程序可以参见上面所说的研究。

行了一种“理解”(针对大众的划界),但不是一种先行于作为不同行为的共同生活的理解,而只是一种在这种共同生活本身之中进行的理解;尤其不是这样一种理解,即在它之中,进行的行为(Vollzugsakte)将每一个人的个体自我存在都共同体验(miterleben)为这些行为的出发点,遑论异己的生物会以某种方式被对象化(针对社会的划界)。我在确切意义上称作“生命共同体”的社群单位的一个基本种类,便是在这种直接的体验和理解中构造起自身的,在这里(如我在该书中所指明的)尤其缺少任何对我的体验(Meinerleben)和你的体验(Deinerleben)的区分,同样缺少在对 A 与 B 的理解中对躯体的表达神情与体验的任何区分。相互一同体验的内涵在“共同体”中是一个真实同一的内涵,而倘若人们想由此来“说明”“关于某物的相互一同体验”这个特有现象、例如关于 A 和 B 的相互一同体验,即:A 体验到这个某物,B 体验到它,并且 A 与 B 除此之外还了解(wissen um)它们的这个体验,或者以单纯“一同体验的”的方式单纯地“参与”对它们的体验,那么这便是一个错误的构想了。[1] 如果人们更多是从相互一同体验的统一行为出发去回看这些(客观的)个体及其体验,那么在个体间的这种相互一同体验、相互一同听、相互一同看、相互一同思维、相互一同希望、相互一同爱和相互一同恨的行为(以及每次都变换不定的结构)便仿佛是作为一个具有本己规律的体验流浮现出来,它的主体便是共同体本身的实在。[2] 因此,在这个“共同体”的基础上, 516

① 参阅笔者《论现象学与同情感理论以及论爱与恨》(1913 年),第 9 页。*

② 只要宗教仍然具有共同体的束缚力,这始终也同时意味着,只要它仍然具有生命束缚力和血缘的束缚力(实际的血缘共同体在这里可以为许多种对此共同体的象征

无须从表达向体验的推理，共同体的成员之间便可以相互理解；无须真理准绳和人为的术语，便可以达到对真理的共同认识；无须允诺和契约，便可以构成一个共同的意愿。

在大众的社群本质阶段上之所以不存在任何凝聚，乃是因为个别个体作为体验在这里根本不实存，亦即不可能与另一个人凝聚在一起，而在生命共同体中则存在着一种特定的凝聚形式，这种形式有别于另一种更高的形式（参见后面的论述）而被称作可代替的凝聚。它产生在这样一个事实的基础上，即个别人的体验尽管是作为这样的体验被给予，但是在进程和内涵方面则以纯粹依赖于总体体验活动变更的方式而发生变更。对于个别人来说，他的体验作为一个个别人的体验虽然在这里被给予，但却是在一个特别单个化的行为的基础上被给予，这个行为可以说是将他从这个共同体体验中切割了出去。这种“凝聚”意味着，每一个自身负责性——就其被体验到而言——都是在对共同体整体的愿欲、行动、作用的共同负责性体验的基础上才建立起来的。正因为如此，根据各种形式所具有的一个固定的、每每变换的、与共同体生命任务的不同领域相符合并随它们的不同变种而叫做种姓制度、社会阶
517 层、尊严、职务、职业等等的结构，个别人原则上按照法则是通过其他个体“可代替的”。

我们还可以在一个共同的感性刺激复合体的基础上借助于联想原则及其派生物来进一步说明大众的统一，而这在生命共同体

化中的任何一种所取代），这个作为家庭单位、部族单位、民族神单位（Volksgotteinhe-it）的共同体主体在历史中所具有的五光十色、变动不居的各个本体（Hypostasien）便会维续下去。

那里是不可能的。生命共同体展示着一个**超单个的**生命统一与身体统一，它与这个生物的每一个统一无论从主体上看，还是从客体上看，即是说，无论以内感知的形式来看，还是以外感知的形式来看，都具有一个（形式的）非机动程序的统一与合规律性。但尽管如此，生命共同体仍然远远不是一个**人格的**统一，即不是一个总体**人格**。然而在它之中肯定包含着同一个目标确定的**追求**和**抵御追求**连同一个特定的结构，这个结构是指以传统的伦常、习俗、祭礼、式装[①]等等的形式对价值与追求目标的不由自主的和下意识的偏好和偏恶的结构，但并**不**是一个目的设定的和能够选择的、统一的和在伦常上完全负责的**意愿**，这种意愿无论如何都属于一个人格。据此，它的**各个价值**——无论是那些被这个生命共同体体验为同一类的价值（尤其是在自然的民族语言中或在它们的特别对话中），还是那些生命共同体是其载体的价值——也就还从属于**物事**价值的类别，而不从属于**人格价值**的类别。

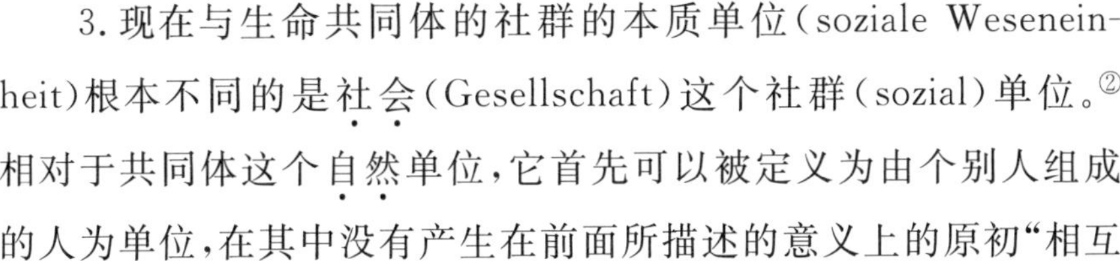

3. 现在与生命共同体的社群的本质单位（soziale Weseneinheit）根本不同的是**社会**（Gesellschaft）这个社群（sozial）单位。[②]相对于共同体这个**自然**单位，它首先可以被定义为由个别人组成的**人为**单位，在其中没有产生在前面所描述的意义上的原初“相互

---

① 这里出现的“式装”是对德文“Tracht”一词的翻译，这个概念在一般情况下被用来表达一种随地区、民族、职业、时代的不同而各有差异的服装。舍勒在随后的脚注中也将它与“时装”（Mode）相对立。——译注

② 费迪南德·滕尼斯的杰出功绩就在于，他首先将生命共同体和社会作为社会学的本质形式加以明确的区分。但上面对这两种本质形式的本质特征描述远远地偏离开他的那些本质特征描述，他的描述在我们看来过多地将先天的东西和历史的东西混为一谈。

一同体验”，毋宁说，个别人之间的所有联结都是通过特别的、有意识的行为才被制作出来，这些行为被每个人都体验为是出自他的在这里最初以体验的方式被给予的个别自我（Einzelich），并且瞄向作为一个“他人”的他人。

就对在“他人”之中所发生的是什么，以及他人所认为、所愿欲的是什么等等的单纯经验而言，在这里得以构造起来的是一个明确的区分，即区分“自身体验”和“理解”并因此也包括区分自身被体验者和被理解者（带有对本己判断的原发保留）以及原发的、被体验到的对在两个不同个别者那里的两个内容的分配；就理解本身而言，得以构造起来的是一个明确的区分，即区分一个躯体的表达神情（它并没有作为在共同体中的躯体的表达神情而被给予）与在他人中的体验，以及一个在此区分基础上建造起来的从自身被体验之物向异己被体验之物（或者说，一个逻辑上具有同等价值的精神过程）的类比推理（Analogieschluß）。但对于一个共同的认

518 识和享受等等来说，得以构造起来的则是某些事先约定的正确与错误、美与丑的准绳（Kriterien）[1]，对于任何一种共愿和共作（Zusammenwollen und Zusammentun）来说，得以构造起来的是允诺的行为和在相互允诺中构造起来的契约的实事领域——所有私法的原构成者的领域。

但是，无论是在伦理上还是在法律上，任何原初的共同负责性在这里都不复存在，因为每个对他人的负责性都更多是建基于单方面的自身负责性之中，每个对他人的某种责任都应当被视作通过对一个特定义务之接受的自由个别行为而产生的。并且在这里

① 所有的准绳哲学（Kriteriumsphilosophie）都在本质上是社会的哲学。*

同样不存在一种真正的凝聚(某种形式的“一人为大家”和“大家为一人”)——既不存在可代替的凝聚，也不存在不可代替的凝聚[1]——，而只存在个别人以及由他们构成的“阶级”(Klassen)的利益(Interessen)的相同性或不同性。但作为整体，社会的社群生物单位不是外在于和超越于个别人的特别实在，而只是一个不可见的有效关系的交织物，这些关系随它们或较明确或较不明确的程度而分别展示着“协定”(Konventionen)[2]、“惯例”(Usancen)和“契约”(Verträge)。据此，在这里并不存在任何东西能够使个别人知道自己是凝聚的。而正如在共同体中的基本观点是毫无根据的信任(Trauen)一样，在社会中的基本观点是对在一切中的一切的毫无根据的和原发的猜疑(Mißtrauen)。但如果一个社会真的“愿欲”某种对它的要素来说“共同的”东西，那么它就只能够(在不借助于其他社群生物单位的情况下)通过虚构和强力来做到。如果事情必须以无强力的方式进行，那么在虚构的制作上，社会的“共同意愿”(Gemeinwille)就必定是所有作为个别人的人的纯粹偶然同一的意愿内容，起作用的就是所谓多数决定原则(因为多数决定还是与〔共同意愿〕这个理想走得最近)。但强力则在于，这个多数决定的意愿受到少数决定的意愿的排挤。

然而另一方面，与那种一同包括未成年人(以及附带家畜)的生命共同体不同，社会是一个成年的和有自身意识的个别人格的单位。因此，人格的统一形式一般在大众和生命共同体中还根本

① 参见后面的论述。

② 因此必须鲜明地区分协定与伦常或习俗，同样鲜明地区分时装(Mode)与式装(Tracht)。第一对(协定与时装)完全属于社会，第二对完全属于共同体。

没有显现，而在社会中则完全显现出来了；但它仅仅显现为个别人格，它在社会中恰恰被视为是与人格相同的——并且被是视为就其本性而言是与适意（社会作为交际）和有用（社会作为文明的载体）这两种不是聚合性的，而是区分性的[①]并且感性相对的价值质
519 性相关的个别人格。但社会的“要素”并不是在前面所规定的个体精神人格意义上的个体，而是天生相同的和具有相同价值的，因为它们恰恰只能借助于它们作为个别人格的形式特征才会作为这种“要素”而成为问题。在它们之中以及在它们的要素之间，区别与价值区别仅仅产生于处在与社会相关的适意与有用这些价值的价值方向上的个别人的不同成就价值（*Leistungs*werte）之中。就此而论，存在着对社会要素而言的这样一个极为特殊的法则：这些要素在形式上（作为个别人）是完全不可代替的，但在质料上（即作为个体）却是绝然可代替的，因为它们原初是相同的。与此相反，在生命共同体以内，虽然每一个个别生物都可以通过同一成员地位（阶层、职务、尊严、职业）的另一个个别生物而被代替，但这些地位本身却永远不能被代替，而且只要这些个别生物在发挥着这些不同地位的作用，它们也永远无法被代替。

但社会结构的这种特殊性并不排斥这种可能，即：在社会之中，个别生物作为个别生物——亦即不是被当做社会的“要素”——自身形成了对其无可比拟的个体性的意识；而且是在这样一种意义上，即这种意识的形成在生命共同体以内是完全不可能

---

① “区分性的”（scheidend）与生命价值、精神价值和神圣价值这些“聚合性的”（sammelnd）更高价值样式相对立。本质上使这些价值“区分开来的”是它们定位了的身体相关性。参阅这部著述的第一部分、第二篇、B、第3章。

的发生的。个体主义原则的实现在纯粹共同体阶段上只是对具体的共同体而言，并不是对个别生物而言；而在（纯粹）社会中则唯独是对个别生物而言。在（纯粹）共同体中，个别生物原发地始终是作为一种相互一同生活或这种生活的一个特定形式的一个 x、y、z 被给予。在社会中，这个 x 地位、y 地位、z 地位是借助于原初内涵而得到充实的，而取代相互一同体验的则是对那个为每个人首先“自为地”体验到的东西的间接相互理解（Verständigung）。据此，在共同体中的所有伦常负责性的处所（Sitz）原发地便是共同体实在的整体（相互一同体验的主体），而个别生物则只是对共同体的愿、做、作用共同负责。[①] 与此相反，在（纯粹）社会中得到实现的是每一个人对他的做的唯独自身负责性的原则。

然而，在共同体与社会（作为社群单位的本质结构）之间存在 520
着完全确定种类的本质联系。最基本的东西在于：没有无共同体的社会（但却可能有无社会的共同体）。因而所有可能的社会都是由共同体一般来奠基的。这个命题既对“相互理解”的方式有效，同样也对共同意愿的构成方式有效。质料的前提，即那些在社会的基地上被用于类比推理、通过它们来确定“他人”的“内心”生活的质料前提，无论是其起源还是其内涵都源自于相互一同体验及其内涵。这些前提不可能重又产生于某些推理之中。[②] 作为意愿

① 所有那些服从凝聚保障（Haftung）原则的风俗、伦常和道德，例如血亲复仇（家庭复仇、部族复仇等等）属于一个以共同体形式为主的伦理。承担责任的作案者在这里是共同体，而它的每一个成员都只是根据其成员地位的重要性标准而是共同负责的。

② 参见笔者《论现象学与同情感理论以及论爱与恨》（1913 年），第 144 页*。

构成的行为以及作为在被允诺的什么这个意义上的“允诺”之观念存在应然，“允诺”具有承担义务的特征，在这个特征中，（前一个）义务的起源并不重又处在其他的允诺行为中（例如对他应当遵守允诺的允诺），而是处在伦常的忠诚之中，这种忠诚植根于这样一个规范命题中：没有新添的、充分的价值根据，一个原初的相互一同愿欲就不会改变；但被允诺之物以及在允诺接纳者方面被接收之物的存在应然一般所具有的基础是在这个作为对一个相互一同愿欲而言的同一之物的内容之存在应然中。最终在契约中遵守相互允诺，这个义务——它是在社会基地上一个统一意愿之构成的基本形式——的根基并不重又处在一个应当遵守契约的契约中，而是处在一个共同体各个成员对存在应然地有待实现之内容的凝聚式的承担义务中。一个无此基础的所谓契约将不是一个契约，而只是对一个契约的虚构。这种东西仅仅是一个瞬间的、假设的意愿准备的表达和陈述，即在别人做某事的条件下做某件事，而那个人却也在陈述这个瞬间的和假设的准备。但在真正的契约中，契约内容（即未来有待实现的东西）绝然地并且不在这种单纯假设的意愿准备的意义上被契约签订者所愿欲，并且“如果 B 做、那么 A 做”这个假设性的约束从属于共同被愿欲的契约内涵，而不是从属于在伙伴方面对它的内容的愿欲。[①] 除此之外，在契约中为两方面所愿之物绝然是作为一个需待实现的东西而被给予的（即是说，既不作为当前的也不作为未来的），并且唯有在做之中的施行才处在日期确定的未来领域中。因此，一如契约原则植根于凝

① 当然必须将有保留的愿欲鲜明地区分于对一个保留的愿欲。

聚原则之中，所有服务于共同认识之社会形式的协定和人为术语，也都植根于自然语言的领域，它们要通过自然语言才能够首先“被 521
构成”，并且它们始终依赖自然语言的意义范畴。[①]

如果我们据此说：所有社会单位（并且是在所有生活领域：宗教、艺术、认识、经济）都奠基于共同体的单位之中，那么这不应当意味着：这些实在的、以社会的方式被统一起来的个别生物之群组也必定会（在另一个方向上）构成一个共同体。这个奠基法则仅仅适用于社群结合状态（Verbundenheit）本身的两个本质结构。但在将这个法则运用于实际状况时，它首先意味着：这个在社会联合体（Verbindung）中出现的个别生物必定在某个时候曾已完全地穿越过了共同体结构的结合状态，而后才会进入到对社会单位而言具有特征性的相互理解和意愿构成这两种形式中。因此，一个 A 为了要与 B 签订一个契约，他并不必须与 B 也处在一个共同体关系中；但他却必定曾在某个时候（例如在他所成长起来的家庭中）与例如 C、D、E 曾处在这样一种关系中，这样他才会认识契约的“意义”。但我们的命题在被运用时其次还意味着：个别的 ABC 或 GG_1G_2 群组的所有社会联结（Verknüpfung）都发生在并且只能发生在当 ABC 或 GG_1G_2 同时从属于一个共同体的更广泛总体 G 时，而这个 G 并不是由例如 ABC 或 GG_1G_2 所组成的，但它或许还

① 在自然象征与人为寓意之间以及在共同体和社会的艺术愿欲和艺术作品之间、在传统的、共同体的、宗教的信仰内涵和教化宗教等等之间，存在着一个类似的关系。但在社会阶段上的共同认识中必须被预设的那些准绳，自己还必须在共同爱智活动（συμφιλοσοφειν）中被共同直观到。否则就需要有一个无限的准绳系列才能将一个命题的自同性确定为准绳。

包含着作为成员的它们。这样，例如一个部族的所有家庭的个别生物便相对于其他部族的家庭的所有个别生物而构成了一个共同体；但它在一个部族本身**以内**却仅仅作为它们家庭的成员而构成一个共同体，并且相互之间仅仅构成一个社会。所以，在与所有其他亚洲文化圈的〔民族〕国家的关系中，“欧洲”这个文化圈的所有〔民族〕国家还构成了一个共同体，它们的成员是对这个文化圈之整体的救赎共同负责的；但这些〔民族〕国家在欧洲以内以及相互之间则仅仅构成一个社会。对于这些以及类似的例子，我们的命题意味着：承担义务的特征以及对个别人或群组相互间所签订的契约的核准，始终都预设了这样一个**更广泛的**共同体整体，这些个

522 别人与群组同时也从属于这个共同体整体，并且这种核准是从这个共同体整体的统一共同意愿中才产生出来的。因此，契约的观念并不是——像人们在反驳契约论时所错误地认为的那样——以国家这个单位为前提，但却肯定是以一个契约签订者所从属的**更广泛的共同体**为前提。

4. 现在，与至此为止所谈及的社群单位的本质种类：大众、社会、生命共同体相区别的，是第四个和最高的本质种类；这一章便是以对它的特征描述为开端的：**在一个独立的、精神的、个体的总体人格“中”的独立的、精神的、个体的个别人格的单位**。这个单位同时也就是我们曾做出如下主张的那个单位，即：它并且唯有它才构成真正基督教共同体思想的**核心与全新之处**，并且在这里可以说是首次得到历史的发现——这个共同体思想以完全独一无二的方式将个体的（在创世论意义上被理解的）“心灵”与人格的存在和不可取消的自身价值（对立于古代的社团论和犹太人的“民众”思

想)与建基于基督教爱的观念之上的所有人在基督教实体中的救赎凝聚思想(对立于所有单纯社会的、否认着任何伦常凝聚的“社会”伦理)联合起来。

在这个阶段上,每一个有限人格同时都是个别人格**和**一个总体人格的成员,而一个(在其完整的本质中也被认识为)有限人格的本质绝然在于:应当**是**如此,并且也应当将自己**体验**为如此。因此,无论是为之一负责性(Für-verantwortlichkeit),还是在先一负责性(Vor-verantwortlichkeit),在这里都是一个**本质上**具有完全不同朝向的负责性。在生命共同体中,共同体的实在是**所有**责任的载体,而个别人则只是对这个共同体**共同**负责的;在这里则鲜明地有别于生命共同体,每个个别人和总体人格在这里是**自身**负责的(=对自己负责的),但同时,正如每个个别人是对总体人格(以及对在这个总体人格“中”的每个个别人)**共同**负责的一样,总体人格也是对他的**每个**成员共同负责的。 765 因而共同负责性(Mitverantwortlichkeit)是在个别人格与总体人格之间的一种**相互的**共同负责性,并且同时并不排斥这两者的自身负责性(Selbstverantwortlichkeit)。但就在先一负责性而言,**既不**存在像在生命共同体中那样的先于总体人格的个别人格的最终负责性,**也不**存在像在社会阶段上(多数决定原则)那样的先于个别人(或这些个别人的总和或多数)的总体的最终负责性。然而,**无论是**总体人格**还是**个别人格,都是先于人格的人格、先于上帝而负责的,而且这**既**是就其自身负责性而言,**也**是就其共同负责性而言。但是,在纯粹社 523 会阶段上消失殆尽、在纯粹生命共同体中却**独自**主宰着的凝聚原则,还在另一个方面接受了一个新的意义。它从一个**可代替的**凝聚原则变成一个不可代替的凝聚原则：个别人格对于所有其他个别人格来说不仅是在总体人格之“中”并且作为它的成员是作为一个职务、一种尊严或在社群结构中的其他一个地位价值之代替者的身份而共同负责的，而且它也是，甚至首先就是作为独一无二的人格个体和在前面所规定意义上的一个个体良知的载体而共同负责的。所以，在这个阶段上，每个人在对他的伦常自身检验中都不仅要自问：倘若我自己作为在社群结构中的一个代替者做出不同的行为举止，那么在伦常的正价值的东西上可能会产生些什么并且在世界上的负价值的东西上可能会消除些什么；而且我还要自问：倘若我自己作为精神个体更好地看到了或更多地愿欲了和实现了“为我的自在的善”（在前面所规定的意义上），那么在伦常的正价值的东西上可能会产生些什么并且在世界上的负价值的东西上可能会消除些什么。即是说，除了普遍有效的自在的善以外还有个体有效的自在的善，这个命题根本不会排斥凝聚原则，毋宁说，它把凝聚原则引向这个原则所能采纳的最高形式。

因此，在这个意义上的凝聚原则对我们来说是一个有限伦常人格之宇宙的永恒组成部分，并且可以说是它的一个基本教义（Grundartikel）。唯有通过它的有效性，整个道德世界——无论这个世界在空间和时间上伸展得有多远（伸展到地球上以及被发现的与未被发现的星球上），无论它的区域的延伸超出这些此在形式有多远——才会成为一个巨大的整体，这个整体会随着在它之中的每一个哪怕最小的变化而作为整体上升和下落，作为整体在它的存在的每一个瞬间中都具有一个独一无二的伦常总体价值（一个总体善和一个总体恶、一个总体罪责和一个总体功绩），它永远不能被看做是在个别人中的恶与善的一个可能总和，永远不能被看做是他们的罪责和他们的功绩的总和；但每一个人格——无论是个别人格还是总体人格——都按照它们特别的、独一无二的成员性而分有这个总体价值。如果我们想象某种像一个世界法庭一样的东西，那么在最高法官面前没有人会单独受到听证：他们必须所有人一起在一个行为的统一中对这个最高法官进行答辩，并且他们必须所有人一起在一个行为中被这个最高法官的耳朵所聆听。在他没有一同听到、一同理解、一同评估所有人之前，他不会对任何人做出判决；而且他会在每一个人中一同判决整体，一如他在这个整体中一同判决每一个人。[①]

然而。这个伟大而崇高的原则究竟是建立在哪一种本质基础上的呢？[②] 最终是建立在这样两个命题上：建立在这个已经强调 524
过的命题上，即：——尽管在特定人格与其他特定人格之间的经验实在联系具有实在的和就所有本质的合规律性而言偶然的原因——人格一般的共同体属于一个可能人格的明见本质性，而且这些共同体的可能意义统一与价值统一也具有一个先天的结构，这个结构原则上不依赖于它们的实在实现的方式、程度、场所和时间。这是使伦常凝聚首先得以可能的基础。但使它成为必然的东

① 这句话的原文是"und in jedem würde er das Ganze ebensowohl das Ganze in jedem mitrichten"，明显是一个无意义的重复，似有误，实应改为："und in jedem würde er das Ganze ebensowohl in dem Ganze jeden mitrichten"，故据此而有以上中译。——译注

② 以下参阅笔者在《论现象学与同情感理论以及论爱与恨》(1913 年)第 65 页及以后各页上的阐述，此外参阅笔者《文章与论文集》中的论文"道德建构中的怨恨"，第 217—274 页。* 由于笔者不希望重复，因此请读者注意这些在这里被预设的段落。

西，乃是关于所有在伦常上至关重要的行为举止方式的（直接的和间接的[①]）本质的对立性（Gegenseitigkeit）和对立价值性（Gegenwertigkeit）[②]的形式命题，以及那些关于社群行为的基本种类之间的本质联系的命题。无论是对立性还是对立价值性，都根本不建基于这些行为的偶然实在性之上，也根本不建基于进行着这些行为的特别人格之上，同样还不建基于这种对立性在其中获得其实在的实在机械程序与实际转递形式的现存之上。它更多是处在作为本质行为的爱、敬重、允诺、命令等等这些行为的观念意义统一之中；要想构成一个意义统一的事实组成一般，这些行为就需要有那些作为观念的存在相关项的回敬重（Gegenachtung）、回爱（Gegenliebe）、假定、听从等等。这些以及类似的命题是不可能以归纳的方式得出的，这是出于两个原因：其一是因为它们同时已经是对这些行为的一种可能理解（因而也是对它们的所有实际发生的归纳研究）而言的前提，其二是因为以归纳的方式对它们的建基远远无法达到人们对归纳命题所做的要求。对一个爱的可能理解，例如对指向我的一个善良行为的可能理解，至少隐含着对在这个行为本质中包含着的对回爱的要求的共同体验，这种共同体验（无论是作为现实的回爱，还是作为对回爱之实行的实在的、被其

① 由于在统一有限人格之本质中的个别人格与总体人格的同时起源性，前面所提到的本己行为（自爱、自身完善、自身幸福等等）也“间接地”具有这种本质的对立性和对立价值性，正如另一方面所有社群行为（最终）也“间接地”具有一个与自身神圣化和自身腐朽化的本质关系一样——在这两者情况中并不必须并且并不可以包含着一种对共同体和本己自身的意向。

② 这里和后面的“gegen-”前缀带有“对立的”、“相反的”、“回应的”等多重含义。这里和后面的翻译只能勉强顾及其中的一个含义。——译注

他动机所干扰的倾向，还是仅仅处在一个单纯以感受的方式被表象的[①]回爱中）是在心灵上（seelisch）得到实现的。我说：对此行为的单纯理解隐含着这一点。谁看不到这一点，谁也就不会仔细地 525
去看这个体验。即使我会拒绝去敬重那个敬重我的，并且我也理解其敬重的人，即使我会回拒给那个被觉察到的爱以回爱，回拒给那个被理解的命令以顺从，回拒给那个允诺以接受——我都必须以某种方式对此做出“拒绝”（versagen）和“回拒”（verweigern）；但我却无法做到尽管理解他的意向却仍然做出如此的行为举止，就好像根本没有任何事情发生一样。也有可能是那个建立在一个被体验到的对应行为的要求之上的爱和敬重的对应行为始终只是行为萌动，或者，它在进行后切中的是一个空位，在这里没有一个与它相符的其他人格的价值被给予。而后，尽管有他的敬重和爱，我却仍然不“能够”爱和敬重这另一个人。然而这样一来，这个倾向或这种不能够或这个对应意向在一个陌生价值中的不充实便也被体验为某种肯定的东西。这当然丝毫不意味着：在敬重与爱中本身中包含着一个对回爱（Gegenliebe）或回敬重（Widerachtung）的意向，或者包含着一个在此意义上的假设的、有保留的行为进行：如果你爱我或敬重我，我便敬重你、爱你。这恰恰会甚至是明见地排斥掉真正的人格之爱与人格之敬重，而另一方面对这些意向的看（Sehen）则甚至会毁灭对回爱和回敬重的要求体验。唯有在作为爱的爱的意义中，而不是在主观的意图和（在A和B中可能伴随着它们的）期望中，才包含着对回爱的要求，而且在对这个意义

① 关于所谓感受表象（Gefühlsvorstellung）在前面已经做过论述。*

的单纯理解中包含着一个回爱的行为萌动，若没有它，那么连对这种爱的理解的体验**质料**都不会被给予。类似的东西当然也适用于具体的、否定的恨与蔑视的行为，只要这些行为出现。但仅**此事实组成**就已经论证了这种行为的每一个（在其他情况下可变更的）载体对于对应行为的（在其他情况下可变更的）载体之伦常价值与非价值的共同负责性。谁爱着，谁就不仅实现着一个自在的正价值本身，而且也在同等条件下（ceteris paribus）在他的对方（Gegenüber）身上实现着一个这样的行为价值。即便是回爱也**作为**爱而承载着爱的肯定的行为价值。[①] 但是，谁放弃一个观念所应的（ideal gesollten）、与人格的**值得**爱的状态[②]相符的爱的行为，谁也就对那个包含在正价值之不存在[③]中的负价值承担**共同责任**——因此也就不仅仅是对他的行为之放弃承担自身责任。但在这里还要加上另外一点：一个同样已经被强调过的命题才赋予这个凝聚原则以其**展开**的**整个**充盈。由于精神人格作为它的行为进

526 行的具体行为中心与这些行为并不处在一种像一个不变的实体与它的各个变换的特性或活动一样的关系中，也不处在一种像一个集体与它的各个成员或一个整体与它的各个可相加的部分一样的关系中，而是处在像一个具体的东西与抽象之物（Abstraktum）[④]一样的关系中；由于这整个人格是存在于并生活于它的诸多行为

① 即使它作为反应行为不具有与自发的行为同样高的行为价值。关于价值级序参见这部著述的第一部分、第二篇、B、〔边码〕第 118 页。

② “值得爱的状态”是对德文“Liebenswürdigkeit”的直译。这个词通常被译作“可爱”。但舍勒在这里特别突出它所含有的价值“würdig”含义。——译注

③ 参见在这部著述第一部分、第一篇、〔边码〕第 48 页上的形式公理。

④ 参见在这部著述第六篇、A、第 3 章中所做的陈述。

的每一个行为中，但却并不化解在这一个行为或它们的总和之中，所以也就不存在这样一个行为，对它的进行会对人格本身的存在一内涵无所改变，并且也不存在这样一个行为价值，它会不在其人格价值中增长或减弱、上升或下降、肯定或否定地继续进行着规定。在每个具有伦常正价值的个别行为中，对相关种类的行为的能然（Können）在增长着，或者，我们称之为人格德行的东西在生长着（并且完全不同于对属于相关德行的行动的习熟与训练），即是说，被体验到的对所应之善的强力在成长着。而通过这个中介，每一个伦常上至关重要的行为都回握到（zurückgreifen）人格本身的存在与价值之上。但这对我们的问题来说便意味着：并不是在偶然的原因和状况中，而是在实事的本质中包含着：在 B 对 A 的回爱中所隐藏的德行价值或它的人格价值的增长价值不仅仅对 A，而且也对任意的人格 C、E、D……X 都存在，并且能够成为有益的；而且 A 也为这个情况的发生或不发生而承担原初的共同责任；而这完全无须去顾及由 B 为 C、D、E……Z 在空间和时间中所带来的那些偶然原因。在回爱中富于爱的人，或者说，在回恨（Gegenhaß）中充满恨的人，在同等条件下（ceteris paribus）也对所有可能的“其他人”是如此——而且这乃是根据本质法则，而非根据经验联想的规则。[①]

① 在《论现象学与同情感理论以及论爱与恨》一书中* 笔者此外还指明：无论是这种精神的爱的行为本身，还是真正的爱的种类，都不是本能冲动或经验偶然的感受状态的一个生成产物，本能冲动更多只具有对那些成为爱的或爱的种类的实际对象的偶然实在之客体而言的一个挑选的意义；与此相符，在其中爱及其各个种类的客体范围逐渐展开和扩张（家庭、部族、民族、〔民族〕国家等等）的那个实在历史也只“充实着”不是从它之中作为实在历史而产生出来的原初目标意向。第一点给凝聚原则造成这

527　如果考察一下社群单位之最高形式这个观念——作为各个个体独立精神的个别人格在诸多同样是个体独立精神的总体人格中的一个凝聚的爱的王国(相互包容的总体人格以及个别人格和总体人格一般,但仅仅包容在神之中)的观念——与生命共同体和社会的这两个观念的关系,那么就会得出,生命共同体与社会一样,两者作为社群单位的本质形式都隶属于这个最高的本质形式,并且它们的使命就是服务于这个最高形式及其显现——而且是以不同的方式。尽管这个社群单位最高形式的观念并不展示着一种对生命共同体与社会的单纯综合,但在它之中,两种本质特征都一同被给予了:独立的、个体的人格,如在社会中;凝聚与实在的总体统一,如在共同体中。正因为此,只有当人们不是将这两个形式中的一个形式误作最高的形式来衡量另一个,而是用那个独一无二的实际最高形式来衡量这两种形式,那么人们在“社会形式和共同体形式对达到最高的伦常理想一般意味着什么并且为此做了什么”这个问题上才能正确地对待这两者。在近两个世纪曾流行过的哲学、伦理学和社会学流派上可以看到,第一种操作方式究竟导致了哪些失误。从误作最高统一人格的社会的立场——这个立场几乎为 18 世纪的整个哲学和康德所采纳,也为实证主义者如 D. 休谟、

样的结果:不仅是自在地坏的根的行为(Haßakt),而且爱的行为(Liebesakt)的缺失,也在决定着对所有发生的恶的共同负责性——而这是先于任何一个对在恶的实现上的哪怕只是实际和间接的共同作用之可能性的经验证明。但这些原理同时会成为准则,它们使我们有义务一再地去重新探寻:只要我们有另外的行为举止,那么在世界上就会有哪些恶的事情不存在和不能发生。第二点对凝聚原则具有这样一个重要的结果:它的意义和它的有效性并不是通过历史以及共同体的变换才以某种方式在实际的接触中被制作出来,而是仅仅在历史中——残缺不全地——被充实,但这个原则本身却是所有可能历史和可能共同体的一个伦常先天。

孔德和斯宾塞有意识地或较少有意识地采纳——出发，**生命共同体**（以及从属于它的伦理）仅仅显现为一个**较原始**的社会发展形式，而不是一个**持续**的人类联结的本质形式，在这个本质形式中，一个特定等级的本质价值社群地展示出自身，并且**能够**单独地展示出自身。作为社群单位的一个本质种类的共同体这个特有种类在这里根本没有被把握到，而且，在它们看来，不仅一个时而是有意识地签订的、时而是——例如在 D. 休谟那里——自动制作起自身的契约会使所有社群的精神构成物（国家、经济合作、教会、法律、伦常、神话、语言等等）的起源（即产生**形式**，而非实证的、历史的产生）为人们所领会，而且在它们看来，那种将此类现有的构成物“视为”是以契约方式产生的想象也会构成对合理秩序及其继续构成之评价的一个**标准**。[①] 相反，如果生命共同体的人类联结之此在形式连同**它们**的伦理都成为“最高的”和在起源上基础性的形 528 式，就像在老的和新的浪漫派学说（精神科学的“历史”学派）中以 773 各种形式发生的那样，那么**社会**同样不会显现为一个可能社群单位的**持续**本质形式，在这个本质形式中，一个特定等级的本质价值展示出自身并且能够单独展示出自身，就像在第一种情况中的生

① 笔者在《论现象学与同情感理论以及论爱与恨》一书的附录中指明：常常主宰着那种哲学的关于个别人格的点状（模仿原子的）心灵实体的学说以及与之密切相属的关于作为对异己人格的实在设定之根据的类比推理学说如何最终承载着这个观念组构（Ideengefüge）。* 关于伦理学中的唯独自身负责性学说、为了“每个心灵与它的上帝”的原发基本关系而对作为一条（无论是历史的还是同时的）通向上帝的**凝聚**道路之形式的教会观念的化解、在国家契约的基础上（和平伦理主要是社会伦理、战争伦理主要是共同体伦理）一种“永久和平”的理想构成、在教育上片面的、通过对个体的“启蒙”来进行的智识教育、自由竞争的经济体系以及许多其他这类东西，都是这些错误原则的严格**结果**。

命共同体一样。于是，社会便显现为单纯的瓦解现象，亦即重又显现为生命共同体的一个单纯的历史生成时期。而倘若这个预设果真是正确的，那么这事实上也就会是社会的此在和它的伦理的形式。这里的情况完全与我在其他地方所指明的在生命组织善业、机械程序的工具善业和文化善业（最终是救赎善业）之间的价值状态相类似。[①] 用生命的器官善业（它同样不能被回归为国家善业，就像生命不能被回归为机械程序）来衡量，工具善业仅仅显现为一个可怜的替代品并同时显现为生命发展之固定的结果或将发展价值（Entfaltungswert）隶属于保存价值（Erhaltungswert）的结果——即显现为弊端（Übel）。相反，在与文化善业的关系中，工具善业作为精神与个体人格为了从那些内在于它们的目标方向方面解脱与解放出来〔所需〕的手段而是一个正价值的善业。与此完全相同，社会及其伦理从生命共同体及其伦理的立场来看是一个负价值的单纯瓦解现象，相反，它却自身展示为一个可能的精神人格共同体在一个作为它不可避免的本质条件的总体人格中的本质共同基础（Wesensmitfundament），并因此而自身展示为肯定的社群本质价值。故而18世纪的浪漫派的方向和理性主义（以及“自由主义”）的方向在同样程度上误入了歧途。它们的两方面的迷误在这里首先具有两个共同的组成部分：忽略了可能社群单位的最高形式，并随之而忽略了所有其他形式对于这个最高形式而言的最终隶属特征和手段特征——亦即这样一个错误的意见：生命共

① 参见在笔者《文章与论文集》（1915年）第一卷中的论文“论人的观念”，第345页。相反，笔者在“道德建构中的怨恨”论文的“器官与工具”一章中对这同一点的阐述则显得片面，因为文化善业没有被涉及。

同体和社会所涉及的仅仅是偶然历史本性的程度各异的发展时期，而不是所有可能社群联结一般的本质不同的必然持续形式，这些本质形式必须在实在具体的人类社群单位（Sozialeinheit）的每一种类中作为因素而得到区分。[1] 529

但实际上，所有在历史上事实性的发展都是通过这种社群单位的本质性及其本质关系而被设定了一个严格的界限。并不是从这个“发展”中才产生出它们，而是所有发展都是根据它们并且在它们的范围内才发生的。在这里，历史上可变更的东西始终只是大众、共同体、社会、总体人格的特别内容、这些形式与实际群组以及它们变换不定的范围、它们的属性、它们的人的质料（Menschenmaterial）的结合、对它们的特殊的、各次流行的看法、一个实证的历史构成物——如基督教、欧洲经济方式——对这些形式的穿越（Hindurchgang）。然而它们自己则与一个感性－身体－精神生物一般与其同类的社群统一的观念相符合，对于这个观念来说，甚至连实际的人的本性（*Menschen*natur）也仅仅构成一个“特别的事例”。同样，并不是有一种实在的发展在这些形式之间发生，就好像人首先是进入大众形式或人群形式，然后进入共同体形式，最后进入人格共同体形式。[2] 毋宁说，在某种程度上，所有这些形式以及与它们相应的伦理都处处是并且始终是同时在各种不同的混合中现存的；而这可以使我们得出一个并不是后继性

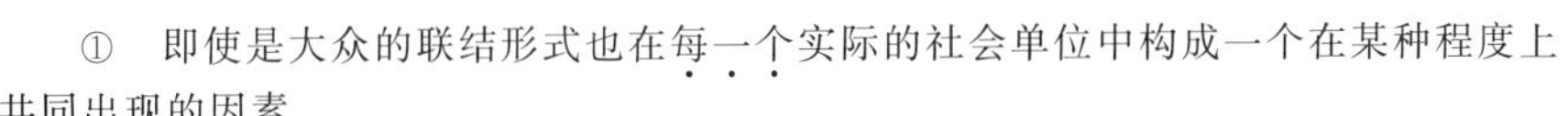

① 即使是大众的联结形式也在每一个实际的社会单位中构成一个在某种程度上共同出现的因素。

② 就像 H. 斯宾塞在他的社会学中——除了我们这些形式中的最后一个不为他所知的形式以外——所预想象的（vorphantasiert）那样。

(Folge)的法则，但却是在各个后继的时期中的秩序的法则：某些实证确定的历史的总体构成物在同等条件下(ceteris paribus)指明一个趋向：在主要的大众(人群)此在、生命共同体此在、社会此在和人格共同体此在的方向上穿越这些形式。与此相似，可以指明每个具体历史的群组志向都是由无伦理的、不负责的大众行为举止、共同体的伦理、社会的伦理、人格共同体的伦理这些理想类型的形式混合而成的。即是说，与福利和高贵的价值种类(生命共同体所具有的正价值)的善业(Güter)的特别相关性、与适意和有用(作为社交＜Geselligkeit＞与文明社会的社会所具有的正价
530 值)的善业的特别相关性、与精神价值和神圣的价值种类(人格共同体在其文化共同体和宗教共同体这两个基本形式中所具有的正价值)的善业的特别相关性，它们处处并且始终在某种程度上和在某种秩序中现存。变换不定的仅仅是这些共同体形式的实在主体、充实着这些共同体形式的群组的大小、这些价值种类在其中展示自身的善业世界、群组共同体的组织，以及如此等等。

如果生命共同体与社会这两个形式最终都服务于精神的人格共同体，那么这也就适用于这些形式的伦理所具有的那种被赫伯特·斯宾塞称作主要是战争的(状态)和主要是和平的(契约)差异；按照他的基本见解，在这两者中，前者必定会明显地先于后者而消失。根据我们的看法，由斯宾塞所假定的这个从状态(共同体)到契约(社会)的发展方向并不存在，因为这两个形式是人类每个实际社群单位划分所具有的同样本质的因素(并且是为第三种形式服务的)；据此，我们在所有时代中都可以期待这两种人类伦理形式的特有混合，以及它们在其中首先和最纯粹地得到表达的

战争状况与和平状况的有节奏交替。

在斯宾塞的构想上只有一点是真实的：欧洲近代的伦理相对于中世纪伦理和其他同时代文化圈的伦理而言在所有特别的价值领域（宗教、国家、经济等等）上都是一种**社会为主的**伦理（vorwiegend gesellschaftlich Ethos）。但同样确定的是，此外还有可见的痕迹表明：在体验中和在理论中一样，与这个伦理相争执的**凝聚原则**在这个社会为主的时期（vorwiegend gesellschaftliche Periode）所提供的基地上，既在总体人格中的个别人格的相互间关系中，也在包容着它们的总体人格中的各个总体人格的相互间关系中获得**新的实在**。[①] 这里不是对这些痕迹进行经验探讨的场合。只是，如果人们期待可以从这里所构成的这个新东西出发，简单地返回到主要是生命共同体的伦理上去，那么我们就要把它看做是一种与赫伯特·斯宾塞的迷误同样深层的迷误。我已经指明，立足于客观世界秩序之中的人类的**一个**伦常总体理想的展示不仅会**允许**不同的伦理形式，而且还必然地**要求**不同的伦理形式，而且这种不同性必定会既在同时性的维度上（作为民族、〔民族〕国 531
家、文化圈的不同伦理种类），也在后继性的维度上（作为所谓时代精神的不同伦理形式）表达出来。于是，或许在这里我们也可以这样认为：在西欧近代范围内的那个主要是社会的伦理的现象中可以看到的，并不是一段曲线，即一段人们可以根据那个寓居于他之中的斯宾塞式的方向法则而随意地并且对全人类都有效地加以延

① 关于工人运动参阅爱德华·伯恩斯坦的《现代工人运动》（“社会”集）。对这个涉及我们时代的实际趋向命题的证明属于另外的语境。

长的曲线，而只是人类的一个（相比较而言较小的）部分——相对于主要是生命共同体的伦理的其他历史时期——所暂时展开的一个特别的偏好方向（*Vorzugsrichtung* der Entfaltung）：一种对人种的伦常总体工作的世界史划分的现象，这个伦常总体工作的最终结果将会是一个特有的东西，并且是一个比至今为止为世俗的眼睛所看到一切都更大的东西。*

我们曾仔细地区分了一个共同体的实在一般与一个总体人格的实在。但是，将一个总体人格与其他非人格的共同体实在区分开来的最普遍的标记是什么呢？这些标记首先是一个精神的行为中心的统一——而非首先是一个场所（领地）的统一，或一个时间（传统）的统一，或一个出生（血缘）的统一；也不是一个总体目的的统一，对这种目的的设定始终已经将一个这种行为中心连同其特殊价值和特殊目标预设为实存的（existent），并且这种设定根本不会规定任何总体实在；但总体人格其次——为了是总体人格——是指向所有样式（modal）价值都具有的基本种类本性的善业，而不仅仅是指向在它们之中的一种在某个与其个体性相符的秩序中的善业。因此，在总体人格中包含着：相对于所有那些局部的、即仅仅指向一个价值种类的社群单位，无论是社会的社群单位还是生命共同体的社群单位，总体人格都拥有那种被称作自立自主性（Souveränität）的存在之独立和意愿之凌驾（Überordnung）。只有当它在这个意义上是自立自主的时，它才是一个带有特有的总体－价值世界及其特有的层次划分的真正人格。但是，总体人格的这个自立自主绝不排斥这一点，即：它“只对上帝”负责，或者，它不仅具有在自立自主性中所包含的相对于那些局部种类的社群单

位的自由与自律的实存以及意愿规定的标记，而且也具有相对于所有其他真正总体人格而言的这类标记。由于每个总体人格就其本质而论毋宁说都始终也是一个包含多个总体人格的总体人格之成员，因而它更多是始终对这些其他的总体人格共同负责的。它甚至（撇开局部的社会单位不论）连对具有同一个成员种类——即 532
它对其共同负责的那个成员种类——的总体人格都不具有自立自主性，遑论对那些包含着这些总体人格的总体人格，它对这些总体人格是共同负责的，而且除此之外，它还是先于它们而负责的。[1]它究竟在何种程度上可以在一个法庭面前受到审判，这一点在这里当然是无关紧要的，因为甚至连法律的负责性都会以某种方式依赖于这样一个法庭的此在，遑论伦常的负责性了。

如果就此而论并且仅仅就此而论每个总体人格都是自立自主的，那么它的自立自主所指的便是：在任何时候都凌驾于（worüber）一个或多个生命共同体、一个或多个社会的单位之上。生命共同体和它的关系方式原则上与身体和个别人格的关系方式是相同的，生命共同体甚至可以叫做总体人格的总体身体。无论总体人格的这样一个身体自身如何划分，我们都永远不在向它的

---

① 一个与我们这里的自立自主性（Souveränität）概念相对立的主权（Souveränität）概念——首先被运用在国家上——主张一种“仅仅在上帝面前”的“主权的主体”的负责性（也符合俾斯麦的话“我们德国人畏惧上帝并且除此之外不畏惧世上任何人”），或者否认任何“责任”，因为它甚至要通过对主权的主体的设定才能使那些善的和恶的、神圣的和不神圣的等等东西“被创造出来（erschaffen）”（托马斯·霍布斯）；这种主权概念首先是通过约翰内斯·博蒂努斯而得到表述的，然后被托马斯·霍布斯抬高到了极端。正如我们的情况所轻易证明的那样，这个主权概念仅仅表明一种将唯独是社会的伦理运用在总体人格（在这里是国家）上的做法。

最简单的单位[1]的进程中达到个别的人。毋宁说，个别的人，以及某些个别人的群组单位，始终都是完全缺乏一个总体实在标记的社会才具有的要素。社会总是要通过它的要素所属的那些生命共同体（以及它们的特殊组织）的中介才隶属于总体人格，而且并不是以无间（unmittelbar）、直接的（direkt）方式。社会的“目的”和“利益”首先是以完全独立于总体人格的方式隶属于它们的要素所属的生命共同体的增长与福利、发展价值与保存价值。只有当问题关系到在一个总体增长和总体福利的观念中对这个特别从属于此总体人格的生命共同体的增长价值和福利价值（作为“它的”身体）进行协调时，总体人格的任务原则上才会开始。[2]

因此，我们在一个总体人格的本质标记下发现，它——自己就
533 是一个具体的、精神的行为中心——必定是既包含着所有价值种类的善业，也包含着具有社群单位所有本质形式的实际社群单位。然而从这里并不能得出：只可能有一种总体人格。以上所说的仅仅意味着：按照等级，在社群单位一般之中的超生命的（*über*vital）总体价值只有归派给总体人格，即是说，既不被归派给社会，也不被归派给生命共同体；而且总体人格是以某种方式朝向所有的价值种类的，并且必定具有关于它们的一种特有意识和对它们的一种顾及（Rücksicht）。然而以上所说还并没有决定：哪些价值主要是转交给一种总体人格去实现的。但后面所说的这一点论证了在总体人格的观念中一个仍然可能的本质分异（Wesensdifferenz-

① 在这里并不需要决定，这个基本单位究竟是什么，家庭还是婚姻。

② 这个命题论证了生命共同体对在处在它的空间中的社会的利益对立进行自身管理的普遍原则——这里无法做出更为详细的指明。

ierung)。

然而，在精神价值中对这种分异之权利(Recht)的论证就不那么轻而易举，因为对于所有外部行动和所有善业分配——质料的价值种类也隶属于它们——而言还存在着并且还应当存在着一个法律(rechtlich)秩序。因此，所有总体人格和总体人格种类原则上都可以成为一种成文法律制度(die positive Rechtsordnung)的设定者和管理者，但这种法律制度——即使它是公正的——必须满足那些为所有可能法律奠基的本质定律。①

可是，与以前曾划分的在其特殊变种中作为总体价值的精神文化价值以及作为总体救赎、作为有待实现的基本价值的神圣之物的价值相符合的，首先是两种不同的总体人格：与前者〔精神文化价值〕相符合的是文化的总体人格，它事实上(de facto)可以是〔民族〕国家或文化圈；与后者〔神圣之物的价值〕相符合的是教会的总体人格。唯有这两种总体人格才可以叫做纯粹精神的总体人格。

国家却不可以叫做纯粹精神的总体人格。单就因为国家并不行使所有本质种类的精神行为，而是纯粹自为地看仅仅是精神总体意愿的一个最高中心，并且是对一个自然生命共同体(民族)或多个这样的生命共同体进行统治之意愿的一个最高中心，国家就已经不代表一个具体、完整的人格了。这个统治意愿所指向的那些价值就在于：

① 国家是成文法的唯一源泉，所有通过社团、通过教会等等进行立法的权利都必须被理解为只是从国家借来的——这些都只不过是一个党派原理，它既不在哲学上也不在历史具有任何意义。

1.设定并实现一个对隶属于国家的生命共同体而言的成文法律制度(立法与裁决);

2.促进、规整和调控它所统治的那些生命共同体以及共同体
534 的生命善业生产的自然的、在深度和广度方面的增长(实现"发展价值"),亦即通过一种军事组织来进行广度方面的增长、首先通过在质量上和数量上的人口政策与健康政策来进行深度方面的增长;

3.保存并促进共同体在外部和内部的总体福利("防卫"共同体受到攻击,并且管理共同体)[①]。

在这三种善业种类可以回溯于其上的那些价值种类中,即在法律价值、权力价值和福利价值中,唯有法律价值具有纯粹的精神本性,而其余两种则具有生命本性。固然,在对与后者相符合的善业世界的实现秩序中,国家始终是一个精神的意愿主体,它自己本身并不具有价值。但它在完成所有这些属于它的基本任务时所依据的伦理却并非原初地产生于它本身之中,而是产生于那些位于它之后并在某种意义上位于它之上的精神总体人格之中,直接地是产生于位于它之后的、它所从属的〔民族〕国家或文化圈的文化人格性之中,间接地是产生于宗教教会单位的总体人格之中。唯

---

① 我们不认为国家按其本质具有一个实现"文化"的积极任务。它例如在由它所组织的学校和教育(较低的和较高的)事业中所需要做的事情,一部分可以被纳入到对所有隶属于它的共同体的行动方向而言的法律设定(Rechtssetzung)的任务中,一部分可以被纳入到对总体福利的保存和促进的任务中。在严格意义上的精神文化方面,国家只具有这样一个消极任务:保存精神文化的可能性条件并且在内部和外部抵御那些敌视文化的力量。创造文化的力量处在〔民族〕国家和个别人之中,而不处在国家之中。

当〔民族〕国家(Nation)与国家(Staat)达到一致，以至于〔民族〕国家就是那个为国家(而不是像在一个所谓的国家民族中的民族国家＜in der sog. Staatsnation der Staat der Nation＞那样)提供本质统一和界定的东西，这时才会跃出一个完善的[①]精神总体人格的观念——民族国家(Nationalstaat)的观念，这个观念尽管在任何地方都没有完整地得到过实现并且不是从经验中获得的，但却构成对所有在此方向上现存的东西的一个衡量标准。

与〔民族〕国家(Nation)不同，民族(Volk)仍然首先是或主要是一个实在的生命共同体。因此，在与民族的关系中，国家作为一个精神的总体实在是一个在价值上卓越的构成物。因而国家绝不是“组织起来的民族”(包尔生)，而是一种对一个或多个民族的最高的、实在的、有组织的统治意愿。[②] 所以在某种意义上，它在价 535
值等级方面要高于民族，但要低于〔民族〕国家[③][④]；前者是精神构 783
成物，后者仅仅是一个统治意愿的单位。我们可以总结说：虽然国

① 我将这种人格单位称之为完善的，这既是相对于国家而言，也是相对于〔民族〕国家而言，前者自身不是文化主体，后者自身不是一个实在的总体意愿的主体。

② “民族”(Volk)一词首先被用来标识未受教育者和低下阶层(“一个来自民众(Volk)的男子”，“民间艺术”(Volkskunst)等等)，但而后又在“巴伐利亚民族(Volk)”等等的意义上被使用，这不是一个纯粹的偶然。在后一种意义上的民族单位不同于〔民族〕国家的单位，〔民族〕国家的单位所依据的首先是构成者的少数决定，并且本质上也为第一种意义上的民族单位所规定。

③ 〔民族〕国家的最终单位是在一种特殊的文化观念之中，与它不同，“民族性”(Nationalität)只是一个首先是自然语言的共同体，它本身还不决定任何特殊的文化单位，但也不像民族那样展示着一个首要的生命共同体。

④ 因此，只有〔民族〕国家才具有改变国家宪法的伦常权利，这种改变超出了对国家宪法的那些为其原理所事先规定的各个组成部分的改变，也就是说，只有〔民族〕国家才具有革命的伦常权利。

家是对一个生命共同体的自立自主(souverän)意愿统治的人格的、实在的、精神的总体主体,但它既不是一个“完善的”精神总体人格,也不是一个“纯粹”精神的总体人格。它是一个“不完善的”人格,就像一个单纯的文化总体人格(有别于民族国家),而且它同时是一个精神—生命相混合的人格实在。

教会与国家的区别首先在于:教会关系到对另一个基本价值的实现,即总体救赎(Gesamtheil)的基本价值,但它与所有其他基本价值的关系却仅仅在于,(根据它们的可变更的信仰内容和学说内容)对这些价值种类的实现决定着对总体救赎的实现。然而,在所有有限人格一般的一个爱的王国中参与这个不同于所有人的救赎的总体救赎的人,首先并不是作为一个生命共同体(家庭、民族、民族等等)的成员,也不是作为一个社会的要素,而是作为绝然的纯粹精神个体人格,它而后还可以是个别人格和总体人格。因此在这里的指示是“离开父母,跟随我”[①]——我在这里还要加上:离开家乡、民族、祖国、国家、〔民族〕国家、文化圈——在可能的情况下——为了有限人格世界的总体救赎。因此,就本质观念而言是教会的东西,它的直接基质并不是在诸生命共同体(诸家庭、诸氏族、诸民族)中或在诸社会中或在诸国家中或在诸文化单位中被划分的人类,同样也不是作为实在自然属种的人类,而完全就是有限人格的王国,它可以比这个属种(遑论各个为它所知晓的部分)更大或更小,这一方面是因为它把那些逝者们——只要他们的继续

① 舍勒在这里所说的“指示”可能是对《圣经》中耶稣话的改写:“那爱父母胜过爱我的,不配跟随我。”(参见:马太福音,10,37)——译注

实存被认同——也一同包含在内，还有那些例如并不为我们所知晓的人格的、有限的生物；但另一方面也是因为它仅仅在这样一个程度上包含着这个实在属种，即：人格的实存形式在它之中显现出 536
来，或者可以带着肯定的理由而被认定：它可以在它之中显现出来。如果文化人格的本质在于，根据寓居于它之中的特殊文化志向来创作精神的总体事业，而国家的本质则在于，根据它所隶属的文化单位的伦理来进行统治，那么教会的本质就在于进行服务，即服务于所有有限人格的凝聚总体救赎[①]。它或许会在自身中构成统治关系——然而这个统治关系的整体却是一个对总体救赎的服务。国家或许会构成服务关系——然而它的整体所具有的意义却在于统治。教会之所以懂得服务于这个服务，也是因为它要根据以下的宗旨而在志向、意愿和行动中控制个别人格和总体人格，这个宗旨就是：任何与人格总体性的总体救赎相违背的东西都不存在并且不发生。相反，在对什么东西应当存在和应当发生的（肯定性）规定中，始终只有作为人格王国之成员（不是作为人格一般）的个别人格才会服从它的规范化活动，但总体人格却不会服从。即是说，总体人格是根据它们本己的、寓居于它们之中的伦理来规定：在它们的区域中什么东西应当存在和应当发生。由于在这里——如已表明的那样——纯然的国家不具有本己的伦理，而只是从处在它背后的文化人格中将这样一种伦理接受过来，并且负有遵从这个伦理的责任，所以教会与国家的本质关系是这样一种

① 原文为“zu dienen dem solidarischen Gesamtheit”，在语法和内容上均不通，应为“zu dienen dem solidarischen Gesamtheil”之误。——译注

关系：教会并不直接控制国家，而只是通过对它所属的文化单位的伦理的控制来贯穿地控制国家。相反，教会按其本性、在伦理[①]方面则唯独对纯粹文化人格实施直接的控制。

与此相反，教会与生命共同体的基本关系完全不同于它与社会的基本关系。生命共同体按其本性不具有任何伦理(Ethos)，而只具有伦常(Sitten)和习俗(Bräuche)。只要这些伦常和习俗是根据教会的自律决定而接触到人格王国总体救赎的条件，它们就受一个直接的，并不必然通过国家来中介的教会的影响(通过实证的立法和司法)。同样，在生命共同体的本性和各个内部属性中必然会有救赎条件(根据可变更的信仰内容)一同被触及到，生命共同体的这些形式和形式价值也会受到一个直接的、教会的规定——自然，在这里并不排除甚至还要求通过国家来对这两个质料(伦常、习俗和生命共同体的那些形式)进行同时的规定和规范。[②] 这

537 种生命共同体的形式首先是婚姻、家庭和家乡团体。它们既自身是如此，也作为人向着可能的、成年的人格的发展和教育的形式是如此，即是说，作为教育和传授的原发因素，只要它们触及救赎价值。与教会和生命共同体的关系相反，教会对社会不具有任何直接的影响。社会的社群单位形式由于受它的要素所从属的那些生命共同体的中介，也会服从于那种国家的统治意愿，但由于受它的要素所从属的那些同时的文化单位的中介而在此程度上服从于这些文化单位的伦理，即：在社会中任何与那个统治意愿和伦理相违

① 在前面所严格定义的意义上。参阅这部著述的第五篇、第 6 章。

② 当然，无论是从国家方面，还是从教会方面而言，都有可能为了其他的部分而发生一种肯定的、对这种整治予以放弃的行为；但这毕竟是一种肯定的行为。

背的东西都不允许存在和发生。然而舍此不论，社会及其善业世界却在追随它们本己的法则（例如，私法构成、阶级构成、经济善业交流、技术发展等等）——并且在受到这两种限制的情况下贯穿在所有作为一个〔民族〕国家之间的、文化圈之间的、国家之间的、民族之间的社群构成物之生命共同体、文化单位和国家单位的始终。因此，教会与社会并不具有任何直接的关系，教会只是通过一种中介，即通过它对生命共同体、国家单位和文化单位所实施的可能的、自身重又是直接和间接的影响形式才能够为它获得一种重要意义。①

还有一个完全另类的基本关系存在于教会与文化单位的精神总体人格之间。根据对精神的基本价值的划分而得以区分的文化实事领域（艺术、哲学、纯粹科学等等）首先遵循它们各自的特殊的、普遍有效的价值法则（以及从它们之中推导出来的规范），其次遵循相关文化人格的特殊的、个体有效的价值理想。即便是它们的普遍规律性的和对相关文化人格而言个体典型性的增长形式与衰退形式，相对于那些拥有与社会相关的文明的价值（并且在涉及文化人格时交互人格地＜interpersonal＞起效用的）的进步与退步的类似形式而言，也是一种本质规律性的形式以及对这些文化人格而言是特有规律性的形式。* 它们从自身出发不需要任何所

① 每一个特定的宗教教会的伦理自身中始终也包含着一个完全确定的“经济志向”。对此参见笔者的《文章与论文集》第二卷中的论文“资产阶级与宗教权力”。但这种经济志向只能在一种已给定的间接方式中对社会过程发挥影响。教会对社会进程的直接干预，例如对经济生活的一种教会的权利规范化（Rechtsnormierung）或对经济利益与宗教教会利益的联结，是与这两个价值领域的本质相悖的。

谓通过某个宗教实在而进行的“补充”，而完成它们之建构的那些行为总和不需要任何通过一种宗教意识的形式而进行的“补充”。
538 但它们同样不会以某种推理的途径而从本身导向对某个宗教价值观念及其行为相关项的设定。无论是宗教价值一般，还是规定着教会意识的宗教总体价值，都不“产生于”文化价值或文化总体价值之中，也不“产生于”对它们的一个“综合”之中，宗教经验的源泉也不只是那种为所有文化生产奠基的世界经验之源泉的未分化统一。毋宁说，宗教具有其本己的价值领域和实事领域及其本己的经验源泉，它对个别人格来说叫做“神恩”(Gnade)，对于总体人格来说叫做“天启”(Offenbarung)。哲学的文化实事领域能够并且应当揭示这种经验形式的本质以及与它相关的客体的本质。然而，从它的经验形式以及它的对象出发，它既不具有任何一个导向对一个这样的客体的实在设定的通道，也不具有导向实际地被经验到的实证内涵的通道。尽管如此，哲学本身[①]也还需要表明：在各种历史的偶然中并不包含着这样的情况，即：在所有至今为止的历史中，在诸文化单位的世界观中被意指的诸世界的各个实事结构形式，乃是以在诸上帝观中被意指的宗教的，即被视为神圣的客体王国的实事结构形式为基础的，但所有被意指的世界伦理(直至社会伦理)，则是在实事方面和行为方面以宗教地被意指的伦理为基础的[②]；相反，这个关系植根于这些客体领域的本质以及与它们

① 我认为，由于哲学本身还能够表明这一点，它也就通过这种指明而划定了自身与宗教和教会的界限——因而并不是例如教会在他律地决定着哲学的这种自身划界。

② 严格地证明这一点是宗教哲学的一个特殊任务，它只能在一项特别研究中才能完成。

相应的经验形式本身(而这也是对哲学本身而言)之中。[①] 即便是那些社会学的形式——在这些形式中,文化生产(认识活动、艺术训练)得以进行,并且在这些形式内,凝聚的、积极的合作的共同体形式和个体主义的、批判的竞争的社会形式是迄今为止最为突出的形式——也是受宗教精神及其客观机构亦即教会的原发变化的
决定。[②] 如果在这里是以共同体为主,那么在认识活动和艺术活 539
动中也是以共同体为主,如果在这里是以“社会”(这在宗教中意味着教派形式)为主,那么在这里(例如在哲学中)便是学派的统治,如此等等。

但从教会和文化总体人格的这个基本关系中便可以得出,教会具有一个双重的任务:其一是那种本质上消极的、对所有文化的总体活动及其事业进行直接控制的任务,这种控制是在这样一个方向上进行的:这个活动的伦理以及引导它的对相关领域的价值的偏好结构(在艺术中的格调、各门科学的方法建构)是否不违背一种可能的总体救赎,这个任务还包括在可能情况下对此做出权

① 我尤其相信可以表明:1. 一个客体的所有此在都是以它的价值存在为奠基的;2. 对一个客体的所有认识以及对一个设想的所有愿欲都共同地是以对这个客体和这个设想的共同质料的爱为基础的;3. 各种世界观(所意指)的世界所具有的随历史和随〔民族〕国家的不同而变更着的结构跟随着流行的“道德”的结构,而被给予性的选择形式则跟随着各个爱的方向的所谓范畴;4. 所有可能的世界之爱都是以上帝之爱为基础的,而世界之爱的所有变更着的方向都是以独立变更的上帝之爱的方向为基础的。

② 例如在认识的共同体形式中,就像在中世纪所盛行的那种形式,传统主义(在后继性的维度上)和有教养的语言的统一摆脱了各个〔民族〕国家,但首先是那种建构一座跨越各个时代和各个民族的共同认识之桥梁的精神,乃是主导性的特征。它们与近代认识的主要是社会的形式以及与在科学中的〔民族〕国家语言(Natianalsprache)的统治处在特征性的对立之中。*

威的解释[1]。其二是一种积极的、通过那个在教会中作为神圣的总体人格而投入到(investiert)总体救赎方向上的精神来吸收(Inspiration)所有文化活动的任务。然而这种“吸收”并不是一种屈从于任何一个愿欲和不愿欲的事情,即不是一种屈从于某个教会机构的意愿的事情,而是这种“精神”本身的直接结果显现,以至于这种吸收的现存程度与方式在特定情况下更多地会成为对那种在某个特定教会中实际现存之精神的真正与充盈的试金石,但它并不能被归之于个别人格的某种不服从或罪责一般。然而,相对于那个按照普遍有效和个体有效的本己法则来发展自身的文化,教会本质上并不具有积极的、伦常的、有意的领导和目标设定的任务,而且,如果一个特定的教会进行这样的干预,那么这便是它的一个与其本质相悖离的统治要求。

因此,教会与文化的这种关系极为本质地有别于国家与文化的关系。唯当法律价值、福利价值和权力价值在文化构成物中一同被反映出来,并且唯当民族的文化总体构成一同触及这些国家
540 价值的实现并且一同触及那些指向它们的国家志向(国民教育、治国技艺和职权构成),但这就意味着,不是唯当文化是纯粹的文化,而是唯当文化可以被用来达到那些包含在国家本质中的目标,国家才在与文化和教育的具体善业的关系中具有一个任务。但这在我们的术语中就意味着:国家在文化价值本身的实现方面不具有

[1] 这样一种纠正的手段,例如(实证的)科学和艺术的手段,在这里始终应当是哲学,因为哲学一方面本身是文化的部分,但另一方面却以所有其他文化领域的本质和宗教与教会的本质为其对象,因此在这个意义上(并且仅仅在这个意义上)于教会和文化系统之间建立起一种可能的对话。当然,哲学却并不具有裁判的功能。

任何积极的任务。[①] 而这样一来，对于一个实际文化总体善业世界的可能此在而言，更明确地说，对于处在国家后面的文化人格所具有的一个以某种方式分层次的、肯定的总体价值世界向着一个总体善业世界的可能实现而言，国家所具有的消极存在条件和必要条件(conditio sine qua non)也就更为根本，此外，国家的属性相对于那种总体善业世界的属性所具有的消极的存在条件和必要条件(conditio sine qua non)也就更为根本。[②] 在这里起作用的首先是这样一些定律：1. 国家相对于其他国家而具有的自由与独立是对此而言的一个条件，即：根据其本真地每次现存的精神，每次处在它后面的文化人格也实际地产生出一个与这个国家相应的文化善业世界，并且在世界中为作为整体和特殊之物的国家而在这个善业世界上获得承认和相即的评估。[③] 因此，尽管隶属于那个"世界"的个别文化事业(或对它们的承认)，还有文化人格的文化构成的能力和这种能力的精神特性并不会随国家的消亡而消亡——然而总体文化的这个特有世界(以及对它的承认)和影响那种能力及其特性的总体力量却肯定会随国家的消亡而消亡。但这些总体价

① 尤其是也不具有吸收的任务。国家文化是一个悖谬的概念，并且同样不应当说"文化国家"。

② 当然这里所说的根本不是对作为个体的个别人格的教育。正如它完全不依赖于国家，而它的如在(Sosein)和另在(Anderssein)不依赖于国家的属性一样，它也具有一个完全不依赖于各个总体文化阶层的价值。

③ 对于文明的、与社会相符合的善业来说，这个关系绝不起作用。这种善业也可以随意地为奴隶所促进，而促进这种善业的能力也绝不依赖于"是在一个自由国家的一个自由公民"这样一种自由意识。除此之外，这些价值本质上是〔民族〕国家间的(international)和国家间的(interstaatlich)，但生产这些价值的人则根据它们的〔民族〕国家的所属性而原则上是相互可替代的。

值却会获得一个本己价值。2.由于国家向外增长的统治领域会为它所从属的文化人格的文化格调的普及扩大活动的空间，而萎缩的统治领域则会缩小这个活动的空间，所以，虽然这些各具特性的文化格调既不在它的本质中，也不在它的价值中为这些〔扩大或缩
541 小的〕进程所触及，文化人格的精神能力也仍然不会以某种方式为这些进程所触及，但总体价值的格调(Stile)在实在善业世界上的分配，就像历史学家认为已经被给予的那样，却在本质上是受这些进程规定的。然而，对向着实在事业世界和在实在事业世界中的可能文化格调的各自不同的实现和分派各自具有一个独立的(肯定的或否定的)价值，它完全不依赖于这些格调的内容的价值。3.在一个国家以内被给予的各个生命共同体之间的统治关系一同规定着：在它的精神的行为方向中，哪些特别的、处在从属的文化总体人格中的行为方向会在实际的文化事业中阐明自身，但同时也一同规定着这样一个挑选，即：在可能的“品味”方面，在对一个认识和〔民族〕国家的科学形式的可能总体认同方面，什么会成为现实的。4.总体福利本质上是文化总体善业的此在条件(Daseinsbedingung)，而非如在条件(Soseinsbedingung)，这些文化总体善业乃是根据这两个第一性的条件(根据它们的后继性)而已被选择了的可能文化总体善业，即是说，是根据文化总体人格及其特有的价值世界的属性而得以可能的文化总体善业。5.朝向文化善业的、由国家设定的法律形式一同规定着国家居民参与总体文化的分配形式。但是，国家对一个文化总体活动的独立领导和指引要求得越少，或者哪怕只对这种文化总体活动的吸收要求得越少，同样，它在与其他国家的关系中所推行的直接文化政策(而不是权

力政策)越少,而且它在与它的居民的关系中根据各个文化视点(教育普及)(而不是根据正义的视点[①])对它的生命共同体的统治关系规整得越少,国家对文化—实现所做的这种对它而言是本质特有的成就也就越好。因此,我们在这里重又面临这样一个情况:对某个价值的可能实现与这样一个条件相联接,即:这个价值不是直接地被意指。

但是,关于总体人格的多样性的某些先天定律现在便建基于总体人格各个种类的本质之中。

让我们来回忆一下我们在这项研究的第一部分[②]中关于诸价值样式的简单性和可分性所发现的那些定律,或者说,关于在它们本性本身中所包含的那种被体验为同一共同的能力,并且让我们来看一下,从这些定律中以及从关于社群单位形式的价值相关性所获得的定律中推导出一些什么。在价值级序中最高的样式、作为人格价值的神圣者、作为总体人格价值的"救赎"(Heil)、即(凝 542
聚的)总体救赎,乃是价值样式中最不可分的并且因此也是最可分有的(mit-teilbarste)价值样式。因此,与总体救赎相关的总体人格按其本质也只可能是一个。因此,即使是在总体人格文化人格(遑论其他的总体人格)同时可能为多(Vielheit)的情况下,教会的一(Einheit)[③]也是一个先天的定律。将所有可能的有限人格凝聚地包含在我的救赎之中,并且将我的救赎包含在所有有限人格的

① 即是说,按照生命共同体对国家整体而言所具有的意义来分配对它们来说相同的或不同的政治权利。

② 参阅这部著述的第二篇、B、第 3 章和第 5 章。

③ 与多相对立的"一"不能混同于数字 1;因为数字首先是多的一个计量单位。

救赎之中，这便是一个指向在绝对存在领域和价值领域中的所有事物之价值的总体意向的本质。与此相反，文化总体人格一般的多属于这种人格一般的本质——无论这是一种同时的多，还是一种演替的多(在文化圈、〔民族〕国家和文化时代中)。因而这种多并不在于各个因子，即像种族、环境、民族特色等等这些阻碍着文化观念的单纯展示并可以被视为通过方法与社群组织的历史与可能进步而可克服的因子。这种多包含在文化观念本身的本质中。作为个体文化总体价值之载体的各个个体文化总体人格的多的观念是一个对此价值种类而言的构造性观念。故而一个所谓的“世界文化”的观念是并不是一个(即使是“乌托邦的”)目标，一个可以由我们的精神为某个历史形式设定的目标，而是一个先天“悖谬的”观念。[①] 然而比一个世界文化的观念更为悖谬的是世界国家的观念，康德从他的前提出发便必须要求这样一种国家。由于每一个国家按其本质在其可能实存和其伦理的背景中都具有一个统一的文化人格[②]，而作为统一的文化人格为了它的实存并不需要作为统一的国家，故而这两种总体人格的本质就在于，国家的多要比文化人格的多更大。[③] 从与国家本质相关的那些物事价值的可

① 当我谈及文化圈时，尽管会有一个世界观的同一结构以及与它相符的存在形式的同一结构出现，而且还会有一个同一的“伦理”出现，但关于这个同一性的那种反思意识尚未构成，它是〔民族〕国家的特征。作为〔民族〕国家的一个群组的实存始终是以这个群组对一个“文化圈”的一种从属性为前提的，以至于永远不可能有比文化圈更多的〔民族〕国家。

② 它并不必须是一个〔民族〕国家，它也可以是一个文化圈。

③ 在社群的实际文化单位之间本质上连续的过渡过程中和在国家之间本质上不连续的(没有一个人格领域属于两个主权国家！)过渡过程中，完善的民族国家(Nationalstaat)必然只是一个主导观念，而不是一个实在。但是，倘若我们以想象的方式将人类划分为纯然完善的民族国家，那么我们的定律仍然为真，因为文化圈也存在着。

分方式中也可以直接推导出这一点。因为，尽管国家本身具有精 543
神性，这些价值本质上还是生命的价值序列的价值。但是，对国家和民族来说，或者，对主要是生命共同体[1]一般的各个群组来说，而在模棱两可的情况下还对生命共同体和社会来说，继续有效的是完全相似的多的关系；后一种情况只有当在社会中“实在”单位与个别人格一样多时才会出现。恰恰因为社会根本不是总体实在，它本身便不能，并且它的各个下属单位（例如各个阶级）便不能穿越所有其他的总体实在，而且它按其观念作为人为的单位重又是一个实事的观念，这个实事只能是一个。但那些与社会相关的价值乃是所有价值中最可分的和最直接的价值；对它们来说甚至根本不存在可能的相互一同体验，因为，无论在这里有多少人具有相同的感觉和相同的利益，每个人都只能具有他的适意性感觉和他的利益。这种相同性永远不能创造出凝聚，而是至多只能创造出一个建基于契约之上的、许多人为实现一个目的而进行的共同作用。

然而，根据社群多样性学说的这些（在这里未被展开的）主要定律，在各个社群单位的相互包含（Untereinander）和相互交织（Ineinander）状况之间也存在着特定的本质关系。这一个教会就其本性而言是既是一个超〔民族〕国家的（übernational）[2]教会，同时也是一个内在于所有可能文化圈和〔民族〕国家的总体人格。因而它在这样一种特定的积极意义上是非〔民族〕国家的（nichtna-

---

[1] 人们可以用生命共同体的多来想象一个国家——但完全不能想象不从属于一个国家的生命共同体。因而生命共同体的可能的多要比国家的可能的多更大。

[2] 因此，一个民族教会（Nationalkirche）是一个先天悖谬的观念。

tional)，即：它是超〔民族〕国家的并且同时仍然是实在地寓居于所有文化总体性之中的。与此相反，社会是与教会一起分有潜在的一，亦即非多(在上述意义上)与非〔民族〕国家所具有的形式因素，它同样也是〔民族〕国家中的(*unter*national)和〔民族〕国家间的(*inter*national)[①]，即是说，它并不像教会那样内在于每个〔民族〕国家和每个文化圈，而是不内在于任何〔民族〕国家和任何文化圈。也就是说，在形式上与社会相似，教会仍然是人们所能想象的社会的最极端对立面。在教会这边是凝聚——在社会那方面是契约和
544 协定；在教会这方面是一个总体人格——在社会那方面是一个个别人的总和；在教会这方面是一个总体救赎——在社会那方面是偶然相合或相切的多数人利益统一。

但是，相对于〔民族〕国家而言，文化圈的(不完善的)文化人格也是超〔民族〕国家的并同时是内在于〔民族〕国家的，相对于国家而言，〔民族〕国家原则上是超国家的并内在于国家的；不言而喻，相对于国家而言，教会也是超国家的并同时是内在于国家的(但同时只是通过〔民族〕国家或文化圈的中介)[②]。由于教会同时是一个国家内的机构，所以国家也有权利和义务来保持它在所有国家－教会“相混合的”事务中的独立性(与神圣事物相关的法律

---

① 所有那些合理地被称作“形式的”国际主义(Internationalismus)，都植根于〔民族〕国家间(international)的社会之中。这种国际主义还包括所谓国际法(Völkerrecht)(它应当有别于一个文化圈、例如欧洲的“民族际法”<Völkerrecht>)、国际私法以及所有在尺度、重量、钱币等等方面的形式的国际协定，还包括所有在关于符号、术语、交流事业等等具有技术和精密科学本性的企划方面的国际“协议”(Abmachungen)。*

② 因此，在唯一神论的前提下，一个国家教会是一个悖谬的观念，同样悖谬的是神权政治以及一个同时也是国家的教会或要求凌驾于国家之上进行统治的教会。

<ius circa sacra>)，但它也有义务保护教会不受那些对由它所代表的总体价值和总体善业的攻击。最终，文化圈、〔民族〕国家、国家和教会都共同地凌驾于各个生命共同体（例如各个民族）之上并被纳入到它们之中，因此，文化圈、〔民族〕国家、国家和教会原则上是超民族的，但却仍然是内在于民族的构成物。[①]

最后，这些社群单位也还与空间多样性和时间多样性的内涵具有特殊的本质关系。

每个生命共同体都具有一个对每个成员而言还作为共同的而可通观的（überschaubar）和共同可感受的总体周围世界，它在其生命感受和其生命追求中，但也是以客观生理学的方式如此地适应了这个总体周围世界，以至于将这个共同体的一个成员向另一个周围世界的移置即便在对此事实无客观知识的情况下也可被体验为对一个特定质性色彩的"向往"、"欲望"。根据生命共同体的种类和组合的不同，这个周围世界分别叫做"住房"（家庭）、"家乡"（社团）、"祖国"（民族）。[②] 如果那种在总体周围世界的变化时才突出地被意识到的向往、欲望所瞄向的所有种类的价值与非价值特别地得到显露，并且在它们的基础上这个整体被把握到，那么就会产生出乡土之爱（或者说，"帐篷"之爱、"住家"之爱）、家乡之爱、祖国之爱。[③] 与此相反，本质上属于国家的当然不是例如它的通

① 对此参阅笔者在《高原》月刊元月号（1916年）上对各个联合单位的这些基本关系所做的阐述。*

② 参阅在笔者《论现象学与同情感理论》一书中对家乡和祖国的论述。

③ 这些爱的种类是完全不依赖于周围世界自身的正价值内涵的。即是说，一个人对他家乡的爱、对他祖国的爱并不是因为它是一块"美的"或"丰硕的"或"富饶的"土地等等，相反，他爱这块土地只是因为它是家乡、它是祖国。这些爱的种类的生命感受基础和追求基础肯定也已经为较高的动物所具有。

545 过对空间内容的自然规定而奠基的统一，但却可能是作为通过国家本身而**被设定的**它的统治意愿的活动空间的、在它的每一个此在瞬间中被划界的所谓“**领土**”。它是那块作为客观的躯体相关项而属于由国家统治的生命共同体所具有的**共同**周围世界的固定表面。[①] 各个周围世界也可以**相互**交织；各个领土则不能；领土是相互排斥的，就像每块空间都在排斥任何其他空间块一样。相反，文化总体人格、〔民族〕国家和文化圈则既**不**需要一个周围世界，也**不**需要一块领土。它们的成员人格还可以变换居所、家乡、祖国、国家，同时却不必从它们的〔民族〕国家联合单位中退出。正是在这里，〔民族〕国家证实自己是主要是**精神的**实在。然而人们还是不能说，文化人格绝然具有普遍存在（Ubiquität）。它本质上还是具有一个特别的、在每个片刻都是空间类的**有效活动空间**（Wirkspielraum）——但这仅仅是在这个意义上，即：多个〔民族〕国家的有效活动空间（及其内涵）可以在同一些客观空间块片中相互交切，同时却不必像领土那样相互排斥，另一方面也不必像周围世界那样随成员人格的身体的漫游而必然**因为**这种漫游发生变换。教会作为纯粹完善的总体人格——所有有限人格的救赎都在教会中凝聚——与空间的完全特有的关系在于，它的有效活动空间既是

① 所有这些当然也适用于一个按国家划分的漫游部落或群组，它们持续地在船上海上生活。在前一个部落的情况中，船体构成领土，人们常常试图否认一块领土对于一个国家而言的本质必然性，这种尝试在我们看来是无望的。如果思考到底，那么它会导致无政府主义，亦即导致国家在社会中的消融，而社会只有在法律的契约关系中才具有其实存。但多个国家的领土可以在这种情况下相合，即：多个国家结合为一个所谓的联邦国家，以至于成员国家的领土同时也是联邦国家的领土。这里不去深入讨论主权的成员国家是否还可以称作国家的问题，以及联邦国家一般的难题。

超空间的，又是内空间的；之所以是超空间的，乃是因为它在所有有限人格中也一同包含了那些(在可能情况下的)非人(Nichtmenschen)阶层(天使的观念)以及逝者的人格，并且将它们与所有活着的内空间有限人格一起总合为一个凝聚的统一。与此相符，它按其本质缺少那些对于生命共同体、国家和〔民族〕国家来说本质性的组成部分，缺少一个特别的周围世界、一块特别的领土和一个特别的空间有效活动空间。但它或许将有限人格所涉及的每块可能领土、每个周围世界和每个有效活动空间都加以神圣化。[①] 但恰恰因为它是有限个体人格一般的王国，所以，它的实证历史形态中的一个形态并不必然会像"社会"那样在同一意义上包含着整个"人类"。因此，一个历史实证的教会并不应当趋向于这样一个危险的、将每个教会引离开它的真实本质的方向，即想要如此地构造自身(构造它的信仰内涵、它的伦理学、它的机构)，以至于它能够包容"全人类"。这样的倾向必定会导致教会去错误而败落地适应一个在宗教上尚未改造过的人类的"普遍人类"本性，而不是按照其所有现存的资质来把人性的东西提高到所有有限人格的爱的凝聚的区域中。一个追随上述倾向的教会最终更多地会自身首先下坠到社会的区域，而后下坠到大众的区域，并且偏离开它的真实目标。教会甚至不可以先天地制定这样的前提：每个在自然种属意义上之为"人"者，也必然地必定是一个个体人格，即是说，属于它的活动空间，或者，这样的一个人必然地必定能够理解它的教 546

① 这不必排除这样的可能，即：那些特别的场所，即教会对总体救赎的作用性得以突出显示出来的特别场所("教会"、"圣地"等等)还接受了一个特别的"神圣之物"的价值特征，这个特征尚未随那个普遍的神圣化而被给予。

义。[1] 这一点依赖于它的传教经验，而不是一个先天的定律。[2] 在这方面情况完全不同的是社会。由于社会是那种能够穿越所有其他社群单位的社群单位，因此，即使是它所具有的空间束缚性也仅仅在于那个由一些生物的停留场所为社会所设定的束缚性，这些生物可以达成在物质方面的契约，这些契约关系到社会的各自个别兴趣和本质上单个的适意的价值与有用的价值。由于社会仅仅在于这些契约关系的有效性，它本身也就具有一个非空间的特征，并且只是因为社会和契约的观念预设了生命共同体一般，社会才间接地分有在这种生物之间存在的最广泛生命共同体的周围世界。但生命共同体是一个作为一个实在种属的人类，这个种属当然不同于人的总和与人的概念。它们的周围世界是地球。因此，社会就其空间的活动范围来看直截了当地是地球的(irdische)[3]社群单位。

在诸社群单位与它们的存在区域和价值区域的时间性之间存
547 在着类似的本质关系。无论充实着一个实际社群单位的客观时间有多么大或多么小，总还会有一个本质必然的对更大或更小的持续的要求，每个社群单位在与其他社群单位的关系中都必然会具有这种要求。我们在此项研究的第一部分中看到，在价值样式本

---

① 即是说，一个教会包容人类的实际尺度对于这样一个问题来说是根本毫无意味的：教会的本质在多大程度上于这个教会之中得到了尽可能纯粹的示范展示。

② 它至多可能是一个从属于其实证信仰学说的定律，但不是一个从属于哲学的定律。

③ 舍勒在这里用加了重点号的“irdische”一词显然是想暗示它的另一个含义：“世俗的”。因此这句话也可以译作：“社会就其空间的活动范围来看直截了当地是世俗的社群单位。”——译注

身的本性中包含着一个各自特有的“持续性”，而且那些更高的价值也是更为持续的价值。绝然无持续的是社会的社群单位。与所有其他的具有价值关系的社群单位相对立，社会的社群单位的实存不具有任何时间性的维度；因而它们始终只包含各次同时生活着的人。因为不存在与死者[①]或未来人的契约。契约的效用（不仅仅是契约的签订）是以契约主体的同时实存为前提的——无论契约的内容在这里涉及哪些对未来的发生和不发生而言的规定。与此相反，各个生命共同体则本质上具有一个持续，它超越出它们的成员人格的实存的持续。在家庭、氏族、部族、住房、民族中生活着一个各自特有的“精神”（爱和恨、“成见”）和意愿，它相对于共同体成员的分立的时间充实而具有连续性[②]，它自身及其各个结构具有一个价值或非价值，这个价值或非价值不同于成员行为之总和的价值。国家按其本性则比那些与它统治意愿的区域相应的生命共同体要更为持续，文化圈和〔民族〕国家比国家更为持续，但教会则比〔民族〕国家和文化圈更为持续。同时有一种不断增长的对实在社群单位在时间上分离的总体行为之意义的集中、保存和深化，它指明着一种在从生命共同体到教会方向上的顺序，就好像较低形式的总体体验是在较高的形式中得到了保存，并且对于人格王国的总体体验活动而在它的价值方面得到了确保。在这里独一

① 即使是遗产契约在一个伙伴死亡的片刻也不是一个在活人和死人之间的契约，而只是按其内涵在一个契约签订者死亡的情况下规定着对其他部分而言的某种偿付。

② 同一个生物的连续性，它具有一种相对于变换不定的感性感受而言的生命感受。

无二的教会，不仅它的创建是超时间的并同时是内时间的，而且它
的区域也是超时间的并同时是内时间的。与此相反，文化总体人
格及其为它们所包含的文化善业世界的历史变换则属于这些总体
实存的本质。一个“永恒的〔民族〕国家”已经是悖谬的（不仅仅是
实在“不可能的”），而更为悖谬的是一个“永恒的国家”①。由于国
548 家所涉及的本质上是“时间性的”善业，因而它的实存也必然分有
这种时间性；而这是在一种与文化人格之实存根本不同的意义上。
故而文化总体人格与国家处在这样一种基本关系中：前者可以比
后者“活得更长”（überleben）②，前者不必随着它的国家组织或它
的组织的崩溃而一同消失，甚至有可能在它的国家构架的崩溃中
便始终作用于那些取而代之的新构架。*

第 5 点　私密人格与社群人格

然而，无论每一个人格是在如何丰富多样的成员性中被编织

---

① 对这些东西的虚假假定也会导致一种致命的保守主义，它必定会阻碍文化构成和国家构成精神的内部可能性的充分展开。因此，每一个单纯的国家伦理学和文化伦理学都肯定（eo ipso）是“反动的”。更多地存在着的是文化革命和国家革命的伦常权利——前者产生于宗教的和教会的总体意识的一个新阶段中，后者产生于一个新形成的文化观念中。

② 关于人格一般超出死亡而永生（Fortleben）的观念与个别人格超出它的身体而永生的观念以及总体人格超出它的成员人格而永生的观念之间的极为特殊的（鲜为研究的）关系，可以参阅笔者的研究：“死与永生的观念”。

* 在莱布尼茨（赫尔德）与康德之间的重大而深刻的对立就在于这样一个问题：所有伦常发展的意义究竟原发地在于一种超出生命的个体的个别心灵的无限完善运动之中，还是在于将这种个别心灵奉献给那个在世俗生活中比它更持久的总体人格；这里不去更深入地研究这个对立。

到伦常宇宙的整体之中，无论将每一个人格束缚在这个整体、它的进程和它的意义之上的那个共同负责性因此而具有如何杂多的不同方向，这个人格都永远不会消融在成员性之中，它的自身负责性也永远不会消融在纯共同负责性中，它的义务和权利永远不会消融在从它的成员地位中对它生长起来的那些义务与权利（家庭义务、职务义务、职业义务、国民义务、阶层义务等等）之中。在所有体验活动的背后，即在那些加入并深入到这些成员位置中并通过对这些位置的占据而阻碍着或促进着这个作为整体的人格的体验活动的背后，无论每个人如何试图去清楚地直观到这些成员位置以及他在其中的存在，他都还（在某种程度上）觉察到一个超越出这个整体的特有的自身存在（同样还有自身价值、自身非价值），他知道自己在这个自身存在中（描述性地说）是孤独的。但是，我把那些对每个在此本质形式中的可能自身体验而被给予的东西称作“私密人格”，并且我把它明确地从自身体验的所有那些形式的体验内涵中分割出去，这些体验形式是在对某些成员人格属之单纯载体的明确的或以某种方式一同被给予的观视中进行的，这个成员人格属就是社群人格。这样，我们便可以说：每个有限完善的人格都具 549 有一个私密区域和一个社群区域。纵使是总体人格也会具有这两个区域。例如，一个〔民族〕国家如何将自己体验为一个孤立的构成物，以及它如何将自己体验为在总体人格王国中的单纯成员，这是有区别的；同样的道理也适用于一个家庭、一个婚姻等等。有效的仅仅是：虽然这个在自身体验活动中的本质区别不是相对的，但它对于那些本身已经是总体人格的人格而言的实际运用却是相对的，因为，每个总体人格都既是它成员的私密人格区域的对应项

(Gegenglied),而且也是一个私密人格的主体。只是对于这个个别人格来说,这个区分才在运用中也是一个绝对的区分[①];它的私密人格并不重又是一个个别人格的对应项,而是绝然的私密人格。

唯有绝对私密的人格才会不再可能(通过一个总体人格的中介)分有一个与其他人格的社群联合。它在有限人格的总体王国以内可以说是处在绝对的孤独之中[②]——即一个表达着有限人格之间的一个不可扬弃的、否定类的本质关系的范畴。这种孤独可以在不同的人格那里以完全不同的体验内涵来充实自身;它可以像是自始至终地消失在个别人的兴趣和注意力之外——但它的区域却必然是现存的,并且也在不同的程度上始终一同被体验为区域。因此,要是以为孤独的区域可以通过可能的历史变化而在社群关系中完全被耗尽且被消除掉,那么这种想法是悖谬的。由于孤独是一个社群的本质范畴,因而这样的消除是完全不可能的。

① 几乎无须再说:私密人格和社群人格的差异性既与个别人格和总体人格无关,也与心理-物理的区别无关,也不以某种方式与人这个个体性和(某种形式的)种属实例相关。人格既在身体上也在心理上具有其私密的区域和其社群的区域,而个体性同样既是社群的个体性,又是私密的个体性。附带地说,柏格森的基本谬误就在于,将私密人格一部分混同于个体性,一部分甚至混同于心理一般;这个谬误会导致这样一个对伦理学而言的根本错误的思想:人先要从所有在体验活动中被体验到的社群关系中退出来,而后要比他是社群单位成员时更多地在死物和机械事物的方向上运动,这时人才会成为人格。这个谬误并不必比那个正相反对的谬误更小,例如赫尔曼·柯亨的谬误,他想通过作为法律主体的人的特性才使一个人的人格性一般建基于一个可能的社群联系之中。

② 这种孤独与客观的"单独状态"(Alleinsein)没有关系,因此孤独感甚至会更为频繁地在社会之中出现,而且会最为纯粹地出现在相对私密的共同体关系(友谊、婚姻、家庭)中。因为只有在这里,人格的自身可告知性(Selbstmitteilbarkeit)与另一个人格的绝对界限才最清楚地得到测定。"我是孤独的,但不是单独的"——著名的《珍贵》剧在一处做了这样的区分。(《珍贵》是德国剧作家沃尔夫(Pius Alexander Wolff,1782—1828)所创作的歌剧的名字。这段话是其中的一段著名台词。——译注)

只能对这种体验内涵进行大幅度的推延，这种体验内涵在社群构 550
成的一个特定发展阶段的典型个别人格中可以说是占据了人格的此在形式。唯有一个共同体关系不会被孤独所排除：这便是与上帝的关系，上帝按其观念既非个别人格，也非总体人格，并且在个别人格和总体人格之中本身还是凝聚的。[①] 因此，在上帝之中并且唯有在他之中，私密人格才知道自己既受到审判，也受到保护。但它若不同时(至少"在上帝"中)直接地觉知到它与总体人格一般并首先是与教会的凝聚性，它仍然无力做到这一点；而倘若缺少了这种确然性，那么这里所涉及的就不是上帝，而只是一个最高生物的欺罔对象，即一个虚假上帝(Scheingott)。而如果反过来认为，个别人格"仅仅"是并且"唯独"是以奠基于这个对它来说孤独的上帝关系之中的方式——即只是在这条"必然的"迂回道路上——才能够获取凝聚的观念，那么这将会是一种与对教会本身的本质观念的否定相一致的学说。[②]

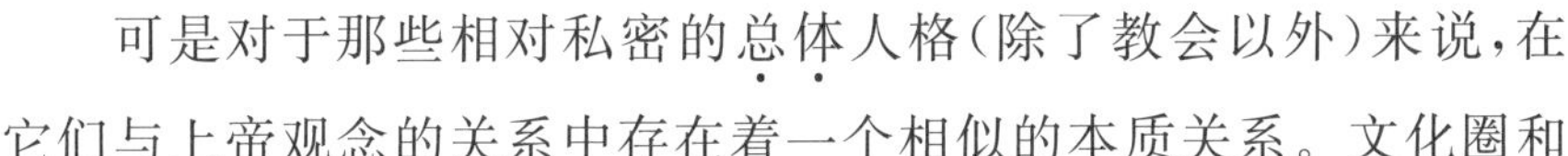

可是对于那些相对私密的总体人格(除了教会以外)来说，在它们与上帝观念的关系中存在着一个相似的本质关系。文化圈和

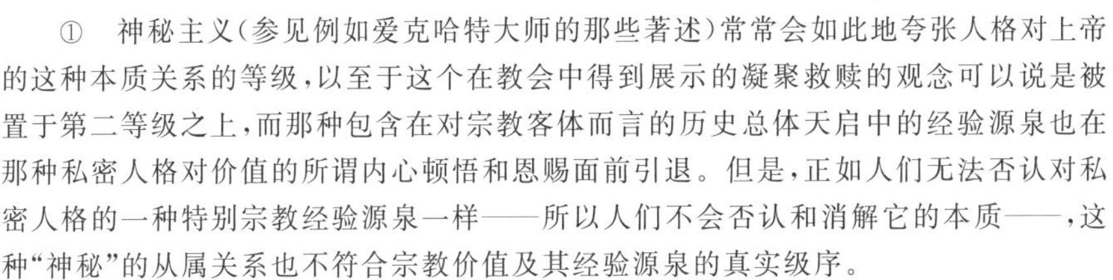

① 神秘主义(参见例如爱克哈特大师的那些著述)常常会如此地夸张人格对上帝的这种本质关系的等级，以至于这个在教会中得到展示的凝聚救赎的观念可以说是被置于第二等级之上，而那种包含在对宗教客体而言的历史总体天启中的经验源泉也在那种私密人格对价值的所谓内心顿悟和恩赐面前引退。但是，正如人们无法否认对私密人格的一种特别宗教经验源泉一样——所以人们不会否认和消解它的本质——，这种"神秘"的从属关系也不符合宗教价值及其经验源泉的真实级序。

② 有许多种这样的否定。例如在历史上，它即隐含在(彻底的)神恩选择学说中，也隐含在唯有通过信仰进行证义的学说中。因为在这两种学说看来，凝聚的爱的共同体和救赎共同体并不是与私密人格与上帝的直接交往同样原初的和同样必然的通向上帝之途。这两种学说都认为这些共同体是从那种私密关系中推导出来的。

〔民族〕国家[①]在其存在区域和价值区域中并不仅仅具有一个通过教会来中介的与上帝的关系，而且也具有与上帝的直接关系。它们对同一些宗教客体的体验——并且它们对这些客体的体验越是完善和相即——是在与它们总体精神的个体性相符的色彩
551 (Färbung)中进行的，而且它们知道自己在此程度上直接与上帝相关。作为社群人格的教会没有权利否认这种色彩是合理的和在宗教上有价值的，或者说，没有权利否定私密的总体人格与上帝的可能直接关系；另一方面，〔民族〕国家没有权利把那种关系当做一个教会的基础(民族教会)。只是在总体人格精神的私密信仰区域和救赎区域与教会的私密总体人格的神圣精神之间存在着一个如此类型的从属关系，以至于这些色彩和这些非教会的私密总体人格与上帝性的直接关系中的任何一个都不能与教会的私密总体人格与上帝所具有的关系相违背。

然而，在每个个别人的绝对私密的人格与他所从属的那些总体人格的种类之间最终还存在着不同的切近阶段(Nähestufen)，它们同样建基于这些种类的本质之中。即使不去考虑每个作为人格的个别人的绝对私密存在区域的存有，也还存在着每个人作为一个总体人格 A 的成员在与他在总体人格 B 的同时成员性的关系中所具有的相对私密的存在区域。作为社会的要素——它根本不是总体实在——以及所有那些建立在这种社群单位形式之上的东西，个别人根本不具有私密人格，也不具有任何私密的存在区

① 与此相反，国家仅仅是社群人格，即使它可能具有一个通过它所从属的文化人格来中介的私密伦理。

域。唯有作为社群人格，他才以说话、签订契约、履行契约、享受的方式进入到“社会”的世界之中。人们或许在含糊的共同体验的意义上于每一个瞬间都知道，“他人”具有一个作为可能充实的 X 的私密存在区域；但这个 X 的任何内容都不会进入到社会之中。[①] 如果人们试图侵入到一个相对私密的区域之中，那么社会伦理就会合理地将此评价为“泄露〔隐私〕”（Insdiskretion），也就是说，例如评价为这样一种行动：按照生命共同体伦理，这种行动的不发生将被合理地评价为错误的“闭锁〔隐私〕”（Verschlossenheit）或有罪的“不关心”（Sorglosigkeit）他人，以及被评价为“利己主义”。在生命共同体以内则相反，个别人作为成员与其他**作为**这种成员的人具有共同的区域，这个区域在社会形式方面始终是**相对私密的**——一个随生命共同体的亲密性而逐渐为日趋丰富的内涵所充满的区域。但体验主体的人格性却为此而在这里退而为次。人格
本身所具有的相对私密体验内涵的最大值被纳入到**宗教**共同体 552
中，即被纳入到教会中。这意味着，在它之中，一个对绝对私密人格而言比在其他总体人格中、例如比在〔民族〕国家和国家中还要“更近的”的体验层次得以敞开（frei）和可以被告知（并且受到批判）。所以，这个体验层次也可以被称作**无**国家的（staats*frei*）或**无**〔民族〕国家的（national*frei*），而且，对这个区域的侵入将会成为国家和〔民族〕国家及其机构的一种**冒**犯（*Über*griff）。即便是作

① 因而人们合理地在所有时代都把社会与一个“舞台”、把社会主体与一个“角色”，并且把所有这些都看做是“社群假象”，即社群存在的**最虚假**的此在阶段。所有社会的这个价值特征在其中被给予的那个体验当然**最少地**现存于在社会中的现时生活中。只是对这个最私密的存在区域的回返观视才使这个特征凸显出来。

为我的〔民族〕国家的成员，我也具有一个无国家的体验层次，并因此具有对意见交流和志向交流及其前条件（Vorbedingung）的原初权利（对自然语言的权利），这个权利为国家意愿设定了一个植根于本质关系之中的固定界限。

但是，以上所说的个别人的相对私密体验层次都还具有一个共同之处。它们虽然是私密的，却本质上仍然具有总体的本性。友谊与婚姻乃是包容着相对私密的存在与体验，但同时也包容着最个体的存在与体验的形式。[①] 如果这两种形式——正如它们在其观念的构形之最高完善之中所要求的那样——还伴随着宗教的志向共同体、文化共同体和国家共同体，那么它们便展示着有限人格彼此之间所能具有的最私密的切近形式与共同体形式。任何有限的权力都不可能撕开它们。正是这个事实赋予了对婚姻之爱和友谊之爱的真正体验以一种在朝向它们本质的意向内涵之中的超越特征和永恒意义，它们弥漫在这些形式之上，为所有时代的诗人们所体验和颂扬。

对私密人格和社群人格以及两个内容区域的区分不应在这个方向上受到误解，即一个个别的 X 的“社群”人格仅仅在于其他个别人格对他所做出的感知、表象、判断等等的内涵。这个区别并不具有认识论的本性，而是具有在体的（ontisch）本性。因此，由于每个人都具有一个他的人格的社群区域和私密区域，故而对于这个自在的事实组成来说，是他本身还是别人在“表象”或“思考”这

① 参阅笔者在《论现象学与同情感理论》一书中对这些形式所做的阐述。至于友谊，可以参阅亚里士多德在《尼各马科伦理学》中所给出的那些至今仍为经典的本质定义。

一点，他本身或别人对这两者所做的表象是相即的还是不相即的，对此所做的判断是正确还是错误的，这都是无关紧要的。另一方面，那种以为社群人格仅仅可以说是每个人在其他人之中的社群镜像（Spiegelbild）的观点仅因为此就是错误的，因为每个人原初都将自己既体验为社群人格，也体验为私密人格。谁如果进行一 553 个职务行动，他也就在体验中、在愿、做等等之中“作为”社群人格在进行这个行动；即是说，他自身在这个行动的进行中是作为社群人格的一个特定种类而被给予的，例如作为法官。而另一方面，每个人也可以将他的意向指向他人的私密人格，同样也可以指向他人的社群人格。

这个事实组成对于伦理的价值学说来说以及对于依赖于它的善业学说、义务学说和德行学说来说是同样重要的。社群人格首先显现为一个完全特别的价值群组的载体，如果人们——正如常常发生的那样——想以心理学的方式从个别人的偶然社群周围世界的行为举止和判断中推导出这些价值的本质，那么这将会是对这些本质的完全误识。这些价值——随这个个别人在一个社群单位的特别成员性的不同——例如叫做好的和坏的“名称”、“名声”、“声望”、“荣誉”、“尊严”、“名誉”、“神圣”等等。[①] 对它们的拥有或不拥有全然不是从周围世界的判断、敬重或不敬重、崇敬或不崇敬中才形成的，而是不依赖于这个周围世界而成立的，但却“需求”和“要求”周围世界方面的特殊的认可行为、敬重行为、崇敬行为等

① 即使是总体性和总体人格也作为社群人格承载着（除了大众和社会）这些价值，例如家族荣誉、氏族荣誉、〔民族〕国家荣誉、“威望”（Prestige）等等。

等。如果发生了与那些从这些价值出发的要求相违背的行为举止，那么我们便会谈及损害名誉[①]、拒绝给予“应有的”敬重或崇敬，如此等等。但对这个价值群组的充分划分在于，它是在社群人格这个唯一的载体性中获得其统一的（但也可感受地在质性方面联合在一起），既是通过各个联合单位的方式，也是通过这些联合单位原初所涉及的那些价值样式。作为社会的要素，人具有所谓市民荣誉，它必然是个别人的荣誉，而永远不会是总体荣誉。因此，在社会中可拆解的群组，如阶级、纯粹利益集团、一个经济企业、某个“行业”，它们本身不具有荣誉。没有“阶级荣誉”，但却肯定有职业荣誉、阶层荣誉、派别荣誉；没有行当荣誉，而只有一种行业的
554 “名气”（Renommee）。唯有在共同体和总体人格的基地上才有总体荣誉。“市民荣誉”明确地对立于所有其他的社群人格，它的特征在于：它只能“被损害”也能被剥夺，但却不能“被证明”和“被分派”；它的特征同样在于：对于当事人和周围世界来说，可感受到的不是对它的尚未利用的占有，而只是对它的损害以及它的丧失。因而它仍然是作为社会要素的个别人的一个积极特性，但同时也是一个人所能具有的所有其他社群人格价值的最小值和前提。[②]

① 人们对一个名誉损害的程度的确定乃是根据它向其他人所要求的社群行为的缺失、根据在要求与行为之间的争执的性质和范围；但却完全不是根据它对被损害者所具有的社群后果（例如信誉损坏、经济损坏等等），同样也不是根据某人是否以及在何种程度上“感受到”他的荣誉受损。相对于“荣誉感”的变换不定的程度，荣誉本身是一个固定客观的价值存有。

② 存在着大量的直观或感受的积极内涵，这些内涵乃是由于这种荣誉的消失才作为它本身并且作为有别的而可被注意到。对此参见笔者在《文章与论文集》的论述“自身认识的偶像”的论文。*

它本质上是——如前所述——单个的，但同时又是完全非个体的。每个人所具有的“市民荣誉”的范本都完全是同一个。它与所有那些“荣誉”的种类相对立，这些荣誉的种类对它们的载体不是要求单纯的不做，而是要求自发的和积极的“维护”（Wahrung）行为[①]，对周围世界不仅要求不损害，而且还要求积极的和自发的承认行为，或者说，提供－荣誉和证明－荣誉的行为。这里包括贵族荣誉、职业荣誉、阶层荣誉、职位荣誉以及所有拥有特定尊严之结果的荣誉，王公尊严、神甫尊严等等。这些荣誉的最初载体始终是一个个别的社群人格在总体人格的构架中所能占据的那些成员性地位，即所谓职位与尊严；只是以推演的方式，即通过对这个职位、这个尊严的占有，个别人作为社群人格才分有这些荣誉。他既不是作为个体，也不是作为个别人，而是作为一个总体人格的形式分殊了的成员在承载着这些价值与恭敬。唯有作为这些职位和尊严的载体，但也已经作为它们的载体，个别人才作为社群人格而配得上这些为他的职位或他的尊严所应得的敬重与恭敬[②]。然而最终也

① 市民荣誉只有根据一个已在反应行为中被体验到的损害才能得到“维护”。

② 因此，将敬重与恭敬转用于他的个体性上，甚或转用于他的私密人格上，以及转用于所有那些与他作为一个职位或一个尊严的载体无关的特性上，这样一种做法作为一种令人恶心的献媚是卑鄙的，同样卑鄙的是根据某种在他职位载体以外作为个体或作为私密人格所具有的负价值规定而不给予应有的敬重和恭敬一样。对此参阅帕斯卡尔在《思想录》中论述“与贵族交往”的优美章节〔舍勒在这里指的可能是帕斯卡尔所说的：“瑞士人被人称为贵族是要冒火的，他们要证明自己是平民出身，才好被评为有资格担任要职。”以及“贵族身份是一种极大的便宜，他使一个人在十八岁上就出人头地、为人所知并且受人尊敬，就像别人要到五十岁上才配得上那样。这样就不费力气地赚了三十年。”（帕斯卡尔，《思想录》，何兆武译，北京，1997 年，第 143 页和第 148 页）——译注〕

存在着属于它们的载体的社群人格价值，这些载体是社群人格，但仍然仅仅作为个体，无论它是作为一个独一无二的行动（Tat）的行动者（Täter），还是作为一个独一无二的事业的原创者，或是作为他的人格存在本身的独一无二的、个体的价值完善性的例子。
555 在前两种情况中，这个价值叫做“名誉”（Ruhm），在后一种情况中叫做“神圣”（Heiligkeit）。即使是这些价值也完全不是从对周围世界与后人对它们的承认行为中产生出来的，如实际的赞誉行为、被教会宣布为圣人等等。这些行为更多只是满足了从相关人格本身的表象对象出发的要求，并且可以正确和错误地、相即或不相即地满足这些要求。唯有在出现这种情况的地方，人们才可以将真正的名誉、真正的神圣与单纯的假名誉和单纯的假神圣区分开来。[①] 相反，倘若这些价值仅仅在于实际的承认、崇敬、赞誉，那么人们就不能这样做。除了随其载体的死亡而消失的市民荣誉以外[②]，这些社群人格价值在实存方面总体的持续要超出它的作为一个活的机体的载体的实存。它们将那些本身是历史外的个别人格提升到历史的区域中，并且使它值得回忆和崇敬；而且它们同时使伦常宇宙的凝聚总体善业得以增多。那些曾经掌管一个职务或享有一种尊严的人的形象系列使得每一个新进入这个职务和这个尊严的人分享这些延伸到他的前任们之外的名誉，但也以完全特别的方式使得他负有从他这方面来维护这个名誉水平的责任。类

① 人们在其他阶段上对真贵族和假贵族（例如通过随意的授予爵位而产生的实际贵族头衔）有类似的区分。

② 因此，对一个逝者的名誉损害只有在这个意义上才可以受到惩戒，或者是家族名誉一同受到了影响，或者是它包含了对一个活人的名誉损害。

似的要求会由一个家庭的祖先系列、一个政权的名誉、一个〔民族〕国家的名誉来提出。唯当不是社群人格本身的这些价值，而只是周围世界关于它们的可能**形象**成为行为举止的一个共同决定的因素时，对这整个价值系列的态度才会接受具有否定性价值的虚荣(Eitelkeit)特征。[①] 而唯有那些——错误地——想使这些价值本身从这个形象中才产生出来的人，才必定会一以贯之地认为，所有爱荣誉、爱名誉等等与虚荣仅仅具有程度上的(或根据那些价值质性的不同，追求所朝向的就是这些价值质性的形象)差异。但应当被称作虚荣的，并不是那个意图荣誉、名誉的人，而是那个意图荣誉证明的单纯行为和意图赞誉行为的人[②]。他才把真正的荣誉和 556
真正的名誉用它们的单纯假象来取而代之。

但是，如果所有这些价值都具有一种肯定的特征，并且如果它们根据其持续性的不同并且根据那些为荣誉和名誉奠基的人格本性的价值不同而彼此有高低之分，那么在任何时刻都不要忘记：唯有整体的、**未划分**的具体人格才是本真伦常价值的载体。而且在它之中既本质地包含着私密人格，也同样本质地包含着社群人格。良知的私密宁静、私密的祥福、私密的善良等等，是完全不同于那

---

① 神圣是这些价值中唯一一个这样的价值，对它的可能实现**无条件地**以对它的**不意向**为前提。这乃是(参见前面所说)因为，唯有它才是纯粹的人格价值，而名誉则附着在行动的行动者身上，或附着在一个事业的制造者身上。因而完全可以有一种得到合理论证的爱名誉。唯有当它的意向在于**行动和事业**本身的精神继续作用时，而却不在于后世的承认时，这种爱名誉才是真正的；在后一种〔意图后世承认的〕情况中，它只是一种(较高的)虚荣。爱荣誉(Ehrliebe)和野心(Ehrgeiz)的情况与此相似。

② 参阅笔者在“自身认识的偶像”(同上书，1915 年，第 159 页以后)一文中以及在《论现象学与同情感理论》(1913 年，第 20 页*)一书中对正常情况中和在病理学情况中的他人视像(Bild)中的生命的论述。

种对其职务义务、父亲义务等等完全得到履行的意识，完全不同于社群地可观看到的社群人格的“幸福”，不同于社群地可感受到的社群人格的善良。在这里，一切都具有其本己价值，它不仅仅是对社群人格的价值而言的辅助价值。也正因为此，私密人格与社群人格的和谐还作为统一而是一个肯定的人格价值的载体，但这两种人格的不和谐则是否定的人格价值的载体。

而且我们不要忘记：绝对私密的人格对于所有可能的他人认识和他人经验而言（因而也肯定＜eo ipso＞对所有历史认识而言）都是超越的。[①] 而仅出于这个理由，每一门想从个别人与一个历史的总体善业世界的关系，或者与一个总体－意愿或一个总体－逻各斯的关系出发来衡量人的伦常价值的伦理学，都已必定是错误的和迷误的了。[②] 每一门这样的伦理学天生就只看到了人的一半，并且——在应用时——必然会给出关于实际价值分配的一个完全错误的形象。固然，与这个谬误完全相对立的谬误，即那种以

557 为伦常价值的载体仅仅是私密人格的谬误，也应当受到同样明确

① 因此，根据在上帝之“中”的自爱而进行的自身检验以及同样绝对私密自身批判的义务之存有完全不依赖于它们在多大程度上对每一个人的社群人格的存在与愿欲具有间接的重要性；在与教会和朋友的共同体中进行的相对私密的自身检验义务之存有不依赖于它们在多大程度上有利于在其他社群单位（国家、社会、〔民族〕国家等等）中的存在与行动。与此相似，总体人格与共同体（如一个家庭）的私密区域的良好特性状况（Wohlbeschaffenheit）是一个自身价值，它不依赖于它的存在或不存在对更为广泛的区域而言（例如对于人类而言）意味着什么。

② 这个判断极为明确地例如切中黑格尔和 W. 冯特的伦理学，切中所有那些把在社会化中的单纯进步也看作是向善的进步、例如向增长的爱的进步的实证主义谬误学说。对此参阅笔者在《论现象学与同情感理论》（1913 年，第 31 页*）中对达尔文和斯宾塞的起源学说的批判。

的指责。这个谬误如前所述例如包含在 H. 柏格森学说的伦理结论中，而且它包含在一个人毕生事业中的一个几乎神妙的结论中，很少有人像能够他那样推动我们当今文化世界的伦理：这便是列奥·托尔斯泰的事业[①]。倘若这种学说和观点真的是正确的话，那么隐士就会是伦常完美性的范本了，而共同体生活自身就已经会附着一个恶的瑕疵了。

由于唯有这个统一的、整体的、具体的人格才是伦常价值“善”和“恶”的原初载体，由于每个人都明见地知道，每个其他的有限人格都具有一个绝对私密的区域，但同样明见地知道，这个区域的内容对于他的可能认识而言是永远超越的，因而从这些命题中最终得出一个对于伦理学来说非常重要的原则，我以对此原则的阐述来结束这一章。这个原则意味着：有限人格的所有超出伦常他人价值与他人非价值的终极指向都是自身悖谬的。因为它们必然缺少对他人绝对私密区域的认识，这个绝对私密区域本质上属于伦常价值的共同载体。只有社群人格和相对私密人格才能恰当地受到一种(有可能是)明见的价值把握。因此，中止(Zurückhaltung)彼此间的终极伦常评判，这是有限人格的一个义务[②]，而且是这样的一种义务，乃至于仅仅是对它的违背就已经(无论做出的评判是肯定的，还是否定的)包含着对异己人格的一种损害和一种恶的行

① 例如，在托尔斯泰的世界中，每个职务人格都是恶的、可笑的，并且每个向善的倾向都只开始于它摆脱了它的职务人格性，并接受朝向私密人格的方向。这个伦理——无论托尔斯泰是如何极力地反对教会观念——仍然处在东正教的宗教性精神之中。*

② 在笔者看来，福音书所说的“你们不要评断人，免得你们被评断”的真实意义也唯独在于此。(引自马太福音，7. 1。——译注)

动。这个命题和这个义务的存在完全独立于另一个命题，这另一个命题并不以明见性为内涵，而只以有限人格通过自己本身的可能认识之相即性为内涵，而且它也对那个相对于其本己私密人格区域而言的人格是有效的。[①]

但经过必要的修正(Mutatis mutandis)，中止伦常判断的义务
558 也适用于总体人格，只要它们的成员也具有绝对私密的区域，甚或(在与其他总体性中的成员性的关系中，这些总体性一同包含着比它们的私密人格更容易理解的东西)具有相对私密的人格区域。即便是教会对整个人格的判断也可能在这个意义上仅仅是“有保留的”事实，即：唯有“上帝才——相即而明见地——看入到人心之中”。因为除此之外，对每一个更宽泛的社群性来说，每一个被包含的社群性都只能在其社群方面，而不能在其私密区域方面被认识，所以，那些将人对人所做的伦常判决予以否定的规范化并予以法律惩戒威胁的法律机构，必定具有这样的特性状况，即从那些相对于有关共同体来说是外人，但同时却是全面的共同体成员的人那方面所做的对这个相对私密区域的判断，也在法律上而且在不必提供关于真与假的证明的情况下受到惩罚。因为在这里受到指责的不是判断的意外错误，而是判断一般。而这之所以仅仅涉及判决，而不也涉及正面的价值评断，是因为法律的界限在于，它并

① 关于这后一个命题可以参阅笔者论述“自身认识的偶像”的文章，* 以及在论述“道德建构中的怨恨”的文章(同上书)中所引的圣保罗的话：“他也不敢评断自己”(“er wage auch nicht，sich selbst zu richten”)。(舍勒在这里的引文有误，应为“连我自己也不评断我自己”(“auch richte ich mich selbst nicht”)。引自哥林多前书，4．3—4。——译注)。

不需要去实现伦常性，而只需要使伦常性得以可能。

第 6 点　a. 各种流行的伦理之起源法则　榜样与效法[①]

对于一门类似于在此阐述的伦理学来说，世界的最高意义和终极伦常意义乃是具有最高价值和正价值的人格（个别人格和总体人格），这门伦理学最终会认为这样一个问题极具重要性：在具有最高价值和正价值的人格观念以内，特定的质性类型是否以及在多大程度上能够以一种还是先天的方式——即在不向实证－历史经验进行借贷的情况下——得到区分。对它来说，这个问题的意义只有通过以前获得的明察才得到提升，这个明察就是：所有规范都建立在价值的基础上，但同时，（形式上）最高的价值不是一个

物事价值，不是一个状态价值，不是一个法则价值，而是人格价值。 817
以纯粹三段论的方式可以从中得出：一个在质料上也具有最高价值的人格的观念也是对伦常存在和行为举止而言的最高规范。可是现在，由作为要求而从一个人格的被观看到的人格价值出发的观念应然并不具有规范的名称——这个名称仅仅为普遍有效的和普遍观念的应然定律所拥有——，而是具有另一个名称，即：榜样或理想。因而榜样与规范一样，都扎根于一个明见的价值之中，一个人格的榜样扎根于一个明见的人格价值之中；然而榜样并不像 559

① 舍勒在这里使用的"榜样"（Vorbild）、"效法"（Nachbild）概念，以及后面还要出现的"形象"（Bild）、"反像"（Gegenbild）、"改造"（Umbildung）、"源像"（Quellbild）等等，都具有"像"（bild）的词干。可惜在中译中无法体现这个意义指向。——译注

规范那样朝向一个单纯的做，而是首先朝向一个存在。谁拥有一个榜样，他就趋向于成为与他的榜样相似的或相同的人，因为他体验到那个根据在榜样的人格内涵中观看到的价值所提出的存在应然的要求。同时，在榜样的观念中作为榜样起作用的个体人格价值本质并不会消解在那个内容和有效性方面是普遍的规范的本质之中。

现在我们可以探问：在规范与榜样之间存在着什么样的价值的本质关系和起源的本质关系？

很明显，对这些问题的回答必定会是完全不同的，因为这取决于一门伦理学究竟是把善与恶的观念原初地附着在合法则的(Gesetzmäßig)或违法则的(gesetzwidrig)行为上，还是把这些观念附着在人格本身的存在上。在第一种情况下会产生出这样的推论：在榜样中被直观到人格究竟是作为对按伦常法则来说是合法则的，还是违法则的意愿行为的实施者(X)而被给予的，这一点决定着一个榜样本身是含有正价值的，还是具有非价值的。这恰恰是康德在我们这个问题上的立场。在涉及福音书的后继理想(Nachfolgeideal)时，他明确地说："仿效根本不发生在伦常之中，而范本只是用来进行鼓励，即是说，它们使那些为法则所诫令之事的可做性不被怀疑，它们使那些被实践规则以更一般的方式所表达出来的东西变得直观，但它们永远不可能有正当理由撇开它们处在理性之中的真实本原(Original)并且自身仅仅朝向范本。"(《道德形而上学之建基》，第二篇)必定还存在着与此完全不同的回答：如果一个人不是把对一个最高法则的实现或把对一个特别种类的秩序的制定，而是把凝聚的最佳人格的人格王国视作所有

伦常行为的最高意义，如果对他来说，人格不是可能理性行为的单纯主体(X)，亦即“理性人格”，而是一个个体的、具体的、具有自身价值的行为中心[①]，那么对他来说，回答便是必定是完全不同的。他将首先需要确定，规范本身还可能是具有正价值和负价值的，而且，随观念规范最终究竟是促进着还是阻碍着好的或坏的人格(个别人格和总体人格)的可能生成之情况不同，观念规范或是好的，或是坏的。但从理想规范到义务规范的设定则是这样一个行为，这个行为本身还随进行这个行为的人格的本质善良(Wesensgüte)和本质败坏(Wesensschlecht)的不同而是善的或恶的。因此，首先是：没有一个义务规范不带有设定它的人格。没有一个义务规范的质料合理性(Rechtheit)不带有设定它的人格的本质善良。没有一个义务规范一般不带有肯定的明察，即那个受此规范制约的人格一旦缺少了它便无法自行地(von selbst)看到 560
什么是善的明察。没有一个对规范、伦常法则的“敬重”不是建基于对设定它的人格的敬重之中——但这种敬重是以最终奠基的方式建基于对作为榜样的它的爱之中的。[②]

故而普遍有效的是：所有规范都根据设定它们的人格的可能

① 参阅这部著述的第六篇、A。

② 这一点适用于所有规范领域。对国家法律的敬重植根于对颁布这个法律的国家之总体人格的敬重之中——但国家并不是这个自身作为立法而需要“敬重”的立法的空乏的 X。一个父亲对他孩子的诫令得到敬重，乃是依据于对作为家庭共同体的成员和首脑的父亲所具有的社群人格的敬重(或“爱”)——并非首先因为它们是具有这些内容的诫令。谁相信上帝的诫令，他也会敬重这些诫令，因为它们是上帝这个位格的诫令(但它们的内容却与上帝位格的本质善良相符合)，然而他并不是第一性地敬重这种伦常法则，他并不是只把上帝作为这个法则的一个立法者、这个秩序的一个创始者的空乏的 X 来敬重。

的、含正价值和负价值的榜样性而具有价值和非价值；但榜样内涵的正价值性和负价值性乃是根据作为榜样而起作用的人格所具有的正价值的或负价值的本质而得到自身规定的。

但即便是在发生方面，榜样本质上也要比规范更原初，并且人们因此而在所有对一个规范系统（在先前规定意义上的一个"道德"）的实证—历史理解中都必须回溯到榜样系统上，最终回溯到各个流行的和现行的观念人格类型上。若是起先没有发现这种人格，那么就必须去寻找它们。因为我们的命题不是植根于实证的、变换不定的历史经验之中，而是植根于规范与榜样的本质关系之中。

人格与它的榜样的人格性内涵所具有的被体验到的关系，就是建基于在对这个内涵的爱之中的追随（Gefolgschaft），即在对其伦常—人格存在之构成中的追随——因而原发的并不是对榜样的行为的相同进行（Gleichvollzug），甚至不是对榜样的行动和表达姿势的仿效。这种关系具有如此独一无二的本性，以至于它需要受到一种完全独立的研究。* 它先于一切地是这样一种唯一的关系，在它之中，伦常—肯定的人格价值 A 能够直接对伦常—肯定的人格价值 B 的起源成为规定性的，亦即纯粹善的榜样的关系。世上没有什么东西会像对一个善的人格在其善良中的明晰而相即的单纯直观那样，如此原初、如此直接、如此必然地使一个人格本身成为善的。这种关系在可能成为—善（Gut-werden）的方面绝对地优越于任何一个其他的可视为它的起源点的可能关系。它优越于 B 对 A 的诫令服从或命令服从的关系，因为后一种关系（即便是在一个所谓的自身诫令的情况中）永远不可能从对被诫令之物的价值的自律的和直接的明察中推导出来，并且它此外也只能以行动为目标，而不能以人格本身的志向、更不能以人格本身的存 561
在为目标。它优越于所有的所谓“伦常教育”，因为后者——如我们所见——永远不能使人成为伦常的，而只能使人格的存在与志向（带着它们的价值与非价值）得到经验的展开；然而，一旦它自己（作为教育行为的总和）在“改善”（Besserung）的意向中进行，它便成为非伦常的。[①] 唯独在这个关系中，无论是进行这种追随的人格的自律明察，还是它的自律愿欲，才都是可证实的，尽管还有他人的规定在起作用；人格的自律愿欲之所以是可证实的，乃是因为向善的原发改造在这里首先并不是愿与做，而是涉及作为所有行为活动之根基的追随着的人格本身的存在。因此可以说，善的人格对伦常宇宙的最高作用并不在于它的意愿，也不在于它所进行的某些其他的行为，更不在于它的做和行动，而是在于它的纯粹可能的榜样价值，即它仅仅依据它的可被直观和可被爱的存在与如在才具有的那种榜样价值。

如果我们暂且撇开什么东西能够作为明晰的、善的榜样起作用这个问题不论，并且如果我们观看在伦常存在与生活的增长和衰败中榜样的实际作用性，那么我们会看到榜样原则处处都作为在伦常世界中的所有变化的原发手段。榜样在这里当然可以是好的和坏的，高的和低的，而且（狭义上的）榜样（Vorbild）也可能被反像（Gegenbild）取而代之，即一个在与流行的榜样的明确对立中被构造起来的伦常人格存在的形象——当然，在反像的内涵中同

① 这两种关系在这里都奠基于命令主体的或教育者的纯粹榜样性之中。

时也可以看到对榜样内涵的价值结构的依赖性。[①] 但为所有榜样作用性奠基的定律即便在反像作用性中也始终是有效的，这个定律是指：伦常人格原发地（并且先于所有规定作用性和教育）始终只会再被一个人格或一个人格的观念放置到对它们的改造运动
562 中。在这个意义上，对儿童而言的榜样（或反像）首先是父母——原发地是父亲[②]；对于家庭与部族来说，榜样（或反像）总是家庭的“首脑”、“首领”，这两者始终作为祖先系列的成员，在这个系列中的一个祖先作为（典型的）“善的”而产生出来。在社团和家乡中，重又有一个或少数几个作为对“善”、“正当”、“可敬”、“智慧”的范本而处在中心；它们（作为共同生活的总体意向的质料）是作为每个人所看到的东西、作为人们必须用来衡量自己和他人的尺度而起作用的。对于民族成员来说，取代榜样的是“诸侯”[③]的各自社群人格，或者（随社群结构的不同）是统治着的贵族的类型、“民族代言人”（Volksmann）、“可信任人”、“总统”、“议员”的类型。与此相似的是对于派别成员而言的“诸侯”的形象，对学生或学校成员

① 在所有具有反价值的“运动”中，例如在新教、反宗教改革、浪漫派中，都始终包含着仅仅创建一个流行理想之反像的倾向；如浪漫派的“美的心灵”便是那个被评价为和被憎恨为“市侩”的十八世纪市民的反像。在所有这些情况中当然都始终存在着对流行理想的依赖性。反像始终与榜样在结构上相似。关于作为反像之泉源的怨恨可以参阅笔者的《文章与论文集》。

② 当然是作为儿童仰望的、爱的、尊敬的（或恨的、厌恶的）意向之内涵的“父亲”，而不是“现实的”父亲。这个“父亲”和这个“母亲”可以说是所有可能人格价值的未分化的源像（Quellbild），这些人格价值展示着绝然的具体价值个体，展示着所有的“更高”和“善”。它们尚未是人，甚或父亲还不是“一个男子”，母亲还不是“一个女子”，如此等等。

③ 所以，作为榜样，英国国王是最高的绅士，德国皇帝是最高的战士，沙皇首先是宗教－教会的教祖（父亲）等等。

而言的“老师”和“师傅”的形象，对〔民族〕国家成员而言的〔民族〕国家型的“英雄”、诗人、歌手等等的形象；对于国民和官员而言的各个统治着的最高政治家的形象[①]；对于进行经济活动的个体而言的各个“经济生活领袖”的形象[②]；对于教会成员或教派成员而言的创始者或改革者或教会圣人的形象；对于社会活动家或社会“名流”而言的时髦、得体的榜样人，高雅人士（arbiter elegantiarum）。这里的问题并不在于对经验的丰富性进行深入的分析。我只是想在这些例子上指明，在每一个实际的社群单位中都有一整个**由榜样的、理想典型的社群人格**[③]**组成的系统**，从这些社群人格中发出一种**原发的**榜样的或反像的作用性，即对所有向好和向
坏、向高和向低的伦常生成的作用性。即便在实际的总体人格彼 563
此之间以及它们在所有领域中对人类的影响范围之间，原发的作用性仍然是那种榜样和反像的作用性——而**不**是它们的政治行动，**不**是它们的准则、立法等等。例如，法国人、英国人、俄国人[④]等等的形象的形式类型自身都各自带有一个特定的榜样作用性

① 当俾斯麦统领德意志帝国时，他的榜样对于德国官员阶层来说具有极大的选择力和仿效力。处处可以看到“小俾斯麦们”——以后也可以看到小比洛们和小贝特曼们。而例如在哲学中又何尝不是如此呢？

② 笔者在论述怨恨和资产阶级的论文中（参见《文章与论文集》）已经强调过，对“流行的”经济志向的改造始终是从少数几个领导的、示范地起作用的人那里发出的。

③ 当然也有一些榜样是由个别人格为自己创造出来关于个别人格本身的榜样。

④ 弗里德里希·封·维塞尔是一个把榜样与后继的原则几乎当作所有社会学理解的基本原则的研究者（参阅《权利与权力》，莱比锡，1910 年）。显然，他的“少数规律”首先只是意味着，所有社会学**行动**的基本形式都是引领（Führung）与后继（Nachfolge）的基本形式，而引领始终是（例如即使在各种民主以内也是）“少数”的事情。但在我们看来，比这个规律对于行动而言的有效性更为本质的是它对于一个社群单位的系列**价值评估**系统和**理想**的构成而言的有效性。

（或反像作用性）的尺度，它以仿效和改造的方式原发地作用于人类，并且根据在其他形式类型的反作用性中所触及的力量的不同而一同规定着人类的各个伦常的总体基本状况。[①]

但现在还要对两方面的问题做更为详细的说明，一方面的问题是：什么在本体上（ontisch）是一个“榜样”，另一方面的问题是：它以什么方式和方法起作用和以什么方式和方法产生。

首先要弄清：某个东西——首先是某个具有人格统一结构的东西——在其中成为榜样的那些行为，乃是由我们曾称之为本质认识（在这里是对他人价值的认识）的行为来奠基的（感受、偏好、爱、恨），即是说，它们不是由意愿行为或追求行为来奠基的，不是由存在认识的行为来奠基的，但更不是由行动行为和表达行为或由对这些行为的不随意的或随意的仿效来奠基的。[②] 因而所有追求行为和愿欲行为都已经预设了榜样内涵，并且已经是由对它们的对象的爱（在反像的情况中是由对对象的恨）来奠基的。我们以追求和愿欲的方式“追随着”我们所爱的人格——而不是反过来。但榜样与追随在其中被体验到的这些行为并不与仿效（或“复制”）有丝毫的关系。并不是例如通过对一个人格的仿效才产生出这个

---

① 这个形式类型第二性地也是所有回溯到相关〔民族〕国家上的善业（艺术作品、家园等等直至商品）的形式类型。

② 由于康德根本没有在他的基本概念中引入一种伦理认识、遑论一种价值认识（参阅这部著述的第一部分、第二篇、A、〔边码〕第86页及以后），所以他由于这个原因就已经始终完全没有看到榜样与后继的关系。极具特征性的是，他在先前所引之处（“仿效根本不发生在伦常之中”）或许是受了“效法基督”（imitatio Christi）的习惯说法的欺罔，这种说法把具有明见基础的和严格自律的“后继”（Nachfolge）混同于盲目的和完全他律的“仿效”（Nachahmung）。

人格的榜样性；至多我们也只是趋向于仿效那个已经作为榜样而矗立在我们眼前的东西。在兽群与大众中有引领动物，但没有榜样。即便是对榜样对象（或榜样人格）的一个价值无涉的认识，也 564
绝不是以榜样性为前提的。纵使在这里，价值原则上也还是先于形象内涵或意义内涵而被给予的。"父亲"、"母亲"等等都原发地是具有特定质性的价值人格，而在它们这个价值核心周围才围绕着形象要素和意义要素。最后，毋庸赘言，评断（评判）与选择行为以某种方式已经决定了：某物以及何物成为榜样。榜样意识完全是前逻辑的（*prälogisch*），并且是先于对哪怕只是可能的选择一区域的把握的意识，是它才规定了评断和选择方向。如果以为某人也必须能够将某个东西评判为他的榜样，这个东西才会是榜样，或者，他必须能够评断和表达，什么是以及谁是他的榜样，这个东西或这个人才会是榜样，那么这种看法是极为幼稚的。[①]

那么什么东西在本体上（ontisch）是榜样呢？现在我可以说：榜样就其内涵而言是在人格统一之统一形式中的一个有结构的价值状况、一个在人格形式中的有结构的如此价值性（Sowertigkeit），但就内涵的榜样性而言则是一个奠基于这个内涵之上的应然存在要求的统一。可是它作为榜样的被给予方式以及在榜样存在中它的内涵的被给予方式是怎样的呢？在前者〔作为榜样的

① 那些统计学的实验尝试便具有这种极度的幼稚性，在这些实验中例如会在学校学生面前放上一张问卷，他们在问卷中被询问：谁或什么是他们的榜样。最具吸引力的榜样恰恰在这里当然而然地永远不会现身出来。因为在此外相同的条件下，那个已经被判断为榜样的榜样相对于那个不是榜样，但却作为榜样起作用的东西而言，肯定是较少具有吸引力的榜样。除此之外，我们马上就会听到，榜样恰恰在其作用性中不必作为有分别的内容被给予。

被给予方式〕方面，最为重要的是：这种应然存在要求不是被体验为一种“我有义务追随(ich bin verpflichtet zu folgen)”，而是被体验为一种“它使我有义务追随(es verpflichtet mich zu folgen)”；我们也可以说：作为一种发自个别人格和总体人格的有力吸引，在这个吸引上，榜样内涵范本地显现出来，或者随情况不同而作为柔和的吸引和“引诱”(Lockung)——但无论如何都是作为位居于榜样之中的**吸引**。榜样将具有榜样的人格吸引向自己；人们并**不**主动地向着榜样运动；榜样会**规定**目标，但它不会作为目标而被取求，更不会作为目的而被设定。然而这种吸引并不以一种盲目强制的形式显现出来，不是那种例如从一个人格发出的“暗示力”。毋宁说，这种吸引具有一个为它奠基的应然存在意识和正当存在意识。[①] 而在后者〔内涵的榜样性〕方面，同样重要的是：榜样内涵在榜样拥有之中的被给予性不是一个个别内容的有分别的内涵，

565 而只是以一种我常常描述的[②]“被限定”(Eingegrenztsein)的方式被体验到，即是说，如此地被体验到，以至于这个内涵只是在充实与不充实(争执)体验的总体**总和**中通过一个可能的范本而作为特别的内涵才被给予。因此，只有通过这种限定的体验，亦即“这是我所爱的”、“这不是我所爱的”、“这是我所恨的”等等，榜样内涵才

---

① 这种对善的存在和正当存在的意识当然也完全会像为此奠基的价值状况把握一样是欺罔性的——如在所有坏榜样的情况中。但在这种情况中事关欺罔，而非盲目的强制。纵然是坏榜样也是一个榜样——而不是一个盲目的强制仿效。故而在榜样意识中至少始终存在着一种对明察的**倾向**。

② 对此可以参考审美法则的被给予方式，艺术家听从这种法则，而无须去认识它们；而关于“罪犯”对法律的实际认可与违法者的对立可以参阅这部著述的第一部分、〔边码〕第155—156页。

以暗示的方式使自己作为一种特有的内涵而可被反思注意到（而这恰恰是**因为**它在志向意识上的持恒充实）。而正因为此，榜样是贯穿在感知、表象和想象之中的——而不需在这其中的一个行为质性中作为个别内涵被给予。因此，对于这些个别行为及其对象而言，榜样内涵及其行为相关项已经作为理解**形式**或此在**形式**而在起作用了[①]。

最后，问题还不仅涉及直接被体验到的榜样作用性或在其作用性中的榜样，而且涉及从榜样发出的，并且叫做**跟从**（Folge）、**后继**（Nachfolge）、**追随**（Gefolgschaft）、在伦常上至关重要的**改造**（Umbildung），它虽然根据榜样价值性的等级的不同而具有根本 566
差异，但却是以这样一种方式，即始终会有一个同一的本质因素保留下来。这种改造既非仿效，亦非顺从，而是一种被对榜样范本的**献身**态度所包容的人格**存在**本身与志向向着榜样的结构与特征之

① 因此不言而喻的是：对“**什么**在自身和在他人那里作为榜样起作用或后续地起作用”的反思认识属于最为困难的事情。这种指明要求在个别情况中运用艰难的技术方法，在这里无法确定这些方法，但业已形成的（只是在理论上根基不稳并带有错误累赘装饰的）精神分析（psychoanalytische）技术为此已经提供了一些值得注意的东西。伦理学本身仅仅要求：使坏榜样被有所分别地意识到，同样也使好的和坏的反像被有所分别地意识到。因为即便是内容上好的反像，亦即例如从与一个要求具有榜样性，但却是坏的父亲之观念的相违背状态中产生出来的反像，也**作**为反像而是坏的。而假榜样也需要被摧毁；我所理解的假榜样，是指那些已经被“给出一个好榜样”的“更居高临下”的意向所一同规定的榜样，亦即一同处在对单纯的社群形象作用的法利赛式的算计中的榜样；最后还有那些被臆想出来的榜样，即被人们臆想为是自己的榜样的那些榜样，而实际上真正的和有效的却是一个完全不同的榜样。还有一个更为重大的任务在于：根据“道德”从榜样中的起源来检验一整个时代和一整个总体（文化圈、〔民族〕国家）的“道德”起源，并且在特定的少数人本身身上检验这些榜样的起源——在精神科学中，这个任务包含着一个特别的功能，即从坏的总体榜样的作用性中**解脱**出来的功能。对此参阅笔者关于“资产阶级”的论文（同上书）。

中的生长(Hineinwachsen)。榜样在它的含有爱意的(liebesintendiert)范本上被直观到,它吸引并抵达,而我们则"跟从",这个词的意思并不是指愿和做——它们只能瞄向,或者说,只能在于对一个真正命令或教育假命令的顺从,或只能瞄向复制、只能在于复制,而且局部地是他律的——,而是在于一种对它的可被自律明察所达及的人格价值内涵的自由献身。我们成为如榜样范本作为人格之所是,而不成为它之所是。只是对这种向着榜样之中的生长进入构成(Hineinbildung)才是志向的新构成,或者说,——根据情况不同——志向的改造(Umbildung),是志向的改变和意义变化。即是说,我们在这里学会,如榜样所愿和所做地那样去愿和做,而不是学会它之所愿和所做(在感染和仿效的情况中以及以另一种方式[①]在顺从的情况中便是如此)。但"志向"不仅包含着愿欲,而且也包含着所有理论的价值认识,也包括偏好、爱和恨,它们对于各种愿欲和选择而言是奠基性的。* 尤其是志向改变,它是一种伦常的进程,它永远无法为命令(若是有自身命令的话,也不会为自身命令)所决定,也永远不会为教育指示(它达不到志向)所决定,也不会为忠告和劝告所决定,而只能由对一个榜样的跟从来决定。但这种志向改变(Gesinnungswandel)(不同于单纯的志向变化<Gesinnungsänderung>)原发地是通过在与对榜样范本之爱的一同爱中爱的方向改变来进行的。[②]

① 即在做别人之所愿的意义上。

② 这是依据了纯粹的爱的行为对伦理认识并间接地对愿欲和行动的所有其他形式而言所具有的基本特征。笔者可以把自己所做的关于"道德建构中的怨恨"的相关部分研究看作是从耶稣的榜样中恰恰通过爱的方向的原发改变(相对于古代的爱的方向)而产生出基本志向改变的一个历史例子。

然而，正如我曾试图指明的那样，榜样作用性的本质现在当然只是这种作用性的最纯粹、最直接和最大可能的形式。我们马上就会看到，这种形式——根据质料的人格观念的理想类型之等级种类的不同，这些人格观念将会引导实际榜样的构形，并且根据榜样生活于其中的社群单位的种类的不同——也伴随着榜样作用性的混合的和间接的形式。而且尤其还有三种其他的形式，一个榜样可以在这些形式中间接地从 A 转递到 B、从一代人转递到另一 567
代人，并且间接地起作用，这三种形式是：文化科学的认识、传统和从秉性向偏好结构的遗传转递，根据这三种形式，一个在血缘祖先那里流行的榜样会不断更新地得到重构。例如在传统方面，不自觉的（无明察的）、“遵从的”仿效肯定在扮演着一个根本性的角色，我们以前曾如此明确地否认它是榜样的创造力。例如一个儿童对他的父母便是无明察地“遵从”（folgsam）[1]——无论他们是否展示着对“这个”父亲、“这个”母亲而言的好的还是坏的榜样范本。仿效在这里肯定扮演着一个共同决定的角色。但是，仿效[2]（或某些更高种类的复制）在这里自动地促成了由父母发出的榜样作用性，

① 需要注意，在“遵从”（Folgsamkeit）概念（“孩子应当遵从”）中，“跟从一个人格榜样”的含义、对被诫令的行动的愿意顺从，最后还有一个肯定的伦理价值谓项（这是一个“遵从的孩子”，那是一个“不遵从的孩子”）达到了一致。遵从并不意味着顺从，而意味着在跟从榜样的基础上的愿意顺从。

② 在“仿效”（哪怕是不自觉的仿效）方面（如笔者在《论现象学与同情感理论》一书的附录中*所表明的那样），姿势与行动的表达意义已经作为仿效的基底而被给予。这个意义不是通过仿效才成为被给予性的（利普斯便这样认为）。相反，在大众和人群关系中则不发生仿效，而是发生简单的、通过单纯运动形象中介的相同运动，这种运动第二性地才会产生一个相同体验的效果。

这个事实丝毫不意味着：那种榜样作用性就在于仿效和复制[①]的过程中；或者不意味着：榜样内涵或者说，关于它的价值的明察或欺罔，或最后还有它的改造作用性，乃是通过这些过程而被创造出来的。在这里和在遗传转递的情况中一样，问题毋宁说是仅仅在于本真榜样作用性的各种不同的手段与选择形式，或者在于或多或少自动促成的这种作用性的各个种类。[②]

现在让我们过渡到所有实际历史的、好坏、高低的榜样与反像起源法则的问题上去。可以确定：在人心中，实际的榜样是在作为某种经验对象的某些其他实际人身上产生的。然而这些人本身，
568 一如他们被经验到的那样，还不是例如榜样本身。我们的确常常说："这个X是我的榜样"，但我们所指的，或者更确切些，用榜样一词所指的根本不是这个有皮肤有毛发的实际的人。我们所指的更多是：这个X是一个范本，或许甚至是明晰的、始终只能作为"唯一的"范本，但即使在这种情况下也还始终只是作为范本。榜样本身在那个被意指的、作为范本起作用的人身上或多或少相即地被直观到——但它并不是从它的经验偶然的属性状态中被提取出来、被抽象出来，或作为它身上的实在部分或抽象的部分被发

① 或者，在一个反像（Gegenbild）产生的情况中的反效（Gegenahmung）。

② 对所有（否定的和肯定的）伦常存在构形和意愿构形而言的榜样作用性所具有的无可估量的意义如此长期地被伦理学所忽略，笔者认为原因就在于笔者已经多次提到过的所有规范伦理学的"实用主义成见"。倘若价值所具有仅仅是人们可以愿欲、可以选择、可以做、可以命令、可以规范化或可以用来教育的东西——那么我们在这里所说的一切自然也就没有了任何伦常意义。榜样甚至存在榜样（*Seins*vorbilder），人们不能"愿欲"、"创造"、"选择"、不能"命令"、不能"规范化"。它们"存在"、"生成"，人们生长到它们之中等等。应当停止从这种士官生立场（Unteroffiziersstandpunkt）出发去考察伦常事物！

现。[①] 因此，如果榜样的本质以及榜样和范本的本质关系不能从偶然的、归纳的经验中推导出来，那么我们就要探问：就实际榜样的实际构形而言以及就以人对人（an Menschen für Menschen）的榜样把握而言，是否就不存在以及在多大程度上不存在普遍有效的或个体有效的纯粹榜样模式（Vorbild*modelle*），这种榜样模式虽然自身和自在地是在人格的形式统一中的价值状况的质料直观构成物，却是作为各种榜样形式而对所有实际榜样及其实际获取的构形和被构形状态都有效。此外还要探问的是：在这些纯粹价值人格类型之间是否也还可以找到一个自在有效的等级秩序。

b. 纯粹价值类型之等级秩序的观念

我们至此为止仅仅确定了所有伦常价值增长（或价值减少）的重要合法则性：它们原发地不是通过对一个规范的顺从行为或不顺从行为等等，而是通过在人格上被构形的榜样和反像的作用性来进行的。但我们还没有说过：什么是一个好榜样和坏榜样（或反 569
像），以及对哪种榜样的理解因此而是有正当理由的和没有正当理

① 即使是将经验人"理想化"为榜样，或通过对它的一个原初还未受价值引导的本能冲动或一种盲目的禀好来进行的"升华"，这些语词也都丝毫不能说明榜样的起源。* 因为在这种情况下，是什么将这种自身完全任意、偶然的理想化、臆造、升华的活动导向一个特定的价值目标呢？实际的愿望、禀好等等？但是，如果经验主义的意愿理论是有效的话（参见这部著述的第一部分、第三篇），那么这些愿望和禀好又是从哪里获得对它们而言是超经验的目标内涵呢？如果一个人某次成为对我们而言的榜样范本，那么我们诚然也还可以在朝向他对我们而言的这个榜样性的方向上将他的形象理想化。然而无论是这个榜样性，还是这个人成为它的范本这一情况，都不能归功于某种"理想化"。

由的。

首先很明显的是：在意向中，那个作为榜样范本在起作用，并且榜样在它身上才被给予我们的人格，必然始终是"善的"（在反像的情况中始终是"恶的"）。一个也作为恶的而被给予的人格不可能仍然还被理解为榜样范本。但下面这种情况却是可能的：我们在实践中并不跟从我们的"榜样"；而且我们受到欺罔，以为这个或那个人格也是我们的榜样；最后还有，我们在其中将一个人格当做我们的榜样范本的那个偏好行为并不具有明见性。然而由于对"什么是善的"明见的和完全相即的认识必然也规定着愿欲，所以第一种情况（实践上的不跟从）也只有当后两种情况中的其中之一现存时才是可能的。[①] 但在意向内涵的所有这些情况中，我们都需要区分一个整体的客观的好的存在和坏的存在，这个整体是在榜样模式的范本化行为中于一个特定实际人格身上产生出来的（即是说，在"这个 A 是我的榜样"意义上的榜样）。唯当在这个"榜样"中包含着这个纯粹的榜样模式的级序时，这个"榜样"才是好的；然而偏好行为即偏好作为范本的一个人格甚于另一个人格的行为，只有在先天质料的偏好法则在它之中得到实现时才是"正确的"。在这里，客观上坏的榜样当然也始终必然与一种偏好欺罔（永远不会与一种单纯的不相即，它只会导致有缺陷的实践跟从）

① 有意识地愿欲作为坏的坏，这是完全是可能的，而我们不会赞同托马斯·阿奎纳的命题"所有愿欲按其本性都是善的"（Omnia volumus sub specie boni）。但不可能的是：有意识地偏好作为恶而被给予的东西甚于作为善的被给予的东西。即便对于（被信仰的）上帝意愿，我们的意愿也可以有意识地将其作为上帝的意愿来予以抵御；但一种"恨上帝"（在有意识的意向中）是不可能的。也只有在我们的价值本质与上帝的本质善业在爱上帝中先行结合之后，我们的愿欲才有可能不再违背上帝的愿欲。

相符合;但人们不可以试图这样来进行定义:坏是一个与这种欺罔相符合的榜样。因此,我们可以在不去考虑对它们的理解行为以及它们的起源行为的情况下来确定流行榜样的好与坏;但我们同时知道,偏好欺罔是坏榜样的起源。例如,如果这样一个人格或这样一组人格是一个人格、一整个时代、一组其他人格的榜样,在它们的志向中,实际被偏好的是有用而非高贵,是生命价值而非精神价值等等,那么我们既知道在这些人格或群组身上产生出来的榜 570
样是客观上坏的,也知道这些人格和群组本身必定曾有过坏的榜样。①

因此,如果我们了解纯粹价值人格类型及其等级秩序,它们在这些类型特征的基础上同时也是对所有实际榜样而言的纯粹模式,那么我们就会知道,什么是好榜样和坏榜样。如果这些价值人格类型及其等级秩序在实际的榜样中"得到实现",那么榜样(客观上)便是好的;如果榜样与这些价值人格类型及其等级秩序相违背,那么榜样就是坏的。

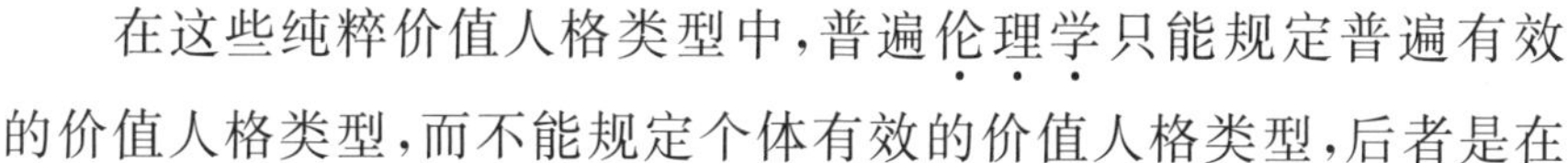

在这些纯粹价值人格类型中,普遍伦理学只能规定普遍有效的价值人格类型,而不能规定个体有效的价值人格类型,后者是在

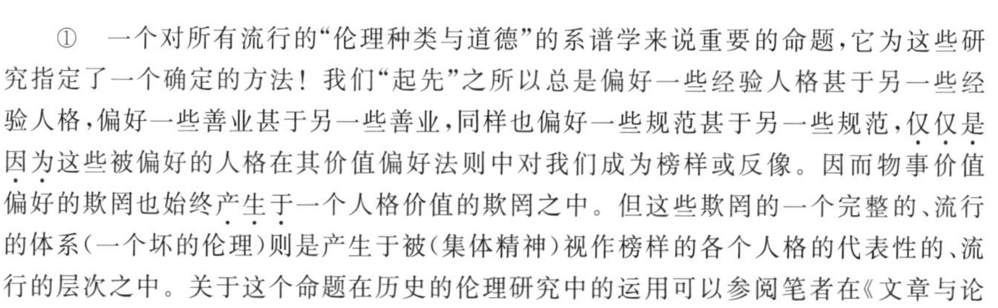

① 一个对所有流行的"伦理种类与道德"的系谱学来说重要的命题,它为这些研究指定了一个确定的方法!我们"起先"之所以总是偏好一些经验人格甚于另一些经验人格,偏好一些善业甚于另一些善业,同样也偏好一些规范甚于另一些规范,仅仅是因为这些被偏好的人格在其价值偏好法则中对我们成为榜样或反像。因而物事价值偏好的欺罔也始终产生于一个人格价值的欺罔之中。但这些欺罔的一个完整的、流行的体系(一个坏的伦理)则是产生于被(集体精神)视作榜样的各个人格的代表性的、流行的层次之中。关于这个命题在历史的伦理研究中的运用可以参阅笔者在《文章与论文集》第二卷中论述"资产阶级"的诸论文。

前者的范围内活动的，但仍然无法从前者中推导出来，然而却可以在历史的事实组成上被直观到。

这个普遍有效的纯粹价值人格类型是通过对以前所获得的作为最高价值的人格价值[①]之观念与价值样式的级序[②]之联结而产生出来的。如果我们在此项研究的第一部分中不含欺罔地发现了这个秩序[③]，那么作为所有肯定的和好的榜样的最高类型和模式便产生出在这样一个顺序的等级秩序中的各个类型：**圣人**、**天才**、**英雄**、**引领的精神**和**享受的艺术家**。[④]

如果这些观念在这里首先是以演绎的方式被获得的，那么它们——即使是自在地看（并且首先不去考虑它们的级序）——就已经是极为奇特的了。没有任何价值以外的形象因素或含义因素会进入到这些观念的对象之中。它们是真实的**价值人格**的观念，这些价值人格与价值——它们的载体已经是不同的并且是在其存在方面确定的人格——的关系类似于善业（＝价值事物）与事物价值的关系。[⑤] 一个特定等级阶段（Rangstufe）的价值在这里**原发地**（primär）作为其价值本质占据了人格性的**形式统一**；它构造起这个类型的统一；它因此不只是一个人格群组的标记或特性，这个群组已经不依赖于这个价值种类而构成了一个统一，如政治家、统帅等等。因此每每会有好的和坏的政治家、统帅等等，但不会有好的

571

① 相对于人格价值（德行价值）、物事价值、状态价值。

② 参阅这部著述的第二篇、B、第 5 章。

③ 如果我们没有发现这一点，那么关于这些类型之起源的学说还可以不依赖于此。

④ 参见这部著述的结尾说明，〔边码〕第 580 页。

⑤ 参见这部著述的第一部分、第一篇、〔边码〕第 42 页。

和坏的英雄、圣人等等；因为在这里一个正价值已经构造起人格类型本身的统一。正如我们不会发现三角形第一性地是物体表面的特性，而只会将这样的物体表面称作是三角形的，这些物体的表面构形或多或少相即地与纯粹三角形相符合，与此相同，人们也不能从对这些人所共有的人之特性的观察中发现这些观念：一个有英雄气概的人恰恰是一个与作为模式的价值人格类型（或多或少）相符合的人，但不是一个与其他经验的人共同具有某些天生特性的人①。（即使在行为方面，与这些如同为我们的精神眼所看到的类型原发地相符合的并不是那些形象表象或含义，它们始终只能具有对它们而言的范本意义，而是意向感受、偏好、爱的特定方向。）对此还有一个证明：我们在运用这些类型概念的过程中，例如在历史中，首先是根据这些类型来分析一个人的经验的价值事实组成，并且与此同时，当他对这些类型中的某一个而言并不足以相即地具有范本的意义时，我们便将这个事实组成描述成过渡类型或联合类型。② 倘若这些观念是从实证的历史材料中以归纳的方式被抽象出来的话，上面这种情况便是不可能的了。

由于这个原因，这些价值人格类型最终永远不会在一个历史

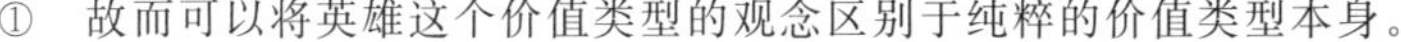

① 故而可以将英雄这个价值类型的观念区别于纯粹的价值类型本身。

② 所以，圣方济各是一个对（后继着的）圣人的价值类型而言极为相即的范本，而在奥古斯丁身上则有一种神圣与英雄性的混合被觉察到；与此相似，腓特烈大帝是一种以英雄气概为主并伴随着天才性（哲学家腓特烈、诗人腓特烈）的混合。这个做法也适用于那些相对于价值人格类型而言是派生的人格价值类型，如政治家、统帅、“伟大的教会人”、哲学家、艺术家、智者。* 所以，亚历山大的、欧根王子的、拿破仑的英雄性显露在一种政治家和统帅的混合中，而不像例如在布吕歇尔那里是单一地显露在统帅中。帕斯卡尔具有某种神圣和天才（作为哲学家和数学家）等等。即便是这些人格价值本身也还是先天的，但却不像价值人格类型那样也是价值先天的。

实际的人格构形中如此地“被本体化”(hypostasieren)，以至于它们本身被混同于它们的单纯范本。这种混同是所有错误的传统主义的根源，这种传统主义学说最终赋予过去价值本身以一个比当下价值和未来价值更高的价值优先地位。与它相符合的是作为相
572 反的迷误的错误“理想主义”和乌托邦主义，它们天生就想把价值人格类型构设为单纯的一个存在应然的“理想”(甚或构设为永恒的所谓“任务”)，并因此而天生就不仅赋予实际的过去(这可能偶然会是正确的)，而且也已经赋予现象学的过去状态亦即所有“作为过去的”而被给予之物以一个价值次序、一个相对于现象学的当下和未来的价值的价值次序。[①] 如果放弃这种本体(Hypostase)，那么明见无疑的是，事实上(de facto)既不可能有一种纯粹的英雄、天才，也不可能有一种完美的英雄、天才，如此等等。如果价值人格类型作为榜样模式而正确地起作用，那么这个榜样整体便因此而在时间上有双重的关涉：作为对一个价值人格而言的榜样，它同时是期待的形象(Erwartungsbild)、希望的形象(Hoffnungs-

① 作为一整个民族的主要伦理，这个特征显现在犹太人那里，根据他们的弥赛亚宗教，始终有一个人生来就只是“发号指令者”(并不因此而是在某个遥远的时间点上的被期待者)。所以犹太人的伦理本质上成为“进步伦理”，并且即使当它的内涵完全改变时，例如变成宗教外的内涵时，这种伦理也仍然在其结构上大都是如此。而后，期待弥赛亚的是时代精神的各个任意内容。在赫尔曼·柯亨的伦理学中可以找到同一个基本思想。此外，这个欺罔还与另一个欺罔处在本质联系之中，后者便是指：它只是“原初的善”的愿欲(康德)。因为所有这些在此行为中矗立在眼前的东西都本质上(现象上)是与未来相关的(即使事关实际的过去愿欲也是如此)。因此，即使是这个迷误的根源也可以在康德那里找到。它在费希特那里毫无节制地得以增长。善在这里本质上成为一个“任务”。黑格尔的批判自身具有正当理由，然而却越过了目标，并引入到相反方向上的传统主义之迷误中(尤其参见《精神现象学》)。

bild)和以派生的方式是追求的形象(Strebensbild);但作为在一个历史实际的人格存在身上(而非从它之中)已获得的榜样,它同时是回忆的形象、崇敬的形象和以派生的方式是崇拜的形象,而它的内涵则与现象的过去,即与各次"作为过去的"而被给予的东西相关涉。

然而,价值人格类型的本体还可能导向另一个失误:将它们的实事有效的(sachgültig)级序简单地转递到特定的、在概念和表象上可划界的、实际的人的群组上,无论它们是职业、阶层、职务单位、尊严单位、〔民族〕国家,还是其他等等。但这些群组中的每一个都只是一个对价值人格类型而言的显现区域,而这些群组中的每一个都具有关于它们的观念,带有独一无二色彩的观念[①]。阶层的观念和阶层的榜样,例如关于"英雄"的各种职业观念,是完全不同的:在农民、市民、骑士那里各不相同,在医生、技师、战士那样各不相同。但"这个"英雄本身与他的观念一样可以显现在每一个个别人格身上,当然,唯有他的可能显现条件对于例如各个阶层和各个职业来说还是本质不同的。然而,即使是就这些在特定群组单位中的可能性范围而言也存在着这样的合规律性:对于示范性的圣人来说,这些范围是最大的,对于下降着的类型范本而言,这

573

837

① 因此,例如有一种德国的、英国的、法国的英雄－圣人－天才的观念,它们彼此间并不能够相互衡量。与此相似的是〔民族〕国家的和时代的典型:"〔英国的〕绅士"(gentleman)、"〔法国的〕绅士"(gentle homme)、"〔法国的〕老实人"(hommo honnete)、"〔德国的〕老实人"(Biedermann)、"〔意大利的〕廷臣"(cortigiano)、日本的"武士",在这些类型中隐含着各种人格价值类型的独一无二的混合——充溢着〔民族〕国家总体人格的共同精神和伦理。

些范围则是愈来愈小的。[①]

在对这些类型* 进行一个本质特征描述之前必须探问:这种类型与作为无限位格的神的观念的关系是怎样的。在这里首先很明显,神的观念并不像那些价值人格类型一样可以具有一个前像模式(*Vor*bildmodell)[②]的功能。因为,一个无限人格以这个无限人格本身为榜样,或哪怕只是以它为这些榜样的纯粹模式,这是悖谬的。[③] 但神的本质善良或许表达了一个观念,在这个观念中,普遍有效的价值人格类型本身(但不是"作为"榜样)在无限的完善中完全示范性地"一同"被包含在它们的级序中;但是可以想象在神性中并不更少包含着个体有效的价值人格本质。这种单纯的"一同被包含"意味着:神性的本质善良不会化解在普遍有效和个体有效的价值人格本质的无限示范性中,相反,它原发地作为简单的本质价值质性而是无限的。唯有通过一个有限人格一般与无限人格的可能体验关系和认识关系,神的本质善良才分解为价值本质的各个单位,即价值类型,以及它们的级序的排列。[④]

① 一个示范性的圣人有可能例如是一个奴隶,就像一个国王有可能是一个穷人和富人等等一样;但奴隶却不太可能是一个天才,更不可能是一个英雄。相反,一个贫穷的"享受的艺术家"却是极为可能的。因此,价值类型之实现的社群限定性显然是随着他的级序的下降而增大的。

② "前像"是"榜样"(Vorbild)一词的德文原意。与此对立的德文概念是舍勒生造的"后像"(Nachbild)一词。还可以参见这一节(第6点)一开始的(边码第558页)的相关译注。——译注

③ 更为悖谬的是,与赫尔曼·柯亨和纳托尔普一起把神的观念本身降低为一个人类在其中找到他们的统一的单纯"理想"。

④ 在这个意义上,神按其观念作为全爱者也是全圣人,作为全知者、全艺术者、全立法者、全审断者也是全天才,作为全能者也是全英雄。相反,此在相对于(daseinrelativ)生命的有用价值、适意价值在神的观念中不具有任何位置。生命价值本身——它

因此,也并不是对这个观念及其级序的实际重新把握(或者说,通过欺罔的颠覆)以及它们在历史形象内容中的内涵的各次实证历史的显露才导致了那些变更,即我们在宗教史中关于神的观念以内所发现的那些变更——恰恰相反,各个被意指为"神的"东西的实证内涵的原发改变才使得各个实际的榜样模式连同实际榜样的构建规律一同发生改变[①]。在这个意义上可以说,(实际上)各个被意指的神也成为所有其他起作用的榜样模式的出发点——这是一个对宗教史与伦理史和文化史的关系研究来说至关重要的命题。而这个命题当然也适用于那些反像模式,它们在对一个流行的神的观念的反运动中构成自身,并且——与这个观念相关——在最极端的情况中自称为"无神论"。它们始终完全有赖于各个流行的神的观念。因为它们的单纯现实性否定[②]根本不会对 574

在最高形式中的人格形态是"英雄"——当然不是此在相对于生命的。因此,在各个"被信仰的"神的观念的价值本质规定和价值属性所具有的各个奠基结构中,人们能够,如同在被挤压到最小空间的情况下,——简言之(in nuce)——觉察到一个群组的伦理。

① 宗教史处处都表明,这种改变的发生有赖于神的观念和榜样模式的改变。神时而主要被设想为全知者(在亚里士多德那里),时而主要被设想为全英雄和全立法者和全审断者(在较早的犹太民族那里),如此等等。可以表明,对神的一与多的假定,还有对它的被意指的人格性或非人格性的意义与含义是如何在严格的本质联系中随着它的这些主要被意指的本质质性变化而一同发生变化。所以,例如原发地被设想为全英雄的神本质上还是民族神,例如在最古老的犹太人那里首先还带有最重要的民族财富的神,即兽群的神的色彩,而后(在这个民族有了固定居所之后)则是"战役之神",是军队(Zebaoth)之主。〔希伯来语中的"Zebaoth"指军队,同时也是神的别名(Jahve Zebaoth)。——译注〕

② 这种作为伦理否定的现实性否定是奠基于对价值结构的始终合乎感受的"否认"之中的,这个价值结构处在流行的神的观念的内涵之中。我们否认一个特定的"神"的现实性,因为我们否认这种被假定的现实性的神性特征。

在神的观念中被否定的内涵的内**价值结构**有丝毫的改变。甚至人们可以说：一切所谓的无神论都**必然**是作为反对一个流行的神的观念的价值结构内涵的反神论而产生出来的。[①]

我们说过，在与神的统一和单一本质善良的关系中的价值人格类型的多，乃是建立在对此本质善良的一种合法则地被规整的
575 分析之上——并非这个本质善良的观念建立在对先前已经**被给予的**一个价值人格类型的综合之上。在这个意义上人们可以将纯粹价值人格类型也称作简单的和未分的神性的侧视图，它们对于神性（作为价值本质）在一个有限人格一般身上的可能**被给予方式**而言——即不是对于神性的存在而言——是根本性的。唯有在这些价值人格类型的形式中——我们说过——神性的本质善良本身才也会**间接地**成为可能的榜样内涵。

现在，在这个现象学的事实组成上，尤其是就它自身所包含的价值人格类型的多而言，有一种现象显现出来，我想把这个现象称之为**所有有限人格存在的本质悲剧**以及它的（本质的）伦常**不完善性**。[②] 前者植根于后者之中。一个唯一的有限人格（无论是个别

---

① 因此，严格词义上的无神论——无论它的载体作为反对一个流行的神的表象及其对象的反神论能够有多么正当的理由——在根本上始终建基于这样一个欺罔之中，即：把实际上只是对一个特定历史有效的神的观念的否认以及与之相伴的对神的另一个实证内涵的**无力**（Ohnmacht）（素朴地）看到，误当做是对神的本质的否认（这是一个与对一般的神的不**设定**以及与对已被设定的“流行的”神的实在性之否定完全不同的行为）。*

② 笔者在这里预设了在读者方面对拙文“论悲剧（Tragisches）现象”的认识（参见《文章与论文集》第二卷）。因而悲剧的观念是一个伦理学的范畴——尽管悲剧此外还可以成为对一个艺术表现而言的素材。在“遗传的善”和“遗传的恶”中（参见前面〔边码〕第 487 页）和以意愿和行动的形式的可能冲突中，悲剧成为悲剧性的“命运”，——这是一个需要进行完全特别研究的概念。

人格，还是总体人格）并不是偶然地不能，而是本质上不可能集拢地展示一个近乎完善的圣人范本、天才范本和英雄范本。因此，在价值人格类型的范本（作为榜样）之间的每个可能的意愿对立，即每个可能的“争执”，都无法通过一个有限的人格来平息，因为这个“争执”只有通过这样的一个有限的人格才能以公正的方式得到平息，这个有限人格必须是所有三个榜样的共同范本，而这样的有限人格是不可能的。因此，如果只能想象神性是公正地平息一个争执的唯一可能的审断者，那么这个争执便是悲剧的。我们也可以说：法律的观念是以人格在法规面的等值性为前提的。[①] 但由于在最完善的、具有最高价值的和善的有限人格之间也本质上存在着价值不等性，所以通过它们作为范本而代表的那个类型的价值等级虽然还可以被知道。但对这些争执的人格的价值等级关系的单纯认识却还完全不能使它们的可能争执，即一种涉及同一个善或弊的对立意愿关系，得到公正的平息。这种公正的平息既要以相互争执的人格在一个可想象的法规面前的价值相等性为前提，也要以一个审断者的可能观念为前提，他能够理解并尊重这些争执着的人格。然而“理解”和“尊重”至少要以这样一种可包容性为前提，这个可包容性是指，这些争执的意愿行为的意义和价值在现象上可以被审断者所包容[②]，但这种可包容性恰恰在这里是完全 576

① 这个命题当然不排除对特定的实证群组而言的所谓例外法则（一如它们几个世纪以来就有效的那样），而只排除这些人格在这个特定法则面前的非等值性，即那个根据这些人格是一个社群单位的部分的状况而起作用的法则。

② “理解”（陌生意义把握）和“尊重”（陌生意义价值把握）完全不以一个相同体验的实在的在先被体验状态（Vorhererlebthaben）为前提。（参阅笔者的《论现象学与同情感理论》一书，附录。* ）否则就只能由窃贼来评断窃贼，谋杀者来评断谋杀者了。但

不可能的。唯有英雄才尊重英雄，唯有天才才尊重天才。

如果现在不可能存在一个同等完善的英雄和天才，那么谁应当来尊重[1]这两个意愿呢？[2]

然而现在，这个对有限人格的本质不完善性以及从它而得出的某种伦常冲突的本质悲剧的主张不应被混同于另一个思想，一个在直至康德的伦理学历史中——无论是哲学伦理学、还是神学伦理学——起着重要作用的思想，也是一个我们必须明确拒斥的思想。这个思想在这两个本质共属的命题中得到表达：有限人格已经作为有限的而是必然恶的（不仅是"不完善的"，而且还是极端地、即从根子上恶的），并且根本不存在一种与依照一个规范观念而对人格的意愿行为所做的衡量根本不同的衡量，即全然不存在根据人格的伦常完善性程度而对人格所做的衡量。（奇特的是，）这同一个将恶视为已经与有效性相联结的错误思想却可以从关于

它们或许预设了：在理解着、尊重着的主体中以及在被理解者、被尊重者中，意义统一和价值状况统一还是共同的；即按原先的规定，在它们那里，相关范本的价值人格类型还是共同的。就此而论只能是相等者评断相等者。

① 需要注意，一个意愿行为的意义和价值只有根据愿欲者的人格把握才会充分地被给予（参见前面所说）。附带地说，以为法律仅仅与人格的行动相关，伦理学却与人格的志向相关的看法是完全偏误的。伦理学也不只是与志向（或者说，作为志向表达的行动）有关，而且也与行动本身有关（参见这部著述的第一部分、第三篇）。而法律也不仅仅关系到行动，而是也关系到与在它们之中得到表达的志向。这里的区别在于，法律（自在地）首先只是与社群人格的社群志向和社群行动有关——不是与相对的和绝对的私密人格的私密志向有关——，并且仅仅与在那些"被视为相同的"（而不是相同的）法律主体之间在各个使法律秩序得以实现的"法规"方面仍然存有的相对的志向价值的差异性和行动价值的差异性。

② 相似的"悲剧性"意愿冲突也存在于总体人格之间、国家之间、教会与国家、〔民族〕国家与国家之间的本质关系之中。它们——如果性关系超出有限人格区域——也会存在于在女人与男人之间。

善和恶之本质的两个完全不同的和对立的谬误中产生出来（而在历史上也是如此）：一方面是从还原的企图中[①]（例如斯宾诺莎、莱 577
布尼茨、沃尔夫便有这样的企图，康德合理地反对这种企图），即把善和恶的观念本身回溯到单纯的“完善性程度”上，或者说，回溯到完善性—不完善性的对立上。在这种情况下，有限人格的本质不完善性当然必定就与有限人格本身的一个极端恶的癖好相一致。但是，同一个命题也会产生出来，如果人们随康德一起做一个相反的还原企图，即完全否认伦常质性的完善性和不完善性维度的原初性，或把伦常完善性的观念回溯到愿欲之善良的完善性上，再把这种善良本身回溯到出于义务的义务愿欲上。从这里必然会产生出关于义务的所谓有效性的错误学说（对完善性维度之否认的相关项）以及这样一种欺罔：有限人格的本质不完善性的存在就已经与一个在先被给予的彻底的“恶”的癖好是等义的了。[②] 但实际

① 与这个还原企图完全相似的是在认识论中的这样一种企图：真与假还原为认识的相即性和不相即性的程度（或种类）（斯宾诺莎）；同样谬误的、如今流传甚广的还原企图是把认识的相即性区别还原为评断的真与判断的假，与这个企图相符合的是伦理学中对完善性程度的否认。

② 从历史上看，康德的学说当然是对旧耶稣教的（路德的以及在某些方面加尔文的）原状说和原罪说的一种继续发展，根据后者（类似于在几个诺斯替教派信徒那里），罪孽已经在一个有限身体及其本能的存有中就有其居所，而不是在有限精神人格性及其愿欲与本能萌动的关系中才有其居所。尽管如此，康德的学说也是从他的前提中得出的一个严格逻辑的结果，尤其是这样的一个前提：人格的个体化不处在精神人格本身之中，而是处在身体和心灵生活的经验内涵之中，即只是对一个自律的先验理性的单纯含混。在另一个方向上，人们当然可以探问，在康德的这些前提下为何根本也就不可能有（不只是现实地没有）一个恶。伦常法则自在地并且对纯粹理性生物而言是一个“纯粹理性的自然法则”、“纯粹理性生物本身”的法则；即是说，作为“理性生物”，人不可能是恶的。另一方面，本能（康德只了解感性本能萌动的“混乱”，参见这部著述的第二部分）自在地是伦常中性的，因而在它们的总和中也就不言而喻地不能为恶提

上，完善性和不完善性（完全独立于善和恶）就在于伦常质性（程度
578 不完善性）和样式*（种类不完善性）的贫乏与充盈，这些质性与样式是指一个人格在其伦常存在和体验的活动空间中，以及次生地在伦常认识、理解与尊重中，并且仅因为此也在其可能的（善的或恶的）意愿行为与行动行为中所包容的那些质性与样式。可以说，即使魔鬼也有它的完善性种类；只是它恰恰是完善地恶的[1]。这门在此遭拒绝的学说或者已经将一种本质悲剧移置于有限人格与自身和与神的关系一般的本性中，并且因此而把有限人格想象为仅仅处在义务与禀好间的永恒斗争之中的，但同时又必然是有罪孽的，或者在斯宾诺莎式的还原的意义上干脆否认悲剧现象[2]，然而悲剧所具有的独一无二之处却必定会恰恰因此而消失，因为现

供论证。倘若伦常生活只是从这两个因子中产生出来的，那么就完全不可理喻，它们在有限伦常生活一般中的共同作用为何应当包含一个恶！康德的道德哲学大都是通过一个循环说明来掩藏这个事实组成，这个循环说明就是："纯粹理性的自然法则"在与本能冲动的冲突中成为"义务"（和规范），并且本能冲动只是在与纯粹理性之合法则性的冲突中才成为"恶的"。对于康德本人来说，恶的和极端恶的根本不是那些个别的本能萌动——它们才赋予伦常法则的形式以可能的材料——但却是这样一个事实，即：存在着某种类似"本能"的东西。〔参见《纯粹理性界限内的宗教批判》＜Kritik der Religion innerhalb der Grenzen reiner Vernunft＞。（疑为《单纯理性界限内的宗教》＜Die Religion innerhalb der Grenzen der bloßen Vernunft＞之误。英译本同德文原本。——译注）〕因此，如果康德的许多追随者以为可以将这个学说（由于它出于某个原因而对他们"不合适"）当作康德的单纯怪念头来抛弃，或者以为在极度情况下只能"历史地"予以接受（即作为旧耶稣教的独断论的残余），那么我们就不得不将它标识为最为幼稚的做法。

① 但它始终——在意向中——是一个"高等的先生"、一个地狱的"王公"，并且在这里完全有别于"低贱者"、"粗俗者"、"坏人"。

② 与这门学说处在本质联结之中的泛神论（这里不去确定，实际的哲学家们在这里是否在策略上也始终前后一致）否认悲剧的本质并且不得不将如此所称的东西回溯到单纯的道德性的缺乏上，或回溯到"进步"的缺乏上。

在要么是所有伦常的存在都具有悲剧特征，要么是任何一个伦常存在都不具有悲剧特征。与这些学说相对立，我们的命题意味着：悲剧现象的特有意义和起源就在于善的价值人格范本之间的合乎本质的种类不完善性（不是程度不完善性）。因此，在悲剧冲突中发生碰撞的不是义务与禀好，也不是义务与义务，而是同样有正当理由的义务圈（Pflichtskreis）之间——在这些义务圈中，每一个“圈”都通过那些陷入到相关冲突之中的人格本身的价值存在和价值种类而含有其客观的活动空间。①

如果悲剧通过以上所说而被认识为有限人格世界的一个伦常本质范畴（因而不是一个单纯的历史范畴），那么它就不只是“对”神“而言”（für）②，而且也不在神“面前”（vor）不具有任何可能的谓项意义。它始终是价值相对的和此在相对的，并且不具有任何超越的含义。神的观念也被设想为悲剧冲突（不只是道德冲突）的一 579
个可能审断者，并且只有——例如在希腊人那里——当神祇本身 845
还在有限人格的多中被想象时，命运（ειμαρμενη）也才能被设想为一个“凌驾于诸神与人之上”的权力，故而悲剧便获得了一个此在绝对的和价值绝对的并因此而是超越的特征。③

---

① 对此参阅在拙文“论悲剧现象”中的证明，即：在此成为（客观）有罪的不是选择行为，而是选择区域。参见笔者《文章与论文集》第二卷。

② 因而，随 E. 封·哈特曼一起把神本身当做一个“悲剧英雄”的做法不言而喻地是悖谬的。

③ 因此，如埃施洛斯和索福克勒斯所在艺术形式中为我们所演示的悲剧（Tragisches）现象也表明了一种深度、不可调和性和绝对性，与它们相比，所谓“悲剧”（Tragödie）的所有其他历史形式都显得不是本真的“悲剧”，而只是悲惨表演（Trauerspiel），即对此现象的（仍然以某种方式还建基于主体之中的并且根据主体而是此在相对的）演示。据说今天有些历史学家严肃地相信：在希腊只有一个悲剧现象，因为索福

随着这门把榜样作用性和反像作用性当做伦常生成和改变之最原初形式的普遍学说的提出，以及随着对纯粹价值人格类型之级序的单纯观念的阐释，这些对伦理学来说基础性的研究便告结束。

不难看出，对这些研究还需要做一个双重的补充：

1. 由于神的观念原初地规定着所有榜样和反像以及制约着它们构形的价值人格类型，所以这些研究的自然进程首先要求有一门关于神的本质学说连同对神的本质性在其中被给予的那些行为种类的探讨（宗教理论）。但必定有一个问题与此相衔接：对“神祇”这样一个本质的实在设定在“对某物的信仰”（faith）的实证宗教的基本行为中是否以及如何是可能的或必然的。由于特别是对原初的和后继的圣人的价值人格类型连同其丰富的子类型（“神人”、“先知”、“预言家”、“救赎师”、“神的使者”、“负有使命者”、“救星”、“神医”等等）的探讨要以这个研究为前提，因此，在几年前就已经写完了的对价值人格类型本身之学说的阐述就不能够在这个联系中被告知——如果我们不想同时也把上帝学说（Gotteslehre）[①]和宗教哲学一起纳入到这项研究中来的话。但我之所以宁

克勒斯、埃施洛斯和欧里庇得斯当时生活在雅典并且发明了这种“悲剧体裁（Form der Tragödie）”。笔者之所以说明这一点，只是为了博得将来的时代对我们这个过于“历史的”时代的古代悲剧观的一笑而已。（舍勒在这里使用了三个“悲剧”概念：“Tragik”、“Tragödie”、“Trauerspiel”。第一个“悲剧”是指舍勒所说的“有限人格世界的一个伦常本质范畴”，第二个“悲剧”主要是指希腊悲剧意义上的悲剧，第三个“悲剧”是通常所说的“喜剧”、“悲剧”、“悲喜剧”等等意义上的悲剧。中译在此无法找到与之对应的汉语概念。——译注）

① 这里把“Gotteslehre”译作“上帝学说”只是为了将它与“神学”（Theologie）这个同义概念区别开来。——译注

可将我的这些涉及从伦理学向上帝学说过渡的探究另行发表，也是因为我觉得这样的做法更为正确，即：不在这些不依赖于所有对 580
宗教和宗教伦理的哲学研究的并且独立有效的伦理学基础学说上负载那些其他的研究。因此，这项研究最近会在另一卷中发表。①

2. 这部著述所要求的是具体阐述关于所有价值人格类型、它们的级序和它们的子类型的学说。我在这部著述的开端上曾想一同发表这个研究，而且我在关于伦理学的讲座中通常也曾一同纳入了这个研究，我之所以将它收回还不仅仅是出于上述原因，而且也是因为，唯当一个对价值人格类型在社会化和历史的基本形式以内所起的本质作用的探讨直接与之相衔接时，这个研究才会获得它的完整意义和总体收益。但这个探讨也要求对在这部著述中只是被概略论述的社群社团的基本形式学说进行极为具体的拓展。唯有在这种拓展的基础上，关于价值人格类型连同其社会一历史功能的学说也才能扩展成为一门人的“使命”(Berufe)的本质学和伦理学，在这样的一门学说中，人的使命所具有的持恒的东西和历史可变更的东西被区分开来，而且这些使命在一个实证时代和一个实证社群性的总体结构中的改变以及它们各次的拓展的某些方向和法则可以得到揭示。

这第二个补充应当在一项比前一个提到的研究迟后许多才会发表的关于“价值人格类型与人类使命的社会学”的研究中得到展示。

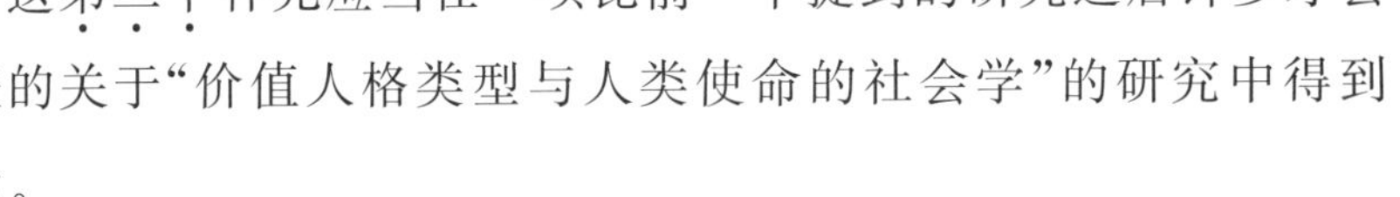

① 标题为《论神祇的本质以及对它的经验形式》。*

附　　录

编者对正文与脚注的附注①

10_{12}　正文:对此参阅作者的两篇论文“论两种德意志疾病”和“论喜悦的泄露”。“作者著述索引”第 13 号和第 19 号/《全集》第 6 卷。

10_{35}　正文:参阅在 1933 年第一次出版的遗稿卷中发表作者的著述“现象学与认识论”和“关于三种事实的学说”,它们是与《形式主义》书同时撰写的。这一遗稿卷将与《形式主义》书相关联而产生的不同研究聚合在一起。“作者著述索引”第 29 号/《全集》第 10 卷,《遗稿》第 1 卷。

12_{36}　正文:参阅同上书,第 35 册(1914 年 5 月)在“评论”标题下。

14_{10}　正文:在“论人之中的永恒”中只出版了卷一。“作者著述索引”第 14 号/《全集》第 5 卷。在作者遗稿中发现的“榜样与引领者”的手稿(出自 1911 年至 1921 年间)发表在上述 1933 年的遗稿卷中。现在可以参阅《全集》第 10 卷。

14_{23}　正文:“情感生活的感性法则”文集中只是由作者自己出版了《论现象学与同情感理论以及论爱与恨》。参阅〔边码〕第 111 页。在遗稿中发现的关于“羞耻感”的研究已经在上述遗稿卷中得到出版。参阅〔边码〕第 210 页的注释,脚注[1]。

15_{11}　正文:参阅前面 10_{12}。

---

① 这里所做的说明为编者所加。在原书中已以 * 号标出。每行开头给出的大数字为原书的页码,即本书的边码,下角的小数字为原书正文的行数,在译文中已经打乱;脚注后上角的小数字则表明原书脚注的序号,在译文中也被打乱。这两个小数字在中译本中可以忽略不计。——译注

17_{4}　正文:即作为第一、第二部分的特印本。第一部分已经于 1913 年发表在《哲学与现象学研究年刊》第一辑上。

17　脚注[1]:主要参阅作者对正文的注释,在上述著述的附录中。"作者著述索引"第 21 号/《全集》第 9 卷。此外参阅作者的著述"人在宇宙中的地位"(1927 年)。"作者著述索引"第 23 号/《全集》第 9 卷。

22　脚注[1]:参阅同上书"知识社会学的结尾考察"。"作者著述索引"第 22 号/《全集》第 8 卷。

23_{5}　正文:关于这篇论文以后的发表可以参阅"作者著述索引"第 29 号(参见第 24 号)/《全集》第 9 卷。

23_{9}　正文:在手稿中,这里接有下列一段话:"伦理学最终是一个'该死的血腥实事'(blutige Sache),而如果它不能给我以指示,即指示'我'现在'应当'如何在这个社会的和历史的联系中存在和生活——那么它又是什么呢?"在边上还有一段话:"'从永恒出发'或从'按其永恒必然性的智识之爱(amor intellectualis sub specie quadam aeternitatis)出发'直至今时与此地的道路,是一条无比遥远的道路。但建构这样一条道路恰恰属于哲学的任务——无论是以多么间接的方式。"

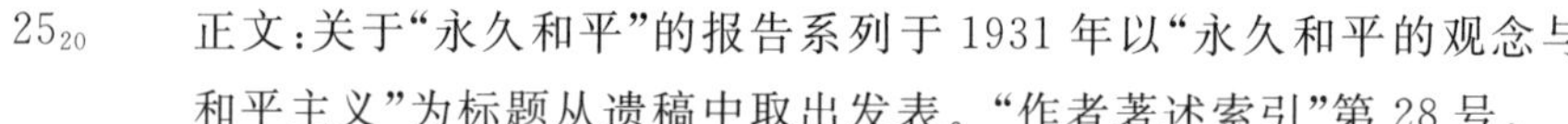

25_{20}　正文:关于"永久和平"的报告系列于 1931 年以"永久和平的观念与和平主义"为标题从遗稿中取出发表。"作者著述索引"第 28 号。

29_{11}　正文:这里所说的由作者当时计划的论述质料的价值伦理学的"篇幅较大的著述"没有发表。在作者的遗稿中没有发现关于伦理学的系统研究。

35　脚注[1]:参阅"作者著述索引"第 4 号和第 10 号/《全集》第 3 卷。被引用之处可以参阅在第 4 章中的以后的各个版本("自身认识的偶像")。

38　脚注[1]:参阅第五篇、第 1 章、〔边码〕第 248 页以后。也可参阅后面正文〔边码〕第 39 页。——此外,关于在正文中所说的各个价值理论(迈农、封·埃伦费尔斯)参阅作者在《哲学年鉴》上的"伦理学"报告,第 2 年度(参见那里的第 2 章、第 91 页)。也可以参阅作者在那里随后对自己的各个学说向一门质料的价值伦理学所做的聚合。

参见“作者著述索引”第 8 号/《全集》第 1 卷。

45　脚注[2]:参阅“作者著述索引”第 5 号/《全集》第 3 卷。参阅同上书第 2 章。

47　脚注[2]:参阅这部著述的第五篇、第 2 章。

50_{21}　正文:“后面”参阅第三篇。

52_{6}　正文:“以下”参阅第三篇和第五篇。(此处编者注与正文不对应。——译注)

59_{17}　正文:由于这一章特别探讨了“意愿目的、追求目标与价值”,所以在这里补加了一个中间标题;它与〔边码〕第 52 页上的中间标题相符。

63　脚注[1]:参阅同上书第四章,在扩展后的版本中为第五章。“下面”参阅第二篇、A、〔边码〕第 96 页以后。

64　脚注[1]:参阅第六篇、A、第 3 章、g。

68_{13}　正文:参阅在第 10_{35} 页上所说的遗稿著述。

71　脚注[1]:关于“现象学与心理学”参阅已经引用过的遗稿著述“现象学与认识论”。

72_{15}　正文:关于康德的“还原进程”和经验概念,参阅作者的教授资格论文“先验的和心理学的方法”(1899 年)。参阅“作者著述索引”第 3 号/《全集》第 1 卷。

78_{3}　正文:关于感觉—刺激—生物体也可参阅第三篇、〔边码〕第 153 页以后。此外参阅作者的后期著述“认识与劳动”(1926 年),第 5 章。参见“作者著述索引”第 22 号/《全集》第 8 卷。

82　脚注[1]:参阅在 1933 年遗稿卷中首次发表的著述“爱的秩序”(大约写于 1916/1917 年)。“作者著述索引”第 29 号/《全集》第 10 卷。

83　脚注[2]:参阅论文“爱与认识”。“作者著述索引”第 11 号和第 19 号/《全集》第 6 卷。

87_{5}　正文:参阅这部著述的第六篇、第 2 章。

90　脚注[3]:参阅第六篇、A,主要是第 3 章。

92　正文:关于价值与应然、义务参阅第四篇、第 2 章。

93_{39}　正文:参阅在“怨恨”论文中“价值的主体化”一章(期刊第 4 章、2,在该文的以后发表中为第 5 章,2)。——《全集》第 3 卷。

94$_{22}$　正文:参阅在第 10 页上所说的遗稿著述。(原编者注为:94 脚注[1],有误,现改之。——译注)

96　脚注[1]:参阅第六篇、A;此外,关于"个体良知"、"个体的善"主要参阅第六章、B、第 2 章。

96　脚注[3]:参阅第六篇、A、第 3 章。

104　脚注[3]:参阅第五篇、第 2 章;关于价值级序的不可变更性和偏好规则的可变更性,参阅第五篇、第 6 章。

111　脚注[1]:参阅"作者著述索引"第 5 号,或"同情的本质与形式"的扩展稿(1923 年)。"作者著述索引"第 18 号/《全集》第 7 卷。关于这些脚注参阅 A 部分、第 2 章。

114　脚注[1]:关于"此在相对性"参阅遗稿著述"现象学与认识论",同上书,此外参阅同样已被引用的论文"认识与劳动"(1926 年),以及"观念论一实在论"(1927 年)的研究。参见"作者著述索引"第 25 号。

118$_{26}$　正文:关于作为价值载体的志向、行动等等参阅第三篇。

120$_{12}$　正文:关于"共同体"和"社会"参阅:第六篇、B、4、第 4 点。

122$_{19}$　正文:参阅对〔边码〕第 334 页的注释。

125　脚注[2]:对此参阅第四篇、1、〔边码〕第 197 页。

126$_{29}$　正文:关于"纯粹人格类型"参阅第六篇、B、4、第 6 点 b;此外参阅已被引用的遗稿著述"榜样与引领者"。——关于"共同体种类的纯粹类型"参阅第六章、B、4、第 4 点。

141$_{2}$　正文:"以后"参阅第四篇,主要是第 c 章。

145$_{27}$　正文:"别处"参阅在"论自身欺罔"或"自身认识的偶像"中的第 4 章。

148$_{4}$　正文:参阅〔边码〕第 138 页。

148$_{24}$　正文:参阅第一篇、第 3 章。

150　脚注[1]:关于"现象的实在意识和抗阻体验"参阅已被引用的"认识与劳动"、第 6 章以及"观念论一实在论"、同上书。

151　脚注[1]:参阅那里的第 4 章。

162　脚注[1]:这里参阅在〔边码〕第 10$_{35}$ 页上已被引用的遗稿著述。

165$_{8}$　正文:参阅在遗稿著述"关于三种事实的学说"中的"自然事实和感

性内涵”一章。

165　脚注[2]:参阅第六篇、A、第3章、f,以及在“论自身欺罔”或“自身认识的偶像”中的第2章。

169　脚注[2]:参阅〔边码〕第168页:关于“生物体与适应”也可参阅第五篇、第5章。——在脚注结束时预告“即将发表”的著述当时没有发表。已被引用的论文“认识与劳动”(1926年)是以一篇出自1925年的手稿为基础的。关于作者对实用主义问题的较早研究参阅在已被引用的遗稿著述(1933年)的附录中对“现象学与认识论”的几个注释。——《全集》第10卷。

178　脚注[1]:在《论现象学与同情感理论以及论爱与恨》的扩展版(1923年)中参阅A部分、第1章和第2章。

179　脚注[1]:参阅在同上书的扩展版的A部分、第2章。

183　脚注[1]:参阅“论怨恨”论文中的第3章。

186　脚注[1]:参阅扩展后发表的(“自身认识的偶像”)第3章。

190　脚注[1]:参阅《论现象学与同情感理论以及论爱与恨》以后各个版本中的A部分、第1章。

192_4　正文:参阅在“论德行的复苏”(1914年)(载于:文章与论文集《价值的颠覆》)中对恭顺的分析。“作者著述索引”第10号/《全集》第3卷。这篇论文作为特印本出版于“诺亚方舟”出版社,苏黎世,1950年。

194_{13}　正文:这里所说适用于所有规范的(“实在的”)应然。参阅后面的第2章。

196_6　正文:参阅在〔边码〕第38页上已被提到的作者“伦理学”报告的第3章中对W.文德尔班评判理论的批判。“作者著述索引”第8号/《全集》第1卷。

203_4　正文:参阅〔边码〕第189页以后。

210　脚注[1]:参阅前面对〔边码〕第14_{23}页的注释。当时由作者于1913年预告的这部著述以“论羞耻与羞耻感”为标题首次发表在1933年的遗稿著述中。——现在可以参阅《全集》第10卷。

211_5　正文:这里(以及在这部著述的其他地方)所暗示的作者意图,即与

这部著述相关联地探讨**自由**问题，或许是因为考虑到这部著述的篇幅而未得到阐述。在遗稿中发现的、出自《伦理学中的形式主义与质料的价值伦理学》时期(约 1913 年)对自由问题的笔记在《全集》第 10 卷中得到出版。参阅作者在“伦理学”报告(同上书)的第五章中对意愿自由问题的阐述。——《全集》第 1 卷。

218_{18} 正文:参阅〔边码〕第 194 页以后。

221_{21} 正文:关于“义务与明察”参阅这一篇的第 1 章、〔边码〕第 200 页以后。

225 〔边码〕第 204 页的脚注[1]:对此参阅第六篇、A、第 3 章、g。

230 脚注[1]:参阅《论现象学与同情感理论以及论爱与恨》扩展版的 B 部分、第 1 章至第 4 章。

脚注[2]:参阅同上书扩展版的 B 部分、第 1 章。

脚注[3]:参阅同上书扩展版的 B 部分、第 1 章。关于“敬畏”和“羞耻感”参阅前面〔边码〕第 192_4 页正文和〔边码〕第 219 页脚注[1]所提到的作者的研究。

232 脚注[1]:参阅《论现象学与同情感理论以及论爱与恨》扩展版的 A 部分、第 11 章。

237 脚注[1]:参阅同上书第 48 页、第 136 页。

241_{29} 正文:参阅前面〔边码〕第 218 页的注释。

242_{13} 正文:参阅作者关于“斯宾诺莎”的讲话(1927 年)，发表于《哲学世界观》(1929 年)中。“作者著述索引”第 27 号/《全集》第 9 卷。

245 脚注[1]:参阅正文〔边码〕第 211 页的注释。

247 脚注[1]:参阅《论现象学与同情感理论以及论爱与恨》以后各个版本中的 A 部分、第 2 章。

脚注[2]:参阅同上书的 B 部分、第 1 章、2。

251 脚注[1]:参阅前面〔边码〕第 192_4 页正文和〔边码〕第 230 页脚注[3]上所引用的论文。

254_9 正文:参阅〔边码〕第 38 页的脚注[1]和前面〔边码〕第 38 页的注释。

255_{18} 正文:“前面”参阅第一篇、第 1 章。

258 脚注[1]:参阅扩展了的“论怨恨与道德价值判断”的论文，第 5 章、3a。

脚注[3]:关于扩展了的《论现象学与同情感理论以及论爱与恨》一书参阅C部分、第3章,A部分、第2章。在“自身认识的偶像”中参阅第4章。

261_{18} 正文:参阅在1933年遗稿著述中的“爱的秩序”。——《全集》第10卷。也可以参阅这部著述的第二篇。

263 脚注[1]:〔边码〕第262页“其他地方”参阅《论现象学与同情感理论以及论爱与恨》(1913年)第14页;在扩展版中参阅A部分、第2章、3(接近结束)。

264 脚注[1]:参阅《论现象学与同情感理论以及论爱与恨》以后各个版本中的A部分、第2章。

265_{38} 正文:参阅第一篇、第3章。

269 脚注[2]:参阅前面〔边码〕第210页脚注[1]的注释。

270_{17} 正文:在章节的标题中——与直接的内容相符——补充了这样几个词:“和‘主体性’。”参阅后面第5章和第7章的附录,作者在那里指出了已经对价值的“主体性”和“(此在)相对性”所做的划分。

270_{24} 正文:参阅第二篇、A、〔边码〕第90页以后。

271_{1} 正文:“按照前面所述”参阅“论自身欺罔”(“自身认识的偶像”)论文的第2章。

271_{15} 正文:关于这篇论文参阅第六篇、A、第1章和第2章,此外参阅第二篇、A、〔边码〕第95页。

271 脚注[1]:参阅《论现象学与同情感理论以及论爱与恨》以后各个版本中的C部分、第3章。

272 脚注[2]:参阅“自身认识的偶像”第4章。

273 脚注[1]:“后面”关于“追求者”的论述参阅〔边码〕第354页。

274_{13} 正文:关于价值的“此在相对性”和“可分性”(〔边码〕第273_{12}页)作为价值高度的标准,参阅第二篇、B、第3章。

274_{26} 正文:关于这一章参阅作者后期的著述“人在宇宙中的地位”(1927年)“作者著述索引”第23号/《全集》第9卷。

279_{16} 正文:“后面”主要参阅第六篇、B、第2章。

282 脚注[2]:参阅扩展了的“论怨恨与道德价值判断”论文第5章、3。

脚注[3]:关于对这一章的阐述参阅已经提到的作者“伦理学”报告的第 4 章中对斯宾塞的道德学说的批判以及随后对居伊约－富耶－尼采的生命主义伦理学的评估。“作者著述索引”第 8 号/《全集》第 1 卷。

283　脚注[1]:参阅那里的 A 部分、第 4 章;在扩展版的《论现象学与同情感理论以及论爱与恨》中的 A 部分、第 8 章。

284　脚注[1]:参阅扩展了的“论怨恨与道德价值判断”论文第 5 章、3、b 1。

287_{10}　正文:“以前”参阅〔边码〕第 168 页的脚注[2]。

287_{37}　正文:参阅“论怨恨与道德价值判断”论文中的最后一章。

脚注[1]:在遗稿中发现的对此研究的手稿并不包含对斯宾塞的阐述。

289_{15}　正文:关于这一章也可以参阅在文章与论文集《价值的颠覆》中的文章“论人的观念”(1914 年)。“作者著述索引”第 10 号/《全集》第 3 卷;此外参阅著述“人在宇宙中的地位”(1927 年)。

291　脚注[1]:参阅“论怨恨与道德价值判断”论文中的最后一章。

294_{35}　正文:参阅“人在宇宙中的地位”。

295_{32}　正文:“其他地方”参阅“论怨恨与道德价值判断”,尤其是第 5 章。关于伦理学相对主义也可以参阅这部著述随后的第 6 章。

295　脚注[1]:在那里参阅最后一章;此外参阅“关于三种事实的学说”。

298_{4}　正文:对此参阅在《论人之中的永恒》(1921 年)中的“宗教问题”。“作者著述索引”第 14 号/《全集》第 5 卷。参阅〔边码〕第 580 页脚注[1]的注释。

299_{30}　正文:参阅在“宗教问题”(同上书)中对施莱尔马赫的宗教哲学的批判。

301　脚注[2]:参阅在扩展版的《论现象学与同情感理论以及论爱与恨》中的 A 部分、第 8 章。

303　脚注[1]:参阅同上书 B 部分、第 6 章、4。

304　脚注[3]:参阅文章与论文集《价值的颠覆》。“作者著述索引”第 10 号/《全集》第 3 卷。

306　脚注[2]:作者没有出版这篇“死亡与永生的观念”报告。遗稿(约写于 1912/1913 年)以“死亡与永生”为标题发表在 1933 年的已被引用过的遗稿著述中。现在参阅《全集》第 10 卷(遗稿卷,第 1、第 2 版)。

309_{13} 正文:参阅第二篇、B、第 5 章。

315 脚注[2]:参阅《论现象学与同情感理论以及论爱与恨》所有版本中的 B 部分、第 1 章、2。关于佛教的爱的观念此外参阅“爱与认识”的论文。“作者著述索引”第 11 号/《全集》第 6 卷。

323 脚注[1]:参阅扩展了的“论怨恨与道德价值判断”论文的第 5 章、2。

331_{20} 正文:第 8 章重又与在第六篇的引论和第 1 章中所阐释的问题相衔接。随后关于感受生活的深度层次的研究构成那些在第 9 章和第 10 章中确定的本质联系的基础,并因此也构成“对幸福和伦常性的老问题”之澄清的基础。

332_{28} 正文:“前面”参阅第二篇、B、第 3 章和第 5 章;也可参阅第五篇的引论。

334_{21} 正文:作者显然是在相同的含义中使用“感觉感受”(Empfindungsgefühle)和“感受感觉”(Gefühlsempfindung)这两个术语来表达感性感受(sinnliche Gefühle)的阶段(也可参阅〔边码〕第 79 页和第 122 页)。作者在这里和在〔边码〕第 79 页上引用的卡尔·施通普夫只是用“感受感觉”这个术语来表达感性感受;施通普夫将“感觉感受”(例如有别于“回忆中的牙痛”的牙痛)与被表象的感受相对立,而马克斯·舍勒则不承认被表象的感受是(作为纯粹“现时的”事实组成的)感性感受的阶段(参阅〔边码〕第 336 页)。参阅卡尔·施通普夫的《感受与感受感觉》,莱比锡,1928 年(《心理学与生理学杂志》1899 年、1907 年、1916 年的特印本)。

337_{20} 正文:参阅第二篇、B、第 3 章。

337_{25} 正文:对此参阅在《论人之中的永恒》中的论文“懊悔与重生”。“作者著述索引”第 14 号/《全集》第 5 卷。

337 脚注[2]:参阅《论现象学与同情感理论以及论爱与恨》所有版本中的 A 部分、第 3 章。

348_{31} 正文:参阅论文“论痛苦的意义”。“作者著述索引”第 11 号和(扩展后)第 19 号/《全集》第 6 卷。

350 脚注[1]:在前面版本中提到的标题“解释”已经被作者从对年刊的校

订中抽回。在〔边码〕第 357 页、第 359 页的脚注中都同样加入了“文章与论文集”的标题。

362　脚注[1]:参阅扩展了的“论怨恨与道德价值判断”论文的第一章;此文在 1912 年杂志上发表时还不含有这个对立。

364_{40}　正文:参阅“懊悔与重生”(同上书)。

367　脚注[3]:参阅《论现象学与同情感理论以及论爱与恨》所有版本中的 B 部分、第 2 章(结尾)。参阅“论怨恨与道德价值判断”论文的扩展稿的第 5 章、3、b 1。参阅这部著述的第六篇、B、第 4 点中对凝聚原则的阐述。

374_{17}　正文:参阅随后的第 3 章、b。

388　脚注[1]:参阅同上书“自身认识的偶像”中的第 2 章。在初次(于杂志上)发表时这篇文章尚未包含对布伦塔诺和施通普夫的批判。

脚注[2]:这里所涉及的是已被引用的 1899 年作者教授资格论文。“作者著述索引”第 3 号/《全集》第 1 卷。

391_{1}　正文:参阅随后的 f 和 g。

394_{8}　正文:主要参阅第六篇、B、第 2 章“人格与个体”。

395　脚注[1]:对此参阅〔边码〕第 597 页。

脚注[2]:关于“纯粹人格类型”和“榜样”参阅第六篇、B、第 4 章、第 6 点。作者起先意图在《伦理学中的形式主义与质料的价值伦理学》一书的框架中进行已被引用的关于“榜样与引领者”的研究(作为第七篇)——因而有此脚注的指明。/《全集》第 10 卷。

397_{4}　正文:参阅第三篇、〔边码〕第 157 页、脚注。

407_{16}　正文:参阅在“论自身欺罔”或“自身认识的偶像”中的第 2 章和第 4 章。

409　脚注[1]:参阅《同情的本质与形式》C 部分、第 3 章。

410　脚注[2]:参阅同上。

421_{15}　正文:参阅〔边码〕第 415 页。

424　脚注[1]:参阅这里所涉及的是马克西米利安·罗森贝格的研究“重叠记忆和似曾相识(déjà vu)的回忆欺罔”,同上书。

428　〔边码〕第 427 页的脚注[1]:参阅同上书第 4 章。

434_{13} 正文：在随后所做的关于这三个本质法则的阐述(〔边码〕第434—435页、第439页以后)是以作为其现象的前提的各个联想原则为基础的，作者在这些阐述中主要是在感知与回忆的关系上提出他与感觉主义理论相对立的命题——但他在不同的地方表明：他所说的这些同样也适用于感知和期待的关系。

437 脚注[1]：这里对直接回忆和间接回忆的被给予方式的本质区别所说的东西同样也适用于直接期待和间接期待。

438 〔边码〕第437页的脚注[1]：关于“相似性”、“部分相似性”、“联想”等等，参阅随后一章的阐述。

439_{23} 正文：参阅〔边码〕第434页和437页的先行阐述。

442_{1} 正文：即是说，如果同一的、感觉的内涵 α……与两个不同的记忆内涵 β 和 γ 联结在一起。

445_{11} 正文：“定律二”=〔边码〕第435页的再造定律。

446_{5} 正文：对此参阅〔边码〕第455页以后。

447 脚注[1]：参阅这篇著述(同上书)倒数第二篇的“认识的标准”一章以及最后一篇。

454_{26} 正文：参阅〔边码〕第437页的脚注。

461 脚注[1]：关于这部已经多次引用的著述(参见《全集》第10卷)的这些计划的篇章，在作者遗稿中没有发现手稿。有一份大篇幅的、更早的手稿论述生物学的哲学基础，大约产生于1909年，其中含有生物现象学的部分。

466_{13} 正文：“身体的－精神的”——即是说，在“一个意识与一个身体的本质联系”的意义上——，就此而论也一同包括动物的心灵生活。作者在后期的著述中(参阅《人在宇宙中的地位》等等)将纯粹“精神的”行为举止鲜明地区分于所有受生命－身体束缚的行为举止，也包括较高动物的行为举止(“智力”、“联想记忆”)。上述意义上的“身体－精神”的联结在这些著述中也就不复存在。

468 脚注[1]：参阅已被引用的遗稿著述的最后几篇。

471_{23} 正文：关于“理解”和“说明”参阅先行的第六篇、A、f、〔边码〕第419页。

474$_{10}$ 正文:关于这篇论文的各个阐述可以参阅:第六篇、A、第 3 章:关于人格和身体;第三篇:关于人格的愿欲、能够做、做;第五篇、6、第 3 点:关于人格性和“谋杀”;第五篇、10:关于“惩戒”和人格。

475$_{21}$ 正文:参阅第六篇、A、第 3 章。

475$_{37}$ 正文:关于“行动”参阅第三篇。

477$_{4}$ 正文:参阅〔边码〕第 211$_{5}$ 页正文的注释。

479 脚注[2]:关于“私密人格”和“社群人格”参阅随后的第 4 章、第 5 点。

482 脚注[1]:作者在这部著述中并未探讨这里所说的“召唤”等等观念。

486$_{23}$ 正文:参阅第六篇、A、第 1 章。

489 脚注[3]:参阅同上书第 4 章(杂志上的第 3 章)。

490$_{8}$ 正文:参阅第二篇、A、〔边码〕第 86—87 页、第 99 页。

490 脚注[1]:参阅“作者著述索引”第 11 号和第 19 号/《全集》第 6 卷。

494$_{3}$ 正文:作者在这里区分了一个特别的有用“样式”(在科隆讲座中也是如此)。

494$_{16}$ 正文:参阅在已经引用的“伦理学”报告第 2 章中对威廉·冯特的文化伦理学的批判/《全集》第一卷。

495$_{11}$ 正文:参阅随后一章的第 4 点。

496$_{10}$ 正文:对此参阅“一门知识社会学的问题”(1924 年)、第一篇。“作者著述索引”第 20 号和第 22 号/《全集》第 8 卷。

498$_{17}$ 正文:“前面”参阅在第五篇、第 8 章中关于感受的价值高度及其可实现性之间的关系所做的陈述。

499 脚注[1]:较后发表:“法国思维中的〔民族〕国家性的东西。”“作者著述索引”第 11 号和第 19 号/《全集》第 6 卷。

501$_{23}$ 正文:对此参阅随后一章的第 5 点。

503 脚注[1]:参阅随后一章的第 4 点。

505$_{22}$ 正文:先行第 4 章的第 1 点。

509$_{17}$ 正文:对此参阅在第六篇、A、第 3 章、g 中所做的阐述。

510 脚注[2]:在《论现象学与同情感理论以及论爱与恨》的较后版本中参阅 C 部分、第 3 章。

511 脚注[1]:参阅同上书的较后版本中的 B 部分、第 6 章、第 3 点。

脚注[2]:参阅《论现象学与同情感理论以及论爱与恨》一书中的第4章。

515_{25} 正文:参阅同上书的较后版本中的C部分、第3章。

脚注[1]:C部分、第2章。

516 脚注[1]:参阅同上书的较后版本中的A部分、第3章。

518 脚注[1]和脚注[3]:对此参阅作者的较后著述“一门知识社会学的问题”(1924年),同上书。

520 脚注[1]:参阅《论现象学与同情感理论以及论爱与恨》一书较后版本中的C部分、第3章。

521 脚注[1]:参阅“一门知识社会学的问题”。

524 〔边码〕第523页的脚注[1]:参阅扩展版的《论现象学与同情感理论以及论爱与恨》一书的B部分、第2章;在“论怨恨与道德价值判断”论文中的第5章(在杂志上的第4章)。

524 脚注[2]:参阅第五篇、第8章、〔边码〕第334页;此外参阅在“自身认识的偶像”(“论自身欺罔”)第4篇中关于“感受表象”所做的阐述。参阅前面〔边码〕第344页的注释。

526 脚注[2]:参阅《论现象学与同情感理论以及论爱与恨》一书所有版本中的B部分、第6章。

527 脚注[1]:参阅《论现象学与同情感理论以及论爱与恨》一书较后版本中的C部分、第3章。

531_{14} 正文:参阅“谐调时代中的人”(1927年)论文。“作者著述索引”第26号和第27号/《全集》第9卷。

537_{32} 正文:关于正文〔边码〕第538－539页和脚注,参阅“一门知识社会学的问题”(同上书)。此外参阅“论哲学的本质”和“宗教问题”,两篇均载于《论人之中的永恒》。“作者著述索引”第14号/《全集》第5卷。

539 脚注[1]:参阅“一门知识社会学的问题”(同上书)。

543 脚注[3]:参阅“社会学的新取向”论文中的“〔民族〕国家及其横向层次”一章(参阅随后的注释)。

544 脚注[2]:这里所涉及的是“社会学的新取向与战后德国天主教徒的任

务”。“作者著述索引”第 11 号和第 19 号/《全集》第 4 卷。

548_{7} 正文:参阅“一门知识社会学的问题”(同上书)。

548 脚注[1]:参阅前面〔边码〕第 306 页的脚注[2]的注释。

554 脚注[1]:参阅这篇论文所有版本的第 4 章。

556 脚注[1]:参阅“论自身欺罔”(“自身认识的偶像”)论文的第 4 章;参阅《论现象学与同情感理论以及论爱与恨》一书的 C 部分、第 3 章。

脚注[3]:参阅《论现象学与同情感理论以及论爱与恨》一书的较后版本的 A 部分、第 8 章。

557 脚注[1]:参阅作者的论文“论东方的和西方的基督教”。“作者著述索引”第 11 号和第 19 号/《全集》第 6 卷。

脚注[3]:参阅所有版本中的第 4 章;“论怨恨与道德价值判断”论文参阅第 3 章。参阅这部著述的〔边码〕第 192 页。

560_{21} 正文:关于随后的阐述可以参阅已经多次引用的遗稿著述(1933 年)“榜样与引领者”。“作者著述索引”第 29 号/《全集》第 10 卷。

566_{20} 正文:对此参阅这部著述的第二篇和第三篇。

567 脚注[2]:参阅《论现象学与同情感理论以及论爱与恨》一书的较后版本的 C 部分、第 3 章。

568 脚注[1]:关于《论现象学与同情感理论以及论爱与恨》中的“升华”,参阅所有版本中的 B 部分、第 6 章、主要是第 5 节“论弗洛伊德的本体生成学”。此外参阅“人在宇宙中的地位”。

569_{11} 正文:参阅第一部分、〔边码〕第 87 页以后和第 200 页。

571 脚注[2]:关于人格价值参阅“榜样和引领者”,《全集》第 10 卷。

573_{10} 正文:作者在这里作为后继的(nachfolgend)而予以指明的“这些类型的本质特征描述”可能因为考虑到这部著作的篇幅而没有发表在《伦理学中的形式主义与质料的价值伦理学》中。参阅作者在〔边码〕第 580 页上所做的结尾说明的第二点。

574 脚注[3]:参阅“宗教问题”,《全集》第 5 卷。

576 〔边码〕第 575 页的脚注[3]:参阅《论现象学与同情感理论以及论爱与恨》一书较后版本中的 C 部分、第 3 章。

578_{2} 正文:参阅第二篇、B、第 5 章。

580_{21} 正文：在作者遗稿中没有找到关于“职业社会学”的较多数量的手稿。写于《伦理学中的形式主义与质料的价值伦理学》时期和以后时期的社会哲学和历史哲学的文字在遗稿著述的范围中得到出版。

580 脚注[1]：参阅“宗教问题”（同上书）。遗稿中一个较大篇幅的手稿所探讨的问题是“宗教信念”（faith）和“存在信仰”（belief）、神的实在设定、形而上学与宗教的关系，并且它与《伦理学中的形式主义与质料的价值伦理学》相关联；这份手稿大约产生于1915年——它在《全集》第10卷（《遗稿》第1卷、第2版）中得到出版。

在以下所引的**脚注**中，作者的注释得到了补充或修正：39[1]，46[1]，48[1]，50[1]，51[1]，56[1]，60[2]，81[1]，89[1]，95[3]，98[1]，125[3]，144[3]，157[1]，200[1]，201[1]，218[1]，224[1]，229[2]，239[1]，308[1]，309[2]，322[2]，337[1]，346[1]，358[1]，367[1]，373[1]，410[1]，464[1]，488[1]，489[2]，496[1]，505[3]，525[1]，525[2]，526[1]，536[1]，541[2]，559[1]，563[3]，565[1]，570[3]，570[4]，570[6]，575[1]。

作者著述索引[①]

1. Beiträge zur Feststellung der *Beziehungen zwischen den logischen und ethischen Prinzipien*(逻辑学原理和伦理学原理)(Dissertation Jena 1897). Druck Vopelius, Jena 1899. (全集第1卷)
2. *Arbeit und Ethik*(劳动与伦理学). In *Zeitschrift für Philosophie und philosophische Kritik*, Bd. 114, Heft 2, 1899(载于:《哲学与哲学批评杂志》,第114卷,第2册,1899年)(Vgl. Nr. 19). (全集第1卷)
3. *Die transzendentale und die psychologische Methode*. Eine grundsätzliche Erörterung zur philosophischen Methodik(先验的和心理学的方法。对哲学方法论的一个原理性阐释)(Habilitationsschrift Jena 1899). Verlag Dürr, Jena 1900, 2., unveränderte Auflage. Verlag Felix Meiner, Leipzig 1922(迪尔出版社,耶拿,1900年。未加修改的第二版,费利克斯·迈纳尔出版社,莱比锡,1922年). (全集第1卷)
4. *Über Selbsttäuschung*(论自身欺罔). In *Zeitschrift für Pathopsychologie* I/1, Verlag Engelmann, Leipzig 1911 (Vgl. Nr. 10)(载于:《病理心理学杂志》,第一辑,第一册,恩格尔曼出版社,莱比锡,1911年). (全集第3卷)
5. *Über Ressentiment und moralische Werturteil*. Ein Beitrag zur Pathologie der Kultur.(论怨恨与道德价值判断。一篇关于文化病理学的论文)In *Zeitschrift für Pathopsychologie* Ⅰ/2,3(《病理心理学杂志》,第一辑,第二、第三册), Leipzig 1912. (全集第3卷)

① 对这里列出的舍勒著述文献,中译本仅译出相关文献的标题。而相关的刊物名、出版社名、人名、地名等等只是在正文中也被给出和译出的情况下才一并在此列出。——译注

6. *Zur Phänomenologie und Theorie der Sympathiegefühle und von Liebe und Haß*. Mit einem Anhang über den Grund zur Annahme der Existenz des fremden Ich(论现象学与同情感理论以及论爱与恨). Verlag Max Niemeyer, Halle 1913 (Vgl. Nr. 18)(尼迈耶出版社，哈雷，1913 年).
7. *Der Formalismus in der Ethik und die materiale Wertethik*. Mit besonderer Berücksichtigung der Ethik I. Kants. (伦理学中的形式主义与质料的价值伦理学。尤其关注伊曼努尔·康德的伦理学)
   Teil I, *Jahrbuch für Philosophie und Phänomenolog*. Forschung, Jahrg. I. Verlag Max Niemeyer, Halle 1913.
   Teil II, im gleichen Jahrbuch, Jahrg. II, 1916.
   Teil I und II als *Sonderdruck* unter gleichem Titel, mit einem Vorwort, I. Auflage, Halle 1916.
   2. unveränderte Auflage, mit dem Untertitel "Neuer Versuch der Grundlegung eines ethischen Personalismus" und einem zweiten Vorwort, Halle 1921.
   3. unveränderte Auflage, mit einem dritten Vorwort und einem Sachregister, Halle 1927.
   4. durchgesehene Auflage, herausgegeben mit einem neuen Sachregister von Maria Scheler, Francke Verlag, Bern 1954.
   5. durchgesehene Auflage, herausgegeben mit einem Anhang von Maria Scheler, Francke Verlag, Bern 1966. (全集第 2 卷)

8. *Ethik*. Ein Forschungsbericht(伦理学。一个研究报告). In Jahrbücher der Philosophie (Eine kritische Übersicht der Philosophie der Gegenwart), herausgegeben von Max Frischeisen-Köhler, 2. Jahrg., Berlin 1914. (全集第 1 卷)
9. *Der Genius des Krieges und der Deutsche Krieg*(《战争天才与德意志战争》). Verlag der Weißen Bücher, Leipzig 1915; 2. und 3. Auflage 1916 und 1917, ebenda. (全集第 4 卷)
10. *Abhandlung und Aufsätze "Vom Umsturz der Werte"*(文章与论文集《价值的颠覆》). 1. Auflage im Verlag der Weißen Bücher, Leipzig 1915 (in zwei Bänden); 2. und 3. Auflage 1919 und 1923 im Neuen Geist-Verlag, Leipzig (in zwei Bänden). 4. durchgesehene Auflage (in einem Bande),

herausgegeben mit einem Anhang von Maria Scheler, Francke Verlag, Bern 1955.

Zur Rehabilitierung der Tugend(论德行的复苏).

Das Ressentiment im Aufbau der Maralen(道德建构中的怨恨).

Zum Phänomen des Tragischen(论悲剧现象).

Zur Idee des Menschen(论人的观念).

Zum Sinn der Frauenbewegung(论妇女运动的意义).

Die Idole der Selbsterkenntnis(自身认识的偶像)(Erweiterung der unter Nr. 5 angeführten Abhandlung).

Die Psychologie der sogenannten Rentenhysterie und der rechte Kampf gegen das Übel(所谓养老金歇斯底里的心理学与对弊端的合法斗争).

Versuche einer Philosophie des Lebens(生命哲学诸论).

Der Bourgeois(资产阶级).

Der Bourgeois und die religiösen Mächte(资产阶级与宗教权力).

Die Zukunft des Kapitalismus(资本主义的未来). (全集第 3 卷)

11. *Krieg und Aufbau* (战争与建设). Verlag der Weißen Bücher, Leipzig 1916 (Für die spätere Veröffentlichung vgl. Nr. 19).

Der Krieg als Gesamterlebnis(战争作为总体体验).

Über östliches und westliches Christentum(论东方的和西方的基督教).

Das Nationale im Denken Frankreichs(法国思维中的〔民族〕国家性的东西).

Über die Nationalidee der großen Nationen(论大〔民族〕国家的〔民族〕国家观念).

Bemerkungen zum Geist und den ideellen Grundlagen der Demokratien der großen Nationen(关于精神和大〔民族〕国家的民主的精神和意念基础的说明).

Über Gesinnungs-und Zweckmilitarismus. Eine Studie zur Psychologie des Malitarismus(论志向黩武主义和目的黩武主义。对黩武主义心理学的一个探讨).

Soziologische Neuorientierung und die Aufgabe der deutschen Katholiken nach dem Krieg(社会学的新取向与战后德国天主教徒的任务).

Vom Sinn des Leides(论痛苦的意义).

Liebe und Erkenntnis(爱与认识). (全集第 6 卷)

12. *Die Ursachen des Deutschenhasses*. Eine nationalpädagogische Erörterung (德意志仇恨的诸原因)Kurt Wolff-Verlag, Leipzig 1917. 2. Auflage Neue Geist-Verlag, Leipzig 1919. (全集第 4 卷)

13. *Von zwei deutschen Krankheiten*(论两种德国病). In "Der Leuchter" VI (载于:《烛台》,第 6 辑), Verlag Otto Reichl, Darmstadt 1919 (Vgl. Nr. 19).

14. *Vom Ewigen im Menschen*. Religiöse Erneuerung(论人之中的永恒。宗教改造).

1. Auflage (in einem Bande). Neue Geist-Verlag, Leipzig 1921.

2. Auflage (in zwei Halbbänden) mit einer größeren Vorrede. Neue Geist-Verlag, Leipzig 1923.

3. Auflage (Volksausgabe, ungekürzt, in einem Band). Neue Geist - Verlag, Leipzig 1933.

4. durchgesehene Auflage (in einem Bande)., herausgegeben mit einem Anhang von Maria Scheler, Francke Verlag, Bern 1954.

Reue und Wiedergeburt(懊悔与重生).

Vom Wesen der Philosophie und den moralischen Bedingungen des philosophischen Erkennens(论哲学的本质与哲学认识的道德条件).

Probleme der Religion(宗教问题).

Die christliche Liebesidee und die gegenwärtige Welt(基督教的爱的观念与当今世界).

Vom kulturellen Wiederaufbau Europas(论欧洲的文化重建).

(全集第 5 卷)

15. *Universität und Volkshochschule*(大学与业余大学). Beitrag zum Sammelband "Zur Soziologie der Volksbildung", herausge. von Leopold v. Wiese, Band I der Schriften des Forschungsinstitutes für Sozialwissenschaften in Köln. Duncker u. Humblot, München 1921 (Vgl. Nr. 22) (全集第 8 卷)

16. *Die Deutsche Philosophie der Gegenwart*(当今德国哲学). In: Deutsches Leben der Gegenwart, herausgeg. v. Ph. Witkop, Verlag der Bücherfreunde, Berlin 1922. (全集第 7 卷)

17. *Walther Rathnau*. Eine Würdigung. Marcan-Block-Verlag, Köln 1922. （全集第 6 卷）

18. *Wesen und Formen der Sympathie*（《同情的本质与形式》）. 2. vermehrte Auflage der Sympathiegefühle（vgl. oben Nr. 6）, Verlag Fried. Cohen, Bonn 1923.

 3. und 4. Auflage ebenda 1926 und 1931.

 5. Auflage, Verlag Schulte - Bulmke, Frankfurt/Main 1948.（全集第 7 卷）

19. *Schriften zur Soziologie und Weltanschauung*（《社会学与世界观学说论文集》）in 4 Bänden. Neue Geist-Verlag, Leipzig 1923/24（Vgl. Nr. 11 oben.）.

 1. "*Moralia*"（道德）

 Weltanschauungslehre, Soziologie und Weltanschauungssetzung（世界观学说、社会学和世界观的确立）.

 Über die positivistische Geschichtsphilosophie des Wissens（论实证主义的知识历史哲学）.

 Vom Sinn des Leides（论痛苦的意义）（vgl. oben Nr. 11; der Aufsatz ist beträchtlich erweitert）.

 Vom Verrat der Freude（论喜悦的泄露）.

 Liebe und Erkenntnis（爱与认识）（vgl. oben Nr. 11）.

 Über östliches und westliches Christentum（论东方的和西方的基督教）（vgl. oben Nr. 11）.

 2. "*Nation*"（〔民族〕国家）

 Über die Nationalidee der großen Nationen（论大〔民族〕国家的〔民族〕国家观念）（vgl. oben Nr. 11）.

 Das Nationale im Denken Frankreichs（法国思维中的〔民族〕国家性的东西）（vgl. oben Nr. 11）.

 Der Geist und die ideellen Grundlagen der Demokratien der großen Nationen（精神和大〔民族〕国家的民主的精神和意念基础）（vgl. oben Nr. 11）.

 Über Gesinnungs-und Zweckmilitarismus. Eine Studie zur Psychologie des Malitarismus（论志向黩武主义和目的黩武主义。对黩武主义心理学的一个探讨）（vgl. oben Nr. 11）.

Von zwei deutschen Krankheiten(论两种德国病)(vgl. Nr. 13).

3 a. "*Christentum und Gesellschaft*"(基督教与社会).

Der Friede unter den Konfessionen(教派间的和平).

Soziologische Neuorientierung etc(社会学的新取向)(vgl. oben Nr. 11).

3 b. "*Christentum und Gesellschaft*": "*Arbeits-und Bevölkerungsprobleme*"(基督教与社会:劳动问题与人口问题).

Prophetischer oder marxistischer Sozialismus? (先知社会主义还是马克思主义的社会主义?)

Arbeit und Ethik(劳动与伦理学)(vgl. oben Nr. 2).

Arbeit und Weltanschauung(劳动与世界观).

Bevölkerungsprobleme als Weltanschauungsfragen(人口问题作为世界观问题).

2. durchgesehene Auflage (in einem Band), herausgegeben mit Zusätzen und einem Anhang von Maria Scheler, Francke Verlag, Bern 1964.

(全集第 6 卷)

20. *Probleme einer Soziologie des Wissens*. Beitrag zum Sammelband "Versuche zu einer Soziologie des Wissens"(一门知识社会学的问题。为《知识社会学的尝试》文集所撰论文), herausgeg. von Max Scheler, Band II der Schriften des Forschungsinstitutes für Sozialwissenschaften in Köln, Verlag Duncker u. Humblot, München 1924 (vgl. 22).

21. *Die Formen des Wissens und die Bildung*. Verlag Friedr. Cohen, Bonn 1925(《知识形式与教育》,柯亨出版社,波恩,1925 年)(vgl. Nr. 27).

22. *Die Wissensformen und die Gesellschaft*. Neue Geist-Verlag, Leipzig 1926 (《知识形式与社会》,新精神出版社,莱比锡,1925 年).

Probleme einer Soziologie des Wissens(一门知识社会学的问题)(vgl. Nr. 20; erweitert).

Erkenntnis und Arbeit. Eine Studie über Wert und Grenzen des pragmatischen Motivs in der Erkenntnis der Welt (认识与劳动。关于在世界认识中的实用主义动机价值与界限的一个探讨). (全集第 8 卷)

23. *Die Stellung des Menschen im Kosmos*(人在宇宙中的地位). In "Der Leuchter" VIII (载于:《烛台》, 第 4 辑), Verlag Otto Reichl, Darmstadt 1927.

Als *Sonderdruck* im gleichen Verlag erschienen 1.,2.,3. Auflage 1928, 1929,1931.

4. und 5. Auflage Nymphenburger Verlaganstalt, München 1948 und 1949.

6. Auflage. Francke Verlag,Bern 1962. (全集第9卷)

24. *Mensch und Geschichte*. In "Neue Rundschau", Jahrg. 37, Nov (《人与历史》,载于《新周刊》,第37年,1926年,11月). Als Sonderveröffentlichung im Verlag der "Neuen Schweizer Rundschau" erschienen, Zürich 1929 (vgl. Nr. 27).

25. *Idealimus—Realismus*(观念论—实在论). In "Philosophische Anzciger" II. Verlag Friedr. Cohen,Bonn 1927. (全集第9卷)

26. *Der Mensch im Weltalter des Ausgleichs*(谐调时代中的人). In "Politische Wissenschaft" ("Ausgleich als Schicksal und Aufgabe"). Veröffentlichung der Deutschen Hochschule für Politik,Berlin 1929 (vgl. Nr. 27).

作者去世后发表的著述

27. *Philosophische Weltanschauung*(哲学世界观). Verlag Friedr. Cohen, Bonn 1929.

Philosophische Weltanschauung(哲学世界观).

Mensch und Geschichte(《人与历史》)(vgl. Nr. 24).

Der Mensch im Weltalter des Ausgleichs(谐调时代中的人)(vgl. Nr. 26).

Die Formen des Wissens und die Bildung(《知识形式与教育》)(vgl. Nr. 21).

Spinoza. Eine Rede(斯宾诺莎。一个讲话). (全集第9卷)

Neuausgabe in Dalp-Tatschenbücher Band 301,Francke Verlag,Bern.

28. *Die Idee des Ewigen Friedens und der Pazifismus*(永久和平的观念与和平主义). Neue Geist-Verlag.

29. *Schriften aus dem Nachlaß*(遗稿选集),Band 1: Zur Ethik und Erkennt-

nislehre(伦理学与认识论).

1. Auflage, mit einem Anhang herausgegeben von Maria Scheler. Neue Geist-Verlag Berlin 1933.

Tod und Fortleben(死与永生).

Über Scham und Schamgefühl(论羞耻与羞耻感).

Vorbilder und Führer(榜样与引领者).

Ordo Amoris(爱的秩序).

Phänomenologie und Erkenntnistheorie(现象学与认识论).

Lehre von drei Tatsachen(关于三种事实的学说).

2. durchgesehene und erweiterte Auflage, mit einem Anhang herausgegeben von Maria Scheler, Francke Verlag, Bern 1957.

Tod und Fortleben(死与永生).

Über Scham und Schamgefühl—Zusätze(论羞耻与羞耻感一附录).

Zur Phänomenologie und Methaphysik der Freiheit—Zusätze(论自由的现象学和形而上学一附录).

Absolutsphäre und Realsetzung der Gottesidee—Zusätze(绝对区域与对上帝观念的实在设定一附录).

Vorbilder und Führer—Zusätze(榜样与引领者一附录).

Ordo Amoris(爱的秩序).

Phänomenologie und Erkenntnistheorie(现象学与认识论).

Lehre von drei Tatsachen—Zusätze(关于三种事实的学说一附录).

(全集第10卷)

概念索引[①]

Abfall 堕落:116

Abfindung 顺应:348

Abfließen 流动:418

Abfolge 顺序:41,92

Abgelöstheit 解脱性:116

Abgestuftheit 层次性:310

Abmachung 协议:543

Abneigung 反感:232

Abschreckung 威慑:365

Absicht 意图:(定义:151)=愿欲行动的阶段,质料的载体,与志向(参此)与经验性经验的关系(康德的错误),60,89,118,127-134,137,143,148,151-153,317;参见“行动”、参见“打算”、参见“施行(做)”

Absolut/Absolutheit 绝对/绝对性:绝对价值与“纯粹感受”,115;神圣之物(参此)*的绝对对象与价值样式,125;价值与等级高度的绝对性,114-117;绝对的价值级序,参见“价值级序”、“真理”

① “参此”指明通过这个直接先行的语词所标识的该索引术语。——在一些主要术语上使用的(罗马)数字和字母是用来使索引能够清楚明了,它们并不涉及文本中的层次划分。

〔该索引为原著所有(对此还可以参阅本书作者的第二、第三版前言),但中译者对其中的内容有较大幅度的增添,主要是为了方便读者查阅相关概念的中文译名。概念后的数字为原著页码,即中译本的边码。索引中编者为划分层次而列出的罗马数字按中文习惯改为阿拉伯数字。——译注〕

Absterben 衰死:367

Abstoßen 令人生厌:253

Abstrakt 抽象:抽象与具体,383,426,526,参见“行为”、“人格”、“本质”、“世界”、“神”

Abstrumpfung 变得麻木、麻木化:348

Abstrumpfbarkeit 可麻木性:110

Abulie 意志缺乏症:131

Achten auf etwas 注意:261

Achtung 敬重、尊重、注意:(社群人格价值)125,155,229,247,392,489,524,553—554;敬重与反敬重=观念的意义统一,524;自身敬重(参此)与敬重他人,489;“敬重法则”,以及爱、人格价值,228—233,329,560(参见“立场法则”);敬重作为唯一的“精神感受”(康德),247

Achtungsgefühl 敬重感:207

Adäquat/Adäquation 相即的/相即、相即性:认识的相即性,与明见、真理,40,87,176,188,576

Adel 贵族:假贵族,贵族伦理(参此),311,555,561

Affekt/affektieren 感触/触发:56,177,233,263,362,409;爱与恨不是感触,266,参见“爱”

Ahnen 猜测:151;猜测系列(斯宾塞),284

Ähnlichkeit/ähnlich 相似性/相似的:相似=直接的直观的本质(和间接的概念的相似性),440—441,455—456;相似性的被给予性与直接的回忆、期待,441,443—444,450;相似性、同一性和相同性的关系(唯理论的和经验论的学说),总体相似性、部分相似性、各个部分的相似性,438,444—445,455—456,457—458;作为再造(参此)条件的对象与再造限定(参此)之间的相似性,439—441,445(相似性定理),447—449,451,453—454,457;相似性的单纯选择作用,451—453;作为接触联想(参此)条件的“局面”相似性体验,465;相似性与自然因果的合法则性(参此)

Ähnlichkeitsassoziation 相似性联想:在相似性联想中相似性(参此)的先行被给予性,447,450—451;相似性联想原则=公理、“说明心理学”(参此)的“形式”,445,450,452,它的此在相对性,445,467—468;相似性联想=立义

形式(自然世界观的选择原则),226;相似性联想与接触联想参此,参见“相似性原则”

Akt/Aktus 行为:真正行为的意向性,387;在进行中的行为的存在,行为不是对象,行为与反思,行为与内感知,90,374,386—387,390;行为与心理学(行为的超越性),行为与功能,84,386—388,390;行为的心理物理差异,381,388,390;行为现象学=先天论(参此)问题的部分,90—92;行为的先天起源法则和奠基法则(与行为在客观时间中的经验生成)参见奠基;行为与对象、行为本质与对象本质的对立相互关系=本质联系,现象学(参此)的原理,85,90,93,96,114,270,374—376,380—381,392—393,参见“对象”、“世界”(康德的错误参见“哥白尼转向”,参见“混乱”,参见“二元论”);行为本质性,抽象的和具体的(参见“人格”),93,383,429;人格=奠基性的行为、行为中心的此在形式、统一形式,参见“人格”,行为与心理体验流参见“心理的”

行为本质种类(参见“知识”、“感受”、“愿欲”),52,166,170;内直观与外直观的行为本质质性(参见“感知”、“回忆”、“想象”),它们的意义相关性、身体有限的分裂等等参见“直观”;总体行为,局部行为,442,444,450,458

自发的行为,相对的行为(级序),118;单元论的行为(参此);社群行为(参此);行为感受,感受行为,385

行为作为价值载体,48—50,103,118,参见“善—恶”、“行动”、“愿欲”、“情感行为”;本己行为与列出行为的对立性,524,参见“凝聚原则”

Aktion 施行:360

Aktmosaik 行为马赛克:人格作为行为马赛克:383

Aktregung 行为萌动:525

Aktualistisch 现行主义的:383

Aktualität 现行性:103

Aktualitätstheorie 现行性理论:383

Aktwert 行为价值:118

Allegorie 寓意:521

Alleinsein 单独存在:549;单独存在与孤独,549

Allgemeingültigkeit/allgemeingültig 普遍有效性/普遍有效的:201,普遍有效

性与先天性(参此)、先天明察、真理(参此)、对象性(参此)、价值把握的存在有效性、伦常明察(参此)善(对普遍有效性概念的三重运用,277—278),康德的学说(批判)92,94,276—278,300,327—328,393—394,482,参见"伦常法则"、"绝对律令"、"善"(普遍有效的善与个体有效的善),参见"价值普世主义"

Allgemeinheit 普遍性、一般性:普遍性与本质(参此)、先天(参此),68,94,379

Allgüte 全善:176,242

Allmacht/Allmächtig 全能〔全权〕/全能的〔全权的〕:242

Alogisches 非逻辑的东西:259

Altruismus (Fremdliebe) 利他主义(他爱):利他主义与自身神化,489—490,参见"自爱"、"爱邻人"

"Amare in Deo" "在上帝中的爱":230,368

Amt 职位、职务:554;职务义务,548;职务行动,553,职位荣誉,554

Amechanisches 非机械的东西:420

Analogieschluß 类比推理:从自身体验向他人体验(参此)的错误类比推理,271,517,520,527

Anarchie 无序:11

Anarchismus 无序主义、无政府主义:504,545

Anbeten 礼拜:111,126

Andere 他人:参见"异己的、陌生的"

Andersheit 他样性:224

Anderssein 异在:446

Anderswerden (Variation) 变异、成为他者(变更):416;变异与变化、改变(以及时间、持续、变换),384,421;个体自我(参此)的变异,421;变异与人格的同一性(参此),385,异在与变异,446,参见"变更"

Änderung 421

Angeboren 天生的:天生(遗传),"自身获取"与先天论问题(参此);"天生"与伦常明察,自主,97—98,参见"遗产(遗传的善)"

Angenehm/Unangenehm 适意的、舒适的/不适意的、不舒适的:适意的/不适意的=价值样式(参此),它们的载体,与感受(参此)和感性感受状态的关

系;适意的/不适意的="社会"(参此)的价值,35－36,41,79,100,103－105,109,111－112,114－115,121－124,263,271,344,368,494,502,529,546;参见"享乐主义"、"感受(感性的)"、"快乐"、"痛苦"

Angst 恐惧:86,108,124,344

Anhören 聆听:202,205

Animismus 泛灵论、万物有灵论:404

Anlage 资质:50,128

Annehmlichkeitsqualität 舒适质性:205

Anomalien 异常:追求生活的异常、感受生活的异常、表象生活的异常参见"病理学"

Anordnung 顺序:414

Anpassung 适应:适应与生命的展开,实证主义适应论(发展论)的错误(拟人论),168－169,284,287－288,295,参见"生物"、"有机体"、"周围世界"、"人",认为适应与知性、文明(参此),290,292;伦理学相对论(参此)的适应论

Anpassungmerkmal 适应标记:168

Anschauung 直观:纯直观的两个本质方向区别,413,外直观和内直观的有赖于身体的实施以及统一的、总体的纯直观在感知、回忆和期待的划分(参见"行为本质质性",相关的实事领域参见"当下"、"过去"和"将来"),它们在完整的直观中的感性同一性,感性连续性、相合统一性,413－415,421－426,431－433,445,467,参见"心理的"、"物理的"、"意识"、"自我"、"身体"、"感性"、"感官(内)"、"感知"、"期待－回忆";对自我与自然的纯粹直观与机动程序的基本原则和联想原则(参此)的地位,467－468,参见"机动程序的"、"精神身体的、心身的"

质料本质与本质联系的直观,67－69,参见"先天的"、"现象学的";"伦常事实"=一个伦常直观的事实(=直接的被给予性),176,184,参见"伦常明察"

Ansehen 声望:553

An-sich-Gute-für-mich 为我的自在的善:327,482,523

Anspruch auf 对……的享有资格:196

Anstand 礼仪:302

Ansteckung 感染(感性的)感受感染、意愿感染〔感染与仿效(参此)"顺从"(参此)、"一同感受"(参此)、"追随"(参此)、"总量、大众"(参此)、"成年"(参此)〕,99,190,231,247,263,329,337,354,472,486,491,515,566-567;参见"暗示"

Anstoßung 反感:150

Anthropologistisch 人类学的:对先天(参此)的人类学阐释,90,价值论与道德中的人类学理论,271,275-276,参见"伦理学"、"人的"、"人类"

Anthropomorph 拟人化的、人形的:53,113,289,297

Anthropomorphismus 拟人论、人形论(人神同形论):169,287;神(参此)的观念不是拟人论,293

Antinomie 悖谬:在伦常明察与伦常行为禁止之间(亚里士多德)悖谬的解决,329,参见"明察"

Antinomik 悖谬性:22

Antrieb/Antreiben 驱动/驱动:282,353,481

Antwortsreaktion 回答反应:对价值状况的情感的(参此)回答反应(与他人心灵生活的理解法则)118,124-126,264,参见"喜悦"、"遭受"、"异己的"、"理解"、"反应价值",118

Anwünschen 诅咒:139

Anzahl 数目:440

Anzeichen 指号:123,262;生命的感受作为促进生命的和阻碍生命的过程之指号,343-344,参见"食欲、胃口"、"畏惧"、"羞耻"

Anziehung/Anziehen 好感/吸引人:150,253

Apathie 漠然:348

Apostrophe 呼语:200

Apperzeption/apperzeptiv 统觉/统觉的:"统觉"(冯特),430,467;统觉的"领域"与现代思维心理学(参此),63;参见"先验的"、"自我"

Appetit/Ekel 食欲、胃口/恶心、反胃:胃口=生命的价值感受功能,"胃口"与"饥饿",171,251-252,269,343,404

Appetitgefühl 胃口感:269

Apraxie 无运用能症:131

Apriori/Apriorität (Aposteriori) 先天/先天性(后天):38,248

先天=直观的“被给予之物”、直观的“事实”,直观的质料(不是形式),本质与本质关系=质料先天,67—68,71—73,81,84—86,91—92,98,参见“本质”;实事本质性、行为本质性(参此)的质料先天与它们的联系,84,86,90;先天与形式一般,67—99(参见目录);先天与后天=绝对的区别(参见“经验”),形式与质料=相对的区别,72—73;质料先天的功能作为自然经验与科学经验的“形式”,66,71,参见“现象学”、“本质”、“经验”、“数学”;“数学的自然科学”不是定义先天的出发点(康德),66—67,72;说明心理学(参此)的定理和原则的先天性以及它的此在相对性,445,468

在价值领域、情感(参此)领域、伦理学中的先天质料,83—84,87—89,93—94,99—101,103—106,117—119,122—124,参见“价值1”、“价值伦理学”;伦理学先天的位置是在伦常认识(参见“明察”)领域,而不是在愿欲领域(康德的错误),87,99,参见“绝对律令”、“伦常法则”

康德将先天错误地等同于形式(参此),30—31,72,98,并等同于理性,73,81—83,98,把质料等同于后天与感性内涵,73—75,81—82,对它的自发主义阐释,71—72,84—86,91,98,对它的先验主义阐释,90—96,98(参见“哥白尼式转向”),对它的主体主义阐释,90—96,98,参见“普遍有效性”、“必然性”,对它的人类主义阐释,90;康德从判断功能和意愿功能错误地推导出先天,68,88,参见“伦常法则”;他把先天与“自身获取”结合起来,96—98,康德没有对先天做心理主义的阐释,90

Apriorismus 先天论:爱的先天论=所有其他先天论的基础,83;先天论、形式论(和质料的价值伦理学),65—126,参见“价值伦理学”(参见目录)

Arbeit 劳动、工作:劳动者(罢工),(德国的)劳动英雄主义、劳动追求、现代的劳动追求与快乐抑制、劳动与需求唤起、经济,15,119,185,258,353,参见“资本主义的”

Arbeitsamkeit 辛勤:305

Arbeitswissen 劳动知识:18

Ärger/Ärgern 恼怒:183,266,363

Argumentation 论辩:456

Aristokratisch 贵族统治的：310

Armut 贫困：238

Art 种类：164

Askese 禁欲：238，真正的和虚假的禁欲，假禁欲主义，禁欲的特征，58，106，183，238，258，348

Aspektsein 角度存在：437

Assimilation(Verschmelzong) 同化(融合)：心理之物中的同化，联想(参此)，418－419，430，435，438(定义)，458－459，463；同化与真正的"传统"，438

Assoziation 联想、联合：联想与原初的"自我中的相互交融"(参此)，462，参见"同化"、"相似性联想"、"接触联想"、"同化"、"分离"

Assoziationistisch 联想论的：自我统一性(参此)的联想论观点；关于心灵生活的建构的联想论的图像，与自然经验、现象学观点，415、428－431；参见"分离"

Assoziationsprinzipien 联想原则：联想原则＝说明心理学的先天原则，63－64，419－420，445，它的功能作为自然的心灵经验的理解"形式"，226，429，445；作为联想原则之基础的现象学本质法则(公理)，64，431，434－436，439－441，445，454，468；联想原则与意义联系的叠加，63－64，419－420，428－431，466－467，联想原则的此在相对性、它们的有效性、地位＝心身的(参此)原则，225，420，445，463，467－469，参见"身体"、"人格"、"精神"；联想原则与统治意愿，225－226，420，469；心灵生活的病理学(参此)崩溃与联想原则，428，参见"意念奔流"；关于联想原则之本性的理论，225－226，429，466－467；参见"相似性联想"、"接触联想"、"感知(内)"

Assoziationspsychologie 联想心理学：(它的技术目标) 30，132，172，225，240，384，387，391，419－420，428；联想心理学与机动程序的自然论，64，225－226，429，468；联想心理学与伦理学，468

Assoziativ 联想的：联想的规律性与病理学，64，428；联想的规律性与自然规律性(参此)，225－226；联想的规律性与伦常的规范规律性(参此)，226

Ästhetisch/Ästhetik：美感的、审美的/审美论、美学：美感的价值＝精神的价值样式(参此)的一个基本种类，与自然价值、伦常价值的关系，审美感受等等，美感的假象对象，美感的法则(它们的被给予性)，36，42，45，100，103，

124,155—156,193,196—197,205,209,211,272—273,302,307,353,569,参见“艺术”、“美”、“图像、形象”

Atheismus 无神论:无神论=反神论,574;无神论与良知自由原则(参见“良知”),327;“公设性无神论”(参见 N.哈特曼),23

Aufachten 留意:159

Aufbau 构建:170

Aufdrängen 逼迫:158

Auffälligkeit 凸显:159;对象、兴趣、注意力的凸显与“逼迫”,159

Auffassen 理解:261

Aufforderung 敦促:180

Aufgabe 任务:500

Aufgelegtsein zu etwas 对……的兴致:53

“Aufklärung” 启蒙:528

Aufklärungsphilosophie 启蒙哲学:十八世纪启蒙哲学,49,94,212,248,269,278,282,309,487,522,参见“理性主义”

Aufmerken 注意:334—335

Aufmerksamkeit 注意力:注意力=追求方式,生命功能,注意力的种类和阶段,158—159,261,387,418;注意力与感觉功能,76,90;注意力、兴趣、觉知、环境(参此)、生命的价值态度,157—159,161—163,参见“凸显”;价值意识与注意力,272—273,感受(参此)、感受层次与注意力的作用,206,334,337,341;心理物理的自动性以及注意力对它们的干扰

Aufmerksamkeitserlebnis 注意力体验:159

Aufmerksamkeitsschwankung 注意力波动:160

Aufsuchung 查找:151

Aufstreben 奋起追求:53,62,81,139,149

Aufweis 指证:183

Augenblick 片刻:423

Ausbreiten 扩散、扩展:110

Ausdehnung 广袤、广延、展开:参见“延展”

Ausdeutung 阐发:177,208

Ausdruck 表达:感受表达、追求表达、表达宣布与价值陈述、告知、对象意指等等的区别,178—185,403;对他人心灵(参此)的理解与表达现象,271,471,477,516—517;志向与自动表达,131,133,表达现象与感受层次,334

Ausdruckgeben 做出表达:179

Ausdrucksgebärde 表达神情:516—517

Auseinander 相互分离:225,341

Auserwähltheit 被选择性:参见"神恩的选择"

Ausfallerscheinung 缺失现象:270

Ausführung 施行:118,137,520

Ausgeben als 标明为:189

Ausgestaltung 外化形态:113

Auslebeindividualismus 纵欲个体主义:372

Außenwelt 外部世界:参见"世界"

Außereinander 相互分离:146,410;参见"多样性"、"物理的"、"身体"、"心理的"

Aussterben 绝种:292

Aussterbeordnung 绝种秩序:289

Auswahl 挑选:452,454,541

Automatismus 自动性:63—64,257,290;自动性与内在秩序以及本能、禀好、表象的合目标性,624;参见"注意力"

Autonomie 自律、自主:31;自律的,他律;自律与伦常价值,人格的伦常重要性,486—488;明察的自律与伦常愿欲的自律,99,486—487,490—491;自律与顺从(参此)、权威(参此)、传统,98,371,484—492;自律与暗示、感染,99,490;榜样(参此)的作用与后继的自律(参此);仿效的他律,492;自律与遗产(参此)、遗传的恶、伦常的凝聚(参此),487—489;康德的自律概念(及其发展),31,372—373,486,488—489,491—492;自律的人格=善的人格(康德),505,参见康德的"人格概念"、"理律"(Logonomie)

Autorität 权威:权威与伦常明察、权威的伦常价值的明晰性,98,201—202,331;权威的本己价值、真正的权威与非真正的权威(权威与良知,参此)权威的界限,325—326,330—331;权威与忠告、命令、权力、强力、顺从(参

此)、义务(参此),201,212－213,241,331;权威伦理学,330;权威与教育(参此)、权威的教育理论,212;教会的权威(与“神的诫令”,参此),220,参见“教会”;道德领域与理论科学领域的权威,324,330〔参见“孔德”(人名索引)〕

Aversion 憎恶:343

Axiologie 价值学:价值学(纯粹价值论)与纯粹逻辑学(参此),18,83,99

Axiome 公理:纯粹价值论的公理、质料的价值伦理学的公理(参此),48,83,99－101,108,214－216,224,445,参见“价值”;形式伦理学的公理(康德),484,参见“范畴的”

Barmherzigkeit 慈悲:247

Beachten 关注:158－159,261

Bedeutung 含义:177;观念的含义领域与价值,伦常事实,175－177;含义内涵、含义方向、图像内涵(参此)与(第一性的)价值内涵,41,54,60－62,579;唯名论的和实证论的含义学说,181,254

Bedürfnis 需求:177,500;本能与价值,价值意识,273,349,351;价值理论的谬误(怨恨理论)351－355;需求与发明,文明(参此),349,351－352,354,参见“劳动”;心理学中的缺失理论(A.阿德勒),354

Befehl 命令:命令＝直接的、外在的意愿影响,142,199,212;命令与正当存在(参此),观念应然、律令应然,211,218,220－221(参见“应然”);命令与权威(参此),201－202,212,218;命令与义务,218;命令与忠告,212;暗示的命令,212;真正的命令与教育的假命令,212,566

Befriedigung 满足:239;满足与价值,价值高度,价值感受,59,107,113－114;不满足与追求,本能(本质联系),347,356－358,参见“幸福”;不满足与享乐主义观点,114,347,参见“快乐”、“享乐主义”、“幸福主义”

Begebenheit 事端:350

Begehrung 欲求:177

Begehrungsperversion 欲求变态:134

Begehrungsvermögen 欲求能力:34

Begeistern 兴奋:264

Begierde 欲望:123

Begnadung 恩赐:550

Begreifen 领会:268,499;〔概念〕领会:343

Begriff 概念:普遍概念与本质(参此),68,481

Begründen/Begründung 论证:261,312

Behaglich 舒服:109,344

Beharrlichkeit 固持性:374

Behaupten sich 自身持守:202

Beirren 偏误:326

Beispiel 事例、例子:善的例子=最原初的伦常人格关系,492,560,参见"榜样"

Bekehrung 皈依:皈依与志向(参此),特征变化,132,477

Belauschen 窥视:210

Beleidigung 侮辱:221,309

Belohnung 褒奖:230,360,367

Bemerken 发觉:158—159,261

Bemessen 衡量:480

Beobachten 观察:261

Beratung 劝告:211,213,566

Berechnen/Berechnung 算计:137—138,283,292

Berechtigen/Berechtigung 论证、有正当理由:33,182,212,220,318

Beruf 职业:职业价值=社群价值,119,553—554,580

Berufung (Vocation) 召唤(任命):482

Berührung 接触:225

Berührungsangst 接触恐惧:217

Berührungsassoziation 接触联想:225;接触原则,"接触"的本质(在一个"情境"中"一同被体验到"),"接触局面",与"相互分离"的关系,身体(参此)的此时此地,与空间性、时间性的关系,418,430,459—461,462,465;接触联想与相似联想(参此),"回溯",445,447,454—456,462—464,467,以及将相似联想回溯到接触联想上的机械动机,455—457;接触联想与同化(参

此),438,458,463;接触联想原则与责任因果规律性(参此),225,446—447,455,467;参见"联想原则"

Berührungsempfindung 接触感觉、触感:406

Berührungskonstellation 接触星座:464

Beschaffen/Beschaffensein/Beschaffenheit 特性状况:210,365,558

Beschauen 观视:431

Bescheiden 谦虚:185

Beseeltheit 有灵性:474

Beseelung 赋灵活动:469

Besinnen 思义:436

Besserung 改善:359,365,560

Bestätigung 证实:116

Bestrafung 处罚、惩罚:360,364,473

Betreben/Bestrebung 趋求:284,340

Betätigen/Betätigung 活动、施行:241—242,265

Betrüben 忧郁:124,264

Betrügen 欺骗:自己欺骗自己,258

Beurteilung 评判:120,173,190,203,246,564;评判与价值、价值认识、价值感受、伦常认识,87—88,94,173,189—211,246,248;伦常评判与价值认定的、意愿的和表象的行为之间的起源法则,198,203—206,208—210;伦常价值的评判理论的批判(赫尔巴特,布伦塔诺),190,198—199,203—210;评判、判断、价值、应然,以及伦理的(伦理学)、美感的(美感学)、理论的(逻辑学)陈述之间的关系,185—198

伦理学=在伦常判断与评判的领域中的变更向度,参见"伦理学";一个时代的伦常评判,以及伦理(习俗),304;评判与爱、敬重、尊敬,230;对他人的伦常评判,480,557,参见"异己(评判)"、"私密人格"

Bewährung 证实:135—136

Bewegung 运动:运动现象,以及"相互分离"(参此)、"静止"、场所变化,146,442;运动现象与变化、变换,460;运动现象与机械原则,69;运动意向、运动冲动、运动感觉=行动(参此)的诸阶段,131,141—142,144—147,406;运

动意向的病理性缺失,145;误差运动,146

Bewegungsempfindung 运动感觉、动感:145—146

Bewegungsimpulse 运动冲动:146

Bewegungsintention 运动意向:145—147

Beweis 证明:116

Bewertung 评价:171

Bewirken 引发:138,145,249

Bewunderung 钦佩、赞叹:237—238

Bewußtsein 意识:bewußt 有意识的;überbewußt 超意识的;oberbewußt 上意识的;unterbewußt 下意识的;unbewußt 无意识的

在较窄和较宽意义上的意识概念、意识,270,391—392;人格(参此)=具体的"关于"的意识,195,383,392;人格、人格行为=超意识的存在,391;意识显现(上意识的、下意识的)与无意识,391,410;心理学=意识显现的科学,391;"意识一般"、先验意识,94,96,271,378;逻辑意识的统一与"世界"(参此),396

一个意识因素的总体内涵、它的受制于身体的本质的时间的延伸(三分),422—423,以及连续性意识,424—426,参见"直观"、"当下"、"过去"、"未来";关于各个体验(参此)的相互并列、相互接续的意识,461—463,参见"心理的"、("流动现象")参见"自我";"局面意识",以及类似和接触的联想原则(参此),465

Bewußtseinskonstellation 意识素群:465

Beziehung 关系:价值的关系理论参见价值 4;关系价值,119,249;在价值高度与价值载体之间的先天关系,117—119,在价值样式(参此)之间的关系,122—124;在价值与价值感受之间直接意向关系,263;参见"感受";感觉(参此)=在身体状态与内心世界和外部世界的显现之间的变更关系,78;社会(参此)=关系网,518

Beziehungswert 关系价值:119

Bezugszentrum 关系中心:自我不是"世界"的关系中心,参见"自我";身体=空间与时间的关系中心,461;人格与身体作为机械自然论和联想心理学的对象关系中心,469;参见"身体"、"世界"、"人格"、"机械的"

Biederkeit 正直:189

Bild (sekundär) 图像、形象(第二性的):对象的图像意识与第一性的价值经验,40,81,143,204—205,208—210,265,298,426,564;价值组元、价值内容与追求目标,意愿目的,52—54,59—61,参见"目标"、"追求";伦常性,以及对图像("假象")的意向,48,136,191—192,555—556,参见"意向"、"法利赛式的伪善"、作为"历史性的伟大"之条件的社群形象作用,506—507;艺术的、美感的图像(假象),104,205,272;视像,556

Bildgegenstand 图像对象:104,149

Bildinhalt 图像内容:52,145

Bildqualitätenkreis 图像质性界域:170

Bildung 教育、教化:文化教育、智力教育的各阶段与总体文化、宗教、伦常感受、伦理(习俗)、"社会"、国家,229,302,528,540—541,参见"文化";与传统信仰内涵和教育宗教的关系,521

Bildungswissen 教育知识:18

Billigung 同意:同意与不同意,社群的赞誉与责难=回答反应(参此),同意与伦常、价值把握、判断、愿欲,125,149,154,178,187—188,190,197,310

Biographie (künsterisch) 传记(艺术的):以及个体自我(参此),377

Biologie 生物学:生物学与基本关系:有机体(身体)与周围世界(参见"环境"),169;生物学与刺激概念,165—166;生物学与数学自然科学(物理学、相对论)的范畴,172,461;生物学因果原则、自然因果的合规律性,447;生物学与联想规律或机械规律,463;参见"伦理学(生物学的)"、"身体"、"生命"、"机械的"

Biophysik 生理学(生物物理学):生物心理学(Biopsychologie)与"心身"(参此)原则,467—468

Böse 恶:参见"善"

Bösartig 恶劣的:478

Brauch 习俗:习俗=伦常价值评估的可变更性向度(以及生命共同体,参此),304,315,321,348,517,536—537

Bruderliebe 手足之情:490

Buddhismus 佛教:伦理学、爱的观念、佛教的受难学说,315,348

Bündel 捆索:420

Bürger 公民:502

Calvinismus 加尔文主义:86,135,285,514,577

Charakter 性格、特征:性格＝假设的观点,477,480;性格与"人格"(参此),475－477,480;在叔本华那里的性格与志向(参此),132,143;"天生的"性格、性格因果性与自由问题,373、476;性格与心理疾病,477－478;歇斯底里的性格,478;评判的与伦常的伦常特征,106;在本性中的情感性的情绪特征＝客观的质性,263,407

Charakteristisch 独特的:470

Charakterzug 性格特征:185

Charakterologisch 性格学的:106,310

"Chaos""混乱"(混沌):感觉的"混乱"、本能的"混乱"、禀好,以及作为规整者的"理性"(参此)、规整着的"理性意愿"(康德),62－64,71－72,84－86,91,93,162,577,参见"二元论"(康德)、"人格观念"(康德)

Chauvinismus 沙文主义:参见"民族主义"

Chemismus 化学机理:430

Christentum 基督教:基督教宗教、神的观念、灵魂论、受难论、爱的观念、伦理(习俗)、伦理学、共同体观念、文化,15,22,105,119,229－231,238,297,307,309,312,314,348,474,483,496,498,506,514,522,529;参见"加尔文主义"、"天主教"、"新教(耶稣教)"

"Le coeur a ses raisons""心有其理"(帕斯卡尔):260

Cogito/cogitare 我思/诸思维活动:375

Conditio sine qua non 必要条件:452－453,540

Dankbarkeit 感谢:361

Dasein 此在:23,参见"生存"、"实在存在"

Daseinsrelativität/daseinsrelativ 此在相对性/此在相对的:此在绝对的世界(＝一个人格的世界)与此在相对的世界(参此)＝关于此在相对的对象的真理,396;伦理(习俗)(参此)与对象的被体验到的此在相对性的各个阶段

构成（“世界观”，参此），306；内直观或自我总体性（参此）的对象的此在相对性阶段，417—419；自然因果的合规律性（参此）原则的此在相对性，447；联想心理学与机械规律对与生物（身体）而言的此在相对性，420，467—469；相似性定律（再造）的此在相对性，445；参见“相似性”、“相对性”、“主体性”

Datum 素材：147

Dauer 持续：持续＝绝对的质性的时间现象，持续与客观时间、静止、运动、演替、变换、变化，108—109，385，421，436，442，513，547

Dauerhaftigkeit 持续性：静止的持续性作为价值高度的标准，107—110，547，556，本质的社群单位（参此）的持续性，547，参见“感受层次”

Declarandum 显相：451—452

Defekt 缺陷：354

Definition 定义：177—178

Deformiert 解形式的：385

Dekadenz 败落：215，223，347

Dekalog (Zehn Gebote)〔摩西〕十诫：219—220，228，359

Deklassierung 降级：292

Demokratie 民主：民主的伦理（习俗）、民主主义，310—311，508，563

Demut/demütig (der Demütige) 恭顺（恭顺者）：184；恭顺与自身公正性，192，308

Denken 思维、思想：存在的思维与存在，101；思想与先天，68，81—82；真理（参此）不是思维必然性，94；思维理论与逻辑学，88；思维作为图像的经济学（逻辑学与思维经济学），403，405；现代的思维心理学与现象学的思维分析、联想心理学，63—64，84，429；情感先天（价值论、伦理学）相当于思维规律性（逻辑学）的独立性，参见“情感的”

Deontologie 道义学：339

Dequalifiziert 解质性的：385

Désordre du coeur 心的无序：15，参见“序”(ordre)

Determination/determinierend 限定、决定/限定的、决定的：190；相似性原则与间接期待，453—455；参见“回忆”；期待的“决定性趋势”，423；心灵之物

中的决定性的含义统一,64
Determinismus 决定论:决定论与人格(参此)的伦常重要性,479,487
Diagnostik 诊断学:内诊断学,401
Dialektik 辩证法(黑格尔的):23
Dichtung 诗作:参见“艺术”
Dieselbigkeit 自同性:393,470,521
Differenzieren/Differenzierung 〔细微〕变异、分化:170,289—291,302
Dignität 威严:201
Dimension 维度、向度:300—321
Ding 事物:直观的事物性与“事物”概念,69;物质事物的现象被给予性(与“感性内涵”的作用),73—78,参见“感觉”152;感觉主义的、联想主义的、实证主义的理论,38,41,254,458;事物性、实事、价值、善之间的关系,一个事物价值视角的变换,35—36,40—44;事物价值与价值事物,42;事物与价值之类比的实证主义错误(科内利乌斯),38,42,254;价值事物与环境事物(参此);康德关于作为事物对我们感性感受状态之作用的价值(参见价值4)的(错误)学说,参见“作用”;“身体”与“躯体事物”、“死的事物”参见“身体”
“Ding an sich” 物自体:91,153,373,394
Dinghaftigkeit 事物性:42
Dingheit 事物性:69
Disposition/dispositionell 秉性、心境(心位):38,127,153,183,214,239,412,415,421,452;价值的秉性理论,参见“价值(4)”;心理之物的秉性学说,参见“外现象主义”、“实体学说”、“志向”、“德行”、“能然”
Dissoziation 分离:413;受制于身体的分离,直观(参此)与“自我统一”(参此)的(分裂),参见“感官(内)”
“Dolus eventualis”(in der Jurispondenz) “成效手段”(法学中的)以及智识主义的意愿理论(参此),145
Drang/Drängen/drangvoll 渴望、紧迫/渴望的、紧迫的:53,252,352
Dringlichkeit/dringlich 急迫性/急迫的:352,500
Dualismus (“unangemessener”) 二元论(不恰当的):在“理性”(形式法则)

与“感性”之间的二元论(康德),62—63,73,83,91,104,171,175,259,参见“混乱(混沌)”

Durchblick 统观:487

Durchdringung 穿透:484

Durchfühlen 统贯感受:337

Durchgeistigen 统贯智化:148

Durchleben 统贯生活:337

Durchscheinend　穿透照射的:455

Durchwalten 统贯支配:143,138

Dysteleologie 反目的论:359

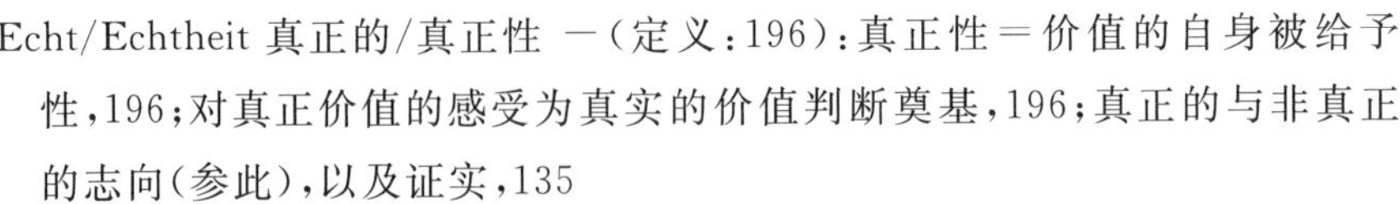

Echt/Echtheit 真正的/真正性 —(定义:196):真正性=价值的自身被给予性,196;对真正价值的感受为真实的价值判断奠基,196;真正的与非真正的志向(参此),以及证实,135

Edel 高贵的:173,191;高贵的=生命价值,105,113,115,123—124,126,164,283,494,529,569

Egoismus 利己主义:31;利己主义与爱、幸福(康德)、伦理(习俗),85,248,551,参见“自我中心”;利己主义(自身保存本能)与同情(繁衍本能)作为一般生命趋向,281—287,参见“同情”、“生活、生命”;利己主义与幸福主义(参此),258

Egotismus 自我中心:自我中心与利己主义,250

Ehe (Monogramie,Polygramie) 婚姻(单配偶制、多配偶制):119—120,238,302—303,313,318,474,515,537;婚姻与私密人格,549,552;婚姻权利(康德),474

Ehre　荣誉、尊敬:荣誉=社群人格价值、荣誉的客观价值组成、荣誉感、荣誉损害,57,155,553—554;贪爱荣誉、抱负、虚荣,354,555;恭敬与谄媚,554;职务荣誉、阶层荣誉、“市民的”荣誉、总体荣誉、553—554,参见“社群人格”

Ehrerbietung　恭敬:554

Ehrfurcht (und die Tiefendimension) 敬畏(与深层向度,价值性的充盈):126,230,251,308,507

Ehrgefühl 荣誉感:14

Ehrgeiz 野心:354,555

Ehrliebe 爱荣誉:555

Eid 誓言:126

Eifer 热情:348

Eifersucht 嫉妒:354

Eigen 本己的:471—473

Eigentlich 本真的:196

Eigentum 〔私有〕财产、所有物:财产与善业、实事、价值,43;财产与身体、人格性,473—474;参见“女子”、“奴隶”

Eigenwert 本己价值:118,222

Eigenwertintention 本己价值意向:参见“意向”

Einbildung 臆想:136,399,565

Einfühlun/einfühlen 同感:同感理论(力量;价值,生命等等)74,258,271,281,308,408

Eingebildet 自负的、想当然的:184,202

Eingegrenztsein 被限定〔状态〕:565

Einkehr 内心反省:349

Einordnung/einordnen 排序〔到……之中〕:411,544

Einreihung 排列〔到……之中〕:452

Einrichtung 设施、风俗:174,316,364,519

Einsamkeit 孤独:(绝对)私密人格(参此)的孤独=有限人格、社群本质范畴之间的无法消除的本质关系,孤独与神的关系,548—549;参见“神话”

Einschaltung 参与:413

Einsicht 明察:(伦常)明察=对先天伦常价值及其联系的认识,65—67,87,94,173,177,181,199,201—202,276,322—324,482,486,参见“感受”、“偏好”、“爱”、“善”、“恶”;明察不是“普遍的人的资质”,97;伦常明察的源泉与经济化形式,97—99,200—202,324—326,327—328,492,参见“良知”、“义务”、“权威”、“传统”、“教育”、“天生的”、“自身获取的”;伦常明察的欺瞞,184—185,191,309—310,312,329,参见“法利赛式的伪善”;伦常明察的自

主与伦常愿欲的自主(参此),87—88,99(伦理学先天的处所,87,99),以及对伦常明察与伦常愿欲之间的二律背反的解决,329—330;伦理学(参此)与伦常明察、伦常愿欲(康德的错误,孔德的错误),66,86,88—89,199,202,329—330,563;个体明察,参见“善”(个体的善);权威(参此)与伦常明察、信任,330—331;参见“智慧”、“欺瞒”

Einsichtethik 明察伦理学:202

Einsinnigkeit　同义性:470

Einstellung/einstellen sich 调整、态度、产生、调准:170,205,347

Einzelpersonindividuum 个别人格个体:513

Einzelne 个别的:个别人,参见“社会”

Einzelperson 个别人格、个人:参见“人格”、“社会”、“总体人格”

Eitelkeit (und Umwelt) 虚荣、虚荣心(与周围世界):232,236,555—556

Ekel 恶心、反胃:171,252,343;参见“胃口”

Ekstatisch 心醉神迷的:81

Element 要素:160,173,192,295,297,458,508,532

Elend　悲惨:332

Emotion　情感:362

Emotional 情感的:206,248

精神(参此)中的情感之物的先天主义起源性,82—83,248,259—261;情感之物相当于逻辑规律性的独立性,82—83,259,261;关于情感之物的错误学说(康德等等),56,246—247,267—270,331;情感的意向的行为(参见“爱”、“偏好”),情感的感受功能(参见“感受”),情感的“行为举止方式”、回答反应(参此),87,126,260—275;伦理(习俗)与情感的价值视角主义,307—308,参见“伦理(习俗)”;本性中的情感的情绪特征=客观的质性,82—83,260,265,407

对所有情感之物而言本己的自我相关性,334—336,参见“感受”;“完整的”心理生活与情感的体验行为,207;情感生活的深度层次,332—345,参见“感受”;在与伦常生活关系中的情感生活的几个原理(在感受状态、追求等等之间的本质联系),参见“感受”、“幸福与伦常性”、“幸福主义”;情感领域中的欺瞒,参见“欺瞒”;参见“病理学”

Empfangen 接受:199

Empfehlung 推荐:211,213

Empfinden/Empfindung 感觉(活动)/感觉:169－170;对感觉概念的澄清,73－78;“纯粹感觉”＝永远不会“被给予”,只是对一个身体状态(参此)的变化而言的符号,78;感官感觉＝真正的感觉,77－78;感觉与感知(参此),74－76,411,413,438;感觉、总体感觉、感性感官(参此)、刺激(参此)与生命过程(本能调整)、环境(参此),153,162－171;感觉与身体被给予性(参此),400,409;感觉刺激,参见“刺激”;感觉与质性,参见“感官质性”;“感觉复合”,267,300;感受感觉、感觉感受,参见“感受”;错误的感觉理论,73,162,399,408;“感觉的混乱”(康德),参见“混乱”;参见“感性”

Empfindlichkeit 敏感性:262

Empfindungsanästhesie 感觉麻木性:338

Empfindungsqualität 感觉质性:205

Empfindungsreiz 感觉刺激:169

Entgeltung 补偿:361

Entfaltungswert 发展价值:528

Enthusiastisch 狂热的:107

Entladung 发泄:362

Entpersonalisieren 去人格化:494

Entrücktheit 出神:437

Entschluß 决断:118

Entwerten 去价值化:238

Entwicklung 发展:发展(限制)＝价值中性的充盈增长,215;无限制的价值感受的发展能力,272;伦常价值相对于(生命的)发展趋势的独立性,32－33,215,275,495,参见“伦理学(进化论的)”,参见“生命、生活”、“进化”、“适应”;生命的发展能力、发展确定与文明,291－293,参见“人”

Epiphänomen 副现象:282,422

Epiphänomenalismus 副现象主义:副现象主义＝心理之物(参此)的生理学秉性学说,412,416,418,422,451

Erbgut/Erbschuld 遗产/遗债:487,575

Erblicken 看出:482

Erbwert 遗传价值:310

Erde 大地:大地=人的周围世界(参见"环境"),546

Erdulden 承受:236

Ereignis 事件:193,264,343,376,390,428,434,439,450

Eremit 隐士:隐士与人格的伦常的完美理想、共同体的生活,557

Erfahrung 经验:在纯粹的、先天的、直接的本质经验、经验直观与后天的、归纳的、间接的经验之间的关系:在理论领域,68—73,92,94,参见"本质"、"先天"、"现象学";在价值理论领域和伦常领域,32—34,参见"明察";在宗教领域,296—298,参见"宗教";在历史学、社会学、人种学的领域,10,123,276,301,506,515;自然经验、科学经验、现象学经验,以及经验的"质料"与"形式",参见"现象学的";内经验与伦常事实(现象主义),174,178;自然经验、科学经验与心理之物的现象学(它们与联想规律性和意义联系的关系),428—431,参见"心理的";"实践"经验与理论经验,155—157,565;(个体与共同体)通过经验而形成的意愿发展与成熟,139—141;经验对于志向和意图的所具有的作用,参见"志向";康德的可能经验法则,71

Erfolg 成效:参见"志向",参见"行动"

Erfolgsethik 成效伦理学:参见"伦理学"

Erfolgswert 成效价值:118

Erfülltheit 被充实状态:350

Erfüllungsphänomen 充实现象:205

Erfurcht 敬畏:126

Ergreifen 把捉:489

Erhaben 庄严的:183

Erhaltung 保存:285;保存本能,285

Erhaltungswert 保存价值:528

Erhorchen 倾听:164

Erinnerung,Erwartung 回忆、期待:

回忆、期待与感知(参此)=外直观与内直观(参此)的行为本质质性,以及相应的现象的时间(参此)维度与实事领域;过去、将来、现在,413,431;将统一的直观以受制于身体的方式划分为回忆、期待、感知，以及它们在完整的直观中相合统一（总体行为、总体内涵），参见“直观”、“感知”、“再造”、“决定”、“联想原则”；将每一个意识因素三分为回忆、期待、感知，参见“意识”；感官同一性、关于回忆、期待、感知的连续性意识＝原现象、经验心理学的前提，425－427；现时地和不现时地在回忆、期待、感知中被给予之物的意义联系，426－428，431－432；参见“自我”、“心理的”；在直接的和间接的回忆（或期待）之间的关系，它们的被给予性的现象学，423－424，427，432，434－439，451－454；回忆与传统（参此）、历史（参见“历史”），161，438；直接的回忆、期待与“梦幻”，437；回忆与遗忘，161，438；回忆与再认识，“已体验到”，432，435，451；回忆与思索，436；表象回忆与回忆表象，448；回忆的激情心理学，424

错误的回忆学说、期待学说（感觉主义的学说，生理学的秉性学说、心理学的秉性学说、时间符号理论等等），403，412，415－416，421－423，427－428，431－435，438，448－449，451，456，参见“外现象主义”、“实体学说”

Erkenntnis 认识：爱与认识的奠基关系，538；价值认识，参见“明察”、“感受”、“偏好”、“爱”；伦常认识，参见“明察”；理论认识（科学）、伦常认识，以及自律、权威（孔德的错误），322，324，329－330，334，339－341，参见“良知自由”；认识的价值、认识价值、认识行为作为价值载体，111，116，118，125，198；“绝对不可认识的对象”，71，373，379，394（“物自体”）；认识的社会学，共同体的认识与社会的认识，516－518，521；认识、民族、人类，504；合乎认识的世界意识与“实践的世界”，149；康德的认识论，66，72－74，81－83，90－92，164－166，208，参见“先天”、“二元论”；认识论与伦理学、社会学、宗教哲学、精神史，10－11，14，22

Erklären (und Verstehen) 说明（与理解，参此）：224；说明的心理学（参此）

Erlaubt 允准的：319：允准的与观念的应然（参此），普遍有效的规范（参此），214

Erleben/Erlebnis 体验（活动）/体验：在对其“体验”的体验活动中人格的实存，385，475，参见“人格”、“传记”；在人格中一个体验活动（Erleben）的“起源”与一个体验（Erlebnis）的“产生”是不同的，391；经验的体验与自我的统一（身体的作用），410，414－415，参见“自我”；“体验流”与人格、人格行为、

自我同一性(参此),376－377,390－391,410,415,417－419,424－425,427,431,462－463,参见"心理的";体验实存深度的水平段,417－419;体验种类先行于所有理论与观察,418;情感的体验行为与心理学的"体验",205－210;"体验价值"与"价值体验",208;环境(参此)＝作为起作用地被体验到的东西的整体,154－156

Er-leben/Er-lebnis 亲历、生活亲历:206－208,248,371,475,参见"活过的生活"(gelebtes Leben)

Er-lebnensakt 生活体验的行为:206－207,209

Erleiden 忍受:122,158,164

Erleuchten 领悟、顿悟:170,550

Erlösungswissen 拯救知识:18

Ermüdungsgefühl 疲惫感:269

Ernährung 饮食、给养:170,286－287

Erregen/Erregung 激发、引发:144,414

Erregungsquelle 激发源泉:250

Erotisch 情色的:200

Erschaffen 创造:532

Erschlaffung 虚弱:417

Erschließen 开启:265,309

Erschrecken 惊吓:263

Ersinnen 构想出来:165,167

Erspähen 探看:164

Erstreben 取求:53,171,251,356－357

Erstreckung 伸展:413,423,445

Eruierbar 可查明的:413

Erwägung 思虑:107

Erwählung 挑选:482

Erwartung 期待:参见"回忆"、"限定、决定"

Erwerben/Erwerbung 获取、习得:285

Erziehung 教育:教育与志向(参此),132,566;教育与自律、权威、传统,212,

472,492;伦常教育与榜样(参此)作用、后继,561;伦常教育与"康复"(Besserung)的意向、"净化"、克服恶习(参见"德行")242,349,561;教会、国家、家庭,以及教育事业,334,537,566—567;通过痛苦来进行的神的"教育",345;参见"教育学"、"志向"

Erzwungen 被迫的:486

Ethik 伦理学:

伦理学=在判断与评判规则的领域中伦常价值评估的变更向度,90,303,311;伦理学的各个形式(以及它们的关系):"有效的"伦理学,310—312,"科学的"伦理学(=伦理的败落,参此),311—312;哲学伦理学、它在先天价值经验(参此,参见"明察")中的奠基,65,86—88,202,312,329(参见价值伦理学,质料的);哲学伦理学的原理与任务,30,65,88,117,267,279,307,319,486,495—496,570;伦理学作为道德谱系学,258;哲学伦理学、伦常明察与伦常行为举止之间的关系,86—89,308,329—330;伦理学、伦理(参此)、道德(参此)之间的关系,22,304,306—307,319;伦理学的真理=伦理学与伦理的相合,313;伦理学中的错误、失误、欺瞒,310,312;伦理学与智慧、个体的良知,497,484—486;伦理学与权利(志向与行动),576;伦理学与认识论、形而上学、神的观念,10,17,22;伦理学与逻辑学(参此);伦理学与心理学(它们的同事的现象学论证的必然性),207—209;伦理学与美感学,196—198,209;伦理学与社会学;伦理学与社会学、宗教哲学、形而上学,11,14,22

哲学伦理学之内的(历史的—系统的)流派:古代的伦理学,10—20,22,311,参见"人名索引";自律伦理学,372,486;权威伦理学,330;生物主义伦理学,279,281—283,288,293,310,314—315,319,329;笛卡尔的伦理学,382;基督教的伦理学,20,231,312,490;先天情感伦理学,84,259—261,参见"价值伦理学";经验归纳伦理学,32,65,84,260;成效伦理学,30,127,138,172;幸福主义伦理学,232,246—248,346—348;进化论伦理学,32—33,215,218;康德的形式伦理学,参见"形式主义";志向伦理学(真正的和非真正的),129—131,135—137,171,参见"志向";善业伦理学,15,20,32—37,41—43,45,370;享乐主义伦理学,57,65,248,251,258;"人"的伦理学,275—277,279—280;律令伦理学与规范伦理学、应然伦理学,193—

194,202,271－273,221－223,226－228,231,233,482,567,参见“应然”;个体主义伦理学,15,493－495,500;(价值)集体主义伦理学,493－495,556;文化伦理学,215,314,381,493－495,556;机械论伦理学,282;唯名论伦理学,177,179－184;人格主义伦理学(各种形式),14,381,492－590,参见“价值伦理学”、“人格主义”(“反人格主义伦理学”,498);义务伦理学,10,15,194－195,202,219,234,482,参见“义务”;实证主义伦理学,493,497,556;心理主义伦理学,174,184,479;理性主义伦理学,84,230,246,381－383;相对主义伦理学,14,300－302,305,307－309,319;宗教伦理学、神学伦理学,219,311,546,576;社会伦理学,515;国家伦理学,547;同情伦理学,178,190,283;活力论伦理学,282－283,479;功利主义伦理学,367;先天论质料的、绝对价值伦理学,参见“价值伦理学”;目的伦理学,20,29－30,32－35,50－52,62,305,370(参阅在“人名索引”中的亚里士多德、柯亨、费希特、N.哈特曼、希尔德布兰德、凯尔勒、屈尔佩等等)

Ethisch 伦理的:伦理的价值,参见“价值(3)”、“伦理认识”,参见“明察”;参见“伦理(习俗)”

Ethnographie 人种志学:280

Ethnologie 人种学:279;人种学者,276

Ethos 伦理(习俗):

伦理＝感受的结构、偏好、爱、伦常价值评估的历史变更的最极端向度(定义),303;伦理的直观明见性,312;伦理真理＝伦理与伦理学的相合,313;伦理变换的向度(增长、更新、颠覆、伪造等等),309－312,569－570,参见“怨恨”;伦理的内历史＝在所有历史中的最中心历史,309;伦理的本质历史性,它的社会本性(以及伦理相对主义和形式主义的错误),22,305－309,485;各个伦理形式(情感的价值视角主义)的合作＝伦常要求,307,484,530

伦理、伦理学(参此)、道德(参此)道德性之间的关系,伦理与世界观(参此)、科学之间的关系,303－305,311－313;伦理形式与种族、语系,306;伦理的起源法则(系谱学)与榜样(参此)作用,561－562,569－570;伦理、道德性,以及伦常天才的本质悲剧,364;伦理与宗教史,574;自己伦理与世界伦理,538;伦理与生命共同体(参此)、社会(参此),516,518,522－523,

528—530,537;伦理与民族(参此)、国家(参此),534,536—538;伦理与神的观念(参此)

活力论的贵族伦理与功利主义的民主伦理,310;战争伦理与和平伦理(斯宾塞),528;普鲁士—德意志的国家伦理与民族伦理,10,15,参见"劳动"、"义务"

Ethosform 伦理形式、习俗形式:15

Eudaimonismus 幸福主义:幸福主义(问题、命题、幸福主义批判),以及幸福(参此)与伦常性的关系,31,195,246—247,258,331—332,350—351,359—360,369,483;"实践的"幸福主义(与享乐主义、功利主义),247,339,347—349;康德与幸福主义的关系,195,483

Europa 欧洲:欧洲=作为共同体和"社会"的文化圈共同体(参此),521,543;西欧人的类型、伦理、文明,171,248,285,295,330,530;参见"劳动"、"资本主义的"

Evangelium 基督教:192,228,557,参见"保罗"(人名索引)

Evidenz 明见性:明见性与自身被给予性、感知、相即性,40,72,86,89,95,183,285;"明见性感受",191;绝对价值的明见性,116;志向明见性(参此),参见"伦理"

Evolutionstheorie 进化论:进化论与人(参此),275,280,291;进化论对哲学的意义,293—294;参见"发展"

Exemplar 范本:494,504,558—568

Existenz 实存、生存:实存、不实存=正价值、负价值(公理,以及对它的错误转释),108;实存的存在与价值、存在实然,参见"价值(2)"、"应然";将实存回溯到被要求状态上(费希特),195;参见"实在"

Extension/Extensität (Ausdehnung) 延展/延展性(广延):延展与价值高度、延展与感受层次的深度,107,110—111,335,340,344,460,参见"价值"、"感受";延展(空间、时间)与质性,463

Extensiv 广延的、扩展的:110,411,440

Faktizität 实际性:398

Faktor 因子、因素:160,204,537

Färbung 色彩:550—551

Fälschung 伪造:310

Familie 家庭:家庭=在伦理关系中的生命共同体,123,318—319,484,510,515—516,519,521,535,537,544,547,549,553,555—556,560—562,参见"婚姻"

Farben,Töne etc. 颜色,声音等等:作为客观的现象,参见"感官质性"

Färbung 色泽:550

Fehl 偏差、错误:

Fehlbewegung 偏差运动,146;错误行动,138

Fehlhandlung 错误行动:138

Fehler 差错:138,404

Feig 胆怯:184

Ferngefühl 遥远感受:344

Fertigkeit 技能:214,244

Fest 固定的、稳固的:516

Figuierende 显示者:426

Fiktion 虚构:162,518

Fiktiv 虚构的:164,403—404

"Fiat" 期望:22

Fleiß 勤奋:305

Flüchtiges 仓促之物:418

Folge/Folgen 后继性、跟从、结果、接随:429,529,565—566,569

Folge und Gleichzeitigkeit 后继性与同时性:510,531

Folgsamkeit (und Vorbildfolge) 遵从、驯服(与榜样之遵从,参此):顺从、服从(参此),567

Forderung 要求:218

"Forderung der Stunde" "时机的要求" = 伦理学的本质范畴:23—24,485;参见"处境(价值)"、"善"(客观的为我之"善")

Form und "Materie" der Anschauung 形式与"质料"(直观的,参此):参见"先天"、"现象学的"、"质料"、"事实"、"结构"

Formal 形式的:形式的与质料的,参见“先天的”;形式与先天一般,67—99;本质学说中的形式之物,参见“价值(2)”;参见“内容”

Formalismus 形式主义:形式主义与先天主义(参此),65—126,参见“内容”、“伦理学(形式的)”;形式主义与人格(参此),370—580,参见“内容”;价值样式的质料先天(参此)=对康德的形式主义的最尖锐反驳,122;伦理学中的康德的形式主义之前提,30—31;参见“二元论”

Formwert 形式价值:119

Fortdauer 不断持续、维续:132,317

Fortleben 永生、继续生活:人格的“永生”,参见“人格”

Fortpflanzung 繁衍、生育:223

Fortpflanzungstrieb 繁衍本能:繁衍本能与自身保存本能,171,参见“生活、生命”、“同情”、“利己主义”;人口政策与繁衍本能,223

Fortschritt 进步:参见“历史”

Fortsreben 继续追求:54

Frau und Personalität 女子与人格性:318,474,参见“人格(5)”

Freiheit 自由:自由=直接的能然体验(自由意识),以及应然体验(善的存在),以及德行(参此)、能干,244—245;自由与伦常的意愿行为,211,222;人格(参此)的自由、精神行为的自由,以及心理学的因果性(参此)、性格因果性、历史因果性、形式机械因果性,22—24,190,211,419,476—477,496,参见“自身位置”;自由作为逻辑—理论可能性和作为“公设”(康德)、否定的和肯定的自由,243—244,373;没有责任(参此)的自由(参见“凝聚”),488;自由体验与教育,240,242,244;伦常的自由与“研究的自由”(孔德),330;参见“自律”、“良知自由”

Fremd-/Fremdich/der Andere 他人的、异己的、陌生的/他我、他人的自我/他人:陌生直观、陌生感知(实在设定)、他人价值把握、他爱(爱他人)、陌生评判等等,85,118—119,208,247,264,271,383,408,410,470—472,477—478,480,510,515,517,520,527,563,575,参见“共感”、“同情”、“凝聚”、“相互一同”、“爱邻人”;内部的他人感知的基本行为,509;在他人认识、他人评价面前绝对私密的他人人格的超越性,556—558;他人价值与本己价值之间的关系,118,271,319;他爱与自爱之间的关系,85,118,483,489—

490(特勒尔奇的错误);参见“理解”、“爱”、“类比推理”、“因果推理”

Fremdbeurteilung 异己评判:480

Fremdgegebenheit 异己被给予性:478

Fremdliebe 他爱、爱他人:119,489

Frempsychisches 陌生心理:410

Fremdwahrnehmung 陌生感知:内陌生感知,509

Fremdwert 异己价值、他人价值:118,222

Fremdwert/Fremdunwert 他人价值/他人非价值:557

Freude/Trauer 喜、喜悦/哀、悲哀:喜、哀=回答反应,110,114,118,121,125,239,247,256,262,264,339,347,参见“共感”、“感受”(深度层次);德国精神史上对喜的背叛,15

Freudesrat 朋友忠告:196,213

Freudigkeit 欢快:262

Freundschaft 友谊:友谊作为价值载体,41,119,125,196,213,327,552;友谊与私密人格(参此),552,556

Frische 清新:338

Froh 欢快的:333,454

Frohsein/Fröhlichsein 欢快:125,332

Frömmigkeit/Fromme 虔诚、笃信/虔诚者、笃信者:虔诚与宗教,神性的东西,276,299

Fühlen 感受〔活动〕:

“对某物的感受”=对价值的直接的、意向的、情感的感受、意向的感受功能=认识功能,以及感受与价值(参此)之间的相关本质联系,47,56—58,78,87—88,115—116,169—170,207,209,249—250,252,255,262—264,270;“对”价值的“感受”的种类,115,122—124;“纯粹”感受,以及精神生活的类似,84,259—260,参见“精神”;“纯粹”感受与绝对价值,115;“对……之感受”的先天内涵,82—84,87—88;对绝对性的直接感受、价值种类的相对性,114—116;情感感受(参见“偏好”、“爱”)与情感行为的关系,105—107,265,以及与情感的回答反应(参此)的关系,264;价值感受与价值感知、表象行为、思维、评判、追求、意愿之间的(奠基)关系,40,55,55—59,

87—88,116,148,203—204,206—210,265,346,352,563,参见“价值”;对价值的“前感受”,210;感受不可以被还原为理解、思维、逻辑,82,87,260—261,268—269;对价值的感受与理解(参此),115;感受与感触(参此),263,参见“价值认识”、“动机引发”、“情感的”

对客观的、情感的情绪特征的感受,263,参见“情感的”;对感受状态(参此)的感受,247,261—262,269;价值、价值感受与感受状态之间的关系,78—79,182—183,247,249—255,257—259,261—262,参见“感受”;感受的样式、功能质性,122,261—262,参见“享受”、“痛苦”;对价值的感受能力(限制、扩展、区分),170,249,251,272,308,310;在伦理(参此)中感受的变更;感受统一与语言,265;感受中的欺瞒,参见“欺瞒”;对感受的感受的病理学,263,参见“病理学”;错误的理性主义与感觉主义的学说,83,259,269—276

“Führender Geist des Wirtschaftslebens” 经济生活的引领精神:经济生活的引领精神=价值人格类型(参此)、有用之物(参此)的价值领域(样式)中的榜样,126,494,570

Führung 引领:参见“后继”

Fülle 丰富性、充盈:310,411;总体生命的丰富性,284

Füllewachstum 充盈增长:215

Fundamentwert 基础价值:119

Fundierung 奠基:

奠基的概念,112;在作为价值高度标准的价值之间的奠基关系,107,112—113;行为在人格(参此)存在中的奠基,383—385;志向的伦常价值为行动(参此)的伦常价值奠基,129;伦常价值为人格的幸福奠基,参见“幸福”;身体现象为身体躯体和身体心灵奠基,393

在行为(参此)之间的奠基法则,以及在客观时间中的经验发生等等,58,61,84,87,91,99,138,143,148,164—165,203—204,253,299,366,362,380,385,388,391,434,436,462,538;在各个行为、体验之间的奠基法则,以及在对象、事实情况、图像内容、实事状况、质性、善业、目标、目的等等之间的奠基联系,41,43—44,52,55,60,75,81,95,106—107,112—113,138,142,148,150,152,161,198,201,219,244,246,253,255,265,297—298,

303,311,336,362,397,399,404,507,520,563－564

Fundierungsgesetz 奠基法则:200,380,521

Fundierungsordnung 奠基秩序:164

Fundierungsverhältnis 奠基关系:在(原初的)追求方向与价值感受和表象行为之间的奠基关系,54－56,58－61,138,148,265,375

Funktion 功能:心灵功能、行为之间的关系,以及“显现”,387－388;认知的、意向的、情感的功能、感受功能,87,115,122,124,252,264－265,269,334,337;符号的功能、代现的功能,162－163,255,273;伦常的功能感受,346,参见“感受”;生命功能、生理学功能、心理学功能,163,168,290,414;统一的、功能性的身体(参此)运动结构与感性结构,参见“感官”、“功能价值”,118,122

Funktionswert 功能价值:118

Furcht/Hoffnung (vitale Gefühlsfunktionen) 畏惧/希望(生命的感受功能):86,108,230,269,337,343

Fürchten 畏惧:532

Furchtgefühl 畏惧感:14

Für-verantwortlichkeit 为之一负责性:522

Ganze 整体、所有一切:510,536,551,572

Gebanntsein 迷恋状态:253

Gebieten 诫令、告诫:210－221,参见“应然”、“律令”、“命令”

Gebot/Gebotenes 诫令、被诫令的东西:201－202

Gefallen 中意:125

Gefolgschaft 追随:参见“后继”(Nachfolge)、“榜样”(Vorbild)、“效法”(Nachbild)、“仿效”(Nachahmung)

Gefühl 感受〔内容〕:

所有感受的普遍的自我关涉性,263,335;感受生活的质性区分与深度层次(“深层的”感受、“表层的”感受),24,247,332－334,338－339,344,347,350,357－360,364－366;感受的深度层次的共存、不混淆,333,341;感受的深度层次,以及人的生存的结构,334

感受生活的四个深度层次(阶段):1)感性感受(状况),79,110—111,122,125,144,170—172,225,246—247,251—252,261—262,269—270,333—344,347,358,410,参见“快乐”、“不快”、“痛苦”;2)生命感受(生命的感受、身体感受、舒适感受),124—125,144,247,269—270,281,334,336—338,340—344,347,358—359,409,参见“生命感受”、“喜悦”、“畏惧”、“羞耻”、“胃口”、“同情”、“报复”;3)心灵感受,自我感受,109,247,269—270,334,336—341,344,347,410—411,参见“幸福”、“痛苦”、“悲哀”;4)纯粹精神感受(人格感受〔参此〕、行为感受、自身感受、救赎感受、良知感受、形而上学的感受、宗教的感受、伦常的感受),109,111,125—126,129,247,269—270,334,336—339,341—347,349—350,358—359,364—365,409,参见“懊悔”、“极乐”

这四个深度层次的标记:a)自我相关性的种类(与身体被给予性)、人格相关性,125,333—336,340,344—345;b)意向性、状态性、功能性,178,262,269—270,335,341,343—344;c)现时性、感官连续性、逐点性、持续性、对外部变换情况的不依赖性,109,111,247,335,337—338,342,344,350;d)可表象性、可理解性、可追复感受性、可共同感受性(共同体),111,247,336—337,342—343,参见“陌生感受”、“共同感受”;e)绝对性、相对性,344;f)实存性、强度、统一性、相互分离、定位,38,110,247,335,340—341;g)注意力的影响,335,337—338,341;h)实践的可制作性(通过愿欲)、自发性、反应性,335,338—339,345,347,350

感受层次与相应的情感感受(参此)的样式;对感受之感受的功能质性,参见“痛苦”、“享受”;康德关于感受之本质的(错误)学说,246—248,251,参见“情感的”;康德关于价值与感受状态的学说,参见“价值(4)”;康德关于愿欲的质料、良知的质料以及关于感性感受状态的学说,参见“志向”;在作为追求的源泉(不是目的)的(较深层的—表层的、更高的—更低的、肯定的—否定的)感受之间、在伴随显现(功能)之间以及在追求的结果与追求的价值方向(动机引发)之间的本质联系,331—333,346—347(趋向于替代物的法则),349—351,参见“追求”;在肯定、否定的感受状态(深度层次)之间的本质联系(理解联系)、伴随的感受与人格的伦常价值与人格行为的伦常价值的本质联系(理解联系),332,355—357,359—361,参见“幸福与伦

常性”、“幸福主义问题”

疾病＝在感受层次之间的无动机引发的变换，参见“任性”；感性感受状态在被体验的抗阻（参此）中的奠基，152－153，参见“行动”；“感觉感受”与“感受感觉”，79，122，334；感性感受作为对有机体个别器官的刺激而言的指号（结交感受），269，343；对生命过程而言的生命感受的预知性符号功能（“遥远感受”），343－344，358；生命感受与感性感受之间的关系，参见“生命感受”、“感受回忆”与“回忆感受”、“感受表象”，336，342，524；感受幻觉、感受臆想，341，348；感受行为、行为感受，558；感受表达与“陈述”，参见“表达”；感受作为价值载体，190

Gefühlsanästhesie 感受麻木性：338

Gefühlsillusion 感受臆想：341

Gefühlsphänomenologisch 感受现象学的：11

Gefühlsvorstellung 感受表象：524

Gefühlszustand 感受状态：151，182，526

“Gegeben” 所与、被给予：参见“先天”、“事实”；在一个外感知（参此）行为中的感受

Gegenachtung 回敬重：524

Gegenahmung 反效：参见“仿效”

Gegenbild 反像：170，561，570，参见“榜样”

Gegenglied 对应项：549

Gegenhaß 回恨：526

Gegenliebe 回爱：参见“爱”

Gegenreaktion 反应：221

Gegenregung 反意动：219

Gegenseitigkeit (wesensmäßig) 对立性（合乎本质的）：对立性与所有伦常上重要的行为的对立价值性，524－526，参见“凝聚原则”

Gegenstand/gegenständlichkeit 对象/对象性的：对象的本质标记，373；对对象概念的先验主义歪曲，93－94，373－375，482，参见“自我”、“普遍性”、“必然性”；对象与行为（参此）的对立关系，90，96，374，参见“哥白尼式转向”；无时间的、观念的对象，参见“种类”；世界＝对象本质的统一，96，392，

以及对象的人格(参此)相关项,参见“世界”;行为不是对象,人格不是对象,参见“人格”、“行为”;自我、自我性=内直观、感知,374,386,参见“自我”;身体属于对象领域,397,参见“身体”;“实践的”对象作为愿欲的抗阻(参见“环境”),149—151,156—158;对象化与阻碍,151;价值=真正的、客观的对象,参见“价值”

Gegenüber 对方:525

Gegenwart,Vergangenheit,Zukunft 当下、过去、将来:572;作为实事领域、体验的时间向度,参见“感知”、“回忆—期待”

Gehäßig 憎恨的:364

Gehorchen 听从:99,199,219,237,473,511

Gehorsamkeit/gehorsam 顺从、服从/顺从的、服从的:顺从与自律的(他律的)明察,以及人格的自律的(他律的)愿欲、盲从〔盲目的顺从〕、暗示,99,201,330—331,372,490—491;顺从活动的伦常价值的悖谬,237;“顺从自己”,219,491;人格、顺从与(普遍有效的)伦常法则(参此),371—372,483;顺从与后继(参此,参见“榜样”),229,560,566;“对神之诫令的顺从”(参此),220,491,560;“实践的”顺从,155;参见“权威”、“律令”、“自律”、“遵从”

Geist/geistig 精神/精神的:

对精神的本质定义:“所有那些具有行为本质、意向性和感性充实性的东西”,388,参见“行为”;精神与自我,388;精神与理性、非逻辑的、情感的(参此)、意愿的、在精神中,82—84,259—260(参见“逻辑学”);所有精神都本质必然地是“人格的”、人格是具体精神的唯一实存,388,参见“人格”、“行为”;精神性与个体化(参此);精神与心理学(参此),对精神的错误的心理学化,390;精神的行为,以及机械原则和联想原则(参此)的作用,466—468;精神的行为与生命(生命价值),113,281,292;需求(参此)、发明与精神的充溢,354

人作为精神生物,293—294,参见“人”;精神、人格与历史的因果因子,496;总体人格=精神的行为中心,参见“总体人格”;神=无限的精神人格,参见“神”

Geistesauge 精神眼:275

Geistige Werte 精神价值:精神价值=价值样式(参此),精神价值的主要种

类，以及文化的实事领域（参此）、与躯体价值样式的关系，113，124－125，293，316，494，519，529，533，537－538，570；精神感受（参此）；参见"天才"＝精神的价值人格类型

Geistwesen/Lebewesen 精神生物/生命生物：294

Geiz/der Geizige 吝啬/吝啬者：＝伪装的享乐主义者，240

Gekonnt/Gekonntes 所能的、所能之物：213，240

Gekonntsein 所能状态：245

Gekränktsein 委屈：183

Gelebtes Leben 活过的生活：206，462，475，参见"亲历－生活"（er-lebt）

Gelenkempfindung 关节感觉：145

Geloben 发誓：511；自己发誓做：219

Geltend 有效的、现行的：现行的伦理学（geltende Ethik），310

Gelüsten 想念、欲求：253，352

Gemein 粗俗的：173，578

Gemeinde 社团：544，562

Gemeinschaft 共同体：14－15，119－120，123，126

共同体＝被体验的实在、关于共同体的原初人格意识，120，509－511；共同体与历史（参此）＝心理物理学的中性概念，510；共同体的纯粹本质类型，参见"生命共同体"、"总体人格"、"共同体与社会"、"生命共同体"；共同体的各个形式（救赎共同体、教会共同体、精神的爱的共同体〔参此〕、志向〔参此〕共同体、兴趣、利益〔参此〕共同体等等），109，126，128，367，489，502，552；认识（参此）的共同体；婚姻（参此）与友谊（参此）＝最个体的、相对最私密的共同体形式，549，552；凝聚原则（参此）＝所有可能的共同体与历史（参此）的伦常先天，526；所有共同体在人格观念中的奠基，514，在神的人格中的奠基、神的共同体，396，514

共同体作为伦常载体，119；共同体作为个体，121；共同体价值，120；古代的共同体观念，513－514，522；基督教的共同体观念，489－490，514，522

Gemeinwille 共同意愿："社会"（参此）中的共同意愿（作为虚构）与多数决定原则，512，518，522

Generell 总体的：335，447，504，552

Genese/genetisch 发生/发生的:44,172,190,198,203,247

Genius 天才、神灵:天才=与精神价值相符合的价值人格类型(参此),126,181,304,494,509,570—573,576;伦常天才是发现者,不是发明者,181,309;伦常天才的本质悲剧,304

Gentil:氏族:519

Genugtun 赔罪:364

Genuß/Genießen 享受:122,187,239,417

Genußwert 享受价值:114

Gerecht 正当的、公正的:175,191

Gerechtigkeit 正义:216;正义、正义的、不义的,以及正当存在(参此),191;正义的观念与惩戒(参此),回报(参此),363,367;参见"正当"、"正当的东西"、"自身正义"

Gerichtetheit 朝向性:54

Gesamtorganisation 总体生物体:358

Gesamtperson,Verbandperson,Personengemeinschft 总体人格,社团人格,人格共同体:

总体人格=最高的社会本质性、精神—人格的种类的、具体—个体的人格行为中心、集体个体、被体验的实在(相互一同),484—485,493,495—497,499,501,509—514,522,527,531—532;一个总体人格的生存与"意识",510—513;总体人格与个别人格(个体)之间的范畴关系,493,510—514,522,527,551;总体人格中的负责形式(参见"凝聚"),493,509,511—512,522—523,530—532;总体人格与生命共同体、社会的关系,527—532;总体人格的自立自主性,531—532;总体人格与"总体世界",511;总体的价值世界与一个总体人格的任务,529,531—533;总体人格作为一个全面的总体人格的环节,511,530—531;对一个总体人格而言的个体有效的善(参此),499;总体人格的私密领域与社会领域,549,556,563;总体人格的救赎凝聚,522,533

通过价值、相互一同(参此)的方式而对各种总体人格进行的本质划分,533—535;总体人格的各个种类,参见"教会"、"民族"、"文化圈"、"国家";纯粹的、完满的和不完满的总体人格,533,535;在总体人格的本质关系中

的悲剧的意愿冲突,576;总体人格的多样性学说(与多、空间、时间的关系、上级关系与下属关系),541－548;总体人格和个别人格与神性的关系,514,523,527,531－532,550－551;总体人格与基督教的和古代的合作思想,514,522;参见"社会单位"

Gesamtpersonindividuum 总体人格个体:513

Gesamtschuld/Gesamtverdienst 总体罪责/总体功绩:道德世界的总体罪责与总体功绩,以及凝聚原则(参此),488,523

Geschäft 行业:553

Geschehenis 发生:386

Geschichte/geschichtlich/historisch/Geschichtlichkeit 历史/历史的/历史的/历史性:

历史＝心理－物理的中性概念,510;人格(参此)＝历史与共同体的环节,510;历史的因果因子,以及人格的存在与自身价值,493－496,506,参见"大人物理论";"历史伟人(他们的本质与他们的伦常意义)",506－508;历史的目标(与人格),494,496

历史、历史科学,以及回忆、传统、榜样作用,161,438,565,567;历史的"进步"(斯宾塞的错误),497;总量、社会共同体、社会、人格共同体(参见"总体人格")是实际历史发展的范围,而不是它的时间阶段,529;对历史之物的顶礼膜拜(黑格尔),218,494;价值评估(参此)的历史相对性的各个向度,300－321;伦理(参此)的历史性;历史欺罔的基本形式,271;精神科学的"历史"学派,528

Geschlechtstrieb 性本能:171

Geschlechtsverhältnis 性关系:在性关系中的悲剧冲突,576,参见"悲剧的"

Geschmack 味道、品味:252,328;好味道与坏味道(Wohl - und Übelgeschmack),252,541

Gesellschaft 社会:社会＝社会的本质统一、人为统一,不是实在("关系"的交织),120,126,187,284,517－518,522,532,543,551;每一个社会都通过(生活)共同体而得到奠基;社会中的理解、认识、意愿构成(目的、利益)的各个形式,187,284,515,517－521,538－539,543,参见"类比推断"、"协定"、"准绳"、"契约"、"多数决定原则";社会与个别人格(＝社会的要素),

518－519,532,543,551;社会内部的负责(参此)形式,518－519,522,543;社会与总体人格(参此);社会价值,120,273,367,519,529,537,540,543,546;社会与社会人格价值,553－554;社会与多样性形式(多、空间、时间)的关系,543,546－547;社会与生命共同体(参此)的关系,527－529,531－532;社会与教会(参此);社会作为国际的、国内的、从属于国家的构成物,537,543,546

Gesetz 法则、规律:法则与法制(参见"法"),125,216,576;法的观念与各个人格在法则面前的等值性,575－576;对国家法则的敬重(它的奠基),560;"对命令爱的法则的敬重"(批判康德对基督教命题的解释),227－233,参见"爱"、"敬重"、"伦常法则"

Gesetzgerechtigkeit 法则公正性:229

Gesetzmäßig/Gesetzwidrig 合法则的/违法则的:92,559

Gesetzmäßigkeit 合法则性、合规律性:280

Gesetznorm 法则规范:230

Gesinnung 志向、操守、省思(人格对 价值的意愿之朝向):30,127

志向＝人格愿欲对价值的朝向性,118,128,130,135;志向＝最原初得到(不是唯一的)伦常人格价值载体,128－130,140;志向＝可经验的、直观的事实情况,127－128,133;志向的原初变更,132;人格志向对经验的不依赖性、"成效",128,130－132,138－140,143－145,151－153,171;志向与表达现象以及行为统一(参此)阶段的关系,129－148;志向对行动的"实践对象"的意义,148,以及实践志向对志向意愿质料的作用,153－155,170－172;志向与想象生活、愿望生活、表达生活,131,133－136,139－140,143;志向的明见性、真正的志向、非真正的志向、真正的志向与证实,132－133,135－136;志向与德行(参此),144;志向与性格(参此),132－134,143;志向与教育,132;志向与疾病,134;志向变化与榜样作用(参此),561,566;志向共同体,129;志向伦理学(真正的、非真正的),参见"伦理学";志向与行动(伦理学与法),576;志向与负责,479;志向欺罔,139;志向的法利赛式的伪善,132,136,参见"法利赛式的伪善";志向的怨恨理论,135;康德对志向的形式定义,他错误地将志向伦理学等同于形式伦理学(参见"伦理学")、将质料伦理学等同于成效伦理学,他的关于事物、感性对象、成效内容对志

向质料的作用、"返回作用",79－80,127,130,137－139,144,148,151－153,171－172,参见"行动";"志向的秉性理论"(赫尔巴特),127－128,132－134

Gesinnungsevidenz 志向明见性:135

Gesinnungstäuschung 志向欺罔:135

Gesinnungsverlogenheit 志向的虚假性: 132

Gesinnungsvoll 有志向的、有操守的:30

Gesinnungswandel 志向改变:566

Gesinnungswert 志向价值、操守价值:118

Gesolltes 所应之物、所应之事:100,200,213,217

Gesolltsein 所应状态:193－194,481

Gewahren 觉知、觉察:174,484,510,571

Gewalt 强力:199,241,331,518

Gewissen 良知:良知的本质、功能,与伦常明察(参此)及其各个起源(权威、传统)的关系,96,203,210,324－326,328－331;个体的良知、良知自由的真实意义,以及客观的"为我的善",与普遍有效的规范的关系、伦理学,322－323,327－329,331,486,499,532;错误的良知学说,190－191,210,324,326,328;良知自由的原则与所谓"价值的主体性",321－323;孔德的良知自由原则(批判),324,326－328,他错误地与研究的自由做类比,324,329－330;"良知感受",359;良知欺罔,321,324－325;"民族良知",504

Gewöhnung 习熟:145,155,526

Gewolltsein 被愿状态:497

Gewöhnungsfähigkeit 习熟能力:145

Glauben (faith) 信仰:信仰＝宗教的基本行为,579;"信仰义务",227－229;信仰(唯靠信仰)与"善的事业",227,231,243,346,350,550,参见"证义学说";传统的信仰内容与教育宗教(共同体与社会),521;在宗教内涵的结构之间的相应性、伦理、"世界观",303

Gleiches für Gleiches 以牙还牙、以眼还眼:361

Gleichförmigkeit 同形性:185,504

Gleichheit 相同性:442

Glied 成员:225,509

Gliederung/gliedern 划分:160,162,436

Gliedschaft 成员:509

Glück 幸福:幸福感受=心灵感受(与感受生活〔参此〕的深度层次),109—110,126,247,290,332—333,339,345,347,350,359;幸福感受不是追求和实践愿欲的目标,322,339,345,350—351(幸福主义的错误,参此);幸福与人格的伦常价值之间的本质联系(幸福=善的存在与行为举止的源泉、伴随现象和结果、先天的联系),27,331—332,346—350,356—360(参见"感受状态"与"追求");"唯有好人才是祥福的人……唯有幸福的人才行善",350—351,359—360;关于"幸福与伦常性"之间联系的本性的错误学说,331—332,350—352,355,359—369,参见"核准"、"康德的理性公设"、"神的观念(神作为回报者、法官)"、"回报"、"褒奖"、"惩戒"、"自身褒奖"

Glüchseligkeit 祥福、幸福感:290(康德),332—333,359

Gnade 神恩、仁慈:神恩=个体的、宗教的经验源泉,297,538,550,参见"宗教";"神恩选择说",81,111,130,550;最高人格感受(参见"感受")的神恩特征,339,346;历史伟人,80,508

Gnadencharater 神恩特征:508

Gott/das Göttliche 神、上帝/神明者、神明之物:

神的本质质性、本质属性,37,47,125,220,296—298,491,506,520,573,参见"神圣的"(Heilig);神的观念与人格性,16,111,113,371,395—396,475,514,550;具体愿欲、思维等等与一个具体的精神人格(神)之间的联系,396—397;神性既不是"总体人格",也不是"个别人格",514,550;神的观念与价值种类、价值人格类型(参此)、榜样观念、神的观念的第一性变化,573—574;"妖魔的东西"=神性的东西之对立图式,578;善、恶,以及上帝的本质与意愿(司各特主义),179—180,219—220;上帝作为"立法者"、上帝的"诫令",220,227—231,243,491,520,560;上帝作为"法官"、"回报者"(参见"回报")不符合一个精神的神的观念、神的观念作为理性公设,23,332,364,366,368—369;人格毁灭与神的观念,320;神的观念的现象学,以及宗教认识、神学("本体主义"),297—281;哲学与对神的现实设定,395;神明者的先天价值观念=绝对神圣之物,以及概念的和形象的(实证的)神

的表象、实证的神的表象的拟人论，296—298；无神论＝针对一个“主宰着的”神的观念的反神论，574；神的观念与大宇宙观念，395—397；基督教的上帝观念，参见“基督教的”；哲学的神的学说，108，220，242，298，332，360，368，396，494，514，573，参见“一神论”、“泛神论”；神学的上帝证明，298，参见“因果的”；参见“宗教”、“教会”

人＝神的寻找者、拟神论，参见“人”；神和人的精神原则的同一性（在不同的实在行为中），220，230；有限人格存在的本质悲剧，以及神的观念，518；“在”上帝“中”与“朝向”上帝的爱、愿欲（amare，velle in Deo）等等，220，230，368，396，569；爱上帝，299；“恨上帝”，569；爱世界通过爱上帝而得到奠基，538；与神的共同体＝所有共同体的基础，396；爱上帝与爱邻人（康德对基督教定理的解释），228—230；爱上帝为爱邻人（参此）和自身神圣化（参此）奠基，489；凝聚原则（个别人格、总体人格）与神的观念，523，527，554；私密人格与神，554；神的观念与一个群组的伦理，573；教会观念＝走向上帝的凝聚道路，550；神的观念与人类（参此）的统一，111，299；“在上帝面前的平等”，500

Götter 神祇：299，316

Gottesliebe 神爱、爱上帝：489

Gramvoll 悲凄万分的：334

Grausamkeit 残酷性：235

Grenzfall 极限情况：440，442，498

Grenznutzen 极限用处：187

Größe 量值、大小：110，112，529

Große-Männertheorie in der Historie 历史上的大人物理论：历史上的大人物理论＝价值集体主义的学说，81，494—496，506；“伟大的人格性”，24，参见“个体主义”

Großmütig 高尚的：175

Grundartikel 基本教义：523

Grundsatz 原理：526

Grundtrieb 基本本能：171

Gut/Böse 善/恶：Gut/Schlecht 好/坏：

善、恶＝伦常的、质料的价值、在感受中被给予的事实，47－48，65，173－177，186－188，192，219；善、恶的关系，与其他价值的关系（级序、偏好、偏恶），以及“实现的行为”，47－48；善、恶处在“行为的背脊上”，它们不是愿欲、评判、反思的质料，48－49，136，191－192，237，498－499，参见“意向”、“法利赛式的伪善”；对绝对的善、恶、相对的善、恶而言的公理与准绳，47－49；善、恶＝人格价值、人格存在＝第一性的善、恶载体，49－50，103－104；参见“德行”、“行为”

善、恶与伦常价值认识、明察（参此），65，87－89，93，98，200－201，328，482，486，566，参见“感受”、“偏好”、“爱”、“伦常的”；善的愿欲（参此）；善的存在、善的愿欲与伦常明察的关系（苏格拉底、亚里士多德、康德），86－89，98－99，200，329－330，569，参见“二律背反”；善、恶与人格的双重二律背反（参此），99，486－488，490－492；善、恶的客观性，善与普遍有效性问题，善、恶的普遍化能力，276－279，322－323，327－328，482－483，参见“伦常法则”；普遍有效的善与客观、个体的“为我之善”（个体的价值本质、规定、人格的救赎，以及个体、伦常的明察），15，24，94，96，201，277，279，322，327－329，331，394，477，480－486，499，501，504，523，559（康德的错误，483，501），参见“良知”、“时机的要求”，参见“处境价值”、“文化人格”；善的完整的明见性，484，参见“价值个体主义”、“价值普世主义”；好、坏的榜样（参此）

绝对意义上的、无限意义上的善（上帝），47；善、恶（愿欲、人格的伦常价值），以及“禀好”、本能，62－63，172，234－235，577，参见“禀好”、“美的心灵”、“义务”；善、恶，以及遗传的善（Erbgutes）和遗传的恶（Erbböses）；善的存在与幸福（参此）；伦常的“存在善”与“历史伟人”，507；善、恶，以及健康、疾病，497

关于善、恶的错误学说、否认它们是质料价值、直观先天事实，否认它们与其他价值有联系，等等，把善、恶回归为 a）经验善业的特性，32－45（善业伦理学）；b）有效的社会价值判断（归纳的经验），65；c）人的发明、设定（唯名论、功利主义），177－189；d）评判（唯理论）、观念含义（柏拉图），173，175，177，189－192，196－198，203－211，254；e）律令的应然、规范、义务、权威，45，49，93，98，181，192，198－202，219－221，229，233－235，330－

331,481－482;f)普遍有效的伦常法则、作为善、恶的唯一载体的愿欲的和规律性(康德);参见“伦常法则”、“形式主义”;g)意愿目的、欲求行为,32－34,51,61,178;h)神(参此)的意愿,33,98,179,219;i)存在的等级、完整性或有限性,176－177,268,576－578;k)快乐、不快,31,34,46,51,57,65,82－83,246,参见“享乐主义”、“情感的”(康德的学说);l)生命价值,279－281,357,参见“伦理学(生物学的)”;m)能然(无力)、自由,242;n)人的种属意识,98,275－276,279－280〔从 a 至 n 可以参阅“伦理学”题目中:“伦理学的各种形式”〕;将“善”、“美”、“真”错误地加以并立,196－198

恶(错误的学说),177,242,480;“极端的恶”、对极端的恶的癖好(康德),66,576,参见“罪孽”;在人类历史中,善比恶更不为人所知,506;恶与坏(参此);361,363－364,367;在“善”、“恶”上的欺罔,参见“伦常的”、“怨恨”

Gut 善:“das höchste Gut”(summum bonum) 至善:29,57,108,246,287,502

Gut,Güter 善业:42,531

Güte 慈悲(印度、佛教):325;善良:484,491,524,556,577

Güter/Übeln 善业、善/弊端、弊:

善业＝价值事物、实事价值的载体,32－33,46,117;善业、“事物”、“物事”与价值的关系,20,32,35－37,41－44(“价值事物”与“事物价值”,42),114,122,251,266;价值、善业、本能、对善业的需求(揭示)之间的关系,351－354,参见“文明”;善业、价值、快乐(参此)的关系,57,79,251,参见“享乐主义”;善业种类,117;善业的可分性与持续性(以及价值高度),107,110－111;经验的偏好(参此)＝在善业之间的偏好,105;善业种类的(双重)相对性并不代表价值的相对性,107,110－111

人格性价值伦理学与合理的善业分配,500,508;国家与善业分配,501;报酬善业与惩戒弊端,351;文化善业、工具善业、器官善业,290－291,528;一个生物(参此)的本能调整与本能计划,171;对善业之占有的追求与生命败落,347－348;参见“资本主义的”

Güterethik 善业伦理学:参见“伦理学”

Güterobjektivismus 善业客观主义:20

Güterwelt 善业世界:善业世界与价值、伦理学,32－33;质料的价值级序(参此)＝善业的先天活动空间,37;伦理与善业世界,305;人格善业,以及对善

业世界(实事价值)而言的人格成就,370,403—405
Gütig 善良的:191
Gutsein 善的存在:102,237,360,565,569

Haftung 保障:519
Halluzination 幻觉:164,186,参见“病理学”
Halluzinatorisch/halluziniert 幻觉的:140,158
Handlung/Handeln 行动:32
行动的现象学统一,137,474;行动统一的各个阶段及其连续性,137—148,参见“愿欲”、“意图”、“打算”、“做”(参见“愿欲做”、“能够做”)、“运动意向”等等,参见“实现”;对行动连续性的错误否认,145;行动统一与行动的“因果结局”、行动与“成效”,137,142;价值的质料、愿欲志向的价值结构对行动的“实践对象”阶段的奠基(=行动的“情境”,137—138),148—149,参见“志向”;作为“抗阻”(参此)的“实践对象”之被给予性,149—151;行动的“实践对象”(=环境事物〔参此〕的阶段)、环境事物对于意愿行为或行动(它们的阶段)的可能规定的含义,以及一个生物的朝向价值的本能调整、本能萌动以及感性感受状态的对行动的(第一性)作用,151—170,参见“生物”、“本能”、“志向”;康德的对立学说以及对伦理学的后果,148,151—153,171—172
行动作为伦常的价值载体、行动的伦常本己价值以及它对志向(参此)的奠基性价值而言的象征价值,50,103,118,129—131,133—137;行动作为对志向(参此)的“证实”;行动与人格、行动的作用,475;一个人格的行动的可期算性,478—479;伦常行动类型的体系,参见“道德”
行动结果(Handlung)/行动过程(Handeln):319
Handlungswert 行动价值:118
Hang 癖好:577
Haß 恨、憎恨:参见“爱”
Haus 住家:544,547
Hedonimus 享乐主义:31,56—57,65,114,124,246—247,251,257—259,331,339;真正的、古代的享乐主义,57;享乐主义的悲剧现象,259;享乐主

义与败落,347;参见"快乐"、"感受"、"意向"、"幸福主义"

Hedoniker 享乐主义者:240

Heil 救赎:15;人格的救赎,232,340,348,481－483,498,501,503,参见"人格"、"个体的";总体救赎与教会(参此),503,528,533,535,539,544,550;救赎观念与"幸福主义"(康德),483;救赎共同体、救赎凝聚,522;救赎感受,参见"感受"

Heil 医治:心灵医治:348;人格医治,481

Heilwert 救赎价值:503

Heilig/unheilig 神圣的/不神圣的:神圣之物＝最高的价值样式(参此)、人格价值(参此),111,125－126,274,293,296－297,315,494,546,573,参见"神";神圣之物的领域＝绝对领域,125;在神圣之物领域中的自身价值、后继价值等等,121,126;神圣之物的联合功能,111,299,541

Heilige (der) 圣人、神圣者、神圣之物:圣人＝最高的价值人格类型、在圣人样式中的榜样模式(Vorbildmodell),126,494,509,570－573,参见"神"

Heiligkeit 神圣性:神圣性＝纯粹的人格价值,553,555,它的本质的不意向(Nichtintention),555;真正的神圣性与虚假的神圣性,555

Heiligsein 神圣存在:484

Heiter 轻松愉快的:333

Heiterkeit 轻松愉快:332

Held 英雄:＝纯粹的价值人格类型(参此)、生命价值样式中的榜样(参此)典范,126,494,509,570－575,参见"生命价值"、"高贵"

Heldenhaftigkeit 英雄性:571

Heldentum 英雄气概:571

Henotheismus 偏一神论:515

Herde 人群、兽群:515,564;大众形式或人群形式,529;大众此在或人群此在,529

Heroismus 英雄主义:＝责任英雄主义和劳动英雄主义:14

Herrschaftswille 统治意愿:统治意愿与恨世界,86;统治意愿与机械的因果性、联想规律性(参此),23,225－226,420;统治意愿与教育(参此)、政治家的、医生的目的设定,137,420;统治意愿与国家,534

Heteronomie/Heteronom 他律性/他律的:31,214
Heuchelei 虚伪:186
Heuristisch 启发的:89
Hilfswert 辅助价值:556
Hinblick 观顾:472
Hindurchgang 穿越:529
Hingabe 献身:494
Hingabetendenz 献身:283
Hinweis 指明:183
Hinzufügen 添加:206
Historisch 历史的:参见“历史”;“historische” Schule “历史”学派:528
Hochmut/Hochmütig 傲慢/傲慢的:184,308
Hochwertig 价值崇高的:354
Homo naturalis 自然人:24
Homo noumenom/homo phänomenon 本体人/现象人:本体人、现象人与人格的自律(康德),243,373,379
Homo rationalis 理性人:24
Horchen/Spähen 倾听/探看:倾听、探看与听、看(参见“感官功能”),163—164
Hörakt 听的行为:164
Hörinhalt 听的内容:164
“Humane” Ethik “人的”伦理学:参见“伦理学”
Humanistisch/Humanismus 人本主义的/人本主义:人本主义的“人的”观念(康德),279;在人本主义中的人的理想概念,以及今天的问题境况,281
Hypostase 本体:513,516,572
Hypostasieren 本体化:571
Hypothese 假说:对个体人格的形而上学假说,513;从共同体主体到氏族神性(Stammesgottheit)的假说,516;关于价值人格类型(传统主义或乌托邦主义、观念主义)的假说,571—572
Hysterischer Charakter 歇斯底里的特征:478,参见“病理学”

Ich 自我：

自我、自我性＝内感知(参此)、内直观的对象(不是行为的出发点)、价值的载体(不是价值的前提)，94，374，376；自我性与个体的统一自我、经验自我，376－379；共同体自我、集体自我、先验自我，378，参见"先验的"；自我与人格(参此)、精神、行为，95，379，388－389，392，394－395，419，431；自我不是世界存在的条件，375，378，381；自我同一性与对象同一性(康德)，373，379；自我性与自然存在、外部世界(它们对自我的不依赖性)，95，374，389，396，参见"内心世界"(世界)；自我与身体(参此)的本质联系，377，396，402，413，423，433，462

原初的、非时间的"自我中的相互交织"(自我总体性)＝纯粹心理(参此)现象的多样性形式，401，406，410－412，415－417，428，430－431，462；"自我中"的"相互交织"的纯"变化"(变更)＝充盈的增长、充盈的减少，415－418，421；自我与身体(联合或分离?)，414；原初的"相互交织"以受制于身体的方式分裂(分离)为心理学(参此)的"体验"以及它们在身体(参此)的相互分离(相互接续、相互并列)中的被给予性，410－411，414－416，419，423，425，433，参见"心理的流动现象"、"直观"(分裂)、内感官的作用(参此)；自我行为，427，431，462

自我总体性的被给予性水平、体验的自我深度(自身拥有自身的现象学、身体被给予性的现象学)＝自我总体性的此在相对性的体验阶段，以及它们的特殊联结形式，417－420，430，参见"聚集"；体验行为(内涵)的原现象的同一性与它们的作用性、它们在自我总体性中的无时间的意义联系，423－428，以及(受制于身体的)在时间中的行为体验的流逝形象，415，421，423，427－429，431，434，461－462，467，参见"直观"(它的受制于身体的分裂)、"联想原则"、联想＝对原初的"自我中的相互交织"的重建，462；活的自我性已经以相对的、联想心理学的方式融化在自然的经验之中(以及现象学的被给予性)，428－431

心理的因果性＝个体的自我因果性，418－419，参见"动机引发"、"心理学(理解的)"；感受(参此)的自我相关性

学说：康德关于先验统觉自我的学说，94－95，271，373－374，376，378－379；参见"联想主义学说"、"实体学说"、"外现象主义"；自我的嵌入论，

402—404

Ichkausalität 自我因果性:419

Ichnähe/Ichferne 自我切近/自我疏远:345

Ichtotalität 自我总体性:419

Ichzuständliches 自我状态性的东西:344

Ideal 观念的、理想的:202;观念的含义与价值(柏拉图),参见“价值(4)”;观念的、具体的和现实的实存,383;观念的应然(参此)

Ideal/Idealisierung 理想的、理型的/理想化、理型化:176,203;人格的个体价值理想、存在理想,参见“善”(“为我的善”),参见“榜样”;理想构成,以及升华(Sublimierung)、过度补偿,354;理想与榜样的起源(参此),568;人类(参此)的伦常总体理想(参此),以及伦理形式(参此)的差异性,530

Idealismus 观念论:柏拉图主义的观念论、形式的观念论(康德)、德意志的观念论、伦理学的观念论,73,176,493—494;观念论与乌托邦主义的迷误,572

Ideell 意念的:52

Ideenflucht 观念群:428

Ideengefüge 观念组构:527

Identitas partium 各局部的同一:225,440

Identität/Selbigkeit 同一性/自同性:同一性=对象(参此)的本质标记、自我(参此)的同一性不是对象同一性的条件,373—375;对象的同一性=同一性命题的直观基础,101,373;同一性原则与康德的伦常法则(参此),101—102;同一性与相似性(参见“各局部的同一<identitas partium>,225”、差异性的关系,参见“相似性”

Illusion 臆想:80,314

Illusionär/illusioniert 臆想的:140,158

Illusionismus 臆想论:348

Imperativ 律令:218

Imperativ,Gebot,Verbot 律令、诫令、禁令:194,219—220;律令之物与价值(参此)、应然(参此)与追求的关系,211,219,225,参见“义务”、“规范”;关于善(参此)的错误学说=可诫令之物,211,231,233,律令伦理学(参此)的

压制性的、否定一批判的特征,219;律令与伦常的能然,244,以及律令的正当存在的两个条件,220—222,237;律令与“伦常的抗拒(Trotz)”,221;在价值与观念的应然(参此)命题相同的情况下,律令的可变更性,222—224,参见“规范”;“神的”诫令,参见“神”;参见“绝然的”、“顺从的”

Impuls 冲动:147,202,239,490

Impulsiv 冲动的:56

Inadäquatheit 不相即性:196

Indifferent 中性的:157,214,218,381,577

“Indiskretion” und “Verschlossenheit” “泄露”与“封闭”(共同体与社会):551

Individualisierung 个体化:存在与价值的个体化,以及各个人格(参此)的差异性和价值差异性,499—501

Individualismus 个体主义:1;所谓“个体主义”的各个形式(本能个体主义、纵欲无度的个体主义、无政府主义、大人物个体主义),以及真正的个体主义(=人格主义,参此),15,372,494—496,499—501,503—507;个体主义与单元论,506;个体主义与民主主义,508;伦常的价值个体主义与价值普世主义,483—485,在基督教的伦理学中的个体主义,490;个体主义(人格主义)与社会主义,490

Individualistisch 个体主义的:个体主义的与道德的(以及遗传的恶的问题),487;个体主义原则在共同体中(参见“生命共同体”)和在社会(参此)中的处所,519;个体主义的与普世主义的基本价值,489

Individualwert 个体价值:119

Individuell 个体的:个体有效的、特有的本质(参此);个体的、客观的价值本质(救赎)人格的个体应然与普遍有效的价值、伦常法则(参此),参见“善”(客观的“为我的善”)、“伦常法则”;个体的处境价值(参此);“个体的法则”、个体的应然(齐美尔),481—482;个体有效的榜样(参此)典范、最个体的共同体形式,552;文化人格的个体价值理想,参见“民族”;人格精神的特性,以及对技术机械化的(人格主义的和实证主义的)评价,496—497;参见“人格”、“世界”、“自我”;外个体的(außerindividuell):378;超个体的(überindividuell):378

Individuum/Individualität/individual 个体/个体性/个体的：范畴的意义，504；个体价值与集体价值的区分，119—120；个体的爱，参见“爱”；“个体”与“个别人格”（个别人、单个本质），以及在本质的社会单位（参此）中的个体性载体，501，504，516，518—520，522—524；有机的“个体”与环境（参此），157；共同体作为个体，120；总体人格作为总体个体（以及价值和伦理形式的本质多样性，参此），484—485，499，501，503—505，514，516

Ineinander 相互交织：543

“Ineinander im Ich” 自我中的相互交织，410，462：参见“自我”、“多样性”

Innewerden 觉知：244，550

Innigkeit 亲密性：551

Insichsein 在自身中存在：417

Inspiration 吸收：539—540

Instinkt 本能：290—291

Instinktiv 本能地：107

Institution 制度、机构：301，538

Intellektuell 智识的：60，175，191

Intellektualisieren 智识化：59

Intellektualismus/intellektualistisch 智识主义/智识主义的：在理论领域、感受领域、愿欲领域中的智识主义，59，145，176，239，268，392；参见“理性主义”

Intendiren 意指：317

Intention/intentional 意向/意向的：“意指某物”、对准某物（定义：264）；真正行为（参此）的意向性；价值与价值感受之间的意向关系，262—264；生命感受（参此）的意向特征，342—343；意向内涵与榜样（参此）的客观的善的存在，569；对本己价值、本己价值实现、善的存在（参此）的意向、善的志向（参此）、社会的“形象是反伦常的”，48，136，191，236—237，317，351，493，495，497—499，508，535，555，565，参见“法利赛式的伪善”；对快乐（参此）的意向、幸福（参此）、“享乐主义”、“幸福主义”；意向价值；状态价值（与价值高度），119

Intentionswert 意向价值：119

Interesse 兴趣:177;兴趣与价值调整、环境经验、"环境作用性"(参此),157—161,418,参见"注意力";兴趣共同体、兴趣冲突(与价值的高度)、社会(参此)、阶层(社会的)(参此)、109,111,302

International〔民族〕国家间的:参见"〔民族〕国家的"

Intimperson,Soziale Person 私密人格、社会人格:

私密人格:人格(参此)对其私密人格的自身体验,548;绝对的私密人格与神的关系、救赎凝聚、教会,549—550,552,558,参见"孤独";相对于他人认识,绝对私密人格的超越性、私密人格评判(对伦理学的后果),556—558;人格之间的相对最私密的共同体关系,549,552;在相对的私密人格与生命共同体、社会、国家、民族之间的关系,503,551—552;总体人格作为相对的私密人格、它们的直接的神的关系(以及与教会的关系),549—551

社会人格:作为国民与经济学主体,501—502;社会人格的价值与周围世界、历史,553—555;参见"婚姻"、"荣誉"、"神圣性"、"敬重"

每一个有限的人格或总体人格都是私密人格和社会人格,501,548,552,557;唯有不可分的人格=伦常基础的载体,501,556—557;私密人格、社会人格,以及负责、可期算性,479;私密人格、社会人格与伦理学、法,501—502,558,576;关于私密人格、社会人格的哲学理论,493,501—502,549,556—557;参见"人格"、"总体人格"

Introjektion/Introjizieren 嵌入:402,404,408

Introjektionslehre des Ich 自我的嵌入论:参见"自我"

Intuition 直观:244—245;参见"直观(Anschauung)"

"Inunsaufstreben"/"Inmiraufstrebens" "在我们/我心头涌现出奋起追求":53,200

Irrsinniger 迷失意义的人:471

Irrer 迷误者:471

Irrtum 谬误:37,88,138,205,239,312,400—401

Irrung/irren 迷误:228,246,401,443,471

Jetzthiersphäre 此时此地区域:413

Jüdische Gottesvorstellung, Religion, Ethik, (Fortschritts) Ethos, Volksge-

danke 犹太人的上帝观、宗教、伦理学、(进步)伦理、民族思想:33,219－220,223,368,522,572,574

Juristisch/Jurisprudenz/Justiz 法的/法/法律:44,145,304,参见“正当的”、“成效手段”

Kairos 机遇、时机:参见“时机的要求”

“Kampf ums Dasein” 生存斗争:利己主义(自身保存本能),以及在活的自然中的凝聚(繁殖本能),283－288,参见“凝聚”、“同情”、“利己主义”

Kampfprinzip 斗争原则:286－287

Kapitalistisch 资本主义的:现代资本主义类型,142,258;资本主义体系与价值体验结构,274;参见“罪责”

Kategorie 范畴:范畴作为“范畴直观”的质料内涵和作为概念(胡塞尔),70,397;康德提出的范畴,68,169,172;斯宾塞提出的范畴理解以及伦常性的先天要素,295

Kategorisch 绝然的、绝对的:243

“Kategorischer Imperativ” 绝对律令:194,220,243,278,320,484;参见“律令”、“应然”、“伦常法则”

Katholisch 天主教的:天主教的证义学说(参此),243;天主教－新教的论战(“爱的法则”、“事业”),227－229;参见“经院哲学”

Kausalität 因果性:客观实在的心理的(心理物理的)因果性(以及因果研究、因果法则),190,198,208－209,211,249,416,418,420,471,参见“心理学(说明的)”;个体的因果动机引发、被体验的因果性、自我因果性,249,253,346,418－419,参见“心理学(理解的)”、“动机引发”;有目的之物的因果性,53;形式机械的因果性和接触因果性,461;性格因果性与人格的自由(参此)(利普斯),476;实体人格的因果性,384,参见“实体学说”、“自由”

Kausal 因果的:价值的因果理论,参见“价值(4)”;对一个人格的因果说明与意义理解,471,476－477;因果推断与陌生人格的被给予性(参此),476;对上帝的因果推断,298;历史发生的因果因子与历史上精神、人格、群众运动的(未来)作用、因果人格主义、因果集体主义,495,参见“价值人格主义”;自然的合规律性原则(参此);对生物学而言的独立因果原则,407

Ketzer 异教徒:杀害异教徒,317,参见"谋杀"、"杀害"

Kirche/kirchlich 教会/教会的:教会的本质观念=纯粹精神总体人格(参此)、爱的共同体、凝聚的救赎共同体(参此),126、503、528、533、535—536、542—546、550;教会作为客观的机构(宗教精神的社会学形式),538;教会组织与启示(天启)、教义、宗教经验,297;教会作为社会人格与私密人格(参此),551;精神的个体人格=教会的直接基质,535;教会与私密人格、神秘,503,528,550,552;教会与"生命共同体"、"社会",536,543;教会与民族(文化人格)的关系、文化圈、国家(民族教会、国家教会),514,535—537,543—544,551;教会与文化人格("灵感"、"控制"),537—539;教会与人类、"全人类",535,546;教会、个别人格与文化总体人格与上帝的关系,550—551;教会与法(正义),502—503,533,536—537,544;教会的伦理与经济生活,537;教会与多样性形式(统一、超空间性、超时间性)的本质关系与社会单位的相互之间、相互交织的本质关系,542—547;参见"宗教"

Kitzelgefühl 痒感:(身体感受),335,378,404,409,410—411,参见"感受"

Klärung 澄清:237

Klang 声响:439

Klasse 类、类别、阶级、阶层(社会)、种类、纲:阶级与"社会"、集体价值、善业规格(Güterstandard)、兴趣、阶级对立,120,267—268,373,310—311,508,518,537,543,553

Klugheit 聪明:292

Kollektivwert 群体价值:120

Kommander 指令者:572

Kommando 指令:201,211

Kommandoruf 指令呼唤:201

Kommunikation 交流:180

Kommunismus 共产主义:494—495

Komponent 组元:形象组元与含义组元:346

Konglomerat 混杂物:414

Konkret 具体的:具体性与观念的实存、实在的(现实的)实存,386,395;具体的行为本质性与抽象的行为本质性,以及人格观念,383,385,396,参见"抽象”；一个唯一、具体、现实的世界的观念与一个唯一具体的精神人格（人格的上帝观念）之间的联系，395—396，参见“宏观宇宙观”、“世界”、“神”

Konkurrenzprizip 竞争原则：274

Können 能然：50，213；能然（能够做）、无力（不能够做）；能然体验＝独立的追求样式（参此）、统一的、直接的体验事实，140，143—144，239—240，244，参见“做”、“行动”；能然与对能然的快乐，239；能然与权力、强力、权威，241；能然＝独立的价值载体，144；德行＝一个人格的伦常能然的方向，50，“德行”、“能干”；能然与（观念的和实在的）应然的本质联系（以及哲学—神学学说），参见“应然”、“义务”、“律令”、“证义学说”、“公设”；能然意识与教育，240，242，244；智识主义的能然理论，144；能然的秉性理论，50，144，239；能然的联想心理学理论，240

Könnensbewußtsein 能然意识：472

Konsekutivwert 后继价值：120

Konstanz/konstant 持恒/持恒的：20，127，133，157，308，312，400，447，477，480，565

Konstellation 素群：338，464

Konstellationsbewußtsein 素群意识：465

Konstruktion/konstruieren/konstruktiv 建构/建构的：173，352，354，428

Kontaktgefühl 接触感受：344

Kontingenz 偶在性：393

Kontrakt 契约：527，531，543

Kontratheismus 反神论：574

Konvention 协定：协定与“社会”（参此），科学（参此），72，91，166，178，181，515，518，520，532，543，558

Konzipieren 构设：572

“Kopernikanische Wendung” 哥白尼式转向：90—92，270，373—374，参见“先验的”

Kopieren 复制：参见“后继”

Korporationslehre 社团论：古代的、基督教的社团论，514，522，参见“共同体”

Körper (toter) 躯体(死的):躯体的现象规定性,以及"感觉",409;躯体与自然的世界观,406;参见"身体"

Korrektheit 正确性:132

Kostentheorie 代价论:235

Kraft 力量:235

Krankheit (und Gesundheit) 疾病(与健康):疾病与人格、"伦常上好的和坏的"、志向、负责、可期算性(参见"人格"),134,470—471,477—480;"心灵"疾病不是人格疾病,479;疾病与生命价值(神学、快乐、不快),112,347,358;疾病与文明,292;参见"病理学"

Kreis 界域:161

Krieg 战争:235;战争与神圣之物的价值、人格的价值,314,317—318,503,参见"谋杀";宗教战争,111,299;宗教伦理与和平伦理(斯宾塞),528,530

Kriterium 准绳、标准:44—47,107,144,518;在"社会"(参此)思维中准绳的作用,521;准绳哲学,参见"哲学"

Kühn/Kühnheit 果敢:151,184,305

Kult 狂热崇拜、祭礼:506,517

Kultur 文化、教化:222,240;文化价值(=后继价值)、文化善业,111,117,128;文化实事领域的划分,它们的本己规律性,537—538,参见"艺术"、"哲学"、"科学";文化价值与宗教价值,537—538;文化价值与文明价值,参见"文明";文化共同体=人格共同体,126,530;文化与教会(参此)、文化与国家,参见"国家文化"、"文化国家",540;文化政策,541;文化革命,535,543;智识的和伦常的构成,302;"世界文化",542;文化善业、器官善业、工具善业,528,参见"社会学"

Kulturgesamtperson (Kulturperson) 文化总体人格(文化人格):参见"民族"、"文化圈"

Kulturkreis 文化圈:文化圈=精神的、个体的总体人格(参此)、文化总体人格(定义:542)、文化圈的伦理、作用范围等等,533—534,536,542—545,547,550;文化圈与"民族"(参此);欧洲(参此)=文化圈,521

Kundgabe 宣布:179,472

Kunst (bildende Kunst,Dichtung,Musik) 艺术(造型艺术、诗歌、音乐):艺术

家、艺术愿欲、风格、品味等等，以及价值、价值认识，与伦理价值领域的类比、历史上的艺术作品的价值视角，与实在的关系等等，42—44，103—104，111，116—117，125，155，204—205，249，256，307，353，379，439，479，507，521，537—539，563，565；参见“美”、“审美论”、“风格”

“Künstler des Lebensgenusses” als reiner Wertpersontypus “生活享受的艺术家”作为在适意之物（参此）的价值样式中的纯粹价值人格类型（参此），126，494，570，573

Lage 位置：146，227，498

Lageempfindung 位置感觉：145

Laster 恶习：50，103，213；参见“德行”

Launenhaftigkeit 任性、乖张：任性、乖张＝病态的、无动机引发的行为举止、在感受层次之间的变换，344，参见“动机引发”、“感受”

Läuterung 净化：净化与人格本质，317，349，365；参见“惩戒”、“教育”

Leben/das Lebendige 生活、生命/活的东西、有生命的东西：生命＝真正的本质性、原现象、基本现象，68，124，172，280—281，461；生命统一不是事物统一，104，参见“有机体”；生命过程、有机体（参此），以及周围世界（参见“环境”），168—169；生命中心的功能，502；生命趋势（展开、生命＝对环境的超越、利己主义与同情〔参此〕、遗传等等），282—287，290，参见“生物”、“进化”、“适应”；地球生命与人，275，288—290，参见“人”；生命展开与工具、理解、文明（参此）、理性，289—291，295—296；生命理论（错误的），168—169，172，282—287，289，340；参见“生物学”

生命、活的东西作为价值载体、精神的价值认定的对象，280；生命价值、它们的不可还原性，123—124，280（参见“价值”、“生命”、“高贵”）；相对于生命的价值“相对性”，278—296，参见“伦理学（生物学的）”

Lebensaktivität 生命活动性：169

Lebensanlage 生命资质：223

Lebensgefühl 生命感受：生命感受的各个样式、它的统一性、不可还原为感性感受（参此）、生命感受的意向性、生命感受＝对生命过程而言的符号系统，等等，144，338，340—344，358—359，367，547；生命感受（生命的感受）与生

命的(参此)价值,281

Lebensgemeinschaft 生命共同体:生命共同体＝社会的本质统一、超单个的(übersingular)总体实在、自然地被体验的统一(它们的联结形式、价值、凝聚的形式),119－120,126,187,284,515－519,521－523,529,531－532,536,539,参见"相互一同"、"凝聚"、"生命价值"、"语言";生命共同体不是人格的统一,517,531;生命共同体与个别人的关系(＝环节),个体性、私密人格,515,517－519,551;生命共同体与大众(参此)与社会(参此)的边界,515;生命共同体、社会与总体人格,527－530(自由主义的和浪漫主义的错误),532;生命共同体与国家、民族,125,216,503,533－535,541,543;生命共同体与教会,535－536,生命共同体的宗教,516;生命共同体与多的关系、各个社会单位的相互交织、相互并列、相互之间(民族、种族、家庭)、空间("周围世界")、时间,543－545,547;生命共同体的形式,543－545,547;人类作为生命共同体(地球是它的"周围世界"),546;参见"共同体"、"欧洲"

Lebenswelt 生命世界:296

Lebewesen 生物:生物＝范畴的统一,104;生物＝本能的阶段构造连同质料的价值调整,171;适应与一个生物的组织标记,287,294,参见"有机体"、"环境";生物王国与它们的凝聚性(参此),284－286;参见"斗争"、"利己主义"、"同情"、"动物"、"植物"

Lebhaftigkeit 生动性:414

Leib 身体:Leiblichkeit 身体性,"Körper" 躯体,"Körperleib" 躯体身体,147 "Leibkörper" 身体躯体,"Leiblich" 身体的,"Ichleib" 自我身体,"Leibseele" 身心,"Seelenleib" 心身

身体＝本质性,320,从属于对象领域,397－398,473;身体性＝质料的本质被给予性、实际身体感知的"形式"(范畴),279,405;身体意识＝第一性的意识领域,397－398,400,402;"身体"与"躯体",388,397－398;身体与(死的)躯体(事物),158,398,400,403－406;身体与自我＝本质联系,参见"自我";身体感知不奠基在对一个自我的假设上,直接的、直观的、心理物理的身体统一、身体总体性,以及身体的双重被给予性,158,397,399－401,414,416(身体躯体、躯体身体,以及外感知 157,397,399,406)(身体心灵、

自我身体、身体自我、心灵身体，以及内感知，158，377，397，399，404，406)，参见“心理学的”、“物理学的”、“心理学”、“感性”(外)、“感官”(内)、关涉身体的与不关涉身体的现象，166－167；心理物理的身体统一与周围世界(环境，参此)＝对立环节，157－158，387－388，403；关于身体与身体被给予性的错误学说，158，397－401；身体与周围世界不是区分“心理”与“物理”的前提，397，403－406，参见“阿芬那留斯”、“马赫”(人名索引)

身体总体、身体意识与感觉、器官感觉、器官感受，158，378，399－401(身体的范式，409)；身体趋向的同一结构(运动结构与本能感性结构)，414；感性感受的身体定位，336，341；生命感受的身体关涉性，336，340，参见“感受”

身体现象的本质延展性、相互分裂(相互并列、相互接续)，410，以及自我的受制于身体的分离(参此)；心理体验的受制于身体的流动现象，参见“心理的”；(内、外)直观的受制于身体的分裂，参见“感性”、“感官(内)”；相对于身体(＝在现在一这里)，现象的时间延展的此在相对性(当下、过去、将来，459)，385，423，427，432；身体＝空间与时间的关系中心，不是在空间与时间的中心，461；相对于身体，联想原则(参此)的此在相对性，445，452，459－460，466－467，参见“心身原则”；自我总体性与身体被给予性的不同种类，409，417－419；身体与人格(参此)；参见“身体本己”、“财产”

Leibeigene 农奴：“农奴”，与人格性和身体的关系，474

Leibhaft 切身的：413

Leiblich 亲身的：472

Leichtsinnig 轻率：184

Leid/leiden 痛苦/遭受、忍受：110，152，232，333；痛苦＝心灵的感受(参此)、遭遇痛苦的形式(斯多亚学派的、佛教的、基督教的)，111，336，338－339，348－349；参见“净化”、“极乐”；忍受与享受＝感受的功能质性，122，262，333，335；痛苦的能力与追复感受、感觉性，261，302；痛苦的骄傲，350(参见“怨恨”)；痛苦癖，348，参见“病理学”；沉痛，333

Leidensfähigkeit 忍受能力：302

Leidenschaft 激情：激情(＝生命感受)，以及精神的和感性的感受(参此)，342

Leistungswert 业绩价值、成就价值：518

Lenken 引控：338

Licht 光:480

Liebe/Haß,Lieben/Hassen 爱/恨:

爱=原初的、先天的、自发的、意向的、情感的认识行为、精神的伦常基础、爱的创造价值的和发现价值的功能、爱=向更高价值的运动、爱与人格价值,82—83,87,109,116,124,126,230,247,259,266—267,276,309,346,参见“情感的”;爱=行为价值的载体,118;爱与偏好(参此)和感受(参此)的关系,265—267;爱相对于理性思维所具有的独立性,参见“情感的”;爱的先天论=所有其他先天论的基础,对认识和愿欲而言是基础性的,83,126,299,538,566,参见“价值认识”;爱与认识,105;爱与同情感(参此),247

爱与人格的个体价值本质,480;爱作为社会的和单个的行为,511;爱与回爱=意义统一,以及凝聚原则(参此)的延展,523—526;爱与价值人格类型(参此),榜样作用性(参此)、志向变化,563,566,571;爱的方向的历史变更(参见“伦理”),爱的客体圈的扩展,266,303,309

爱不是触发、不是感性感受状态(康德),83,85,227,229—230,247,259,266;爱与本能冲动,526;爱与诫令、义务(“爱的愿欲”、“爱的义务”)、“实践的爱”、爱与有好意、做好事(康德对基督教命题的解释)、爱上帝与爱邻人(参此),221,227—233;爱与“敬重法则”(康德),参见“敬重”;爱与回报(参此)

爱的种类与爱的客体,109,119,126,129,228—241,299,308,320,489,492,511,526,538,544,552,参见“神”、“世界”、“自爱学说”、“爱邻人学说”、爱的学说(宗教的、哲学的),83,85,105,119,221,227—233,247,267,283,315,489,492

恨、爱,以及快乐、不快,346;自恨与自身否定,318;“恨上帝”,569;参见“统治意愿”

Liebesdifferenzierung 爱的分异:511

Liebesgesetz 爱的法则:227

Liebesintendiert 有爱意的:566

Liebenswürdig 可爱的:188

Liebesgemeinschaft 爱的共同体:爱的共同体=最高的、解释的、伦常的、宗教

的共同体种类,126,367,489,502,535—536,550,参见"教会"、"救世共同体"

Liebevoll 亲切的:129

Loben,Tadeln 赞誉、责难:178,186—187,478,以及伦常价值,参见"同意"

Löblich 可赞的:319

Lockung 引诱:564

Lokalzeichentheorie 地点符号理论:431

Logik/logisch 逻辑学、逻辑的:先天的(现象学的)本质联系=逻辑命题的充实基础,72,83,93,101;逻辑学中的唯名论,181;逻辑学(真)、伦理学(善)、审美学(美)的感性,196—198;逻辑学、价值论、伦理学、情感之物对逻辑学的不依赖性、精神(参此)中的(先天的)非逻辑之物,82,99—101,190—192,259—261,参见"感受"、"愿欲"

Logique de coeur (Pascal) 心的逻辑:15,82,260

Logisierung 逻辑化:155

Logonomie der Person 人格的理律、理主〔理性主宰〕(康德的理性人格,参此):370,372

Logos 逻各斯:贯穿于普世的逻各斯(本质性,参此),86

Lohn 报酬、奖、奖励:报酬善业、褒奖、自身褒奖,以及幸福与伦常性(参见"幸福")、回报(参此),243,360—361,368—369

"Lohn der Tugend""德行的报酬":242,359—360

Lohngerechtigkeit und Strafgerechtigkeit 报酬正义与惩戒正义:368

Lohngüter und Strafübel 奖励善业与惩戒弊端:351,360

Lust 快乐、兴致:152,171,239—240

快乐、不快(在较宽泛的意义上)与价值、非价值,39,41,56,78—79,参见"价值";对"已有"之物的快乐〔喜欢它〕、对"将有"之物的快乐〔想要它〕,54,249,335;快乐、不快的种类作为价值的此在与不此在的符号,112,356;在快乐、快乐深度、快乐提升之间,以及与价值(高度)、追求之间的先天理解关系,356—358;参见"感受"、"幸福"、"满足";快乐与"完满"(莱布尼茨),358

较狭窄意义上的快乐=感性的快乐、不快、它们的状态性、现时性、实践的

可制作性等等，参见“感受”(深层次)、“适意”；快乐作为追求的目标，56，79，114，247－248，251，258－259，387，参见“享乐主义”、“幸福主义(实践的)”；在一个肯定的(否定的)价值上的快乐本身是一个价值(非价值)，57；康德错误地将价值回溯到快乐、不快之上，参见“感受”

Lustgier 快乐欲：240

Lustzustand 快乐状态：31，127，138

Macht 权力：241，331，496；“权力＝能然(参此)的体验力量”与“强力”，241；权力价值与国家(参此)，534；神的学说中的权力(斯宾诺莎)，241；“恶”作为权力的缺失，241；生命作为“权力趋向”，283；人(参此)“最有权力的生物”，291－293

Mächtigkeit 权力性：213

Majoritätsprinzip 多数决定原则：多数决定原则＝“社会”(参此)原则，311，518，522

Makrokosmosidee 宏观宇宙观念、大宇宙观：(参见“微观宇宙观念、小宇宙观”)与神的观念，359－360，参见“神”、“世界”

Mangel 贫困、缺失、缺陷：354，504

Mangelgefühl 贫困感受：349

“Manifestationsbedingung”“宣示条件”：24

Mannigfaltigkeit 多样性：多样性的各个形式：空间－时间的“相互分离”(相互并列、相互接续)＝外感知的多样性(参见“自然”、“时间”、“躯体”)，374、406、410－412、415，417－418，429－431，450－461，463；无时间的在自我中的“相互交织”＝内感知的多样性，参见“自我”、“心理的”；在外感知领域中的单纯类比“在……之中”，406；“在自我中的相互交织中”的受制于身体的分离，以及在身体的“相互分离”中的体验被给予性，参见“自我”、“心理的”、“身体”；空间的与时间的多样性的奠基关系(各种理论)，459－460；关于本质社会单位(参此)的多样性形式的先天定律，541－548

Marburger Schule 马堡学派：20－21，参见“人名索引”

Martyrium 殉道、殉教：殉道与牺牲生命、“自尽”、“自身谋杀”、与人格价值、就是价值、生命价值的关系，314，319－320，333；参见“谋杀”

Maß 尺度:181

Maßkonvention 尺度协定:181

Masse　大众、总量:大众＝社会本质形式,超单个的社会单位(与感染、仿效、联想原则,不是伦理与动物群体(Herde)的类比),516－517,529,553,564,567,参见“社会单位”;历史上的大众与人格(参此),496;大众教育,213

Material 质料:参见“形式的”、“先天的”、“价值伦理学”;质料的和在与价值、善(艺术作品)的关系中的技术,45,307

Materialistisch 物质主义的:418

Materialistische Theorien in Philosophie,Psychologie　哲学、心理学中的物质主义理论:407

Materie/Materialität 物质、物质性:95,374,408

Materiell 物质的:110－111,370;物质事物:参见“事物”

Mathematik 数学(几何、算术):数学与先天性,72,307,461;数学的自然科学(康德以数学的自然科学为出发点),66,208

Mattigkeit/matt 疲惫/疲惫的:338,410,417,426

Maxime 准则:278,321－322,526

Mechanisch/Mechanismus 机械的/机械论、机械论的、机械程序的/机动程序:

机械原则与运动现象(参此),69;机动程序、客观时间与躯体身体,423;机械物理学、人的环境、自然的世界观,287;机械还原与生理学的刺激概念(参此),167;对生命现象(参此)的机械还原,282,405,528;对宇宙的机械论的存在理解与资本主义的(参此)体验结构,274,295;机械原则,以及人格原则(斯宾塞的错误),497;机械的自然观、机械的规律性(物理学的和联想的规律性),64,169,225－226,447,468,作为绝对自然现实的形象,420;伦常规范规律性与(形式的)自然规律性之间的关系,225－226,参见“规范”、“自然的合规律性”

Mechanisierung　机械化:(“所有可机械化的东西也应当被机械化”)与人格(参此)的自由、历史(参此)上人格精神的机械化,496－497

Medium 媒介、手段:41,539

“Menge”“集合”:440

Mensch 人：

人作为生物学的生物、人与植物、动物（参此）、人的生物学价值，113，242，275，277，289，293－294，296；在生物学的伦理学（参此）范围以内的人的价值、人是“最有权力的生物”（斯宾塞）、人与环境，279，288－295，参见“适应学说”；人在生物学上的不可定义性，以及人的本质概念（超越生命、精神生物、人格，参此），276，279，292－294，299；人＝“拟神论”、人与神（参此），279，293，296－298；人与动物的本质界限（《人在宇宙中的位置》），294；“超人”，508；普遍人性的、特殊人性的、太人性的，276，280；人格的不同性与相同性，参见“人格”

人＝感性－生命－精神的层次统一，503，529；人的生存的结构与感受（参此）层次，344－356；人作为伦常本质，参见“人格”；“就是作为精神生物，人也只是呼吸在历史与社会之中”，22，参见“历史”、“共同体”、“人类”；所谓价值对人而言所具有的“相对性”，271－273，275－380，参见“价值”、“价值体验”；关于人的各种学说，23，56，83，85，152，172，242－243，246－248，275，278－279，289，373，513，参见“混乱”、“二元论”（康德）；西欧人的类型（文明），248，285，295

Menschheit 人类：价值对人类而言没有相对性（参见“伦理学”：“人的（humane）伦理学”），275－277，280；人类作为生命共同体、地球＝人类的环境，546；人类伦理与总体人格的个体伦理（民族伦理），504，563；人类的体验与神的观念（参此）；教会与人类，参见“教会”；参见“理想”、“人本主义的”

Merkmal 标记：197，335，448，505

Mehrwertig 价值较多的：355

Metakosmisch 宇宙之上的：295

Metaphysik/metaphysisch 形而上学/形而上学的：形而上学与伦理学的感性，17；形而上学的自身感受，345，参见“极乐”、“感受”；绝对者的形而上学，22；机械论的形而上学，184；主体主义的形而上学，195

Milieu，Umwelt 环境、周围世界：环境（定义）＝“实践上被体验为起作用的价值世界的统一界限”，153－155，168；环境把握＝对一个整体的生命的价值经验，40；“环境事物”＝行动（参此）的“实践对象”、抗阻事物、价值事物，

147,153－156;行动的环境与“处境”(参此),137,147－148,416,464;实践的环境、环境的行为举止,以及理论的行为举止,154－156,566(参见“实践家”);环境与价值观点,以及环境经验与注意力(参此)、“兴趣”(参此)、“感知”(参见“感性内涵”、“刺激”)、“感觉”(参此),156－167,169－170,252;环境对象、本能调整与生命的价值观点的关系、康德的错误(以及它对伦理学造成的后果),170－172;环境与身体统一(参此)、有机体的生命过程,157－159,167－169,282,381,388,397;心理物理的环境中性,157－159;身体与环境不是区分心理与物理的前提,291－292,参见“人”;参见“适应理论”;环境与世界、人格,158,381,387;环境与种族的本能调整,171;家乡、领土等等,544－545;传统＝人的时间环境,161;自然的世界观＝种属的人;人(的结构与科学、哲学),162,287;地球＝地球人类的环境,546;社会环境与社会价值,553－555;总体环境与生命共同体,544－545

Milieudinge 环境事物:153,157

Milieuerfahrung 环境经验:171

Milieugegenstand 环境对象:159,161,170－171

Milieuwirksame 环境作用:161

Mikrokosmus 微观宇宙、小宇宙:(＝个体的人格世界)与宏观宇宙(与神的观念),395－397,参见“宏观宇宙、大宇宙”

Minderwertigkeit/minderwertig 价值较少性/价值较少的:290,304

Minimum sensible 可感受的最小值:463

Minorität 少数决定:518,535

Miserabel 恶劣的、悲怆的:236

Mißachten/Mißachtung 不敬重、蔑视:125,525

Mißbilligen 不同意:125,187

Mißfallen 不中意:125

Mißtrauisch 猜疑的:129

Miteinander 相互一同:相互一同存在、相互一同体验、相互一同爱、相互一同恨、相互一同愿欲＝独立的体验现象、总体功绩、总体罪责的载体,488;相互一同体验、相互一同感受＝内陌生感知(参此)的基本行为,509;相互一同体验的种类等等＝本质的社会单位(参此)的划分原则,515(参见,

510—512,516—517,519—520,543);参见“凝聚”、“负责”、“陌生的”、“同情”

Miteinanderfühlen 相互一同感受:509

Miteinandererleben 相互一同体验:511—512,543

Miteinanderleben 相互一同生活:515

Miteinandersein 相互一同存在:515

Miterleben/Nacherleben 共同体验/追复体验:509—510

Mitfühlen/Nachfühlen/Vorfühlen 共同感受、一同感受/追复感受/在先感受(以及价值感受、感受层次):111,179,207,247,263,274,302,336—337,342,参见“感受”;共同感受=反应价值的载体,118;参见“价值”、“理解”、“共感”、“同情”

Mitfühlenserlebnis 共感体验:207

Mitgefühl/Mitfühlen 共感、共同感受:111,284

Mitindividualisten 共同个体主义者:504

Mitintention 伴随意向:316

Mitleiden 怜悯:302

Mitleidigkeit (Kant) 怜悯(康德):247

Mitleidenschaft 共同激情:335

Mitlieben 共同爱:566

Mitmensch 共同人:402

Mit-schuld und Mit-verdienst 同罪同功:367

Mittäter 共同活动者:510

Mitteilung 告知:告知与“传诉”(“Kundgabe”)、命令、表达:178—180,189,211,440

Mittun 一同做:472

Mitverantwortlicher 共同负责者:510

Mitverantwortlichkeit/mitverantwortlich:共同责任性/共同负责的:15,488—489,506;参见“责任性”、“凝聚”

Mitvollzug 一同进行:人格(参此)行为(参此)的一同进行、追复进行(Nachvollzug)和在先进行(Vorvollzug),386

Mode/Tracht 时装〔社会〕/式装〔共同体〕:516

Modal 样式的:531

Modalität 样式:参见“价值样式”

Modalitätskreis 样式界域:162

Modifikation 变样:422,447

Moment 因素、瞬间:188,417,529

Monismus 一元论:396

Monotheismus 唯一神论:514,544

Moral 道德:道德=行动的体系、机构道德、善业类型统一,奠基于伦常的价值状况之上、伦常价值评估的历史向度的变更,187,304,313,323—330,575(作为例子参见“谋杀”);道德与绝对价值级序、伦理、伦理学、道德性、道德科学的关系,45,208,258,303,570;历史地变换着的道德之充盈=伦常价值的本质结果,295,484;道德与种族(参此)的本能调整,171;“道德”的结构与世界观结构,538;道德与榜样作用性,560,565,570;“社会有效的”道德、功利主义的正当与不正当(参此);“自身完善”与世界道德,498;道德的形式,33,108,228,231

Moralisch 道德的:对道德现象的否认(尼采),177,参见“唯名论”;“道德的无序”(孔德)与良知自由(参此)的原则,324,326—328;参见“伦常的”、“评判”

Moralismus/moralistisch/Moralisten 道德主义/道德主义的/道德主义者:221,231,309,347

Moralität 道德性:“道德性”与“合法性”,31;实践的道德性=伦常价值评估的向度,303;实践的道德性与伦理、道德的关系、对实践道德性的评判,304,310;实践的道德性与形式的伦理学,308;实践的道德性与伦常的天才,304

Moralphilosophie 道德哲学:英国道德哲学,86

Mord 谋杀:谋杀(作为一个道德的行动类型统一的例子,参见“道德”),10,303,313—320;对谋杀的本质定义,316,318,320,以及对谋杀的实证—法学的定义,314,319;谋杀与伦理(生命的价值、人格的价值),314,318,473;法律谋杀,313;谋杀与杀害(死刑、战争、异教徒)、牺牲生命,301,314—

318;谋杀与自身谋杀、自尽、殉道,319－320;人格毁灭与神的表象,320;伦理学与谋杀,319－320

Morphologisch 形态学的:293

Mosaik 马赛克:质性感觉内涵的马赛克,463

Motivation/motivieren 动机引发:236;动机引发感(价值感受,参此)、实践的动机引发,346;动机引发＝被体验到的价值的作用性、个体的人格之动机引发因果性,以及客观的因果性,209,253,344,346,419;在价值与善业之间的动机引发规律(好感、反感)以及感受状态,253;被动机引发的感受,344－345;动机引发联系,参见"理解联系";人格的自由与动机作用性(利普斯),476,479;参见"任性、乖张"

Motivationskausalität 动机引发的因果性:419

Müdigkeit 疲劳:410,417

Mündigkeit 成年:成年与人格性(参此),471－472;社会(参此)中的人格的成年,518

Musik 音乐:参见"艺术"

Musterbild 范本,参见"榜样"

Mut 勇气:124,305

Mystik 神话:神话与私密人格、凝聚的救世共同体(参此),550;神话与宗教哲学的本体主义,295

Nachahmung 仿效:229,515;仿效与顺从(参此),99;参见"后继"、"大众"

Nachbild 效法:438,558－568

Nachbilden 追复构成、模仿:470,527

Nachdauer 后延:208,438

Nacheinander 相互接续:相互接续与相互并列;参见"多样性"

Nacherleben 追复体验:211

Nachfolge 后继:后继、追随、榜样作用性(参此)、自律、规范,229,492,559－561;后继与仿效、复制、感染、反效,229,559－560,563－564;引领与后继,563

Nachfühlen 追复感受:179;参见"共同感受"

Nachgeben 顺从、让步:201

Nachhören 后听:439

Nachklingen 回响:247

Nachleben 追复生活:470

Nachsetzen/Nachsetzung 偏恶:参见“偏好、偏恶”

Nächstenliebe (Fremdliebe) 爱邻人(爱他人):爱邻人与善的存在,48,228—233;爱邻人与“社会志向”,119;爱邻人、爱自己、爱上帝的关系,489—490

Nachstreben 追复追求:179

Nachurteilen 追复判断:470

Nachvollzug 追复进行:386,470

Nachwirkung 后续作用:390,565

Nahrungstrieb 食本能:171

Nährwert 营养价值:251

Name 名称:553

Nation/national 〔民族〕国家/〔民族〕国家的:超〔民族〕国家的、〔民族〕国家间的(国际的)、〔民族〕国家内的＝纯粹文化(总体)人格、精神的实在、关涉精神价值、个体的人格性、〔民族〕国家(文化人格)的个体价值理想,493,497,499,504,533—535,537;〔民族〕国家与文化、文化观念、教育层次,534—536,540,542;〔民族〕国家与文化圈(参此),521,542;〔民族〕国家的文化、道德的多作为伦常结论,484,505,542;〔民族〕国家与民族性、语言,535,539;〔民族〕国家与人格私密领域的关系,552;〔民族〕国家与教会、国家(〔民族〕国家与国家的伦理,534,536,542,550),民族、社会,534—538;“〔民族〕国家的教会”,551;〔民族〕国家与“民族国家(Natinalstaat)”,534—535,542;〔民族〕国家对革命的伦常权力,534,548;精神的特质不是意向内涵,499,参见“民族主义”;〔民族〕国家的范本(榜样),572;〔民族〕国家的形式类型(人的类型、第二性的善业类型)与人类,563;〔民族〕国家伦理与人类伦理,504;〔民族〕国家的良知,504;〔民族〕国家与神的直接关系,550—551

〔民族〕国家与多样性形式的本质关系(〔民族〕国家的本质的“多”、“作用活动空间”、“持续”),以及总体人格之间的本质的、超〔民族〕国家的、〔民族〕

国家间的道德关系,541—544,547—548;〔民族〕国家与〔民族〕国家间的文明机械论,497,537;形式的国际主义(交互〔民族〕国家主义)(权利等等),543;参见“总体人格”、“文化圈”、“国家”

Nationalismus 民族主义:民族主义、沙文主义,499,505;〔民族〕国家间的,参见“国家”

Nationalkirche 民族教会:543

Natur 自然、本性、天性:222;自然=外感知对象的总和、它们的直接被给予性,95,168;自然、世界与自我,381;自然世界观的自然、机械物理学的自然,以及人的环境,287;自然、死的自然、环境与适应(参此),168—169;不依赖于生命的自然,165;参见“物理的”、对自然对象之说明的双重形式,419;自然的美,参见“美”

Naturanlage 天生资质:247

Naturgesetz 自然法则、自然规律:自然规律性(Naturgesetzlichkeit);自然规律性与联想规律性(错误的学说、休谟、康德),225—226;自然法则与观念的应然法则、自然规律性与规范规律性(错误的学说),224—225;参见“变更原则”;自然规律(休谟),467

Naturgesetzmäßigkeit 自然合规律性:自然合规律性(在最宽泛的意义上)=(逻辑的)变更(参此)依赖性原则在内心世界与外部世界的现象上的运用,225;自然合规律性的阶段以及它们与观念的应然定律、规范法则、形式机械的规律性(它们的两种形式)之间的关系,225

Naturgesetzmäßigkeitsprinzip 自然合规律性原则:自然合规律性原则与因果原则(参此)的关系,以及与相似性原则和接触原则的关系,446,455(康德的错误,446);自然合规律性原则的两个方法上的亚形式(Unterform)(形式机械的自然学说原则与接触联想的原则,参此),447,参见“机械的”、“接触联想”;自然合规律性原则对于归纳经验而言的先天性,446,它相对于身体、统治意愿的此在相对性,225,447

Natursein 自然存在:374

Naturwissenschaft 自然科学:自然科学的基本观点,446;数学的自然科学不是先天性学说、价值学说、生物学的出发点,66,172,208,271;自然科学与自然经验的基本形式,428

Nebeneinander 相互并列,410:参见“相互接续”、“相互交织”等等

Negativistisch 否定主义的:234

Neid 忌妒:359

Neidprinzip 忌妒原则:274

“Neigung” 禀好、倾向:62,202,203;禀好与人格愿欲的伦常价值,62－64,484;“违背禀好”,89,234;禀好与义务(参此),参见“美的心灵”;禀好与感性本能(康德的错误),229－231;环境(参此),价值观与禀好,157

Nichtdasein Gottes 神的不此在:23

Nichtgesolltes 非所应之物:100

“Nichtiges”“无谓的东西”:238

Nichtintention 不意指:497－499

Nichtkönnen 不能够:144,213,239

Nichtsein 不存在:216

Nichtsollen 不应当:202

Nichtvollzug 不进行:206－207

Niederträchtig 卑鄙的:236

Niedrig 低贱的:173,500,578

Niewadagedanken 思想:348

Noema/Noesis 意向相关项/意向活动:意向相关项、意向活动相互制约(胡塞尔),408

Nominalismus 唯名论:理论的唯名论、伦理学的唯名论,177－192;321,440,506

Nomismus 规范论:323

Nomos 法规:370

Noosomatische Prinzipien 心身原则、精神身体的原则:心身原则与“生物物理学”、“生物心理学”,467－468,参见“联想原则”、“精神”、“身体”、“心理的”

Norm 规范:181,187,197,203;规范与价值(参此)的关系、观念的应然(参此)、善(参此),195,199,211,224,229,231,323,558;错误地从规范中推导出善,参见“善”;规范不是伦理学的出发点,200,224;规范与愿欲、做(不是

与存在)的关涉性,225,277,559;规范的律令特征,211,253,规范的一般特征(与个体的善,参此),181,200,323,327－328,483－484,500,558－559;规范与个体良知(明察),327;规范与榜样、人格,558－560,570;在价值与应然定律同一的情况下,规范的可变更性,222－224,277,300;它们的双重关系,224－226,以及伦常的规范规律性和自然规律性(参此);规范与"可嘉的"与"允准的",214;根据一个规范来评判伦常价值的理论,190－191,198－200

Normativ 规范的:218;规范的应然,参见"应然";规范的伦理学(参此)与榜样作用性,567

Normgesetz 规范法则:224

Normgesetzlichkeit 规范规律性:225

Normieren/Normierung 规范化〔活动〕:221,224,536

Not 苦难:349,353

Notwendigkeit 必然性:必然性的否定本质,92－93,200,202,217;它们的派生特征,92;必然性与先天明察(参此)、真理(参此)、对象性(参此),93－94,393,482;应然必然性(义务)与先天价值明察的关系,93,200;参见"普遍性"

Nötigung 逼迫:195,199;"内心的逼迫"(与义务、强制推动)与伦常明察(参此),199－202

Nuance 色调微差:175

Nur-Bedeutung 唯一含义:176

Nutzen 益、用处:187

Nützlich 有用、有益:在与适意之物的价值、生命价值的关系中,有用之物的价值,有用之物作为社会(参此)价值,103,112,121,123－124,187－189,310,494,502,519,529,546,569;参见"功利主义"、"文明"、"引领精神"

Offenbarung 启示、天启:297,395,538,550,参见"宗教的"

Ohnmacht 无力:141,144,213,238－239,参见"能然"、"权力"

Okkult 玄妙的:268

Ökonomisierung 经济化:202

Ontisch 在体的、本体的：552，563－564

Ontologismus 本体主义：宗教哲学本体主义的真理核心，298；认识论的本体主义，270；实在本体主义（N. 哈特曼），21－22

Opfer 牺牲：牺牲与伦常价值的代价论，253－255；牺牲与人格价值、生命价值（伦理），314－315，参见“谋杀”、“殉道、殉教”、“牺牲癖”，142，222

Opferstreben 追求牺牲：283

Opfersucht 牺牲癖：236

Ordnen 规整：171，361，541，574

Ordnung 秩序、规整：37，181

Ordo ordinans (Fichte) 规整着的秩序（费希特）：396

Ordre du coeur (Pascal) 心的秩序（帕斯卡）：15，82，260－261；近代的“心的秩序”，我们时代的“心的秩序”，15，267，324，328

Organ 器官：器官＝生命价值的载体，112；根据器官单位对感性感受（参此）的划分，335；器官构成与工具、文明，291－293；参见“感官器官”

Organempfindung 器官感觉：138；器官感觉与“感觉”，器官感觉＝真正的感觉（参此），77－78，170；器官感觉与身体单位（参此），398－401，414

Organisation 组织：生命组织、组织种类、组织标记（参此）、组织高度，168－169，287，291，295－296

Organisationsmerkmal 组织标记：168

Organismenwelt 生命组织世界：169；生命组织世界的王国，它们的相互关系，285－287，参见“〔生存〕斗争”、“凝聚”

Organismus 生物体、有机体：生物体与周围世界、生命过程的基本关系，参见“环境”；生物体的整体生命活动，340；在世间生物之内“生物体”与“人格”见的本质界限，293－294；生物体作为生命价值的载体，112；参见“生物”

“Organminderwertigkeit” und nervöser Charakter (A. Adler) “器官劣质性”与神经质（A. 阿德勒），354

Original 本原：559

Ort/örtlich 场所/场所的：146，335，340，361，398，524

Örtlichkeit 场所性：410

Pädagogisch/Pädagogik 教育学的/教育学:教育命令(假命令),教育问题(假问题),教育惩戒(假惩戒),212,224,366;在能然与应然方面的教育箴言,参见"应然";权威的教育理论(参此),212;教育的目的设定=技术的目的设定,132,240;参见"教育(Erziehen)"

Pantheismus 泛神论:108,220,396,494,514,578

Paradoxie der sittl. Wertung der Gehorsamsleistung 对顺从活动(参此)之伦常评价的悖谬性:237

Parallelismus 平行、对应:身心一平行,460;联想心理学(参此)的平行论成见,455

Pathos 激情:234—235

Pathologie 病理学:a) 感受生活的病理学与各种异常(变态、丧志症、意志移植、歇斯底里、麻醉状态、幻觉等等);b) 追求生活的病理学与各种异常(变态、丧志症、意志移植、歇斯底里、麻醉状态、幻觉等等);c) 认识生活、表象生活、感知生活的病理学与各种异常(变态、丧志症、意志移植、歇斯底里、麻醉状态、幻觉等等);a):80,112,142,154,170,203,222,235—236,240,250,252,261,263,270,338,341,344,348,355,409,424;b):56,64,80,115,123,131,134,140,142,145,151,171,199,241,270,284,290,344,347,357,472,477—479,491;c):63—64,80,114,154,158,164,186,338,344,424,428,435,470—471,556,参见"疾病"

Pathologisch 病理学的、感发的:229,236,241,556

Peinlich 难受的:333

Peripher/zentral 边缘的/中心的:76,333,347

Permutation 排列:163

Perseveration 反复滞留:390

Person/Personalität/persönlich 人格、个人/人格性/人格的/(本质定义,382)

1. 人格的理论理解:人格的本质=(感性统一)行为的具体存在统一、体验的统一(参此),50,81,95,97,103,282,293,301,370—371,379—386,389,427,475—476,498,525,559;人格=具体的"关于某物的意识",超意识的存在,382,391—392;人格与精神(参此),388;人格与时代的变化(Anderswerden),384—386,391;人格的实存与被给予性(行为的进行、

行为的一同进行),384—386,参见“行为”、“理解”、“陌生人格”;人格不是对象、事物,21,50,103,473;人格与反思,386—388;人格与特征,474—478,480

人格的心理—物理中性,95,158,381,388—389,508;人格对外部世界、内心世界、身体的统一作用(行动);人格与身体(参此),158,371—372,382,388—389,397—399,467—469,472—474,501,577;人格与自我(参此),自身意识,被赋灵状态(Beseeltheit),81,95,293,380,382,389,392,394,396,469,475;人格与心理存在,人格相对于心理学(参此)的超越性,385—386,390—391,471,475,481;来自人格的体验之起源与一个体验在人格中的产生是不同的,285,391,参见“体验”;人格行为的无时间的意义相关性(起源秩序),以及在时间中人格体验的受制于身体的流动现象,391,424,427—429,431,462,509,参见“自我”、“心理的”、“身体”

合乎本质的人格之个体化(并非只是通过身体),392,493,499—500,504—505,549,577;人格与“世界”(相关性),具体的人格与具体的世界,158,381,386—387,389,392—396,511,参见“世界”、“宇宙”;人格真理=绝对真理(参此),394

人作为人格生物,470,472—474,参见“人”

2. 在伦常关系中的人格:

人格作为价值生物、伦常生物、伦常价值的载体,49—51,103—104,117,126,171—172,193,237,275,293,340,344—345,350—351,357—358,363—364,366,370,372,469—579;善与恶是人格价值,参见“善”、参见“人格价值”;人格存在的伦常价值与人格的愿欲伦常价值(康德),49—51,62—63,103,300,371,505,559;人格=个体的价值生物,327,358,477,480—486,493,499,503,505,523—524,559—561(参见“为我之善”);人格的本己价值实现,以及意向(参此);人格与人(以及任务和善业分配)的不同类种类性与不同价值性,493,499—500,505—506,508;人格的存在与善的存在(参此)=世界、普全的意义,16,495;人格价值与生命价值,314—320,503,参见“道德”、“战争”

人格及其伦常重要性(完整感性、意愿力、成年、负责、行动的可期算能力)的本质因素,103,478—480,486—487;人格与心理疾病,470—471,

477—479；人格自由，参见“人格”、“自身位置”、“自律”、“人格的一同负责”，参见“负责”、“凝聚”、“伦常”；人格与榜样（参此）；人格与规范（参此），559—561；人格与德行（参此），参见“人格价值”、“志向”、“良知”，参见“救赎”；每个有限人格都同样原初地是私密的人格和社会的人格，参见“私密人格”；唯有不可分的人格＝伦常价值的载体，556—558

3. 共同体与历史

每个人格都是同样原初地是个别人格并且是一个总体人格的环节（参此），512，514；关于其环节的人格意识，以及构造的行为，419—412，524—526；人格作为历史与共同体（参此）中的自身价值，参见“历史”；人格的存在善业以及“人格性的伟大”，参见“个体主义”；人格＝历史以外的，496，555，超国家的和国家以外的，503；参见“生命的共同体”、“社会”、“总体人格”；参见“陌生人格”

4. 人格与神（＝无限精神、所有事物的根据），15—16，22，111，396—397，495，514，550，573—574，参见“神”；有限的人格存在之本质悲剧，575—576；人格的永生，317，535，548

5. 人格性的历史认可（奴隶，参此；妇女，参此），469，471—474；国家的、法律的人格概念，318—319，372，471，473—474，501，549

6. 人格理论（批判）：亚里士多德，382，513—514；阿威罗伊，382，501；柯亨，372，549；笛卡尔，392；康德，49—51，85，370—372，376，394，483—484，486—487，493—495，501—502，504—506，559，577，参见“人”；尼采，494—495，506—509；施莱尔马赫，493，503，505；史密斯，502；斯宾诺莎，384；施蒂纳，504；现实主义的人格理论，383；人格的实体学说（参此）；参见“理性人格”

Personalgültig 人格有效的：394

Personhaftigkeit 有人格性：489

Personalismus 人格主义：质料的价值伦理学（参此）＝人格主义，参见“价值伦理学”；真正的人格主义的形式与假形式，14—15，492—502，509—511，548—550，558—560，568—570；人格主义与个体主义，499—509；历史与共同体中的价值人格主义与因果人格主义，493—496；参见“大人物”理论

Persongefühl 人格感受：纯粹人格感受＝宗教的自身价值感受、救赎感受，

126,339,344－345,483,参见“极乐”、“感受”

Personengemeinschaft 人格共同体、人格社团:伦常的人格共同体与一同负责、自主,126,339,344－345,489;最个体的人格共同体,参见“婚姻”、“友谊”、“私密”

Personklasse 人格阶层:383

Persönlichkeit 人格性:21,380

Persönlichkeitswertethik 人格性价值伦理学:508

Personliebe 对人〔格〕爱:109,126,参见“爱”

Personwerte 人格价值:人格价值＝人格本身的价值、德行(参此)价值、行为(参此)价值,49,103,117,126,310,318－319,355－356,参见“神圣的”;人格＝最高的价值(比实事价值、状态价值、组织价值等等更高,参见“价值”1,d)14,117,259,331,350,370,484,495,498－499,505,514,558;人格价值的偏好欺罔与实事价值的偏好欺罔,570

Personwürde 人格尊严:489

Persontypen 人格类型:人格类型与纯粹的价值人格类型(参此)、榜样(参此)、价值本质与人格性的关系,571－572

Perspektiv 视角:437

Perturbieren/Perturbation 扰乱:134

Perversion/Pervertieren 变态、反常:134,170－171

Perzeption 觉知,参见“环境”

Pessimismus 悲观主义:悲观主义对一个价值公理的转释,108;悲观主义的前设,以及陌生价值与本己价值的关系(v. 哈特曼),118;叔本华从洛克的追求学说中得出的悲观主义结论,353,参见“欲求”

Petitio principii 窃取前提:63

Pflicht 义务:义务、价值、概念应然(参此)的关系,49－50,101,194－195,199－202,211,214;义务与伦常明察(义务的“盲目性”,201),88,93－94,200－202,214,221;没有一个义务规范不带有设定它的人格,义务的命令特征和否定－批判的特征,义务伦理学(权威、命令、顺从、逼迫、必要、意志移植、强制感),50,194,199,200,202,211,214,217－219,221,245,482,参见“伦理学”;明察伦理学与义务伦理学,义务不是伦理学的出发点,88,

200,202;从义务中错误地推导出善与恶,参见“善”;义务与能然、德行(义务学说与德行学说,参此),50,243—245,300,参见“能然”与“应然”;观念规范、义务规范与人格、榜样,558;义务与“允准的”、“可嘉的”,214;义务仅仅朝向一个做(Tun)、愿做(Tunwollen),225—227,参见“爱的义务”、“信仰义务”;“出自义务的”(康德)尽义务行动,31,49,234—235,577;“义务的无限性”,214,577;“义务与禀好”(参见“美的心灵”),200,234—235,575;“自身负责”,219;私密人格的义务与权利,参见“社会义务”,548;错误的(德国的)义务英雄主义,10,15

Pflichtbewußtsein 义务意识:199,202,214

Pflichtethik 义务伦理学:202

Pflichtethos 义务伦理:200

Pflichtgebot 义务诫令:201

Pflichtgemäß 尽义务的、义务性的:49—50,195

Pflichtidee 义务观念:15,200—202

Pflichtlehre 义务学说:50

Pflichtmensch 义务人:235

Pflichtsollen 义务应然:194—195

Pflichtzwang 义务强制:497

Phänomen 现象:Urphänomen 原现象;现象与显现,假象,67;在现象学(参此)经验中的现象之显现,70;价值=基本现象,参见“价值”;生命(参此)=原现象,172,281

Phänomenal 现象的:先天的现象基础,67;自身被给予的现象种类(“聚”、“空”),417—418,参见“自我”、“身体”

Phänomenologie 现象学:通过现象学而“获取所有存在领域的先天本质构架”,395;现象学与“处在事物本身之中的体系特征”,10—11;现象学的最高原理,270(参见:90—92,374—375);在行为与对象之间的实事联系、行为联系以及本质联系,90—92(参见“先天”);价值现象学与情感生活的现象学=独立的对象领域,83,参见“情感”、“价值”;情感生活的现象学原则,331—332(对此参阅:346—351);现象学与联想心理学(参此)的各个原则,64,445;神的观念的现象学(与实证的宗教,参此,参见“神”),296—299;心理的现象学，以及关于心灵的自然经验和科学经验，429－431；自身拥有自身的现象学，参见“现象的”

Phänomenologie der Gewissensregungen 良知萌动的现象学：210

Phänomenologisch 现象学的：现象学的经验＝关于自身被给予之物的先天经验，现象学经验的标记（内在、符号运用失能（Asymbolik）、“经验主义”），67－72，参见“事实”、“先天”、“本质”；在现象学的经验（自身被给予性）内涵中，“被给予之物”与“被意指之物”的相合，70－71；现象学的进程，69；现象学的还原、分析，84，380－381，493；现象学经验事实与非现象学经验事实之间的公理，69，92；作为科学的经验和自然经验之“形式”（结构、范畴）的现象学经验的纯事实的功能（“被给予之物”、“质料”），66，71，397，429；逻辑命题的现象学基础，公理，67，81，83，参见“矛盾律”、“真理”；现象学经验与内经验和外经验，70－71；参见“本质认识”、“经验”

Phantasiemäßig 想象的：140

Phantastisch 非凡的：141

Pharisäisch 法利赛式的：132，565

Pharisäismus 法利赛式的伪善：37，48－49，136，186，188－189，191－192，565；参见“对伦常本己价值的意向”

Phase 时段：438，442，474

Philosophie 哲学：先天的直观组成＝哲学的出发点，66－68；哲学＝绝对的认识，162；哲学与纯粹真理认识的价值，125，538；哲学＝文化的实事领域、各文化领域之间的修正媒介，537，539；相对于宗教、教会，哲学的自主的自身限制，538，以及哲学与宗教伦理、神的直观的关系（参阅：16，395，546，561）；准则哲学（Kriteriumsphilosophie）＝“社会”（参此）的哲学与共同体（参此）的共同哲学（συμφιλοσοφειν），518，521；哲学、自然的世界观与科学，162；参见“现象学”

Physikalisch/Physik 物理学的/物理学：物理学的概念，420；物理学实在的本己现象基础，165；物理学现象（＝外感知的独立于身体的现象、“自然”），144，158，165－166；外感知的物理学事实与生理学事实，166，420；物理学的光学与颜色生理学（黑尔姆霍尔茨、黑林、巴甫洛夫），165－167，参见“刺激”；现代物理学（相对论），以及生物学，461；物理学的客观时间与现象的

时间,385

Physiologisch/Physiologie 生理的、生理学的/ 生理学:生理的概念,420;生理现象=与身体有关的物理(参此)现象与心理(参此)现象,157,166,420;纯粹生物学问题,168;心理生理的因果规律,419,430,参见"联想原则";说明的心理学(参此)="内感官的生理学"(参此),416,419;心理之物的"生理学秉性学说",参见"外现象主义";生理学的刺激概念(参此)

Physisch 物理的:物理的=外感知中的全部现象(与身体有关的和与身体无关的)=自然(参此),51,91,95,157—159,381,参见"世界"(外部世界);它的(独立于心理之物的)被给予性,95,389,390

Plastisch 形象的:186

Platonismus 柏拉图主义:价值论、伦理学中的柏拉图主义,175—177

Politik/politisch 政治/政治的:185,223,310,339,420,500,541;参见"国家"、"民主"

Polyphyletische Theorie der menschl. Abstammung 人类起源的多源理论:277,293

Positiv 积极的、实证的、成文的、现行的:303,533

Positivismus 实证主义:价值论中、理论领域和社会领域中的实证主义,38,41,254—255,324—326,329,487,497,527,556,参见"人名索引"

Postulat 公设:康德的公设:23,213—214,243—244,261,277,332,350,355,360,364,368,375

Potenz 能力、潜力:242

Πρωτον Ψευδος 首要谬误:74,169,372,412

Prädeterminiert 前定的:285

Pragmatismus/pragmatistisch 实用主义/实用主义的:认识论、伦理学等等中的实用主义,96,132,135,221,233,319,339,359,395,428;规范伦理学(参此)的实用主义成见,233,508(参见:498),567;参见"教育学"

Praktiker 实践家:"实践家"与"理论家",155—156

Praktisch 实践的:行动(参此)的"实践对象"参见"环境";"实践世界"与志向(参此),价值结构,148—149;"实践的算计",以及感知、环境经验,54—156,565;实践理性(参此);一个行为举止的伦常重要性,以及实践结果、

"成效"(参此),127—128,参见"行动"、"志向";实践的道德性(参此)

Preis 赞美、夸赞:370

Preiswürdig 值得夸赞的:191

Prestige 威望:553

Priester 教士:教士=在神圣之物(参此)的价值领域中的技术职业,126

Primär/sekundär 原发的、第一性的/次生的、第二性的:60,107,142,151,206,284,286,397,510,517,519,561,571

"Prinzipien" 诸原则:208,444—448;参见"逻辑学"、"联想原则",参见"因果性"、"自然规律性"

Projekt 设想、方案:453,538;参见"愿欲";"设想的制作者",80

Projektion 投射:感觉(参此)的投射理论,341,404,408,422

Projizieren 投射:341,408

Proportion 对称:361

Protestantismus 新教、耶稣教:86,227—229,243,561,577;参见"加尔文主义"、"信仰"、"证义"

Psychiatrie 精神病学:478,参见"病理学"

Psychisch,seelisch 心理的,心灵的:心理现象=内感知(参此)、内直观的事实,51,87,207,381,421,参见"经验";"纯粹的"和与身体相关的现象,158,166,411;自我性对于生物心理来说是构造性的,408;心理之物束缚在一个个体自我上,421;心理之物的多样性形式、心理体验在自我(参此)中的原初"相互交织"、它们的受制于身体的秉性(参此),参见"自我"、"身体",以及"内感官"(参此)的作用;心理体验的受制于身体的"流动现象"("流出"、"相互接续"),390—391;410—411,415,418,421,423,427,429,434,461—462,467;纯粹心理因果性(参此)与心理生理的因果性,419,它们在具体的心理之物中的超位置(Superposition),419,428,430—431,467

人格、精神行为与心理存在、心理因果性,51,90,385,389—391,419,427—429,462,466—469,471;将心理之物错误地精神化,390;参见"人格"、"体验"、"外现象主义"、"实体论"、"嵌入论"、"相互作用论"、"心理学"、"心灵"、"联想心理学"

Psychoanalyse 精神分析:(梦的解释、"压抑"、技术、"升华")80,210,565,568

Psychophysisch 精神分析的：精神（参此）行为（参此）、人格（参此）行为、世界（参此）存在的心理物理中性；对个体与周围世界之划分的心理物理中性，157，参见“环境”；身体（参此）的心理物理同一性

Psychologie 心理学：心理学对象、问题，13，166，174，265，396—398，421；理解的、纯粹的、个体的动机心理学＝精神科学的基础，158，419；描述的、观察的、经验的心理学：207—208，377，379，386，428—429；实在的心理学，207，因果说明（kausalerklärend）的心理学（它的先天、质料说明原则，参见“联想原则”、“联想心理学”），10，64，207—208，418—469；说明的心理学的公理、前提，423，425，434，436，445，450，461；说明的心理学＝“内感官”（参此）的生理学、自然科学，158，166，416，419—420；经验的心理学、联想的心理学、自然经验与心灵存在的现象学，428—430；心理学的“体验”＝抽象的结果，376；说明的心理学的“价值无涉”的心理之物（不考虑伦常的事实）与“完整的心理生活”，174—175，190，198，203—210；同时对心理学与伦理学进行现象学奠基的必要性，207—211；现代的思维心理学，62，429；发生的（genetisch）心理学，224

Psychologismus 心理主义：71，90，278，386，390，435

Puritanismus 清教主义：80，86，89

Quale 性质：35，441

Qualifizieren/Qualifikation 定性：216，244，431，452

Qualitas occulta 隐蔽的质性：39

Qualität 质性：价值作为客观的质性，参见“价值”；先天的质性系统，参见“价值样式”；感官质性＝客观的质性，参见“感官质性”；一个生物的感觉的质性范围（参见“环境”），164—165

Qualitätskries 质性界域：182

Qualitativ 质性的：35，398

Quantum 量：365

Quantitative 量性的：442

Rache 报复、复仇：报复＝生命的回答反应，报复与回报（参此）、罪孽（参此）、

惩戒(参此),118,124,361—363;报复与伦理,309,神的表象,368
Racheimpuls 复仇冲动:207
Rachsüchtig 有复仇欲的:129
Rangordnung 级序、等级秩序,参见“价值级序”
Rangstufe 等级阶段:570
Rasse 种族、种属:164;种族与价值世界、伦理、认识,97,164,171,223,272,275—277,280,293,300,356,394,510,542
Rat 忠告:忠告与观念的应然、律令的应然(参此)、推荐、劝告、建议、权威,211—213;教育的忠告,224,566
Rationalismus 唯理论、理性主义:价值论、伦理学、认识论中的唯理论、理性主义,59,81,87,124,145,175—177,239,259—260,267—268,376,392,440,442,485,504,528,参见“逻辑学”、“启蒙〔哲学〕”
Rationell/Rationales 理性的/理性之物:81,86
Raum 空间:参见“时间”
Reaktionsreiz 反应刺激:165
Reaktionswert 反应价值:118
Reaktiv 反应的:338,525
Real,Realität,Realisieren,(Wirklich,Wirklichkeit,“Ausführung”)实在的,实在性,实现(现实的,现实性,“实施”)
实在与显现、假象(感性学的假象),68,80,103,141;实在的、观念的和具体的实存,383,参见“具体”、“抽象”;本质(参此)与实在之间的基本法则,69,92;现象的实在意识、价值体验与抗阻(参此)体验,149—151;在行动统一中的实在与愿欲(参此)、愿欲做(参此)、实在的阶段(参此),137—139,141—143,参见“行动”、“愿望”、实在存在、目的、追求,52—54;N.哈特曼的认识论与伦理学中的实在本体论,21—23;对实在的因果推理(学说),165,251,298,参见“神”
价值、善,以及实在存在,43,114,194—194;实在存在(实存)与价值、善与恶、应然(公理),48,193—195,214—216;善、恶与“须实现的行为”,参见“善”;价值高度与可实现性,参见“价值 2”;感受的各个深度层次的可实现性,参见“感受”

Realwerden 实在生成:446

Rechnungtragen 算计:154

Recht 法、正当、权利:法的观念、与正当存在(参此)和正确(参此)的关系、法与实证的法秩序、法则、法官、法律系统、自然法、国家法、法与伦理、道德、法的界限、法与正义、回报、惩戒等等,124－126,155,191,208,216,272,303,313－314,317,321,339,361,365－367,489,500,503－504,518,527,532－534,536－537,543,558,565,576－577;"违法者"与"罪犯"(参此);法与人格(参此)、人格性,318,372,474,500－501,549;法与私密人格(参此)、社会人格(志向与行动),535－536,539,541;法与教会(参此),503,536－537,544;参见"正义"、"法律"

Recht 法:成文法(positives Recht),303,533

Rechte/recht 正当、正当的东西/正当的、合理的:正当的东西与不正当的东西＝精神的、质料的价值本质种类,正当的东西与法的秩序,法、法则,124;法与正确的东西、不正确的东西,34,46,100,116,124,191,194,216

Rechtfertigung 证义、论证:230,242－243,310－311,366

Rechtsgefühl 权利感受:367

Rechtsein/Unrechtsein 正当存在/不正当存在:正当存在与存在、价值、应然;正当存在与法(法与不正当存在的联结)、法的秩序,216－217;律令(参此)的正当存在、"合法的律令",220－221;正当存在与"合法的"、正确的,216

Rechtseinsverhalt/Unrechtseinsverhalt 正当存在状态/不正当存在状态:216

Rechtsfertigungslehre 证义学说:243;宗教的证义学说,135,227,229,243,346,350,556,参见"信仰"、"事业"、"极乐"

Rechtsforderung 正当要求、法的要求:316

Rechtsgemäß 合法的、合乎正当的:216

Rechtsnormoerung 权利规范化:537

Rechtsordnung 正当秩序、法律秩序、法制:125,216,316,321,577

Rechtssetzung 法律设定:534

Rechtsverfassung 权利状况:372

Rechtswert/Machtwert/Wohlfahrtwert 法律价值、权力价值、福利价值:534

Redlich 正直的:236

Reduktion 还原:先天性,以及对科学经验的逻辑还原的(错误)进程,72,208;将道德、伦理学、法(错误地)还原为各个科学原则,208,311;现象学的还原(参此);将正确与谬误(错误地)还原为相即性程度,577,将善、恶(错误地)还原为完善性程度(参此,参见"善"),177,268,576—578;对生命显现(参此)的机械论还原,167

Reflex 反射:反射的身体运动,140,145,167

Reflexion 反思:反思与精神行为(参此),90,95,265,374,385;反思与内感知(参此),90,386

Regel 规则:181

Regeln/Regelung 规定、支配:214,361,452,500,535—536

Regieren 制约:337,579

Regulierung 整治:536

Regung/regen 意动、萌动:60,200,204,248

Rein 纯洁的:191

Reiz 刺激:对刺激概念的现象学论证(定义:167),对迄今为止各个学说的批判,165—170;感官刺激与反应刺激,169—170;生理学的刺激概念与物理学的实在概念(黑尔姆霍尔茨、黑林、巴甫洛夫),153,165—168;生理学的刺激、感性内涵、感受状态、生命过程、环境(参此),77—78,153—155,168;刺激与感性感受(参此),153,261,335,337,343

Reizend 诱人的:36

Rejektion 回掷:422

Relata 相关项:225

Relativität/Absolutheit 相对性/绝对性:价值种类的存在的相对性阶段＝对于价值高度而言的奠基准绳(参见"价值 2,d"),107,114—117;最高价值的绝对性的明见性与善业种类的双重相对性,115—116;关于价值"相对性"命题的意义,270—275;价值的所谓"相对性"学说(批判):相对于人(人类主义),271,相对于人类"人的伦理学,参见'伦理学'",270—280;相对于生活(生物学的伦理学,参此),280—298,参见"生活"、"人"、"人类";伦常价值评估的历史相对性、它的各个向度,300—321,参见"伦理"、"伦理学"、

"道德"、"道德性"、"风俗"、"伦常";参见"此在相对性"、"主体性"

Relativitätsprinzip 相对性原则:物理学中的相对性原则,以及纯粹生物学的相对性原则,461

Relativismus 相对主义:伦理学的相对主义(错误的相对主义适应学说的起源),14,32,295,301,305,307—309,319,485;情感的价值视角主义与阶段的质料价值伦理学(参此),非相对主义,307

Religion 宗教:宗教的存在领域与价值领域以及它的经验源泉,298,538,参见"神圣的"、"神"、"神恩"、"天启"、"信仰"、"宗教的";宗教现象学的任务;297,538;宗教现象学与宗教哲学本体论,298—299;宗教理论与本质学说与对神(参此)的实在设定,298;宗教哲学与伦理学,368,579,参见"哲学与宗教"、"宗教与道德",14;教育宗教与传统的信仰内涵,521;感受宗教与虔诚,299;宗教战争(与对神圣者的本质统合的意向),111,299

Religiös 宗教的:宗教的价值观念与实证的客体观念,296—298;宗教的行为与对神的经验,16;"对某物的信仰(宗教信念[faith])";宗教经验,297,参见"天启"、"神恩"、"信仰";经验、伦理以及世界经验、世界伦理、哲学(参此),538;宗教价值与文化价值,537—538;宗教经验与私密人格(参此,参见"神话"),550;宗教的自身感受,参见"自身感受"、"感受"、"极乐";东正教的宗教性,557;对良知(参此)的宗教解释,326;宗教精神与文化创造的社会学形式,538;参见"证义学说"

Religiosität 宗教性:297

Reminiszenz 忆念:472

Renommee 名气:553

Reproduktion 再造:"再造"概念的现象内涵=间接的回忆与期待(参此)的条件,419,425,432,435—436,445;再造与确定的身体的相关过程(说明心理学的先天命题),423;再造所具有的仅仅是选择性的含义,436;错误的再造学说,423,432,435—436,453,456;相似性原则(参此)、对象的相似性=再造发生的(现象基础)条件,439,445—457;再造与接触联想(参此),465;再造律=经验心理学(参此)的奠基性的本质法则、公理、这个定律的前提、它的此在相对性,435—437,445

Resignation/resignativ 听天由命、放弃:真正的、非真正的听天由命与价值欺

罔,58,141,348

Respekt 尊敬:231

Ressentiment 怨恨:怨恨作为(在伦理、伦理学中)价值欺罔、伦常欺罔的源泉、价值伪造,反像(参见"榜样")、怨恨类型,58,135,233,236,238,258,310,315,349,355,366,561

Reue 懊悔:懊悔现象、懊悔的功能与人格价值,174,187,203,337,364—365

Revolution 革命:革命与民族(参此),国家与革命(参此)

Richtiges/Richtig 正确/正确的:124,216,正确的东西,参见"法(正当)"、"正当的东西"、"正当存在"

Rigorismus 严峻主义:康德伦理学(参此)中的严峻主义,89,234,参见"责任"

Romantisch/Romantik 浪漫的、浪漫派的/浪漫派:伦理学人格主义(参此)的浪漫派假象形式,497;浪漫派与"生命共同体",528;"美的心灵"=浪漫派的对应理想,参见"美的心灵";主体主义的、浪漫派的感受宗教性(施莱尔马赫),299

Rückwirkung 回复作用:354

Ruf 呼唤:482

Ruhm 名誉:名誉=社会的人格价值、客观要求、真正名誉与假象名誉,57,553—554

Rühmen 赞誉:555

Ruhmliebe 爱名誉:232,236,555

Ruhmbegierde 名誉欲:232

Ruhig 平静的:333

Rücksicht 顾及:533

Sache 实事、物事:10,44,152;物事、事物、善业(与自然的世界观),43—44;物事与私有财产、物事的法律概念,43—44,473

Sache selbst 实事本身:438

Sachphilosophie 实事哲学:24

Sachverhalt 实事状况:315

Sachwert 实事价值:117,495

Sakramentale Wertdinge 圣礼的价值事物：圣礼的价值事物＝神圣之物的价值领域中的符号价值，不仅仅是价值符号，126

“Sammlung”/Leere“聚”/空：自我（参此）总体性的各个阶段，“自身拥有自身”的各个种类，417－418

Sanktion (Verbindlichkeit) 核准（约束性）：与“伦常性与幸福”（参此）之联系中的核准，360；核准与契约（参此），521－522

Schaden 损、损害：参见“益”

Schädigung 损害：284

Schädlich 有害的：187

Scham 羞耻：羞耻的功能，羞耻与价值感受、伦常感受，210，269，302，343

Schamgefühl 羞耻感：14，210，230

Schamfaft 害羞的：210

Schätzen/Schätzen 评估：274，493

Schema 图式：409

Scheidung 划分：157

Schein 假象、虚假：理论的、美学的、愿欲的、愿望的领域（“梦想”）中的假象、“显现/现象”、实在，68，80，103，141，166，435，439；在伦理学领域中的假象、“显现/现象”、实在，483－484，555，565－566；社会（参此）社会作为社会假象的领域，551；参见“真正的－非真正的”、“禁欲”、“命令”、“惩戒”、“教育的”、“欺罔”、“坏的”、“病理学”（幻觉）、“法利赛式的伪善”

Scheinaskese 假禁欲：238

Scheinbar/Scheinbarkeit 虚假的/虚假性：435，439

Scheinbefehl 假命令：366

Scheinbildgegenstand 假象形象对象：104

Scheinform 假形式：496－497

Scheinfrage 假问题：366

Scheingegenstand 假象对象：103

Scheinhaftes 虚假：176

Scheinstrafe 假惩戒：366

Scheinstrafesystem 假惩戒系统：366

Scheinvorbild 假榜样:565

Scheinwert 假象价值:313

Schicht 层次:418

Schicklich 合适的:174

Schlauheit 狡猾:292

Schlecht (Schlechtigkeit) 坏、劣:32;"坏"与"恶"("能干"与"善"),133;坏东西的本质的、毁灭自身的和毁灭世界的特征,357;坏东西作为假象的东西,176;参见"善"、"恶"

Schluß 推论、推理:从自身被体验的东西向陌生被体验的东西的类比推理,参见"类比推理"、"陌生的"、对实在的因果推理(参此)

Schmerz 疼痛、痛苦:疼痛=感性的感受状态,疼痛与表达,疼痛的感受质性,122,261—262,参见"感受"、"感性的(特征)";疼痛的定位性、延展性,110,178,335,341,410—411;疼痛与注意力,261,338,341;疼痛与生命价值(参此)、生活被给予性、生活感受(参此),疼痛的目的论(健康、疾病),112,262,269,341—343,347,349,401,404,409;病理学(变态),261,341;疼痛运动的各个形式,参见"痛苦";"陌生疼痛",参见"共同感受";穆勒、斯宾塞的错误学说,284

Schmerzliebe 爱疼痛:236

Scholastik 经院哲学:20,369

Schön/Häßlich,Schönheit 美的/丑的,美:美的、丑的=精神价值样式(参此)的种类,100,103,113,124;美的、丑的=客观的价值质料、质料价值直观的事实组成,116,182,192,253,256;自然的美事物与艺术作品,272

"Schöne Seele" "美的心灵":美的心灵的("义务"与"禀好")伦常价值,234—235;美的心灵=与市民相对的浪漫之反像,561

Schuld (Verschuldung) 罪责(负罪)、债务:116,174,187,274;不负罪的罪责、负罪的罪责、悲剧的罪责、遗传的罪责与伦常的自主(参此),304,487—488;总体罪责、凝聚罪责,368,488,523,参见"凝聚"、"负责";罪责感,204;伦常罪责与惩戒(参此)、懊悔(参此),16,174,187,363,364;个体主义的道德与实证主义的道德,以及罪责概念,487;资本主义的体验结构=历史的罪责,274

Schuldhaft/Schuldhaftigkeit 有罪的/有罪性:364—365,487

Schuldigung 得罪:309

Schwelle 边界:188

Schwindelgefühl 眩晕感:343

Schwören 发誓:473

Scotismus 司各特主义:219—220,330

Seele 心灵、灵魂:心灵作为实在的实体(各种学说),294,376,379,475—476,参见“实体学说”;自然的心灵经验、现象学与联想心理学(参此),428—430,468;有灵性(Beseeltheit)、泛灵论与(精神的)人格概念(参此),404,471,475—476;纯粹心灵现象,410,参见“感受(深度层次)”;“心灵性”与人格概念,498;心灵疾病,而非人格疾病,479;心灵生活的病理学崩溃,以及联想原则(参此),428

Sehen 看:参见“感官功能”

Sehding (Sehsphäre) 看的事物(看的领域):“看的事物”、看的行为(Sehakt),164,以及对一个质料事物(参此)的感知、感觉,74—77,206;身体(参此)作为看的事物,398;看的事物的空间与几何学的空间,76;在看的领域中的病理学,154

Sehinhalt 看的内容:164

Sehnen nach 对……的向往:544

Sehreiz 看的刺激:167

Sein 存在:如在(Sosein)、他在(Anderssein)、成为,421;绝对存在=“物自体”,394;一个非价值的存在(悲观主义,参此),108,118;神的观念作为存在观念,108;将善的东西、恶的东西错误地等同于存在的程度,参见“善的”;价值与存在,参见“价值”

Seinsollen u. Nichtseinsollen 存在应然与非存在应然:52,193—195,214,357

Seinsverbindung 存在联结:192

Seins-Vollkommenheit 存在的完善性:268

Sekte (soziologisch) 异端(社会学的):异端,539

Selbiges 自同者:439

Selbigkeit 自身性、自同性:425;参见“同一性”

Selbigkeitsbewußtsein 自同性意识:461

Selbst- 自身—:自身行为=单个化的本己行为,511;“自身敬重”(对某物的意向),191,237,489,407,511,参见“法利赛式的伪善”;“自身命令”,566;自身控制、自身克服,166,475;“自身褒奖”(病态的),385;自身评判,190—191;自身意识与人格性,146,469,471,473,511;“自身顺从”,491;自身公正,192;自恨,320;自身神圣化、自身完善、自身败坏,490,498,524;自爱(与爱邻人,参此),119,320,483,489,511,524,556;自身检验,511,523,556;自身欺罔,409,481;自身负责,参见“负责”;“自身承担义务”、“立法”(康德),219;自身感知,166,410;自身价值感受,270,355;自身价值意向,参见“意向”;自身拥有自身(Sichselbsthaben)的现象学,418—419

Selbständig 自立的:447

Selbstbeglückung 自身幸福:524

Selbst-Belohnung und Selbst-Bestrafung 自身—褒奖与自身惩戒:351

Selbstbeurteilung 自身评判:480

Selbstentleibung 自尽:319

Selbsterhaltung 自身保存:286

Selbsterhaltungstrieb 自身保存本能:171

Selbsterworben 自身获取的:自身获取的与先天的(参此);自身获取的与伦常的人格价值,63;自身获取的明察,97—98;自身获取的各个特性的遗传传递,63,285,287,290,295

Selbstgefühle 自身感受:参见“感受”、“极乐”

Selbstgegebenheit 自身被给予性:自身被给予性与明见性、相即、真理、被意指状态,40,67,71,87

Selbstgerechtigkeit 自身公正性:192

Selbstheiligung 自身神圣化:489,498,524

Selbstliebe 自爱、爱自己:119,489;在上帝中的自爱,556

Selbstmitteilbarkeit 自身可告知性:549

Selbstmord 自身谋杀:319

Selbstquälerei 自身折磨:203

Selbststellung 自身位置:人格的伦常自身位置,171,419

Selbsttäterschaft 自身动作状态:479

Selbsttäuschung 自身欺罔:35;参见“自身一”

Selbsttötung 自杀:320

Selbstverantwortlichkeit 自身责任性:479

Selbstverantwortung 自身负责:201

Selbstverderbung 自身腐朽化:524

Selbstverpflichtung 自身承担义务:219

Selbstvervollkommung 自身完善化:498,524

Selbstwahrnehmung 自身感知:对他人的内自身感知,510

Selbstwert 自身价值:119;参见“价值 1,d”;自身价值与自身非价值,548

Selbstzerstörerisch 自身毁灭的:357

Seligkeit (Verzweiflung) 极乐(相对于绝望):极乐=最深的感受层次、宗教的自身感受、绝对的人格感受,与善的存在(参此)的关系;109,126,247,332,340,344—351,359—360,368,483,参见“感受”;通过“事业”获得的极乐、通过“信仰”获得的极乐,参见“证义”

Sendung 使命:482

Sensitiv 感情的:164

Sensuell 感觉的:442

Sensualismus/sensualistisch 感性主义/感性主义的:73—75,82,85,248,433—434

Serenitas animi 心平气和:344

Servil 谄媚:184

Signal 信号:269

Sichselbstgegebensein 自己被给予自身的存在:418

Sichselbsthaben 自身拥有自身:417

Singularismus 单元论:单元论与个体主义(参此),506;单个化的行为,511,513,516,524,参见“自身一”

Sinn 意义、官能、感官、感觉:164,229;有意义的(sinnvoll)、无意义的(unsinnig)、错误的、悖谬的,378;有意义的、真的、假的,470;精神行为(参此)的意义充实性;意义联结与联想联结,参见“心理的”;在各个感受层次(参此)

中的意义同一性、意义连续性；对人格（参此）的意义理解与因果说明、有意义，470—471；意义与理解法则（参此），参见“陌生的”

“innerer Sinn” 内感官：内感知（参此）在身体的“内感官”上的束缚性、它的选择功能，158，377，410—413，415，420，445；说明的心理学（参此）＝“内感官”的生理学，166，416，420；参见“自我”、“心理的”

Sinnesbahn 感觉轨道：162

Sinnesfunktionen (Sehen, Hören, Tasten, Schmecken etc) 感官功能（看、听、摸、尝等）：各个感官功能的统一共同作用作为感觉（参此）的局部功能、感官功能的本己规律性、感官功能与环境（参此）、注意力、刺激、价值观点（各种错误的学说），357—358，74—76，90，163—164，170，380，387，398，400，409，413—415，434，438—439，461，参见“感性”、“看的事物”、“倾听”、“注意力”、“感官功能”、“刺激”、“感知”

Sinneslust 感官快乐：171

Sinnesorgane 感觉器官：感觉器官与感觉质性（参此）、感官功能（参此）、感觉、生命过程：74，76—78，153，162，164，169，414

Sinnesphysiologie/Sinnespsychologie 感官生理学/感官心理学：165—167，439

Sinnesqualitäten (Farben-, Ton-, Geruchs-, Tast-, Geschmacksqualität) 感官质性（颜色质性、声音质性、气味质性、触摸质性、口味质性）：感官质性＝感觉（参此）的真正客观质性、与事物、感官功能的关系（参此），以及价值经验（错误的学说），35—36，41，43，70，74—75，77，90，121，146，159，162，165—167，169—170，175，181—182，184，205，249，252，268—269，272—273，276，409，415，432—433，439—441

Sinnesreiz 感官刺激：165，169；参见“刺激”

Sinneswahrnehmung 感官感知：参见“感知”

Sinnlich 感性的：康德把所有理论领域（或者说，价值论领域与伦理学领域）的质料都等同于“感性内涵”，73，78—79，81，对此参阅：感受状态对主体的“作用”，参见“感受”；对“感性内涵”概念的现象学澄清、与感知、感觉内涵的关系，74—78；类比：感性感受主体在与感受（价值感受）质料和愿欲（参见“志向”）质料关系中的作用，78—81；感性内涵与感知、兴趣、刺激、本能

价值观点,162－164,170－172;感性感受(参此)

Sinnlichkeit 感性:208;外感知(参此)在身体(参此)的感性上的束缚性,它的选择功能,158,410,413,445;身体感性在功能上划分为各个感官功能(参此),413;事物对我们感官的作用,参见"作用";参见"(康德的)二元论"

Sitte 伦常:伦常=生命共同体(参此)中伦常价值评估的变更向度,305,321,517,536;参见"传统";伦常(共同体)与协定(社会,参此),518

Sittengesetz 伦常法则:康德关于一种普遍有效的、先天的伦常法则的学说=形式的、自主的愿欲理性法则作为伦常的基本组成、愿欲作为善、恶的载体、否认善(参此)、恶是客观的、质料的价值、否认它们与其他价值(级序)的联系,等等,31,45－47,49,50,61－62,66－67,79,81,88－89,101－102,129,219,233,246－248,275,277－280,300,320,322－324,328,370－373,482－484,560,567,参见"绝对律令"、"责任"、"公设"、"(实践)理性";善、恶不能被回溯到伦常法则(正当的东西)上,45－46,49,101,277,279,482,－484,506,559;康德的伦常法则,以及人格的个体性,77,482,484,559,605,参见"善"("为我的善")、"良知";参见"同一性原则"、"敬重'法则'"

Sittenstolz 伦常骄傲、伦常自豪:497,参见"对善存在的意向"、"法利赛式的伪善"

Sittlich/Sittlichkeit 伦常的/伦常性:伦常价值=质料直观的独立的、客观的事实、伦常之物的载体、伦常之物的领域,21,46,101,103－104,115,129－130,134－135,137,173,176,178,184－189,191－192,202,279,294,483－484,参见"价值"、"善－恶"、"人格"、"德行"、"行为"、"愿欲";伦常的基本行为,380－381,参见"爱"、"偏好"、"感受";伦常明察、伦常认识、它们的起源、经济化形式,参见"明察"、"善";伦常存在、伦常明察、伦常行为举止与伦理学的关系,86－88,329－331;伦常性与幸福(参此);伦常价值评估的变更向度,300－321,参见"伦理"、"伦理学"、"道德"、"伦常";伦常天才(参此);权威(参此)的伦常本己价值;中止伦常评判,参见"私密人格";不考虑心理学(参此)中的伦常价值,174;关于伦常事实起源的不充足学说,173－211;参见"唯理论"、"唯名论"、"功利主义"、"评判(理论)"、"善－恶";伦常之物领域中的欺罔,103,135,184,186,191,203,235－236,309,

310,324—325,329,484,492,564,569;参见“怨恨”、“拘泥性”

Sittlich-gut 伦常—善的:191

Situation 处境、情境:137,147,240;环境与行动(参此);处境、特征资质,以及人格的自由,476;处境价值=独一的(具体的、历史的)价值,以及普遍有效的价值法则,485,参见“价值个体主义”、“时机的要求”、“善”(“为我的善”);处境统一与接触联想(参此),464—465

Sitz 处所:150,519

Skeptizismus 怀疑主义:伦理学的怀疑主义与多的问题、规范(参此)的变换问题、伦理形式(参此),116,130,224,300,322;参见“相对主义”;“怀疑论者”、“人类学主义”,116

Sklave und Personalität 奴隶与人格性:318,472,474,573;“奴隶的”行为举止,以及顺从(参此)的自主,491

Sklavisch 奴性的:231

Skrupulosität/skrupulös 拘泥性、拘泥的:234

Sola fides 唯靠信仰:227,350

Solidarität/solidarisch 凝聚、团结/凝聚的、团结的:凝聚(同情,参此)与利己主义(斗争原则)作为生物本性、生活方向的普遍原则,282—287;伦常凝聚与自主、自身负责、共同负责(参此),313,364,367,487—488,参见“罪责”、“功绩”、“负责”;在本质的社会单位中的凝聚形式(参此),284,493,516—519,522—523,527,530;所有人格的救赎凝聚(Heilssolidarität),参见“救赎”、“教会”;凝聚与私密人格(参此),503,550;凝聚的合作,以及现代个体主义的竞争系统,285、538;凝聚的担保(生命共同体,参此),419

Solidaritätsprinzip 凝聚原则:本质基础、凝聚原则的延展,503,523—526,537—540;凝聚原则=伦常人格(个体人格与总体人格)之宇宙的基本条款、历史与共同体的伦常先天,15,284,364,523,526;凝聚=人类(伦常的总体劳作)的伦常总体理想,530;参见“对立性”;凝聚与个体主义的竞争原则,13—15,274

Solipsismus 唯我论与先验主义,378

Sollen/Sollung 应然、应当:19,225

观念的应然(ideales Sollen)、实在的应然(reales Sollen)、规范的应然

(normatives Sollen);律令的应然(imperativisches Sollen)

应然与价值(公理、本质联系)、价值把握、明察、应然的特征,192—193,214—215,217—218;所以应然=存在应然、非存在应然、价值(非价值)的应然与非实存(实存),214—215;应然对非价值排斥的第一性指向性,216;与非应然、正当存在的关系,216,参见“正当”、“法”;价值明察、应然与愿欲,217—219;应然与未来关系、发展,194,215—216;应然与善—恶,参见“善”;观念应然(“应当存在”);(肯定的、否定的)价值的实存与非实存的公理关系,106,194,214—219;观念应然与诫令、“伦常抗拒”,220—221;观念应然与“可嘉的”、“允准的”,214;参见“榜样”

规范的应然(“存在应然”)、律令应然、实在应然,它与观念应然的关系,50,100,211,218—219,225,与追求的关系、愿欲、实现,195,211—212,218,参见“律令”、“规范”、“诫令”、“义务”、“命令”、“伦常法则”、“伦理学”(律令伦理学、义务伦理学)

(观念的、实在的)应然与能然(参此,各种学说:亚里士多德、斯宾诺莎、路德、康德、居伊约)的关系,50,213,241—245,277,373,参见“公设”、“教育学”;应然伦理学(参见“伦理学”)、它的否定的、批判的特征、应然伦理学与人格价值,193—194,217—218;“先验的”应然、应然必然性,93,217

Sollenmaterie 应然质料:229

Sollensaussage 应然陈述:193

Sollensethik 应然伦理学:193

Sollensnötigung 应然逼迫:483

Sollensurteil 应然评断:193

Sollensverbindung 应然联结:192

Soll-Sein 应然—存在:192

Sollsein und Seinsollen 应然的存在与存在的应然:45

Sorge 关心:320;“对本己心灵救赎的关心”,498

Sosein 如在:42,380;存在与如在(Sein und Sosein),561;如在与另在(Sosein und Anserssein),540;如在条件与此在条件(Soseinsbedingung und Daseinsbedingung),541

Souverän 自立自主的:514,532,535

Souveränität 自立自主性、主权：总体人格（参此）的自立自主性，531－532；国家（参此）的主权、联邦国家，532，545

Sowertigkeit 如此价值性：564

Sozial 社群的、社会的：社会的行为、人格作为社会行为主体，453，509，511，553－555；社会行为的本质超越性（"鲁宾逊"），511，它们的本质对立性（参此），524－526；社会人格，参见"私密人格"；社会人格的价值，553－555，参见"荣誉"、"尊严"、"名誉"、"神圣性"；"社会志向"与爱邻人（参此）；社会志向、社会行动，以及伦理学与法，576；道德价值判断的社会有效性，65，187－189，参见"道德"；社会伦理学，515；社会的本质学说，参见"社会单位"

Sozialeinheit 社群单位：本质的社群单位（社群本质学说），515－548（分配原则，519），参见"大众"、"生命共同体"、"社会"（参此），"总体人格"（参此）；生命共同体（参此）、社会（参此）、总体人格（参此）作为社群单位（浪漫派的、自由主义的、实证主义的学说），527－530；在社群单位中的个体性之载体，参见"个体性"；在作为本质社群单位的总体人格观念中的本质差异，533－548，参见"教会"、"民族"、"文化圈"、"国家"；关于作为社群单位的总体人格之多样性的先天命题，541－542，在相互之间与相互交融状态中它们的本质关系，549－550；与空间和时间多样性的本质关系，544－546

Sozialismus 社会主义：15，372，494－495

Sozialperson 社会人格：参见"私密人格"、"人格"、"总体人格"

Sozialpolitik 社会政治：社会形式（与实践能力和价值高度，参见"价值 2，d"），339

Sozietät 社群：188

Soziologie/soziologisch 社会学/社会学的：社会本质学说（参见"社会单位"）＝哲学社会学的基本问题，515－517；宗教精神与文化产物的社会学形式（知识社会学），521，538；引领与后继＝社会行动的基本形式，563

Spähen 探看：163－164

Spekulation 推想：137

Spezialisierung/Spezifikation 类化/分殊：130，147，171

Spezies (im Husserlschen Sinne) 种类（在胡塞尔的意义上）：456

Spiegelbild 镜像：552

Spiritualistisch 精神主义的：精神主义理论、心理学理论的现象基础：417—418

Spontan/Spontanität 自发的/自发性：自发的行为、感受、行为方式（与反应的行为、感受），119，266，339，525，554；自发性＝思维的自发性（康德），84—86

Spüren/spürbar 觉察/可觉察的：163，507，525，548

Staat 国家：

国家＝精神的一生命的、人格类的总体实在、（不完善的）总体人格（参此），502—535，参见“社会单位”；国家的价值与任务，501，534，539—542；国家＝统治国家、在一个民族、一个生命共同体（参此）之上的国家意志，101，126，501—503，514，533—536，541，543，545；国家主权、联邦国家，535，545；国家与社会，502，545；国家与个人〔人格（参此）的下属国家性、超越国家性和外在国家性〕，513，527—528，555，567，参见“私密人格”、“社会人格”、“国家公民”；国家与民族、伦理，534—536，547，558；民族国家作为标准、主导观念，534，542；国家民族，534；国家与教会（参此），544；国家与文化、文化实现，534，539—541；“国家文化”、“文化国家”、文化政策，540；国家与法，125，533，541，参见“国家公民”；国家与经济，502；国家与多样性形式（数字、空间、时间）、与其他共同体的上、下秩序关系，503，542—544，547—548；“世界国家”，542；国家革命（它的伦常权利），任何一门“国家伦理学”都是反动的，535，547—548

国家观（古代的、基督教的、普世主义的、自由主义的、德意志的、康德的、契约论的国家观），494，503，513—514，527，534，545，参见“契约”、“无政府主义”、“民主”、“政治”

Staatsbürger 国民：国家法的人格与私人法的、经济的人格（康德的错误），500—503

Staatskirche 国家教会：544

Staatsmann 政治家：政治家作为人格价值类型（参此），562

Stadium 时期：528

Stamm 部族：484，510，527，535，562

Stand 阶层：阶层与价值（总体价值）、榜样、共同负责、环境、荣誉、职业观

念,119,157,517,519,553－554,572

Steigerungsbeziehung 提升关系:167

Stellenordnung 地位秩序:146

Stellenwert 地位价值:439

Stellungnahme 执态:310

Stil 格调、风格:格调＝在审美(参此)领域中各次主宰着的价值偏好体系,45,301,353,539;文化格调与国家,540

Stimmung 情绪:234

Stolz (Sitten- und Leidens-) 骄傲(伦常骄傲与痛苦骄傲):184,350,497

Stoß/Zug 推力/拉力:346,499

Strafdrohung 惩戒威胁:558

Strafe (Strafübel,Bestrafung) 惩戒(惩戒弊端、惩罚):230,473;惩戒的本质与报复(参此)、回报(参此)、罪孽,惩戒与伦常的与法的领域(正义、法),317,363－365,367,369,473;惩戒与净化("改善")、懊悔、原谅、凝聚(相对的伦常惩戒权利,365),364－368;"惩戒的权利"与人格性、假象惩戒,366;教育学的惩戒,366;功利主义的、实证主义的惩戒说,363,365－366,368;奖－惩的正义与神的观念,364,368－369;"自身惩罚"(Selbstbestrafung)、"自身褒奖"(Selbstbelohnung),351,360,参见"幸福与伦常性"、"奖励";施与弊端与剥夺善业,473

Strafleiden 罚难:243

Streben/Strebung 追求:202

追求＝独立的、本能的体验基本类,52,138;追求与愿欲(参此),81;追求与抗阻(参此),381;正价值、负价值(更高的和更低的价值)与追求,对价值的抵御追求、追求与感受,57－59;追求与观念应然,221;在(原初的)追求方向与价值感受和表象行为之间的奠基关系,54－56,58－61,138,148,265(智识主义的追求理论,59,138);追求生活的各个类型与追求目标、价值和愿欲目的之间的关系,51－62;对中心愿欲(参此)而言的自主追求的伦常价值,62－64,参见"目标"、"目的"、"禀好"、"本能"

在追求的情感复合体中的本质联系,332,346,349－350,356－357,参见"感受"、"动机引发";关于作为追求目标的幸福、快乐的学说,246－247,

251—252,258,331—332,359,参见“幸福主义”、“享乐主义”、“悲观主义”;对占有和生命败落的追求,367;追求与价值欺罔、追求的变态,57—58,64,355,357;参见“趋向”、“禀好”

“Strenben nach” “向而追求”:247,253

Streber 追求者:追求者的类型,273,355;参见“怨恨”

Struktur (Aufbau,Form) 结构:结构、建构、形式

先天=在经验领域中的对象结构,85,参见“先天”;自然世界观的环境结构(参此),以及科学、哲学,162,287;162,287;自然心灵经验的结构,以及现象学与心理学,428—429;环境结构的持恒(参此)

价值体验结构,参见“伦理”;自然价值体验结构、现代的(文明的)价值体验结构(参见“资本主义的”),以及对它的克服,272—275;世界观结构与信仰结构、伦理,303;在民族(参此)中和在文化圈中的(同一的)世界观结构,542;社会结构和伦理,310;榜样(参此)=人格形式中结构化的直观价值状态,564

Stufe 阶段:418,470

Subjektiv/Subjektivität 主体的、主观的/主体性:“主体的”与“相对的”,114;所谓的价值“主体性”与价值“相对性”,价值被给予性的主观因子,270—275,参见“价值 1,b”;伦常价值的所谓良知主体性,321—331,参见“良知”;参见“相对性”、“此在相对性”

Subjektivistisch/Subjektivismus 主体主义的/主体主义:对先天的主体主义诠释(康德),参见“先天”;主体主义形而上学(价值)、先验主体主义,195,506;伦理学中的个体主义主体主义,483

Sublimierung 升华:568

Substanz (rationalistisch) 实体(理性主义的实体):各种人格、心灵的实体学说、关于自我(参此)的“心理秉性”的学说,294,371,376,384,408,412,415—416,421—422,430,451,475—476,526—527;总体人格不是总体心灵实体,522;神的观念(参此)作为实体观念,2,98,299

Substrat 基底:567

Suchen 寻找:158

Suggestion 暗示、意志移植:99,199,201;社会暗示(soziale Suggestion),暗示

的命令(与自主、义务、顺从),99,201,212,472,491,564;参见“病理学”

Suggestiv 暗示性的:212,564

Sühne/sühnen 赎罪:243;赎罪=客观的要求,与报复(参此)、回报(参此)、惩戒、懊悔、罪责的关系,253,362—363;“赎罪要求”现象学,253

Sühneforderung 赎罪要求:362—363

Sukzession 演替:108,209,421

Summun bonum 至善:57

Sünde 罪孽:174,187,203,562;罪孽现象,174,187;罪孽的所在地(诺斯替教派、加尔文、康德),577;个体必然犯罪孽(阿威罗伊、斯宾诺莎),96;原罪说,577

Sündigkeit 罪孽:56

Superposition/superponieren 叠加:63—64,419—420,428—431,466—467

Symbol/symbolosch 符号/符号的:价值符号与符号价值,120—121,123,125—126,134,228,274;价值、价值判断与价值的符号功能(参见“唯名论”),59,111,180,185,308,320;价值与量化的价值测量,121;价值差异、符号差异与现代价值体验结构,257,272—274,非符号的经验,参见“现象学的”;自然符号与寓意(Allegorie),521;感知(参此)(外感知和内感知)事实的双重符号联系,165

Sympathetisch 交互感应的:315

Sympathie 同情:同情的感受;同情与利己主义(参此)、权力追求、作为生活、生活方向(参此)的普遍趋向,282—284,参见“凝聚”;同情与感受层次(非感性的、生命的同情与生命共同体、精神的同情),52,125,242,247,342—343;康德的同情学说,247,282,达尔文、斯宾塞、尼采,282—284,361;同情伦理学,178,190,283

Symptom 征兆:314—315

Συμφιλοσοφειν 共同爱智活动:将社会(参此)阶段的共识建立在共同体的共同爱智活动之上,521

Tasten 触摸:409

Tastinhalt 触摸内容:409

Tat 做、行动、活动、作案：362－363，554

Tatbereit 准备做的：144

Täter 行动者、作案者、做者：554

Tatfähig 能够做的：144

Tätigkeit 动作、活动：137，158－159，334

Tätigkeitsbewußtsein 动作意识：158

Tätigkeitserlebnis 动作体验：159

Tatmensch und Träumer 行动人与梦幻者：与实在（参此）和愿欲（参此）的关系，79－80

Tatsachen 事实：先天的（参此）经验＝对事实的经验，68－70；康德没有看到一门先天伦理学的事实圈，67，参见“价值伦理学”；关于伦常事实之本质的不充分理论，173－211，参见“伦常的”

Tauglich 适宜的：320

Tausch 交换：交换的本质，交换与价值，249

Täuschung (Illusion) 欺罔（臆想）：理论领域中的欺罔，68，301，312，329，410，433，443，498，574，情感的价值领域中和伦常领域中的欺罔，37，58，88，103，105，108，114，184－188，203，233，235，249－250，270－271，301，309－310，312－313，321－322，324－326，329，341，492，568，597，参见“伦常的”；自身欺罔，参见“自身－”；欺罔、错误、失误，37，88，203，270，313；参见“怨恨”、“病理学”（幻觉）

Technik/ 技术、工艺/技术的、工艺的：技术价值＝后继价值，参见“价值 1，d”；技术的作用与艺术价值实现中的质料，45，307；联想心理学（参此）的技术目的设定，420

Teilbarkeit 可分性：价值（参此）的间接性与价值高度，110－112，273，541－542

Teleologie/teleologisch 目的论/目的论的：“目的论的上帝证明”，298；身体（参此）的技术原则，349，参见“疼痛”；感性感受（参此）的反目的论，359；客观的目的论，以及人格的自由（N. 哈特曼），22

Teleoklinie 目的技艺：22

Tendenz 趋向：趋向＝质量同一的本能（参此）组成部分与生命运动，414；第

一性的生命(参此)趋向,285;感受状态,以及朝向替代品的趋向,347—348,参见"感受";我们这个时代的历史学、社会学趋向,530

Territorium 领土、领地:503,510,531

Teufel 魔鬼:参见"神"、"完善"、"榜样〔前像〕"、"反像"

Theismus 有神论:23

Theokratie 神权政治:544

Theologie (Dogma) 神学(教义):219,231,243,297,303

Theomorphismus 拟神论、神形论:293;人=拟神论,参见"人"

Tiefstand 低下状态:188

Tier,Pflanze (und der Mensch):动物,植物(与人):115,242,244,271,273,281,285—292,294,373,466,469,478,504,515,518,544,564,567

Todesstrafe (und Personidee s. d.) 死刑(与人格观念,参此):死刑与谋杀(参此)、人格价值,314,316—319;参见"牺牲生命"、"殉道"、"异教徒";参见"谋杀"

Tonphänomen 声音现象:参见"颜色"、"声音"

Torheit 愚蠢:57

Total 总全的:512

Totalität 总体性、总全性:215,389,421,509—510

Totalperson 总全人格:512

Totschlag 杀死:317

Tötung 杀害、杀死:杀害(杀人、战争、堕胎)以及谋杀、人格价值,314,316—319;参见"牺牲生命"、"殉道"、"异教徒"、"谋杀"

Tracht 式装:517—518

Tradition 传统:真正的传统(与伦常)与伦理(参此),305;传统与感染、成年,472;传统,以及人格的自主,487;传统与榜样的作用,567;传统与历史和历史科学的关系,161,438;传统=环境作用的时间延展(参此),154,161;传统作为先天伦常明察(参此)的经济化形式,97—98,202,325,492

Traditionalismus 传统主义:传统主义与认识共同体(语言),539;传统主义与对价值人格类型(参此)的本体化,571—572

Tragisch/Tragik 悲剧的/悲剧性:悲剧的观念=伦理学的本质范畴,575,

578;有限人格与总体人格(以及神的观念)之间的伦常冲突之本质悲剧,575—576,参见“性关系”;悲剧与泛神论,578;悲剧的罪责、悲剧的命运,以及遗传的恶(Erbbösen)的观念,304,487,575,参见“选择”;伦常天才的本质悲剧,304;享乐主义者(参此)的悲剧现象,259;悲剧现象,以及悲剧(Tragödie,Trauerspiel),579

Träger 载体:价值不是对它们的载体而言的共同特性的概念,35—37,参见“价值 1,c”;价值存在对载体的不依赖性,40;根据价值的本质载体来区分价值,参见“价值 2,a”;价值与载体种类的观念性、实在性的关系,103,194,参见“价值 1”;价值与它们的载体之间的先天联系,参见“价值 2,c”,在价值高度与载体的本质种类之间的先天关系,参见“价值 2,c”、“价值级序(形式的)”;载体的范围,以及价值测量,111,121,伦常价值“善”、“恶”(参见“善”)的载体,参见“人格”、“行为”、“德行”、“志向”、“行动”;参见“人”作为精神活动、价值的载体

Trägheit 懒散:502

Transparent 透明的:357

Transzendental/transzendentalistisch 先验的/先验主义的:对先天(参此)的先验理解,90—92,98;参见“哥白尼式转向”;先验自我、意识、理性、统觉,94,96,195,226,271,373—375,378,393—394,482,参见“自我”、“理性”、“统觉”、“普世主义”;先验的真理概念、对象概念、实存概念;参见“真理”、“对象”、“实存”;先验的个体主义,506

Transzendenz 超越、超越性:相对于体验(参此),人格所具有的超越性、心理学、客体化,参见“人格”;相对于对他人的把握,私密人格所具有的超越性,参见“私密人格”;社会行为的超越性,参见“社会的”

Trauer 悲、悲哀:125;悲哀与价值状态,256,333,336,340,344,347,407,409,411

Traurigkeit 悲伤:262,407,454

Trauen/Mißtrauen 信任/猜疑:519

Trauerspiel und Tragödie 悲剧:579

Traum/Träumerei 梦:141;“Träume”(Wünsche)“梦想”(愿望):梦与追求生活、志向,64,80,131;梦幻与回忆(参此),437

Traumhaft 梦幻的:140;伦常的忠诚、许诺、契约(共同体与社会),520

Treue 忠实、忠诚:伦常的忠实、允诺、协定(共同体与社会),520

Trieb 本能:199,230;生物=本能连同质料的价值观点的阶段建构,170—171;一个生物本能(价值)观点、本能萌动、感性的感受状态,156—172(参见“环境”);同一的本能与身体趋向的运动结构,414;自身保存本能与繁衍本能,170—171,283—285;本能与价值朝向的生命功能,252;种族的本能调整(Triebeinstellung),170—171;价值、欲求、本能萌动、善业创造(文明)的关系以及“精神的充沛(Überschwang des Geistes)”,351—354;本能变态,170—171;本能冲动与愿欲(参此),49,490;本能与爱的关系,526;本能生活对人格伦常价值的意义(参见“禀好”),62—64,172,504—505,577;本能个体主义,504;西欧历史上的本能变态,171

Triebbeschaffenheit 本能属性:309

Triebhaft 本能的:31,158

Triebimpuls 本能冲动:49,62,247,526

Triebinhalt 本能内容:171

Triebperversion 本能变态:171

Triebregung 本能萌动:170,447,504

Tropismus 向性:167

Trotz 抗拒:221

Trübung 含混:378—379,577

Tüchtig/Tüchtigkeit 能干:123,213,245;能干与技能,参见“德行”;能干人、好人、坏人、恶人,122

Tugend/Laster 德行/恶习:50,103,144,186,213,244;德行=被体验到的能然权力(恶习=无能),各个德行=伦常能然(参此)朝向观念的所应之物的各个方向,50,103,144,213,237,244,310,526;德行价值=人格价值(被奠基的行为价值),50,103,117;德行与义务应然、公设,50,213,243—244,300;德行与志向(参此),144;德行与能干、技能、习惯,213,245,526;德行与对恶的斗争(肯定的与否定的伦常特征),106,242—244;德行与祥福(Glückseligkeit),242,332,360;德行=幸福(斯宾诺莎),334,参见“幸福”;德行价值与“牺牲”论、“代价”论,235—237;德行、虚伪与兴趣,186;康德的

德行概念,50,235

Tugendlehre 德行学说:50

Tun 做、施行:136－138,240;愿欲做、能够做(与行动,参此)＝价值的载体、它们彼此间以及与纯粹愿欲(参此)、志向(参此)、经验(做的成效、“回置”、“愿望”、“成熟”)之间的关系,134－152;“可做之事(Tunliches)”(不可做的),141,145;能够做的体验,参见“能然”、“愿欲”

Tunkönnen 能够做:139－140

Tunwollen 愿欲做:137

Typus/Typen 类型/诸类型:价值作为价值人格类型的统一构成,570;价值人格类型(参此),人格价值类型(参此),民族的形式类型,563;道德的类型统一,参见“道德”;大众的、民族的伦常生活理想的多,参见“伦理”

(Typen) 诸类型:心理学的、性格学的、道德的、社会的和人的类型(参此),79－80,106,108,142,151,155－156,187－188,213,222,234－235,238,248,250,258－259,273－274,285,295,354－355,420,473－474,562;参见“法利赛式的伪善”、“怀疑主义”、“相对主义”、“怨恨”、“病理学”;参见“价值人格类型”

Übel 弊端(与善业相对)、恶劣(与救赎相对立):32,123,217,238,528;参见“善业”

Überbewußt 超意识的:391

Überfluß 盈余:351

Überindividuell 超个体的:484

Überlegung 思索:137

Überordnen/Unterodnen 凌驾/隶属:293,531

Überschau 概观:485

Überschuß 溢出:350

Überschwung 充溢:354

Übersetzen 转渡:169

Überspannt 偏激:22

Übertragung 转递:487,566－567

Übertragungsform 转递形式:488,524

Ubiquität 普遍存在:545

Übung 训练:145,155,526

Übungsbereitschaft 训练决心:354

Übungseinstellung 训练姿态:354

Übungsfähigkeit 训练能力:145

Umgebung 周遭:250,259,403

Umkehrbar/Unumkehrbar 可反转的/不可反转的:459—460

Umkreis 周围:361

Umwelt 周围世界:156—157,168—169;参见“环境”、“世界”

Umweltdinge 周围世界事物:157

Unangenehm 不适意:112,333

Unbehaglich 不舒服:109

Unecht 不真正的:196

Unfrohsein/unfroh 不欢快:125,333

Ungehorsam 不从:102

Ungerecht 不义的:174

Unglück 不幸:109

Universalismus/universal 普世主义/普世的:16;价值普世主义与价值个体主义,483—485;基督教伦理学中的普世主义与个体主义,490;普世的与个体的基本价值(与爱上帝),501;康德的先验普世主义与经验个体主义,501

Universum 普世、普全:贯穿普世的逻各斯,86;普世=价值质性的王国,170;普世领域,170

Unlust 不快:112,152,203

Unrecht/unrecht 不正当/不正当的:34,124,194

Unrichtige 不正确:124

Unschicklich 不合适:174

Unseligkeit 不极乐:347

Unterbewußt 下意识的:参见“意识”

Untereinander 相互包含:543

Unterordnen 隶属:参见“凌驾/隶属”
Unterscheidung 区分:157
Unterstützung 支持:286;支持原则,285—286
Untertyp 子类型:579—580
Unverletzlichkeit 无损:372
Unversöhnlichkeit 不可调和性:579
Unwert 非价值:118,179,207,216—217
Unwillkürlich 不随意的:178
Urgegebenheit 原被给予性:208
Urphänomen 原现象:281,424;价值事实作为原现象,258—259
Ursache und Wirkung 原因与结果:原因与结果以及自然因果原则,446,455;在历史因果性之内的原因与结果(个人与大众),以及个人的自由,496
Ursprung 起源:起源现象学,参见“行为”、“现象学”;行为的起源秩序,参见“行为”
Ursprungsgesetz 起源法则:209—210
Urstand 原状态:原状态与原罪说,577
Urteil 判断:173,190;判断命题与先天,68,88,92—93;肯定的与否定的判断,以及真理,58;判断与矛盾律,102;判断与评判(参此),190—192;判断式的知识与伦理领域(价值先天、价值感受),65,87—88,101,116,180,303
Usancen 惯例:518
Utilismus/Utilitarismus 功利主义:价值领域中的功利主义,65,339;功利主义的相对权利,187—189;参见“道德”;功利主义的惩戒论(参此);对生命价值(参此)的功利主义错误回溯,124,282,参见“有用的”

Variation 变更:384;变更=纯粹的、时间的变异(以及持续、时间、变换),参见“变异”;变更原则=普全的(逻辑的)功能原则、最形式的合规律性的原则(对变更的单义的依赖)=自然(参此)规律性与规范(参此)规律性的先天组成部分,各种错误的学说,224—225;变更原则的隶属形式,参见“机械的规律性”、“联想的规律性”;参见“因果原则”
Vater,Mutter 父、母:参见“家庭”

"Velle in Deo" 在上帝中愿:368
Verabscheuen 憎恶:102,253,449
Verändern 变化:384,421
Veranlagung 资质:223;
Veranlassen 触发、引发:138,246
Verantwortlichkeit 负责、责任性:11,488;自身负责、共同负责、在先负责(Vorverantwortlichkeit)、为之负责(Fürverantwortlichkeit)=人格(参此)的本质谓项,478—479,502,517,526;人格的自身负责"事先"就为所有的相对负责奠基,479;共同负责与自身负责同样原初,488—489;共同负责与凝聚原则(参此),522—526;责任性与人格的自主,489;在本质的社会单位(参此)中的责任性种类及其载体,316—317,518—519,522—523;参见"可期算性"
Verantwortung 责任:23
Verbandseinheit 联合单位:544
Verbandsperson 社团人格:512
Verbieten 禁令、禁止:220—221
Verbindung/Verbundenheit 联合体〔社会〕/结合状态〔共同体〕:521
Verbot und Gebot 诫令和禁令:220—223
Verbrecher (und Gesetzsbrecher) 罪犯(与违法者):罪犯、志向、罪犯的赦免狂想(Begnadigunswahn),130—131,140,156,366—367,565
Verbrecherisch 罪恶的:173
Verbundenheit 联合状态:521
Verdammnis 神惩:346
Verdienen 挣得〔功绩〕:487
Verdienst 功绩:总体功绩、总体罪责,488,523
Verdienstvoll 可嘉的:可嘉的与观念应然(参此)、规范(参此),214,487
Verdinglichen 事物化:404,456
Verdrängung 抑制:一个追求冲动的抑制,210,参见"精神分析"
Verehrung 崇敬、敬仰:111,126,186,237,553,555
Vereinbarung 约定:177

Vererbung 遗传:199;获取的特性的遗传,参见“自身获取”

Vergaffung 喜好:315

Vergangenheit 过去:参见“回忆”

Vergebung 宽恕:对恶的实际取消(神),368,参见“原谅”、“回报”

Vergeltung 回报:回报与报复(参此)、罪孽(参此)、罪责(参此),309,361—363;回报与补偿(Entgeltung),361;回报的意义、它的生命相对性、它的仅只相对的伦常价值,与“幸福与伦常性”的关系(感受的深度层次,参此),359—361,369,380;回报与惩戒的观念,363—367;回报与正义的观念,361,363;回报与法的领域,361,363,367;回报与原谅、爱、伦常凝聚,363—365,367—368;回报观念与神的观念,364,368—369;回报作为“理性公设”,322,355,360,364,369;功利主义的回报理论,367;参见“惩戒”、“报酬”

Vergeltungsdrang 回报的渴望:367

Vergeltungsstreben 回报的追求:125

Vergeltungstrieb 回报的本能:367

Vergnügung/Vergnügung 愉悦:257

Vergessen und Erinnern, Nichterinnern 遗忘与回忆、不回忆:360,364,426,437—438,参见“回忆”

Verhalten 行为举止:63;伦常的行为举止,参见“愿欲”;行为举止的方式(情感的)(参此)

Verhaltungsweise 行为举止方式:187—188

Verharren 固存:109,127,384

Verherrlichung 颂扬、赞颂:495,497

Verirrung 失误:88,312,326,527

Vérité de raison, vérité de fait 理性的真理、事实的真理:268

Verkehrt 偏失的:436,452

Verlangen 欲望:54,352,354,544

Verleiblichung 身体化:406

Vermögen 才能、能力、能够:232,239,242,285;亚里士多德所说的人的能力,242

Vernunft 理性:康德的纯粹的、先验的、超个体的理性观念,10,50,73,396,484,501;"实践理性"、"实践意愿",20,50,62－63,67,82－85,91,326,360,371,392,484;"理性人格"(自主的),20,67,83,275,278,326－373,394,484,486,493－494,498,501－502,504－506,577;"理性法则",参见"伦常法则";理性公设,参见"公设";康德的理性、感性之间的二元论,参见"二元论"、"混乱"

Vernunftbetätigung 理性活动:242

Verpflichtung 承担义务、尽义务:196,199,218－219,226－227,235,241,488,500

Versagen 拒绝:525

Verschiebung 推延:257

Verschiedenartigkeit 种类差异:409

Verschiedenwertigkeit 价值差异:505

"Verschmelzung" 交融:463

Verschuldung 承担罪责、招致〔罪责〕:304,364,487;参见"罪责"

Versprechung 允诺:126,488;能够允诺(意愿行为)＝一个人格(参此)的谓项,473－474;允诺与伦常忠诚,520;允诺与协定(参此);一个恶的行动的允诺,489

Verstand 知性:知性不可被回溯到情感上;先天本质内涵,以及知性命题、知性法则,91;康德的知性先天作为构形活动,参见"先天"、"混乱";对知性范畴的生物学推导(斯宾塞)与机械论的世界图像,281,295;知性与工具(参此)构成、"文明"(参此),知性与直觉,290－292,参见"人"

Verständigung 相互理解:相互理解与理解的各个形式、在本质社会单位(参此)中的相互一同体验,515－520

Verständnis-und Sinngesetze 知性法则与感性法则:知性法则与感性法则联系,动机引发联系(参此),以及陌生理解(参此),123,209,264,269,344,356－358

Verstehen 理解:理解＝相互一同(参此)体验的变种,511;理解＝一个人格的行为意义意向的共同进行、先进行、后进行,57;115,263,271－272,344,387,477,491;对一个人格的"理解"与"说明"(病理学),263,344,470－

471,476—477;爱与理解,480—481,483;理解与“尊重”(法、法官的观念),575—576;社会的理解与历史的理解,264,300;对其他时代、民族的伦理、道德的理解,300,304,308,560;共同体验、自身体验,以及在“共同体”(参此)中和“社会”中的理解,515—517,519;参见“陌生的”、“共同感受”、“同情”、“心理学(理解的)”

Versuchung 诱惑:“诱惑”现象,259;“诱惑”现象学,253

Vertrag (Kontrakt) 契约:129,488;真正的契约,520;契约与凝聚的共同体、凝聚原则(忠诚、允诺,参此),473—474,516,518,520—521;契约与社会(参此),86,129,518,520;共同体、社会、国家等等的契约学说,513—514,522,527,530,543,546—547,551

Vertrauensvoll 信任的:129

Vertretbar/unvertretbar 可代替的/不可代替的:516—518,523

Vertreter 代替者、代表:523

Verweigern 回拒:525

Verwertung 评价:420

Verwirrung 迷乱:心的迷乱,267

Verzeihung 原谅:原谅与回报(参此),309,365,367—368,368,参见“宽恕”

Verzeitlosigen 非时间化:22

Verzweiflung 绝望:109,333

Vis dormitiva 沉睡力:39

Viszeralempfindung 内心感觉:56

Vital 有活力的、生命的:112,123,170;生命价值=独立的、无法回溯的价值样式(参此)、它们的载体,与其他价值样式的关系,生命价值与生命共同体(参此)、国家(参此),104,112—113,123—124,274,279,281—282,289,291,310—311,343—344,367,529,532,534,543,参见“高贵”、“英雄”;生命感受、生命的感受功能、感受状态,参见“感受〔活动〕”、“感受〔内容〕”、“生命感受”;人(参此)的生命组织与文明(参此),289,291—292

Vitalismus 生命主义、活力论:168;“生命主义”与心灵生活的“化学机理(Chemismus)”,430;伦理学中的生命主义原则,283,参见“伦理学”(生命主义伦理学与生物主义伦理学)

Volk 人民、民族：=实在的、自然的实际生命共同体（参此），520，534，与空间、时间多样性的本质关系，544－545，547；人民与国家（参此）；大众与民族（参此）；伦常生命理想的各种民族类型，参见“伦理”；民族特征与神的表象，297，517，572，574

Volksgotteinheit 民族神单位：516

Vollkommenheit 完美、完美性：完美的观念（=存在的充盈）与存在与价值，177，268，268，358，577；不能把善（恶）还原到完美上，参见“善”；对完美观念的否认（与康德的义务观念），577；神的无限完美与有限人格的本质不完美，576－577，参见“悲剧”；神性之物与魔鬼之物的同一完美结构，578

Vollsinnigkeit 健全心智：470－472

Vorbedingungen 前条件：471

Vorbild (Ideal)，Gegenbild 榜样、示范（理想）、反像：在人格、存在、个体的价值本质、观念的应然存在、义务、伦常法则、规范之中的榜样（定义，564），558－561，568；在价值认识行为中的榜样的被给予方式（前逻辑的）（与追求行为和含义内涵、图像内涵的关系），榜样的作用（特征、诱惑、好的榜样）与对榜样的爱、后继（参此），560－561，563－566，569；间接的榜样作用形式，566；榜样起源，以及对经验的人的“理想化”、“升华”，568；榜样〔前像〕与反像、反模仿，561－563，567；实际榜样的起源法则与纯粹榜样模式的功能（定义：579），好的和坏的榜样（反像），以及价值人格类型（参此）的价值级序的观念，567－569，572；普遍的和个体有效的价值人格类型作为榜样模式，以及伦理学，568，570；坏的榜样（假象榜样），以及偏好欺罔、法利赛式的伪善，564－565，569－570

榜样原则=在伦常世界中的第一性的变化手段（志向转变、一个“道德”的起源，榜样与教育），561－567，参见“后继”；榜样证明与精神分析的技术，565；形式的、规范的伦理学与榜样观念，559，563，567；榜样作用与伦理、伦理学、道德、历史科学，560，563，565，569－570；社会学、经济生活中的榜样原则，562－563；榜样的、社会的、民族的形式类型，563，572；社会地位榜样(Standesvorbilder)，572；神的观念与榜样模式的变化，573－575；“魔鬼”=对“神性之物”的反像模式，578；参见“价值人格类型”、“人格价值类型”

Vorbildmodelle 榜样模式：568

Vorbildwert 榜样价值:561

Vordringen 突入:449

Vorfinden 发现:402—404

Vorfühlen 在先感受:247,252,453;参见“共同感受”

Vorhanden/Vorhandensein 现存的/现存状态:427

Vorkenntnis 前知识:304

Vorkommen 出现:429

Vorkommnis 事情:333,390,424,454

Vornehm 雅致的:173,191

Vornehmen sich 自己决心做:219

Vorprüfung 先行检验:316

Vorsatz 打算:118,148,219,454;打算与志向、意图、行动(参此),60,128,130—131,134,137,148;打算的阶段=事物对我们身体状态的可能作用阶段,152

Vorschlag 建议:213

Vorsetzen und Nachsetzen 偏好与偏恶:517

Vorsicht 小心:292

Vorspiegelung 掩饰:135

Vorstellen/Vorstellung 表象、观点;表象=拥有对象的方式,52;表象与价值认识、价值意识,204,263,265;表象与追求目的、意愿目的,52,54—55,59—61,参见“目标”、“目的”;智识主义意愿理论与能然理论的错误,139,145,239,参见“愿欲”;间接回忆、直接回忆与想象:437

Vorstellungsillusion 表象臆想:341

Vor-verantwortlichkeit 在先—负责性:522

Vorvollzug 在先进行:386

Vorzeichen 标志:253

Vorziehen 实施、进行、施行:50

Vorziehen,Nachziehen/Vorzug,Nachsetzung 偏好,偏恶:对(更高、更低)价值的偏好、偏恶=意向的、情感的具有先天内涵的认识行为〔基本行为,与感受、爱(参此)的奠基关系〕,偏好、偏恶与善(参此)、恶,47,59—60,84,87—

88,105—107,265—266,276,563,参见“情感的”;偏好、偏恶,以及选择、追求,49,57,62,105—106,268,358;先天的偏好与经验的偏好,105;在偏好、偏恶中被给予的价值的更高存在与更低存在,以及绝对的价值偏好级序(参此),87,105—107,122—123,358;价值王国(参此)在偏好、偏恶中的扩展,107;精神偏好、生命偏好,124;思考的偏好、有意识的偏好、自动的(本能的)偏好,107;动摇的偏好,106;偏好与实现价值的伦常行为,47—49,参见“善”;禀好的(参此)自动偏好秩序,以及人格的伦常价值,62—64;价值偏好与感受状态(参此)的深度、表层;偏好法则、它的历史和民族的变更,42,45,106,303—304,306—307,309,参见“伦理”;性格学的偏好类型与偏恶类型、它们相对于各种德行、恶习的关系,106,358;偏好明见性,107;偏好欺罔,88,105,569

Vorzugsregel 偏好规则:157

Vorzugsschätzung 偏好评估:305

Vorzugswert 偏好价值:201

Wachstum/Niedergang, Fortschritt/Rückschritt 成长/衰落,进步/退步:成长/衰落,进步/退步以及文化人格(参此)和社会(参此)的价值,537

Wahl/Wählen 选择、选举:选择=追求行为,57,105,265;选择行为、选择领域,以及“悲剧的罪责”,578;,选择与愿欲,49;与偏好的关系,参见“偏好”

Wahlrecht 选择权、选举权:选择权与人格,372

Wähnen sich 冥想:418

Wahrheit, Wahr/Falsch 真理、真/假:

真理=客观观念,一个含义内涵(判断)与事态的明见一致性,对真理的明察(明见性),58,68,93,195—196,198,394;真理不仅是对真理的意愿的、对真理的研究的“理想”,197;先验主义的真理观念,92—94,393—394;命题(逻辑原理)在先天本质联系(参此)中的充实,68,93;真理与相即性程度,576;真、假,研究肯定的和否定的判断,58,190;真、假,以及意义,470;命题真理并不在于它的“有效性”,195;绝对的形而上学真理=人格有效的真理,普遍有效的真理=关于此在相对的对象的真理,393—394;真理不是价值,真理认识=精神的价值种类,125,197—198,462;真理与真正性(参

此），196；伦理学的真理＝伦理与伦理学的相合，313；真、善、美、理论判断与伦理和审美的价值陈述（评判）之间没有并列关系，196－198；对真理的要求也对价值陈述存在，197；“社会”（参此）中的真理准绳，516，518

Wahrnehmung/Wahrnehmen 感知（认之为真）：206

感知＝直观（参此）的一个部分行为，真正的行为质性，借助于身体、感性，375，380，397，413，431，参见“感觉”、“感官功能”；感知内涵与回忆内涵、期待内涵的关系，参见“回忆”、“期待”、“再造”、“限定”、“联想原则”；感知的相关实事领域（当下、此时此地领域），413，425，431－433；认之为真（Wahrhnehmen）与认之为有价（Wertnehmen），42，87，206，210；错误的观念主义感知学说，432

外感知与内感知＝不可还原的人格（参此）行为朝向，对它们的区分并不是相对于身体（参此）而言，165－166，170，375，380－381，389，406－407；相同的明见性，内感知没有明见性长处，不可相互回溯，71，166，386，402－408，参见“心理主义”、“内省说（阿芬那留斯）”；错误的观念主义和感觉主义学说，251，405，413，432；对外感知和内感知现象的划分（身体的独立性、身体的依赖性），157－158，166－168，419－420，参见“物理的”、“生理学的”、“心理的”、“心理生理学的”；外感知及其质料，91，195，375，381，389－390，401，408〔参见“自然”、“外部世界”（参阅“世界”）、“物理的”〕，它们的第一性形式，参见“相互分离”；外感知与感性（参此）；自然外感知行为的构建，74－76；251，参见“感觉”；内感知及其质料，87，91，94，375－377，380，386，389－390，401，408－410〔参见“自我”、“内部世界”（参阅“世界”）、“心理的”、“心理学”〕，它们的相互交织；内感知与“内感官”（参此）；内感知与无意识，391，410

感知（内感知、外感知）与人格、行为、反思，90，382，385－386，389；外身体感知与内身体感知，参见“身体”；自身感知与陌生感知，410，参见“陌生的”；感知与环境经验（参此），149－150，154－155，157－158，161－163，170

Wahrsein 真的状态：197

Wahrung 维护：554

Walten 行使、管理：362，431

Wahnsinn 疯狂:470

“Warmsein”“热状”:166

Washeit 内容性:381

Wechsel 变换:384;变换现象(与运动、变化),460;变换作用学说,以及我们的人格观念(参此),475

Wegdrängung 排挤:210

Wegnehmen 取走:206

Wegstreben 离开追求:54

Wegwendung 转开:438

Weh 伤痛:134

Wehmut 忧伤:333,407,411,430

Wehtun 施痛:232

Weichlichkeit 软弱:302

Weisheit 智慧:智慧、个体良知(参此),以及伦理学,486;成语智慧与自然的、实践的世界观,311

Weisung 指示:566

Welt 世界:

世界原初就是一个“善业”,就像它原初是一个“事物”一样,44;世界不是“观念”,而是具体的、个体的存在,393;现实世界的偶在性(Kontingenz),393;它的心理物理中性,世界=所有对象本质的统一,381,392;具体的世界=一个具体人格的(相关)世界,158,381,387,392—394,397,511;自我(参此)=世界的部分,而非世界的关系中心,378,381;总体人格(参此)与总体世界,512;宏观宇宙观念(一个唯一的、具体的世界的观念)与神的观念(参此),395—396;世界总体性与周围世界(参见“环境”),158,170,387,397;爱世界、恨世界,以及统治意愿,86;世界痛苦,348

内心世界(Innenwelt),77,95,157—158,205—206,225—226,389,392,408,420,429,445,467,475,509,参见“心理的”、“自我”、“感知(内)”

外部世界(Außenwelt),77,95,157—158,205—206,225—226,389,392,408,420,429,445,467,475,509,参见“自然”、“感知(外)”

Weltanschauung 世界观(概念,306):自然的世界观,42,44,57,67,69—71,

92,153,167,265,272,281,287,295,311,428－429,447,467－468;自然世界观＝人这个种属的环境,162;自然世界观(经验)与现象学(参此)、科学(参此)、环境经验(参此)、联想心理学(参此),67,69－71,92,153－154,167,428－430,467－468;科学世界观,参见“科学”;世界观与伦理、科学的关系,67,92,306;“世界观哲学”,306,参见“哲学”

Weltgeschehen 世界发生:508

Welthistorische Teilung der sittl. Gesamtarbeit der Menschheit 对人类的伦常总体劳作的世界史划分(参此),531

Weltordner 世界规整者:322

Werden, Wachsen, “Anderswerden”, “Veränderung” 生成、成长、“变异”、“变化”:417,421,446

“Werke” 事业:228,243:事业、事业神圣性、法律事业,228－229,231,243,346,参见“证义”、“天主教的事业”、“新教的”

Werkheiligkeit 事业神圣性:228

Werkzeug 工具:工具价值＝真正的后继价值,112,120－121,参见“价值 1, d”;器官善业、文化善业、工具善业、工具构成与文明(参此)的关系,289－291,528;参见“知性”

Wert 价值:

1. 价值的先天性、客体性、独立性、价值种类的区分:

a) 价值＝先天直观的质料内涵、基本现象、观念质性,34,37,39,41,43,45,67,82－83,249,259,270,参见“价值伦理学(质料的)”、“价值认识”

b) 真正的价值对象性、客体性,39,41,113,183,195,197－199,250,261,263－264,272,276－277,301,321;所谓的价值“主体性”与价值(价值感受)“相对性”,41,114,169,183,195,270－299,321,323(参阅“目录”,第五篇,第 3 章－第 5 章),参阅“价值评估”(伦常的);价值相对性的阶段,与绝对价值的关系,107,114－117

c) 价值现象的独立性、它们相对于善业(参此)、物事(参此)的独立性,20,32－45,49,115,193,274,相对于意愿目的、追求目标的独立性,33,51－53,55－58,61－62,相对于感受状态(参此,参见“快乐”)、欲求的独立性,价值不是对价值评估、兴趣、本能满足等等而言的象征,38－39,

41,57—58,78—80,182—184,246—259,272—274,308

d) 在其本质载体(参此)方面的价值区分:行为价值,103,121,129,259,331;本己价值,118—119,222,235,315,319,493,497—498;体验价值,109,119,256;陌生价值,118—119,222,271,315,319;基础价值、关系价值,119,249;功能价值,118,122,259,331;共同体价值,119—120,514;志向价值,118,129—130,310;行动价值、成效价值,103,118,129—130,310,331—332;个体价值,119,315;意向价值,119;集体价值(技术价值、象征价值),120—121,123,125—126;人格价值(参此);反应价值,118;物事价值、事物价值,103,117—118,122,125;自身价值,120—121,123—125,250,324,494—495,497,517,522,576;德行价值,50,103,117,259,570;状态价值,119,122,259,331,495,497,570

e) 根据本质的质性系列(=价值样式,参此)对价值的区分,122—126,494,参见"适意的"、"有用的"、"生命价值"(参见"高贵的")、"精神价值"、"神圣的";参见"价值级序(质料的)"

2. 价值方面的公理关系:

a) 价值(价值存在)与观念存在和实在存在的关系;价值的中性,相对于它们的载体的实存与不实存,66,103—104,193,214,218

b) 正价值与负价值的合乎本质的秩序,以及本质联系、公理,48,100,104;相关的形式的价值认定原则(它们与逻辑原则、与善、恶的关系),37,83,100—102;存在(实存、不实存)与正价值和负价值的关系公理,48,100,214,217

c) 在价值与价值载体之间的先天联系,103—104;价值与善、恶的关系公理,参见"价值 3"

d) 价值在"更高"和"更低"(以及先天的偏好,参见"偏恶")方面的先天秩序,37,39,42,104—107,参见"价值秩序(形式的和质料的)";在价值与价值的标记的更高状态和更低状态方面的先天联系(准绳),107—117,参见"持续性"、"奠基"、"满足"、"可分性"(可告知性)、"相对性"和"绝对性"(绝对与相对的价值);在价值的高度与通过愿欲而可实现性之间的关系,19,497—498,508,555,参见"实用主义的成见";分(scheidend)与聚(sammelnd)的价值,518;价值高度与积累(Summerierung)、

定性、测量,104,110,121

3. 价值与伦常价值、伦常联系中的价值的关系,与善(参此)、恶的关系,48—50,与正当存在的关系;与观念应然和规范应然(参此)的关系;价值与义务(参此);与榜样(参此)的关系;价值与志向(参此);观念的、个体的人格价值本质,个体有效的和普遍有效的价值,参见"善"、"个体的"、"价值个体主义"、"价值普世主义"、"伦常法则";人格的伦常价值与幸福(参此);参见"伦常"

4. 价值学说(批判):康德对质料的价值先天的否认,30—31,34,45,51—52,61,66—67,82—83,88—89,95,99,195,270;他的"缄默的"前设,30—31,参见"愿欲"、"禀好"、"义务"、"伦常法则"、"作用";秉性理论(洛克),38—39,251;价值关系理论(价值与感受状态,参此,参见"感受〔活动〕"、"作用"):因果理论(迈农、v.埃伦费尔斯),38,52,259;实证主义的"秩序理论"(科内利乌斯、克吕格尔),38,41,254—257;需求理论,349—351;各种唯名论的学说(设定理论、诠释理论、欲求理论、功利主义理论),177—189,321;伦常价值、伦常事实的评判理论(赫尔巴特、布伦塔诺),189—192,196—210;有效性理论,195;同感理论(参此);各种观念论的含义学说(柏拉图、奥古斯丁、笛卡尔、马勒伯朗士),175—177;唯理论将伦常事实、伦常价值回溯到完善性程度(参此)、存在程度上(斯宾诺莎、莱布尼茨、沃尔夫),108,177,267—268;心理主义理论,174;经验主义学说,35—37,65;参见"主体主义"

Wert- 价值一:一个善业的价值视角的历史差异,42;价值差异,差异价值,33;环境事物(参此)=价值事物,148;语言的价值统一与感受统一对伦理(参此)认识的作用,265;价值体验与体验价值,109,122,208,256;心理学(参此)的价值无涉的心理之物;科学(参此)的价值无涉;价值感受〔活动〕,参见"感受";价值感受〔内容〕(与心理学),207;价值反应的运动(新教、反宗教改革、浪漫派)与"反像"(参见"榜样"),561;价值实现,参见"善、恶";价值实现的历史性,参见"价值视角主义";实践实在=价值实在,150;志向(参此)的价值结构;价值状态与回答反应(参此);价值状态与感受反应,256

Wertapriori 价值先天:99

Wertaspekt 价值视角:42

Wertaussage 价值陈述:193

Wertaxiom 价值公理:83

Wertbedeutung 价值含义:343

Wertblind 价值盲目的:160

Wertdatum 价值素材:39

Wertdifferenz 价值差异:205,273

Werteinsicht 价值明察:214

Werteinstellung 价值观点:157

Werten 评价:380,487,551

Werterkenntnis, Werteinsicht, Werterfassung, Wertgegebenheit 价值认识,价值明察,价值把握,价值被给予性:
价值认识的先天内涵,57,79,82—84,87—89,93,105—107,115—116,122,148,183,249—250,259—261,265—267,270,276—277,303,321,329,380,563,571,参见“感受〔活动〕”、“偏好”、“爱”、“明察(伦常的)”、“情感的”;哲学伦理学(参此)与价值认识,312;价值认识、感知、表象、思维、追求、愿欲之间的奠基关系,参见“感受〔活动〕”、“感知”、“图像—”、“愿欲”、“追求”、“环境”;伦常价值认识与伦常愿欲,参见“明察”、“愿欲”

Werterlebnis 价值体验:价值体验与体验价值(参此),参见“价值 1”;自然的价值体验结构(对它们的主体限定),以及对它们的可能的克服,272—275

Wertethik 价值伦理学:质料的、情感的价值伦理学(=先天的、哲学的伦理学),9,14,20,30,37,45—46,48,51,61—62,65—67,82—88,93—94,99,101,117,122—124,129,173—174,202,246,258,260—262,267,274,277,312,370,468,486,492,507—508,558,565,570,参见“先天”、“价值”、“价值样式”、“价值级序”、“人格”、“总体人格”、“德行”、“榜样”、“善”(普遍有效的与个体的善)、“明察”、“情感的”、“感受〔活动〕”、“偏好”、“爱”、“伦理”、“伦理学”;价值伦理学与善业伦理学、目的伦理学,32—63;价值伦理学与先天主义,65—126;价值伦理学与成效伦理学,127—172;价值伦理学与律令伦理学,173—245;价值伦理学与幸福主义,246—369;价值伦理学与人格(参此)、人格主义(参此),370—580(参见“目录”);康德对价值的、

先天的价值伦理学的拒绝，他的错误的前设、成见，29－31，45，51，61－64，66－67，81－86，88，89，91，98，101，103，127－129，138，153，171－172，228－230，234－236，246－248，260－261，269，271，278，300，308，328，331，370－372，493－495，501，503，506，参见“先天”、“伦常法则”、“二元论”、“混乱”、“哥白尼式的转向”、“义务”、“规范”、“应然”、“愿欲”、“志向”、“伦理学(形式的)”、“理性”、“自主”、“绝然律令”

Wertfrei 价值无涉的：64，166，189－190，199，203，206

Wertfühlen 价值感受：206；参见“感受〔活动〕”、“价值认识”、“情感的”；价值感受与感知、表象，参见“感受〔活动〕”、“图像一”；价值感受与感受证义，参见“感受〔活动〕”；感受与追求(参此)；感受与愿欲(参此)；价值感受与心理学

Wertgegebenheit 价值被给予性：116

Wertgegenstand 价值对象：149

Werthaltung/Werthalten 价值认定：37，197，250；参见“价值认识”，参见“价值 2，b”

Wertindifferent 价值中性的：184，208，270

Wertindividualismus und Wertuniversalismus 价值个体主义与价值普世主义：它们的正确关系，483－486，参见“善”(普遍有效的善和个体有效的善)；个体主义的和普世主义的价值，以及神的观念，489

Wertintention 价值意向：205

Wertigkeit 价值性：157

Wertleere 价值虚空：352

Wertlehre 价值学：72，83，100；纯粹的、先天的价值学说，参见“价值论(Axiologie)”；各种价值学说，参见“价值 4”

Wertmodalität 价值样式：(＝价值质性序列[Wertqualitätenreihe]，117)＝价值论和伦理学的本真质料价值先天，122－126，493－494，参见“适意的”、“有用的”、“生命价值”、“精神价值”、“神圣的”、“价值 1”和“价值 2”；价值样式与本质的社会单位，126，515，518，529，535，547；与人格观念相联结的价值样式，参见“价值人格类型”

Wertnachordnung 价值次序：572

Wertnehmen 价值认定(认之为有价) 206

Wertnominalismus 价值唯名论:506

Wertnuance 价值微差 40,203,207

Wertpersonalismus 价值人格主义:历史上的价值人格主义与因果人格主义(或因果集体主义),493—497,506,519

Wertpersontypen 价值人格类型:纯粹的价值人格类型=实际榜样(参此)的先天模式,在价值人格类型中价值样式(参此)与人格观念的关系、它们的级序,129,509,570—571,参见“圣人”、“天才”、“英雄”、“引领精神”、“生活享受的艺术家”;普遍有效的和个体有效的价值人格类型与伦理学,570;民族特有的和社会特有的价值人格类型,572;实现价值人格类型的社会条件,573;价值人格类型与神的观念,573—574;价值人格类型的本体化(传统主义、理想主义、乌托邦主义),571—572

Wertperspektivismus 价值视角主义:时代和民族单位的情感价值视角主义(伦理,参此),以及价值实现的历史性,以及合作,307,484—485

Wertphänomenologie 价值现象学:情感生活的现象学,以及逻辑学(参此),83,参见“情感的”

Wertprojekt 价值方案:149

Wertqualität 价值质性:35—37,41,149

Wertqualitätenkries 价值质性界域:170

Wertrangordnung 价值级序:

“最高的”、“更高的”、“更低的”价值,参见“价值 2”;绝对的先天价值级序与纯粹偏好(参此),偏好秩序,价值级序的不可演绎性,13,104—109,115—116,261,参见“心的秩序”;(相对的)形式先天价值级序(根据价值载体,参见“价值 1”、“载体”),117—121;在价值样式(参此)之间的先天质料价值级序,122—126,参见“价值 1”和“价值 2”;价值级序的不可变性,以及规范(参此)的偏好规则的可变性,45,106,223;绝对的价值级序与“有效的”价值级序,45,参见“道德”、“风格”;价值级序=可能善业世界的先天游戏空间,45;价值级序与一门质料的价值伦理学的先天可能性,48,122

更高的、更低的、最高的价值与(绝对的、相对的)善和恶,参见“善”;人格价值是最高价值;价值级序与价值人格类型(参此)的等级;价值级序作为一

种本质社会单位(参此)的分配原则,515

Wertreich 价值王国:对价值王国的开启、扩展、缩窄,107,170,265－266,272,274－275,307－310,参见“天才”、“伦理”、“感受能力(感受〔活动〕)”、“偏好”

Wertrealität 价值实在:150

Wertrelation 价值关系:41

Wertrelief 价值轮廓:155

Wertsachverhalt 价值实事状况:319

Wertschätzung 价值评估:102,123;价值评估的历史的和民族的可变性,伦常价值评估的各个向度,300－321,参见“伦理”、“伦理学”、“道德”、“道德性”、“伦常”、“风俗”;审美价值评估的各个向度,45,301,307,353;法的形成的实在的各个向度,321

Wertsein 价值存在:217

Wertsetzer 价值设定者:506

Wertstruktur 价值结构:148

Wertstufe 价值层次:47

Werttäuschung 价值欺罔:58;价值欺罔、伦常的价值盲目性(兴趣的作用、怨恨,参此),参见“欺罔”;价值欺罔、价值伪造与价值颠覆,310;价值评估与错误、迷误,37,88,312;人格价值偏好欺罔与物事价值偏好欺罔,569－570

Werttheorie 价值论:10,18

Wertträger 价值载体:40,41

Wertung 估价:237

Wertuniversalimus 价值普世主义:参见“价值个体主义”

Werturteil 价值判断:价值陈述,参见“价值认识”

Wertverhalt 价值状况:40,41,102,488,490,564

Wertverhältnis 价值状态:119,528

Wertvollsein 有价值存在:102

Wertvorziehung 价值偏好:参见“偏好”

Wertwesen 价值本质:227,480－481

Wesen 本质:本质与本质联系＝认识的质料的、先天的内涵(“被给予之物”),

本质认识＝先天的认识，直观，65－69，86，94，593，参见“先天的”、“现象学的”；本质直观、本质认识的进程，68－69；本质与现象学的（参此）还原，69－72，393；本质与观念、经验抽象，68－69，407；本质与现实之物之间的基本法则，69，90－91，94；本质与本质联系也在可能之物的领域中也有效，作为前提（设定界限的），379，395，515；本质与普遍之物、个体之物，68，94，379，481；本质联系与“条件”，375；本质联系与真理（参此），参见“逻辑学”、“矛盾律”

Wesensdifferenzierung 本质分异：533

Wesensgefüges 本质构架：395

Wesensgesetz 本质法则：209－210

Wesensgrenze 本质界限：188

Wesengüte 本质善良：573

Wesenheit 本质性：10，124

Widerspruchssatz 矛盾律：矛盾律的质料的、先天的、直观基础（本质联系、先天性），以及逻辑领域，价值领域、愿欲领域，72，83，93，100；康德的伦常法则与矛盾律（利普斯），101

Widerstand 抗阻：150，237；抗阻＝外部的和内心的愿欲（追求）相关项，被体验的抗阻和实在意识（参此），136，147，149－152，166，381，475，参见“愿欲”；抗阻体验＝愿欲做（参此）的源泉，151；抗阻的所在地与它的移置秩序（Verlegungsordnung）（病理学），155－156；抗阻与犹豫现象，151，241；“抗阻事物”与“实践对象”＝价值对象（参见“环境事物”），151－153；愿欲抗阻与规范的规律性（参此），225；内心的抗阻与自身控制，参见“自身－”；参见“梦幻”

Widerstandsarten 抗阻方式：162

Widerstreben 抵御追求：54，178，238，357，517

Wiedererwachen 复苏：248

Wille 意愿：34；意愿权力性＝人格的本质标记（参此）；意愿狂热（与妥协、听天由命），141；意愿强者与“梦幻者”（与实在的关系）、“设想的制作者”，79－80；意愿表达（传诉）与陈述、告知（唯名论的错误），178－184；神的意愿与善（参此）、恶，98，180，219；意愿目的，参见“目的”；意愿志向，参见“志

向”
Willensanlage 意愿资质:476
Willensmacht/Willensmächtigkeit 意愿力:144,238,241,473
Willensnormierung 意愿规范化:508
Willensprojekt 意愿设想:490
Willensregung 意愿萌动:132
Willensohnmacht 意愿无力:144
Willenzustand 意愿状态:182
Willkür/Willkürlich 随意的:178,181,199,338
Wirklich 现实的:参见“实在的”
Wirksamkeit 作用、作用性:229,428,561;一个价值、善业、对象的被体验的作用性(参见“动机引发”)与客观的、实在的作用性(参见“因果性”),167,249,253;环境=实践上起作用地(wirksam)被体验到的世界,参见“环境”;榜样(参此)作用;历史上的人格(与大众)作用,495－496,参见“价值人格主义”、“大人物理论”;人格的历史作用及其“形象作用”,505－507;文化的总体人格(参见“民族”)、教会(参此)的作用游戏空间,545

“Wirkung” 作用:作用与作用性、反作用;康德的学说:价值是事物对我们感性感受状态的作用,30,38,46,51,61,73,346,248,251;他的关于感性感受状态对愿欲作用、志向质料等等的作用的学说,参见“志向”、“打算”
Wirtschaft 经济:物质善业的本质(与它们的社会经济价值),110－111;经济与私人人格(Privatperson)、国家、教会,535－536;经济志向与宗教的、教会的伦理,537;经济化的个体的榜样,562,参见经济生活的“引领精神”;经济价值与资本主义的价值体验结构,经济的合作与现代社会的、经济自由的竞争体系,274,527－528
Wissen 知识:知识作为理论的、朝向价值无涉的客体的行为举止,166;理论的和“实践的经验”(环境经验,参此),155
Wissenschaft 科学:科学=对存在相对的对象的普遍有效的、象征的认识方式,70,92,396;科学与先天的、现象学的经验、哲学、自然经验的关系,67,69－71,92,153,162,168,429,参见“先天的”、“现象学的”、“世界观”;科学、世界观与伦理(参此)的关系,306;科学的价值无涉性,174;科学与权威、研究的自由，324，330；心理学（参此）与自然科学、精神科学，419；精神科学的浪漫派（历史学派），528；相对于自然科学，社会学与历史的自主性，509；先天并不＝对科学的“前设”，62，72；科学价值＝后继价值，与纯粹认识价值（自身价值）的关系，125；科学与文化善业、物事善业，124

Wohl 福康、福：生命的福康＝后继的生命价值，112，123，364；参见“生命价值”

Wohlergehen 安康：290

Wohlfahrt 福利：32，222；福利价值＝对生命（参此）的自身价值的技术价值，与其他价值的关系，福利与社会共同体（参此）、国家（参此），51，123，283，301，329，363，367，529，532，534，541，民众福利，301

Wohlgefällig 惬意的：208

Wohlgefühl 舒适感受：79，332，495

Wohlsein/unwohlsein 舒适〔状态〕/不舒适〔状态〕：338，344

Wohltat 善举：473

Wohltun/Wohlwollen 做好事/有好意：227，232；做好事、有好意与爱（爱邻人），227，237－238，参见“爱”

Wohlwollend 好意的：129

Wohnung 住房：544

Wollen 愿欲、意欲：愿欲设想、伦常愿欲、行为方式

纯粹意向的愿欲行为的先天性与原初性（行为种类，参此），康德的错误，52，82，89，166；在愿欲与情感（参此）行为（价值先天主义）之间的奠基关系，81，148－149；愿欲对一个物事价值状况（愿欲的第一性意向与第二性意向）的指向性，79－80，139－143，151；一个愿欲设想的价值内涵与图像内涵的被给予性，81，210；愿欲、愿欲做（参此）、能然、行动统一中的做的关系，参见“意图”、“打算”、“实现”；典型的愿欲发展与“经验”的作用（“回置”、“成熟”、“可做之事”，参此），139－145，参见“行动”；愿欲、做，以及实在经验（参此），参见“抗阻”；愿欲与本能的追求（参此），参见“目标”、“（愿欲）目的”；明察的愿欲、“盲目的”愿欲，84，迷醉的（ekstatisch）愿欲、意志强的（willensstark）愿欲、弱的愿欲，以及“犹豫”现象，79－81，151，241；愿欲质料、价值感受之间的关系；愿欲生活的病理学，参见“病理学”

伦常愿欲(行为举止)与价值、价值实现;愿欲与伦常明察的关系(参此),34,47—49(参见“善”、“恶”),61,87—89,99,217(苏格拉底的命题及其修复,88,200;亚里士多德的佯谬及其解决,329—330);“善”与“恶”不是须待实现的愿欲行为的质料(在这个行为的“背上”),48,参见“善”、“意向”、“法利赛式的伪善”;对善的判断性知识与对善的愿欲,87;伦常愿欲与“评判”,88,209;“恶的”愿欲与伦常欺罔、迷误,88;预留的愿欲与允诺(参此),520;伦常愿欲(行为举止)、伦常认识,以及伦理学(康德的错误)的关系;愿欲与义务(参此),225—227;参见“志向”、“自主”、“顺从”、“权威”;愿欲与“期望”(参此);伦常愿欲(行动)的进行法则,以及在愿欲的价值朝向与感受状态之间的本质联系(参此)

愿欲行为不是唯一的和原初的伦常价值载体,30—31,46,50,62,572,参见“伦常法则”(合法的愿欲);伦常价值不是相对于愿欲,52;人格(人格存在)的伦常价值与人格愿欲的伦常价值,49—50,63,300,350—351,576;人格价值不能通过愿欲实现,81,497,参见“人格价值”;神的和人的愿欲的意义统一,492;参见“上帝作为立法者”、“在上帝中的爱、愿欲(amare, velle in Deo)”(参见“神”)

各种学说:康德的愿欲学说,参前,理性意愿,参见“伦常法则”、“绝然律令”、“志向”;愿欲的质料并不受快乐规定(康德的错误),79,81;智识主义的和经验主义的愿欲学说,87,138,140,145

Wollensollen 愿欲应然:193

Wollenswiderstand 愿欲抗阻:225

Wollung 所愿:488

Wollust 狂喜:203

Wünschen, Wunsch 期望、愿望:期望(=追求方式);期望与愿欲(“回置”、预期等等)、实在、经验的关系(起源法则)61,80—81,134,139—140,143,149,151;期望不具有抗阻(参此),149;想象的、梦幻的、幻觉的期望之实现,80,140;“诅咒”,139

Wunschcharakter 愿望特征:139

Würde 尊严:人格的尊严,以及自主、良知,22,31,328,359,370,372,553;对本己尊严的朝向性(以及陌生人格的救赎),489,497

Würden 诸尊严＝人格的社会价值(参此),554－556

Würdigen 尊重、评估:参见“理解”和“尊重”

Würdigkeit 值得:332

Wut 怒火:266,362;怒火感触,362

Zauberei 魔法:141

Zeichen 符号:符号、符号联结,72,91,185,参见“协定”

Zeitzeichentheorie 时间符号理论:431

Zeigefunktion 指向功能:160,163

Zeit/Raum 时间/空间:

时间:现象的时间(参见“时间延展”)、绝对的时间、客观的时间(物理学的时间)、时间持续、可测量的时间,与持续(参此)、变更(参此)、变换(参此)、演替、运动(参此)、时间顺序、时间视角、时间意义、时间符号理论等等的关系

空间:现象的空间、视空间、客观的空间、空间的形式统一、空间的秩序等等

时间与空间:奠基(各种学说)、相互分离(相互接续、相互并列)、同时性、关于时间性和空间性的意识,关于时间、空间对身体(参此)而言的此在相对性、接触(参此)、空间与时间的多样性与本质的社会单位(参此),75－76,107－108,110,145,157,167,225,384－385,225,384－385,406,410－413,416－417,421,423,425,427－428,430－432,434－436,446,459－465,467,510,544,548;参见“多样性”、“变异”、“相互分离”、“行为”与“时间”、“人格”、“意义联系”、“心理的(流动现象)”、“自我”、“身体”(＝此时－此地)、“自然因果规律性”

Zeiterstreckung/Zeitsphären (der phänomenalen Zeit) 时间延展/(现象时间的)时间领域:当下(存在)、过去(存在)、未来(存在)＝每一个意识瞬间(Bewußtseinsmoment)的时间延展(相关行为:参见“感知”、“回忆”、“期待”),它们对身体而言的此在相对性,与客观时间的关系,受制于身体的流动现象＝心理体验的“相互接续”:“当下的”、“过去的”、“将来的”体验,385,413,415－417,421－429,431－433,437－439,445,452－453;参见“心理的”、“自我”、“身体”

Zeitlage 时间位置:462

Zeitperspektive 时间视角:432

Zellenstaatsauffassung 细胞国家观:338

Zerbrechen 分裂:449,463

Zerfall/Zerfallen 分解:428,447,463

Zerlegen 拆解:429,553

Zersetzungserscheinung 瓦解现象:528

Zersplitterung 粉碎:429

Zerstreutheit 消散性:430

Zerstreuung 消遣:417

Zerteilen 分割:158

Ziel 目标:在追求(参此)中的目标之内在性,目标的价值组元先于图像组元的在先被给予性,52—54;追求目标、意愿目的(以及一门质料的、先天的价值伦理学的可能性),53,59—61;在中心愿欲等等领域之下,追求生活的合目标性(对于人的伦常价值的意义),62—64,参见"禀好"、"本能"

Zivilisation 文明:人与文明(以及就文明对人的意义而做的实证主义、生物主义评判),289—292,295—296,参见"知性"、"工具构成";文明与禁欲的快乐抑制,258;文明与疾病,290,292;文明与伦常构成,302;文明机械主义(Zivilisationsmechanismus),以及人格的自由、个体性,496;"需求"(参此)对于文明之形成的作用,349—354;文明价值(善业)=(国际)社会(参此)的价值=有用性价值、享受价值、奢侈价值,123,519,537,540

Zögern 犹豫:151,犹豫现象,参见"愿欲"

Zorn 愤怒:124,183,263,266,362;愤怒感触,362

Zug 吸引:150,564

Zugehörigkeit 从属性:437

Zugkausalität 吸引的因果性:346

Zumuten 指望:145

Zuordnung/zuordnen 归序、归派:386,398

Zurechenbarkeit 可期算性、可归派性:行动的可期算性、责任能力(Zurechnungsfähigkeit)与人格(参此)的伦常价值,478—479,487;可期算性与心理疾病:478;参见“负责、责任”
Zurechnungsfähig 责任能力:参见“可期算性、可归派性”
Zürnen 发怒:232
Zurückhaltung 中止:557
Zurückstellung 回置:140
Zusammen 聚合:459
Zusammenfallen 相互叠合:210,461
Zusammenfassen/Zusammenfassung 总合:36,44,512,544
Zusammengehörigkeit 共属性:434
Zusammenschau 共观:484—485
Zusammensein 聚合:36
Zusammentreffen 同时发生、相聚:139,201,464
Zusammenwollen und Zusammentun 共愿与共作:518
Zustand 状态:246
Zutandswert 状态价值:119,332,495,570
Zuwiderhandeln 触犯:484
Zwangsantrieb 强制驱动:482
Zwangsneigung 强制禀好:199
Zweck 目的:目的与意愿目的,52—53;目的与目标(参此),以及意愿目的的本质因素,53,59—62;价值(参此)、价值伦理学(参此)相对于目的而言的独立性,33—34,51—52,61—62,参见“伦理学”;在伦常联系中的目的,33—34,101,226,363—365;“神的”目的,33;目的与期望(参此),61;目的与选择、偏好,265;客观的合目的性,以及目的活动,62,263;感受(参此)的合目的性作为指号,参见“感受”;目的社会,503,参见“社会”
Zweckgesellschaft 目的社会:503
Zwiespalt 分裂:286
Zwingend 强制的:219
Zwischenreich 间域:154

人名索引[1]

Adler, A.，阿德勒 354－355

Aristipp，亚里斯提卜 57，247，251，257

Aristoteles，亚里士多德 20，22，105，122，242，247，249，297，318，326，330，382，473，513－514，552，575

Äschylos，埃施洛斯 579

Auerbach, F.，奥尔巴赫 288

Augustinus，奥古斯丁 176，260，294，298，571

Avenarius，阿芬那留斯 402－408

Averroes，阿威罗伊 96，372，384，501

Baeumler, A.，博伊穆勒 24

Beck, M.，贝克 19

Bentham, J.，边沁 189，324，339，366

Bergson, H.，柏格森 43，85，288，296，335，460，467，549，557

Berkeley, G.，贝克莱 405，432，459，463，472，510，513

Bernstein, Ed.，伯恩施坦 530

Bismarck, O. v.，俾斯麦 80，317，532，562

Bodinus, J.，博蒂努斯 532

Bregenzer, J.，布莱根策 470

Brentano, Fr.，布伦塔诺 59，83，100，105，190，382，387－388

Buckle, H. Th.，布克勒 301

Buddha，佛陀 315，348

Bühler, K.，比勒 432

Burchhardt, J.，布克哈特 507

Calvin, J.，加尔文 80，86，130，135，285，514，577

Carlyle, Th.，卡莱尔 495，507

① 该索引为原著所有，但中译者根据情况有所增补。人名后的数字为原著页码，即中译本的边码。——译注

Cassierer,E.,卡西尔 20
Cohen, H., 柯亨 208, 372, 549, 572—573
Cohn,J.,科恩 12
Comte, A., 孔德 323, 328—329,527
Cornelius, H., 科内利乌斯 42, 113,254—255
Cromwell,Th.,克伦威尔 80

Darwin, Ch., 达尔文 279, 283, 285—287,310,357,556
Descartes,R.,笛卡尔 41,164,176, 267,282,384,388,392,460
Dilthey,W.,狄尔泰 306,510
Driesch,H.,杜里舒 13

Ebbinghaus,H.,艾宾浩斯 455,467
Ehrenfels,Chr.,埃伦费尔斯 187
Ekkehart,爱克哈特 550
Ennius,Q.,恩尼乌斯 307
Epikureer,伊壁鸠鲁 513
Erdmann,埃尔德曼 391
Ettlinger,M.,埃特林格 404
Euripides,欧里庇得斯 579

Fechner,Th.,费希纳 275
Fichte,J. G.,费希特 90,49,195, 217, 324, 372—374, 396, 494, 504,510,572
Fouillèe,A.,富耶 279,281
Franziskus,方济各 275,571
Freud,S.,弗洛伊德 80
Friedrich der Große, 腓特烈大帝 571
Fries,J. F.,弗里茨 324
Frischeisen-Köhler,M.,弗里施艾森一克勒 378

Geiger,M.,盖格尔 206
Gnostik,诺斯替教派 577
Goethe,J. W.,歌德 218,355,485
Groos,K.,谷鲁司 23
Grünbaum,A.,格林鲍姆 24
Guyau, J. M., 居伊约 213, 236, 241,280,288

Harnack,A. v.,哈那克 260
Hartmann E. v.,哈特曼 118,215, 396,578
Hartmann N.,哈特曼 12,19—24
Hegel,G. W. F.,黑格尔 23,194, 217—218, 272, 304, 372, 396, 494,556,572
Helmholz, H., 黑尔姆霍尔茨 165,408
Hensel,P.,亨瑟尔 281
Herbart,J. F.,赫尔巴特 41,132, 190—191, 209—210, 212, 430, 440,463,492

Herder,J. G.，赫尔德 504,548
Hering,Ew.，黑林 165,399
Heyde,J. E.，海德 19
Hildebrand,D. v.，希尔德布兰德 13,267,269
Hobbes,Th.，霍布斯 85,177,179,330,532
Höffding,H.，赫夫玎 456
Humboldt,W. v.，洪堡 306
Hume,D.，休谟 85,90,108,145,225,407,433,440,444,458,463,466—467,473,527
Husserl,E.，胡塞尔 Ⅱ,69,181,306,408,456,513

Ibsen,H.，易卜生 221

James,K.，詹姆斯 160,242,454
Jaspers. K.，雅斯贝尔斯 263
Jennings,H.，杰宁斯 343
Jesus，耶稣 37,117,227—229,231,243,260,309,503,566

Kant,I.，康德 9—10,13,15,19—20,23,29—32,34,38,45—52,57,61—67,72—74,81—99,101—104,124,127—130,132—133,136,138—140,142,144,148—150,152—155,164,171—172,194—195,213—215,217,219—221,223,226—237,243—244,246—248,258,269—270,275,277—280,282,290,295,300,322,326,331—332,350,360,364,368—379,384,392—394,396,401,446,460,463,467,474,476,482—484,486—487,489,491—495,501—506,527,542,548,559,563,572,576—577
Kerler,D. H.，凯尔勒 12,19
Kerschensteiner, G.，凯兴斯泰纳 25
Kirchmann,J. H. v.，基尔希曼 330
Kleist,H. v.，克莱斯特 156
Kowalewski. A.，科瓦勒夫斯基 336
Krüger,F.，克吕格尔 254—257
Külpe,O.，屈尔佩 I,12,63,429

Laas,H.，拉斯 224
Lask,E.，拉斯克 198
Lehmann,A.，勒曼 455
Leibnitz,G. W.，莱布尼茨 20,177,267—268,459—460
Liebmann,O.，李普曼 295
Liepmann,H.，里普曼 63
Lipps,Th.，利普斯 101,140,207,218,240,400,404,476,479,567
Litt,Th.，利特 23
Locke,J.，洛克 38,268,353,405

Lodge,O.，洛奇 273,288

Losskij,N.，洛斯基 13

Lotze,H.，洛采 150,338

Luther,M.，路德 227,229,231,243,332,334,346,350,489,577

Mach,E.，马赫 43,163,166,402—405,497

Malebranche,N.，马勒伯朗士 176,280,294

Malthus,Th. R.，马尔萨斯 285

Mandeville,B. de.，芒德威尔 222

Marty,A.，马尔梯 272

Mausbach,J.，毛斯巴赫 260

Meinong,A. v.，迈农 13

Messer,A.，梅塞 12—13,220

Michelangelo，米开朗琪罗 355,480

Mill,J. u. J. St.，穆勒 189,284,467

Minkowski,H.，闵可夫斯基 461

Mohammed，穆罕默德 297,318,474

Molière,J.-B.，莫里哀 39

Mommsen,Th.，蒙森 318

Moore,G. E.，穆尔 13

Moses，摩西 220,227

Münsterberg,H.，闵斯特贝尔格 455—456,460,467,510

Napoleon，拿破仑 80,571

Natorp,E.，纳托尔普 20,90,467,578

Newman,J. H.，纽曼 20,238

Nietzsche,Fr.，尼采 22—23,156,177,208,223,250,279—280,289,314,494—495,505—506,508—509

Ortegay Gasset,J.，奥特伽·伊·加塞特 24

Pascal,Bl.，帕斯卡尔 15,82,108,260—261,294,298,554,571

Paulsen,F.，包尔生 202,226,534

Paulus，保罗 192,273,557

Pawlow,J. P.，巴甫洛夫 168

Pleßner,H.，普莱斯纳 19

Pflüger,E. F. W.，普甫吕格 343

Pick,A.，皮克 164,424

Planck,M.，普朗克 446

Platon，柏拉图 20,175—177,456

Poincaré，H.，彭加勒 175—177,456

Przywara,E.，普尔兹瓦拉 20

Quenstedt,Fr. A.，克文斯得特 294

Rathenau,W.，拉特瑙 223

Reinach,A.，莱纳赫 321

Rickert,H.，李凯尔特 215,218

Riehl,A.，里尔 212

Rückert,Fr.，吕克特 222
Rümke,H.C.，吕穆克 25

Salz,O.，萨尔茨
Schilder,P.，希尔德 24—25
Schiller,Fr.，席勒 10,89,234
Schleiermacher,Fr.，施莱尔马赫 299,493,503,505
Schlosser.Fr.，施劳瑟 304
Schmidt,L.，施密特 311
Schneider,K.，施奈德 25
Scholastik，经院哲学 219,326,369,474,487
Schopenhauer,A.，叔本华 132,143,193,218—219,353,364,373,408
Schröter,M.，施勒特尔 24
Schwarz,H.，施瓦茨 392
Scotismus，司各特主义 219—220,330
Selz,O.，塞尔兹 456
Sigwick,H.，西格维克 223,485
Siemens,W.v.，西门子 353
Sigwart,Chr.v.，西格瓦特 136,197,202,224
Simmel,G.，齐美尔 214,481,485
Smith,A.，史密斯 178,190,502
Sokrates，苏格拉底 87—88,116,176,200,212,304
Sombart,W.，桑巴特 258,311
Sophokles，索福克勒斯 340,579
Specht,W.，施贝希特 164,458
Spencer,H.，斯宾塞 15,96,169,225—226,279,281—284,287,289,291,294—295,310,316,327,339,357,480,495,527,529—531,556
Spinoza,B.，斯宾诺莎 29,58,96,108,177,179,213,242,267—268,357,372,384,460,577—578
Spranger,E.，施普兰格尔 13
Stein,E.，斯泰因 13
Steiner,M.，斯坦纳 279
Steinmetz,S.R.，斯坦麦芝 362
Steinthal,H.，施泰恩塔尔 312
Stern,W.，斯特恩 24
Stirner,M.，施蒂纳 504
Stoa，斯多亚学派 22,237,332,348,500
Stoker,H.，斯托克尔 23
Stumpf.C.，施通普夫 79,376,301,334,387—388

Takata,Yasuma，高田保马 24
Tetens,J.N.，特滕斯 269
Thomas v. Aquino，托马斯 220,569
Thyssen,Joh.，逖森 19
Tille,A.，提勒 508
Tolstoi.L.，托尔斯泰 340,557
Tönnies,F.，滕尼斯 517

Treitschke,H. v. ，特赖奇克 494
Troeltsch,E. ，特勒尔奇 24,490

Uexküll,J. v. ，于克斯屈尔 169
Urbantschitsch 乌尔班奇琪 164

Volkelt,J. ，福尔克特 13

Weber,M. ，韦伯 86
Wedekind,Fr. ，韦德金德 187
Weismann,A. ，魏斯曼 285,292
Weizsäcker,V. v. ，魏茨泽克 25
Wieser,Fr. v. ，维塞尔 563
Windelband, W. ，文德尔班 190, 196—197,224
Wolff,Chr. ，沃尔夫 177,577
Wölflin,H. ，韦尔夫林 45
Wundt,W. ，冯特 225,313—314, 316,430,463,467,494—495,556

York von Wartenburg,H. D. L. ，约克 201

Ziehen,Th. ，齐亨 390

译　后　记

当康德1785年在撰写“Grundlegung der Metaphysik der Sitten”（今译作《道德形而上学原理》）时，他所关心的是将伦理学建立在什么样的基础上。“Grundlegung”在这里更多是一个动词而不是名词，或许更恰当的中译是“道德形而上学之建基”而非“道德形而上学原理”或“道德形而上学基础”。当然后一种翻译也不算违背原义，因为无论是哲学的认识论还是哲学的伦理学，在很长一段时间里都被看做一种寻找作为基础的原理的过程，所以我们今天可以找到许多标题中带有“原理”的经典著作。例如“哲学原理”、“伦理学原理”、“心理学原理”，以及诸如此类，就像在科学中有《数学原理》或《物理学原理》等等一样。

这种寻找基础的做法如今也被称之为哲学的“基础主义”（Fundamentalism），而且还可以带有贬义地被称作哲学的“原教旨主义”。在我看来，基础主义的运作方式大体上有两种：一种是进行系统的奠基，笛卡尔的《第一哲学沉思集》是这种操作方式的典范：通过普遍的怀疑和悬搁找到一个阿基米德点，从这个逻辑的原理点出发，推演出所有其他的定理和命题。这种方式是数学－几何学的奠基方式。它构成所谓现代性的一个基本特点，并在后现代的语境中因一再受到抨击而导致总体上的萎缩。另一种奠基是生成的奠基，或者也可以说，发生的奠基。通过历史发生的回溯，找到一个可以从头开始的原初点，这是一个发生在先的历史原理点，也类似于雅斯贝尔斯所抓住的“轴心点”，以此为参照系来考察和解释人类思想史的各种原创、缘起、发生、展开、积淀、超脱、异化、偏离、纠误、归本，以及如此等等，而后可以得出对人类社会和历史发展的各种判断与评价。这种方式的“奠基”符合当前以“历史意识”为主导特征的时代精神，至今还在哲学领域中盛行不衰：从20世纪的胡塞尔、舍勒、海德格尔到21世纪的福柯、拉康、德里达等等一批知名的，还有一大批不太知名的思想者，他们都在这个方向上做出过各自的努力。我们可以说，今天我们已经不再处在一个“系统奠基”的哲学时代，但还处在特定意义上的“生成奠基”的哲学时代。

马克斯·舍勒(Max Scheler,1874—1928)是“生成奠基”的尝试者之一，尽管他同时仍然含有“体系奠基”的强烈意向。这在他的代表作《伦理学中的形式主义与质料的价值伦理学》中明确地表露出来。与康德的“道德形而上学之建基”一样，该书的副标题也指明“奠基”的企图，即“为一种伦理学人格主义奠基”，或者说，它是对质料的价值伦理学的奠基。之所以说这是他的“代表作”，乃是因为它构成理解舍勒整个哲学思想的核心。舍勒本人强调，“在与笔者至此已发表的著述的联系中，这部著作具有一个中心的位置，因为它不只是对伦理学的奠基，而且除此之外还含有他整个哲学思维的即便不是所有的，也是一系列在他看来极为本质的出发点”。(边码13)

从论题上看，舍勒在该书中是带着两个基本的主张（与书名相符）来提出他的价值伦理学：其一是批判康德的形式主义伦理学思想，其二是提出自己的质料伦理学思想。也许一些康德的研究者会认为在康德那里并不存在舍勒所批评的“形式主义伦理学”，但无论如何，舍勒所提出的这两个主张都与在伦理学领域进行一个认识论颠覆的企图有关，即：摧毁传统意义上的先天形式与后天质料的人为对立，并从各个角度出发来论证伦理学上的先天质料（价值内涵）的可能性。

而从方法上看，舍勒的伦理学是现象学的伦理学。“现象学的”这个定语是对他的伦理学思考方式的规定。尽管舍勒给人的印象总是被夹在胡塞尔与海德格尔之间（好似处在康德与黑格尔两位巨人之间的费希特和谢林），他的影响在某种意义上似乎恰好与前两者的影响成反比，但关注和偏好现象学哲学的研究者大都不会始终将舍勒撇在一边，因为他代表着现象学思想的一个过于重要的方向。由于舍勒在此书中运用了现象学本质直观的方法来探讨价值和人格，并主张他的价值伦理学的客观有效性是建立在一些可以通过意向感受而被把握的先天被给予的、明晰可见的价值内涵上，因而他在现象学研究课题中的确开辟了一个新的领域。这部著作（1913/1916 年）如今与胡塞尔的《逻辑研究》（1900/1901 年）、海德格尔的《存在与时间》（1927 年）一同被列为 20 世纪现象学运动的三部开山之作。特别是在胡塞尔一直认为他自己现象学伦理学思考不足以成熟到发表的程度，而海德格尔又对一般意义上的伦理学不屑一顾的情况下，舍勒的相关研究就成为一门可能

的现象学伦理学的基本资源。即使他本人不会承认[①]，但至少在大多数现象学研究者看来，舍勒所踏上的是为胡塞尔所指明方向上的实践现象学或应用现象学的路径。

因此，尤其是对于我们这个实践哲学被大多数哲学家视为第一哲学的时代而言，尤其是对于我们这个在总体历史上偏好实践哲学的文化空间而言，舍勒是不可忽略的、是举足轻重的。

译者本人是自 20 世纪 80 年代末在撰写博士论文时才开始断断续续地阅读、理解和解释舍勒，涉及的主要是与他现象学的方法论、认识论有关的思想。以后也应刘小枫教授的约请翻译过一些舍勒的文字。但是，扪心自问，我对舍勒的思想在此之前始终提不起很大的兴趣。这几年集中精力完成的舍勒代表作《伦理学中的形式主义与质料的价值伦理学》的中译，起初在很大程度上可以说是为刘小枫而做的。还是 1996 年在香港参加国际现象学研讨会期间，我便与他讨论过舍勒的翻译事项。这些年对胡塞尔与海德格尔基本著作的翻译和出版，为汉语领域的现象学研究提供了基本的参照系乃至立足点。而舍勒的著作翻译出版则相对滞后，尤其是他的代表作迟迟未见中译本，甚至在国内连英译本也很难找到，不能不说是一个现象学研究中亟待填补的空失点。这是促使我选择这个翻译课题的首要动机。

但这个最初的翻译选择仍然伴随着一定的顾虑，因为我始终

① 例如他曾批评康德把“爱”归属于感性感受状态的做法“闻所未闻”，并认为康德因此而“误识了意志行为的原初性”。一般说来，舍勒强调“爱”在价值论层面上对认识行为的奠基性，但同时强调认识行为在认识论层面对爱的行为的奠基性。在一定程度上可以说，舍勒抱有超出“理论－实践”这个概念对立的意图。

觉得舍勒著述中的水分太多。这或许与舍勒发表著述的数量有关。相比胡塞尔和海德格尔，舍勒生前发表的著述甚丰，遗憾的是并不与质量成正比。以往我阅读和翻译的舍勒著述的许多篇幅都常常给人虚而不实甚至言之无物的印象，与我所理解的现象学风格往往相距甚远。

然而舍勒的这部代表作的确可以另当别论。此书越是细看，越觉非凡。对我来说，他是在这部著作中才显露出他的真正面目和实际功底。读者可以从中逐渐体会到：舍勒的思想非常细腻，但又不是一般的机智和聪明，不是小智慧，而常常是于细微处见大精神、大思想。尤其是他在道德意识和伦理认识方面的奠基思想，一方面与胡塞尔在认识论现象学方面的思想相互呼应，构成现象学分析的另一壮阔景观，而另一方面也可以与“郭店楚简”中展示的子思学派思想相互映照，对中国伦理学界的潜在影响甚至很有可能不弱于楚简。

当然，舍勒是一个率性而为的哲学家——这是我对他的一个总体印象。在这部书中也处处可以发现他的这一特点。他似乎对自己的作品很少雕凿，写下之后便不再去摆弄，手忙脚乱地又急着去面对另一个论题。如果胡塞尔是在耐心追踪和记录思想，海德格尔是要求自己和他人静静地等待思想的来临，那么舍勒就是无奈地被诸多的思想所追逐，它们使他疲于奔命。这种理论思维者的实际个性常常会妨碍理论思维者的理论构设和理论陈述。在该书中也可以看到这一点：虽然舍勒强调现象学“对体系的意愿”的合理性，反对片断、零碎的“连环画现象学”，但同时又将本书“整体的布局缺少清晰的透明性”的缺憾归咎于本书的讲座文稿性质，从而本身给人以某种“连环画现象学”的印象，即思路是连贯而逻辑的，但总体的安排是凌乱而含混的。而且这是舍勒著述的基本风格，并非该书所独有。译者在翻译和阅读舍勒时一再地感受到这个缺憾，相信读者在阅读此书时也会有同感。

但舍勒的“质料的价值伦理学”体系的总体轮廓还是可以把握到的。他为本书所预定的任务就是“对哲学的伦理学进行严格科学的和实证的奠基(Grundlegung)”(边码 9)。他在书中一再地借助于帕斯卡尔的“心有其理”(Le coeur a ses raisons)和“心的秩序”(Ordre du coeur)或“心的逻辑”(Logique de coeur)的说法。这里所说的“心”，是指我们对各种价值的不同意向体验和感受活动；而这里的“理”和“秩序”、“逻辑”，则是指在这些意向感受之间的奠基关系和奠基顺序。在舍勒看来，各种不同的价值处在一个客观的、等级分明的体系之中：从感性价值(舒适—不舒适)到生命价值(高尚—庸俗)，再由此而上升到精神价值(善—恶、美—丑、真—假)，直至神圣之物和世俗之物的价值。这个奠基关系体现在价值的等级秩序上便是四个层次的划分：感性价值与有用价值、生命价值、精神价值以及世俗价值和神圣价值。与此相对应地是四种不同的感受层次：感性感受、生命感受、心灵感受、精神感受。对价值的感受和被感受的价值之间具有类似于胡塞尔意向活动与意向相关项之间的对应性。它也被描述为“价值高度与感受深度”的相应性。在这里主宰的本质法则是：价值越高，越是难以制作，而对它的感受就越深；价值越低，越是容易制作，对它的感受就越浅。

当然译者在这里并不想，而且也无法对这部巨著展开一个引论性的介绍；况且这样一种介绍一来通常可以在一般性的哲学著

作辞典中找到，二来是这样的“捷径”往往会最终表明是弯路。这里只能说，从总体上看，舍勒在此书中所讨论的价值伦理学课题与他所运用的现象学方法之间有一个内在的结合。如果海德格尔可以说“存在论只有作为现象学才是可能的”(《存在与时间》,35)，那么舍勒也一定可以说“价值论只有作为现象学才是可能的”。在伦理学领域也会出现一个在实证理论与形上学说之间的两难：当我们说，评价是主观的，而价值是客观的时候，我们很有可能或者偏重对评价活动即对价值的意向感受活动的实证描述，或者偏重于对超出经验层面的价值相关项的形而上学建构，从而无法找到第三条道路。而舍勒的努力并不在于：用现象学的伦理学来对抗任何形式的道德形而上学，而是在于：不是偏执于任何一端，而是用现象学的方法来把握在意向感受活动与意向感受相关项之间的相互关系：一种构造与被构造的关系。

除此之外，我在这里就只还想表达一些自己在翻译过程中体会到的一些零散感受了。

舍勒这部著作的论述首先涉及伦理学中的进化论、价值论、义务论、代价论、成效论、律令论、功利论、幸福论、实然、应然与能然的关系理论，如此等等。同时也涉及例如社会政治理论中的“权力”(Macht)和“强力”(Gewalt)、“共同体”(Gemeinschaft)与“社会”(Gesellschaft)等等概念范畴。例如第五篇第 6 章中对“自身谋杀”的讨论，对“良知”的讨论、对“责任”的讨论、对“宽恕”的讨论，都丝毫不逊于诸如迪尔凯姆、德里达等等当代思想家。第五篇第 9 章中对“需求”的分析更可以被看做现象学描述的典范。

而且这并不仅仅是一部伦理学和社会学的著作，它的实际讨论涉猎极广，与各个自然科学和社会科学的学科相关联。因而译者的建议是：任何一位想在自己学科中获得一定现象学的（当然不仅仅是现象学的）启示和教益的哲学者、心理学者、宗教学者、伦理学者、政治学者、教育学者、人类学者、民俗学者、病理学者、生理学者、社会学者、语言学者，甚至经济学者，都不妨仔细地阅读一遍或至少大致地浏览一下此书。除此之外，了解舍勒，同时也意味着对胡塞尔（舍勒在第六篇第3章中对胡塞尔现象学的潜含批判值得玩味）、齐美尔、哈特曼、海德格尔、阿伦特、哈贝马斯等等思想家的更深入理解。这里自然也包括尼采。我们目前处在一个尼采受宠甚重的时期，舍勒在本书中对尼采的多处分析批判也就越发显得醒目。这是从西方哲学历史的另一个角度出发对尼采的抵御。相信读者一定可以从中得出诸多的启示。

还有几个翻译方面的说明：

1. 本书根据德文本 Max Scheler: *Der Formalismus in der Ethik und die materiale Wertethik. Neuer Versuch der Grundlegung eines ethischen Personalismus*, EA Halle 1913/1916, Frank Verlag Bern und München [6]1980 版本译出。全书译出后又参考了舍勒全集的编者 Manfred S. Frings 与 Roger L. Funk 翻译的英文本：Max Scheler: *Formalism in Ethics and Non-Formal Ethics of Values. A New Attempt toward the Foundation of an Ethical Personalism*, Northwestern University Press, Evanston 1971。与英译本相同，中译本在附录中没有保留编者（Maria Scheler 和 Manfred S. Frings）为第四、五、六版所写的后记，但保留了编者

(Manfred S. Frings)对原著正文与脚注所做的附注。同样保留下来的还有“概念索引”和“人名索引”,两者(尤其是前者)在中译本中得到了较大幅度的增添,主要是为了方便读者查阅相关概念的中文译名。

2. 从写作特征上说,舍勒在文中所使用的引号、括弧说明、插入说明极多,是译者从未遇到过的。我真希望能够将所有这些加入的说明都删除,这样会多少减轻一些本来就已经很困难的文本理解。但译者的责任不允许我这样做。我同意这样的观点:即便是普希金翻译歌德,他也必须向读者展示一个尽可能完整的歌德而不是他自己。因此我必须尊重作者与读者,最终还是将大部分都保留了下来,除非在中文表述中已经达到忍无可忍的地步。

3. 与此基本相同的是我对一些过长的段落的处理,例如在边码 145 至 148 上,舍勒对“运动引发”、“运动意向”、“运动冲动”、“运动感觉”的分析在我看来完全可以分几个段落进行,我曾经也试图将这个三页长的段落分开,但最终还是决定将选择权留给读者。

4. 译者在译文中尽可能做到译名统一和各词各译。例如“Handlung”与“Akt”基本上是同义词,但仍然分别译作“行动”与“行为”(如参见:边码 106)还有“Tun”和“Verhalten”这些近义词,我尽可能有所分别地译为“做”或“施行”和“行为举止”。此外,“Befehl”译作“命令”、“Kommando”译作“指令”、“Imperativ”译作“律令”、“Gebot”译作“诫令”、“Verbot”译作“禁令”;它们之间的区别可以参阅边码 220。幸好中文里还有那么多对应的表达!

5. 关于“Sein”一词的翻译,近年来学界做了诸多的研讨。许多人主张译成“是”而不是译成“存在”。尤其是王路教授，对此的倡导可以说是不遗余力。这些讨论显然是有意义的，它至少不断地警醒译者，在遇到“Sein”和“ist”这些语词时要慎重。但从总体上说，我并不认为“Sein”概念只能统一译作“是”，而不能译作“存在”。即使可以证明在中文的“是”中也含有“存有”的意思，用“是”这样的单词来表达“存有”（实存）仍然常常会遇到问题。在我看来，这里所争论的更多是一个翻译技术问题，或者说，操作的可能性问题。对此我会在别处展开讨论。这里仅就在舍勒这里出现的相关概念而论，例如，“Seinsollen”和“Sollsein”在这里仍然被译作“存在应然”和“应然存在”，主要是因为“Sein”在这里具有“是”和“实存”（Existenz）两层含义。舍勒甚至在他的伦理学公理中（边码 48）把“存在”（Sein）与“实存”（Existenz）等义使用。这类例子还有很多（参见边码 215、216 等）。简言之，在舍勒这里，把“Sein”统一译作“是”的要求在技术上行不通。

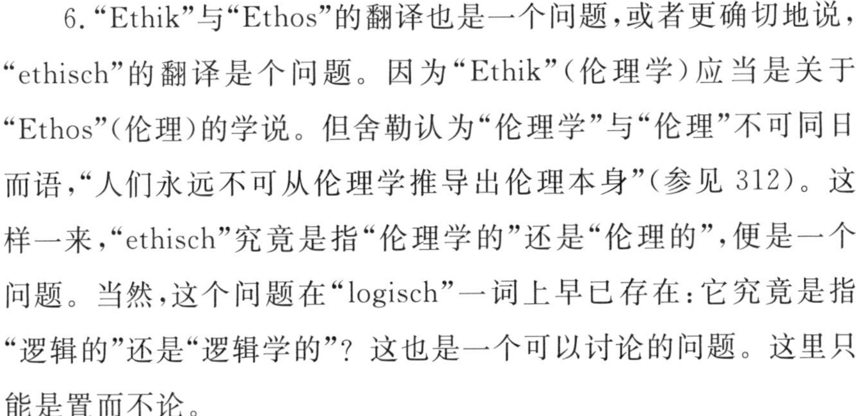

6.“Ethik”与“Ethos”的翻译也是一个问题，或者更确切地说，“ethisch”的翻译是个问题。因为“Ethik”（伦理学）应当是关于“Ethos”（伦理）的学说。但舍勒认为“伦理学”与“伦理”不可同日而语，“人们永远不可从伦理学推导出伦理本身”（参见 312）。这样一来，“ethisch”究竟是指“伦理学的”还是“伦理的”，便是一个问题。当然，这个问题在“logisch”一词上早已存在：它究竟是指“逻辑的”还是“逻辑学的”？这也是一个可以讨论的问题。这里只能是置而不论。

7.原书后附的“舍勒著作目录”并不完整。可以进一步参考刘小枫主编的《舍勒选集》（两卷本，上海，1999 年）后面的更为详细的目录。

每一项较大的学术工程的完成，对我来说都意味着会新欠下一些师长和朋友、学生的道义债务。这里妄想能通过致谢词的方便做法来略微减轻一些心理负担。

首先要感谢德国乌泊塔尔大学哲学系黑尔德教授（Prof. Dr. Klaus Held）所提供的多方面的帮助和咨询！每当译者遇到义理和翻译上的困难与问题时，他总是慷慨热情而不遗余力地给予细致周详的说明和解答。同济大学德国哲学研究所的孙周兴教授曾帮助译者解决了两个希腊文翻译上的问题，日本东洋大学哲学系山口一郎教授在日文人名的查证和翻译方面提供了帮助，中山大学哲学系冯平教授提供了原著英文本的复印件，这里也一并表示谢意！

舍勒在本书中对其他著作有所引录，对这些引文，译者尽可能参照了国内现有的中译本，如徐梵澄先生翻译的尼采的《苏鲁支语录》（商务印书馆，1992 年）、何兆武先生翻译的帕斯卡尔的《思想录》（商务印书馆，1997 年）、洪谦先生等翻译的马赫的《感觉的分析》（商务印书馆，1996 年），较多的是韩水法翻译的康德的《实践理性批判》（商务印书馆，1999 年）。在此特致谢意！译者对这些中译本的译文时有改动，大都是为了译名的统一，少许则是对一些疏漏的补正。

本书的全部翻译完成后，请张廷国教授、张伟和韦海波等同事还有两位学生费心看过，他们提出了诸多有益的修改意见。这里也一并致以诚挚的谢意！

本书的出版还要感谢舒炜先生和陈小文先生所给予的各方面支持与理解！

对译文中仍然存在的各类错误，当然是由译者本人来承担全部责任。这也是翻译家从一开始就需认定的自身宿命所在。所谓"译得好，是作者的，译得不好，是译者的"之说法并非只是翻译家们的抱怨！

衷心希望有心的读者朋友能一同帮助译者来不断地完善这部重要著作的中译！

倪梁康

2002 年 9 月初

2010 年 6 月修订

于广州

图书在版编目(CIP)数据

伦理学中的形式主义与质料的价值伦理学:为一种伦理学人格主义奠基的新尝试/(德)马克斯·舍勒著;倪梁康译.—北京:商务印书馆,2017
(汉译世界学术名著丛书:120 年纪念版:珍藏本)
ISBN 978-7-100-14690-6

Ⅰ.①伦… Ⅱ.①马… ②倪… Ⅲ.①伦理学—研究 Ⅳ.①B82

中国版本图书馆 CIP 数据核字(2017)第 157493 号

汉译世界学术名著丛书
(120 年纪念版·珍藏本)

伦理学中的形式主义与质料的价值伦理学
——为一种伦理学人格主义奠基的新尝试
(上下册)
〔德〕马克斯·舍勒 著
倪梁康 译

商务印书馆出版
(北京王府井大街 36 号 邮政编码 100710)
商务印书馆发行
北京冠中印刷厂印刷
ISBN 978-7-100-14690-6

2017 年 12 月第 1 版　　开本 710×1000 1/16
2017 年 12 月北京第 1 次印刷　　印张 64½
定价:322.00 元